十年回眸

中国社会科学院金融研究所文集
2002~2012

THE DECADE: 2002-2012
Collected Works of Institute of Finance & Banking, CASS

（上 册）

主编 殷剑峰

社会科学文献出版社
SOCIAL SCIENCES ACADEMIC PRESS (CHINA)

序　言

2002~2012年是中国经济开放、腾飞的十年，也是金融研究所从成立到逐步发展壮大的十年。在所庆十年之际，我们整理收录了金融所在职研究人员、博士生和博士后的部分公开发表论文。其意，一则是基于"留此存照"的想法，希望记录一下金融所十年来的学术轨迹；二则也是想借此回顾一下十年来中国经济辉煌但不平坦的历程。

2002年——这十年的头一年，中国刚刚加入世界贸易组织，全球化红利还未及体现，亚洲金融危机的阴影仍未消除，因此，当时宏观经济的主要问题依旧是经济不景气背景下的"通货紧缩"。如何通过宏观经济政策的实施来摆脱这样的局面，自然成了彼时讨论的焦点。本文集收录的第一篇文章——金融研究所前任所长、现中国社会科学院副院长李扬于2001年初成稿的《货币政策与财政政策的配合：理论与实践》即是着眼于此。其核心观点是：在外汇储备难以增长，从而难以通过央行购汇发行货币的情况下，应该发挥国债的财政特别是金融功能，使其成为货币发行，进而抑制通货紧缩的重要工具。事实上，如何发挥国债的财政与金融功能迄今依然是关乎我国债券市场发展、货币政策完善的未决话题。

通货紧缩的局面很快发生了改变。2003年"非典"之后，固定资产投资开始加速，物价开始上涨，而投资率在2003年创纪录地突破了40%。此刻，许多专家学者开始担忧：中国的高投资会否如亚洲金融危机前的那些国家那样，最终引发投资过度的危机？在当时的背景下，李扬和殷剑峰（现任金融研究所副所长）共同撰写了《劳动力转移过程中的高储蓄、高投资和中国经济增长》，通过分析中国经济增长的基本机制——劳动力由低效的第一产业向高效的第二、三产业，由低效的国有企业向高效的非国有企业的转移，他们指出，高储蓄、高投资是与劳动力转移相辅相成的自然现象。

高储蓄、高投资推动了中国的高速经济增长，但是，在这十年间，中国经济也经历了两轮趋于过热和物价腾涨的过程（2003年底到2005年初、2006年底到2008年3季度）。虽然对于这两次物价腾涨存在着不同的看法——例如，是否存在"通货膨胀"以及其原因是否来自货币因素等，但比较明显的一点是，中央银行的货币政策没有发挥令人满意的效力。在《基于资产负债表的央行调控能力分析》和《中国货币政策调控工具的操作机理分析（2001~2010年）》两篇文章中，王国刚（现任金融研究所所长）分析了我国央行资产负债表的结构、特点及其对货币政策操作的掣肘，其结论是：为提高货币政策效力，应该完善央行的资产负债表，在大力发展债券市场、推动利率市场化的基础上，调整央行货币政策的中间目标和最终目标。此外，蔡真（金融研究所结构金融研究室助理研究员）的文章《从央行资产负债表解读中国货币政策》也是循着资产负债表分析的思路，探讨了"不可能三角"对货币政策的制约及其解决之道。

在这十年间，不仅中国经济取得了巨大的发展，金融发展的绩效也卓有建树。例如，曾经"在技术上已经破产"的银行业顺利完成了改革，银行业成了"最赚钱"甚至是"暴利"行业；曾经弊端重重、在世界上名不见经传的股票市场完成了"股权分置"改革，并跃居世界资本市场的前列；自2003年央行票据推出尤其是2005年短期融资券推出后，债券市场开始了爆发性的增长。但是，与中国经济发展的速度相比，与世界上金融发达国家相比，中国的金融体系在结构上依然存在诸多问题。在2008年成稿的《中国金融体系的结构性改革：全球化下的机遇与挑战》中，王松奇（现任金融研究所书记）分析了中国金融体系依然为银行主导的特点，在总结已经取得的两方面成绩（解决系统性风险过高的问题和改革金融机构出资人制度）之后，指出了当前金融体系的症结：一方面是流动性过剩；另一方面是高新技术企业、中小企业面临资金可得性的障碍。为解决这个问题，需要在完善监管体制的基础上，继续推动、深化金融领域的改革和开放。

从上层建筑的角度看，金融发展必然表现为法律体系和金融管理架构的变革。在《法治视野下的中国金融发展》一文中，胡滨（现任中国社会科学院博士后管理办公室秘书长）和全先银（金融研究所法与金融研究室副主任）回顾了1978年以来中国金融法治化的历程，总结了主要成就和基本特点，提出了至今尚未解决的若干问题，如存在法律空白、行政权力过大等。在金融管理体制的改革方面，值得关注的两篇文章分别是汤柳（金融研究所助理研究员）撰写的《中央与地方金融管理权的合理划分问题研究》和刘煜辉（金融研究所金融实验室主任）、沈可挺（金融研究所博士后）撰写的《中国地方政府公共资本融资：问题、挑战与对策》。我们知道，1994年开启的财税体制改革和金融体制改革具有一个重要特点，那就是财权和金融权力的上收。这种权力的上收有其历史背景，对随后中国经济和金融的发展也起到了重要作用。但是，在进入21世纪后，我们越来越面临的一个问题就是金融如何支持地方经济，尤其是地方中小企业的发展。在《十二五规划纲要》中，这个问题，即探讨地方金融发展和地方金融管理体制的建设被首次提到了议事日程。这方面的研究尚属开端，这两篇文章是一个有益的探索。在金融发展的研究方面，传统理论是将金融放在实体经济之后的，即所谓"实业引导金融"的论点。黄国平（金融研究所结构金融研究室副研究员）在《创新型增长视角下的金融发展：综述及展望》一文中，基于熊彼特的创新理论，讨论了金融通过促进创新，从而引导实体经济发展的可能。此外，郭金龙（现任金融研究所所长助理）和张昊（金融研究所博士生）的文章《中国保险业发展的人口因素分析》、李广子（金融研究所银行研究室助理研究员）等的《上市公司民营化绩效：基于政治观点的检验》也分别讨论了人口因素对保险业发展的影响和所有权变化对上市公司的影响。

在银行主导的中国金融体系中，金融发展的成果自然会集中体现在银行业的发展上。在这十年中，我国银行业不仅通过改革达到了"老"《巴塞尔协议》的标准，而且还在探讨提前实施"新"的《巴塞尔协议》。自2004年3月我国实施《商业银行资本充足率管理办法》后，我国的银行监管部门——中国银监会于2011年4月出台了《中国银行业实施新监管标准的指导意见》，拟按照2010年12月公布的《第三版巴塞尔协议》（Basel Ⅲ），进一步提高我国银行业的资本充足率标准。对于十年前还被认为技术上破产的中国银行业来说，这样的举措无疑是振奋人心的，但是，这样的举措是否会对中国银行业乃至中国经济产生较大的负面影响，却是一个未知数。曾刚（金融研究所银行研究室主任）和李广子（金融研究所银行研究室助理研究员）等的《资本充足率变动对银行信贷行为的影响》分析了该项举措可能对我国银行业产生的影响，并提出了解决之道。此外，李广子和李玲（中国社会科学院世界经济与政治研究所博士生）的《商业银行资本补充机制：现状、动因与效果》还以我国上市银行为例，分析、比较了银行业补充资本的不同渠道。小企业融资是老大难问题，这个问题也主要与银行业有关。在《中国小企业融资难问题的成因及对策》一文中，袁增霆（金融研究所结构金融研究室副主任）、蔡真和王旭祥（金融研究所博士生）利用大量的调查数据否定了许多人想当然但事实上是错误的看法——主要包括：银行歧视小企业、中国银行体系缺乏钟爱小企业的小银行、国有银行歧视非国有制的企业等，并得出了结论。其他文章，如董裕平（金融研究所公司金融研究室主任）的《小企业融资担保服务的商业发展模式研究》、陈经伟（金融研究所金融实验室助理研究员）的《小企业民间借贷行为与制度安排》等，也都从不同角度对我国小企业融资的问题和出路进行了讨论。中国金融市场的发展也是这十年来金融发展的亮点，尤其是"股权分置"改革后的中国股票市场，其市值曾一度直逼世界第一的美国。然而，中国股市的制度性弊端并未彻底根除，突出表现之一就是一级市场异常高的抑价——一级市场的发行价大幅度地低于二级市场的上市价格。在"股权分置"改革之前，刘煜辉的《股权分置、政府管制和中国IPO抑价》就分析了高抑价现象，指出"股权分置"和政府的行政管制是导致此种现象的根本原因。在"股权分置"改革之后，高抑价现象并未消失。在2011年的《是一级市场抑价，还是二级市场溢价》一文中，刘煜辉和沈可挺发现，IPO抑价仅能解释新股上市首日超额收益的12.7%，中国股票一级市场的高抑价现象实质主要是二级市场高溢价的反映，其根子还是在于中国股票市场行政性的发行管理办法。

金融市场的发展归根到底要体现于金融产品的多样化。这十年，在单调乏味的中国金融产品谱系中，出现了一个靓丽的身影——银行理财产品。自2004年现身以来，中国的银行理财产品不仅在规模上急速增长，在产品类别上也日益纷繁多样。银行理财产品推动了我国银行业的转型和利率的市场化进程，但是，正如所有具有中国特色的东西一样，银行理财产品也是带着问题出现，伴随着问题成长。银行理财产品的问题之一就是定价问题，尤其是其中最多样化，也是最复杂的结构化产品定价。这方面，即使在国际金融理论和实务界，结构化产品的定价方法也远未成熟。王增武（金融研究所结构金融研究室副研究员）和汪圣明（金融研究所博士生）的《结构性金融产品的定价与投资决策研究：不确定性方法》对此作出了贡献。该文利用Choquet方法，提出了一种新颖的结构化产品定价建模思路。这种思路事实上也成为结构金融研究室跟踪评价我国银行理财产品的模型基础。

在这十年的大约前2/3的时间里，尽管存在着这样或那样的问题，但总体上看，中国经济和金融发展的步伐是稳健的。2008年8月雷曼兄弟公司的倒闭和美国次贷危机的全球扩散改变了这样的好日子，也在很大程度上改变了金融研究所的研究方向。所谓"养兵千日，用兵一时"。从2008年开始，金融研究所主要投入到了对这场全球危机的研究上来。

次贷危机到全球金融危机的演进实质是信用危机向流动性危机的转变，即初始的债务人信用风险通过信用链条的断裂、风险激化和传染发展为所有市场参与者的流动性匮乏。这种风险和危机的自强化机制在胡志浩（金融研究所国际金融研究室副主任）的《危机中的流动性变化及其管理》一文中得到了分析；随后，在董裕平的《防范同质化加剧系统性金融风险》、易宪容（金融研究所银行研究室研究员）和王国刚的《美国次贷危机的流动性传导机制的金融分析》中得到了进一步的讨论。他们指出，流动性风险的考量必须超越传统、静态的数量和利率指标，需要全面分析，需要防范金融机构的高杠杆和"同买同卖"的同质化行为模式。如果将时间坐标再往回拉几十年，我们就会看到，次贷危机、全球金融危机在本质上与我们之前遭遇的拉美债务危机、亚洲金融危机等并无不同，都是信贷过分膨胀、资产价格泡沫、财政赤字和经常项目逆差不可持续的结果。这一点，在刘菲（金融研究所保险研究室副主任）和高占军（金融研究所博士后）的文章

《关于国际金融危机的理论评述》中，有了一个较为详实的总结。所以，对危机的进一步深入讨论就涉及危机发源地、美国的低储蓄率和巨额经常账户赤字以及更大范围内的全球经济失衡问题。

全球失衡并非老问题——如李扬在《全球经济失衡：起因、可维持性与应对之策》一文中所说，其根源在于特定国际货币体系下"外围国家"，即中国、日本以及东南亚诸国被迫采取盯住美元体制、被迫积累美元储备使然。虽然这篇文章从国际货币体系的角度合理解释了包括中国在内的亚洲国家保持高储蓄率、积累美元储备的机制，但是，还未及"反击"那些对亚洲国家特别是对中国的指责——如美联储主席伯南克在 2005 年的一篇讲话中说道，全球失衡的责任在于高储蓄率国家导致的全球储蓄过剩（global saving glut）。在《美国经常账户失衡：表现、理论与政策》一文中，何海峰（金融研究所结构金融研究室主任）回顾了美国经常账户的历史变化，对伯南克的全球储蓄过剩论进行了驳斥。在《美国居民低储蓄率之谜和美元的信用危机》一文中，殷剑峰研究了全球失衡的另一面——低储蓄率的美国，探讨了美国之所以能够长期保持低储蓄率并在几十年中不断降低储蓄率的原因。其结论很简单：美国低储蓄率的原因不在于外部的储蓄过剩，而在于美国自身的金融模式和信贷膨胀，但根子还是在于美元霸权。

美元霸权并非新鲜话题，但在危机之后成了热门话题。彭兴韵的《国际货币体系的演变及多元化进程的中国选择》一文，从历史视角细致回顾了国际货币体系的演变和美元霸权的形成，指出美国的"双赤字"、美元流动性扩张等都是内生于此种霸权的。事实上，消除美元霸权、建立多元化的国际货币体系也正是危机后关于国际货币体系改革的共识。在这方面，李扬的《全球金融体系改革及亚洲的选择：我们需要更深入地思考》和殷剑峰的《人民币国际化："贸易结算+离岸市场"还是"资本输出+跨国企业"？》都提出了改革的设想，其共同点就是：如果没有我国国内金融市场的充分发展和整个金融体系的改革开放，人民币无法成为鼎足于国际货币体系的一个重要储备货币，多元化的国际货币体系也难有建树。

全球金融危机爆发后，对于宏观经济政策的评价与改进以及宏观金融监管体系的构建迅速成为国内外研究、讨论的焦点。在《对全球金融监管改革核心内容的再认识》一文中，尹振涛（金融研究所法与金融研究室助理研究员）探讨了宏观审慎管理框架的理念、国际经验和模式，指出我国构建宏观审慎管理体系的要点。在金融子行业的监管方面，阎建军（金融研究所保险研究室副研究员）和关凌（保监会）的《保险业在金融危机中的角色：资产证券化视角》通过对美国不同保险业务和机构的分析，发现传统保险业务和机构没有涉足次贷业务，深度介入次贷债券及其衍生品交易的是债券保险业，因此，我国的保险业应该坚持和鼓励发展核心保险业务，对保险业与其他金融行业的混业经营及相关创新应该加强监管。至于危机中宏观经济政策的作用，在《金融危机管理中的货币政策操作》一文中，彭兴韵以1929年大萧条时期美国货币政策操作的教训为背景，分析了此次危机中美联储的政策操作及其对抑制危机负面影响的效果。显然，与大萧条时期货币政策的不作为相比，此次危机中迅速反应的货币政策和国际货币政策合作对于减缓危机的痛苦产生了显著效果。

全球金融危机爆发后，危机对中国经济和金融的影响是国内更加关注的话题。其中之一是热钱问题。在《国际对冲基金的中国资产配置研究》一文中，张跃文（金融研究所公司金融研究室副主任）以热钱的典型代表——国际对冲基金为例，推算了对冲基金在中国的敞口，发现热钱影响中国股市、债市的证据并不存在。虽然如此，中国的股票指数显然是受国际影响的，尤其是在危机后，国际股市跌，中国股市肯定也跌——当然，股民都知道，反之则未必成立。在《股票市场的国际一体化进程》一文中，费兆奇（金融研究所货币政策研究室助理研究员）通过构建基于卡尔曼滤子的GARCH模型，研究了18个股票市场的联动关系，发现国际因素，尤其是亚洲区域因素显著影响着中国的股市。在危机对中国的经济影响方面，殷剑峰的《21世纪中国经济周期平稳化现象研究》分析了21世纪中国经济周期波动平稳的内部和外部因素，发现中国经济波动趋缓主要在于内部冲击的趋缓和内部的自稳定机制，而外部冲击成为导致中国经济波动最大的来源，因此，在采取总需求政策稳定宏观经济的同时，应该切实转变依靠外需的经济增长方式。

转变经济增长方式也是个老话题。转变经济增长方式，在产业结构上表现为第一、二、三次产业的结构需要更加合理化，在增长动力上表现为从依靠要素投入的粗放型增长转变为依靠技术进步的内涵式增长，在GDP支出结构上表现为从依靠外需转向依靠内需尤其是内需中的消费。这些转变都以政府职能的切实转变为前提，而这正是困难所在。在2007年发表的《中国高储蓄率问题探究》一文中，李扬和殷剑峰就指出，我国内需尤其是居民消费需求不振，其症结在于，政府对经济的干预加强和没有在再分配环节行使公共职能导致政府部门积累过高的可支配收入和政府储蓄。在《中国政府储蓄研究：理论演进与实践考察》一文中，杨涛（金融研究所金融市场研究室主任）进一步讨论了政府储蓄上升的因素，包括政府可支配收入的过快上升、政府消费性支出的减缓和政府边际储蓄倾向的不断提高，归根到底还是由于政府对市场不断加强的干预。

回眸十年，中国陆续超过了英国、法国、德国和日本，成为世界第二大经济体，按人均收入计算也已经进入中上等收入经济体的行列。展望下一个十年，中国经济高速增长的基础依然存在，国际上和平、发展、合作依然是时代潮流，新一轮全球化浪潮正在到来，我们相信，在这重要的战略机遇期，转变经济发展方式将会为未来十年的中国经济注入新的活力和强大动力（李扬《转变经济发展方式是抓住战略机遇期的关键》）。在这一过程当中，我们也将会面临更多、更新和更复杂的研究课题。

回眸十年，金融研究所从初创时仅有十来位的科研团队发展到拥有包括在职研究人员、博士、博士后在内的上百位的研究力量，每年都有数以百万字的学术论文、研究报告和要报发表，每年都会接待大量的国外来访，并派出研究人员在国外进行长期进修学习。应该说，今天的金融已经在国内学术界、实务界和政策层取得了重要影响，在国际上也崭露头角。我们相信，在下一个十年中，金融研究所的研究团队将会继续紧密跟踪我国的经济转型和发展，在全球化的视野下，提出新问题，发现新问题，回答新问题。

在拙序即将结束之际，编者对上文中可能未提到的本文集作者，对因篇幅限制未纳入的文章和研究报告的作者，表示深深的歉意；拙序中不详尽甚至可能是错误的评述，也请作者和读者指正；对参与本文集编撰整理工作的程炼（《金融评论》编辑部主任）、刘戈平（金融研究所办公室主任）以及辛苦工作的社会科学文献出版社的编辑表示由衷的感谢。

"朋而不党，和而不同"。最后，让我们一起谨记建所时立下的这个所训，共同为金融研究所成为"国内一流、世界知名"的智库努力，共同为中国的经济和金融研究事业贡献力量，共同为中国崛起为世界第一强国奋斗！

编者拙笔于 2012 年 8 月

CONTENTS 目录

上　册

宏观经济与货币政策

货币政策与财政政策的配合：理论与实践 …………………… 李　扬　3
劳动力转移过程中的高储蓄、高投资和中国经济增长 ………… 李　扬　殷剑峰　20
中国高储蓄率问题探究
　　——基于1992～2003年中国资金流量表的分析 ………… 李　扬　殷剑峰　40
金融危机管理中的货币政策操作
　　——美联储的若干工具创新及货币政策的国际协调 ……………… 彭兴韵　58
基于资产负债表的央行调控能力分析 ……………………………… 王国刚　81
21世纪中国经济周期平稳化现象研究 ……………………………… 殷剑峰　103
历史视角下的货币总量指标
　　——统计进展、角色转换及其依据 ……………………………… 周莉萍　127
中国政府储蓄研究：理论演进与实践考察 ………………………… 杨　涛　139
简论货币、金融与资金的相互关系及政策内涵 …………………… 王国刚　151
转变经济发展方式是抓住战略机遇期的关键 ……………………… 李　扬　182
从央行资产负债表解读中国货币政策 ……………………………… 蔡　真　190
中国货币政策调控工具的操作机理分析（2001～2010年）……… 王国刚　199

国际金融与国际货币体系

关于国际金融危机的理论评述 ·················· 刘 菲 高占军 225
经济全球化背景下的中国外汇储备管理改革 ·················· 李 扬 239
全球经济失衡：起因、可维持性与应对之策 ·················· 李 扬 270
国际对冲基金的中国资产配置研究 ·················· 张跃文 286
危机中的流动性变化及其管理 ·················· 胡志浩 299
防范同质化加剧系统性金融风险
　　——美国次贷危机的警示 ·················· 董裕平 314
美国居民低储蓄率之谜和美元的信用危机 ·················· 殷剑峰 322
美国经常账户失衡：表现、理论与政策
　　——兼驳伯南克"世界储蓄过剩"论 ·················· 何海峰 340
美国次贷危机的流动性传导机制的金融分析 ·················· 易宪容 王国刚 355
全球化下的初级商品价格与实际汇率 ·················· 袁增霆 380
全球金融体系改革及亚洲的选择：我们需要更深入地思考 ·················· 李 扬 390
国际货币体系的演变及多元化进程的中国选择
　　——基于"货币强权"的国际货币体系演进分析 ·················· 彭兴韵 401
人民币国际化："贸易结算+离岸市场"还是"资本输出+
跨国企业"？
　　——以日元国际化的教训为例 ·················· 殷剑峰 428
保险业在金融危机中的角色：资产证券化视角 ·················· 阎建军 关 凌 444
对全球金融监管改革核心内容的再认识 ·················· 尹振涛 460

下　册

金融发展

中国保险业发展的人口因素分析 ·················· 郭金龙 张 昊 471
中国金融体系的结构性改革：全球化下的机遇与挑战 ·················· 王松奇 486
法治视野下的中国金融发展
　　——中国金融法治化进程、问题与展望 ·················· 胡 滨 全先银 505
上市公司民营化绩效：基于政治观点的检验 ·················· 李广子 刘 力 514
中国金融发展水平的国际比较与上海国际金融中心建设 ·················· 殷剑峰 537

中国地方政府公共资本融资：问题、挑战与对策
　　——基于地方政府融资平台债务状况的分析 ………… 刘煜辉　沈可挺　561
中央与地方金融管理权的合理划分问题研究 ………………………… 汤　柳　586
创新型增长视角下的金融发展：综述及展望 ………………………… 黄国平　597

金融产品与市场

股权分置、政府管制和中国 IPO 抑价 ………………………………… 刘煜辉　617
中国金融市场联动分析：2000~2004 ………………………………… 殷剑峰　638
中国住房市场的公共政策研究 ………………………………………… 易宪容　654
结构性金融产品的定价与投资决策研究：不确定性方法 …… 王增武　汪圣明　671
股票名称与股票价格非理性联动
　　——中国 A 股市场的研究 ……………………… 李广子　唐国正　刘　力　683
房价与信贷关系研究
　　——兼论当前房价调控政策的有效性 ……………………… 蔡　真　汪利娜　708
股票市场的国际一体化进程 …………………………………………… 费兆奇　736
是一级市场抑价，还是二级市场溢价
　　——关于中国新股高抑价的一种检验和一个解释 ………… 刘煜辉　沈可挺　757
金融经济领域中的不确定性研究综述 ………………………………… 王增武　779

银行与小企业融资

小企业民间借贷行为与制度安排 ……………………………………… 陈经伟　797
小企业融资担保服务的商业发展模式研究
　　——基于粤、浙两省数据的情景模拟试验分析 ……………………… 董裕平　810
中国小企业融资难问题的成因及对策
　　——基于 31 省（市、区）调查问卷的分析 ……… 袁增霆　蔡　真　王旭祥　824
政策性金融转型动态与我国的改革路径评析 ………………………… 董裕平　833
资本充足率变动对银行信贷行为的影响 …………… 曾　刚　李广子　谢　玮　845
商业银行资本补充机制：现状、动因与效果 ……………… 李广子　李　玲　861
我国村镇银行的绩效及其影响因素 ………………………… 曾　刚　李广子　875
外部环境与贷款技术选择
　　——小企业融资的一个分析框架 ……………………………………… 曾　刚　888

CONTENTS 目录

Volume One

Macro-economy and Monetary Policy

Cooperation between Monetary Policy and Fiscal Policy: Theory and Practice
　　　　　　　　　　　　　　　　　　　　　　　　　　　　　　Li Yang / 3

High Saving Rate, High Investment Rate and Chinese Economic Growth
　During Labour Transition　　　　　　　　　*Li Yang, Yin Jianfeng* / 20

Anatomy of High Saving Rate of China
　—*Analysis based upon Flow of Funds Account of China from 1992 to 2003*
　　　　　　　　　　　　　　　　　　　　　　　Li Yang, Yin Jianfeng / 40

Monetary Policy Operations During the Financial Crisis
　—*Some Innovated Instruments by Fed and International Cooperation*　　*Peng Xingyun* / 58

Central Banks' Operation Capacity: Analysis based on Balance Sheets
　　　　　　　　　　　　　　　　　　　　　　　　　　　Wang Guogang / 81

A Study of the Stabilization of China's Business Cycle in the Twenty-first Century
　　　　　　　　　　　　　　　　　　　　　　　　　　　Yin Jianfeng / 103

Monetary Aggregates Index in Historical Perspective
　—*Statistical Progress, Role Transformation and Its Basis*　　*Zhou Liping* / 127

Research on Government Saving in China: Practical Investigation
  and Policy Advice   *Yang Tao* / 139

A Brief Study on the Relationship Between Money, Finance and Fund
  and Its Policy Implications   *Wang Guogang* / 151

The Key to Reap the Benefit of Strategic Opportunity: To Change the
  Way of Economic Development   *Li Yang* / 182

Understanding the Monetary Policy of China from the Balance Sheet
  of Central Bank   *Cai Zhen* / 190

The Operational Mechanisms of Monetary Policy Tools in China: 2001 – 2010
    Wang Guogang / 199

International Finance and International Monetary System

A Summary of International Crisis Theories   *Liu Fei, Gao Zhanjun* / 225

The Reform of Foreign Exchange Reserve Management in China Under
  the Background of Globalization   *Li Yang* / 239

Global Imbalance: Causes, Sustainability and Countermeasures   *Li Yang* / 270

A Study on Asset Allocation of International Hedge Funds in China   *Zhang Yuewen* / 286

Changes and Management of Liquidity in the Crisis   *Hu Zhihao* / 299

Avoiding Systemic Financial Risks Exacerbated by Homogenization
  —*Lessons from the U. S. Subprime Crisis*   *Dong Yuping* / 314

The Puzzle of Low Saving Rate of U. S. Household and Credit Crisis
  of U. S. Dollar   *Yin Jianfeng* / 322

The Imbalance of U. S. Current-Account: Behavior, Theory and Policy
  —*A Criticism to Bernanke's Excess Global Savings Argument*   *He Haifeng* / 340

Financial Analysis on the Liquidity Transmission Mechanism
  of U. S. Subprime Mortgage Crisis   *Yi Xianrong, Wang Guogang* / 355

Primary Commodity Prices and Real Exchange Rates Under Globalization
    Yuan Zengting / 380

International Financial System Reform and the Choice of Asia:
We Need In-depth Thinking   *Li Yang* / 390

The Evolution of International Monetary System and China's Choice
in the Process of Global Monetary Diversification
—*An Analysis from the Perspective of Monetary Power*   *Peng Xingyun* / 401

RMB Internationalization: Trade Settlement plus Offshore Market
or Capital Account Opening-up plus Multinationals?
—*Lessons from Japan's Yen Internationalization*   *Yin Jianfeng* / 428

The Role of Insurer in Financial Crisis: The Perspective of Asset Securitization
                                                              Yan Jianjun, Guan Ling / 444

Re-thinking the Core of Global Financial Regulation Reform   *Yin Zhentao* / 460

Volume Two

Financial Development

A Demographic Analysis on the Development of China's Insurance Industry
                                                              Guo Jinlong, Zhanghao / 471

The Structural Reform of Chinese Financial System: Opportunities
and Challenges in the Globalization   *Wang Songqi* / 486

Development of Financial Laws and Regulations in China with the Goal of Rule of Law
—*Developments, Issues and Prospects*   *Hu Bin, Quan Xianyin* / 505

Listed Firm's Privatization and Performance: A Test for Political View
                                                               Li Guangzi, Liu Li / 514

International Comparison of China's Financial Development and the Construction
of Shanghai International Financial Center   *Yin Jianfeng* / 537

Public Capital Financing of Local Governments in China:
Challenges and Strategies
—*Based on the Analysis of Local Financing Vehicles*   *Liu Yuhui, Shen Keting* / 561

The Division of Financial Administrative Power Between Central
and Local Governments Under the Current System Tang Liu / 586

Financial Development and Innovative Growth: Review and Outlook
　　　　　　　　　　　　　　　　　　　　　　　　　　Huang Guoping / 597

Financial Products and Markets

Equity Separation, Government Regulation, and Chinese IPO
　　Under-pricing Puzzle Liu Yuhui / 617

The Linkage between Financial Markets in China: 2000 - 2004 Yin Jianfeng / 638

A Study on the Public Policies of China's Housing Market Yi Xianrong / 654

The Pricing and Investment of Structured Financial Products:
　　the Uncertainty Approach Wang Zengwu, Wang Shengming / 671

The Irrational Co-movement of Stock Names and Stock Prices
　　—An Study Based on China's A-share Market
　　　　　　　　　　　　　Li Guangzi, Tang Guozheng and Liu Li / 683

A Study on the Relationship Between Housing Price and Credit Support
　　—The Effectiveness of Current Housing Price Control Policies Cai Zhen, Wang Lina / 708

Evolution of International Stock Markets Integration Fei Zhaoqi / 736

Primary Market Under-pricing or Secondary Market Over-pricing?
　　—An Empirical Analysis and Explanation of IPO Puzzles in Chinese Stock Market
　　　　　　　　　　　　　　　　　　　　　　　Liu Yuhui, Shen Keting / 757

A Survey of Ambiguity in Finance and Economics Wang Zengwu / 779

Banking and Small Business Financing

The Informal Finance of Small Business and System Arrangement Chen Jingwei / 797

Study of Small Enterprises' Commercialized Model of Financing Guarantee System
　　—Scenario Simulation Based on Data from Guangdong and Zhejiang Province
　　　　　　　　　　　　　　　　　　　　　　　　　　　Dong Yuping / 810

Causes and Countermeasures of the Difficulties in China's Small Business Financing
—Analysis Based on Provincial Questionnaire

            Yuan Zengting, Cai Zhen and Wang Xuxiang / 824

An Analysis on the Development of Policy Finance and Its Reform in China

                      Dong Yuping / 833

Effect of Change in Bank's Capital Adequacy Ratio on Loan Growth

              Zeng Gang, Li Guangzi and Xie Wei / 845

Commercial Bank's Capital Replenishment Mechanism: Facts, Causes and Effects

                 Li Guangzi, Li Ling / 861

The Performance of Chinese Village Banks and Its Contributing Factors

                Zeng Gang, Li Guangzi / 875

Environments and Lending Techniques
—*A Framework for Small Size Firms Loans*   *Zeng Gang* / 888

宏观经济与货币政策

法政大学
資政文策

货币政策与财政政策的配合：理论与实践

李 扬

在中国，关于货币政策与财政政策的协调配合问题的讨论，长期以来是在"财政信贷综合平衡"的题目下进行的。① 应当说，对此问题的研究，已经取得了十分有价值的理论成果，而且对我国的社会主义建设发挥了重要的指导作用。然而，市场经济的发展，正在逐渐改变着我国经济运行的基本格局，并且使得财政政策和货币政策在国民经济中的相对地位发生了一些变化。这些变化，已经而且必将越来越多地在两大政策体系的协调配合方面提出新的课题。

本文旨在探讨市场经济条件下我国货币政策和财政政策之间的协调配合问题。在阐述分析框架之后，我们将重点讨论 20 世纪 90 年代以来中国经济形势的变化，特别是近年来通货紧缩形势的发展，并进一步研究应对通货紧缩的货币政策和财政政策的协调配合问题。

一 货币政策和财政政策配合：分析框架

关于货币政策和财政政策的相互配合问题，可以从两大政策的松紧搭配角度进行研究：将松的、紧的、中性的货币政策和松的、紧的、中性的财政政策进行排列组合，我们可以得到各种配合模式。在一定意义上，西方经济学围绕 IS – LM 模型展开的一系列研究，解决的就是这方面的问题。这种讨论当然是必要的。然而，在我看来，两大政策的松紧搭配，只是政策层次的问题，而在确定某种政策配合格局之前，我们首先需要在理论层次上对两大政策工具的特点及其共同发挥作用的基础有一个清楚的认识。

货币政策和财政政策的协调配合，可以说理论界和实际操作部门一直在研究。在我们这里，过去存在着"财政出赤字，银行发票子""财政和银行穿连裆裤"，甚至"财政和

---

① 黄达教授的著作《财政信贷综合平衡导论》，总结了我国理论界对这一问题的探讨。

银行是国家的两个钱口袋"的说法。如果说这些表述非常形象地概括了计划经济体制下财政政策和货币政策之间关系的话,那么,在市场经济条件下,对之却应当重新审视。这是因为,从市场经济的运行来看,货币当局的调控对象——货币供求,和财政当局的调控对象——政府收支,并不是同一个层面上的问题。

在宏观经济理论中,关于总供给和总需求之间的关系,历来有两个基本平衡式。一个着眼于非金融经济主体的经济活动,于是有企业、居民、政府和国外的收入之和等于其支出之和的等式。由这个平衡式还可以推演出储蓄等于投资的恒等式。[①]

令 C 代表私人消费,I 代表私人投资,G 代表政府支出,X 代表出口需求,则从总需求的角度,可有等式:

$$Y = C + I + G + X$$

令 S 代表储蓄,T 代表政府税收,M 代表进口,C 代表私人消费,则从总供给的角度,可有:

$$Y = C + S + T + M$$

当一国经济处于均衡状态时,国民收入的恒等式为:

$$C + I + G + X = C + S + T + M \tag{1}$$

从等式两端销去 C,并对之进行整理,可以得到:

$$G - T = (M - X) + (S - I)$$

式(1)中,S 和 I 由国内私人部门决定,X 和 M 由国外部门同国内私人部门共同决定。G 和 T 则可以由政府部门决定。为了不同的政策目的(刺激经济或紧缩经济),并根据等式右方的状态,政府可以采取多种措施,例如,倘若国内经济不甚景气,为了刺激经济增长,政府在支出(G)一方可以增加支出,在收入(T)一方则可以减少税收;反之亦然。所谓财政政策的宏观调控,主要就是根据这个等式来进行的。[②]

值得注意的是,金融部门尽管非常重要,但是,在上面这个刻画总供求关系的基本等式中,并没有它的地位。也就是说,从收入和支出角度来分析宏观经济,在全社会的收支主体中,只是企业、政府、居民和国外四个部门的收支形成总供求的构成要素。这一点并

[①] 为了集中讨论后面的问题,这里不深入讨论宏观经济理论的分析框架。在一般的宏观经济学教科书中,可以找到十分详尽的分析。

[②] 我国理论界和实际工作部门一直有个误解,认为凡是国家制定的政策都是宏观政策。事实上,以财政政策为例,除了调节政府总收入、总支出和预算总差额的政策之外,财政政策中的绝大部分都是微观经济政策。

不难理解：金融部门是"中介部门"，它虽然不断有货币收支，但是，这些收支只是在其他经济主体之间起媒介作用，它本身并不直接生产产品从而形成供给，也不直接进入市场购买从而形成需求；它的货币收支，作为其他经济主体的储蓄和投资的"外源"资金，已经被分解在这些主体的收支中了。

然而，关于总供给与总需求的关系，我们还有另外一个恒等式，即：

$$MV = Py \tag{2}$$

式（2）中，M 代表货币存量；V 代表货币流通速度，即每一单位货币在一个特定时间内转化为收入的次数；P 为加权平均物价水平；y 为剔除物价水平影响的实际国民收入。在这里，MV 表示总需求，Py 则表示总供给。

在这里，M 亦即货币存量，无论怎样界说它的范围，其主体都脱不出金融体系的资产负债表，因而在相当程度上是可以由金融部门调控的。货币流通速度（V）则由社会的支付制度以及全体实质经济部门的行为决定；至于物价水平和实际国民收入，则由各个经济主体的活动综合决定。

进一步来看，既然式（1）和式（2）刻画的都是宏观经济的运行，对于同一个经济社会，下面两个等式便应成立：

总需求： $C + I + G + X = MV$

总供应： $C + S + T + M = Py$

不难看出，对于宏观经济运行来说，货币政策和财政政策的调控层次是不相同的。货币供应的控制显然具有更直接的宏观经济意义。具体地说，当货币流通速度不变时，货币供应量的大小直接决定了社会总需求的规模，从而决定了社会总供求的对比关系。而财政收支却只是总需求与总供给的一个组成部分，它的调节功能，同个人、企业、国外等经济主体的收支并无质的差别。人们在实践中都有这种认识：无论各经济主体（财政、企业、居民）的扩张冲动有多强，若无银行的资金支持，这种冲动便难形成实际的扩张。这种感性的认识，已经与我们的理论分析相去不远了。

总之，在规划宏观经济的时候，我们可以从两个角度入手。其一是收入—支出角度。在这里，需要估算的是各个非金融的经济部门（包括以财政为代表的政府部门）的储蓄（供给）和投资（需求），并对之加以平衡。其二是货币供求角度。在这里，需要估计的是全社会的货币需求，并依托一定的货币供应机制去满足这一需求。正是在这个意义上，我们同意美国经济学家米尔顿·弗里德曼的著名论断：对于宏观经济来说，"货币最重要"。由此我们也可以理解，为什么世界各国都要强调中央银行的独立性（独立于政府），强调财政不得向银行透支或借款,强调货币政策的主要目标是稳定货币。这里的根本原因就在于,中央银行所"经营"的"产品",是面向全社会各种支出单位的,而政府只是(在货币收支问题上以财政为代表)这些支出单位中的一个。

我们认为,从理论上认识清楚上述关系,尤其是认识清楚货币部门和财政部门各自的作用,认识到它们可以做什么和不可以做什么,是极为重要的,这可以避免出现一些似是而非的决策。

二 财政部门与金融部门的资金联系

财政收支与金融的运行有着密切联系。在中央银行的资产负债表中,"对政府债权"和"政府存款",是反映这种联系的主要科目。[①] 财政当局和货币当局的资金联系体现在这两个科目上;货币政策和财政政策的协调配合,也正是通过这两个科目的变化发生的。表1记载了1986~1997年财政部门同中央银行的资金往来。

表1　中央银行同财政部门的资金联系（1986~1997年）

单位:亿元

年份	1986	1987	1988	1989	1990	1991	1992	1993	1994	1995	1996	1997
对政府债权	370.1	515.0	576.5	684.6	801.1	1067.8	1241.1	1582.1	1687.7	1582.8	1582.8	1582.8
政府存款	311.5	307.0	270.9	438.0	380.4	485.8	230.6	487.3	833.3	973.4	1225.4	1485.9
对政府净债权	58.6	208.0	305.6	246.6	420.7	582.0	1010.5	1094.8	854.4	609.4	357.4	96.9
流通中现金	1296.8	1532.0	2237.6	2472.0	2788.2	3336.3	4574.5	6287.6	7883.9	8574.0	9434.8	10981.1

资料来源:《中国金融年鉴》、《中国金融展望》有关各期。

我国理论界和实务部门在研究银行和财政关系以及货币发行问题时,经常使用"经济发行"和"财政发行"两个概念。顾名思义,前者是正常的,而后者则是不正常的,因而是应当尽量防止的。这一对概念的提出对于防止政府过度依赖银行体系来安排支出,从而造成通货膨胀,显然是有益处的,但是,它也给人一种印象,似乎政府(财政)占有银行的货币发行收入是不正常的。这个观念需要进一步推敲。

首先让我们从货币发行问题说起。只要经济在不断增长,货币供应就应当不断增加。用货币流通公式 $MV = Py$ 来表达就是,如果 P 和 V 保持不变,y 增加,必须要求 M 有相应

[①] 当然,从法理上说,我国中央银行以及国有金融机构的资本金都是由财政拨付的。这也是财政与金融部门的资金联系。但是,这个项目一般变化不大,我们在分析时可以存而不论。

的增加，否则就会造成通货紧缩，社会生产和流通便无法正常进行。当然，如果物价水平 P 因各种原因亦趋提高，需要增加的货币发行量就更大。① 显而易见，货币供应的不断增加，是全社会的共同创造物。货币发行的这一本质，在金属货币流通时期表现得非常清楚。那时，货币的供应是实体经济内部的事情，货币的"生产"部门——黄金生产部门，本身就是社会的实体经济体系的一个组成部分，在黄金的生产中，同样凝固着社会的必要劳动。更为重要的是，作为货币的黄金同一般商品的交换，是一个等价交换的过程。

问题是，当货币形式发展到代用品时期，货币的发行就成为一个非实体经济活动（虽然它实际上促进了实体经济部门的发展），而货币发行作为一种特权，其本身就可以创造收入。于是，就有了一个货币发行收入归谁占有和使用的问题。几个世纪以来，这个问题一直困扰着人们。在西方国家的历史上，曾经有过私人银行发行钞票的时期，那时，政府通常要向发钞银行课征"铸币税"，作为允准它们拥有货币发行特权的交换。后来有了中央银行，垄断了货币发行权，货币发行的收入更是明确无误地归于政府。当然，实际发生的过程是复杂的，因为，此时的货币发行及其取得收入的过程，被淹没在中央银行复杂的存贷款活动和公开市场操作活动之中了。于是，货币发行收入"归为"政府的过程，或采取中央银行利润上缴形式，或采取利润分成形式，或采取纳税形式，依各国的体制和历史传统而有很大差别。在中国，中国人民银行于 1985 年开始行使中央银行职能之后，长期采用的是收入分成制；1994 年中央银行改为政府的预算单位之后，实际上采取的是利润上缴制。②

在我们这里，对于政府从金融系统取得资金的警惕，主要来自这样一种考虑：政府从金融系统取得资金，总是因为它出现了赤字，而财政赤字却是引发通货膨胀的最主要因素。我们现在来讨论这一问题。

财政出现赤字，说明政府在当期较多地占用了国民收入，从政策趋向上说，这时的财政政策是膨胀性的。但是，膨胀性的财政政策并不必然意味着通货膨胀将现实地发生，这是因为，膨胀性的财政政策是否会现实地导致通货膨胀，在很大程度上取决于财政赤字是如何弥补的；更本质地说，取决于金融部门通过何种方式为财政提供融资便利。

倘若政府主要以发行国债的方式来弥补财政赤字，它可能的方向和影响主要有如下四种。

---

① 我国中央银行在确定货币发行增长率时，粗略地使用的公式就是：物价上涨率＋经济增长率＝货币供应增长率。这个公式曾经受到理论界的激烈攻击，认为这是造成通货膨胀的货币发行。事实上，在世界各国，只要中央银行的货币政策中介目标是货币供应，它们在确定货币发行计划时，使用的都是同一类公式，只是精细程度不同而已。它的合理性，就是由货币流通公式说明的。
② 关于货币发行收入归谁支配的问题，黄达教授曾经有过详细分析，见黄达《财政信贷综合平衡导论》。

第一,向非金融机构和居民户发行国债。这时,货币供应可能受到来自两个方面但方向相反的影响。一方面,非金融经济实体购买国债,将会对货币供应量产生紧缩性影响;另一方面,当财政通过发债取得资金,并用于安排支出后,货币供应将承受扩张性影响。综合起来看,在两个相反的过程既不存在时滞又不存在规模差别的前提下,财政向非银行机构和个人发债,对货币供应量将不产生重大影响。但是,由于财政部门的边际储蓄倾向要低于非金融机构和居民户的边际储蓄倾向,资金从后者向前者的转移,将会对社会总支出产生膨胀性影响。

第二,向中央银行借款、透支或直接发行债券。在这种情况下,中央银行对政府的净债权增加,这将导致基础货币和现金发行增加,通过货币供应乘数的作用,货币供应将有倍数增加。在中央银行被禁止直接向政府提供透支、借款便利,亦不允许直接购买政府发行债券的条件下,中央银行可能通过公开市场的渠道来购买政府债券。用这种方式来为财政赤字间接提供资金,其效果也是货币供应量的倍数扩张。

第三,向金融机构发行国债。银行购买国债对货币供应的影响比较复杂,可能出现的情况有三。其一,在银行不拥有超额储备的情况下,倘若银行通过收回其他贷款的方式来购买国债,则货币供应的总量不发生变化。其二,在银行拥有超额储备的条件下,银行用其超额储备购买国债。这将引致货币供应的扩张。其三,如果银行的超额储备已处于最低限,其用于购买国债的资金得自从中央银行的再贷款,那么,其购买国债的行为将无异于中央银行直接购买国债,由于中央银行放出的资金是基础货币,在货币乘数的作用下,货币供应将有倍数扩张。

第四,向国外借款。这种赤字弥补方式属于国际收支的范畴,它主要通过间接方式对国内货币供应量产生影响。国外资本流入,如果对应地有价值量相等的国外商品或劳务输入,则社会总供应和总需求的对比关系不发生变化。倘若国外流入的资本没有全部支用,则国内外汇储备增加,如果这导致中央银行外汇占款增加,则国内货币供应增加,而国内的总供应的增加却未达到相应的规模,这时,国内将感受到通货膨胀压力。

上述分析表明,金融部门和财政部门之间的关系是非常复杂的,而且是不断变化的。在这方面,任何简单的处理方式,都是不可取的。

问题还有复杂之处。分析中央银行的基础货币供应方程式(见表2),我们可以看到,造成中央银行基础货币供应和现金发行增加的因素可以在大概念上分为对金融机构债权、对国外债权(外汇储备)、对政府债权和对非金融机构债权四类。对于中央银行来说,基础货币或流通中现金的增加究竟是由于何种债权增加所致,在经济上无分轩轾。反而,通过增加对政府债权(特别是通过公开市场操作来增加其国债持有额)来增加货币供应,对它来说更为安全,更为简便,更为稳定,而且是更有弹性的。所以,在绝大多数国家的中央银行的资产负债表上,对政府债权通常都占有最大的份额;在它们的准备金、基础货币和流通中现金的准备资产中,也是对政府债权独占鳌头。

表2 中国人民银行基础货币方程式(1996~1997年)

单位:亿元

基础货币来源	1996年	1997年
国外资产净额	9562.2	13229.2
对政府债权	1582.8	1582.8
对存款货币银行债权	14518.4	14357.9
对非货币金融机构债权	117.7	2072.3
对非金融部门债权	658.7	171.0
其他资产	2040.9	1071.7
减:		
政府存款	1225.4	1485.9
自有资金	366.8	366.2
等于:		
基础货币	26888.5	30632.8

资料来源:根据《中国金融展望》有关各期资料计算。

三 通货紧缩:中国经济面临的新问题

货币政策和财政政策的协调配合,是在宏观经济运行的大背景下进行的。自新中国成立以来,我国的经济在多数时期以短缺为基本特征(所谓"卖方市场"),因而,管理宏观经济最主要的任务,是在争取较高的经济增长速度的前提下,尽可能地防止通货膨胀。可以说,1999年之前的货币政策和财政政策的协调配合,都是在这种背景下进行的。相应的,我们的很多理论概括,大多是针对这种情况而产生的,我们的政策操作框架,也是为实现这个目标而设计的。

但是,从1996年开始,我国经济的各方面都出现了从卖方市场向买方市场转变的明显征象。直接的证据可以在零售商品、生产资料、原材料、房地产、劳动力乃至资金市场上明确地找到。在这些市场上,普遍的供过于求已是不争的事实。供过于求的直接结果就是物价持续下跌。根据国家统计局的数据,截至1999年10月,全国商品零售物价指数和居民消费价格指数已经分别连续下跌24个月和20个月;另据中国人民银行的数据,工业品出厂价格指数和生产资料价格指数则已分别连续下跌28个月和43个月。物价的下跌，使得企业的亏损面扩大，失业率上升，居民收入水平下降，并最终导致全社会有效需求不足。

深一层次的证据则需通过分析社会总储蓄和社会总投资的关系来探寻。因为，根据宏观经济分析理论，所谓总供求平衡，在将纷繁复杂的经济因素过滤去了之后，指的就是总储蓄和总投资的平衡。分析中国自1985年以来的总储蓄和总投资的对比状况，可以清楚地看出，1985～1989年，中国的总储蓄和总投资的差额（储蓄缺口）一直在缩小；进入90年代，则开始出现总储蓄大于总投资的现象（投资缺口）。这中间，除了1993年在高度通货膨胀的背景下曾一度出现储蓄缺口之外，储蓄大于投资的状况一直得到维持，而且其差额有扩大之势。据此我们可以认为，判断买方市场格局在中国自90年代以来已逐渐形成，是有较强的分析根据的。

问题的严重性在于，买方市场的形成及其长期持续，已经在我国形成了通货紧缩局面，而这种局面是我们过去从来没有遇到过的。

从世界经济史的角度来考察，通货紧缩是一种比较"古典"的与经济衰退相伴随的现象。它的典型特征，是投资机会的减少和投资的边际收益率下降，与此对应，则是储蓄的相对过剩。储蓄大于投资表现在市场上，就是产品过剩、库存增加、开工不足和物价下跌；在金融领域，则是全社会信贷量的螺旋式紧缩，同时，伴随着物价水平的下降，实际利率在不断提高。可见，如果说通货膨胀在相当程度上是一种货币现象，那么，通货紧缩则基本上是一种实体经济现象。

所谓通货膨胀是货币现象，主要指的是三层意思，其一，在货币流通速度不变的条件下，货币供应的增加将引起物价上涨；其二，无论物价上涨的压力来自何方（成本或利润推动、需求拉动、结构恶化、外部冲击等），没有货币供应量的增加，物价上涨的压力都难以变成物价上涨的现实；其三，控制货币供应量是治理通货膨胀的充分条件。

所谓通货紧缩是实体经济现象，主要指的是三层意思：其一，物价水平下跌的原因，在于商品和劳务的供应大于需求，以及由之导致的投资边际收益率下降和经济衰退。其二，由于供应大于需求，而新的产品和劳务因技术进步滞后而难以产生，实体经济领域中有利可图的投资机会减少。由于经济不景气，银行不良资产增多且有利可图的投资项目减少，银行普遍出现"慎贷"甚至"惜贷"倾向，并导致货币供应增长率下降。换言之，在经济衰退、物价下跌和货币供应增长率下降三者之间，前者是本原的；在这里，不是货币供应的收缩导致投资减少和生产下降，而是生产下降和投资萎缩导致信贷供应和货币供应减少。其三，增加货币供应只是治理通货紧缩的必要条件。

关于通货紧缩问题，国内理论界正在展开热烈讨论。限于篇幅，本文不拟就此展开更多分析。在这里只想指出一点，这就是：通货紧缩并不必然是洪水猛兽。如果物价下跌反映的是生产率的提高，那就不能认为是一件坏事。这是因为，生产率的提高，使得企业可以降低成本，从而降低价格。它还将提高真实工资和购买力，使得消费者能够购买更多的产品。总之，由生产率提高导致的物价下跌，将提高社会的生活水准，增加社会的产出，是应当欢迎的。然而，在劳动生产率不变甚至是下降的条件下出现物价下跌，就可能是一件坏事，因为它反映的是企业的产出下降和消费者购买力的下降。通货紧缩还将使得企业推迟投资，从而削弱社会潜在的生产能力。更严重的是，它会使真实利率上升，并导致金融机构"惜贷"，从而使通货紧缩自我恶性循环。显然，我们需要防止的是这种"坏"的通货紧缩。

四 货币政策的困境

在市场经济条件下研究经济形势，货币指标及其动态具有重要意义。这不仅因为市场经济本质上是一种货币经济，更重要的原因在于：在市场经济条件下，对经济增长形成主要约束的因素是全社会的有效需求，而有效需求则可以粗略地表示为适当定义的货币供应量同某一货币流通速度的乘积（货币流通方程式已经明确地揭示了这种特征）。这就是说，在市场经济条件下，我们可以通过研究货币供应量的走势来观察经济运行的走势，进而，在相当程度上，我们可以通过调节货币供应量来使国民经济的增长达到合意的水平。

图1刻画了我国自20世纪80年代下半期以来货币供应增长率的走势。由图可见，从大的趋势上看，我国三个口径的货币供应量走势是基本相同的。然而，值得注意的是，在90年代初期三个口径的货币供应量同时高速增长并引起严重的通货膨胀之后，1994~1996年，M2的走势显示出与M0和M1有明显的区别：在M0、M1的增长率同步下降的时候，它的增长率却一直保持着较高的水平。在相当程度上，正是由于M2的走势一直在上升，使得当局得出通货膨胀依然十分严重的判断，因而未能针对已经初现端倪的需求不足问题及时采取有效措施。对此，笔者在1995年以来的几篇文章中多次指出：当经济在强硬的宏观调控手段的压力下进入紧缩阶段时，由于名义利率水平上升很快，而实体经济中有利可图的机会迅速减少，在一段时间内，货币构成中比较流动的部分（M0、M1，所谓对货币的"交易需求"）将会转为相对不流动的部分（M2除去M1，所谓对货币的"谨慎需求"和"投机需求"）来获取金融收益（主要是将无利息和低利息的手持现金和活期存款，转为高利息的定期存款或者高收益的证券）。因此，在M0和M1的增长率已经向

下走的背景下，M2 的增长率保持高位，与其说是经济继续膨胀的表现，毋宁说是经济已经相当紧缩的表征。现在看来，这一判断不幸言中了。

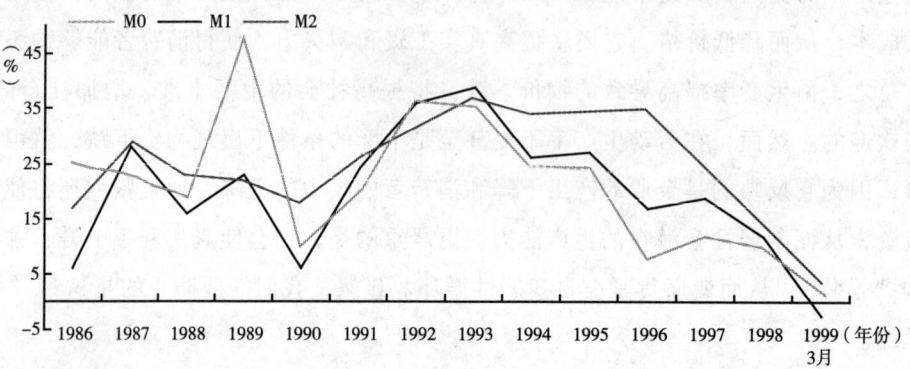

图 1　中国货币供应增长率走势（1986～1999 年一季度）

尤其值得注意的是，在货币供应量增速下降的同时，反映货币结构流动性的指标，即 M0/M2 和 M1/M2 比率同时也在下滑（见图 2）。由于 M0 和 M1 是经济的主要支付手段，货币结构流动性的下降，表明货币结构中用于交易的部分相对减少，而旨在取得金融收益的部分却在增大。这意味着经济中进入市场的和实现的交易量相对减少，因而是经济紧缩的表现。问题的严重性在于：货币结构流动性的降低是和货币供应量增长率的下降同时出现的；两者叠加，显示出通货紧缩的局面已经相当严重。

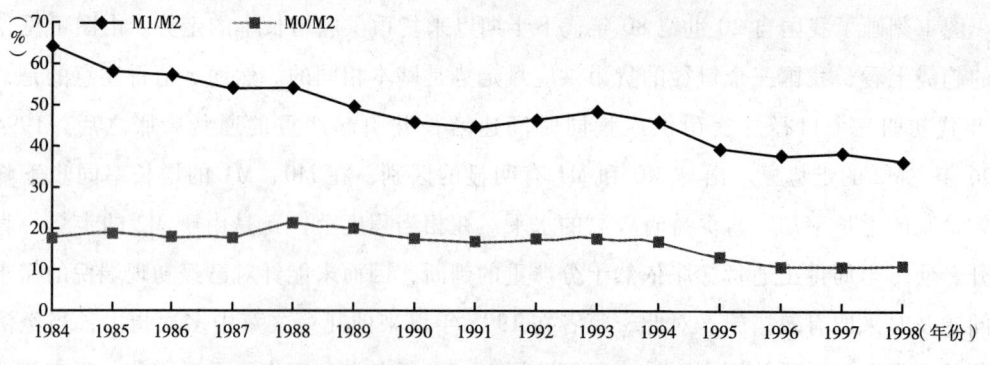

图 2　中国货币结构的流动性变化（1984～1998 年）

资料来源：根据《中国金融年鉴》和《中国人民银行统计季报》有关各期资料绘制。

1998 年以来，为了使国民经济保持一定的发展速度，各方面都要求金融部门发挥较大的作用，说得直白一些，就是希望货币供应量能有一个较大的增长。这是面对经济下滑局面的一个很自然的反应。问题是，在现代银行制度下，构成货币供应主体的是各种存款，而存款是通过银行的贷款创造出来的。因此，信贷若无增长，增加货币供应便成空谈。然而，近年来，掌握发放贷款最主要渠道的商业银行却因为自身不良资产负担过重，企业（其贷款对象）效益没有改善，市场滞销仍在继续而不敢大有作为，以致出现"惜贷"或"慎贷"现象。

更为严重的问题在于，种种迹象表明，即便中央银行有意向，而且有条件和手段在货币政策上实行较大的松动，它对经济究竟能产生多大的刺激作用，我们并没有把握。

如果货币政策的传导机制是顺畅的，考察货币政策的效力，可以有两条基本路径。一条是"数量"路径，讨论的问题是，当货币供应量（M1）增加（减少）时，物价水平是否提高（下降）？产量和就业是否增加（减少）？货币流通速度是否发生变化？我们看到（见表1），从1996年第一季度开始，货币供应量（M0和M1）在趋势上是增加的，但是，物价水平却在逐月下走，产量也增长不多，就业亦未见起色。这些现象综合反映在货币流通领域，就是货币流通速度以更快的速率在下降。另一条分析思路是"价格"路径，讨论的问题是，当市场利率下降（上升）时，企业的利息成本是否减少（增加）？资产价格是否上升（下跌）？实际投资率是否提高（下降）？显然，1996年以来的连续7次减息，对企业成本的影响并不明显，而资产价格的走势却趋于下跌，实际投资率则进一步下降。这些迹象表明，1996年以来，尽管我们在货币政策的方向和力度上进行了较大的调整，但货币政策的效力却不尽如人意。

进一步分析，1996年以来开始采取的数次货币政策调整（例如，取消信贷规模、降低利率、降低存款准备金率、延长贷款期限、实行贷款指导原则、开展一系列消费信贷等），基本上是在现有货币政策运行框架之内进行的常规性操作。在一个货币政策的传导机制比较顺畅的国民经济中，这些措施或许能够奏效，但是，在中国，这种顺畅的传导机制是否存在，其本身还需讨论。因此，研究中国货币政策的效力，我们还应当增加一条金融结构的分析路径。

针对中国的情况并侧重于货币政策传导机制来研究金融结构，需要讨论的问题主要有二。其一，从全社会来看，资金的供应结构和资金的需求结构是否对称？毋庸讳言，改革以来，中国资金的供求结构是严重不对称的。众所周知，在实体经济领域，中国已经形成了国有经济和非国有经济同在，大型企业和中小型企业并存的二元结构；在金融经济领域，同样也形成了由计划性的正规金融体系和市场性的非正规金融体系构成的二元结构。问题在于，正规金融体系支配了绝大部分的信贷资金供应，但其服务对象主要是国有经济和大型企业；非正规金融体系主要服务于非国有经济和中小型企业，但其掌握的资金量很小，而且其存在的合法性一直存在问题。实体经济结构与金融经济结构的这种不对称，使得全社会的资金供给结构和资金需求结构产生了严重偏差。其二，在金融机构之间、金融市场之间以及金融机构和金融市场之间，资金的流动是否存在障碍？同样必须承认的是，在我们这里，对资金流动的阻隔是普遍存在的。以这种不对称而且被分割开来的金融结构为基础，货币政策的效力便很难顺畅地传导到国民经济的各个部分和各个环节中去，它在传导过程中会被扭曲或被弱化，从而其效力更要打一些折扣。

对于金融和经济增长的关系，还有其他一些问题需要讨论。过去我们发放贷款，刺激的着眼点是投资和生产，而在买方市场条件下，需要刺激的是消费需求。就是说，适应经济运行机制的变化，商业银行面临着一个转换支持和刺激重点的问题。我们知道，在市场经济条件下，有效需求是制约国民经济发展的主要方面。刺激投资和生产当然是在提供需求，但这只是中间需求，它究竟能对经济增长发挥多大的作用，究竟能否提高经济效率，则取决于最终需求的情况，而后者显然是不确定的。面向消费者或者面向消费需求提供贷款，直接刺激的是最终需求，在买方市场条件下，它可能是更为重要的。在发达市场经济国家中，无论是全社会的债务结构还是银行的资产结构，直接面向消费者和消费行为的部分均占绝对比重。过去我们不太理解这种债务结构，甚至将之视为什么"腐朽性"。现在，当我们自己开始面对需求不足的局面时，方才逐渐理解，形成这种结构是买方市场的必然结果。总之，刺激居民住房贷款、耐用消费品贷款和汽车贷款等面向消费的活动，应当是我们的金融业在新形势下发挥作用的主要领域。然而，无论是在金融的组织结构上和市场结构上，还是在金融的技术手段上，中国目前都不存在大规模发放消费者信贷的条件和可能。更何况，在全社会信用关系遭到严重破坏的条件下，发放这种期限长、风险大的贷款，实际上的可能性是很小的。

在中国目前的条件下，为了促进经济发展，金融应当在促进企业重组、支持高科技企业发展等方面发挥重要作用。关于第一方面，我们已经认识到，在市场经济中，企业本身也是一种商品，支持这种商品的买卖亦即支持企业重组等，是金融业的正道之一。在我看来，所谓经济增长方式从粗放型转向集约型，其内容之一，就是支持那些高效率企业发展，同时"消灭"一些低效率企业。关于第二方面，谁都不会否认，科学技术是第一生产力，但同时也要认识到，要将科技这种潜在的生产力转变为现实的生产力，需要金融资本大规模地介入科学技术产业化的过程。这个介入和融合的意义极为重大。它不仅对促进我国产业结构升级和改善国民经济的增长素质具有重要意义，而且可以有效地提高金融资产的技术含量和金融资本的增长潜力。问题是，我国目前的金融结构、金融工具、金融市场以及在某种程度上的金融政策，尚未为金融与科学技术的结合提供有效的条件。

各种迹象表明，中国经济现在可能已进入一个货币政策不能充分有效发挥作用的区域。因此，要解决如今国民经济面临的诸种问题，例如刺激有效需求，单纯依赖货币政策可能已难奏效。

五 探寻货币政策和财政政策更积极配合的途径

为了支持国民经济增长，看来我们需要更多地依赖财政政策。这一点，目前大约已经形成共识。

问题是，当我们转向财政政策来寻求刺激经济增长的手段时，便不无沮丧地发现，由于财政赤字连年不断，由于财政支出占 GDP 比重下降的趋势尚未得到有效遏制，我国的财政部门根本就没有能力来承担如此重大的责任。

要想让财政获得充分的财力从而为刺激经济发挥更大的作用，增加税收是不可行的，因为增税是一种紧缩性政策手段。减少支出固然可能有某种体制改革的意义，但同样也是一种紧缩性措施，因而目前也不可行。更重要的是，正如本文第一部分所指出的，在货币供应总量不变的条件下，政府通过财政赤字来增加支出，至多只能在平衡预算乘数的范围内发挥作用。换言之，政府支出的增长，如果不伴之以扩张性的货币政策，其扩张性是很微弱的。有鉴于此，通过增发政府债券来为财政支出筹措资金，并使得大部分国债货币化，几乎是唯一可行的途径。

现在的问题是，人们对增发国债颇感踌躇。其重要原因之一，是唯恐财政赤字增加，从而影响财政的健全性。对此我们要指出的是：发行国债的最初的和基本的目的固然是弥补财政赤字，但是，国债不仅是一个财政范畴，而且是一个金融范畴。正因为它有着双重功能，国债和财政赤字就不是完全对应的。

不妨先看一看美国的例子。分析美国政府的债务统计，我们可以发现两个现象。其一，每年新发行的国债净额与财政赤字额并不相等；在绝大多数年份，当年国债发行净额都要大于当年财政赤字额。这说明，政府发行国债的目的，并不唯一地是弥补财政赤字。其二，在美国，政府债务的规模是在国会的严密监控之下的。但是，公共债务的总额和受国会监控的公共债务总额存在着明显的差别。基本的情况是前者大于后者。例如，1998年 3 月 30 日，美国公共债务余额为 5.58584 万亿美元，而受国会监控的公共债务余额则为5.49836万亿美元，前者比后者多875亿美元。

进一步分析，在美国，联邦政府发行的债券可以分为三类。第一类是期限短于一年的国库券。根据定义，国库券是国库发行的债务凭证，其目的只是调节政府税收收入缴库的步调与财政支出的步调在时间上不相一致的问题。因此，在美国政府统计中，国库券不在"公债"的范围之内，而且，它们长期不在国会的监控范围之内。但是，久而久之，由于国库券可以不间断地发行，总有一个稳定的余额存在，它事实上成为联邦政府在税收之外可支配的财源之一。有鉴于此，从20世纪80年代末期开始，国库券也开始进入国会的监控范围。但是，由于国会只计算年末余额，且国库券每周都敞口发行，美国政府依然可以合法地扩大国库券的发行规模。第二类是公债。这是用于弥补财政赤字的。其中，既有公开发行的可流通债券（1997年占全部未清偿债务62%），也有向政府机构发行的不可流通债券，还有向公众发行的储蓄债券。第三类是代替联邦政府机构发行的债券。这些联邦政府机构包括：政府设立的金融机构（主要是联邦金融银行、政府国民抵押贷款协会等）、政府抵押贷款证券组合和农户管理局。在这中间，政府无息债券、非摊提的贴现债券，以及联邦金融银行债券不在国会监控范围之内。

我们列举美国的政府债券结构及其法律地位是想说明，财政赤字和国债规模并不是一回事情，在理论上和实践中，国债的规模可以大于政府赤字的规模。我们在下文中将进一步指出，那些用于支持中央银行货币发行的国债，由于其同正常的货币供应量的增长机制联系在一起，就不应当与一般的赤字债务等量齐观。

因此我们建议，财政部可以专门为中央银行公开市场操作发行一定量的国债，我们不妨称其为"公开市场债券"或"货币流通债券"。这些国债可以单独列出并单独立账，全国人民代表大会亦可对之实行专门监控。我们认为，只要将其中的道理向公众解释清楚，相信是可以得到理解和支持的。

深一步分析，关于国债货币化，在理论上涉及一个货币发行收入归谁使用的问题。过去，我国理论界和实务部门在研究银行和财政关系以及货币发行问题时，经常使用"经济发行"和"财政发行"两个概念。顾名思义，前者是正常的，而后者则是不正常的，因而是应当尽量防止的。这一对概念的提出，对于防止政府过度依赖银行体系来安排支出，从而造成通货膨胀，显然是有益处的，但是，它也给人一种印象，似乎政府（财政）占有银行的货币发行收入是不正常的。这个观念需要进一步推敲。

关键问题是认识清楚货币发行的经济基础。可以肯定的是，只要经济在不断增长，货币供应就应当不断增加。用货币流通公式 $MV = Py$ 来表达就是，如果 P 和 V 保持不变，y 增加，必须要求 M 有相应的增加，否则就会造成通货紧缩，社会生产和流通便无法正常进行。当然,如果物价水平 P 因各种原因亦趋提高,需要增加的货币发行量就更大。[①] 显而易见,货币供应的不断增加,是全社会的共同创造物。货币发行的这一本质,在金属货币流通时期表现得非常清楚。那时,货币的供应是实体经济内部的事情,货币的"生产"部门——黄金生产部门,本身就是社会的实体经济体系的一个组成部分,在黄金的生产中,同样凝固着社会的必要劳动。更为重要的是,作为货币的黄金同一般商品的交换,是一个等价交换的过程。

问题是,当货币形式发展到代用品时期,货币的发行就成为一个非实体经济活动(虽然它实际上促进了实体经济部门的发展),而货币发行作为一种特权,其本身就可以创造收入。于是,就有了一个货币发行收入归谁占有和使用的问题。几个世纪以来,这个问题就一直困扰着人们。在西方国家的历史上,曾经有过私人银行发行钞票的时期,那时,政府通常要向发钞银行课征"铸币税",作为允准他们拥有货币发行特权的交换。后来有了中央银行,垄断了货币发行权,货币发行的收入更是明确无误地归于政府。当然,实际发生的过程是复杂的,因为,此时的货币发行及其取得收入的过程,被淹没在中央银行复杂的存贷款活动和公开市场操作活动之中了。于是,货币发行收入"归为"政府(财政)的过程,一方面表现为中央银行持续不断地通过(间接)购买政府债券的方式,为政府提供资财;另一方面则表现为中央银行通过利润上缴、利润分成或缴纳税收的形式,将其经营成果的一大部分上缴政府。[②]

国债货币化的含义,就是要让商业银行、其他金融机构以及中央银行应当在中国的国债市场中发挥重要作用。

关于金融机构大规模参与国债市场运作的合理性和必要性,可以从四个角度来论证。第一,从商业银行角度看,在市场经济条件下,银行经营管理的基本原则是谨慎原则。贯彻这一原则的核心问题是加强其资本金管理和流动性管理。在商业银行的资产中增加国债这种流动性高、风险小的金融资产,无疑会使他们获得有效的流动性管理手段。第二,推而广之,随着市场经济的发展和经济生活的不确定性增大,随着金融体系改革的深入,举凡居民、非金融企业以及各种福利性基金都需要在他们的资产结构中持有相当份额的国债,以满足其资产流动性的需求以及防范风险的需求。第三,从中央银行的角度看,如果

[①] 我国中央银行在确定货币发行增长率时,粗略地使用的公式就是:物价上涨率 + 经济增长率 = 货币供应增长率。这个公式曾经受到理论界的激烈攻击,认为这是造成通货膨胀的货币发行。事实上,在世界各国,只要中央银行的货币政策中介目标是货币供应,他们在确定货币发行计划时,使用的都是同一类公式,只是精细程度不同而已。它的合理性,就是由货币流通公式来说明的。

[②] 在中国,中国人民银行于 1985 年开始行使中央银行职能之后,我们长期采用的是收入分成制;1994 年中央银行改为政府的预算单位之后,实际上采取的是利润上缴制。

它要加大公开市场操作在货币政策工具体系中的分量,一个活跃且容量足够大的国债市场也是绝对必要的。另外,以发达的国债市场为基础,货币政策,特别是利率政策,可以有更为顺畅的传导渠道。第四,从国家财政角度来看,无论从筹资成本、入库速度,还是从减少社会震动程度着眼,以金融机构为主要的应债主体,显然都是最优的选择。

更为重要的是,由于国债在金融机构的资产中发挥的是二级准备的作用,因而,对于政府来说,由金融机构持有的这部分国债,基本上无需考虑归还本金的问题(只需不断更新),而且,随着金融机构资产规模的增大,保持在金融机构资产中的国债余额将不断增加。换言之,如果开通金融机构持有国债之路,国债就将获得一个规模极大且稳定的市场。如果简单地用10%的比例套算,中国的这一市场大约可以有7000亿元的规模。

既然金融机构持有大量国债,并且中央银行一般都采用公开市场操作(主要是买卖国债)来调节基础货币的供应,关于中央银行持有国债的问题,就不可避免地要提出来。

首先我们看到,大多数国家的中央银行法都是不允许政府(财政)向中央银行直接透支和借款的。这样做的目的,显然是要保持中央银行的独立性,避免政府将中央银行当做印钞机,从而导致通货膨胀。但是,中央银行通过买入国债的方式来提供基础货币,显然又有支持政府的赤字筹资的作用。这一矛盾的现象如何解释呢?在我看来,全部的问题在于,中央银行不是直接而是间接地在二级市场上购买国债,正是有了这样一个市场的隔断,使得中央银行既可履行其为全社会稳定物价的责任,又可对政府筹资提供一定的支持(在这个世界上,不支持政府筹资的中央银行是不存在的)。

中央银行通过购买国债来向社会供应基础货币这一现象,如果从中央银行业务角度来考察,事实上就是中央银行发行基础货币和现金的资产准备制度问题。我们知道:在基础货币供应量不变的条件下,中央银行可以在相当程度上用国债来替换其他准备资产。因此,全部的问题不在于中央银行通过购买并持有国债来提供基础货币和流通中现金,而是在于要在保证基础货币和现金供应控制在符合经济发展需要的规模之内;在这一前提下,中央银行购买并持有国债,就是非通货膨胀性的。

同样,鉴于基础货币供应是不断增长的,对于中央银行持有的国债,国家财政也是不必考虑归还本金的(只需不断更新)。对于国债市场来说,这显然又是一个巨大的蓄水池。粗略匡算下来,在中国,这一蓄水池可有上万亿元的规模。

总之,如果我们面向金融系统来发行国债,不仅政府筹资的潜力极大,而且基本上不必考虑还本的问题。这无疑会为我们的国债政策提供一个新的天地。鉴于目前中国的商业银行普遍存在非盈利资产增大的现象,对商业银行发行国债,显然会使得商业银行得益。鉴于国外资产(主要是外汇)的增加自1998年以来对基础货币供应的压力已大大减小,鉴于中央银行对金融机构的再贷款近年来已经逐步减少，更注意到我国政府将采取更为扩张的财政政策来刺激经济发展，在中央银行资产中增加持有国债的份额，也就是可行的了。

最后我想着重强调两点：第一，推动金融系统特别是中央银行购买和持有国债，绝不仅仅是为了解决财政筹资的问题，也不是为了解决当前燃眉之急的临时措施。我们认为，在一个发达的国债市场条件下，一方面，我们的货币政策实施将获得更多的市场化手段和更有效率的传导机制；另一方面，我们的财政政策和货币政策也将获得一种更为市场化的沟通渠道和协调配合机制。这对于宏观经济调控体系的建设是极为重要的。第二，本文从解决当前通货紧缩问题出发，侧重论述了在现阶段大规模发行国债的必要性和可行性，然而，这绝不意味着笔者赞同大规模实行财政赤字政策，同时也不意味着笔者赞同国债规模可以无限制的扩大。笔者的主要意思是，在赤字、国债、货币供应、总需求之间，存在着非常复杂的关系，其运筹空间是很大的。

（本文载于北京大学中国经济研究中心宏观组编《1998～2000年中国通货紧缩研究》，北京大学出版社，2000）

劳动力转移过程中的高储蓄、高投资和中国经济增长

李 扬 殷剑峰

一 引言：转型经济的高储蓄和高投资之谜

处于转型过程中的中国宏观经济运行呈现出诸多令人困惑的现象，这些现象鲜见于成熟市场经济国家中，也难以简单地用主流经济学理论予以解释。其中，最具代表性的现象就是高储蓄率和高投资率的长期持续。从图1可以看到，自1979年改革开放以来，我国储蓄率和资本形成率就一直维持在32%以上的高水平，并且在波动中呈不断上升之势。

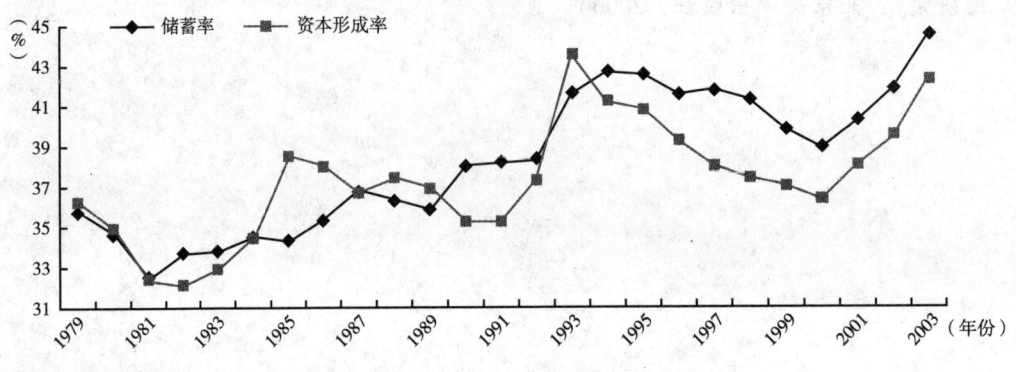

图1 1979～2003年中国的储蓄率和资本形成率

在新古典经济增长理论的框架中，高储蓄率和高投资率的短期高企是容易解释的：对于远离稳态的经济而言，由于资本回报率较高，这两个比率自然就会较高。但是，对于储蓄率和投资率长期高企甚至不断上升的现象，新古典增长理论的解释力就有限了。因为，在对居民行为和生产函数做了合理的假设后，这两个比率是应随人均GDP的增长而逐渐下降的。

于是，很多经济学家就对中国的经济增长方式及其可持续性产生了怀疑。例如张军（2002）等，他们认为，与经济高速增长相伴的高储蓄率和高投资率说明，中国的经济增

长尤其是20世纪90年代后期的增长主要是投资过度扩张的结果，而这种状况是不可持续的。其关键理由有二：第一，中国的资本产出比在不断上升，这说明每单位资本形成导致的产出增加在下降，即投资的边际效率在递减；第二，进一步看，在一定的假设（主要是规模报酬不变的柯布—道格拉斯生产函数）下，根据某些方法测算的全要素生产率（TFP）在下降。就是说，中国经济本应该进入但却并没有进入一个收敛路径。

实际上，中国经济增长表现出的这些特征并非绝无仅有，20世纪70~90年代东亚的新兴经济体的增长也曾显示出大致相同的特征。而扬（Young，1994）早就对这种增长模式提出了质疑。扬在计算了东亚经济的TFP之后指出："（东亚经济资本产出比）的上升并不是世界经济的典型特征，因为在其他经济里，投资与GDP之比是不变或下降的，只有表现非凡的亚洲地区是个例外。"据此，扬认为东亚依靠资本投资的外延式增长将会停顿。

对于扬计算TFP的方法和其中隐含的前提假设，理论界存在着不同的看法，参见郑玉歆（1996）的总结。这里仅须指出这样一点：无论是TFP，还是资本产出比，其计算乃至含义依赖于对总量生产函数乃至经济增长模式的识别。例如，如果总量生产函数为AK形式：$y = AK$，即经济处于内生增长的状态，假设技术进步A不变化，则产出增长率和资本存量增长率均保持不变且完全相同。此时，按照TFP的一般计算公式可得：$g_A = g_y - g_k = 0$。但是，众所周知，内生增长是完全可持续的。所以，其他经济学家认为，扬的计算忽略了东亚经济增长中的"干中学"。而"干中学"即是典型的AK增长模式之一。

毋庸置疑，中国也存在着"干中学"式的增长——以工业化、城市化和市场化为主要特征的经济转型。在经济转型过程中，不仅新兴部门会因增量资源配置向其倾斜而获得快速增长，而且，传统部门在同新兴部门的竞争中逐渐衰落，从而进一步促进了存量资源配置效率的提高。然而，即使经济转型引发了资源配置效率乃至经济增长速度的提高，我们依然无法解释资本产出比的上升。要知道，在一般的内生AK增长中，资本产出比k/y是恒定的A。还有，中国储蓄率和资本形成率在波动中上升的趋势也需解释，因为在内生增长的经济中，储蓄率和资本形成率为常数$k/y = g_k A$。

当然，对这两个问题都可以用技术进步A的变化来回答，即：A的上升推动了资本产出比、储蓄率和投资率的上升，A的波动引起了储蓄率和投资率的波动。但这样的解释似乎过于一般。而且，采用这样的解释又将使我们陷入技术进步是否发生乃至TFP是否提高的不解之争中。

事实上，无论是新古典理论还是内生增长模型，一般都忽略了经济中总人口的结构性变化及其重大影响。这种结构性变化主要包括两方面：第一，人口年龄结构变化导致的总人口参与率变化;第二,既定总人口参与率下劳动人口在传统部门和新兴部门就业比例的变化。

就第一个方面而言,它对经济增长的影响同人口学中经常论及的"人口红利"相关。具体来说,人口年龄结构的变化使得适龄劳动人口占总人口的比例上升;如果增加的适龄劳动人口能够同时获得就业机会的话,那么,总人口参与率也将上升;其最终结果就是人均产出增加、储蓄率和投资率上升。这种由人口年龄结构变化产生的增长效应被称作"人口红利"。如 Bloom & Williamson (1997) 所指出的,"人口红利"是东亚奇迹之所以发生的基础性条件。但是,仅仅从人口角度也解释不了许多经济现象,例如,劳动人口的人均工资将随着总人口参与率的上升而下降,人均产出的增长率也未必会增加[①]——这同经济转型过程中人均工资和收入的提高是矛盾的。特别的,当人口年龄结构变化发生逆转,包括储蓄率、人均产出等经济指标将迅速收敛到起始的水平。蔡昉、王德文(1999)曾经预测,随着人口的老龄化,中国的储蓄率在 2020 年左右将下降到 30% 甚至更低。这是否预示着未来中国的经济水平会回到"人口红利"前的起始点?

就经济总人口结构变化的第二个方面而言,它意味着,即使不考虑总人口参与率的变化,只要存量劳动力能够由传统部门向新兴部门转移,经济也会因劳动力转移后边际产出的提高而发生持续增长。对于转型中的中国而言,这种效应或许与人口年龄结构的变化同样重要:其一,正如人口总量变化未必会对经济产生正面影响一样,要使人口红利随人口年龄结构的变化而发生,关键是看新增劳动力是否能够在经济转型中获得在新兴部门的就业机会;其二,对于农业劳动人口比例过大以至存在大量隐性失业的中国来说,存量劳动力向非农产业的转移应该比仅仅在"边际"意义上发挥效力的人口年龄结构变化具有大得多的影响力。

以下的分析将表明,即使不考虑人口年龄结构的变化以及相应的"人口红利",而只将经济转型过程中失业和隐性失业的劳动力由农业向工业(工业化)、由农村向城市(城市化)、由国有向非国有(市场化)的转移过程作为分析的基点,并且,单个企业的生产函数是典型的甚至不包含任何技术进步的柯布—道格拉斯函数,其结果也将是整个经济在一个较长时期内呈现可持续的内生式增长。在此过程中,储蓄率、投资率以及资本产出率等指标都同投资的增长、劳动力的转移密切相关。由此,我们得到的基本结论是:影响中

[①] 假设生产函数为柯布—道格拉斯形式:$Y = K^{\alpha}(\beta L)^{1-\alpha}$,其中,$0 < \beta \leq 1$ 为总人口参与率,则劳动人口人均工资为 $\omega_i = \partial Y/\partial \beta L = (1-\alpha)(K/L)^{\alpha}/\beta^{\alpha}$,通过对参与率进行一阶求导知,人均工资随参与率上升而下降。人均产出增长率 $g_y = g_{Y/\beta L} + g_{\beta}$ 的两个构成部分中,前者是收敛的,因而会抵消后者的上升。

国经济增长的基础性因素之一在于劳动力的转移，这种转移的持续时间和转移后劳动力边际产出的变化，决定了中国经济可持续发展的时间和空间；高储蓄率和高投资率则是这种增长模式的必需和必然。

除了高储蓄率和高投资率以外，中国经济的另外一个现象——与长期经常项目顺差相伴的长期资本项目顺差，即所谓的"双顺差"现象也应该得到重视。这是因为，如果说经常项目顺差主要来源于贸易因素（比较优势、劳动分工）和/或国内需求不足（储蓄大于投资），因而在理论上还可以解释的话，那么，与之相伴的资本项目顺差就难以合理解释了。众所周知，导致我国资本项目顺差的一个主要因素在于国际直接投资的长期净额增加，而经常项目顺差长期相伴则说明这种投资在很大程度上并不是实物意义上的资本流入，而仅仅是金融意义上的投资。换言之，国外投资者在将外资兑换为人民币之后，只是就地推动了国内的劳动力和实物资本的结合——在这里，国外投资者仅仅是获得了一个使用国内生产要素的权利。

对于这种并未引起实物资本输入的资本项目顺差现象，应该从金融层面予以解释。对此，李扬（1998）曾经提出了"游资假说"和"金融部门效率损失假说"。在确认这些假说合理性的基础上，本文提出了进一步的理论假说——国内外金融部门的"效率互补"假说：在吸纳国内储蓄方面具有较高效率的国内金融部门，却在储蓄资源的分配，即投资上存在效率缺陷。此时，需要有一个能够高效率地分配储蓄资源的国外金融部门，以使国内储蓄能够经由它再次投入到国内的劳动力转移过程中去。

本文以下的分析顺序如下：第二部分首先建立了一个封闭经济条件下的劳动力转移和增长模型，该模型有助于解释当前我国出现的诸多宏观经济现象。在第三部分中，我们将金融部门及其效率引入分析。得到的结论是，国内金融部门管理风险的能力低下将导致劳动力转移和经济增长停滞。第四部分考虑了开放经济环境。我们将指出一个重要现象，国外资本的进入是帕累托改进的，它有效地使用了因国内金融部门管理风险能力低下所造成的国内储蓄的闲置；这种风险的重新配置促进了国内劳动力的继续转移。依据第二部分到第四部分理论模型的预测，第五部分和第六部分对各经济指标进行了计量检验。第七部分是全文的结论和若干政策建议。

二　封闭经济条件下的劳动力转移模型

目前大多数对中国经济增长方式及相关问题的研究，都以传统的新古典增长模型为基础。这类模型（以及一般的内生增长模型）都隐含了这样的假设：经济处于充分就业状态，并且，所有的经济当事人都参与到相同的生产技术中。由此，微观经济当事人所面对的生产函数即是经济的总量生产函数。但是，这样的假设显然没有考虑经济转型过程中的劳动力转移。本部分的分析试图弥补这一缺陷。

本部分的模型基于这样一种基本前提：劳动力转移会提高劳动的边际产出及其工资报酬。因此，即使最终产品的生产技术没有变化，持续的劳动力转移也将导致经济出现一个内生增长过程。在此过程中，储蓄率、投资率以及资本产出比等指标既不同于新古典模型之预测，也不完全等同于内生的 AK 模型。

1. 理论模型

我们以拉姆齐的新古典增长模型作为分析的起点。由于只考虑既定人口总量下的劳动力转移过程，因此，模型中人口增长率为 0，所有当事人以 [0, 1] 闭集表示。每个人的劳动禀赋 $l_i = 1$，效用函数为 $\int_0^\infty e^{-\rho t} \ln C dt$，其中，$\ln C$ 为瞬时效用函数，ρ 为时间偏好率。

经济中现存的资本存量 K，只有一种生产最终消费品和可积累资本品的方式，这种生产方式对所有经济当事人都一样，即为：$y_i = k_i^\alpha l_i^{1-\alpha} = k_i^\alpha$，其中，$k_i$ 为人均资本存量，y_i 为人均产出。可以看出，这是一个没有任何技术进步（TFP 为 0）的柯布—道格拉斯生产函数。因此，经济最终将收敛于一个稳态。在稳态中，储蓄率为 0，产出、资本存量、资本产出比等指标均无变化。也就是说，当经济沿鞍点路径向稳态收敛时，储蓄率、投资率以及资本产出比都应该是下降的。

为了模拟工业化、城市化和市场化导致的劳动力转移过程，我们假设每个劳动力的转移成本为 1 单位资本品，即在每个时点，经济中每 1 单位的劳动在花费 1 单位的资本品之后①，可以转变成一种新型的劳动力 $\tilde{l}_i$。$\tilde{l}_i$ 为独立分布的随机变量（iid），在正态分布假设下，其随机特征可用期望值 $E\tilde{l}_i \geq 1$ 和标准差 σ 完全刻画。

$\tilde{l}_i$ 的期望值大于 1，意味着新型劳动力的生产率高于未转移的劳动力。我们还假设这种新型的劳动力是不可积累的，即：每个时点 1 单位原有劳动都必须同 1 单位资本结合，方可保证该劳动的转移。这种假设同转型经济中劳动力的转移过程是一致的，例如，农民进城从事工业或建筑业可以显著提高其劳动效率，但该农民一旦被解雇，则工业或建筑业的技术显然难以被他们运用于农业生产中。②

---

① 匹配 1 单位劳动的资本可以视为劳动转移的初期投入，如工业化、城市化过程中的基础项目建设，或者，更简单的，如农民为进城打工购买火车票的费用。至于将这种投入设为 1 单位资本，纯属方便，其他任意的单位经过正规化均有同样结论。

② 如果假设新型劳动力在某种程度上是可以积累的要素，例如，城市化使得农民变成持久的城市劳动力，那么，劳动力转移所导致的内生增长阶段将比以下讨论更为持久。

新型劳动力产生之后,依旧同资本结合生产最终产品。为了表明毫无技术进步的微观生产函数是如何在劳动力转移过程中演变为 AK 式的总量生产函数的,这里假设最终产品的生产函数没有任何变化。考虑到劳动是个人不可剥夺的要素,因此,在劳动力转移过程中,风险是由资本投资者承担的。在风险中性假设下,这部分投资的预期报酬(以 R_1 表示)等于无风险的最终产品投资报酬(以 R_0 表示)。

设每个时点上的"劳动力转移率"为 $1-\gamma$,即有 $1-\gamma$ 的当事人同等量资本结合进入了转移过程,那么,转移率同当期资本存量之间具有如下关系,参见殷剑峰(2004)的证明:

$$1 - \gamma = (1-\alpha)K - \alpha/(E\bar{l}_j - 1) \tag{1}$$

转移率 $1-\gamma \geq 0$ 的技术条件是:

$$E\bar{l}_j \geq 1 + \frac{\alpha}{1-\alpha} \times \left(\frac{\rho}{\alpha}\right)^{\frac{1}{1-\alpha}} \tag{2}$$

这个条件也可以转变成对等的资本存量条件,即第一个当事人进入转移过程的临界资本存量 K^* 小于拉姆齐稳态资本存量 $K' = (\alpha/\rho)^{1/(1-\alpha)}$。

在式(2)成立的情况下,经济增长将表现为三个阶段,相位图见图 2。第一个阶段为资本存量 $K < K^*$ 时,此阶段的总量生产函数即为:$Y = K^\alpha$,其增长路径同拉姆齐模型

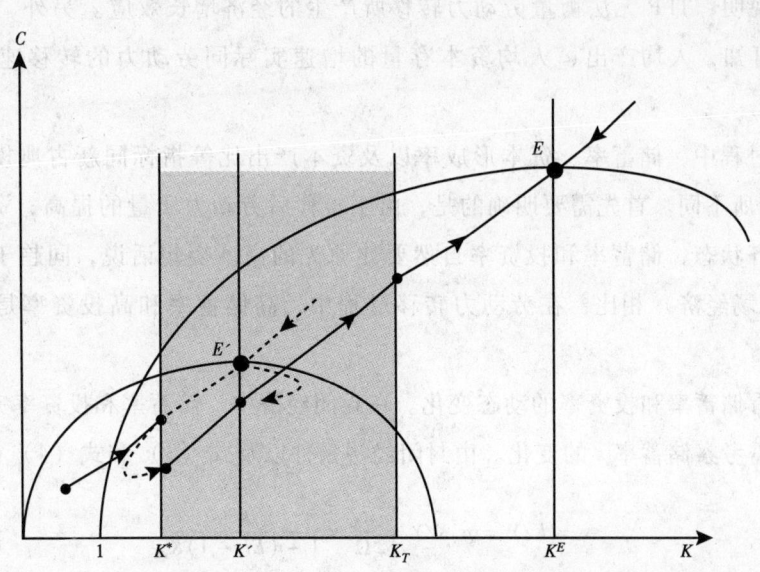

图 2 考虑劳动力转移的经济增长相位图

完全一致,稳态点为图2中的E',稳态资本存量为K'。

第二个阶段为劳动力转移的过程,即$K^* \leq K < K_T$时,其中,$K_T = K^* + 1/(1-\alpha)$为劳动力的转移过程全部结束时的资本存量。在此阶段,总量生产函数为:

$$Y = \frac{\alpha^\alpha(1-\alpha)^{1-\alpha}}{(E\bar{l}_j - 1)^\alpha}[1 + (E\bar{l}_j - 1)K] \tag{3}$$

式(3)是一个典型的AK生产函数,因此,经济将有一个不变的增长率,且人均消费、资本和产量的增长速度都等于劳动力转移的速率:

$$g_Y = g_K = g_C = g_{1-\gamma} = R - \rho = \alpha^\alpha(1-\alpha)^{1-\alpha}(E\bar{l}_j - 1)^{1-\alpha} - \rho \tag{4}$$

经济增长的第三个阶段是在$K \geq K_T$时,即劳动力转移完成之后。此时,经济再次进入拉姆齐收敛路径,总量生产函数为:

$$Y = E\bar{l}_j^{1-\alpha}(K-1)^\alpha \tag{5}$$

稳态时资本存量是$K^E = 1 + KE\bar{l}_j$。

2. 劳动力转移过程中的TFP、储蓄率和资本产出比

从以上模型可以看到,只要劳动力的转移过程未完成,即转移率$1 - \gamma < 1$,经济就将始终以一个不变的增长率持续增长。在此过程中,由于劳动力转移的预期报酬$E\bar{l}_j$没有变化,因此,产出增长率和资本存量增长率完全相同,按增长率计算的全要素生产率为0。这说明,TFP无法衡量劳动力转移所产生的经济增长效应。另外,根据式(1)和式(3)可知,人均产出、人均资本存量的增速实际同劳动力的转移速度$g_{1-\gamma}$完全相同。

在转移过程中,储蓄率、资本形成率以及资本产出比等指标同新古典模型和一般的AK模型均有所不同。首先需要明确的是,由于转移后劳动力质量的提高,资本回报率因而高于拉姆齐状态,储蓄率和投资率自然要比原先的高。换句话说,同趋于收敛的经济(例如成熟市场经济)相比,在劳动力转移过程中,高储蓄率和高投资率是非常正常的现象。

现在来看储蓄率和投资率的动态变化。在封闭经济中,储蓄率和投资率完全相等,所以,我们只需考察储蓄率s的变化。由封闭经济条件以及式(3)和式(4)得:

$$s = \dot{K}/Y = g_K K/Y = \frac{g_K}{\Omega} \times \frac{K}{1 + (E\bar{l}_j - 1)K} \tag{6}$$

其中,$\Omega = \frac{\alpha^\alpha(1-\alpha)^{1-\alpha}}{(E\bar{l}_j - 1)^\alpha}$。在式(6)两边对$K$求导知,$\partial s/\partial K > 0$,$\partial^2 s/\partial K^2 < 0$。

即：储蓄率随资本存量的增加而上升，但将收敛于某个水平。所以，劳动力转移过程中的储蓄率上升也是正常的。

至于储蓄率的波动，在式（6）两边对时间求导可知，储蓄率随时间的动态变化同资本存量随时间的变化，即投资水平完全一致：

$$\dot{s} = \frac{g_K}{\Omega} \times \frac{1}{[1 + (E\bar{l}_j - 1)K]^2} \times \dot{K} \tag{7}$$

换句话说，投资率上升，储蓄率上升；反之则相反。由式（1）知，资本存量的变化又同转移过程中劳动力参与率的变化一致，即 $\dot{K} = 1 - \gamma$。所以，我们可以得到一个重要的结论：在劳动力转移过程中，储蓄率的动态变化同劳动力的转移率是一致的。这是因为，劳动力转移的必要条件之一，就是他们必须成为净储蓄者，否则，他们在新的环境中无法生存。这样，劳动力的转移必然意味着总国民储蓄率的提高。另外，在式（7）两边对时间进行求导可知，储蓄率二阶导数的变化同投资 $\dot{K}$ 的变化相反：$\text{sign}(\text{d}\dot{s}/\text{d}t) = -\text{sign}(\ddot{K})$。这说明，随投资或转移率变化的储蓄率将会收敛于某个水平上。

资本产出比的动态变化同储蓄率是一致的，由转移过程中的生产函数式（3）知，资本产出比为：

$$K/Y = \frac{1}{\Omega} \times \frac{K}{1 + (E\bar{l}_j - 1)K} \tag{8}$$

将式（8）对时间求导可以发现，除了缺一个资本增长率之外，它同式（7）是一致的。所以，资本产出比必然随投资的增加而上升，即劳动力转移过程中的资本产出比同固定资产投资的变化是一致的，并不能用它来衡量经济增长的绩效。当然，这个比例是收敛的。

显然，这里的模型能够很好地解释劳动力转移过程中的持续增长，以及 TFP、储蓄率、资本产出比等指标的动态变化。不过，这里的模型无法预示：劳动力转移过程一旦停滞，经济动态将会发生什么变化。

三 加入金融部门的劳动力转移模型

以上的封闭经济模型描述的是帕累托最优配置，因为没有考虑任何摩擦。本部分我们引入一种摩擦——金融部门的风险控制水平。在假设储蓄只能通过金融部门转换为投资的情况下，金融部门的风险控制能力将对资源配置的效率乃至经济增长产生影响。

一般而言，金融部门具有风险中性的特征，它仅根据投资的预期收益来配置储蓄资源，并向存款人支付资产组合的预期收益。但是，由于对劳动力转移进行投资会产生风险，而金融部门的风险控制能力受到外生因素的约束（如体制），这就使得风险中性的金融部门表现出风险规避的投资行为，最终导致劳动力转移率存在一个小于1的门槛值。

由先前分析的环境知，对劳动力转移的投资存在着风险因子 σ，因此，在有 $1-\gamma$ 个劳动力进入转移过程的情况下，金融部门投资组合中风险投资的比例就是 $1-\gamma$，资产组合的标准差为：$\sigma_P = (1-\gamma)\sigma$。由在险值（Value at Risk）的计算公式知，金融部门的风险控制能力可以简单地表示为在一定的概率水平下使风险资产不超过总储蓄的某个比例 θ——该比例可以作为反映金融部门风险管理和承受能力的指标。可以证明（见附录）：此时存在一个由 θ 决定的劳动力转移门槛值 $\overline{M}$，当转移率大于此门槛值时，风险投资将等于无风险投资加上一个由门槛值决定的风险升水。即：

$$\begin{cases} R_1 = R_0 & if \ 1-\gamma < \overline{M} \\ R_1 = R_0 + \mu & if \ 1-\gamma = \overline{M} \end{cases} \tag{9}$$

式（9）中，$R_0 = \alpha k_i^{\alpha-1}$ 为无风险投资的收益，$R_1 = w_i(E\bar{l}_j - 1)$ 为风险投资的收益，μ 为拉格朗日常数，它反映了由门槛值决定的风险升水。

于是，当劳动力转移人数在 $1-\gamma < \overline{M}$ 时，如同无金融部门的封闭经济，经济将表现出持续的内生增长。但是，一旦达到门槛值 $\overline{M}$，经济将提前进入以上所描述的第三个增长阶段。此时的总量生产函数为：

$$Y = (K - \overline{M})^\alpha [1 + \overline{M}(E\bar{l}_j - 1)]^{1-\alpha} \tag{10}$$

经济进入一个收敛路径，储蓄率逐渐下降，稳态资本存量为 $K_M^E = \overline{M} + K'[1 + \overline{M}(E\bar{l}_j - 1)]$。

简单比较可知，$K_M^E < K^E$。因此，此时的稳态人均资本存量和人均消费均低于无金融部门时的水平。而且，金融部门的风险控制能力越差（θ 越大），或者，劳动力转移过程中的风险越大（σ 越大），则能够转移的劳动力 $1-\gamma = \overline{M}$ 就越小，经济提前进入收敛路径的时间也就越早。这个结论同普遍观察到的现实是一致的。

四 开放经济条件下的劳动力转移模型

第三部分的分析表明，国内金融部门的风险控制能力较低会导致劳动力转移过程发生停滞，从而使得经济提前进入收敛状态。从理论上说，有两条途径可以克服这种停滞。其一是从根本上改造国内低效率的金融部门，这显然要假以时日；其二则是引入一个在风险管理方面具有较高效率的国外金融部门,这就需要有较大规模的资本跨境流动来承载。质言之,由于国内外金融部门之间存在着效率差异,通过资本项目的顺差来引进国外的投资,从而推动国内尚未充分利用的储蓄,便可能产生提高国内资源配置效率的作用。通过这一分析,我们可能对我国持续10余年的经常项目顺差、资本项目顺差、外汇储备增加和经济高速增长四种现象同时并存的现象提供一种解释。

现在我们考虑通过经济的对外开放来解决国内金融部门风险控制能力较低的问题。假定存在一个具有较高风险控制能力的国外金融部门,为简单起见,设国外金融部门的风险控制能力极大——其 $\theta = 0$。在国内、国外两个金融部门的风险控制能力不同的情况下,它们之间的优势互补效应就得以体现。

具体来说,国外金融部门以资本输出的方式进入东道国,它们投资于国内的风险项目,从而使劳动力的转移得以继续,其回报即为 R_1。在这里,存在着这样的交易过程:国外金融部门通过国际直接投资获得使用东道国实物生产要素的金融要求权,而东道国中央银行在以本币兑换外币之后,其以外币定值的金融资产(外汇储备)相应增加。设外汇储备的投资收益为 R_A,我们假设这个收益率是完全无风险的:没有汇率风险,没有国外经济的周期性波动①。于是,这里的交易并不需要国际直接投资有与之相对应的进口交易,全部的内容仅仅表现为金融要求权的交换上。这种纯粹金融意义上的交易,从本质上看,便是一个关于风险的交换过程:国内金融部门将高风险的投资收益 R_1 让渡于国外金融部门,后者则向前者提供一个无风险的收益 R_A。

设国际直接投资所导致的国内资本形成占国内资本形成总额 K 的比例是 ϕ,也即,国际直接投资的存量为 ϕK,而每个时点的国际直接投资(流量)为 $\phi \dot{K}$。相应的,国内金融部门持有的外汇储备存量以及每个时点外汇储备的变化分别为 ϕK 和 $\phi \dot{K}$。国际直接投资和外汇储备的规模取决于国内金融部门在最终产品投资〔比例为 $(1-\phi)\gamma$〕、劳动力转移投资〔比例为 $(1-\phi)(1-\gamma)$〕和外汇储备投资(比例为 ϕ)三个方面进行的最优资产组合规划,解得(证明见附录):

$$\begin{cases} R_1 = R_A = R_0 & if \ (1-\gamma)(1-\phi) < \overline{M} \\ R_1 = R_0 + \mu, R_0 = R_A & if \ (1-\gamma)(1-\phi) = \overline{M} \end{cases} \quad (11)$$

式(11)可以这样理解:在 $1-\gamma < \overline{M}$ 时,资产组合的风险尚处于国内金融部门的能力

---

① 就本文的目的而言,放松这两个假设并不能提供额外的洞见。但是,如果要解释国内和国外经济的周期性互动关系,则需要放松两个假设。并且,还需考虑比较优势、劳动分工等贸易因素。

范围内，因而没有必要向国外金融部门转移风险，所以，金融要求权的交易结果——外汇储备乃至国际直接投资都可以设为 0（$\phi=0$），整个经济的运行态势同封闭经济完全一样。

但是，当 $1-\gamma=\bar{M}$ 时，为了保持劳动力的持续转移以及由此导致的更高的投资收益，将会出现存量和流量分别为 ϕK、$\phi \dot{K}$ 的国际直接投资以及相应的外汇储备。可以看出，在这种情况下，对劳动力转移投资包括国内投资和国际直接投资两个部分，劳动力转移率为 $(1-\phi)(1-\gamma)+\phi$。事实上，在中国 1998~2002 年通货紧缩时期，这里刻画的国外资本使用国内储蓄而展开投资的特点曾经表现得淋漓尽致。那时，以银行存差形式表现的国内储蓄过剩十分明显，整个金融体系都苦于得不到有效的投资项目，但是，国外投资却十分活跃，而且大都得到可观的投资收益。

显然，在引入了国外金融部门后，国内劳动力转移将得以继续下去，总量生产函数依然是式（3）。不过，由于最终产品投资和风险投资之间存在持久的差异，因此，劳动力转移的比例和资本存量关系式（1）被破坏。考虑到经济处于 AK 增长过程中，劳动力转移速度和经济增长速度等依然可以简单地表达为：

$$g_{1-\gamma}=g_Y=g_K=g_C=E\tilde{R}-\rho \tag{12}$$

式（12）中的 $E\tilde{R}$ 为国内金融部门整个投资组合（最终产品投资、劳动力转移投资和外汇储备）的预期收益，$E\tilde{R}=R_0+\mu(1-\gamma)(1-\phi)<R_1$，该收益显然较先前为低，因此，与封闭经济情况相比，经济将要花费更多的时间和资本才能完成全部劳动力的转移。同时，开放经济将呈现一个显著的特点：随着劳动力转移和经济增长的延续，外国直接投资以及东道国外汇储备的增长将得到持续。

五 小结：劳动力转移过程中的宏观经济运行框架

本部分将运用数据分析来验证以上理论模型的结论：劳动转移是中国经济持续发展的基础。在展开分析之前，首先需要对劳动力转移过程中的宏观经济运行框架进行分析，以得到可供检验的计量模型。

上文中的理论模型分三个步骤解析了劳动力转移过程中的经济增长，图 3 对此进行了直观的总结。首先，在完美的封闭经济中（图 3 实线框内），储蓄向投资的转化无任何障碍，劳动力的持续转移使得经济形成了一个 AK 式增长。人均资本存量、人均消费、人均产出的增速同劳动力转移率的速率是一致的，封闭经济条件下的储蓄率等于投资率，它们和资本产出比一起都同劳动力转移率密切相关。

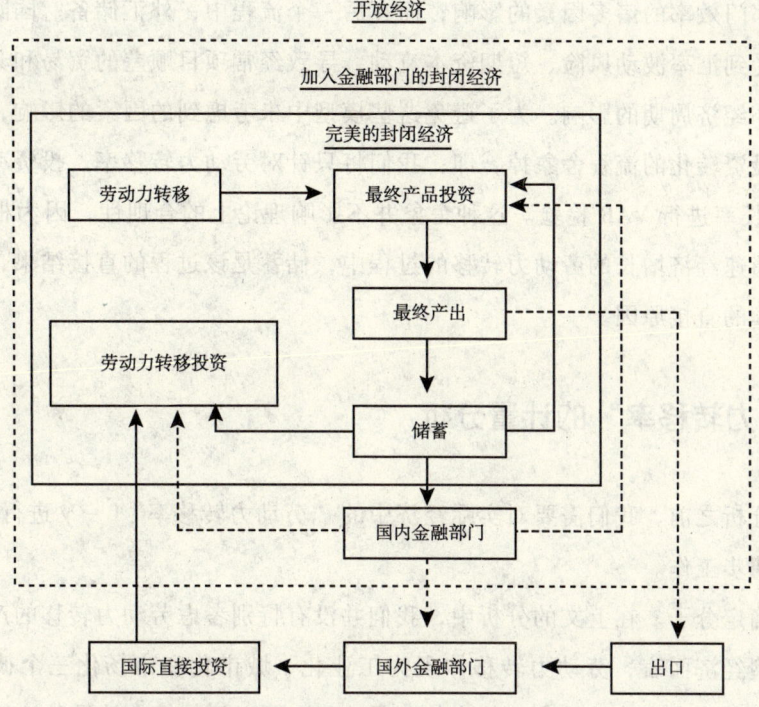

图3 劳动力转移过程中的宏观经济运行框架

在加入金融部门后（图3虚线框内），储蓄通过金融部门转变成对劳动力转移以及最终产品生产的投资。由于国内金融部门在投资风险的控制上存在着效率缺陷，劳动力转移过程会在某个门槛值终止，经济会提前结束AK式增长，人均产出增长率、储蓄率、投资率等变量都将因此进入收敛过程。

最后，一个包含国内外金融部门的开放经济有助于解释现实发生的劳动力持续转移。这里，劳动力之所以能够转移，不仅取决于国内金融部门动员储蓄的能力，还与该经济引入了具有较高风险管理能力的国际直接投资密切相关。

由于各个变量彼此相互联系，均为内生变量，于是，整个经济将可以用一个包含劳动力转移率、投资、储蓄、产出、外汇储备和国际直接投资在内的向量自回归（VAR）模型来刻画。需要说明的是，尽管考虑金融部门和开放经济条件使得我们的理论模型更加贴近于现实经济运行，但是，理论分析的环境依然是非常"纯净"的，以至于没有涵盖、实际也无法涵盖现实经济运行的诸多复杂因素。这主要体现在国内储蓄向投资转化的流程上。

如图3所示，在开放经济条件下，储蓄向投资的转化包含两个流程：第一，通过国内金融部门的转化流程；第二，通过国外金融部门的转化流程。其中，前一个流程受到制约国内金融部门效率的诸多因素的影响；而在后一个流程中，外汇储备、国际直接投资等变量显然还受到汇率波动风险、短期资本流动、导致经常项目顺差的贸易和其他实体经济因素以及国外经济周期的影响。为了避免这些模型中未考虑到的因素的影响，以下的检验将把储蓄向投资转化的流程舍象掉，即：我们将只针对劳动力转移率、投资率、储蓄率和人均 GDP 增长率进行 VAR 检验。这种舍象并不影响理论上的合理性，因为根据先前的分析，在引致高速经济增长的劳动力转移的过程中，储蓄是该过程的直接结果，而投资则是过程得以延续的直接原因。

六 "劳动力转移率"的计量分析

在展开分析之前，我们需要对实际经济中的"劳动力转移率"$1-\gamma$ 进行界定。为此，我们需进行两步工作。

第一，确定分子。在上文的分析中，我们并没有特别考虑劳动力转移的产业部门。对于中国的转型经济而言，劳动力转移体现为工业化、城市化和市场化三个彼此联系的过程。我们认为，非农产业就业人口的变化（见表1）可以比较综合地反映这三个因素：第一，非农产业的就业变化反映了第二产业的发展，即工业化的影响；第二，工业化同城市化实际上是相互促进的，而非农产业中的第三产业发展状况显然也依赖于城市化的进程；第三，非农产业就业人数的增加同非国有企业的发展密切相关，因而也反映了经济的市场化进程。

第二，我们需要确定分母。这涉及是否需要考虑人口年龄结构的变化问题，具体说，我们需要考虑：是用非农就业人口同就业人口的比例，还是用非农就业人口同总人口的比例？在我们的模型中，人口年龄结构问题被忽略了，因此，总人口参与率（适龄劳动人口比例乘就业率）是一个恒定的量。而总人口参与率的变化既可能是劳动力转移的结果，也可能会通过适龄劳动人口增加，成为推动劳动力转移的一个动力。

由表1可以看到，1979~2003 年，由于人口年龄结构的变化，我国劳动人口比例不断提高。在就业率基本无变化的情况下，总人口参与率就同劳动人口比例的变化亦步亦趋。但是，我们并不能简单地由此得出这样的结论：人口年龄结构的变化是 20 余年来经济大发展的主要因素，因为我们必须考虑这种变化是否导致了非农产业就业比例的变化。为此，我们就人口年龄结构的变化对非农产业就业率的变化进行格兰杰因果关系检验。

表 1 我国人口参与率与就业率

单位：%

年 份	劳动人口比例	适龄劳动人口就业率	总人口参与率	非农产业就业比例	其中：第二产业	其中：第三产业	城市就业比例	其中：非国有
1979	42.64	98.63	42.06	30.20	58.28	41.72	24.37	23.06
1980	43.47	98.74	42.92	31.25	58.15	41.85	24.85	23.81
1981	44.13	99.00	43.69	31.90	57.37	42.63	25.28	24.26
1982	44.93	99.17	44.56	31.87	57.68	42.32	25.23	24.48
1983	45.34	99.42	45.08	32.92	56.84	43.16	25.30	25.33
1984	46.41	99.51	46.18	35.95	55.28	44.72	25.37	29.37
1985	47.34	99.52	47.12	37.58	55.32	44.68	25.68	29.81
1986	47.95	99.49	47.70	39.05	56.01	43.99	25.92	29.79
1987	48.55	99.48	48.29	40.01	55.50	44.50	26.11	29.96
1988	49.20	99.46	48.94	40.65	55.04	44.96	26.26	30.02
1989	49.43	99.32	49.09	39.95	54.14	45.86	26.01	29.76
1990	57.13	99.12	56.63	39.90	53.63	46.37	26.32	39.29
1991	57.06	99.09	56.54	40.30	53.10	46.90	26.67	38.94
1992	57.00	99.06	56.46	41.50	52.29	47.71	27.00	39.03
1993	56.93	99.02	56.37	43.60	51.38	48.62	27.34	40.20
1994	56.85	99.00	56.28	45.70	49.67	50.33	27.65	39.88
1995	56.85	98.85	56.20	47.80	48.12	51.88	27.97	40.86
1996	57.00	98.83	56.34	49.50	47.47	52.53	28.89	43.56
1997	57.27	98.62	56.48	50.10	47.31	52.69	29.76	46.86
1998	57.78	97.99	56.62	50.20	46.81	53.19	30.60	58.10
1999	57.87	98.08	56.76	49.90	46.09	53.91	31.39	61.75
2000	58.38	97.42	56.87	50.00	45.00	55.00	32.12	65.00
2001	58.32	98.11	57.22	50.00	44.60	55.40	32.78	68.09
2002	58.67	97.85	57.41	50.00	42.80	57.20	33.60	71.09
2003	58.87	97.84	57.60	50.90	42.44	57.56	34.45	73.18

注：非农产业就业比例等于第二、第三产业就业人口与总就业人口之比；城市人口就业比例为城市就业人口与总就业人口之比。

资料来源：历年《中国统计年鉴》。

在进行检验之前，我们需要检验变量的平稳性。通过 ADF 检验，我们发现所有指标的二次差分满足平稳性要求，因而可以进行格兰杰检验。考虑到劳动人口比例受到生育率、死亡率、人口寿命等外生因素的影响，因此，我们仅需看劳动人口比例的二次差分是否对其他变量产生了影响。

表2 人口年龄结构变化与非农产业就业率的关系

变量平稳性检验（ADF）			
	None	Intercept	Trend and Intercept
DDLABPOPU	-5.409019(-2.6819***)	-5.268176(-3.7856***)	-5.125525(-4.4691***)
DDNA	-3.276537(-2.6819***)	-3.172341(-3.0114**)	-3.116148(-3.2602*)

格兰杰因果关系检验			
零假设	F统计量	P值	结论
DDLAPOPU 不是 DDNA 的原因	0.34940	0.71036	假设成立

注："***"、"**"、"*"分别表示1%、5%、10%显著性水平上的临界值；"DDLABPOPU"、"DDNA"分别为劳动人口占总人口比例、非农产业就业人口占总就业人口比例的二次差分；格兰杰检验采用二阶滞后，改变滞后项，结果不变。

根据表2的结果，我们可以得出这样的结论：至少从格兰杰因果关系的意义上看，人口年龄结构的变化对劳动力转移没有影响。实际上，从表2数据的某些异常值也可以发现这一点。例如，1990年总人口参与率和劳动人口比例均出现突然上升，但是，同期各项经济指标却均在恶化，而非农就业和城市就业比例也没有显著变化。所以，在以下的计量检验中，理论模型中的劳动转移率 $1-\gamma$ 就用非农产业就业人口占总就业人口的比率来表示。

下面看一下 VAR 模型检验结果及其含义。

在 VAR 模型中，所有变量都被设定为内生的。该类模型的主要好处在于用数据而不是用可能造成错误的理论模型来说明经济的运行。实际上，将所有变量看成是内生的，也是我们理论模型推演的结果（见图3）。这里检验的变量有：（1）劳动力转移率的变化，即非农就业人口在总就业人口中比例的一阶差分；（2）投资率的变化，即资本形成占当年 GDP 比例的一阶差分；（3）储蓄率的变化，即国民总储蓄占 GDP 的一阶差分；（4）人均 GDP 增速。VAR 模型要求所有变量都是平稳的，为查证平稳性，我们首先对非农产业就业比例、储蓄率、投资率和人均 GDP 增长率进行 ADF 检验。结果见表3和表4。

表3 变量平稳性检验（ADF）

	None	Intercept	Trend and Intercept
DNA	-1.645078(-1.6238*)	-2.651518(-2.6417*)	-2.705776(-3.2535*)
DIR	-3.190581(-2.6756***)	-3.261687(-3.0038**)	-3.174187(-3.2535*)
DSR	-2.853744(-2.6756***)	-3.442356(-3.0038**)	-3.349864(-3.2535*)
GDPPC	-0.622363(-1.6238*)	-4.168995(-3.7667***)	-4.225381(-3.6330***)

注："DNA"、"DIR"、"DSR"分别为非农产业就业比例、投资率、储蓄率的一阶差分，"GDPPC"为人均 GDP 增长率；"***"、"**"、"*"分别表示1%、5%、10%显著性水平上的临界值。

由于各变量符合平稳性要求，我们继续做 VAR 检验，回归方程见表 4。

由于 VAR 模型涉及诸内生变量之间的相互影响，从回归方程并不易观察到模型的含义。因此，理论分析一般利用各变量的冲击反应函数（或者方差分解）来说明某个变量的变化是如何引起其他变量的反应的。图 4 给出了各变量的冲击反应。

表 4   1979～2003 年四变量向量自回归模型

DNA = $0.5417990863 \times$ DNA$(-1) + 0.03351067338 \times$ DNA$(-2) + 0.154308507 \times$ DIR$(-1) +$
$0.1181140288 \times$ DIR$(-2) + 0.015759726 \times$ DSR$(-1) + 0.1457859463 \times$ DSR$(-2) +$
$0.02348328475 \times$ GDPPC$(-1) - 0.1431161427 \times$ GDPPC$(-2) + 1.276882372$

$\bar{R}^2 = 0.304251$ AIC $= 2.715952$ SC $= 3.162288$

DIR = $-0.1904181724 \times$ DNA$(-1) - 0.7290269731 \times$ DNA$(-2) - 0.007768519149 \times$ DIR$(-1) +$
$0.3102984265 \times$ DIR$(-2) - 0.4061731141 \times$ DSR$(-1) - 0.2279983569 \times$ DSR$(-2) +$
$0.6520840073 \times$ GDPPC$(-1) - 0.4744982667 \times$ GDPPC$(-2) - 0.05943457826$

$\bar{R}^2 = 0.562328$ AIC $= 3.717602$ SC $= 4.163938$

DSR = $-0.1630209543 \times$ DNA$(-1) + 0.09290802354 \times$ DNA$(-2) + 0.3855081389 \times$ DIR$(-1) +$
$0.4566325797 \times$ DIR$(-2) - 0.2722627313 \times$ DSR$(-1) - 0.2374119053 \times$ DSR$(-2) -$
$0.04186171505 \times$ GDPPC$(-1) - 0.2033156084 \times$ GDPPC$(-2) + 2.635506163$

$\bar{R}^2 = 0.114882$ AIC $= 3.385295$ SC $= 3.831631$

GDPPC = $2.177649452 \times$ DNA$(-1) + 0.1758360609 \times$ DNA$(-2) + 0.4788879152 \times$ DIR$(-1) +$
$0.46249206 \times$ DIR$(-2) - 0.01479082052 \times$ DSR$(-1) + 0.07713257075 \times$ DSR$(-2) +$
$0.1383442304 \times$ GDPPC$(-1) - 0.973017835 \times$ GDPPC$(-2) + 13.15080491$

$\bar{R}^2 = 0.516710$ AIC $= 4.527582$ SC $= 4.973918$

Log Likelihood $= -102.724$ Akaike information criteria $= 12.611$ Schwarz criteria $= 14.397$

首先看劳动力转移率对冲击的反应。劳动力转移率的自冲击效应非常强，当期的一个正向冲击将导致此后三年劳动力转移率的增加。这说明，在当前劳动力市场的状况下，劳动力转移具有很大的"黏性"，因此，无论是促进劳动力转移的有利政策，还是导致劳动力转移停滞甚至逆转的不利政策，都将对劳动力市场产生较为持久的影响。投资率对劳动力转移的影响不仅相当显著，而且相当持久。可以看到，当期投资率的一个正向冲击在第二年就引起转移率的上升，第三年达到顶峰，并在第四年继续维持。投资率冲击对劳动力转移的显著且持久的变化与理论预期是完全一致的。相反，储蓄率和人均 GDP 增速对劳动力转移的影响非常小，结合以下储蓄率和人均 GDP 增速对其他变量冲击的反应，即可说明：在储蓄向投资转化并非那么顺畅的情况下，储蓄和增长更多地表现为既定增长机制的结果。

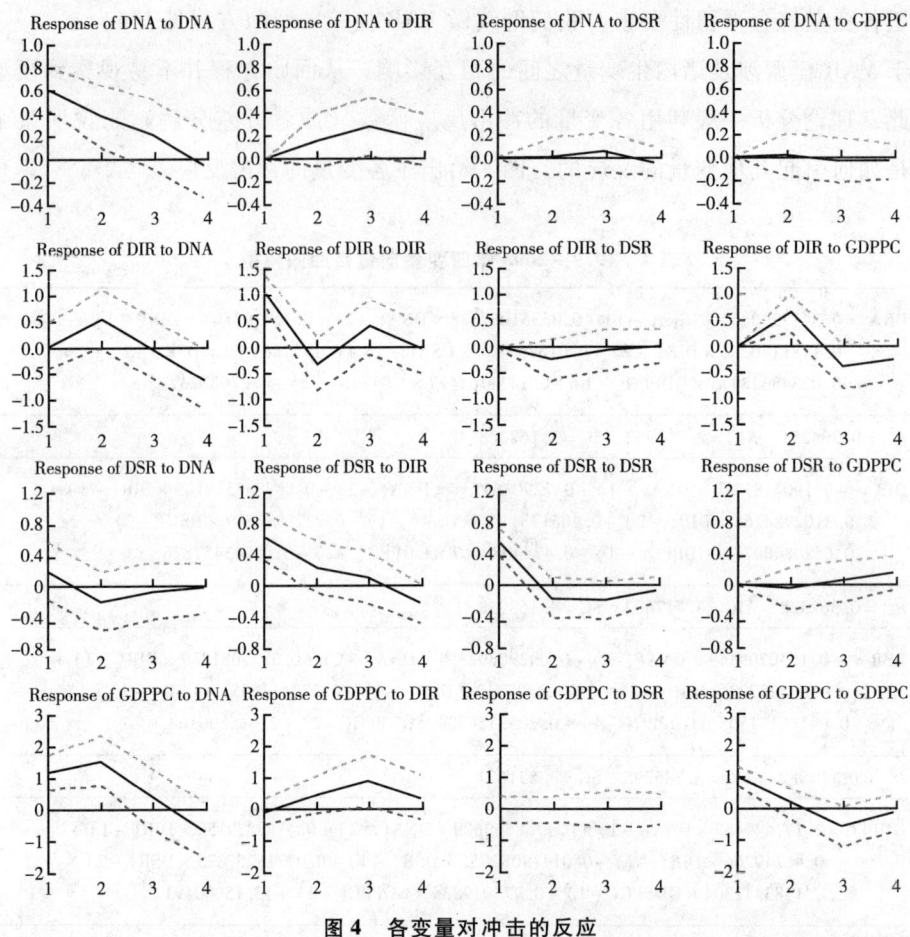

图 4　各变量对冲击的反应

其次看投资率对各变量冲击的反应。投资率同样受到劳动转移的显著影响，当期劳动力转移的一个正向冲击在第二年即导致投资率上升，但在随后的第四年投资率的变化就发生转向，意味着投资率将恢复到冲击前的水平。投资率的自冲击效应在第二年就趋于消失。结合前后的冲击—反应分析，这说明，如果总需求管理政策（货币政策和财政政策）没有对其他因素尤其是劳动力转移产生影响，而仅仅是一次性地扩张了投资，那么，这样的投资将是不可维持的。实际上，1998 年以后的财政、货币政策效果已经说明了这一点。至于储蓄率，它不会对投资产生非常显著的影响，它的上升仅在第二年导致投资率微弱的下降。同劳动力转移冲击在第二年引起的投资率上升幅度相比，储蓄率上升导致的投资率下降幅度仅仅只有前者的一半不到。所以，结合劳动转移对储蓄率和投资率的影响可知，劳动力转移会同时引起储蓄率和投资率的提高。人均 GDP 增速的冲击对投资率的影响类似于劳动力转移率冲击的结果。

再次看储蓄率对各变量冲击的反应。劳动转移的增加会立即引起储蓄率的上升,尽管幅度较小,但在第二年储蓄率就恢复到冲击前的水平。投资率对储蓄率的影响不仅幅度较大,而且也较为持久。结合投资率对劳动力转移的持久影响可知,投资率对储蓄率的正向冲击还是以劳动力转移作为媒介的。储蓄率的自冲击效应较明显,但非常短暂。而人均 GDP 增速对储蓄率几乎没有什么影响。

最后看人均 GDP 增速。劳动力转移冲击对人均 GDP 增速的影响非常直接,当期一个正向的劳动力转移冲击立刻导致人均 GDP 增速在当年和第二年上升,第四年 GDP 增速才逐步向初始状态恢复。人均 GDP 增速对投资率的冲击反应同劳动力转移的反应非常相像,结合劳动力转移冲击对 GDP 的影响以及劳动力转移对投资率冲击的反应,这就说明投资、劳动力转移和 GDP 增速之间存在密切关联。同其他冲击不一样,人均 GDP 增速对储蓄率的冲击几乎无反应。就人均 GDP 增速的自冲击效应而言,显然也是极其短暂的。

综合以上分析,我们可以发现实证模型的主要结论,即:劳动力转移的强烈自冲击效应和对投资率冲击的持久反应、人均 GDP 增速对劳动力转移冲击的敏捷反应和对投资率冲击的长期反应,同理论模型的预期完全一致,即:劳动力转移和投资之间的互动效应构成了中国 20 余年经济增长的核心机制。考虑到储蓄率对投资率的持久反应,以及储蓄率与其他变量之间相对较弱的关联,这说明,在储蓄向投资转化的渠道并不顺畅的情况下,它更多地表现为整个经济增长机制的结果。

七 结论和政策建议

本文的主要结论是:劳动力的持续转移是中国 20 余年来经济增长的核心机制;而长期的高储蓄率和高投资率则是与长期的劳动力转移过程互为因果的必然现象。因此,资本产出比和 TFP 在衡量这种由劳动力转移推动的经济增长绩效上,并不具有特别重要的意义。特别的,资本产出比的上升是这种增长方式的内生结果,它不仅反映了已转移劳动的资本深化过程,更是资本宽化,即投资导致劳动力转移持续发生的结果。鉴于非农就业人口占我国总人口的比例在 2003 年底还只有 51% 左右,我们可以推论:只要劳动力转移过程得以持续,那么,高储蓄率和高投资率现象就将长期持续,而由劳动力转移、高储蓄、高投资共同推动的内生式经济增长就不会停止。

基于上述分析,环绕劳动力转移以及相应的高储蓄、高投资问题,我们提出如下政策建议:

第一,在劳动力转移的过程中,投资高速增长是不可避免的必然现象,因此,问题的关键在于管理好与高投资相伴的金融风险。因此,改革国内金融体系,提高其风险管理能力,应当成为我国的体制改革最重要的任务。就金融改革而言,尽快改变以银行间接融资为主的金融结构,大力发展直接融资,创造风险分担的社会化机制,防止风险过度集中于少数金融机构,显然最为关键。

第二,尽管高额的外汇储备(在经常项目顺差条件下)以及并不带来实物资本转移的外国直接投资(造成资本项目顺差的主要原因)常常为人们所诟病,但是,在国内金融部门的效率无法得到有效改善之前,它们所隐含的风险重新配置效应依然为国内劳动力持续转移过程所必需。因此,任何影响这种资金和实物流动的风险都将影响到劳动力转移。

第三,劳动力转移涉及不同的产业发展格局,而不同的产业具有不同的风险。一般而言,高增长和高技术型的产业具有较高的风险,但这样的产业能够显著地提高转移劳动力的边际产出。所以,改革金融体系,使之适应这些产业的发展,也将极大地增强劳动力转移所产生的内生增长绩效。

(本文发表于《经济研究》2005年第2期)

参考文献

[1] 蔡昉、王德文:《中国经济增长:劳动力、人力资本与就业结构》,《中国经济增长的可持续性与制度变革》研究课题分报告,1999。

[2] 蔡昉:《人口转变、人口红利与增长可持续性》,《金融论坛》2004年第21期。

[3] 李扬:《中国经济对外开放过程中的资金流动》,《经济研究》1998年第2期。

[4] 李扬:《中国金融改革研究》,江苏人民出版社,1999。

[5] 李扬:《金融全球化研究》,上海远东出版社,1999。

[6] 李扬:《中国需要怎样的金融体系》,2002年8月26日《21世纪评论》。

[7] 李扬、殷剑峰:《开放经济的稳定性和经济自由化的次序》,《经济研究》2000年第11期。

[8] 李扬、殷剑峰:《理顺利率体系健全利率形成机制》,2004年6月30日《中国证券报》。

[9] 殷剑峰:《不对称信息环境下的金融结构与经济增长》,《世界经济》2004年第2期。

[10] 殷剑峰:《逆向选择、信贷配给与经济增长》,《中国社会科学评论》2004年第2卷。

[11] 中国社科院金融研究所:《中国金融发展报告(2004)》,社会科学文献出版社,2004。

[12] 郑玉歆:《全要素生产率的测度及经济增长的"阶段性规律"》,《经济研究》1999年第5期。

[13] 张军:《资本形成、工业化与经济增长:中国转轨的特征》,《经济研究》2002年第6期。

[14] Bloom, D. and David Canning and Jaypee Sevilla. 2001. Ecnomic Growth and Demographic Transition. Working Paper 8685. www.nber.org.

[15] Bloom, D. and Jeffrey G. Williamson. 1997. Demographic Transitions and Economic Miracles in Emerging Asia. Working Paper 6268. www.nber.org.

附 录

式（9）的证明

根据在险值的公式，为保证国内金融部门在某个概率水平下——例如95%，风险资产不超过总储蓄的一定比例 θ，需有下式成立：

$$\theta K \geq 1.65 \times \sigma_P \times K$$

由此，可得风险投资的门槛值为：$1 - \gamma \leq \theta/(1.65\sigma) = \overline{M}$。

在存在风险控制的情况下，国内金融部门的规划即为：

$$\begin{cases} \text{Max}: E\tilde{R} = \gamma R_0 + (1-\gamma) R_1 \\ s.t. \quad 1 - \gamma \leq \overline{M} \end{cases}$$

由上面的规划即可解得式（9），其中，拉格朗日常数 μ 随 θ 递增：$\partial \mu / \partial \theta > 0$。

式（11）的证明

本国金融部门资产组合中的国外资产比例为 ϕ，国外资产的收益为 R_A，风险为 σ_A，则C国资产组合的总风险即为：

$$\sigma_P = \sqrt{(1-\phi)^2(1-\gamma)^2\sigma^2 + \phi^2\sigma_A^2 + 2\phi(1-\phi)(1-\gamma)\text{Cov}(R_1, R_A)}$$

在假设国外资产无风险的情况下，本国金融部门不会因为投资于A国而降低门槛值 $\overline{M}$，包含国外金融资产的组合风险即为 $\sigma_P = (1-\phi)(1-\gamma)\sigma$。则C国金融部门的规划为：

$$\begin{cases} \text{Max}: E\tilde{R} = (1-\phi)[\gamma R_0 + (1-\gamma) R_1] + \phi R_A \\ s.t. \quad (1-\gamma)(1-\phi) \leq \overline{M} \end{cases}$$

根据上面的规划，可以解得式（11）。

对于国内金融部门而言，由于外汇储备投资同最终产品投资都属于无风险投资，因此，这里存在着关于 $1-\gamma$ 和 $1-\phi$ 的多重解，这些解只需满足 $(1-\gamma)(1-\phi) \leq \overline{M}$ 以及劳动力转移率与资本存量的关系。

中国高储蓄率问题探究

——基于 1992~2003 年中国资金流量表的分析

李 扬 殷剑峰

一 引言

近年来，中国的高储蓄率成为国内乃至国际经济学界最为关注的问题。根据 GDP 的支出法统计，2005 年中国的储蓄率达到了 47.9%，比"六五"开端的 1981 年上升了近 15 个百分点，而且仍呈上升之势（见图 1）。

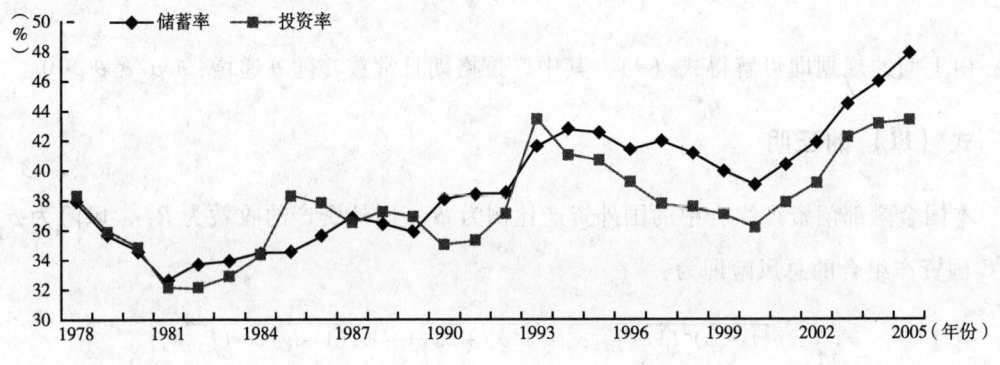

图 1　中国的储蓄率和投资率（1978~2005 年）（根据支出法 GDP 统计）

中国的储蓄率之高及其持续时期之长固然令人困惑，它所引发的一系列问题更为棘手。作为宏观经济运行中的供给面，高储蓄率显然构成当前我国经济运行中另外两个表现在需求面上的突出问题——居高不下的高投资和规模不断扩大的高顺差——的物质基础。2005 年中国的投资率达到了 43.4%，比 1981 年上升了 11 个百分点；而经常项目顺差占 GDP 的比重则在同年达到了 4.5% 的创纪录水平。问题的复杂性在于：无论高投资如何令人担心，亦无论巨额顺差引发的贸易摩擦如何让人不堪忍受，在国内消费率未能如愿提高的前提下，为了维持国民经济的正常运行，我们在一定程度上还需容忍它们的存在和发展。这一点，目前事实上已经获得了广泛的共识。需求管理的困境，令我们不得不再次将分析的视野转向硬币的另一面,即国民经济的供应方面。于是,更细致地分析中国的高储蓄率问题,成为理解中国经济增长之"谜团"并制定相应对策的关键之一。

对于中国高储蓄率问题的研究,长期以来主要是在总量层面上展开的。例如,李扬和殷剑峰(2005)就曾从人口结构变化、工业化、城市化和市场化改革的综合角度分析了中国的高储蓄率以及与之相伴的高投资率问题。此类分析固然可以揭示导致储蓄率和投资率变化的一些体制、机制以及人口等非金融因素的影响,从而指明中国当前的"三高"并不能简单地靠政策措施予以调整,但是,这样的分析并不能告诉我们:在国民经济中,究竟是哪个部门在进行储蓄以及储蓄的动机是什么,因而也就难以提出更有针对性的政策建议。

我们注意到,已经有研究者开始从部门结构的角度来深入展开对中国储蓄率的研究。例如,莫迪格里亚尼(2005)曾经依据生命周期理论考察了中国居民储蓄率的变动,任若恩和覃筱(2006)则利用中国和美国两国的资金流量表,对两国居民储蓄率的统计口径进行了比较分析。但是,这些分析仅仅涉及中国的居民部门,不仅缺少对政府和企业部门的细致研究,而且没有进一步引申到对形成目前高储蓄水平的原因和机制的分析。

与以上这些着眼于总量和仅仅强调居民部门的研究不同,世界银行北京办事处的Louis(2005)则利用中国的资金流量表分析了国内居民、企业和政府三个主要部门的储蓄率,并得到了三个关键结论:其一,中国居民的储蓄率很高,企业和政府的储蓄率也同样显著地高于其他国家;其二,企业的储蓄率高是因为企业盈利能力的增强,这使得企业保留利润迅速上升;其三,政府之所以从事储蓄,其主要原因在于通过"资本转移"来支持国有企业发展。

我们欣赏Louis的研究,并且同意其部分的结论。但是,同样利用业已公布的1992~2003年的中国资金流量表来研究国内各部门的储蓄率,我们发现,Louis的研究忽略了若干关键事实,因而,其三个关键结论都需要进行修正:其一,中国的高储蓄率确实是由居民、企业和政府部门共同推动的,但是,2000年以来储蓄率的进一步攀升则主要同政府部门的储蓄率提高有关;其二,企业的储蓄率较高确实是企业可支配收入或利润上升的结果,但是,企业的可支配收入或利润的上升并不主要归因于企业盈利能力的提高,而应归因于企业的主要成本——劳动报酬和利息支出——长期保持在较低的水平上;其三,近年来政府部门储蓄率的上升并非主要为了通过"资本转移"来支持国有企业发展,而是被直接用于政府投资。

本文将论证这些观点。在下文中，首先，利用资金流量的实物表对居民、企业和政府部门的储蓄率进行计算和比较，并得出若干结论；其次，利用资金流量的金融表对以上计算结果的统计误差进行修正；再次，我们将分别对决定储蓄率的两大因素——收入分配的占比和储蓄倾向的变化——进行分析，更深入地探讨国民储蓄率上升以及各部门的贡献，并分析其背后的主要原因；最后，提出若干政策建议。

二 国民储蓄率的部门结构：实物交易表分析

随着国民经济核算体系由物质产品平衡表体系（MPS）向国民账户体系（SNA）过渡，我国自1992年开始编制资金流量表，迄今已经编制出1992~2003年共12张资金流量表。

根据交易发生的性质，每张资金流量表被分为实物交易和金融交易两个部分。其中，实物交易部分由国家统计局根据联合国SNA（1993）核算体系进行编制，金融交易部分则由中国人民银行负责编制。从理论上来说，交易的性质不会影响资金流量表中各经济部门的资金净头寸。然而，对照实物交易部分和金融交易部分的"净金融投资"可以发现，两者之间一直存在着巨大的"统计误差"。为了使两者相互一致，国家统计局每年都要用此"统计误差"来对资金流量的实物表进行修正。

鉴于上述问题的存在，在本部分中，我们将首先直接利用资金流量的实物表来计算国民储蓄率和各部门的储蓄率。在下一部分中，我们再运用资金流量的金融交易表对实物表中的"统计误差"进行适当修正。这两部分分析的结果显示，即便不考虑"统计误差"，近年来国民储蓄率的上升也主要归因于政府部门；考虑了"统计误差"之后，本部分分析的结果事实上得到了进一步验证。

在资金流量表中，全部经济部门被分为非金融企业、金融机构、政府、居民和国外等五个部门。为了便于集中考虑实体经济部门，我们将非金融企业和金融机构合并为企业部门。对于居民部门和政府部门而言，在其可支配收入中扣除了最终消费，便是它们的储蓄。至于企业部门，由于不存在消费问题，可支配收入就是其储蓄。居民、企业和政府共同构成国内部门。国内三部门储蓄的总和即为国民储蓄。国民储蓄与整个国内部门的可支配收入之比就是国民储蓄率。

可以用两个概念来刻画各部门的储蓄状况。其一，将各部门的储蓄与该部门的可支配收入相比，可以得出该部门的储蓄倾向。这个概念反映的是各个部门的消费/储蓄决策。其二，将各部门的储蓄与整个国民经济的可支配收入相比，可以得出该部门的储蓄率。这个概念反映的是各部门储蓄对整个国民储蓄率的贡献。显然，对于各个部门而言，有下述等式成立：

部门储蓄倾向 × 该部门可支配收入占国民可支配收入之比 = 该部门储蓄率

这个等式显示：各部门的储蓄率不仅取决于本部门的储蓄意愿，也取决于各部门在国民收入分配结构中的地位。

三大部门的储蓄率相加，即为国民储蓄率，即：

国民储蓄率 = 居民储蓄率 + 企业储蓄率 + 政府储蓄率

表1记载了1992～2003年中国居民、企业和政府三大部门各自的储蓄率。为了更明显地展示趋势，我们根据表1的数据绘出了图2。

表1　国民储蓄率和部门储蓄率

单位：%

年　份	国民储蓄率	居民储蓄率	企业储蓄率	政府储蓄率
1992	40.27	22.57	11.55	6.15
1993	41.95	22.65	12.91	6.38
1994	42.20	21.71	14.59	5.90
1995	40.28	19.79	14.65	5.84
1996	40.32	21.32	13.57	5.43
1997	41.13	20.75	14.73	5.65
1998	39.98	20.39	14.33	5.27
1999	38.61	18.55	14.31	5.75
2000	38.50	16.50	15.65	6.36
2001	38.89	16.18	15.14	7.57
2002	40.20	18.63	14.32	7.24
2003	42.90	18.11	15.47	9.32

注：部门储蓄率 = 部门储蓄/国民可支配收入。
资料来源：根据中国资金流量表计算得出。

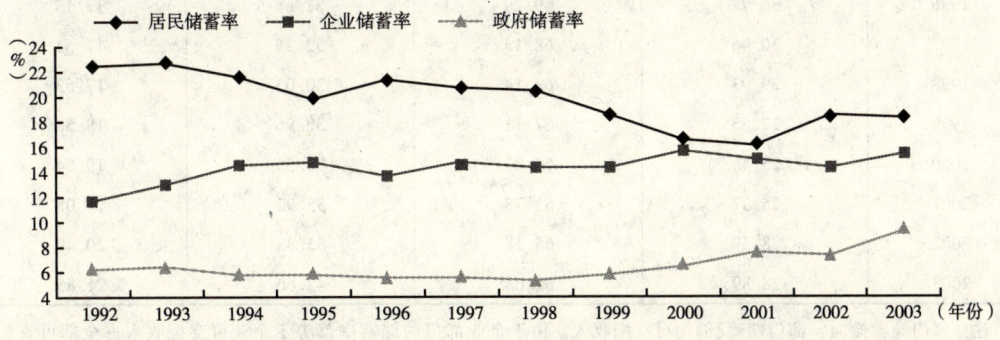

图2　中国的国民储蓄率及其部门结构（1992～2003年）

由表1和图2不难看出：1992~2003年，在国民经济的三大部门中，居民部门的储蓄率是下降的，而企业部门和政府部门的储蓄率则是上升的。具体来看，在11年间，居民储蓄率总共下降了4.46%。其间，1998年亚洲金融危机之后有一段较大的下跌，2002年重又上升，但于2003年又有所下降。企业储蓄率总体是上升的，11年间提高了3.92%。其间，1992~1994年有一次显著的跃升，升幅达3.04%；其后则在波动中缓慢上升。政府的储蓄率在11年间上升了3.17%。从发展态势上看，政府储蓄率在经历了1992~2000年长达8年的低位徘徊之后，自2000年开始稳步上升。

鉴于1992~2003年居民部门储蓄率下降，而企业部门和政府部门储蓄率上升的事实，注意到此间中国的国民储蓄率仅仅上升了2.63%，我们可以合理地得到这样的结论：中国国民储蓄率的上升归因于企业和政府两个部门。

为了更清楚地探究居民部门储蓄率下降和政府部门储蓄率上升的原因，我们可以根据储蓄率决定的公式来分解各个部门储蓄率变动的原因。表2是根据资金流量实物表计算出的居民和政府部门的储蓄倾向和可支配收入占比。

由表2可见，1992~2003年居民部门储蓄率的长期下降，既归因于其储蓄倾向的不断降低，也归因于其可支配收入占比的长期下降趋势。同时，仔细观察居民储蓄倾向，

表2 居民部门和政府部门储蓄率的进一步分解

单位：%

年 份	居民部门		政府部门	
	储蓄倾向	可支配收入占比	储蓄倾向	可支配收入占比
1992	32.61	69.23	31.97	19.22
1993	33.43	67.76	33.02	19.32
1994	32.50	66.80	31.70	18.61
1995	29.12	67.94	33.56	17.42
1996	30.77	69.29	31.68	17.15
1997	30.46	68.13	32.25	17.51
1998	29.93	68.14	30.03	17.53
1999	27.63	67.11	30.96	18.58
2000	25.45	64.81	32.55	19.54
2001	25.37	63.78	35.92	21.08
2002	28.59	65.18	35.33	20.49
2003	28.89	62.68	42.66	21.85

注：部门储蓄倾向=部门储蓄/部门可支配收入。由于企业部门的储蓄率就等于企业可支配收入占全部可支配收入的比重，因此，这里未予列出。

可以发现它具有明显的顺周期特征：在 1992～1994 年经济高涨时期，其储蓄倾向较高；在 1997 年亚洲金融危机之后，其储蓄倾向逐步回落；从 2001 年本轮经济周期开始，其储蓄倾向再次回升。这种顺周期的特征符合"持久收入假说"：在周期的上行阶段，当期收入水平超过了居民的持久收入水平，储蓄增加；在周期的下行阶段，当期收入低于持久收入水平，为维持既定的消费，储蓄减少。据此我们可以推断，2004 年和 2005 年，我国居民部门的储蓄倾向应该有所提高。① 居民储蓄倾向的顺周期行为意味着，我国居民部门的储蓄率呈长期下降趋势，其主要原因在于其可支配收入占比的长期下降，而这同国民收入的初次分配和再分配过程有关。我们将在下文中对此展开分析。

同居民部门相反，我国政府部门的储蓄率是不断上升的，其原因既来自其储蓄倾向的提高，也来自其可支配收入占比的上升。从表 2 和图 3 可以看到，1992～2000 年的 9 年间，政府部门的储蓄倾向一直围绕着平均 32% 的水平波动；自 2001 年开始，其储蓄倾向急剧上升。与居民部门对照来看，自 1995 年即分税制改革的第二年开始，政府的储蓄倾向就超过了居民部门，而且两者的差距越拉越大。

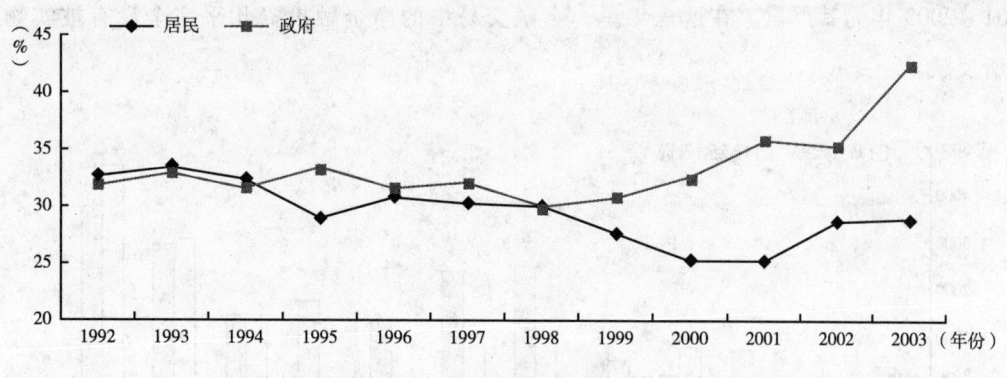

图 3　居民部门和政府部门的储蓄倾向（1992～2003 年）

值得注意的是，在此期间，政府的可支配收入占比也发生了同方向的变化。由表 2 可见，1992～2000 年，政府可支配收入占比仅微升了 0.32 个百分点，此后，自 2001 年跃升了 1.54 个百分点之后，便一直维持在 21% 左右的高平台上。

从上述分析中可以自然地得到如下结论：20 世纪 90 年代初期以来特别是 2000 年以来我国国民储蓄率的上升，主要归因于政府部门和企业部门储蓄率的上升。其中，政府部门储蓄率的上升，既与政府部门的储蓄倾向快速上升密切相关，也与该部门在 GDP 分

---

① 根据中国人民银行调查统计司王毅博士测算，2005 年我国居民储蓄倾向上升到 32.2%。

配中的占比上升有关。这表明:如果把近年来我国储蓄率的上升归因于居民部门,那是一个错误的判断,因而,如果把"降低储蓄率"的重点放在居民部门之上,实属本末倒置。

三 国民储蓄率的部门结构:对实物交易表的修正

在资金流量表的实物交易部分中,长期存在着规模巨大的"统计误差"。由于实物交易部分的统计误差为:

统计误差 = 金融交易的净金融投资 − 实物交易的净金融投资
= 金融交易的净金融投资 − (可支配收入 − 最终消费 − 资本形成总额)

因此,正的统计误差就意味着,在实物交易部分中,或者可支配收入被低估,或者消费和投资被高估。考虑到消费和投资在统计上出错的几率相对较小,我们倾向于认为:正的统计误差主要归因于可支配收入被低估的事实。从图4可以看到,这种低估现象在2001~2003年尤其严重。在这三年里,金融交易中的净金融投资几乎完全没有被实物交易所反映。

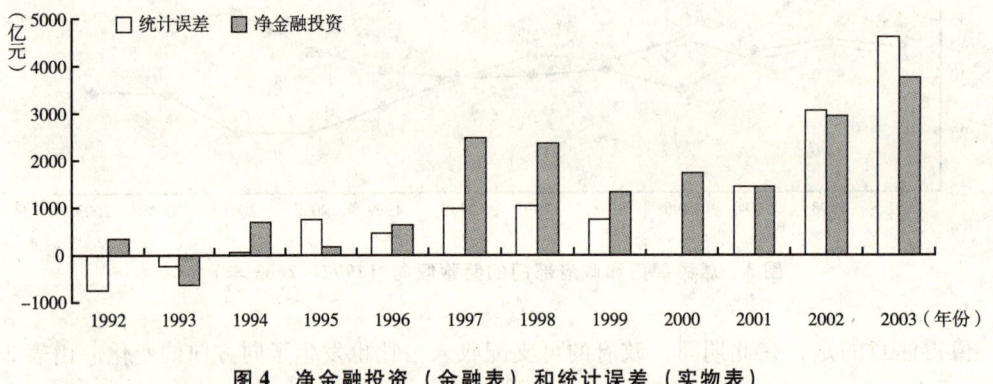

图4 净金融投资(金融表)和统计误差(实物表)

在国内的三个部门中,可支配收入都可能存在低估现象。对于政府部门而言,尽管资金流量表中对政府收入的统计涵盖了政府部门预算内和预算外的绝大多数税收和非税收收入,但是,近些年一个非常重要的项目——土地出让金并没有被包括进来。在1999年住房体制改革之前,土地出让金的影响并不大,因为地方政府对工业用地和商业用地一般采取少收甚至不收土地出让金的政策,以达到招商引资的目的。随着商品住宅市场的发展,土地出让金的规模迅速膨胀。然而,由于土地出让金一直未纳入地方政府的预算管理,对土地出让金的规模并无确切数据。据有关调查称①,"2001~2003年我国土地出让金合计9100多亿元,约占同期全国地方财政收入的35%。2004年'8·31大限'使土地有偿出让进一步市场化,当年全国出让金的价款更达5894亿元,占同期地方财政总收入的47%。2005年我国执行收紧地根政策,出让金收入占比虽有所下降,但总额仍有5505亿元"。尽管上述数据并非准确统计,但是,两个方面的情况可以间接印证其真实性。其一是房地产开发企业每年购置土地的费用。在1999年,土地购置费尚且只有500亿元,到2003年即达到了2055亿元。② 其二是资金流量中政府部门的"统计误差"。在2000年以前,政府部门的统计误差一直是负值。换言之,政府部门的可支配收入可能被高估了。但是,在2000年和2001年,政府部门的统计误差迅速上升到正的1075亿元和1351亿元,2002年和2003年虽有所下降,但也在600亿元左右。

除了政府部门的可支配收入可能被低估之外,从企业部门和居民部门在资金流量表的"统计误差"看,同样存在着长期的正的误差。就企业部门而言,居于垄断地位的国有企业可能存在着瞒报利润的现象。近几年随着商品住宅市场的发展和商品住宅价格的迅速上涨,房地产企业也出现了类似的情况。而至于居民部门长期普遍地存在着隐性收入,早已成为公开的秘密。

总而言之,为了更准确地估计国民储蓄及其结构,我们应当利用"统计误差"对国民储蓄率进行修正。具体的做法就是,在基于实物之上的国民储蓄和国民可支配收入中同时将历年的"统计误差"加进去。图5给出了修正前和修正后的国民储蓄率。将这两个储蓄率与GDP支出法统计的储蓄率进行对比可以发现,修正后的储蓄率与后者显然要更加接近。

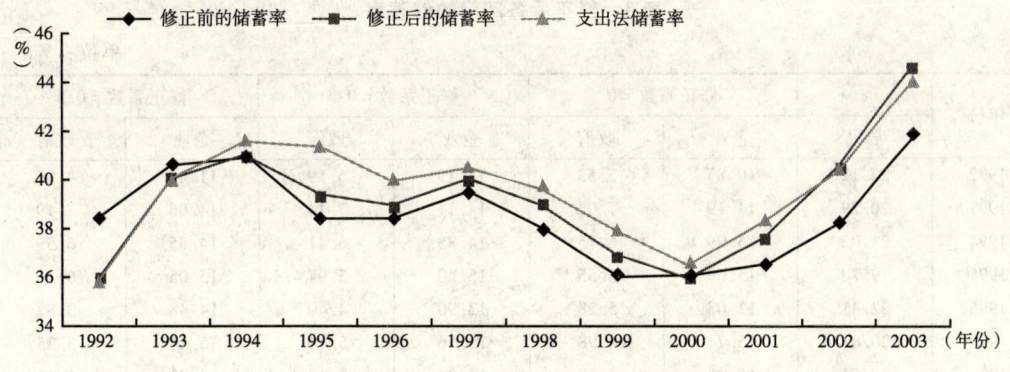

图5 国民储蓄的三种统计口径对比

---

① 2006年9月6日《21世纪经济报道》。
② 《中国统计年鉴》(2004~2006年)。

不过，需要注意的是，我们固然可以直接用"统计误差"去修正国民储蓄率，然而，对于部门储蓄率的修正则需要谨慎。因为"统计误差"的参照标准是金融交易部分的净金融投资，国内部门合计的净金融投资一般比较准确，但部门的净金融投资则可能会出现误差。例如，一个部门的存款被算作了另一个部门的存款，就会低估前一个部门的净金融投资，高估后一个部门的净金融投资，而两个部门合计的净金融投资并不受影响。从中国的实际情况看，政府存款以企业的名义（可能也有极少量的公款私存现象）存在银行的现象可能相当普遍，尤其是未纳入预算管理的土地出让金更是如此。这就意味着，在资金流量表的金融交易部分，企业的净金融投资中有相当一部分应该归属于政府部门，而在资金流量表的实物交易部分，企业部门的正的"统计误差"中有相当部分应该划归为政府的可支配收入。

在政府以企业名义发生的存款中，应该主要是以非金融企业的名义。基于这样的认识，以下我们拟按这样的规则来修正企业和政府部门的"统计误差"：

修正后的政府统计误差 = 政府统计误差 + 非金融企业的统计误差 × 修正系数
修正后的企业统计误差 = 非金融企业的统计误差 ×（1 − 修正系数）+ 金融机构的统计误差

上面两个公式中的修正系数介于0～1之间，修正系数越大，表明非金融企业的"统计误差"中归属于政府的部分越大，政府以非金融企业名义发生的存款也就越多。在以下的统计中，我们分别取0、0.3和0.5，以观察不同取值对企业和政府储蓄率的影响，详见表3。

表3 修正后各部门的储蓄率

单位：%

年份	居民	修正系数 = 0		修正系数 = 0.3		修正系数 = 0.5	
		企业	政府	企业	政府	企业	政府
1992	22.12	10.85	5.53	11.19	5.19	11.43	4.96
1993	20.29	14.19	7.06	14.11	7.14	14.06	7.19
1994	21.02	15.09	6.15	14.83	6.41	14.65	6.59
1995	19.78	15.69	5.55	15.30	5.94	15.05	6.19
1996	22.41	13.03	5.28	13.90	4.40	14.48	3.82
1997	20.81	15.72	4.98	15.56	5.14	15.44	5.25
1998	20.51	15.43	4.80	15.04	5.19	14.78	5.45
1999	18.95	14.90	5.30	14.21	5.99	13.75	6.46
2000	14.42	16.52	7.57	16.14	7.95	15.89	8.20
2001	16.53	14.38	8.85	13.78	9.45	13.37	9.86
2002	19.26	15.02	7.59	14.59	8.02	14.31	8.31
2003	19.43	16.06	9.54	15.74	9.86	15.53	10.07

观察表3并对照表1可以发现,无论是否进行修正,也无论修正系数如何,企业部门储蓄率的上升都主要发生在1992~1994年,而对于政府部门而言,其修正后的储蓄率明显上升,并且,修正系数越大,政府部门修正后的储蓄率越高。这一分析结果意味着:只要利用资金流量的金融表对实物表中的"统计误差"进行修正,第三部分中的结论——近年来国民储蓄率的上升主要归因于政府储蓄率的上升——无疑会得到进一步的加强。

四 国民储蓄率和部门储蓄率上升的成因

由于各部门的储蓄率等于该部门储蓄倾向及其可支配收入占比之乘积,我们可以沿着各部门收入占比以及各部门储蓄倾向两条线索来分析各部门储蓄率变动的成因。本部分首先循着国民收入的初次分配和再分配过程来分析各部门收入的占比及其变化,然后再集中分析政府部门的储蓄倾向及其变化。

1. 国民收入的初次分配

从国民收入分配的结果看:

$$可支配收入 = 初次分配收入 + 经常转移$$

因此,各部门收入分配结构的变化可以首先在国民收入初次分配环节中看出。

表4 各部门在国民收入初次分配和再分配中的收入占比

单位:%

年份	居民部门		政府部门		企业部门	
	初次分配	再分配	初次分配	再分配	初次分配	再分配
1992	68.69	69.23	15.53	19.22	15.78	11.55
1993	67.74	67.76	16.83	19.32	15.43	12.91
1994	67.68	66.80	16.40	18.61	15.92	14.59
1995	68.75	67.94	15.35	17.42	15.91	14.65
1996	67.23	69.29	15.53	17.15	17.24	13.57
1997	65.71	68.13	16.17	17.51	18.12	14.37
1998	65.61	68.14	16.87	17.53	17.53	14.33
1999	64.98	67.11	16.95	18.58	18.07	14.31
2000	64.36	64.81	16.69	19.54	18.94	15.65
2001	63.53	63.78	18.36	21.08	18.11	15.14
2002	65.28	65.18	17.48	20.49	17.25	14.32
2003	63.20	62.68	17.98	21.85	18.82	15.47

从表4可见,1992~2003年,居民部门在国民收入初次分配中的占比下降了近5.5个百分点,因此,初次分配的地位下降是居民部门收入相对下降的主要原因。

深入来看，居民部门初次分配收入主要由劳动报酬净额、财产收入和增加值三项构成。其中，财产收入的90%以上是利息收入，这反映了我国居民金融投资渠道狭窄的现实；劳动报酬净额等于劳动报酬来源与运用之差。需要指出的是：在居民部门中之所以存在着劳动报酬的运用和增加值，其原因在于居民部门的统计中包含了个体工商户。

表5 居民部门各项收入占国民收入初次分配收入的比重

单位：%

年份	劳动报酬净额占比	其中：政府支付的劳动报酬占比	其中：企业支付的劳动报酬占比	财产收入占比	增加值占比
1992	36.66	5.90	30.76	4.55	28.97
1993	37.70	5.89	31.81	5.26	26.37
1994	35.28	5.99	29.30	5.96	28.00
1995	37.23	6.30	30.92	5.54	27.46
1996	33.94	7.01	26.93	5.48	29.28
1997	32.98	7.51	25.47	4.58	29.49
1998	31.99	8.91	23.08	4.65	30.30
1999	31.91	9.80	22.10	3.75	30.87
2000	30.63	9.27	21.37	3.50	31.79
2001	31.36	9.59	21.77	3.41	30.32
2002	34.69	10.45	24.23	3.26	28.64
2003	33.35	9.68	23.67	2.80	28.27

在居民的初次分配收入中，最重要的组成部分就是劳动报酬净额，其占居民收入的比重一般在70%以上。从表5可见，1992~2003年，正是其劳动报酬净额占比下降了3.31个百分点。这意味着，居民储蓄率下降的重要原因，在于其劳动报酬净额占比的下降。

进一步考察劳动报酬净额的构成，我们可以发现更有意义的信息。由于在资金流量表中，居民部门的劳动报酬来源于企业、政府和居民部门自身的支付，即：

居民劳动报酬来源 = 企业劳动报酬运用 + 政府劳动报酬运用 + 居民劳动报酬运用

因此，作为居民部门劳动报酬的来源与运用之差，居民劳动报酬净额反映的就是企业和政府向居民支付的劳动报酬总和。这样，根据企业和政府部门的劳动报酬运用，我们可以计算两类部门支付的劳动报酬变化情况，从而查明居民劳动报酬占初次分配收入比重下降的原因。根据表5可知，政府部门支付的劳动报酬占比在1992~2003年呈上升态势，因此，导致居民劳动报酬净额占比下降的原因在于企业支付的劳动报酬占比下降较快。表5显示：2003 年企业支付的劳动报酬占初次分配比重比 1992 年下降了 7.09 个百分点。

除了劳动报酬净额之外，居民财产收入占初次分配收入比重下降得也非常明显：1992~2003 年总共下降了 1.75 个百分点。从表 5 可见，居民财产收入占比的下降主要发生在亚洲金融危机之后，1997~2003 年，总共下降了 1.78 个百分点（而在 1992~1997 年，该比重上升了 0.03 个百分点）。财产收入占比的这种变化同财产收入的来源结构有极大关系：在居民的财产收入中，90% 以上是利息收入，红利收入不到 10%。众所周知，随着亚洲金融危机后的连续降息，尽管居民的储蓄存款在不断增长，但是，居民的财产收入在绝对规模上就从未超过 1996 年的水平。

与居民部门的收入相对下降不同，政府和企业部门在初次分配环节中的收入占比明显上升。1992~2003 年，政府部门初次分配收入占比上升了 2.4 个百分点。政府部门在初次分配中的主要资金来源是增加值和生产税净额，主要资金运用是劳动者报酬和财产收入净额，由于政府部门增加值是按照收入定义的（等于劳动者报酬加上政府部门折旧），因此，作为政府资金来源的增加值与作为政府资金运用的劳动者报酬基本上相互抵消，于是，政府的主要资金来源就是生产税净额。① 由表 6 可以看到：1992~2003 年，生产税净额占比上升了近 5 个百分点。这表明，生产税净额占比的上升是政府在初次分配中占比相对上升的关键因素。

表 6 企业和政府主要资金来源占国民收入初次分配收入的比重

单位：%

年 份	企业增加值占比	生产税净额占比	年 份	企业增加值占比	生产税净额占比
1992	61.81	12.71	1998	61.55	16.46
1993	64.66	14.04	1999	60.70	17.12
1994	62.68	13.44	2000	59.80	16.46
1995	65.40	13.45	2001	61.09	17.99
1996	64.02	15.01	2002	61.29	17.01
1997	63.35	15.31	2003	61.71	17.64

1992~2003 年，企业部门的初次分配收入占比也上升了 3 个百分点。根据资金流量表：

---

① 生产税净额是指生产税减去生产补贴后的余额。前者是政府对生产单位从事生产、销售和经营活动以及因从事生产活动使用某些生产要素（如固定资产、土地、劳动力）所征收的各种税、附加费和规费；后者是政策亏损补贴和价格补贴等为主的政府对生产单位的单方面转移支出。由此可见，生产税净额不仅包括税，也包括各种费。

企业初次分配收入 ＝ 增加值 － 劳动者报酬 － 财产收入净额 － 生产税净额

因此，企业初次分配收入占比的上升，或者源于其收入增加，即增加值占比上升，或者源于其支出下降，即支付的劳动者报酬、财产收入净额、生产税净额（生产税减生产补贴）的占比下降。这里，可以首先排除的是生产税下降的可能。观察企业增加值与初次分配收入的比重关系可知，1992～2003 年，企业收入并未发生明显变化，2003 年甚至比 1992 年略有下降。既然增加值的占比没有变化，而生产税的支出占比在上升，那么，企业初次分配收入占比的上升就只能是因为其支付的劳动者报酬和财产收入的下降了。对照表 5 中居民的主要收入来源可以看到，这一判断是合理的。

将上述分析总和起来看，在初次分配中，居民部门劳动报酬和财产收入占比不仅相对下降，而且有绝对的下降，这构成居民在初次分配环节中收入下降的主要原因。而居民劳动报酬的相对减少则主要在于企业部门支付的劳动报酬明显下降。同时需要注意的是，由于居民以银行存款为主的财产主要是由金融机构转移给非金融企业部门使用，因此，居民部门财产收入和（从企业获得的）劳动报酬的相对减少表明，企业部门的利润以及政府从企业部门获得的生产税净额在相当程度上是居民收入转移的结果。更直接地说，廉价劳动力和廉价资本造成了企业利润和政府收入的增加。

2. 国民收入的再分配

国民收入初次分配的结构可以通过再分配予以调整。表 4 的数据显示，通过再分配过程，居民、企业和政府部门的收入占比都发生了进一步的变化。

表 4 的资料告诉我们，经过再分配环节，企业部门的收入占比有了明显的下降，并且，自 1994 年即大体维持在相对稳定的水平上。在 1999 年以前，居民部门还因再分配得益，其经过再分配之后的收入占比明显高于其初次分配收入的占比。然而，从 2000 年开始，居民部门的再分配收入占比与初次分配收入占比已经没有差别，在 2002 年，前者甚至低于后者。企业部门和居民部门的收入在再分配环节中的变化，在资金运用方，主要取决于收入税和社保缴款两项；在资金来源方，主要同社保福利和社会补助有关。由于企业和居民在再分配环节中的资金运用对应于政府部门的资金来源，企业和居民的资金来源对应于政府部门的资金运用，因此，仅仅分析政府部门的情况，便可明了再分配环节中所发生的所有变化。

在再分配环节中，收入分配占比相对上升的唯有政府部门，2000 年之后尤甚。1992～2000 年，政府再分配占比仅上升了 0.32 个百分点，而此后的 3 年中，该占比就上升了 2.31 个百分点。

表7 政府在再分配环节中主要资金来源、运用项目同国民可支配收入的关系

单位：%

年 份	社保缴款净额占比(1)	收入税占比(2)	其中：居民缴纳的收入税占比	(1)+(2)	社会补助/可支配收入
1992	1.37	3.82	0.02	5.19	1.47
1993	1.05	2.58	0.08	3.63	1.03
1994	1.50	1.64	0.02	3.15	0.79
1995	1.64	1.30	0.02	2.94	0.79
1996	0.23	1.80	0.29	2.03	0.37
1997	0.19	1.76	0.35	1.95	0.52
1998	−0.02	1.78	0.44	1.77	1.02
1999	0.08	2.42	0.53	2.50	0.78
2000	0.16	3.03	0.76	3.20	0.25
2001	0.36	3.24	1.03	3.60	0.74
2002	0.55	3.62	1.15	4.17	0.98
2003	0.73	3.78	1.20	4.51	0.42

注："社会补助"中包括资金流量表中的"其他"项目。

政府在再分配环节中收入占比的继续上升，既得益于经常转移中的资金来源项的相对增加，也同经常转移中的资金运用项的相对下降有关。政府的经常转移项为：

政府的经常转移 = 收入税 +（社会保险缴款 − 社会保险福利）− 社会补助 − 其他

在再分配环节，政府的主要资金来源是收入税和社保缴款，主要资金运用是社保福利、社会补助和其他。在表7中，我们将社保缴款和社保福利合并为社保缴款净额。可以看到，从1998年开始，由于缴款规模的增加快于其支出，社保缴款净额占比持续上升。然而，上升更加明显的是收入税。在经历了分税制改革前的短暂下降后，收入税占国民可支配收入的比重持续上升。与1995年相比，2003年收入税占比上升了2.48个百分点；其中，居民缴纳的收入税占比就上升了1.18个百分点。在资金来源相对增加的同时，政府部门在再分配环节中的支出却在下降。与1993年相比，2003年政府的社会福利支出占国民可支配收入的比重下降了1个百分点强。简言之，资金来源的增加和资金运用的下降，共同推动了政府再分配收入的相对上升。

总之，从各部门通过再分配环节而产生的收入相对变化来看，唯有政府部门的收入是相对上升的，而居民部门的收入甚至因再分配而发生了相对下降。就此而言，政府似乎并没有发挥利用再分配机制去改善全社会收入分配结构的作用。

3. 政府储蓄倾向上升的主要原因：政府投资和资本转移

前文分析告诉我们：通过初次分配和再分配，政府部门获得了1/5以上的国民可支配

收入。在政府获得的收入中，有一部分被用做政府消费。根据定义，政府消费是"政府部门为全社会提供的公共服务的消费支出和免费或以较低的价格向居民住户提供的货物和服务的净支出"。换言之，政府消费就是政府提供的公共品或具有公共品性质的"混合产品"。从政府收入中扣除政府消费，形成政府储蓄。表2的数据显示，自1992年以来，政府储蓄倾向一直保持在30%以上的高水平，2003年更跃增至42.66%。

政府储蓄主要被用于两类支出：其一是"资本转移"；其二是政府投资。根据国家统计局的定义，"资本转移"是"一个部门无偿地向另一个部门支付用于非金融投资的资金，是一种不从对方获取任何对应物作为回报的交易"。由于资本转移构成政府部门的资金运用，并对应地成为企业部门的资金来源，因此，政府资本转移的实质，就是政府对企业投资的无偿资助。正是因为看到了这一点，Louis（2005）认为：资本转移构成了政府储蓄的主要目的。然而，仔细分析近年来的统计数据便可看到，这一概括并不全面。

表8 政府投资和资本转移占比总投资比重

单位：%

年 份	政府投资占比(1)	资本转移占比(2)	(1)+(2)	年 份	政府投资占比(1)	资本转移占比(2)	(1)+(2)
1992	10.24	11.45	21.69	1998	9.21	7.22	16.43
1993	7.94	9.82	17.77	1999	9.20	12.05	21.25
1994	6.93	8.39	15.32	2000	9.73	14.03	23.76
1995	5.82	8.17	13.98	2001	9.79	16.17	25.95
1996	6.89	7.86	14.75	2002	10.20	13.32	23.52
1997	8.17	7.48	15.65	2003	13.14	10.62	23.77

表8统计了资本转移和政府投资占总投资的比重。显然，1992年以来，资本转移和政府投资占比的相对地位总体上发生了前者逐渐降低而后者逐渐上升的变化。其间，资本转移在1999～2001年突然跃升，显然与亚洲金融危机之后我国采取了"积极"的财政政策有关——大规模的国债投资项目显著提高了政府的资本转移水平。其后，随着财政政策向"中性"方向转型，资本转移发生了绝对数额的减少。2001年，资本转移为6056亿元，2002年减至5634亿元，2003年则进一步降到5477亿元。2003年当年，资本转移占总投资的比重降低到10.62%，比2001年减少近6个百分点。可以合理地预计，2004～2006年，资本转移的绝对规模还会进一步缩减，其占比则会有较大幅度的下降。

在资本转移相对减少的同时，政府投资相应上升。由于政府投资的增速快于全社会投资的增速，其占社会总投资的比重逐年提高。与2000年相比，2003年政府投资占比上升了3.41个百分点，达到13%强。显然，较之政府资本转移，政府投资对近年来政府储蓄倾向上升的贡献更大。进一步看，按照隶属关系分，我国城镇固定资产投资中的 90% 左右属于地方项目，因此，政府投资规模及占比的上升，应该主要归因于地方政府的行为。

五 结论和政策建议

1. 基本结论

（1）1992～2003 年，特别是 2000 年以来，中国国民储蓄率的上升主要归因于政府部门和企业部门储蓄率的上升，而居民储蓄率则是相对下降的。由于目前还得不到 2004～2005 年的资金流量数据，我们不能确切地判断国民储蓄的这种部门结构在此期间是否延续。然而，鉴于近年来居民存款增长率渐趋下降、政府部门存款增长率迅速上升，而企业存款增长率稳步增长的态势[1]，鉴于各部门存款增长率同其储蓄率存在着密切的正相关关系，我们可以有较大把握进行推断：我国储蓄率的上述部门结构特征依然被保持着。

（2）居民部门储蓄率呈长期稳步下降趋势，既归因于其储蓄倾向下降，也归因于其可支配收入占比的下降；从影响程度来看，后者是其主要原因。居民储蓄倾向下降，反映出国家持续推行的增加国内消费的基本战略已经在居民部门取得明显效果。居民可支配收入在国民收入初次分配环节中的持续下降，则主要由劳动报酬和财产收入比重的双下降所致。其中，居民劳动报酬的相对减少，主要在于企业部门支付的劳动报酬相对下降；而居民的财产收入的减少则反映了居民投资领域狭窄和投资收益因流动性过剩而下降的事实。值得注意的是，从部门间的联系来观察，居民部门财产收入的下降和从企业获得的劳动报酬的相对减少，表明居民收入中的一个不可忽略的部分被转移为企业部门的利润和政府的收入。

（3）企业部门储蓄率总体是上升的。但是，相对于初次分配的结果来看，经过各类税收和缴费调整之后的企业再分配收入总体上低于其初次分配的水平。但无论是初次分配占比还是经再分配调整之后的可支配收入占比，都在稳定中呈微升之势。在初次分配阶段中值得注意的现象是，有两大因素造成了企业收入占比的上升。首先是其支付的劳动者报酬相对下降，这与居民得自劳动报酬的相对下降互为表里。其次是其支付的财产收入占比

---

[1] 根据中国人民银行公布的全部金融机构资金来源与运用的数据，财政存款在 2004 年、2005 年和 2006 年（截至 11 月份）的增速分别为 21.64%、28.22% 和 43.49，机关团体存款增速分别为 21.18%、47.84% 和 22.09%。然而，由于居民存款和企业存款的增长速度较低，金融机构全部存款的增速只分别达到 15.61%、19.39% 和 17.11%。

的下降。这种现象反映的经济事实是：自从亚洲金融危机之后，由于我国的资金成本一直保持在相对较低的水平上，企业运用资金的成本也是相对较低的。

（4）政府部门的储蓄率经过了20世纪的低位徘徊之后，自21世纪开始迅速增长。政府储蓄率的上升，归因于其在国民收入分配中所占比例的上升以及其储蓄倾向也不断提高两大因素。就政府收入在国民收入分配中的占比而论，无论是在初次分配还是在再分配阶段，该比例都是上升的。这反映出：自从20世纪90年代初期提出的"提高两个比重"的努力，已经取得了预期的积极成果：随着国民经济的高速发展，我国政府收入以高于国民经济增长率的速率在增长。但是，经过再分配调整之后的政府收入占比有了更快速度的上升，说明政府似乎并没有在利用再分配机制去改善全社会收入分配结构方面发挥积极的正向作用。至于政府储蓄倾向的不断提高，无论归因于其直接投资水平的提高还是归因于其资本转移水平的提高，都说明：近年来政府参与经济活动的深度和广度都大大强化了。

2. 政策含义

以上结论告诉我们，如果说当前及今后我国经济的长期发展战略是降低储蓄率和提高国内消费率，那么，政策的基本着力点应放在改善国民收入的分配结构上。

（1）提高居民收入应当成为我国今后宏观经济政策的长期着力点。首先需要做到的是督促企业增加劳动报酬的支付，对此，尤为重要的是完善有关最低工资标准的规定，并严格执行之。[①] 其次需要完善各种社会保障制度，适度增加社会福利支出。在国民可支配收入中，社会福利支出的占比不得提高甚至呈下滑之势，是我国居民部门可支配收入相对下降和收入分配结构恶化的主要原因。最后是通过积极发展资本市场、发展直接融资，改变银行间接融资比重过高的状况，借以为居民获取存款利息之外的更多的财产收入创造条件。

（2）财政政策应当在今后以提高国内消费率为核心的宏观调控政策中发挥更为积极的作用。在20世纪90年代初期提出的"提高两个比重"的战略任务已经基本实现的背景下，财政政策应加速向公共财政转型，作为这一转型的重要内容，"减税增支"应当成为今后一段时期安排财政政策的基础之一。就减税而论，降低生产税税率和降低所得税税率，应属题中应有之义。[②] 就增支而言，应当大力增加"为全社会提供的公共服务的消费

[①] 我国政府于1993年就发布了《企业最低工资规定》，1994年又在《劳动法》中以法律形式确立了最低工资保障制度。然而，制度的执行远不尽如人意，"血汗工厂"的劣迹屡屡见诸报端。这其中自然有多方面的原因，但是，地方政府对税费的追逐以及企业在税费压力下利润的摊薄无疑是最重要的因素之一。因此，减税应该有助于推动最低工资制度的实施。

[②] 作为生产税中的主体税种，我国增值税的税率为17%，换算成国外可比口径，即"消费型"的增值税，则税率高达23%（安体富，2002）。

支出和免费或以较低的价格向居民住户提供的货物和服务的净支出",以期同时实现增加居民部门收入和增加政府部门消费的目标,为提高国内消费率作出积极贡献。

(3)对于企业部门而言,重要的是要加快向现代企业制度的转变,用现代科学技术改造传统产业,以不断提高其劳动生产率。在此条件下,企业应逐步提高其对劳动者支付报酬的水平,减少对低劳动力成本的依赖,以应对全球化的严峻挑战。

(本文发表于《经济研究》2007年第6期)

参考文献

[1] 安体富:《当前世界减税趋势与中国税收政策取向》,《经济研究》2002年第2期。
[2] 贝多广、骆峰:《资金流量分析方法的发展和应用》,《经济研究》2006年第2期。
[3] 李扬、殷剑峰:《中国的高储蓄率、高投资率和经济失衡》,2005年中国社会科学院重大课题"中国固定资产投资研究"课题报告。
[4] 莫迪格里亚尼:《生命周期理论和中国的居民储蓄》,《比较》2005年第21期。
[5] 任若恩、覃筱:《中美两国可比居民储蓄率的计量》,《经济研究》2006年第3期。
[6] Louis Kuijs, 2005. Investment and Saving in China. World Bank China Research Paper, May 2005.
[7] Louis Kuijs, 2005. How will China's Saving-investment Balance Evolve? World Bank China Research Paper, May 2005.

金融危机管理中的货币政策操作
——美联储的若干工具创新及货币政策的国际协调

彭兴韵

美国次贷危机爆发后,逐步演变成了全球性的金融危机。在这个过程中,美国、欧洲各国政府均采取了前所未有的大规模金融救助计划。除了备受瞩目的对金融机构注资、国有化和给存款人提供担保外,从2007年8月以来,美联储危机管理的货币政策操作随着金融危机的演变而不断变化和创新。到了2008年9月之后,全球主要国家(地区)的中央银行(或货币当局),都积极地通过货币政策操作介入金融危机的管理和应对之中。为应对金融危机的货币政策操作,不仅对当时投资者的信心、金融市场状况和金融体系的稳定具有直接的影响,而且还会对未来较长一段时期的宏观经济产生较为深远的影响。美联储在伯南克的领导下,广泛吸取了1929~1933年大危机期间货币政策的教训,在这一次的危机管理中作出了积极的响应,创造了若干新的货币政策工具或流动性救助机制,其管理危机的货币政策操作是激进的。笔者认为,这一次危机管理的货币政策操作,既吸取了过去的经验教训,也将为以后应对金融不稳定的货币政策提供一个重要的蓝本。虽然人们对次级抵押贷款产品与机制设计、次贷危机产生的原因进行了多角度的分析和研究(Hui Tong & Shang-Jin Wei, 2008;Gary B. Gorton, 2008;彭兴韵、吴洁,2009),但对此次危机管理的货币政策操作的系统研究尚不多见。2008年12月初,中国中央经济工作会议提出,货币政策要发挥反经济周期调节和保障流动性供给的作用,因此,研究美联储这次危机管理的货币政策操作对中国也具有借鉴与启发意义。

本文的目的就在于总结和分析这次金融危机管理的货币政策操作。本文的结构安排如下:第一部分对金融危机管理的货币政策操作的文献及历史经验进行了简要回顾;第二部分分析了自2007年8月以来,美联储为应对金融危机的利率的调整、公开市场操作和再贴现政策的运用;第三部分总结了美联储为金融机构提供流动性支持的货币政策工具创新;第四部分总结了美联储为支持金融市场流动性而创设的货币政策新工具;第五部分分析了在这次金融危机管理中的国际货币政策协调;最后对危机管理的货币政策的可能影响进行了讨论。

一 危机管理的货币政策操作:文献与历史经验的简要回顾

金融动荡或金融危机,往往会通过各种途径对经济增长、就业和企业的运营产生破坏性的影响,如不完善资本市场对资源的错误配置效应(Charles W. Calomiris, 1993)、银行倒闭导致货币存量的下降(Milton Friedman & Anna Jacobson Schwartz, 2008)、信息不对称渠道下的信用紧缩(米什金,2005)、资产价格下跌导致借款者的资产负债表恶化对信贷渠道造成不利影响,以及银行净值的下降也会减少其对贷款的供给(Ben S. Bernanke, 1983)等,因此,中央银行应当致力于金融体系的稳定。实际上,最初建立中央银行的目的,并不在于实施凯恩斯主义式的货币政策,而是维护金融体系稳定和提高支付清算的效率。不过,有意思的是,在中央银行承担了实施国家宏观经济政策的职能之后,并没有将维护金融稳定列为货币政策的传统目标,在相当长的一段时间里,有关《货币银行学》或《货币金融学》的教科书在谈到货币政策的最终目标时,都不会提到金融稳定。然而,随着金融危机越来越频仍,金融市场的波动性越来越大,以及金融体系的动荡对信贷环境和实体经济的破坏性影响越来越大,促进金融体系的稳定便成了中央银行在物价稳定、经济增长与充分就业之外日益重要的最终目标之一(米什金,2005)。货币政策的具体实践如此,货币经济学的研究也越来越关注资产价格与货币政策之间的关系,如米切尔·波多和奥尼尔·珍妮(Michael D. Bordo & Olivier Jeanne, 2002),不一而足。

对危机管理货币政策的反面案例的研究,当是对1929~1933年大危机的研究了。那一次的危机不仅深刻地左右了随后几十年金融制度的安排和金融结构的变迁,也左右着中央银行在面对危机冲击时的货币政策反应。许多研究发现,在1929~1933年的大危机中,美联储并没有发挥预定的最后贷款人作用,阻止银行恐慌的蔓延,结果才导致了实体经济的崩溃。这其中,最具代表性的当数弗里德曼和施瓦茨,他们(2008)认为,美联储完全可以阻止经济萧条的恶化,但它并未发挥好"最后贷款人"的作用,担负起管理货币体系、缓解银行业恐慌的职责,因为,在危机初期及危机的持续恶化中,美联储还在提高贴现率,紧缩货币,从而导致了货币供应量的大幅萎缩和银行业的倒闭,银行业的大量倒闭通过非货币传导机制导致工业产出和物价水平的下降;若美联储能够沿用它自己在20世纪20年代制定的货币政策,或者是1873年巴杰特制定的政策,那它完全可以避免大衰退。美联储现任主席伯南克与弗里德曼和施瓦茨持类似观点,他认为,流动性紧缩和住宅价格下降是导致大萧条的重要原因,政府未能及时降低利率加剧了危机的蔓延,因此,伯南克对弗里德曼和施瓦茨的分析过程和研究结论颇为赞赏。他说:"从他们的著作中,我认识到,如果不能有效控制货币要素,尤其是如果放任货币要素搅乱经济活动,就会产生巨大的破坏作用。中央银行家所能为世界谋求的最大福祉便是,为经济活动创造稳定的货币环境,避免此类的危机。"① 伯南克对大萧条和对弗里德曼与施瓦茨研究结论的态度,直接左右着作为美联储主席的他如何运用手中的货币权力来应对上任后不久就爆发的金融危机。另外,对于大萧条之后的经济复苏,克里斯蒂那·罗默(Christina D. Romer, 1992)认为,正是因为膨胀的货币存量和不断下降的实际利率刺激了投资和耐用消费品的支出,才终结了大萧条。

至于为什么美联储在1929~1933年大危机期间没有及时实行宽松的货币政策,弗里德曼和施瓦茨将其归因于美联储内部权力的转移,制定货币政策的联储官员们对经济缺乏了解和经验,另外,为了应对当时的黄金外流而迫使美联储提高了再贴现率,美联储的这一行动虽然阻止了黄金的外流,却加剧了银行挤兑和倒闭(弗里德曼和施瓦茨,2008)。布鲁纳和梅尔泽(Brunner & Allan H. Meltzer, 2003)认为,主要是因为货币当局把低利率或利率水平的下降视为货币"宽松"的信号,1929~1931年,由于贷款及货币需求的急剧下降使得短期利率也急剧下降了,在此信号的引导下,联储才提高了贴现率,紧缩货币。这一分析提示我们,在金融危机期间,若货币与贷款需求大幅减少导致短期利率下降,那么,危机管理的货币政策操作应当顺应短期利率的下降而采取宽松的货币政策,促使指标利率进一步下降。这正是美联储在应对这次金融危机时所采取的货币政策策略之一(见本文第二部分的分析)。

美联储促进金融稳定的一种方式就是,通过发挥最后贷款人的作用来防止金融恐慌的蔓延(米什金,2005),若能积极运用最后贷款人的作用,阻止金融恐慌的蔓延,就能够缓解金融危机对经济增长、失业等实体经济的不利冲击;联储作为最后贷款人还可以平滑信贷的季节性波动(A. Steven Holland & Mark Toma, 1991)。最后贷款人随时准备创造更多的货币,防止因金融资产的流动性不足而出现挤兑(查尔斯·金德尔伯格,2007)。在19世纪后半叶,英格兰银行逐步担当起了最后贷款人的角色,同时期法国的一些议员也主张,当出现危机时,法兰西银行应当提供充足、便宜的贴现,支持商业交易,缓和危机,缩短危机周期(查尔斯·金德尔伯格,2007)。古德哈特认为,最后贷款人是现代中央银行的一个重要特征,时刻准备为出现流动性不足的银行体系注入高能货币。② 巴杰特指出:"无论哪家或哪些银行持有国家的最终储备,都必须在出现恐慌时最慷慨地贷出这

---

① Ben S. Bernanke: On Milton Friedman's Ninetieth Birthday, in the Great Contraction: 1929 – 1933, by Milton Friedman and Anna Jacobson Schwartz, Princeton University Press, 2008.
② 参阅劳伦斯·H. 怀特《货币制度理论》中译本,中国人民大学出版社,2004。

些储备。"① 当流动性不足威胁到银行体系和商业信贷的发展时，中央银行具有向市场提供新的高能货币的义务，除了贷款给陷入流动性困境的银行外，在现代银行体系中还可以通过公开市场操作的方式注入高能货币，发挥中央银行最后贷款人的作用（劳伦斯·H. 怀特，2004）。

但是，弗里德曼和施瓦茨的分析还是受到了一些质疑。赫廷格（2008）认为，过于注重高能货币的分析，不恰当地简化了当时的情况。② 默里·N. 罗斯巴德（2003）根据奥地利学派的观点认为，避免萧条的最好方法就是禁止美联储利用权力扩大货币与信贷，避免政府对萧条进行干预，使萧条的调整过程尽可能快地自行完成，然后重建一套健康和繁荣的经济体系。他认为，1929~1933年的危机之所以会演变得越来越严重，根源就在于危机一开始，胡佛就迅速展开了大规模的干预行动，阻止了市场自身的调整过程。根据他的分析，听凭危机的自流发展，反而会让经济和金融尽快地摆脱危机，重新步入复苏与繁荣的轨道。

然而，在实践中，当金融危机发生的时候，政府还是会采纳弗里德曼和施瓦茨式的分析结论，采取多种方式对危机进行干预和管理，市场总会向政府有形之手作出一些让步。那些奉行自由市场经济的国家如此，就更不用说一直有着政府干预或管制传统的国家了。1974年和1984年，当富兰克林国民银行和大陆伊利诺依银行陷入财务困境后，美联储通过延展性贴现贷款对这两家银行提供救助，结果导致美联储延展性贷款大幅增加（James L. Butkiewicz & Kenneth A. Lewis, 1991）。虽然格林斯潘一直信奉自由市场经济，相信充分自由的竞争能提高美国经济的灵活性和应对各种冲击的弹性，但在他执掌联储期间，一遇到危机冲击时，他都会积极地进行"危机管理"，让美联储尽可能地发挥最后贷款人的作用，给陷入流动性困境的金融机构提供援助，防止单个金融机构的流动性困境演变成系统性的金融危机。格林斯潘上任联储主席不久，就遭遇了华尔街1987年10月的黑色星期一，在那次股市大跌之时，美联储在格林斯潘的主导下就及时发表声明，表示会随时为市场提供必要的流动性来源。那一次美联储的危机管理，在一定程度上阻止了金融市场陷入流动性危机的螺旋。21世纪伊始，美国新经济的泡沫就破灭了，"9·11"事件又让美国企业和消费者信心遭受重创，为此，在格林斯潘的主持下，美联储为了应对危机迅速地降低了联邦基金利率。政府恰当的危机管理的确有助于维护金融体系的稳定，恰如伯南克（Ben S. Bernanke, 2008a）所指出的，要准确地评估危机管理的效果有多大是非常困难

---

① 转引自劳伦斯·H. 怀特《货币制度理论》中译本，中国人民大学出版社，2004。
② 参阅小阿尔伯特·赫廷格《评〈美国货币史〉》，载弗里德曼和施瓦茨《大衰退》中译本，中信出版社，2008。

的,但有一点可以肯定,那就是,若没有中央银行的介入,危机要严重得多,影响也会深远得多。

二 美联储在次贷危机管理中的货币政策操作:利率及其操作方式的调整

在危机管理的初期,货币政策的最早反应方式就是调整利率。美联储对利率的调整,有一些相应的行为准则(李扬、彭兴韵,2005),例如,当资源利用率上升,亦即经济活动处于扩张期时,利率应当平滑且有规则地逐步提高;当资源利用率低于其潜在水平时,利率应当随之下降;当资源利用率趋于下降时,则应急剧地降低利率。而且,在一般情况下,美联储的利率调整应当遵循规则行事,在意外情况下则应相机抉择。金融危机冲击就是意外情况,且会导致资源利用率趋于下降,这时,美联储应对金融危机冲击的货币政策就应当有一些比较特殊的措施,且利率的调整速度往往较快。

将2004年以来的美国利率政策调整做一个简单的对比,就可以看出美联储在经济活动处于上升周期和进行危机管理时利率调整的差别了。2004年初,美国的通胀预期和设备利用率都有所上升,失业率处于较低的水平,为了稳定物价,美联储从2004年6月开始"平滑且有规则地逐步提高"了联邦基金利率,到2006年6月的两年左右时间里,美联储先后17次、每次均以0.25个百分点的步调提高联邦基金利率。2007年9月,当次贷危机蔓延开来之时,美联储开始降低联邦基金利率了。尤其是,进入2008年1月下旬,当一些大的金融机构纷纷公告巨额次贷相关资产减值准备之后,美联储认识到,愈演愈烈的次贷危机可能会加剧信贷紧缩和资源利用率的下降,因此,美联储采取了应对危机冲击的急剧降低联邦基金利率的方式。例如,2008年1月24日,美联储紧急降息75个基点,远远超乎市场的预期,紧接着,1月30日联邦公开市场委员会再次降息50个基点。到2008年12月中旬,美国联储基金利率已降至0~0.25%的区间内。在短短一年左右的时间里,联邦基金利率就下降了5个百分点。由于联邦基金利率已接近于零利率状态,就货币政策操作而言,已无进一步下降的空间,在此情况下,美联储便在危机管理中开始实施量化宽松的货币政策了。

无论是谨慎有序地调整联邦基金利率,还是在危机管理中急剧地降低利率,都需要两种基本政策工具的配合,即公开市场操作和再贴现利率的调整。公开市场操作是各国中央银行流动性管理和吞吐基础货币的基本手段,中央银行与指定交易商进行有价证券等资产的交易,不仅可以影响银行体系的准备金及其货币创造能力,而且也能对作为货币政策中介目标的短期利率进行平滑操作。美联储公开市场操作就是通过买卖证券影响美联储的资产结构、商业银行的非借入准备金和金融市场的货币供应,并进而使联邦隔夜拆借利率的实际水平尽可能地接近其操作目标值。除此之外,它还会直接影响到操作对象资产市场的流动性。在金融危机管理中,为了迅速降低联邦基金利率,美联储一般会在公开市场上大量地买入有价证券,使银行体系的准备金在较短的时间内迅速增加,从而扩张短期资金市场的供给。

美联储的公开市场操作传统上是以国库券为操作对象的。但由于公开市场操作对不同交易资产的选择,会影响到相关资产市场的流动性,因此,美联储在次贷危机管理中,突破了传统的公开市场操作资产选择范围。2008年11月25日,美联储宣布于2009年1月开始从直接与纽约联储进行交易的一级交易商手中购买抵押贷款支持证券的计划。该计划在联邦公开市场委员会的指导下,由纽约联储具体操作。实施此项计划的目的在于,支持抵押贷款和住房市场,在更一般的意义上,它有助于改善金融市场环境。不过,与美联储购买其他资产不同的是,鉴于抵押贷款支持证券的复杂性、规模和风险,美联储选择了黑石、高盛资产管理、PIMCO和惠灵顿管理公司(Wellington Management Company)作为外部投资经理人,它们受美联储的委托实施购买抵押贷款支持证券计划。在这个计划中,美联储可以购买的仅限于受房利美和房地美担保的固定利率机构抵押贷款支持证券,期限可以是15年、20年和30年,但不能购买CMOs、REMICs、信托IOs/信托POs[①]和其他抵押贷款衍生品及现金等价物。购买抵押贷款支持证券是通过创造新的银行准备金来融资的。因此,从本质上说,购买抵押贷款支持证券是美联储一种新公开市场操作方式,它不仅增加了银行体系的准备金和创造货币的能力,直接影响联邦基金利率的变化,而且还提高了相关MBS资产的流动性,缓解MBS市场的信用紧缩,支持抵押贷款支持证券市场的稳定和发展。美联储在危机管理中将公开市场操作中交易资产的种类扩大到了抵押贷款支持证券,可以起到流动性供给和调节市场利率的双重功效。

与公开市场操作配合使用的是再贴现政策。再贴现政策包括三个方面的基本内容,即再贴现利率、可充当再贴现贷款的担保品资产范围以及哪些机构可以享受美联储贴现窗口服务。再贴现是美联储的一项重要政策工具,也是它管理金融体系流动性和发挥最后贷款人职能的重要途径。在过去的危机中,当一些金融机构陷入了流动性困境时,美联储一般都会通过贴现窗口提供流动性支持,防止一家金融机构的流动性困境传染到其他金融机构,演变成系统性的金融危机。美联储给陷入财务困境的金融机构提供的贴现贷款,叫延

---

① CMOs为"担保抵押债务证券"、REMICs为"房地产抵押投资证券"、IOs为"只得利息证券"、POs为"只得本金证券"。

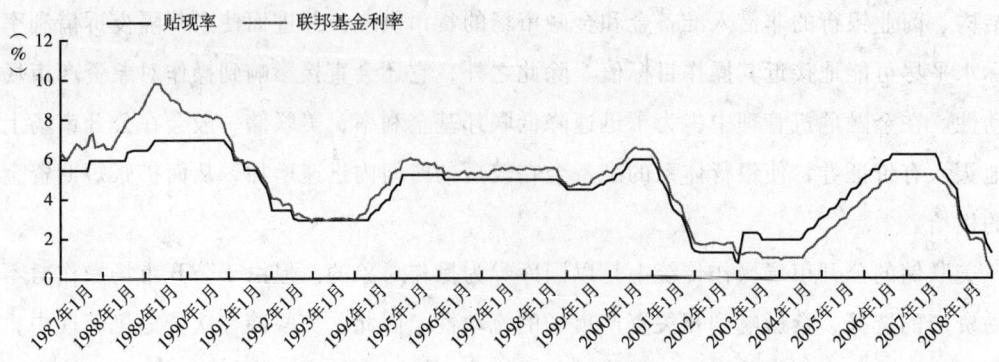

图 1　美国联邦贴现利率与联邦基金利率

资料来源：根据美国圣路易斯联储网站数据绘制而得。

展性信贷（James L. Butkiewicz & Kenneth A. Lewis，1991）。另外，由于再贴现率会直接影响到商业银行借入准备金，从而直接左右联储利率操作目标的实现，因此，美联储谨慎有序地调整联邦基金利率时，也会谨慎有序地调整再贴现利率；当需要急剧地降低联邦基金利率时，美联储也会急剧地降低再贴现利率。次贷危机初期，由于美联储没有意识到危机的严重性，并未下调联邦基金利率和再贴现率。当危机进入到 2007 年 7~9 月的危机扩散阶段时，由于美联储担心持续的金融市场动荡会导致信贷条件的紧缩，为了维护金融体系的稳定，它就开始向金融体系提供流动性支持，降低对金融机构的再贴现利率是美联储应对危机最早的反应。2007 年 8 月 10 日，美联储发表声明，因为货币与信贷市场的混乱，存款机构可能面临不寻常的资金需求，联储的贴现窗口将为它们提供资金。① 2007 年 8 月 17 日，美联储将再贴现利率降低 50 个基点，从原来的 6.25% 下调到了 5.75%，但是，这一次迫于仍然较为强烈的通胀预期，美联储并没有降低联邦基金利率，从而使再贴现利率与联邦基金利率之间的利差从原来的 1% 缩小到了 0.5%。再贴现利率的下调降低了金融机构从美联储借入准备金的资金成本，可以更好地满足金融机构的准备金和流动性需求。此后，随着危机的一步步恶化，美联储在不断下调联邦基金利率目标值的同时，又不断地下调再贴现利率，到 2008 年 12 月 19 日，美联储的再贴现利率已下调到了 0.5% 的罕见低水平，再贴现率与联邦基金利率之间的利差缩小到了 0.25 个百分点。2003 年 1 月后，联邦基金利率就低于再贴现利率了，在此后 4 年多的时间里，它们之间的利差一直保持在 1% 的水平，以对那些不谨慎经营导致财务不健全的金融机构从美联储获取流动性救助的惩罚。在这次危机管理中，美联储一再缩小再贴现与联邦基金之间的利差，也表明美

---

① 参阅美联储网站货币政策声明，http://www.federalreserve.gov。

联储基本放弃了再贴现率对财务不健全金融机构的惩治作用。

美联储的贴现窗口贷款均需要十足的担保,在一般情况下,美联储对担保品有较严格的要求,并非存款机构所有的资产都可以充当担保品从美联储获得贴现贷款。次贷危机扩散后,为了提高金融机构从美联储获取贴现贷款的能力,更重要的是为了提高金融机构相关资产的流动性,美联储也扩大了贴现贷款抵押品的资产种类。2008年8月中旬,美联储在降低再贴现率时,就将贴现窗口贷款抵押品的范围扩大到了住房抵押贷款及其相关资产。此外,自大萧条以来,一直仅向商业银行开放的紧急贴现窗口,也在次贷危机管理中逐步向投资银行开放。美联储向投资银行敞开贴现贷款窗口,是美联储向商业银行贴现窗口贷款机制的延伸。对于投资银行,借款的抵押品范围包括那些在危机中被市场视为可疑的房贷相关证券资产,就市场对此类债券认定的风险来看,美联储对抵押借款的条件非常宽松,曾经只能以最高评级债券抵押才能融资的条件,却在危机管理中被放宽到了低评级的次级抵押贷款债券身上。这样,最后贷款人的流动性供给范围就大大地拓展了。

三 对金融机构的非常规性救助机制与若干工具的创新

随着危机的加深,信用利差的扩大,短期资金市场也急剧萎缩,这表明,通过传统的贴现窗口和公开市场操作无法满足整个金融体系的流动性需求和投资者的信心了。为了更好地向金融体系注入流动性,或维护相关金融资产的流动性,给外部融资者创造稳定有序的融资条件,除了通过再贴现政策的调整、公开市场操作迅速地降低联邦基金利率外,美联储还在危机管理中开发了一些过去不曾使用过的操作新方法。这些着眼于流动性供给的危机管理方法不仅涉及金融机构流动性的可得性、相关资产的流动性,而且也涉及货币市场或特定的金融产品市场的流动性。对金融机构非常规性的流动性救助机制主要有定期拍卖便利(TFA)、定期证券借贷工具(TSLF)、一级交易商信贷便利(PDCF)等。

1. 定期拍卖便利

定期拍卖便利是美联储通过拍卖机制定期主动向存款性金融机构提供流动性的机制,所有当地储备银行判定财务健全,且在定期拍卖便利剩余期内保持财务健全的存款机构,可以从当地储备银行贴现窗口获得资金,所支付的利率通过拍卖确定。通过比公开市场操作更广泛的担保品和更多的交易对手注入资金,即便是在无担保的银行间市场承受巨大压力时,该机制也能保证流动性供给。[①] 所有定期拍卖便利必须有十足的担保,拍卖的量是

---

① 美联储创立的新工具概要性介绍,可参阅美联储网站或纽约联储网站。

事先确定的。实际上,该机制非常类似于公开市场操作,但是,它是与存款机构之间进行的资金交易,而不是与公开市场操作中的一级交易商之间的交易,且美联储认可的担保品的范围比标准的公开市场操作要广泛(Ben S. Bernanke, 2008b)。定期拍卖便利是美联储传统贴现窗口供给流动性的延伸,不仅直接影响金融机构的借入准备,而且也会影响市场利率。除了为金融体系提供了流动性外,伯南克(Ben S. Bernanke, 2008b)认为,由于它向存款机构提供的资金量是可预测的,因而对银行准备金的影响也是可以预测的,定期拍卖便利简化了货币政策操作。

定期拍卖便利最早于2007年12月推出,每月进行两次拍卖。在期限安排上,早期的定期拍卖便利是28天,到2008年7月底又增加了84天的定期拍卖便利,作为28天定期拍卖便利的补充。超过28天的定期拍卖便利应有超额担保,即期限在28天以上的定期拍卖便利未清偿余额,不得超过为获取此类信贷提供担保品价值的75%。定期拍卖便利期限的延长,可以进一步缓解金融机构的流动性压力。刚创立定期拍卖便利时,每次拍卖的贷款金额为200亿美元。随着危机的加深,拍卖金额不断增加,从2008年5月5日开始将对合格存款机构两周一次的定期拍卖便利规模从500亿美元增加到750亿美元,导致定期拍卖便利下的未清偿余额达到1500亿美元;到2008年10月后,每次的拍卖金额达到了1500亿美元,力度不断增强。2008年10月初,28天和84天的定期拍卖便利规模均增加到1500亿美元,使常规的TAF计划下的未清偿余额最终增加到6000亿美元。同时美联储还进行了两次远期拍卖,每次远期拍卖的规模也都增加到了1500亿美元,这使得到2008年底时,定期拍卖便利未清偿的余额达到了9000亿美元。自推出TAF至2009年3月底,美联储通过这一工具累计向市场投放了37150亿美元的流动性。[①]

2. 定期证券借贷工具

为了促进国债及其他担保债券市场的流动性,进而维护金融市场正常地发挥其总体功能,美联储创立了定期证券借贷工具(TSLF),它也是通过拍卖机制向更广泛的一级交易商提供流动性。与定期拍卖便利不同,美联储并不直接提供贷款,而是用自身优质的、高流动性债券(财政部债券)交换金融机构流动性较低的抵押证券,期限为28天。根据交易商提供抵押品范围的不同,定期证券借贷工具分为TSLF计划1和TSLF计划2。在2008年3月初,美联储向有担保的一级交易商提供总额达2000亿美元的财政部债券,一级交易商则以包括联邦机构债务、联邦机构居民抵押贷款支持证券、非机构AAA评级及居民抵押贷款债券等其他债券为担保从美联储获得财政部债券。这是TSFL计划1。2008年5

---

① 根据美联储公告逐期整理而得。后文中未注明的数据来源,均根据美联储相关操作公告逐期整理。

月7日,联邦公开市场委员会推出了定期证券借贷工具计划2(TSLF计划2),扩大了担保品的范围,除了原有的合格居民和商业抵押贷款支持证券、机构担保抵押债务外,还可以用评级为AAA/Aaa的资产支持证券为担保品。扩大担保品的范围,可以为更多金融市场创造良好的融资环境及提高相关证券的流动性。2008年9月14日美联储再次扩大了TSLF 2的担保品范围,投资级债券也可以充当担保品,从美联储获得流动性高、风险低的财政部债券。在2008年9月14日之前,TSLF计划2是每两周实施一次,自9月14日起,改为每周一次,每次拍卖的规模从原来的1250亿美元提高到了1500亿美元。以上分析表明,TSLF是美联储与一级交易商之间的证券资产置换,它在提高一级交易商资产的流动性的同时,却不会影响金融体系的准备金和货币供应,因而联储无需公开市场的对冲操作。

3. 一级交易商信贷便利

一级交易商就是可以与美联储公开市场操作直接交易的金融机构,一级交易商的流动性状况直接影响着美联储公开市场操作的效果。为了让金融市场总体上更好地发挥其功能,美联储于2008年3月16日推出了一级交易商信贷便利,提高一级交易商参与证券化市场的融资能力。一级交易商信贷便利是向财务健全的一级交易商提供隔夜资金,一级交易商可用更广泛的投资级证券(或者合格票据)为担保从联储获得该信贷,支付的利率与在纽约联储的再贴现利率相同。一级交易商信贷便利在一定程度上提高了一级交易商的交易对手的信心,也极大地改善了国债回购市场的环境,美联储在推出这一措施之后,其他一些市场的流动性也得到了改善(Ben S. Bernanke, 2008b)。为了便于联储判断需要获取该信贷便利的一级交易商的流动性和资本状况,减少相应的风险,在创立该机制的同时,美联储还加强了对一级交易商(尤其对不是由金融控股公司所有的一级交易商)的财务状况和资金头寸的监控(Donald L. Kohn, 2008)。一级交易商信贷便利向一级交易商提供的流动性与财务健全的存款机构从贴现窗口获得流动性的效果是一样的,它们都会直接导致联储对金融机构信贷资产的增加,从而扩张基础货币。

四 对金融市场的流动性救助机制及工具创新

正如伯南克(Ben S. Bernanke, 2008a)所言,美联储不仅可以向金融机构提供流动性,也可以直接为金融市场提供流动性。最初,金融危机对金融机构的影响最深,因此,美联储危机管理的流动性救助主要是针对金融机构的。2008年9月之后,危机开始向实体经济蔓延,导致货币市场日渐紧张,尤其是那些过去主要依赖发行商业票据筹集短期资金的大公司，不仅面临难以从市场上融资的困境，而且还面临着已经发行在外的票据的赎回压力，这导致了短期货币资金市场的利率大幅上升和流动性压力急剧增加。对金融市场的直接流动性救助机制主要有商业票据融资便利、货币市场投资者融资便利（MMIFF）和定期资产支持证券贷款便利（TALF）。

1. 商业票据融资便利

为了增加商业票据市场的需求和市场流动性，2008年9月19日，美联储宣布以主导信贷利率向美国存款机构和银行持股公司提供无追索权的贷款，以为它们从货币市场基金购买高品质资产支持商业票据（ABCP）提供融资。美联储认为，这有助于货币基金持有资产支持商业票据，以满足投资者的赎回要求，也有利于提高资产支持商业票据市场和更广泛的货币市场流动性。为了让市场有序地运转，美联储还从一级交易商手中购买由房利美、房地美和联邦住房贷款银行（Federal Home Loan Banks）发行的短期债务，即联邦机构贴现票据。

雷曼兄弟申请破产保护后，货币市场基金和其他投资者面临着严峻的赎回压力，这使得它们越来越不愿意购买商业票据，特别是较长期限的商业票据，结果，商业票据市场十分紧张，导致未清偿商业票据余额急剧萎缩，长期商业票据利率大幅上升，每天都有越来越高比例的未清偿商业票据需要再融资。在美国，金融中介发行或者发起的商业票据占有很大比重，若这些金融中介难以发行商业票据，将使它们无法发挥其在满足企业和居民信贷需求方面的重要作用。有鉴于此，2008年10月7日，美联储又创立了商业票据融资便利（CPFF），帮助向定期资金市场提供流动性，由特殊目的公司（SPV）直接从合格发行人那里购买三个月期、无担保的资产支持商业票据，从而向商业票据发行人提供流动性支持。为了鼓励SPV购买商业票据，联储向SPV提供资金。若商业票据不是资产支持票据，那么，这些资金以SPV的所有资产、发行支付前端费用或者与市场参与者协商后联储可接受的其他形式的证券为担保。通过消除合格发行人不能向投资者偿付的风险，CPFF鼓励投资者积极介入商业票据定期借贷市场，投资者需求的增加可以降低商业票据的利率，支持长期商业票据的发行，商业票据市场的改善可以增进金融中介向企业和居民提供信贷的能力。

2. 货币市场投资者融资便利

虽然货币市场基金具有高流动性、低风险的特点，但次贷危机却使美国货币市场基金和其他投资者变现其资产以满足投资者的赎回要求遇到了困难，短期债务市场承受了相当大的压力。为了向货币市场投资者提供流动性，美联储于2008年10月21日创立了货币市场投资者融资便利（MMIFF）。联储理事会授权纽约联储向一系列特殊目的公司（SPV）提供优先担保融资，促进工业支持部门从合格投资者手中购买合格资产。合格资产包括：美元定值的存单，高评级金融机构发行的、剩余期限在 90 天以内的商业票据等。在 SPV 购买之日，这些资产的收益率至少高于主导信贷利率 60 个基点。合格投资者包括美国货币市场互助基金，及其他货币市场投资者。2009 年 1 月初，美联储又扩大了货币市场投资者融资便利的合格参与者范围，美国证券借贷现金担保再投资基金、资产组合账户、在运作方式上类似于货币市场基金的美国再投资基金，如地方政府投资组合、共同信托基金、集合投资基金等，均可利用货币市场投资者融资便利。SPV 购买总额达 6000 亿美元的合格资产，由联储向 SPV 提供 5400 亿美元的贷款。通过便利在二级市场出售这些货币市场工具，货币市场投资者基金便利可以改善货币市场投资者的流动性，提高它们满足赎回要求的能力和投资于货币市场工具的意愿，同时，货币市场环境的改善，可以增强银行及其他金融机构满足企业和居民信贷需求的能力。

3. 定期资产支持证券贷款便利

随着危机加深，信贷证券化市场也迅速萎缩，投资者纷纷逃离使得资产支持证券（ABS）市场遭受了沉重打击，2006 年，资产支持证券市场发行总量一度达到 12470 亿美元，但是，2008 年 1~10 月资产支持证券的发行额却只有 1670 亿美元。由于 ABS 的基础资产主要是助学贷款、汽车贷款、信用卡欠款、消费贷款以及由小型企业管理局担保的贷款，若资产支持证券发行量大幅减少，将极大影响金融机构发放信贷的意愿，潜在借款者的信贷可得性大幅下降，严重影响最终消费，这会加剧美国的经济衰退。为了应对这种局面，美联储于 2008 年 11 月 25 日创设了定期资产支持证券贷款便利（TALF），向那些持有 AAA 评级资产抵押证券的金融机构提供高达 2000 亿美元的无追索权贷款，美联储每月将所持有的固定数额贷款进行拍卖，定期资产支持证券贷款便利期限为三年，参与机构必须按月付息；财政部将从 7000 亿美元的金融援助方案中拨出 200 亿美元对美联储的 2000 亿美元贷款提供信用保护，计划可能进一步购入其他证券如非政府资助企业抵押贷款支持证券和商业房产抵押贷款证券等。2009 年 3 月 19 日，美联储又扩大了可利用资产支持证券贷款便利的资产范围，居民抵押贷款服务者发放的抵押服务贷款支持证券、企业设备贷款或租赁支持证券、交通工具租赁支持证券和零售品存货融资贷款（floorplan loan）等。由于是无追索权的贷款，若借款者不偿还贷款，联储将实施抵押权，将担保品出售给特殊目的公司（SPV），并由 SPV 来管理这些资产。为了控制风险，获得定期资产支持证券贷款便利都有一定的超额担保，根据资产的流动性、信用风险和剩余期限的不同，超额担保的比例也是有所差别的。

五 危机管理的货币政策国际协调

金融危机具有国际传染效应,传染的途径是多方面的,如商品和证券的套利、纯粹的心理渠道(查尔斯·金德尔伯格,2007),资产负债表渠道以及其他的流动性渠道等(帕德玛·德塞,2006),在经济与金融全球化日益加深的背景下,任何一次金融危机都可能迅速地传染到其他国家和地区。金融危机管理的货币政策操作,往往也不只是局限于危机的初始爆发国家,国际政策协调与合作,成为金融危机管理的货币政策的必要组成部分。在危机管理中,中央银行的政策协调至少具有两个方面的重要作用:其一,可以尽快地稳定投资者的信心,让遭受危机冲击国家(地区)的中央银行所采取的政策措施收到更积极的效果;其二,缺乏政策协调可能会给那些没有采取相应措施的国家带来新的麻烦,而协调一致的政策行动可以较好地避免危机在更大范围内的扩散。例如,爱尔兰2008年9月30日宣布对存款提供全额保险,欧洲其他国家并没有及时宣布这一政策举措,结果给欧洲其他国家的金融机构带来了巨大的流动性压力,欧洲危机骤然加剧,乃至爱尔兰的行动受到了其他一些国家的指责,在巨大的流动性压力面前,其他国家后来也不得不宣布为存款提供担保。虽然在过去数十年里,学界和中央银行家们对政策国际调控的优点进行了广泛的讨论,但在实践中,政策协调很少见,而这次的金融危机却推动了货币政策协调行动的发展,这向公众和市场传达了中央银行一致行动应对经济面临的新挑战的决心(Ben S. Bernanke, 2008c)。就货币政策而言,这次危机管理的国际协调主要集中在两个方面:通过货币互换安排提供美元的流动性、主要国家(地区)央行一致性实施宽松的货币政策而大幅降低利率。

1. 货币互换

货币互换是这次金融危机管理中各国央行较早的货币政策协调方式。为了便于解决短期美元资金市场的流动性压力和改善全球金融市场环境,2007年12月开始,G10的中央银行就开始调协调政策行动,即货币互换。通过这一机制,美联储发挥对全球短期美元资金市场的最后贷款人职能。参与货币互换的其他国家(地区)中央银行,从美联储借入美元资金,然而在其管辖权范围内,按事先确定的固定利率招标提供7天、28天或者84天等不等的美元资金,交易对手提供相应担保品后可从其中央银行借入相应的美元资金。在这次危机管理中,最初参加与美联储货币互换的中央银行只有欧洲央行和瑞士国民银行。随着危机的不断加深并向全球蔓延,参与货币互换的中央银行(或者货币当局)不断增加。到2008年底,先后有14个国家(地区)的中央银行与美联储进行了货币互换,包括欧洲央行、瑞士国民银行、英格兰银行、加拿大银行、日本银行、澳大利亚储备银行、丹麦国民银行、挪威银行、瑞典银行、新西兰储备银行、墨西哥银行、巴西银行、韩国银行和新加坡货币局等。与各个中央银行之间的货币互换额度也在随着危机的深化而不断增加。在 2008 年初，美联储与欧洲央行和瑞士国民银行之间的货币互换额度就分别只有 100 亿美元和 20 亿美元，到 2008 年 9 月 29 日，美联储与欧洲央行和瑞士国民银行之间的货币互换额度就分别增加到 2400 亿美元和 600 亿美元。到 2008 年 10 月底，美国与各国央行之间的货币互换总额达到了 6200 亿美元。其中，货币互换操作最频繁的是 2008 年 9 月中下旬（见表 1），可见，危机的深度、影响力和全球性扩张程度，直接影响了美联储与其他国家（地区）中央银行之间货币互换的频率和操作力度。表 1 是各国家（地区）央行与美联储之间的货币互换额度及其变化。

表 1　2008 年 3 月以后美联储与其他中央银行之间的货币互换额度（余额）

单位：亿美元

日期	2008 年 3 月 11 日	2008 年 5 月 2 日	2008 年 7 月 30 日	2008 年 9 月 18 日	2008 年 9 月 24 日	2008 年 9 月 26 日	2008 年 9 月 29 日	2008 年 10 月 28 日
欧洲央行	300	500	550	1100	1100	1200	2400	2400
瑞士	60	120	120	270	270	300	600	600
加拿大	—	—	—	100	100	100	300	300
英国	—	—	—	400	400	400	800	800
日本	—	—	—	600	600	600	1200	1200
澳大利亚	—	—	—	—	100	100	300	300
丹麦	—	—	—	—	50	50	150	150
挪威	—	—	—	—	50	50	150	150
瑞典	—	—	—	—	—	—	300	300
新西兰	—	—	—	—	—	—	—	1500
墨西哥	—	—	—	—	—	—	—	300
新加坡	—	—	—	—	—	—	—	300
韩国	—	—	—	—	—	—	—	300
巴西	—	—	—	—	—	—	—	300

资料来源：根据美联储公告逐期整理而得。

2. 协调一致的利率政策

在表 1 中看到，2008 年 9 月之前，在危机管理中虽然已有了政策的国际协调机制，但规模比较小，协调的目的也只是着眼于短期美元资金市场的流动性及其需求，并未将政策行动与实体经济的运行结合起来。大规模、高频率的货币互换在 2008 年 9 月中下旬，这正是次贷危机向全球蔓延、逐步演变成金融危机的阶段。同样，在此之前，各国央行在利率政策行动方面也缺乏协调性，那些尚未切身感受到金融危机冲击国家的中央银行迫于国内的通胀压力，并没有跟随美联储在过去的一年里的降息举措而调整货币政策，相反，出于稳定国内物价的需要还在继续紧缩货币和提高利率。例如，尽管欧洲中央银行较早地参与到了与美联储的货币互换中，但欧洲央行在2007年3月至2008年7月间，还先后三次提高了利率；中国仍然在实行"从紧"的货币政策，紧缩流动性和防通货膨胀。

到了2008年9月，情况发生了急剧变化。雷曼兄弟宣布申请破产保护后，全球金融市场迅速受到牵连，几乎没有一个国家的股票市场得以幸免。与此同时，自2008年7月后，国际大宗商品价格不断下跌，极大地减轻了通货膨胀压力，各国的国内经济形势也出现了明显的转折迹象，经济增长率持续下滑，这为那些一直苦于通胀压力国家的货币政策提供了很大的调整空间。另外，金融市场的恐慌与紧张气氛反而更加浓厚了，任凭金融市场的恐慌情绪蔓延，会造成信贷条件的进一步恶化，实体经济将遭受更沉重的打击。在此情况下，自2008年10月初开始，全球主要央行掀起了一致降息的货币政策行动。10月8日，美联储、加拿大银行、英格兰银行、欧洲央行、瑞典银行、瑞士国民银行"联合"发表降息声明，掀开了协调降息的序幕。随后，利率政策的国际协调开始达到前所未有的高潮，利率政策的重点就转向了危机管理和防止经济衰退。

2008年10月7日，澳大利亚率先降息。是日，澳大利亚储备银行宣布，降低基准利率，由7%降低到6%①，幅度远超市场预期的0.5%，这是澳大利亚自1992年经济萧条以来的最大降幅。次日，美联储、欧洲央行、英格兰银行、瑞士与加拿大央行在发布联合声明后降息50个基点。中国人民银行在9月16日降低贷款基准利率0.27个百分点后，也于10月9日降低存贷款基准利率0.27个百分点，同时宣布自10月15日起降低所有金融机构的法定存款准备金比率0.5个百分点。紧接着，韩国央行于10月9日降息25个基点。2008年10月20日，为了减小全球信贷市场混乱带来的威胁，印度央行下调了该行的基准回购利率，这是印度央行自2004年以来的首次降息。在2008年因国内陷入严重通货膨胀和货币贬值的越南央行，曾大幅提高国内利率。但是，时隔5个月之后，全球金融危机的加剧和国内通货膨胀形势的好转，也迫使越南加入全球中央银行协调一致行动的队伍之中。10月20日，越南中央银行宣布，将越南商业性银行提供贷款的再融资基准利率从15%调至14%，并将央行贴现率从13%调至12%，将银行体系内存款保证金的利率调高至10%。10月21日，加拿大中央银行将基准利率下调0.25个百分点，降至2.25%。这是次贷危机演变成全球金融危机后，各国中央银行为加强危机管理利率政策协调行动的

---

① 以下各国（地区）利率调整数据均来自对应中央银行网站。

第一波。

2008年10月底至11月初，掀起了全球协调一致降息行动的第二波，使应对金融危机的利率政策协调行动达到了一个高潮。在这一轮的一致行动中，韩国和中国央行率先降息。10月27日，韩国央行为稳定国内金融市场，同时防止经济出现严重萎缩，决定将银行基准利率从原来的5%下调至4.25%。紧接着，中国人民银行在美联储联邦公开市场委员会季度会议前，宣布从2008年10月30日起下调金融机构人民币存贷款基准利率，一年期存款基准利率由现行的3.87%下调0.27个百分点至3.60%；一年期贷款基准利率由6.93%下调0.27个百分点至6.66%。这是中国人民银行在不到一个半月的时间里的第三次利率政策行动。随后，美联储联邦公开市场委员会在当天的会议中一致同意，将联邦基金利率的目标值降低50个基点至1%，从而使联邦基金利率回复到2004年6月之前的水平。在美联储的利率政策行动之后，十年来在利率政策方面少有作为的日本央行也采取了相应的行动。10月31日，日本银行将银行间无担保隔夜拆借利率从现行的0.5%下调

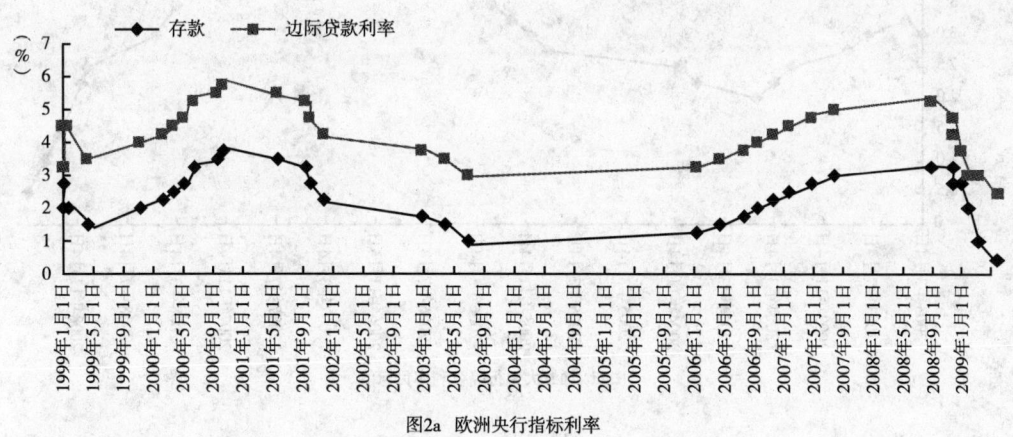

图2a 欧洲央行指标利率

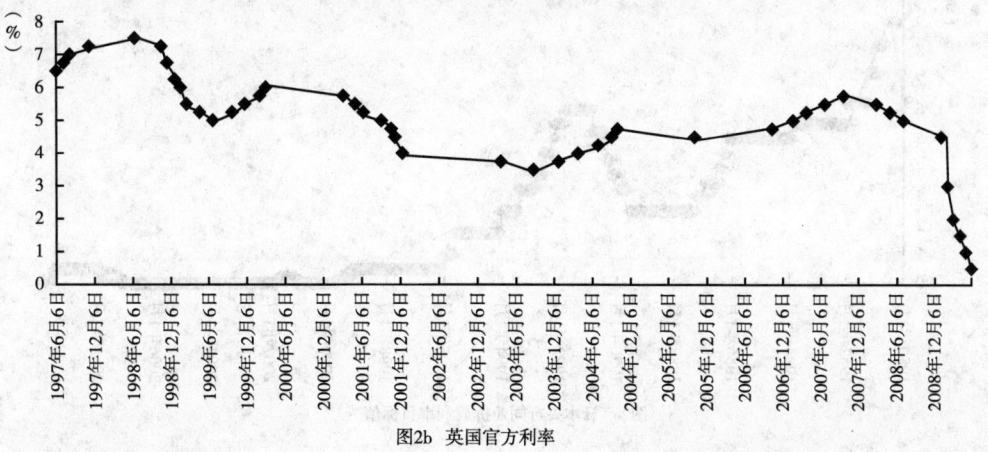

图2b 英国官方利率

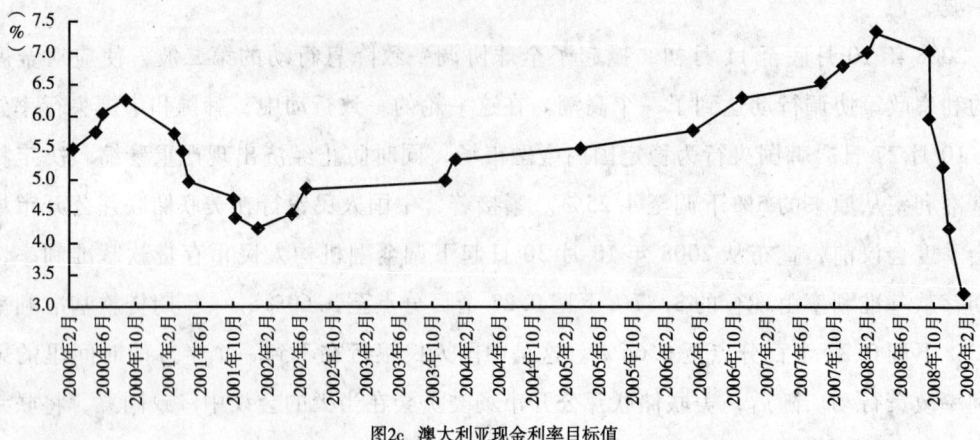

图2c 澳大利亚现金利率目标值

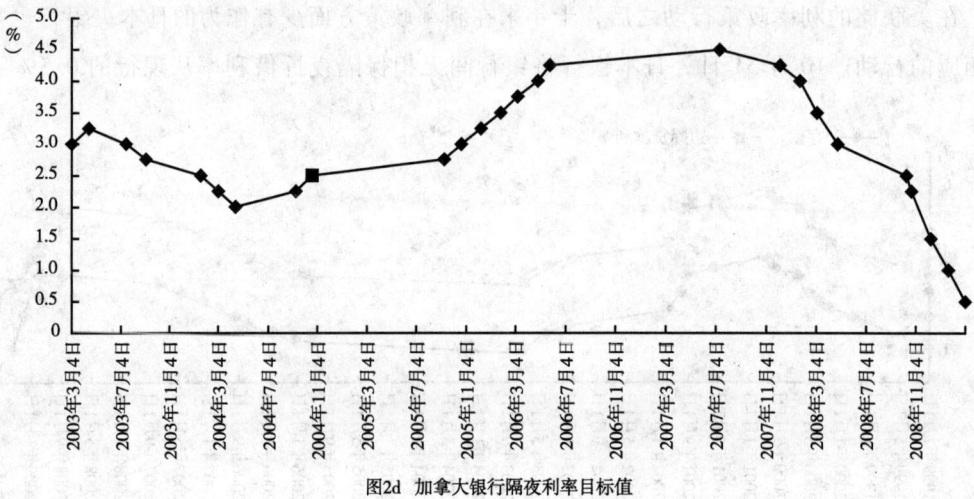

图2d 加拿大银行隔夜利率目标值

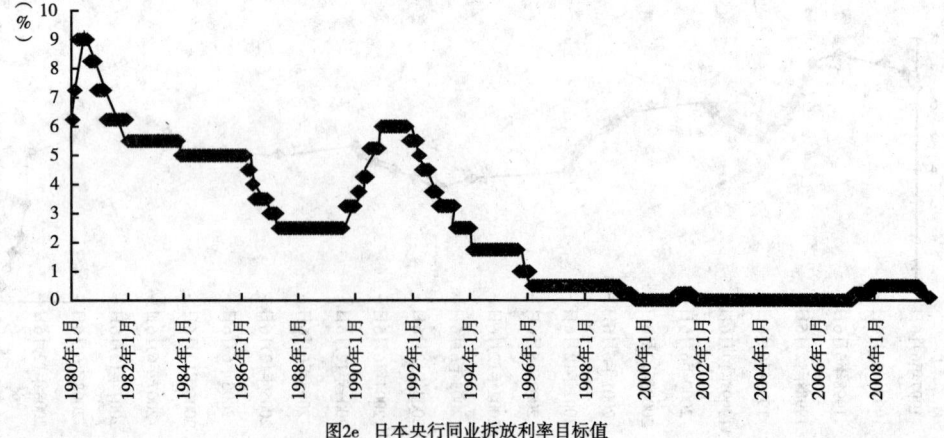

图2e 日本央行同业拆放利率目标值

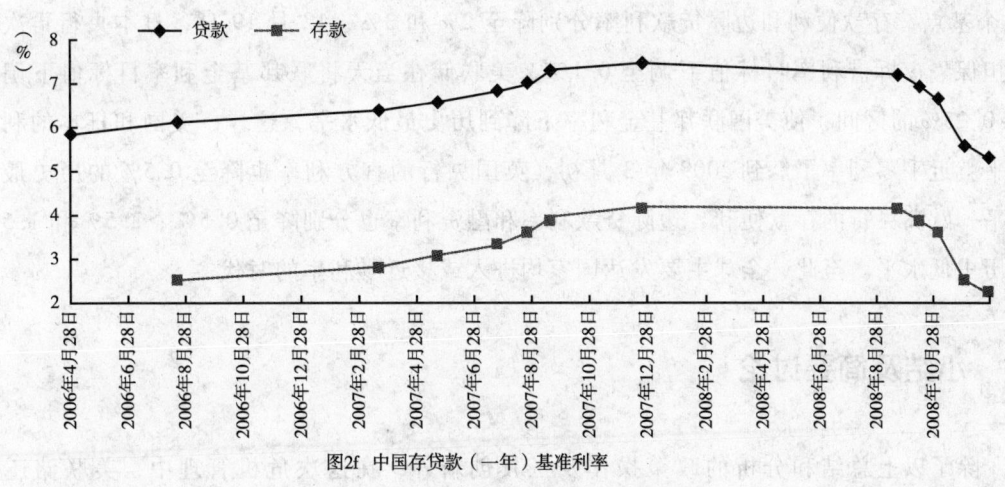

图2f 中国存贷款（一年）基准利率

图2 危机管理中利率政策的国际协调

资料来源：根据各国（地区）中央银行网站数据整理而得。

至0.3%，这是日本央行自2001年3月以来的首次降息，同时，日本央行还决定将基准贷款利率下调0.25个百分点至0.5%。同一天，澳大利亚联储把基准利率从6.0%调整至5.25%，为三年半来的最低水平。11月6日，英国央行大幅下调基准利率150个基点至3%；这是英国央行货币政策委员会自1997年获得政策独立性以来，最大幅度的降息。英国央行随后表示，英国经济前景已明显恶化，通胀风险已转为下行并将迅速回落，信贷市场在一段时间内可能继续承受较大的压力，有必要大幅降息以实现2%的通胀目标。2008年11月12日，欧洲央行将指标利率存款便利、边际贷款利率和再融资利率下调50个基点，分别至2.75%、3.75%和3.25%。

2008年11月10日在巴西召开的20国集团财长会议，将全球范围内的利率降低确定为一个重要的主题。加拿大财政部长詹姆斯·弗莱厄蒂认为，利率是应对金融危机的重要杠杆。随着11月大宗商品价格的继续下跌，短期通胀风险已彻底消除，这又为协调一致的利率政策行动提供了更大的空间。于是，11月底和12月，全球又掀起了第三轮一致的利率政策行动。在第三次利率政策行动中，中国较早地作出了反应，11月27日，中国人民银行将存贷款基准利率下调108个基点，这是10年来的最大一次降息，12月23日，中国人民银行在四个月之内实施了第五次降息，将存贷款基准利率各下调0.27个百分点，至此，中国存贷款基准利率下调到了2004年开始升值之前相当的水平。2008年12月4日，英格兰银行又将官方利率进一步下降到了2%的低水平，到2009年3月5日，英国央行的官方利率已降至了0.5%的历史最低水平。欧洲央行于12月10日将指标利率再降低

75个基点，存款便利和边际贷款利率分别降至2%和3%；12月19日，日本央行再次将无担保隔夜拆借利率目标值下调至0.1%，美联储在当天将联邦基金利率目标值下调到0~0.25%的区间，使美国联邦基金利率下降到历史最低水平，这样，美国和日本的利率水平就近乎零利率了。到2009年3月初，英国央行的官方利率也降至0.5%的历史最低水平，欧洲央行的存款便利、边际贷款利率和融资利率也分别降至0.5%、2.5%和1.5%的历史低水平。至此，全球主要发达国家均进入或接近零利率的时代。

六 小结及简要讨论

除了以上总结和分析的政策操作及工具创新外，在这次危机管理中，美联储还从2008年10月6日开始对存款机构的法定和超额准备金支付利息。给法定准备金支付的利率为，每一个准备金计算期内联邦公开市场委员会设定的联邦基金利率目标值的平均值，再减去10个基点。给法定存款准备金支付的利息要基本上消除法定准备金的机会成本，提高银行部门的效率。支付给超额准备金的利率为，每个准备金计算期内设定的最低联邦基金利率再减去75个基点。美联储认为，给超额准备金支付利息，可以给联储运行贷款方案更大的空间，缓解信贷市场条件，提供必要的流动性支持金融稳定，使实际的联邦基金利率与联储设定的目标值一致，促进就业最大化和物价稳定。

总体来看，美联储为应对金融危机及其对经济体系不利冲击的货币政策战略有三个组成部分，即，减少金融危机对信用环境及经济活动的不利影响、向私人部门提供流动性、支持信贷市场的正常运行和减轻金融市场的紧张气氛、尽最大努力采取各种手段维护金融体系的稳定（Ben S. Bernanke, 2008a）。流动性的恶化往往会加深金融危机并导致严重的经济衰退，因此，为了阻止金融危机更严重地恶化，危机管理中的货币政策操作，大多是围绕流动性救助而展开的。2007年次贷危机爆发后，美联储的货币政策操作都基本上是不断向金融体系提供流动性援助，防止流动性的进一步恶化而造成更严重的信贷紧缩。在这次危机管制中，除了传统的流动性管理措施之外，美联储还开发了诸多新的流动性供给的工具。从图3可以看出，2008年8月后，美联储通过流动性救助提供的信贷急剧地扩张了。

伯南克（Ben S. Bernanke, 2008a）认为，在这次危机中所创造的新的货币政策工具，都是属于中央银行最后贷款人的范围。美联储行使最后贷款人职能的方式大大超过了过去的实践，而且最后贷款人服务的范围不仅包括传统的存贷款机构，也包括投资银行，甚至直接对金融市场行使最后贷款人职能。可以说，哪个领域（机构、金融产品市场）出现

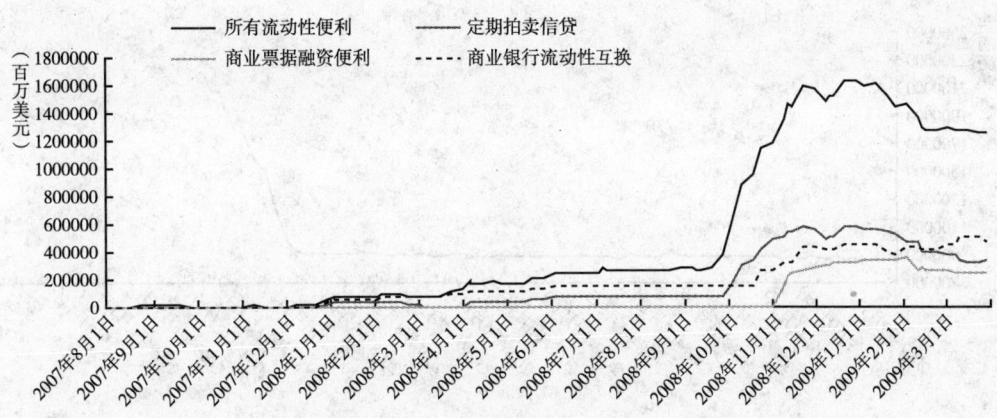

图3　通过联储流动性便利提供的信用

资料来源：根据美国圣路易斯联储网站数据绘制而得。

了流动性枯竭、投资者需求萎缩的状况，美联储最后贷款人的触角就会伸向哪个地方。美联储最后贷款人职能的延伸，固然可以缓和金融危机，但也可能助长金融机构的道德风险，它们没有太多的激励追求稳健的发展战略和管理流动性风险（Ben S. Bernanke, 2008a）。此外，在危机管理中，形式多样的最后贷款人的作用使得美联储的资产负债表迅速扩张了，资产负债结构也发生了较大的变化。鉴于美联储已将联邦基金利率的目标值降至0～0.25%的区间，若2007年8月以来所采取的大规模的救助措施还无法根本阻止衰退，美国可能效法日本当年在接近零利率环境下采取量化宽松的货币政策，这仍将导致美联储资产负债表的深刻变化。美联储的数据显示，由于设立了多个旨在振兴信贷市场的机制，截至2008年底，其资产负债表规模接近2.3万亿美元，在过去一年增加了一倍以上，包括所有借贷工具的美联储资产负债表规模达2.27万亿美元。图4清晰地展现了美联储在危机管理中资产总量的变化。一旦最新颁布的支持机构和抵押贷款支持证券市场的措施以及购买财政部债券的量化宽松的货币政策全面实施，则美联储资产负债表的规模将逼近甚至超过3万亿美元。与此同时，美国存款类金融机构的超额准备金也在美联储的危机管理货币政策操作中急剧地扩张了（如图5所示）。美联储资产负债和美国存款金融机构超额准备金的扩张，不仅影响着当前的危机的走向，而且也会对未来的全球经济与金融发展产生深远的影响。

危机管理货币政策的影响，应当分短期和中长期两个方面来讨论。短期的影响无疑是积极的，正如伯南克（Ben S. Bernanke, 2008a）所说，它至少减轻了危机的严重性，在一定程度上促进了金融体系的稳定。尤其是在各国央行掀起第二轮、第三轮利率协调行动后，全球金融市场的恐慌情绪有所消解，市场在危机中趋于平静，流动性有所恢复，表明

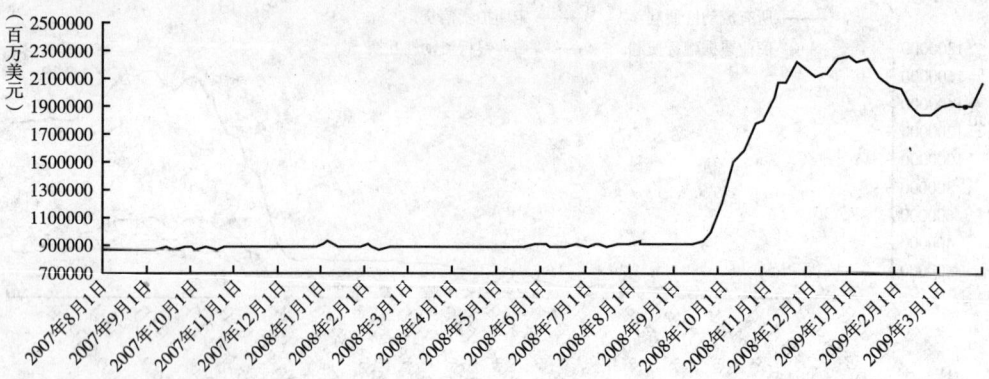

图4 联储总资产的变化

资料来源：根据美国圣路易斯联储网站数据绘制。

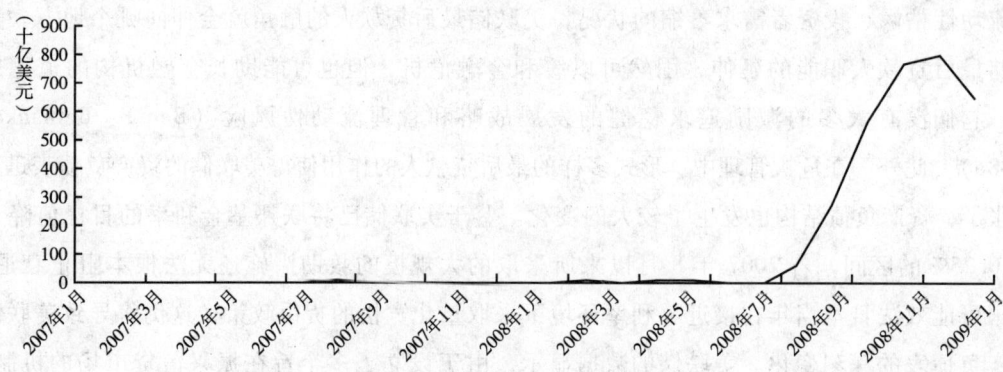

图5 美国存款机构超额准备金

资料来源：根据美国圣路易斯联储网站数据绘制。

危机管理的货币政策还是在一定程度上稳定了投资者的信心，这对信贷市场和实体经济都有积极的效应。另外，美国激进的危机管理的货币政策，尤其是量化宽松的货币政策在短期内也引起了人们对美元走势的担忧，这也引起了持有大量美元外汇储备的国家的强烈反应，这些国家的反应也超越了单纯的经济层面。就中长期影响而言，则存在较大的分歧。例如，美联储大幅降低联邦基金利率和提供流动性援助的货币政策操作，是否会重新带来通胀压力，美国可能采取的量化宽松的货币政策对美元汇率及国际货币体系的影响，等等，都有不同的看法。美联储声称，危机管理的货币政策并不会危及传统的货币政策目标，2009年3月23日，它与美国财政部就表明了对此问题的看法："在这不同寻常和紧急情况下，联储为了追求金融稳定而采取的各种措施，如会影响资产负债表规模的贷款和购买证券,并不必然会制约为实现充分就业和价格稳定目标的货币政策……联储将采取其他手段来冲销贷款或购买证券引起的银行准备金供给扩张的效应。"[①] 不过,有一点是值得深思的,那就是,日本为应对20世纪90年代初泡沫破灭的货币政策而大幅降低利率,直接促成了后来的亚洲金融危机;格林斯潘为应对新经济泡沫破灭和"9·11"事件而急剧降低利率的危机管理货币政策操作方式,给这次金融危机埋下了伏笔。我们相信,由于发达国家进入了零利率或接近零利率的时代,待实体经济趋稳后,货币利率与真实利率之间的关系会发生逆转,这不仅会导致新一轮的累积循环过程,同时发达国家与发展中国家较大的利差,会进一步刺激全球套利资本的流动。因此,我们不禁要问,美联储在危机管理中所推行的激进货币政策操作方式,是否会给若干年后的经济带来潜在的威胁?过去的经验教训给出的答案可能是,若在这次危机冲击的不利影响逐步消退,生产和消费活动稳定之后,美联储不及时反向修正危机管理货币政策的激进调整(包括金融监管体系的协调),可会产生比这次危机冲击更大的不稳定因素。这需要美国着眼于长远,承担起与其作为国际储备货币的主要发行国相称的维护全球经济与金融稳定的责任。

(本文发表于《金融研究》2009年第4期)

参考文献

[1] A. Steven Holland and Mark Toma, 1991: "The Role of the Federal Reserve as 'Lender of Last Resort' and the Seasonal Fluctuation ofInterest Rates", *Journal of Money, Credit and Banking*, Vol. 23, No. 4 (Nov., 1991), pp. 659 – 676.

[2] Ben S. Bernanke, 1983: "Nonmonetary Effects of the Financial Crisis in the Propagation of the Great Depression", *American Economic Review*, Vol. 73 (3), pp. 257 – 76.

[3] Ben S. Bernanke, 2008a: Liquidity Provision by the Federal Reserve, Federal Reserve Speech.

[4] Ben S. Bernanke, 2008b: Federal Reserve Policies in the Financial Crisis, Federal Reserve Speech.

[5] Ben S. Bernanke, 2008c: Policy Coordination Among Central Banks, Federal Reserve Speech.

[6] Brunner and Allan H. Meltzer, 2003: "What Did We Learn from the Monetary Experience of the United States in the GreatDepression?" *The Canadian Journal of Economics*, Vol. 1, No. 2 (May, 1968), pp. 334 – 348.

[7] Charles W. Calomiris, 1993: "Financial Factors in the Great Depression", *The Journal of Economic Perspectives*, Vol. 7, No. 2, pp. 61 – 85.

[8] Christina D. Romer, 1992: "What Ended the Great Depression?" *The Journal of Economic History*,

---

① 参阅美联储网站。

Vol. 52, No. 4, pp. 757-784.
[9] Donald L. Kohn, 2008: Risk Management and Its Implications for Systemic Risk, Federal Reserve Testmoney.
[10] Gary B. Gorton, 2008: The Subprime Panic, NBER Working Paper.
[11] Hui Tong and Shang-Jin Wei, 2008: Real Effects of the Subprime Mortgage Crisis: Is It a Demand or a Finance Shock? IMF Working Paper.
[12] James L. Butkiewicz and Kenneth A. Lewis, 1991: "Bank Bailouts and the Conduct of Monetary Policy", *Southern Economic Journal*, Vol. 58, No. 2 (Oct., 1991), pp. 501-509.
[13] Michael D. Bordo and Olivier Jeanne, 2002, "Boom-Busts in Asset Prices, Economic Instability, and Monetary Policy". *NBER Working Paper* No. 8966.
[14] Milton Friedman and Anna Jacobson Schwartz, 2008: *The Great Contraction*: 1929-1933, Princeton University Press, 2008.
[15] 查尔斯·金德尔伯格:《金融危机史》中译本,中国金融出版社,2007。
[16] 李扬、彭兴韵:《解析美联储的利率政策及其货币政策理念》,《国际金融研究》2005年第2期。
[17] 米什金:《货币金融学》中译本,中国人民大学出版社,2005。
[18] 默里·罗斯巴德:《美国大萧条》中译本,上海人民出版社,2003。
[19] 帕德玛·德塞:《金融危机,蔓延与遏制》中译本,中国人民大学出版社,2006。
[20] 彭兴韵、吴洁:《从次贷危机到全球金融危机的演变与扩散》,《经济学动态》2009年第2期。

基于资产负债表的央行调控能力分析

王国刚

央行资产负债表反映着央行的资金来源和资金在各种金融资产中的配置，它既是实施货币政策的结果，也是进一步实施货币政策的基础，因此，分析资产负债表的科目设置、结构变化、规模调整和资产负债走势，有利于探究央行实施货币政策的取向、能力、举措和动向。从相关国家的央行资产负债表对比中可以看到，中国人民银行（以下简称"中国人行"）的货币政策调控能力较弱，措施较少，效果也常常不尽如人意。

一 中外央行资产负债表的科目设置分析

中国人行的资产负债表科目设置如表 1 所示，从中可以看出：第一，在右列的"总负债"之下共有 7 个二级科目，它表明了中国人行的各项资金来源。其中，"储备货币"由"货币发行"和"金融性公司存款"两项构成，"金融性公司存款"包括"其他存款性公司"和"其他金融性公司"两项。与经营性公司（如商业银行、实体经济中的各类公司等）资产负债表的右列相比，它没有将右列分为"负债"和"所有者权益"两个二级科目；在"负债"之下没有按照负债的期限结构细分为"流动负债"和"长期负债"等科目；虽有"自有资金"科目，但没有"所有者权益"的专项及其细分科目，这与央行的非经营特性相吻合。因此，总的来看，中国人行资产负债表的右列各栏设置比较简略。第二，在左列的"总资产"之下共有 6 个二级科目，它既表明了中国人行的各项资产配置格局，也表明了中国人民银行实施货币政策的资金配置能力。尤其是"对其他存款性公司债权"、"对其他金融性公司债权"两栏反映了中国人行在资金配置的过程中，对存贷款金融机构和其他金融机构的影响能力。与经营性公司（如商业银行、实体经济中的各类公司等）资产负债表的左列相比，它没有将左列分为"流动资产"、"长期投资"、"固定资产"和"无形资产及其他资产"等二级科目；尤其是没有属于自己的"固定资产"和"无形资产"，这反映了中国人行的这些财产属于政府所有的特性。

表1　中国人民银行资产负债表（科目设置）

总资产	总负债
国外资产	储备货币
外汇	货币发行
货币黄金	金融性公司存款
其他国外资产	其他存款性公司
对政府债权	其他金融性公司
其中：中央政府	不计入储备货币的金融性公司存款
对其他存款性公司债权	发行债券
对其他金融性公司债权	国外负债
对非金融性公司债权	政府存款
其他资产	自有资金
	其他负债

资料来源：根据中国人民银行2008年《货币当局及资产负债表》资料整理。

表2所示是美联储的资产负债表的科目设置，其中右列有4个科目，比表1所示科目少3个；左列有8个科目，比表1所示科目多2个。它反映了美联储的资金来源和资金配置活动与中国人民银行的差别。将表1与表2对比来看：第一，在资金来源方面，美联储的科目与中国人行大致相同，主要由"流通中的现金"（即"货币发行"）、商业银行存款和政府存款等构成。不同的是，在美联储中负债科目上有"商业银行库存现金"，在中国人行的负债中没有此项（在中国金融运行中，为了满足营业兑付的需要，各家存贷款金融机构的相当一部分库存现金分别自己掌控，并不直接存入央行）；同时，在中国人行的负债科目中有"发行债券"，而美联储没有这一项。此外，在美联储资金来源中

表2　美联储资产负债表（科目设置）

总资产	总负债
黄金与外汇储备	存款机构的准备金
SDR	商业银行库存现金
财政货币	支票存款与现金
应收款	联邦政府
对国内银行的贷款	国外
证券回购	流通中的现金
信贷市场工具	其他项
票据	股权
联邦债券	其他
机构债	
银行贷款	
误差	

资料来源：根据美联储网站资料整理。

有着"股权",这反映了美联储的资本是由12家国民银行提供的,并非由政府财政提供。第二,在资产(即资金使用)方面,与中国人行相同,美联储也有外汇资产(包括"黄金与外汇储备"和"SDR")和对金融机构的债权(包括"应收款"和"对国内银行的贷款"等),不同的是,在美联储资产中包括了"财政货币"、"证券回购"和"信贷市场工具"等科目,它突出反映了美联储通过运用货币政策(包括公开市场业务)对金融机构和金融市场的影响能力。第三,在美联储的资产方面有一个特别科目"误差",这是其他国家央行资产负债表和其他类型资产负债表所没有的。

表3所示是日本银行的资产负债表科目设置,其中负债方有10个二级科目,资产方有8个二级科目,分别比中国人行多3个和2个二级科目,它反映了日本银行资金来源与资金使用的特点。将表3与表1对比可以看到:第一,日本银行的负债除了由"货币发行"、"准备金"、"政府存款"和"其他存款"等构成外,还由"现金存款"、"回购协议"和"已出售票据"等构成。其中,"现金存款"和"回购协议"是中国人行科目中没有的,"已出售票据"相当于中国人行的"发行债券"。第二,日本银行的资产除了有"黄金"、"外汇资产"、"贷款与贴现"和"政府债券"等外,还有"现金"、"回购协议"和"在其他机构的存款"等科目,而中国人行则没有这些科目。

表3 日本银行资产负债表(科目设置)

总 资 产	总 负 债
黄金	货币发行
现金	现金存款
回购协议(未来收款方)	其他存款
政府债券	政府存款
财政债与金融债	回购协议(未来付款方)
融资债券	已出售票据
长期政府债	其他负债
贷款与贴现	准备金
票据贴现	资本
贷款	特别储备
33条款	
38条款	
存款保险公司	
外汇资产	
在其他机构的存款	
其他资产	

资料来源:根据日本银行网站资料整理。

表4所示是欧洲央行资产负债表的科目设置,与前3个表格相比,它的科目是最多的,这反映了欧洲央行操作的复杂程度。其中,负债方二级科目有11个,资产方二级科目有9个。将表4与表1对比可以发现,在负债科目中,欧洲央行比中国人行要复杂得多,不仅有"欧元区信贷机构存款"、"负债凭证发行"和"对其他欧元区居民的欧元负债"等,而且有"对非欧元区居民的欧元负债"、"对居民的外币债务"、"对非居民的外币债务"和"SDRs的对应配额"等,它反映了欧洲央行资金来源的复杂结构。但值得注意的是,欧洲央行负债的二级科目中没有"准备金",这反映了调整法定存款准备金率这一央行货币政策工具的缺失。在资产科目中,与中国人行相同,欧洲央行也没有"现金"(或"货币资产")科目。它的"资产科目"主要分为"对非欧元区居民的外币债权"、"对居民的外币债权"、"对非居民的欧元债权"、"对欧元区信贷机构的贷款"和"对其他欧元区信贷机构债权"等二级科目,这体现了欧洲央行的资产分布结构和运用资产贯彻货币政策展开宏观调控的空间。但欧洲央行的资产科目中没有专设"国外资产"(或"外汇资产"),这是很有特色的。

表4 欧洲央行资产负债表(科目设置)

总 资 产	总 负 债
黄金	流通中的货币
对非欧元区居民的外币债权	欧元区信贷机构存款
从IMF应收款	现金账户
在欧元区外的存款和证券投资	存款资金
对居民的外币债权	定期存款
对非居民的欧元债权	周转准备金
对非居民的贷款和证券投资	保证金存款
ERM下的同业信贷	欧元区信贷机构的其他负债
对欧元区信贷机构的贷款	负债凭证发行
主要再贷款	对其他欧元区居民的欧元负债
长期再贷款	对其他欧元区居民(政府)的欧元负债
周转准备金	对其他欧元区居民(其他)的欧元负债
结构性准备金	对非欧元区居民的欧元负债
保证金放贷	对居民的外币债务
偿还保证金的信贷	对非居民的外币债务
对其他欧元区信贷机构债权	非居民的存款债务
对欧元区居民发行的有价证券	非居民的信贷资金
欧元区内政府债务	SDRs的对应配额
其他资产	其他负债
	重估账户
	资本和储备

资料来源:根据欧洲央行网站资料整理。

各国央行资产负债表科目设置的差别,虽然反映了货币政策在实施中的差异,但仅停留于资产负债表的科目设置,缺乏各科目的数据分析,还不能具体把握各国货币政策实施中的差异,因此,有必要代入相关年份的数据予以进一步探讨。

二 中外央行资产负债表中的负债分析

央行负债数额和负债结构的变化是反映央行货币政策取向和调控结果的一个主要方面。例如,在实行从松的货币政策条件下,央行负债中的"货币发行"将加大、"存贷款金融机构的存款"将减少;反之,在实行从紧的货币政策条件下,央行负债中的"货币发行"将减少、"存贷款金融机构的存款"将增加。因此,分析央行的负债状况变化,有利于分析货币政策的走势和央行调控能力的高低。

表5选列了中国人行1999~2008年10年间的负债结构数据,从中可以看到:第一,在这10年间,中国人行的总负债从39171.6亿元增加到了207095.99亿元,增长了428.69%。其中,"储备货币"从33629亿元增加到129222.33亿元,增长了284.26%,但引致"储备货币"快速增长的主要成因不是"货币发行"。"货币发行"的数额从1999年的15069.8亿元增加到2008年的37115.76亿元,增长了146.29%;但它在"储备货币"中的比重却从1999年的44.82%降到2008年的28.72%,与此对应,它在"总负债"中的比重也从1999年的38.47%降到2008年的17.92%。"储备货币"快速增长的主要成因是"金融性公司存款",它从1999年的14728.5亿元增加到2008年的92106.57亿元,增长了525.36%,由此,在直接关系上可以判定,这10年间,中国人行主要不是通过"货币发行"来调整债务性资金和贯彻货币政策意图,而是通过"金融性公司存款"从金融运行中获得资金,因此,货币政策不属于从松范畴。再具体一点看,2000~2008年的9年间"储备货币"年增长率及其"货币发行"年增长率和"金融性公司存款"年增长率如图1所示,除2005年外,"金融性公司存款"增长率均高于"货币发行"增长率,尤其是2004年、2006年、2007年和2008年4年中,"金融性公司存款"的增长率都在26%以上,由此,推动了"储备货币"的高增长。在"储备货币"中,"货币发行"的增减意味着货币政策的松紧,而"金融性公司存款"的增减则意味着货币政策的紧松,二者的货币政策取向和效应是相反的。就此而言,2004年以后的货币政策属于从紧范畴。这似乎与2004年以后中国人行连续20次提高法定存款准备金率和9次提高存贷款利率的从紧政策取向是一致的,但也有矛盾之处,既然通过提高法定存款准备金率来收紧存贷款金融机构的资金(从而增加了中国人行的"金融性公司存款"数额),那么,为什么"货币

表5　中国人民银行负债结构（1999~2008年）

单位：亿元

科　目	1999年	2000年	2001年	2002年	2003年
储备货币	33629.00	36491.48	39851.73	45138.18	52841.36
货币发行	15069.80	15938.31	16868.71	18589.1	21240.48
金融性公司存款	14728.5	16019.03	17089.13	19138.35	22558.04
准备金存款	14200.7	16019.03	17089.13		
不计入储备货币的金融性公司存款	3821.8	4534.14	5893.89	7410.73	9042.84
发行债券	118.9			1487.5	3031.55
国外负债				423.06	482.58
政府存款	1785.5	3100.38	2850.49	3085.43	4954.71
自有资金	366.8	356.75	355.21	219.75	219.75
其他负债	-541.4	-553.25	-516.79	753.66	474.11
总　负　债	39171.6	43929.5	48434.53	51107.58	62004.06

科　目	2004年	2005年	2006年	2007年	2008年
储备货币	58856.11	64343.13	77757.83	101545.40	129222.33
货币发行	23104.00	25853.97	29138.70	32971.58	37115.76
金融性公司存款	35672.79	38391.25	48459.26	68415.86	92106.57
准备金存款					
不计入储备货币的金融性公司存款	79.32	97.91	159.87	157.96	591.20
发行债券	11079.01	20296.00	29740.58	34469.13	45779.83
国外负债	562.28	641.57	926.33	947.28	732.59
政府存款	5832.22	7527.23	10210.65	17121.10	16963.84
自有资金	219.75	219.75	219.75	219.75	219.75
其他负债	2105.96	10648.33	9719.55	14837.14	13586.45
总　负　债	78655.33	103676.01	128574.69	169139.80	207095.99

资料来源：中国人民银行网站。其中，2002年以后，"准备金存款"不再单列，它并入了"金融性公司存款"；2008年起，删除原报表项目"非金融性公司存款"及其子项"活期存款"，增设"不计入储备货币的金融性公司存款"，所以，1999~2007年的"不计入储备货币的金融性公司存款"实为"非金融机构存款"；1999~2001年的"总负债"根据对应科目计算得出。

发行"在2005~2008年4年间也呈10%以上的高增长？由此，货币政策是紧还是松，就不容易说清了。第二，在中国人行的总负债中"发行债券"和"政府存款"呈快速增长趋势。其中，"发行债券"从1999年的118.9亿元增长到2008年的45779.83亿元（增长了384倍），"政府存款"从1999年的1785.5亿元增长到2008年的16963.84亿元（增长了8.5倍），它们的增长率都远远超过了"货币发行"和"金融性公司存款"的增长率，由此，一方面成为中国人行负债资金的重要来源（从而成为实施货币政策的重要基础），另一方面降低了"储备货币"在中国人行总负债中的比重（1999年为85.83%，2008年降低到62.40%）。由于债券发行中市场机制发挥着重要作用（多年来屡屡发生中国人行发行债券的流标事件),由于中国人行难以掌控政府存款的数额,所以,这些资金在总负债中的比重上升,意味着中国人行掌控资金的能力有所弱化。"自有资金"在1999年以后连续3年减少并在2002年以后持续不变的态势也反映了这种掌控资金能力弱化的态势。第三,"其他负债"从对中国人行总负债的减项(即负数)转为在总负债中占有重要地位,2007年所占比重达到8.77%。这意味着,在金融性公司存款和发行债券之外,中国人行对其他负债的资金来源依赖程度提高了,它将影响货币政策的选择。

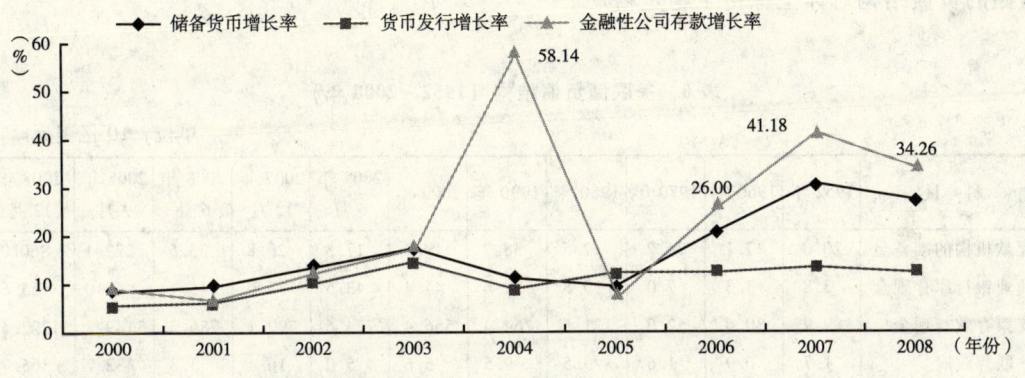

图1 储备货币及其子项增长率(2000~2008年)

资料来源:中国人民银行网站。

表6选列了美联储从1952~2008年的57年负债结构数据,从中可以看到:第一,"支票存款与现金"占总负债比重最高,1952年为56.3%,2000年为88.44%,2008年为54.34%。在2008年9月金融危机爆发之前的50多年时间内,"支票存款与现金"项下"流通中的现金"(即"货币发行")始终独占鳌头,1952年为90.97%,2000年为98.72%,2008年6月为99.28%。"流通中的现金"占总负债的比重,1952年为52.17%,2000年为87.32%,2008年6月为83.89%。这表明,在金融危机之前的50多年中,就负债方而言,美联储的货币政策调控主要依靠的是货币发行机制。"支票存款与现金"项下"联邦政府"提供的资金,在2008年9月金融危机爆发之前始终不大且比重持续降低(1952年为5.69%,2000年为1.01%,2008年6月底为0.67%),但在金融危机爆发后,这一科目的资金突发性增大,它在"支票存款与现金"中的比重也急速提高到16.26%。这反映了在抵御金融危机过程中联邦政府对美联储的支持力度。第二,"存款机构准备金"的数额,在2007年12月底之前虽有增减但总体变化不大,它在美联储总负债中所占比重大幅下降,1952年为37.67%,2000年为3.02%,2007年底为2.23%;但在金融危机爆发后有了明显提高,2008年底突升到38.23%。这一方面反映了在2007

年底之前，美国商业银行体系中并不存在资金过剩（因此，那种认为2007年之前存在全球"流动性过剩"的说法，是不符合美国实践的），这也反映了在金融危机背景下，美国大量商业银行惜贷并将"过剩"资金转存于美联储的现实（这是引致"流动性陷阱"的一个主要成因）。第三，在金融危机爆发之前，美联储的负债结构虽然每年有所变化，但它主要由"流通中的现金"增加所引致，其他科目变动不大，所以，尽管在50多年中美国经济经历了一系列巨大调整（其中包括布雷顿森林体系瓦解、美元与黄金脱钩），但美联储的负债结构总体上保持了稳定格局。

表6 美联储负债结构（1952～2008年）

单位：10亿美元

科 目	1952年	1960年	1970年	1980年	1990年	2000年	2007年6月	2007年12月	2008年6月	2008年9月	2008年12月
存款机构的准备金	20.0	17.1	24.2	27.5	38.7	19.0	17.3	20.8	33.5	222.1	860.0
商业银行库存现金	2.8	3.3	7.0	19.8	32.6	44.4	43.5	55.0	45.7	48.0	55.6
支票存款与现金	29.9	30.6	52.0	121.5	264.4	556.4	774.6	792.1	786.3	1149.3	1222.4
联邦政府	1.7	0.9	1.6	3.5	9.5	5.6	5.0	16.4	5.3	332.7	365.7
国外	0.6	0.2	0.3	0.5	0.4	0.2	0.2	0.1	0.2	0.1	1.4
流通中的现金	27.7	29.5	50.0	117.5	254.4	549.3	769.3	773.9	780.7	790.3	834.3
其他项	0.5	0.7	2.2	3.8	4.2	9.3	19.3	21.0	21.3	22.2	23.1
股权	0.3	0.4	0.7	1.2	2.4	7.0	16.1	18.5	19.9	20.3	21.1
其他	0.3	0.3	1.5	2.6	1.8	2.3	3.2	2.5	1.5	1.9	2.0
总负债	53.1	51.8	85.4	172.5	339.9	629.1	887.0	932.8	930.6	1519.5	2249.5

资料来源：根据美联储网站资料整理。

表7选列了日本银行从1998年到2009年4月的11年负债结构数据，从中可以看到：第一，在这10多年历史中，"货币发行"始终是日本银行总负债的主要来源，它的比重在1998年为61.23%，2007年上升到73.04%，2008年虽然下降到66.37%，但仍处于高位。因此，可以判定，就总负债而言，日本银行的货币政策调控主要依靠的是调节货币发行数量（这与美联储相似）。第二，"现金存款"是日本银行总负债的重要来源，它所占比重从1998年的4.80%逐步上升到2008年的12.38%；但增长最快的应属"其他存款"，1998～2008年的11年间增长了191.23倍，它在总负债中比重从微乎其微的0.067%上升到举足轻重的9.63%。2001年4月以后，日本银行开始利用"回购协议"获得负债资金以抵补"已出售票据"的减少，但在2003年3月"已出售票据"为0以后，"回购协议"的数额也呈逐年减少走势，替代的是"货币发行"的增加。这反映了日本银行从商业银

行等金融机构中获得债务性资金的主要机制,已经从借助证券机制转向了利用存款机制,由此,货币政策的独立性得到增强,货币政策操作机制趋于成熟。第三,在这 11 年中"准备金"的数额变化不大,它在总负债中的比重从 1998 年的 3.18% 降到 2008 年的 2.63%,因此,在这 11 年的货币政策调控中,日本银行较少运用准备金机制来调整债务性资金的数量。

表7 日本银行负债结构(1998 年至 2009 年 4 月)

单位:10 亿日元

科 目	1998 年	2000 年	2002 年	2004 年	2006 年	2007 年	2008 年	2009 年 4 月
货币发行	55864.8	63397.2	75471.8	77956.4	79836.7	81277.7	81478.3	78334.1
现金存款	4378.0	6827.0	19562.5	33178.4	10412.5	10123.3	15192.3	13765.1
其他存款	61.5	21.8	1375.6	572.7	22.7	26.7	11822.4	3885.2
政府存款	516.9	9382.7	6331.0	4546.2	4139.0	2872.8	3509.3	3070.3
回购协议(未来付款方)			14525.1	22156.5	15049.8	10475.4	4054.2	9044.3
已出售票据	19585.6	2806.9	1701.4	0.0	0.0	0.0	0.0	0.0
其他负债	772.9	1599.5	1021.9	849.1	418.0	700.7	872.9	857.4
准备金	2898.1	2501.2	2732.0	2784.8	3120.8	3224.3	3226.5	3226.5
资本	0.1	0.1	0.1	0.1	0.1	0.1	0.1	0.1
特别储备	2132.6	2265.3	2404.7	2502.2	2543.8	2582.9	2614.9	2614.9
总负债	91238.2	106796.2	125126.3	144546.7	115543.6	111284.4	122770.8	114798.3

资料来源:根据日本银行网站资料整理。

表8 选列了欧洲央行从 1998 年至 2009 年 4 月的 11 年负债结构数据,从中可以看到:第一,与美日相近,"流通中的货币"是欧洲央行债务性资金的主要来源,它占总负债的比重 1998 年为 49.01%,2006 年上升到 54.58%,2008 年降到 36.74%。这反映欧洲央行主要通过货币发行来调整总负债数量。第二,"欧元区信贷机构存款"是欧洲央行负债的重要来源,1998~2008 年的 11 年间持续增加,它在总负债中的比重从 12.52% 上升到 23.71%。2008 年 8 月"欧元区信贷机构存款"为 2043 亿欧元,但在 9 月美国引发了全球金融危机以后,它在 10 月猛然增加到了 4589 亿欧元,12 月又增加到 4923 亿欧元。这反映了面对金融危机,商业银行体系惜贷的倾向和步入流动性陷阱的选择。但到 2009 年 4 月,这一数字从高位快速下降,表明了欧元区商业银行体系受金融危机冲击的程度逐步减缓,信贷机构将更多资金用于放贷(而不是存入央行),由此,促进经济复苏。第三,欧洲央行并非主权国家的央行,按理说,要获得政府债务是不容易的,但在欧洲央行的负债中却有着对欧元区政府的债务,虽然在 1998~2007 年的 10 年间,这一负债数额逐年有

所减少，但在次贷危机尤其是金融危机的背景下，从 2008 年 1 月起，它就急速增大。2008 年 10 月，猛然从 9 月的 623 亿欧元增加到 1094 亿欧元，到 2009 年 4 月已达 1523 亿欧元。这不仅反映了欧洲央行的货币政策得到了欧元区各国政府的积极支持，而且反映了欧元区各国的协调行动。第四，"对非欧元区居民的欧元负债"（以及"对非居民的外币债务"）是欧洲央行具有特色的科目。按理说，各国央行的负债资金来源于本国居民，但欧洲央行的一部分负债资金却来自非居民。"对非欧元区居民的欧元负债"不仅有逐年增大的趋势，而且在 2008 年 9 月以后的金融危机中突然扩大（2008 年 8 月为 801 亿欧元，10 月达到 3034 亿欧元）。这意味着，欧洲央行的货币政策受到了这些非居民的约束。第五，"重估账户"也是欧洲央行具有特色的科目，它在总负债中的比重虽然从 1998 年的 8.59% 降到 8.46%（到 2009 年 4 月又上升到 11.13%），但总的来说，呈现绝对额逐年增加而比例数变化不大的趋势。

表 8 欧洲央行负债结构（1998 年至 2009 年 4 月）

单位：10 亿欧元

科　　目	1998 年	2000 年	2002 年	2004 年	2006 年	2007 年	2008 年	2009 年 4 月
流通中的货币	341.7	371.4	374.6	501.3	628.2	678.6	762.9	752.7
欧元区信贷机构存款	87.3	124.6	129.3	138.7	174.1	376.5	492.3	280.4
现金账户	84.4	124.4	129.1	138.6	173.5	223.2	291.7	249.1
存款资金	1.0	0.2	0.2	0.1	0.6	1.9	200.5	31.1
定期存款	1.9	0.0	0.0	0.0	0.0	150.0	0.0	0.0
周转准备金	0.0	0.0	0.0	0.0	0.0	0.0	0.0	0.0
保证金存款	0.0	0.0	0.0	0.0	0.0	1.5	0.1	0.2
欧元区信贷机构的其他负债		0.3	0.0	0.0	0.1	0.1	0.3	0.4
负债凭证发行	13.8	3.8	2.0	0.0	0.0	0.0	0.0	0.0
对其他欧元区居民的欧元负债	61.5	57.0	55.1	42.2	53.4	44.8	91.3	152.3
对其他欧元区居民（政府）的欧元负债	58.6	53.4	49.4	37.0	45.5	36.9	82.3	143.9
对其他欧元区居民（其他）的欧元负债	2.9	3.7	5.2	6.2	8.2	7.8	8.1	8.4
对非欧元区居民的欧元负债	10.0	10.8	8.8	10.9	16.6	45.5	293.6	184.2
对居民的外币债务	0.6	0.8	1.2	0.2	0.1	2.4	5.7	1.7
对非居民的外币债务	3.3	12.4	20.1	10.7	12.6	16.2	10.3	10.6
非居民的存款债务	3.3	12.4	20.1	10.7	12.6	16.2	10.3	10.6
非居民的信贷资金	0.0	0.0	0.0	0.0	0.0	0.0	0.0	0.0
SDRs 的对应配额	5.8	6.7	6.6	5.6	5.6	5.4	5.4	5.6
其他负债	60.7	73.5	64.1	51.4	73.8	131.4	167.4	160.4
重估账户	59.9	117.7	106.3	64.8	122.0	131.1	175.7	203.0
资本和储备	52.6	56.1	64.4	58.2	64.6	68.9	71.6	72.8
总　负　债	697.2	835.1	832.6	884.2	1151.0	1500.8	2076.7	1824.0

资料来源：根据欧洲央行网站资料整理。

从上述分析中可以看到，在负债结构方面，中国人行与美、日、欧等央行有两个主要差别："货币发行"在总负债中所占比重过低（且有进一步降低的趋势）。从理论上说，货币发行是央行的专有权，也是央行资金的主体来源。就央行的总负债而言，货币政策各项工具（如货币发行量、法定存款准备金率、利率、再贷款和再贴现以及公开市场业务等）最终都将落实到货币发行量的调整。"货币发行"在总负债中所占比重过低，意味着中国人行在落实货币政策（不论从松还是从紧）过程中，可自主选择的余地相当有限，由此，货币政策的实施结果可能时常偏离货币政策意图。为了弥补货币发行量较少的缺陷，中国人行选择了大幅增加"金融性公司存款"和"发行债券"的替代方案，这虽然解决了负债资金的数量困难，但也引致两方面问题的发生：一是通过这些科目所获得的债务资金，不仅需要支付较高的利息（中国人行每年应支付的利息在 2000 亿元以上），而且在很大程度上运用了行政机制，这既不利于推进货币政策间接调控体系的完善，也不利于切断央行与商业银行之间的行政纽带，保障央行货币政策的独立性。二是中国人行的总负债增长率和总负债规模明显大于美、日、欧。这种总负债规模扩大和高增长率主要不是建立在货币发行基础上的，而是运用金融手段的结果。从这个意义上说，中国人行贯彻实施的，与其说是货币政策，不如说是金融政策，即通过与存贷款金融机构之间的账户资金转换来增大负债资金（从而可操作资金）的数量。值得一提的是，按照汇率折算，中国的经济规模明显小于美国，但中国人行的总负债却明显大于美联储。2008 年中国人行的总负债为 207095.99 亿元（大致为 30321.5 亿美元），但同期美联储的总负债仅为 22495 亿美元；同时，在总负债数额与 GDP 数额的对比中，中国人行位居高位，2008 年为 68.88%，而美联储仅为 15.84%。将这些数据代入中国人行的总负债结构的分析中，可以进一步看出，中国人行资金来源的窘迫状况和可继续扩展的有限程度。

三　中外央行资产负债表中的资产分析

"负债"记录着央行的资金来源，"资产"则记录着这些资金的使用去向和配置格局，"资产＝负债"表明央行获得的资金应全额在"资产"中使用和体现。如果说负债方反映着央行通过承担债务的方式来实施货币政策、影响商业银行等金融机构和金融市场的资金数量和流向，那么，资产方则反映着央行通过行使债权的方式来贯彻货币政策意图、调控商业银行等金融机构和金融市场的货币数量。显然，分析资产结构是分析央行贯彻货币政策能力的另一个主要方面。

表 9 列示了中国人行从 1999～2008 年的 10 年间的资产结构状况，从中可以看出：第

一，资产总额快速增长。10年间中国人行的资产总额从35349.8亿元增加到207095.99亿元，增长了485.85%。这在下述对比的各国和地区央行资产增长率中，是最高的。第二，"国外资产"快速增加。在中国人行资产结构中，"国外资产"的比重不仅占据第一位，而且有着快速上升的趋势。1999~2008年的10年间这一比例从40.9%直线上升到78.49%；在"国外资产"中，"外汇"所占比重长期居高不下，1999年为97.25%，2008年为92.05%；从具体数据来看，"外汇"从1999年的14061.4亿元急剧增加到2008年的149624.26亿元，增长了964.08%。第三，"对其他存款性公司债权"所占比重呈下行走势。1999年这一比例为43.49%，2008年降低到4.07%，这反映了通过再贷款等机制来

表9 中国人民银行央行资产结构（1999~2008年）

单位：亿元

科目	1999年	2000年	2001年	2002年	2003年
国外资产	14458.50	15582.80	19860.40	23242.85	31141.85
外汇	14061.40	14814.52	18850.19	22107.39	29841.80
货币黄金	12.0	12.00	256.00	337.24	337.24
其他国外资产	385.1	756.28	754.21	798.22	962.81
对政府债权	1582.8	1582.80	2821.33	2863.79	2901.02
其中:中央政府				2863.79	2901.02
对其他存款性公司债权	15373.9	13519.19	11311.60	12287.64	11982.81
对其他金融性公司债权	3833.1	8600.37	8547.31	7240.27	7255.95
对非金融性公司债权	101.5	110.20		206.74	206.25
其他资产				5266.29	8516.19
总资产				51107.58	62004.06
科目	2004年	2005年	2006年	2007年	2008年
国外资产	46960.13	63339.16	85772.64	124825.18	162543.52
外汇	45939.99	62139.96	84360.81	115168.71	149624.26
货币黄金	337.24	337.24	337.24	337.24	337.24
其他国外资产	682.90	861.96	1074.59	9319.23	12582.02
对政府债权	2969.62	2892.43	2856.41	16317.71	16195.99
其中:中央政府	2969.62	2892.43	2856.41	16317.71	16195.99
对其他存款性公司债权	10424.2	12692.01	6516.71	7862.80	8432.50
对其他金融性公司债权	8865.09	13226.11	21949.75	12972.34	11852.66
对非金融性公司债权	136.25	66.73	66.34	63.59	44.12
其他资产	9300.05	11459.57	11412.84	7098.18	8027.20
总资产	78655.33	103676.01	128574.69	169139.80	207095.99

资料来源：中国人民银行网站。其中，2002~2005年的"对其他存款性公司债权"的数据为"对存款货币银行债权"和"对特定存款机构债权"两项相加之和。

调控商业银行等存贷款金融机构资金余缺的力度，其在中国人行的货币政策中的地位已大大降低。第四，"对其他金融性公司债权"数额明显增加，但比重明显降低。从数额上说，中国人行"对其他金融性公司债权"从1999年的3833.1亿元增加到11852.66亿元（增长了209.22%，2006年曾达到21949.75亿元，增长了472.64%），但它占总资产的比重却从10.84%下落到5.72%。这反映了中国人行对资产管理公司、信托公司等非存贷款金融机构的资金数量调控力度的减弱。第五，中国人行公开市场业务的资金额扩大，占总资产的比重有所提高。假定"对政府债权"和"其他资产"两项主要反映的是中国人行持有的国债数额和货币资产数额，那么，1999~2008年的10年间"对政府债权"的数额从1582.8亿元快速升至16195.99亿元（增长了923.25%），与此同时，它占总资产的比重从4.48%上升至7.82%；"其他资产"的数额虽从2002年的5266.29亿元增加到2008年的8027.2亿元（增长了52.43%），但它占总资产的比重却从10.30%下降到3.87%。这两项科目的变化反映了10年间公开市场业务规模明显扩大，它在中国人行货币政策调控中的地位明显上升。就此可以说，与1999年之前相比，中国人行的调控方式已更多地从直接调控金融机构转向了通过金融市场的交易来间接调控金融机构资金数量。第六，在中国人行的资产结构中没有"货币资产"科目。虽然在实际运作中，中国人行必然拥有一定数额的货币资产，但在它的资产结构中看不出有多少货币资产以及货币资产的走势变化。由于在其他科目中不可能存有人民币货币资产，人民币货币资产只能寄存于"其他资产"名下，据此，从"其他资产"的数额和走势上可以大致判断，中国人行拥有的货币资产数额不大，它在总资产中的比重呈下落之势。

美联储的资产结构如表10所示，从中可以看出：第一，国外资产的数额变化不大，它占总资产的比重呈快速下落走势。美联储的国外资产主要由"黄金与外汇储备"和"SDR"两项构成，1952年的数额为233亿美元，到2008年底增加到379亿美元，56年间增长了62.66%；但同期占总资产的比重从45.24%降低到1.67%。这不仅反映了在布雷顿森林体系下美联储维护美元中心地位的功能走弱趋势（在布雷顿森林体系瓦解后，美联储在维护美元国际地位的无力趋势），而且反映了与关心国际经济相比，美联储日益将主要注意力集中于调控国内金融市场的总体趋势。第二，"财政货币"的数额明显增加。但在总资产中的比重则明显降低。从绝对额看，56年间"财政货币"的数额从46亿美元增加到387亿美元，增长了741.30%，但它占总资产的比重从8.93%降低到1.70%。就2007年7月以后的变化而言，虽然有着次贷危机和金融危机影响的成分，但在2007年6月"财政货币"占总资产的比重也已降低到4.26%，因此，2007年8月开始的次贷危机只是加速了这一比重降低的速度，没有改变这一比重降低的总趋势。第三，"对国内银行的贷款"数额长期基本不变，但发生次贷危机后急剧增加。在1952年至2007年6月的55年间，美联储"对国内银行的贷款"大致上维持在1亿~3亿美元之间（尽管这段时间内，美国经济和金融发生一系列剧烈变化，金融创新不断深化），但在2007年8月以后，随着次贷危机和金融危机的爆发，美联储"对国内银行的贷款"顿时大幅增加，到2008年底这一数额达到了创历史纪录的5440亿美元，是2007年6月2亿美元的2720倍。这既反映了美联储针对这场危机所实施货币政策的救援力度，也反映了这场危机影响美国商业银行的深刻程度。第四，公开市场业务规模巨大、占比相当高。"证券回购"和"信贷市场工具"是美联储公开市场业务所形成的主要资产，1952年的数额为225亿美元（占总资产的比重为43.69%），到2008年底增加到10667亿美元（占总资产的比重为46.98%），增长了464.09%。尤其是在2008年6月以后，在金融危机的背景下，这两项科目的数额猛然从6236亿美元增加到10667亿美元，增长率高达71.06%。这反映了在金融危机过程中，美联储通过购买各类证券对金融机构的放款力度。将这两项与"对国内银行的贷款"相加可以看到，2008年6月相比，9~12月美联储通过直接的再贷款和间接的（购买证券等）放款总计向美国的金融机构放出了8129亿美元资金，由此推动了美联储总资产从9520亿美元快速扩展至22706亿美元。第五，美联储的主要资产集中于调控金融机构和金融市场的资金松紧方面。"对国内银行的贷款"、"证券回购"和"信贷市场

表10 美联储资产结构（1952~2008年）

单位：10亿美元

科 目	1952年	1960年	1970年	1980年	1990年	2000年	2007年6月	2007年12月	2008年6月	2008年9月	2008年12月
黄金与外汇储备	23.3	17.7	10.9	16.2	43.6	26.6	31.7	34.2	36.7	34.3	35.7
SDR	0.0	0.0	0.4	2.5	10.0	2.2	2.2	2.2	2.2	2.2	2.2
财政货币	4.6	5.2	7.1	13.8	20.4	31.6	38.5	38.7	38.7	38.7	38.7
应收款	0.7	1.9	4.3	4.5	2.2	0.9	-1.3	0.0	-0.6	-1.0	-1.5
对国内银行的贷款	0.2	0.0	0.3	1.8	0.3	0.1	0.2	48.6	174.2	200.0	544.0
证券回购	0.3	0.4	0.1	3.3	18.4	43.4	25.3	46.5	114.5	83.0	80.0
信贷市场工具	22.2	27.0	62.2	128.0	241.4	511.8	790.5	740.6	509.1	780.9	986.7
票据	0.0	0.1	0.1	0.0	0.0	0.0	0.0	0.0	0.0	0.0	0.0
联邦债券	22.2	27.0	62.1	119.3	235.1	511.7	790.5	740.6	478.8	476.6	475.9
机构债	0.0	0.0	0.0	8.7	6.3	0.1	0.0	0.0	0.0	14.5	19.7
银行贷款	0.0	0.0	0.0	0.0	0.0	0.0	0.0	0.0	0.0	0.0	0.0
误差	0.2	0.3	0.9	3.5	6.0	19.3	17.4	16.5	15.2	15.0	16.0
总资产	51.5	52.6	86.1	173.7	342.3	635.9	904.5	951.3	952.0	1541.4	2270.6

资料来源：根据美联储网站资料整理。

工具"是美联储与金融机构发生金融交易的主要科目，美联储通过这些操作影响着金融机构和金融市场的资金松紧。1952年这些科目的资产数额为227亿美元，到2008年这些科目的资产数额达到了16107亿美元，增长了699.56%，它们占总资产的比重也从44.08%上升到70.94%，成为美联储资产的主体部分。这反映了美联储对美国金融市场和金融机构的影响力。

表11反映了日本央行的资产结构，从中可以看出：第一，资产增长较慢。1998年日本央行的资产总额为912382亿日元，到2008年达到1227708亿日元，11年间增长了34.56%，不仅明显低于中国人行的资产增长率，也明显低于美联储的资产增长率。第二，1998~2008年的11年间，"黄金"和"现金"的绝对额变化不大，二者大致维持在6000亿日元，它们占日本央行资产总额的比重从0.66%下降到0.45%，由此可以判断，日本央行的资产增加不是通过黄金和现金的增加形成的。第三，持有的政府债权虽有所增加，但增长率不高。1998年，日本央行持有的"政府债券"为520022亿日元，到2008年这一数额增加到631255亿日元，增长了21.39%。具体来看，在2004年之前，日本央行持有的"政府债券"数额呈上行走势，此后则呈下行走势。将此变化与"贷款与贴现"的走势相对比，可以看出日本央行对国内金融机构和金融市场的调控取向和力度的调整。第四，"回购协议"呈现波浪式走势。在2001年4月展开"回购协议"以后，这一科目的数额在2001年5月达到了160862亿日元，但在6月以后开始持续走低，在2008年8月降低到34300亿日元；在美国金融危机爆发的背景下，2008年9月"回购协议"猛然上升，达到了87139亿日元，随后几个月进一步快速增加，年底达到了历史最高数额140976亿日元。这反映了日本央行在应对美国金融危机中的选择。第五，"贷款与贴现"增长快速，是引致总资产增加的主要成因。1998年的数额为99257亿日元，到2008年达到257709亿日元，增长率为159.64%；2007年"贷款与贴现"的数额曾达到292404亿日元，比1998年增长了194.59%。从美国次贷危机到金融危机的时间序列看，日本央行"贷款与贴现"的变化似乎与这场危机没有多少直接关系。更具体看，在"贷款与贴现"中，在2001年8月以后，"票据贴现"科目的数额就长期为0；引致"贷款与贴现"增长的唯一成因是日本央行对商业银行等金融机构的再贷款数额急剧增加，从1998年的18618亿日元增加到2008年的257709亿日元，增长了1328.53%。"贷款"占总资产的比重从2.04%快速上升到20.99%。将"贷款"和"回购协议"综合起来看，它既反映了日本商业银行等金融机构和金融市场在这一期间资金紧张的状况，也反映了日本央行加大对这些金融机构和金融市场的调控力度。第六，外汇占款增长快速，是导致资产增长的一个重要因素。1998年日本央行的"外汇资产"为34128亿日元，到2008年增加到172870

亿日元，11年间增长了406.53%，是日本央行"资产"中增长率最高的二级科目。与此对应，"外汇资产"占资产的比重从3.74%提高到14.08%。这在一定程度上反映了日本经济长期贸易顺差的走势。

表11　日本银行资产结构（1998年至2009年4月）

单位：10亿日元

科　目	1998年	2000年	2002年	2004年	2006年	2007年	2008年	2009年4月
黄金	432.8	444.5	441.2	441.2	441.2	441.2	441.2	441.2
现金	167.7	234.4	196.5	216.8	149.0	136.7	180.1	242.8
回购协议（未来收款方）			7509.3	5411.8	5321.2	3513.3	14097.6	10502.7
政府债券	52002.2	56294.3	83123.6	95025.9	80596.4	70461.2	63125.5	64917.3
财政债与金融债			27068.7	29663.5	29082.9	22308.1	21785.0	20569.2
融资债券	23473.4	16095.3	2217.6	5076.0	4692.8	6444.5	6547.5	
长期政府债			56054.9	65362.4	51513.4	48153.1	41340.4	44348.0
贷款与贴现	9925.7	827.4	193.1	111.1	21713.7	29240.4	25770.9	26596.4
票据贴现	16.2	4.8	0.0	0.0	0.0	0.0	0.0	0.0
贷款	1861.8	688.7	193.1	111.1	21713.7	29240.4	25770.9	26596.4
33条款	1275.5	233.6	0.0	0.0	0.0	21.0	255.6	
38条款	602.5	459.9	193.1	111.1	0.0	0.0	0.0	
存款保险公司	8047.7	133.9	0.0	0.0	0.0	0.0	0.0	
外汇资产	3412.8	3685.6	4261.3	4433.0	5025.3	5350.8	17287.0	9327.7
在其他机构的存款	0.1	144.5	313.6	16.0	18.2	28.0	0.1	0.1
其他资产	1062.9	1209.5	895.2	715.3	646.3	593.1	598.3	592.2
总资产	91238.2	106796.2	125126.3	144546.7	115543.6	111284.4	122770.8	114798.3

资料来源：根据日本银行网站资料整理。

欧洲央行的资产结构反映在表12之中，通过分析可以看到：第一，欧洲央行的资产增长率较高。11年间，从1998年的6972亿欧元增加到2008年的20767亿欧元，增长了197.86%，快于日本央行，但明显慢于中国人行和美联储的资产增长率速度。第二，"黄金"的增长幅度较快，占比较高。1998~2008年，欧洲央行持有的黄金数额从996亿欧元增加到2177亿欧元，增幅达到118.57%（增速低于资产增幅）；"黄金"占资产的比重从14.28%降低到10.48%，但与中、美、日相比，欧洲央行资产中"黄金"占比依然是最高的。这在一定程度上反映了欧洲央行并非为一个主权国家央行的运作特点。第三，"对非欧元区居民的外币债权"（相当于"外汇储备"）的数额变动较大，占资产的比重呈下落走势。在2002年之前，这一科目的数额大致呈逐步增加走势，但在2002年12月达到2486亿欧元的高点后，开始呈现减少走势，到2008年底仅为1608亿欧元；它占资产的比重从1998年的33.03%持续下落到7.74%，走势与日本央行的"外汇资产"相反。

第四,"对欧元区信贷机构的贷款"快速增长。11年间,这一科目的数额从1851亿欧元增加到8606亿欧元,增长了364.94%,远高于"资产"的增长幅度;与此对应,它占"资产"的比重也从26.55%上升到41.44%。具体来看,在2007年之后的金融危机背景下,欧洲央行"对欧元区信贷机构的贷款"猛然增大,从2006年底的4505亿欧元增加到2008年底的8606亿欧元,增长了91.03%。其中,"长期再贷款"的变化尤为明显,2006年底的数额为1200亿欧元,2007年和2008年分别增加到2685亿欧元和6169亿欧元,与2006年相比,分别增长了123.75%和414.08%。这反映了欧洲央行在应对金融危机过程中对欧元区商业银行等金融机构的支持力度,同时,也反映了欧洲央行调控的重心所在。

第五,"对欧元区居民发行的有价证券"呈逐步上行走势。这一科目的数额从1998年的217亿欧元上升到2008年的2712亿欧元(增长了1149.77%),是欧洲央行资产中增长幅度最大的科目。其中,尤以2008年的增加额最为突出,当年的数额比2007年增加了1750亿欧元。这反映了在应对金融危机的过程中,欧洲央行通过大量买入有价证券等方式,化解商业银行等金融机构经营困难、维护金融市场运行秩序的努力。

表12 欧洲央行资产结构(1998年至2009年4月)

单位:10亿欧元

科目	1998年	2000年	2002年	2004年	2006年	2007年	2008年	2009年4月
黄金	99.6	117.1	130.9	125.7	176.8	184.5	217.7	240.8
对非欧元区居民的外币债权	230.3	258.7	248.6	153.8	142.3	138.0	160.8	157.9
从IMF应收款	29.5	26.7	32.5	23.9	10.7	9.3	13.2	14.4
在欧元区外的存款和证券投资	200.8	232.0	216.1	129.9	131.6	128.8	147.6	143.6
对居民的外币债权	6.7	15.8	19.9	17.0	23.4	43.2	233.8	125.3
对非居民的欧元债权	8.9	3.7	4.0	6.8	12.0	13.6	18.6	20.4
对非居民的贷款和证券投资	8.9	3.7	4.0	6.8	12.0	13.6	18.6	20.4
ERM下的同业信贷	0.0	0.0	0.0	0.0	0.0	0.0	0.0	0.0
对欧元区信贷机构的贷款	185.1	268.6	236.6	345.1	450.5	637.1	860.6	676.4
主要再贷款	144.9	223.0	191.5	270.0	330.5	368.6	239.6	244.1
长期再贷款	24.7	45.0	45.0	75.0	120.0	268.5	616.9	432.2
周转准备金	6.7	0.0	0.0	0.0	0.0	0.0	0.0	0.0
结构性准备金	0.0	0.0	0.0	0.0	0.0	0.0	0.0	0.0
保证金放贷	6.4	0.6	0.0	0.1	0.1	0.1	4.1	0.1
偿还保证金的信贷	0.0	0.1	0.0	0.0	0.0	0.0	0.1	0.0
对其他欧元区信贷机构债权	2.4	0.6	0.1	3.8	11.4	23.8	57.0	31.4
对欧元区居民发行的有价证券	21.7	26.0	33.1	70.0	77.6	96.2	271.2	294.0
欧元区内政府债务	60.1	57.7	66.3	41.3	39.4	37.1	37.5	37.4
其他资产	84.7	87.0	93.1	120.4	217.7	327.4	219.4	240.3
总资产	697.2	835.1	832.6	884.2	1151.0	1500.8	2076.7	1824.0

对比上述各国和地区央行的资产结构可以看出：第一，在实施货币政策调控中，各国和地区央行的重心不尽相同。美联储主要通过公开市场业务展开，日本央行和欧洲央行主要通过对商业银行等金融机构的再贷款来展开，因此，在它们的资产结构中，这些方面所占的资产数额较大、比重较高。与此不同，中国人行在这些方面明显弱于美、日、欧。就此而言，中国人行对商业银行等金融机构的调控能力远低于发达国家水平。第二，在对比期内，中国人行的资产涨幅最高，但它主要是由"外汇资产"引致的，因此，"外汇资产"成为中国人行资产中数额最大、比重最高的部分，且有继续上行的趋势。与此对比，在美、日、欧的央行资产中，"外汇资产"所占比重大大低于中国人行，其中，美、欧还有比重走低的趋势。这反映了中国人行对国内商业银行等金融机构和金融市场的调控能力明显减弱的趋势，由此，对中国人行的货币政策调控能力提出了一个严重的挑战性课题。第三，在应对金融危机的过程中，美、日、欧央行的资产结构都有了不同程度的变化。其中，美联储以"对国内银行的贷款"和"信贷市场工具"的扩展为特点，日本央行以"回购协议"的扩展为特点，欧洲央行以"长期再贷款"和"对欧元区居民发行的有价证券"为特点，但中国人行的对策运作在资产结构的变化中没有明显反映。

四 中外央行资产结构与负债结构的链接分析

资产负债表是一个平衡表，它强调通过"负债"获得的资金应当在"资产"中全部反映；尽管负债科目与资产科目并不对称，但资产总额＝负债总额是不能改变的。通过资产结构与负债结构的链接分析，一方面，从资产方既可以看出负债资金的配置状况，也可以看出资产方对负债资金变动的需求（毕竟负债资金的增减是根据"资产"需求而展开的）；另一方面，也可以看出负债资金的可得状况及其结构对"资产"变动的扩展效应和制约效应，由此，可以进一步看清央行实施货币政策的能力和调控力度的走势。

在中国人行的资产结构中可以看到，资产扩展的主要科目是"外汇资产"。基本背景是，随着国际收支表中"货物"、"收益"、"经常转移"、"资本项目"和"金融项目"等的顺差发生，大量外汇资金进入中国境内，但作为一个主权国家，在中国境内外汇资金是不可流通的（即不能用于交易支付和结算），由此，各类企业手中持有的外汇资金只能存入商业银行等金融机构；对这些金融机构来说，外汇资产同样不可使用（既不可用于贷款，也不可用于购买各种证券），这在客观上要求中国人行予以购入。大量购入外汇资产，客观上要求有足够的资金，因此，形成了中国人行扩展债务资金的内在要求。央行的资金来源，在对策选择上可有两条路径，即发行货币（M0）和从商业银行等金融机构获得债务资金。中国人行选择的是后一路径，由此，形成了在负债方"金融性公司存款"和"发行债券"大幅增加、在资产方"外汇资产"大幅增加的关联效应。这种关联效应的传递机制是，中国人行通过负债机制从商业银行等金融机构手中收取的资金，又通过购买外汇资产而回流到了这些金融机构，因此，2003年至2008年6月连续21次提高法定存款准备金率（法定存款准备金率从6%上升到17.5%）、大量发行央行债券等在金融运行过程中并没有紧缩货币资金的效应。

为了购买"外汇资产"而从国内金融机构手中获得人民币资金的操作，与其说是货币政策操作，不如说是金融政策操作。主要理由有三：其一，这种操作并不以中国人行的"货币发行"为起点，而以从金融机构手中获取资金为起点，运用的是金融机制。其二，这种操作的目的与经济和金融运行中的货币资金多少没有直接关系，也没有引致经济和金融运行中的货币资金松紧，因此，应当不属于通常意义上说的货币政策调控范畴。其三，这种操作的直接结果，在商业银行体系中资产总额不变的条件下，只是使"外汇资产"转变为以"存款"和"持债"等方式的"对央行的债权"；在中国人行的资产负债表中，"负债总额"的扩大数额与"外汇资产"的扩大数额大致相仿。从这个意义上说，2003年以后，中国人行加大发行债券和提高法定存款准备金率的力度，虽在形式上看是货币政策的实施，但在实质上看却是金融政策的运用。

这种金融政策运用的一个后果是，中国人行的资产配置严重外化（即资产主要集中于对外资产方面）。2009年10月中国人行的"国外资产"占总资产的比重提高到了80.90%，比2008年底又上升了2.41个百分点；其中，"外汇资产"占"国外资产"的比重高达92.83%，比2008年底提高了0.78个百分点。"资产外化"的对应面是，中国人行对内配置的资产数额急剧降低，从而，使得央行进行宏观金融的调控能力严重弱化。这引致了两个现象的发生：其一，中国人行对中国经济和金融运行的货币政策调控越来越集中于"政策"方面，即政策出台和政策监察，已很难在资产数量方面有什么重要的动作。2008年在实行"从紧货币政策"的过程中，甚至恢复使用了对存贷款金融机构的新增贷款按季度数额控制的行政管制措施。其二，中国人行获得债务性资金的余地越来越有限。央行票据发行的流标现象不断发生，说明了通过"发行债券"来增加债务性资金的空间越来越有限；在法定存款准备金率已高达15.5%的背景下，继续运用这一机制来增加央行负债资金的压力也越来越大。2008年末，为了展示"适度宽松的货币政策"的运作，中国人行将法定存款准备金率从17.5%下调到15.5%，但与此同时，又增发了数额相近的央行票据，形成了"法定存款准备金率"下调所放出的人民币资金与"发行债券"所收进的人民币资金之间的对冲，结果是商业银行等金融机构依然没有因此增加可运作资金。

与中国人行不同的是，从美联储、日本央行和欧洲央行的资产结构与负债结构关联角度看，"货币发行"是它们负债资金的主要来源，"信贷市场工具"和再贷款是它们资金运用的主要科目，因此，债务性资金增加的主要成因在于满足国内（或经济体内）金融宏观调控的需要。尤其突出的是美国，2007年6月之前，为了满足"资产"中"信贷市场工具"规模扩大的需要，美联储"负债"中的"支票存款与现金"随之扩展。在次贷危机和金融危机爆发的过程中，为了缓解金融市场和金融机构的资金紧缺，在"存款机构的准备金"大幅增加的同时，美联储继续快速增加"支票存款与现金"，以满足"资产"中"信贷市场工具"和"对国内银行的贷款"的需要，因此，"负债"的数量变化是"资产"要求的结果。这反映了一个突出的政策选择——在美元作为国际主要货币的背景下，美联储的政策调控重心依然集中于美国的国内经济和金融市场。在国际市场中美元走软的过程中，如果运用政策机制支持美元走强不利于国内经济和金融运行的调控，美联储的选择将是宁愿放弃对美元走强的政策支持，以维护对国内经济和金融运行的调控。从这个意义上说，美联储的立足点始终是国内经济和金融，它的国际政策服从于国内政策，它对国际事务的负责程度取决于这种负责是否会对国内经济和金融运行带来负面效应。

通过"发行货币"来增强资产面的调控能力，这反映了央行在实行货币政策过程中的主动程度。内在机理是，"发行货币"是央行的专有权力。与从存贷款金融机构借入资金相比，货币发行在数量、成本和运作等方面受到的制约较少，因此，央行的主动程度较高；与此对应，通过"发行货币"所得到的资金在资产运作中受到的牵制也较低。就此而言，通过对比可以得知，美联储、日本央行和欧洲央行等的货币政策运作主动程度较高，中国人行的货币政策运作受制约因素较强，因此，比较被动。

五 调整资产负债表结构，提高实施货币政策的能力

中国人行承担着运用货币政策调控中国经济和金融运行的重要职责。有效发挥这一职能，不仅对中国人行是根本性的，而且对推进中国经济和金融的健康发展也是不可或缺的。面对资产负债表恶化的趋势，要提高货币政策的有效性，必须积极改善中国人行的资产负债表及其结构。资产负债表综合反映着中国人行各项活动所引致的资金来源分布状况和资金使用配置状况，它涉及诸多复杂的经济活动和金融活动，其中，有些问题并非中国人行直接可解决，有赖于体制机制改革的深化、各种经济和金融活动的调整，但也有一系列问题的解决是中国人行可以着手的。其中包括：

第一，在负债面，逐步提高"发行货币"占"储备货币"和总负债的比重，降低"金融性公司存款"和"发行债券"的比重。货币发行是央行各项资金来源中成本最低、主动性最高、可操作性最强的机制。在一般格局中，"储备货币"应主要由"发行货币"构成（货币发行，既可以是纸币，也可以是电子货币）。有人担心，中国人行加大"发行货币"的数额将引致经济和金融运行中货币过多，从而引致通货膨胀和资产价格上行。实际上，这种担心是不确实的。在中国金融运行中，长期发生央行"发行货币"的增长率严重低于信贷增长率的现象。这说明，在央行货币发行不足以满足经济和金融运行需要的条件下，存贷款金融机构将通过信贷机制加大派生货币的创造，因此，即便中国人行不加大"发行货币"的数量，通货膨胀和资产价格上行的情形也可能发生。换句话说，"发行货币"不是引致通货膨胀和资产价格上行的唯一成因。加大"发行货币"，在有效提高中国人行货币政策操作主动程度的同时，有利于降低存贷款金融机构创造派生货币的能力，从而，提高中国人行调控宏观金融、抑制通过膨胀和资产价格上行的能力。

第二，在负债面，细化"其他负债"。1999年，中国人行负债中的"其他负债"为负数，但到2007年已达14837.14亿元（2009年10月更是高达23759.51亿元，占总负债的比例达到10.56%）。在对金融机构负债、对政府负债和国外负债等均已单列科目的条件下，关于"其他负债"由哪些内容构成、来源于何处的问题，需要细化这一科目才能看清和分析。

第三，在资产面，增加"货币资产"科目，以反映中国人行可运作的资金数量状况。多年来，中国人行的可操作资金隐含在"其他资产"之中，这既不利于清楚地认识和分析中国人行货币资产的变动状况，给存贷款金融机构以明确的资金可供数量信号，也不利于支持和调整"发行货币"数量的步伐。单列"货币资产"科目，有利于中国人行清楚地把握资产中的人民币资金状况，根据这一指标的数量变化情况、金融机构与金融市场的资金需求状况等，及时地调整"发行货币"的节奏，从而，增强货币政策调控能力；也有利于分析相关货币政策的效应，理解和把握货币政策措施的实际取向。

第四，在资产面，逐步降低"外汇资产"的数量及其占总资产中的比例。在国际收支大量顺差的条件下，外汇资金大量进入中国是一个客观的事实。但如何处置这些外汇资金，可以有多种方式。近年来，中国的处置方式主要是通过中国人行单方面从外汇市场大量购入，这必然引致央行资产不断向外汇占款集中。缓解中国人行"外汇资产"的继续增加及占比的提高，可选择的政策路径有二：一是利用国际金融危机提供的有利时机，通过各种可操作的方式，加快企业和金融机构"走出去"的战略步伐，将不断进入中国境内的外汇资金转变为中资机构的对外借贷资金、生产性投资和股权性投资，由此，一方面，可以缓解外汇资金流入中国境内所形成的种种压力，减少中国人行资产配置中的外汇资产占款；另一方面，可以加大和加深中国经济和金融介入全球化的程度。二是从国家外汇资产思路出发，藏汇于民。国家外汇资产由政府外汇资产、企业外汇资产和家庭外汇资产等构成，将外汇资金集中于政府外汇储备的思路和政策，不利于各类主体多方向、多渠道地使用外汇资金，也不利于各类主体多方式、多路径地将外汇资金输出，因此，需要对此作出调整。早在19世纪末，西方国家就已积极推进了借贷资本的输出并成功地"从一头牛身上剥下两张皮"，20世纪中，他们又展开了生产资本输出和金融资本输出。中国在这方面明显落后于西方国家，需要从经济和金融的各个层面展开各种类型的资本输出，这仅靠政府（尤其是集中式的外汇储备）运作是远远不够的。在外汇资产减少的条件下，中国人行将有更多资产配置于国内金融部门，由此，货币政策调控的能力将随之增强，货币政策的有效性也将逐步提高。

第五，在资产面，细化"对其他存款性公司债权"和"对其他金融性公司债权"，增大在这些科目的资产配置数量。央行货币政策调控，在国内的资产表现，主要反映在对国内金融机构和金融产品的持有数量和比例上，如果这方面的资产数量较少、比例较低，则说明央行货币政策调控的能力较差。1999~2008年的10年间，中国经济和金融的规模、运行状况等发生了一系列重大变化，但中国人行在这两个科目中的资产一直维持在2万亿元左右，这反映了央行的调控能力是增强了还是减弱了？如果将这一时期内，因国有商业银行不良资产剥离、信托投资公司整顿和农村信用社调整等所支付的再贷款考虑在内，恐怕"对其他存款性公司债权"和"对其他金融性公司债权"中真正由于经常性调控的所形成的资产就不多了。要真实反映中国人行对金融机构的调控，就必须细化这两个科目，以清晰展示央行与金融机构之间的金融交易状况和走势，体现央行的调控效能。

（本文发表于《金融评论》2010年第1期）

参考文献

[1] 李扬：《中国金融改革30年》，社会科学文献出版社，2008。
[2] 王国刚：《中国银行体系中资金过剩的效应分析》，《财贸经济》2008年第6期。
[3] 中国人民银行货币政策执行报告（各期）。
[4] 〔美〕安·玛丽亚·缪兰德克：《美国货币政策与金融市场》中译本，中国金融出版社，1995。
[5] 相关网站资料。

21世纪中国经济周期平稳化现象研究*

殷剑峰

一 引言

经济周期就像大海的潮来潮往，波涛过于汹涌会让人不堪，而波涛突然变得异常平静则又让人不由得发问：是大海变得温顺了呢，还是它在酝酿一场异常的海啸？自20世纪80年代以来，以美国为代表的发达国家开始呈现出经济周期平稳化的趋势；90年代后，随着经济、金融全球化的发展，经济波动趋稳的现象逐渐从发达国家蔓延到发展中国家，而经历了亚洲金融危机洗礼的中国经济在21世纪也彻底摆脱了以往"大起大落"的格局。由此，全球经济似乎进入一个平稳增长的"大缓和"（Great Moderation）时期。

关于经济周期平稳现象的观察可以追溯到20世纪60年代①，但直到1990年，美联储的两位经济学家才开始用统计方法分析经济波动趋稳的现象②，首次公开发表文献则是在1999年。③ 从那以后，特别是由于美联储反周期的货币政策操作使得美国经济避免了

---

* 本文系2010年中国社会科学院重大课题"全球化背景下中国经济周期平稳化现象研究"的成果之一。作者感谢两位匿名审稿人提出的宝贵意见。

① A. Burns, "Progress towards Econimic Stability", *The American Economic Review*, Vol. 50, No. 1, 1960, pp. 2 – 19.

② S. Gilchrist and A. Kashyap, "Assessing the Smoothness of Recent GNP Growth", Internal Memorandum, Board of Governors of the Federal Reserve System, 1990.

③ Kim和Nelson发现了一个非常重要的现象：美国季度国内生产总值增长率的波动率从1984年一季度开始出现了显著的下降。这个发现后来得到了Stock和Watson、Gordon等的支持。那么，为什么是在1984年呢？他们都没有这个回答。对此，笔者在对美国居民储蓄率行为的研究中发现，1984年是美国经济结构发生重大调整的年份，其标志是居民储蓄率的系统性下降和消费率的持续上升。C. Kim, C. R. Nelson, "Has the U. S. Economy Become More Stable? A Bayesian Approach Based on Markov-Switching Model of the Business Cycle", *The Review of Economics and Statistics*, Vol. 81, 1999, pp. 608 – 616; J. H. Stock and M. W. Watson, "Has the Business Cycle Changed and Why?" 2002, www. nber. org; R. Gordon, "What Caused the Decline in US Business Cycle Volatility?" 2005, www. nber. org; 殷剑峰：《美国居民低储蓄率之谜和美元的信用危机》，《金融评论》2009年创刊号。

2000 年股市崩溃可能造成的严重衰退，相关文献大量出现。在诸多文献中，颇具代表性的两篇来自 Stock 和 Watson 以及 Gordon。[①]

作为"大缓和"一词的主要发明者，Stock 和 Watson 用时变时间序列方法（time-varying time series processes）分析了 1961~2001 年 22 个主要经济指标（国内生产总值、消费、投资、物价、国债收益率等）的波动率，发现从 20 世纪 80 年代中期开始，波动率下降的现象遍及美国整个经济。随后，他们利用向量自回归模型（VAR）讨论了波动率下降究竟是外生的冲击趋缓，还是传导冲击的传导机制发生变化所致的。其结论表明主要原因在于外生冲击的波动下降，他们称之为"好运气"。其中，20%~30% 归因于可识别的好运气，如生产率和商品价格冲击的平稳；40%~60% 归因于无法识别的好运气；宏观经济政策的改善只能解释 10%~25% 的经济波动下降。[②]

Gordon 的研究步骤与 Stock 和 Watson 一样，即先用统计方法来确认经济波动率下降的事实，然后建立模型来解释这个现象。只不过在这两个步骤中，方法存在较大的差异。在第一步中，Gordon 以滚动标准差和标准差对 1950~2005 年美国国内生产总值支出结构中的 11 个主要变量进行了分析，他同样发现 80 年代中期，确切地说是 1984 年，是美国经济波动开始明显趋稳的年份。在考察了单个变量的波动率变化及其在总支出结构中的份额变化之后，他发现，80% 的产出波动率下降是因为这 11 个变量的波动趋缓，另外 20% 的产出波动率下降是因为各个变量所占份额，即支出结构发生了变化，支出结构从存货投资、政府支出等高波动性成分向服务消费等低波动性成分的转移。在第二步，即建模的过程中，Gordon 采用了另一种更加传统的模型——联立的结构宏观经济模型来解释各项经济指标波动下降的现象。其结论是，通货膨胀率的波动率下降有 80% 归因于供给冲击的减缓，需求冲击的减缓则解释了 2/3 的产出波动率下降。此外，该文关于美国货币政策的一个重要结论是，美国货币政策机制并不如先前所认为的那样发生了重大变化，Greenspan 的货币政策反应函数与他的前任（1979 年前的 Burns）是一样的。[③]

"大缓和"并非局限于美国经济，而是表现为一种全球性的经济现象。在全球化时代，这自然就产生了一个问题：美国经济周期的趋稳是因为美国经济内部的特异冲击变得稳定，或美国经济内部的传导机制发生了变化，还是因为影响全球经济的共同冲击有了不同于以往的特点？在确认了过去 40 年中 G7（七国集团）经济波动率下降的事实之后，

[①] J. H. Stock and M. W. Watson, "Has the Business Cycle Changed and Why?" 2002, www.nber.org; R. Gordon, "What Caused the Decline in US Business Cycle Volatility?" 2005, www.nber.org.

[②] J. H. Stock and M. W. Watson, "Has the Business Cycle Changed and Why?" 2002, www.nber.org.

[③] R. Gordon, "What Caused the Decline in US Business Cycle Volatility?" 2005, www.nber.org.

Stock 和 Watson 利用他们习惯的 VAR 模型,将引发波动的因素分为共同的国际冲击、各国国内的特异冲击和国外特异冲击向国内的传导。其结论是,除了日本之外,20 世纪 80 年代和 90 年代共同的国际冲击的稳定是 G7 经济波动率下降的主要原因。① 这个研究实际上触及了目前一个非常热门的话题,即全球化是否具有促使各国经济周期同步(synchronization) 的效应。如果对这个问题的回答是正面的,那么,主要国家经济波动趋缓的重要外部因素就是全球化趋势。

关于全球化和全球经济周期同步的关系,Kose 等指出,经济全球化既可能导致各国经济趋于同步,也可能不是。例如,如果全球化使得各国更加趋于产业间的分工,且各个产业的特异冲击是造成经济波动的主要原因的话,那么,全球化将使得各国经济周期日益不同步。但是,金融全球化几乎必然会产生同步的效应,因为资金的全球流动使得各国的消费、投资密切协同,特别是在出现危机的时候,金融市场中的传染效应会将冲击迅速传遍各国金融体系乃至实体经济。② 在另一项研究中,Kose 等证实了全球化与全球经济同步之间的关系。他们将 106 个国家分为工业国家、新兴经济体和其他发展中国家三个组,并将冲击分为全球冲击、各组特异冲击和国内冲击等。其结论是,在 1985～2005 年全球化迅速发展期间,发达国家组和新兴经济体呈现出显著的同步现象。③

在全球经济趋稳的同时,改革开放后中国经济的波动也在显著下降。尤其是在 2001 年加入世界贸易组织(WTO)后,迅速融入全球化进程的中国经济显得更加成熟,与 20 世纪 90 年代的"大起大落"大相径庭。对于中国经济周期趋稳的现象,国内学者并非没有观察到。在 2003 年的一篇文章中,刘树成首次将 1953 年以来的中国经济波动划分为 9 个周期,并探讨了经济趋稳的成因。④ 从统计上对中国经济周期趋稳现象的研究主要有刘金全和刘志刚以及梁琪和滕建州等。⑤ 其中,前者通过对主要经济指标滚动标准差和指标间滚动相关性的统计,指出产出波动性的降低是因为消费、政府支出、净出口等产出构成成分的波动性的降低;后者利用随机游走滤波统计方法对 1952～2003 年 13 个宏观经济变量进行了分析,发现改革开放后我国经济周期呈现波动下降、周期延长的趋势。

---

① J. H. Stock and M. W. Watson, "Understanding Changes in International Business Cycle Dynamics", 2003, www.nber.org.
② M. A. Kose, E. S. Prasad and M. Terrones, "How Does Globalization Affect the Synchronization of Business Cycles?" *American Economic Review-Papers and Proceedings*, Vol. 93, 2003, pp. 57–62.
③ M. A. Kose, C. Otrok and E. S. Prasad, "Global Business Cycles: Convergence or Decoupling?" 2008, www.nber.org.
④ 刘树成:《中国经济波动的新轨迹》,《经济研究》2003 年第 3 期。
⑤ 刘金全、刘志刚:《我国经济周期波动中实际产出波动性的动态模式与成因分析》,《经济研究》2005 年第 3 期;梁琪、滕建州:《中国经济周期波动的经验分析》,《世界经济》2007 年第 2 期。

然而，正当众多研究者热衷于探讨经济周期趋稳，尤其是全球性"大缓和"现象的时候，2008年发端于美国的全球金融危机让所有的人都清醒过来：平静的背后是一场大海啸，经济周期看起来永远是不会消失的。在危机爆发后，虽然还有一些关于"大缓和"机制的讨论，如 Gali 和 Gambetti 对 Stock 和 Waston 提到的"好运气"进行了进一步的分解。① 不过，学术界和政策层研讨的兴趣显然已经转向了危机和对"大缓和"尤其是21世纪以来表面上的经济稳定的反思。Bernanke 曾经将"大缓和"的主要原因总结为经济结构的变化特别是宏观经济政策的改善②，而危机后的分析表明，恰恰是这两个方面出了问题。例如，信息技术泡沫破裂后房地产业的过度发展和房地产市场的扭曲构成了此次危机的基础③，资产证券化和影子银行（shadow banking）推动了信贷的膨胀和资产价格（尤其是房价）的上涨④，而宏观政策的失误，包括漠视资产价格变化的货币政策和放任金融自由化的监管政策，是导致系统性风险累积乃至危机爆发的关键。因此，需要重新审视宏观政策架构，建立宏观审慎（macroprudential）政策体系。⑤

不过，危机发生后更加值得关注的一类研究是关于过去几十年来以美国经济和美元为核心的经济、金融全球化模式是否可以持续的讨论。这类讨论的焦点在于危机前就已经得到广泛关注的全球经济失衡（global imbalance）问题。例如，Ricardo 和 Krishnamurthy 认为，全球经济失衡的主要原因在于只有美国能够提供无风险资产，而全球对无风险资产的需求推高了美国的资产价格，并迫使美国积累高风险的"有毒资产"；⑥ Fogli 和 Perri 通过一个两国经济周期模型指出，美国的"大缓和"，即过去几十年中美国经济相对于其他经济体更加平稳，使得美国经济当事人积累预防性储蓄的动力下降，并造成了美国持续的贸易逆差。⑦ 当然，关于全球失衡更多、更激烈的争论主要表现在美国对贸易顺差国的指责上，包括贸易顺差国的储蓄过剩（saving glut）问题和汇率问题。⑧ 笔者的研究发现，得益于20世纪80年代经济、金融改革后的财富效应和信贷便利性条件，美国居民部门的储蓄率从1984年（恰好是美国经济趋缓的年份）开始出现了系统性下降。这种系统性下降

---

① J. Gali and L. Gambetti, "On the Sources of Great Moderation", 2008, www.nber.org.
② B. Bernanke, "The 'Great Moderation'", 2004, www.federalreserve.gov.
③ E. Luci, The Housing Meltdown: Why Did It Happen in the United States? BIS Working Paper, No.259, 2008, www.bis.org.
④ G. Gordon, "The Subprime Panic", NBER Working Paper, No.14398, 2008, www.nber.org.
⑤ Bank of England, "The Role of Macroprudential Policy", 2009, www.bankofengland.co.uk.
⑥ J. C. Ricardo and A. Krishnamurthy, "Global Imbalances and Financial Fragility", 2009, www.nber.org.
⑦ A. Fogli and F. Perri, "The "Great Moderation" and the US External Imbalance", 2006, www.nber.org.
⑧ B. Bernanke, "The Global Saving Glut and US Current Account Deficit.", 2005, www.federalreserve.gov.; R. Mckinnon and G. Schnabl, "China's Financial Conundrum and Global Imbalances", 2009, www.bis.org.

和对应的消费率的持续上升推动形成了由美国需求拉动的经济全球化模式和以美元为主导的国际货币金融体系格局,这也是全球经济失衡问题产生和愈演愈烈的根源之一,而危机的爆发很可能表明以前的模式和格局已经难以持续。[1]

无论如何,如果说全球经济失衡乃至过去几十年来的全球化模式不可持续,那么全球性的"大缓和"可能会就此终止。鉴于此,我们自然特别想知道这个问题的答案,即中国经济的趋稳在多大程度上是因为融入全球化,多大程度上是因为自身的经济运行机制发生了变化。对这个问题的回答将在很大程度上决定我们对后危机时代中国宏观经济形势的判断。在这方面,国内外已有的文献为我们提供了重要的参考,但是,由于有关中国经济波动趋缓现象的研究尚只聚焦于统计分析上,还没有建立一个刻画经济运行机制的宏观经济模型,因而难以为我们提供满意的答案。

本文的目的即在于回答这样两个问题:第一,与以往相比,特别是与20世纪90年代相比,21世纪中国经济趋稳的原因何在?第二,就21世纪中国经济的运行而言,波动的来源何在?为了回答这两个问题,本文将首先从统计上来分析中国经济周期的特点和发生的变化,然后以季度经济数据为基础,建立一个小型宏观经济模型对观察到的现象予以解释。以下内容将如此组织:第二部分在指出中国经济周期的三个特点之后,将从国内生产总值的产业结构和支出结构两个方面分析经济波动趋缓的现象;第三部分首先总结宏观经济模型的两类建模方法,之后将构造一个基于季度数据的联立结构模型;第四部分利用三阶段最小二乘法对第三部分构造的模型进行部分系统估计,然后基于估计的结果进行不同情景假设下的模拟,这将解答我们提出的两个问题;最后一部分是全文的结论。

二 21世纪中国宏观经济运行的特点和变化

21世纪的中国经济运行与以往存在较大的差异,对此,我们可以首先利用统计方法来发现和分析经济波动的典型特征。

(一) 21世纪中国经济运行的三个典型特征

与以往相比,21世纪中国经济周期的第一个典型特征就是波动率显著下降。观察图1可以看到,自1953年以来,实际国内生产总值增长率的波动率存在两个明显的断点:一个是在1979年改革开放前后,波动率从60年代末持续下降,并在1979~2000年维持在4

---

[1] 殷剑峰:《美国居民低储蓄率之谜和美元的信用危机》,《金融评论》2009年创刊号。

左右的水平;另一个是在进入 21 世纪的 2001 年,从 2001 年开始,波动率进一步下降,并一直保持在 2 左右的水平。20 世纪 80 年代经济波动率的下降与中国经济摆脱计划经济直接相关,而 2001 年波动的进一步下降则不由得让人联想到加入世界贸易组织后全球经济对中国经济的影响。

在波动率显著下降的同时,21 世纪中国经济运行还表现出第二个典型特征:与全球经济的联系不断增强。观察图 2 可以看到,在 2001 年前,中国季度国内生产总值增长率与世界经济气候指数(world economic climate)的相关性时正时负,即时而正相关、时而负相关,没有一种稳定的关系。但是,2001 年之后,这种相关性尽管还在波动,但波形的底部不断抬高,直至 2005 年一季度后完全转变为正值。尤其是在 2008 年底全球经济危机开始影响中国的时候,中国季度国内生产总值增长率与世界经济气候指数的相关系数已经稳定在接近于 1 的水平。结合图 1,这自然让我们发问:难道 21 世纪中国经济波动下降是因为中国经济融入了全球化吗?

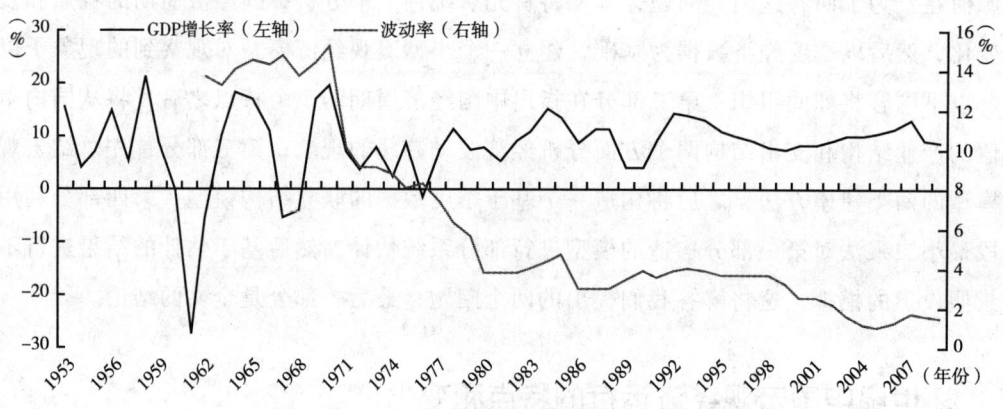

图 1　1953~2009 年中国国内生产总值增长率和波动率

注:波动率为国内生产总值增长率滞后 10 年的滚动标准差。

21 世纪中国经济运行的第三个典型特征就是经济运行机制发生了重大变化,这表现为各产业与总产出的相关性发生了跳跃。与国内生产总值波动率的变化类似,观察图 3 中各产业与国内生产总值的相关性同样可以发现两个显著的断点:一个是在 1979 年改革开放前后。在 1979 年以前,第二产业以及第二产业中的工业和建筑业与国内生产总值的相关性平稳地维持在接近 1 的水平,此后急剧下降,直至 90 年代初才恢复到 1979 年前的水平;另一个断点出现在 2001 年,但发生变化的产业与以往有所不同。1979~2001 年,第三产业与国内生产总值的相关性一直保持在 0.8~1 之间。从 2001 年开始,这个相关性急剧下降，至 2006 年才恢复原先的水平。在第三产业与国内生产总值相关性出现巨大变化的同时，2001 年建筑业与国内生产总值的相关性也出现了类似的先降后升的起伏。

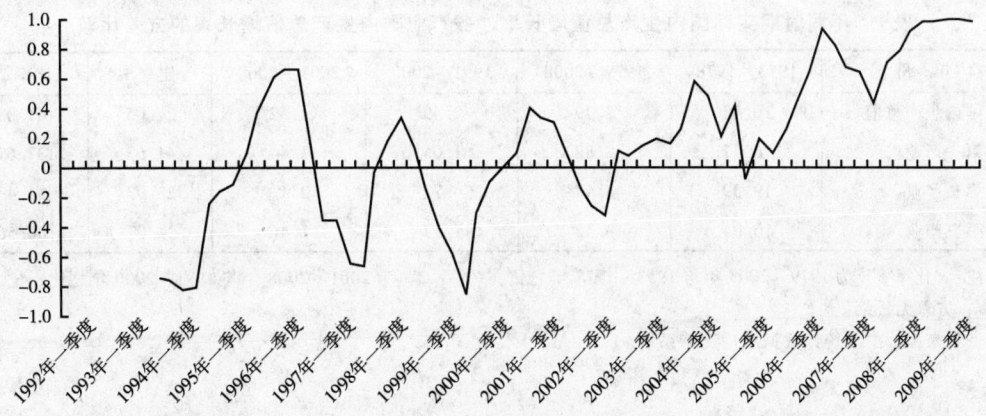

图 2　1992 年一季度至 2009 年四季度中国国内生产总值增长率与
世界经济气候指数的动态相关性

注：动态相关性为滞后 8 个季度的相关系数。
资料来源：世界经济气候指数、美国、日本和欧元区国内生产总值来源于 datastream；其余数据来源于国家统计局和中国人民银行。

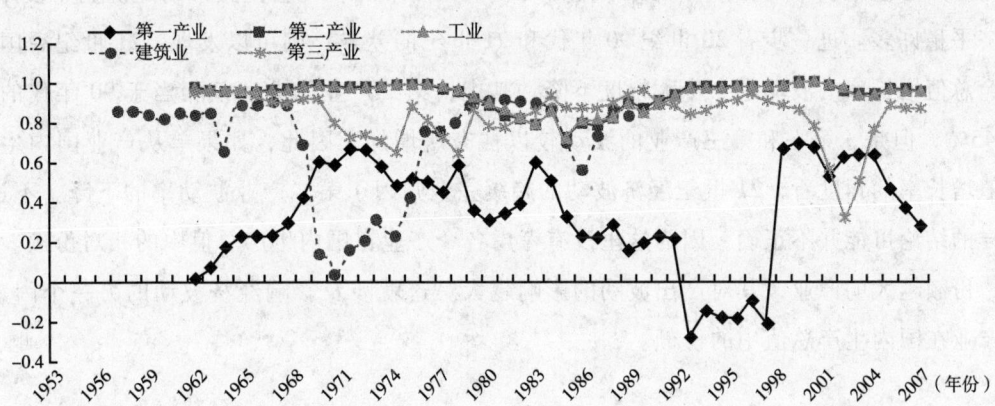

图 3　1953～2009 年各产业国内生产总值增长率与国内生产总值增长率的相关性

注：相关性为滞后 10 年的滚动相关系数。
资料来源：中国统计数据应用支持系统。

21 世纪中国经济运行同时存在的三个典型特征，即波动趋缓、与全球经济联系加强、经济运行机制的重大变化，不由得使我们发问，经济运行的稳定是因为中国经济融入了全球化，还是因为自身经济的调整？以下两部分将从国内生产总值的产业结构和支出结构两个方面进行进一步的统计分析。

(二) 21世纪经济波动的变化：国内生产总值的产业结构

表1　不同时期实际国内生产总值增长率、各产业国内生产总值增长率的方差比较

年　份	1953~1978	1979~2008	1991~2000	2001~2008	比率1	比率2
国内生产总值	10.32	2.79	2.49	1.52	27.05	61.03
第一产业	6.77	2.82	1.05	1.44	41.63	137.67
第二产业	19.39	4.64	4.72	2.1	23.93	44.43
第三产业	10.04	3.42	1.37	1.46	34.07	106.56

注："比率1"为1979~2008年与1953~1978年之比；"比率2"为2001~2008年与1991~2000年之比；比率单位:%；方差无量纲。
资料来源：中国统计数据应用支持系统。

对于中国经济波动的趋稳，首先可以从国内生产总值产业结构的角度予以观察。表1统计了1953年以来各个时期实际国内生产总值增长率和各产业国内生产总值增长率的方差，并对改革开放前后两个时期和20世纪90年代以来两个时期的方差进行了比较。从改革开放前后两个时期的比较看，1979年以后实际国内生产总值增长率的方差和三次产业国内生产总值增长率的方差都较计划经济时代大幅度下降，社会主义市场经济显然较计划经济平稳许多。进一步看20世纪90年代和21世纪的差异，则可以发现，21世纪后国内生产总值增长率的波动进一步大幅度下降，其中，第二产业的波动仅相当于90年代的不到45%，但是，第一和第三产业的波动较以往有所增加。因此，如果单从产业国内生产总值增长率的角度看，21世纪经济波动的趋缓完全归因于第二产业波动率的下降。不过，这样的结论可能并不正确，因为这里没有考虑各个产业在国内生产总值中的相对份额。显然，份额越大的产业，其对产出波动的影响越大。这就涉及影响经济波动的另一个因素：各产业在国内生产总值中的份额。

表2　不同时期三次产业加权增长率的方差比较

年　份	1953~1978	1979~2008	1991~2000	2001~2008	比率3	比率4
国内生产总值	10.32	2.79	2.49	1.52	27.05	61.03
第一产业	2.35	1.00	0.25	0.16	42.32	64.94
第二产业	6.78	2.02	1.94	1.06	29.77	54.57
第三产业	2.97	1.07	0.50	0.56	35.86	112.68

注："加权增长率"的权重为上一期各产业占国内生产总值的比重；"比率3"为1979~2008年与1953~1978年之比；"比率4"为2001~2008年与1991~2000年之比；量纲同表1。
资料来源：中国统计数据应用支持系统。

为了综合考察各个产业本身波动率变化以及产业份额变化的综合影响，我们进一步计算了各个产业的加权增长率的方差，其中，权重为上一年度各个产业占国内生产总值的比重。同时，仿照表1，将改革开放前后两个时期和20世纪90年代以来两个时期进行了比较。可以看到，改革开放前后两个时期的统计结果（比率3）与表1中（比率1）基本一样。但是，对于90年代和21世纪的比较，比率4与比率2出现了较大的差异。在考虑了各产业在国内生产总值的比重之后，21世纪第一产业的波动率仅相当于90年代的近65%；第二产业加权增长率的波动依然比90年代小，但是，相对于表1（比率2）仅考虑变量自身波动的结果，表4的结果（比率4）上升了10个百分点，其原因在于第二产业的份额较90年代有所上升；21世纪第三产业加权增长率的波动相对于90年代在112%强，与表1中（比率2）相比，上升了6个百分点左右——这是因为第三产业在国内生产总值中的份额上升了。

所以，从国内生产总值的产业结构看，21世纪中国经济波动趋缓主要源于两个因素：第一，第一产业的份额下降，而第一产业自身的波动率并未下降；第二，第二产业的波动率下降，而第二产业的份额上升进一步加强了其对经济总体波动的影响。至于第三产业，它对经济波动的趋缓没有贡献。至于21世纪中国经济波动的原因，需要测算各个产业波动对总产出波动的贡献率。由于国内生产总值增长率的方差（σ^2_{gdp}）可以拆分成各个组成成分的方差以及成分间的协方差，即：

$$\sigma^2_{gdp} = \sum_{i=1}^{n}\sum_{j=1}^{n} \sigma_{ij} \tag{1}$$

其中，$n = 3$，σ_{ij}为各产业加权增长率的方差和协方差。因此，我们可以采用式（2）来计算各成分对国内生产总值增长率方差的总贡献（包括各成分自身的方差及其与其他成分的协方差）r_i：

$$r_i = (\sum_{j=1}^{n} \sigma_{ij}/\sigma^2_{gdp}) \times 100 / \sum_{i=1}^{n}(\sum_{j=1}^{n} \sigma_{ij}/\sigma^2_{gdp}) \tag{2}$$

根据表3的统计结果，第二产业在各个时期均构成了国内生产总值波动的最大的贡献因素，差异在于第一产业和第三产业：与计划经济时代相比，改革开放后的第一产业实际上是一个稳定的变量，但第三产业对总产出的贡献略有上升；与20世纪90年代相比，在21世纪中，第一产业是一个稳定变量，但是，第三产业对总产出波动的贡献上升了将近20个百分点。

表3 不同时期三次产业加权增长率的波动对国内生产总值波动的方差贡献

单位：%

年份	第一产业	第二产业	第三产业	合计
1953~1978	6.75	61.55	31.70	100
1979~2008	-2.48	63.39	39.09	100
1991~2000	11.03	69.35	19.62	100
2001~2008	-0.24	62.15	38.09	100

结合上述统计，我们发现，21世纪经济波动的趋稳因素和经济波动的最大源泉都是第二产业。一方面，意味着在21世纪，工业化依然是主导中国经济周期的主要因素；另一方面，由于第二产业是以面向出口的制造业为主，一个自然的推断便是，世界经济的变化是影响21世纪中国经济波动的重要方面。但是，产业结构的分析还是无法让我们明确21世纪经济运行的变化是因为需求层面还是因为供给层面发生了变化，也无法指出是国内因素还是国外因素在发挥作用。

（三）21世纪经济波动的变化：国内生产总值的支出结构

如果说观察国内生产总值的产业结构无法反映究竟是总供给还是总需求发生了变化的话，那么，观察国内生产总值的支出结构则可以明白无误地告诉我们：后者发生了重大变化。表4统计了改革开放后三个经济周期中支出法国内生产总值增长率和各支出成分增长率的方差。同时，还给出了2001~2008年与20世纪80年代的周期和90年代的周期的比较（比率5和比率6）。另外，考虑到本轮周期尚未走完，我们又将此次全球危机前的数据（2001~2007年）与90年代亚洲金融危机全面影响中国经济前的数据（1991~1997年）进行了比较（比率7）。

表4 支出法国内生产总值增长率及各支出成分增长率的波动比较

年份	1981~1990	1991~2000	2001~2008	1991~1997	2001~2007	比率5	比率6	比率7
国内生产总值	5.44	11.15	3.40	9.45	3.62	62.51	30.47	38.32
消费	5.73	9.15	3.48	7.79	3.32	60.66	38.01	42.63
其中：居民消费	6.66	9.94	3.69	8.72	3.49	55.45	37.12	40.06
其中：政府消费	4.91	8.96	3.25	8.56	3.26	66.33	36.29	38.15
投资	10.66	16.42	3.58	16.48	3.75	33.54	21.77	22.75
其中：固定资本形成	10.36	16.10	3.56	16.24	3.77	34.41	22.15	23.22
其中：存货	43.75	35.21	37.21	29.35	40.18	85.05	105.66	136.88
净出口	8908.21	139.38	50.55	169.13	52.18	0.57	36.27	30.85

注："比率5"为2001~2008年与1981~1990年之比；"比率6"为2001~2008年与1991~2000年之比；"比率7"为2001~2007年与1991~1997年之比；量纲同表1。

资料来源：根据《中国统计年鉴》相关年份的数据计算。

就各个时期各成分的波动看,方差最小的都是政府消费,其次是居民消费;方差最大的是净出口,其次分别是存货和固定资本形成。所以,净出口和投资是各周期中波动的最大来源。将 21 世纪与其他各时期进行比较看,可以看到:第一,除了存货之外,总需求的所有指标在 21 世纪都呈现出波动趋缓的现象;第二,在各个支出成分中,投资的波动幅度下降得最为明显;第三,21 世纪存货的波动较之 20 世纪 90 年代有显著上升。

表5 支出法国内生产总值增长率及各支出成分加权增长率的波动比较

年 份	1981~1990	1991~2000	2001~2008	1991~1997	2001~2007	比率8	比率9	比率10
国内生产总值	5.3	11.2	3.4	9.5	3.6	63.7	30.4	38.3
消费	3.7	5.5	1.4	4.7	1.4	37.4	24.9	29.2
其中:居民消费	3.3	4.4	1.1	3.8	1.1	32.4	24.2	27.8
其中:政府消费	0.7	1.4	0.4	1.3	0.4	55.6	27.7	29.4
投资	3.7	6.2	1.6	6.1	1.7	44.3	26.4	27.4
其中:固定资本形成	3.1	5.6	1.5	5.9	1.6	50.1	27.4	27.4
其中:存货	2.5	1.8	0.5	1.8	0.6	21.3	29.9	31.1
净出口	2.6	2.0	1.6	2.4	1.7	62.9	80.7	70.7

注:"比率8"为 2001~2008 年与 1981~1990 年之比;"比率9"为 2001~2008 年与 1991~2000 年之比;"比率10"为 2001~2007 年与 1991~1997 年之比;加权增长率的权重为各成分上一年占国内生产总值的比重;量纲同表1。
资料来源:根据《中国统计年鉴》相关年份数据计算。

与表 1 关于各产业的统计一样,表 4 同样没有考虑到国内生产总值各支出成分的比重。为此,仿照表 2 中的统计,表 5 计算了各个支出成分加权增长率的方差,权重为各成分上一年份在国内生产总值中的比重。考虑各成分的比重之后,在 80 年代和 90 年代,方差最大的是投资、固定资本形成和消费,但是,在 21 世纪则是净出口和投资——这反映了各个支出成分的比重的变化,即 21 世纪中出口和投资的份额显著上升,整个经济在总需求层面也日益表现出外向的特征。进一步将 21 世纪与之前进行比较,可以发现与表 4 所不同的三个地方:第一,在比率 9 中,方差下降最明显的是消费而不是投资,这是因为消费的份额相对投资下降;第二,净出口的方差依然较以往下降,但是下降的幅度比表 4 要小得多,这是因为净出口在 21 世纪的比重显著上升;第三,存货的方差较以往大幅度下降,这是因为存货的份额显著减少。

所以,表 4 和表 5 明白无误地告诉我们,21 世纪经济波动的趋缓源于总需求的两个变化:第一,波动率的下降,几乎所有支出成分的波动率都出现了较大幅度的下降,尤其是投资和净出口;第二,支出结构的变化,尤其是高波动性的存货在国内生产总值中的比重下降。

表6 支出法国内生产总值中各支出成分加权增长率的方差贡献

单位：%

年 份	居民消费	政府消费	固定资本形成	存货	净出口	加总
1981~1990	102.46	12.06	86.37	21.54	-122.43	100
1991~2000	36.72	8.99	42.49	15.70	-3.90	100
2001~2008	32.11	5.69	32.43	-2.04	31.82	100
1991~1997	38.70	10.87	49.14	19.02	-17.73	100
2001~2007	30.40	5.50	30.29	-2.66	36.48	100

就先前提出的第二个问题而言，仿照式（1）和式（2）的方法（这里 $n=5$），在表6中统计了各个支出成分对支出法国内生产总值方差的贡献。比较各个时期可以发现一个非常显著的特点：国内需求的各个成分在方差贡献中的比重不断下降，而外需（净出口）的方差贡献不断上升。在80年代和90年代，国内需求是经济波动的重要来源，外需则是经济波动的平稳项——这是标准的凯恩斯经济学所预言的：消费、投资等国内需求上升，经济增长加快，进口增加，因而净出口与国内生产总值以及国内生产总值构成中的各项存在负相关关系。进入21世纪后，外需则成为经济波动的一个重要来源，其对国内生产总值波动的贡献率与居民消费和固定资本形成几乎相同——这反映了中国经济融入全球经济以及出口对中国经济贡献加强的事实。事实上，自2001年以后，净出口一改以往与消费（80年代）、投资（80年代和90年代）负相关的现象，开始呈现出与除存货、投资以外的各国内需求成分正相关的现象。另一方面，存货投资在80年代、90年代是经济波动的重要来源，2001年后成为平稳项——结合存货占比下降的事实，这反映了经济结构的重大变化，即企业主体的行为愈发合理。

总之，通过对支出法国内生产总值的分析，我们发现，从总需求层面看，21世纪中国经济波动的趋缓归因于几乎所有支出成分波动率的下降。与20世纪80年代和90年代所不同的是，外需已经成为影响经济波动的最大因素。

三　21世纪中国宏观经济模型的构造

现代经济周期理论认为，经济的波动源于冲击（供给冲击、需求冲击以及国外冲击、国内冲击等），随后，由特定经济结构决定的传导机制将冲击传遍经济体，并形成经济的周期性波动。在此过程中，宏观经济政策可能会减缓、加剧经济的波动，也可能没有任何作用。因此，对于中国经济波动趋稳的现象，以及造成经济波动的原因，无非需要从如下三个方面予以解释：第一，冲击的变化；第二，经济结构变化导致的传导机制的变化；第三，宏观经济政策的变化。对此，本部分将构造一个联立的结构模型来刻画 21 世纪中国经济的运行机制。

(一) 建模方法回顾

关于宏观经济模型的建模方法，大致可以分为两大类：以向量自回归 (VAR) 模型为主的时间序列方法和传统的多方程联立结构模型。这两类方法各有优缺点。结构模型方法明确地假设了经济变量间的因果关系，因而能够提供一个关于经济运行机制的清晰认识，并有助于提出明确的政策建议，但是，这类方法往往过于复杂，经济结构变化、因果关系假设的错误以及伪回归等因素都会导致模型的失败。以 VAR 为主体的时间序列方法相对简单，在相当程度上属于用数据来解释数据自身，因而一般不需要作过多假设，尤其不需要明确设定经济变量间的因果关系，但也正是因为简单，这类方法通常难以让我们了解到数据背后的经济机制，也无法提出具体的政策建议。

对于时间序列方法，我们可以用一个简单的 VAR 模型予以说明：

$$\begin{pmatrix} y_{1t} \\ y_{2t} \end{pmatrix} = \begin{pmatrix} a_{11} & a_{12} \\ a_{21} & a_{22} \end{pmatrix} \begin{pmatrix} y_{1t-1} \\ y_{2t-2} \end{pmatrix} + \begin{pmatrix} v_{1t} \\ v_{2t} \end{pmatrix} \tag{3}$$

在式 (3) 中，y_{1t} 和 y_{2t} 是两个经济变量，例如，如果研究的是国内经济波动，则可以分别是国内生产总值和失业率；如果研究的是国别间的经济波动，则可以分别代表两个国家的国内生产总值。v_{1t} 和 v_{2t} 代表两种冲击——对于国内经济周期研究，可以分别表示为供给冲击和需求冲击；对于国别间的研究，则可以表示各国的特异冲击和世界经济冲击。y_{1t} 和 y_{2t} 与其滞后值之间的矩阵 $\sum a_{ij}$ 则代表了传导机制。

Blanchard 和 Quah 最早用 VAR 模型研究了美国的总供给和总需求曲线；[1] 在关于国内经济波动趋稳现象的研究方面，Stock 和 Watson 采用了这种方法；[2] 关于全球化与国别间经济同步的现象，新近一个有意思的研究是 Bordo 和 Helbling，他们发现全球经济变得更加同步，并尝试着用包括 VAR 在内的多种方法来解释同步化现象，其中，他们进一步对冲击作了如下假设：

---

[1] O. J. Blanchard and D. Quah, "The Dynamic Effects of Aggregate Demand and Supply Disturbances", *The American Economic Review*, Vol. 79, No. 4, 1989, pp. 655 – 673.
[2] J. H. Stock, and M. W. Watson, "Has the Business Cycle Changed and Why?" 2002, www.nber.org.

$$\begin{pmatrix} v_{1t} \\ v_{2t} \end{pmatrix} = G\xi_t + \begin{pmatrix} \eta_{1t} \\ \eta_{2t} \end{pmatrix} \tag{4}$$

式（4）中，ξ_t 为全球冲击，η_{it} 是各个国家的特异冲击。因此，各国经济的同步化可以归结为三个原因：第一，全球冲击的方差相对于各国特异冲击的增加；第二，各国特异冲击即 η_1、η_2 间的协方差的增加；第三，传导参数 a_{12}、a_{21} 的增加，这两个参数决定了冲击在两个国家间的溢出效应（Spillover Effects）。[1]

联立结构模型一般包括短期总供给方程（菲利普斯曲线）以及反映总需求变化的商品市场均衡方程（IS 曲线）、金融市场均衡方程（LM 曲线）、国际收支均衡方程（FE 曲线）等。在对美国经济周期趋稳现象的研究中，Gordon 用这种方法构造了一个四方程联立结构模型，[2] 其中包括：

第一，菲利普斯曲线：

$$p_t = a(L)p_{t-1} + b(L)(U_t - U^{Nt}) + c(L)z_t + e_{pt} \tag{5}$$

其中，p_t 是通货膨胀率，z_t 是反映石油价格、生产率趋势变化等因素的供给冲击向量；

第二，反映货币政策操作的泰勒规则（Taylor Rule，相当于 LM 曲线）：

$$R_t = T^* + p^* + d(L)(p_t - p^*) + f(L)G_t + e_{Rt} \tag{6}$$

其中，R_t 是联邦基金利率，G_t 是产出缺口（等于实际国内生产总值对自然实际国内生产总值之比的对数值）、联储目标实际利率（T^*）、目标通货膨胀率（p^*）；

第三，产出缺口方程（相当于 IS 曲线）：

$$\Delta G_t = h(L)\Delta p_{t-1} + j(L)\Delta R_t + e_{gt} \tag{7}$$

第四，连接失业率缺口和产出缺口的方程：

$$U_t - U^{Nt} = k(L)G_t + e_{Ut} \tag{8}$$

其中，U_t 和 U_t^N 分别是失业率和自然失业率。

在建模的过程中，Gordon 一个独特的做法就是将供给冲击 z_t（石油价格、劳动生产率等因素的变化）明确地包含在总供给方程中，而不是像 VAR 模型中将供给冲击和需求冲击放在无法解释的随机项中。通过对上述模型进行估计和模拟，Gordon 分析了供给冲击、需求冲击和货币政策操作对产出、就业和物价的影响。

---

[1] M. D. Bordo and T. Helbling, "Have National Business Cycles Become More Synchroized?" 2003，www.nber.org.
[2] R. Gordon, "What Caused the Decline in US Business Cycle Volatility?" 2005，www.nber.org.

从现有的国内文献看，有关中国宏观经济的建模主要集中在两个方面：第一，VAR模型，如徐高仿照 Blanchard 和 Quah 的方法估计了中国总供给和总需求曲线的斜率，并得出了奇怪的结论——总供给曲线的斜率为负，总需求的曲线为正；① 第二，单方程模型（联立结构模型的简化形式），如黎德福关于中国菲利普斯曲线的构造，以及赵昕东利用菲利普斯曲线对中国经济周期的分析。② 迄今为止，利用联立结构模型来同时分析多个变量的研究尚没有见到。

（二）季度数据的描述性统计

在模型构造之前，我们先对季度经济数据进行一个描述性的统计，这将进一步证实第二部分用年度数据统计发现的经济趋稳现象。

表7统计了1992年一季度至2009年四季度国内外主要经济数据的标准差，并对2001~2009年和1992~2000年进行了比较。从表7左半部国内外的经济数据看，2001~2009年国内经济数据中除了第三产业外，均表现出波动下降的现象，这与表1的统计是一致

表7　主要季度经济、金融数据的标准差

经济数据	1992~2000年	2001~2009年	比率11	金融数据	1992~2000年	2001~2009年	比率11
国内生产总值	2.70	1.74	64.48	M1	3.45	5.29	153.36
第一产业	1.65	1.10	67.05	M2	5.44	4.00	73.58
第二产业	4.28	2.26	52.83	存款	10.72	3.94	36.72
第三产业	1.29	1.54	119.89	居民存款	11.57	5.33	46.02
CPI	8.81	2.53	28.76	企业存款	12.93	6.22	48.08
世界经济气候指数	11.74	16.07	136.91	贷款	7.49	6.16	82.27
美国国内生产总值	0.92	2.01	218.74	外汇占款	71.17	13.88	19.50
日本国内生产总值	1.73	2.72	157.56	名义贷款利率	2.14	0.71	33.39
欧元区国内生产总值	1.01	2.21	219.11	实际贷款利率	7.32	2.05	28.00

注：除世界经济气候指数（World Economic Climate）、名义贷款利率和实际贷款利率之外，其余数据均为季度同比增长率；名义贷款利率为一年期贷款利率；实际贷款利率为名义贷款利率于 CPI 之差；比率11为2001~2009年的标准差与1992~2000年的标准差之比。

资料来源：世界经济气候指数、美国、日本和欧元区国内生产总值来源于 datastream；其余数据来源于国家统计局和中国人民银行。

---

① 徐高：《对中国短期总供给/总需求曲线的估计》，《世界经济》2008年第1期；O. J. Blanchard and D. Quah, "The Dynamic Effects of Aggregate Demand and Supply Disturbances", *The American Economic Review*, Vol. 79, No. 4, 1989, pp. 655–673.

② 黎德福：《二元经济条件下中国的菲利普斯曲线和奥肯法则》，《世界经济》2005年第8期；赵昕东：《基于菲利普斯曲线的中国产出缺口估计》，《世界经济》2008年第1期。

的。不过，所有国外的经济数据均表现出波动上升的现象，这主要是因为在 2001～2009 年，全球经济经历了两次源于美国的冲击：2000 年美国股市的崩溃、2007 年美国的次贷危机及随后的全球危机。从表 7 右半部的（国内）金融数据看，2001～2009 年，只有 M1 的波动较 1992～2000 年上升，其余指标的波动均有所减缓，但贷款波动下降的幅度最小。

在以上诸多的季度指标中，我们将选取 CPI、产出缺口〔国内生产总值季度增长率与其 HP 滤波值（平滑指数 =1600）〕、贷款作为模型的三个内生变量。其中，CPI 和产出缺口构成短期总供给方程（菲利普斯曲线）。产出缺口和贷款分别构成了反映商品市场均衡（IS 曲线）和信贷市场均衡（LM 曲线）的自变量。此外，我们还将分别选择四个国内备择变量和四个国外备择变量作为代表国内需求冲击和国外需求冲击的指标，这些备择变量之间的相关性及其与物价、产出的相关性见表 8、表 9。

表 8 给出了代表国内需求冲击的 4 个备择指标：居民储蓄存款同比增长率、发电量同比增长率、企业景气指数、名义贷款利率。在这四个备择指标中，发电量和企业景气指数是目前宏观经济分析中常用的景气指标，它们与 CPI、国内生产总值增速是同方向的，表 8 中的相关系数反映了这一点。储蓄存款增速较少使用，但观察 2001 年以来的储蓄存款增速与 CPI、国内生产总值增速的关系可以发现，在景气上升时期（CPI、国内生产总值加快增长时期）通常都是储蓄存款增速下降时期，这一方面是景气向好、消费增速加快的自然反映；另一方面是在 2005 年以后，也是因为景气向好、股市看涨、储蓄存款向股市"搬家"的结果。从表 8 的统计看，储蓄存款增速与 CPI 和国内生产总值增速呈现负相关关系。至于选择名义贷款利率作为一个备择指标，是因为从 2002 年开始，名义贷款利率（以及名义存款利率）的调整已经成为一个重要的货币政策操作工具。在经济景气上升的阶段（2002 年至 2007 年底），名义贷款利率不断提高，而在景气下降的阶段（2008 年初以后），名义贷款利率则不断降低。从相关系数看，名义贷款利率与 CPI 和国内生产总值增速是正相关的。

表 8 代表国内需求冲击的四个备择变量和物价、产出的相关性

	CPI	国内生产总值	储蓄存款	发电量	企业景气指数	名义贷款利率
CPI	1.0000	0.5501	-0.5606	0.5950	0.6891	0.7485
国内生产总值	0.5501	1.0000	-0.5287	0.6817	0.8695	0.4196
储蓄存款	-0.5606	-0.5287	1.0000	-0.5850	-0.6050	-0.6031
发电量	0.5950	0.6817	-0.5850	1.0000	0.7614	0.2897
企业景气指数	0.6891	0.8695	-0.6050	0.7614	1.0000	0.4996
名义贷款利率	0.7485	0.4196	-0.6031	0.2897	0.4996	1.0000

资料来源："企业景气指数"来自于国家统计局，其余指标同表 7。

表9　代表国外需求冲击的四个备择变量和物价、产出的相关性

	CPI	国内生产总值	世界经济气候指数	美国国内生产总值	日本国内生产总值	欧元区国内生产总值
CPI	1.0000	0.5519	0.4120	0.4361	0.4397	0.3812
国内生产总值	0.5519	1.0000	0.7634	0.5833	0.6647	0.5103
世界经济气候指数	0.4120	0.7634	1.0000	0.8458	0.8658	0.6703
美国国内生产总值	0.4361	0.5833	0.8458	1.0000	0.9151	0.7185
日本国内生产总值	0.4397	0.6647	0.8658	0.9151	1.0000	0.8034
欧元区国内生产总值	0.3812	0.5103	0.6703	0.7185	0.8034	1.0000

资料来源：根据日本银行网站资料整理。

表9给出了代表国外需求冲击的四个备择指标：世界经济气候指数（world economic climate）和美国、日本、欧元区的国内生产总值季度同比增长率。在这四个指标中，美、日、欧的国内生产总值增长率都可以反映外需的变化，因为这三个经济体都是中国出口的主要地区，其经济增速的变化会对中国的出口乃至经济增长产生重要影响。不过，美、日、欧的国内生产总值波动都包含着国家内的特异因素。世界经济气候指数始自20世纪80年代，由德国Ludwig-Maximilians大学经济研究中心（Center for Economic Studies, CES）和Ifo经济研究所编撰。① 从历史数据看，该指数能够较好地反映全球经济环境的变化。对于出口导向的中国经济来说，世界经济气候指数应该是反映外部经济和外需变化的重要备择变量。

从表9的统计看，四个指代国外需求冲击的备择变量之间以及它们与国内的CPI和国内生产总值增速都是正相关的，因而都是景气的同向指标——结合表8，这也意味着国内需求冲击和国外需求冲击是正相关的，因而不会出现相互抵消的现象，即不会出现国外需求上涨、国内需求下降的现象。例如，世界经济气候指数国内的企业景气指数、发电量、名义贷款利率的相关系数分别是0.8054、0.7209和0.1239，与储蓄存款同比增速的相关系数是 -0.4532。

（三）联立结构模型的构造

对于中国联立宏观模型的构造，其基本结构与标准模型完全相同，主要差别在于，考虑到中国利率体系未完全市场化和金融体系以银行为主导的特点，在反映商品市场均衡和货币信贷市场均衡的方程中，我们采用信贷而非利率作为其中一个内生变量。② 另外，根

---

① 有关该指数的介绍参见数据库Datastream和CES、Ifo网，www.cesifo.de。
② 如果引入一个虚拟的均衡市场利率，那么，以信贷为内生变量的宏观模型与标准的以利率为内生变量的IS-LM模型并无不同。参见下一部分。

据第二部分的分析,总需求的变化对于 21 世纪中国经济波动的趋稳具有重要影响,因此,我们将在模型中明确引入来自国内和国外的需求冲击。同时,为了分析金融全球化的影响,我们还将引入来自国外的金融冲击。模型由以下三个方程构成:

第一,刻画短期总供给行为的菲利普斯曲线:

$$p_t = c_1 + c_2(L)p_{t-1} + c_3(L)GAP_t + e_{as} \tag{9}$$

其中,p_t 为物价增长率(本文采用 CPI);GAP_t 为产出缺口,等于国内生产总值季度同比增长率与其 HP 滤波值(平滑参数 = 1600)之差;e_{as} 为短期总供给方程的随机扰动项;c_i 为自变量与应变量间的系数,L 为滞后阶数(下同)。可以想象,在加成定价的假设下,$c_3(L)$ 应该为大于零的值。

第二,刻画商品市场行为的 IS 曲线:

$$GAP_t = c_4 + c_5(L)B_d + c_6(L)B_w + c_7(L)loan_t + e_{is} \tag{10}$$

其中,B_d 和 B_w 分别为反映国内经济景气和国外经济景气的指标,分别代表来自国内和国外的需求冲击;$loan_t$ 为贷款的季度同比增长率;e_{is} 为商品市场方程的随机扰动项。

这里的商品市场行为方程与传统的 IS 曲线有两个不同之处:第一,我们将需求冲击明确地包含在方程中,而不是方程的随机项中;第二,鉴于中国利率体系尚未市场化,难以找到一个能否反映市场均衡的利率指标,而信贷的多少则是一个直接决定投资、消费和总需求的因素,因此,我们用量的指标取代了价的指标。这里,系数 $c_5(L)$ 和 $c_6(L)$ 的符号取决于我们采用的国内外景气指标与经济景气的关系——正相关则两个系数为正值,反之则为负值。由于信贷供给直接决定了投资和消费,$c_7(L)$ 应该是大于零的值。

第三,刻画信贷市场行为的 LM 曲线:

$$loan_t = c_8 + c_9(L)M_t + c_{10}(L)GAP_{t-1} + c_{11}(L)FX_t + e_{lm} \tag{11}$$

其中,M_t 为货币供应量的季度同比增长率(本文采用 M1),反映了货币政策的影响;FX_t 为外汇占款的季度同比增长率,代表国外的金融冲击;e_{lm} 为随机扰动项。

与传统的 LM 曲线相比,这里的信贷市场均衡方程具有三个显著的特征:第一,应变量是贷款,这不同于教科书上传统的货币供应量——在中国以银行为主导的金融体系中是贷款而非货币直接决定了经济活动,也不同于泰勒规则中的利率——因为中国的利率体系没有完全市场化;第二,自变量包含了货币供应量和外汇占款两个外生变量,其中,前者反映了货币当局对货币供应量这个中间目标的追求以及由此对贷款造成的影响,后者则反映了境外资金进出对信贷的影响;第三,贷款对滞后产出缺口的反应。可以想象,$c_9(L)$ 和 $c_{11}(L)$ 都应该大于零,因为货币供应量的增加和资金流入的加快肯定会引发信贷的膨胀。至于贷款对滞后产出缺口的反应,如果 $c_{10}(L)$ 大于零,则滞后的总需求膨胀将推动信贷增速的加快,后者又将继续推动产出缺口扩大,信贷市场对实体经济存在一个正反馈机制;反之,如果 $c_{10}(L)$ 小于零,则信贷市场存在着一个自动的稳定机制:总需求膨胀将导致信贷供给减少,从而使产出缺口缩小。

四 21世纪中国宏观经济模型的估计结果和情景模拟

利用三阶段最小二乘法对上部分构造的模型进行系统估计,我们将获得一个刻画21世纪中国经济波动的宏观模型。利用该模型在不同情景假设下进行模拟,我们将能够发现各种冲击、传导机制的变化以及货币政策操作对中国经济运行的影响。①

(一) 模型估计结果及刻画中国经济波动的凯恩斯主义模型

对上一部分设定的模型,我们采用三阶段最小二乘法进行了系统估计,以防止各个方程随机扰动间可能存在的交叉相关。此外,在代表国内外总需求的备择指标中,根据回归系数的显著性水平和总体效果(调整的 R^2 和 DW 统计量),我们最终确定了以居民储蓄存款同比增长率和世界经济气候指数分别作为反映国内需求冲击和国外需求冲击的指标。② 回归的结果如下(括弧中为各系数的显著性水平):

$$p_t = 0.767583 + 0.631360 \times p_{t-1} + 1.000849 \times GAP_t$$
$$(0.0449) \quad (0.0001) \quad (0.0004) \quad (12)$$
$$\text{Adjusted } R^2 = 0.757483 \quad DW = 2.005085$$

$$GAP_t = -3.493918 - 0.159601 \times B_d + 0.045587 \times B_w + 0.114519 \times loan_t$$
$$(0.0236) \quad (0.0002) \quad (0.0002) \quad (0.0006) \quad (13)$$
$$\text{Adjusted } R^2 = 0.562729 \quad DW = 1.622445$$

---

① 由于难以建立一个刻画20世纪90年代经济运行的类似模型,从而无法全面比较21世纪的经济结构和传导机制相对于以往的变化,因此,我们只能在现有模型的基础上,通过对参数的不同假定来模拟一种传导机制的影响——信贷对滞后产出缺口的反应。
② 采用其他指标的效果相对较差,表现为系数显著性程度下降、模型判定系数下降或自回归现象严重。有兴趣的读者可以向笔者索取相关结果。

$$loan_t = -5.231285 + 1.125816 \times M_t - 3.818560 \times GAP_{t-1} + 0.123115 \times FX_{t-1}$$
$$(0.0162) \quad (0.0000) \quad (0.0000) \quad (0.0006) \tag{14}$$
$$Adjusted\ R^2 = 0.669821 \quad DW = 1.777240$$

应该说，上述模型的回归效果非常好。各系数均在5%的水平上显著，大部分系数的显著性水平达到了1%，三个方程的判定系数和DW统计量也都非常好。从这个模型看，短期总供给曲线（12）是传统的向上翘的形状，即产出缺口增加、物价上升；在IS曲线（13）中，产出缺口与贷款正相关，并对国内外的需求冲击作出正向的反应；在LM曲线（14）中，贷款同时受货币供应量和国外金融冲击的正向影响，而对滞后一期的产出缺口呈负相关关系——这意味着在21世纪中国的经济运行中，存在着一种自动稳定的机制：经济过热、产出缺口上升、贷款增速下降。

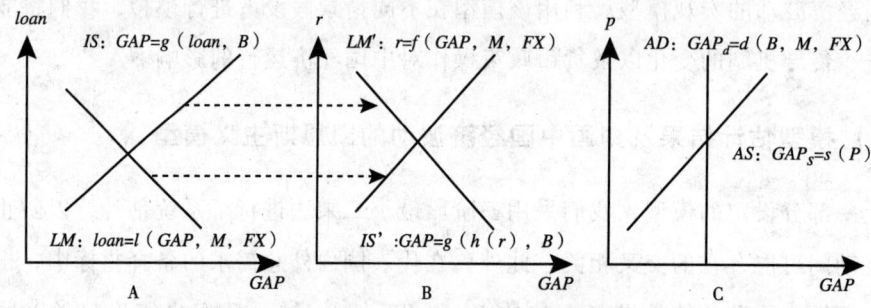

图4　21世纪中国宏观经济的 *IS-LM* 模型和总供求模型

实际上，由式（12）、式（13）和式（14）构成的模型与传统的凯恩斯主义模型并无不同。忽略时间因素，我们可以将式（13）和式（14）一般化成如下的 *IS-LM* 模型：

$$GAP = g(loan, B_d, B_w) \quad \partial GAP/\partial loan > 0$$
$$loan = l(GAP, M, FX) \quad \partial loan/\partial GAP < 0 \tag{15}$$

这个 *IS-LM* 模型（如图4A所示）看起来与教科书上的不一样，但我们可以进一步引入一个利率函数：①

---

① 这里的"利率"是市场均衡利率的概念，而不是现实中的名义或实际的贷款利率、拆借利率。因为在利率没有市场化前，这些现实中的利率均不能反映经济中资金供求的真实状况。例如，有研究发现，中国信贷市场中的"均衡"利率可能是民间借贷利率。

$$r = r(loan) \qquad \partial r/\partial loan < 0 \qquad (16)$$

其中，利率对贷款的一阶导数大于零，这表示贷款供给增加，则利率下降。将此利率函数的反函数 $loan = h(r)$ 代入式（15）中，就得到了标准的凯恩斯 $IS-LM$ 模型（见图 4B）：

$$GAP = g[h(r), B_d, B_w] \qquad \partial GAP/\partial r < 0$$
$$r = f(GAP, M, FX) \qquad f(\cdot) = r[l(\cdot)] \qquad \partial r/\partial GAP > 0 \qquad (17)$$

进一步将式（15）或式（17）合并便有了关于产出缺口的总需求曲线：

$$AD: GAP_d = d(B_d, B_w, M, FX) \qquad (18)$$

将式（18）与式（12）的如下一般形式合并，即有了总供求模型（见图 4C）：

$$AS: GAP_s = s(p) \qquad s'(p) > 0 \qquad (19)$$

根据图 4C 的总供求模型，总需求方是经济波动的主要来源——国内外需求冲击、国外金融冲击和货币政策的变化都可能同时导致产出缺口和物价的变化，而对总供给的扰动（如随机的技术冲击、猪肉价格的变化等）则只影响物价。简言之，中国经济的短期波动完全可以用一个标准的凯恩斯模型予以刻画。

（二）第一类情景模拟：21 世纪中国经济波动趋稳的原因

在情景模拟的第一个阶段，我们首先要回答引言中提出的第一个问题：与 20 世纪 90 年代相比，为什么 21 世纪中国的经济波动趋缓了？基于回归方程（12）、（13）和（14），我们对冲击和传导机制进行了不同的情景假设，并将不同假设下产出、物价和信贷的标准化波动率（标准差/均值）与模型原有结果进行了比较。①

情景假设包括：第一，假设 1，国内需求冲击为 1992 年一季度至 2000 年四季度的情景；第二，假设 2，国外需求冲击为 1992 年一季度至 2000 年四季度的情景；第三，假设 3，国外金融冲击即外汇占款的同比增速为 1992 年一季度至 2000 年四季度的情景；第四，假设 4，所有三类冲击都为 1992 年一季度至 2000 年四季度的情景；第五，假设 5，信贷市场自稳定机制不存在的情景，即方程（14）中信贷对滞后一期产出缺口的系数等于 0；

---

① 由于不同的情景假设会改变模拟结果的均值，因此，需要利用均值对标准差进行修正。

第六,假设6,信贷市场自稳定机制转变成正反馈机制的情景,即方程(14)中信贷对滞后一期产出缺口的系数绝对值不变,但符号由负值转变为正值。

表10 第一类情景模拟的波动率与模型波动率的比较

单位:%

	假设1	假设2	假设3	假设4	假设5	假设6
国内生产总值	122.43	77.73	105.95	122.01	126.24	154.93
CPI	182.74	81.69	95.11	140.57	118.99	138.18
贷款	66.54	74.91	141.77	119.46	90.03	126.52

根据模拟的结果,我们可以看到,就各种冲击的变化对21世纪经济波动的影响而言,国内总需求冲击的稳定显然是21世纪经济波动趋稳的最重要的因素:如果国内需求冲击为1992~2000年的情景,则国内生产总值和CPI的波动率将分别上升22.43%和82.74%;国外金融冲击的稳定可以解释产出波动的下降,但主要影响的是信贷市场:如果国外金融冲击采用1992~2000年的情景,则产出波动上升5.95%,贷款的波动则上升41.77%;至于国外需求冲击,这肯定不是21世纪中国经济波动趋稳的因素,因为采用1992~2000年的情景,产出、物价和信贷的波动都出现了较大程度的下降——这实际上反映了90年代和21世纪全球经济的差异,进入21世纪后,两次源自美国的股市危机和经济危机使得世界经济变得更加动荡。

就传导机制对经济波动趋缓的影响而言,21世纪中国经济中存在的信贷自稳定效应显然也至关重要。在自稳定机制不存在的假设6中,我们可以看到,产出和物价波动分别上升了26.24%和18.99%;在自稳定机制变成正反馈机制的假设7中,产出、物价和贷款的波动都大幅度上升,上升幅度分别达到54.93%、38.18%和26.52%。

综合上述结果,21世纪中国经济周期波动的趋缓几乎完全是国内因素,这包括国内需求冲击的稳定和传导机制的变化。加入全球化对21世纪中国经济周期的趋稳非但没有贡献,反而是加剧波动的重要因素。

(三)第二类情景模拟:21世纪中国经济波动之源

在情景模拟的第二个阶段,我们将回答引言中提出的第二个问题:21世纪中国经济波动的源泉何在?采用与表10类似的方法,我们作出了四个情景假设:第一,假设7,国内需求冲击消失,即2001年一季度至2009年四季度的储蓄存款同比增长率全部取期内的均值;第二,假设8,国外需求冲击消失,即2001年一季度至2009年四季度的世界经济气候指数全部取期内的均值;第三,假设9,国外金融冲击消失,即2001年一季度至2009年四季度的外汇占款同比增长全部取期内的均值;第四,假设10,以货币供应量为中间目标的货币政策完美地稳定了M1,即M1同比增长率的波动消失,M1全部取期内的均值。

表11 第二类情景模拟的波动率与模型波动率的比较

单位:%

	假设7	假设8	假设9	假设10
国内生产总值	80.17	74.26	95.61	97.83
CPI	82.38	87.61	98.01	97.82
贷款	76.41	86.89	105.08	56.09

从模拟的结果看,显然,21世纪经济波动的源泉在于国内需求冲击和国外需求冲击:在假设7中,国内需求冲击的稳定使得国内生产总值、CPI和贷款的波动分别下降了19.93%、17.62%和23.59%;在假设8中,国外需求冲击的稳定则使得国内生产总值、CPI和贷款的波动分别下降了25.74%、12.39%和13.11%。比较而言,国外需求冲击对产出波动的影响要大于国内需求冲击,而对物价和贷款的影响则国内需求冲击的影响更大。国外金融冲击的稳定对产出和物价波动的下降有作用,但程度较之需求冲击小得多。至于以货币供应量为中间目标的货币政策,除了影响贷款之外,对产出和物价的稳定均无显著效应。

五 结论

通过统计分析和建立一个联立的结构宏观经济模型,我们发现,从经济周期性波动的角度看,21世纪的中国经济已经相当成熟——成熟到可以用一个标准的凯恩斯模型予以刻画。或许,我们再也不应该用20世纪80、90年代"大起大落"的眼光来看待今天和未来的中国经济。本文的主要结论有三点:

第一,与20世纪90年代相比,21世纪中国经济的趋稳完全是因为国内因素,包括国内需求冲击的稳定和信贷市场中的自稳定机制。就后者而言,这既可能是因为银行业改革使得银行家们变得理性,也可能是各种非传统的货币信贷政策(如"窗口指导"、法定准备金率调整等)和银行业监管措施(如对资本充足率和银行信贷集中度的规定等)在发挥效力。

第二，就21世纪中国经济波动的源泉而言，国外需求冲击、国内需求冲击是两大波动之源，前者对产出的影响更大，后者对物价的影响更大，而国外金融冲击主要影响的是信贷。因此，未来全球经济的不稳定可能会继续对中国经济产生不利影响。

第三，以货币供应量为中间目标的传统货币政策对稳定经济没有显著效果，货币供应量的稳定只会降低信贷的波动，对产出和物价几乎没有影响。结合第一个结论，这意味着，在利率尚未完全市场化、以银行为主导的金融体系结构尚未改变的背景下，非传统的货币信贷政策和监管措施依然是稳定经济的重要手段。

由以上结论得到两个政策建议。第一，在全球经济尚不稳定的环境下，需要继续采取总需求政策来稳定国内总需求；第二，应该采取切实的改革措施使中国经济实现从依赖国外需求向以国内需求为主的转变，因为国外需求的不稳定已经是21世纪中国经济波动的主要因素。这种从国外需求向国内需求的转变不仅是降低中国经济周期性波动的必要手段，也是实现中国经济增长方式转变的必然要求。事实上，在相当程度上，这种转变意味着我们应该"去全球化"。去除的全球化是过去几十年来以美国为中心的全球化，目的是要建立包括中国在内的多极支撑的新的全球化模式。"去全球化"的手段之一便是城市化，这将使得我们的经济摆脱工业化过程中对外需的依赖；"去全球化"的手段之二是区域经济的重新协调。如果说过去十年的全球经济是中国生产、美国消费，是中国发展制造业、美国发展高新技术产业和金融服务业，那么，在21世纪的下一个十年里，为什么中国的东部地区不能担当过去美国的角色，而中西部地区不能担当过去中国的角色呢？

（本文发表于《中国社会科学》2010年第4期）

历史视角下的货币总量指标*
——统计进展、角色转换及其依据

周莉萍

一 问题的提出

货币总量作为货币政策的指示器一直是货币主义的基本政策建议，货币总量与实体经济变量的相关关系也被货币主义者大量证明（Friedman & Schwartz, 1963；Cagan, 1972）。也正是货币主义者对货币数量的积极关注推动了货币当局开始采纳货币总量指标作为货币政策目标。但是，纵观各国实践，20世纪70年代以来，当金融市场获得极大发展，私人货币不断涌现时，货币供给内生性增强，确实出现了货币总量指标难以控制，与实体经济变量关系疏远的事实。研究表明（Bernanke, B. 2006；Feldstein, M. & J. Stock, 1994；Friedman, B. 1996；McMilin, W. & J. Fackler, 1984；Roberds, W. & C. Whiteman, 1992；Serletis & King, 1993；等等），货币增长与价格水平，货币总量与通货膨胀，货币总量与名义支出，货币总量与总产出的关系都有所弱化，甚至不相关。

当前，中国的货币总量指标与实体经济的关系也日渐疏远，中国人民银行在期初设定的货币总量目标往往无法实现，对货币总量的控制并非得心应手，偏差越来越大，转变货币政策范式势在必行。如何转变？在没有完善的、市场化的利率目标运行环境之前，如何完善现有的货币总量目标？发达国家自20世纪70年代以来就经历过这一变化，有前车之鉴。本文从货币总量统计的最新进展入手，试图提炼出各国货币总量指标统计发展的依据、改变货币总量在货币政策中角色的基本依据等经验，为国内货币总量指标统计和货币政策范式转变提供一种历史和比较的参考视角。

---

* 本文获得国家社科基金重大项目（项目编号：09&ZD036）的支持，为子课题——"中国货币统计、储备货币和货币政策"的阶段性成果。

二 推动货币总量指标统计进展的原因

英国的拉德克利夫报告最早提出货币总量作为货币政策统计指标的缺陷，可以从 Kaldor（1960）总结的拉德克利夫报告的若干基本结论中得到考证：货币政策目的是监管对货物和服务的总需求，但不可能通过控制货币来达到；货币供给和货币需求之间的联系模糊性在于无法控制货币流通速度……货币政策在管理经济方面的角色是被动的。拉德克利夫报告的主要意义不在于理论方面，而是在于实践层次，它开启了现代货币政策框架下货币当局放弃货币供给量中介指标之先河。

拉德克利夫报告提出之后，英格兰银行相继扩展了货币层次，从原来的 M1 扩展至 M2，M3，M4 等。扩展的理由是什么？

第一个理由是，拉德克利夫报告反对货币数量论关于货币供给量与价格、产出等名义经济变量的直接关系，而反对的根本理由是对货币流通速度的不同看法。货币数量论认为，基于长期的传统和习惯，全社会存在一个名义的货币流通速度，它能使流通中货币的数量发生变化，从而导致相应的货币支出流量的变化。而拉德克利夫委员会认为，货币流通速度只是一个"纯粹的统计学概念"，与实际支出变量之间没有因果关系。而且，货币当局很难限制货币流通的速度。即使传统和习惯不改变，不同支付清算形式的支付频率变化也能改变货币流通速度。

拉德克利夫报告的第二个理由是，它认为"流动性"指标更能反映货币的本质。该委员会认为，任何金融机构，无论是否直接提供支付工具，都以不同的方式创造流动性。因为，这些机构的负债均可认为是存款人的流动性资产，而其发放的贷款则不是借款人的流动性负债。非货币金融机构的发展通过提供新的替代物代替交给清算银行的存款，具有直接减少持有货币愿望的同样效应。

从拉德克利夫报告可以看出，货币总量统计指标的变化只是一个表面的实务统计问题，其背后凸显了人们对于货币本质认识的变化。对于货币本质的认识，货币史大致经历了几个基本的发展阶段，总结如下：

第一阶段：传统的货币定义，即通货学派的货币定义。他们认为，货币是一种交换媒介，凡是在经济交易中实际充当交换媒介的都是货币。当时的货币总量内容包括银行券等交换媒介。通货学派的货币定义强调货币的交换媒介性质。

第二阶段：弗里德曼的货币定义，即芝加哥学派的货币定义。他认为，货币是任何有能力发挥"购买力栖息地"功能的资产，包括通货、银行存款及其他类似货币的资产。

弗里德曼的货币定义强调货币的财富贮藏功能。

第三阶段：约翰逊的货币定义。他认为货币包括一系列能够转化为金融购买的资产。前面两种货币定义的前提条件是货币需求是稳定的，货币流通速度是稳定的。但是，约翰逊认为货币流通速度毫无意义。

第四阶段：拉德克利夫委员会及格利和肖的货币定义。该委员会认为，货币是一种流动性，除了传统的银行类负债外，非银行金融中介的负债也属于货币。原因是非银行金融中介能改变了货币流通速度。

而对货币本质认识的变化又伴随着另一个问题——商业银行是否与众不同？因为传统的货币定义（第一、二阶段）无论从货币的哪个功能来定义，都没有脱离一个基本的事实，即认为只有商业银行的负债才是货币，如银行券、活期存款、定期存款。而现代货币定义（第三、四阶段）对货币本质的变化包含着另外一层含义，即商业银行不再特殊，非银行金融中介和商业银行都能创造货币。对商业银行本质认识的变化导致对货币本质的不同认识，从而构成了货币统计指标变迁的基础。

首先，货币统计发展的首要原因是不再把商业银行作为特殊的金融中介，提高了对非银行金融中介创造货币能力的认识。由于货币创造的本质是信用，金融中介创造货币的本质是银行信用或非银行金融中介信用。因此，对非银行金融中介创造货币能力的认可表明对该类机构信用的认可。

其次，货币层次或对货币统计的划分取决于人们对货币最终清偿形式的认可，除了与发行货币的主体的信用有关，也与技术影响的支付手段和形式有关。支付技术和形式是货币统计发展的第二个主要原因。如果人们认同现金为最终的清偿手段，那么，一般居民、企业主体—小银行—大型银行—中央银行之间是层层依赖的关系，一切支付中介需将所有的支付手段转化成中央银行货币的模式。此时，中央银行货币及其信用是货币稳定的关键。但是，20 世纪 70 年代以来，受 IT 革命的影响，支付清算手段不断升级，人们逐步习惯于电子支付，活期存款的电子保存形式成为人们普遍认可的最终清偿形式，而不必要一定是现金。由此，中央银行货币——现金的使用量减少，商业银行货币——活期存款成为最终清偿的主要形式。此时，M1（现金＋活期存款）成为货币当局关注的最基本货币层次。而商业银行中资金力量雄厚的大银行能部分充当最后贷款人角色。金融体系内部循环加强，自我循环能力加强。与此同时，与存款货币相关的扩大的货币层次也在不断发展。所以，最终清偿手段的改变是货币统计体系发展与转变的第二个根本原因。

最后，货币统计发展的主要原因还包括金融体系的变迁。现代金融体系的一个新特征是出现了以金融市场为基础的影子银行体系①，影子银行体系又与传统商业银行体系并行不悖，形成了互补关系和共生发展。影子银行体系的信用创造功能不可忽略，但其信用创造方式不同于传统商业银行，加之目前各国货币当局都没有将这一新的货币创造体系纳入货币总量统计范畴，影子银行体系对货币政策的冲击可想而知。因此，未来的货币统计体系方向是沿着金融体系的变迁，综合思考如何应对影子银行体系的货币创造功能的。

三 各国货币总量统计的最新进展

（一）各国货币统计层次最新进展

当货币总量指标与实体经济关系日渐疏远，并且难以控制货币总量指标时，各国货币当局应对这一问题的首先反应是扩大货币统计的范围，将日益扩大的私人货币不断纳入中央银行的统计范围，以求找到与实体经济变量较为相关的货币总量指标。扩展货币统计的理论依据基本是拉德克利夫报告最初提出的"流动性"，将非银行金融机构创造的流动性较强的金融工具纳入传统的货币统计范围，扩展货币统计的层次。在区分金融工具货币性的问题上，理论界在20世纪80年代就提出了一个科学划分金融资产货币性程度的思路，并将该思路最终的货币统计量命名为"迪维西亚货币总量"（divisia monetary aggregates）②。具体而言，货币流动性程度包括金融资产提供流动性和价值贮藏功能的能力。Barnett（1978）依据微观经济学中消费行为理论提出迪维西亚货币总量代替原来简单加总的货币总量。该指数表示的是货币服务流量，以货币资产的机会成本来建立权数加总各种金融资产。机会成本指的是持有每一种货币资产的开支（金融资产总量与机会成本之乘积）占持有全部货币资产的总开支的比重，构成金融资产在货币总量中的权数。迪维西亚货币指数是一种动态货币统计总量，各种金融资产的货币性能随时间变化，体现金融资产随时间变化而导致的流动性、安全性、机会成本变化。编制迪维西亚货币指数的步骤是，首先将货币资产按照货币性进行分类，然后选取代表性利率计算各类货币资产的机会成本，再次计算各类货币资产的总的市场价格，最后以机会成本建立各类货币资产的权重，并加总得出货币总量。鉴于时间是离散的，各国还设计出离散时间的迪维西亚货币总

---

① 周莉萍：《影子银行体系：形式、机制与发展》，《金融论坛（内部刊物）》2010年（总第34期）。
② 相关的理论贡献者包括各国学者：美国的 Barnett（1980，1982，1984），Spindt & Offenbacher（1984），英国的 Batchelor（1987），Holtham et al.（1990），加拿大的 Cockerline & Murray（1981），日本的 Ishida（1984），瑞士的 Fluri & Yue（1991）。

量计算公式。迪维西亚货币总量除了受到其最初设计者的推崇，其与实体经济变量更加紧密的关系也得到了一些学者的验证。如 Serletis，A. and T. Molik（2000）通过计算加拿大的各层次迪维西亚货币总量，表明迪维西亚 M1++为实际经济变量的最好指示器，且该变量在包含利率的 VARs 方法中引起实际产出的变化，且迪维西亚 M1++的变化能解释产出预测偏差和利率变化。

自 20 世纪 70 年代以来，关于货币统计指数的变化在国际货币基金组织（IMF）的官方文件中都能找到相关记录。IMF 就全球货币金融统计出台了相关统计指南，分别为 1977 年版本，2000 年版本，2008 年为最新版本[①]。这些指南成为各国货币统计总量改变的经验总结和后继国家货币统计转变的基本参考。

实践中，可以以美国、欧盟和英国的货币统计层次为例进行剖析。各国金融制度和金融发展历史、金融结构不同，因此，货币总量的非常规增长来源也不同，在逐步扩大货币总量指标时，各国的技术手段也显然不同。

1. 美国

虽然美国的学者最早提出迪维西亚货币总量，但美联储却一直采用简单加总货币总量的方法，并且不断根据金融资产的货币性，扩大简单加总的货币总量范围。目前，美联储统计的各层次货币总量范围如下：

M1：通货+旅行支票〔除去银行、政府及外国金融机构等主体的活期存款（没有利息的支票账户）〕+其他支票存款主要可转让支付命令账户（negotiable order of withdrawal，NOW）。

M2：M1+货币市场存款账户在内的储蓄存款+少于 10 万美元的定期存款（主要是大额可转让定期存单，即 certificates of deposit，CDs）+低于 5 万美元的零售货币市场基金。

M3：M2+超过 10 万美元的定期存款+超过 5 万美元的机构货币市场基金+隔夜和定期再回购协议+居民持有的隔夜和定期欧洲美元。

目前，美联储关注货币总量指标，但不再将其作为货币政策中介指标。美联储自产生以来就不断调整货币政策框架，但盯住货币总量指标的历史并不长久，只有在 20 世纪 70 年代到 80 年代早期，美国通货膨胀比较严重的时期才完全盯住货币总量目标。当时，在联邦储备委员会的会议中会通过一个集体的估计，如果委员会认为货币增长率意外加快了，它会设定一个围绕委员会基准估计值，以 1% 为中间值的容忍范围。由此，委员会在

---

① IMF（2008）：Monetary and Financial Statistics Compilation Guide.

会议期间预测的货币增长会使联邦基金利率按照抵消意外货币增长率变化的方式而变化，而且，联储致力于让联邦基金利率变化跟上货币增长率变化的节奏。1980 年初出现的 NOW 账户等各种金融创新使得 M1 失去了预测的基础。结果，美联储在 80 年代放弃了狭义货币总量 M1，随后关注 M2 和 M3 也只是修饰（rhetorical）意义，最终在 2000 年放弃所有的货币总量作为货币政策中介指标。

2. 欧盟

直到 1998 年 12 月，欧盟才有了专门的货币指标——M3H 混合货币指标体系，并在后来不断完善，成为欧洲中央银行单一货币政策决策的重要参考依据。货币层次包括 M1、M2 和 M3。

M1：流通中的银行券和铸币 + 隔夜存款。

M2：M1 + 三个月内可赎回存款 + 两年内到期的定期存款。

M3：M2 + 回购协议 + 货币市场基金份额/单位 + 货币市场票据 + 两年内到期的债务证券化。

至今，货币总量在欧盟的货币政策决策中都占有重要位置。欧洲中央银行把货币增长作为其货币政策两大支柱[①]之一，每个季度定期分析货币增长对中长期预期通货膨胀的影响。前欧洲中央银行执行委员会成员 Otmar Issing 认为，"无论货币政策实践还是研究都不应忽略货币总量"[②]。

3. 英国

英格兰银行关注的货币总量指标包括 M0 和 M4，目前用得最多的是 M4。二者的统计范围如下：

M0：英格兰银行之外的现金 + 银行在英格兰银行大额日常存款。

M4：银行之外的现金（流通中公众和非银行机构持有的现金）+ 私人零售银行和建设性社会存款 + 私人批发银行和建设性社会存款 + 大额可转让定期存单。

其中，M4 是在 1987 年引入英格兰银行并作为主要的官方统计数据，它包括 M4 和 M4L（M4 贷款），M4 贷款为与 M4 存款对应的对手方债务。作为欧盟的成员国，英国还按照欧盟的要求统计了第三个货币总量指标——M3H。M3H = M4 + 英国公众实体存入英国金融机构的英镑和外币存款 + 私人部门外币存款。

---

① 欧洲中央银行货币政策的两大支柱是经济分析和货币分析，主要用于与评估价格稳定风险相关信息的组织，评估和交叉检查等，以充分了解与通货膨胀和经济活动有关的货币和信用活动变化。参见 www.ecb.int。
② Kahn, G. and S. Benolkin (2007)："The Role of Money in Monetary Policy：Why Do the Fed and ECB See It So Differently?", Federal Reserve Bank of Kansas City Economic Review.

货币总量指标的统计依据。在统计方法上，英格兰银行既用简单统计的货币总量，也最早于1993年发布迪维西亚货币总量，也是发达国家中唯一把迪维西亚货币总量指标作为官方指标的国家。

以上各国货币当局的共同之处是：根据流动性强弱划分货币层次；都充分关注金融市场型机构的信用创造能力，相继扩大了货币总量的统计范围；并且，在统计方法上，除英国外，大部分国家都还一直采用简单加总货币总量指标的方法，而没有采用20世纪80年代提出的迪维西亚货币总量指标。需要强调的一点是，在货币国际化过程中，货币当局的统计面临极大的挑战，很难保持稳定和有效的观测，因为国际化的货币大多持有在外国人手中[①]。这是金融全球化带来的挑战。

（二）货币总量指标在货币政策中角色的差异

虽然在货币总量统计指标的扩展方面非常相似，各国在面对货币总量指标盯住效果渐弱时，对于货币总量指标采取了不同的态度。美国对于货币总量指标的放弃比较绝对，其他各国都没有明确放弃货币总量目标。美国基本完全放弃货币总量指标，欧盟和英国依然很重视货币总量指标，认为其对遏制通货膨胀极为重要，在实践中始终关注货币总量与通货膨胀之间的关系变化。

货币总量指标在各国货币政策中角色差异的原因在于各国货币金融制度发展的历史不同。由此形成的货币当局与公众的沟通方式有别，导致各国货币政策传导机制不同。以美国和欧盟为例。就金融制度方面，美国历史上就经常以利率为目标，这导致早期没有积累完整的货币总量数据，货币总量指标只在高通胀时期才成为盯住目标；20世纪80年代，飞速发展的金融创新彻底摧毁了美联储预测货币总量变化的基础，非借入存款准备金不再成为预测M1和M2的有效工具。欧盟的货币政策执行框架则继承了原来德国中央银行以货币为中心的一贯传统。作为一个新的跨国中央银行，欧洲中央银行以稳定中长期价格为其首要目标，而获得公众信任的基本方式就是强调其货币供给方式与以往的德国中央银行类似且更有弹性。但它并不单一盯住货币总量指标，而是强调货币增长的重要参考价值，这种策略的理念基础是"通货膨胀是一种货币现象"。

（三）货币总量指标的未来

理论研究表明，广义货币和更加广义的货币与实体经济变量之间未必就有直接相关的

---

① Bernanke, B. (2006) 曾强调，美国有 2/3 的美元现金在国外流通，导致美联储无法持续观测货币总量指标，这也是美联储最终放弃货币总量目标的原因之一。

关系（Serletis & King，1993），二人甚至认为无论采用什么方法统计货币总量，都不会与价格和收入有紧密的关系。目前的情况是，更加广义的货币与实体经济变量之间的关系弱于狭义货币与实体经济变量之间的关系。有些实证分析转向了用更加狭义的货币总量来解释实体经济变量的变化（Strongin，1995；Christiano，Eichenbaum，& Evans，1996）方面。可见，单纯扩大货币总量指标并没有加强其与实体经济的关系。本文认为，原因可能是扩大的货币总量统计错误，也可能是私人货币的供给只是存在于金融体系，进行自我循环而并未进入实体经济，所以最终没有影响到实体经济变量。总之，当扩大的货币总量依然不能成为实体经济变量的指示器时，放弃货币总量目标，转而盯住利率目标、通货膨胀率目标。其实，就是当货币政策传导机制失灵时，直接放弃中间环节的讨论和关注，转而盯住最终目标——通货膨胀、经济增长等目标。但这种简单转变并不合适，因为理论研究表明，货币当局在放弃货币总量目标之后，流动性之谜和价格之谜依然存在。

当货币政策干扰不能在名义利率和货币存量之间产生一种短期负向关系时，利率之谜便存在。当紧缩的货币政策引发较高的名义利率，一段时间后伴随较高的物价时，价格之谜便产生。这些未解的谜在实证分析中十分普遍。[①] 利率之谜表现在诸多的实证研究中，如简单关系分析中流动性效应的消失（Christiano，1991），干扰之后的回归（Melvin，1983），递归的 VARs（Leeper & Gordon，1992）以及被识别的 VARs（Bernanke，Boivin and Eliasz，2002）。价格之谜出现在简单相关关系中，干扰滞后回归分析中（Sargent，1973），递归的 VARs（Sims，1992；Eichenbaum，1992），被识别的 VARs（Leeper，Sims，and Zha，1996；Christiano，Eichenbaum & Evans，1999）以及狭义途径（Romer and Romer，1989；Leeper，1997）。由此，Leeper & Rush（2003）提出再次把货币放回货币政策框架中。

可见，单纯地转换货币政策框架并没有解决货币总量的统计问题，也没有理顺货币、利率和实体经济变量之间的关系，货币总量指标依然值得深入关注。

四 对中国的货币总量统计的启示

发达国家的实践证明，更加广义的货币总量指标与实体经济的关系不比原来狭义的货币总量指标与实体经济关系强。但各国依然在货币政策框架中保留货币总量指标一项，由

[①] Leeper, M. and J. Roush (2003): "Putting 'M' Back in Monetary Policy", *Journal of Money, Credit and Banking*, Vol. 35, No. 6, Part 2: Recent Developments in Monetary Economics.

于金融结构和金融发展的程度不同，有些国家依然盯住货币总量目标，有些国家盯住利率但同时关注货币总量。应对货币总量目标的失效，各国在逐步转变货币政策范式的同时，并没有绝对地放弃货币总量指标统计。走得最远的美国，也只是在2000年之际彻底放弃货币总量作为其货币政策中介目标。在一国金融发展程度并不高，金融市场并不完善的情况下，放弃货币总量指标是不明智的，而考虑金融市场引发的私人货币供给，将私人货币纳入货币总量的统计范围是可取的方式。

（一）短期内扩展货币总量统计范围

目前，中国人民银行的货币总量指标层次包括M0，M1（狭义货币）和M2（广义货币）：

M0：现金。

M1：现金+可开支票的单位活期存款。

M2：M1+居民储蓄存款+单位定期存款+单位其他存款+证券公司客户保证金。

在1994年印发的《中国人民银行货币总量统计和公布暂行办法》中，中国人民银行虽然列出了M3（M2+金融债券+商业票据+大额可转让定期存单等），但出于金融创新不断出现的现状考虑，目前暂不编制这一层次货币总量。当前的货币总量层次指标是在1994年版本的基础上，于2001年修改过的版本。2003年12月，为充分反映金融市场的发展，提高货币政策中介目标的适用性，更好地调控宏观经济运行，中国人民银行研究局对货币总量统计口径进行了初步研究，形成了《关于修订中国货币总量统计方案的研究报告》（以下简称《研究报告》）。《研究报告》提出了拟对各层次货币总量的统计进行修订的四种方案：一是维持原结构不变，扩大数量较大、流动性变化明显的金融资产的监测层次，货币总量在原M0、M1、M2三个层次的基础上，再扩大到M3。二是对原结构进行微调，同时扩大货币总量一个监测层次，货币总量划分为M0、M1、M2，监测外币存款，同时将M2中的部分金融资产调整到M1中去。三是对原结构进行微调，同时扩大货币总量两个监测层次，货币总量划分为M0、M1、M2，监测M3和外币存款。四是按目前金融市场变化的实际情况，进行较全面的修订，货币总量分为四个层次：M0、M1、M2、M3。根据该报告，拟测算和公布的M3的内容有三种可能：

（1）M3 = M2+外汇存款+保险公司存款+各种基金存款。

（2）M3 = M2+存款性公司签发的银行承兑汇票+其他金融性公司在存款性公司的存款（如保险公司和证券投资基金管理有限公司在存款性公司的存款）+住房公积金存款。

(3) M3 = M2 + 基金存款 + 保险公司存款 + 商业承兑汇票。

然而，至今尚未推出新的货币总量指标体系。

短期之内，应关注金融市场发展中出现的影子银行体系的信用创造，将主要的影子银行机构的信用创造归入当前的货币统计体系。依托金融市场发展起来的影子银行体系是私人货币供给的主体。它们虽然没有资格直接吸收存款，但其以信托、货币市场基金等发行的金融理财产品方式吸收资金，规避了中央银行的准备金政策，具有更强的信用创造能力。美国、日本等国均根据本国金融体系发展的实际情况，将主要的影子银行机构创造的信用纳入货币统计范围。短期之内，扩大对影子银行机构信用创造的统计是提高货币总量目标有效性的现实选择。如扩大对信托类公司、证券公司、货币市场共同基金等负债的统计，将主要的负债工具也即金融产品纳入更加广义的货币总量指标范畴。

（二）中长期内完善利率体系

中长期内，应完善利率体系，致力于金融体系基准利率和较为完整的收益率曲线的形成。利率与货币总量在各国的货币政策框架中都不是替代关系，而是互补的关系。以哪一个指标为货币政策中介目标只是意味着另外一个指标暂时处于辅助地位。理论界所探讨的近十种货币政策传导渠道都有一个基本的前提，即假定货币总量的变化必然伴随市场短期利率的调整，足见二者关系的密切。简单放弃货币总量指标转向利率目标并不意味着货币政策效果一定提高，厘清货币总量与基准利率、市场短期名义利率等指标的基本关系，是货币当局今后的重要任务。

对于中国而言，发展完善的国债交易品种，完善债市产品结构是形成中国的基准利率和市场收益率曲线的关键。目前，虽然国家财政收入连年上涨，但不必要约束国债的财政功能，应加强国债的金融功能，从提升货币政策效果的角度发展国债市场。银行间拆借市场的 Shibor 有望成为市场基准利率，但不足以成为中央银行调控整个利率体系的基准利率，除非能进一步扩大交易主体的范围，并与中央银行准备金政策改革结合起来，形成一个动态的类似于美国的联邦基金的市场，Shibor 的影响范围和深度才能扩大。因此，应着重完善国债市场。

（三）尝试迪维西亚货币总量统计方法

在更加广义货币总量统计方法上，可以采纳迪维西亚货币总量指标作为简单加总货币总量指标的补充，如扩充 M3D，M4D 与 M3、M4 互为补充。在中国的金融结构没有发生根本性转变之际,应在货币总量指标的完善方面加大力度,这也是为今后转变为其他目标奠定坚实基础。

(本文发表于《西南金融》2010 年第 12 期)

参考文献

[1] Bernanke, B.: Monetary Aggregates and Monetary Policy at the Federal Reserve -A Historical Perspective [EB/OL], The Fourth ECB Central Banking Conference: "The Role of Money: Money and Monetary Policy in the Twenty-first Century". 2006.

[2] Bernanke, B., J. Boivin and P. Eliasz: Measuring the Effects of Monetary Policy: A Factor-Augmented Vector Autoregressive (FAVAR) Approach, Mimeo. Princeton University. 2002.

[3] Christiano, L.: "Modeling the Liquidity Effects of a Monetary Shock", Federal Reserve Bank of Minneapolis Quarterly Review. 1991.

[4] Christiano, L., M. Eichenbaum, and C. Evans: "The Effects of Monetary Policy Shocks: Evidence from the Flow of Funds", Review of Economics and Statistics. 78. 1996.

[5] Christiano, L., M. Eichenbaum, and C. Evans: "The Science of Monetary Policy: A New Keynesian Perspective", Journal of Economics Literature. 37. 1999.

[6] Eichenbaum, M.: "Comment on 'Interpreting the Macroeconomic Time Series Facts: The Effects of Monetary Policy", European Economic Review, 36. 1992.

[7] Feldstein, M. and J. Stock: Measuring Money Growth When Financial Markets are Changing. NBER Working Paper, No. 4888. 1994.

[8] Friedman, B.: The Rise and Fall of Money Growth Targets as Guidelines for U.S Monetary Policy, Bank of Japan Discussion Paper, 96 - E -14. 1996.

[9] Kaldor, N.: "The Radcliffe Report", The Review of Economic and Statistics, 42. 1960.

[10] Kahn, G. and S. Benolkin: "The Role of Money in Monetary Policy: Why Do the Fed and ECB See It So Differently?" Federal Reserve Bank of Kansas City Economic Review, 2007.

[11] Leeper, E. and J. Gordon: "In Search of the Liquidity Effect", Journal of Monetary Economics, 29. 1992.

[12] Leeper, E., C. Sims, and T. Zha: What Does Monetary Policy Do? Brookings Papers on Economic Activity, 2. 1996.

[13] Leeper, E.: "Narrative and VAR Approaches to Monetary Policy: Common Identification Problems", Journal of Monetary Economics, 40. 1997.

[14] Leeper, M. and J. Roush: "Putting 'M' Back in Monetary Policy", Journal of Money, Credit and Banking, Vol. 35, No. 6, Part 2: Recent Developments in Monetary Economics. 2003.

[15] McMillin, W. and J. Fackler: "Monetary v.s Credit Aggregates: An Evaluation of Monetary Policy", Southern Economic Journal, 1. 1984.

[16] Melvin, J.: "The Vanishing Liquidity Effect of Money on Interest: Analysis and Implications for

Policy", *Economic Inquiry*, 21. 1983.

[17] Roberds, W. and C. Whiteman: "Monetary Aggregates as Monetary Targets: A Statistical Investigation", *Journal of Money, Credit and Banking*, 24. 1992.

[18] Romer, C. and D. Romer: "Does Monetary Policy Matter? A New Test in the Spirit of Friedman and Schwartz". In NBER Macroeconomics Annual 1989, edited by Blanchard, O. and S. Fischer, Cambridge, MA: MIT Press. 1989.

[19] Sargent, T.: "Interest Rates and Prices in the Long Run: A Study of the Gibson Paradox", *Journal of Money, Credit and Banking*, 5. 1973.

[20] Serletis, A. and M. King: "The Role of Money in Canada", *Journal of Macroeconomics*, 15. 1993.

[21] Serletis, A. and T. Molik: Monetary Aggregates and Monetary Policy, Bank of Canada Working Paper. 2000.

[22] Sims, C.: "Interpreting the Macroeconomic Time Series Facts: The Effects of Monetary Policy", *European Economic Review*, 36. 1992.

[23] Smets, F.: "Discussion or 'Putting M Back in Monetary Policy' by Eric Leeper and Jennifer Roush", *Monetary Economics*, 12. 2003.

[24] Strongin, S.: "The Identification of Monetary Policy Disturbances: Explaining the Liquidity Puzzle", *Journal of Monetary Economics*, 34. 1995.

[25] 李扬:《货币供应量的统计及调控》,《经济研究》1994年第9期。

[26] 彭兴韵、包敏丹:《改进货币统计与货币层次划分的研究》,《世界经济》2005年第11期。

中国政府储蓄研究：
理论演进与实践考察

杨 涛

一 引言

中国的高储蓄率问题一直是国内外学者关注的焦点。当前典型的观点是，适度降低总储蓄率对于解决中国经济内外失衡来说非常重要，而这就必须从政府和企业储蓄入手，其中政府更需要在国民收入初次分配和再分配过程中适度减少对资源的控制，从而降低对总储蓄的贡献度。

迄今为止，虽然针对国民储蓄的研究文献众多，但具体围绕政府储蓄的理论和实证研究却非常鲜见。长期来看，在新形势下基于全球视角对政府储蓄展开研究，具有两方面的意义：一是有助于进一步完善政府储蓄的分析框架，从理论上厘清政府储蓄与国民储蓄、经济增长及其他经济变量之间的内在关联；二是在实践中能够更加清楚政府储蓄适度规模的判断原则，充分认识政府储蓄与政府政策的互动作用以及政府影响政府储蓄水平的必要性和途径。

在政府储蓄的研究中，有几方面重点值得关注。其中，一是需要明确政府储蓄的相关概念内涵。按照经济学对储蓄的定义，政府储蓄可以理解为政府的可支配收入减去其消费性支出的余额，但是在实践中，由于定义储蓄的方法有多种，这一概念还需要进行更细致的区分和界定。二是应当充分重视政府储蓄的比较分析。为了更好地理解中国政府储蓄的现状及其经济含义，既需要从历史的维度来纵向分析其演变过程，也要与其他典型国家的政府储蓄状况进行横向比较。三是深入探讨影响中国政府储蓄的主要因素，并且在判断这些因素未来变化趋势的基础上，对政府政策的调整和应对有所分析。本文结合中国的实际情况，将对这些问题展开初步研究。[①]

---

① 除非专门指明，本文数据全部来源于历年《中国统计年鉴》的最新数据，以及 2008 年单独公布的 1992～2003 年资金流量表修订数据。其中在《2010 中国统计年鉴》中，根据第二次经济普查结果修订了部分历年数据，同时修订了之前公布的 2004～2007 年资金流量表数据。

二 研究文献综述

(一) 国外的研究

在短期的经济均衡中,凯恩斯主义的宏观分析框架强调了财政支出对于总需求的促进作用。虽然并没有直接就政府储蓄展开论述,但早期凯恩斯理论在强调积极财政政策的作用时,更多是指增加政府投资性支出,而非消费性支出和转移性支出,这就意味着在积极财政政策下,可能出现财政赤字与正的政府储蓄并存,甚至是政府储蓄的上升。而到20世纪中期以后,随着各国财政支出逐渐转向非生产性领域,坚持凯恩斯主义的财政扩张思路,则开始意味着会降低政府储蓄。实际上,在着眼于短期的宏观分析中,各类凯恩斯主义理论对于政府储蓄的关注程度有限,而非凯恩斯主义理论则由于普遍强调政策无效性,更缺乏对此问题的分析。

就中长期来看,对政府储蓄的研究往往被纳入国民储蓄的范畴中,并且与经济增长理论的演变密切结合在一起。自古典增长理论开始,亚当·斯密就非常重视资本积累,因为它能扩大资本存量以及劳动数量,从而直接带来经济增长,这正是今天各国都重视储蓄率的原因所在。无论是以后的哈罗德—多马模型、索洛的新古典增长模型,还是保罗·罗默的新经济增长理论,都从不同侧面强调了储蓄与资本积累对长期增长的作用。其中,政府财政政策既可以通过影响企业和住户部门的储蓄率,也可通过自身储蓄率的调整,来最终影响长期增长率。但是,在各类经济增长理论中,对于政府储蓄与国民储蓄之间的互动,以及政府储蓄与长期经济增长率之间的直接关联,却缺乏详细的研究和关注。

当然,关于经济增长的很多文献研究了税收、财政支出结构和经济增长的关系。许多学者认为从宏观上来看,税收会抑制经济增长。例如,Mendoza、Milesi-Ferretti 和 Asea (1997) 通过研究11个经合组织 (OECD) 国家26年的有效税率,得出了所得税会降低增长率的结论。此外,许多研究都把政府财政支出分为生产性和非生产性(消费性和转移性)支出进行分析,其中多数学者认为消费性支出对于长期增长具有负效应,如 Aschansuer 和 Greenwood (1985)、阿尔弗雷德·格雷纳 (Alfred Greiner, 1996)。也有学者进一步分析了不同财政支出类型影响长期增长的限定条件,如 Devarajan、Swaroop 和 Zou (1996) 指出各种财政支出的效应不仅取决于它们在总财政支出中所占的比例,而且取决于生产性支出与非生产性支出的份额比是否等于它们的产出弹性之比。按照政府储蓄的定义来看，由于分析税收、不同财政支出类型与经济增长率之间关系的假设前提有所不同，上述研究使得政府储蓄与长期增长的关系变得更加复杂，难以得出一致性的结论。

在公共财政的分析中，国外对于政府储蓄的具体度量也存在一定差异。例如，萨缪尔森认为"政府储蓄代表政府税收高于其用于物品和劳务以及转移支付上的开支的差额的代数值"。马斯格雷夫则指出两种不同口径的政府储蓄定义，即：（1）政府储蓄为税收收入超过财政支出的部分；（2）政府储蓄为税收收入超过政府用于当前消费的支出的部分。曼昆认为，"政府储蓄就是政府扣除其支付后的税收，预算盈余是税收收入减去政府支出"。由此可见，概念与定义的模糊性，直接影响到政府储蓄研究的标准，这也是在实证分析中必须予以明确的前提。

在发展经济学中，结合发展中国家与转轨国家的现实，许多学者也从政府储蓄入手加以分析。例如，麦金农（1973）认为，金融自由化的初始表现就是投融资体制的转变，即从倚重财政途径转变为倚重金融途径，同时储蓄主体也由政府转变为个人，而在由传统的政府储蓄—投资渠道转变为以金融市场为主导的储蓄—投资渠道之后，会带来积极的"渠道效应"。另外，部分学者就某些国家的政府储蓄进行了有针对性的实证考察，当然这方面的文献并不多见。例如，Edwards（1995）对36个国家的私人和政府部门的储蓄率进行了研究，发现决定政府部门储蓄率的因素主要是政治稳定性；而私人部门储蓄和政府部门储蓄间的关系表现为后者上升对前者的挤出效应。Hiromitsu Ishi（1974）根据20世纪末到"二战"后日本政府的财政活动，指出"二战"后的日本政府收入不断上升、军费支出下降，使得政府储蓄能够保持较高水平，进而支撑了政府主导的大量投资，推动了战后日本经济的快速增长。Robert Eisner（1994）结合美国联邦财政运行状况，指出政府投资性支出应该属于政府储蓄的重要组成部分，赤字的增加虽然意味着财政结余资金的减少，但却可能带来政府储蓄的增加，而且政府公共投资的回报要比私人投资更高。此外，他还提出政府用于教育和研究的"无形"投资，同样具有政府储蓄的某些特征，需要在相关研究中予以关注。

（二）国内的研究

国内的研究更多是基于中国国情而展开的，并且主要围绕如下几方面内容。

第一，对政府储蓄研究的重要性和意义进行分析。例如，刘家新（2002）认为，政府储蓄在促进财政实现资源配置职能方面具有特殊作用，也是财政与金融相互作用、相互影响的重要交叉点，但是从目前我国学术界的整体研究现状看，政府储蓄的研究仍然是一个薄弱环节,其中有许多问题需要在理论上进一步探讨。

第二,对政府储蓄的定义与统计内涵进行分析。例如,早期有一些学者(曹康霖,1996;杨思群,1998)就把政府净债务收入作为政府储蓄的重要来源。而郭庆旺和赵志耘(1999)则强调,政府储蓄是指一般政府部门的经常性收入(current revenues)大于经常性支出(current outlays)的余额,政府储蓄与弥补财政赤字的方法无关。

第三,对政府储蓄的合理规模、影响因素和变化趋势进行分析。就政府储蓄的规模来看,直到21世纪初,许多学者的研究方向还是如何提高中国的政府储蓄水平问题。例如,杨志刚等人(1995)认为,改革以来中国政府储蓄率下降的主要原因,既是由于政府财政收入占国民总收入(GNP)的比重逐步下降,也是因为政府用于投资的比重不断下降。刘红艺和李武好(2001)认为,从国际比较来看,我国政府储蓄率不算太低,问题在于我国政府储蓄率一直呈下降趋势,如果不采取措施进行扭转,将会影响政府在经济发展中的作用。然而,2003年以后,随着财政规模的不断扩张,以及对高储蓄率带来的经济结构失衡的担忧,最终促使研究的主流逐渐转到如何降低政府储蓄水平上。例如,汤敏(2006)认为,对于中国内外经济的不平衡,企业与政府的高储蓄是主要原因之一,应该通过减少政府储蓄,把更多的政府支出用于社会发展领域。张明(2007)认为,导致政府高储蓄的原因包括政府财政收入持续上升及消费性支出比重的不断下降,且政府储蓄率将在未来5~10年内显著下降,这将对财政平衡带来越来越大的压力。

第四,对政府储蓄的经济效果和政策效应进行分析。例如,朱萍(1996)认为,在社会总储蓄投资能力既定的前提下,政府和非政府部门的储蓄投资能力之间存在着此消彼长的关系,从而在特定经济条件下对社会长期供给能力的形成产生影响。刘家新(2002)认为,要想使国民总储蓄能随政府储蓄的增加而增加,政府就必须要保持一个高于民间部门的边际储蓄倾向。郭爱君和范巧(2006)基于1978~2001年的数据分析认为,政府支出和政府储蓄的变化对经济增长变化的直接贡献并不存在。王燕武和薛蕾(2007)利用1978~2004年的数据对储蓄和投资的相关性进行检验,得出结论认为,中国政府储蓄对投资的贡献度高于居民储蓄对投资的贡献度,并且对投资率的短期影响不明显。

第五,随着中国资金流量表[①]的不断完善,其更容易反映出各部门之间的资金流动状

---

① 中国资金流量表分为实物交易和金融交易两部分,迄今已经编制出1992~2008年的资金流量表。

况，国内外许多学者开始在此基础上对中国政府储蓄进行结构性分析。例如，Louis（2005）研究认为中国政府之所以从事储蓄活动，其主要原因在于通过"资本转移"来支持国有企业发展。李扬和殷剑峰（2007）认为 2000 年以来储蓄率的进一步攀升主要同政府部门储蓄率的提高有关，而政府部门储蓄倾向的上升并非主要为了通过"资本转移"来支持国有企业发展，而是直接进行的政府投资。

三 中国政府储蓄的规模与结构考察

（一）概念界定与历史分析

按照传统口径，中国政府储蓄的度量可以通过三种方式：一是直接计算法，即政府储蓄等于政府可支配收入（全国财政收入，不包括债务收入）减去政府消费性支出（包括非资本性转移支出）；二是间接计算法，即政府储蓄等于政府投资性支出（直接投资加上资本转移）加上财政结余（财政收支差额）；三是根据资金流量表的部门数据得出。根据不同的政府储蓄界定方式，我们对中国改革开放以来政府储蓄的历史演变进行如下分析。

根据表 1，可以看到几个问题：一是 1978~1985 年，直接计算的政府储蓄要高于间接计算的政府储蓄，该时期间接计算结果被低估的原因，很可能是投资性支出被低估，主要是该阶段财政对国有企业进行"放权让利"产生了大量的资本转移，可能没有纳入统计范畴；二是 1986~2003 年，直接计算结果要低于间接计算结果，除了支出法 GDP 中的政府消费可能有高估之外，更可能源于该时期预算外资金的膨胀，导致政府可支配收入被严重低估，如 1986 年预算外收入 1737.31 亿元，相当于当年预算内收入的 81.9%，2002 年实施"收支两条线"和国库制度改革后，预算外资金才逐渐弱化；三是 2004~2006 年，直接计算结果又高于间接计算结果，可能因为投资性支出的低估，因为该时期的政府直接投资和资本转移都发展较快，尤其地方政府出现利用融资平台的各种"隐形"投资支出，超出了现有科目的统计范畴；四是 1992~2008 年，可以看到无论直接还是间接计算的政府储蓄，都远低于资金流量表的数据，这很大程度上要归结于政府可支配收入的低估，尤其是政府性基金收入（包括土地出让收入）和国企利润上缴都未纳入现有财政收入口径。

由于资金流量数据的估算偏差往往较小，因此基于资金流量表的政府储蓄数据应更接

表 1 不同口径下的中国政府储蓄度量 (1978~2008 年)

单位：亿元，%

年份	直接计算			间接计算			基于资金流量表的计算		
	政府储蓄	储蓄倾向	储蓄率	政府储蓄	储蓄倾向	储蓄率	政府储蓄	储蓄倾向	储蓄率
1978	652.26	57.61	17.89	525.33	46.40	14.41			
1979	524.18	45.72	12.90	380.06	33.15	9.36			
1980	483.23	41.66	10.63	357.91	30.86	7.87			
1981	442.19	37.61	9.04	360.66	30.67	7.38			
1982	400.43	33.03	7.51	320.49	26.44	6.01			
1983	471.65	34.50	7.88	381.12	27.88	6.37			
1984	538.56	32.78	7.43	507.73	30.91	7.01			
1985	705.92	35.21	7.81	658.55	32.85	7.28			
1986	602.31	28.38	5.86	643.03	30.30	6.26			
1987	520.85	23.68	4.32	583.74	26.54	4.84			
1988	385.84	16.37	2.57	511.8	21.71	3.40			
1989	313.3	11.76	1.84	469.12	17.60	2.76			
1990	297.5	10.13	1.59	554.81	18.89	2.96			
1991	-211.82	-6.73	-0.97	503.29	15.98	2.31			
1992	-719.83	-20.66	-2.67	520.69	14.95	1.93	1185.7	22.00	4.40
1993	-1138.85	-26.19	-3.23	719.96	16.55	2.04	1455.5	20.96	4.13
1994	-2179.9	-41.78	-4.53	480.33	9.21	1.00	1528.6	17.12	3.18
1995	-2136.3	-34.22	-3.57	702.15	11.25	1.17	1537.6	15.51	2.57
1996	-2555.61	-34.50	-3.64	900.9	12.16	1.28	2606.7	20.74	3.72
1997	-2567.96	-29.68	-3.29	1080.28	12.49	1.38	3144.0	21.89	4.03
1998	-2482.95	-25.14	-2.99	1106.69	11.21	1.33	2760.6	18.26	3.33
1999	-2272.42	-19.86	-2.57	1139.03	9.95	1.29	2372.3	14.75	2.68
2000	-2266.17	-16.92	-2.31	468.86	3.50	0.48	3255.0	17.21	3.32
2001	-1111.96	-6.79	-1.03	985.66	6.02	0.91	4632.6	20.78	4.29
2002	143.74	0.76	0.12	961.85	5.09	0.81	6115.7	24.23	5.14
2003	1679.55	7.73	1.24	1587.59	7.31	1.17	9444.8	31.42	6.99
2004	4062.37	15.39	2.55	2591.02	9.82	1.62	8885.4	28.46	5.57
2005	5250.49	16.59	2.84	3254.94	10.28	1.76	11247.7	29.88	6.08
2006	8231.8	21.24	3.81	4472.41	11.54	2.07	16615.1	35.24	7.68
2007	15421.38	30.05	5.80				23491.7	39.55	8.84
2008	19578.25	31.92	6.23				26225.4	38.58	8.35

注：1. 储蓄倾向 = 政府储蓄/政府可支配收入，表明政府部门内的储蓄意愿；储蓄率 = 政府储蓄/国民总收入，表明政府部门对总储蓄率的贡献。2. 在直接计算法中，政府消费性支出使用了支出法 GDP 结构中的数据；在间接计算法中，政府投资性支出等于基建支出加上挖潜改造资金和科技三项费用（2007 年实施政府收支分类改革后，投资性支出的相关数据没有公开，因此暂时无法度量政府储蓄）。

近现实。根据图1,可以看到2000年以来,图中三项指标都呈现明显上升趋势,其中2007年政府储蓄率和政府储蓄倾向都达到峰值,分别为8.84%和39.55%,政府储蓄占总储蓄的比重也在2007年达到峰值17.61%。2004年三项指标都出现一定程度下降,除了数据修正与统计口径调整的因素,也表明2004年4月开始的具有"行政性"特点的宏观调控,明显抑制了政府投资性支出。

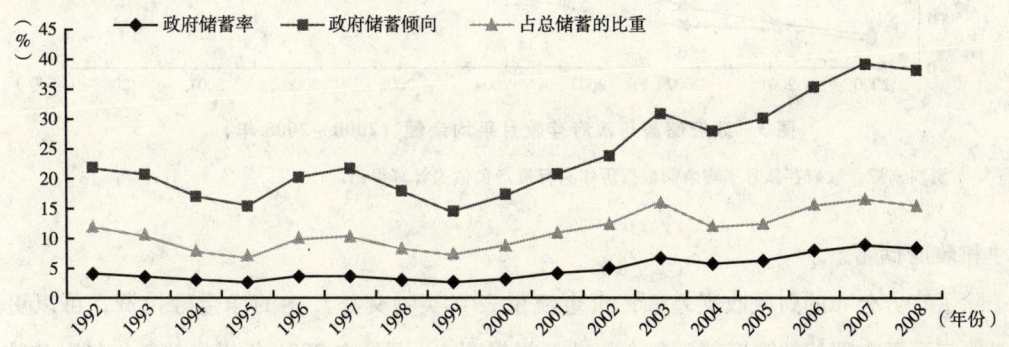

图1　基于资金流量表的中国政府储蓄指标（1992～2008年）

此外,在政府储蓄的形成中,资本转移(主要是对国有企业)具有明显的中国特色。根据图2,2002年之前资本转移和政府直接投资对政府储蓄的贡献程度相近,而2003～2008年,资本转移的规模逐渐下降,政府直接投资开始"急剧"增长,构成政府储蓄的最大贡献因素。

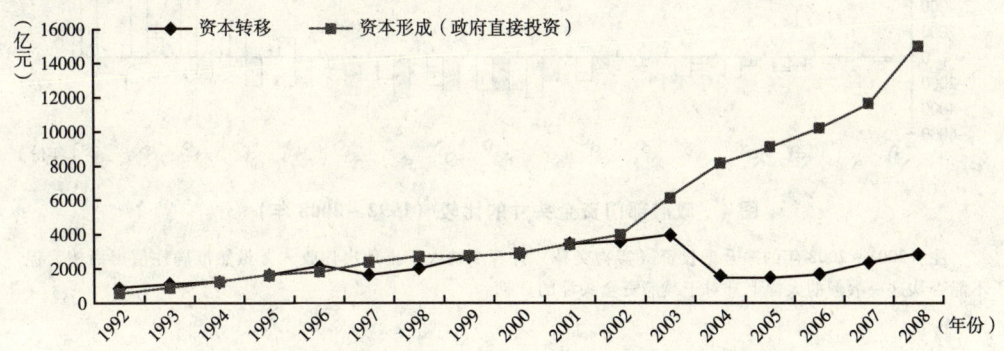

图2　中国政府储蓄中的资本转移和政府直接投资（1992～2008年）

根据图3,近年来央行资产负债表中"政府存款"的迅速增长,与政府储蓄规模的膨胀有明显的关联关系。这也从侧面说明资金在政府部门的流动效率并不高,例如,财政支出项目在预算列支之后,却由于各种原因没有从国库拨付出去,最终影响到政府部门资金

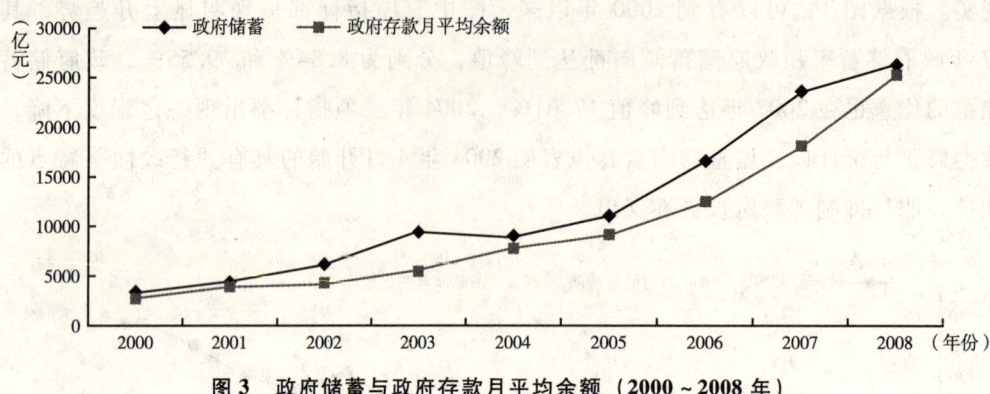

图3　政府储蓄与政府存款月平均余额（2000～2008年）

资料来源：政府存款月平均余额根据历年央行资产负债表计算得出。

头寸和政府储蓄。

除了官方公布的财政收支差额，资金流量表（实物交易）中的净金融投资，可以更加近似地表示不含债务的政府部门资金头寸。根据图4，可见在2001年以来的各年份财政收支差额都要小于净金融投资，除了财政收入和支出不同步的原因之外，这在某种程度上也能证明近年来政府可支配收入的低估已经成为常态，财政结余已经难以反映政府部门实际资金头寸。

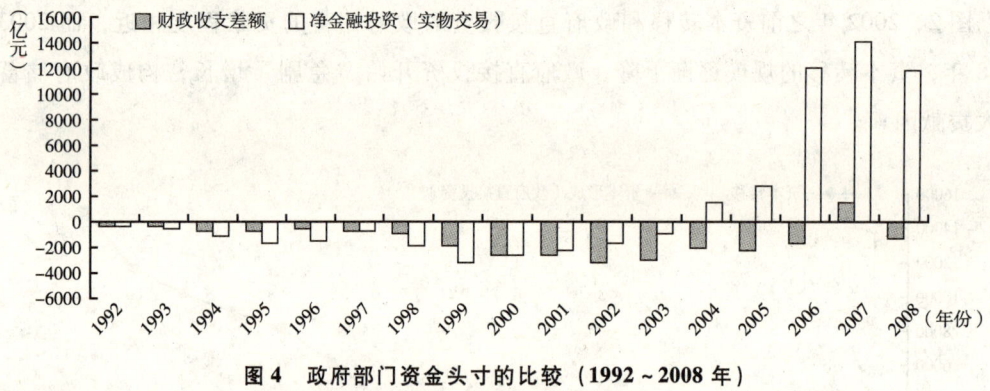

图4　政府部门资金头寸的比较（1992～2008年）

注：2005～2008年的净金融投资（实物交易）计算中纳入了土地出让收入，虽然准确性值得商榷，但不能否认这一数额的大幅上升对于政府资金头寸的贡献。

实际上，如果按照政府可支配收入的全口径来看，除了官方公布的财政收入之外，还有其他一些重要的政府可控收入也应该构成政府储蓄的来源，典型的是政府性基金收入、国有资本经营预算收入和社会保险基金收入，还有未纳入预算管理的行政事业性收费等。考虑到与纳入预算的财政收入相比，这些资金的支配方式有所不同，并且难以度量，我们可以将其形成的储蓄定义为"准政府储蓄"。其中：政府性基金收入成为准政府储蓄的主要来源,如 2009 年全国政府性基金收入 18335.04 亿元,土地出让收入就占其中的 77.7%,为 14246.3 亿元,土地出让支出总额为 12327.1 亿元,结余 1912.6 亿元。土地出让收入的很大一部分都用于投资性支出,包括基础设施建设和土地开发支出等,2009 年这类支出占比约在 50% 左右;国有资本经营预算收入①也形成一定的准政府储蓄,如 2009 年中央企业的国有资本收入 988.7 亿元,用于央企灾后重建、技术创新、境外矿产资源投资等方面的支出都构成投资性支出,占比至少在 50% 以上,如果考虑到庞大的地方国有资本,尤其是地方政府通过各类融资平台进行的隐形资本转移,那么相应的储蓄形成额应该更高;至于社保基金收入和预算外的行政事业性收费,其资金用途则多带有转移性和消费性支出的特点,对储蓄形成的贡献有限。虽然缺乏有效的数据进行分析,但以 2009 年中央基金结余 655.71 亿元,加上土地出让金的结余和投资性支出,以及国有资本经营预算的投资性支出,保守估计这部分准政府储蓄至少接近 1 万亿元。对于直接计算和间接计算的结果来说,被低估的准政府储蓄规模非常大;资金流量表计算结果则逐渐能涵盖可统计的"体制内"非税收入所形成的准政府储蓄,可能被低估的主要是缺乏统计基础的准政府储蓄(如地方土地出让金的投资性支出、地方隐形的资本转移等),以及"体制外"政府非税收入(如未纳入国库的土地出让金)所形成的准政府储蓄。

(二)与国外的比较

与其他主要国家或地区相比(见表 2),中国的总储蓄率一直处于高位,而且比较 1996 年和 2007 年,十年间的总储蓄率上升也比较明显。就政府储蓄率而言,也远高于多数国家或地区,只有韩国略高于中国。考虑到韩国的政府主导型经济发展模式,这也是可以理解的,何新华和曹永福(2005)也论证了 1992~2001 年韩国的政府储蓄倾向要高于中国。

表 2 储蓄率的国际比较

单位:%

	1996 年							2007 年					
	中国内地	法国	德国	日本	韩国	中国台湾地区	印度	中国内地	法国	德国	日本	韩国	中国台湾地区	印度
政府储蓄率	5	0	-1	3	10	0	2	9	1	2	0	11	1	4
总储蓄率	38	17	20	30	35	26	23	52	19	24	26	29	30	38

资料来源:国外(地区)数据摘自《中国的储蓄率及其长期走势》(乔虹、宋宇,2009);中国内地数据按照资金流量表(实物交易)计算。

---

① 国有资本经营预算自 2007 年开始试点,主要源于试行范围内的中央企业上缴的税后利润;地方国有资本经营预算尚未建立起来,缺乏有效的公开数据。

根据图 5 和图 1，可以进一步比较中国和美国政府储蓄的主要指标。其中，中国的政府储蓄率和政府储蓄倾向都远高于美国，美国的这两个指标在 2000 年后逐渐呈现下降趋势，且连续 4 年为负值；对比而言，中国政府储蓄占总储蓄的比重呈现平稳上升趋势，而美国的该指标则出现大起大落，对总储蓄的扰动极大。总的来看，美国的国民储蓄率较低，很大程度上要归因于其政府储蓄不足。

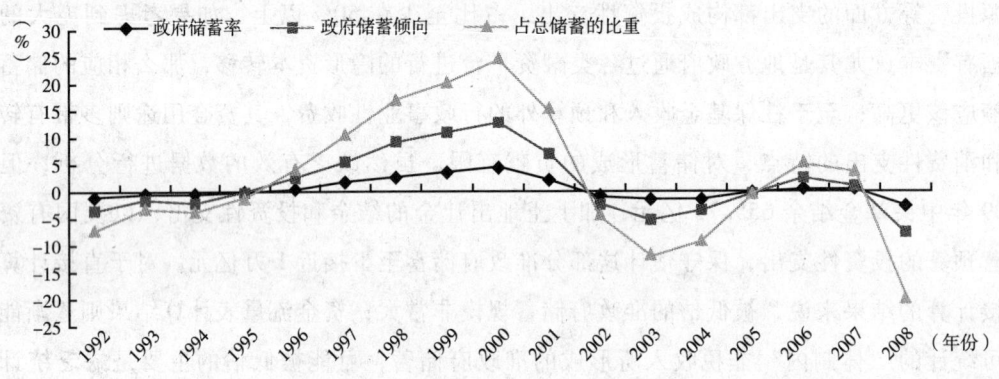

图 5　基于资金流量表的美国政府储蓄指标（1992～2008 年）

资料来源：根据美国资金流量表（实物交易）中的数据（http://www.federalreserve.gov/releases/z1/)，按照加入折旧的同比口径计算。美国资金流量表不定期修正历史数据，图中采用 2010 年 6 月 10 日前可得的历年最新修订数据。

四　中国政府储蓄的影响因素及政策应对

不可否认的是，2000 年以来，政府部门对国民储蓄的贡献程度不断上升，这主要是由三方面因素所造成的。其一，政府可支配收入不断上升，不仅税收增速屡创新高，而且以土地出让收入为代表的非税收入也大幅增长。根据图 6，可见 1996 年以来的绝大多数年份，政府可支配总收入的年同比增速都远超过国民总收入的同比增速（即按照现价计算的年增长率）。其二，伴随 1997 年以来积极财政政策的运用，政府投资性支出的规模和增速都不断提高，而教育、医疗、社保领域的消费性支出则增长缓慢。图 6 显示了政府投资的增速经历了 1998～2000 年和 2002～2004 年两个增长高峰期，2005～2006 年虽然在宏观调控政策作用下有所下降，但接着又迅速反弹；而政府消费增速则自 1993 年以来呈现下降趋势，2005 年以来才略有上升，除了如 2005～2007 年等几个调控经济过热的时期之外，多数年份都低于政府投资的增速，说明政府可支配收入的增长份额更倾向用于政府投资。其三，政府边际储蓄倾向的变化，尤其是近年来经济改革中存在计划经济体制复归的迹象，政策制定的行政性有所加强，而计划型政府更偏好预算扩张和投资类政策，这就带来政府边际储蓄倾向的不断提升。根据资金流量表计算，1993 年的政府边际储蓄倾向为 0.17，到 2007 年已达 0.56，增幅远高于居民和企业部门的边际储蓄倾向变化，2008 年虽下降为 0.32，但很可能归因于统计口径的调整，随着当年底政府投资开始扩张，2009 年又明显反弹。

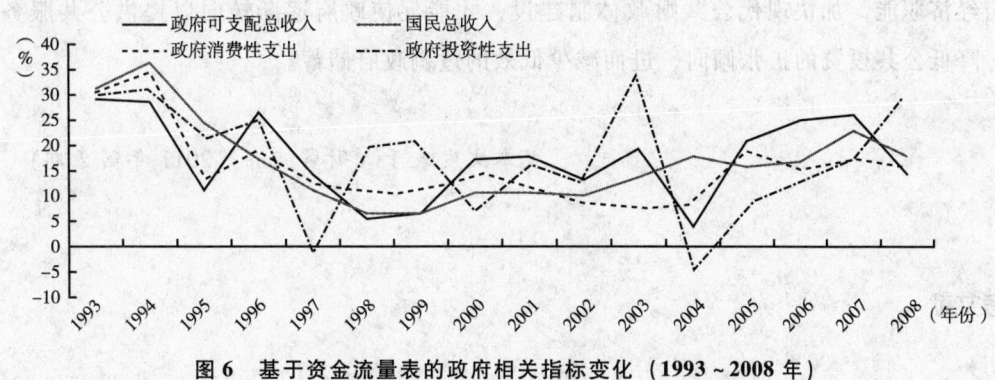

图 6　基于资金流量表的政府相关指标变化（1993～2008 年）

注：政府投资性支出由政府资本转移和资本形成（政府直接投资）构成。

长远来看，要想从政府储蓄入手来降低国民储蓄率，需要考虑如下因素。

第一，就政府可支配收入来看，其在国民收入增长中占据过高的份额，已经影响到经济社会的可持续发展，造成效率下降和结构失衡。因此，政府应该在国民收入分配中向居民和企业倾斜，适度抑制税收和非税收入的过快增长。以 2008 年为例，基于资金流量表计算的政府、居民和企业（非金融企业和金融机构部门）的边际储蓄倾向分别为 0.32、0.42、0.85，部门储蓄倾向分别为 0.39、0.39、0.86。其中，企业部门的高储蓄倾向实际上更多体现在资本充足的国有企业身上，因此，政府在向其他部门"让利"的过程中，首先要面向居民，其次是民营企业，这样才有可能从整体上降低国民储蓄率，促进最终消费的增长。

第二，就政府直接投资来看：一则，近年来其过快增长，已经使得未来的固定资产投资的边际收益率预期下降；二则，随着将来城市化和工业化道路由规模扩张变得更加重视质量，预计以投资拉动经济增长的空间也在变窄；三则，政府直接投资已经对民间投资产生"挤出效应"，影响了民营经济活力。由此来看，政府直接投资的适度"退出"，已经成为优化财政政策的关键，也有助于降低政府储蓄率。

第三，就政府资本转移来看，其不仅通过国有企业而增加了企业储蓄，而且影响了正常的市场竞争环境，产生了潜在的财政风险。对此，一方面应该控制资本转移的规模；另一方面应该考虑增加对民营企业的资本转移，以避免出现经济中的"国进民退"的现象。

第四，就政府消费来看，虽然近年来有效地抑制了行政管理费等支出的膨胀，但教育、医疗、社保等消费性支出也增长乏力，这不仅加快政府储蓄的积累，而且由于无法提供各类保障性公共产品和服务，也强化了居民的储蓄倾向，因此合理增加保障性政府消费支出也是重要的政策选择。

第五，影响政府边际储蓄倾向的主要是体制因素，通过继续深化市场经济改革，转变政府经济职能，加快现代公共财政体制建设，才能促使政府逐渐转向以提供公共服务为主，降低公共投资的扩张倾向，进而减少低效的过剩政府储蓄。

（本文发表于《财贸经济》2011年第2期）

参考文献

[1] 曹康霖：《储蓄理论与中国的现实》，《经济学家》1996年第1期。
[2] 郭爱君、范巧：《政府储蓄与支出对经济增长的影响》，《统计与决策》2006年第8期。
[3] 郭庆旺、赵志耘：《政府储蓄的经济分析》，《管理世界》1999年第6期。
[4] 何新华、曹永福：《解析中国高储蓄》，《世界经济统计研究》2005年第2期。
[5] 李扬、殷剑峰：《中国高储蓄率问题探究——基于1992~2003年中国资金流量表的分析》，《经济研究》2007年第6期。
[6] 刘家新：《政府储蓄论》，西南财经大学博士论文，2002。
[7] 刘红艺、李武好：《我国政府储蓄的现状与提高途径》，《财贸经济》2001年第8期。
[8] 〔美〕保罗·A. 萨缪尔森、威廉·D. 诺德豪斯：《经济学》，高鸿业等译，中国发展出版社，1992。
[9] 〔美〕理查德·A. 马斯格雷夫、皮吉·B. 马斯格雷夫：《美国财政理论与实践》，邓子基等译，中国财政经济出版社，1987。
[10] 〔美〕N. 格利高里·曼昆：《经济学原理》，梁小民译，中国人民大学出版社，2000。
[11] 乔虹、宋宇：《中国的储蓄率及其长期走势》，高盛高华全球经济研究报告（第191期），2009。
[12] 汤敏：《减少企业与政府储蓄、调节经济失衡的一步活棋》，《中国发展观察》2006年第9期。
[13] 王燕武、薛蕾：《我国储蓄投资相关性的实证分析》，《北方经济》2007年第1期。
[14] 杨思群：《资本积累与资本形成》，社会科学文献出版社，1998。
[15] 张明：《中国政府高储蓄的成因分析和中期展望》，《财贸经济》2007年第10期。
[16] 朱萍：《论政府储蓄与投资对社会总供给能力的影响》，《财经研究》1996年第3期。
[17] Edwards, S., Why are Saving Rates so Different across Countries: An International Comparative Analysis. NBER Working Paper, No. 5097, 1995.
[18] Hiromitsu Ishi, "Long-Term Changes of the Government Saving Rate in Japan". *Economic Development and Cultural Change*, Vol. 22, No. 4, Jul., 1974, pp. 615 – 633.
[19] Louis Kuijs. Investment and Saving in China. World Bank China Research Paper, May 2005.
[20] Mckinnon R., *Money and Capital in Economic Development*. Washington, D C, Brookings Institution, 1973.
[21] Robert Eisner, "Real Government Saving and the Future". *Journal of Economic Behavior and Organization*, Vol. 23, 1994, pp. 111 – 126.

简论货币、金融与资金的相互关系及政策内涵[*]

王国刚

货币、金融和资金是市场经济运行中最为常见也最为扑朔迷离的现象之一。从西方古典经济学起，货币就作为影响经济增长、价格、投资和就业等的重要变量而纳入经济学研究范畴，研究的主要内容包括货币职能、货币界定和统计、货币供给与货币需求、信贷和利率等，但很少有人深入细致地探讨过货币、金融和资金之间的内在关系，以至于在相当多论著中以"货币"名义展开的分析实际上研究的是"资金"。20 世纪 70 年代以后，随着金融创新和资本市场的快速发展，金融活动成为众多经济学家关注的新现象（实际上，有关金融现象的理论探讨从 20 世纪 50 年代就已起步），以"货币"为重心的研究转向以"金融"为重心的研究，但又常常发生"货币"与"金融"之间说不清理还乱的现象。根据理解的不同，一些人提出应将"货币经济学"① 与"金融经济学"② 相分立③，一些人又将货币理论与金融理论混编形成"货币、银行和金融市场经济学"④，另一些人则将货币理论包含在金融范畴内编撰了"金融学"⑤，还有的人强调应分别建立宏观金融学和微观金融学⑥。在中国⑦，突出的现象是，基础性教科书的名称基本上由"货币银行学"

---

* 本文是国家社科基金重大招标项目（项目批准号 09&ZD036）阶段性研究成果，课题主持人：王国刚。感谢董裕平对本文初稿提出的修改意见和匿名评审人对本文提出的修改意见。当然，文责自负。

① 参见〔美〕约瑟夫·斯蒂格利茨、布鲁斯·格林沃尔德《通往货币经济学的新范式》，中信出版社，2005；〔加〕杰格迪什·汉达《货币经济学》，中国人民大学出版社，2005。

② 参见〔美〕布莱恩·克特尔《金融经济学》，中国金融出版社，2005；〔美〕斯蒂芬·F. 勒罗伊、简·沃纳《金融经济学原理》，上海财经大学出版社，2003；〔美〕王江《金融经济学》，中国人民大学出版社，2006。

③ 20 世纪 90 年代初，美国经济学会编制的经济学学科分类体系 JEL（Journal of Economic Literature）中，"货币经济学和宏观经济学"属于一大类，即 E，其中"货币"部分主要包括货币供求、利率、货币政策等；"金融经济学"属于另一大类，即 G，包括资产定价、金融机构、公司财务与公司治理等理论，目前，这已是国际学术界比较通行的分类标准。但这并不意味着"货币"、"金融"和"资金"之间的基本关系在理论上已经理清了。

④ 参见〔美〕米什金《货币银行金融市场学》（Economics of Money, Banking and Financial Markets），中国财政经济出版社，1990；《货币金融学》，中国人民大学出版社，1998。

⑤ 参见黄达主编《金融学》，中国人民大学出版社，2003；王松奇编著《金融学》，中国金融出版社，2000。

⑥ 参见陈雨露、汪昌云主笔《金融学文献通论》（宏观金融卷、微观金融卷），中国人民大学出版社，2006。

⑦ 当然不仅仅是中国，还可包括日本等。

转变成了"金融学"。尽管发生了如此大的变化,但对"货币"、"金融"和"资金"等基本范畴的理论解释依然不甚了了。

在实践面上,主要国家大多在中央银行之外建立专门的金融监管机关(或履行同类功能的若干个金融监管部门),一些国家的中央银行行长甚至提出了"只管货币、不管金融"的政策主张,但又常常遇到一系列矛盾:一方面,在运用货币政策进行宏观调控的过程中,是否应当将商业银行等金融机构的信贷活动也纳入调控范畴?在实行紧的(或松的)货币政策中,是否应当对应地调控公司债券、股票和各种证券类衍生产品的发行规模?面对金融市场(尤其是资本市场)的走势波动,是否应当运用货币政策进行调控?如此等等。另一方面,金融监管部门在进行市场监管中也常常遇到相似的矛盾:金融监管部门是否具有运用金融政策进行金融调控的职能?金融监管是否应当根据货币政策的目标而调整监管的严宽力度?金融创新是否应当根据货币政策目标的要求而展开?再一方面,金融政策与货币政策是一个政策还是两个政策?如果是一个政策,那么,是金融政策包含货币政策还是货币政策包含金融政策?如果是两个政策,它们之间又是何种关系?由此,中央银行和金融监管部门之间的职能关系又如何理顺协调?这些难题,在本源上,都要求弄清"货币"、"金融"和"资金"等范畴的基本内涵和相互关系。

一 货币本体:实物还是机能

货币理论、货币政策等均以"货币"命名。从西方古典经济学至今的200多年历史中,对"货币"的研讨主要集中在货币本体、货币功能、货币构成、货币供求和货币效应等方面,其中,货币本体占据基础地位(货币功能、货币构成等均因货币本体的界定不同而不同),鉴此,我们的探讨也以此为基点展开。

1. 货币并非实物

货币本体回答的问题是"什么是货币"?斯密(1752)认为:货币是"从许多种类货物中"分离出来作为"共同衡量标准"或"共同价值标准"[①] 的一种货物。马克思(1859,1867)指出:货币是充当一般等价物的特殊商品,"金银天然不是货币,但货币天然是金银"。弗里德曼(1963)认为:"货币是一种资产,是持有财富的一种形式";"在货币与其他资产之间并不存在任何严格的界限"[②]。米什金(1995)认为:"货币或货

---

① 参见〔英〕坎兰《亚当·斯密关于法律、警察、岁入及军备的演讲》(1892),商务印书馆,1962。
② 参见〔美〕弗里德曼、施瓦茨《美国货币史(1867~1960)》,北京大学出版社,2009。

币供应可以定义为任何在商品或劳务的支付中或在偿还债务时被普遍接受的东西。"在这些（以及其他）关于货币本体的定义中，货物、商品、资产等由于具有了某种特定功能而成为货币的本体，这给理论分析和实践活动造成了"货币是一种特殊实物"的错觉。

"货币是一种特殊实物"，这是一种错觉。内在机理有三：第一，所有权。在任一国家（或地区）的经济活动中，任何实物都存在由所有制关系决定的所有权关系，由此，如果货币是一种实物，它也必然存在所有权的归属问题。例如，一方面，在经济运行中，实物在归属关系上可分为国家所有、集体所有和个人所有等，那么，货币是属于国家所有还是属于集体所有或是属于个人所有呢？另一方面，实物在经济权益关系上可分为政府产权、企业产权和个人产权等，那么，货币是属于政府产权还是属于企业产权或是属于个人产权呢？在200多年的货币理论发展中，没有一个经济学家专门探讨或论及过货币本体的所有权问题或者产权问题①（正如在中国当今，没有一个经济学家探讨过人民币是属于国家所有制范畴、集体所有制范畴还是个人所有制范畴）；同时，千百年来，在众多国家（或地区）现实的经济活动中，既没有人提出过货币本体的所有权问题或产权问题，也没有一个经济主体（家庭、企业和政府等，下同）遇到过由货币本体所有权或产权关系引致的经济活动纠纷，鉴此，可以得出一个基本判断：货币本身并没有所有权关系或产权关系。第二，逐利性。在经济实践中任何一个主体拥有并使用实物总是以其利益为基点的，与此对应，如果货币是一种实物，它就必然具有逐利性特点。但同样的是，在200多年的货币理论发展中没有一个经济学家专门探讨或论及过货币本体的逐利性问题。虽然在讨论货币供求时，几乎所有经济学家都分析了利率对货币供求的效应（但这更多的是从实践经验出发作出的一种理论反映，实际上是将"资金"与"货币"相混的结果），但都并没有明确指出货币本身具有逐利性功能（或特点）②，也没有明确指出作为非逐利性的货币政策是为什么能够借助"利率"这一逐利性机制对经济运行中各个主体的活动发挥深刻影响？同时，在众多国家（或地区）现实的经济活动中，从最初的货币产生到货币形式的变化再到中央银行发行货币，谁都没有提出过货币的逐利性问题。假定货币本身具有逐利性，那么，在中国的实践中就应可观察到如下情形：中国人民银行在发行货币时，向接

---

① 在货币理论史上，众多经济学家都从货币需求角度论及过经济主体持有货币的动机和目的。例如，凯恩斯认为，人们持有货币的动机可分为交易动机、预防动机和投机动机三种。但这并未论及货币本体是否存在所有制关系或者产权关系问题。在此之前，配第、洛克和马西等人曾从商品所有权中揭示了利息产生的直接原因，由此，涉及经济主体持有货币所有权的权益关系，但他们依然没有从货币本体角度分析过货币本身是否存在所有制（以及与其对应的所有权）关系。

② 假定"货币"具有逐利性，那么，这种逐利性依何产生？对此，无人进行过分析探讨。

受人民币的各家存贷款金融机构收取按照某种利率计算的利息；或者，人们在购买商品时，应当按照某种利率水平对商品售价打折。但事实上，这些情形都是不存在的。鉴此，可以得出结论：货币本身并没有逐利性。第三，非资产。货币如果是一种实物，那么，它一定属于经济主体的资产范畴（在现代经济中，它首先应在中央银行的资产负债表中表现为资产，但在中央银行资产负债表中"货币发行"列入"负债"之中）；可一旦货币属于资产范畴，所有权、逐利性等特征就自然产生，那么，问题又回归到必须对"货币的所有权、逐利性"作出解释；紧接的问题是，各个经济主体是通过何种机制并如何分别获得货币的（需知，货币具有同质性和共同功能）？如果货币不属于资产范畴，就一国（或地区）范围而言，在现实经济活动中，除了各个经济主体拥有的资产外，再也没有其他无主资产，那么，货币又在哪里？

在历史上，曾有一系列实物充当过货币材料，其中包括贝壳、布帛、铜、铁、金、银和纸张等。货币材料的演变，不仅表明了货币并非固定地是哪一种具体实物，即每一种具体实物只是货币的一个载体而非货币本体（正如电线只是电的载体而非电的本体一样），同时也表明了，货币是这些实物之外的另一个经济范畴。实际上，"货币材料"一词已经直接指明了"材料"并非货币，"货币"也并非材料；"材料"只是货币的一个载体，"货币"只是寄附于材料上的一种经济机能。在中国历史过程中还曾发生过这样一种现象：当某种贵金属（如白银）充当主币材料时，为了商品交易的方便，不仅有一些金属（如铜、铁）充当辅币，而且有一些纸张（如银票）充当货币。这明白无误地表明了，货币并非一种具体的实物或者货币并非实物。如果说，这还不足以揭示"货币"与"实物"之间的非自然关系，那么，随着电子技术的发展，出现了看不见摸不着的电子货币，则货币并非实物的关系已为现代科技揭示得清晰无疑了。

到此，问题又回到了起点。"货币是什么"？这一谜团依然没有解开。

2. 货币是一种经济机能

要解开货币本体之谜，还需要从货币产生和演变的历史入手。马克思在《资本论》（1867）中通过对价值形式演变的分析，深刻揭示了货币的起源。其中的关键之点在于"总和的或扩大的价值形式"如何转变为"一般价值形式"，即这一转变需要什么条件？

具体来看，在"总和的或扩大的价值形式"中，20 码麻布 = 1 件上衣，或 = 10 磅茶叶，或 = 40 磅咖啡，或 = 1 夸脱小麦，或 = 2 盎司金，或 = 1/2 吨铁，或 = 其他。这意味着，麻布可以与诸多实物相交换，由此，麻布生产者有着较大的交易选择权，可以在较大程度上满足自己对其他商品的需求。但对除麻布以外的其他商品生产者而言，他们彼此间的交换能否成功，却是一个个别的或偶然的事情。在商品交换的历史发展中，"总和的或扩大的价值形式"转变为"一般价值形式",因此,价值形式成为1件上衣,或10磅茶叶,或40磅咖啡,或1夸脱小麦,或2盎司金,或1/2吨铁,或其他商品,＝20码麻布。深层的问题不在于将等式的左右秩序对换所引致的价值形式变化,而在于:第一,其他商品生产者在不直接需要麻布(例如,茶叶生产者需要小麦)时,他为什么敢于用他生产的商品换取麻布?第二,麻布与其他商品之间的数量关系揭示了一种怎样的经济机理?第三,麻布作为一般等价物的功能究竟有哪些?

从第一个问题上看,其他商品生产者之所以敢于用自己生产的商品换取他并不直接需要的麻布,内在机理有二:其一,通过商品交换的反复实践,他相信拥有麻布就可以换取他所需要的其他商品。以此为基础,他在未得到自己所需商品之前,让渡了自己生产的商品,因此,这种商品交易是以信用关系为基础的。其二,即便由于某种条件的变化,麻布不再充当一般等价物了,它还是可以作为日用消费品,因此,对其他商品生产者来说,麻布还是具有实用价值的(区别仅在于,对某一具体的商品生产者来说,他可能此一时的消费暂不需要麻布)。从这个意义上说,麻布具有抵押品的含义,它保障了信用关系的实现。就此不难看出,信用关系是货币产生和发展的基础条件,也是货币的内在规定性。在漫长的商品交换发展中,货币的载体不论发生何种变化,信用关系作为其内在的规定性始终不变。劣币与良币、弱币与强币、硬通货与软通货等的区别,也直接依托于信用关系的强弱程度。

何谓"信用关系"?信用关系,在最基本的含义上,是指在彼此信任的基础上就有条件地使用(或让渡)某种物品(或资源)所达成的契约关系和履行该契约的行为过程。其中,"彼此信任"既可以建立在物品(或资源)的基础上,也可以建立在人际关系的基础上,还可以建立在制度的基础上。在早期商品交换中,这种信任缺乏制度基础,既然是商品交换也就谈不上人际关系,所以,只能建立在对物品(或资源)的基础上。"条件"既可以通过习惯形成,也可以通过试错形成,还可以通过相关各方协商和制度规定等形成。在早期的商品交换中,它更多地通过习惯和试错等方式形成。"使用(或让渡)某种物品(或资源)",对茶叶生产者来说,用茶叶换取一种眼下对自己缺乏直接实用价值的物品——麻布,实际上是向对方让渡了自己的商品,而对麻布供给者来说,通过麻布与茶叶的交换,获得了茶叶的使用权力。"履行该契约的行为过程",信用关系的关键在于相关各方的切实守约和履约,这往往不是一次行为,而是由若干次行为构成的一个过程。假定,茶叶生产者获得了麻布后,用麻布换不了小麦,他就可能选择两种方式:其一,如果认识麻布供给者,他就可能要求麻布供给者提供能够换取小麦的物品(即等价物)或者退还茶叶;其二,如果不认识麻布供给者,他就可能在以后的交换中不再接受麻布(除非他的消费需要麻布),同时,告知周边其他人"麻布不具有与他物相交换的能力",由此,麻布要成为具有货币功能的实物就比较困难了。这种切实履约的关系,在后来的货币发展中通过制度机制成为一种法定强制。

从第二个问题上看,麻布具有与其他商品相交换的能力,一个主要原因是,它在数量上能够反映其他各种商品的价值量关系,即 20 码麻布反映了 1 件上衣、10 磅茶叶、40 磅咖啡、1 夸脱小麦、2 盎司金、1/2 吨铁或其他商品之间的比价关系。最初的商品交换,由于上述的信用关系并不稳固又缺乏必要的制度保障,因此,与货币机能只能寄附在实物上相对应,各种商品之间的价值比例关系也表现为它们与货币材料价值之间的比价关系,由此,造成了一种错觉——似乎货币材料是用其自身的价值来衡量其他商品的价值及其比价关系(并由此将各种商品之间的比价关系表现为价格体系)。实际上,反映商品比价关系的机制是货币的一个基本功能,它与充当货币的"材料"是否具有价值以及价值高低并没有内在的直接关系。如果说这一情形在早期的商品交换中还看不清楚的话,那么,随着纸币、电子货币的出现就一目了然了。

各种商品之间比价关系的形成是一个漫长且相对(即不断波动)的过程。它受到一系列因素的影响,其中包括商品的生产成本、交易成本、交易的空间范围、市场供求格局、商品交易频率、各种商品之间的替代状况和互补状况、市场竞争程度、技术进步速度、交通条件以及经济社会的其他因素,因此,在不同区域内各种商品之间的比价关系常常有差别,在不同时期中各种商品之间的比价关系也会发生变动。这既说明了这种比价关系不是固定不变的、人为安排的,它是通过供求双方无数次的博弈在不断纠错的实践中逐步形成的,也说明了不论用何种实物作为货币材料都不会因实物的物理品质差异而引致商品间比价关系发生实质性变化。由此可见,重要的不是货币材料为何物,而是反映商品间比价关系的货币机制能否有效发挥作用。

从第三个问题上看,在一般价值形式中,麻布可以作为各种商品交易的媒介,由此,买和卖的统一性分裂成了"卖"和"买"两个过程,物物直接交换转变成了商品流通。这种商品流通打破了"产品交换的时间、空间和个人的限制"(马克思,1867),为先卖后买、先买后卖、多次卖一次买、一次卖多次卖等行为的展开提供了现实的可能。在此背景下,货币从媒介交易的功能中自然衍生出了支付、结算等功能。这些功能的展开与各种技术进步紧密联系,有效推进了商品交易的发展。

综上所述,货币不是任何一种实物(如货物、商品、资产、东西等),它是一种经济机能。这种经济机能以信用关系为基础,以有效反映各种交易物品(包括商品、劳务、金融产品和其他进入交易市场的物品)之间的比价关系为机制,以媒介、实现和推进交易为基本功能。正是因为货币本体是一种经济机能，不是实物，所以，货币本身并没有所有制关系或者产权关系，也没有逐利性。正如，光、热、波等是一种自然物，它本身并无所有制关系或者产权关系一样。

3. 货币功能和货币创造的修正

根据对货币本体的界定，可以对相关货币功能和货币构成的已有认识作出进一步的修正，其中包括：

第一，货币的价值尺度功能。货币是一种经济机能，在市场经济发展中发挥着至关重要的作用，但它本身不具有与商品价值相对应的价值。在早期商品交易中，实物货币的价值不来自货币功能而来自实物本身的价值。换句话说，不是货币有价值，而是货币载体的材料有价值。在缺乏制度保障的条件下，货币的信用基础极不稳固，它必然要以具有价值的实物为载体。现代电子货币虽然已将货币本身无价值这一面纱完全揭开了，但如果发生严重的经济社会不稳定状态（如战争、政权更迭等），随着制度保障的信用基础的改变，实物货币在一定时期或一定范围内的再现也还是可能的。货币的价值尺度功能，不在于以其载体的价值充当衡量商品价值的尺度，而在于反映各种商品价值之间的比价关系。

第二，货币的贮藏功能。货币不具有价值，也就不具有贮藏功能。所谓的货币贮藏功能，只是一种表象认识。货币资产可以贮藏，因为资产具有价值，所以，实际上具有贮藏价值的不是货币而是资产。在货币理论史上，维克赛尔、缪尔达尔和林达尔等人从货币的价值贮藏功能角度展开了货币对经济运行和经济增长的分析，它具有重要意义。但这些探讨实际上建立在将"货币资产"与"货币"相混的基础上①。不论是从资金平衡表（如政府部门和事业单位）上看，还是从资产负债表（如企业）上看，"货币资产"与其他资产一样均列在"左列"，而在"资产"之外并无"货币"的单独存在，也就不存在被贮藏了的货币。对中央银行来说，每年都可能通过一些途径收回一部分发行在外的现金，但这些现金一旦被收回，也就不再作为货币存在，因此，也没有贮藏价值可言。

第三，货币的统计。在货币理论史上，对货币本体展开探讨的主要目的在于，以此界定何为货币，从而，为经济实践中的货币统计、货币供求估算和货币政策实施等提供理论上的根据。为此，世界各国和地区不仅将中央银行发行的现金计入货币范畴，而且将各种存款和其他具有支付功能的金融工具也计入了货币范畴。但这存在着一个问题：如果是活期存款具有明显的支付功能应列入"货币"范畴的话，那么，各种定期存款在

---

① "货币资产"与"货币"的区别，本文第四部分将予以分析。

"定期"内并不发挥支付效能,只是一种金融产品,是否也应划入"货币"范畴就值得商讨了。

另一方面,在现实经济活动中依然存在着一系列类似货币的经济现象,诸如航空里程累积、商场饭店的返券、企业高校等单位的"一卡通"、网络之中的 Q 币等,也都以一定程度上的信用关系为基础反映着约定范围内的可选购商品之间的比价关系并具有交易媒介和支付清算功能,因此,都可界定为对应空间范围内的货币。所不同的是,这些"货币"不是国家的法定货币,同时,只在一个极为有限的范围内发挥作用,所以,能量极为有限。但是,随着电子技术的进一步发展,如果这种现象达到相当的规模(例如,在一个城市的较大空间范围内实现了集购物、交通、旅游等为一体的"一卡通"系统),那么,将它们纳入货币统计从而货币政策考虑范畴就将是一个不可避免的选择。这些现象的存在说明了,即使在法定货币为主的经济环境中依然存在着某种民间创造货币的空间,因此,很难绝对地说,政府信用是市场经济中各类货币的唯一基础。事实上,对一个幅员广大、各地区差别甚大且商业活动繁荣的国家来说,在法定货币之外,存在一些其他层次的货币(或称"准货币")是可能的,也是不必为怪的。

二 金融本质:资金融通还是权益交易

何谓金融?国内外理论界和实务界迄今没有一个确切的界定。《辞海》(1936)的解释是:"谓资金融通之形态也,旧称银根。金融市场利率之升降,与普通市场物价之涨落,同一原理,俱视供求之关系而定。即供给少需要多,则利率上腾,此种形态谓之金融紧迫,亦曰银根短绌;供给多需要少,则利率下降,此种形态谓之金融缓慢,亦曰银根松动。"《新帕尔格雷夫经济学大辞典》(1992)的解释是:金融"其基本的中心点是资本市场的运营、资本资产的供给和定价"。美国的滋维·博迪和罗伯特·C. 莫顿(2000)在"金融的定义"标题下认为:"金融学是研究人们在不确定的环境中如何进行资源的时间配置的科学。"[①] 黄达(1991)指出:"中文'金融'所涵盖的范围有广义和狭义之分:广义金融——指与物价有紧密联系的货币供给,银行与非银行金融机构体系,短期资金拆借市场,证券市场,保险系统,以及通常以国际金融概括的这诸多方面在国际之间的存在,等等。狭义'金融'——指有价证券及其衍生物的市场,指资本市场。洋人对

---

① 〔美〕滋维·博迪和罗伯特·C. 莫顿:《金融学》中译本,中国人民大学出版社,2000,第 4 页。

Finance 一词的用法也并非一种,而有最宽的、最窄的和介于两者中间的三种。"① 从这些界定中可以看出,"金融",就概念而言,使用范围相当广泛,已是现代经济学和市场经济中最为普遍的范畴之一,但就内涵而言,不尽相同且差别甚大。

1. 金融并非资金融通

"资金融通"是中国教科书和相关词典中对"金融"的最常见解释,这既可能与"资金融通"的字面中有"金"和"融"二字有关,也与实践中企业、政府等经济主体普遍感到资金不足因而有着强烈的融入资金需求(以至于将"金融"简单界定为"融资")有关。但是,金融并非"资金融通",主要理由是:

第一,"资金融通"在每一具体场合都突出地反映资金需求者单方面的意向,它并不必然包含资金供给者的意向和行为,也不包含市场机制在资源配置方面的基础功能。与此不同,任何的金融活动都必然是交易双方意向和行为的结果。在交易中,通过等价交换,资金需求者融入了资金,而资金供给者获得了某种金融产品(并非简单的资金融出)。这一过程所包含的复杂内容和本质特征,是"资金融通"一词很难充分概括的,更不是资金需求者单方面所能决定的。

第二,市场经济贯彻的是等价交换原则②。商品供给者将商品卖出获得资金,与金融产品供给者将金融产品卖出获得资金相比,就获得资金而言,二者并没有多少差别(即都融入了资金),那么,为什么前者称为"商品交换"、后者称为"金融交易"?如果这是因为"商品"属有形实物范畴,那么,"劳务"、"租赁"等的交易中也有资金支付现象,它们为什么不称为"金融交易"?

第三,在实物投资、股权置换、债转股或股转债等场合,虽然没有资金的直接介入,但依然属于金融范畴。既然"金融"中并非一定存在资金融通的现象,那么,资金融通就不能充分反映和概括金融活动。

2. 金融并非货币

金融并非货币,这是一目了然的。突出的现象有三:一是相当多金融产品(如债券、股票、保单等)的交易需要以货币为媒介和计价。反证推论是,如果货币与金融是等价概念,则金融交易是货币与货币交易,这缺乏应有的经济意义。二是各种金融产品都具有

---

① 参见《黄达文集》,北京:中国人民大学出版社,1999。
② 等价交换是市场经济的一个基本原则。这一原则得以确立和贯彻的一个基础是,在时空关系上确定的"时点",即任何的等价交换都以当时确定的地点而成立。离开了由"时"和"点"的确定性所形成的价格关系,就谈不上"等价交换"。参见王国刚、张跃文《国有商业银行股权"贱卖论"辨析》,《新金融》2008 年第 8 期。

明确的产权关系,例如,存贷款、债券、保单等中包含着债权债务关系,股份、股票中包含着股权关系,信托凭证中包含着委托受托关系等。但货币中不包含这些关系。三是各种金融产品都有对应的逐利性,因此,有明确的收益要求。既然金融并非货币,那么,金融政策与货币政策就不是等价的概念,与此对应,将"货币供给"划入"金融"范畴、或者将"金融"划入"货币"范畴就是不恰当的。

但另一方面,诸如存款、贷款等金融产品,既具有一般金融产品的特征,又是货币机能的载体,由此,不仅使得金融与货币的关系复杂化,而且使得二者的边界在一定程度上模糊了。在以间接金融为主的格局中,调整商业银行等金融机构通过存贷款机制创造派生货币的能力,对实现货币政策目标甚为重要,由此,中央银行更倾向于将存贷款列入货币范畴予以调控,这强化了货币政策与金融政策的边界模糊。尽管如此,诸如债券、股票、保险、理财产品、共同基金、信托凭证和资产证券化证券等不属于货币范畴,还是明确的。

3. 资本市场不足以覆盖金融

资本市场属直接金融范畴。20世纪70年代末,美国迈出了金融创新的步伐,其中的一个主要特点是,直接金融产品及各种衍生产品快速发展,在一定范围内,形成了由直接金融取代间接金融的趋势。在这个过程中,货币市场、金融市场的概念逐步淡化,资本市场的概念得到特别的强化。但30年多来,资本市场并未真正(也不可能)取代银行、保险和信托等金融机制。在实践推进中,以商业银行为主体的金融格局瓦解了,形成的是以资本市场为基础、以商业银行为主导的新型金融体系。在这种新型金融体系中,虽然资本市场发挥着至关重要的作用,但商业银行、保险公司和信托机构的功能依然不可取代。不仅如此,如果没有商业银行积极有效地深入资本市场的各方面创新,资本市场的发展步速和基础作用也将受到严重制约。[1]

显而易见的事实是,金融包含银行、证券、信托和保险等产业,但资本市场并不完全涵盖银行、信托和保险等产业的一切活动,由此,简单以"资本市场"来界定金融的边界是很难将金融的丰富内容概括在其中的。资本资产定价、资源的时间配置等在资本市场中是重要的,在金融运行中的效用也是无可厚非的,但它们依然不能概括金融的充分内容。金融是与实体经济相对应的一个产业门类,资本资产定价、资源的时间配置等并不能确切地表明金融产业与实体经济的本质区别,因此,不能准确反映金融的本质规定。

---

[1] 在始自2007年8月的美国乃至西方国家的金融危机中,随着美林公司被美国银行收购,雷曼兄弟公司破产,高盛公司和摩根·斯坦利公司转为银行控股公司,投资银行作为一个独立的金融产业瓦解了,由此,以资本市场为重心的金融构架受到严重挑战。

4. 金融机构不足以概括金融本质

金融机构的类型众多，也可从不同角度进行划分。随着金融发展的进一步推进和金融运作的专业程度的深化，金融机构的类型还将增加。金融机构是金融运作的组织方式，"金融职能比金融机构更为稳定"，"机构的形式随职能而变化"[①]。从逻辑上讲，金融机构的特性是由金融本质和金融内涵界定的；从市场发展来看，金融机构的类型是由金融市场的专业化竞争程度和科技发展水平决定的，因此，以"金融机构"来界定"金融"是不科学的。

5. 金融本质是资产权益的交易

金融，在本质上，是在资产权益基础上以获得这些权力的未来收益为标的而进行的交易过程和这些交易关系的总和。其中："资产权益"，是指依附于资产上的各种权力和对应的收益。当这些资产权益还只依附于资产之上从而尚未分离出来成为相对独立的交易对象时，与其对应的金融活动是不存在的。只有当资产权益从资产实体中分离出来并以交易对象的方式形成了一个独立的运行过程时，对应的金融活动才可能存在和发展。尽管金融现象林林总总、纷繁复杂甚至扑朔迷离，但寻源追本，总可以找到它们与资产权益的种种内在联系。"以获得这些权力的未来收益为标的"，是指金融交易的目的。各种金融交易的目的不仅在于简单地获得对应的资产权力，更重要的还在于获得对应资产的收益。由于这些资产的未来收益受到诸多不确定因素的影响，同时，确定这些未来收益直接关系着交易是否贯彻等价交换原则和交易各方的利益得失，所以，时间（即对"未来"的界定）和风险（即对"不确定性"的衡量）就成为衡量资产价值（从而，资产定价）的主要因素。"交易过程"，由从资产权益买卖各方的交易意向表示到实现交易的各种活动、程序、手续和结果等构成。不同类型的资产权益交易在交易内容、交易程序、交易手续和交易结果等方面差异甚大，这决定了它们有着不同的交易过程。"这些交易关系的总和"，是由资产权益交易过程中的各种机构、规则、机制和行为等构成的。不同类型的资产权益交易，参与的机构类型不同、遵循着不同的规则、运用着不同的机制、有着不同的行为特点，这决定了它们彼此间的交易关系不尽相同。

从金融的本质规定中可以看出如下几个特点：

第一，金融与实体经济的异同点。一方面，在市场经济中，不论是实体经济还是金融

[①] 引自〔美〕兹维·博迪和罗伯特·C. 莫顿《金融学》中译本，北京：中国人民大学出版社，2000，第 23~24 页。

经济都以交易为中心,为此,市场机制的一般原理和规则既适用于实体经济也适用于金融经济①;另一方面,金融经济与实体经济的区别主要在于交易对象从而交易目的的不同。实体经济中的交易对象是商品,获得商品的目的在于使用价值;金融的交易对象是资产权益,获得资产权益的目的在于未来收益,由此,引致金融经济的一系列特征形成和扩展。

第二,金融围绕资产权益而展开。金融交易的基础、目的和对象都离不开资产权益,由此,认识、界定、开发、评估、组合和管理资产权益就成为金融活动的主要内容。资产权益,在性质上,可分为股权性资产、债权债务性资产和信托性资产等;在权能上,又可分为所有权、控制权、使用权、收益权等。通过对资产权益的开发和组合,可以形成不同的金融产品。从资金需求者的角度看,通过出售一段确定时间内的收益权并承诺到期归还本金,对政府部门、企业来说,可获得债务性资金;通过出售未来的利润分配权,对企业来说,可发股融入资本性资金。从资金供给者角度看,通过购买这些金融产品,在不直接从事资产运作的条件下,可获得对应的资产收益。在原生产品的基础上,通过对权益(包括权能、时间和风险)的进一步分解和重新组合,开发出了新的权益产品,由此,有了共同基金、可转换债券、股权证、各种资产证券化证券等证券类衍生产品和互换、远期交割、期货、期权等交易类衍生产品。就直接关系而言,相当多衍生产品似乎已远离实体经济的资产关系,但寻根溯源,依然可找到它们之间的内在联系。在美国等西方国家中,始于20世纪70年代末的金融创新,以金融产品创新为中心,其他方面的创新是以此为基础并服务于此而展开的。

第三,金融机构职能在于经营和服务于金融产品交易。金融机构是从事金融产品经营和金融服务的专业性机构。从经营角度说,相当多金融产品是由金融机构开发、经营和发展的。例如,商业银行经营着存贷款金融产品、保险公司经营着保险类金融产品、资产管理机构经营着资产管理类金融产品、投资基金公司经营着基金单位等。从服务角度说,一些金融机构为各类企业(包括金融类企业)提供专业化的金融服务。例如,证券公司提供公司债券、股票和其他证券类金融产品的承销服务,提供财务顾问、证券投资、股权投资、项目融资、公司并购、资产重组等方面的专业服务。

需要指出的是,商业银行并非是经营货币的金融机构,而是经营存贷款等金融产品的法人机构。货币作为一种经济机能,并无逐利的内涵,不可能成为经营对象;与此相比,

---

① 一些人认为,福利经济学的第一定理不适用于一般的金融体系。这实际上是一个误解。这一定理成立有三个假设前提,即充分竞争、信息完全对称和没有外部性。这些假设前提,从实践角度看,不仅在金融体系中不存在,就在实体经济部门中也几乎不存在。但这并不否定市场机制的一般原理和规则既适用于实体经济也适用于金融经济。

金融产品作为资产权益的载体，有着获得未来收益的可能，才有作为经营对象的经济意义。

第四，资产定价、风险防范服务于金融产品交易。金融交易中贯彻着等价交换原则。与一般商品交换不同的是，在实践过程中，商品价值大致可以通过财务方法在计算成本的基础上进行模拟，但金融产品的价值很难运用同样的方法模拟计算。例如，一笔1000万元1年期贷款的价值是多少？一张面额100元的10年期公司债券的价值是多少？1元/股的股份价值是多少？恐怕没人能给出确切答案。几乎所有的场合，金融产品的"价值"范畴与"价格"范畴是内涵完全相同的同义语①。对存贷款、债券等金融产品来说，只有"利率"概念，并无价值范畴的利率和价格范畴的利率之分；对股票等证券来说，票面价值和票面价格、账面价值和账面价格、市场价值和市场价格等是相互替换使用的概念；如此等等。在这一背景下，要贯彻等价交换，理论上和实践中都要求弄清楚何为"等价"，由此，资产定价理论应运而生。但金融产品的定价，既取决于对应资产的未来收益水平，又受到具有替代性的金融产品收益水平的严重影响，还受到相关金融市场状况的制约，其中，存在着诸多未知变量且很难分清因果关系。在此背景下，再考虑"未来"一词并无确切的"时间"边界，各种复杂变量的数量关系就更加难以弄清了。这种复杂的机制关系决定了资产定价理论在实践中的运用迄今依然是雾里看花。

在实践中，资产定价的过程同时是分散风险的过程。商业银行通过贷款的可预期风险来确定贷款利率水准，保险公司通过估算不可预期风险的概率来确定保费水平，证券公司则通过历史比较和路演来探寻发股价格，鉴此，资产定价又称风险定价。30多年来发展的证券类衍生产品（包括信用衍生产品）、交易类衍生产品更是通过资产定价来分散对应的风险。价格是市场发挥基础性作用的基本机制，从这个意义上说，似乎将资产定价（或风险定价）界定为金融的本质规定是有理的，但在与实体经济的对比中，这种界定难以揭示"资产权益的交易"这一金融独有的特点。实际上，资产定价是伴随着资产权益交易而产生并服务于资产权益交易的，因此，不能本末倒置。

金融交易以获得对应权益的未来收益为标的，金融产品的价格在本质上是由这些未来收益决定的。资产权益的未来收益水平取决于实体经济部门的经营效益水平和投资收益水平，因此，金融产品的价格在深层关系上是由实体经济部门的经营效益和投资收益决定的。就各种金融产品本身的价格而言，每种金融产品的价格在均衡关系上是由各种金融产品的价格体系决定的。如果一种金融产品的价格明显高于风险定价的水准，在没有制度障

---

① 由此来看，那种以金融资产价格高于金融资产价值为理由，提出所谓的金融泡沫，是缺乏理论根据的。

碍的条件下，其需求竞争将引致价格回落到由均衡关系决定的价格体系范畴；反之亦然。这种由均衡价格体系决定各种金融产品价格的机制关系，一方面决定了一旦某种金融产品的价格偏离了均衡价格体系，就给市场投资者提供了某种程度上的套利机会；另一方面意味着在国与国之间简单进行金融产品的价格比较常常容易发生判断上的失误，除非对比的各国处于经济和金融完全开放状态，且金融交易不存在制度上的障碍、币种转换中的成本增加和程序上的费用提高。

第五，资产权益的分解和组合。在实体经济中，实物资产受经济技术规则和自然规则制约不可能无限分解和组合。与此不同，这些资产的权益在金融面上不仅可以不断分解组合，而且通过对已有金融产品在权力、收益、时间、数量和程序等方面的再分解组合，还将创造出新的金融产品。始于20世纪70年代末的金融创新，主要的就是这种金融产品的再创造过程。从极限角度看，金融产品和金融交易可以覆盖国民经济各个层次和各个方面的各种权益，同时，通过近乎无限地分解组合资产权益来不断地再创造新的金融产品和交易方式，由此，推进金融活动的愈益深化，服务于实体经济的发展。

第六，风险—收益的非对称性。资产定价理论和风险管理理论常常强调，风险与收益的对称性①，但在实践中，金融市场参与者各方常常遇到情形的则是，风险—收益的非对称性。二者的差别主要来自于"起点"与"过程"。如果说以债券发行价格为起点，存在着风险与收益的对称情形，那么，随着这一债券的交易过程的展开，就将发生风险—收益的非对称情形；根据其每日的交易价格水平，既可能存在风险＞收益的情形，也可能存在风险＜收益的情形。从上市公司的股票来看，在发行市场上购入股票有可能是风险＜收益，而在交易市场中购入股票的风险—收益关系则取决于市场行情的动态，风险＞收益、风险＜收益和风险＝收益的情形都可能发生。一般来说，股市行情越高，则越容易发生风险＞收益的情形，反之亦反。

每种金融产品都具有分散对应风险的功能，但它同时也具有累积风险和扩大风险的功能。为了避免或消解风险，金融市场和金融机构的运作中存在着一系列止损机制和市场结清机制。以债券为例，利率水平是价格风险的止损机制，时间期限是市场结清的时点机制，还本付息是市场结清的退出机制。2007年8月以后爆发的美国次贷危机（在2008年9月以后演化成全球金融危机），从金融运行的深层成因上说，是因为在住房抵押贷款的证券化过程中，通过真实销售、破产隔离和有限追索等机制设立和多级证券化机制，使住

---

① "风险与收益的对称性"这一命题在严格意义上是不准确的。现代资产组合理论强调，对金融资产的选择需要同时考虑其平均收益与风险特征，并根据已有资产和外部环境来加以权衡，因此，同一种资产可能对于风险偏好类型或者禀赋资产的风险特征不同的交易者具有不同的效用。

房抵押贷款的风险止损机制丧失，金融市场的结清机制严重弱化，以至于金融风险在不断累积和持续扩大中到了不得不通过爆发一场危机来解决的地步。①

三 资金特性：连接货币和金融的基本机制

资金，是指具有货币机能的资产。在政府、企业和居民家庭的资产中总有一部分"货币资产"，即资金。资金具有三个主要特征：其一，资产权力。资金是相关主体总资产的一部分，因此，有着所有权（或产权）的严格界定并受法律保护。任何主体在未经对方同意的条件下，不能获得、占有和使用对方的资金。其二，金融资产。对任何主体而言，资金都是非实物资产，不能直接用于消费、投资和经营，要实现这些目的，资金必须转化为实物资产。就此而言，资金只是代表了一种资产权益，属金融资产范畴。金融资产具有逐利性特征，与此对应，资金也有着明确的获利要求。其三，货币机能。资金是各类资产中唯一具有货币机能的资产，它能够直接购买（或支付）主体所需的各种实物、劳务和金融资产。资金的数量多少意味着经济主体的购买力强弱，同时，对于防范财务危机也甚为重要。就此而言，资金又属货币范畴。资金既具有货币机能又属金融资产范畴，因此，是连接货币和金融的基本机制（也是引致"货币"和"金融"边界模糊的基本机制）。

在货币理论史上，"货币"常常被当做"资金"的代用词，因此，有着两种基本的提法：其一，从商品与货币分为两个相对独立的运行形态出发，认为货币是商品价值的表现形式，其对应面是具有使用价值的实物，甚至有人使用"货币资金"的概念（似乎在货币资金之外，还有"实物资金"）。其二，将资金与货币混为一谈，甚至视为等价概念。从西方古典经济学到现代经济学的200多年时间内，这种混淆比比皆是。只需稍举几个例子就足以说明这类的混乱。杜阁认为："货币有两种不同的评价：一种是表达我们为了取得各种商品所付出的货币数量，另一种是表达一笔货币与它根据商业行为而得到的利息之间的关系。"② 米尔顿·弗里德曼认为："对于经济中最终的财富所有者来说，货币是一种资产，是持有财富的一种形式。对于生产性企业来说，货币是一种资本商品，是生产性服务的一个来源，这些生产性服务与其他生产性服务结合起来共同生产出企业所出售的产品。""在货币与其他资产之间并不存在任何严格的界限，且就某些目的来说，对'货币'

---

① 参见王国刚《止损机制缺失：美国次贷危机生成机理的金融分析》，《经济学动态》2009年第4期。
② 〔法〕杜阁：《关于财富的形成和分配的考察》，商务印书馆，1961，第69页。

的不同形式（如对现金和存款）加以区分可能是十分合意的。货币的这些形式中的某一些可能支付利息或可能涉及服务费用，这一正或负收益成为决定货币持有在各种形式间的划分的有关变量。"① 斯蒂芬·罗西斯说道："从更大的范围来说，货币还有另外一个特征，即它使货币债务成为可能。"② 约翰·G. 格利认为："人们之所以需要货币，是因为它的内在边际收益等于或超过消费和投资的边际收益。货币的边际收益取决于预期的价格减缩、预算盈亏轮转的益处，以及实际投资的风险。"③ 从这几段话中可以看到，这些经济学家将财富、资产、所有权、债务、利息、收益和盈亏等与货币相连接，从不同角度强调，这些特性是货币的一个特性或功能，但他们实际上将货币与资金混淆了。

1. 资金与货币

资金的存在方式大致包括现钞、活期存款、定活期两便存款等几种类型。它的货币机能和金融机能依这些存在方式的变化而变化。从货币机能来看，对居民来说，在电子技术尚不发达的条件下，现钞的货币机能高于活期存款，活期存款的货币机能高于定期存款；但如果有个人支票介入其中，那么，在一些场合，个人支票（活期存款）的货币机能并不低于现钞。在电子技术比较发达的条件下，活期存款的支付功能明显提高，其货币机能在某些场合甚至高于现钞。对厂商和政府部门来说，在大多数场合，活期存款的货币机能明显高于现钞。这种货币机能随着电子技术的发展进一步强化。从金融机能来看，现金与现金的交易通常是毫无疑义（也不可能发生）的④，持有现金的直接目的在于满足购物的需要，所以，它并无直接的获利要求。与此不同，活期存款和定活两便期存款是金融交易的产物，有着获利性要求，由此，在交易中形成了利率（虽然，具体的利率水平依各种复杂的具体条件而定，在某些国家或某些场合，甚至为零利率）。资金的逐利性是货币政策得以影响厂商利益、资金供给者利益从而令他们对货币政策作出反应的基本成因⑤。

资金作为金融资产，似乎具有自身的价值，可一旦细究，这种价值又不太容易说清。例如，100元现金的价值是多少（与此对应，它的价格又是多少）？从票面值看，资金的价值更多地以其购买力界定。当物价上升时，资金的购买力降低，由此，价值较小；当物价下落时，资金购买力提高，由此，价值较大。这种与购买力相关联的价值表明了资金

---

① 〔美〕米尔顿·弗里德曼：《弗里德曼文萃》，北京经济学院出版社，1991，第362～382页。
② 〔美〕斯蒂芬·罗西斯：《后凯恩斯主义货币经济学》，中国社会科学出版社，1991，第27页。
③ 〔美〕约翰·G. 格利：《金融理论中的货币》，上海三联书店，1994，第29～30页。
④ 在一些特殊场合，现金与现金的交易有着经济意义。例如，大额现金与硬币之间的交易，美国甚至有人专门设立公司，专营硬币与纸钞的交易。
⑤ 西方经济学家在"货币"名义下研讨的货币供求与利率高低之间的关系，实际上是"资金"供求与利率水平的关系。

（作为金融资产）的价值内生于实体经济。在金融面上，资金还有一种以利率表现的"价值"。在此场合，利率究竟是资金的价值还是资金的价格，无法确切分离，但实践中，二者几乎是等价的概念（尽管在与物价变动的联系中存在着名义利率和实际利率之分）。资金的价格水平乃至各种金融产品的价格水平，既在各种金融资产的风险和收益均衡中形成，也在与实体经济部门的投资效益协调整合中形成（说到底，金融产品的收益是由实体经济的收益决定的），因此，简单地截取某一数据是很难判别资金价格水平是否适当合理的。在货币理论史上，利率的直接成因有着多种解释，其中包括节欲论、时间价值论、风险定价论等，但从本质上说，它是所有权（或产权）的产物，即在经济活动中任何的资金所有者（或拥有者或供给者）不会毫无代价地将资金交给他人使用。在物价变动的条件下，资金价值的数量变动直接影响着资金持有者的权益大小，这既是实施货币政策的重要成因，也是货币政策调控目标得以实现的重要机制。

资金可通过存贷款金融机构的存贷款活动而不断地被创造。这一过程，与其称为"货币创造"（从而"货币乘数"），不如称为"资金创造"（从而"资金乘数"）[①]。二者的主要区别在于，"货币创造"和"货币乘数"过于强调了资金中的货币机能，忽视了资金中的金融机能（尤其是权益关系的效应），由此，可能的实践结果是，为了满足货币政策的要求而影响金融机构的权益要求和金融市场发挥基础性功能的要求。在中国，近年来一个突出的现象是，货币当局屡屡提高法定存款准备金率（2010年4月已高达20.5%），这有利于限制存贷款金融机构的"货币创造"程度，降低"货币乘数"，贯彻货币政策的意图。但在贷款依然是存贷款金融机构经营获利的主要方式、金融监管要求存贷比不得超过75%、1年期存贷款利率明显高于法定存款准备金利率、金融市场中金融工具种类和规模相当有限等条件下，如此提高法定存款准备金率，不仅严重影响着存贷款金融机构经营活动中的资金安排和资金配置，从而影响了他们的经营权益，也给存贷款利率市场化设置了障碍。此外，也需注意，不能仅仅从金融资产的角度理解资金的创造过程，否则，可能发生为满足金融机构的运作要求而忽视资金数量对宏观经济运行的影响。

资金，作为金融资产，具有贮藏价值。在以贵金属为资金载体的条件下，资金持有者可根据自己的利益需要，选择将贵金属资金投入经济运行或不投入经济运行（即贮藏）；在纸币和电子货币的条件下，资金持有者贮藏资金的方式包括手持现金、银行存款等。但以银行存款（不论活期、定期）方式存在的资金，究竟是一种金融投资还是简单的资金贮藏就不容易区分了，也许只有在零利率条件下才能够较为清晰地看清贮藏特点。资金的

[①] 在实践中，银行通过信贷机制投放的资金常常被称为"信用"，由此，在日文中有着"信用乘数"一词。

贮藏引致了经济运行中的资金分为两类，即流动中的资金和停滞中资金，由此进一步引致了货币口径的差异、货币统计的复杂性和货币政策调控的难度。

2. 资金与金融

对于经济运行中的各类主体，持有多少资金是至关重要的。首先，在市场经济中，持有资金是诸多经济活动的起点。马克思曾经说过："商品生产，——无论是社会地考察还是个别地考察，——要求货币形式的资本或货币资本作为每一个新开办的企业的第一推动力和持续的动力。"[①] 其次，持有资金是各类经济主体持续从事经济活动和扩展经济规模的基本条件。不论对家庭（个人）、厂商、金融机构还是对政府部门来说，可支配的资金不足都可能引致财务风险，甚至陷入经济活动的困境，因此，保持现金流的充足总是不容轻心之事。最后，各种支出、收入和结余等都表现为资金在数量上的变化，因此，资金是进行经济核算的基本对象。

资金是连接金融与实体经济的基本机制。在国民经济中，金融系统存在的实质意义在于推进和服务于实体经济的发展，基本职能是通过资金配置促进资源的有效配置，同时，化解实体经济运行过程中的各种风险。这些金融职能的发挥以资金为基础。首先，金融通过将实体经济中的资产权益（及对应的权益收益）分离出来并形成相对独立的交易过程，激励了社会各界资金持有者向实体经济部门提供源源不断的资金，由此，从资金面保障和支持了实体经济的发展。其次，通过金融产品的交易，在价格比较和波动中，激励了资金供给者（即投资者）对相关信息的关注和金融产品发行主体资信状况、运作走向和市场行为等的关注，由此，推进了资产结构优化、公司资信评价、信息公开披露、财务制度完善和治理结构提高等一系列问题的解决[②]，这同时也是降低实体经济运作风险、提高资金使用效率的过程。再次，金融不仅为权衡实体经济部门运作的机会成本提供了市场标尺，而且为实体经济运行过程中出现诸多问题提供了解决方案。其中包括资本预算、项目融资、公司并购、资产重组和资产证券化等。最后，金融成为推进实体经济中资源有效配置（和再配置）的一个主要机制。一个突出的现象是，资金总是向经济效益好、运作效率高和具有良好发展前景的地区、产业和企业集中。

资金是各种金融产品和金融交易的共同基础。首先，资金是金融产品的最原生形式。当资金以现金方式存在时，它的金融性质是未完全确定的。如果以股权投资方式使用，资金转化为股权性资产；如果以借贷方式（包括购买债券、票据和租赁等）使用，资金转

---

① 引自马克思《资本论》第二卷，中译本，北京：人民出版社，1975，第393页。
② 在历史上，这些问题是在金融交易中提出并在金融交易推动下解决的。参见〔美〕约翰·S. 戈登《伟大的博弈——华尔街金融帝国的崛起》中译本，中信出版社，2005。

化为债权性资产；如果以信托方式使用，资金转化为信托资产；如果以保险方式使用，资金转化为保险资产。其次，资金是金融产品的最基础形式。以现金和活期存款方式存在的资金在价格上是最低的（其利率为零或近乎为零），其他各种金融产品以其性质、风险和期限的不同而高于现金和活期存款。再次，资金既是各种金融产品的起点也是它们的终点。各种金融产品的流动性高低以其转换为资金的速度和程度来界定。流动性高的金融产品，利率相对较低，反之则较高。最后，资金既决定了各种金融产品的同质性明显高于各种实物商品，也决定了各种金融产品之间的替代性和互补性明显高于实物商品。资金的这些金融功能，是货币政策得以影响金融市场各种活动的基础性机制。但在现代金融理论中，常常不注意资金（以及与此对应的货币、信用等）的金融效应（甚至不将资金作为一个基本的金融现象进行分析），由此，导致套利均衡定价模型难以解释资产价格水平的整体波动（尤其是资产价格在明显偏离由预期收益水平决定的高位波动），在一定程度上为金融市场中的投机行为提供了理论上的口实。

资金作为货币资产，维系着由各种金融交易所形成的金融链条。资金充裕，既可推进金融产品规模的扩大和交易价格的提高，也可激励金融产品创新并推进金融交易链条的延伸；反之，资金紧缺，既可抑制金融产品规模、引致交易价格下落，又可抑制金融产品创新和金融交易链条的延伸。金融产品的价格下落，将直接引致持有这一金融产品的金融机构（和非金融机构）的财务损失，甚至陷入财务危机。如果这种金融产品在金融市场中所占比重较大且价格持续下降，就将引致金融产品价格体系的整体下落，从而引致众多金融机构的财务亏损和多米诺骨牌效应，甚至引发金融危机。西方国家的此轮金融危机，从金融市场面来看，先是在2007年8月以后普遍发生了资金链断裂，尽管美联储、欧洲央行和相关国家的央行不断向市场注入巨额资金，但依然不能有效缓解资金链断裂问题，随后，在金融产品价格体系整体下落的背景下，众多金融机构多米诺骨牌式地发生严重的财务亏损，陷入破产境地，由此，在2008年9月以后次贷危机转变为全面的金融危机。如果前一阶段以降低利率、投放资金为特征，以维系金融交易价格和金融链条，那么，后一阶段则是以股权收购、政府担保（存款兑付）和国际协调为特征，以避免因主要金融机构破产、存款人资金转移和危机进一步深化。但这些措施是否真能有效防范金融危机的再次发生，还有待于今后的实践验证。

四　货币政策：调控资金流量与维护金融秩序稳定

提起货币，人们自然想到货币政策。货币政策作为宏观经济政策的构成部分，不论在理论上还是在实践上都是在"二战"以后才成为一个普遍现象，但有关货币在经济运行和经济发展中的功能问题探讨，就近代史而言，可追溯到200多年前。如果再往前追溯，在中国则可从公元前11世纪的周朝开始（"比西方货币史学者所说的世界铸币术的发明时间要提早四百多年"[①]）。在几千年历史中，为了满足商品交易的需要，政府发行了一系列以金属和贵金属为载体的货币（包括辅币）。这些货币发行由国库掌控、以政府信用为保证，具有财政性发行的特点，它有着明显的"货币"特征，相比之下，"资金"特点并不突出。近代随着纸币的出现，法定货币的发行转为金融性发行。在与贵金属挂钩的条件下，纸币在价值上代表着对应的贵金属数量；在与贵金属脱钩以后，纸币发行量成为政府的债务范畴。在央行资产负债表中，"货币发行"记入"负债"，与此对应的货币数额在尚未转化为其他资产之前记为"货币资产"，这突出反映了货币发行和使用的金融特性，也表明现代经济中法定货币从最初的创造就已是"资金"。

货币政策以"货币"来定义的主要成因有三：一是发行货币是央行的独有权力，也是央行资产的主要来源和发挥各项主要职能的资金基础。二是央行调控工具的使用以具有货币功能的资产（即资金）为重心，不论是数量机制（包括货币发行量、法定准备金率等）还是价格机制（包括再贷款利率、再贴现率和公开市场业务等）最终都围绕资金数量而展开。三是具有货币功能的资产总量代表着全社会的需求总量。在经济运行中，以购买力体现出来的总需求直接影响着物价和资产价格并由此影响到各类经济主体的切身利益。对于维护经济运行秩序和金融运行秩序的稳定，调控货币资产总量是至关重要的。从央行资产负债表上看，在"总负债"中，如果"货币发行"占比较高，表明了央行调控能力的主动性较高（且资金直接成本较低），反之，则表明央行负债资金大量来自借款，其调控能力比较被动（且资金的直接成本较高）；在"总资产"中，如果央行的大部分资产在国内配置，表明了央行的主要注意力在于展开国内的经济和金融运行调控；但如果央行的大部分资产配置于海外，则表明了央行对国内的经济和金融运行调控能力较低。[②]

就理论层面而言，货币的内涵是清楚的，可一旦介入实践层面就模糊了。一个突出的实例是：在各国的货币统计中都将各类存款记为货币范畴。在中国，M0为央行发行的货币，M0+企业等机构的活期存款为M1，M1+准货币（准货币由企业等机构的定期存款、城乡居民储蓄存款和其他存款构成）为M2，因此，在M2中扣除M0之后的剩余部分均为"存款"（以2010年12月底的数字为例，M2总额为725774.05亿元，其中M0为

[①] 千家驹、郭彦岗：《中国货币史纲要》，上海人民出版社，1986，第17页。
[②] 参见王国刚《基于资产负债表的央行调控能力分析》，《金融评论》2010年第1期。

44628.17 亿元，二者差额 681145.88 亿元为各类存款）。由此提出了三个问题：第一，就各类主体将资金存入商业银行的行为而言，对市场上的物价上行是起到推高作用还是抑制作用、对 GDP 的创造是起到推进作用还是抑制作用？如果起到的是抑制作用，那么，这些存款（尤其是定期存款）的增加与货币增加是否属于同类现象（从而，需要将这些存款列入货币范畴）？如果起到推进作用，就需要回答一个逻辑矛盾的问题，即各类经济主体不购买商品而将资金存入商业银行，是如何推进了物价走高和 GDP 上行的？第二，存款在性质上属于各类经济主体的资产范畴，就"存入商业银行"的行为而言，是他们彼此分散的自主行为，央行的货币政策是否有足够的能力改变这些资金的归属关系并影响这些经济主体将资金存放于商业银行的行为？如果没有这种能力，那么，为什么将这些存款列入货币范畴和货币政策调控范畴？第三，在各类经济主体将持有的资金大量存放于商业银行等金融机构的条件下，按照 M2 计算的货币数量将明显增加（由此，M2 的增长率可能大于 GDP 增长率，M2 的数值也可能高于 GDP 的数值），但这是否意味着中央银行的货币投放过多和通货膨胀压力增大，与此对应，中央银行是否需要对由存款增加引致的货币数量增加实行从紧的货币政策，又如何实行？① 将"存款"列入"货币"范畴也许有两个解释：其一，各类经济主体的"活期存款"有支付功能，发挥着与货币相同的功能，更何况在现代经济中已不可能存在大额购物继续选择现金支付的方式。但这一解释对定期存款是不合适的（"定期存款"在定期内不可使用，这决定了它实属金融产品范畴，其变现能力低于可交易的各种债券，因此，也没有货币功能），即便对活期存款也只有部分的解释力（即对活期存款中沉淀的部分缺乏解释力），面对中国商业银行体系中各类存款有着 50% 左右为定期存款的结构，这一理由显然是不充分的。其二，以存款方式进入商业银行体系的资金在商业银行运作中又使用出去了，同时，M2 中大于 M0 的部分实际上是由商业银行信贷机制所创造的。但从这一角度研讨已不是"存款资金"而是"信贷资金"了。信贷资金的发放属于资金的再创造过程，既然如此，为什么不直接将信贷资金的投放规模列入"货币发行量"并以此作为调控货币发行量的政策"抓手"？由此，"货币发行量"的主要构成内容是"货币"还是"资金"？从调控"货币总量"角度看，以"存款"为抓手的效应可能不如以"信贷规模"为抓手。内在机理是，不论是企业存款、居民存款还是政府存款在增加额和增长率两方面都受到当年新增信贷规模和贷款增长率的直接制约。就此而言，在实施货币政策中，也许以"信贷规模"为抓手要比各项货币政策工具更加有效。②

---

① 具体分析可参考王国刚《中国银行体系中资金过剩的界定和成因分析》，《财贸经济》2008 年第 5 期。
② 参见约瑟夫·斯蒂格利茨、布鲁斯·格林沃斯编著《通往货币经济学的新范式》，中信出版社，2005。

以"存款"界定货币内涵在实践中遇到的另一个挑战是，那些不以"存款"名义而在实践中发挥货币作用的资金是否应当列入"货币"范畴？其中包括：以"托管"名义存入各家银行托管的资金、与各种理财产品对应的资金、各类商务和交通"一卡通"内的资金等。毋庸赘述，中国 M2 以"存款"为主要对象，只涵盖了经济运行中的一部分资金流量，未能充分将各种资金包含在内，这也许形成了对 M2 内涵进行修补的理由。从更加广泛的视角出发，应考虑将全社会的资金总量和流动性总量等纳入货币政策的监测范畴。

货币政策的目标在理论层面上似乎也是清楚的，但一进入实践层面又模糊了。保持币值稳定是货币政策的最终目标，与其对应，保持国内物价稳定和对外汇价稳定也就成了货币政策目标的实践"抓手"。在此背景下，防范和治理通胀（或通缩）屡屡成为货币政策当局的首要任务和经常性工作。但是，问题随之而来。第一，在现实经济运行中，"流通中货币数量"（或"货币投放量"）是否是影响物价变动的唯一因素？从发达国家 19 世纪以后的历史看，在工业化和城市化进程中物价上行是一个不以人们意志为转移的客观规律，其中，既包含了土地价格、劳动力价格、农产品价格和资源类产品等在货币化过程中引致的物价上行，也包含技术贬值、税收调整、国际市场价格变化（包含国际游资投机性炒作引致的大宗商品价格变化）和供求关系变动引致的物价变动。这一系列因素引致的物价变动是否都可通过一国货币政策的调整予以消解？如果答案是肯定的，那么，货币政策就近乎是一个万能政策了（且不说，货币政策以何机制、有何功能来消解这些因素引致的物价变动）；如果答案是否定的，那么，可以得出结论，"保持币值稳定"在相当多的场合是不可能实现的。这意味着将"保持币值稳定"列为货币政策终极目标是不切实际的。第二，实施货币政策以维护币值稳定的目的何在？是为了维护货币的购买力和政府信用，还是为了维护经济金融运行秩序的稳定？如果是前者，实行固定价格制度也许是最有利的选择，可是这样一来，价格处于非变动中，市场机制也就失去了发挥作用的基本条件。如果是后者，那么，物价稳定从而币值稳定就不可能长期存在，货币政策的最终目标就应进行调整。2008 年爆发的国际金融危机给出了一个重要启示——"金融稳定"的重要性丝毫不低于"货币政策"。金融稳定的实质含义是金融运行秩序的稳定。在不影响金融运行秩序稳定的条件下，金融市场中交易规模的大小、交易价格的高低、交易活跃程度的强弱以及金融机构的多少等不应成为影响货币政策选择和货币政策目标的主要因素。同理，如果物价变动尚处于大多数经济主体可承受的范围内，经济运行秩序不会发生实质性的不稳定，货币政策也就不见得进入非调整不可的境地。实际上，保持货币稳定，在大多数场合，是"资金"从保值增值角度提出的要求。如前所述，货币是以信用关系为基础以有效反映各种交易物品（包括商品、劳务、金融产品和其他进入交易市场的物品）

之间的比价关系为机制，以媒介、实现和推进交易为基本功能的经济机能，其本身并无价值界定，也就不存在"币值"的稳定问题。但资金不同，它存在着以货币标价的价值，同时，保值又是最基本的权益要求。由此，"保持币值稳定"这一货币政策最终目标与其说是反映了"货币"要求还不如说是反映了"资金"要求。第三，货币政策作为需求总量的调控政策，在面对物价上行（或下落）走势时，实行从紧（或从松）政策措施中是否只有积极效应没有负面效应？如果答案是肯定的，那么，其内在机理是什么？如果答案是否定的，那么，在选择和实施货币政策中是否需要深入分析和权衡各种利弊关系，以明确实施货币政策的取向、力度、节奏和时间，避免因"松"和"紧"之间的频繁变动（甚至引致经济运行秩序不稳）给相关经济主体权益带来较大的负面损失？

　　诸如法定存款准备金率、利率等货币政策工具在理论上的分析是不彻底的，在实践中屡屡发生误解或偏差。从法定存款准备金率来看，理论分析停留于提高法定存款准备金率将资金从商业银行收到央行手中（由此收紧了银根），但这些资金到了央行手中，央行如何运用却不再继续分析，似乎一旦资金收紧也就"蒸发"了。事实上，通过再贷款、再贴现、购买外汇资产以及从商业银行手中购买证券等方式，央行通过提高法定存款准备金率所收紧的资金是可能回流到商业银行体系的。反之，在降低法定存款准备金率的条件下，央行也可以通过减少再贷款、再贴现、购买外汇资产和购买证券等方式，使商业银行系统中的资金保持不变。从利率来看，货币本身没有价值也无追逐收益的内在机制，它对利率高低不可能有反应；对利率高低有反应的应当是资金，利率机制的对应面是资金。长期以来，在运用利率机制中有两个问题是没有说清的：第一，"提高利率收紧银根、降低利率放松银根"并未说清"谁提高了谁的利率、收紧谁对谁的银根；谁降低了谁的利率、放松了谁对谁的银根"。这一命题的实际含义应当是"央行提高央行利率、收紧了央行对商业银行的银根；央行降低央行利率、放松了央行对商业银行的银根"。但在中国实践中屡屡发生的是，央行直接决定商业银行存贷款基准利率（相当于"政府给企业定价"），在此背景下，央行提高商业银行的存贷款基准利率不见得有收紧商业银行信贷资金的功能[①]；反之，央行降低商业银行的存贷款基准利率也不见得有放松银根的效应。第二，利率是否能够有效影响资金流量？从此轮国际金融危机的演变历程看，尽管美联储、欧洲央行等已将利率降低到近乎为零的程度，但依然没能有效缓解市场中的资金严重不足态势，使经济和金融陷入了"流动性陷阱"之中，以至于次贷危机转变为金融危机。2010年11月3日，美联储推出了第二轮量化宽松货币政策。"量化宽松"政策的推出，标志着运用

---

① 具体分析可参考王国刚《中国银行体系中资金过剩的效应分析》，《财贸经济》2008年第6期。

利率机制调节资金流量的政策已经失效。由此来看，利率政策并非解决资金流量问题的万能机制。

经济运行中的流量资金不足并不一定是资金数量不足。从次贷危机开始，美联储就向金融市场和金融机构投放了巨额资金，试图缓解资金紧缺的状况，但这些资金并没有切实地流向实体经济部门和资金紧缺的金融机构，而是通过商业银行等金融机构又存入了美联储。在这种背景下，要走出"流动性陷阱"，使资金数量转变为资金流量，仅靠货币政策的放松是不够的，还必须着力实施刺激经济的财政政策，以提高金融机构向实体经济部门供给资金的信心和投资者投资于金融市场的信心。从这个意义上说，货币政策的选择和实施必须关注全社会的资金流向、流速和流量以及相关的影响因素。

五　金融监管：防范资金流断裂和维护金融运行秩序

防范和化解风险是金融监管的重心所在，也是金融活动得以存在和发展的经济根据。2008年以后的国际金融危机更是强调了防范和化解风险的重要性。就风险而言，一方面，风险是客观存在的。每一项经济活动或金融活动都存在对应的风险，同时，风险是不可消灭的；不存在无风险的经济活动或金融活动（只有在某种经济活动或金融活动消失的条件下，与其对应的风险才可能消失）。在此背景下，风险只能通过各种机制予以防范和化解。另一方面，金融是识别、评估（或度量）、组合（或分散）和管理风险的基本机制，因此，风险的发生条件、大小、走势和效应等常常通过金融机制而显示并通过金融机制而化解。金融风险主要有三个来源，即实体经济部门转移到金融部门的风险、金融部门运作过程中产生的风险和海外传导进入的风险。在理论上"风险"较多地被定义为"不确定性"，但在实践中"风险"常常被理解为"可能发生的损失"。尽管经济损失可以用实物、生产能力、销售额和企业破产等衡量，但从价值的可比性和财务机制出发，比较普遍的还是用资金计量。由此，维护资金安全（换言之，防范和化解资金风险）就成为金融监管的一个重点。

在理论上，金融风险可分为系统性风险和非系统性风险。一方面，这些风险本来是针对金融市场而言的，但因金融市场的系统性风险可能给宏观经济运行带来严重的后果，2008年的全球金融危机就是在美国资产证券化市场发生严重的系统性风险的背景下爆发的，所以，金融的系统性风险就具有了宏观意义。另一方面，非系统性风险在某些条件下可能演化成系统性风险。在此轮美国金融危机中，一些大型金融机构陷入经营困境，由于其业务面和对金融市场的影响力过大，一旦倒闭破产可能引致系统性风险，从而出现了

"大而不能倒"的现象,同时,也引致了对系统重要性金融机构的关注。为了避免金融风险给国民经济运行带来严重影响,宏观审慎监管的要求应运而生。

有一个问题是值得深入探讨:如果说对一家金融机构而言,财务亏损未必一定引致倒闭,但资金断裂(或现金流断裂)从而缺乏偿付(或兑付)到期债务的能力必然引致破产的话,那么,这种微观的非系统性风险是通过何种机制转化为系统性风险的?金融系统犹如生命体,资金是这一系统的血液。资金流动推动着金融产品、金融机构和金融市场的运动从而整个金融系统的生命运动。一旦资金在某个点上停止了运动,就将在金融系统中造成一个梗阻点;资金停止运动的"点"越多,金融系统中的梗阻点就越多;如果这些梗阻点形成了"片"(甚至"网"),金融系统的崩溃从而系统性风险的发生就为期不远了。这些梗阻点主要发生在金融市场和金融机构两方面。金融市场是资金供给者与资金需求者通过金融产品实现交易的场所,金融产品的交易规模、价格、活跃程度等,既受到金融产品特性的制约,也受到资金供给数量的制约。一旦资金紧缺,金融产品的交易规模、交易价格和成交数量等就将严重降低;在资金缺乏的场合,金融产品的交易不可能实现,金融市场将呈现有行无市的状态。证券、保险、信托和租赁等类型的金融机构是资金的需求者,一旦缺乏资金供给,现金流断裂,他们的经营活动就将陷入财务危机;存贷款金融机构虽然具有资金的创造功能,但这种创造功能也基于资金供给(例如,没有存款就不能创造贷款)。引致资金流量大面积梗阻的直接成因比较复杂,从直接观察角度看,主要有三:一是当某种或某几种金融产品价格走势呈现大幅下落的时候,投资者或因严重亏损已缺乏资金或不愿意继续增加资金投入,引致这些金融产品的价格加剧下行,使得与这些金融产品交易对应的资金流动停止,这些金融产品因缺乏交易资金而成片"坏死",成为有毒资产。二是当某家或某几家金融机构在经营活动和市场运作中严重亏损引致资金短缺时,因无力偿付到期债务牵连到相关金融机构的资金流断裂,使得后者也陷入由资金紧缺引致的财务危机困境,由此,在资金链断裂的背景下,一大批金融机构相继陷入"坏死"境地。三是在上述一种情形发生或两种情形同时发生的背景下,拥有资金的金融机构和投资者担心厄运降临,不愿意向金融市场投入资金,也不愿意继续向其他金融机构放出资金,宁愿将资金停留自己手中(或存入央行),由此引致对应数量的资金停止流动。在美国次贷危机转变为金融危机的过程中和金融危机深化的过程中,这三种情形相继发生又几乎同时存在。由此来看,单家金融机构或单一金融产品引致的资金风险并不可怕,它也不至于转化成系统性风险,但如果由此引致的资金流断裂有"由点成片"的危险,那么,非系统风险就可能转变为系统性风险。从这个意义上说,金融监管的重心不在于防范单家金融机构或单一金融产品中存在的微观风险,而在于防范由非系统风险引致的资金流成片断裂。

在市场竞争中,优胜劣汰意味着必然有一些金融机构可能"出局"。所谓"大而不倒",令人担忧的是,有着众多客户的大型金融机构一旦发生破产倒闭事件,将给经济金融运行秩序造成重大冲击,由此,提出了强化对系统性重要金融机构的监管问题。从中国的实践经验看,在有效安排好业务转移从而客户转移的条件下,个别大型金融机构的破产倒闭不会对正常金融运行秩序产生太大的冲击,更不可能引致金融危机。因此,"大而不能倒"的真实含义,不是指某家大型金融机构在金融市场竞争中不能倒闭破产,而是指应避免由此发生资金流断裂所引致的多米诺骨牌效应。

为何要防范和化解金融风险?基本理由是,一旦金融风险大面积发生,不仅将严重扰乱正常的金融运行秩序(从而引致金融危机),而且可能给实体经济运行以严重冲击甚至引致经济危机。在金融实践中,通过对历史经验的总结和现实活动的监管,对那些可能引致系统性风险的金融行为通常的选择是运用法律等制度机制予以禁止,在这方面,金融监管的重心在于依法监管,坚决打击各种违法违规的行为。但金融活动毕竟是一个纷繁复杂的过程,其中又有诸多的创新在不断展开,鉴此,金融监管就不能停留于执法层面,还必须建立必要的预警机制和应急机制,将各种可能引致系统性风险的现象和行为纳入监控视野,以防患于未然。但这并不意味着,金融监管需要将金融运行中的所有风险都纳入监管范畴,实际上,大量非系统性风险或微观风险应交由具体的金融机构自己承担,否则,这些金融机构的经营运作将处于财务软约束境地,金融监管将陷入"一管就死、一放就乱"的境地。真正应纳入金融监管范畴的是,金融机构之间的资金流量、流向和流速,金融机构与金融市场之间的资金流量、流向和流速,目的在于防范资金流的成片梗阻。

金融交易围绕各类资产权益的未来收益而展开,资金在其中的作用与一般商品交易大致相同。与此对应,金融监管的侧重点应当是金融市场中的各种交易行为,其目的在于维护金融市场在公平机制下运行。金融交易并不创造价值,但有着引致资产价值在参与者之间重新分配的功能。在交易中,获利方所得到的收益或者由证券发行人提供(如债券利息、股息等)或者来源于交易对手方的资产价值转移,因此,金融交易本身并非国民财富的创造过程,也不具有财富效应。从直接关系上看,资金在交易中似乎只起计价、媒介、支付和结算等货币作用,但资金还代表着需求,资金数量对交易价格的形成有着至关重要的影响,同时,对交易各方来说,资金是资产的一部分,交易运作的盈亏通常以资金计量,因此,资金流量和流向成为金融交易中重新分配资产(或财富)的一个主要载体。所谓风险,对金融市场参与各方来说,实际上是以资金计量的资产价值可能面临的损失;对金融市场来说,关键是资金的流出入是否合法有序从而市场运行秩序是否稳定。在金融市场运行秩序稳定的条件下，参与者可以根据自己的能力和各方面信息形成最基本的预期，并以此为基础展开交易活动；在运行秩序不稳定的条件下，不仅可能引致参与者的操作预期难以有效形成，而且可能引致多数参与者从避免金融资产价值损失出发选择运作策略，加剧市场走势不稳的趋势。金融监管并非金融调控。从货币政策属于宏观调控机制中引申出"金融调控"是不合逻辑的。事实上，金融调控的目标、工具和机制等都无法明确界定。在"金融调控"名义下，金融监管部门根据自己的偏好，选择政策机制和行政机制对金融市场走势施加影响，不仅将扰乱市场参与者的预期、交易活动状态和金融产品价格，而且可能引致资金流的点状梗阻乃至片状梗阻从而产生更加严重的风险。

在金融市场中，价格机制处于核心地位。每种金融产品的价格不仅直接连接着对应的交易各方权益，而且与其他金融产品的价格相关联。每种金融产品的价格在结构上均有着由其特定的权益、成本、时间和风险等一系列因素决定的构成（其中包含着阻止损失的机制），但同时这些因素在价格形成中又与其他金融产品的相关因素相协调。例如，在一级市场上，债券的定价既考虑到了发行人的资信状况、债券期限、发行规模、发行人和持有人的分别权益、先前已发行债券的定价水平等因素，也考虑到了存贷款利率及其走势、二级市场交易状况、经济基本面走势、资金面状况和政策面可能的变化等因素。在二级市场上，拆借利率、债券价格、股票价格和其他产品价格的形成，既与发行市场的各类价格相连接，也受到交投各方力量所形成的供求关系的影响，还受到央行利率、存贷款利率、资金面状况、经济基本面走势等诸多因素的制约。值得一提的是，各种金融产品以风险—收益关系为基础形成的"均衡"价格体系并非如数学方程式所表述的恒等式，它实际上只是一个趋向均衡而永远不可能达到均衡的非均衡过程，因而，是一个在不断波动中调整的过程。就此而言，金融监管需要着力关注的不是一种或几种金融产品的价格波动走势，而是各种金融产品在交易中所形成的价格趋于均衡的稳定运行，应特别重视各种金融产品之间的价格关联，避免对某种（或某几种）金融产品价格的过度监管所引致的价格体系扭曲。金融产品价格的高低必然受到对应的资金数量的影响，因此，金融监管需要特别关注由社会游资投机性炒作引致的一种或几种金融产品价格的大起大落走势，防范由资金流变化引发的金融市场风险。

利率是资金的基本价格，利率变化直接影响着资金的流量、流速和流向。利率市场化是金融产品价格市场化的基础性条件，在缺乏市场利率体系的条件下，金融产品的价格体系难以有效形成，也很难充分有效地发挥配置金融资源的基础性作用。在中国，活期存款利率界定了各种金融产品的最低利率水平（即零利率），定期存款利率也界定了对应期限固定收益证券的最低利率水平。形成市场利率，既需要改革由政府部门直接决定金融机构存贷款利率的管制机制,需要提高金融机构对市场利率的应对能力(其中包含金融机构的财务硬约束、对市场利率的预期能力、对金融产品的定价能力以及防范和化解利率风险的能力等等),也需要提高央行调控市场利率的能力、提高监管部门监控市场利率走势的能力,还需要社会各界包容由利率市场化引致的利益格局调整。利率的市场化过程是各种金融产品在市场运行中重新定位和形成新的价格体系的过程,它必然要求相关各方的取向、利益、行为和资产负债表等诸多方面的重新调整,因此,不能操之过急,应渐进稳步地推进,以免给经济社会运行带来不利的冲击。

创新是金融发展的基本动力,也是金融提高服务质量和服务深度的客观路径。金融创新是对已有规则的突破,必然对原有的金融运行秩序产生冲击,要求调整和完善金融监管框架。20世纪70年代末从美国起步的金融创新,在推进金融发展的同时也给2007年以后的次贷危机和金融危机留下了隐患。这方面的教训是,金融监管的创新未能跟上金融产品创新和金融市场创新,出现了金融创新过度的现象和金融创新脱离实体经济发展要求的现象。对中国而言,金融创新中的主要问题不是"过度"而是"不足",为此,适当放松对金融机构的管制,从机构监管为主转向功能监管(或行为监管)为主,为金融创新提供一个较为宽松的监管环境,是金融监管体制改革深化的一个重要方面。在此背景下,随着金融机构在产品创新和市场创新等方面的深化,监管体制机制需根据新的变化进一步调整完善,尽管如此,对金融市场和金融机构的资金流动状况实施监管,是一个不变的取向。

六 政策含义简述

就范畴而言,在性质、对象、机制和功能等方面,货币和金融分属不同的领域,二者不可相混。但二者都建立在"货币资产"(即资金)的基础上并与资金的运作紧密相连,由此,由资金特性所决定并通过资金路径,二者又连为一体,形成了"货币金融"的统一构架,这是引致理论上的货币经济学和金融经济学难以准确划分、实践上的货币政策调控和金融监管难以明确界定的主要成因。但如果不是着眼于资金,货币和金融从而货币政策和金融监管的边界还是可以依据各自的界定予以划分的。这一划分的政策含义包括:

实现金融政策与货币政策的相对分离。金融与货币分属不同范畴。如果说货币政策是一个影响各个产业从而国民经济总量关系的宏观政策的话,那么,金融政策则是影响金融产业发展和金融市场发展的政策,它具有很强的微观性质。货币政策有着比较明确的政策目标和政策工具,但金融政策很难有长期固定的政策目标,也缺乏始终不变的政策手段。

因此，不能从货币政策具有宏观调控功能中推演出金融政策也属于宏观调控政策（更不能将金融政策置于货币政策范畴内）。从某一具体的金融产业（如银行业、证券业、信托业和保险业等）政策来看，虽然可能具有某种宏观经济效应，但并不具直接属于宏观经济从而纳入宏观调控范畴。对金融市场中的各种交易活动、金融创新和金融发展来说，维护市场运行秩序稳定是金融监管的基本目标和主要工作内容。

在实现金融监管与货币政策分离的条件下，应重视以资金为基点协调货币政策和金融监管的配合。一方面，货币政策需要将国民经济运行中的资金总量（包括流量、流速和流向）纳入调控视野，与此对应，需要将存贷款金融机构创造资金的活动纳入货币政策调控的范畴。由此，应将城乡居民储蓄存款中的活期存款转纳入 M1 范畴，弱化 M2 在货币政策调控指标体系中的地位，建立全社会资金总量、流动性总量等监测指标体系。那种"只管货币、不管金融"的货币政策取向，是不符合实践过程的，也是难以切实贯彻的。但值得注意的是，将存贷款金融机构创造资金的活动纳入货币政策调控范畴，并不意味着应当运用行政机制直接管制这些金融机构的存贷款业务活动，应更多考虑的是运用央行利率、再贴现率等价格机制和公开业务操作等机制来间接影响存贷款金融机构的相关业务活动。另一方面，金融监管部门需要将资金在金融机构的流出入、金融机构之间的资金流动状况和金融市场的资金流出入等纳入监管视野，建立对应的监测指标体系，关注相关的资金流动情况，防范异常的资金流动，防止游资的恶意炒作，维护金融运行秩序的稳定。存贷款金融机构的贷款过程同时就是资金的创造过程，因此，应予以特别监管。除了严格资本充足率管理、控制存贷款比例、完善贷款拨备机制和防范不良贷款等外，监管举措还应扩展到资产负债结构的变化、贷款余额的结构变化、新增贷款的流向和流速、资金流的梗阻等方面。值得注意的是，存贷款毕竟是这类金融机构的主要经营业务，直接影响着它们的权益和经营发展，也存在着各种复杂的行为和运作风险。因此，金融监管的重心不在于贷款数量，而在于贷款的流向和流速，防范存贷款金融机构违法违规地发放贷款，以促使贷款质量的提高和存贷款金融机构的资产结构优化。

建立以资本市场为基础以商业银行为主导的金融体系，加快证券、保险和信托等金融产业发展，推进间接金融为主格局的转变①，减弱存贷款金融机构在金融体系中创造资金的能力，强化资本市场配置金融资源的能力和效率，将逐步深化和推进货币和金融的分离，有利于进一步完善货币政策和金融政策的协调配合。

---

① 需要指出的是，一些人常常将直接金融与间接金融相对应，认为弱化间接金融为主的格局，就是大力发展直接金融。实际上，在金融体系中，除了直接金融和间接金融之外，还有既不属于直接金融也不属于间接金融的领域和资金，如保险、信托等。在弱化间接金融为主的格局中，这些金融产业也需要加快发展。

利率市场化是实现金融监管与货币政策分离的基础性条件之一。改变存贷款利率的行政管制和政府定价，是利率市场化推进过程中的难点。其中一个关键之点是，应充分发展存贷款的替代品，尤其是各种固定收益证券中的公司债券。由于固定收益证券的利率对于资金供给者和需求者是同一价格，因此，对存贷款中的不同利率有着直接的冲击和替代功能。但在固定收益证券规模较小的条件下，这种替代功能的发挥极为有限，存贷款利率的差别状况就将延续。在固定收益证券未能充分发展的条件下，资金需求者对债务性资金的需求比较集中地体现为对贷款资金的需求，由此，也就很难提高他们与贷款发放机构之间的谈判能力。要改变这种状况，就必须扩展资金需求者的融资选择权，使他们能够至少在发行公司债券与获得银行贷款之间进行选择。

金融监管与货币政策的协调配合，并不意味着金融监管在取向、力度和机制上需要与货币政策完全一致。金融活动具有相对独立的市场规则，它的状况对实体经济的结构调整和战略发展有着至关重要的影响。在金融交易中，金融活动形成了一系列具有独自特点的规则，不可能简单地按照货币政策调控的要求来安排金融监管。正如货币政策调整并不直接要求实体经济部门的供给（生产规模、营销规模等）调整一样，货币政策调整也不直接要求金融交易规模的调整。货币政策调整对金融活动的影响是一个间接的过程，对不同类型的金融交易影响也不尽相同。那种强调，在实行紧的（或松的）货币政策条件下，金融监管部门应当对应地实施收紧（或放松）债券、股票、共同基金、理财产品、信托产品、保单和其他金融产品发行规模、交易规模的政策主张，实际上混淆了金融和货币的关系，是不可取的。

（本文发表于《金融评论》2011 年第 2 期）

参考文献

［1］陈雨露、汪昌云：《金融学文献通论》（宏观金融卷、微观金融卷），中国人民大学出版社，2006。
［2］黄达：《金融学》，中国人民大学出版社，2003。
［3］黄达：《黄达文集》，中国人民大学出版社，1999。
［4］马克思：《资本论》第 1、2 卷，人民出版社，1975。
［5］千家驹、郭彦岗：《中国货币史纲要》，上海人民出版社，1986。
［6］王国刚：《基于资产负债表的央行调控能力分析》，《金融评论》2010 年第 1 期。
［7］王国刚：《中国银行体系中资金过剩的界定和成因分析》，《财贸经济》2008 年第 5 期。

[8]王松奇:《金融学》,中国金融出版社,2000。
[9]〔英〕坎兰:《亚当·斯密关于法律、警察、岁入及军备的演讲》(1892),商务印书馆,1962。
[10]〔美〕布莱恩·克特尔:《金融经济学》,中国金融出版社,2005。
[11]〔美〕兹维·博迪、罗伯特·C.莫顿:《金融学》,中译本,中国人民大学出版社,2000。
[12]〔法〕杜阁著《关于财富的形成和分配的考察》,商务印书馆,1961。
[13]〔加〕杰格迪什·汉达:《货币经济学》,中国人民大学出版社,2005。
[14]〔美〕米尔顿·弗里德曼著《弗里德曼文萃》,北京经济学院出版社,1991。
[15]〔美〕米尔顿·弗里德曼、施瓦茨:《美国货币史(1867~1960)》,北京大学出版社,2009。
[16]〔美〕米什金:《货币银行金融市场学》,中国财政经济出版社,1990;《货币金融学》,中国人民大学出版社,1998。
[17]〔美〕斯蒂芬·F.勒罗伊、简·沃纳:《金融经济学原理》,上海财经大学出版社,2003。
[18]〔美〕斯蒂芬·罗西斯:《后凯恩斯主义货币经济学》,中国社会科学出版社,1991。
[19]〔美〕王江:《金融经济学》,中国人民大学出版社,2006。
[20]〔美〕约翰·G.格利:《金融理论中的货币》,上海三联书店,1994。
[21]〔美〕约瑟夫·斯蒂格利茨、布鲁斯·格林沃尔德:《通往货币经济学的新范式》,中信出版社,2005。

转变经济发展方式是抓住战略机遇期的关键[*]

李 扬

一

一份战略性文件,通常都以对形势的精当判断为其开始。在《十二五规划建议》(以下称《建议》)开篇中,我们果然就读到一段对"十二五"时期我国经济社会发展的国内外环境的表述:"当前和今后一个时期,世情、国情继续发生深刻变化,我国经济社会发展呈现新的阶段性特征。综合判断国际国内形势,我国发展仍处于可以大有作为的重要战略机遇期。"深入理解这一判断,是全面领会、认真落实"建议"的基础和出发点。

"战略机遇期"的概念,作为着眼于历史大进程的判断,最早见诸 2002 年 11 月党的十六大报告。在我看来,所谓"战略机遇期",主要指的是,存在三个重要的基础性条件,使得我国经济社会得以在较长时期中保持平稳较快发展的势头。其一,在国内,改革开放基本国策的实施,使我国经历了长达 32 年的高储蓄、高投资、高增长、高出口、高储备积累、相对较低的通货膨胀同时并存且基本自洽的千载难逢的黄金发展期。如今,支撑这种增长格局延续的基本因素依然存在。其二,在国际上,和平、发展、合作仍是时代潮流。至少在可预见的相当长时期中,还看不到会发生针对我国或者对我国产生重大影响的国际动荡。因此,我们可以一心一意谋发展,聚精会神搞建设。其三,就中国与世界的关系而言,30 余年前确定的对外开放基本国策,早已明确了中国融入全球经济社会的基本方向;加入 WTO 以后,中国更以积极、主动的姿态融入了新一轮全球化浪潮之中。虽然此轮全球化依然由发达经济体发动并由其主导,中国仍从中获得了较为有利的发展环境并逐步提高了自己在国际社会中的地位。如今,这种有利态势依然存在并继续发挥作用。

---

[*] 本文发表于《中国经济蓝皮书,2011》,社会科学文献出版社,2011 年。此次发表做了必要的删节。

二

2007年3月开始的全球经济危机,其严重程度堪与20世纪30年代危机和70年代危机相比。因此,我们的判断是,当今全球经济进入了一个长期波动和低速增长时期。这个时期可能延续5~10年。

形成这一判断的基本根据是:此次全球经济危机,集中反映出发达经济体多年来在经济发展方式、经济结构、金融结构和财政结构等各个层面存在严重扭曲。因此,危机的恢复需以这些问题基本得到解决为前提。但是,解决这些问题不仅十分困难,而且短期内难以奏效,其过程亦十分痛苦。此外,近5年来,在应对危机的过程中,各国均采用了大量非常规的刺激政策。这些政策或有阻止危机在短期内急剧下泻的作用,但亦有损害经济长期发展基础的副作用。如今,这些负面影响已开始显露。这无疑使艰难的恢复过程雪上加霜。

危机的根源,深植于发达经济体的经济发展方式之中。在那里,消费拉动是经济运行和发展的基本的和持续的动力。但是,消费超出收入水平,便为过度消费。过度消费意味着低储蓄并导致过度借贷。过度借贷持续恶化,形成债务危机。私人债务危机和主权债务危机并发,便形成全面债务危机。

在美国,次贷危机首先是私债危机。私债危机发生后,为了救助,美联储和财政部先后深度介入,致使美联储的资产负债表扩大了数倍,财政赤字占GDP的比重和政府债务占GDP的比重均创历史新高。于是,私债危机引发了主权债务危机。

在欧洲,危机发生的路径有所不同。那里径直发生的是主权债务危机。这集中体现了很多欧洲国家多年来财政赤字高悬并依赖它来拉动经济增长的扭曲发展方式。由于私人部门借债生产和消费的现象在欧洲也十分普遍,加之政府的主权债务多被私人机构购买并持有,致使主权债务危机迅速向私人部门蔓延,私债危机接踵而来。于是,那里也是主权债务危机和私债危机并发。

债务危机作为普遍的瘟疫,在发达经济体的实体经济领域、金融领域和财政领域中都有表现。

债务危机表现在实体经济领域,便是长期过低的国民储蓄率。因此,为了克服经济危机,发达经济体必须提高其储蓄率。然而,一方面,在长期崇尚并依赖消费的经济环境中,提高储蓄率绝非一蹴而就;另一方面,提高储蓄率本身,恰正是一个经济紧缩的过程,这会大大延缓经济恢复的步伐。

债务危机表现在金融领域,便是过高的杠杆化。病因在此,发达经济体的全面恢复,显然就以金融部门全面"去杠杆化"为必要条件。但是,"去杠杆化"也是非常痛苦的长期过程。一方面,国民经济作为总体"去杠杆化",所需的资本只能得自实体经济的储蓄,这是一个缓慢的过程;另一方面,"去杠杆化"的本质是修复资产负债表,而这个过程将大大降低金融部门支持实体经济发展的动力和能力。例如在今天的美国,虽然美联储和财政部联手投放美元并已达到造成全球流动性泛滥的程度,但其国内信贷市场依然不振,流动性依然奇缺。加之,诸如《巴塞尔Ⅲ》之类以提高资本充足率为核心的加强金融监管的措施的实施,客观上也会对金融部门的放贷能力施以极强的约束。

债务危机表现在政府部门,便是居高不下的财政赤字率和相应的高债务率。因此,平衡预算,构成发达经济体经济恢复的最重要环节。但是,实现这一目标更是困难重重。平衡预算,必须减少支出,增加税收。这意味着要裁减公职人员,减少福利支出,缩减政府投资;同时,需要增加税收,从而增加居民与企业的负担。这一战略举措的宏观效果就是削减需求,增加失业。这不仅不利于经济的恢复,进一步,还会带来无尽的社会动荡,抗议、罢工和社会对抗接踵而来。毋庸置疑,在社会动荡的环境下,经济势难较快恢复,更难稳定发展。

总之,发达经济体普遍陷入了两难困境:要想真正走出危机,它们必须在实体经济、金融和财政等多层面上动大手术;而治理债务问题的任何举措,都将严重拖累其经济恢复的进程。这使得危机的恢复过程具有了长期性。

三

此次危机不仅对发达经济体的经济发展方式形成了严重冲击,而且意味着以发达经济体为主导的全球化旧格局已渐入迟暮——在未来的全球发展中,广大新兴市场经济国家可望逐渐发挥重要作用。

20个世纪80年代末期以来,世界产生了一波由发达经济体主导的全球化浪潮。这一浪潮导致全球分工体系发生重大变化,生产链在全球范围内大规模重组。形成的结果是,一方面,作为全球经济体系的"核心",发达经济体主要集中于发展高端制造业、高附加值的服务业特别是金融业,同时致力于"制造"并向其他国家输出各类"规则"、"标准"和"秩序";另一方面,作为全球经济体系的"外围",广大新兴经济体则主要依赖低廉的劳动成本,以资源的浪费和环境的破坏为代价,从事传统的制造业,并被动地接受各种冠以"国际惯例"、"最佳实践"等基于发达经济体之实践和价值标准之上的规则、标准和秩序。

但是，这种交换在量上是不平衡的。其具体表现就是，以美国为首的核心国家贸易逆差日益扩大并导致其对外负债愈演愈烈，最终形成难以持续的全球经济失衡。在亚洲金融危机之前，基于全球经济旧格局之上的全球失衡，在规模上不甚显著，而且保持在稳定且可调整的范围之内。亚洲金融危机之后，随着以中国为首的广大新兴市场国家的崛起，以及东欧国家普遍抛弃传统计划经济体制并逐渐融入全球经济体系之中，发达经济体特别是美国的国际收支差额日趋扩大，失衡呈恶化之势。为平衡缺口，以美国为首的全球经济体系中的"核心国家"，日益依赖各种金融服务乃至径直用国际储备货币来与以新兴市场国家为主体的"外围国家"的实体产品相交换。这进一步形成了发达经济体成为债务人、广大新兴市场经济国家成为债权人的畸形格局。

发达经济体经济发展方式的弊端早已彰显，但是，在一个相当长的时期中，它得以持续并有所发展。这主要归因于不合理的国际经济秩序和国际货币制度。依托这一秩序和制度，发达经济体的债务负担得以向广大新兴经济体转移。这种趋势的恶化，进一步造成了巨额资本跨境流动和汇率的波动不居。在由此造成的国际争端中，广大新兴市场国家处于被质疑、被教训和被要求调整改革的地位上。更有甚者，高顺差和储备资产快速积累，在新兴市场国家内还引致国内货币供应持续扩张并形成日趋严重的通货膨胀压力。如今全球经济呈现出发达经济体普遍通货紧缩而新兴市场国家则普遍通货膨胀的不对称恢复格局，正是上述旧的世界经济格局合乎逻辑的恶果。

如今，随着新兴市场经济体在全球产出中的增量贡献继续超过发达经济体，并成为世界经济增长的主要引擎，完全由发达经济体主导的全球发展模式已趋式微。

因此，此次全球金融危机很可能会成为走向世界经济新格局的一个转折点。如下两个层面的观察支撑了我们的观点：

其一，就实体经济发展而言，自20世纪80年代末期以来，新兴经济体在全球产出的增量贡献中，就一直超过发达经济体。危机以后，发达经济体的长期低迷和新兴经济体的持续增长，更成为不可逆转的长期趋势。在这个此盈彼缩的历史过程中，新兴市场国家将逐渐发挥引领全球发展的作用，并持续冲击完全由发达经济体主导的旧的全球化模式。

其二，就全球金融结构而论，更是发生了翻天覆地的变化。资本主义式的全球经济危机总有金融危机相伴随，而历来的全球性金融危机，大都少不了发展中国家和新兴市场国家的债务危机。因此，危机的恢复便意味着全球性债务重组，而每一次重组，均使得发达经济体在国际经济和金融领域中的核心地位进一步巩固和强化。此次危机完全不同了。如今深陷债务危机中难以自拔的，是那些掌握着国际储备货币发行权和国际规则制定权的发达经济体。它们被自己呼唤出的恶魔缠身，非有新兴经济体的援手不能解脱，于是就有了G20之类的新的国际协调机制的产生。我们认为，此次危机的恢复进程也一定需要进行债务重组，而重组的对象是发达经济体。这样一种重组，其结果无疑有利于广大新兴市场国家。

结论很显然，危机的恢复将全面提升新兴经济体在国际经济和国际金融领域中的话语权和影响力，促使国际储备货币体系向着多元化方向进一步发展。在这样的背景下，中国作为世界上最主要的新兴市场国家，将进一步获得有利的发展地位。这对于中国来说，当然意味着千载难逢的战略机遇。

四

但是也应清醒地看到，虽然中国总体上面临着有利的发展机遇，同时也面临着严峻的挑战。这种挑战与中国在当前全球经济事务中的地位有关。在当今的国际经济事务中，中国的角色特殊且多重。一方面，中国是现行国际经济格局和秩序的受益者，例如，现行的国际分工格局、自由贸易、资本管制的放松、美元地位的稳定等，总体上有利于我国经济的发展。这意味着，我国过去几十年的发展，事实上正是在对上述由发达经济体主导的旧的世界经济格局高度依赖的条件下实现的。另一方面，由于我国经济发展迅速，诉求在不断增加，我们又是最迫切希望对现行国际经济和金融秩序进行改革的国家。这意味着，我们必须痛下决心转变经济发展方式，克服经济发展的不协调、不平衡和不可持续性，走出一条科学发展的新路。

由于经济是全球化的，发达经济体的恢复调整和新兴市场国家经济的恢复调整，必然密切关联。因此，为了恢复全球经济，世界各国必须密切合作。发达经济体为了恢复经济增长，必须对其经济发展方式、经济结构、金融结构、财政状况进行深刻而痛苦的调整；广大新兴经济体为了保持增长的势头，也须在上述方面进行对应调整。

这样看来，在经济全球化的背景下，如果说以美国为首的发达经济体的经济恢复还需很长时间，那么，包括我国在内的新兴经济体的转型同样也不可能一蹴而就。在这个意义上，能否抓住战略机遇期，根本上取决于我们能否比发达经济体下更大的决心，以更快的速度和更高的质量，实现国内经济的转型。因此，贯彻落实科学发展观，切实推进经济发展方式转型，是抓住战略机遇期的关键。

五

关于中国经济结构调整,理论界有很多探讨。这些都十分重要。在笔者看来,如果从危机中吸取教训,着眼于全球发展,立足于提升中国在世界经济和金融体系中的地位,则建设创新型国家,大力发展服务业,实行工业化、城镇化和农业现代化三化并举,积极参与国际规则的制定等四个方面最为重要。

其一,建设创新型国家。在更基础的意义上,任何一次全球性大危机都与科技发展的周期有关。此次危机亦不例外。因此,新一轮全球的可持续发展,总是由新的科技创新及其产业化、市场化发动的。这样看来,我国经济结构调整的重点,应当把抓住发展机遇和创新发展理念、发展模式有机结合起来;应当推动我国经济结构调整和经济发展更多依靠科技创新驱动,把发展创新型国家作为经济转型的第一要务。为此,应全面落实国家中长期科技、教育、人才规划纲要;应大力提高科技创新能力,坚持走中国特色新型工业化道路;应加快教育改革发展,发挥人才资源优势;应加快加工贸易转型升级,优化进出口结构;应提高利用外资水平,鼓励外资投向高端制造业、高技术产业、现代服务业、节能环保等领域。

其二,大力发展服务业。我国经济结构相对落后,具体表现之一就是服务业发展滞后。这种状况不仅体现在国内经济中,更体现在国际贸易上。我国对发达经济体的贸易总体上是顺差,但是,从结构上看,我国在产品与货物贸易上存在大规模顺差,但服务贸易则长期处于逆差。这是旧的世界经济格局的结果。正因如此,发达经济体方能居于全球生产链的高端,并依以对包括我国在内的新兴市场国家进行不平等贸易,不合理的国际经济和金融秩序才得以产生和延续。因此,加快发展服务业,构成我国抓住战略机遇期的又一重要内容。

关于发展服务业,我觉得有三个要点必须强调。一是循序渐进,不能拔苗助长;二是把重点放在金融保险、现代物流、工程咨询、信息增值、会计律师、教育培训等现代服务业上;三是切实改革现行的准入制度、税收制度、金融制度、会计制度等,为现代服务业的发展创造良好的发展环境。

在现代社会中,金融业是服务业的"皇冠上的明珠",因此,以改革的精神来推动金融业发展,是提升我国服务业水平的关键环节。从全球发展的角度来看我国的金融业发展,有一个重要领域应当强调,这就是推动人民币国际化。把推动人民币国际化纳入总体金融改革和发展的战略中并给其更为重要的位置,是因为,只有推行人民币国际化，我们才能最终打破世界经济的旧格局，我国的社会经济发展才能真正获得稳定的国际环境。

关于人民币国际化，我们已经做出了很多努力，包括推行人民币跨境结算、海外发行人民币定值债券、QFII 投资安排、与若干国家的双边本币互换、跨境双边货币互换、允许境外金融机构投资于国内银行间债券市场、发展离岸人民币市场、与贸易对手国进行本币双边贸易结算、用人民币购买国际货币基金组织债券以及使用香港债务工具中央结算系统发行人民币国债等。下一步，我们应当采取措施，进一步提高人民币在国际储备货币中的占比，提升人民币在国际外汇市场中的活跃程度，设法提高人民币在国际贸易结算中的比重，支持人民币作为国际投资媒介发挥作用，增加人民币定值的国际债券发行，在国际援助中更多使用人民币，创造条件，提高人民币在管理外汇风险中发挥更大作用等。

应当特别指出，人民币国际化虽然直接涉及国际经济交往中的货币金融关系，但其深厚的基础则存在于国内。也就是说，人民币能否国际化，在多大程度上国际化，事实上取决于国内金融改革的力度和国内金融发展的水平。在这方面，大力推行利率的市场化，发展有深度、有弹性的国内金融市场特别是国内债券市场，进一步开放资本项目，以及汇率制度的弹性化和人民币可兑换等等，都是推行人民币国际化的必要条件。

其三，工业化、城镇化和农业现代化"三化并举"。工业化和城镇化历来是我国经济发展的主要引擎。在新的发展阶段上，我们在继续积极推进工业化和城镇化的同时，应把更多的精力置于农业的现代化上。换言之，作为一种战略安排，我们应推行工业化、城镇化和农业现代化"三化并举"。应当看到，在落后的农业基础上，我国不可能真正实现现代化；在落后的农业基础上，城镇化可能导致城乡居民收入和地区居民收入差距进一步扩大，并进一步恶化我国的基尼系数；在落后的农业基础上，我国经济的未来发展极易陷入"中等收入陷阱"。"三化并举"的关键，在于真正做到全面、深入地推进城乡统筹发展。要消除制约城乡协调发展的体制性障碍，促进公共资源在城乡之间均衡配置，促进生产要素在城乡之间平等交换和自由流动；应统筹城乡发展规划，促进城乡基础设施、公共服务、社会管理一体化；应逐步建立城乡统一的建设用地市场，促进土地增值收益主要用于农业和农村；应加快建立城乡统一的人力资源市场，形成城乡劳动者平等的就业制度等。

其四，积极参与国际规则的制定。作为全球经济和金融体系中日益重要的一员，中国显然要在国际规则的制定过程中发挥更为积极的作用。这不仅关乎中国的发展，而且关乎广大新兴市场国家的发展，关乎世界经济和金融秩序的改革。在这方面，我们应做的事情堪称千头万绪。我们认为，支持和推行 G20 机制化，加强 G20 与现有国际组织的协调，使之成为我国发挥重要作用的国际平台；以积极参与对现行国际货币体系的改革、积极参与区域货币金融合作和稳步推动人民币国际化等为重点，更深入地推动国际货币体系改革；进一步推动自由贸易，反对任何形式的保护主义；深入介入诸如《巴塞尔Ⅲ》等国际监管规则的制定及监管合作进程；积极谨慎地处理约束各国贸易差额与 GDP 关系的"参考性指南"等，构成我国当前及今后一个时期参与国际规则制定过程的重点。

（本文发表于陈佳贵、李扬主编《中国经济前景分析：2011 年春季报告》，社会科学文献出版社，2011）

从央行资产负债表解读中国货币政策

蔡 真

  2011 以来中国人民银行三次提高法定准备金率，目前大型金融机构的法定准备金率已经达到 20% 的历史最高位，高于国内应对金融危机前 17.5% 的高点，也高于 1998 年信贷规模管理时期 13% 的高点。一些学者指出，提高准备金 0.5 个百分点一次可冻结 3000亿~4000 亿元的资金，从而可以起到收缩流动性和控制通胀预期的作用。对此我们需要提出如下问题：当前处于后危机时代的宏观形势难道比危机前还要过热，以至于我们需要动用准备金这个"巨斧"予以应对？或许有人回答后危机时代经济面临滞涨风险，那么为管理通胀预期需要如此力度而不顾经济增长的影响吗？

  本文从简化的央行资产负债表的角度出发，指出上述理论解释仅仅是基于一个封闭经济的货币乘数理论的应用，而在开放经济条件下中国频繁使用准备金的意图在于外汇冲销干预，从而实现汇率稳定和货币政策独立的目标。本文首先建立一个央行资产负债表的分析框架；其次回顾中国冲销干预的演进过程，从而为当前使用准备金作为冲销工具提供一个历史视角；然后我们探讨当前冲销干预的深层体制原因；最后提出对策建议。

一 央行资产负债表的简化分析框架

  央行资产负债表是分析货币供给和货币政策操作的基本框架，表 1 是按资产和负债的对象列示的简化表。就资产方而言主要包括三类：第一，对国外的净债权，主要表现为外汇储备和一些国外资产，目前这一部分是央行资产负债表最大的一块。第二，对政府的债权，这又分为两种，一是财政借款，这一部分资产的增加会产生财政货币化问题；二是政府债券，这是一种证券化的债权，不会产生信用的过程。第三，对金融机构债权，主要表现为再贷款和再贴现的形式，依照对象不同也分为两种，一是对存款类机构的债权，这部分资产的增加会产生信用创造过程；二是对非存款类机构的债权，这部分资产的增加不会产生信用创造。一般而言，中央银行不直接对非金融机构形成贷款，美国和日本的中央银行为避免陷入流动性陷阱直接持有企业的商业票据〔美国的央行资产方计为商业票据融资便利（CPFF）〕，从而不仅作为"银行的银行"提供流动性，甚至直接以银行的角色提供企业流动性。就负债方而言包括四类：第一，基础货币，包括流通中现金和准备金，流通中现金是央行对现金持有者的负债凭证，准备金是央行对商业银行的负债。第二，央行票据，是央行对票据持有人的负债凭证，从这一点来说央行票据与现金并无差异，但由于其作为支付手段的功能较弱并不能算作货币。第三，政府存款，是央行对政府的负债。第四，其他，指自有资本和其他负债。

表1 简化的央行资产负债表

资产	负债	资产	负债
对国外的净债权	基础货币	对存款类机构的债权	央行负债（央行票据）
对政府的债权	流通中现金	对非存款类机构的债权	政府存款
对金融机构债权	准备金		其他

关于资产负债表一个简单而又重要的道理是资产和负债两边恒等。由此引申的两个推论是下文展开分析的基础：第一，货币发行必须有相应的资产支撑，这并不意味着政府想怎么开动印钞机都可以，它只能存在三个渠道。其一，对应政府的债权，这是以政府的税收征管权为保障的；其二，对应金融机构债权，这是以金融机构的盈利能力作为保障；其三，对应国外债权，这意味着央行发行本币兑换等值外币时，央行具有了对国外商品的要求权。从上述三个货币发行渠道可以看出央行的货币发行机制是资产创造货币，这与商业银行负债创造货币的机制完全相反，其原因是央行是整个社会信用创造的基础。如果整个社会的信用创造过多，央行就会通过基础信用这个闸门进行调节，而调节的法则也是围绕资产负债表两边恒等的原理展开。具体包括三种方式：其一，资产方内部的此消彼长；其二，负债方内部的此消彼长；其三，资产和负债方的同增同减。对于三大传统货币政策工具，贴现窗口和公开市场操作属于资产和负债方同增同减的方式。准备金政策则属于负债方内部的调整。准备金政策之所以具有"巨斧"效应，是因为提高准备金不仅降低了货币乘数，而且降低了存款货币创造的基数（其他两项政策只改变存款货币创造的基数）。

对于上述货币政策操作，我们注意到并没有资产方内部调整的情况，这恰恰说明了教科书关于货币政策工具的讲解是完全基于封闭经济的。因为对于封闭经济体而言，资产方简化为对政府债权和对金融机构债权，而这两者的置换并不影响基础货币进而整个货币供应量的变动，所以基础货币的变动只能是后两种方式。对于开放经济体而言，基础货币的投放可能受到国外资产增加的被动影响,这就需要央行进行外汇冲销干预。就外汇冲销干预而言存在两方面的目标:一是数量目标,即避免非冲销干预导致的基础货币过快增长;二是价格目标,即维持汇率稳定。

二 不同历史阶段的冲销措施

从1994年开始,我国外汇储备呈现第一次增长高峰,这一方面由于国际收支双顺差的态势在这一年得以确立,另一方面这一年实行了汇率并轨,改革之后外汇向央行集中。此后外汇储备持续增长的势头得以确立(见图1),而央行货币政策的操作则一直围绕着如何冲销外汇资产产生的负面影响。对于中国货币政策而言,1998年是一个分水岭,在此之前我们采取的是信贷规模直接管控的方式,这很容易消除外汇储备增加产生的负面影响,在此之后我们转向了货币供应的间接调控模式,这意味着调控难度的加大。从1998年开始央行编制货币当局资产负债表,图1展示了外汇资产占比的走势情况,从中可以看出2002年是又一个分水岭,在此之前外汇资产占比还出现过下降态势,在此之后则呈直线上升态势。这实际上表明,央行在2002年之后缺乏足够的工具进行资产面内部的冲销操作了。

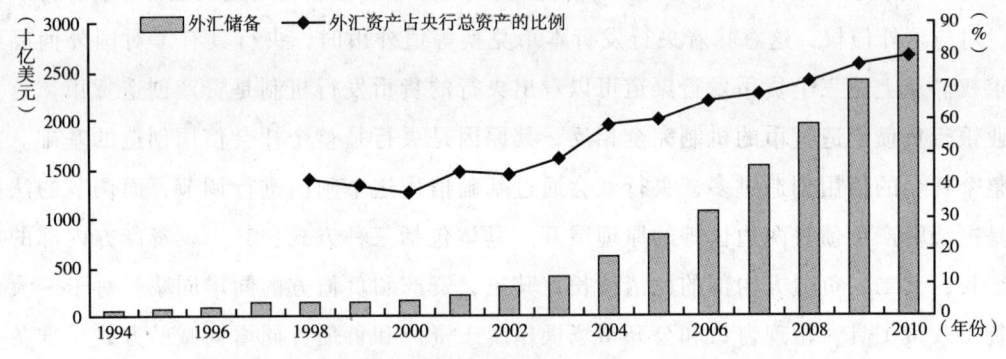

图1 外汇储备增长情况及其在央行总资产中的比重

(一)冲销再贷款的短暂历史

1999~2001年,新增的外汇储备主要用于减少商业银行的再贷款。从央行资产负债表可以看出,外汇资产由1999年的14061.4亿元升至18850.2亿元,共计上升了4788.8亿元;央行对存款类机构的债权则由1999年的15373.9亿元降至2001年的11311.6亿元,共计下降了 4062.3 亿元;期间央行对政府的债权在 1999 年和 2000 年维持在 1582.8 亿元,2001 年上升了约 1200 亿元。由此可以看出增加的外汇储备主要用于减少商业银行的再贷款。这段时期货币政策的操作处于一种顺势而为的状态,因为资产方的内部冲销与商业银行的改革恰好吻合,而商业银行改革的重要前提之一就是减少对央行再贷款的依赖。对于商业银行改革而言,当时还有一项制度安排,即成立四大资产管理公司收购四大国有银行 1.4 万亿元不良资产,其中收购资金来源包括央行对四大资产管理公司的再贷款。这在央行资产负债表上体现为,2000 年央行对其他金融性公司债权比 1999 年增加了 4767.27 亿元,与 5700 亿元的再贷款大致相等,差额部分可由不良贷款的余值解释。由于四大资产管理公司不具有存款货币创造功能,因此这样的制度安排不仅有效剥离了资产,而且避免了潜在的货币供应量增加的风险。

总的来说,这段时期的冲销操作起到了很好的效果。一方面,资产负债表保持了较好的结构,国外资产占比没有超过 45%;另一方面,由于央行进行资产面的内部冲销,有效避免了资产负债表整体规模的快速扩张,1999~2001 年整体规模的增长率维持在 10% 左右。此外,在当时亚洲金融危机的背景下中国政府坚持人民币不贬值的政策,而资产面冲销能够有效避免货币扩展产生的负面影响,从而较好地支撑了人民币汇率。

(二) 以央票为主要冲销手段的阶段

从资产面来说,外汇资产的冲销除却金融机构再贷款外,另一个可替代的资产是对政府债权,这主要通过央行公开市场操作实现国债的吞吐。自 1998 年央行已经开始从事公开市场操作,因为这是间接调控的三大工具之一。然而实践的效果并不理想,这一方面是由于外汇资产冲销再贷款更有优势,因为银行的信用水平显然小于中央政府,所以需尽快收回;另一方面更为重要的是公开市场缺少足够的现券进行交易。到 2002 年,商业银行的不良资产大部分已经剥离,这时大幅度冲销再贷款已无太多余地;而央行采取回购收缩流动性却面临工具不足的问题。在两难困境下,央行于 2002 年 9 月 24 日将一些未到期的回购转化成央行票据。以上就是央行走上了央票为主冲销道路的大背景。

央票作为主力冲销手段是从 2004 年开始的,这一年之前外汇储备的年增长规模在千亿美元以下,2004 年则上冲至 2067 亿美元。图 2 展示了每年央票的发行规模和发行期限情况,一个显著特征是发行规模持续增长(2009 年除外),这与图 1 外汇储备的持续增长是完全对应的。就发行期限而言,央票则呈现出波动性的特点。这与货币当局没有意识到冲销干预的长期性有很大关系:2005 年和 2006 年央票发行期限大都是 3 个月或 1 年期,随着它们逐渐到期释放出货币,加之新增外汇储备,央行冲销的压力明显增加,索性采取

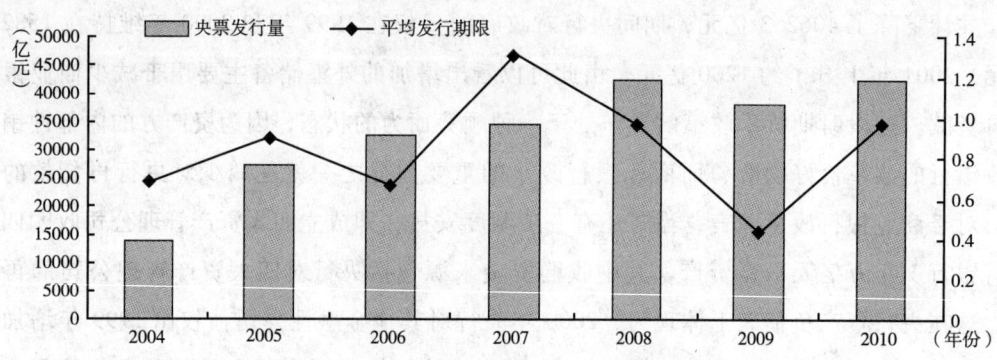

图2 央票发行量及平均发行期限

大量发行3年期央票的方式进行深度锁定。

与再贷款相比，央票的明显缺陷是它导致央行资产负债表的扩张，而这与其本身冲销的理念是相悖的。2004~2007年，央行资产负债表保持了年均29%的扩张速度，国外资产占比平均达到68%。此外，央票还面临着冲销可持续性和成本两大问题。关于央票的可持续性问题，由于央票存在一定的期限，它很难担纲央行长期冲销任务，相反由于央票需要付息，当它到期时释放的货币数量比发行时还要多，事实上形成了一种扩张的政策，针对这一点有学者认为央票是终将消失的工具。关于成本问题有两种核算方法：一是会计成本，即央行收回的外汇用于投资后产生的收益能否覆盖发行央票的成本，进行这种成本核算是无可厚非的；二是机会成本，即央行是否有其他可替代的工具，它的成本比发行央票更低。如果央行基于这点考虑，则有违其独立性的原则。下文中我们将看到央行将准备金作为冲销工具正是基于这点考虑。

（三）以法定准备金为主要冲销手段的阶段

法定准备金作为主要冲销手段于2006年7月粉墨登场。2006年下半年至2008年底，中国经济经历了一次高通货膨胀时期（食品类CPI最高接近25%），并且伴随着投资过热，法定准备金率的频频提高正是打着这一旗号。事实上，从央票的发行成本我们可以观察法定准备金作为冲销工具背后的利益考虑。

2006年7月，央票的发行成本已经接近3%（见图3），而同期法定准备金的利率仅为1.89%。此外央票发行是否成功还需要看市场的认可程度，法定准备金通过行政命令很容易实现冲销干预。2007~2008年，央票发行利率由不到3%上升至4.2%，此外外汇储备的数量增长由之前的每年2000亿美元以上增加至4000亿美元以上，为了加大冲销力度并降低成本，2007年和2008年法定准备金分别提高了10次。2009年，法定准备金率

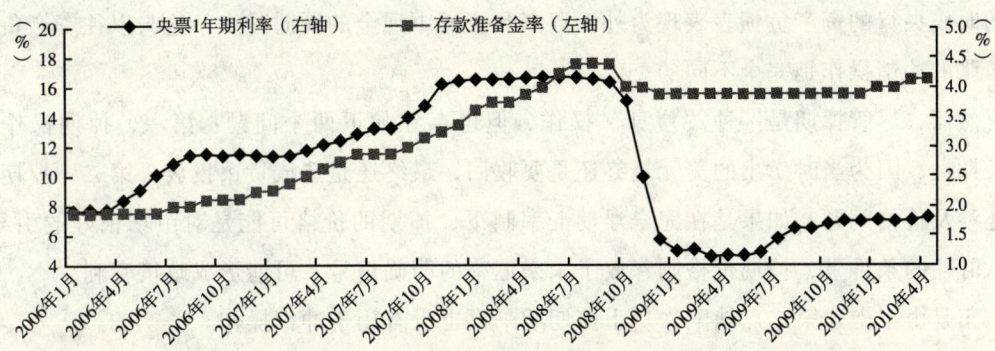

图3 央票发行成本与法定准备金率走势

没有变动,央票却又重新回归主要的冲销手段,全年共计发行38240亿元,其背后的原因还是央行对成本的考虑,2009年7月前央票发行利率没有超过1.5%(见图3),低于同期法定准备金1.62%的利率,此后的央票利率水平大致维持在1.7%。

在法定准备金作为主要冲销手段的这段时期,还有一件值得注意的事:2007年8月以后央行规定,再提高法定存款准备金率时,商业银行可用外汇直接缴纳法定存款准备金。这事实上意味着直接缴纳外汇准备金与提高人民币准备金在购买外汇并无本质区别,它们在央行资产负债表上都表现为外汇资产的增加和准备金存款的增加。然而略显不同的是,在直接缴纳外汇准备金的情况下,汇率变动的风险则由商业银行自己承担。2007年8月至2010年12月,人民币汇率已由6.83RMB/USD升值到6.62RMB/USD。

法定准备金作为负债面的冲销手段与央票一样,存在着资产负债表规模扩大的弊端。此外它可能对银行体系造成结构性扭曲:购买外汇的资金来源是提高准备金,这对所有银行是一样的,但由于主要的结售汇市场集中在大型商业银行,人民币资金的回流去向也主要集中在大型商业银行,这对中小银行造成了实质上的紧缩效应。① 考虑到这一因素,央行从2008年9月起实施差别存款准备金制度。

(四) 两次值得注意的冲销操作

1. 货币掉期

2005年11月25日,中国人民银行与商业银行进行50亿美元的货币掉期操作。具体来讲,人民银行卖出50亿美元的资产并约定在未来某一时刻按一定价格再次买入。在卖

---

① 上文分析表明,直接缴纳外汇准备金与先提高准备金再购买的冲销方式效果一样。在现实情况中,中小银行显然只有很少的外汇资产。

出的时候央行的资产负债表表现为外汇资产和流通中现金的同时减少,这与以往资产负债表扩张的冲销操作是完全不同的。

然而,尽管掉期是一种"瘦身"操作,但也存在如下两个问题:第一,掉期操作不具长期性,因为当时卖出的美元最终还是要收回,最终还是造成货币投放。第二,掉期操作还涉及价格问题,如果是在完全浮动汇率制下,掉期的价格可能是对市场很好的引导;在软盯住的条件下,掉期价格则释放了未来汇率的明确信号,可能形成政策套利。

正是由于上述第二点缺陷,货币掉期后来再也没有用于冲销操作。

2. 外汇资产置换国债

央行大规模使用国债冲销外汇资产的过程是伴随着国家投资公司的成立进行的。2007年9月29日国家投资公司成立,2007年8月29日财政部向银行间市场发行6000亿元特别国债并将资金注入中投公司,央行当日即全部买入6000亿元国债,此后中投公司用6000亿元人民币资金购买央行外汇资产。在此过程中银行间市场的流动性没有发生变化,相应地央行负债面流通中现金也未发生变化,只是在资产面国债增加、外汇资产减少。2007年12月11日财政部又发行了7500亿元特别国债,央行相应地又进行了上述操作,我们从央行资产负债表中可以看出2007年对政府债权相对2006年增长的数额,与两次国债的发行几乎完全吻合。

上述资产面冲销有两点明显优势:第一,外汇资产从央行资产中剥离,明显减少了之后的冲销压力;第二,央行增加政府债权使得公开市场操作的现券增加,从而避免了"无米之炊"的尴尬境地。然而上述操作也有值得质疑的地方:中投公司增加了一笔央行的资产本应该对应一笔央行的负债,然而现实中中投公司的负债对象却转换成财政部(财政部实际上是股东),财政部再对央行负债,这就意味着财政部对中投公司的债务做了一次担保。如果中投公司亏损了,财政部将动用纳税人的钱偿还。换个角度,我们将财政部和中投公司看做一个整体,然后再将内部看做一个委托代理问题就很清晰了。即财政部以自身负债借入外汇并交由中投公司经营,如果赚了皆大欢喜,如果赔了财政部撑腰。事实上,黑石项目和摩根·士丹利项目的亏损已经充分暴露了委托代理问题的严重性。

三 当前冲销困境的深层体制原因

回顾中国货币政策操作的历程,我们发现这几乎是一部不断冲销操作的历史。1998年至2002年是"瞎猫碰上死耗子"的阶段,我们恰好利用外汇增长解决了商业银行的再贷款问题;2002~2006年央行创造了央票这一工具主动应对,然而由于对冲销操作长期性和艰巨性的估计不足很快陷入被动；2006～2008 年是准备金大行其道的阶段，这其中央行有很强的利益动机的考虑，然而准备金事实上并不能有效解决流动性充裕的问题，央行为了给自己的工作找点业绩还总拿通胀说事；2009 年由于顺差的骤降央行有了短暂的喘息的机会；2010 年以来外汇资产过快增长的问题重新出现，央行只能是重启准备金工具。①

长期以来，央行疲于应对各种冲销措施，也就少了些对长久战略的思考，更没有机会体会货币政策微调的艺术。对此，我们应首先分析当前冲销困境的具体原因。

第一，贸易顺差是造成冲销操作的实体层原因。在美元主导的国际货币体系下，贸易顺差必将产生外币资金的流入，而中国的贸易顺差具有长期性。其一，中国处于工业化的进程中，这一过程即意味着社会化大生产的过程，对于产生的过剩产品出口是一个有效渠道。美国在 1874～1970 年的工业化进程中，97 年有 93 年保持顺差，这说明发达国家也不例外。其二，中国人口大国的特点决定了出口加工贸易是解决就业的一个有效渠道。其三，全球化下发达国家向新兴市场国家进行产业转移，这种生产格局决定了产品由新兴市场国家流向发达国家。

第二，结售汇和软盯住的制度是造成冲销操作的制度性原因。强制结售汇制度是 1994 年外汇管理体制改革时形成的，该制度要求企业和个人手中的外汇都必须卖给外汇指定银行，而外汇指定银行必须把高于规定头寸以上的外汇在市场上卖出，而央行作为最终接盘者，形成国家外汇储备。尽管我们经历了限额提高、头寸综合管理直到意愿结售汇的转变，但由于国家承担了汇率波动的风险，企业还是愿意进行结汇。由此形成的外汇储备就需要央行进行冲销操作。

第三，国债市场缺乏深度和广度是造成冲销操作的技术性原因。由于我国国债规模相对较小且以长期债券为主，这就造成了国债市场缺乏深度和广度，而央行的公开市场操作恰恰是以国债为主要工具的。

四　对策建议

当前冲销困境的原因可以用蒙代尔的"不可能三角"概括，即我们用结售汇制度实现固定汇率，用冲销操作努力保持货币政策独立性，这个过程自然伴随着一定程度的资本管制。在十多年的货币政策实践中，我们看到央行足够努力地进行冲销操作，但是效果并

---

① 近期周小川行长指出准备金上调没有上限，但其真正目的并不是指向 CPI。

不显著,当前人民币已经陷入了对外升值对内贬值的压力之中。对此,我们不能再在现有框架下疲于应对,改革需要更大的思路。

我们需认识到实体层面贸易顺差的局面具有长期性,很难改变。因此改革必须在金融和货币制度层面展开,实际上我们只需将当前我们在"蒙代尔不可能三角"的位置稍稍移动一下即可。

结售汇制度和软盯住美元的政策在国家积累储备的同时也承担了相应的汇率风险。对此不如实行藏汇于民,将承担汇率风险的责任由国家向企业和个人分散;当然藏汇于民的目的在于外汇资产的保值增值,那么这就需要放松资本管制的配合,使得民众有投资国外资产的渠道。当然,我们并不主张完全的浮动汇率,改革可能是一个折中的方案,比如汇率走廊制度,允许一定程度的汇率波动,但同时国家保有足够的外汇储备,当波动超出区间外时进行干预。关于如何保持货币政策独立性应从两个方面入手:一是继续对央行外汇资产进行剥离,减轻央行冲销操作的压力,但我们并不赞同财政部为外汇资产管理公司担保的方式,可以采取发行外汇资产支持证券的方式;二是加快短期国债的发行,增加央行冲销操作的空间,对此我们应研究短期国债难以发展的原因,一个值得注意的现象是央行历年的资产负债表上政府存款的数额都大于政府债权。

(本文发表于《银行家》2011年第5期)

中国货币政策调控工具的操作机理分析（2001~2010年）*

王国刚

随着"十二五"的展开，中国货币政策从 2008 年的"从紧"、2009~2010 年的"适度宽松"回归了"稳健"，中国人民银行（以下简称"人行"）的工作重点将更多地考虑加快构建逆周期的金融宏观审慎管理制度框架，这意味着中国货币政策调控正步入一个新的历史时期。在此背景下，回顾和分析 21 世纪前 10 年的中国货币政策调控历程、内在机理及其效应情况，从中探寻带有规律性的现象，对推进中国货币金融理论发展和完善货币政策实践都具有重要意义。

货币政策体系可分为最终目标、中间目标和操作工具等，其中，操作工具是调控过程中实现预期目标的基本手段，也是传导货币政策意图的主要机制。[①] 在货币经济学中，货币政策操作工具主要包括货币发行量、法定存款准备金率、再贷款利率和再贴现率、公开市场业务等。[②] 在 2001~2010 年的 10 年间，中国货币政策工具还包括了存贷款基准利率、人行债券（又称"央行票据"）和新增贷款管制（又称"窗口指导"）等。限于篇幅，同时也因中国的国情与西方国家有着较大差别，在货币政策工具上，国内流行着简单套用西方理论却难以切实解释中国货币政策工具的内在机理的现象，所以，我们的分析集中于探讨这些政策工具的选择成因、运作过程和实践效应等方面。

与货币政策工具密切相关的一个概念是货币政策传导机制，关于后者的研究在相当程度上构成了货币政策工具选择的理论与实践基础。公认较为重要的货币政策传导机制包括

---

* 本文是国家社科基金重大招标项目（项目批准号：09&ZD036）的阶段性研究成果。项目主持人：王国刚。程炼、同小娜对本文提供了文献整理方面的支持，殷剑峰、彭兴韵、董欲平和蔡真等对本文初稿提出了补充修改意见，在此一并表示感谢。感谢匿名审稿人的宝贵意见。当然，文责自负。

① 参见 Sellon, Gordon and Stuart Weiner (1996), "Monetary Policy Without Reserve Requirements: Analytical Issues", *Economic Review*, Quarter IV, 5 – 24; Koop, Gary (2009), "On the Evolution of the Monetary Policy Transmission Mechanism", *Journal of Economic Dynamics & Control*, 33, 997 – 1017; Demiralp, Selva (2010), "Money, Reserves, and the Transmission of Monetary Policy: Does the Money Multiplier Exist?" Board of Governors of the Federal Reserve System, Workingpaper, May 2010.

② 卡尔·E. 瓦什：《货币理论与政策》中译本，中国人民大学出版社，2001。

四类：①利率传导机制；②信贷传导机制；③资产价格传导机制；④汇率传导机制。这其中，凯恩斯框架中的利率传导机制是最为传统也最为重要的货币政策传导机制，并且在当代也得到了许多理论与经验研究的支持，如泰勒与伯南克[1]等认为短期利率仍是货币政策传导最重要的传导中介。与此同时，信用传导机制也得到了越来越多的重视，并且在理论上得到了很大发展。[2] 梅茨等[3]则从资产价格的角度对传统利率传导机制进行了拓展。在开放经济条件下，汇率也是货币政策传导的重要机制。不过在上述传统机制之外，近年来有一批文献致力于研究信息与预期在货币政策传导机制中的作用，并指出中央银行与公众的信息沟通会影响公众通胀预期并最终影响产出。[4]

基于上述理论，自 2000 年以来，学者对中国的货币政策传导机制进行了大量研究，不过由于数据与方法的差异，得到的结论不尽相同。如王雪标和王志强[5]基于对 1981~1998 年数据的格兰杰因果分析认为，信用渠道是我国货币政策的主要传导途径，货币渠道的传导效果并不显著。李斌[6]对 1991~2000 年的季度数据进行检验，发现信贷总量和货币供应量与货币政策最终目标变量都有很高的相关性，但前者的相关性更高。周英章和蒋振声[7]基于 1993~2001 年的数据得出了类似的结论。不过宋旺和钟正生[8]提出，随着我国金融市场的发展和金融脱媒程度的加深，货币政策传导中利率机制将越来越多地发挥作用，而银行信贷机制的作用则有所下降。

相形之下，对中国货币政策工具的种类及其效应进行专门分析的文献相对较少，并且经常与货币政策传导机制的研究交叉在一起。谢平、刘锡良等认为[9]，中国货币政策工具，指中国人民银行作为中央银行为实现货币政策目标而采取的手段，包括数量和价格两

---

① Taylor, John B. (1993), "Discretion Versus Policy Rules in Practice", Carnegie-Rochester Conference Series on Public Policy, 39, 195 – 214; Bernanke, Ben S. and Alan S. Blinder (1992), "The Federal Funds Rate and the Channels of Monetary Transmission", *The American Economic Review*, 82, 901 – 921.
② Bernanke, Ben S. and Mark Gertler (1995), "Inside the Black Box: The Credit Channel of Monetary Policy Transmission", *Journal of Economic Perspectives*, 9, 27 – 48.
③ Meltzer, Allan H. (1995), "Monetary, Credit and (Other) Transmission Processes: A Monetarist Perspective", *Journal of Economic Perspectives*, 9, 49 – 72.
④ Svensson, Lars E. (2003), "What Is Wrong with Taylor Rules? Using Judgment in Monetary Policy through Targeting Rules", *Journal of Economic Literature*, 41, 426 – 477; Blinder, Alan S., Michael Ehrmann, Marcel Fratzscher, Jakob De Haan, and David – Jan Jansen (2008), "Central Bank Communication and Monetary Policy: A Survey of Theory and Evidence", *Journal of Economic Literature*, 46, 910 – 945.
⑤ 王雪标、王志强：《财政政策、金融政策与协整分析》，东北财经大学出版社，2001。
⑥ 李斌：《中国货币政策有效性的实证研究》，《金融研究》2001 年第 7 期。
⑦ 周英章、蒋振声：《货币渠道、信用渠道与货币政策有效性》，《金融研究》2002 年第 9 期。
⑧ 宋旺、钟正生：《我国金融脱媒对货币政策传导机制的影响：1978~2007》，《经济学家》2010 年第 2 期。
⑨ 谢平、刘锡良：《从通货膨胀到通货紧缩：20 世纪 90 年代的中国货币政策》，西南财经大学出版社，2001。

类实质性调控工具、选择性信贷政策和窗口指导两类指导性政策工具。与中国货币政策工具、目标的变迁相伴随，中国货币政策的传导机制也发生着深刻的变迁。戴根有等[1]认为，货币市场的发展为扩大公开市场操作提供了条件，存款准备金制度和再贴现机制的改革为中央银行提供了新的间接调控手段。樊明太[2]简要考察了中国金融结构转型中的货币政策机制，包括货币政策的工具、效率前沿和规则及相应的货币传导机制变迁轨迹，根据结构分割点原则，实证检验、估计和分析了金融结构变迁对货币政策的适用工具和反应函数的影响以及对货币传导的利率机制的影响，认为金融结构变迁深刻地影响着货币传导机制的性质和作用程度。

从实践面看，2001~2010年的10年间，备受关注的货币政策工具主要包括法定存款准备金率、人行债券、存贷款基准利率和新增贷款规模管制。鉴此，我们的分析也主要从这些工具展开。

一 调整法定存款准备金率的机理

继20世纪90年代法定存款准备金率呈下调之势之后，在2001~2010年的10年间，它基本上呈上行趋势。从图1中可见，在1999年11月21日法定存款准备金率达到历史最低点6%以后，在21世纪的前10年，尽管货币政策取向多次调整，但法定存款准备金率却呈现了快速上行的趋势。与其他货币政策工具相比，法定存款准备金率具有因法定而强制性的特点。央行在运用这一工具时，金融机构不能与央行进行任何的价格或数量"谈判"，只能遵守照办。央行调整法定存款准备金率对金融机构的可贷资金（从而派生货币的创造）有直接影响，与此相应，它对金融机构的经营活动也有直接的影响。从理论角度说，一旦央行提高法定存款准备金率就直接收紧了金融机构的银根；反之，则放松了金融机构的银根。[3]但仅从货币乘数计算公式来判断法定存款准备金率的调控效应，有重要的理论缺陷。它舍去了金融机构经营过程中的各种备付金、购买证券和对贷款客户的偿债能力审查等，因而，与实践状况有着明显差距。除此之外，还有一个重要的缺陷在于，它未能指出央行通过提高法定存款准备金率所收取的资金是如何使用的？造成这些资金似乎一旦收到央行账户就"蒸发"掉了的假象。

---

[1] 戴根友等：《关于当前货币政策的几个问题》，《中国金融》2000年第6期；戴根友：《中国稳健货币政策的实践与经验》，《管理世界》2001年第6期。
[2] 樊明太：《金融结构及其对货币传导机制的影响》，《经济研究》2004年第7期。
[3] 米什金：《货币金融学》中译本，中国人民大学出版社，1998。

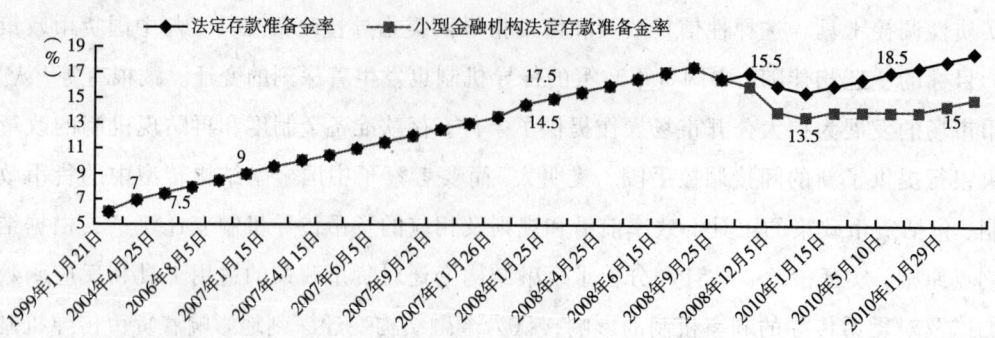

图1　2001~2010年法定存款准备金率走势

资料来源：中国人民银行网站。

表1　2001~2010年的法定存款准备金

日　　期	法定存款准备金率（%）	各类存款余额（亿元）	法定存款准备金（亿元）
2001年12月	6	138403.89	8304.23
2002年12月	6	165968.51	9958.11
2003年12月	7	199480.58	13963.64
2004年12月	7.5	229334.30	17200.07
2005年12月	7.5	272008.46	20400.64
2006年12月	9	318505.29	28665.48
2007年12月	14.5	373066.98	54094.71
2008年12月	15.5	440947.64	68346.88
2009年12月	15.5	571977.55	88656.52
2010年12月	18.5	681223.62	126026.37

资料来源：根据中国人民银行网站数据计算整理。

表1列示了2001~2010年的10年间每年年底按照人行规定的法定存款准备金率，金融机构应当缴纳的法定存款准备金数额。从中可以看出，法定存款准备金数额的大小，既受到法定存款准备金率高低的直接影响，也受到金融机构吸收的各类存款余额大小的直接影响。以2010年12月底法定存款准备金12.6万亿元为例，在货币乘数为4的条件下，它收紧的资金量将达到63万亿元以上，而同期金融机构的贷款余额仅有47.9万亿元，远不足以抵补法定存款准备金率提高所引致的银根收紧效应。如果这种情形真的发生了，那么，不需要其他货币政策工具的介入（如管制新增贷款规模等），2003年以后的经济运行早就陷入了通货紧缩和严重衰退的境地。但事实上，2003年之后中国经济并没有发生通缩的困扰，依然走出了高速增长的态势。重要的并不在于这一耐人寻味的矛盾现象的存在，而在于如何合理地解释法定存款准备金率持续提高过程中的资金运行走势。

表2 中国人民银行负债结构（2001~2010年）

单位：亿元

科 目	2001年	2002年	2003年	2004年	2005年
储备货币	39851.73	45138.18	52841.36	58856.11	64343.13
货币发行	16868.71	18589.1	21240.48	23104.00	25853.97
金融性公司存款	17089.13	19138.35	22558.04	35672.79	38391.25
准备金存款	17089.13				
不计入储备货币的金融性公司存款	5893.89	7410.73	9042.84	79.32	97.91
发行债券			1487.5	3031.55	11079.01
国外负债		423.06	482.58	562.28	641.57
政府存款	2850.49	3085.43	4954.71	5832.22	7527.23
自有资金	355.21	219.75	219.75	219.75	219.75
其他负债	-516.79	753.66	474.11	2105.96	10648.33
总 负 债	48434.53	51107.58	62004.06	78655.33	103676.01

<small>注：表"发行债券"2005年列应为20296.00</small>

科 目	2006年	2007年	2008年	2009年	2010年
储备货币	77757.83	101545.40	129222.33	143985.00	185311.08
货币发行	29138.70	32971.58	37115.76	41555.80	48646.02
金融性公司存款	48459.26	68415.86	92106.57	102429.20	136665.06
准备金存款					
不计入储备货币的金融性公司存款	159.87	157.96	591.20	624.77	657.19
发行债券	29740.58	34469.13	45779.83	42064.21	40497.23
国外负债	926.33	947.28	732.59	761.72	720.08
政府存款	10210.65	17121.10	16963.84	21226.36	24277.32
自有资金	219.75	219.75	219.75	219.75	219.75
其他负债	9719.55	14837.14	13586.45	18653.20	7592.23
总 负 债	128574.69	169139.80	207095.99	227535.02	259274.89

资料来源：中国人民银行网站。其中，2002年以后，"准备金存款"不再单列，它并入了"金融性公司存款"；2008年起，删除原报表项目"非金融性公司存款"及其子项"活期存款"，增设"不计入储备货币的金融性公司存款"，所以，2001~2007年的"不计入储备货币的金融性公司存款"实为"非金融机构存款"；2001的"总负债"根据对应科目计算得出。

从表2的"金融性公司存款"一栏中可见，其数额均大于表1的对应年份"法定存款准备金"的数额（大于的部分为"超额准备金"），由此可以判定，在提高法定存款准备金率的过程中，各家金融机构的确按照人行的要求缴纳了法定存款准备金。就此而言，经济运行中的资金没有因法定存款准备金率屡屡提高而紧缩的成因，不在于各家金融机构未缴纳或拖延缴纳法定存款准备金。那么，内在机理何在？

表3 中国人民银行资产结构（2001～2010年）

单位：亿元

科　　目	2001年	2002年	2003年	2004年	2005年
国外资产	19860.40	23242.85	31141.85	46960.13	63339.16
外汇	18850.19	22107.39	29841.80	45939.99	62139.96
货币黄金	256.00	337.24	337.24	337.24	337.24
其他国外资产	754.21	798.22	962.81	682.90	861.96
对政府债权	2821.33	2863.79	2901.02	2969.62	2892.43
其中：中央政府	—	2863.79	2901.02	2969.62	2892.43
对其他存款性公司债权	11311.60	12287.64	11982.81	10424.2	12692.01
对其他金融性公司债权	8547.31	7240.27	7255.95	8865.09	13226.11
对非金融性公司债权	—	206.74	206.25	136.25	66.73
其他资产	—	5266.29	8516.19	9300.05	11459.57
总　资　产	—	51107.58	62004.06	78655.33	103676.01
科　　目	2006年	2007年	2008年	2009年	2010年
国外资产	85772.64	124825.18	162543.52	185333.00	215419.60
外汇	84360.81	115168.71	149624.26	175154.59	206766.71
货币黄金	337.24	337.24	337.24	669.84	669.84
其他国外资产	1074.59	9319.23	12582.02	9508.57	7983.06
对政府债权	2856.41	16317.71	16195.99	15661.97	15421.11
其中：中央政府	2856.41	16317.71	16195.99	15661.97	15421.11
对其他存款性公司债权	6516.71	7862.80	8432.50	7161.92	9485.70
对其他金融性公司债权	21949.75	12972.34	11852.66	11530.15	11325.81
对非金融性公司债权	66.34	63.59	44.12	43.96	24.99
其他资产	11412.84	7098.18	8027.20	7804.03	7597.67
总　资　产	128574.69	169139.80	207095.99	227535.02	259274.89

资料来源：中国人民银行网站。其中，2002～2005年的"对其他存款性公司债权"的数据为"对存款货币银行债权"和"对特定存款机构债权"两项相加之和。

在提高法定存款准备金率的条件下，如果人行果真"冻结"了对应数量的资金，那么，在人行的资产负债表的"资产方"就必然有这笔资金的存在。但在表3显示的人行历年各项资产中，不仅找不到这笔资金，甚至连"人民币资产"的科目都没有。[1] 如此巨额的法定存款准备金不可能在运行中"蒸发"，唯一的解释只能是，人行在得到这些资金后又将它使用出去了。那么，人行是如何使用这些资金的呢？

将表2和表3结为一体可以看到：在"资产方"，人行的最大资产为"外汇"，2010年底已高达20.68万亿元（占人行"总资产"的比重为79.75%）。如此巨额的外汇资产增加需要以人民币资金予以对冲，但在"负债方"，"货币发行"科目下2010年的数量仅

---

[1] 有关对人行资产负债表的分析，可参看王国刚《基于资产负债表的央行调控能力分析》，《金融评论》2010年第1期。

为 4.87 万亿元，与"外汇"科目下的 20.68 万亿元相差甚大。要进行外汇资产的对冲，就必须有足量的资金来源。既然"货币发行"不足，就只能借助其他渠道。从"负债方"看，2001～2010 年的 10 年间，增长最快的当属"金融性公司存款"，它在 2010 年底达到 13.67 万亿元，占总负债的比重达到 52.71%。"金融性公司存款"的余额主要由金融机构缴纳的法定存款准备金构成，由此可知，人行屡屡提高法定存款准备金率的主要用途在于对冲外汇占款。基本的操作过程是：人行提高法定存款准备金率→金融机构按规定向人行缴纳法定存款准备金→人行的"金融性公司存款"增加→人行使用这些资金向金融机构购买外汇资产（从而"外汇"增加）→金融机构按照法定存款准备金率要求缴纳给人行的人民币资金又回流到金融机构。① 在这个循环中，就金融机构整体而言，以缴纳法定存款准备金率名义交给人行的人民币资金又通过人行购买外汇资产回到了原点，因此，人民币资金并没有减少。法定存款准备金与外汇占款的这种对冲机制决定了，在 2003 年以后，尽管法定存款准备金率屡屡提高，但经济运行中的资金并没有发生严重紧缩；同时，它也决定了，在 2011 年以后，只要还需对冲外汇占款，法定存款准备金率依然有着继续上调的可能和上调空间。

通过提高法定存款准备金率来对冲外汇占款，在对金融机构的整体关系上虽然没有紧缩效应，但它有效防范了通过巨额"货币发行"对冲外汇占款可能引致的通货膨胀、经济过热和一系列经济社会问题。从这个意义上说，它维护了中国金融运行秩序的稳定，支持了国民经济稳步持续发展，因此，是积极有效的。

但也应注意到，由于外汇资产在各家金融机构中的分布是不平衡的，因此，在利用提高法定存款准备金率对冲外汇占款的过程中，对那些吸收外汇存款（从而外汇资产）较少的金融机构来说，以法定存款准备金名义缴纳给人行的人民币资金并不会因人行购买外汇资产而流回，所以，依然有着明显的资金紧缩效应。缺乏外汇存款（从而外汇资产）的主要是中小金融机构，在法定存款准备金率屡屡提高的过程中，它们的可贷资金日益紧缩；虽然也可通过银行间拆借等路径在一定程度上缓解资金紧张状况，但利率成本将大幅上升，由此引致两个情形发生：一是这些中小金融机构向小微企业的放款力度明显降低。这是导致 2006 年以后小微企业疾呼贷款难的一个重要成因。二是它们向小微企业放款的利率水平明显上升，甚至超过一部分小微企业的承受能力。这是导致 2006 年以后小微企

---

① 另一种可能的操作过程是：人行提高法定存款准备金率→金融机构以表 2 "金融性公司存款"中的超额准备金按规定向人行缴纳法定存款准备金→人行的"金融性公司存款"不变，但其中的超额准备金数额减少→人行使用这些资金向金融机构购买外汇资产（从而"外汇"增加）→金融机构再将这些资金存入人行，由此，"金融性公司存款"增加。这种操作过程与文中的操作过程，在循环结果上是一致的。

业贷款难的另一个重要成因。从这个意义上说，提高法定存款准备金率并非完全没有资金紧缩的效应，也并非对经济运行走势毫无影响。这种情形也解释了长期困扰人们的一个实践反差现象——"宏观层面上资金相对过剩、微观层面上感到资金相当紧缺"的成因。

二 发行人行债券以调剂对冲头寸的机理

从表2和表3的连接中可以看到，如果说在2005年以前"货币发行"+"金融性公司存款"大于"外汇"的话，那么，在2006年之后前二者之和就小于后者了，这意味着即便屡屡提高法定存款准备金率，人行所得资金依然不足以对冲外汇占款，存在一定程度的余额缺口。由此，对冲外汇占款的人民币资金不足部分是如何解决的？"发行债券"成为人行通过市场调节资金余缺的一个主要机制。然而，这一机制与法定存款准备金率工具相类似，同样存在对冲外汇的资金回流效应。

对人行来说，"发行债券"最初主要是为了增加公开市场业务操作所需证券，但随着需要对冲的外汇资产的快速增加，"发行债券"的主要用途转向了调节对冲资金余缺。这些资金的循环与法定存款准备金相类似，基本流程是：人行向金融机构发行债券→金融机构购买人行债券并将对应资金交给人行→人行再使用这些资金向金融机构购买外汇资产（从而"外汇"增加）→金融机构购买人行债券的人民币资金回流到金融机构。毋庸赘述，人行"发行债券"对金融机构整体而言同样没有紧缩资金的效应。但由于各家金融机构的外汇资产分布并不平衡，因此，对中小金融机构也有一定的紧缩效应。

"发行债券"与调整法定存款准备金率成为人行对冲外汇占款的重要机制。一个突出的实例是，2008年9~12月，人行连续3次将法定存款准备金率从17.5%下调到15.5%，按此操作人行应向金融机构回吐人民币资金。在人行账上缺乏人民币资金的条件下，其流程大致是：人行在海外卖出外汇资产获得外汇→再将外汇卖给国内金融机构从而获得人民币资金→人行降低法定存款准备金率→将人民币资金回吐给国内金融机构。但实际操作并不如此，实践过程中的基本流程是：人行通过加大"发行债券"获得人民币资金→降低法定存款准备金率→将人民币资金回吐给金融机构。具体情形如表4所示：2008年8~11月，人行的"外汇"资产从13.95万亿元增加到14.7万亿元，由此可以判定，在9月以后的降低法定存款准备金率过程中，人行没有卖出外汇资产；另一方面，在"负债方"，"金融性公司存款"在8月份达到8.39万亿元，但9月和10月分别减少到8.25万亿元和8.17万亿元，因此，在降低法定存款准备金率过程中，人行的确向金融机构回吐了人民币资金。那么，这些资金是怎么循环的呢？从"发行债券"一栏中可见，8月的数值为

4.23万亿元，9月和10月的数值分别增加到4.59万亿元和4.74万亿元，新增加额均大于同期"金融性公司存款"减少的数额，因此，人行是用"发行债券"所得资金回吐给金融机构的。

表4 中国人民银行资产负债表简表（2008年6月至2008年12月）

单位：亿元

科目	2008年6月	2008年7月	2008年8月	2008年9月	2008年10月	2008年11月	2008年12月
资　产							
国外资产	149580.16	152623.49	154339.66	157908.88	159574.64	159941.35	162543.52
外汇	134249.44	137690.05	139521.46	143122.88	146602.17	147032.37	149624.26
负　债							
储备货币	115353.05	116446.80	117589.81	117336.06	115715.30	119332.71	129222.33
货币发行	33075.73	33285.24	33698.35	34876.09	34043.37	34456.46	37115.76
金融性公司存款	82277.32	83161.56	83891.46	82459.97	81671.93	84876.25	92106.57
发行债券	41801.74	41717.56	42278.96	45911.46	47429.35	46527.10	45779.83

资料来源：根据中国人民银行网站数据整理。

"发行债券"和提高法定存款准备金率同属人行债务性资金来源，但在具体操作中，它们对人行和金融机构有着不同的意义。从人行角度看，提高法定存款准备金率是一项强制性机制，它形成的债务在期限方面并无限制条件，在利率方面比较低（2008年底之前为1.89%，2008年底之后为1.62%，均明显低于1年期存款基准利率），因此，是一种"深锁定"的债务。与此不同，"发行债券"更具有市场化的操作含义，其在规模、利率、期限等方面都受到交易对手方——金融机构的购买意愿限制，且需要持续地进行"卖新债还旧债"的操作，因此，是一种"浅锁定"的债务。假定这些债券均为1年期且每月到期的数额均等分布，那么，2010年底40497.23亿元的债券余额就意味着，在2011年人行每月需要发行3375亿元左右的新债才能维持债券余额不变。在人行债券规模持续扩大的条件下，金融机构每月认购的意愿难以持续，引致2007年以后人行债券发行流标的现象时有发生，对此，人行选择了运用行政机制定向发行的方式，但即便如此，要持续扩大债券规模，也还有不少困难。因此，从人行角度出发，更愿意选择提高法定存款准备金率的方式来筹集债务资金对冲外汇占款。从金融机构角度看，如果仅在购买人行债券和缴纳法定存款准备金之间作出选择，它们宁愿选择购买人行债券，一方面，人行债券的利率通常要比法定存款准备金高过1个百分点以上，收益率较好；另一方面，即便不说在购买中有着较大的选择余地，仅仅人行债券是可交易的证券，就有利于经营资金的头寸调度。

三 调整存贷款基准利率的机理

2004年10月28日,人行出台了《关于调整人民币基准利率的通知》(简称《通知》),迈出了存贷款利率的市场化步伐。① 该《通知》的要点大致有三:一是将此前的"法定利率"一词改为"基准利率",由此,弱化了存贷款利率决定的行政色彩;二是强调贷款利率以基准利率的0.9倍为下限,上限全部放开,存款利率以基准利率为上限,下限全部放开;三是要求各家金融机构"严格执行调整后的基准利率和浮动区间,加强利率风险管理,根据自身经营状况、资金成本和企业风险程度等因素合理确定存贷款利率"。但2006年4月以后,人行屡屡运用行政机制调整存贷款基准利率,使得存贷款利率市场化进程发生了新的变化。

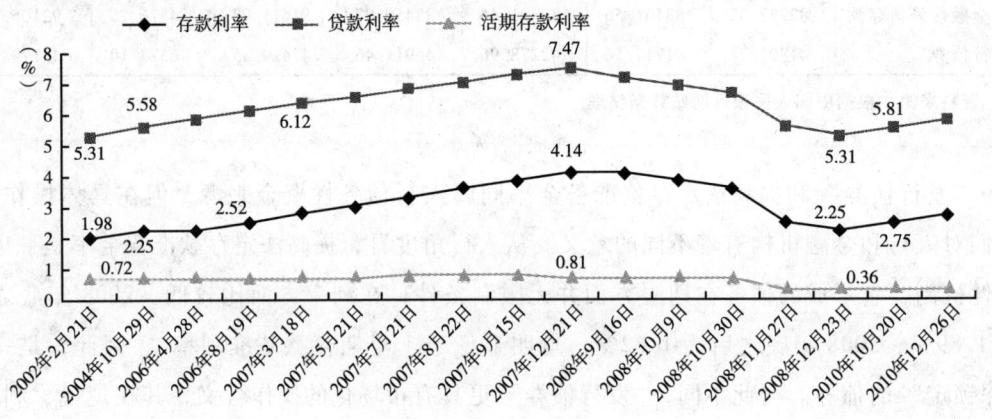

图2 2002～2010年存贷款利率走势

资料来源:中国人民银行网站。

从图2中可见,2001～2010年的10年间,人行先后17次调整了金融机构存贷款利率。从人行公布的相关信息看,调整存贷款基准利率的理论依据主要有二:一是利率的高低直接调节着银根的紧松,即货币经济学中说的"提高利率收紧银根,降低利率放松银根"。二是应努力实现存款的正利率,即货币经济学认为负利率有着一系列负面效应。但是,这些所谓的理论依据,存在着诸多似是而非之处。

先从前一个理论根据看,尽管几百年来,几乎所有的经济学家和金融学家都熟知"提高利率收紧银根、降低利率放松银根"这一定理,但几乎没有人分析过"谁提高了

---

① 中国人民银行:《2004年第四季度中国货币政策执行报告》。

谁的利率、收紧了谁对谁的银根"(反之,"放松了谁对谁的银根")这一关键问题。从发达国家的实践看,这一定理的内涵应当是:央行提高央行的利率,收紧了央行对商业银行等金融机构的银根。例如,美联储提高了联邦基金利率,就提高了商业银行等金融机构从联邦基金借款的成本,从而收紧了联邦基金对这些金融机构放款的数量。反之,央行降低了央行利率,也就放松了央行对商业银行等金融机构的银根。但在中国,人行每每调整的不是央行利率,而是金融机构的存贷款利率(这有着政府给企业定价的特点)。由于内在机理不同,其效应就很难用"提高利率收紧银根"的定理予以解释。具体来看:

首先,央行提高金融机构的贷款利率未必有紧缩银根效应。在这方面有两个问题值得探讨:其一,在 2004 年 10 月以后,随着《通知》的落实,金融机构已有在基准利率之上决定贷款利率的自主权,在此条件下,人行再按照每次 0.27 个百分点(2010 年以后改为每次 0.25 个百分点)亦步亦趋地运用行政机制提高贷款基准利率是否与"通知"精神相逆而行?其二,在贷款市场中金融机构尚处于优势地位的条件下,对中国的绝大多数企业来说,在申请贷款的过程中,是贷款的可得性更重要还是贷款利率高低更重要?

表 5　金融机构人民币贷款各利率浮动区间占比表

单位:%

时间	下浮	基准	上浮水平				
	(0.9,1)	1.0	小计	(1,1.3)	(1.3,1.5)	(1.5,2)	2 以上
2004 年第四季度	23.23	24.56	52.21	28.98	9.90	10.66	2.68
2005 年第四季度	24.29	26.47	49.24	26.87	8.27	11.37	2.73
2006 年第四季度	25.81	26.63	47.56	27.90	7.32	10.63	1.71
2007 年第四季度	28.07	27.69	44.24	27.17	7.31	8.47	1.29
2008 年 12 月	25.56	30.13	44.31	27.81	5.75	7.27	3.49
2009 年 12 月	33.19	30.26	36.55	21.38	5.13	6.64	3.40
2010 年 12 月	27.80	29.16	43.04	25.69	5.66	8.18	3.51

资料来源:中国人民银行相关各年第四季度货币政策执行报告。

表 5 列示了 2004~2010 年金融机构人民币贷款各利率浮动区间占比情况,从中可以看出,"下浮"和"基准"的占比有着提高的走势(从 2004 年第四季度的 47.79% 上升到 2009 年 12 月的 63.45%),与此对应,"上浮"占比有着降低的趋势。2004 年以后,银行体系内资金相对过剩情形逐步增强(以至于有了"流动性过剩"的说法),各家金融机构在贷款市场中的竞争加重,贷款利率有着下行的压力。在此背景下,人行在 2006~2007 年运用行政机制陆续 8 次上调贷款基准利率,与市场机制导向的要求并不一致。

贷款基准利率上调的一个直接结果是，工商企业为同数额贷款付出的资金成本提高了，那么，这种成本上升能否有效抑制工商企业的贷款需求呢？从货币经济学理论上说，答案是肯定的。但这种肯定的回答有着太多假定条件，以至于它很难符合实践情况。提高0.27个百分点（乃至1.08个百分点，下同）的贷款利率，要能够明显抑制工商企业的贷款需求，至少应达到如下条件之一：其一，新的贷款资金在工商企业的经营运作中不产生利润，以至于对借款人来说，新增加的利息纯属成本增加；其二，工商企业的利润率极低，以至于在不增加新增贷款条件下已有贷款的利率只要再提高0.27个百分点，它们就将陷入亏损境地；其三，申请贷款的工商企业在运用这些贷款中面临着本金严重损失风险以至于已有经营利润都难以填补；其四，工商企业的经营规模具有较大弹性，以至于贷款利率提高后，它们可以及时通过大量缩减已有业务（包括订单等）来减少贷款；其五，工商企业有着足够多的账面资金，以至于在利率提高的条件下，大量偿还到期（甚至包括未到期）的银行贷款而不影响其正常经营活动。显然，只要存在前三个条件中的任何一种情形，贷款都面临着巨大风险，金融机构因此不会给工商企业发放贷款，所以，不论工商企业的意愿如何，也不论贷款利率是否提高，这些贷款本来就会因偿债能力不足而不成立。符合第四种条件的工商企业即便有也极为有限，提高利率来限制对这些工商企业的贷款，在金融机构的贷款总量关系上是缺乏实际意义的。在第五种情形下，工商企业既然在账面有着足够多的资金，也就不需要急着申请新的贷款（在贷款利率明显高于存款利率条件下，更是如此）。

贷款利息是金融机构从工商企业等借款者经营运作利润中分取的一部分收益。对工商企业来说，通常只有在经营利润减去利息支出后依然有较大剩余的条件下，才可能大量借入贷款资金；对金融机构来说，只有在工商企业具有较强的还本付息能力的条件下，才愿意向它们大量放款。这意味着，贷款利率的任何幅度提高都可能明显抑制贷款需求的假定是不成立。一个基本的事实是，贷款利息只是企业经营总成本构成中一个不太大的部分，贷款利率上升1个百分点，对企业经营总成本上升的影响幅度远低于1个百分点。如果1家企业连经营总成本上升1个百分点都难以承受，又如何防范生产过程中原材料或零部件的价格上涨（例如，多年来中国的PPI上涨率均在5%以上）、员工工薪提高、管理过程中的成本增加、市场营销过程中费用增加（如广告费支出增加）以及其他方面的开支增加等风险，同时，金融机构又如何敢于给这类企业发放贷款？

凡上种种说明一个内在机理，在一定限度内，提高金融机构的贷款利率并不具有明显的抑制贷款需求从而紧缩贷款增长的效应。

表 6　企业存款和储蓄存款的期限结构

单位：亿元，%

年份	企业活期存款	活期储蓄存款	企业定期存款	定期储蓄存款	合计	活期所占比例
2004	74502.52	41416.53	25382.15	78138.86	219440.06	52.83
2005	83146.0	48787.45	45224.7	92263.54	269421.69	48.97
2006	98802.64	58575.92	52767.10	103011.38	313157.04	50.26
2007	91718.37	67461.59	62685.53	108287.86	330153.35	48.21
2008	97499.04	78336.79	80702.58	143668.84	400207.25	43.94
2009	134747.32	100541.28	108837.62	160230.38	504356.60	46.65
2010	164536.07	126264.39	88424.20	180902.00	560126.66	51.92

资料来源：中国人民银行网站。

其次，提高存款利率具有迫使金融机构增加贷款的效应。从图2中可见，人行在提高1年期贷款基准利率的同时，大多也提高了1年期存款基准利率。在货币经济学中，提高存款利率的直接效应是刺激存款增加，由此，对金融机构来说，在吸收的存款数量增加且成本提高的条件下，能够作出什么选择？一方面，如果金融市场中有着大量利率（或收益率）高于存款基准利率的债券等金融产品，也许它们还有选择余地。但如果真有这类金融产品存在，在存款基准利率未提高时，金融机构早就足额购买了；另一方面，存款基准利率提高通常引致交易中的金融产品价格在波动中收益率降低；再一方面，在中国金融市场中，可供对冲存款基准利率提高的产品和机制相当稀缺。这些条件决定了，金融机构应对存款基准利率提高的措施基本上只剩一个——加大发放贷款的力度。将这一选择与贷款基准利率提高效应相连接可以看到：提高贷款基准利率缺乏紧缩银根的效应，提高存款基准利率有着迫使金融机构增加贷款数量的效应，所以，提高1年期存贷款基准利率的结果是放松银根。

最后，虽然每次提高1年期存贷款基准利率的数值基本一致，由此，它们之间的利差没有大的变化（不是完全没变），但从图2中可见，1年期贷款基准利率与活期存款利率之间的差额却有着扩大走势。2002年2月，1年期贷款与活期存款之间的利差为3.33个百分点，到2007年12月二者为6.66个百分点，扩大了1倍。金融机构的贷款利率在通常条件下是如何决定的？金融经济学认为，它主要由三个因素构成：一是资金成本，在此处为存款利率；二是经营成本；三是可预期风险（即违约率），它在利率上表现为净利差。净利差越大意味着金融机构承受贷款风险的能力越强，则可放贷规模越大，反之，则可放贷规模越小。如果说在利差为2个百分点时，某家商业银行的贷款客户可能有1万家的话，那么，在利差为3个百分点时，它的贷款客户可能就可能扩大到2万家。向2万家客户发放的贷款数额必然大于1万家客户。

如果活期存款占金融机构负债结构的比重较低，那么，1年期贷款与活期存款之间利差扩大对金融机构的贷款行为影响不大。但从表6中可见，在企业存款和居民储蓄存款中"活期存款"占比达到50%左右，由此，1年期贷款与活期存款之间利差的扩大就将对金融机构的贷款规模扩大发挥重要影响。这种贷款规模扩大的可能性，在下述机制作用下成为现实：2006年以后，主要商业银行（包括国有控股商业银行和股份制商业银行）大多完成了发股上市工作，一般员工和高管人员的薪酬收入基本与经营业绩高低挂钩，由此，他们有着通过扩大放款规模提高经营业绩从而增加个人薪酬的内在冲动。

2006年4月，在贷款增长率上行的背景下，人行开始提高贷款基准利率，但贷款增长率并没有因此而下行，反而从3月的11.29%上行到12月的15.72%；2007年3月开始，人行连续6次提高存贷款基准利率，贷款增长率却从2月的16.99%上行到10月的17.69%；2007年11~12月，人行开始实行对新增贷款规模的行政管控措施，由此，引致贷款增长率下行。实行新增贷款规模的行政管控措施，意味着运用存贷款基准利率来调控贷款规模（从而调控货币数量）的预期目的未能达到。

提高存贷款基准利率的另一个理论根据是消解存款负利率的现象。主要理由：一是在由物价上行导致负利率条件下，对企业来说，贷款利率实际上打了折扣，由此，为贷款的低成本所刺激，企业申请贷款的意愿将明显增加。贷款的增加将引致物价的进一步上升，并引致负利率状况加重和企业申请贷款的意愿进一步提高。如此循环下去，将陷入经济过热和恶性通胀。二是在负利率条件下，存款人不愿将资金存入金融机构（转用于购买其他金融产品），而金融机构原先吸收的存款又已用于发放贷款，由此，将引致金融机构的流动性紧缺，一旦存款人从金融机构提取存款遇到困难，就可能引致众多存款人的"挤兑"；如果某家金融机构因无力兑付存款而倒闭，存款人就可能纷纷从其他金融机构中提款，由此，不仅将引致金融机构的连锁倒闭，而且将引致经济社会生活秩序陷入混乱。三是在负利率条件下，国内资金在寻求收益的过程中，可能向海外流出，由此，引致国内资金紧张，从而影响到经济发展和社会生活。要避免这些情形发生，就必须保障存款正利率。但是，这些理论根据在分析中暗含了太多假定条件，从而，严重偏离实际。

从图3中可见，2001年以后，与物价3次上涨相对应，也发生了3次存款负利率现象，最高值的时间分别是：2004年7~8月的-3.72%、2008年2月的-4.56%和2010年11月的-2.35%。但从图3中同样可以看出，一方面，存款负利率转变为正利率的主要成因不在于提高了存款利率，而在于CPI增长率的下行。2004年的负利率在2005年1

中国货币政策调控工具的操作机理分析（2001~2010年） 213

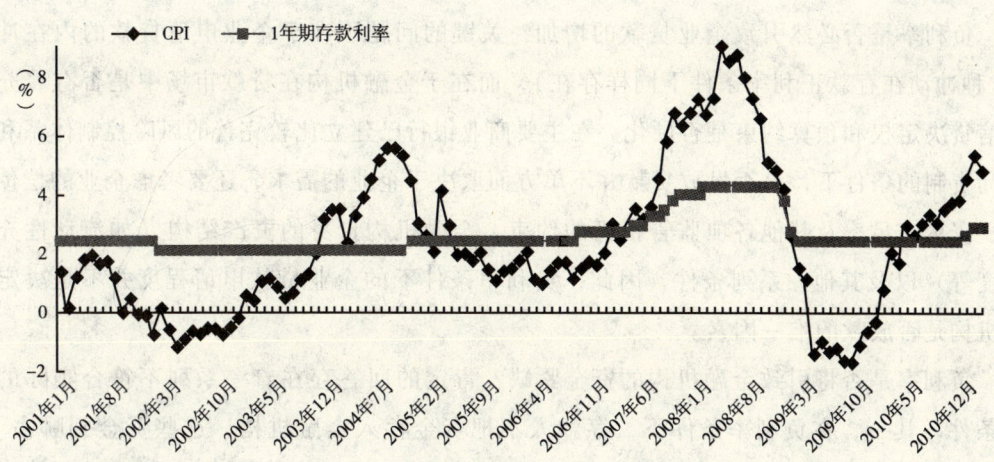

图3　CPI增长率与1年期存款利率走势

资料来源：中国人民银行网站和国家统计局网站。

月CPI增长率降低到1.9%以后转变为正利率。2008年的存款负利率在2008年11月CPI增长率降低到2.4%以后转变为正利率。另一方面，也需要指出，这种存款正利率是按照CPI增长率与1年期存款利率在同期中计算的。由于CPI增长率的计算方法是"同比"，不是按照不变价累计，所以，在与1年期存款利率进行同期对比中有着正利率反映。但如果CPI数值选择按不变价累计，则1年期存款利率可能均为负数。假定以2000年的CPI数值为100，则2001~2010年的CPI增长的累计值如表7所示，从中可以看到，2004年以后的1年期存款利率均为负数，同时，存款利率不论怎么提高也很难等于或超过CPI增长的累计值。从这个意义上说，存款负利率很可能是一种长期且不可逆转的趋势。

表7　CPI增长的累计值与1年期存款利率对比表

单位：%

年份	CPI增长率	CPI增长的累计值	1年期存款利率
2001	0.7	0.69	2.25
2002	-0.8	-0.12	1.98
2003	1.2	1.08	1.98
2004	3.9	5.02	2.25
2005	1.8	6.91	2.25
2006	1.5	8.53	2.52
2007	4.8	13.73	4.14
2008	5.9	20.44	2.25
2009	-0.7	19.59	2.25

资料来源：根据《中国统计年鉴（2010）》计算得出。

负利率是否必然引致企业贷款的增加？关键的问题不在于企业申请贷款的内在冲动（这种冲动在存款正利率条件下同样存在），而在于金融机构在贷款市场中是否有着充分的信贷决定权和预算约束是否硬化。在主要商业银行已建立比较完善的风险控制体系和信贷问责制的条件下，是否发放贷款并不单方面取决于企业的需求，还要考虑企业的偿债能力、资本充足率及其他各项监管指标的约束、金融机构自身的资产结构（如流动性充足程度等）以及其他一系列条件，因此，负利率条件下的企业贷款申请程度并不是决定金融机构是否放款的唯一因素。

负利率是否将引致金融机构的资金紧缺？肯定的回答存在着一系列不符合实际的假定条件。其一，在负利率条件下，存款人不把资金存入金融机构，这些资金到哪去了？如果这些资金用于购买非存款类金融产品，那么，它们转移到卖方手中后到哪去了？只有一个可能，又被卖方存入了金融机构。因此，如果分析不是停止于这些资金用于购买其他金融产品，而是按照资金流向继续展开，就不难发现，这些资金总是要以存款方式流入金融机构的，由此引致的改变充其量不过是存款人的身份变化（如居民储蓄存款变为企业存款），对金融机构整体而言，流入的存款量没有减少。其二，假定存款人在购买非存款类金融产品中比较集中地从某家金融机构取款、然后金融产品的卖方再将这些资金存入另家金融机构，在此情形下，可能发生前家金融机构的资金短缺现象，但在一般情况下依然不会发生因挤兑而倒闭的后果。这是因为，金融体系中存在着一系列机制可调剂和缓解资金紧缺，其中包括资金拆借、央行再贷款和存款保险等，因此，并不会发生因某家金融机构出现"挤兑"而引致倒闭的多米诺骨牌效应和经济社会生活秩序混乱现象。

负利率是否将引致资金大量流向海外？且不说中国资本账户中的金融交易项目并未充分对外开放，国内资金缺乏流向海外的基本路径；也不说中国近年来面临的主要问题不是资金外流而是外汇资金大量流入国内，从而，如何强化"走出去"战略，促使企业更多地使用外汇资金进行海外投资运作成为政策要点；即便在资本账户已充分开发的发达国家中，存款负利率也不见得屡屡引致了大量资金外流，以至于国内经济发展受到严重影响。日本在20世纪90年代泡沫经济破灭以后，持续了20年的存款负利率，也没有因资金外流严重制约了经济发展。2008年金融危机爆发以后，美国也处于存款负利率境地，但2010年在走出金融危机困境中，它的GDP增长率依然在2%以上，同样没有发生资金大量外流抑制经济发展的现象。

在存款负利率条件下，通过提高存款利率来努力争取实现存款正利率是一番好意，但它实际上是通过利率来调整存贷款市场各方参与者（甚至包括金融市场参与者）之间的利益关系。货币政策属需求总量政策,并不具有调整经济运行中利益关系的机能,以此来解决存款负利率问题是十分困难的。

四 运用行政机制管控新增贷款的机理

在中国,1998年取消了信贷规模计划管理标志着货币政策在实施过程中将更多地运用非行政机制,从直接调控向间接调控转变。此后,在"窗口指导"下,虽然在货币政策中间目标中列出了每年新增贷款规模指标,对金融机构的贷款活动也使用了一些行政机制影响,但还基本属于"打招呼"范畴。2007年11月以后,在实施从紧的货币政策过程中,以"对金融机构信贷规模硬约束"的名义,实行了新增贷款规模的行政管控措施。其中,2007年11~12月,要求各家金融机构不再增加新的商业性贷款;2008年将新增贷款规模控制在3.64万亿元,并按季度进行管控;2010年虽然实行适度宽松的货币政策,但依然将新增贷款规模界定在7.5万亿元,对各家金融机构的贷款规模按季度实行行政管控。

诺贝尔经济学奖获得者约瑟夫·斯蒂格利茨曾明确指出:"货币之所以重要,是因为它与信贷之间的关系……信贷获取能力的变化对经济活动的水平具有显著影响,而真实利率水平的变化对经济波动的影响似乎要小一些";"货币制度是一组更广泛制度当中重要的一组,这些广泛的制度被用于提供信贷、监控贷款,或者更广泛地说,支持跨期交易。"① 但从传统货币经济学看,对贷款规模实行行政管控并不属于货币政策工具范畴,它的实行意味着运用提高法定存款准备金率、存贷款利率、发行债券和公开市场业务等工具已难以实现货币政策调控的中间目标,因此,属无奈之选。在存贷款利率已部分市场化(如贷款以基准利率为下限,上限放开)的条件下,实行新增贷款规模的行政管控也引致了一系列新现象的发生。

第一,挤压贷款利率快速上行。贷款利率是贷款资金的价格。对新增贷款行政管控导致了可贷资金的紧缺,由此,使得贷款利率快速上行。2007年12月21日提高存贷款基准利率之后,6个月期基准利率为6.57%、1年期贷款基准利率为7.47%,但在表8中,2008年1~10月,金融机构贷款的平均利率均高于基准利率1个百分点左右。11~12月在连续5次降低贷款基准利率背景下,6个月期基准利率为4.86%、1年期贷款基准利率为5.31%,但金融机构的贷款平均利率依然高过基准利率1个百分点以上。2008年底,金融机构的贷款余额为30.34万亿元,1个百分点的贷款利率意味着金融机构从客户方多收了3034亿元利息。

---

① 引自〔美〕约瑟夫·斯蒂格利茨《斯蒂格利茨经济学文集》(中文版),第四卷,中国金融出版社,2007,第187、207页。

这是引致2008年实体经济部门经济效益下滑而金融机构业绩明显提高的一个重要因素。

第二，金融机构成本转嫁。在新增贷款规模受到限制从而资金紧缺的条件下，金融机构在贷款市场中优势地位更加强化。客户迫于需要贷款，迁就了一些金融机构的不合理要求。例如，金融机构给企业集团授信原先只是举办一个签约仪式，授信额度内的贷款资金落实到具体项目并办理了具体贷款手续后才开始计算利率。但2008年，一些金融机构从授信签约之后就按照授信额度记取1个百分点左右的利率。又如，在发放贷款之前，金融机构通常要对放贷项目进行调研考察，所需费用计入金融机构经营成本。但2008年，一些金融机构将这些费用转由客户承担。

第三，影子银行作用凸显。在银行金融机构贷款规模受到严重制约以后，各种绕开规模限制的影子银行方式随之出现，变通方式的贷款数额急剧增加，其中包括银信合作、理财产品等等。2008年新增贷款4.77万亿元，但银信合作达到1万多亿元的规模；2010年新增贷款7.95万亿元，银信合作规模达到3万亿元左右。

第四，金融机构的贷款投放偏离正常节奏，形成规模倒逼。2008年和2010年在按季度管控贷款规模的机制下，出现了金融机构尽可能将每个季度的贷款额度在第一个月投放出去，从而使得在各月份之间的贷款投放数额偏离了正常节奏。2008年第四季度，在抵御美国金融危机冲击和扩大内需、刺激经济的宏观政策背景下，人行于11月3日宣布不再对金融机构贷款规模实行硬约束。在行政管制取消的条件下，金融机构新增贷款的投放出现突发性反弹。2008年11~12月，在本属贷款淡季的月份中，新增贷款12487亿元，占全年新增贷款的26.18%；2009年第一季度新增贷款46160亿元，与2008年全年新增贷款47703亿元接近；2009年前6个月新增贷款74052亿元，是2007年全年36406亿元的2.03倍；2009年全年新增贷款96288.96亿元，是2008年的2.01倍。金融机构贷款节奏的这些变化，不仅给2010年（以及此后）的宏观经济走势以重要影响，而且也给货币政策调控留下了难题。

表8 2008年1~12月金融机构贷款平均利率表

单位：%

期限	1月	2月	3月	4月	5月	6月	7月	8月	9月	10月	11月	12月
6个月（含）以内	7.06	7.09	7.32	7.42	7.37	7.28	7.31	7.31	7.12	6.78	6.50	5.55
6个月~1年（含）	8.33	8.40	8.72	8.70	8.62	8.47	8.58	8.69	8.38	8.18	7.66	6.64
1~3年（含）	7.98	7.99	8.69	8.31	8.35	8.41	8.43	8.47	8.20	8.00	7.54	6.26
3~5年（含）	7.68	7.82	7.98	7.91	7.77	8.04	7.95	8.00	7.91	7.61	7.17	6.18
5~10年（含）	7.66	7.63	7.72	7.74	7.70	7.78	7.73	7.78	7.84	7.51	6.96	6.11
10年以上	7.20	7.14	7.27	7.24	7.33	7.37	7.37	7.29	7.41	7.18	6.84	6.04

资料来源：中国人民银行《中国货币政策执行报告（2008年第四季度）》。

第五，贷款规模并未完全控住。2008年的新增贷款规模管控指标为3.64万亿元，但10月份就已突破这一限制，达到37964.22亿元；2010年新增贷款规模管控指标为7.5万亿元并按照"3322"的比例进行季度管控，但第一季度新增贷款26101.66亿元，占7.5万亿元的34.8%，上半年新增贷款46361.81亿元，占7.5万亿元的61.82%，前9个月新增贷款62857.57亿元，占7.5万亿元比重83.81%，全年新增贷款79512.77亿元，比7.5万亿元多了6.02%。

尽管对新增贷款规模的调控存在着上述一系列负面效应，但与调整法定存款准备金率、发行人行债券和调整存贷款利率等政策手段相比，就实现货币政策中间目标而言，它的有效性程度还是最高的。

五 中国货币政策调控的难点及对策建议

2001~2010年，人行在运用货币政策进行宏观调控中时常处于矛盾的尴尬境地。其中，有的矛盾来自经济运行中各项指标之间的相互掣肘。例如，促进经济增长有利于增加就业，但要推进经济增长就要加大放贷，随着货币供应量增加，通胀压力就将增大，这不利于币值稳定；反之亦反[①]。有的矛盾来自开放经济条件下的内外经济差别。例如，在外汇资金大量流入境内且人民币汇率升值的背景下，人行不加大购买外汇资产力度，将不利于金融机构的资金运行和外贸企业的经营发展，但通过发行货币来购买外汇资产又将严重加大通胀压力。[②] 还有的矛盾来自社会舆论。例如，在由若干种农产品短缺引致的物价上涨中，社会舆论较普遍地将其认定为通胀，由此，要求采取紧缩的货币政策。对此，人行不采取紧缩举措将面临"行政不作为"的责难，采取紧缩措施又很难准确把握对相关实体经济部门和经济运行走势的负面影响程度。尽管矛盾重重，人行还是针对经济运行中出现的各种新情况新问题，积极应对，综合运用货币政策的各种工具和调控机制，支持了经济又好又快的发展。

一方面，从运用货币政策工具的角度看，虽然提高法定存款准备金率和发行人行债券等举措在总体上并没有收紧银根的效应，但有着导向紧缩货币的效应和引致某些金融机构资金紧缩的效应，这有利于释放货币"从紧"的信号。由此，既解决了对冲外汇占款所

---

① Zhang, Chengsi (2011): "Inflation Persistence, Inflation Expectations, and Monetary Policy in China", *Economic Modelling*, 28, 622–629.
② 开放经济条件下的货币政策，是货币政策研究中的一个重要论题，可从不同角度予以分析。国内外学者在这方面的论著甚多。因不是本文的重心所在，所以，笔者未加细述。

需资金的困难，又避免了因大量发行货币可能引致的流通中货币过多从而发生通货膨胀的后果。另一方面，虽然提高存贷款基准利率有着扩张信贷的功能，但这种扩张的程度又受到新增贷款规模管制的制约，同时，在"提高利率收紧银根"的真切含义未理清的条件下，它也有收紧银根的信号功能。由此，既有着传递货币政策取向的效应，又有着根据具体情况灵活调整新增贷款扩张程度的效应。再一方面，虽然从单项工具看，在某一具体时点的效应与货币政策取向并不一致，但从各项工具的综合作用看，有效降低了单一工具可能带来的负面影响，在化解了各种错综复杂矛盾的同时，较好地发挥了货币政策在宏观经济调控中功能。

但10年间，中国货币政策在形成和实施中也存在一系列需要进一步深入探讨的难点，主要表现在：

第一，调控能力正逐步减弱。资产数量是人行进行货币政策调控的基础性条件。从表3中可见，人行总资产中"国外资产"所占比重从2001年的41.01%快速上升到2010年的83.09%，这意味着人行资产已主要转为国外配置，与此对应的国内调控能力就将明显减弱。假定"其他资产"属人行可用资金范畴，那么，它占人行总资产的比例已从2002年的10.30%降低到了2.93%；其绝对额从2005年的11459.57亿元减少到2010年的7597.67亿元。与此同时，金融机构的资产总量从2000年底的133325.32亿元增加到了2010年底的805879.09亿元，人行"其他资产"占金融机构总资产的比例仅为0.94%，因此，人行可用人民币资产与金融机构总资产相比只是杯水车薪。与此不同，在美联储的资产结构中，2008年6月（金融危机爆发前）"黄金与外汇储备"和"SDR"等国外资产所占比重仅为4.09%，其余资产均在美国国内配置，其中，仅"对国内银行的贷款"、"证券回购"和"信贷市场工具"等科目下的资产就占总资产的83.80%，而美元属国际货币体系中的核心货币。人民币资产数量是人行实施货币政策、影响金融机构经营运作的物质基础。由于严重缺乏可用的人民币资产，引致人行的宏观金融调控能力明显减弱，货币政策越来越具有"导向"意义。也是在这一背景下，从2007年以后人行不得不在一定程度上恢复于1998年就已停止的信贷规模行政管控措施。从未来一段时间看，流入中国的外汇资金还将继续增加，如果仍然以法定存款准备金和发行债券为主要对冲机制，那么，人行总资产在中国国内的配置比例还将降低，人行运用货币政策进行调控的能力也将随之降低；但如果以"货币发行"为主要对冲机制，将引致货币发行过多和严重的通胀。这是人行调控中的一个难点。

第二，价格调控依然困难。变数量调控为价格调控是完善中国货币政策调控的一个方向，要实现这一转变就必须实现存贷款利率的市场化。存贷款利率的市场化过程，不仅涉及一系列金融体制机制的改革创新，而且涉及存款人、贷款人、借款人和其他市场参与者之间的一系列权力、利益和行为的调整，既需要硬化相关金融机构的财务预算约束（包括实施金融机构的破产制度），也需要给工商企业等机构以市场化融资的自主权，使它们在银行贷款、发行债券及其他方式融资之间有充分的选择权，还需要完善和严格市场规则，打击各种扰乱乃至破坏市场秩序的行为。这些条件的形成绝非一日之功，也不是毕其功于一役所能奏效的，但只要这些条件未在存贷款利率市场化过程中有效形成，数量调控（或一定程度上的数量调控）向价格调控的转变将难以完成。

第三，对冲外汇占款的可运作空间趋于缩小。通过提高法定存款准备金率和发行债券来对冲外汇占款，虽然对金融机构整体的人民币资金影响不大，但对那些缺少外汇资产的中小金融机构来说，20%的法定存款准备金率已是一个接近存贷比（75%）临界的比率，如果继续提高，不仅将严重影响这些中小金融机构的正常经营活动，而且将进一步加重小企业（乃至微小企业）的融资难并由此引致就业等诸多问题的发生。

第四，中间目标的指标选择依然困难。多年来货币政策中间目标以 M2 增长率为主要选择，但从 M2 的构成上看，一方面大量的定期存款并非当期使用的资金（如表6所示，仅企业和居民的存款中，2010 年底定期存款占比就超过了 48%，数额达 26.93 万亿元），并不发挥交易货币效能，将其列为货币政策调控范畴是否合适？在实践中存在大量发挥货币功能但未列入统计范畴的因素，其中包括：住房公积金存款、委托存款、地方财政存款、证券投资基金的托管资金、各种类型的"一卡通"以及信用卡透支额度等。重新修订的指标可能不仅限于 M2，还包括 M1（如居民储蓄存款中活期存款、证券投资基金的托管资金、各种类型的"一卡通"以及信用卡透支额度等是否应纳入 M1 范畴）。这些修订后的指标要成为实现中间目标的关键性指标，还必须符合可测性、相关性和可控性等方面的要求，这又将涉及相关各方之间复杂的权益关系。

第五，物价上涨压力依然严重。在工业化和城镇化的过程中，农产品和资源类产品的价格上涨是一个不以人的意志为转移的客观规律；在美元不断走软、垄断经营和国际资本投机炒作等机制的作用下，国际市场上的大宗商品价格也有走高的趋势，由此，在中国经济发展中，物价上扬是一个不可避免的现象。虽然这些物价上涨不是由货币政策较松所引致的，但它毕竟属于人民币购买力贬值范畴，对"保持币值稳定"的货币政策最后目标提出了严峻挑战，由此，提出了货币政策最终目标是否应当向"通货膨胀制度"转变？

"优化货币政策目标体系，健全货币政策决策机制，改善货币政策的传导机制和环境"是《十二五规划纲要》①提出的中国货币政策体系需要进一步完善的主要内容。从2001~2010的10年间实践经验来看，实现这些目标，需要进行一系列的体制机制创新，其中至少包括如下几个问题：

第一，调整和完善人行资产负债表结构。主要工作有三：一是在"资产方"明确列示"人民币资产"，以透明人行可操作的人民币资金状况。二是减少外汇储备数额。在留足需要作为储备的外汇资产后，通过设立外汇平准基金、鼓励和支持借贷资本输出和生产资本输出等积极推进外汇资产"走出去"、"藏汇于民"等机制，将多出的外汇资产部分从人行资产分离出来，逐步使人行资产的大部分集中用于国内的宏观金融调控，增强人行对金融机构和金融市场的资产调控能力。三是改善人行的负债结构。人行负债主要来源于金融机构的状况是难以长久持续的。要加大人行"负债方"中"货币发行"的占比，提高人行通过"货币发行"主动获得债务性资金的能力，以此支持人行的资产调控能力提高。

第二，完善货币政策的中间目标和操作手段。从前10年的实践经验看，在各项工具中调控信贷规模（或新增贷款规模）在贯彻货币政策意图中是比较有效的，因此，这一方向还需坚持，但屡屡采取行政机制调控的方式需要调整。一个可考虑的选择是，加强与金融监管部门协调，将信贷政策工具纳入货币政策的操作工具范畴，通过对信贷政策工具（如资本充足率、拨备率、流动性比率和杠杆率等）的调整间接影响金融机构的放贷活动，同时，给金融机构以较多的选择权。此外，需要修订和调整监控指标体系，不仅要修订M2和M1，而且进一步论证和完善金融总量、流动性总量和社会融资总量等指标，使它们更加符合中国实践状况，具有较强的可测性、相关性和可控性，成为贯彻货币政策意图的重要根据和重要抓手。在人行资产负债表完善过程中，逐步建立以调整人行利率并由此影响金融机构存贷款活动为特征的价格调控机制。

第三，大力发展公司债券市场，积极推进存贷款利率的市场化。要推进存贷款利率市场化，必须给工商企业、存款人和金融机构以及其他的市场参与者以金融产品的选择权。公司债券利率对资金供给者和资金需求者是同一价格，它高于存款利率、低于贷款利率，因此，是存贷款的替代品。"大力发展公司债券市场"的一个重要含义是，公司债券的发行规模应达到能够与贷款余额规模相匹配的程度。2010年底中国的贷款余额已达近48万亿元，如果公司债券余额仅有几万亿元是很难发挥其替代功能的，为此，需要按照《公司法》和《证券法》的规定，加大加快公司债券的发行。

---

① 引自《中华人民共和国国民经济和社会发展第十二个五年规划纲要》第48章。

第四，完善货币政策最终目标。"币值稳定"对内为物价稳定、对外为汇价稳定，由于在物价变动和汇价变动中存在着诸多复杂因素（货币发行量只是其中之一，不是唯一），所以，将调控物价和汇价的职责都归于货币政策，既超出了货币政策的功能，又是人行所难以通过履职实现的。稳定币值的目的在于维护金融和经济的运行秩序稳定，因此，从逻辑关系上讲，也许将维护金融秩序稳定列为货币政策的最终目标更为合适。

第五，构建逆周期的金融宏观审慎管理制度框架。2008年爆发的美国金融危机给货币政策当局提出了强化金融宏观审慎管理制度的问题，透视了货币政策、金融稳定和宏观审慎管理之间的内在联系，诸如构建逆周期的货币政策调控体系、完善资本制度、强化对系统重要性金融机构的监管、加强对影子银行和衍生品交易的监管等等都纳入到这一管理制度之中。对中国而言，虽然尚未经历过金融危机的洗礼，但它山之石可以攻玉，也必须根据国情和经济发展的要求，建立起货币政策、金融稳定和宏观审慎管理之间的协调机制和制度体系，由此，给货币政策当局提出了一个崭新的课题。

（本文发表于《中国社会科学》2012年第4期）

国际金融与国际货币体系

关于国际金融危机的理论评述

刘 菲 高占军

20 世纪 80 年代以来,国际金融危机频繁发生,促使人们越来越多地关注国际金融危机的理论问题。尤其是亚洲金融危机的爆发,使传统的金融危机理论的解释力受到质疑,新的研究更是大量涌现。但各种金融危机理论都是针对某一特定类型的金融危机而产生的,尚没有哪一种理论具有普遍的解释力。这在很大程度上是由于金融危机起因的复杂性,同时也反映了理论的滞后。一般认为,如果一国的宏观经济基础变量是健康的,那么,该国发生货币危机的可能性就很小。但宏观经济基础稳健与否,并不是绝对的,也就是说,对于稳健的衡量,将随外部条件的变化而有所不同。投机资本的存在及其规模与攻击手段、攻击能力的变化,便可视为主要外部条件之一。在不存在投机资本攻击的条件下,被视为稳健的宏观经济基础,在相反的情况下可能就不再那么坚不可摧。

对于不同外部环境下的宏观经济基础的稳健性问题,理论上虽有探讨,但还无法作出准确的分析与量化判断;但由某些外部条件已经成为宏观经济稳健的变量,即从外生性变为内生性这一事实,却可以有把握地推断出,有些危机确实是"不应该"发生的。一些受危机困扰的国家发出抱怨,恐怕并非毫无理由。亚洲金融危机中的马来西亚能否被划入这一类型,暂不讨论;但马哈蒂尔对索罗斯的指责,人们大概还记忆犹新。投机资本的存在与生存手段的合理性,肯定不会简单到翻开道德教义的辞典就能找到注释:它是市场经济("看不见的手"与"最大化")、各国政策(放松管制与金融自由化)、科技进步及世界经济一体化的共同产物。它由文明进步、经济与社会发展及道德力量所孕育,却反过来又造就了另外一个"斯芬克斯之谜",一个新的"道德误区"——这并不容易解释,也不是本文所要讨论的。但这一现实的存在,使得对国际金融危机的理论进行深入研究成为必要。本文试图对国际上在这一领域中的研究成果作一评论性综述。

一 货币危机的标准模型

货币危机的标准模型(第一代危机理论)出现于 1970 年代末,由克鲁格曼首先提出

(Krugman, 1979),① 后又由 Flood 和 Garber 进行了更详尽的阐述（Flood and Garber, 1984）。该理论认为，货币危机不过是预算赤字的产物：政府有持续的财政赤字，为了弥补赤字，不得不大量发行货币，以得到越来越多的铸币税，最终导致货币发行失控；同时，又用有限的储备来钉住汇率。

这一做法注定不能长久。不妨考虑投机者将等待外汇储备消耗净尽的情况。此时，他们知道外汇的价格将上升，因此，持有外币比持有该国货币更有吸引力，从而导致该国货币贬值。但是，一些有远见的投机者已经预见到这种情况的发生，他们在外汇储备耗尽之前便会卖出该国货币，结果，当外汇储备消耗到一定程度的时候（只足以维持几年的预算赤字），该国货币就会遭遇一场突然的投机攻击，该国的外汇储备很快被消耗掉，迫使该国放弃固定汇率制。②

标准的货币危机模型认为，货币危机是国内经济政策（如通过发行货币为预算赤字融资）与试图维持固定汇率的目标之间存在着根本上的不协调的结果。如果中央银行有足够多的外汇储备，那么这一不协调或许能够暂时性地得到维持；但这种状况不可能持久，当外汇储备接近耗尽时，便会导致投机者发动一场大规模的抛售浪潮。

该模型有一些重要优点。首先，在现实中，很多货币危机确实都反映了在国内经济政策和汇率政策之间根本上的不协调，而标准模型对这一不协调进行了高度简化，因而可以用来对各种政策不协调而导致货币危机的情况进行研究。其次，这一模型清楚地表明，投资者放弃一种货币而在很短时间里发生大规模突然抽逃，并非反映了投资者的非理性或者市场的操纵行为；它是在某种形势下的合乎逻辑的必然结果，因为，此时由于该货币不再稳定，持有它，已经没有吸引力了，而货币价格不稳定本身就会引发投机资本外逃。③ 这个理论看来能够较好地解释 1998 年的俄罗斯金融危机：政府通过大量印制钞票的办法，来弥补财政赤字，最终导致卢布危机的发生。

尽管标准模型有很多优点，但它并不足以解释在大多数实际发生的危机中，起作用的决定性力量，而是以一种十分机械的方式，解释了政府的政策。在这个模型中，政府被假定为不顾外部条件，盲目地持续发行货币，以弥补预算赤字；而中央银行则坚持出售外汇，来钉住汇率，直到消耗掉最后一份储备。实际上，可应用的政策手段是比较多的，例如，政府可以根据国际收支情况，调整财政政策；同时，中央银行除了干预外汇市场外，也有多种工具来保卫汇率，包括紧缩国内货币供应。有鉴于此，一些经济学家提出了所谓的第二代危机理论。

---

① Krugman, P. (1979) "A Model of Balance of Payments Crises", Journal of Money, Credit, and Banking 11: 311 – 325.
② Krugman, P. (1998) "What Happened to Asia?" mimeo, MIT, January.
③ Krugman, P. (1998) "Currency Crises", Krugman's Website.

二 第二代货币危机理论

第二代货币危机理论最早由奥布斯特菲尔德（Obstfeld，1994，1995）提出。① 该理论认为，在固定汇率制度下，政府追求更加扩张性的货币政策，二者之间必然产生矛盾。政府此时将在保持短期宏观经济政策弹性和维持长期信用（维持固定汇率）之间，进行平衡，以决定是否选择保卫其钉住的汇率。如果市场相信，政府不可能维持住这一汇率，那么保卫汇率平价的成本将相当之高（比如高利率）。也就是说，当投资者怀疑政府将放弃现有汇率平价时，产生的对利率的压力自身，就会将政府推到悬崖边上。此时，对货币的投机攻击，或者导致基本经济因素的恶化，或者导致汇率贬值预期的自我实现。

所谓的第二代危机模型包括三个组成部分。①政府为什么要放弃固定汇率；②政府为什么要保卫固定汇率；③从导致危机发生的逻辑需要出发，当人们预期（或至少怀疑）政府要放弃固定汇率时，保卫汇率的成本必然增加。

为什么政府会有使货币贬值的动机呢？一种明显的可能是，政府有着大量的以国内货币标价的债务，而政府试图通过通货膨胀的办法来"消释"这些债务，如果维持固定汇率，这一目的难以实现。比如，20 世纪 20 年代对法国法郎的攻击，主要就是因为国际投资者怀疑，政府试图通过通货膨胀的办法，消除其在"一战"期间欠下的债务。另一种可能是，由于国内存在着失业，政府试图采取扩张性的货币政策予以解决。在这一背景下，如果维持固定汇率，财政扩张政策便难以有效实施。这是英国政府在 1931 年放弃金本位制和 1992 年退出欧洲货币体系汇率机制的主要动机。

如果有贬值动机，那么政府为什么还要保卫汇率？一个答案是，政府相信固定汇率对于国际贸易和跨国投资是十分重要的。另一种解释是，该国有通货膨胀的历史，因此，保持汇率稳定，可以看做某种形式的信用保证。另外，也可能是因为汇率被当做民族尊严的象征，或者该国有进行国际合作的义务（如欧洲货币体系）。

最后，为什么人们对维持固定汇率失去信心本身，会使保卫汇率变得更加困难？一种解释是（Obstfeld，1994），如果人们预计货币现在要贬值，那么保卫汇率的成本会很高。比如，（外国）债权人此时可能要求高利率，因此使得经常项目下的债务负担增大，如果货币不贬值，这种状况将难以为继。在预期贬值的情况下，工资水平不得不因此而提高，

---

① Obstfeld, M. (1994) "The Logic of Currency Crises", Cahiers Economiques et Monetaires 43: 189–213.

现行汇率将使国内产业缺乏竞争力。对此，还存在另外一种解释（Krugman and others, 1998），即保卫汇率需要提高短期利率，这会使得政府和负债企业的现金流恶化，也可能导致衰退和失业。① 无论如何，贬值预期本身会改变维持固定汇率平价的成本与收益之间的平衡。

克鲁格曼认为（Krugman, 1996），将上述三类因素综合在一起，就能产生一个类似于标准模型的理论。假定一国在维持现行平价和放弃现行平价的成本之间进行平衡，如果前者的成本比较高，那么在未来某个时候，即使没有遇到投机性攻击，该国货币也会贬值。投机者在货币贬值之前就试图放弃该国货币，使得贬值提前到来。一些聪明的投资者意识到这些，甚至在更早的时候就开始放弃该国货币。投资者的这些行为将引发一场危机，在基本因素的变化使贬值成为必要之前，结束该国的固定汇率制。

更具体说，假定汇率平价的最终放弃不可避免，同时投资者的信息是完全的，那么，对一种货币的投机攻击会在更早的时候发生，并会取得成功。主要原因是套利的需要：如果不抢在危机发生之前进行攻击的话，利润将被瓜分掉。

需要注意的是，在标准模型中，危机是经济基本因素导致的。但在第二代危机理论中，危机的实际发生看来并非直接由此而起：政府认为已准备充分，能够在较长的时期里维持固定汇率，并确实这么做了，然而，由于发生了投机攻击，保卫固定汇率的成本太高，从而不得不放弃。

在这里，就产生了标准模型和第二代货币危机理论之间的争论：第二代模型对标准模型似乎已经作出回答的一个基本问题进行了重新考虑：货币危机是否总是事出有因？也就是说，一国货币受到攻击是否是因为市场认为（正确或错误）该国政策具有内在的不可持续性——即该国将会改变政策取向，还是对该国货币的攻击纯粹是人为的和"自促成"的（self-fulfilling）——或者说，如果不受到攻击，该国的货币仍会保持稳健？

公平的讲，大多数经济学家和国际经济组织官员对货币危机的标准反应（至少是非正式的），是建立在以上论述的基础上的。也就是说，他们认为贬值预期导致的投机攻击自身，就是贬值的主要原因；然而他们认为，这整个过程是受攻击国政策不协调引起的，尤其是国内经济政策和汇率政策的矛盾，使得贬值不可避免。

然而，也有很多研究这一问题的经济学家相信，那些抱怨受到不公平甚至人为攻击的国家，恐怕也并非只是无病呻吟，在某些情况下，也许它们确实有理由抱怨。

---

① Krugman, P. (1998) "Currency Crises", Krugman's Website.

这里就产生了一个引起争论的问题,即危机是由于基本因素的恶化必然产生的(标准模型),还是由于预期而"自促成"的(第二代危机理论)?

尽管第二代危机理论在细节上与标准模型有很多不同,但其总的结论是一致的:货币危机主要是长期维持固定汇率政策的不可持续性引起的。金融市场不过是推动了这一进程,当投资者都预期货币将贬值的话,货币将会贬值。

然而,在很多情况下,金融市场并非毫无责任。考虑这样的情况:与标准模型的假定不同,钉住汇率的终结并不完全是注定的。在基础因素方面并未出现恶化的趋势;或者可能出现了这一趋势,但至少存在着改变政策来扭转这一趋势的实际可能。然而,政府在面对足够猛烈的投机攻击时,仍有可能放弃固定汇率。在这种情况下,就有可能产生"自促成"的汇率危机。一个投资者如果相信汇率制度不存在重大危险,那么他就不会将其资金抽逃;但如果货币看起来有可能崩溃的话,他一定会这么做。如果很多投资者都抽逃资金,那么危机就会成为现实。在后一种情况下,悲观主义占据上风,此时,该国有理由抱怨它遭受了一场没有必要的危机。

这并不是说任何一种货币都会屈服于投机攻击,也不是说在任何的基础因素条件下,投机攻击都是正当的。即便是在"自促成"的危机模型中,也只是当基础因素——如外汇储备、政府财政状况、政府对汇率制度的政治承诺等——足够薄弱,使该国在面对投机攻击时,具有内在的脆弱性的时候,危机才会发生。在人们预期其政府将会有力且有效地保卫其货币的国家中,其货币是不必贬值的;只有在相反的情况下,才会由于投机攻击而加速其货币贬值。也可以这样认为,即当基础因素状况指标处于一定范围内时,危机是不会发生的,否则危机必然发生;至多,"自促成"的危机模型认为,在某一中间范围内,危机可能发生,但并不必然发生。这一范围有多大,则是一个并不容易说明的实证问题。

当一个国家的基本因素正在持续并可预测地恶化时,危机必将在某一点上发生。记住这一点很重要。因为,按照可预测的危机的逻辑,在基本因素恶化到汇率在没有遭遇投机攻击的情况下也会崩溃的那一点之前,危机就发生了。此时,危机看起来就是投机攻击而导致的,而并不是当前的基本因素所决定的。

三 第三代货币危机理论

1997年7月,东南亚国家爆发了严重的金融危机。人们发现,用上述两种危机理论均无法对此进行解释。第一,1997年初危机爆发之前,这些国家的财政状况良好,所有这些国家的政府都基本保持了财政平衡;这些国家也没有实行不负责任的信用扩张政策,货币发行没有失控;尤其重要的是,这些国家的通货膨胀率相当低。第二,1996年,在这一地区出现了增长放慢和生产能力过剩的现象,但在危机开始时,失业并不严重。换言之,这些国家没有必要放弃固定汇率来追求更加扩张性的货币政策,即不存在如同当年英国那样,面临必须在失业和汇率稳定之间进行平衡的问题(而且,这些国家在贬值之后,出现了严重的经济紧缩而不是扩张)。第三,在危机发生之前,这些国家的资产市场经历了膨胀——破灭的循环:股票和土地价格急剧上升,然后又下降(尽管在危机发生后下降得更多)。第四,在所有这些国家,金融机构都扮演重要角色。在泰国,非银行金融机构借进大量的短期债务(经常是美元),然后借给国内的投资者,大部分都投到了房地产业。在韩国,银行借进短期债务,然后由国内杠杆作用极高的公司进行极富投机性的投资。

这表明,亚洲金融危机既非财政出了问题(标准模型),也不是宏观经济政策取向的原因所导致(第二代危机理论),一定还有其他因素在起作用。基于此,一些学者试图提出新的理论模型来对此加以解释。目前看,对第三代危机理论的讨论还远未结束;但有几种代表性的观点,很值得在这里提出。

1. 银行体系论:"道德风险说"

一些学者认为,问题的核心在于银行体系。对此有两种解释。一种以麦金农(McKinnon and Pill,1996)和克鲁格曼(Krugman,1998)[①]为代表,认为金融过度扩张及随后的崩溃是危机发生的主要原因:道德风险问题导致资产价值的泡沫及随后的崩溃,产生银行业危机;而货币危机不过是其症状而非原因。[②]我们不妨将这一理论称为"道德风险说"。道德风险说曾经盛行一时,并占有支配地位。其解释过程如下:通过隐含的政府担保及政治家们的裙带关系,金融机构大量借债,但因缺乏管理而出现道德风险,大量资金投资于一些非生产部门,产生所谓的"过度借款综合征":金融机构过量的风险贷款产生了膨胀——不是商品价格而是资产价格的膨胀。资产价格的膨胀部分地由于某种循环过程得以维持,即风险贷款的增加推动了风险资产价格的上升,使金融机构的状况看起来比实际上要好得多。经济泡沫由此而生,且日益严重。当泡沫膨胀到一定程度,在受到某些外来扰动因素的影响时,会突然破灭,链条中断。此时,危机的发生按照相反的机制起作用:资产价格急剧下降,金融机构大量的风险贷款此时则变成巨额不良贷款;政府被迫撤销其隐

---

① 我们在下面将会看到,克鲁格曼后来不再满足于他的这一看法,对国际金融危机提出了新的解释。
② Krugman, P. (1999) "Balance Sheet, the Transfer Problem, and Financial Crises", Krugman's Website.

含的担保，使金融机构再融资的能力大大下降，一些金融机构破产并停止运营，使资产价格进一步下降。这种情况能够同时解释一场危机的严重程度和经济对危机自我调整能力的脆弱。也因此可以解释为什么一些危机也能够蔓延到经济上关联度很低的国家中去。这一理论能够部分地解释 1990 年代以来日本的金融困境。

通过政府的隐含担保及政治家们的裙带关系而产生的过度借款和过度投资，往往是隐蔽地发生的，因此宏观经济政策仍有可能表现得十分稳健。一些经济学家认为，就隐含的政府担保导致银行出现道德风险而言，这代表着一种隐蔽的政府预算赤字，这些银行的负债代表着政府的债务（Corsetti, Pesenti and Roubini, 1998）。[①] 按照这种观点，表面的预算和宏观经济政策的稳健，不过是一种错觉：在背后，政府实际上正在进行危险的且不可持续的支出。

2. 银行体系论："金融脆弱说"

关于银行体系论，还存在另外一种解释。这种解释同样认为危机的根源在于银行体系，而货币危机不过是银行经营陷入困境的副产品。但是，这种解释强调说，这些国家并没有做错什么，投资基本上是稳健的，至多是某种"金融脆弱"（financial fragility）使之在面对国际债权人的"自促成"的悲观主义时，显得无能为力。可以称这种解释为"金融脆弱说"。那么"金融脆弱"到底是怎样产生的呢？一种解释是（Chang and Velasco, 1998）：投资者在低回报率的短期投资和高回报率的长期投资之间进行选择，但如果在到期之前收回投资的话，长期投资的收益率相对较低，而投资者并不确定什么时候需要收回投资。金融中介机构的出现解决了这一问题，它可以将众多投资者的资源集中使用，依据大数定律，不必持有过多的短期资产。然而，金融机构在面对"自促成"的恐慌时却比较脆弱，因为在恐慌发生时，存款人（或债权人）由于担心损失，将发生挤提，迫使金融机构清算其长期资产，反过来又加剧了债权人的担心。正是在这种意义上，信心的丧失是"自促成"的，最终迫使金融中介机构更大量地提前清算其投资。在封闭经济中，中央银行将充当最终贷款人来消除人们的恐慌；但在固定汇率制度下的开放经济中，中央银行的有限储备使其无法胜任这一角色。

3. 资产负债表恶化、转移问题和金融危机

正当很多学者致力于研究银行业问题在金融危机中的作用时，克鲁格曼已经不再满足于他在危机发生之初提出的一些主张，试图从另外一个角度为第三代危机理论作出贡献。[②] 他

[①] Corsetti, Pesenti and Roubini (1998) "What Caused the Asian Currency and Financial Crises", Roubini's Asia Homepage.

[②] Krugman, P. (1999) "Balance Sheet, the Transfer Problem, and Financial Crises", Krugman's Website.

认为,金融危机确实包括银行业问题和货币问题,但上述看法并不足以解释事态的严重性,金融困境这一流行病也不能够仅仅通过整顿银行业得到解决。

克鲁格曼认为,一个理论模型至少应该包括三方面因素,即传导机制、转移问题和资产负债表的变化。

第一,传导机制。在小的经济体(如泰国和俄罗斯)发生的危机,在某种程度上能够直接导致其他经济体也出现危机,而这些经济体与其相距遥远,甚至在贸易和金融方面也联系甚少。这是全球金融危机中一个最惊人的方面,危机的传导机制不能不引起人们的广泛关注。

在克鲁格曼看来,近几年发生的金融危机的传导机制问题,在一般意义上解决了长期以来存在的关于货币危机的争论,即"基础论"和"非基础论"或"自促成论"之间的分歧。危机理论的标准模型认为,危机发生的突然性并不表明其发生时间的随意性,当若干基础性因素(如储备)发展到一定水平时,危机就会发生。相反,第二代危机理论则认为,危机的发生是受主观因素决定的,或者说,是人为的。克鲁格曼认为,在标准模型中,其危机发生的决定论,并不是因为危机的发生机制有何不同,而是因为该模型已经暗含基础因素出现恶化的假定,而这会引致投机资本的攻击。在此基础上,他更进一步认为,不论哪种模型,都应该视可预测的基础因素的恶化为正常情况,而自发的"自促成"的危机是很少发生的。因此,克鲁格曼在这里否定了他自己曾经提出并长期倡导的"标准模型",转而承认"自促成论"的正确性。

第二,转移问题。如果用一个指标来说明亚洲风暴的严重程度的话,那就是经常项目的逆转:在泰国,由于资本流动的逆转,经常项目由1996年占GDP的赤字10%变为1998年的顺差8%。在经常账户上产生这一巨大变化的需要体现了经典的"转移问题"——一场20年代在凯恩斯和俄林之间进行的可能是历史上最精彩的学术争论,其主要焦点就是金融资本流动导致实际资源转移的机制。

然而到目前为止,所有关于金融危机的模型都是单一产品模型,即国内商品和国外商品之间可以自由交换,而没有任何贸易和实际汇率的运动。实际上,经常账户的逆转,部分是通过大幅度的实际贬值,部分是通过导致进口减少的严重衰退而引进的。而这正是问题的核心。

第三,资产负债表的变化。一方面,企业资产负债表的恶化,对危机本身起了相当关键的作用。如在印度尼西亚,美元债务的膨胀对企业产生了灾难性的影响。IMF之所以努力避免发生大规模的贬值,担心美元债务膨胀被认为是主要原因之一。另一方面,经济恢复起来尤其困难,因为销售量的减少、高利率和货币贬值,使得这些企业的资本几乎一扫而空,企业的金融处境极差。考虑到企业的资产负债表恶化会引致银行产生不良资产,那么问题的实质恐怕就不在银行业自身了;甚至银行的重新资本化也不会解决企业的金融困境。货币危机文献大都忽视了这一问题。

基于上述考虑,克鲁格曼提出了一个新的理论模型。该模型认为,如果说信心丧失就会产生金融崩溃,反转来也会加剧投资者的恐慌。然而,恐慌发生的机制是不同的:不是在到期之前清算实物资产引致信心丧失,而是信心丧失导致了转移问题。也就是说,为了实现经常项目的改善,必须经历一场大的实际贬值,贬值反过来又恶化了国内企业的资产负债表,加剧了信心的丧失。试图避免实际贬值的政策意味着产出的下降,而这同样会加速信心的崩溃。

该模型强调了一直被人们忽视的两方面因素,即,第一,企业的资产负债表在决定其投资能力方面的作用;第二,资本流动在影响实际汇率方面的作用。也就是说,资产负债表的困难会限制企业家的投资,而实际汇率会影响资产负债表。这些效应会产生一种"自反馈"的循环,导致一个内在健康的经济经历一场"自促成"的金融危机。一旦危机发生了,由于上面谈到的企业资产负债表问题的产生,会对经济产生持久的影响。

克鲁格曼的新理论可以概括如下:经常项目赤字——导火索即突发事件的发生——信心丧失——资本外流——政府必须改善经常项目,即资本外流必然导致实际资源转移——改善经常项目的途径:通过实际贬值,或者通过经济衰退——实际贬值导致国内企业资产负债表恶化,银行业问题也因此浮出台面——加剧信心丧失——金融危机进一步深入。

四 经济基本因素与金融危机

上述关于货币与金融危机的理论,虽然观点各异,角度不同,但总结起来不外乎两大阵营:宏观经济基础论与非宏观经济基础论。应该看到,这些理论,都各有道理,只有解释范围的宽狭,而没有正谬之分。一种危机理论,也不可能解释所有危机,也就是说,由于导致危机的原因十分复杂,不存在一种普遍适用的危机理论。财政赤字持续恶化可能导致货币危机;过分侧重于国内某一经济目标而又不愿意放弃固定汇率,也可能发生危机;泡沫经济破灭引发的国内金融危机可能漫延到货币危机;危机甚至可能是"自促成"的。目前还没有哪一种理论能够同时对所有这些方面作出具有说服力的解释。

同时,我们也注意到,即便是这两大阵营,也有某种原则性共识,即宏观经济条件的恶化是一国易发生危机的基本前提条件。①而不论是哪种类型的货币危机，都有一种共同的因素在其中起重要作用，即国际资本的流动。

现有的货币与金融危机理论，似乎过分注重了危机的决定性因素。这个问题十分复杂，看来并不容易讨论清楚。但有一点是肯定的，即如果经济不存在严重的弱点，那么就不会发生危机——宏观经济基础不会恶化，金融恐慌也难以产生，投机资本的攻击也无从下手。因此，对于危机的防范，还应从本国经济的基本因素入手。本国经济的基本因素大致包括国际收支、银行体系、外汇储备的充足性、经济是否出现泡沫等。

另外，从上述对于货币与金融危机的讨论中，我们也能够得到这样一个启发，即当本国经济与金融处于某种状态时，如果没有投机资本的攻击，就不会发生货币与金融危机；但如果遭遇到投机资本的攻击，危机将有可能发生。这一启发使得我们有必要关注货币危机的微观理论，以便为防范此类风险提供相应的对策建议。

在此，我们抛开导致货币与金融危机最终原因的长期争论，而转向探讨"宏观经济基础论"及"非宏观经济基础论"都原则同意的经济基本因素问题：恶化的宏观经济基础状况是一个经济易于发生危机的必要前提，较弱的宏观经济基础是危机发生及其在各国扩散的主要原因。

五　若干经济基础变量：指标体系及其初步检验

如前所述，经济基本因素的恶化是货币和金融危机发生的基本前提。那么，这些经济基本因素都有哪些？它们如何相互作用并对危机的爆发产生影响？这些问题很重要，弄清楚这些问题，是防范风险和化解危机的基础。

美国经济学家吉恩卡罗·克塞地等人（Corsetti, Pesenti and Roubini, 1998）在这一领域做了大量的工作。为证明经济基本因素与货币与金融危机的相互关联性，克塞地等人曾经建立了若干指标，包括危机指标、金融脆弱指标、经常账户失衡指标以及外汇储备的充足性和其他基本因素指标等，并运用回归方法，对这些指标之间的相互关联性进行了分析。②笔者认为，虽然这些指标体系的建立还不是十分完整，而如作者所言，其实证分析

---

① Corsetti, Pesenti and Roubini（1998）"Fundamental Determinants of the Asian Crisis: A Preliminary Empirical Assessment", Roubini's Asia Homepage.
② Corsetti, Pesenti and Roubini（1998）"Fundamental Determinants of the Asian Crisis: A Preliminary Empirical Assessment", Roubini's Asia Homepage.

也还只是初步的，但仍有其重要的参考价值。

1. 危机指标（IND）

危机指标用来衡量汇率（相对于美元）的贬值率和外汇储备在两个时点之间（本文将此设定为1996年12月~1997年12月）的变化率。IND的逻辑十分简单。对一国货币的投机攻击或者体现为汇率的急剧贬值，或者体现在为保卫汇率而出现的外汇储备的减少上。① 如表1所示，IND值越小（或负值越大），则贬值率或外汇储备的下降幅度越大，也就是说，货币危机就越严重。

需要注意的是，1997年的高贬值率也可能是反映了一种过去趋势的延续，而不是受到了严重的投机压力。比如，土耳其1997年的货币贬值率超过50%，但这不应该被看做危机的标志，因为其在1990年代长期连续的高通货膨胀率使高贬值率成为合乎逻辑的发展。

没有简明的办法能够将与危机无关的趋势性贬值的影响清除出去。克塞地等人在这项研究中，采取了这样的办法：如果一种货币1997年的贬值率小于其在1994~1996年期间的平均贬值率，那么则视此为趋势性贬值，并将该年的贬值率设定为零。② 有两个贬值幅度很高的国家的危机指数因此进行了较大的调整，即土耳其和委内瑞拉。

正如表1所示，1997年受金融危机冲击最大的国家依次是泰国、马来西亚、韩国、印度尼西亚、菲律宾和捷克共和国。在亚洲国家（或地区）里，新加坡和我国台湾地区的货币也有一定贬值，但没有经历如此广泛而剧烈的金融混乱。相反，亚洲地区之外的捷克共和国（自1992年以来实行钉住汇率）则在1997年春季遭受了一场猛烈的投机攻击，并导致货币大幅度贬值。③

2. 金融脆弱指标

银行体系脆弱性用①NPL（non-performing loans）指标，即1996年不良贷款存量占总资产的比例和②LB（lending boom）指标，即1990~1996年商业银行对私人部门贷款的增长率（占GDP的比例）来衡量。④

---

① 当然，国内利率的提高也可能反映该国受到了较强的投机攻击。本文的危机指标没有包括利率的变化。因为在攻击压力出现时，利率的提高与非冲销下的外汇市场干预高度相关，而后者导致外汇储备的减少。
② 值得注意的是，土耳其1997年的经济运行状况良好，GDP增长了6%，股票市场的表现在新兴市场中也是十分突出的。
③ 捷克共和国与亚洲遭受危机的国家有很多共同之处：固定汇率制维持时间过长，实际升值严重，经常账户急剧恶化，银行体系脆弱，有大量不良债权。
④ 后者只是衡量金融体系脆弱性的间接指标，因为当在相对较短的时间里银行贷款快速增长时，贷款的质量就有可能恶化并产生大量的不良贷款。

表1 一些国家的若干危机和经济指标

单位：百分比或百分比变化

国家/地区	危机指标（IND）	实际升值（RER）	经常账户（CA）	贷款增长（LB）	不良贷款（NPL）	储备充足性（M2/RES）	储备充足性（M1/RES）	储备充足性（STD/RES）
阿根廷	4.9	38.6	-1.9	16.5	9.4	351.0	108.2	147.8
巴西	-0.5	75.8	-2.0	-26.3	5.8	345.9	66.8	78.3
智利	-1.4	37.5	-1.7	24.1	1.0	188.2	41.9	53.3
中国	7.6	4.9	0.8	6.9	14.0	828.9	334.0	26.7
哥伦比亚	-9.1	26.6	-5.0	35.0	4.6	209.4	104.3	73.9
捷克	-19.5	50.7	-4.4	22.7	12.0	356.9	139.5	42.9
中国香港地区	5.7	31.8	-1.6	25.5	3.4	411.9	34.2	20.0
匈牙利	-1.6	-38.8	-6.5	-56.5	3.2	167.1	83.3	52.3
印度	5.7	-29.1	-1.2	-2.3	17.3	860.0	296.5	37.2
印度尼西亚	-38.3	17.5	-2.9	9.6	12.9	614.8	114.3	188.9
约旦	9.8	6.1	-4.5	1.4	6.0	437.8	141.4	33.9
韩国	-38.6	11.1	-2.5	11.2	8.4	665.4	147.6	217.0
马来西亚	-38.8	19.9	-6.4	31.1	9.9	364.5	115.6	45.3
墨西哥	10.9	8.9	-2.7	-10.9	12.5	444.8	129.3	142.9
巴基斯坦	11.4	-2.0	-5.3	-3.7	17.5	3369.9	1822.8	399.0
秘鲁	0.7	-20.4	-6.2	177.3	5.1	123.6	32.4	61.6
菲律宾	-29.8	38.9	-4.6	150.8	14.0	465.6	91.8	849.3
波兰	3.5	30.0	-5.7	38.5	4.0	262.3	95.9	14.2
新加坡	-15.7	4.7	16.5	16.7	4.0	103.5	25.0	20.0
斯里兰卡	-1.0	17.7	-5.7	28.4	5.0	239.4	72.9	26.8
中国台湾地区	-11.4	-7.0	2.9	43.4	3.9	575.1	141.0	22.8
泰国	-47.8	20.0	-7.2	58.0	13.3	380.5	43.3	121.5
土耳其	4.3	-16.1	-0.1	43.2	0.8	302.6	48.9	76.0
委内瑞拉	4.9	2.2	6.8	-51.5	3.8	102.4	58.5	28.2

资料来源：Corsetti, Pesenti and Roubini (1998) "Fundamental Determinants of the Asian Crisis: A Preliminary Empirical Assessment", Roubini's Asia Homepage。

在此基础上，就可以用以下两个指标来衡量金融体系的脆弱性。①NPLB 指标。如果 90 年代 LB 为正，则 NPLB = NPL；如果为负，则 NPLB = 0。即：

$$NPLB = NPL \quad 如果\ LB > 0$$
$$NPLB = 0 \quad 如果\ LB \leq 0$$

②NPLY 指标。NPLY 表示挽救金融体系的财政成本占 GDP 的比例。其计算方法如下：

$$NPLY = NPL \times (银行对私人部门的债权/GDP)$$

金融挽救的隐含的财政成本越高，对货币和金融危机的抵抗能力就越弱。由此可以正确地估价那些银行贷款与 GDP 的比例很低，但 NPL 却相对较高的国家的经济运行情况（如印度和巴基斯坦）。相对于 NPL 与其大致相同，但银行贷款与 GDP 的比例却较高的国家而言，这些国家与挽救成本有关的不确定的财政债务较小。

3. 经常账户失衡指标（CAI）

表 1 展示了 1994~1996 年①经常账户平衡占 GDP 比例的平均值（CA）和②90 年代的实际汇率升值（RER）。关于经常账户可持续（比如，在经常账户平衡是稳健的投资导致时）或不可持续（当它反映了竞争力的结构性缺损时）与否，或者实际升值在多大程度上是由于不当的政策安排还是正处于实际汇率的基础性均衡状态，并没有一个简单的估价办法。然而，实证研究的相关文献一致认为，大规模的经常账户赤字和较大幅度的实际升值结合在一起，就是外部失衡的基本标志。

这里对经常账户失衡指标的定义如下：如果实际汇率升值超过给定的幅度 T，则 CAI 与经常账户平衡（占 GDP 的百分比）相同；如果实际升值低于给定的幅度（或实际贬值），则 CAI 被设定为 0：①

$$CAI = CA \quad \text{如果 RER 升值超过 } T(T=0,10\%)$$
$$CAI = 0 \quad \text{如果 RER 实际升值低于 } T$$

4. 外汇储备充足性和其他基础性指标

在其他条件不变的情况下，如果外汇储备与国内流动性资产或短期外债的比例越低，则一国抵御货币危机的能力就越差。为估价外汇储备的作用，这里建立了三个不同的指标：①M1 与外汇储备的比例（M1/RES）②M2 与外汇储备的比例（M2/RES）③外债负担（即短期外债 + 外债利息）与外汇储备的比例（STD/RES）。

5. 初步的实证检验

克塞地等人对危机指标与其他指标进行了回归分析，结果表明：①与实际升值相联系的较大的经常账户赤字（CAI）和与贷款迅猛增加相联系的较大比例的不良贷款（NPLB），恶化了危机指数（IND）。②整体来讲，只有当外汇储备不足时，结构失衡（经常账户赤字、货币升值、不良贷款和贷款迅猛增加）才在危机中扮演重要角色。也就是说，无论是在基本因素模型还是在非基本因素模型中，较低的外汇储备都会减弱经济抵御投机攻击的能力。③当货币升值的高赤字国家与"较弱的基本因素"和"较低的外汇储备"结合时，危机指标将恶化；但如果该国基本因素较强时，危机指标不对储备指标产

---

① 文中数据均按 10% 来进行回归分析。

生反应。④当一国的基本因素和外汇储备较弱时,危机指标才依赖于不良贷款,而当基本因素较强而外汇储备较弱时,则不然。

总的结论是:危机与经济中实际部门和金融部门的基本弱点系统相关。亚洲的危机也不例外。以与实际汇率升值相关的经常账户赤字来衡量的外部不平衡,与危机密切相关。同样,金融脆弱和与金融挽救有关的财政成本也是如此。这些变量在外汇储备较低的国家中,对危机指标的影响会更大。

当然,正如上面所说,这里的实证研究还只是十分初步的。而如同作者所言,从实质上讲,这些结果也并不排斥与基础因素论的观点相反的"自促成论"对危机的解释。因为"自促成论"也确实找出了一些变量,这些变量使得经济抵御危机的能力更加脆弱。

(本文发表于《经济研究资料》2003年第8期)

经济全球化背景下的中国外汇储备管理改革

李 扬

引言

2006年4月底，中国外汇储备已跃居世界首位。随着外汇储备的快速增长，担心和争论也纷至沓来。人们或怀疑外汇储备规模的合理性，或诟病巨额外汇储备的投资收益，或指责外汇储备的积累带来了输入型通货膨胀，或认为人民币汇率因此而承受了越来越大的升值压力，如此等等，不一而足。

无独有偶，就在中国为外汇储备的迅速积累而惴惴不安之时，世界上其他国家和地区，除去美国和欧盟这两个在国际储备体系中拥有"关键货币"的经济体，也都出现了外汇储备迅速增加的情况。此类现象之所以值得关注，其原因在于：这些国家之外汇储备的增加，恰恰是发生在亚洲金融危机之后越来越多的国家摒弃了实行多年的固定汇率制并迅速转向某种形式的浮动汇率制之时。而我们一向奉为圭臬的外汇储备理论却告诉我们：一国转向浮动汇率制，将大大减少其对外汇储备的需求——理论与现实的巨大矛盾，需要给予合理的解释。

包括中国在内的广大发展中国家和转型经济国家的外汇储备的迅速增加，终于也引起了国际社会的关注。在2005年公布的世界银行报告《2005年全球金融发展：动员资金，降低脆弱性》中，世界银行直言不讳地表达了对这些国家外汇储备迅速增加的担心："近来很多发展中国家的储备规模出现了创纪录的高位……储备的超常规模引起了对目前政策的成本和可持续性的担心……"

本文旨在金融全球化的背景下阐述我们关于我国外汇储备及其管理体制改革的看法。我们认为，对于外汇储备的研究，可以归结为三个问题。其一，讨论迄今为止我国外汇储备增长的原因，分析这些原因在未来的可持续性，进而指出我国外汇储备增长的未来态势。其二，研究在金融全球化背景下外汇储备功能的变化，从而对我国外汇储备规模是否适当作出判断。其三，借鉴国际经验，对进一步改革我国外汇储备管理体制提出建议。

一 中国外汇储备增长的成因

2001年以来,中国国际收支的基本格局是经常项目、资本与金融项目持续保持"双顺差"。从现象上分析,中国外汇储备迅速增长归因于此。然而,"双顺差"只是一个结果;它是一系列深厚的经济和社会的原因造成的。因此,要想对我国外汇储备增长的现象有全面深刻的认识,并据以对其未来发展的趋势作出有把握的展望,我们必须探讨这些原因。

我们认为,中国外汇储备的高速增长,有如下四个因素在发挥着基础性作用。

(一) 贸易不平衡的根源:储蓄-投资格局在各国间的不平衡

中国经常项目持续顺差是全球经济失衡格局的重要组成部分。全球经济失衡是国际货币基金组织于2005年提出的新概念。根据国际货币基金组织时任总裁拉托的界说,全球经济失衡是这样一种现象:一国拥有大量贸易赤字,而与该国贸易赤字相对应的贸易盈余则集中在其他一些国家。更明确地说:当前全球经济失衡的主要表现是,美国经常账户赤字庞大、债务增长迅速,而日本、中国和亚洲其他主要新兴市场国家则对美国持有大量贸易盈余。

我们认为:东亚(包括中国)与美国之间的储蓄率差异是导致全球经济失衡的根本原因。

2005年9月,国际货币基金组织在《世界经济展望》中分析了全球储蓄和投资的发展变化[①]。图1显示:1970~1974年,工业化国家基本上是投资缺口(储蓄过剩),而其他国家(包括新兴市场经济国家及石油输出国)则是储蓄缺口(储蓄不足),而且,这两个缺口的规模也大致相当。1974年之后,亦即布雷顿森林体系正式解体之后,情况开始发生变化。那时,世界货币体系陷入混乱,而各国经济发展也参差不齐。大致说来,工业化国家普遍进入经济结构调整时期,而其他国家有的则发展迅速(例如南美各国以及东亚各国),有的则发展停滞(例如欧洲各国及非洲各国)。与此对应,全球储蓄和投资的平衡对比状况也比较混乱:工业化国家的储蓄缺口和其他国家的投资缺口互相交织,而且没有特别明显的趋势。这种状况一直延续到1998年。在此之后,情况又出现了趋势性变

---

① 这项研究覆盖了21个工业化国家和25个新兴市场国家;其中,5个国家是石油输出国。鉴于上述46个国家的GDP总和超过了全球GDP的90%,可以说该项研究为从储蓄-投资视角分析全球经济失衡提供了全面而丰富的素材。

化。工业化国家，特别是美国，产生了储蓄缺口；而其他国家，特别是亚洲新兴市场经济体，则产生了投资缺口。在理论和实践中，储蓄缺口与贸易缺口是互为表里的，即储蓄过多会产生贸易顺差，储蓄过少则产生贸易逆差。据此观察，美国的贸易赤字反映的是其国内低储蓄的现状，而东亚的贸易盈余则是其国内高储蓄的表现。所以，从本质上分析，反映在贸易不平衡上的全球经济失衡，事实上是贸易各国国内储蓄率的差异。

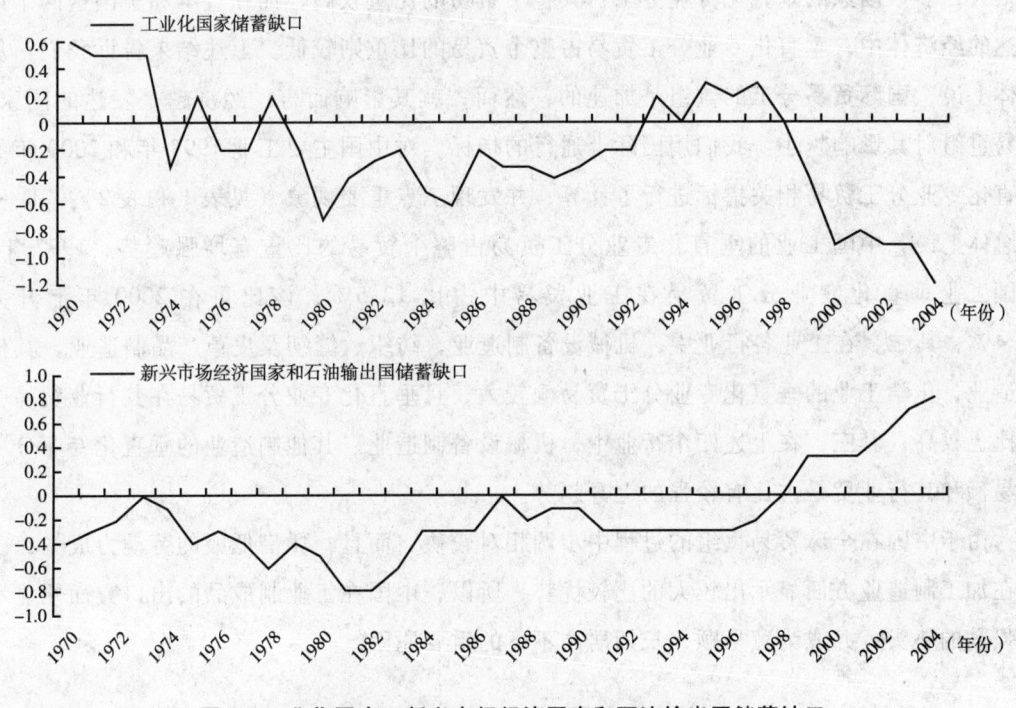

图1　工业化国家、新兴市场经济国家和石油输出国储蓄缺口

（二）贸易不平衡的根源：全球贸易重组步调的差异

20世纪90年代以来，在新一轮科技革命的推动下，全球展开了新一轮的以跨国外包、供应链重组为特征的全球贸易格局的重组。全球贸易格局的重组必然引起各国在国际贸易中的比较优势发生剧烈变化；为适应这一变化，各国在其国内均展开了经济结构重组。由于各国的重组步调有快有慢，进而其在国际贸易中的比较优势此长彼消，各国国际贸易的差额加大，并在一定时期中呈现出长期态势。

从本质上说，全球化、跨国外包、供应链重组都可以用垂直化专业分工范畴来加以概括。在国际上，垂直化专业分工有三个前提：商品生产有多个阶段程序；两个或多个国家专业分工于商品生产的某些阶段程序（而非整个程序）；至少有一个阶段程序要跨越国界。换句话说，当一国使用来自他国的中间产品来生产其最终出口产品时，国际垂直化专业分工就发生了。

为了衡量垂直化专业分工的发展趋势，一些研究者对9个OECD国家1968~1990年的垂直化专业分工贸易额进行了估算，并得到两个重要结果：其一，除日本以外的其他国家，垂直化专业分工贸易占整个贸易的比重是逐年递增的；其二，由于各国的经济结构差异很大，多数国家的垂直化专业分工占其整个贸易的比重较高，而在日本和美国这两个最发达的经济体中，垂直化专业分工贸易占整个贸易的比重则较低。上述结果告诉我们：从总体上说，国际贸易分工的重组是加速的，然而，就其影响而言，经济越是发达的国家，贸易重组对其影响越小。我们用国际上通行的指标，对中国主要工业1997年和2000年的垂直化专业分工贸易相关指标进行了计算，并发现三点重要现象（见表1和表2）：其一，从总体上说，中国工业的垂直化专业分工贸易占整个贸易的比重有增强趋势，1997年，中国工业垂直化专业分工贸易在工业贸易中占比12.5%，该比重在2000年上升为14.4%；其二，在工业各行业中，机械设备制造业，纺织、缝纫及皮革产品制造业，其他制造业，化学工业的垂直化专业分工贸易额较大，且垂直化专业分工贸易在其行业贸易中占比也较高；其三，在上述四个行业中，机械设备制造业、其他制造业的垂直化专业分工贸易额和其行业贸易占比有较强的上升趋势。

由于中国在全球贸易重组的过程中步调相对较快，而且，凭借低廉的劳动力成本，已经在加工制造业方面显示出较大的比较优势，所以，中国在工业制成品的出口方面便显示出强劲的势头，并成为贸易顺差长期居高不下的重要原因。

表1 1997年中国垂直化贸易情况

单位：亿元，%

	出口	进口	产出	垂直化分工贸易	垂直分工贸易的贸易占比
食品制造业	733.1	470.6	13792.6	50.0	4.16
纺织、缝纫及皮革产品制造业	3867.6	1205.1	15366.6	606.6	12.0
其他制造业	1379.6	687.4	9884.9	191.9	9.3
炼焦、煤气及石油加工业	177.9	394.5	3237.7	43.4	7.6
化学工业	1514.4	2113.0	15212.2	420.7	11.6
建筑材料及其他非金属矿物制品业	299.5	106.2	8807.4	7.2	1.8
金属产品制造业	1135.4	1156.6	12758.3	205.9	9.0
机械设备制造业	3876.1	4793.2	25546.6	1454.5	16.8
合计	12983.6	10926.6	104606.3	2980.2	12.5

资料来源：《中国统计年鉴》。

表2　2000年中国垂直化贸易情况

单位：亿元，%

	出口	进口	产出	垂直化分工贸易	垂直分工贸易的贸易占比
食品制造业	931.3	581.1	14650.8	73.9	4.9
纺织、缝纫及皮革产品制造业	4458.8	1130.1	17089.2	589.7	10.6
其他制造业	1306.4	1202.1	8925.8	351.9	14.0
炼焦、煤气及石油加工业	226.1	508.4	8321.1	27.6	3.8
化学工业	1919.1	2690.9	21587.2	478.4	10.4
建筑材料及其他非金属矿物制品业	393.6	231.4	6275.1	29.0	4.6
金属产品制造业	1450.7	2052.6	15726.6	378.7	10.8
机械设备制造业	8156.2	8103.1	41629.8	3175.2	19.5
合计	18842.2	16499.7	134205.6	5104.4	14.4

资料来源：《中国统计年鉴》。

（三）资本与金融项目不平衡的根源：国际资本流动

造成中国外汇储备大规模增长的另一重要原因是资本与金融项目交易。统计显示，在中国，资本与金融项目持续顺差主要是由FDI流入推动的（见图2）。英国经济学家邓宁曾经对国际直接投资进行了比较深入的研究，他认为，对外直接投资是由三类特殊优势决定的。第一类是所有权优势，它主要包括跨国公司独享的利益，如技术、管理、营销、研究开发、产品多样化程度、商誉等因素。第二类是内在化优势，它主要包括多国体系、组织结构和市场机制等；内在化优势决定了跨国公司投资目的和投资形式，它能使跨国公司利用所有权优势到国外进行直接投资，并通过全球化经营降低交易成本。第三类是区位优势，它是指特定地区市场的特殊禀赋，其中主要包括资源与政策等因素。中国是处于转型

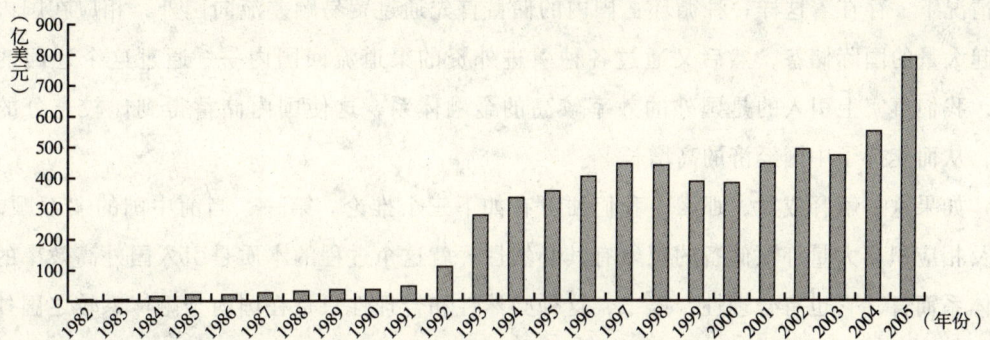

图2　中国FDI流量

中的发展中国家，使FDI自然获得所有权优势；中国有丰富的劳动力和大量对外商投资的优惠政策，使得FDI自然获得区位优势——两类优势的齐聚，使得中国对FDI格外具有吸引力。

问题的棘手之处在于：FDI大量流入中国与发展经济学的"双缺口"经典范式是矛盾的。"双缺口"理论认为：发展中国家在面临资源短缺（储蓄缺口）时，引进国外资源（相应出现贸易赤字）是谋求经济快速发展的重要途径；为弥补外汇资金不足，它们自然需要引进外国资本。反观中国，至少从20世纪90年代中期开始，储蓄过剩（所谓"流动性过剩"正是这一现象在金融领域中的表现）已经成为宏观经济运行的主导现象——在国内资金利用不足的情况下大量引进外资，其经济上的合理性需要认真分析。

在分析这一现象之前，不妨先看一看别国在历史上曾经发生过的例子。20世纪50年代和60年代，处于战后重建阶段的欧洲、日本同美国之间也曾存在过与当前东亚同美国之间存在的情况。那时，欧洲、日本对美国也存在着长期的"双顺差"，并且也引起了美国资本（通过贸易顺差）先流入欧洲、日本，然后又（通过购买美国金融债券的方式）流向美国的资金循环。一些经济学家曾于1966年提出了"金融中介论"来对此进行解释。他们指出，在当时条件下，拥有发达长期资本市场的美国向存在"双顺差"的欧洲和日本事实上发挥了金融中介功能：首先是美国向欧洲和日本提供长期非流动性资本（包括直接投资），帮助这些地区发展经济；而当欧洲建立了美元账户和官方外汇储备之后，美国又向欧洲借入更富流动性的资本。

我们认为，这一理论目前仍然有解释力。中国的经济发展事实上面对着两套金融体系。一套是相对低效率的国内金融体系。这个体系在动员储蓄方面尚差强人意，但在媒介储蓄向投资转化方面，则显得效率很低。另一套是国外（美国在其中占据主导地位）的金融体系。这套体系在动员储蓄和媒介储蓄向投资转化方面都比国内金融体系有效。在这种情况下，存在着这样一种循环：国内的储蓄首先通过贸易顺差流向国外，相应在国内积累起大量的国际储备，然后又通过各种引进外资的渠道流回国内——通过这个迂回的过程，我们事实上引入的是国外的效率较高的金融体系，这使国内储蓄得到比较充分的利用，从而支持了中国经济的高增长。

如果这一解释成立，那么，我们便可有如下三个推论。第一，当前中国的"双顺差"以及相应积累大量外汇储备的现象有其必然性；就这个过程的本质是引入国外高效率的金融体系而言，它也有合理性。第二，这种必然性和合理性只是在国内金融体系较之国外的金融体系存在着较大的效率差距的条件下才是成立的。第三，我们必须通过改革国内金融体系，提高效率，才能改变目前这种状况。鉴于此，我们的任务不是去奢谈引进外资的弊端，而是要加快国内金融体系的改革，缩小与国外金融体系的效率距离，尽快形成一种使得国内储蓄能够在国内通过自己的金融体系（机构和市场）便顺畅转化为投资的机制。在这项改革中，尽快对国内外资本实行同等的国民待遇、减少对外国资本的各项优惠（例如税收待遇），尽快改变无条件甚至是以让利为条件引进 FDI（和其他形式资本）的做法，当然是题中应有之义。

（四）外汇储备的快速增长：投机资本和国内居民调整外币资产的行为

除"双顺差"这一基本因素之外，投机资本在中国外汇储备增长中也发挥了不容忽视的作用。近年来，中国国际收支平衡表误差与遗漏项起伏明显（见图3）；特别是 2002~2004 年，该项目的差额罕见地出现在贷方（表明有未统计的资本流入）。这一现象说明，国际投机资本已经对中国的国际收支和外汇储备的动态产生了不容忽视的影响。

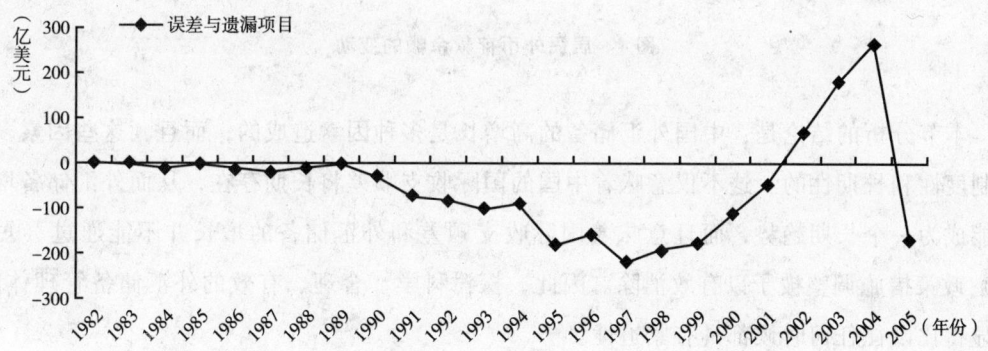

图3　中国国际收支的误差与遗漏项目

在关注国际投机资本对外汇储备影响的同时，中国居民调整其持有的外币资产的行为对国际储备的影响也需引起重视。中国外汇储备是指可随时供货币当局使用和控制、用于平衡国际收支以及其他目的的对外资产①，这一定义源于国际货币基金组织 1993 年 9 月颁布的第 5 版《国际收支手册》。在实践中，中国对使用和控制的定义较为严格，外汇储备实质上仅指中央银行拥有产权的外汇储备，而不包括商业银行持有的对外资产。在 2004 年初、2004 年 11 月和 2005 年 7 月以后，中国银行系统外币存款都有较大幅度下降（见图4）。在商业银行外汇头寸受严格限制的结售汇制度下，这一调整无疑增加了中国的外汇储备。鉴于上述两个时期美元都在大幅贬值，人民币受到巨大升值压力，我们判

---

①　国家外汇管理局定义。

断,外币存款大幅下降与居民资产调整有关;由于在当前的结售汇制度下,居民将手持外币兑出都将被商业银行购买,并最终转换为中央银行的官方外汇储备,可以合理地推断:国内居民调整其手持外币资产的行为,也构成我国外汇储备大幅度增长的不可忽视的重要因素。

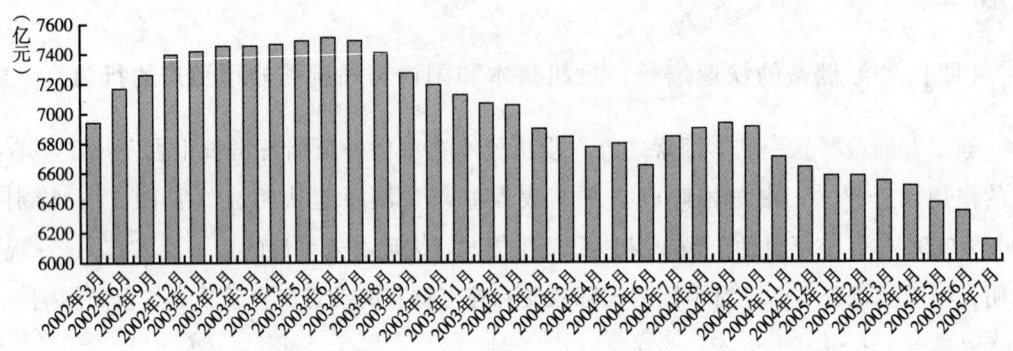

图4 居民外币存款余额的变动

本节分析的结论是:中国外汇储备的高增长是多种因素造成的;而且,这些因素多属于制度性和长期性的。这不仅意味着中国的国际收支顺差将长期存在,从而外汇储备增长可能成为一个长期趋势,而且意味着国际收支顺差和外汇储备的增长并不能通过(短期的)政策措施调整被予以有效消除。因此,探讨科学、合理、有效的外汇储备管理体制,便显得比以往任何时候都具有紧迫性。

二 中国外汇储备合理规模:从功能角度进行分析

随着中国外汇储备增长,有一种担忧认为:从传统外汇储备功能角度看,中国目前的外汇储备规模已经足够应付支付进口、偿还短期债务和稳定汇率的需要;在这种情况下,不停地堆积外汇等于将宝贵的资金低成本地放给外国使用,这是不经济的。我们认为,这一看法值得商榷。因为,它既没有注意到金融全球化对国际储备管理产生的重大影响,也忽视了中国资金供求关系的显著变化。

20世纪90年代以来,发展中国家国际储备迅速增加(见表3);与此同时,其官方宣布的汇率制度也迅速向富于弹性的方向转移(见表4)。汇率制度向弹性方向的转移通常会使各国减少国际储备,因而上述不无矛盾的现象引起了广泛关注。我们认为,造成这种现象的基本原因在于:金融全球化使得全球金融活动和风险发生机制日益紧密联系,这加剧了货币危机（主要表现是汇率危机）与货币替代的威胁；持有大量外汇储备，有助于这些经济体有效地应对这些威胁。

表3 国际储备管理相关指标（包括黄金）

		1948~1970年	1971~1980年	1981~1990年	1991~1999年
国际储备/ GNP(%)	所有国家	8.2	7.6	6.6	10.5
	发达国家	9.3	7.3	7.0	7.7
	发展中国家	7.3	7.8	6.3	12.4
	新兴市场经济国家	5.5	5.8	6.0	14.9
国际储备/ 周进口	所有国家	22.5	17.9	15.4	20.6
	发达国家	23.0	16.1	13.9	16.6
	发展中国家	22.1	19.2	16.4	23.3
	新兴市场经济国家	19.7	19.7	17.6	27.6
国际储备/ M2(%)	所有国家	31.3	20.5	15.2	21.2
	发达国家	17.8	12.0	11.7	11.3
	发展中国家	37.7	25.1	17.2	26.6
	新兴市场经济国家	28.7	23.5	19.1	29.9

注：上述分类包含了56个国家（地区），按照国际货币基金组织1979年的方法进行分类，其中，有22个发达国家，34个发展中国家（地区）。

资料来源：转引自Robert Flood and Nancy Marion, 2002, Holding International Reserves in An Era of High Capital Mobility, IMF working paper.

表4 发展中国家官方报告的汇率安排

单位：%

年份	1976	1981	1986	1991	1996	1999
钉住汇率制度	86	75	67	57	45	21
有限灵活的浮动汇率制度	3	10	5	4	3	38
更为灵活的浮动汇率制度	11	15	28	39	52	41

注：1999年前，IMF将各国的汇率制度按照灵活程度分为三大类：①钉住汇率制度，钉住某一种货币或者货币篮子长时期固定不变；②有限灵活的浮动汇率制度，相对于某一种货币或者货币篮子表现出有限弹性，汇率虽然可以变化，但变动的幅度较小；③更为灵活的浮动汇率制度，汇率根据某种指标可以灵活地调节或由外汇市场的供求决定。

资料来源：IMF，《世界经济展望》各期。

经过亚洲金融危机的冲击之后，世界各经济体大都放弃了固定汇率制度，转而实行某种形式的浮动汇率制。但是，近期的实证研究表明：这些经济体声称向浮动汇率制度转移，并不意味着它们放弃了对汇率的干预。著名国际金融专家麦金农在对这些经济体的汇率制度作过缜密研究之后，敏锐地指出：在某种程度上，这些经济体向更为灵活的汇率制度转移只是一种假象；从汇率的走势和各经济体的操作实践来看，各种自称自许的浮动汇率制以及管理浮动汇率制等，其运行特征更像钉住汇率制度。① 他将此概括为"没有信誉的固定汇率制"。从制度安排上分析，这种汇率制度的基本特征，可以概括为三种制度安排的结合，即公开宣布的弹性汇率制、（出于稳定目的）对汇率的频繁干预、国家持有大量外汇储备。这种"三位一体"的安排，是新兴市场经济体总结金融全球化背景下，特别是亚洲金融危机以来，应对国际投机资本恶意冲击的实践所作出的理性选择。

之所以要公开宣布实行浮动汇率制，为的是使投机资本难以获得关于汇率变动的明确信息，从而大大弱化国际投机资本对一国汇率展开冲击的动力；之所以要稳定汇率，是因为，对于非关键货币国家而言，本国货币汇率对关键货币保持稳定，事实上将使得本国经济特别是物价水平获得一种稳定的"名义锚"，从而有助于本国经济稳定增长；之所以要保持大量的外汇储备，为的是使货币当局更灵活地干预（而不是像固定汇率制下那样单方向地干预）外汇市场，从而影响国际投机资本的预期，并据以对国际投机资本保持一种"威慑"，使得它们不敢轻易对本国货币汇率进行攻击。从实践效果上看，一国外汇储备水平越高，其"引而不发"的"威胁"作用就越大，国际投机资本对该国的汇率就越不敢造次。

此外，为缓和货币替代的不利影响，新兴市场经济体往往通过增加外汇储备来增强公众对本国货币的信心。在现代信用货币制度下，外汇储备在某种程度上具有金本位货币制度下黄金的功能，一国的外汇储备就类似金本位制度下中央银行拥有的黄金。拥有大量的外汇储备，就意味着该国中央银行发行的信用货币有一种实际价值的资产——外汇储备作为支撑。因而，一国外汇储备越多，居民对一国信用货币的稳定就越有信心，也就越能防止货币替代的发生。发达国家的实践也从另一角度证明了外汇储备在增强货币信心方面的作用。近年来，欧洲央行逐步减少了外汇储备，但与此同时，其黄金储备却相应上升。欧元是当前唯一能与美元竞争的国际货币，为增强欧元同美元的竞争力，欧洲央行就不能过分依赖美元储备发挥增强货币信心的作用，增加黄金储备也就成为其必然的选择。

总之，自亚洲金融危机以来，虽然广大新兴市场经济体普遍实行了浮动汇率制度，但是，其外汇储备却未如人们依据传统理论而推断的那样大幅度减少，而是急剧增加，其根本原因就在于，在金融全球化的背景下，新兴市场经济体外汇储备的功能已经发生了根本性转变。

传统的外汇储备功能是与固定汇率制度相适应的。其明显的特点，就是十分强调外汇储备的"务实"功能，即一旦经济受到不利冲击，货币当局就准备实实在在地用"真金

---

① 麦金农：《美元本位下的汇率——东亚高储蓄两难》，中国金融出版社，2005。

白银"去满足进口、支付债务和干预汇率的需要。在浮动汇率制下，满足上述三项需要的功能是大大弱化了。如今，外汇储备管理的核心在于"保持信心"，这很大程度上带有"务虚"的特点。作不严格的比较，如果说在浮动汇率制下，外汇储备是随时准备"用"的；那么，在浮动汇率制下，外汇储备则在相当程度上是给人"看"的。概括地说，如今外汇储备管理的目标主要包括：支持公众对本国货币政策与汇率管理政策的信心；通过吸收货币危机冲击以及缓和外部融资渠道阻塞，来克服本国经济的外部脆弱性；提供一国能够偿还外债的市场信心；支持公众和外部投资者对本国货币稳定的信心；支持政府偿还外部债务与使用外汇的需要；应付灾难和突发事件。

外汇储备在"保持信心"方面的作用逐步增大，同时就意味着，在外汇储备管理的战略中，外汇储备作为一国财富的功能得到强化。换言之，追求国家财富的增长，成为外汇储备管理的重要目标。实证研究表明，[①]通过加强科学管理，外汇储备可以取得令人满意的投资收益。2005年，国际货币基金组织在一份题为"外汇储备的财务成本"的研究报告中，通过对110个国家1990～2004年的全部数据进行严格实证分析，得出如下结论：1990～2001年，即便将所有的成本（包括机会成本）都考虑在内，除发达国家之外的几乎所有国家的外汇储备也都获得了净收益。应当说，较之同期其他任何投资而言，外汇储备投资的业绩都是不逊色的。

中国的情况也是如此。仔细分析我国的国际收支表，我们可以间接地看到我国外汇储备的收益情况。例如，2005年，中国净投资收益为顺差91.2亿美元，实现了自1993年以来的首次逆转；其中，投资收益流入356.2亿美元，同比增长92.2%；投资收益流出265.1亿美元，同比增长16.9%。在中国的国际收支统计中，中国的投资收益包括"直接投资项下的利润利息收支和再投资收益、证券投资收益（股息、利息等）和其他投资收益（利息）"。考虑到中国对外投资中官方证券投资（外汇储备使用）占主导地位，可以合理地推断，中国投资收益大幅上升与中国对外资产规模不断扩大（主要是外汇储备增加）密切相关。这间接说明，中国外汇储备的投资收益是令人满意的。

总结以上分析，我们认为：鉴于外汇储备的功能已经从满足进口支付、偿还债务和干预汇率全面转向提供信心并增加国家的财富，鉴于目前我国外汇储备的收益是令人满意的，所以，外汇储备规模的大小，已经成为不需要我们花大气力去讨论的问题。

---

① David, Hauner, A Fiscal Price Tag for International Reserve, 2005, IMF, WP/05/81.

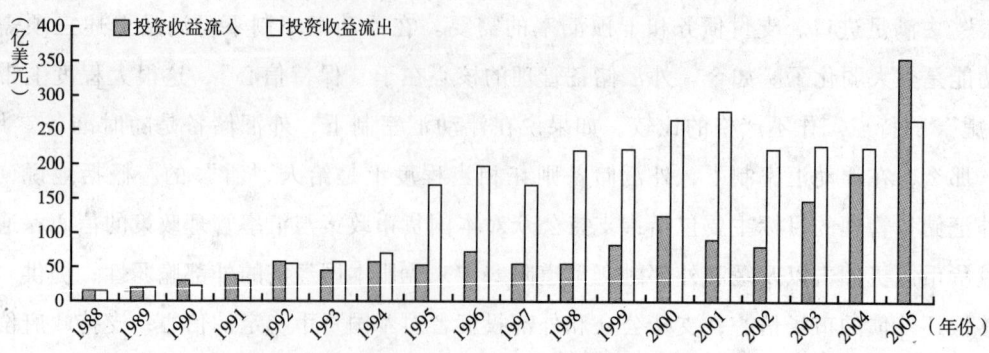

图 5　根据国际收支统计来间接观察外汇储备收益

三　外汇储备管理体制的国际经验

在上文的分析中，我们指出：21 世纪以来包括中国在内的各国外汇储备的高速增长，是在金融全球化的背景下，广大非关键货币国家面对全球金融危机发生的基本原因在于国际投机资本的恶意攻击这一基本事实所作出的理性选择。同时我们还进一步指出，鉴于各国均强调了外汇储备作为一国财富的功能，同时，鉴于各国外汇储备的收益并不菲薄的事实，讨论外汇储备规模是否过大的重要性已经丧失。

但是，上述结论并不意味着规模巨大的外汇储备不会对一国经济和金融的运行带来不利的结果。相反，如果外汇储备管理体制不能根据外汇储备的功能变化进行"与时俱进"的调整，规模日益增大的外汇储备也会带来一些不利的后果，其中最主要的就是：如果由货币当局独自按照传统模式来管理外汇储备，它将给国内经济带来货币供应增长过快、流动性过剩，进而造成潜在通货膨胀压力的不利后果。基于这一判断，我们认为，外汇储备管理体制改革的最基本任务，就是要隔断外汇储备的动态同基础货币供应的硬性联系。

从各国的实践来看，实现这种隔断的主要途径有三：其一，采取各种办法，将相当部分的外汇储备"花掉"，以图从根本上削减外汇储备的规模，并降低外汇储备增长的速度。其二，在确定货币当局持有外汇储备之合理规模的前提下，将超出其上的外汇储备交给其他政府部门进行管理，同时，对这部分外汇储备提出明确的争取较高收益率的要求，并根据提高透明度原则对其进行有效管理。其三，将超出其上的外汇储备分散到非政府部门，即交给企业和居民使用，实现所谓"藏汇于民"。我们认为，鉴于中国外汇储备的规模已经十分巨大，并且已呈现出长期增长的趋势，中国可以而且应当同时启动上述三种"隔断"安排。

隔断外汇储备与央行基础货币供应的联系，就意味着应当有一些其他政府部门参与外汇储备的管理，就是将涉及政府机构之间的协调问题，所以，本节将对世界各国外汇储备管理体制的主要经验做一小结，以便为我国的改革提供借鉴。

从国际经验来看，由于各国在经济、政治、历史传统以及政策目标侧重点等方面存在不同，在外汇储备管理体制的选择上便存在着较大差异；因此，简单地将别国的做法引为自己政策选择的蓝本，而不认真分析其中的道理以及这些道理在中国的适用性，可能产生误导。

通过研究美国、英国、日本、欧盟、韩国、新加坡和我国香港特区等国家（地区）的外汇管理体制安排，并分析这些国家（地区）实践经验背后的理论线索和逻辑关系，我们概括出如下两点认识。

（一）机构分工

经济开放的大国更倾向于由财政部门持有外汇储备，并相应承担外汇市场干预和汇率稳定职能。而小国则更多地选择由中央银行直接持有外汇储备，并相应承担外汇市场干预与汇率稳定职能。

对于任何开放型经济体来说，宏观调控的任务均可概括为同时追求对内均衡和对外均衡。但是，因经济规模的不同，从而对内部均衡重要性强调程度的不同，大国和小国处理内外均衡关系的模式存在着重大差异。

对于开放型大国经济来说，由于客观上本国经济的独立性较强，且经济的独立性始终受到强调，同时实现内外均衡，构成宏观调控的基本任务。然而，经济政策理论（例如"丁伯根法则"）和各国实践均告诉我们：由于一种政策工具只能实现一项政策目标，要实现内部均衡和外部均衡两个并不总是相容的宏观调控目标，至少需要两种以上的政策工具。同样已经成为共识的是：在浮动汇率制下，财政政策优于实现对外均衡，而货币政策则优于实现对内均衡。因此我们看到，像美国、英国、日本、韩国之类的大国，均确定了由货币当局负责内部均衡，而由财政当局负责外部均衡的分工。由于外汇储备更多地涉及外部均衡问题，这些国家自然都选择由财政当局来主导外汇管理体制，并负责制定汇率政策。

由财政部门主导外汇管理体制的最大好处，在于可以阻断外汇储备与基础货币供给之间的直接联动关系，以及汇率变动可能对货币政策产生的直接影响，同时，由于隔断了不稳定的外部冲击，货币政策的独立性得到提高，其调控国内经济运行的能力也得到加强。

小型开放经济体的情况则不同。由于它们几乎不存在可以自我支撑的国内经济体系，其经济运行是高度依赖全球市场的。这意味着，小型开放经济的内外均衡具有一致性，基本上不存在所谓的内外均衡冲突问题，也就无所谓内外均衡的职能分工问题。同样由于小型经济体的经济发展高度依赖外部环境，保持汇率稳定，实现外部均衡，在多数情况下总会成为压倒一切的目标。新加坡以及我国香港地区便是适例。这两个经济体事实上都不拥有真正意义的中央银行，也不存在真正意义的货币政策。如果一定要作比，那么，它们的货币政策的唯一目标就是保持汇率稳定。在这种情况下，选择由货币当局负责外汇储备的管理，以确保本国（地区）基础货币供给与外汇储备的变动保持同步变动关系，是实现汇率稳定和整体经济正常运行的必要条件。

（二）储备功能的多样化

在外汇储备管理模式的选择上，储备规模较大的国家倾向于对外汇储备进行分档管理。其外汇储备管理的目标，在常规的流动性之外，均有一定的收益率要求。

从国际比较来看，外汇储备较少（对汇率干预要求较低）的国家，由于持有外汇资产的机会成本较低，通常采取的是较为简单的管理模式，其储备管理的首要目标大都是维持较高的流动性，对外汇储备的收益性没有太多的要求。

而在那些储备规模较大的国家（主要集中在亚洲地区）中，出于提高管理效率的考虑，往往对外汇储备实行了分档管理，在确保外汇储备流动性的前提下，将多余部分进行收益率较高的各种投资，以提高外汇储备的整体收益水平。

比如，从1997年开始，韩国银行便将储备资产分为流动部分、投资部分和信托部分三个部分来管理，并对不同的部分设定不同的投资基准。流动部分由美元存款和短期美国国库券组成，每季度根据储备现金流来决定合适的规模，追求高度流动性的目标。投资部分投资于中长期、固定收入的资产，追求收益率目标。以上两个部分的外汇储备均由韩国银行的内设机构进行管理。信托部分同样追求收益率目标，不同的是，这部分外汇资产是委托给国际知名的资产管理公司进行管理的。根据韩国银行的解释，设置这一档的目的，在于提高储备收益的同时，提供一条向国际知名管理公司学习先进投资知识的途径。自2003年开始，韩国进一步成立了由政府全额出资的韩国投资公司（KIC），从功能设置来看，该公司将作为一个资金管理公司，逐步接受韩国银行的委托，管理一部分外汇储备资产。

新加坡政府亦然。与韩国不同的是，它不仅将国家外汇储备分出两档，而且该两档的储备分别交由金融管理局和政府投资公司来持有并管理，从而实现了机构分离。在这种安排下，新加坡金融管理局持有的外汇储备主要用于干预外汇市场及作为基础货币发行的保证，目的是维持新元汇率的稳定。而新加坡政府投资公司则接受政府管理外汇储备的委托，通过其6个海外机构，在全球主要资本市场上对股票、公司债券、货币市场证券，甚至金融衍生产品进行投资，来实现外汇储备收益的长期增长。

我国香港特区也将外汇基金分为支持组合和投资组合两档来实现分档管理。支持组合为货币基础提供支持，进行外汇市场干预，以此确保港元汇率的稳定。投资组合则保障资产的价值及长期购买力，追求较为长期的投资收益。投资基准由外汇基金咨询委员会制定，其主要内容包括外汇基金对各国及各环节资产类别的投资比重及整体货币摆布。外汇基金雇用全球外聘基金经理负责管理外汇基金约三分之一的总资产及所有股票组合。

值得注意的是，类似美国、英国这样的发达国家，虽然凭借其本币在国际金融体系中居于"关键货币"地位而不保持大量外汇储备，但是，其外汇储备管理也都含有"在保持流动性和安全性前提下争取实现利润最大化"的目标。这说明，在金融全球化的今天，外汇储备的功能已经发生了很大的变化，它作为一国财富的意义得到了前所未有的强调。

四 中国外汇储备管理改革建议

中国的经济发展正站在一个新的历史起点上。在过去近30年改革开放取得巨大成果的基础上，今后的中国经济发展势必更广泛和更深入地融入全球经济的运行之中。因此，更加积极、主动地运用全球的资源来为中国的经济发展服务，或者说，着眼于全球市场来规划我国的资源配置战略，应当成为中国经济进一步发展的立足点。毫无疑问，中国的外汇储备管理体制改革应当而且可能为这一战略转变作出贡献。我们认为，更加有效和多样化地使用外汇储备，实现商品输出向生产输出和资本输出的转变，并借此在全球范围内实现产业结构优化，是我国外汇储备体制改革的主要目标。

（一）改革之一：国家外汇资产持有者的分散化

迄今为止，我国依然实行比较严格的外汇管制。在现行的框架下，绝大部分外汇资产都必须集中于货币当局，并形成官方外汇储备；其他经济主体，包括企业、居民和其他政府部门在内，都只能在严格限定的条件下持有外汇资产。这种外汇管理体制是与传统体制下国家外汇储备短缺的情况相适应的。如今，情况已经有了翻天覆地的变化，我们不再为外汇储备的短缺而担心，而是开始为外汇储备积累过多及其增长过快而苦恼。适应上述变化，放松外汇管理已经势在必行。近来，有关当局提出了要推行"藏汇于民"战略，正是适应了这种转变的趋势。

为了便利这种战略转变,我们需要对外汇资产、官方外汇储备等进行更精确的定义。

在《国际收支手册》第 5 版中,IMF 将官方外国资产(Official Foreign Assets)定义为一国政府有效掌控的外国资产,它分为储备资产(Reserve Assets)与其他官方外汇资产(Other Foreign Currency Assets)。其中,储备资产指的是:由一国货币当局掌控,能够便于直接弥补国际收支失衡,或是通过干预外汇市场、影响汇率来间接调节国际收支失衡的外部资产。

在上述定义中,有四点需要强调。

第一,"货币当局"是一个功能概念,它包括承担发行货币、管理国际储备、管理基金组织头寸等任务的中央银行和其他机构(如财政部和汇率稳定基金等),并不固定地指某一类机构。

第二,"储备资产"包括黄金储备、特别提款权、基金组织头寸、外汇储备和其他债权五类。其中,外汇储备包括证券(包括债券和股票)、通货、存款和金融衍生产品。作为"储备资产",要具有"方便使用"的特征,这指的是具有安全性和流动性。其中,安全性是确保储备资产得以长期保值,而流动性则是要确保储备资产能够在需要时及时无损(或较小损失)地变现。

第三,"外部资产"指的是国内居民对非居民的财产要求权,包括债权和所有权。

第四,"其他官方外汇资产"是指由一国货币当局和中央政府所掌控的外部资产,它需符合以下一些特征:①这些资产必须在需要时可兑换成货币以满足当局的需要;②这些资产必须代表实际的权利(Claim),而不是广义的融资能力,例如,信用额度和互换额度就不能包括在内;③这些资产必须是以外币结算的;④这些资产包括居民的外币资产;⑤掌控其他外汇资产的"官方"是指货币当局和中央政府,但中央政府的社会保障基金未被涵盖于其中。

上述外汇资产的构成可如图 6 所示。

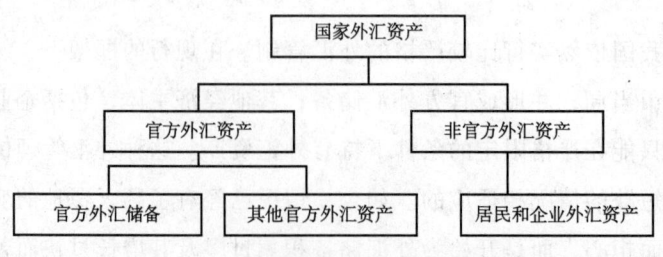

图 6　外汇资产构成

我们认为，今后的外汇储备管理体制改革，就持有主体多元化而言，就是要将原先集中由中国人民银行持有并形成官方外汇储备的格局，转变为由货币当局（形成"官方外汇储备"）、其他政府机构（形成"其他官方外汇资产"）和企业与居民（形成"非官方外汇资产"）共同持有的格局。这样做的目的，一是隔断外汇储备的过快增长对我国货币供应的僵硬联系，保证货币当局及其货币政策的独立性；二是为外汇资产的多样化创造适当的体制条件。

我们注意到，汇金公司的设立，事实上标志着外汇资产持有主体的多样化进程在我国已经展开。只不过，在目前的体制框架下，汇金公司的法律地位并不明确，其与央行的资产负债关系相应地也未界定清楚。我们认为，为了进一步推进我国外汇储备管理体制改革，一方面，我们应尽快明确汇金公司的法律地位；另一方面，根据国家对外发展的需要，还可专门设立若干与汇金类似的投资型机构。

需要特别指出的是：在经济全球化的大势下，设立专业性政府投资公司来管理部分外汇资产，具有积极参与国际金融市场、学习先进金融知识、了解市场最新动态、提升国家金融竞争能力的战略意义。在这方面，新加坡和韩国专设政府投资公司（新加坡的GIC、韩国的KIC）的经验值得我们借鉴。

（二）改革之二：与持有主体多样化相配合的外汇资产多样化

一些研究者指责我国的外汇储备都用于购买美国的政府债券，从而造成外汇储备收益的低下。这是不确实的。事实上，自从20世纪末期以来，我国外汇储备，无论是就其币种而言还是就其资产种类而言，就已经多元化了。在此基础上，进一步的改革事实上只是与外汇资产持有主体多元化安排相配合，为不同的持有主体确定不同的外汇资产工具。

在总体上，我们应当将国家外汇资产划分为两个部分。

第一部分可称流动性部分，其投资对象主要集中于发达国家的高流动性和高安全性的政府债务上。这一部分外汇资产形成"官方外汇储备"，主要功能是用于货币政策和汇率政策的实施。毫无疑问，官方外汇储备应继续由央行负责持有并管理。

第二部分可称投资性部分，它主要被用于投资于更具收益性的金融资产上。从持有主体上看，其中一部分可交由其他政府经济部门管理，形成"其他官方外汇资产"，主要用于贯彻国家对外发展战略调整，在海外购买国家发展所需的战略性资源、设备和技术，或者在海外进行直接投资，或者购买具有一定风险的高收益国外股票、债券，乃至金融衍生产品。应当指出的是，只要制度设计得当，央行也可以持有一部分非储备的其他官方外汇资产。当然,在账目上,这部分外汇资产应与央行的资产负债表明确地划分开来。其余的外汇资产,应当按照"藏汇于民"的思路,配合外汇管制放松的步调,鼓励由企业和居民购买并持有。

(三)改革之三:划定货币当局持有的"官方外汇储备"规模

外汇储备管理体制改革的必然内容之一,就是将一部分外汇资产从货币当局的资产负债表中移出,形成其他官方外汇资产和非官方外汇资产。这种分割的关键,在于比较合理地确定应由央行持有并作为官方外汇储备的外汇资产的规模。

关于由央行掌握的外汇资产(外汇储备)规模究竟应当有多大,可以有不同角度的测算。根据韩国和我国香港地区的实践,央行掌握的外汇储备规模可以根据如下四项因素来确定。

第一,传统的三项外汇储备规模决定因素;

第二,根据国内金融市场对外开放程度,依据外资在国内金融市场中投资所占的比重,估计出在最坏的情况下,外资撤出可能造成的不利影响;

第三,根据历史经验,计算出本国汇率的波动幅度,估计在最坏的情况下,汇率剧烈波动可能造成的不利影响;

第四,根据调控货币供应量的需要,估算出为了使货币当局能够履行其正常功能,需要有多大规模的外汇资产作为其货币发行的准备资产。

综合考虑以上四项因素,大致上可以估计出应当保留在央行资产负债表中的外汇储备规模。仔细分析这些决定因素,可以看到,其中有一些因素是相互覆盖的。因此,最适外汇储备规模可以根据短边原则予以确定。我们认为,在上述四项因素中,对外汇储备需求最大的因素,应当是作为基础货币的支持资产。鉴于当前我国基础货币的规模约为65232.44亿元人民币的现状,建议由央行持有的用于货币政策操作的外汇储备规模保持在5000亿~6000亿美元。

(四)形成"其他官方外汇资产"的融资安排

由货币当局之外的机构,哪怕是由财政部门持有外汇资产,都有一个如何为其持有外汇资产筹集资金的问题。我们注意到,在讨论改革外汇储备管理体制问题时,这也形成争论焦点之一。

对于这一问题,日本财务省多年的实践为我们提供了十分清楚且有价值的借鉴。

在日本，官方外汇储备的主要部分是由财务省持有并管理的。财务省通过"外汇基金特别账户"（FEFSA）来管理这笔外汇储备。FEFSA 由外币（主要是美元）基金和日元基金两部分构成。当需要购买美元时，则动用日元基金；当需要购买日元时，则动用美元基金。

日本实行浮动汇率制后，由于日元对美元有长期升值的趋势，购买美元（相应地卖出日元）便成为外汇市场干预的主要方向，既然运用 FEFSA 中的日元基金去购买美元成为经常性的操作，所以，为该基金筹集日元，不断充实 FEFSA 中的日元基金，便成为 FEFSA 面临的长期压力。

迄今为止，筹集日元资金的基本手段是在市场上发行短期融资票据（Financial Bill, FBs）。在法律上，FBs 被定义为调节资金余缺的现金管理券，由于这笔负债对应的是等值外汇资产，在经济上具有自我清偿的特征，所以，它不被记为政府债务。换言之，发行 FBs，无论其规模如何，均不会增加政府债务。在这里，筹集资金和运用资金的性质和特征，与证券投资基金的发起和运作颇为类似。

更具体地说，日本的 FEFSA 系统由两部分构成：外汇交易基金和外汇交易基金特别账户。前者是政府交易外汇的基金。根据日本政府预算法，其余额和买卖均不计入政府预算；而后者则由交易产生的利润与损失、在外汇干预过程中产生的利息的收付构成。根据日本政府预算法，后者要计入政府预算的收入与支出项中。

我们认为，日本的 FEFSA 通过发行 FBs 来为其持有的外汇储备提供本币资金的融资安排，特别是，日本法律对 FBs 性质的认定以及相应的制度和预算安排，对我国有着直接的借鉴意义。

从融资技术上分析，我们更加主张发行外汇基金债券（如我国香港金管局的做法）来收购外汇资产。由于外汇基金债券是一种资产支撑债券（ABS），其自偿性就更为明显。

（五）中国需要有一部外汇管理法

以上所论改革，既涉及管理外汇资产的机构调整，又涉及外汇资产投资对象的重新安排，同时还提出了对官方外汇资产使用的，无疑是一项既复杂又具有极强政策性的工作。这项工作应当在法律、法规或政策性条规的规范下进行。

从总体上说，对于承担不同功能与目标的外汇资产，法律法规均应给予明确界定。这样做的目的，是分清职责、提高管理水平与透明度，并且便利监督。

附件　外汇储备管理体制的国际比较

附件一　美国的外汇储备管理体系

在美国，财政部和美联储（美国央行）共同管理国家的金融事务。大致的分工是：财政部负责制定美国的国际金融政策，美联储则负责国内货币政策的决策及执行。为了保证美国国内外金融政策的协调和连续性，财政部和美联储共同管理美国的外汇储备。从1962年开始，财政部和美联储就开始协调一致对外汇市场进行干预。具体的操作由纽约联储实施，后者既是美联储的重要组成部分，也是美国财政部的代理人。从20世纪70年代后期开始，基本的格局是：美国财政部拥有美国一半左右的外汇储备，而美联储则掌握着另一半。从那时开始，财政部和美联储分别通过《财政部公报》（Treasury Bulletin）和《联邦储备公报》（Federal Reserve Bulletin）共同公布它们在外汇市场上的操作情况；2001年以后，美联储改在纽约联储的网站上公布。

美国财政部主要通过外汇平准基金（the Exchange Stabilization Fund，ESF）来管理外汇储备。外汇平准基金的管理要点有三点。

第一，早在1934年，美国《黄金储备法》就规定：财政部对ESF的资产有完全的支配权。目前，ESF由三种资产构成，即：美元资产、外汇资产和特别提款权。其中外汇部分由纽约联储银行代理操作，主要用于在纽约外汇市场上投资于外国中央银行的存款和政府债券。

第二，在特殊情况下，ESF还可以与美联储进行货币的互换操作，从而获得更多的可用的美元资产，以便为美国的对外金融和经济活动（例如，向联合国缴款）提供经费。例如，如果财政部需要美元，它便会通过ESF向美联储出售即期外汇，并再按照远期市场价格买回外汇；反之则相反。

第三，ESF的所有操作都要经过美国财政部许可。这是因为，依据美国法律，财政部负责制定和完善美国的国际货币和国际金融政策，包括外汇市场的干预政策。此外，美国《外汇稳定基金法》要求财政部每年向总统和国会就有关ESF的操作提交报告，报告内容还包括财政部审计署对ESF的审计报告。

美联储主要通过联邦公开市场委员会（Federal Open Market Committee，FOMC）来管理外汇储备，并与美国财政部保持密切的合作。其管理特点有两点。

第一，美联储通过纽约联储银行的联储公开市场账户经理（the Manager of the System Open Market Account）作为美国财政部和FOMC的代理人，主要在纽约外汇市场上进行外汇储备的交易。

第二，美联储对外汇市场的干预操作的范围和方式随着国际货币体系的变化而变化。这可分为三个阶段，第一阶段是布雷顿森林体系时期，联储更多关注的是黄金市场上美元与黄金之间的平价的维持问题，而不特别关注外汇市场的动态。第二阶段是1971年之后，浮动汇率制度开始形成，美联储开始积极干预外汇市场。当时的主要手段是和其他国家央行进行货币互换。第三阶段是1985年《广场协议》之后，美联储对外汇市场进行干预很少使用货币互换，而是采取直接购买美元或外汇的方式。

表1 2005年9月30日美国外汇平准基金（ESF）资产负债表

单位：千美元

资产		负债及权益	
现金及等价物	21813344	向美联储发行的凭证	2200000
其中：美国政府证券	15237881	分配的特别提款权	7101673
外币定值资产	6575463	应付利息及其他	32172
其他外币定值资产	3557109	负债总计	9333845
特别提款权	8244662	初始资本	200000
持有到期证券投资	9109414	留存收益	33352238
应收利息	161554	权益总计	33552238
资产总计	42886083	负债及权益总计	42886083

资料来源：美国财政部，《外汇平准基金年报（2005）》。

表2 美国货币当局持有的外汇资产（以市场汇率计值）

单位：百万美元

科目	余额(2005年12月31日)	余额的变化（按来源分）				余额(2006年3月31日)
		净买卖	投资收益	已实现销售利润/损失	未实现销售利润/损失	
联邦储备系统公开市场账户(SOMA)						
欧元	10912.9	0	73.6	0	274.0	11260.5
日元	8014.6	0	2.2	0	27.3	8044.1
总计	18927.5	0	75.8	0	301.3	19304.6
财政部外汇平准基金(ESF)						
欧元	10895.9	0	73.3	0	273.6	11242.8
日元	8014.6	0	2.2	0	27.4	8044.2
总计	18910.5	0	75.5	0	301.0	18287.0

资料来源：纽约联邦储备银行网站，www.newyorkfed.org/news/pihome/forex/。

[备忘]

根据美国财政部和纽约联邦储备银行披露的资料,自 1996 年以来,美国外汇储备始终维持在 300 亿~450 亿美元。美元在国际货币体系中居于"关键货币"的特殊地位,决定了美国不需要持有大规模的储备资产。这是其他国家无法效法的。

附件二 英国的外汇储备管理体系

英国的外汇储备管理体系由英国财政部负责,英格兰银行只负责日常的管理。

英国财政部主要通过设置交易平衡账户(the Exchange Equalization Account, EEA)来实施储备管理战略。其管理特点有四点。

第一,早在 1931 年金本位制度瓦解以后,英国的外汇储备和黄金储备就被转移到英国财政部。1932 年设立了 EEA。该账户中的储备即构成英国的外汇储备,英国政府对外汇市场的任何干预活动都必须通过该账户进行,该账户还为政府部门和机构提供外汇服务。

第二,由于《交易平衡账户法》不允许 EEA 向外借款,因此英国政府通过国家贷款基金(the National Loans Fund)来发行外债,以补充 EEA 中的外汇储备。

第三,财政部对于外汇储备的管理主要是战略性的。它决定是否需要干预外汇市场,但并不参与实际的市场操作。而英格兰银行的储备管理则是策略性的。它参与实际的市场操作和日常的管理,从而实质上扮演着类似财政部代理的角色。

第四,每年英国财政部对外汇储备的管理提出指导意见。指导意见的主要内容包括:储备投资的基准回报及可容忍的偏差,包括储备的资产构成、货币构成、投资回报率等;出台控制信用风险和市场风险的管理框架;规定国家贷款基金的借款项目框架等。

英格兰银行根据财政部的储备战略进行储备管理,其管理过程和一般的私人国际跨国银行并无明显差异。

第一,英格兰银行管理官方储备的目标是:保持储备的流动性与安全性,并在此基础上实现利润的最大化。

第二,英格兰银行每年和财政部共同协商,决定财政部指导意见中的投资基准回报。这个基准主要是由过去的风险和收益,以及贸易、干预外汇市场可能需要的货币种类等因素来决定,并在交易平衡账户的年报中予以公布。

第三,英格兰银行每 6 个月在有交易平衡账户专员(EEA Accounting Officer)、现任财政部宏观政策与国际金融管理委员(HMT's Managing Director for Macroeconomic Policy and International Finance)、英国银行市场执行董事,以及其他政府官员代表参加的会议上,对过去投资的表现进行回顾,并对未来有关储备管理的策略加以讨论。

第四,英格兰银行每季度通过内部审计部门对储备管理的有效性和充足性出具独立意见,并由审计部门的负责人向执行董事汇报。执行董事再将审计的结果向交易平衡账户专员报告。另外,英国国家审计署每年要对交易平衡账户进行外部审计。

第五,英格兰银行每月在由财政部债务与储备管理部(HMT's Debt and Reserves Management team)召开的会议上报告有关投资的表现。此外,英国银行还定期对交易平衡账户的市场风险进行压力测试,以检测该账户的资产对潜在的各种市场变动的抗风险性,以及可能的损失。信用风险的控制由英国银行的内部信用风险咨询委员会(Internal Credit Risk Advisory Committee)负责。

第六,值得注意的是,除了代理财政部对外汇储备进行日常管理以外,英格兰银行自身也持有外汇资产。这并不属于英国政府的外汇储备,而是用于英格兰银行自身干预外汇市场以支持其独立的货币政策之需。

[备忘]

从 1999 年以来,英国的外汇储备基本上维持在 300 亿到 400 亿美元之间。至 2005 年 3 月 5 日,英国政府外汇储备为 349 亿美元,其中外国证券 347 亿美元,外汇存款 2 亿美元。与其他欧洲国家央行的储备规模相比,这个规模明显要小得多。这显示出英国对英镑汇率波动一向比较放任的传统。

附件三 欧元区的外汇储备管理体系

欧元区的储备管理由欧洲中央银行系统(European System of Central Banks, ESCB)负责。ESCB 成立于 1998 年,它由同年成立的欧洲中央银行 ECB 和欧盟各成员国中央银行组成。ESCB 中的 ECB 和欧元区各成员国中央银行又构成欧元系统(Euro system),其中欧洲中央银行扮演着决策者的角色。欧洲中央银行和欧元区各成员国的中央银行都持有并管理外汇储备。

欧洲中央银行主要通过制定战略性投资决策来进行储备管理。欧洲中央银行管理外汇储备的目标是保持外汇储备的流动性和安全性,以满足干预外汇市场的需要,在此基础上,追求储备资产价值最大化的目标。其管理特点如下:

第一,根据《欧洲中央银行系统法》的规定,各成员国中央银行向 ECB 转移的国际储备资产由它们各自在欧洲中央银行的资本所占的份额决定,其中,15% 以黄金的形式转移,85% 以由美元和日元组成的外汇形式转移。欧洲中央银行可以要求成员国向其转移更多的外汇储备,但这些国际储备只能用于补充减少的国际储备,而不能用于增加原有的国际储备。

第二，欧洲中央银行的外汇储备管理体系主要分为两个层面，一是由欧洲中央银行的决策机构制定战略性的投资决策，主要涉及外汇储备的货币结构、利率的风险与回报之间的平衡、信用风险、流动性要求。二是各成员国中央银行依此采取一致行动，对欧洲中央银行的外汇储备进行管理。具体地说，ECB 的管理委员会（the Governing Council）根据未来操作需要决定 ECB 外汇储备的投资决策，ECB 告知各成员国中央银行后，各成员国中央银行通过相关的机构进行协同操作，欧洲中央银行再通过欧元系统的交流网络接收欧元区各央行的交易信息，并对信息进行管理。

第三，ECB 为储备管理定义了四个关键的参数。一是对每种储备货币定义了两个级别的投资基准，即战略性的基准与策略性的基准。战略性的基准由 ECB 管理委员会制定，主要反映欧洲中央银行长期政策的需要以及对风险和回报的偏好；策略性的基准由 ECB 执行董事会（the Executive Board）制定，主要反映欧洲中央银行在当前市场情况下对中短期风险和回报的偏好。二是风险收益相对于投资基准的允许偏离程度，以及相关的纠偏措施。三是储备交易的操作机构与可投资的证券。四是对信用风险暴露的限制。ECB 并不公布上述四方面的参数细节，以避免对金融市场产生不必要的影响。

欧元区各成员国央行主要通过落实同 ECB 储备战略一致的策略性投资以及对自有储备独立决策来实施储备管理。其管理特点包括：

第一，根据《欧洲中央银行系统法》第 31 条的规定，如果各成员国中央银行在国际金融市场上的投资操作对于其汇率或国内的流动性状况影响有可能超过 ECB 指导原则所规定的范围时，这种交易要得到欧洲中央银行的许可，以保证 ECB 汇率政策和货币政策能够保持连续性。除此以外，各成员国中央银行在国际金融市场上的外汇投资操作或者为了履行其在 BIS、IMF 等国际组织中的义务所进行的操作，都不需要先得到 ECB 的许可。

第二，各成员国中央银行持有并自主管理它们没有转移给欧洲中央银行的国际储备。自从欧洲中央银行开始对外汇市场进行干预以来，各成员国的中央银行不必再制定有关外汇干预的目标，而只是制定执行策略。以法国央行储备管理的执行为例，该过程可分为四个层次。一是设立资产负债委员会，决定长期和中期的储备投资目标。该委员会由法国央行行长、储备管理总经理、中台负责人、预算部门负责人组成，每年召开一到两次会议。储备资金被分为投资组合（实现央行长期目标，以成本法计算风险收益）和交易组合（实现央行流动性需求，以重估市价法计算风险收益）。二是设立风险委员会负责授权投资行为和控制风险敞口，该委员会由风险管理部门负责人和后台部门负责人组成。需管理的风险既涉及市场风险和信用风险，也包括操作风险，风险委员会会议每季度召开一次。三是由投资委员会负责制定短期投资策略，投资委员会由储备管理总经理、投资经理、中台负责人、两个法国央行的经济学家组成,会议每月召开一次。四是由投资经理具体负责执行投资组合的经营。

[备忘]

根据欧洲中央银行(ECB)的统计,欧洲央行外汇储备在2001年达到2354亿欧元的峰值,此后急剧下降为2004年的1363亿欧元。新近的统计显示,截至2005年4月,欧洲央行掌握的欧元区外汇储备为1357亿欧元,其中外国证券为1003亿欧元,外汇存款为354亿欧元。此外,由欧元区成员国央行自行持有的储备规模大致有3220亿欧元。

附件四　日本的外汇储备管理体制

在法律上,日本的外汇储备属于财务省,存放于日本银行的外汇资产特别账户上。外汇资产特别账户大致由外汇资产和日元资产构成,其中的外汇资产就是日本政府的外汇储备。

根据日本《外汇及对外贸易法》的规定,财务大臣为了维持日元汇率的稳定,可以对外汇市场采取必要的干预措施。根据《日本银行法》的规定,日本银行作为政府的银行,在财务大臣认为有必要采取行动干预外汇市场时,按照财务大臣的指示,负责实施对外汇市场的干预操作。

日本财务省在外汇管理体系中扮演战略决策者的角色。关于维持日元汇率的稳定、对外汇市场的干预的决策等均由财务省作出。根据日本财务省2005年4月4日所提出的外汇管理指导意见,对外汇储备的管理主要遵循以下思路。

①目标:以维持日元汇率稳定为目标,保障有足够流动性的外汇储备用于维持日元汇率的外汇买卖。

②原则:在保持外汇资产安全性和流动性的基础上,再追求有可能的盈利、并有效消除金融外汇市场上的不良波动,必要时与国外相关货币当局紧密合作。

③构成:外汇资产主要由流动性强的国债,政府机构债券,国际金融机构债券,资产担保债券以及在各国中央银行的存款,国内外信用等级高、偿还能力强的金融机构的存款构成。

④风险管理:采取覆盖信用风险、市场风险和操作风险的全面风险管理体系。

日本银行在外汇管理体系中居于执行者的角色。一旦开始实施对外汇市场的干预,所需资金都从外汇资产特别账户划拨。当需要卖出外汇时,日本银行主要通过在外汇市场上出售外汇资产特别账户中的外汇资产来实现;当需要买进外汇时,所需要的日元资金主要通过发行政府短期证券来筹集。通过大量卖出日元、买进外汇的操作所积累起来的外汇资产又构成了日本的外汇储备。日本银行的外汇市场介入操作通常在东京外汇市场上进行，如有必要，日本银行也可向外国央行提出委托介入的请求，但介入所需金额、外汇对象、介入手段等都由财务大臣决定。日本银行主要通过金融市场局的外汇平衡操作担当，以及国际局的后援担当两个部门来实施外汇市场干预。其中外汇平衡担当负责外汇市场分析及决策建议，并经财务省批准，而后援担当则负责在财务省作出决定后，进行实际的外汇交易。

[备忘]

根据统计，到2004年底，日本官方外汇储备已达8242亿美元。到2005年3月31日止，相应的规模已缓慢下降为8186亿美元，其中外国证券6961亿美元，外汇存款1224亿美元。不过，在货币当局之外，日本企业和居民还持有约50000亿美元的外汇资产。

附件五　韩国的外汇储备管理体制

韩国的外汇储备由韩国银行和财政部属下的外汇平准基金（Foreign Exchange Equalization Fund，FEEF）共同持有。

韩国财政部负责制定总体的外汇储备管理政策，其下的FEEF成立于1967年。根据《外汇交易法》（Foreign Exchange Transaction Act）和《预算决算法》（Budget and Account Act）的规定，FEEF主要用于维持汇率的稳定，并且委托韩国银行进行管理。韩国财政部决定投资指导意见和基准，包括资产的货币结构以及投资的品种，制定每年的管理计划。韩国银行再根据此计划制定更加详细的管理计划。

韩国银行在管理外汇储备方面扮演重要角色，其管理特点包括：

第一，韩国银行货币政策委员会（Monetary Policy Committee）作为其最高的决策机构，对外汇市场的干预作出决策，具体则由储备管理部（Reserves Management Department）和国际部（International Department of the Bank Portfolio）执行。国际部主要负责对外汇交易中的供给和需求进行监测、进入外汇市场干预、观测外汇储备并对公众进行报告。

第二，从1997年开始，韩国银行将储备资产分为流动部分（liquidity trenches）、投资部分（investment trenches）、信托部分（trust trenches）等三个部分来进行管理，并对不同的部分设定不同的投资基准。①流动部分由美元存款和短期美国国库券组成，每季度根据储备现金流来决定合适的规模，追求高度流动性的目标。②投资部分投资于中长期、固定收入的资产，追求较高收益率的目标。资产的货币构成主要取决于政府和韩国银行的外债货币结构、当前国际支付的主要货币结构以及全球主权债市场的规模,其他中央银行的货币结构也作为参考。③信托部分由国际知名的资产管理公司进行管理,设置这一部分的目的,在于提高储备的收益率,同时向国际知名管理公司学习先进的投资知识。

第三,在风险管理方面,为了控制信用风险,韩国银行规定:投资只能考虑 AA 级以上的证券,存款只能存放在 A 级以上的金融机构。为了控制流动性风险,储备资产也是高度流动性的主权债券、政府机构债券、国际机构债券、金融机构债券。但信托部分还可以投资于 AA 以上的公司债券、ABS、MBS。而市场风险则通过 VAR 系统来控制。

[备忘]

截至 2005 年 3 月 31 日,韩国的外汇储备总量为 2046.25 亿美元,其中外汇存款为 262.85 亿美元,外国证券为 1783.4 亿美元。

附件六　新加坡的外汇储备管理体制

新加坡的外汇储备由新加坡金融管理局和新加坡政府投资公司两个部门共同进行管理。由新加坡金融管理局持有的外汇储备主要用于干预外汇市场,以及作为货币督察局发行货币的保证;而新加坡政府投资公司主要保证所管理储备的保值和增值。

新加坡金融管理局(Monetary Authority of Singapore)相当于新加坡的中央银行,它是根据 1970 年《新加坡金融管理局法》(Monetary Authority of Singapore Act of 1970)于 1971 年 1 月 1 日成立的。2002 年 1 月,原属财政部的货币督察局(the Board of Commissioners of Currency)也归属新加坡金融管理局,从此新加坡金融管理局也开始负责货币的发行。货币督察局按照《货币法》(Currency Act)的规定,在发行货币时,所发行的货币面额总值至少要有 100% 的货币基金中的国外资产作为后盾。货币基金由货币督察局设立,其所包含的国外资产包括黄金、外币活期与定期存款、通知存款、国库券以及各种证券。从 1981 年开始,新加坡的货币政策就以汇率为政策目标,通过外汇储备对外汇市场进行干预,以维持新加坡汇率的稳定。新加坡实行钉住不公开货币篮子的汇率政策,新加坡金融管理局根据国内外市场情况更改货币篮子的内容,干预外汇市场,从而维持新元币值的稳定。

新加坡政府投资公司(Government of Singapore Investment Corporation)是为了管理新加坡政府的外汇储备于 1981 年成立的全球性投资管理公司。它通过在全球设立的 6 个海外机构在世界主要资本市场上对股票、固定资产、货币市场证券、房地产和特殊的投资项目进行投资。新加坡政府投资公司由新加坡政府投资有限责任公司(Government of Singapore Investment Corporation Pte. Ltd.)、新加坡政府房地产投资有限责任公司(GIC

Real Estate Pre. Ltd.)、新加坡政府特殊投资有限责任公司（GIC Special Investments Pre. Ltd.）三个公司组成。其目标是对外汇储备进行长期投资，并且以利润为导向，追求长期的投资回报。其中，新加坡政府投资有限责任公司董事会根据预期的回报率决定资产组合政策（the policy asset mix），资产组合政策对资产组合中股票、债券和现金在资产组合中所占的比重作出规定，是公开市场资产的管理的基准。

[备忘]

据统计，新加坡的外汇储备从2002年开始急剧上升，到2004年底，其外汇储备为1128亿美元。到2005年3月31日止，新加坡外汇储备为1120亿美元，其中外国证券1017亿美元，外汇存款95亿美元。

附件七　香港的外汇储备管理体制

香港的外汇储备主要由外汇基金构成，财政司司长掌握外汇基金的控制权，金融管理局通过财政司司长转授予金融管理专员的权力管理外汇基金，金管局外汇基金咨询委员会就外汇基金的投资政策与策略向财政司司长提供意见。

香港外汇基金根据《货币条例》（后改名为《外汇基金条例》）于1935年设立。其资产组合包括港币、外汇、黄金、白银，其中的外汇资产就是香港的外汇储备。1976年，香港政府一般收入账目的大部分外币资产和硬币发行基金的全部资产均转拨到外汇基金。香港外汇基金的主要操作特点如下：

第一，设立外汇基金的主要目标是确保港元汇率稳定。香港实行的是货币局制度，当发钞银行发行纸币时，必须按照7.80港元对1美元的兑换保证汇率向金管局提交等值美元，并计入外汇基金的账目，以购买负债证明书作为发行纸币的支持。回收港元纸币时，金管局会赎回负债证明书，银行则自外汇基金收回等值美元。

第二，外汇基金的投资目标包括确保整体货币基础，并在任何时候都由流通性极高的短期美元证券提供十足支持；确保有足够的流动资金，以维持货币金融稳定。

第三，在符合以上几条的情况下争取投资回报，以保障资产的长期购买力。

第四，外汇基金分为支持组合和投资组合两部分被管理。支持组合为货币基础提供支持，投资组合则保障资产的价值及长期购买力。投资基准由外汇基金咨询委员会制定，其主要内容包括外汇基金对各国及各环节资产类别的投资比重及整体货币分配。外汇基金雇用全球外聘基金经理负责管理外汇基金约三分之一的总资产及所有股票组合。

根据香港金管局外汇基金咨询委员会2003年1月对外汇基金的长期策略性资产分配投资基准的若干修订意见，香港外汇基金77%的资产应分配于债券，其余23%分配于股票及有关投资。以货币类别计，88%的资产分配于美元区（包括港元），其余12%则分配于其他货币。投资基准根据外汇基金的投资目标而制定，并作为外汇基金长期资产分配策略的指引。投资基准自1999年设立至今，一直有定期检讨制度，以确保能贯彻符合外汇基金的投资目标。

值得一提的是，香港金管局风险管理及检查处负责管控外汇基金的风险。该部门负责监察投资活动所涉及的市场、价格、信贷及业务运作风险，并负责选定投资基准及评估投资表现。由内部及外聘基金经理管理的投资组合均会根据指定的投资基准提交评估汇报。此外，该部门也进行详细的投资表现因素分析，以评核投资经理的投资管理技术，使资产分配更为有效。除了传统的风险管理工具外，该部门还采用风险值及模拟压力测试，以量化的方式评估投资组合在正常及极度不利的市场状况下所承受的风险。

[备忘]

据统计，自1998年以来，香港的外汇储备增长相对平稳，到2004年底，其外汇储备为1236亿美元。到2005年3月31日止，香港外汇储备为1217亿美元，其中外国证券1090亿美元，外汇存款127亿美元。

附件八 若干国家（地区）外汇储备管理体系的特征归纳

以上所述各主要经济体外汇储备管理的特点，可以简要地总结为下表。

主要经济体的外汇管理体制比较

国家/地区	决策机构	操作机构	管理目标	主要职能	备注
美国	财政部、美联储	美联储	流动性	干预美元汇率，履行国际义务	财政部与美联储各持有外汇储备的一半
英国	财政部	英格兰银行	流动性	干预英镑汇率	
欧元区	欧洲中央银行	欧洲央行	流动性基础之上的收益性	外汇市场干预	
日本	财务省	日本银行	中度流动性、安全性	维持日元汇率稳定	
韩国	财政部	韩国银行	中度流动性、安全性和收益性	维持韩元汇率稳定	外汇储备分为流动、投资和信托三个部分
中国香港地区	财政司	金管局	高度流动性、安全性	维持港元汇率稳定、货币发行基础	联系汇率制度与美元挂钩
新加坡	金管局、政府投资公司	金管局管理短期资产，政府投资公司管理长期资产	金管局追求流动性，政府投资公司追求长期回报	维持新元汇率稳定、货币发行基础	联系汇率制度与一揽子货币挂钩

通过分析案例国家（地区）的外汇管理体制和外汇管理政策，我们发现如下两个显著特点。

第一，大国通常更倾向于由财政部门持有外汇储备，并承担外汇市场干预和汇率稳定职能。而小国（地区）则更多地选择由中央银行直接持有外汇储备，并承担外汇市场干预与汇率稳定职能。

对于开放性经济大国来说，内外均衡往往相互影响而又有所差别，因此，一个重要的制度设计原则就是：不能单纯为了维持外部均衡，而放弃宏观经济政策（尤其使货币政策）对内部均衡的调控作用。为此，按照内外均衡的"丁伯根法则"（即一种政策工具只能实现一个目标），为了确保内外均衡的实现，大国都对货币当局和财政当局进行了政策分工，由货币当局负责内部均衡，而由财政当局来负责外部均衡。也正因为此，我们可以看到，在货币当局负责国内货币政策的情况下，大国通常都选择由财政部来主导外汇管理体制，并负责制定对外的汇率政策。

由财政部门主导外汇管理体制的最大好处在于，可以阻断外汇储备与国内基础货币供给之间的僵硬联动关系，以及汇率变动可能对货币政策产生的直接影响，进而提高国内货币政策的独立性和有效性，从而避免由货币当局同时担负内外均衡职能而可能产生的诸多矛盾。

当然，在大型经济体中，欧元区的情况属于特例，其外汇储备管理及汇率政策的制定均由欧洲中央银行系统全权负责。其主要原因在于，欧元区虽然在货币上实现了一体化，但在财政上依然是各国各行其是：那里不仅没有统一的财政政策实体，而且没有统一的财政政策。在这种情况下，由中央银行同时担负内外均衡的职能，自然成了唯一可能的选择。但是，几年来的运行实绩显示：这种体制至多是一种"次优"的，当然也是现实的选择。从迄今为止的运行情况来看，这种管理体制所固有的矛盾已经开始显现。在过去的几年时间里，尽管欧洲央行对欧元汇率采取"善意的忽略"的立场，汇率的变动不居依然对欧洲央行的货币政策操作产生了极大的影响，其利率政策就处于相当僵化和进退维谷的状态，致使货币政策对内部均衡的调控功能受到了极大的制约。

而小型开放经济体，其内部均衡几乎完全决定于外部均衡。从这种意义上来说，小型开放经济体的内外均衡是一体化的，基本上不存在所谓的内外均衡冲突问题，因而也就无所谓调控内外均衡职能的分工问题。对于小型经济体来说，保持汇率的稳定，实现外部均衡是压倒一切的目标，例如新加坡与我国香港地区，其货币政策的目标本就只是保持其与美元的汇率稳定。在这种条件下，货币政策的内部均衡职能显得无关紧要。在这种情况下，由货币当局负责外汇储备的管理，以确保本国基础货币供给与外汇储备的同步变动关系,是实现汇率稳定和外部均衡的必要条件。也正因为此,在我们所看到的实践中,绝大多数的小型经济体都选择了由中央银行来主导外汇储备的管理。

第二,在具体的操作模式选择上,储备规模较大的国家倾向于对外汇储备进行分档管理。在管理外汇储备的原则上,除了保持流动性之外,通常都还有一定的收益率要求,以提高外汇储备的管理效率。

从国际比较看,在操作模式的选择上,各国的具体做法也存在较大的差异。总体说来,外汇储备较少(对汇率干预要求较低)的国家,由于其机会成本较低,通常采取的是较为简单的管理模式,其储备管理的首要目标大都是维持较高的流动性,对外汇储备的收益性没有太多的要求。

而在那些储备规模较大的国家(主要集中在亚洲地区),出于管理效率的考虑,往往对外汇储备实行了分档管理,在确保外汇储备流动性的前提下,将多余部分进行收益率较高的各种投资,以提高外汇储备的整体收益水平。

比如,从1997年开始,韩国银行将储备资产分为流动部分、投资部分和信托部分三个部分来管理,对不同的部分设定不同的投资基准。流动部分由美元存款和短期美国国库券组成,每季度根据储备现金流来决定合适的规模,追求高度流动性的目标。投资部分投资于中长期、固定收入的资产,追求收益率的目标。资产的货币构成主要取决于政府和韩国银行的外债货币结构、当前国际支付的主要货币结构以及全球主权债市场的规模,其他中央银行的货币结构也作为参考。信托部分则由国际知名的资产管理公司进行管理,在提高收益率的同时,向其学习先进的投资知识。

而新加坡则通过不同机构分别持有外汇储备管理,来对外汇储备进行分档管理。新加坡金融管理局持有的外汇储备主要用于干预外汇市场,及作为基础货币发行的保证,以维持新元汇率的稳定。而新加坡政府投资公司则通过在全球的6个海外机构在世界主要资本市场上对股票、固定资产、货币市场证券、房地产和特殊的投资项目进行投资,其目标是对外汇储备进行长期投资,并且以利润为导向,追求长期的投资回报。

我国香港地区也将外汇基金分为支持组合和投资组合两部分来管理。支持组合为货币基础提供支持,进行外汇市场干预,以此确保港元汇率的稳定。投资组合则保障资产的价值及长期购买力,追求较为长期的投资收益。投资基准由外汇基金咨询委员会制定,其主要内容包括外汇基金对各国及各环节资产类别的投资比重及整体货币分配。外汇基金雇用全球外聘基金经理负责管理外汇基金约三分之一的总资产及所有股票组合。

(内部报告)

全球经济失衡：起因、可维持性与应对之策

李 扬

一 导言

2005年10月16日，第七届20国集团财长和央行行长会议在中国河北省香河闭幕。引人瞩目的是，围绕"全球合作：推动世界经济平衡有序发展"这一主题，会议联合公报强调：不断扩大的全球失衡风险正在蔓延，这将加剧不稳定性并进一步恶化全球经济的脆弱性；这一局面的改观需要保持全球经济的强劲增长，并充分考虑各方担负的责任；在牢记各方所担责任的基础上，各方决心实施必要的财政、货币和汇率政策，加快结构调整，以期解决失衡问题，化解风险。上述声明显示，全球经济失衡已经成为当前全球经济发展的一个突出现象，并已引起国际社会的广泛不安。

全球经济失衡是国际货币基金组织近期提出的新概念。2005年2月23日，国际货币基金组织总裁拉托在题为"纠正全球经济失衡——避免相互指责"的演讲中正式使用了全球经济失衡（global imbalance）一词。① 拉托在演讲中指出，全球经济失衡是这样一种现象：一国拥有大量贸易赤字，而与该国贸易赤字相对应的贸易盈余则集中在其他一些国家。拉托还进一步明确表示：当前全球经济失衡的主要表现是，美国经常账户赤字庞大、债务增长迅速，而日本、中国和亚洲其他主要新兴市场国家对美国持有大量贸易盈余。表1记录了1990~2003年包括日本在内的东亚各国（地区）对美国经常项目交易的差额。显然，所谓全球经济失衡，在相当程度上可以归结为东亚各国与美国之间的经常项目交易失衡。

对于全球经济失衡这一现象，国际货币基金组织表示了高度忧虑。2005年3月15日，国际货币基金组织研究局局长罗杰在题为"全球经常项目失衡：软着陆或硬着陆？"

---

① 2005年2月23日，拉托在Foreign Policy Association主办会议上的演讲（会议在纽约召开）。

表1　东亚各国（地区）对美国经常项目交易净额（顺差或逆差）占各自GDP比重

单位：%

国家/地区	1990年	1991年	1992年	1993年	1994年	1995年	1996年	1997年	1998年	1999年	2000年	2001年	2002年	2003年
日本	1.45	1.96	2.97	3.02	2.72	2.10	1.40	2.25	3.02	2.57	2.52	2.11	2.83	3.2
新加坡	8.45	11.32	11.87	7.24	16.17	17.67	15.16	15.58	22.59	18.60	14.48	19.00	21.50	30.9
中国台湾	6.96	7.11	4.14	3.14	2.66	2.07	3.91	2.43	1.29	2.78	2.86	6.36	9.09	10.0
印度尼西亚	-2.61	-3.32	-2.00	-1.33	-1.58	-3.18	-3.37	-2.27	4.29	4.13	5.32	4.88	4.52	3.9
韩国	-0.79	-2.82	-1.25	0.29	-0.96	-1.74	-4.42	-1.71	12.73	6.03	2.65	1.93	1.28	2.0
马来西亚	-1.97	-8.51	-3.67	-4.46	-6.06	-9.71	-4.43	-5.92	13.19	15.92	9.41	8.28	7.58	11.1
菲律宾	-6.08	-2.28	-1.89	-5.55	-4.60	-2.67	-4.77	-5.28	2.37	9.48	8.24	1.84	5.38	2.1
泰国	-8.53	-7.71	-5.66	-5.09	-5.60	-8.07	-8.07	-2.00	12.73	10.13	7.60	5.40	6.05	5.6
中国内地	3.13	3.32	1.36	-1.94	1.28	0.23	0.88	4.09	3.30	2.11	1.90	1.46	2.86	2.1
中国香港										1.53	6.40	4.28	6.11	8.50	11.0
美国	-1.36	0.06	-0.76	-1.23	-1.66	-1.42	-1.50	-1.54	-2.34	-3.14	-4.19	-3.90	-4.59	-4.9

资料来源：IMF，IFS相关统计。

的演讲中就曾指出：如果协调措施不能到位，贸易赤字可能引发的美元破裂性贬值会严重冲击世界经济。[①] 在罗杰看来，为使全球经济恢复平衡，需要有关各方共同作出努力，其要点是：美国应削减财政赤字，欧元区和日本应加速结构改革，中国和亚洲新兴市场国家则应加快向更具弹性的汇率制度转移，等等。然而，在我们看来，这个解决方案（如果可以称作方案的话）只是个大而化之的治标之策。正如本文以下将分析的那样，"全球经济失衡"概念所描述的现象，事实上自布雷顿森林体系产生以来就已存在，而且并未因该体系的崩溃而消失，只是近年来有所恶化而已。因此，关于全球经济失衡的根本原因、经济影响、可持续性，以及矫正的条件等，都需要认真加以讨论。我们更为关注的是，尽管全球经济失衡已经延续多年，但是，中国作为一个正在逐渐融入全球经济体系的发展中国家，显然各国只是近年来才真切感受到它的影响，而且，在中国尚未在这个失衡的世界中找准自己的位置并思考应对之策时，便已被强加了矫正失衡的责任。这对中国来说，显然是一个严峻的挑战。

二 全球经济失衡："二战"结束以来的老故事

尽管全球经济失衡是一个最近才提出的新概念，但是，它所反映的经济事实则是自第二次世界大战结束以后、布雷顿森林体系建立以来的老故事。

---

① 罗杰在Crédit Suisse First Boston主办会议上的演讲（会议在香港召开），2005年3月15日。

布雷顿森林体系可以被简单概括为"美元与黄金挂钩，其他国家货币与美元挂钩"的"双挂钩"制度。在这个体系中，美元占据非常独特的地位：它既是美国的货币，也是世界的货币。作为美国的货币，美元的供应必须充分考虑美国的货币政策需要、黄金储备的规模以及国内经济的运行；作为世界的货币，美元的供应则必须适应国际贸易和世界经济发展对交易手段和储备资产的不断增加的需要。历史发展证明，美元的这种双重存在，蕴涵着深刻的内在矛盾。一方面，恰如一国之经济发展需要不断增加货币供应一样，国际经济的发展同样需要不断增加作为国际支付手段和储备资产的美元的供给；而美元的不断增加供给，唯一地只能通过美国不断产生国际收支赤字来实现。所以，从20世纪60年代开始，美国连年产生巨额的国际收支逆差并积累了巨额的国际债务。另一方面，美国长期巨额的国际收支逆差及其导致的美元供应的大规模增加，反转来又会对其货币的国内稳定性进而对其经济的稳定性造成不利影响，并影响到美元兑换黄金的承诺。这是一个根本性的不可解决的矛盾。早在20世纪60年代，美国经济学家特里芬就敏锐地指出：由一国货币充当国际货币，将会遇到国际清偿力不足的问题（特里芬，1960），[①] 这就是著名的"特里芬难题"（Triffin Dilemma）。可以看出，所谓全球经济失衡，无非就是"特里芬难题"的又一种表述而已。历史事实是，"特里芬难题"的长期存在，终于使得美国和国际社会均无法承受。所以，从20世纪70年代开始，始而是美元法定价值的不断下降，继而是国际社会的一系列挽救行动，最终演化为整个布雷顿森林体系的崩溃。

1974年的"牙买加协议"正式宣告了布雷顿森林体系的终结。但是，与布雷顿森林体系相比，改变的是"双挂钩"，即美国放弃了维持币值稳定的承诺和各国货币相继放弃了与美元的固定汇率制，而没有改变的则是国际清偿力不足的问题——由于美元依然是世界各国公认的国际货币和主要的储备资产，全球的储备资产供应仍然需要美国不断产生贸易赤字方能解决。图1记录了1970年以来美国的经常项目差额占GDP的比重。可以清楚地看到，1977年以来，除了少数年份，美国的经常项目交易始终处于逆差状态，而且有愈演愈烈之势。换言之，自布雷顿森林体系崩溃之后，"特里芬难题"所刻画的全球经济失衡现象依然继续。

全球经济失衡的直接表现是各国国际收支账户的不平衡，但是，追根溯源，各国国际收支的不平衡植根于各国储蓄与投资的不平衡。从理论上说，在开放经济中，总供给由居民储蓄、政府储蓄和进口构成；总需求则由居民投资、政府投资和出口构成。根据国民收入恒等式，居民储蓄与政府收入之和等于一国之总储蓄，居民投资与政府支出之和则等于

---

① 罗伯特·特里芬（1961）：《黄金与美元危机——自由兑换的未来》，商务印书馆，1997年12月。

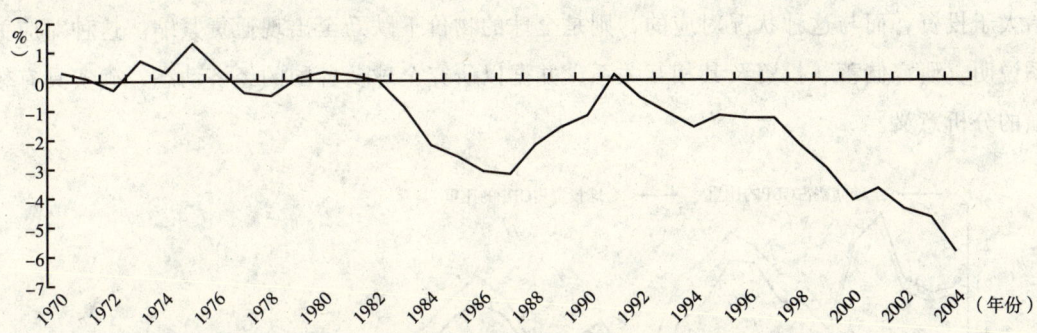

图1 美国的经常项目差额占GDP的比重（1970～2004年）

一国之总投资；一国总储蓄与一国总投资之差等于净出口。若一国储蓄小于其投资，即出现储蓄缺口，该国就会以贸易赤字形式来"进口"别国储蓄以实现宏观经济均衡；反之，若一国储蓄大于投资，即出现投资缺口，该国便会以贸易顺差形式来"出口"本国储蓄以实现宏观经济均衡。因而，分析全球及各国的储蓄、投资状况，以及储蓄缺口及投资缺口的变化动态，是分析全球国际收支不平衡原因的主要入手处。

2005年9月，国际货币基金组织在《世界经济展望》中分析了全球及主要国家的储蓄和投资的发展变化情况。这项研究覆盖了21个工业化国家和25个新兴市场经济国家，其中包括了5个石油输出国。鉴于上述46个国家的GDP总和超过了全球GDP的90%，可以说，该项研究的结论是全面和可靠的。

这项研究显示，20世纪70年代早期，全球储蓄与投资占GDP的比重随第一次石油危机爆发而急剧下降，并持续了10余年。[①] 自80年代初期开始至90年代中期，全球储蓄与投资保持了相对平稳。90年代后半叶以后，全球储蓄与投资再次下降，并在2002年达历史最低点。2002年之后，全球储蓄和投资再次上升。

图2记录了1970～2004年全球的储蓄和投资的走势。[②] 分析其中储蓄与投资的相对走势是饶有兴味的。1970～1974年，全球的储蓄大于投资，与那个时期相对应的，是全球经济衰退。1974～1997年，全球的投资则始终略大于投资，与这种状况相对应，则是该时期的全球通货膨胀。90年代中期亚洲金融危机之后，趋势再次转变，全球的储蓄又开

---

① 若不特加说明，本文所说的储蓄与投资均指储蓄和投资占GDP的比重。
② 从理论上说，合并的全球储蓄与投资应当完全相等。但是，有两个因素使得这两个指标的统计显示出差异。其一，统计误差；其二，本项研究的统计范围并未覆盖所有国家。特别是在20世纪90年代之前，由于客观上存在着一个包括苏联、东欧国家、中国、朝鲜、越南等国在内的社会主义阵营，而这些国家的统计既不完备，亦不透明，所以，本项研究中的储蓄与投资统计表现出差异。

始大于投资，而与这种状况对应的，则是全球的物价下跌乃至出现通货紧缩。这种对应关系说明，研究储蓄、投资及其相互关系，并据以研究全球及各国的经济动态，确实具有较强的分析意义。

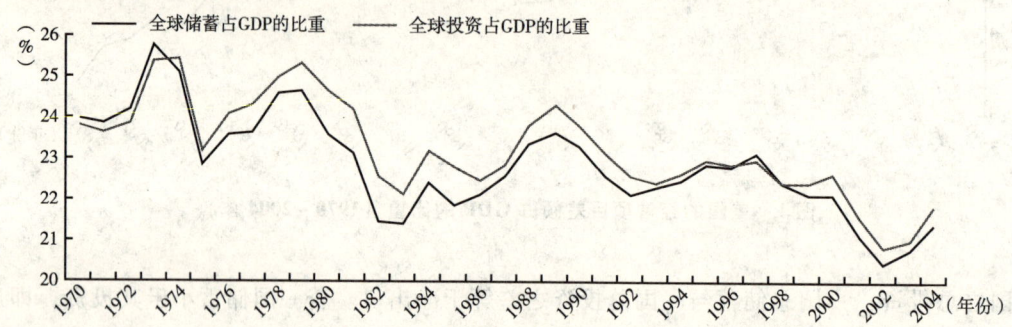

图2　全球储蓄和全球投资占GDP的比重（1970～2004年）

以上所论是全球的总走势。为了分析全球经济失衡现象，我们显然还必须深入到国家或国家组的层面，分析它们各自的储蓄、投资状况，以及相互之间的关系。鉴于如今被人们广泛关注的全球经济失衡现象主要发生在工业化国家和新兴市场经济国家之间，下文将主要分析它们之间的关系。

统计显示（见图3），自20世纪70年代以来，工业化国家的储蓄率一直是下降的。美国、日本和欧元区各国是导致工业化国家储蓄率下降的主要原因。在日本和欧元区各国，其储蓄率的下降起初是由于公共储蓄率的下降，而后则主要归因于家庭储蓄率的下降。在美国，家庭储蓄下降是初期的主要原因，2000年以后，公共储蓄率下降（财政赤字的增长）成为主导因素。同期，工业化国家的投资率同样处于下降趋势，只是其平均下降幅度略低于其储蓄率的下降幅度。

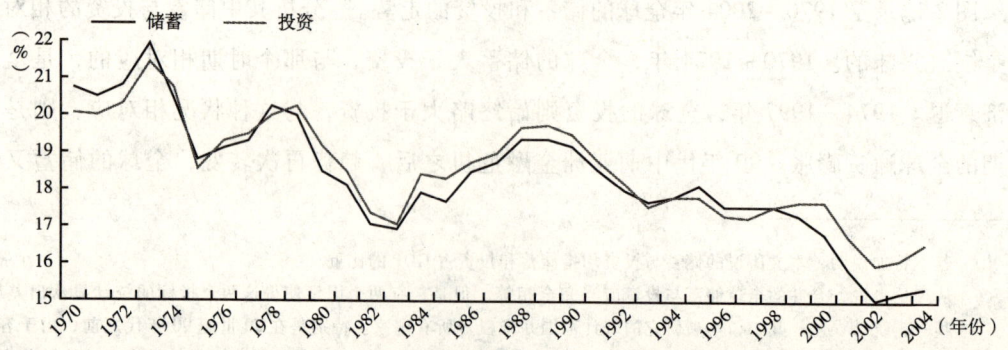

图3　工业化国家的储蓄和投资（1970～2004年）

就储蓄缺口的动态而言,由图4可见,1970~1979年,工业化国家主要出现的是投资缺口,与之对应的是贸易顺差和资本外流。1979~1993年,趋势发生逆转,这些国家出现了长达15年的储蓄缺口,与之对应的则是贸易逆差和资本内流。值得注意的是,此间工业化国家普遍出现了所谓滞涨现象。1993~1998年,缺口再次逆转,投资缺口出现,与此对应的是经济增长率的提高和物价水平的平稳。1999年以来,储蓄缺口又一次出现,表明工业化国家面临一定程度的通货膨胀压力,而且经济增长率也有所下滑。

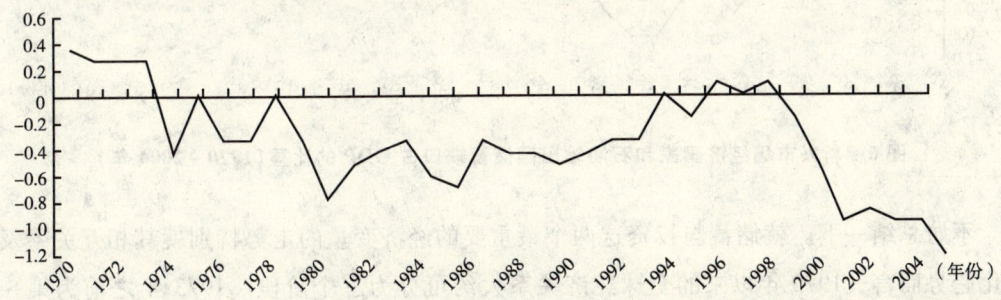

图4　工业化国家的储蓄缺口占GDP的比重(1970~2004年)

在新兴市场经济国家和石油输出国一方（见图5）,自1970年以来,其储蓄率和投资率在趋势上都是上升的,但是其间波动甚大。第一次波动发生在20世纪80年代中期。拉美国家成为造成下滑的主因,那时,那里正发生被称做"失去的十年"的经济危机。第二次波动发生在20世纪90年代末期。东南亚诸国主导了此次下滑,因为那里发生了金融危机。

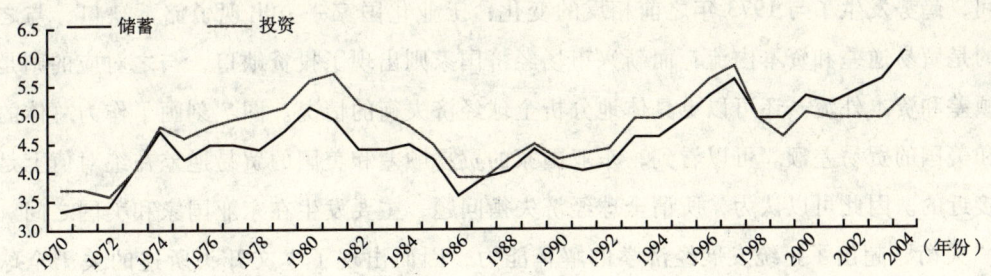

图5　新兴市场经济国家和石油输出国储蓄和投资（1970~2004年）

从储蓄缺口的动态来看（见图6）,1998年之前,这些国家基本上处于储蓄缺口状态,与之对应的则是长期的贸易逆差和资本的流入,即这些国家通过长期"进口"工业化国家的储蓄来促进本国经济的发展,而且确实获得了较大的成就。这种状态,比较符合发展经济学的经典理论。然而，1998年以后，缺口发生了逆转，新兴市场经济国家和石油输出国出现了投资缺口，致使大量的储蓄流向了工业化国家。

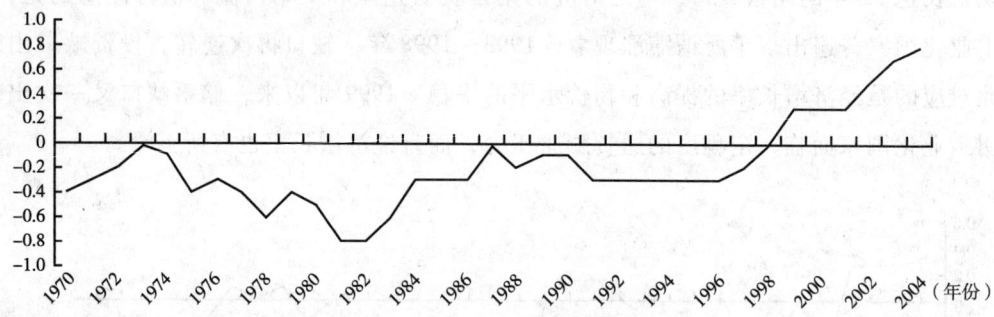

图6　新兴市场经济国家和石油输出国储蓄缺口占GDP的比重（1970～2004年）

不妨总结一下。就储蓄与投资这两个最重要的经济变量的走势特别就其相互关系及其变化趋势而言，1970年以来的全球经济关系大约可分为三个阶段。1973年之前为第一阶段。那时，工业化国家一方是投资缺口，与之对应的是贸易顺差和资本外流；在新兴市场经济国家和石油输出国一方，则是储蓄缺口，与之对应的是贸易逆差和资本流入。按照国际货币基金组织近日提出的概念，这也是一种失衡，只是，这种失衡是互补的，它符合正统发展经济学的基本理论。1973～1998年的动态有些扑朔迷离，此间，在工业化国家和新兴市场经济国家之间并不存在比较明显互补关系。注意到1973年开始布雷顿森林体系正式崩溃，美国经济进入长期萧条，而广大发展中国家特别是亚洲新兴市场经济国家获得长足发展，应当认为，这一时期是全球经济结构调整的时期。1998年以来是第三阶段。此间，趋势发生了与1973年之前相反的变化：工业化国家一方出现了储蓄缺口，与之对应的是贸易逆差和资本内流；而新兴市场经济国家则出现了投资缺口，与之对应的则是贸易顺差和资本外流。还可以更具体地分析全球经济失衡的情况。图7刻画了作为总体的东亚和美国的贸易差额。可以看到，东亚国家的贸易顺差和美国的贸易逆差在绝对值上是比较接近的。因此可以认为，所谓全球经济失衡问题，主要发生在东亚国家和美国之间。这种"失衡"超出了正统发展经济学的解释能力，因而出现了本文开头所述的关于全球经济失衡的担心。

从储蓄和投资的对比关系中，我们还可以读出更多的信息。从图2所刻画的全球储蓄与投资的关系来看，从20世纪90年代初期开始，尽管投资大于储蓄，但毕竟差额不大，因此可以推断：就全球而言，实际的长期利率水平将在一个较长的时期中走低。但若深入到国别层次，情况就有不同。图4告诉我们，自1998年以来，以美国为首的工业化国家

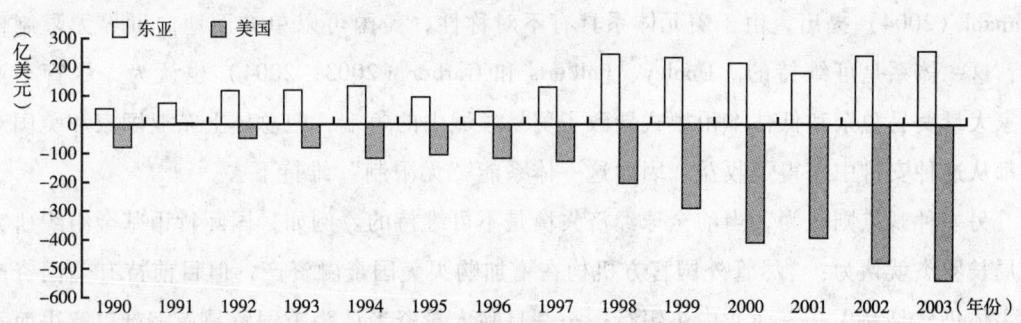

图7 东亚和美国的贸易差额

开始出现储蓄缺口,而且规模一直在扩大,因此,这些国家的物价将面临上涨的压力,利率水平也相应地有上升的趋势;另一方面,图6告诉我们,同样自1998年以来,新兴市场经济国家和石油输出国开始出现投资缺口,而且规模也越来越大,因此,这些国家的物价将面临下行的压力,利率水平也相应走低乃至可能进入流动性陷阱。由储蓄投资关系导致的这种截然不同的格局以及相应的利率走势的差异,导致全球资本流动成为引人注目的现象,由此,工业化国家与新兴市场经济国家之间的贸易摩擦问题,它们之间的汇率问题,成为全球关注的焦点。

三 老故事中的新因素:失衡可否持续?

上节比较全面地描述了全球经济失衡现象。我们指出,20世纪末期以来的失衡之所以值得关注,是因为它并不符合正统的发展经济学的理论。现在的问题是,这种失衡可否持续?对此,存在着两种截然不同的看法:以国际货币基金组织为代表的一些研究认为,这种状况不可持续,而且将对全球经济产生不利冲击,基于此,他们呼吁国际社会采取措施予以解决;而另外一些经济学家则持相反的看法,他们认为,全球经济失衡将对全球经济产生不利冲击。例如,Dooley(2003,2004)就认为,东亚国家与美国保持贸易顺差是一种清醒和自觉的金融安排,并称之为"新布雷顿森林体系"[New Bretton Woods(NBW)System]。麦金农(2005)则也于最近提出:东亚国家与美国保持贸易顺差是可维持的,因而不存在"破裂"的可能。换言之,所谓失衡是就一方面的贸易顺差和另一方面的贸易逆差而言的,倘若这种格局可以保持,所谓失衡就不会成为危及全球经济发展的原因。

可维持性决定了当前是否应当采取措施来应对全球经济失衡。目前,学术界对此有两种截然不同的看法。一种观点认为,当前全球经济失衡是可维持的。例如,McKinnon 和

Schnabl (2004) 提出,由于美元体系具有不对称性,美国可以单方面地向世界无限制借款,这一体系是可维持的。Dooley、Folkerts 和 Garber (2003, 2004) 也认为,尽管东亚国家大量贸易盈余和低估本币模式导致了贸易领域中的争端,但总体上东亚国家和美国双方都从这种安排中获得了收益,因而这一体系能"无限制"维持下去。

另一种观点则认为,当前全球经济失衡是不可维持的。例如,国际货币基金组织研究局局长罗杰就认为:"尽管外国官方机构在增加购买美国金融资产,但目前持有美国资产的主体仍然是私人——而非中央银行……一旦私人投资者认为美国贸易赤字难以解决而不愿再向其融资,则美元存在破裂性贬值的可能。"①

比较上述两种观点,可以看出,它们的区别在于观察视角的不同。认为失衡可维持的观点是从美国支付能力的角度来判断美国与东亚经常项目失衡是否可维持。认为失衡不可维持的观点是从资本流动角度来判断,美国与东亚经常项目失衡是否会引起美元对其他主要货币大幅贬值,并由此带来对全球经济的重大冲击。从当前的国际货币格局看,美元的主导地位在短期难以动摇;这一背景决定了,美国有能力长期维持与东亚的经常项目失衡。需要重点研究的是,美国的资本流入是否能为美国经常项目失衡充分"融资",并以此支撑美元对其他主要货币的信心。

从美国国际收支情况看,亚洲金融危机以来,美国的资本金融项目总体呈现顺差盈余不断增长态势;其中,证券融资起到了主导作用。此外,美国国债登记系统表明,21 世纪以来,外国官方机构——尤其是东亚官方机构持有的美国金融证券在不断增长;至 2004 年 7 月,存量已达 1.3 万亿美元(见表 2)。美国近年来的资本流动结构表明,外国官方机构——尤其是东亚官方机构是否持续增加持有美国金融资产,是当前全球经济失衡是否可维持的关键。

表 2 外国官方机构持有的美国长期金融证券

单位:10 亿美元

	1984年12月	1989年12月	1994年12月	2000年3月	2002年6月	2003年6月	2004年6月
总额	107	224	309	691	801	959	1320
股票	9	27	33	96	84	105	134
美国国债	72	188	260	492	561	653	923
美国机构债	—	7	11	91	137	180	216
公司债和市场债	—	2	5	12	19	21	47

资料来源:美国财政部国债登记系统。

---

① 罗杰在 Crédit Suisse First Boston 主办会议上的演讲(会议在香港召开),2005 年 3 月 15 日。

四 老故事中的新因素

如上所述,如今备受人们关注的全球经济失衡实在只是"二战"以来的老故事,但是,经过了《牙买加协议》之后的国际货币制度毕竟已经不是布雷顿森林体系了。除了国际储备货币依然主要由美元承担这一点之外,其他条件均有变化,固定汇率制被浮动汇率制取代,更重要的是,随着美元不再与黄金保持固定比价,美国也不再承担调整全球经济失衡的责任。

美国与东亚在储蓄率方面的巨大差异是全球经济失衡的重要背景这一看法,目前已得到绝大多数学者认同。在确认这一事实的基础上,观点的分歧主要在于,东亚经济体在储蓄转移过程中是否存在操纵行为。

以 Dooley、Folkerts 和 Garber(2003,2004)为代表的学者强调(后文将三人简称 DFG),东亚各国政府的出口导向的贸易政策对全球经济失衡也有重要影响。DFG 从历史的视角阐述了这一观点。DFG 认为,在 1945 年开始的美元体系下,整个世界可以被刻画为"中心"(美国)和"外围"(美国之外的其他国家和地区)结构。在 20 世纪 50 年代和 60 年代,较为重要的"外围"国是欧洲和日本。为从战后废墟中迅速恢复,这些"外围"国合作性地将其货币低估,以此促进制造业出口,并在技术含量更高的工业出口部门进行投资。"外围"国采取这种政策的直接"成本"是,迅速积累了低收益率、高流动性的美元资产。DFG 认为,上述"成本"很小,或者就根本不存在。以 20 世纪 50 年代和 60 年代的欧洲为例,Despres、Kindleberger 和 Salant(1966)就曾提出,拥有发达长期资本市场的美国仅仅提供了金融中介作用:美国向欧洲提供长期非流动性资本——这包括直接投资;当欧洲建立了美元账户和官方外汇储备时,美国又向欧洲借入更富流动性的资本。① DFG 认为,直至今天,对那些国内金融市场欠发达的国家而言,这种中介观点仍然有一定解释力。例如当前中国,一方面,向中国的直接投资主要以美元计值;另一方面,中国却又大量持有美元流动性资产。DFG 认为,当今的"外围国"主要是指经济高速发展的东亚各经济体。这些国家高度干预外汇市场以维持本币低估,并以此促进对美国市场的出口。

McKinnon 和 Schnabl(2004)认为,有较高储蓄率的东亚国家是集体性地被迫与储蓄

---

① 对 Despres、Kindleberger 和 Salant(1966)观点的最新评估参见 Bisignano(2004)的文章。

率较低的美国保持贸易盈余关系。由于美元体系具有不对称性，美国可以单方面地向世界无限制借款（McKinnon，2004）。在美国居民低储蓄率和政府巨额财政赤字（政府负储蓄）压力下，美国正以类似"复仇"的方式使用这种无限制借款能力。这意味着，美国储蓄与投资之间的不平衡并非源于东亚各国出于"贸易主义"而采取本币低估政策，而是源于美国国内自身的经济不平衡。

在另一面，东亚官方机构增持美国金融资产并非偶然，这是东亚新兴市场经济体有意识的集体行为。

20世纪90年代以来，广大新兴市场经济国家在处理外部平衡方面，已经逐渐形成了"没有信誉的固定汇率制"（公开宣布的浮动汇率制与对汇率的频繁干预相结合）与规模日益增大的外汇储备同时并存的新的政策组合（李扬、余维彬，2005）。一方面，发展中国家国际储备迅速增加（见表3）；另一方面，其官方宣布的汇率制度也迅速向富于弹性的方向转移（见表4）。需要加以说明的是，发展中国家声称向浮动汇率制度转移，并不意味着它们放弃了对汇率的干预。Calvo和Reinhart（2000）的研究显示：在某种程度上，发展中国家向更为灵活的汇率制度转移只是一种假象；从汇率的走势和各国的操作实践来看，各种自称自许的浮动汇率制以及管理浮动汇率制等，其运行特征更像钉住汇率制度。它们将此概括为"没有信誉的固定汇率制"。

表3 国际储备管理相关指标（包括黄金）

		1948～1970年	1971～1980年	1981～1990年	1991～1999年
国际储备/ GNP(%)	所有国家	8.2	7.6	6.6	10.5
	发达国家	9.3	7.3	7.0	7.7
	发展中国家	7.3	7.8	6.3	12.4
	新兴市场经济国家	5.5	5.8	6.0	14.9
国际储备/ 周进口	所有国家	22.5	17.9	15.4	20.6
	发达国家	23.0	16.1	13.9	16.6
	发展中国家	22.1	19.2	16.4	23.3
	新兴市场经济国家	19.7	19.7	17.6	27.6
国际储备/ M2(%)	所有国家	31.3	20.5	15.2	21.2
	发达国家	17.8	12.0	11.7	11.3
	发展中国家	37.7	25.1	17.1	26.6
	新兴市场经济国家	28.7	23.5	19.1	29.9

注：上述分类包含了56个国家（地区），按照国际货币基金组织1979年的方法进行分类，其中，有22个发达国家，34个发展中国家（地区）。

资料来源：转引自 Robert Flood and Nancy Marion，2002，Holding International Reserves in an Era of High Capital Mobility，IMF working paper。

表4 发展中国家官方报告的汇率安排

单位：%

年 份	1976	1981	1986	1991	1996	1999
钉住汇率制度	86	75	67	57	45	21
有限灵活的浮动汇率制度	3	10	5	4	3	38
更为灵活的浮动汇率制度	11	15	28	39	52	41

注：1999年前，IMF将各国的汇率制度按照灵活程度分为三大类：①钉住汇率制度，钉住某一种货币或者货币篮子长时期固定不变；②有限灵活的浮动汇率制度，相对于某一种货币或者货币篮子表现出有限弹性，汇率虽然可以变化，但变动的幅度较小；③更为灵活的浮动汇率制度，汇率根据某种指标可以灵活地调节或由外汇市场的供求决定。

资料来源：IMF，《世界经济展望》各期。

发展中国家普遍实行上述新政策组合的直接原因，在于这些国家普遍存在着"浮动恐惧"症。

一些研究者用"原罪"概念来说明发展中国家存在"浮动恐惧"的原因。Eichengreen和Hausmann是"原罪"概念的始作俑者（1999），在他们那里，所谓原罪指的是两种情况：一是国内货币不能在国际借贷中使用，所谓"国际原罪"；二是国内货币甚至也不能在国内信贷中使用，所谓"国内原罪"。[①]"原罪"的存在，使得发展中国家面对汇率波动进退失据。一方面，在资本输入型发展中国家（负债国）中，"原罪"致使它们恐惧本币贬值浮动，因为这些国家的对外债务将因本币贬值而加重，从而可能导致负债企业和金融机构违约，进而对整个金融体系产生巨大冲击。另一方面，在资本输入型发展中国家（债权国）中，"原罪"致使它们恐惧本币升值浮动，因为这些国家的对外债权将因本币升值而贬值，从而使债权企业和金融机构蒙受重大损失，进而也会对整个金融体系产生巨大冲击。[②]

由于存在浮动恐惧，发展中国家很难承受汇率的剧烈波动，因此，固定汇率制度事实上是适宜于发展中国家的。然而，正如亚洲金融危机所展示的那样，在金融自由化和经济全球化的背景下，实行汇率完全的钉住又可能面对国际投机资本的恶意冲击。因此，摆在广大发展中国家面前的难题是：他们必须寻找到某种既实行浮动汇率，又保证汇率稳定的政策组合；在这个意义上，目前多数发展中国家实行的那种名义上放弃固定汇率制度而实际上保留了频繁干预汇率的制度安排，即所谓"没有信誉的固定汇率制度"，可能正是能

[①] Echengrenn Barry, and Richardor Hausmann, 1999, Exchange Rate and Financial Fragility, NBER working paper, No. 7418.

[②] 有些研究者（例如麦金农）将后一种情况概括为"高储蓄两难"。显然，"高储蓄两难"与"原罪"是相互映射的。

同时满足上述多方面需求的一种"次优"的政策配合。频繁地干预汇率需要有强大的外汇储备作为后盾，于是，保持高额的外汇储备自然成为实施"没有信誉的固定汇率制度"的必要条件。

从实践看，东亚经济体是"没有信誉的固定汇率制度"和增加外汇储备政策组合的实施典范。麦金农（2005）的研究表明，亚洲金融危机后，虽然东亚各国官方都已宣布实行浮动汇率制度，但在一段时期的剧烈浮动之后，这些国家的操作实践则表明：它们事实上均已重返软钉住美元安排。在亚洲金融危机前（1997年6月1日前），东亚各国美元汇率日变化的标准差比所谓自由浮动国家（日本、欧洲大陆和瑞士）的标准差小很多。亚洲金融危机后，除马来西亚在1998年底将其货币与美元牢牢固定之外，其余危机经济体的美元汇率波动都比危机前要稍稍剧烈一点；如以高频率（每日）来观察2003~2004年的情况，则可以说，东亚各国的美元汇率波动已或多或少地返回至危机前的水平。此外，在重返软钉住美元的同时，东亚经济体——包括那些曾深陷危机的经济体，其外汇储备水平已远远超过危机前。我们认为，是东亚经济体向新国际经济政策组合的转移，才导致了东亚官方资本持续流入美国；这又相当程度地支撑了美元信心，并使国际货币基金组织忧虑的危机没有大规模发生。

然而，应当看到，东亚经济体增加外汇储备的行为不能无限制地延续下去。国际储备是由中央银行购买并持有的，国际储备增长就意味着，中央银行从外汇占款渠道投放的本国基础货币增加。当外汇占款的过多、过快增长超出基础货币增长需要时，中央银行就需要采取手段来冲销因购买外汇而增加的基础货币发放。发展中国家金融宏观调控体系普遍较为落后，它们通常缺乏现代冲销工具（在发达国家，冲销主要是通过出售国债来实现）。为缓解货币过度投放，发展中国家往往采取非常规冲销手段，这通常都会使其金融体系和实体经济部门遭受重大扭曲。例如，在20世纪90年代早期，韩国货币当局通过对商业银行实行高比例零利率的准备金要求来控制过度的流动性，这最终导致存款从银行向非银行金融机构转移，韩国存款货币银行持有的存款负债由此从70年代的70%以上下降为1992年的36%；很明显，银行"脱媒"极易引发大规模系统性金融危机。从长期看，东亚官方机构能否持续购买美国国债主要取决于，对自身经济过热和金融扭曲的忍受程度。东亚官方机构何时减持美国金融资产，这一点很难判断；可以确定的是，这一过程终有尽头。

五 应对全球经济失衡

为缓解全球经济失衡，国际货币基金组织依两条线索提出了解决方案。一方面，国际货币基金组织从储蓄—投资视角展开了深入的实证研究,并由此产生3条政策建议①。第一,美国储蓄率增加能显著削减美国经常项目赤字。实证研究显示,在未来3年内,美国储蓄率若上升1个百分点,则美国经常项目赤字占GDP比重会下降0.5个百分点。第二,亚洲(除中国外)和石油输出国的投资增长有利于削减美国经常项目赤字。第三,日本和欧元区的实际GDP增长有利于帮助美国削减经常项目赤字。实证研究表明,若日本实际GDP在1年内增长0.5%,则美国经常项目赤字占GDP比重会在3年后下降0.2个百分点,这一举措同时还导致日本经常项目盈余占GDP比重下降0.3个百分点。欧元区GDP增长对美国经常项目赤字的影响效果与此基本类似。另一方面,考虑到东亚经济体事实上存在群体性钉住美元的汇率安排,国际货币基金组织呼吁东亚经济体——特别是中国加快向弹性汇率制度的转移。

我们认为:目前,储蓄—投资视角的全球经济失衡缓解方案较为可行,而过分要求东亚新兴市场国家(包括中国)加快向弹性汇率制度的转移并不公平;从长期看,建立公正合理的国际货币制度新秩序,是解决全球经济失衡的根本办法。

布雷顿森林体系崩溃后,国际货币制度进入所谓"牙买加体系"时代。从本质上说,牙买加体系并没有构筑一种新的国际货币制度框架,它只是以国际协定的方式正式承认了各国在汇率方面的行动自由。在这一体系下,每个国家都有权自由选择它意愿的汇率制度;一时间,国际货币制度陷入无规则甚至混乱状态。面对汇率的剧烈波动,广大发展中国家纷纷加强中央银行的干预来稳定汇率。发展中国家青睐固定汇率制度源于货币错配。"货币错配"是指:权益的净值或净收入(或二者兼而有之)对汇率的变动非常敏感。发展中国家的"货币错配"是国际货币格局的自然产物。布雷顿森林体系崩溃以后,国际货币体系中的"关键货币"角色仍然主要由美元和欧元(20世纪末以来)来承担,这事实上将美、欧之外所有其他国家和地区的货币都"边缘化"了。由于国内货币无法在国际经济交往中使用,广大发展中国家的资产/负债、收入/支出便呈现多种货币并存的局面,"货币错配"由此成为常态。20世纪90年代下半叶以来,发展中国家连续发生了发端于固定汇率制崩溃的金融危机。接连不断的货币危机意味着,一旦中央银行放弃干预,规模日益庞大的国际投机资本会使汇率较以往更为剧烈地波动,货币错配风险也会因此更为严重。在上述背景下,发展中国家对弹性汇率制度持谨慎态度是一种理智的反应;与此相伴而生的一个负面后果是,汇率在调节国际收支方面的作用难以发挥。

上述分析表明,片面强调弹性汇率制度在缓解全球经济失衡方面的积极作用,漠视金

---

① IMF,《世界经济展望》(2005年9月)。

融全球化背景下弹性汇率制度的不利影响,对发展中国家是不公正的。从长期看,为缓解全球经济失衡问题,国际社会应加强协调,通过推进国际货币制度改革为发展中国家汇率制度改革创造条件(一个可以有所作为的领域是,加强对国际投机资本的国际监管)。应当说,第七届20国集团财长和央行行长会议在这方面已经迈出了建设性的一步;会后达成的《关于布雷顿森林机构改革的联合声明》强调:在促进宏观经济和金融稳定、经济增长和减少贫困方面,布雷顿森林机构应发挥至关重要的作用;要以更为创新的方式和更新的承诺,来应对各种动态问题。

就人民币汇率制度而言,我们认为,中国应一如既往地坚持渐进的改革方式。同广大发展中国家一样,中国经济业已存在较大规模的货币错配问题。简单计算显示,中国目前已属"货币错配"比较严重的国家之一。截至2004年底,中国居民持有的外币资产占M2的比重已达27%,[①] 如果再考虑到中国外债余额在2004年底已经高达2285.96亿美元的现实,"货币错配"矛盾显然更为突出。业已存在的较大规模的"货币错配"问题,使得中国经济一时难以承受汇率剧烈波动。在这样一种约束条件下推进人民币汇率改革,合理的选择便只能是回归有管理的浮动:一方面,通过公开宣称的浮动汇率使得人民币迅速摆脱对美元的钉住;另一方面,通过对汇率的有效管理,使得人民币汇率在长期内保持相对稳定。

(载李扬著《中国金融改革30年》,社会科学文献出版社)

参考文献

[1] 李扬、余维彬:《经济全球化与发展中国家的国际储备管理》,《经济学动态》2005年第8期。
[2] 李扬、余维彬:《人民币汇率改革:回归有管理浮动》,《经济研究》2005年第8期。
[3] 戈登斯坦:《控制新兴市场国家货币错配》,社会科学文献出版社,2005。
[4] 麦金农:《东亚重返"软"钉住美元安排:"高储蓄两难"的缓解之路》,中国社会科学院金融研究所交流文稿,2005。
[5] 罗伯特·特里芬(1961):《黄金与美元危机——自由兑换的未来》,商务印书馆,1997年12月。
[6] Bisignano, Joseph, 2004, Machlup Was Right: Despres, Kindleberger and Salant Briefly Revisited, Bank for International Settlements: Mimeo.

---

① 2004年底,中国居民持有外币存款1466.58亿美元,当年国家外汇储备6099.32亿美元,据估计,当年中国居民持有约800亿美元等值外币现钞。该年底,我国M2余额为253207.7亿元人民币。

[7] Calvo, Guillermo A. and Garmen M. Reihart, 2000, Fear of Floating, NBER Working paper, No 7993.

[8] Dooley, Michael, David Folkerts-Landau, and Peter Garber, 2003, "An Essay on the Revived Bretton Woods System", NBER Working Paper 9971.

[9] Dooley, Michael, David Folkerts-Landau, and Peter Garber, 2004, "The Revived Bretton Woods System: The Effects of Periphery Intervention and Reserve Management on Interest Rates and Exchange Rates in Center Countries", NBER Working Paper 10332.

[10] Echengrenn. Barry, and Richardor. Hausmann, 1999, Exchange Rate and Financial Fragility, NBER Working Paper, No 7418.

[11] Flood, Robert and Nancy. Marion, 2002, Holding International Reserves in an Era of High Capital Mobility, IMF working paper.

[12] McKinnon, Ronald, and Gunther Schnabl, 2004, "The East Asian Dollar Standard, Fear of Floating, and Original Sin", *Review of Development Economics*, 8, 331 −60.

[13] Rato, Correcting Global Imbalances—Avoiding the Blame Game, Remark in Foreign Policy Association Financial Services Dinner, New York City, February 23, 2005.

[14] Rajan, Global Current Account Imbalances: Hard Landing or Soft Landing, Talk at the Crédit Suisse First Boston Conference, Hong Kong, March 15, 2005.

[15] IMF,《世界经济展望》, 2005 年 9 月。

国际对冲基金的中国资产配置研究

张跃文

一 引言

国际短期资本流动对于一国金融稳定的影响一直是金融理论界和实务界非常关注的问题。特别是近年来，随着我国持续出现的资本和贸易"双顺差"以及外汇储备的迅速增长，国内各界尤其关注"热钱"进入中国的情况。而作为"热钱"代表的对冲基金，更是因其独特的投资活动和强大的资金调动能力而备受瞩目。在东亚金融危机以后，国际对冲基金开始迅速成长为特殊的另类机构投资者群体。它们不断开发和利用与传统共同基金所不同的投资策略，力求在各种市场条件下都能获得绝对收益，从而形成了与传统投资工具所不同的风险收益结构。尽管业内及理论界对于对冲基金的优异业绩仍然存在怀疑态度，但是对冲基金业绩与共同基金的差异性，以及与传统资产类别业绩的低相关性，使其日益成为国际金融市场中各类投资者所重视的新型投资工具。

根据 HFR 公司统计，截至 2007 年末全球对冲基金资产总额已经达到 1.87 万亿美元，其中仅 2007 年新流入资本就达到 1940 亿美元，延续了自 2000 年以来持续上升的势头，对冲基金总数量接近 10000 只。对冲基金资产的区域和策略分布非常广泛，以往以纽约和伦敦为中心、以欧美金融市场为主的局面正在发生变化，对冲基金在亚太地区（不包括日本）、拉美地区和非洲的资产配置逐步增加。从对冲基金的策略分布看，HFR（2002）曾经总结了多达 30 种投资策略，其他一些研究机构报告的对冲基金投资策略一般也有 10 余种，目前没有一种策略能够成为对冲基金群体的主流策略，而且新的投资策略还在不断出现，策略多元化是当今对冲基金行业的重要特征之一。对冲基金的分散性和组织形式的特殊性，大大增加了各国政府和公众的监督困难。以美国为例，采取合伙制形式的对冲基金如果投资人不超过一定数量，是可以不接受监管和履行信息披露义务的，即使是投资人也不容易得到所投资基金的详细资料，这使得美国成为对冲基金最佳避险地，世界上 80% 以上的对冲基金总部都在美国。

无监管约束和信息不透明，使得对冲基金可以自由地根据自身投资策略和市场判断，决定杠杆比例和空头头寸。使用杠杆提高了对冲基金的资金动员能力，做空可以使对冲基金在熊市中获利，而这正是对冲基金饱受诟病之处。做空机制实际上成为相当一部分方向性对冲基金的主要获利手段，许多业内人士认为对冲基金的大规模做空加剧了市场下跌和波动，不利于金融体系的稳定性。而另外一些人士则认为对冲基金的做空机制可以提高市场的有效性，帮助发现资产的真实价格（Greenspan，2005）。但无论如何，提高对冲基金运作的透明度，加强投资者保护，已经成为各国政府和金融界的共识。只是由于法律和国际协调方面的障碍，共识转化为行动的速度仍然很慢，美联储主席伯南克（2006）曾提出建设权威性的对冲基金信息数据库，但这项工作直至目前仍然进展不大。美国总统金融市场工作小组（2007）所提出的有关对冲基金的监管原则，不仅内容空泛，而且不具有实际的法律效力。

在国际协调仍然存在诸多困难的情况下，各国政府所做的更多的是设法加强对国内对冲基金活动的监管，国际证监会组织（2005）所作的一项调查表明，除美国外大部分发达国家和地区都在不同程度上对于境内外对冲基金在本国金融市场活动提出了某些准入条件、注册要求和行为准则。这在一定程度上可以帮助金融监管当局掌握对冲基金动向，对于金融市场稳定作出相对准确的评估。而在新兴市场国家，目前这一问题显得更加突出。近年来，以亚太地区为代表的新兴市场再次成为对冲基金资产配置的重点地区，据HFR（2008）统计，有超过1000只单一策略对冲基金在亚洲活动，其中92%的基金是在五年以内设立或者进入亚洲的。这些基金所管理的资产在2007年增长了近110亿美元。综合各方面的数据，目前有超过1500亿美元的对冲基金资产配置在亚洲，而且原来重点放在亚洲发达市场如日本的对冲基金正在逐步将资产转移至新兴市场，如中国和印度，香港和新加坡成为这些基金的聚集地。根据Hedge Fund Intelligence（HFI）的统计，目前两地分别有至少10只和9只管理资产超过10亿美元的大型对冲基金进驻。

亚洲新兴市场正在面临对冲基金大规模进入的挑战。这些国家尚不完善的金融体系将接受稳定性检验。

我国的金融监管当局已经注意到了对冲基金在亚洲地区的活动并且进行了一定的前期研究和准备（刘明康，2005）。只是由于分业监管制度尚存，部门监管协调和立法障碍依然存在，对于对冲基金的主动监管依然停留在较低水平。目前，国外对冲基金在我国的投资活动仍然处于不透明状态，其资产配置和市场头寸并不为外人所知，强制性披露要求暂时还无法应用于这些基金。从维护金融稳定的角度考虑，掌握对冲基金的资产规模和头寸分布，对于制定紧急处置预案和完善国内金融机构的风险管理十分必要，本文将综合运用国外学者的研究成果，结合国内金融市场运作特征，通过估计近年来国际对冲基金在中国金融市场的要素敞口（factor exposures），来分析其在中国的资产分布和资产规模，并对中国目前的对冲基金监管现状进行评估，指出进一步的改革方向。文章分为下面几个部分，第二部分回顾国外学者在估计对冲基金要素敞口方面的主要文献和评价；第三部分对我们所采用的数据及统计方法进行描述；第四部分介绍实证研究的结果；第五部分分析目前对冲基金进入中国的主要渠道和监管状况；第六部分对全文进行总结。

二 有关文献回顾

对冲基金信息不透明，使得国际理论界普遍面临研究数据匮乏的问题。目前尚不存在官方建立的具有权威性的对冲基金数据库，监管机构所掌握的数据也非常有限，一些官方报告都不得不引用商业数据公司的数据。而正是这一问题的存在，才迫使理论界开启各种研究思路和方法，测算对冲基金的资产分布和收益来源结构，以分析资产市场的变动对于这些基金风险与收益的影响。

Sharp（1992）建立了一个包括票据、长期债券、公司债券、成长型股票、价值型股票等市场指数在内的12要素模型，以分析共同基金的资产分布和收益结构。他发现绝大多数基金的业绩都可以用这一模型进行解释。Sharp的工作为理论界研究对冲基金的要素敞口提供了思路。Fung和Hsieh（1997）发现单纯采用Sharp的模型不能够很好地解释对冲基金业绩，他们以Sharp模型为基础，引入美国股票、非美国股票、美国债券、非美国债券等八个市场要素，根据对冲基金投资策略的不同，将基金样本分组比对，得出了相对较好的分析结果。他们由此认为研究对冲基金的要素敞口必须考虑策略因素。Agarwal和Naik（2004）认为Fung和Hsieh的方程拟和结果不好，主要原因是传统的均值—方差分析和线性假设，不能很好地利用收益数据解析对冲基金的要素敞口，他们引入了期权因素，并且利用VAR方法扩展了均值—方差方法的分析框架，纠正了均值—方差分析对于对冲基金收益分布的尾部风险的低估。Brealey和Kaplanis（2001）的研究证明对冲基金收益数据只能部分显示基金的要素敞口，而且这些要素敞口并不具有持续性。

在对冲基金资产分布的估计方面，有两项特定事件研究比较重要。Brown，Goetzman & Park（1998）采用以基金收益推算仓位的方法，估计了1997~1998年亚洲金融危机期间，10只最大的宏观对冲基金持有马来西亚林吉特资产的规模变化。他们发现在1996年1月这些基金持有大约2000亿美元的林吉特空头，但是一年以后空头转为1000亿美元多头，对冲基金的持仓量与林吉特的汇率变化之间没有明显联系。他们注意到，也许是认为林吉特的汇率已经低于合理水平，宏观对冲基金在1997年6月至9月间买进林吉特，而这段时间正是林吉特汇率下跌最快的时候。Fung和Hsieh（2000）采用与布朗等人相似的方法检验对冲基金与泰铢贬值的关系。他们利用1997年下半年泰铢的汇率和标准普尔500种工业股票指数对基金收益进行回归，发现有17只基金的收益与标普指数的相关性非常显著，但与泰铢汇率相关性显著的基金则只有4只。他们又利用逐步回归的方法估计了12只基金当时的亚洲货币仓位，没有发现基金在1997年7月持有大量泰铢空头的证据。

国外学者对于对冲基金要素敞口和资产规模的估计，主要是通过测算基金收益数据与市场收益率的相关性来实现的，同时考虑了投资策略因素的作用。目前所普遍采用的基金月收益数据与市场收益率的相关性都比较低，这一方面说明策略因素确实发挥了作用，有效降低了对冲基金的系统性风险；另一方面也有可能是对冲基金的频繁交易使其收益与市场平均收益产生较大差异（Fung & Hsieh, 2000）。最后，由于对冲基金普遍采用动态交易策略，多空轮换频率较高，因此对于基金仓位估计的准确度短期可能要好于长期。

三 数据与方法

我们采用Credit Suisse/Tremont（CST）对冲基金数据库和Eurekahedge亚洲对冲基金数据库，分别测算全球对冲基金的中国市场要素敞口和亚洲及大中华区的对冲基金中国要素敞口。Credit Suisse/Tremont指数是行业内普遍引用的对冲基金收益指数。它采用资产加权方式计算全球超过5000只单只规模大于5000万美元的对冲基金月收益率，并按照投资策略进行分类，定期公布全球对冲基金行业的累积收益指数和月收益率。Eurekahedge（Eureka）亚洲对冲基金数据库是目前较少的同时公布亚洲和大中华区对冲基金指数的数据公司，它采用等权重方法计算超过400只总部在亚洲或者将主要资产配置在亚洲和大中华区的对冲基金，这一数字约占亚洲对冲基金总数量的40%。这里的大中华区包括中国大陆、香港和台湾地区。采用Eureka指数，我们可以更加深入地分析对冲基金进入中国市场的规模和资产分布。Eureka大中华区对冲基金策略指数主要包括多空股票策略（Long/Short Equity, 38只基金）和复合策略（Muti-Strategies, 10只基金）。这两种策略都不是典型的对冲策略基金，其中多空股票策略则属于方向型股票基金，对冲因素的减少，使得我们的研究方法在精确度方面会有所提高。对于中国国内的要素因子，我们利用聚源数据库，选取中信标普系列股票指数和债券指数、国内交投比较活跃的铜期货的现货月均零售价格、上海市商品房月均成交价、人民币一年期储蓄存款利率，并计算上述指标的月收益率，分别代表中国股票、中国债券、中国商品期货、中国房地产和中国存款产品月收益率，样本期为2006年2月至2008年3月，共26个月。

在估计方法上，我们参照 Fung 和 Hsieh 的做法，建立资产定价的多因素模型，考察对冲基金的中国要素敞口，并根据不同策略类型分别考察基金业绩与各中国资产类别的关系。我们还利用特定期检验的方法，考察了对冲基金收益在内地股票市场表现最好和最差月份的变化，以验证两者之间的关系。

四 研究结果

1. 全球对冲基金的中国要素敞口

我们采用2006年3月至2008年3月的数据，选取 CST 对冲基金系列指数，计算了 CST 综合指数和10种策略型对冲基金指数的中国要素敞口。方法是分别以上述指数为因变量，以中国股票、中国债券、中国商品期货、中国房地产和人民币存款月收益率为自变量，考察各类型对冲基金的中国要素敞口。经计算自变量相关性，方程不存在多重共线性问题。

从全口径的 CST 对冲基金指数来看，中国股票（系数0.04，t值1.77）、中国债券（-1.39，-2.09）和人民币存款产品（0.20，1.77）具有一定影响。中国债券收益与对冲基金收益呈现负相关关系，表明这一时期对冲基金整体不看好中国债券，大部分时间里持有空头头寸。但在现实中我们很难观察到对冲基金大规模卖空中国债券的情况，而且这种负相关关系过于明显，与全球对冲基金资产配置的实际情况不符合。在后面集中分析大中华区对冲基金要素敞口的时候，这种负相关的关系消失了。我们就此认为，这种负相关关系有可能是样本期内中国股票市场大幅上扬所带来的对于债券市场间接影响所造成的，并不一定意味着全球对冲基金持有大量中国债券空头。人民币存款产品与对冲基金收益存在正相关关系，表明对冲基金可能持有某些银行存款产品，这应当是对冲基金持有的人民币现金头寸。我们又考察了对冲基金收益与人民币对美元汇率月变化率的关系。2005年7月人民币汇率改革以后，人民币对美元汇率进入稳步升值通道，如果对冲基金持有以美元计价的人民币资产，则其月收益也应同步提高。我们发现二者存在正相关关系，这再次确认了对冲基金持有人民币资产。

表1 CST对冲基金系列指数月度收益率线性回归结果

全球对冲基金指数类别		中国股票	中国债券	中国商品期货	中国房地产	人民币存款产品	R^2	经调整R^2
CST对冲基金全球指数	系数	0.04*	-1.39**	-0.02	0.00	0.20*	0.26	0.12
	t值	1.77	-2.09	-0.61	0.01	1.77		
事件驱动策略指数	系数	0.06*	-2.34*	-0.02	-0.13	0.24	0.37	0.25
	t值	2.40	-2.24	-0.74	-1.13	2.26		
股票市场中性策略指数	系数	0.00	-0.62**	0.03*	-0.01	0.25***	0.16	0.00
	t值	0.21	-2.27	1.85	-0.26	5.23		
固定收入套利策略指数	系数	0.06	-1.06	0.00	0.12	-0.11	0.26	0.12
	t值	2.05	-1.44	-0.11	0.86	-0.85		
转换套利策略指数	系数	0.06*	-0.91	-0.02	0.08	-0.06	0.23	0.09
	t值	2.21	-1.20	-0.40	0.55	-0.47		
偏空策略指数	系数	-0.12	0.17	0.03	-0.34	0.55	0.14	-0.02
	t值	-1.59	0.08	0.33	-0.92	1.59		
新兴市场策略指数	系数	0.06	-2.36**	-0.07	0.12	0.28	0.26	0.11
	t值	1.35	-2.04	-1.16	0.55	1.38		
全球宏观策略指数	系数	0.02	-0.52	0.00	0.22	0.33**	0.19	0.03
	t值	0.56	-0.71	-0.06	1.59	2.60		
多空股票策略指数	系数	0.06	-1.74*	-0.03	-0.02	0.18	0.24	0.1
	t值	1.69	-1.85	-0.72	-0.08	1.08		
管理期货策略指数	系数	-0.04	-1.48	0.01	0.15	0.36	0.08	-0.10
	t值	-0.57	-0.83	0.15	0.44	1.16		
复合策略指数	系数	0.04*	-1.29**	-0.01	-0.06	0.17	0.28	0.15
	t值	1.96	-2.13	-0.41	-0.57	1.59		

注：*90%水平上显著，**95%水平上显著，***99%水平上显著。

分策略类型看，事件驱动策略基金同中国股票（0.06，2.40），股票市场中性基金与人民币存款产品（-0.62，-2.27），转换套利基金与中国股票（0.06，2.21），复合策略基金与中国股票（0.04，1.96）等都存在相对明显的相关关系。中国商品期货和中国房地产市场收益与各策略类型的对冲基金指数收益均不存在明显关系。我们的理解是，主流的国际对冲基金很少直接投资于房地产，它们比较偏爱高流动性市场，以便于捕捉市场时机进行短期波段操作。至于中国商品期货市场，这一市场规模仍然比较小，可交易产品也很有限，甚至目前还没有统一的市场指数，对冲基金在行业意义上成规模进入的可能性较小。

通过前面的分析，尽管我们已经发现了对冲基金在中国股票、中国债券和人民币利率等中国要素上的敞口，但不可否认，各方程的整体拟合效果并不理想，经调整的R^2最高仅达到0.15，表明仅依靠中国要素并不能对于全球对冲基金收益给出清晰解释。这并不是出乎意料的结果，Fung & Hsieh（1997）和 Brealey & Kaplanis（2001）采用全球性资产要素进行的测算，其结果也不理想。这说明两方面的问题：第一，全部对冲基金收益主要并不来自于中国资产，这使得中国要素敞口对于基金整体收益的影响减弱，多个商业数据库的统计实际上已经说明了这一点；第二，对冲基金的操作策略有别于持有到期策略，它们可以在同一个月份频繁交易，市场的月收益率只能描述持有到期策略的平均收益，却不太可能准确刻画和预测对冲基金收益，从长期来看确实存在这一趋势（见图1）。

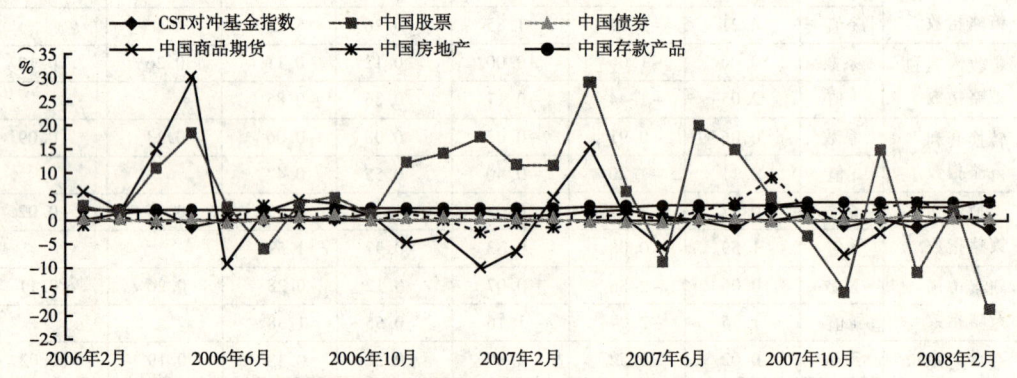

图1　对冲基金月收益与中国资产类别比较

资料来源：根据 CST 和聚源数据库数据计算得出。

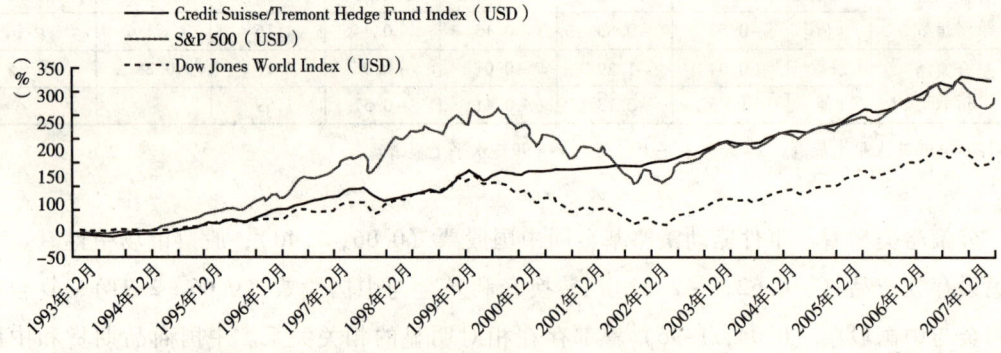

图2　对冲基金累积收益历史趋势

资料来源：Credit Suisse/Tremont Index LLC。

2. 大中华区对冲基金的要素敞口

我们用 Eureka 数据库发布的大中华对冲基金月收益率，替换了全球对冲基金收益，再次对以中国内地、香港和台湾地区为投资重点的对冲基金的中国要素敞口进行回归分析。在初步研究中，我们发现中国债券、商品期货和房地产三个资产类别对于对冲基金收益的解释力十分微弱。我们去除了这三个因素,并加入了香港恒生指数和台湾股票加权指数月收益率以协助研究。回归结果如表2。

表2 大中华区对冲基金月收益率回归结果

	Eureka 大中华对冲基金指数		大中华多空股票策略		大中华复合策略	
	系数	t值	系数	t值	系数	t值
中国内地股票	0.17	3.78***	0.18	3.83***	0.12**	2.66
香港股票	0.33	3.32***	0.35	3.34***	0.32***	3.06
台湾股票	0.30	2.60**	0.29	2.41**	0.32**	2.68
R^2	0.75		0.76		0.72	
经调整 R^2	0.72		0.73		0.69	

注:**95%水平上显著,***99%水平上显著;样本期为2006年2月至2008年3月。

表2显示了此次回归分析的结果,中国内地、香港和台湾地区股票对于大中华区对冲基金整体收益均有较强解释力,全部三个自变量均在不同水平显著。方程的整体拟合效果有较大提高,R^2达到了0.75,经调整的R^2也达到了0.72,基本达到了Fung和Hsieh的拟合水平。从方程可知,中国内地、香港和台湾地区股票市场解释了大约80%的大中华地区对冲基金收益。可以看出股票市场是大中华区对冲基金的主要投资场所。细分来看,对冲基金在内地股票市场的要素敞口要小于香港和台湾地区,其与中国内地股票市场的相关性也偏弱;香港股票市场表现与对冲基金收益的相关性最大,这与香港作为大中华区对冲基金中心的地位是相衬的。

我们可以近似地认为平均有大约17%的对冲基金资产配置于中国股票市场。根据各方面的报道,截至2007年末有约200亿美元对冲基金重点投资于大中华区,如果对冲基金平均使用2倍的财务杠杆[①],简单计算可知,对冲基金大约有70亿美元的内地股票敞口。由于Eureka指数没有进行资产加权,因此指数收益回归结果不能够直接反映对冲基金行业在不同资产类别上的配置比例,只能够反映出各单只对冲基金的平均配置比例,而且有近一半的对冲基金并未计入这一指数。因此这个数字也只能是一个大致估计结果。由于Eureka大中华区对冲基金策略指数仅公布多空股票策略和复合策略指数收益,因此我们仅能对这两个策略进行分析(实际上,大中华区全口径指数也主要由这两类策略基金构成)。多空股票策略基金和复合策略基金的中国要素敞口与全口径基金指数相类似。

---

① "Hendge Fund Demand and Capacity 2005 – 2015", Van Hedge Fund Advisors International, LLC (2005), www.vanhedge.com.

我们试图利用中信标普系列指数进一步研究对冲基金在中国股票细分市场中的要素敞口，但是各变量的表现并不显著，方程拟合度也不理想。相信如果可以得到单只对冲基金的高频收益数据，则能够测算出它们更详细的资产配置情况。

3. 特定时期的对冲基金要素敞口检验

在前面的分析中，我们证明了大中华区对冲基金收益与中国内地、香港和台湾股市存在密切联系，为了进一步说明对冲基金在内地股市的要素敞口，本节我们运用特定期检验的方法，对前文的论证进行检验。

我们选择了样本期内内地股市收益最高和收益最低的各三个月作为观察期，将其与同期对冲基金指数收益进行对比，并以香港和台湾地区股票指数作为参照。从全部6个月的观察期看，对冲基金指数有5个月均发生了与内地股市同向的变化，而且其变化幅度与香港和台湾股市存在较大差别，表明内地股市要素敞口对于对冲基金的风险收益产生影响。分组别来看，样本期内内地股市收益最高的三个月分别是2006年5月、2007年4月和7月，收益率分别达到18.67%、28.84%、19.96%，这一时期是内地股市在经历了数年低迷以后的一个迅速恢复和上扬时期。同期对冲基金指数分别取得-0.53%、6.17%、9.37%，尽管业绩没有达到内地股市的水平，但是仍比香港和台湾股市高出4~6个百分点。样本期内收益最低的三个月均在2007年10月以后，这一阶段是内地股票市场的调整期，收益最低的月份出现在2007年11月、2008年1月和3月，收益率分别为-14.55%、-10.92%、-18.64%。同期对冲基金指数收益为-6.52%、-9.19%和-5.11%，其中2008年3月的收益率明显低于香港和台湾股市，表明此阶段对冲基金的内地股票敞口增大，拖累其收益率下降。

必须承认的是，对冲基金收益与香港股市的关系仍然是最密切的，在六个观察月份中，对冲基金收益与香港股市均出现了同方向变化。考虑到香港是目前大中华区的对冲基金中心，对冲基金以香港股市作为业绩基准是完全可能的，而且这一结果也与我们在上一节所进行的回归分析的结果相一致。

表3　特定期的对冲基金要素敞口检验结果

单位：%

组别	月份	中信标普综合指数	香港恒生指数	台湾加权指数	大中华区对冲基金指数
高收益月份	2006M05	18.67	-5.41	-4.57	-0.53
	2007M04	28.84	2.11	-0.16	6.17
	2007M07	19.96	5.37	4.31	9.37
低收益月份	2007M11	-14.55	-9.88	-12.21	-6.52
	2008M01	-10.92	-15.11	-11.43	-9.19
	2008M03	-18.64	-2.73	4.37	-5.11

五 国际对冲基金进入与中国的监管改革

我们的研究证明国际对冲基金进入了中国股票市场，而且这种进入具有行业显著性。尽管我们没有发现对冲基金成规模地进入中国期货市场和房地产市场的证据，但这并不能说明没有对冲基金在上述市场活动，只不过个别基金的短期活动未必能够在行业收益指数中得到充分反映。重要的是，对冲基金能够绕过我国的资本流动管制并且进入中国金融市场，说明目前的监管制度仍然存在不足，其他更大规模的国际流动资本可以利用这些监管漏洞继续进入我国，并对中国的金融稳定构成一定威胁。

从现实操作的层面来看，目前对冲基金进入中国市场的渠道主要有以下几个：

第一，QFII制度。QFII制度是我国引进外国投资者进入中国市场的过渡性措施。截至2008年4月，进入中国证券市场的外国投资机构已达54家，资金额度超过100亿美元[①]。这些外国投资机构中相当一部分是国际大型投资银行、基金公司和资产管理公司。国际对冲基金完全可以购买这些机构的QFII额度，或者投资于这些机构发行的以中国A股股票为标的的金融产品，以实现进入中国市场的目的。从整体规模来看，QFII持有的中国内地股票资产还比较有限。但重要的是QFII制度作为一项制度安排确定下来以后，今后额度极可能逐步扩大，从而为国际对冲基金和其他国外资本进入中国股票市场提供了比较直接的渠道。

第二，FDI。外商直接投资是国际对冲基金进入中国的另一条合法途径。对冲基金可以利用我国吸引外资的优惠政策，参与外资在中国新设企业或者并购国内企业。如购买由国际投资银行设计和发行的、以中国国内企业股权和债权为标的的衍生证券，并可以在境外柜台市场交易这些衍生品，从而达到间接持有人民币资产的目的。

第三，货币互换。尽管有些对冲基金不能够经过官方许可进入中国市场，但是这些基金可以与中国国内现金比较充裕的外资企业或者中国企业在海外签订货币互换协议，从而获得一定时间内的人民币现金使用权，这些资金可以通过基金的国内代理机构投资于中国各类型市场。

第四，非法渠道。有些管理不甚规范的小型对冲基金，可以通过地下钱庄、制造虚假贸易背景等多种非法渠道，将资金转移到中国。

多元化的进入渠道为对冲基金进入中国市场提供了便利。这些外来资金的频繁市场交

---

① 资料来源：中国证监会。

易和汇兑行为，在正常时期也许不会产生太大的负面影响，但是当宏观经济或者金融市场形势发生逆转时，大量抛售金融资产和资本外逃将对我国金融稳定构成威胁。我国目前控制短期国际资本流动的手段，主要是外汇管理部门对于国家经常账户和资本账户的监督和具体项目的审核，这种管理方式的高额成本和低效率，已经不能适应管理目前大量而频繁的国际资金流动的需要。而且，如果再不适当调整现行监管制度，在人民币相对资产收益持续走高的背景下，国际短期资本流入量还将继续增加。

我们的建议是，外汇管理应与金融市场监管相结合，以控制外资向金融市场的无序流动。应当将对冲基金纳入现有金融监管体系进行管理，提高这些基金活动的透明度，规定其适当的投资范围和操作策略。比如，可以在QFII制度框架下，允许符合条件的国际对冲基金进入中国境内从事有限度的投融资活动，并对这些对冲基金进行单独管理，对其提出信息披露、内部风险管理、重大事项报告、基金经理任职资格和投资者保护等各项要求。在金融市场波动幅度较大时，限制对冲基金的资金出入境频率。

六 结论、研究缺陷与进一步研究方向

国际对冲基金进入中国的规模和资产分布一直是国内学术界和实务界比较关心的问题。我们采取国外学者评估对冲基金风险要素敞口的方法，利用新获得的全球对冲基金和大中华区对冲基金行业收益数据，对这一问题进行了研究。我们发现从全球水平来看，对冲基金的中国要素敞口非常小，仅与中国股票和人民币存款存在微弱的正相关关系，而与中国债券、期货和房地产市场，并没有可以解释的明显的相关关系。当我们用同样方法测算大中华区对冲基金的中国要素敞口时，发现中国内地股市、香港和台湾股票是对冲基金的重点配置资产，而且内地股市对于对冲基金业绩的影响要弱于香港和台湾股市。我们还分析了国际对冲基金进入中国的途径，对中国目前的短期资本流动控制进行了评价，并且提出了改革建议。

我们的研究样本是对冲基金指数，而不是单只的对冲基金，使得结论的完整性受到一定损害。行业指数的变化毕竟不能反映每一只对冲基金的活动，因此我们只能得出股票市场是国际对冲基金在中国比较集中的活动场所，不能确认对冲基金在其他市场有无活动。我们的研究存在的另外一个问题仍然与数据来源有关，由于目前并不存在覆盖整个行业的官方数据库，商业数据库的样本一般不可能包括所有对冲基金。我们使用的两个海外数据库也存在类似问题，这有可能导致一部分没有进入数据库的对冲基金中国要素敞口不能在指数中得到体现，从而损害结论的准确性。最后，正如我们的研究所展示的那样，目前还

没有找到很好的办法解释对冲基金收益与市场的低相关性,国外学术界的研究在这方面进展也很有限,这直接影响到估计结果的准确性。

对冲基金在中国资产类别中增加配置只是近几年才出现的现象。因为准入制度方面的障碍和监管层态度的不确定性,一些大型对冲基金只是试探性地进入中国市场,对冲基金的中国资产规模,还有很大的增长空间。正因为如此,对冲基金的中国要素敞口尚未表现出明显的规律性,基金活动也没有进入相对稳定状态,这为研究人员的工作增加了困难。如何克服这些困难本身已经可以成为研究课题的一部分了。对冲基金投资策略不断增加,也加剧了解析其收益和风险结构的复杂性。就对冲基金的中国资产配置这一课题来看,未来仍然存在很大的拓展空间。首先,需要找到更好的方法来刻画对冲基金策略在其收益中所发挥的作用,这是目前国际学术界尚未解决的问题,有赖于中外学者的共同推动。其次,对冲基金的投资活动对于中国金融市场的扰动途径和影响程度,迄今为止国外学者所作的有关这一问题的特定事件期研究(如东南亚金融危机),虽然提供了一些证据,但仍然没有摸索出具有理论支持的规律性特征。最后,中国监管当局应当如何应对国际对冲基金的进入,这一问题才刚刚破题,需要国内学者在掌握国外学术研究成果和操作经验的基础上,更好地结合中国特点,提出有针对性的解决方案。

(本文发表于《财经研究》2008 年第 12 期)

参考文献

[1] 麦克奎瑞:《对冲基金》,上海财经大学出版社,2004。

[2] 王国刚、张跃文:《2007~2008 年中国 A 股市场走势分析》,《中国证券》2008 年第 2 期。

[3] 张跃文:《国际对冲基金进入我国的前景及对策研究》,《中国金融》2008 年第 3 期。

[4] 张跃文:《国际对冲基金活动与我国商业银行稳健经营研究》,《新金融》2007 年第 7 期。

[5] Agarwal, Vikas, and Narayan Naik (2004): Risks and Portfolio Decisions Involving Hedge Funds. Review of Financial Studies, 17, no. 1 (Spring 2004), pp. 63–98.

[6] Brealey and Kaplanis (2001): Hedge Funds and Financial Stability: An Analysis of Their Factor Exposures. International Finance 4: 2, pp. 161–187.

[7] Brown and Goetzmann (2001): Hedge Funds with Style. Working Paper NO. 00–29. Yale International Center for Finance. http://papers.ssrn.com/paper.taf? abstract_id=261068.

[8] Brown, Goetzmann, and Park (1998): Hedge Funds and the Asian Currency Crisis, NBER Working Paper No. 6427, February.

[9] David. Vaughan (2003): Comments for the U.S. Securities and Exchange Commission Roundtable

on Hedge Funds. http://www.sec.gov/spotlight/hedgefunds/hedge-vaughn.htm.
[10] Fung and Hsieh (1997): Empirical Characteristics of Dynamic Trading Strategies: The Case of Hedge Funds. The Review of Financial Studies, 10, pp. 275 -302.
[11] Fung and Hsieh (2000): Measure the market Impact of Hedge Funds. Journal of Empirical Finance, 7, May, pp. 1 -36.
[12] Fung and Hsieh (2001): The Risk in Hedge Fund Strategies: Theory and Evidence from Trend Followers. Review of Financial Studies, 14, January, pp. 313 -3.
[13] Greenspan (2005): Remark on the International Monetary Conference, Beijing, People's Republic of China.. http://www.federalreserve.gov/BoardDocs/Speeches/2005/20050606/default.htm.
[14] International Organization of Securities Commissions (2006): The regulatory Environment For Hedge Funds-A Survey and Comparison. http://www.iosco.org/library/pubdocs/pdf/IOSCOPD213.pdf.
[15] Kodres and Prisker (1997): Directionally- Similar Position Taking and Hedging by Large Futures Market Participants, IMF and Board of Governors of the Federal.
[16] Lehman Brothers (2001): Understanding Hedge Fund Performance, November 2001.
[17] Liang (2000): Hedge Funds: The Living and the Dead. Journal of financial and Quantitative Analysis. 35, September, pp. 309 -326.
[18] Lois Peltz (2001): The New Investment Superstars: 13 Great Investors and Their Strategies for Superio Returns. John Wiley & sons.
[19] Sharp (1992): Asset Allocation, Management Style and Performance Measurement. Journal of Portfolio Management, 18, pp. 7 -9.
[20] The President's Working Group on Financial Markets (1999): Hedge Funds, Leverage, and the lessons of Long-Term Capital Management, www.ustreas.gov/press/release/docs/hedgefund.pdf.
[21] United States Court of Appeals for the District of Columbia Circuit: On Petition for Review of an Order of the Securities and Exchange Commission. http://www.sec.gov/litigation/briefs/initialbrief011205.pdf.

危机中的流动性变化及其管理

胡志浩

一 引言

如果被告知，某国近来利率水平处于历史低点，基础货币飞速增长，存款机构的超额准备大幅增加，货币供应量增长强劲，但该国却正面临流动性危机，你是否觉得匪夷所思？但事实上，这正是目前美国面临金融危机窘境的真实写照。透过这次金融危机中美国流动性的变化，我们应该更为深刻地理解流动性变化及其有关的管理问题。

从流动性内涵所对应的金融体系层次来看，流动性可以分为资产流动性、市场流动性、银行体系流动性和全社会的整体流动性状况四个层面。对于流动性被考察的主体而言，流动性还可以相应地划分为内部流动性和外部流动性两个范畴。关于金融危机所导致的流动性风险问题，IMF 在 2008 年 4 月的金融稳定报告中指出，流动性可以从市场流动性和融资流动性两个角度来考察，并且这二者之间有着密切的关联，这种关联现实地表现为流动性的"自我强化"[①]。

现实经济中，市场流动性、银行体系流动性容易相互交织，从而形成一个整体的流动性螺旋（liquidity spiral）。并且，在这个螺旋式运动中，金融创新的出现也起到了巨大的助推作用。例如，银行资产可以迅速地在金融市场被证券化转让，金融衍生产品的风险分散功能也使得融资活动似乎更加便捷可行，从而整个经济体的融资便利性将在流动性螺旋中被迅速放大。

而一旦流动性螺旋的运行中任何一个环节出现了断裂，流动性的膨胀将戛然而止，整个经济体的流动性将迅速掉转直下，朝着紧缩的方向螺旋式下降。这一过程已经在本次金融危机中得到了充分的体现。当美国引发的次贷危机最终演变成信贷危机、金融危机和经济危机时，金融市场、银行体系和整个宏观层面的流动性状况发生了根本性改变。原来在市场上本可以便捷流通的有价证券转眼间就变成了烫手的山芋，债券下跌、股价缩水，红

[①] 这种"自我强化"表现为市场流动性与融资流动性之间的滚动扩张与交替收缩。

红火火的金融市场一下就变得满目狼藉。银行体系同时也遭受重创,不仅大量的市场投资受损,同时传统的信贷业务也面临了极大的压力。金融机构普遍出现资金缺口,为了渡过难关,各家机构只有不计成本地抛出手中的资产,以满足陷阱式的流动性需求。而这又将对金融资产的市场价格形成进一步的冲击,从而将流动性危机推向更黑的深渊。以雷曼兄弟控股公司事件为例,2008年9月中旬,雷曼申请破产倒闭。在申请破产时,雷曼的资产为6390亿美元、负债为6130亿美元,这是一次典型的"非资不抵债"破产案例。看似大于负债的资产中,其实有很多都是不具有真实流动性的资产,如果要将这些资产变现,雷曼兄弟必将面临大幅损失。加之已经公布可能面临的数百亿美元的投资损失,即使账面存在的260亿美元权益也难以承受相应损失。因此,雷曼只有紧急申请破产,以求自救。而此时,雷曼负债中有4500亿美元左右为短期负债,这些短期债务又是其他金融机构或投资者的重要资产组合。尤其是许多的货币市场基金[①],大量地持有了雷曼发行的短期债券,一旦雷曼申请破产保护,相关短期债券价值严重缩水,包括货币市场在内的整个金融市场即刻面临了剧烈冲击。这也是导致2008年9月美国金融危机再次升级的直接原因。

二 危机中美国流动性的变化

(一)传统指标难以衡量的美国流动性状况

2008年12月初,美国国民经济研究局(NBER)宣布:美国从2007年12月开始进入经济衰退。美联储甚至于2008年12月16日将联邦基金目标利率降至史无前例的0~0.25%区间。美国联邦基金市场是美国存款机构进行准备金交易的场所,联邦基金利率由该市场交易形成,因此这一市场在美国金融体系中占据十分核心的地位。在美联储推出定期拍卖(TAF)之前,美国联邦准备金体系中的借入准备基本上保持在5亿美元以下。TAF的推出使得借入准备于2007年12月当月就达到了154亿美元。随着金融市场的不断恶化,联储逐步加大了TAF的现金投放,借入准备扶摇直上至2008年11月的6987亿美元(见图1)。事实上,从2008年1月开始,美国存款机构的总准备水平就开始持续低于借入准备,长期为负的非借入准备金表明,存款机构已经完全依靠中央银行提供的现金应付资金流转。虽然,美联储于2007年末就开始持续加大了现金投放,但总准备金水平的

[①] 货币市场基金已经成为了当今美国存款的重要替代手段,货币市场的崩溃将对整个美国乃至全球的流动性流通形成致命打击。

显著变化直到 2008 年 9 月才开始出现①。

在 2008 年 9 月之前，美国总准备金量基本上维持在 440 亿美元左右，其中，法定准备金一般维持在 420 亿美元左右，超额准备金一般维持在 20 亿美元左右。到 2008 年 9 月末，存款机构的超额准备迅猛增加，超额准备由 8 月的 19.87 亿美元迅速攀升到 11 月的 5590 亿美元。金融危机的升级导致存款机构大量储备现金应对流动性支付就是造成超额准备快速增长的关键原因。而法定准备金方面，危机升级使得投资者将更多的其他金融资产逐步转换为活期存款，从而导致存款机构的法定准备需求也由 2008 年 9 月的 424 亿美元上升到 11 月的 504 亿美元（见图 1）。

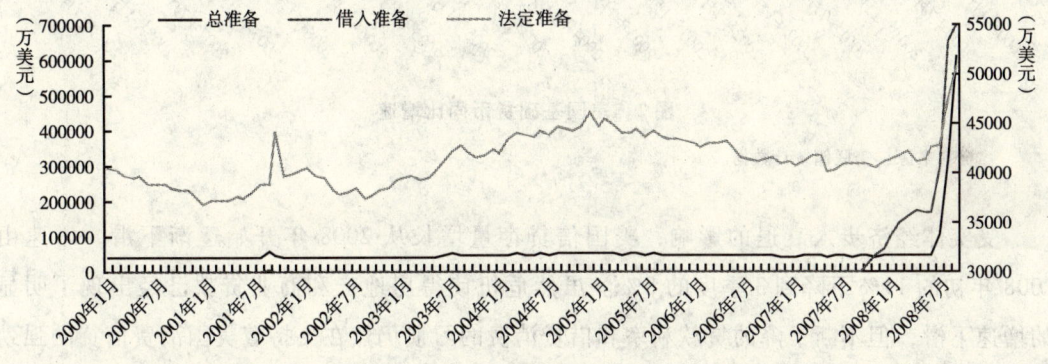

图 1　美国准备金状况

资料来源：美联储统计数据；法定准备参见右轴。

即使在 2008 年 9 月之前，美联储已经通过 TAF 向市场提供了 9200 亿美元的流动性支持，但实际上美联储一直十分注重基础货币的总量控制。到 2008 年 8 月，美国的基础货币仍然控制在 8400 亿美元，当月同比增长 2.1%。并且在这之前的 5 年内，美国的基础货币数量都受到有效的控制。一直以来，为了保证 TAF 所投放的现金不对市场形成过度的冲击，美联储对危机机构提供现金支持之后，又通过公开市场操作，用卖出债券的方式从市场回收了大量现金。美联储的资产负债表显示，2008 年 1 月美联储持有联邦债券 7134 亿美元，到 2008 年 6 月则减少到 4788 亿美元。但到 2008 年 9 月，危机开始对整个货币市场构成威胁，美联储陆续推出了一系列针对货币市场的救援机制。为了维护货币市场的稳定，美联储只能是不遗余力地注入现金，以确保美国融资体系的持续运转。这就导

---

① 美国准备金的供需关系符合以下恒等式：准备金总需求（法定准备金 + 超额准备金）= 准备金总供给（借入准备 + 非借入准备）。

致了美国的基础货币迅速上升到 11 月 14353 亿美元,同比增速达到 73.6%(见图 2),创下了自美国联邦储备体系成立以来的最高纪录。

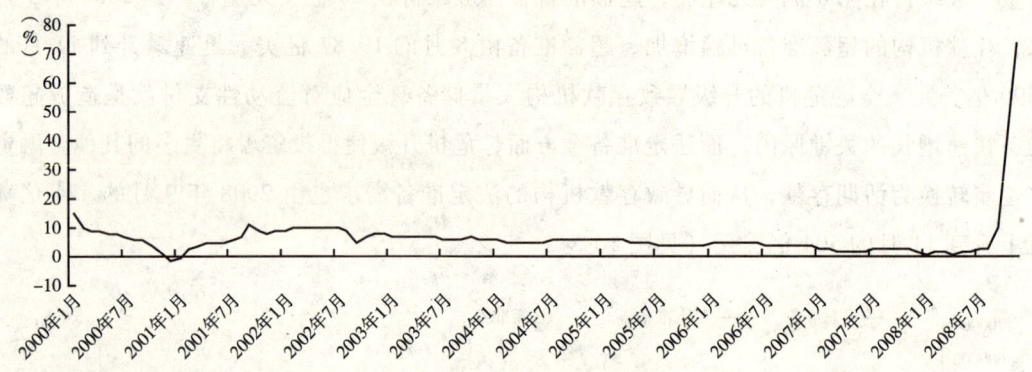

图 2 美国基础货币同比增速

资料来源:美联储统计数据。

受实体经济步入衰退的影响,美国信贷存量增长从 2008 年开始逐渐下滑,增速由 2008 年初的 11% 下降到 3 季度的 8%。虽然危机使得房地产和商业贷款已经出现了明显的增速下滑,但不断下降的贷款利率和借贷消费的习惯仍然在支持着美国消费信贷的强劲增长。预计经济和就业状况的持续恶化,消费信贷的回调将不可避免。值得关注的是,次贷危机爆发以来,美国的货币供应并未出现紧缩。M2 的同比增速一直保持在 5% 以上,2008 年 11 月的增速还达到了 7.76%,为近 4 年来的最高增速。M1 同比增速不降反升,增速由 2008 年 5 月的零增长迅速蹿升到 11 月的 11.75%(见图 3)。危机之下,美国货币供应增长不降反升的原因有三点:一是联储大量注入现金,使得流通中的现金大幅增长。二是金融危机所导致的风险恐惧,使得大量金融资产转移成活期存款等低风险资产。三是经济危机对信贷的冲击还未完全显现,信贷增长仍在支撑货币供应的创造。

(二)风险状况才是衡量当前美国流动性的关键指标

如果从原有的传统考察指标来看,无论是利率水平、基础货币、超额准备金、信贷还是货币供应量,在强劲的增速下,我们都难以得出美国当前面临流动性危机的结论。但事实上,风险溢价大幅上升,金融资产严重缩水,金融机构普遍面临融资困境才是当前流动性危机的真实写照。即使金融当局进行了大量的现金投放和资金援助,但这仍然难以满足金融体系迅速膨胀的流动性需求。彭博公司以美国政府债券收益率与同业拆借利率价差、三个月同业拆借利率与隔夜拆借(Overnight Index Swap, OIS)价差、汇率买卖价差、股

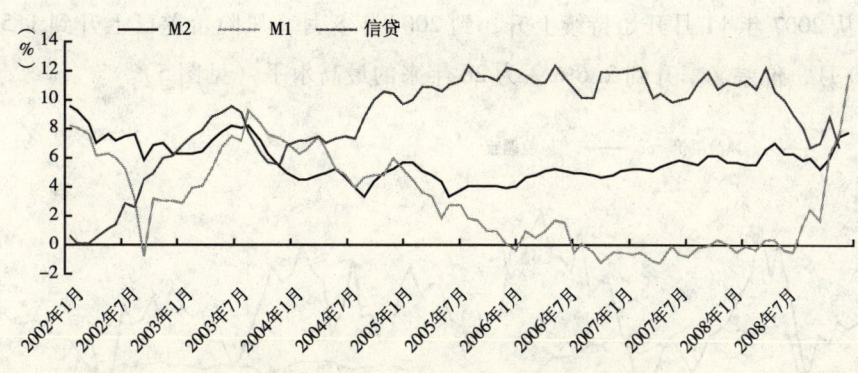

图3 美国货币供应存量与信贷存量同比增速

资料来源：美联储统计数据。

票市场每日价格变化/交易量等指标为基础编制出了市场流动性指数。数据表明，流动性出现危机的情况下，各种市场价差将迅速扩大，股票市值大幅萎缩，市场流动性指数迅速攀升。流动性指数由2007年8月的90左右迅速上升到2007年10月的310，这一水平甚至超过了亚洲金融危机和网络泡沫破灭时的状况。但危机带来的灾难还远未停止，2008年9月危机开始全面侵蚀货币市场，整个金融体系的流动性危机再次升级，流动性指数一度攀升到2008年10月初的515（见图4）。

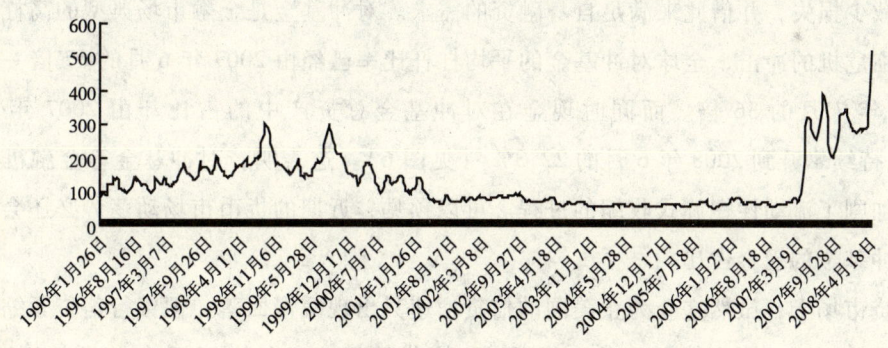

图4 彭博（Bloomberg）流动性指数

注：该指数2006年1月为100，指数越高，表明市场流动性压力越大。
资料来源：Bloomberg数据。

所有市场参与者的风险承受力迅速下降是全面流动性危机的显著特点，这直接表现为风险溢价的大幅上升。美林公司对全球基金经理的风险调查指数表明，从2007年中旬开始，全球基金经理的风险承受意愿呈现快速下降趋势，风险调查指数从2007年7月的-12持续下降到2008年9月的-46。而美国三十年公司债券的风险价差（穆迪AAA级与BAA

级相比）从 2007 年 11 月开始持续上升，到 2008 年 8 月，风险价差已上升到 1.51%。至 2008 年 10 月，价差又攀升到 2.6%，为 26 年来的最高水平（见图 5）。

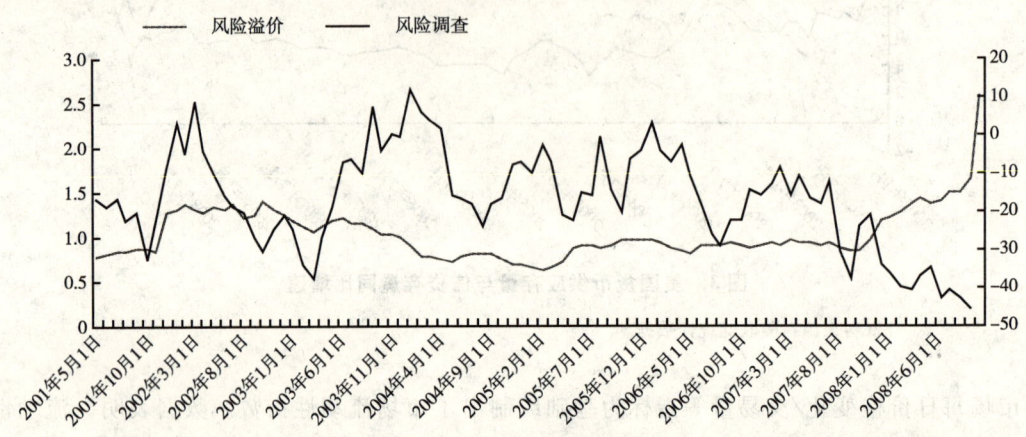

图 5　风险调查与风险溢价

注：风险调查为美林公司全球基金经理调查指数，风险溢价为美国 30 年 AAA 级与 BAA 级公司债券收益率之差（见左轴）。

资料来源：美联储统计数据、2008 年 10 月 IMF 金融稳定报告。

当市场流动性危机爆发时，金融机构大量出售金融资产，通过去杠杆化（deleverage）来尽量减少损失，并借此来满足自身融资的需求。对冲基金是金融市场典型的高杠杆交易者，面临危机的冲击，全球对冲基金的平均杠杆比率已经由 2007 年 6 月的 67 倍一路下降到 2008 年 7 月的 36 倍。而同时现金在对冲基金总资产中的占比却由 2007 年 6 月的 13.78% 持续攀升到 2008 年 6 月的 22.3%（见图 6）。这表明，对冲基金等金融机构的去杠杆化加剧了流动性螺旋式收缩的过程。可以预见，近期的货币市场动荡势必还会进一步加大对冲基金的现金占比。

信贷市场上，虽然迄今为止美国的信贷增速只出现缓慢回落，但银行信贷紧缩的意向却已经十分明显。调查数据显示，美国银行家贷款紧缩意向从 2007 年初开始不断加强。到 2008 年初，贷款紧缩意向调查指数就已经超过了 2001 年经济衰退时的水平，并且随着危机的不断升级，紧缩意向越来越明显，2008 年 9 月的美国银行家贷款紧缩指数已经达到了 72.46，成为三十年来的最高点（见图 7）。但危机的爆发并未使得美国信贷链条出现断裂，信贷增速从 2008 年初才开始出现缓慢回落。虽然占据信贷半壁江山的房地产贷款自 2007 年初就出现了增速明显放缓的趋势，但工商企业贷款从 2008 年 6 月左右才开始出现增速持续放缓的迹象，而同时，消费信贷的增速一直比较强劲，因此目前美国信贷市

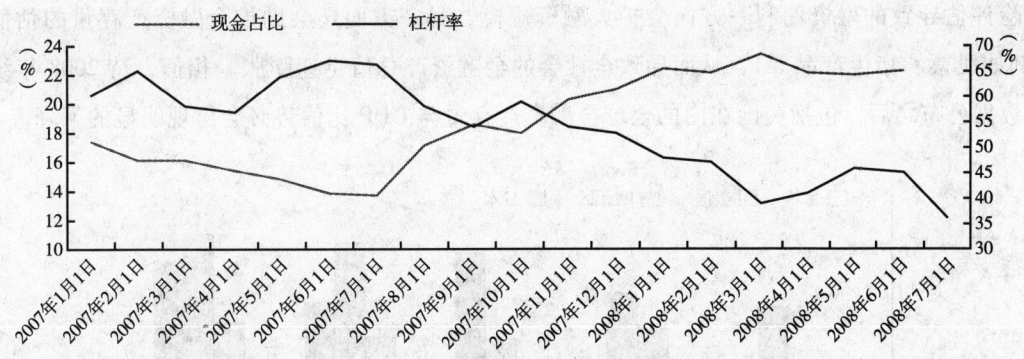

图 6　全球对称基金现金占比与杠杆率变化

注：杠杆率参见右轴。
资料来源：2008 年 10 月 IMF 金融稳定报告。

场的困境仍未充分显现。随着美国就业形势的日益严峻，低利率的借贷条件也将难以刺激消费的增长。随着消费信贷增速的下滑，美国或许即将面临信贷增速的快速下滑。

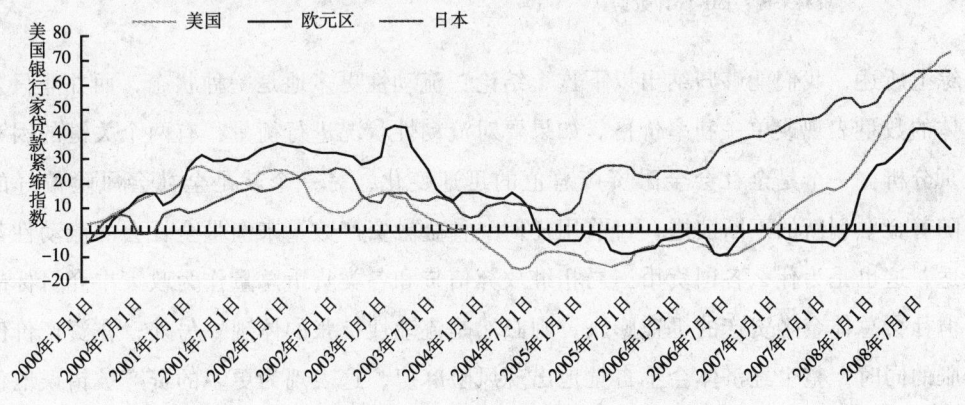

图 7　全球银行信贷紧缩意向调查

资料来源：2008 年 10 月 IMF 金融稳定报告。

金融资产总值的迅速扩张和收缩也是流动性状况改变的重要指标。前面的分析已经指出，危机状况下美国风险规避意愿迅速上升，低风险资产需求的急剧扩张使得市场流动性和融资流动性受到了空前的压力。而在此环境下，股票市场大幅跳水，债券市场也严重分化，流动性螺旋下滑使得全社会的金融资产价值迅速缩水，整个经济体的流动性水平急剧收缩。而在危机爆发之前，包括美国在内的全球金融总量却保持着十分迅速的增长势头，美国金融资产与 GDP 之比由 2003 年的 3.7 倍持续上升到 2007 年的 4.4 倍（见图 8）。低风险评估导致的融资便利一方面会扩大融资规模,另一方面还会助推金融资产存量的估值(例如股票、衍生产品等),从而导致全社会的金融资产总值迅速膨胀。相信,待2008年统计数据公布之后,包括美国在内的全球金融资产存量与GDP比值势必会出现明显的下降。

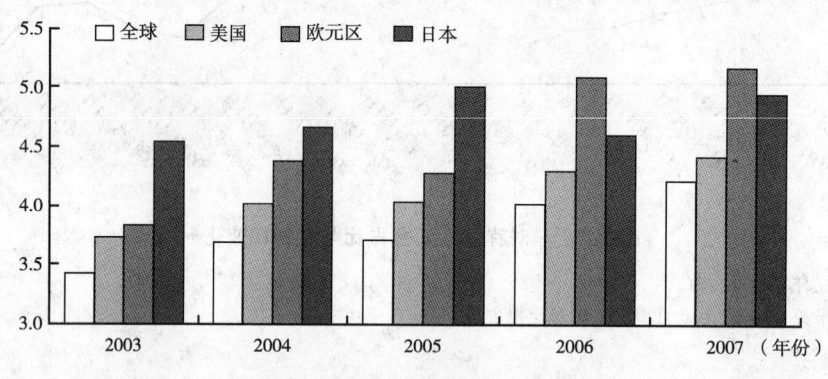

图8 金融资产存量与GDP之比

注:金融资产存量只包括股票市场、债券市场和银行资产总额三项,未完全包括衍生产品、外汇等其他金融工具。

资料来源:IMF统计数据。

综上所述,我们能够归纳出以下这个结论:流动性更多地是一种状态,而并非只是一种具体的数量表现或单一利率价格。如果要对流动性状况进行衡量,有两个关键的因素需要认真分析。一个是全社会金融资产总值的迅速变化,另一个就是全社会风险偏好的转变。随着金融创新的不断演进,目前用任何一种金融资产数量来衡量全社会的流动性都不再合适,这也是为什么各国货币当局相继放弃信贷和各类货币总量作为政策中介目标的原因。但社会总体金融资产的迅速膨胀,则必然是流动性扩张的体现。另外,在资产价值迅速膨胀的同时,整个经济体会不自觉地出现风险麻痹,这表现为更多的资产被错误地包装为低风险资产,而同时投资者也越来越容易接受高风险资产。一旦流动性膨胀的链条断裂,全社会的资产总值将迅速下滑,原有的风险承受能力将顷刻丧失。

三 美联储面临危机所采取的流动性救助措施

危机中的状态表明,在面临系统性风险时,整个经济体的流动性需求将迅速膨胀,而危机所导致的金融链条断裂又将对流动性的供给形成致命的打击。此时,中央银行作为最后的贷款人,必须通过向市场提供外部流动性支撑,才能遏制住危机的不断恶化。

尤其是2008年以来,次贷危机逐渐升级至金融危机,面对危机的扩散,美联储动用了多项前所未有的举措以应对复杂的形势。美联储从提供资金和稳定市场信心两个方面入手，期望在最短的时期内稳定金融环境。美联储流动性支持的手段大致可以分为四类：一是通过再贴现、TAF、PDCF、AMLF、CPFF 和 MMIFF 等手段向市场注入短期现金；二是通过 TSLF 机制，用联储手中的低风险证券（如联邦债券）兑换金融机构手中的低流动性证券，以缓解市场压力；三是间接地对金融机构进行注资救助，以保证金融链条的完整；四是迅速降低联邦基金利率，从而遏制实体经济快速衰退，为恢复市场流动性创造条件。

再贴现是联储为出现流动性困难的金融机构提供的融资便利。在 2003 年 1 月以前，联邦基金利率一直是高于联储的再贴现利率。但碍于再贴现的负面影响[①]，金融机构一般都在市场融资无法获得的情况下才去寻求再贴现支持。联储于 2003 年 1 月一改再贴现的运作模式，将基本再贴现利率提升到超出联邦基金目标利率 1 个百分点的水平，从而弱化了再贴现对金融机构运行的负面影响。面对金融危机的升级，美联储迅速地降低再贴现率，再贴现率由 2007 年 7 月的 6.25% 迅速降至 2008 年 12 月中旬的 0.5%。另外，联储还同时大幅降低了再贴现率对联邦基金利率的溢价，再贴现溢价由 2007 年 7 月的 1% 下降到 2008 年 3 月 0.25%，并且这一溢价水平一直保持至今。降低再贴现率及其溢价对市场有两个重要影响：一是降低融资成本。再贴现率不仅是金融机构向联储直接申请再贴现的融资成本，并且联储随后推出的许多融资便利工具的资金成本都将参照再贴现利率；二是通过缩小公开市场操作和融资便利之间的区别，进一步弱化市场对申请再贴现机构的名誉担忧。

为了进一步减轻再贴现窗口的名誉影响，联储于 2007 年 12 月推出了定期拍卖机制（Term Auction Facility，TAF）。该机制允许所有可进入再贴现窗口的金融机构使用更为广泛的抵押品，通过拍卖机制获得联储资金，并且提供资金的期限相对较长。仅 TAF 这一项，从 2008 年 1 月 14 日到 12 月 15 日，联储就共计向市场提供了 22450 亿美元的短期现金支持，其中 13 天信贷 1500 亿美元、17 天信贷 1500 亿美元、84 天信贷 3250 亿美元、85 天信贷 1500 亿美元，余下的皆为 28 天信贷。这一机制的推出，也使得美国银行体系准备金状况发生了重要的变化。

为了将市场中缺乏流动性的证券置换出来，从而为金融市场提供间接的流动性支持，美联储于 2008 年 3 月开始实施定期证券借贷机制（Term Securities Lending Facility，TSLF）。这一工具允许联储用联邦债券去换取一级交易商手中的特定证券，换取方式以一

---

① 金融机构到联储申请再贴现，容易让市场对申请再贴现金融机构的支付能力产生怀疑。

级交易商报价拍卖的方式进行。这种机制看似并未对金融体系直接注入现金,但将具有流动性的证券替换丧失流动性的资产,从而遏制流动性危机在其他产品的扩散,实质上就是对整个金融体系注入流动性支撑。

为了缓解一级交易商[①]的资金压力,美联储于2008年3月启动了一级交易商信贷机制(The Primary Dealer Credit Facility, PDCF)。PDCF机制中,一级交易商必须提供合格的抵押品以获取资金[②]。作为一种隔夜融资便利,一级交易商可以以再贴现基本信贷利率从纽约联储的再贴现窗口获得融资。

2008年9月,雷曼的破产给美国的货币市场造成了前所未有的冲击。货币市场的投资者、金融中介和融资者都面临了前所未有的压力。货币市场关系到美国金融体系正常运转,为此美联储果断出手,于9月之后先后推出了AMLF、CPFF和MMIFF三大工具。

通过资产支持商业票据货币市场共同基金流动性工具(The Asset-Backed Commercial Paper Money Market Mutual Fund Liquidity Facility, AMLF),美联储可以以再贴现基本信贷利率向美国存款机构和银行控股公司提供融资,以便让这些金融机构从货币市场基金手中购买资产支持商业票据(ABCP),从而间接为货币市场基金提供支持,以稳定ABCP市场与货币市场的流动性。

纽约联储根据商业票据融资工具(Commercial Paper Funding Facility, CPFF)机制设立一个特殊目的机构(Special purpose vehicle, SPV),通过SPV向票据发行者购买无担保商业票据和资产担保(asset-backed)商业票据,从而为美国的货币市场提供流动性支持。这一机制意味着,美联储可以通过这一机制绕过金融机构直接对工商企业实施融资支持。面对融资体系的困境,财政部相信,这项机制对于防止金融市场和经济出现分崩离析的局面是十分必要的。财政部将向纽约联邦储备银行注入特别存款,从而支持特殊时期下该机制的运行。

货币市场投资者融资便利(Money Market Investor Funding Facility, MMIFF)允许纽约联储以基本再贴现利率向SPV(由私人部门成立)融资,以便SPV向合格的货币市场投资者购买规定的短期票据。

当美国第五大投行贝尔斯登出现破产危机时,美联储为维护整体市场的稳定,积极斡旋其他金融机构对其进行救助。2008年4月16日,摩根大通宣称拥有贝尔斯登49.87%的股权,两家机构的并购活动随即正式展开。为了最终促成并购交易的达成,美联储史无

---

① 美联储在证券市场上仅仅与一级交易商进行交易,这些交易商正是美国金融市场的重要参与者。
② 必须是主要清算银行2008年9月12日规定的第三方融资安排的合格抵押品。

前例地通过成立全资子公司 Maiden Lane 购买了 300 亿美元摩根大通不愿接受的部分贝尔斯登资产。2008 年 7 月 9 日，摩根大通与贝尔斯登顺利完成整合。美联储设立公司购买资产，实际上就是间接注资金融机构，从而稳定市场环境，为恢复市场流动性和融资流动性创造积极条件。

在美联储意识到金融危机将演变为经济危机时，果断地实施了降息举措。十次降息行动将联邦基金目标利率由 2007 年 8 月的 5.25% 迅速下降到 2008 年 12 月中旬的 0~0.25%。虽然降低利率水平并不能立竿见影地改变流动性状况，但整体融资成本的降低能够缓和实体经济快速衰退的趋势，从而为金融形势的稳定谋求一定的信心支持。

四 美国的流动性恢复将是一个漫长的过程

从危机中美国流动性的变化上可以看到，对于流动性的分析绝对不能仅停留于传统的数量指标或是单一利率水平分析上，流动性必须是一种对经济金融运行状况的考察。流动性的考察必须密切关注经济整体的融资便利程度，这其中不仅要关注利率这一显性的融资成本，同时还要考虑到全社会的融资可得性与风险偏好。例如，抵押贷款证券化是一种金融创新，这一工具在为贷款机构提供流动性的同时，也间接地提高了贷款申请者的融资便利性，因此这就是社会流动性提升的过程。美国次级抵押贷款债券的创造过程中，在最初的抵押贷款发放上，就存在着对信用风险的评估不足，而证券化及其随后的派生过程又将风险一层层地包裹起来，让整个金融体系在风险麻痹的状态下任由流动性迅速扩张。但纸终究包不住火，次级抵押贷款问题的暴露最终危及相关的证券化资产，而大量证券持有机构的亏损又将危机放大到整个金融体系。

有些观点十分担忧地认为美国为应对危机，短期内投入了大量的现金，这些沉积的现金是否又会掀起一股流动性巨浪？对此，我们应该先总结一下影响流动性的几个主要因素：

第一，风险偏好与风险管理。无论是资金的推动，还是乐观预期的诱导，当整体经济的风险偏好不断提升时，流动性扩张将成为必然的结果。如果这时缺乏有效的风险揭示和风险评价，一些蕴含较高风险的资产将被视作高流动性资产而淹没在流动性螺旋中。一旦风险开始暴露，这些被高估的资产将率先成为流动性链条断裂的缺口。而流动性链条的重新恢复需要一个漫长的过程，这需要风险偏好逐步回归到正常水平，以确保信用链条的完整。在风险偏好提升的过程中，有效、谨慎的风险管理能够对流动性的派生起到十分关键的制衡作用。

第二,货币环境。宽松的货币环境是派生流动性的前提条件,这包括低廉的融资成本和便利的融资可得性。在相同的风险背景下,利率水平越低,金融机构的资金头寸越充裕,则货币环境越为宽松。当前,美国利率水平处于历史低点,而准备金、货币供应都为历史最高水平,但风险承受力的迅速萎缩却导致了货币环境的恶化。美国当局采取流动性救助,正是希望用宽松的货币政策和信心支撑来对抗流动性的快速收缩。

第三,金融市场环境。金融市场中信息分布、中介机构运营状况、交易平台、资产类型以及市场的深度和广度等也都是影响市场环境的重要因素。信息在市场中的分布越均匀,中介机构报价的买卖价差越小,说明信息对称性越强,市场的流动性也就越高;中介机构交易越活跃,融资越便利[1],市场的流动性也将越强;交易平台越透明,产品信息和交易者资信暴露越充分,市场的流动性也会越充分[2];越是标准化的资产类型,流动性越高,而为对手交易设置的产品则容易面临流动性不足;具有更大深度和广度的市场,其总体的流动性将更高,其遭受流动性冲击的抵御能力也更强。现实中,美国大量场外交易的金融产品所滋生的信息不对称问题,无疑给流动性危机造成了雪上加霜的影响。

第四,金融创新。金融创新能够在全社会范围内,对风险进行分散,从而提升整体经济的风险承受能力。证券化产品、衍生产品的推出,能够提升整体经济的融资便利程度,并相应带来金融结构的变化。但金融创新是把双刃剑,在缺乏有效风险管理下的创新,容易滋生风险麻痹,从而放大金融风险的危害。

第五,流动性的自我升级特征。流动性的创造具有极大的内生性,因此,在流动性膨胀和收缩的过程中,运动的惯性特征十分明显。特别是当流动性链条开始断裂,出现流动性螺旋式收缩时,货币当局实施宽松的货币政策并不能迅速抑制住紧缩的趋势。尤其当金融危机开始显著影响到实体经济时,流动性的调整就与实体经济的运行息息相关。

回头来看美国目前的流动性环境,虽然美联储动用了史无前例的手段以实施流动性救助,但目前整体市场还未摆脱风险恐惧的状态,任何一点风吹草动都会带来一次新的流动性冲击。市场的风险偏好仍然处于历史低点,三月期与隔夜的同业利率价差频频创出历史新高,对于未来的不确定使得期限较长的资金交易十分困难。美联储在救助过程中,同时采取了降息和大量现金注入的手段,而慌不择路的救助行动也让美联储在货币环境调控上面临了极大的挑战。当美联储2008年9月开始连续推出多项救助手段,并加大救助力度

---

[1] 金融中介机构的融资成本越低,融资可得性越强,融资杠杆越高表明其融资越便利。
[2] 当然,风险暴露瞬间的信息披露会带来流动性冲击,但这并不是市场透明度的真正含义,而恰恰是暴露出之前市场透明度不够的弊端。因此,在信息不对称状态下的流动性扩张是最为危险的,所有风险麻痹状态下产生的流动性都不具有持久性。

时，联邦基金市场开始出现实际利率（effective rate）连续低于目标利率（target rate）的情况。尤其是2008年10月10日以来，联邦基金实际利率均低于政策目标利率40~70个基点。为了应付困境，从2008年10月开始，美联储将对存款货币机构的法定存款准备金和超额存款准备金支付利息。向法定准备金支付利率实际上是变相地给予金融机构"税收补贴"，以减轻金融机构的负担。向超额准备金支付利息则是为了在大量注入现金的同时，能够有效保证联邦基金目标利率的实施。在2008年10月初，法定存款准备金利率为1.4%，高于同期的超额准备金利率0.75个百分点，到2008年11月19日，法定存款准备金利率和超额准备金利率均调整到了1%的水平。理论上，当金融机构短期现金充裕时，它完全可以将资金存入联储以获取利息收入，从而维持联邦基金利率向目标利率靠拢。但目前，政府支持的金融机构（例如，房利美和房地美等）在联储的超额准备金存款并不能获取利息收益，因此这些机构将大量的救助资金投入到短期基金市场中，从而对基金目标利率的实施形成了冲击。但11月超额准备金利率的提升还是促进了市场利率向目标利率的靠拢，11月19日之后的一段交易日，联邦基金利率随之提升了近30个基点。12月中旬之后，联邦基金目标利率降至0~0.25%，法定准备与超额准备的利率也随后降至0.25%。

另外，美国金融体系中存在的许多弊端还未能得到有效治理。其中最为重要的三个方面包括：第一，市场信息有效披露有待完善，尤其是大量对手型交易的金融产品，其场外交易的信息如何披露成为未来改革的焦点，这也预示着整个场外交易市场必须面临重大调整。第二，进一步规范中介机构的运营，尤其是加强对各类投资机构风险管理的监控，对其融资杠杆实施科学管理。第三，保持金融创新的合理推进，特别是一些衍生品创新，必须遵循信息披露充分、杠杆扩张适当、层次派生有序的指导原则。但目前美国金融当局尚未能从救火的状态中解脱出来，有关制度建设还有待局势稳定之后才能完全展开。而这些整顿才是从根本上稳定市场环境和恢复市场信心的关键。

加之金融危机逐步升级至经济危机，所有依托于实体经济的融资活动势必会出现大幅收缩。宽松的政策在悲观的经济预期下，其短期效果将十分有限。美国的流动性复苏还将历经一个漫长的过程。如果未来美国的流动性状况出现好转，那以下明显的信号将依次出现：首先，三个月与隔夜的同业利差逐步缩小，表明金融市场的情绪开始稳定；再次，美联储开始减少流动性救助，并回收投放的现金；最后，随着经济由危机逐步进入复苏状态，美国的利率水平开始缓慢提升，同时市场的风险溢价将逐步降低。而未来新的流动性泛滥是否会再次出现，则需要从影响流动性的因素出发，重新审视当时的金融环境。

五 启示

  危机前后的过程告诉我们,考察流动性不能再局限于传统的数量指标或单一利率水平的变化,必须从整体金融状况来把握流动性问题。风险状况、货币环境、金融市场环境、金融创新都是影响流动性形成的重要因素。过去我们一直把流动性管理的目光锁定在货币政策上,事实上,风险监管、金融市场完善、金融结构变化同样也是影响流动性状态不可忽视的因素。因此,未来的流动性调控中,必须要对货币政策实施的金融环境变化进行全盘考虑。

  这次发端于美国的金融危机对中国金融体系的直接影响相对有限,这得益于目前我国金融体系对内、对外的双重管制。对外资本流动的管制切断了国际流动性变化对中国金融体系的直接影响,虽然经常项和直接投资下的资金大量流入给我国的货币政策带来了巨大的压力,但资本项下依然严格的管制却将国际金融风险隔离于本土之外。另外,国内金融管制使得金融创新活动进展缓慢,这就使得国内流动性扩张环境相对简单,银行渠道仍然是流动性派生的核心通道[①],当面临国内流动性膨胀时,金融当局最终通过信贷数量控制等手段抑制国内的流动性膨胀。

  但管制绝不是长久之计,因此我们需要用更为有效的市场机制来替代管制。这次金融危机让我国经济面临了挑战,但同时也为我们的市场化改革带来了机遇。一方面,完善的市场机制有助于改善我国的流动性环境。当前我国经济面临增长下滑的压力,管理当局希望通过宽松的流动性环境给予支持,但原有的信贷渠道在形势逆转的情况下,扩张力量将十分有限。推进多层次资本市场建设,有序拓宽各种融资渠道,既能改善我国的流动性环境,同时又能不断完善我国的金融市场体系。另一方面,危机的经验也使我们必须更为冷静地对待市场化发展。金融危机让我们再次意识到市场并非万能,信息不对称、外部性等缺陷始终是市场建设需要重点关注的难题。因此,我们在金融市场的建设中,尤其要注意市场的透明度建设。新市场、新机制、新产品的推出要始终关注信息披露和风险管理。另外,这次金融危机给我国放松资本项目管制再次敲响警钟,如果不加快国内金融市场化改革,而贸然推进资本流动自由化,势必会让中国的经济金融体系遭遇重创。

(本文发表于《经济学动态》2009年第4期)

---

 ① 虽然近年来,我国股市也经历了膨胀和收缩的过程,但相对严格的风险隔离,使得股市剧烈波动尚未危及整个信贷链条的完整。

参考文献

[1] 李扬：《国债规模：在财政与金融之间寻求平衡》，《财贸经济》2003 年第 1 期。
[2] 陆磊：《论银行体系的流动性过剩》，《金融研究》2007 年第 1 期。
[3] 彭兴韵：《流动性、流动性过剩与货币政策》，《经济研究》2007 年第 11 期。
[4] 许小年：《化解流动性过剩的根本之道》，《财经》2007 年 6 月 11 日，总第 187 期。
[5] Adrian, Tobias, and Hyun Song Shin, 2007, "Liquidity and Leverage" (New York: Federal Reserve Bank of New York), http://www.ny.frb.org/research/economists/adrian/Liquidity Leverage 25 Sep 2007. pdf.
[6] Basel Committee on Banking Supervision (BCBS), 2008, "Liquidity Risk: Management and Supervisory Challenges" (Basel, Bank for International Settlements, February), http://www.bis.org/publ/bcbs136.htm.
[7] Emmanuel Farhi, Mikhail Golosov, and Aleh Tsyvinski, 2007, "A Theory of Liquidity and Regulation of Financial Intermediation", *NBER Working Paper*, No. 12959.
[8] Evan Gatev, Til Schuermann, Philip E. Strahan, 2006, "Managing Bank Liquidity Risk: How Deposit-Loan Synergies Vary With Market Conditions", *NBER Working Paper*, No. 12234.
[9] Frank, Nathaniel, Heiko Hesse, and Ulrich Klueh, forthcoming, "Term Funding Stress and Central Bank Interventions During the 2007 Subprime Crisis," IMF Working Paper Garleanu, Nicolae B., and Lasse Pedersen, 2007, "Liquidity and Risk Management," NBER Working Paper, No. 12887.
[10] International Monetary Fund (IMF), 2008, Global Financial Stability Report, World Economic and Financial Surveys (Washington, April).
[11] International Monetary Fund (IMF), 2008, Global Financial Stability Report, World Economic and Financial Surveys (Washington, October).
[12] Michaud, François-Louis, and Christian Upper, 2008, "What Drives Interbank Rates? Evidence from the LIBOR Panel," Bank for International Settlements Quarterly Review (March).
[13] Persaud, Avinash D., ed., 2003, Liquidity Black Holes: Understanding, Quantifying and Managing Financial Liquidity Risk.

防范同质化加剧系统性金融风险

——美国次贷危机的警示

董裕平

在微观经济学的完全竞争模型中，厂商追求利润最大化、消费者追求效用最大化，厂商与厂商之间、消费者与消费者之间彼此无差异，这是为了理论研究需要而对不同个体进行完全同质化的抽象假设。在当今实际经济中，我们观察到各企业之间在产品设计、技术、设备、成本、服务等方面的差异性的确越来越小，产品的相似度也比以往任何时候都要高，愈加趋于同质化，产品市场的竞争程度越来越激烈。所幸的是，从产业经济学的观点来看，这种同质化正是产品大规模生产以及形成产业的基础，符合经济全球化发展的大趋势。就金融系统来看，尽管在金融产品与服务的开发方面，与产品市场有类似的一面，但更为不同的是，大规模的同质化有可能导致和加剧系统性金融风险，乃至发生金融危机。因此，从维护金融系统稳定的要求出发，应严加防范诱发大规模同质化的金融行为，尤其是要构造鼓励削弱微观层次上的同质化机制。

一 金融的同质化风险

就单个的金融机构或者投资者而言，同质化风险一般是其在资产运用或者资金来源上过度集中于某种风险相同或类似的产品与渠道，一旦受到这种过度集中的风险暴露冲击，金融机构或投资者会变得更加脆弱。在这次国际金融危机中，那些集中经营或投资于美国次级抵押贷款类产品的金融机构与投资者都出现了巨额亏损，有些甚至破产倒闭。众所周知，投资组合理论的精髓是"不要把所有的鸡蛋都放在同一个篮子里"，以实现预期收益与风险之间的效率平衡。当投资者把所有的鸡蛋放在同一个篮子里时，如果这个篮子是最好的（其收益率水平最高），投资者获得的投资回报自然是最高的，但是，这样做的风险太大，一旦这个篮子是最差的，投资者可能会损失全部的"鸡蛋"。在这两种极端的情形之间，存在大量的中间区域，也就是投资者可以选择多个不同特点的篮子来放鸡蛋，只要这些篮子不会同时遭殃（不同篮子之间的风险没有关联或者很小），投资者就可以避免遭遇坏的极端情形。

就金融系统整体而言，金融的同质化风险是众多不同的市场微观主体基于同一制度规则要求、按照相同或相近的思维模式或认知模型预期而采取相同或类似的行为，这些行为在系统内的作用力方向基本一致，不能彼此抵消，即形成金融系统内部的正反馈环，从而强化了放大作用，在正的一面会催化金融泡沫的膨胀，转到负的一面则会加剧金融危机冲击的恶性循环，正负两方面都使系统缺乏收敛性，不利于保持金融稳定。类似于投资组合理论所强调的分散化原理，金融系统内既要有正反馈环，也要有负反馈环，有看涨也要有看跌，在金融市场中乐观者与悲观者必须是共生的，这是保持系统稳定的内在条件。如果在金融系统的运行规则设计或者某些隐性约束上鼓励金融机构和投资者趋于同质化，如所有金融机构运用相同的模型在市场中进行同方向操作，投资者千人一面采用完全相同的投资组合，那么金融系统就会产生强烈的顺周期性，随着这种正反馈环的不断积累，金融系统面临崩溃的风险会越来越高。

二 导致金融同质化风险的一些重要因素

从美国 2007 年中期发生次贷危机并引发国际金融危机的情况来看，有多种因素可能导致或加剧了金融的同质化风险，并进而加剧了危机。对此，我们应该重点反思制度、规则和模型设计等方面的潜在隐患。

第一，采用公允价值计量的会计准则取消了历史成本计量所存在的差异性，加剧了市场波动。美国财务会计准则委员会在 1992 年提出了公允价值的概念，其主导制定的公认会计准则（GAAP）要求采用公允价值而非历史成本的计量方法。国际会计准则委员会在 1997 年与加拿大会计准则委员会联合发布的一份讨论稿中也建议以公允价值计量所有的金融资产和金融负债，这一设想在后来发布并几经修订的《国际会计准则第 39 号》中基本得到了贯彻。显然，从理论上讲，公允价值更能够反映资产和负债在财务报告日的实际交易价值，较之于历史成本计量，更加动态化。然而，公允价值这一概念本身还是存有不少争议，尽管这两套会计准则都提供了分层次的公允价值计量方法，但"公允价值"是否真正公允以及如何获得公允价值的问题，在这次金融危机中，其弱点已经较为充分地暴露了出来，也使得这一趋于同质化的会计规则成为加剧波动一个的重要因素。我们看到，在公允价值计量的第一层次，存在活跃市场可观察价格，但在发生危机时，金融资产的价格很容易受市场抛压而出现大幅度"超调"，交易偏离了正常的有序状态，此时的市场价格失去了"公允性"，继续采用正常状态下的盯市原则会增加"账面损失"，诱发资产价格进一步下跌和更大量的市场抛售,结果出现价格下跌—抛售的恶性循环。在第二层次和第三层次,不存在活跃市场,需要采用估价模型来确定公允价值,无论是用输入可观察的参数定价,还是用不可观察的输入参数和模型假设来定价,都要求这种估值技术是市场参与者普遍认同的,具有可靠性,而且 GAAP 和国际会计准则都要求对公允价值方法的运用、特定假设、风险暴露、敏感性进行披露。结果是各家机构都采用几乎相同的模型方法进行估价,造成了大规模的同质化行为,在发生危机时,其后果类似于盯市原则。由此可见,在正常状态下公允价值计量能够更好地反映资产和负债的价值变化,但在发生危机时其对损益的会计处理又会不断放大波动性。

第二,监管部门设定的某些规则要求也会导致金融的同质化风险。例如,美国监管当局在监管中使用了评级机构的评级结果,要求相关机构持有的债券必须达到其规定的信用级别,否则不能持有。在发生危机时,由于评级机构迅速大量调降了原来产品的评级,当信用级别调降到监管当局规定的范围之外时,持有者就必须抛出手中的这些债券资产,这种同质化的抛售行为必然加剧危机时期市场的恐慌。

第三,大多数金融机构普遍采用相同或类似的计算机模型也导致了同质化风险。在一定条件下,这些机构的模型在同一时间产生的方向性结果类似,或者说高度相关,这就给金融系统的稳定性带来压力。由于使用者受到相同或相似的模型指引,其行为表现出高度的同步化,特别是完全依据计算机模型的自动化指令进行交易的行为,一旦条件触及模型设定的参数边际值时,就会爆发系统性风险。实际上,这一问题并不是这次金融危机才暴露出来,早在 1987 年的纽约股灾时就已表露。有经验的交易商都深知,当证券市场中几乎全部看涨的时候便是卖出的好时机。问题是要找到何时才是卖出的精确点。当时由加利福尼亚的一家研究公司为全美 100 多位领先的银行、交易商和投资顾问提供投资政策建议而生产的"哈德迪牛市指示器"(Hadady Bullish Indicator)设定的经验规则是,如果超过 70% 的顾问建议买进的时候,就应该卖出。就在 1987 年 8 月市场达到顶峰之前的一天,这个指示器拉响了卖出的警报。自此以后,纽约股票价格就一直逐步下滑。更为严重的是,计算机指令直接加剧了 1987 年 10 月 19 日的股灾。在这个黑色的星期一,东京股票指数下跌了 2.5%,香港下跌了 11% 并暂停交易,欧洲市场一开盘,伦敦与苏黎世下跌了 11%,法兰克福下跌了 7%,巴黎下跌了 6%,这天的道琼斯指数更是大幅下跌了 506 点,短短 7 个小时的交易使市场价值损失了 23%,纽约股市从 8 月的最高点下降了大约 40%。全球证券市场价值大约损失了 2.4 万亿美元。后来发现,这一天想要卖出股票的并不仅仅是人,其中大约 25% 的卖出指令是由无声的计算机发出的。由此可见,当全球金融业者均使用相同或类似的计算机模型时,资产价格繁荣和衰退的程度都会被加剧。在这次国际金融危机中，由于金融 IT 技术专业化的发展，金融机构在内部评价、风险管理和程序交易方面所使用的技术路线模型几乎都是外包的，大量的金融机构与人员普遍使用少数金融工程师设计的模型，这些模型基本相同，因而必然造成较严重的同质化问题，当危机爆发时这种风险就比较彻底地暴露出来。

第四，金融机构的公司治理机制失效，金融高管的薪酬激励发生扭曲，导致追逐短期利益的冒险行为普遍化。从这次危机的情况看，主要由于投资银行的薪酬激励机制催生出来的各种高风险金融创新产品对金融系统的稳健性造成了致命性破坏。在利润导向的薪酬激励下，美国的投资银行高管不断推动金融创新，特别是创新各种脱离监管的结构化产品，像 CDS 之类的新衍生品市场在短期内迅速膨胀，这不仅可以迅速扩大投资银行的业务量来增加佣金收入，更重要的是投资银行可以扮演做市商从买卖价差中获取巨额利润。无奈的是，薪酬机制出了问题，代表股东利益的董事会却不能对其加以纠正。一方面，董事会很容易被经理层操控，或者深受经理层的影响；另一方面，董事会本身也有资本逐利的目标，如果董事会降低高管的薪酬，高管会对此心怀不满，导致经营业绩更不理想，另外的麻烦是竞争对手可能趁机用高薪挖墙脚。这种薪酬激励的情况又从投资银行蔓延到商业银行等各种金融机构，使得金融业薪酬一步步集体性水涨船高，公司治理根本无法进行匡正。如此一来，这类缺乏约束的同质性冒险行为也就在金融系统内部自我加速累积，表现为大量不断的创新与资产膨胀，但一旦金融泡沫濒于破裂而出现转折时，冒险行为所累积的风险也会加速释放，加剧波动。薪酬激励这种微观机制能够导致系统内同质化的过度冒险行为，结果必然在金融系统和宏观经济层面累积高风险。

第五，金融系统在投资决策和风险管理时高度依赖外部信用评级，当评级市场处于高度垄断状态，主要评级机构的行为失当会导致和加剧同质化风险。全球所有重要的评级服务几乎被标普等三大信用评级机构垄断，三大机构的具体评级结果相关性很高，在被市场广泛使用时，实际上相当于各使用者的模型获得了相同的参数，如果这些模型没有实质性差异，评级问题必然会加剧同质化风险。从这次金融危机情况来看，一方面由于与次贷相关的金融产品尚未经历一个完整的经济周期检验，另一方面也出于自身利益的考量，评级机构模型的有效性与准确性大打折扣，参数选择也失之宽松，都大大低估了结构化金融产品的风险。在次贷危机爆发之前，美国次级抵押贷款证券化产品获得 AAA 评级的约有 75%，AA 级有 10%，A 级有 8%，余下仅有 7% 被评为 BBB 级或者更低。当危机爆发后，这几家评级机构又迅速集中大规模调降各类相关金融产品与机构的信用级别，导致金融机构的资产被迫大幅度减值，进而加剧了价格下跌，易形成恶性循环。

三 我国金融系统中潜在的同质化问题

目前，在我国金融业中，导致同质化风险的上述因素表现尚不明显，但并不等于说不存在与之相类似的问题。

其一，近年来我国证券投资基金已经表现出了较为明显的同质化问题。作为机构投资者，基金应区别于散户游资模式，以利于稳定市场。然而，基金业近年来发展迅速，但其类型、类别，投资决策的理念、模式、目标取向的趋同性太大，投资的行业配置集中、重仓股雷同重合的现象十分突出，这种同质化使基金的荣衰与市场波动之间高度相关。2006年股票市场开始进入大牛市，证券投资基金也迅速膨胀，从2005年底的204只增加到2007年的346只，基金资产规模则从4739亿元膨胀到32765亿元，短短的两年时间增长了591.4%。从基金类型看，股票投资方向基金①占264只，资产规模占比为89.9%。到2008年底，股票市场已经深度下跌，尽管基金增长到476只，其中股票投资方向的基金有315只，但资产规模与2007年相比已大幅萎缩，其中股票投资方向基金资产净值缩水为12799亿元，减少了16636亿元，占比也下降到66%。

诚然，影响我国基金业同质化问题的因素有多个方面。从基金本身来看，由于我国基金业发展起步晚，短期内迅速膨胀使得专业人才匮乏，基金业员工队伍的情况高度类似，大都不善于发掘具有较长期价值的投资题材，而是贴近市场操作，相互简单模仿，造成追涨杀跌的羊群效应。从证券市场投资环境来看，尽管基金数量逐步增多，但国内市场投资工具相对匮乏、产品创新不足、上市公司数量质量以及市场容量相对有限等客观因素，也造成基金在投资策略上的趋同。从政府对基金业的管理来看，行政管制加剧了基金的同质化。对基金的严格审批使其失去自己的特点；并且，行政审批往往因为考虑本身行为的后续风险，一般只愿意审批放行市场上较为成熟的产品，根本不鼓励创新；更严重的是，基金还经常要在行政窗口指导下采取统一行动，这必然会造成基金在风格上和质量上的趋同。基金业的同质化问题不仅造成其本身的迅速荣衰，也直接放大了股票市场的波动程度②。

---

① 中国银河证券基金研究评价业务规则把封闭式基金中的股票基金和开放式基金内的股票型基金、指数型基金、偏股型基金和平衡型基金定义为股票投资方向基金；把货币市场基金、中短债基金、债券型基金、保本基金和混合基金中的偏债型基金定义为投资于固定收益方向的基金。
② 截至2008年底，沪深A股流通市值合计44419亿元，按照资产净值口径统计，股票投资方向基金12799亿元，占A股流通市值的比例为28.81%，足见基金对我国股市已经具有很强的影响力。

其二，近期银行新增信贷规模的急剧膨胀同样难以避免潜在的同质化隐患。首先，为了应对国际金融危机的冲击，遏制经济增长急剧下滑的势头，在财政货币宽松政策要求下，各家银行机构同时采取大规模的信贷扩张。据人民银行公布的数据，2009年一季度M2同比增速达25.5%，人民币新增贷款达到4.58万亿元，同比多增3.25万亿元，占全年信贷指标的90%以上。其中3月人民币贷款增加1.89万亿元，更创下历史新高。其次，新增信贷资金的流向高度同质化。新增资金主要在政府性基础设施项目、大型企业与银行间流动，小企业融资难还在加剧，特别是纺织等贸易型、出口加工型企业的贷款依然困难。一季度贷款结构中，服务中小企业为主的短期贷款仅占25%，且2月比1月锐减3000亿元①。据《每日经济新闻》的调查统计，今年1～2月国内14家大银行的授信额度总规模达到4.52万亿元，其中对地方政府授信3.49万亿元，对大型投资项目和大型企业授信1.06万亿元，而对小企业授信仅为1956亿元，占授信总规模的比例还不到5%。尽管我国银行机构也与其他国有企业相类似，往往追求资产最大化目标，但在股份制改革之后，又面临国际金融危机冲击造成的更加不确定的环境，银行信贷仍然同时段急剧扩张，这与政府对银行的硬性要求，特别是与政治因素挂钩的考核应该有较为密切的关系；另一方面，银行机构在完成信贷扩张任务的同时，毕竟还要考虑到资产的未来质量问题，因而都去争抢认为可能是无风险的政府性项目和大型企业客户，不愿意去支持亟须资金而风险较高的中小企业。

尽管信贷大规模扩张作为临时的危机管理举措有其合理性，但是，目前这种情况不仅难以持续，而且必须高度重视其潜在的各种风险：一是当信贷高速增长被迫停止时，各家银行机构有可能又在行政命令要求下同时采取收缩行为，这很容易造成宏观经济的大落。二是在短期内急剧膨胀的银行信贷资产在将来可能存在较为严重的质量风险。尽管银监会最新统计数据显示，国内商业银行2009年一季度不良贷款余额和不良贷款率实现了"双降"，不良贷款余额比年初减少107.7亿元；不良贷款率为2.04%，比年初下降了0.38%，但更应看到，银行业通过扩大新增贷款，尤其是大量增加中长期贷款的比例，不仅有利于稀释当前不良贷款的比率，而且由于所减少的不良贷款占新增信贷总量的比例几乎微不足道，为不到0.25%，银行很容易用新增贷款来挂钩老的不良贷款进行"化解"，以实现"双降"。实际上，我们注意到，由于短期内比较成熟的投资项目不足以消化如此之多的新增信贷，一些向银行借款的项目并没有达到法定的资本金要求；银行也突破了对单一客户贷款的限额，对重点客户还存在重复授信、多头授信和交叉授信的问

---

① 姚玉洁、王涛：《一季度信贷创天量 中小企业仍需"输血"》，载http://news.xinhuanet.com/。

题；全国19家主要银行中，5000万元以上的大客户贷款占贷款总额比例达到60%，明显偏高①；尤其是通过企业转移的贷款有可能流向高风险项目，甚至流入股市等。对银行在短期内同时大规模扩张信贷的同质化行为所埋下的这些风险隐患，必须高度重视。

四　防范我国金融同质化风险的对策

比较而言，从根本上可能导致我国金融业同质化风险的因素主要有两类：一是金融机构往往需要遵从几乎完全统一的行政性监管命令，这类似于美国的会计准则制度性要求，在某种程度上，甚至可以说，行政性命令所带来的同质化风险有过之而无不及。二是国有资本在金融机构中占据绝对主导地位，可能造成各家金融机构的偏好基本一致，而且某家机构的成功经验，有可能通过政府推而广之，这种问题则类似于各家机构采用相似模型所导致的同质化风险。为了避免同质化问题可能加剧潜在的系统性风险，我们应从制度设计、监管规则和股权管理等方面加以防范。

第一，在各种层次的制度设计上应该倡导多元化。从宏观上看，我国目前还处于工业化与城市化发展的中期阶段，因应这一国情，金融体系还需要承担不少带有政策性色彩的业务，再者，为应对和加强危机的管理也需要有适当的政策抓手，因此，我们在今后相当长的时间内应继续研究如何发挥好政策性金融机构的作用，而不是急于推进政策性金融机构的商业化改革，搞"清一色"的商业银行。虽然股份制改革有利于提高银行机构经营发展和风险管理的能力，但都搞成这个模式有可能不利于我国金融系统的整体稳定。实际上，在我国银行结构中，并不缺乏大型商业银行，即使多设立一两家大商业银行也不能真正改善市场竞争，缺的是有重要性质差异的银行金融机构分别承担不同的功能，这不仅与我国政府主导市场经济发展的模式相适应，也能避免同质化的问题。就以此次应对国际金融危机的冲击来说，一些地方政府积极推动基础性项目建设，但财政一下子不可能拿出足够的资金，项目资本金比例达不到法定要求，为此，需要通过特别设计把一定数量的债务性资金转化为项目资本金，以满足商业银行放贷的要求，尽管这部分债务资金可以对应未来的财政收入，但在现金流及期限结构方面的压力还是可能超出纯粹商业性金融原则的承受度，即商业银行会承担超出正常水平的不良资产风险，因此也容易诱发商业银行的道德风险。如果由特定的金融机构，而不是由各家商业银行都来承担这部分资本性债务的风险，商业银行就可以继续坚持市场化的原则与目标，从而避免整个银行体系的商业可持续

---

①　吕志强：《银行贷款集中尤须加倍风控》，2009年4月14日《浙江日报》第11版。

性因此遭到损害。

第二，在监管要求方面也应适当体现差别化，不"一刀切"。就当前情况而言，一方面不应要求各家银行在同一时间段大规模扩张信贷；另一方面也不应强求各家银行基本按照一个模式来解决小企业融资难的问题。由于当前银行机构大规模扩张信贷没有惠及小企业，于是监管部门要求各家银行机构在规定期限内设立专职服务小企业的机构，组建新的专业队伍。显然，从商业银行股份制改革的目的来看，应该是尽可能减少和避免政府对其业务经营的行政性干预，虽然在危机时期有一定的特殊性，但监管部门提出这种硬性的简单化行政要求还非常值得商榷，姑且不论大银行不愿意做小企业信贷业务的很多深层原因，这种命令式监管也不能从根本上解决我国小企业的融资瓶颈，至多只是权宜之计，却可能给银行机构造成长期问题，其中也包括潜在的同质化问题。

第三，政府在构造统一有效的金融机构股权管理模式方面，也应注意避免可能导致同质化的问题。尽管政府股权在我国金融业中占据绝对的主导地位，但在实际管理中非常分散，实质上存在出资人缺位的问题，各家机构内部人控制现象较为严重，尤其缺乏从国家宏观战略利益的视角来算总账、算大账，以至于在国际市场上都变成了相互恶性竞争的对手。因此，确有必要加强国有金融股权的统一管理。但在具体管理模式上，应该在维护国家整体利益的前提下，创设多个金融资本操作平台，这些平台之间可以开展良性竞争，以避免股权统一管理可能导致的同质化问题。

（本文发表于《国际金融研究》2009 年第 7 期）

参考文献

[1] 刘伟、黄桂田：《银行业的集中、竞争与绩效》，《经济研究》2003 年第 11 期。
[2] 周小川：《关于改变宏观和微观顺周期性的进一步探讨》，2009，中国人民银行网站。
[3] 〔美〕罗伯特·N. 安东尼：《美国财务会计准则的反思》，李勇等译，机械工业出版社，2005。
[4] Lars Tvede：*Business Cycles*，John Wiley & Sons, Ltd. ，2006.

美国居民低储蓄率之谜和
美元的信用危机

殷剑峰

一 引言：全球经济失衡与美国居民储蓄率之谜

如果说上次的亚洲金融危机反映了亚洲国家在经济增长、金融发展模式上的缺陷的话，那么，眼下的金融危机则是美国模式出问题的结果。关于美国模式，一个众所周知的特征就是高消费、低储蓄以及与此相伴的长期持续的经常项目逆差。与此相反，包括中国、日本、德国等在内的主要经济体一直保持着经常项目的顺差。这种现象——美国的逆差和其他主要经济体的顺差被称做"全球经济失衡"。长期以来，关于全球经济失衡问题的讨论，都是站在贸易逆差国和储蓄缺口国，即美国的角度来看，其矛头所向是顺差国的汇率问题和储蓄盈余国的高储蓄率问题。然而，如果换一个角度，从贸易顺差国和储蓄盈余国的角度看，问题的焦点自然就会集中在美国的低储蓄率上。这里，一个需要解开的谜团是：本来已经较低的美国居民储蓄率自20世纪80年代呈现出系统性下降的态势。

在历史上，美国居民的储蓄率一直维持在一个较低的水平上。可以看到（见图1），从"二战"结束一直到20世纪80年代中期的40年时间里，美国居民的储蓄率只有10%左右。然而，从1984年开始，本来已经较低的美国居民储蓄率持续下降。1984年，美国居民的储蓄率是10.8%，到2006年只有0.4%。同时，美国居民的绝对储蓄额也自1992年的3660亿美元下降到2006年的388亿美元。需要特别注意的是，美国居民储蓄率的下降是系统性而非暂时性的，并且，这种下降趋势是在对外贸易成为中国经济增长的一个引擎之前。

美国居民部门储蓄率的系统性下降是近二十多年来美国经济的新变化。这种变化并非没有引起美国学者的关注，他们从统计方法、人口结构、养老体系、财富效应等多个方面进行了分析。首先被排除的假设就是"和平红利"——军事开支的减少使得政府部门的储蓄率上升，从而替代了居民储蓄。因为在居民储蓄下降的这段时间里，美国政府储蓄并未出现趋势性的上升——事实上，美国政府的储蓄除了少数年份（1998年到2001年）为

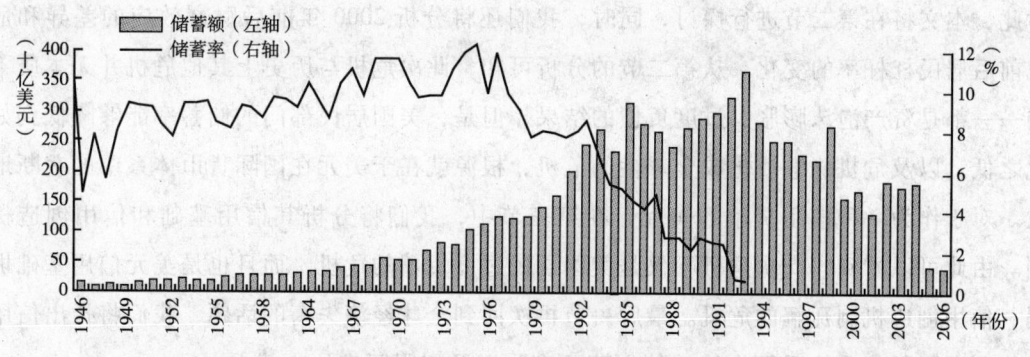

图 1 美国居民部门的储蓄额和储蓄率

资料来源：美联储资金流量表。

正数，其余均为负值。

对于美国居民储蓄行为的变化，一个较为普遍的解释集中在人口老龄化和资源的代际转移方面，如 Auerbach 等（1990）、Hurd（1993）、Fledstein（1995）和 Gokhale 等（1996）。根据生命周期理论，随着"二战"后婴儿潮出生的人口进入退休年龄，他们将消费先前的储蓄，从而降低整个居民部门的储蓄率。然而，美国居民部门储蓄率的下降比婴儿潮人口进入退休年龄早了 10 年左右。更重要的是，人口老龄化现象严重得多的欧洲和日本不仅具有比美国高得多的储蓄率，更没有出现储蓄率的系统性下降。与人口老龄化相关的另一个解释就是政府在不同代际进行的资源转移，例如政府征税以增加老年人医疗服务的开支——这是 Gokhale 等人（1996）强调的重点。对此，Parker（1999）指出，美国居民部门用在非住房、非医疗服务消费、医疗服务消费和住房服务消费上的开支比例并没有出现系统性的变化。换言之，代际资源转移难以解释居民储蓄行为的重大变化。

还有一类较为特别的解释是，美国居民的储蓄率下降——或相反的，消费率的上升——完全是统计错误。统计错误可能发生在错误地将储蓄统计为了消费（主要涉及耐用消费品的统计），但更可能是因为少计算了收入、同时多计算了消费 [如 Reinsdorf 和 Perozek（2000），Peach 和 Steindel（2000）]。收入的少计和消费的多计同国民收入账户中关于私人养老金的处理有关：一方面，养老金的交纳算作储蓄，但是，当雇员退休后，养老金的支取不仅不算作收入，而且，由于需要交纳资本利得税，从而进一步减少了统计上的可支配收入。另一方面，支取的养老金如果用于消费，还将直接减少统计上的储蓄。不过，根据 Lusardi 等人（2001）的研究，统计上关于私人养老金的处理至多只影响了 30% 的储蓄率变化。更重要的是，这种影响不应该产生（统计上的）储蓄率趋势性下降的结果。

对美国居民储蓄率系统性下降的分析最终聚焦到两个方面：财富效应和信贷便利性。

对此,本文将在第二节进行探讨,同时,我们还将分析 2000 年前后财富效应的差异和危机前后居民杠杆率的变化。从第二节的分析可知,此次危机与历史上其他危机并无本质不同——都是资产泡沫膨胀、过度负债的结果,但是,美国居民部门的储蓄率能够降低到如此之低,以及危机能够演化成全球性的危机,根源就在于美元在国际货币体系中的垄断地位。对于作为一种信用货币的美元,在第三节中,我们将分析其信用基础和信用创造机制。由此可以看到,此次危机不仅是美国居民过度负债的危机,而且也是美元信用基础坍塌、信用创造机制瓦解的危机。最后一节再次回到全球经济失衡的话题,我们将指出信用本位制下国际货币体系面临的"特立芬两难"以及克服两难的改革方向。

二 财富效应、信贷便利性、储蓄率下降和过度负债的危机

在分析财富效应和信贷便利性的影响之前,首先有必要观察一下美国居民资产负债的结构。表 1 为 2006 年的横截面数据,其中存在三个鲜明的特点:第一,美国居民的资产以权益类(股权和房地产所有权)为主,具有高度的市场敏感性。债务资产占比很低,而不受市场价格影响的资产只有占比不到 10% 的存款(事实上其中还有约 1/5 是货币市场基金)。在直接同市场价格相关的资产中,主要是房地产(32.4%)和直接或通过共同基金、保险公司和养老基金间接持有的股权(为 30% ~ 40%)。第二,美国居民的负债主要来自银行的贷款,这部分负债基本不受二级市场价格波动的影响。在银行贷款中,又以住房按揭贷款为主,2006 年住房按揭贷款占全部负债的比重达到了 73.2%。第三,资产方高度的市场敏感性和负债方对价格波动的不敏感意味着,净值必然受到市场价格波动的极大影响。

美国居民部门资产负债表的这种特点意味着,当资产价格保持平稳或上升的时候,净值会稳定,甚至较快增长,因为权益类资产的收益(资本利得和资产增值)必定高于债务的利息支出;而当资产价格下跌,甚至暴跌的时候,权益类资产的资本损失将会增加,甚至是剧增,在债务价值基本不变的情况下,净值会下降。由此即产生了一个放大经济景气的机制[1]:资产价格上涨、净值增加、负债增加、消费上升、储蓄下降。事实上,正是

---

[1] Allen 和 Gale(2000)曾经比较了具有市场导向金融体系的国家(如美国、英国)和具有银行导向体系的国家(如日本、德国)在居民资产结构方面的差异及其影响。他们指出,美国、英国居民的资产组合以广泛分散的股票组合为主,这种资产结构为居民提供了在特定时点上的良好的资产分散功能,但是,对于不可分散的风险(nondiversifiable risk)——如跨期的系统性宏观经济冲击,这种资产结构将放大冲击的影响;日本、德国居民的资产组合主要是针对金融机构的求偿权(如银行存款),在这种资产结构下,居民资产组合的名义值相对固定,经济景气不会带来财富效应,但是,当遇到系统性的经济下行风险时,则能够提供较好的风险跨期分散功能。

表1 美国居民部门2006年资产负债表

单位：10亿美元

资产	69550.9	负债	13434.0
有形资产	26670.5（38.3%）	其中：信用市场工具	12927.8（96.2%）
其中：房地产	22565.6（32.4%）	其中：住房按揭贷款	9834.4（73.2%）
金融资产	42880.4（61.7%）	其中：消费信贷	2418.3（18.0%）
其中：存款	6725.5（9.7%）	净值	56116.9
其中：信用市场工具	3172.1（4.6%）		
其中：公司股权	6298.1（9.1%）		
其中：共同基金	4559.2（6.6%）		
其中：寿险准备金	1163.7（1.7%）		
其中：养老准备金	12146.4（17.5%）		
其中：非公司股权	7528.4（10.8%）		

注：①括号中数字为相应项目占资产或负债的比重；②信用市场工具（credit market instrument）包括除股权和共同基金之外的所有债务工具，如国债、公司债券、资产支撑证券以及包括住房按揭贷款、消费贷款和企业贷款在内的银行贷款等；③存款中包括活期存款、定期和储蓄存款、国外存款和货币市场基金；④统计中包括非营利组织。

资料来源：美联储资金流量表。

在这个机制的推动下，形成了美国居民储蓄率的系统性下降。反过来，也正是在这个机制的反向作用下，即资产价格暴跌、净值剧降、杠杆率飙升，刺破了美国的经济泡沫。

1. 财富效应与美国居民低储蓄率的系统性下降

财富效应来自于居民持有的资产价格的上涨。这里，首先需要区分个体的经济当事人和宏观经济在储蓄率统计上的差异。对于个体的经济当事人来说，消费和储蓄行为不仅依赖于当期的工资、利息等收入变量，而且，还取决于其持有的资产。可以想象，即使工资和利息收入没有增加，也可以通过售卖股票、房地产等来获得可支配的现金流，从而进行消费。简言之，资产的多寡是影响当事人作出决策的重要变量，而资产的增值一定会推动消费的增加。然而，在国民收入统计账户中，资产增值并不被纳入"收入"中。于是，在居民持有的资产出现趋势性价格上涨的过程中，这就导致统计上的储蓄率发生趋势性的下降，而居民据以决策的"储蓄率"并未出现大的变化。

为了进一步说明，我们来解构一下居民的储蓄。从来源看，储蓄就是没有消费掉的可支配收入（收入与税收之差）。对于每个经济当事人来说，收入包括两个部分：工资收入和财产收入，财产收入又进一步可以分为资产增值和资本利得（利息、红利）两个部分。因此，对于个体当事人来说，储蓄应该是：

$$储蓄 = 工资 + （资产增值 + 资本利得） - 税收 - 消费$$

显然，在储蓄一定的情况下，资产增值与消费的增加存在一一对应的关系。不过，从宏观上看，资产增值是不算入可支配收入的，因为它不是能够用于支撑新的投资活动的可贷资金（loanable fund）。例如，公司的股价上涨了，但公司要进行新的投资还必须去募集新的资金。所以，在国民收入核算账户里，居民部门的储蓄应该是：

$$储蓄 = 工资 + 资本利得 - 税收 - 消费$$

由于居民据以决策的储蓄方程与统计上的储蓄存在差异，当资产持续增值并引发居民消费持续上升的时候，就可能会出现宏观上的（统计上的）储蓄率持续下降的效应。在图2中，我们给出了美国居民部门的净值（包括有形资产和金融资产在内的全部金融资产与负债之差）变化以及另外一种形式的"储蓄率"——净值的年度增加额与当年可支配收入之比。1984年，美国居民的净值近13万亿美元，2000年后曾因股市下跌而出现暂时性的下降，此后一路上升至2006年的逾56万亿美元。在这一阶段，净值年度增加额与可支配收入之比波动剧烈，但均值维持在33%左右。据此，美国学者认为［Lusardi等人（2001）］，资产增值解释了美国居民储蓄率下降的50%左右，资产增值替代了常规意义的储蓄。

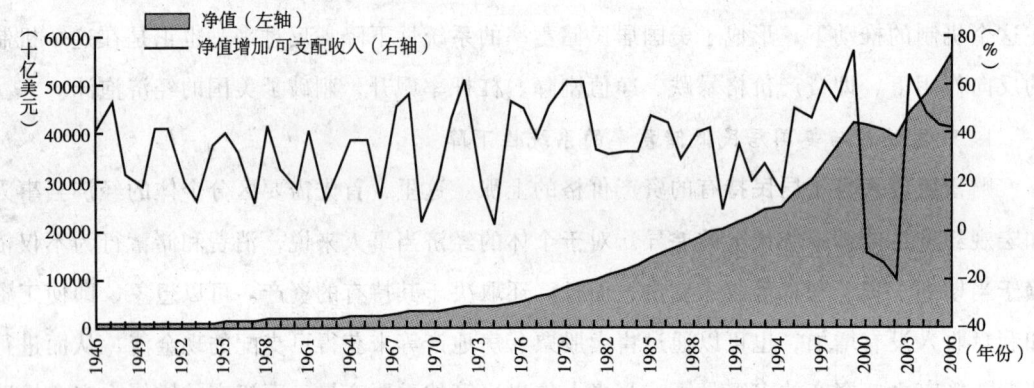

图2　美国居民部门的净值和净值增加/可支配收入

资料来源：美联储资金流量表。

可是，简单地说"资产增值替代了储蓄"依然会遇到一个难题：如何将资产增值转化为现实的购买力？或者干脆说，增值的资产卖给谁？我们知道，资产只有通过售出转化成现金之后，才能用于支付消费活动。个体的居民可以这样做，但是，如果是整个居民部门都售出资产的话，一则会导致资产价格的暴跌，二则也难以找到交易对象。美国居民部门不可能将资产卖给政府和企业部门，因为这两个部门都是赤字部门。那么，是不是国外投资者接手了呢？也不是。以居民部门的主要金融资产——股票为例，根据美联储的资金流量表，从 20 世纪 80 年代中期到 2006 年间，国外部门持有的美国股票市值占比从 5% 左右上升至不到 12%，同期，国外部门在美国股市发行的股票市值占比由 1.5% 左右上升到超过 20%。也就是说，国外部门从美国股票市场获得了净融资，而非净买入。总之，美国居民将资产增值转化为现实购买力的办法并不是简单地依靠出售资产，而是依靠抵押资产的借款行为。这就涉及美国居民储蓄率下降的另一个原因——信贷便利性。

2. 信贷便利性与美国居民低储蓄率的系统性下降

导致美国居民储蓄率系统性下降的另一个关键因素就在于信贷便利性，这包括两个方面的含义：第一，信贷可得性的增强，即更加容易获得信贷的支持；第二，信贷成本的降低。容易获得的低成本信贷不仅是资产增值转化为现实购买力的手段，而且，更重要的是，它解释了资产增值所不能解释的部分——观察图 2 还可以发现，资产增值并非只是从 80 年代才开始，而是自"二战"后就一直如此，但储蓄率仅仅是从 20 世纪 80 年代才开始下降。

信贷便利对应于信贷配给。在凯恩斯的消费理论中，当期消费和储蓄依赖于当期的收入而不是永久收入，其隐含的假设是信贷配给——居民难以获得信贷的支持，从而无法平滑收入流和消费流。20 世纪 80 年代美国的金融创新极大地缓解了居民的信贷配给约束，由此他们可以越来越容易地通过借贷来进行扩大当期的消费。许多美国学者注意到金融创新对家庭借贷消费的影响［如 Parker（1999）］，但是，他们并未对此进行深入分析。

对于信贷可得性，我们可以用两个指标反映。一个是美国居民在房产中的所有权比重，另一个是美国居民负债在全部信用市场工具中的比重。信贷可得性的增强表现为前一个指标的下降和后一个指标的上升。相比较而言，后一个指标更能反映整个金融体系对居民的支持，因为它统计了包括按揭贷款和消费贷款在内的所有居民负债，以及这些负债在包括居民、企业、政府和国外部门在内的全部经济部门债务融资中的相对份额。由图 3 可以看到，这两个指标自 20 世纪 80 年代中期开始都发生了显著变化。80 年代中期后，面临"脱媒"压力的银行业将贷款业务由企业逐渐转向居民，居民在房产中所有权比重持续下降，至 2006 年为 52.1% 强；同时，随着银行业务的转型和资产证券化业务的发展，居民负债在全部信用市场工具的占比由 80 年代的 30% 左右一直上升到 2006 年的 52.3%。

对于信贷成本，我们采用的是"综合负债利息率"，它等于美国居民部门的利息支出与全部负债之比，因而反映了美国居民全部负债的成本。这个指标在 1984 年最高——达到了 3.84%，此后，除了 1990 年日本泡沫经济危机前期和 1997 年亚洲金融危机前期曾有过短暂的上升之外，基本上呈现出一种趋势性下降的态势。至 2006 年，美国居民负债的综合利息率只有 1.75%。

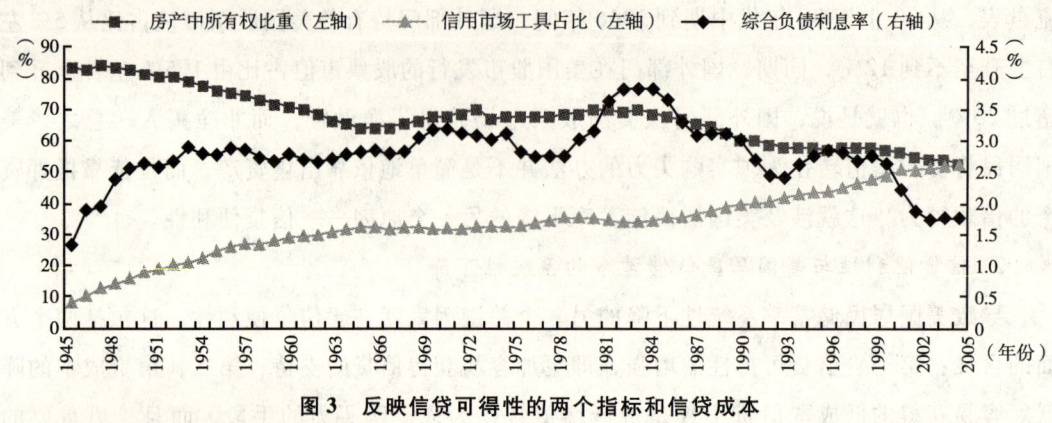

图3 反映信贷可得性的两个指标和信贷成本

资料来源：美联储资金流量表。

3. 财富缩水、杠杆率上升与负债过度的危机

以居民储蓄率作为被解释变量，分别以反映财富效应的居民净值、反映信贷可得性的居民负债占信用市场工具比重和居民房产中所有权比重、反映信贷成本的综合负债利息率作为解释变量，我们发现，财富效应和信贷便利性可以解释90%左右的居民储蓄率变化（见附录）。结合美国GDP中居民消费占70%左右的事实，可以说，财富效应和基于财富效应的债务融资推动形成了美国居民的借贷消费模式和以消费为主导的美国经济增长模式。但是，在财富效应、债务融资和经济增长这个链条中，最为重要的就是资产价格上涨的可持续性，而信息技术革命热潮后的资产价格上涨恰恰是不可持续的。

表2 美国居民资产负债表中的几个关键指标

单位：%

	资产增速	有形资产增速	金融资产增速	有形资产占比	金融股市值/非金融股市值	房产中所有权比重	负债/净值	负债/可支配收入
20世纪70年代	10.9	12.4	10.2	38.0	12.4	68.0	15.0	67.9
20世纪80年代	8.2	8.0	8.4	39.8	13.9	67.4	16.5	77.0
20世纪90年代	7.4	5.4	8.7	33.9	19.5	58.4	17.8	94.3
2001~2006年	11.2	14.3	9.7	37.8	36.2	54.8	23.9	123.6
2007q1	10.6	6.5	13.1	36.9	36.2	54.0	21.5	135.8
2007q2	1.8	-0.2	2.9	36.2	34.3	52.6	21.6	137.8
2007q3	0.2	-1.5	1.1	35.6	33.1	50.9	21.9	137.9
2007q4	-1.8	-2.3	-1.5	35.4	31.3	48.8	22.9	138.4
2008q1	-3.1	-2.5	-3.4	35.6	30.6	46.7	24.0	138.4
2008q2	-1.3	-0.8	-1.5	35.8	27.3	46.3	24.2	133.1
2008q3	-3.5	-2.2	-4.2	36.2	30.3	44.8	25.7	136.0
2008q4	-7.6	-3.4	-10.0	37.9	31.0	43.0	27.7	133.7

注：根据美联储资金流量表计算。

表 2 统计了 20 世纪 70 年代直至 2008 年美国居民资产负债表中的几个关键指标，将 20 世纪 90 年代和此次危机酝酿期（2001～2006 年）进行一个比较，我们可以发现资产价格上涨和财富效应的来源发生了很大变化。90 年代，金融资产的增速快于有形资产的增速，这导致有形资产在居民全部资产中的比重由 80 年代的近 40% 下降到 90 年代的 33.9%。而在 2001 年至 2006 年间，有形资产的增速较快，有形资产占比上升近 38%；同时，在居民主要的金融资产——股票中，金融股的上涨远快于非金融股，金融股市值相对于非金融股的比重由 90 年代的 19.5% 上升到 36.2%。

2001～2006 年有形资产和金融股的同时上涨揭示了这样一种不可持续的循环：房地产价格上涨、居民按揭贷款增加、发放按揭贷款的商业银行和贷款公司收益增加、金融股价上涨、居民资产增值……在这个过程中，2001～2006 年美国居民部门的杠杆率迅速提升。杠杆率的上升可以用三个指标的变化予以反映：居民在房产中所有权比重的下降、负债与净值之比上升、负债与可支配收入的上升。

从 2007 年 2 季度开始，在有形资产增速下滑的带动下，居民部门全部资产增速由 1 季度的 10.6 急剧下滑到 1.8%，4 季度开始进一步转为负值，次贷危机爆发。一年后，雷曼兄弟公司的倒闭使得信用危机转化为流动性危机，次贷危机向全球蔓延。值得注意的是，在危机爆发后，尽管美国居民的债务融资大幅度减少（见表 8），但是，两个重要的杠杆率指标，即房产中所有权比重和负债与可支配收入之比并没有得到改善，甚至在持续恶化。其原因在于，尽管新增负债迅速减少，但是，由于存量负债并不受价格影响，房产价格和居民可支配收入的快速下降使得高杠杆得以继续维持。

从这一点看，仅仅依靠减少债务融资的"去杠杆化"并不能有效改善美国居民的资产负债表，因而也难以恢复居民的消费以及以消费为主导的经济增长。居民部门资产负债表的修复和美国经济走出危机的关键在于资产价格是否能够恢复增长，以及居民可支配收入是否能够提高，而这又意味着必须找到下一个能够带动就业率和资产价格上升的主导性产业。

三 美元的信用基础、信用创造机制和信用危机

上一节指出，财富效应和基于此的债务融资推动了美国居民储蓄率的系统性下降和以消费为主导的经济增长。从这一点看，这次危机的机制与历史上资产泡沫膨胀、过度负债引发的其他危机并无二致。然而，世界上唯有美国居民能够将储蓄率降至如此之低的水平，并且也只有美国的这种资产泡沫和过度负债能够引发全球性的危机，这与美元在国际

货币体系中的垄断地位脱不了干系。

我们知道，在不兑现的信用货币体制下，任何一种货币的发行必然对应于某个经济部门的负债，如中央银行通过购买政府债券发行的基础货币对应的是政府部门的负债，商业银行通过向企业贷款创造的派生货币对应着企业的负债，这些负债主体的偿债意愿和偿债能力构成了信用货币的信用基础。另外，信用货币的发行又依赖于一套信用创造机制，如商业银行通过贷款派生货币的过程。在美国居民部门储蓄率不断下降、债务不断累积的过程中，美元的信用基础肯定会发生变化，而用于支持美国居民借贷消费的金融创新又必然会改变美元的信用创造机制。分析和研究美元的信用创造机制和信用基础的变化不仅对于我们理解当前和未来美元的地位非常关键，而且，也有助于解答这样一个问题：仅仅依靠当前扩张的货币和财政政策就能够使美国走出危机吗？

1. 简单和复杂金融体系中的货币与信用

研究美元的信用创造机制和信用基础必然涉及"货币"。不过，"货币"并非一个十分确定的概念，自18世纪以来就一直对此存在着争议。争议的焦点在于"货币"究竟应该是一种流动性的媒介，还是一种信用媒介。由于银行是创造信用、提供流动性的主要机构，因此，这样的争议又涉及是应该从银行的资产方，还是负债方来度量货币。进一步，从金融工具的角度看，这涉及用信用工具（银行的贷款）和用流动性工具（银行的存款）来度量货币的差异。

目前对"货币"通行的界定及度量方法是根据流动性，即货币的支付功能。以美国为例，依照流动性的好坏，即用于支付的便利程度，依次定义了M1、M2和M3：M1除了基础货币之外还包括各种类型的支票存款，M2在M1之上加上储蓄和定期存款、零售的货币市场基金，M3又在M2基础上添加了大额定期存款、机构货币基金、欧洲美元等。不过，以流动性测度的货币只反映了货币的一个属性，而没有揭示不兑现货币的另一个属性——信用的载体。作为信用载体，货币的产生必然对应着一系列的信用工具（如贷款、债券等）。在简单金融体系下，以信用工具来测度的信用与以流动性工具（现金、存款）测度的货币在量上是基本一致的。但是，对于复杂金融体系，流动性工具既不能反映金融体系实际创造的信用总量，更不能揭示货币背后的信用基础和信用创造机制。

为了说明用流动性工具测度的"货币"和用信用类工具测度的"信用"的差异，我们首先来看只包括中央银行和商业银行的简单金融体系。在表3中，我们分别以A和L表示各部门的资产和负债；以下标f和nf表示金融部门和非金融部门，其中，下标a和b分别对应着金融部门里的中央银行和商业银行，下标h、e和g分别对应着非金融部门中的居民、企业和政府；上标d和c分别表示流动性工具和信用工具。

表 3　按金融工具类型划分的经济部门资产负债表（简单金融体系）

金融工具类型	资产（净值）	负债（净值）
流动性工具：现金、存款		金融部门 L_f^d：中央银行 L_a^d、商业银行 L_b^d
	非金融部门 A_{nf}^d：居民 A_h^d、企业 A_e^d、政府 A_g^d	
信用工具：政府债券、贷款	金融部门 A_f^c：中央银行 A_a^c、商业银行 A_b^c	
		非金融部门 L_{nf}^c：居民 L_h^c、企业 L_e^c、政府 L_g^c

根据表 3，在简单金融体系中，以流动性工具来界定的货币存量即：

$$A_{nf}^d = A_h^d + A_e^d + A_g^d = L_f^d = L_a^d + L_b^d \tag{1}$$

同时，由于创造信用工具的金融部门只有中央银行和商业银行，因此，还必有下式成立：

$$L_f^d = L_a^d + L_b^d = A_f^c = A_a^c + A_b^c \tag{2}$$

上式（2）表示金融部门创造的信用等于其负债（货币），这又意味着非金融部门持有的货币资产与其信用负债是对等的：

$$A_{nf}^d = A_h^d + A_e^d + A_g^d = L_{nf}^c = L_h^c + L_e^c + L_g^c \tag{3}$$

所以，在简单金融体系下，以流动性工具测度的货币和以信用工具测度的信用在量上是完全一致的。同时，在这种体系中，货币乘数 m^d——货币总量相当于基础货币的倍数与信用乘数 m^c——金融部门创造的信用总量相当于中央银行创造的信用的倍数也是相等的，即有：

$$m^d = L_f^d / L_a^d = m^c = A_f^c / A_a^c \tag{4}$$

因此，另一个重要结论是，在简单金融体系下，考察货币的派生机制等同于考察信用的创造机制。换言之，货币总量分析非常有效。这里，为分部门的结构分析（如货币政策的信贷传导渠道）留下的唯一机会就是存款和信用工具在非金融部门中的不同分布。

在复杂金融体系下，基于流动性工具的货币测度和基于信用工具的信用测度将发生极大变化。复杂金融体系与简单金融体系的差异首先表现在信用工具的类型上，前者除了政府债券、贷款之外，还有公司债券、资产证券化产品、商业票据等；其次，两者的差异还表现在金融机构的类型上，除了中央银行和商业银行之外，复杂金融体系还包括证券公司、保险公司、养老基金等非银行金融机构和资产证券化管道。然而，这两个重要的差别并未或基本没有反映在流动性工具这个层次上——这个层次只统计了现金和存款以及创造现金和存款的中央银行和商业银行。

表4　按金融工具类型划分的经济部门资产负债表（复杂金融体系）

金融工具类型	资产(净值)	负债(净值)
流动性工具:现金、存款		不包括非银行金融机构和资产证券化管道的金融部门 L_f^d:中央银行 L_a^d、商业银行 L_b^d
	非金融部门 A_{nf}^d:居民 A_h^d、企业 A_e^d、政府 A_g^d	
信用工具:政府债券、贷款、公司债券、资产证券化产品、货币市场工具(如商业票据)	金融部门 A_f^c*:中央银行 A_a^c、商业银行 A_b^c、非银行金融机构 $A_f^c nb$、资产证券化管道 A_{abs}^c	非金融部门 L_{nf}^c*:居民 L_h^c*、企业 L_e^c*、政府 L_g^c*

在上表4中，我们添加了非银行金融机构和资产证券化管道（分别以下标 nf 和 abs 表示）。由于流动性工具的统计没有发生变化，所以，"传统"的货币统计公式（1）依然成立。不过，式（2）、式（3）和式（4）都不再成立。在上表中，我们以"＊"表示复杂金融体系中金融部门的信用工具资产和非金融部门的信用工具负债。必有：

$$L_f^d = L_a^d + L_b^d \leq A_f^c* = A_a^c + A_b^c + A_{nb}^c + A_{abs}^c \tag{5}$$

$$A_{nf}^d = A_h^d + A_e^d + A_g^d \leq L_{nf}^c* = L_h^c* + L_e^c* + L_g^c* \tag{6}$$

因此，在复杂金融体系中，基于流动性的货币总量统计并不能反映实际的信用创造总量。这也就意味着货币乘数与信用乘数也存在着偏差，即有：

$$m^d = L_f^d/L_a^d \leq m^c = A_f^d*/A_a^d \tag{7}$$

表5　美国货币总量与信用总量、货币乘数与信用乘数的比较

		1940年代	1950年代	1960年代	1970年代	1980年代	1990年代	2001～2006年
货币与信用比较(%)	M1/信用总量		29	23	15	10	8	5
	M2/信用总量		63	61	54	42	28	22
	M3/信用总量		63	63	63	54	36	34
货币与信用乘数(倍数)	货币乘数(M1/基础货币)			4	3	3	3	2
	货币乘数(M2/基础货币)			11	11	13	10	9
	货币乘数(M3/基础货币)			12	13	17	13	10
	信用总量/央行资产			18	21	32	36	42
	银行信用/央行资产			11	13	15	12	11
	非银行信用/央行资产			6	5	11	12	12
	证券化信用/央行资产			1	1	4	8	13

注:"信用总量"、"银行信用"、"非银行信用"和"证券化信用"见下表的统计。M1、M2和M3的数据来源于美联储。

复杂金融体系中基于流动性工具的货币统计和基于信用工具的信用总量统计之间的差异恰恰是美国的情况。表5比较了美国三个口径的货币总量与信用总量，可以看到，即使是口径最大的M3在1950年代至1970年代也只相当于信用总量的63%，此后随着金融创新的发展，M3与信用总量之比持续下降至21世纪的34%。由于货币总量的统计远小于信用总量，在央行基础货币既定的情况下，货币乘数必然小于信用乘数。例如，在2001至2006年，全部信用资产相当于美联储持有的信用资产的42倍，而M3只相当于基础货币的10倍。换言之，美联储创造的1美元信用，通过金融体系会形成42美元的信用总量，但形成的广义货币只有10美元。显然，仅看货币统计就低估了金融体系创造的信用。同样，在金融体系因危机而崩溃时，仅看货币统计还低估了危机的严重程度。

2. 美元的信用创造和信用基础

在美联储的资金流量表中，能够反映全部债务融资活动的是"信用市场工具"（见表1注释）。根据发行人（债务人）和持有人（债权人）的分类，信用市场工具可以依次统计到国内经济部门（金融部门、非金融部门）和国外部门（以下标 rw 表示）的负债或资产名下，如表6所示。

表6 美国信用市场工具分部门统计方法

	资 产	负 债
金融部门	中央银行 A_a^c 商业银行 A_b^c 非银行金融机构 A_{nb}^c 资产证券化管道 A_{abs}^c	中央银行 L_a^c 商业银行 L_b^c 非银行金融机构 L_{nb}^c 资产证券化管道 L_{abs}^c
非金融部门	居民 A_h^c 企业 A_e^c 政府 A_g^c	居民 L_h^c 企业 L_e^c 政府 L_g^c
国外部门	国外部门 A_{rw}^c	国外部门 L_{rw}^c

注："商业银行"包括商业银行（commercial banking）、储蓄机构（saving institutions）和信贷联盟（credit union）；"资产证券化管道"包括政府支持公司（government-sponsored enterprises）、抵押资产池（agency- and GSE-backed mortgage pools）和ABS发行人（ABS issuers）；"非银行金融机构"为除"商业银行"和"资产证券化管道"之外的所有其他金融机构，如养老基金、保险公司、共同基金、经纪人等。

根据表6，信用创造部门（国内金融部门和国外部门）的净信用创造（资产与负债之差）必然等于信用来源部门（国内非金融部门）的净负债（负债与资产之差）。即有：

$$\begin{aligned}信用总量(净额) &= [(A_a^c - L_a^c) + (A_b^c - L_b^c) + (A_{nb}^c - L_{nb}^c) + A_{abs}^c + (A_{rw}^c - L_{rw}^c)] \\ &= [(L_h^c - A_h^c + L_{abs}^c) + (L_e^c - A_e^c) + (L_g^c - A_g^c)]\end{aligned} \quad (8)$$

式（8）中的一个关键地方在于，资产证券化管道的资产被统计为金融部门的信用创造量，而其负债被统计为居民部门的负债。其原因在于，美国证券化产品的基础资产绝大部分是居民贷款，银行虽然通过证券化将这些贷款资产剥离出了表外，但它依然是银行创造的信用，同时，它也依然是居民部门的负债。而作为一种虚拟的"过手"机构，证券化管道的资产必然等于其负债。如果简单地将证券化管道的资产和负债净额相抵，则忽略了全社会的信用总量。

根据（8）式，我们统计得到了表7。首先看信用创造部门。这里有三个鲜明的特点：第一，随着1970年代和1980年代的金融创新，在国内金融部门中，非银行金融机构，尤其是证券化管道创造的净信用总量高速增长，在21世纪已经超过了商业银行；第二，中央银行创造的信用份额不断下降，到21世纪只占国内金融部门信用总量的3%；第三，在20世纪40、50和60年代，即布雷顿森林体系下，国外部门一直是净信用获得者，70年代持平，而在布雷顿森林体系崩溃之后，国外部门迅速成为净信用提供者。

表7 美元的信用创造与信用来源

单位：%

		1940年代	1950年代	1960年代	1970年代	1980年代	1990年代	21世纪
信用创造的占比	国内金融部门	103	103	102	100	97	92	88
	其中：中央银行	9	7	5	5	3	3	3
	其中：商业银行	61	60	61	62	49	35	30
	其中：非银行金融机构	28	32	30	26	34	37	33
	其中：资产证券化管道	1	2	3	7	14	25	35
	国外部门	-3	-3	-2	0	3	8	12
信用来源的占比	居民部门	-19	6	22	30	35	44	58
	企业部门	23	30	37	43	40	30	27
	政府部门	96	64	40	27	25	26	16

注：根据美联储资金流量表计算。

第一个特点意味着非银行金融机构和证券化在美元信用创造机制中的核心作用，而第二个特点表明，央行的信用创造只是全部国内金融部门信用创造的一个极小的部分。由这两个特点可以推演出一个结论：即使银行部门没有问题或能够得到救助，而仅仅是证券化过程无法进行，也将导致美元信用创造机制的瓦解。第三个特点值得玩味。国外部门信用创造地位的变化一方面反映了战后美国经济地位的相对变化以及其由此导致的布雷顿森林体系的崩溃，另一方面则揭示了商品本位制和信用本位制下国际货币体系运行机制的差异：商品本位制要求国际货币体系中心国保持经常项目顺差以输入黄金、维持货币与黄金的平价关系,而信用本位制则要求中心国通过经常项目逆差输出基于国内信用的货币。这里,一个自然的问题是:既然国外部门持有美元,因而向美国提供了信用,那么,美元的信用基础可靠吗?

表7揭示了美元的信用基础。从美国三大经济部门的净信用地位看,一个显著的特点就是居民部门净负债占全部净负债比重的持续上升。在20世纪70年代,居民净负债占比超过了政府部门,至90年代又超过了企业部门,从而成为第一大负债部门。到21世纪,美元信用的来源中有58%是居民部门的信用。美元信用来源结构的这种变化是美国借贷消费模式的自然反映,问题在于,居民的负债最终依靠收入来偿还,而当负债主要用于支持消费而不是资本积累的时候,居民收入的增加最终只能依靠技术的进步。所以,对于消费占绝对主导地位的美国经济,技术的持续进步是关键。一旦技术进步停滞,则将严重影响居民的收入和偿还能力,形成债务过度累积的金融危机,而这同样也是作为信用货币的美元的危机。

3. 信用基础坍塌、信用创造机制瓦解与美元的信用危机

美元过度依靠居民信用的信用基础显然不牢靠。表8显示,随着危机的显露和爆发,从2007年1季度开始,居民新增净借入流量占比迅速下降,直至转为净借出。至于2007年4季度到2008年2季度的正的净借入,这并非因为借入的流量增加,而是因为借出的流量减少。与此同时,危机也导致企业的净借入流量迅速下降,但占比因居民净借入流量下降反而提高。在居民和企业部门信用坍塌的过程中,扩张的财政政策使得政府的净借入流量规模迅速上升,尤其是在2008年3季度危机全面爆发之后,政府净借入的占比达到了98%左右。

表8 危机爆发前后各部门净借入和净借出流量统计

单位:%

	净借入(借入−借出)			净借出(借出−借入)					
	居民	企业	政府	国外	金融部门	其中:银行	其中:证券化	其中:非银行	其中:货币当局
2004年	50.3	25.2	24.6	42.7	57.3	61.9	−3.8	36.4	5.5
2005年	49.5	33.2	17.3	33.9	66.1	62.9	1.5	33.5	2.1
2006年	48.2	42.0	9.8	30.0	70.0	41.6	0.2	55.9	2.3
2007q1	24.4	58.4	17.1	40.7	59.3	36.9	−3.6	69.7	−3.0
2007q2	5.8	29.4	64.8	30.7	69.3	18.7	−6.8	70.5	17.6
2007q3	−5.2	77.8	27.4	27.4	72.6	16.6	7.3	79.0	−3.0
2007q4	4.0	70.0	26.0	51.9	48.1	71.0	−8.7	56.2	−18.5
2008q1	37.8	39.9	22.4	16.7	83.3	17.2	8.2	93.5	−18.9
2008q2	3.0	61.3	35.8	75.7	24.3	12.2	−64.5	343.6	−191.3
2008q3	−22.3	23.5	98.8	36.3	63.7	34.5	−2.2	−13.3	81.0
2008q4	−4.1	7.5	96.6	20.7	79.3	9.5	−20.2	65.4	45.3

注:此表为流量统计,与表7的存量统计不同;根据美联储资金流量表计算。

另一方面，从提供融资的净借出部门看，危机爆发后，由于全球流动性的突然匮乏以及对美国经济前景的担心，国外部门的净借出流量占比在波动中呈现下降态势，而在国内金融部门中，传统的信用创造部门——银行和证券化管道急剧萎缩，替代其的是货币当局和非银行金融部门。需要注意的是，非银行金融部门净借出流量的增加并非是保险公司、证券公司或共同基金这些商业机构正常的经营行为所致，而是美联储一揽子救助措施中的一部分①。因此，危机后净信用的提供者已经几乎完全变成美联储。根据美联储资金流量表的统计，美联储持有的金融资产存量从2006年的9082亿美元增加到2008年4季度的22706亿美元。虽然如此，但是如表7所反映的那样，由于美联储持有的信用资产在危机前只占3%，在以居民信用为主的信用基础坍塌和以商业金融机构为主体的信用创造机制瓦解的情况下，信用乘数效应完全消失，仅仅依靠扩张的财政和货币政策恐难以很快走出危机。

四 结语：信用本位制时代的"特立芬两难"和国际货币体系改革

财富效应和基于财富效应的债务融资推动了美国居民储蓄率的系统性下降，也改变了作为信用货币的美元的信用基础。眼下这场危机从美国国内看是宽松的货币政策和放任的监管政策所致，而从另一个角度——国际货币体系的架构来看，这也是信用本位制时代国际货币体系被单一储备货币主导的结果。事实上，对单一货币的过度依赖也是全球经济失衡的根源。

如果从国际货币体系中心国和其他国家之间的贸易关系看，那么，全球经济失衡并非一个新现象。在金本位制时代或金汇兑本位制时代（布雷顿森林体系），全球经济失衡表现为中心国持续的贸易顺差和其他国家持续的资本项目逆差。中心国之所以必须维持贸易顺差的原因在于，尽管部分准备制使得商业银行的派生货币在很大程度上摆脱了黄金的约束，但是，中央银行以固定比价兑换黄金的承诺使得黄金储备依然是发行基础货币的硬约束，而获得黄金的最重要的手段就是贸易顺差。同时，中心国为保证"外围国家"对本国商品的购买力，又需要输出以黄金为准备的货币，这就构成了资本项目的逆差。所以，金本位时代国际货币体系的中心国（英国）和布雷顿森林体系下的中心国（美国）都存

---

① 例如，通过一级交易商信贷设施（Federal Reserve's Primary Dealer Credit Facility）、资产支撑商业票据货币基金流动性设施（Asset-Backed Commercial Paper Money Market Mutual Fund Liquidity Facility）、商业票据融资设施（Commercial Paper Funding Facility LLC）和美联储纽约分部创设的持股公司（Maiden Lane LLC、Maiden Lane II LLC和Maiden Lane III LLC），美联储为摩根大通银行（JP Morgan Chase）收购贝尔斯登（Bear Stern）的行动以及购买货币市场基金、AIG（American International Group）持有的有毒资产提供的资金。

在长期的贸易顺差（见表9中关于美国的统计）。一旦贸易差额由顺差趋势性地转为逆差，以至于以固定比价兑换黄金的承诺不可信，则要么是中心国的地位被取代（如"一战"后美国对英国的替代），要么是整个体系的崩溃（如1970年代布雷顿森林体系的瓦解）。

表9 美国储蓄率、投资率和净出口率的演化

单位：%

	1930年代	1940年代	1950年代	1960年代	1970年代	1980年代	1990年代	2001~2007年
投资率	8.14	10.56	15.79	15.49	16.77	16.88	15.46	12.91
储蓄率	8.41	11.71	16.09	16.11	16.59	15.07	14.16	9.12
净出口率	0.27	1.14	0.30	0.62	-0.18	-1.81	-1.30	-3.80

资料来源：美国商务部。

在信用本位制下，全球经济失衡表现为中心国持续的贸易逆差和其他国家持续的贸易顺差。如本文前面所分析，信用货币必然对应着货币发行国某个经济部门的债务，当中心国的信用货币作为世界货币被其他国家持有时，就意味着其他国家向中心国提供了信用——其表现形式在实物方面是其他国家对中心国的顺差，在资本与金融账户方面则是其他国家对中心国的逆差。这种差异——金本位、金汇兑本位和信用本位制下中心国贸易差额的不同在表9中体现得淋漓尽致：在20世纪70年代布雷顿森林体系崩溃前，美国一直保持着贸易顺差；从70年代开始转为贸易逆差，并且，贸易逆差的规模不断扩大。然而，与金本位或金汇兑本位制下中心国兑换黄金的承诺不可信一样，在信用本位制下，中心国的过度负债将导致货币的信用基础动摇乃至坍塌。

不同货币本位制下国际货币体系的不稳定都可以用"特立芬两难"予以解释：在金本位或金汇兑本位制下，这表现为中心国维持货币的黄金价值与对中心国货币的世界需求之间的矛盾；在信用本位制下，这表现为中心国保持足够的偿付能力以维持货币的信用与中心国货币的世界需求之间的矛盾。

在不同货币本位制下，克服"特立芬两难"的方法也有所不同：在金本位或金汇兑本位制下，要么是另一个有雄厚黄金储备的新兴强国来取代衰落的中心国，要么是放弃货币的黄金平价；在信用本位制下，只能是依靠储备货币的多元化，这一则可以为世界货币需求提供足够的、可持续的信用基础；二则可以在储备货币国之间形成相互竞争、相互制约、防止滥发信用的格局。为了形成这样一种以多元化储备货币为基础的国际货币体系，对于新兴的储备货币国而言，必然要求其具有以内需为主导的经济增长模式（以形成可持续的贸易逆差、输出本国货币）和发达的资本市场（以形成稳定的资本项目顺差、吸

纳回流的本国货币)。由此观之,美国以内需为主导的经济增长和金融发展模式并不是问题,问题在于全球主要经济体中只有美国拥有这样的模式。

(本文发表于《金融评论》2009年创刊号)

参考文献

[1] Allen, Franklin and Douglas Gale. 2000. *Comparing Financial System*. Massachusetts Institute of Technology.

[2] Auerbach, Alan J., 1990. U. S. Demographics and Saing: Predicions of Three Saving Models. , NBER working paper, www. nber. org.

[3] Cecchetti, Stephen G. 2008. Crisis and Reponses: the Federal Reserve and the Financial Crisis of 2007－2008. , NBER working paper, www. nber. org.

[4] Hurd, Michael D. 1993. The effects of Demographic Trends on Consuption, Saving and Government Expenditures in the U. S. , NBER working paper, www. nber. org.

[5] Gokhale, Jagadeesh, Laurence J. Kotlikoff and John Sabelhaus. 1996. Understanding the Postwar Decline in U. S. Saving: A Cohort Analysis. , NBER working paper, www. nber. org.

[6] Gorton, Gary B. 2008. The Subprime Panic. NBER working paper, www. nber. org.

[7] Fledstein, Martin. 1995. Social Security and Saving: New Time Series Evidence. , NBER working paper, www. nber. org.

[8] Lusardi, Annamaria. , Jonathan Skinner and Steven Venti. 2001. Saving Puzzles and Saving Policies in the United States. , NBER working paper, www. nber. org.

[9] Parker, Jonathan A. , 1999. Spendthrift in America? On Two Decades of Decline in the U. S. Saving Rate. , NBER working paper, www. nber. org.

[10] Reinsdorf, Marshall and Maria Perozek. 2000. Alternative Measures of Personal Saving and Measures of Change in Personal Wealth. Mimeo, Federal Reserve Board of Governors, Washington DC, November.

[11] Peach, Richard and Charles Steindel. 2000. A Nation of Spendthrifts? An Analysis of Trends in Personal and Gross Saving. *Current Issues in Economics and Finance*, 6, pp. 1－6.

附录:关于美国居民部门储蓄率的计量检验

在检验过程中,我们发现反映财富效应的净值与反映信贷可得性的两个指标(居民负债占信用市场工具比重、居民所有权在房产中比重)存在着共线性现象。即,财富效应、信贷可得性和信贷成本无法同时作为解释变量。进一步检验发现,财富效应与信贷可得性具有高度的正相关性,其中,净值与居民负债占信用市场工具比重、居民所有权在房产中比重的相关系数分别达到了86%和-81%(见附表1)。财富效应与信贷可得性的这种关系并不奇怪,它仅仅是基于净值基础的借贷消费模式的反映,因此,在检验中我们将两类变量分开进行。

附表1 四变量相关性检验(1984~2006年)

单位:10亿美元

	NETWORTH	CREDIT	EMORTGAGE	INTERESTOUTLAY
NETWORTH	1	0.8607	-0.8120	-0.2958
CREDIT	0.8607	1	-0.9687	0.0223
EMORTGAGE	-0.8120	-0.9686	1	0.0343
INTERESTOUTLAY	-0.2958	0.0223	0.0343	1

注:变量说明①CREDIT:居民负债占信用市场工具比重;②INTERESTOUTLAY:居民利息支出与全部金融负债之比;③EMORTGAGE:居民在房产中的所有权比重;④NETWORTH:居民部门的净值。

在附表2中,我们以储蓄率为被解释变量,分别以反映财富效应的指标(净值)、信贷可得性的两个指标和信贷成本作为解释变量,进行了四个线性回归模型检验。尽管四个模型的调整后R^2都非常高,但是,从DW统计量和BG统计量看,模型2和模型3存在伪回归的可能,而模型1和模型4具有较强的解释力。

附表2 美国居民部门储蓄率计量(1984~2006年)

	模型1	模型2	模型3	模型4
Credit	-0.4501(0.0000)			
Interestoutlay		4.0513(0.0000)		
Emortgage			0.5244(0.0000)	
Networth				-2.14e-06(0.0000)
Ajusted R^2	0.9207	0.7377	0.8277	0.9155
DW-statistic	1.0799	0.5339	0.6280	0.9355
BG F-statistic(probability)	0.2397	0.0006	0.0024	0.1638
BG Obs*R^2(probability)	0.2008	0.0020	0.0045	0.1362

注:被解释变量为居民储蓄率;括号中数字为显著性水平;表中均忽略了截距项的统计结果。

美国经常账户失衡：表现、理论与政策
——兼驳伯南克"世界储蓄过剩"论

何海峰

一 导论

2009年1月1日，美国前财政部长保尔森在接受英国《金融时报》的采访时，抛出了"这次危机部分缘于新兴市场国家对全球金融体系的重构"的观点。他认为，中国和石油输出国的巨额储蓄，为全球信贷泡沫埋下了祸根，并导致了后来的危机。

无独有偶，2009年1/2月期的美国《外交》杂志（"Foreign Affairs"）的卷首文章——美国前财政部副部长阿尔特曼（Roger C. Altman）撰写的《大崩溃：2008》（*The Great Crash*, 2008）也认为，"一般人都把这场经济危机归咎于房价以及美国次贷市场的崩盘，这是不正确的。这场危机较为深刻的原因是低利率与过度泛滥的流动性……流动性反映了美联储主席伯南克所谓的'世界储蓄过剩'（the global saving glut）：极大的金融过剩，这在诸如中国、新加坡、波斯湾等国家中表现得尤为明显。"

于是，伯南克2005年3月那篇当时并不十分引人注目的文章——《世界储蓄过剩与美国经常账户赤字》，在某种程度上就成为美国解释当前金融危机理论与政策选择的官方表述。事实上，作为全球失衡代表的美国经常账户失衡（或贸易失衡）的发展由来已久，而剖析这一现象究竟遵循何种理论框架则成为正确解释的关键——并进一步成为政策制定和对策选择的基础。幸好，经济学最普通的常识是，实践的发展存在其合理的逻辑，当理论不能解释事实时，我们不能说实践错了，而只能是对理论的认识存在问题。

二 美国经常账户失衡的表现

毋庸置疑，由美国等西方发达国家发起和主导的经济开放与全球化对于促进世界经济繁荣和减少贫困具有重要意义；但是，经济全球化在21世纪之后也造成了一个愈发难解的死循环，这就是以美国为代表的全球失衡（或全球贸易失衡）。

(一) 全球失衡之重：美国经常账户失衡

美国经常账户失衡开始引起世人更多关注是与"全球失衡"这一概念的出现相伴随的，而后者最早由国际货币基金组织提出。[①] 拉托指出，全球失衡是指这样一种现象：即一国拥有大量贸易赤字，而与该国贸易赤字相对应的贸易盈余则集中在其他一些国家。拉托还进一步明确表示：当前全球失衡的主要表现是，美国经常账户赤字庞大、债务增长迅速，而日本、中国和亚洲其他主要新兴市场国家对美国持有大量贸易盈余。[②] 显然，所谓全球失衡，在相当程度上可以归结为东亚各国与美国之间的经常项目交易失衡。

2006年4月21日，G7会议一反常态地发表了足足两页的声明——第二页全部是关于全球失衡的内容；随后，经济合作与发展组织[③]和国际货币基金组织也相继发表了非常严厉的警告——鉴于全球失衡主要就是美国的贸易逆差，这三个组织都认为美国贸易赤字问题已经严重到了需要世界各国立即行动加以解决的地步，否则将发生美元崩溃等灾难性的后果。国际货币基金组织更直截了当地声明："为了妥善解决全球失衡，需要再次平衡不同国家之间的需求，并进行中期汇率调整。美元应从目前水平上大幅贬值，而一部分亚洲国家和产油国等贸易顺差国家货币则需要进一步升值。"[④] G7更是在其声明中特别指出，"中国应赋予汇率更大弹性使人民币升值，同时应加强内需，减轻对出口导向型增长战略的依赖。"[⑤]

那么，美国经常账户又是何时开始失衡的呢？

(二) 1971年：逆差的起点

众所周知，无论在理论研究抑或政策、实践上，1971年都是国际经济和金融发展的分水岭，许多改变历史的重要事件都发生在这一年。同样，对于二战后一直如日中天的美国经济与贸易来说，货物贸易与经常账户在1971年第一次出现了逆差；随后几年，略经反复，其大势难挡，一路下滑。数据显示，经常账户逆差在1987年达到了第一个高

[①] 2005年2月23日，国际货币基金组织总裁拉托在题为《纠正全球失衡——避免相互指责》的演讲中正式使用了全球失衡（global imbalance）一词。
[②] 限于篇幅，这里未给出详细数字，可以参见IMF的IFS相关统计。
[③] *OECD Economic Outlook No. 79.*
[④] *World Economic Outlook. April 2006: Globalization and Inflation*, p.1.
[⑤] *Statement by G7 Finance Ministers and Central Bank Governors, Annex: Global Imbalance*——Washington, April 21, 2006.

点——1600亿美元;其后可以认为主要在日元和德国马克升值作用下,[①] 逐渐改善——甚至在1991年一度实现了顺差;但是此后,尤其是21世纪以来,美国经常账户逆差加速猛涨,屡创新高,直到2006年次贷危机爆发为止。

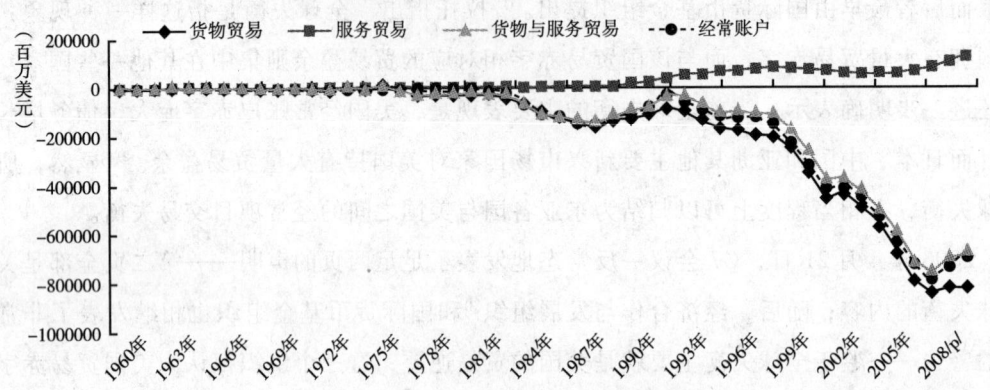

图1　美国1960年以来的经常账户逆差

注:从统计数据上看,美国服务贸易一直保持顺差,但对经常账户头寸影响有限;而货物贸易、货物与服务贸易均与经常账户保持一致态势。

资料来源:美国BEA。

根据国际货币基金组织关于经常账户逆差占GDP比例的警告级别,美国1986年、1987年超过了3%,首次领到"黄牌";1999年再次超过了3%,此后除2001年外均高于3%;2004～2007年超过了5%——连续领到了4张"红牌",其中2006年更高达5.98%。终于,伯南克在2005年3月发表了前文所提到的观点,但在美国经济实体面和金融面均表现较好的情况下,没有引起太多关注。

(三)变化与不变的对手方

囿于数据的可得性,[②] 从地区分布上看,如图3所示,1998年之前,似乎欧洲是美国经常账户逆差的最主要伙伴。但是,这里存在两个问题。第一,欧洲与美国经常账户往来顺差和逆差地位不断出现交替,1994年之后才稳定并逐步扩大了顺差对手的头寸;第二,事实上,1970～1998年,日本相对于美国的顺差头寸比整个欧洲都大,而且全部年份都是顺差对手。

---

① 即1985年《广场协议》以及随后的1987年《卢浮宫协议》。
② 对于1998年之前的情况,美国商务部只有统计和公布了欧洲、拉美及其他西半球、中东地区的国际交易账户数据(International Transaction Account);1999年之后,才有全部地区的数据。

美国经常账户失衡：表现、理论与政策 | 343

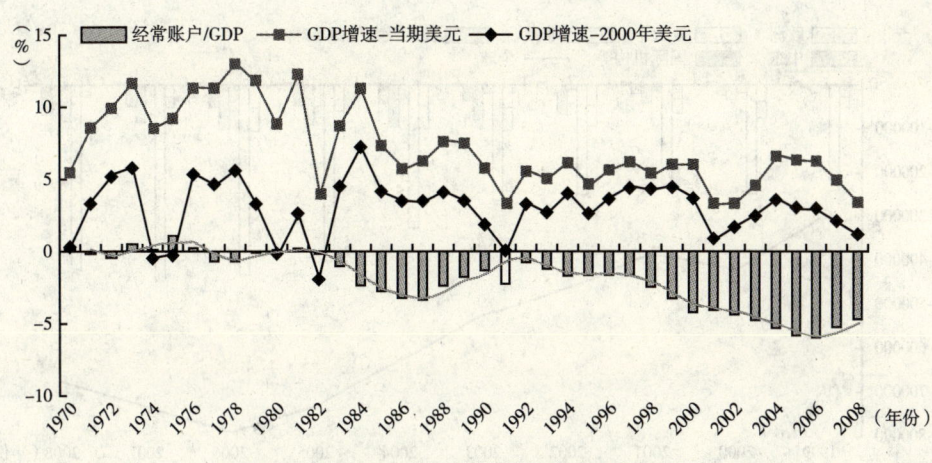

图 2　美国 1970 年以来的经常账户余额/GDP

资料来源：美国 BEA。

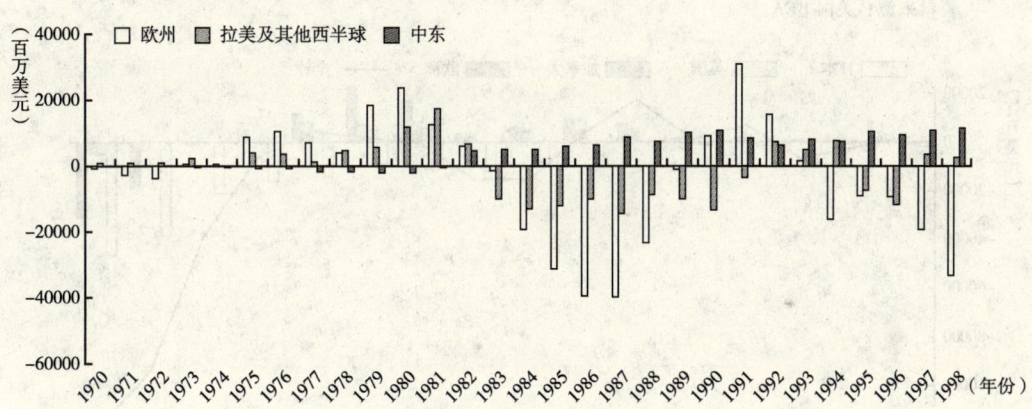

图 3　1970～1998 年美国经常账户逆差地区分布

资料来源：美国 BEA。

从 1999 年开始，美国的统计数据显示，亚洲压倒性地成为最大顺差地区并保持至今。这里面，既包括日本连续而稳定的"贡献"；又包括中国加入世界贸易组织之后对于国际经济更广泛和逐步深入的参与；同时，还要包括东亚、东南亚其他国家出口的逐渐增长。

从国家分布上看，同样基于可得数据，① 1970～1985 年，日本在主要发达国家中处于"一枝独秀"的地位，即使在美国经常账户出现顺差时期也不例外。在此期间，欧洲相对美国的逆差地位显然帮助美国维持了几次短暂的复衡挣扎；而当欧洲盟友转变"立场"后，美国经常账户逆差便开始滑向了 1987 年的第一次深渊。

---

① 从美国商务部的数据看，1985 年之前，没有与德国和法国的往来统计；1998 年之前，没有与中国的往来统计。

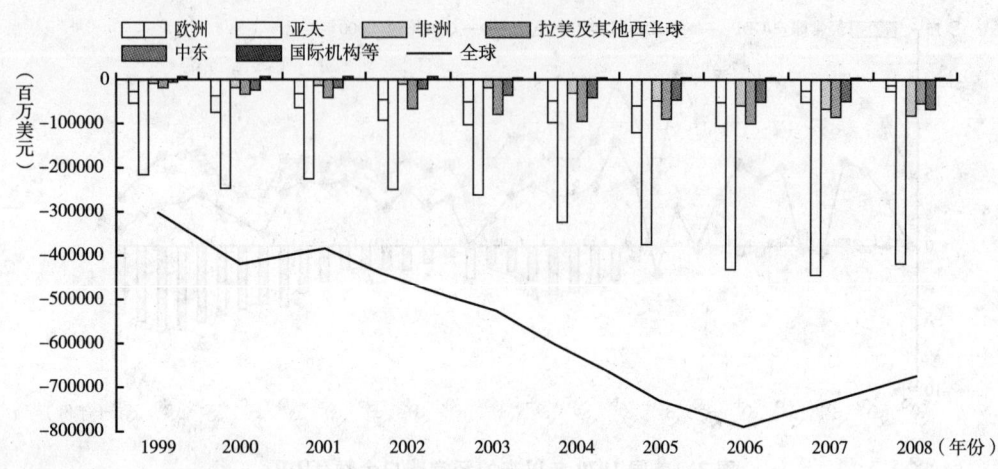

图4 1999~2008年美国经常账户差地区分布

资料来源：美国BEA。

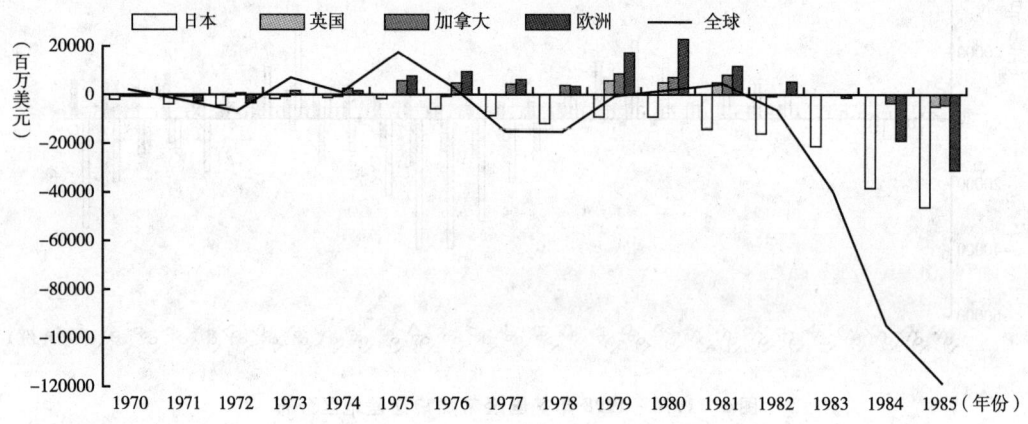

图5 1970~1985年美国经常账户逆差国家分布

资料来源：美国BEA。

从1987年开始，美国两年前的施压开始显示效果，日本和欧洲（当然包括德国）对于美国的顺差头寸逐步减小。1991年，统一后的德国对美国出现了逆差；1990~1992年，欧洲整体表现为明显的逆差——美国经常账户实现了平衡。这个回光返照式的平衡之后，美国经常账户便大踏步、快速地滑向了一条不归之路。在此期间，美国之外的几次金融危机——包括1994年的墨西哥、1997~1998年的东南亚、1998年的俄罗斯以及后来1999年的巴西和2002年的阿根廷，均成为美国经常账户失衡的注脚；但是，它们后来竟成了伯南克（2005）用来提出"世界储蓄过剩论"的反面证据。

1999年和2000年，日本和中国是美国最大的两个顺差国；2001年，中国加入WTO，

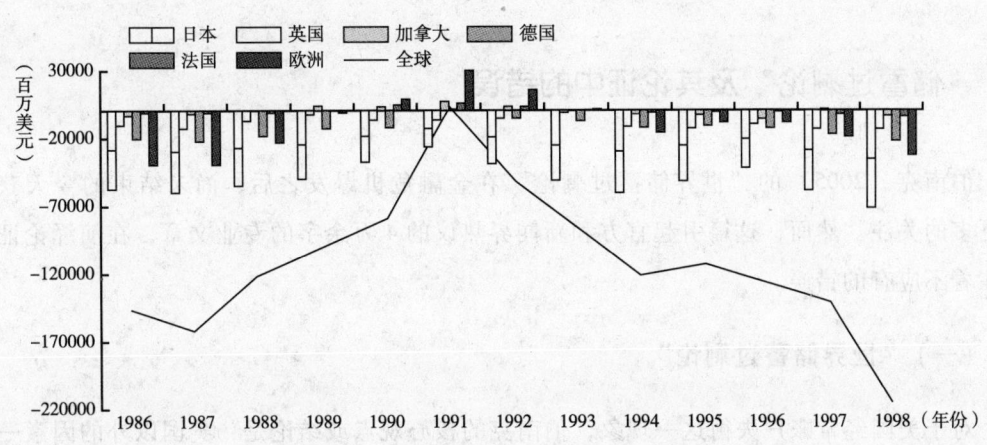

图 6　1986～1998 年美国经常账户逆差国家分布

资料来源：美国 BEA。

自此开始成为美国的最大顺差国。随后，日本延续着以往的惯势，不管国内经济如何持续低迷，基本保持了对美国相对稳定的经常项目顺差；而中国随着经济的高速增长，始终处于双顺差状况，其对美国的经常项目顺差一路走高，并一步一步成为美国的最大"债权国"，终于出现了今日对于中美双方均可谓的悬河之势。

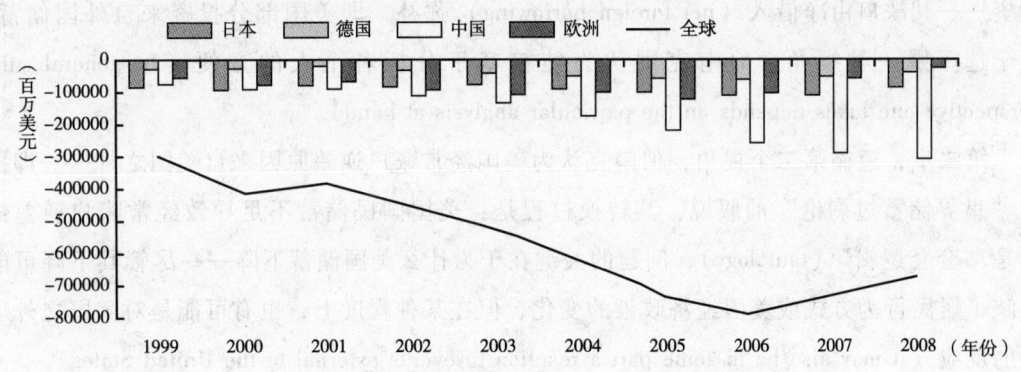

图 7　1999～2008 年美国经常账户逆差国家分布

资料来源：美国 BEA。

随着这次金融危机的爆发，世界上更多的组织机构和研究者开始呼吁主要经济体应加强合作与政策协调，指出这对于美国和中国尤其具有战略意义。但是，正确的认识乃是制定政策、实践操作的前提——难道真是"储蓄过剩"导致了美国经常账户失衡、全球失衡乃至国际金融危机吗？

三 "储蓄过剩论"及其论证中的错误

伯南克(2005)的"世界储蓄过剩论"在金融危机爆发之后,尚未结束的今天获得了更多的关注。然而,这篇引起官方和新闻界热议的4万余字的专业文章,在演绎论证中存在着不应有的错误。

(一)"世界储蓄过剩论"

对于美国经常账户失衡这一现象,伯南克的核心观点或结论是:美国以外的因素——例如金融危机使得新兴市场国家由国际资本的借入者转变为了贷出者,在美国经常账户赤字的发展演化中发挥了重要的核心作用,其传导机制主要通过股票价格、房屋价格、实际利率以及美元汇率来完成。

伯南克的论证逻辑主要包括以下四步。

第一步,说明分析美国经常账户可采取的二选一的视角:其一,美国贸易方式;其二,储蓄、投资和国际资本流动。尽管来自不同的核算恒等式,但这两个视角完全是"同一硬币的两面"。对于第二个视角,伯南克承认美国国民储蓄水平低且不能满足资本投资——其缺口由净借入(net foreign borrowing)弥补,即美国部分投资来自外国储蓄。至于选择哪一种视角,伯南克则认为纯粹基于分析者个人的方便(In general, the perspective one takes depends on the particular analysis at hand)。

第二步,遵循第二个视角,伯南克认为美国经常账户逆差原因来自美国之外——即提出"世界储蓄过剩论"的假说,其转换过程是:美国国民储蓄不足导致经常账户逆差纯粹是"套套逻辑"(tautology),问题的关键在于为什么美国储蓄下降——尽管其下降可能反映了居民行为方式或美国经济政策的变化,但在某种程度上,也有可能是对美国之外事件的反应(it may also be in some part a reaction to events external to the United States)。

第三步,推导世界储蓄过剩如何造成美国经常账户逆差,这也是最重要的论证环节。

首先,伯南克列举了1996年与2003年不同组别国家经常账户余额的状况,然后指出——"确实"存在世界储蓄过剩——它们主要由发展中国家经常账户顺差构成,这些顺差基本抵补了美国经常账户逆差。

那么,又是什么原因导致了发展中国家的大量经常账户顺差呢?伯南克认为,一个关键因素是这些国家此前10多年间经历的金融危机,而危机之后的自然反应就是不断积累外汇储备——例如韩国、泰国等东亚国家;同时,东亚国家在危机后采取的出口导向也加强了其经常账户的顺差地位;至于中国,虽然免受危机的最严重打击也同样积累了大量外汇储备——这些国家积累的外汇储备又纷纷投资于美国国债。另一个因素则在于原油价格的不断上升,例如中东、俄罗斯等。

其次,鉴于美国的诸多优点,这么多的过剩储蓄迅速涌入美国。在2000年之前,它们造成了美国股指大涨和美元升值,而美国家庭财富的增加和收入预期的高企使居民不再关注储蓄而是扩大消费;在2000年3月股市下落之后,全球过剩储蓄对美国经常账户赤字的影响机制也随之转变——低利率推动了房屋购买与投资,房屋价值增长以及再融资与房贷的便利进一步降低了储蓄,并与2003年的股市复苏一起推动了美国经常账户赤字的进一步扩大。

最后,为什么这些过剩储蓄没有投向其他的发达国家?伯南克认为,原因之一在于美国是1990年代IT革命的投资集中地,而且美国的金融市场富于深度和成熟度;另外一个原因则在于美元特殊的国际地位,即美元是国际储备货币并被一些发展中国家货币所盯住。

这样分析下来,伯南克得出了结论:美国经常账户失衡在于发展中国家和新兴市场国家经常账户状态的转变,这种转变使这些国家由国际资本市场上的借入者变成了最大的输出者,发展中国家的转变与日本、德国以及其他主要工业国家的高储蓄倾向一起造成了世界储蓄过剩,这导致了美国股市高涨以及随后的房价上升,最终结果就是美国国民储蓄的下降和经常账户赤字的增大。

第四步,解释这一现象及其分析的经济和政策意义。

伯南克认为,经济含义包括了四个方面。第一,对于发展中国家和新兴市场国家来说,这种资本流动方式短期内达到了危机后的"姑息治疗"效果(a short-term palliative,即治标处置),长期看终将产生相反结果(could prove counterproductive)——尽管该方式仍可能持续下去。① 第二,大量资本不断流入美国和其他具有外部债务工业国家的住宅建设行业(而不是装备和制造业),这尽管促进了当期消费,但也势必增加未来的偿债负担;第三,资本流入的产业结构扭曲——将来,外向型产业(如制造业)被压制而非贸易品产业(如住宅建设业)迅速增长的情况必将得到纠正而反转,那么,不同的产业及就业者将不可避免地承担真实调整成本;第四,美国经常账户赤字必然要求外国资本流入,一段时期内这一过程仍将持续。

---

① 伯南克指出,"最基本的经济学逻辑指出,在长期内,工业国家整体上应处于经常账户盈余状态并向发展经济体提供净借贷,而不是相反。如果金融资本按这种'自然'方向流动,工业国家的储蓄者将获得较高回报和享受改善了的多样化;而发展中国家的借款者将获得资金以进行资本投资,进而促进经济增长和提高生活标准。"

至于政策意义，伯南克认为，尽管美国政府削减财政赤字与鼓励增加储蓄的政策方向正确，但解决不了实质性问题——治本之道在于发展中国家的选择，主要包括：①鼓励发展中国家在国际资本市场上更多地借入资本，而不是相反（例如改善其投资环境）；②帮助发展中国家改进金融体制（例如改进银行监管、增加金融透明）；③金融自由化是特别好的选择。

（二）伯南克论证中的问题

伯南克的观点看似环环相扣，实则存在不少问题，这里对应其论证步骤进行分析。

第一步，视角选择具有观点的预设倾向。首先，国民经济从事后核算看都是恒等式，但关键的是事前均衡的决定与变动，这是一个基本常识；但是，它被伯南克回避掉了。其次，伯南克选择了第二个视角，因为他认为"美国贸易余额只是狗的尾巴，它完全是被国内外收入、资产价格以及汇率这些更加基础的驱动因素所决定的"。采用第一个视角的研究者认为，美国经常账户赤字来自美国和国际产品质量与结构、贸易政策（或不公平的国外贸易竞争）等方面的变化。实际上，这里又涉及了一个宏观经济的分析范式问题——即贸易问题一般属于实体经济范畴，因此应多进行真实分析（real analysis），当然也可以辅以货币金融分析（monetary analysis）。[①]伯南克的舍本逐末，可以简化为"货币金融决定实体经济问题"，这显然不符合实践和一般认识——例如，汇率可以影响和冲击国际贸易，但贸易最根本的决定因素还是一国的生产效率以及企业和产品的竞争力。

第二步，伯南克用"也有可能"把本国储蓄的下降归咎于外国因素，这尽管牵强，但还要看下面的具体论证。这里需要特别指明的是，他已经开始模糊了两个概念的区别，即国民储蓄和个人储蓄行为，这不仅是总量与个体决策的差别，更重要的是涉及了一个根本问题——理论范式问题，本文将在第四部分加以具体说明。

第三步，在其最重要的论证环节中，一些重要事实的发展顺序和逻辑出现了裁减重置。历史的真实可以还原如下。

首先，发展中国家和新兴市场经济体"经常账户的改善，从赤字转为盈余，最初是由出口制成品的新兴市场经济体货币大幅贬值所致。在大多数这样的国家，经常账户的改善始于亚洲金融危机结束后，继而由于政府和中央银行努力维持有竞争力的实际汇率，经常账户继续改善。"[②] 也就是说，这些国家（包括中国）遵循国际产业分工，按照比较优

[①] 熊彼特（1954）已对此这两种分析的差别进行过经典界定。
[②] 联合国贸易和发展会议，《2008年贸易和发展报告》，第8页。

势选择了外向型发展战略,然后由于经常账户改善才获得了外汇储备(此前危机已造成了资本外逃),而外汇储备的积累是为了避免遭受再次冲击——而不是为了投资于美国国债,后者只是一个自然的保值手段而已。至于中国经常账户顺差激增问题,下文将说明,最新研究表明——它还有其他相当重要的原因。

其次,在20世纪30年代"大萧条"时期,美国个人储蓄率就曾低于零,1933年降至历史的最低点-1.5%。从1984年开始,个人储蓄率开始了新一轮下降;1999年,它已降至2%左右的水平,并维持6年之久,2005~2007年均低于1%。因此,美国经常账户赤字与其低储蓄率很大程度上是各有其因、各自发展的,不能因为事后数字核算的相近就断定它们之间存在强联系或者弱联系,更何况这种联系还很可能不是因果关系而仅仅是相关关系呢?

第四步,伯南克的政策建议由于以上环节的问题——特别是立场问题,实际上已无太多参考价值。其实质是,调整的责任主要落在发展中国家而不是美国,调整的最好途径还是金融自由化。这实在具有讽刺意味,经受过一系列金融危机、资本外逃、汇率动荡打击之后的发展中国家,其经济和金融刚刚有了起色,难道现在又要放松管制、开放资本账户了吗?

以上一些逻辑或事实问题,如果从伯南克作为美联储主席立场出发,似乎还可以理解。但是,如果把伯南克还原为经济学家来看待的话,这里面隐含着一个更大的问题。

四 储蓄缺口模型、新古典增长模型与凯恩斯—熊彼特模型:从主流回到传统?

对于作为主流经济学家的伯南克来说,不可思议也无法接受的事实是:发展中国家作为整体成为了资本净输出方,而美国竟然成了资本净输入方(伴随着日益扩大的贸易逆差)。他有意还是无意误读这一事实的深刻原因在于他所遵循的主流理论范式——储蓄缺口模型和新古典增长模型的界限性,而传统的凯恩斯—熊彼特范式可能具有更好的解释力。

(一)储蓄缺口模型

储蓄缺口模型指的是20世纪40~50年代的主流经济增长理论——哈罗德—多马模型(Harrod,1939;Domar,1957)。基于该模型的众多分析框架都认为,资本积累速度取决于资本深化(capital deepening)与资本扩大化(capital widening)的差异——前者指的是资本—劳动比率,后者指的是用于保持前者恒定的人均储蓄。如果全要素生产率(TFP)

不变,"只要人均储蓄大于资本扩大化,就可实现人均意义上的经济增长"(Sachs, 2004)——这一结论成立的前提是,生产性投资确实是经济增长的决定性因素。所以,一旦国内储蓄与国内生产性投资实现了均衡,这一论断就产生了问题——它意味着投资增长更快的国家,其经济增长相对于投资增长慢的国家就更快。哈罗德—多马模型论证了它的前提假设,也就成了"车轱辘话"[①]。

前文说过,伯南克采用储蓄缺口模型来确立观点——发展中国家应转变目前在国际资本市场的头寸地位,因为它们由于资本深化不足而限制了经济的增长。该模型就是基于居民储蓄是其国内储蓄的唯一来源这一重要假设——另外一个重要假设是储蓄不变地通过生产性投资而转化为固定资本。这两个假设中的任意一个一旦放松,外国储蓄的流入实际上对于促进生产性投资来说就不是那么的重要了。活生生的现实例子是,20世纪末叶的拉丁美洲虽然吸引了大量资本流入,投资率和经济增长却依然低迷。

(二) 新古典增长模型

新古典增长模型最初是由索洛(Solow,1956)和斯旺(Swan,1956)所创建。它认为,只有在经济失衡时,储蓄(和投资)才能推动经济的增长;而长期内,经济增长仅由技术决定——而技术则由非经济变量外生地决定。以索洛—斯旺模型为基础,一系列改进模型得以建立,尤其是把储蓄率"内生化"的卡斯—库普曼模型(Cass,1965;Koopmans,1965)——在该模型中,一个代表性个体寻求终生效用的最优化。[②] 需要注意的是,由于开放经济中的储蓄者可以在外国储蓄,因此,开放经济的新古典模型认为国内储蓄与国内投资决策之间不应该具有关系。

正如卢卡斯(1990)首先指出的那样,由于新古典模型假定了各国每单位产出的利润是相同的,那么资本存量低的国家就应该具有较高的边际资本产量(MPC),这样它们应该显示为净资本流入状态。但是,现实中却很少看到资本从发达国家流向发展中国家。这就是所谓的"卢卡斯悖论"。随后,Gourinchas 和 Jeanne(2007)的实证研究发现:经常账户与 TFP 增长之间存在正向关系,净资本流入与向世界先进技术收敛之间存在反向关系。这一结果更加有力地反驳了新古典增长模型——在新古典模型看来,发展中国家要

[①] 投资增长快,经济增长才能快;而要投资增长快,就得储蓄增长快;怎样才能储蓄增长快呢?只有经济增长快。

[②] 如我们所知道的那样,该模型认为,储蓄与经济增长之间的差距取决于冲击的性质以及冲击是永久性的还是暂时性的。如果对 GDP 增长的冲击是暂时性的,收入和储蓄会发生同方向变动;而如果冲击是永久性的话,收入和储蓄就会发生反方向变动;而当冲击是来自储蓄率时(如理性代表人偏好发生变化),收入和储蓄则发生同方向变动。

更快速地追赶世界先进技术，就需要引进更多资本（即出现大规模的经常账户赤字）。尽管 Gourinchas 和 Jeanne（2007）解释了"卢卡斯悖论"，但他们却发现，同样是发展中国家，资本似乎更多流向了经济增长更慢的经济体——这一结果被他们称为"配置谜团"（allocation puzzle）。[①]

作为主流模型的储蓄缺口模型和新古典增长模型所存在的缺陷，注定了伯南克结论及建议的错误与无效。也许，传统的凯恩斯—熊彼特模型似乎更具现实解释力。

（三） 凯恩斯—熊彼特模型

对于储蓄—投资关系问题，凯恩斯和熊彼特的经典著作集中在企业利润如何影响储蓄与投资的调整变化上，而这才是问题的关键。他们认为，不同国家之间并不存在一条预设的发展道路，它们的发展会遇到不同的外部数量冲击、价格冲击以及政策冲击。我们知道，凯恩斯—熊彼特模型没有完全信息、完全理性的假定，也不认为经济中存在自动回到充分就业的机制，这种观点无疑反映了现实世界的复杂性和不完美，而且已经被战后西欧恢复和东亚赶超发展的成功经验证实。从宏观上看，经济只要没有达到充分就业，总需求的增长（不管国内还是国外）就会带来产出和利润的增加。从微观上看，企业利润丰厚直接加大公司进行投资的动力，也增强利用留存收入为新投资提供资金的能力。

如同我们已经看到的现实那样，企业利润直接随需求变化而变化，基于利润预期（而不是储蓄水平）的企业决策决定了实际生产性资本的投资水平。例如，储蓄率的下降并不必然导致投资的减少；相反，它意味着消费者需求的增加，接下来会提高利润并刺激投资。同样地，有利于国内生产者的相对价格变化使经常账户得到改善，但这并不意味着外国储蓄流入的下降以及投资的减少；相反，它是一种总需求和国内生产者利润的增加，往往带来更多的投资。因此，储蓄增加并不是投资增加或经常账户改善的原因；恰恰相反——是经常账户的变化导致了投资和储蓄水平的变化。

简言之，新古典增长模型认为，需要私人家庭"更多储蓄"或需要发展中国家吸引更多"外国储蓄"，这样才能提高固定资本投资；而凯恩斯—熊彼特模型则强调，正向的需求和利润预期是国内企业的动力，而且企业需要可靠、可负担得起的融资来源。伯南克的分析正如前者，因而不能解释"不合理的"现实。

---

① 最新的代表性研究还包括 Prasad、Rajan 及 Subramanian（2007）和 Rodrik 与 Subramanian（2008），观点不尽一致。

五 老故事中的新因素：中国贸易顺差

作为美国经常账户逆差目前最大的对手方，中国成了这一老故事的新因素，这里有必要稍做解释。

过去20年以来，在全球化背景下，发达国家主导了全球产业分工的深化，并决定了国际分工和贸易格局的变化——美国等发达国家把低附加值制造业不断向发展中国家转移，也造成了发达国家对制造业产品进口需求的依赖不断加重。在这种新的分工条件下，新兴市场国家的贸易顺差只是一种被动选择的结果，中国也不例外。

中国贸易顺差的变动路径大致是：1994~1998年人民币大幅贬值后，中国贸易顺差快速增长；亚洲金融危机之后，增长趋于平稳；2005年7月人民币升值前后，顺差开始激增，随后迅速翻倍。事实正如众目所见，中国采取了浮动汇率之后，人民币对美欧主要逆差国货币全都升值，但顺差反而以每年倍增的速度增长。针对这一反常现象，我们不仅需要考察顺差的具体结构表现，更需要从理论高度进行解释。

首先，作为全球产业转移的必然结果，中国的出口增长有以下三种具体表现：[①] 一是从1999年以来，加工贸易顺差均高于当年贸易顺差总额。2008年前三季度中国贸易顺差为1809.9亿美元，加工贸易顺差达到了2141亿美元。二是2002~2007年，外资企业的顺差占总顺差的比例从31%提高到51%。同样根据商务部的最新数据，2008年1~10月，外资企业的顺差占比进一步提高到61%。三是出口转移明显。不仅发达国家制造业不断转向中国，一些新兴市场经济体的制造业也在加大向中国的转移。近年来，中国对美欧的较大贸易顺差以及对东亚和一些石油输出国的贸易逆差中，相当一部分贸易顺差是从其他国家转移过来的。此外，发达国家设置多重贸易壁垒，限制和禁止高科技技术装备对中国的出口，这进一步加大了贸易顺差。

其次，根据张平（2009）的研究，中国贸易顺差中约有一半并非是贸易竞争力提高所致，而与金融套利资金有关。借助结构突变模型，该研究按季度模拟了正常贸易—技术结构条件下的贸易顺差与因汇率变动引起的结构突变下实际值的差距。他们先估计正常技术—贸易条件下的顺差值，然后根据实际值与模拟值的差来分析升值因素引起的顺差，结果发现中国49%的顺差无法用技术—贸易的常规增长条件加以解释——其中包含着大量套利而来的资金。这一研究验证了中国贸易顺差具有很强的金融因素，而且其贡献幅度将近一半。

---

① 这部分数据来自商务部网站。

六 结论

美国储蓄率持续下降和贸易逆差大幅上升由来已久。它由两方面原因导致,其一,美国自身扩张型的国内政策刺激了个人消费增长(以及公共开支的扩大①),导致居民个人和政府储蓄率不断降低;其二,美国在大量进口消费品以满足本国市场需求的同时,却对出口设置各种障碍,阻止本国高新技术产品出口到发展中国家。

从表面上看,金融危机似乎和全球失衡存在着某种关联。但事实上,危机的根本原因在于美国自身。从各种主流观点来看,美国宏观经济政策失误、世界金融体系存在重大缺陷以及监管不足等问题,无疑是导致此次危机爆发的最重要的原因。

伯南克用来分析美国经常账户逆差的储蓄缺口模型和新古典增长模型存在缺陷,其具体分析过程同样存在问题;相比较之下,凯恩斯—熊彼特范式应该更具有借鉴意义。

(本文发表于《国际金融研究》2009 年第 12 期)

参考文献

[1] 李扬:《全球经济失衡:起因、可维持性与应对之策》,中国社会科学院金融研究所内部文稿,2006。

[2] 李扬、余维彬:《经济全球化与发展中国家的国际储备管理》,《经济学动态》2005 年第 8 期。

[3] 张平:《中国是外向经济,不是外部依赖经济》,《中国社会科学院报》,2009 年 3 月 31 日,第 5 版。

[4] 〔英〕凯恩斯:《就业、利息和货币通论》(重译本),高鸿业译,商务印书馆,2002。

[5] 〔美〕熊彼特:《经济分析史》(第一卷),朱泱等译,商务印书馆,2001。

[6] 〔美〕熊彼特:《财富增长论:经济发展理论》,李默译,陕西师范大学出版社,2007。

[7] Altman, "The Great Crash, 2008: A Geopolitical Setback for the West", *Foreign Affair*, Jan & Feb, 2009.

[8] Bernanke B, "The global saving glut and the United States current account deficit", Remarks at the Sandrige Lecture, Virginia Association of Economics. Richmond, Virginia, 14 April, 2005. or at: www.federalreserve.gov/boarddocs/speeches/2005/200503102/default.htm.

[9] Cass D (1965), "Optimum growth in an aggregate model of capital accumulation", *Review of Economic Studies*, 32: 233 – 240, July.

---

① 伯南克(2005)同样并不认同后者

[10] Domar ED, *Essays in the Theory of Economic Growth.*, New York, Oxford University Press, 1957.

[11] Gourinchas PO and Jeanne O, "Capital flows to developing countries: The allocation puzzle", NBER Working Paper No. 13602, November, 2007.

[12] G7, *Statement by G7 Finance Ministers and Central Bank Governors*, Annex: Global Imbalance—— Washington, April 21, 2006.

[13] Harrod RF, "An essay in dynamic theory", *Economic Journal*, 49: 14-33, 1939.

[14] IMF, *World Economic Outlook. September 2005* and *April 2006*.

[15] Koopmans TC, "On the concept of optimal economic growth", In: *The Economic Approach to Development Planning.* Amsterdam, North-Holland, 1965.

[16] Lorenzo Bini Smaghi, Speech at the Asia Europe Economic Forum conference, "The Global Financial Crisis: Policy choices in Asia and Europe", Beijing, 9 December 2008.

[17] Lucas RE Jr, "Why doesn't capital flow from rich to poor countries?", *American Economic Review*, 80 (2): 92-96, 1990.

[18] OCED, *OECD Economic Outlook No. 79*.

[19] Rajan, Global Current Account Imbalances: Hard Landing or Soft Landing, Talk at the Crédit Suisse First Boston Conference, Hong Kong, March 15, 2005.

[20] Rato, Correcting Global Imbalances-Avoiding the Blame Game, Remark in Foreign Policy Association Financial Services Dinner, New York City, February 23, 2005.

[21] Sachs JD et al, "Ending Africa's Poverty Trap", *Brookings Papers on Economic Activity*, Issue 1, 2004.

[22] Solow R, "A Contribution to the theory of economic growth", *Quarterly Journal of Economics*, 70 (1): 65-94, 1956.

[23] Swan T, "Economic growth and capital accumulation", *Economic Record*, 32 (2): 334-61, 1956.

[24] UNCTAD, *Trade and Development Report*, 2008.

美国次贷危机的流动性
传导机制的金融分析

易宪容　王国刚

一　前言

　　自 2007 年 2 月 10 日，美国第二大次级贷款抵押公司——新世纪金融公司（Countrywide Financial Corp）发布美国金融危机的风险预警开始至今已经有两年半了；从 2008 年 9 月 15 日，大投资银行雷曼兄弟宣布破产，百年一遇的金融海啸刹那间袭来，也已经有一年多了。在这段时间里，美国金融危机很快就蔓延到全世界及把全球经济带入衰退的边缘。但是，奇怪的是，为什么全世界绝大部分的政府、企业及个人都没能预测到这场金融危机的到来，更没人能预测这场金融危机会如此的严重和具有如此的破坏性？即使有人预测到，为什么就没有人能预先采取应对？而且当人们感觉金融危机即将爆发时，整个美国金融体系却突然间完全崩溃了（克鲁格曼，2009）！

　　可以说，在美国金融危机爆发之后，人们对美国次贷危机的起因、后果及形成机制提出了各种各样的解释。比如全球流动性的泛滥、政府宽松的货币政策、降低信用消费市场准入为购房者提供过度的流动性、房地产泡沫破裂、金融衍生工具泛滥、金融监管不足、评级机构评级虚假性、人性贪婪、全球经济的失衡等（易宪容，2009）。但是，由于这些解释对事件没有进行深刻的反思，所以不免过于片面化或表象化，因此，这样解释也就无法真正揭示这次美国金融危机的实质、真相及对未来经济生活的影响。

　　可以说，这场美国金融危机不仅改变了整个世界经济格局、利益关系、生产方式及消费方式，也颠覆了整个人类世界的价值观念及思维方式。我们只有对该事件进行全面深入的反思，了解事件的来龙去脉，才能把握事件实质及原因所在、才能真正找到化解这场金融危机之道。可以看到，美国金融危机之后，缺乏对这场金融危机在理论上的深刻反思，使得全球不少政府都只能采取短视的、以毒攻毒的、措施猛烈的救市政策，其作用可以让衰退的全球经济短期见底，但却增加了未来经济的不确定及潜在风险。正如黄元山所指出的那样（2009），尽管全球各国政府以公共开支代替居民消费、以发钞票来代替破灭了的信贷泡沫，可以让既有金融体系存活下来，但金融体系的系统性风险并没有消失，只不过这种风险由金融机构转移到政府身上了。如果这样，金融危机将逐渐转移为欧美各国政府潜在的财政危机。如果2008年金融海啸真的埋下了此后可能发生的欧美财政危机的种子，那么当新的金融危机爆发时，它给人类带来的灾难可能会大于2008年的金融海啸。因为，再也没有第三者可以挽救欧美各国政府了。可见，更为深入地来研究美国金融危机的根源与实质显得更为重要与迫切了。本文试图从流动性传导机制及内在机理的角度来研究这次美国金融危机，希望以此来揭示美国金融危机的实质。

一般来说，任何一部金融市场发展史都是一部金融危机史。金融危机就如金融行动本身一样，是与金融活动相伴随的。而金融是什么？它是通过信用创造或信用扩张跨时空的价值交易或资源配置。信用创造则可解释为金融交易者就某种资产转为支付手段提高的便利条件或能力。信用扩张或信用创造可以通过股权也可以通过债权的方式进行。但是历史上信用扩张往往是以债务融资为主，金融体系危机更多地表现为债务危机（熊伟，2009A）。无论是1997年亚洲金融危机，还是最近美国次贷危机都是如此。现在的问题是，既然金融体系更容易出现债务危机，为什么这些金融机构还是要采取债务融资而不采取股权融资呢？这既在于投资人采取债权融资便于选择清算的方式来维护自己的利益和化解借贷双方信息不对称而导致的代理风险，也在于债务融资的信用工具在债权与货币之间的转换非常方便（白俊男，1997）。由于债权极易换成货币，所以拥有多余资金的人乐于提供资金换取债权，并可取利息或红利等收益，而在需要资金之时，又可将其所持有债权换成货币。信用工具这种债权与货币之间便利转换之性质就是"流动性"。正是在这意义上说，信用创造更多地是金融市场"流动性"创造。所以，沈联涛认为（2009），没有金融危机是完全相同的，但是它们有着共同的因素，即所有的金融危机都从流动性创造、流动性过剩开始，接着出现投机过热，最终形成资产泡沫，及爆发金融危机。也就是说，历史上的任何金融危机都表现为流动性过剩、流动性泛滥、流动性突然消失的过程。流动性危机就是每一次金融危机的核心所在。比如说，这次美国金融危机就是一次流动性危机。

那么什么是"流动性"？一般来说，"流动性"是指某种资产转换为支付清偿手段的难易程度，比如现金不用转换为别的资产就可直接用于购买，因此一般认为现金是"流动性"最强的资产（中国人民银行货币政策分析小组，2006）。正是在这意义上说，格利和肖则直接把"流动性"理解为"货币性"（谢德宗，1993）。克兰普则从三个方面来定义"流动性"（新帕尔格雷夫金融学大辞典，2000）：一是从资产的到期日来界定"流动性"，而货币则是一种到期日为零的资产，所以货币最具有"流动性"的本性；二是便利性，即货币余额存量与产出流量的比例，"流动性"对产出的大小比例关系；三是金融力,他从整个经济体的资产负债表出发来定义"流动性",即金融力是指人们持有的、以市场价值衡量的对政府债权和其他私人实体部门的债权,即"流动性"是一种金融产品便利地转换为另一个金融产品的工具。在这里,克兰普是从三个层面上来理解"流动性"的,即货币与产出的关系为宏观意义上的"流动性";"流动性"的持有主体为机构及个人流动性;资产变现截止时间为市场流动性。

可以说,在金融市场中,基于融资活动的多样性,"流动性"的具体形式也是多样、复杂及变动不居的,因此我们要对"流动性"给出一个统一的定义是不可能的。克罗兹勒曾指出(2007),在他研究取样的前6个月里,关于"流动性"的文章有2795篇,但是这些文章对"流动性"的含义解释就有2795种。也就是说,"流动性"既是一种复杂多变的现象,也是一个多层次的概念。它不能用简单的定义来界定。对于"流动性",一般研究者所关注问题有二(北京大学中国经济研究中心宏观组,2008):一是"流动性"界定与度量,二是"流动性"与资产价格关系。在这个基础上,一般把"流动性"分为三个层次,货币流动性、银行流动性及市场流动性。货币流动性又被称为宏观流动性,可理解为不同统计口径的货币信贷总量(中国人民银行货币政策分析小组,2006),并用货币的增长率或结构比例来度量。银行流动性也称融资流动性[①],是指无须支付额外利息而能够顺利借到资金的能力(国际货币基金组织,2008),它采用超额存款准备金率以及与金融周期密切相关的资产负债表的扩张率等指标来度量。市场流动性是指在几乎不影响价格的情况下迅速达成交易的能力(中国人民银行货币政策分析小组,2006)。市场流动性往往与市场交易量、交易成本、交易时间等因素有关,分别用紧度、深度及弹性等指标来度量(Kyle,1985)。

从上述的梳理可以看到,尽管"流动性"具有多样性与复杂性的特征,但每一种"流动性"都具备以下几个方面的基本特点。第一,"流动性"是一种资产的属性,是市场在瓦尔拉斯均衡下投资者对于该属性的偏好。比如,Lippman & McCall(1986)认为,若某资产能以可预期的价格迅速出售,则该资产就具有"流动性"。既然"流动性"是资产的属性,它既是与投资者的效用与信心、市场交易制度、市场环境密切相关的变量,也是与资产的安全性、盈利性等属性密切相关的属性。因此,"流动性"同样是与资产评估、杠杆化及风险不可分离的属性。Gumerlock(2000)指出,资产的流动性、价格、评估、杠杆都是相互联系的,都要视环境与时机而定,都是投资者随机选择的结果。

[①] 当然两者也有差别,银行流动性是融资流动性主体,但融资流动性外延比银行流动性要宽,比如融资可以是银行信贷融资,也可是货币市场短期拆借等。不过,在文中,多数情况下是同一意义上使用。

第二,"流动性"主要表现为资产的融资工具转换、财富增长与规避风险的能力。无论是货币流动性、银行流动性,还是市场流动性都是如此,只不过它们所对应的层面与范围不同。白俊男认为(1997)"流动性"具有转让性(negotiability)、可逆性(reversibility)、市场性(marketability)等特质,而这些特质都与能力有关。能力可以是已经具备的现实条件,也可以是经过行为调整后达到其目标的可能性。前者所指的是现有市场环境、制度条件、投资者的偏好与信心等初始条件,后者则是指这种属性的能力倾向。比如,货币之所以流动性高就在于它本身能够便利地转变为其他融资工具的特质。还有,有人认为证券流动性为市场在不对证券价格产生较大冲击的前提下保证交易指令尽快被执行的可能性(刘海龙等,2001)。这里的"流动性"就是指证券市场的流动性倾向。因此,对"流动性"初始条件测量比较困难,而后一种情况"流动性"可测量但要受到时空限制。还有,既然"流动性"是资产的某种能力,因此它同样是一个形成、产生与成长的过程,而且"流动性"永远是在过程中。

在此,我们就可以看到,以往对"流动性"的研究,更关注的是"流动性"界定与度量。即从静态的角度来确定"流动性"度量标准、度量方式及多少,而不是从动态的角度来把握流动性过程及运行机制。如果这样,自然也就无法从这种"流动性"度量中预测金融体系所面临的风险及市场发展之趋势。可以说,每一次金融危机爆发特别是这次美国金融危机爆发基本上都是"流动性"急剧波动的结果。不过,到目前为止,还没有一个金融机构或经济学家能够通过对流动性急剧波动的度量来预测金融危机爆发的可能性。其原因,就在于这些研究或分析都把"流动性"看作一个静态事物而不是一个过程来理解。本文的研究就是要从一个动态角度来研究"流动性"的生成、获得、变化、形成机理及传导机制等,并通过"流动性"的研究来揭示这次美国金融危机的实质。

第三,既然"流动性"是资产属性,而资产的本质特征是信用创造,因此,流动性与信用的扩张与收缩存在密切的关系。"流动性"不是信用创造,但"流动性"是信用创造的工具与结果。如果把"流动性"放在信用创造的过程中来分析与研究,也就容易把握"流动性"的生成、获得、变化及内在运行的过程,从而把握"流动性"的本质及内在机制。本文就是从这样一个角度来分析研究美国金融危机流动性的内在机理的。

本文结构安排如下:第二部分是对相关研究文献的综述;第三部分从20世纪以来的金融全球化大背景角度来观察与分析美国金融危机前的流动性过剩、流动性泛滥及后果;第四部分研究美国影子银行的流动性传导机制与内在机理;第五部分分析美国金融危机爆发为什么会让流动性突然发生逆转或消失;第六部分从流动性角度来看美国金融危机的教训及对中国金融市场的启示。

二 文献综述

研究流动性的文献尽管浩若烟海，但是这些研究只是关注流动性的解释、度量及与资产价格的关系，却很少有文献来讨论流动性生成机理及内在的运行机制，也很少有文献来分析不同流动性之间的内在关系。因此，不少文献对流动性运行分析更多是从信用扩张的角度来分析。比如，哈耶克（1931）认为人为的信用扩张制造市场过度的流动性，从而造成人为的经济繁荣，经济繁荣与衰退是流动性的扩张与收缩的结果，而这种流动性的巨大波动容易引起危机。从信用扩张的角度来讨论流动性的问题，有费雪的"债务紧缩萧条理论"及明斯基的"金融不稳定理论"。

费雪（1933）认为，在经济繁荣时间，过度投资引起的经济体系信用快速扩张，会导致过度负债的情况出现。在出现意外冲击（如 1929 年股市崩溃）的情况下，则由于资产贬值，其抵押功能大为降低。在这种情况下，由于不能以其他方式进行融资获得必要的流动性，债务人就会面临债务偿还的困难。这时，如果没有外来干预，就会引致强制性的债务清偿。这样，一方面，债务人以资产为担保从银行获得更多的抵押贷款就非常困难了；若得不到贷款，就只能被迫变现抵押资产，导致资产价格跌得更惨，资产变现所得远不足以清偿债务。另一方面，若资不抵债，就只得破产，而债务人的破产也意味着银行坏账的出现，对银行体系的流动性造成压力，从而引起货币供应量的下降和货币流通速度的下降。这时，费雪的"债务-紧缩"进程就已经开始了。如果货币管理当局能够在债务清偿困难时，进行外生的干预，增加及保证金融支付体系的流动性，使得债务清偿所可能引发的流动性危机得以缓解，从而阻止资产廉价出售，稳住价格水平，"债务-紧缩"进程得以控制，这种不断放大的信用破坏才能得以停止。可以说，尽管费雪"债务-紧缩"过程是建立在"过度负债"及"通货紧缩"两个核心的概念的基础上，但是实际上"债务-紧缩"整个过程就是信用的扩张与收缩，其核心内容就是流动性增加与减少。而且在"债务-紧缩"过程中，已经涉及不同层面流动性的变化，但费雪并没有揭示出这些流动性内在机理及变化。

在费雪理论的基础上，明斯基提出了"金融不稳定假说"（1975）。在明斯基看来，现代经济活动是通过银行借贷关系联系在一起的。而这种银行借贷行为具有内在不稳定。这不仅在于银行体系高杠杆的资产负债结构和融资行为的跨期性，而且在于越是经济繁荣时期，经济主体越是有意愿承担高风险的融资，借贷越是活跃，及金融创新使得各种项目融资计划越是容易。在这种情况下，经济主体的套期融资就容易转化为投机融资等（明斯基，1986），使得金融杠杆率提高、流动性增加、资产价格升高。在这种情况下，当货币政策当局收缩信贷时，缺乏流动性的投资者不得不出售资产改变金融头寸。这就容易导致资产价格泡沫破灭及金融危机爆发。后来戴尔蒙德等（1983）用 DD 模型严格地证明了银行在提供流动性方面的特殊地位，银行用自己特殊的资产负债结构为大量借款人分散了跨期消费所带来的不确定性的流动性风险，但这种流动性风险却又让银行自己来承担。这就容易造成银行体系的内在不稳定。也就是说，无论是从金融体系来说，还是从银行体系来说，流动性的巨大波动是金融不稳定的内在基础。因此，减小流动性的波动是弱化金融体系不稳定的重要方面。明斯基的金融体系的内在不稳定假说看到流动性在金融体系中的重要性但同样无法揭示流动性内在机理及不同层次流动性之间的内在关系。

对此，Gumerlock（2000）则提出有新意的解释。他指出，在正常的情况下，任何市场属性（如价格、风险及流动性）的一阶近似值都是稳定的，因此相对容易识别并可以测量。然而，在极端的市场条件下，风险、流动性和杠杆率彼此之间具有非常高的关联度，因此既不稳定也无法用当前模型来测量。也就是说，在正常的市场情况下，流动性等不同的风险是可区分的，并可以用计量工具进行测量与对冲。但是，在极端的情况下，流动性等风险变得不可区分、不可测量了，因此，投资者唯一的选择是不计代价地退出这个市场。在这种情况下，如果投资者都这样做，流动性就会突然中断，金融危机也就全面爆发了。在这里，对流动性的讨论不仅深入到在不同条件下的状态，而且也指出了在极端条件下流动性与金融风险、杠杆率、市场波动的关联性，指出了流动性危机是金融危机的核心，从而使得对流动性机理分析深化了一步。

对流动性的内在性及机理较为关注的，是国际货币基金组织的研究报告。在它 2008 年 4 月的《全球金融稳定报告》中，专门有一章讨论市场流动性与融资流动性的问题。在该报告看来（国际货币基金组织，2008），当市场流动性与融资流动性不足时，私人部门的金融风险就会转变为公共部门的金融风险。在该报告看来，2007 年 7 月发生的国际金融市场震荡，尽管看上去是起源于美国次贷抵押贷款市场信贷风险恶化，但其核心是流动性传导机制脆弱性的结果。因为，美国新的融资模式不仅赋予市场流动性和融资流动性新的意义，而且使得用传统的流动性指标来度量这些流动性风险是十分困难的。在这种条件下，两种流动性能够以不同的方式相互作用与转化，从而引发自我维持型的"流动性升级"，或由市场流动性不足导致融资流动性不足相互弱化的循环，从而导致金融市场的流动性危机。这就要求成熟市场中的中央银行通过货币流动性进行前所未有的干预，以满足融资流动性的需要，从而减少流动性风险由私人部门向公共部门的转移，保证金融市场的稳定。可以说，到目前为止，该报告是对流动性机制研究最为深入的文献。它不仅探讨了不同层面的流动性之间的相互关系,也探讨了流动性传导机制及对金融市场稳定性的影响,以及对"流动性升级"的应对政策。不过,由于该报告立足于个案的研究及个案的事件还在进行中,因此,也就无法对流动性的一般性问题进行更为深入的探讨。对于流动性的一般性讨论,相关的文献还有北京大学中国经济研究中心宏观组(2008)和彭兴韵(2007)等研究文章,在此不一一列举。

从上述文献可以看到,学界对流动性的研究与认识是一个演进的过程,而且在这个过程中,认识是随着现代金融市场变化与发展逐渐深化的。另外,早期对流动性的理解,更多的是放在信贷扩张或信用创造的意义上。这既有金融市场成熟程度问题,也有对流动性度量的工具认识不足的问题。尽管研究流动性文献的浩若烟海,但这些文献更为关注的是平常市场条件下的流动性度量和与资产价格关系的问题,而很少考虑在非常市场条件下流动性变化、市场风险、金融市场震荡及不同层面流动性之间的相互转化的关系等问题。这些都是我们需要深入探讨的重大的理论问题。正是这次美国金融危机,把关于流动性的许多重大理论问题都暴露了出来。这需要我们更为深入的研究与讨论。下一节将讨论美国金融危机前的流动性泛滥的大背景及美联储的货币政策对金融市场流动性的影响。

三 美国金融危机前的流动性过剩、流动性泛滥及后果

一般来说,这次美国金融危机的大背景是20世纪80~90年代冷战结束之后的经济全球化与金融全球化,它通过工资套利、金融套利、知识套利、技术套利及监管套利带来了全球经济繁荣,也造成了整个全球经济失衡、新的"发行-分销"融资模式的出现、流动性的过剩与泛滥、资产价格快速上涨等(沈联涛,2009),即形成了一个20多年的全球性信用无限扩张的过程。美国金融危机国内的宏观背景是美国"9·11"事件及纳斯达克股市泡沫破灭之后,美联储为了减小这些事件对美国经济冲击与影响,防止美国经济衰退而采取十分宽松的货币政策,从而导致次级贷款盛行。

所谓的工资套利就是指近20~30年来,社会主义国家全面地由计划经济体制向市场经济体制转轨。在转轨过程中,中国、印度、东欧等前计划经济国家及新兴市场国家有30亿劳动力从传统的体制中被释放出来,加上贸易自由化、技术生产率的提高、企业经营管理改善,这样一种经济环境创造出了一个全球经济高增长、低通胀的繁荣时期。在这个时期,这些国家释放出来的劳动力不仅促进了所在国的经济快速增长与繁荣,也为整个世界市场提供了大量的低价格商品,保证全球经济在低通胀条件下运行。也正是这些低价

格商品大量出口，不仅使得出口所在国的外汇储备快速增长①，也使得这些劳动力所创造的财富源源不断地流入富裕国家的金融市场。比如，从1994年到2007年，中国出口总额从10421亿元人民币增长到了93455亿元人民币，增加9倍多；外汇储备从1994年的516亿美元增加到2009年9月底的22726亿美元，增加44倍多②。在此期间，全球的外汇储备从1997年的1.19万亿美元增长到2006年的3.34万亿美元，尤其是"金砖四国"（巴西、俄罗斯、印度、中国）增长更快（陈洁，2009）。由于这些转轨经济国家及新兴市场经济国家的金融市场发展滞后，其增加的金融资产只能在本国之外寻求合适的投资途径。当大量的外汇储备涌向国际金融市场寻求合适的投资渠道时，对金融产品需求的增长不仅推动华尔街金融市场的繁荣，也让国际金融市场的流动性涌现。

所谓的金融套利就指日本20世纪90年代初资产价格泡沫破灭之后，日本政府为了应对资产泡沫的破灭，采取极度宽松的低利息甚至零利息的货币政策，从而使得在近20年的时间里日本向全球金融市场提供大量的零成本融资。据国际清算银行的统计，1993年日元的国际贷款只有4000亿美元左右，但到1998年3月上升到9200亿美元。在这个时期，不仅日本银行的日元利息低，而且日元相对非日元货币迅速贬值。在这种情况下，既有利差收益，也有汇兑收益，从而使得当时利差交易十分盛行。在1995年4月到1998年8月年均利差交易达到2000亿~3500亿美元，而在三年里利差交易盈利可达到1690多亿美元。不少新金融工具如对冲基金，在这场利差交易中大获其利（沈联涛，2009）。到了2007年，全球的利差交易市场进一步扩大，估计当年利差交易达到2万多亿美元，其中一半以上的利差交易是日元。这种对不同国家货币之间的利率和汇率套利，不仅使得国际金融市场流动性泛滥，而且又被杠杆工具及衍生品无限地放大，从而加大了全球金融交易资本流动的巨大波动。

知识套利就是"冷战"结束后，大量的科学家和物理学家开始涌入华尔街的各种不同的金融机构。这些数理人才将技术和统计技巧应用到金融市场，创立起了许多的金融工具及金融模型来管理风险，创造出各种各样的金融产品，以便满足上述的金融市场需求。这些金融工程师不仅催生了对冲基金，而且也创新了大量的金融衍生工具。1999年对冲基金管理资产不足2000亿美元，但到2007年，对冲基金有9000多家，管理着2万多亿美元的资产。根据国际货币基金组织的估算（2008），从1980年到2007年，全球金融资产从占全球GDP的109%增长到了421%，增长了近4倍。2007年全球金融资产（包括银行资产、股票市值、债券市值）总值达230万亿美元，是当前全球GDP的4倍，而全球

---

① 这些国家外汇储备不少就是工资套利的结果。
② 数据参见国家统计年鉴及月报。

金融衍生品的名义价值达596万亿美元，大致相当于当前全球GDP的11倍，虽然金融衍生品实际市值只有14.5万亿美元，相差41倍多。

毫无疑问，各种各样的金融创新不仅增加了大量的金融产品的供给，满足了上述金融市场的需求，而且金融衍生品的高杠杆率使得全球金融市场的流动性快速膨胀。洛希认为，(沈联涛，2009)全世界的流动性好比一个以几何级数增长的倒金字塔，其中流动性占有比例，金融衍生工具约为80%、以债务和资产为担保的证券10%、广义货币为9%、高能货币为1%。洛希将传统的流动性称为高能货币和广义货币，从1990年到2006年，传统流动性占证券债务和金融衍生品的比例从13.6%下降到了7.1%，其比例差不多下降了一半。2005年，美国交易对手风险防范小组报告(2005)指出，金融创新的泛滥使得"市场已经从偏重质量和基本面的投资方式转变为偏重数量、技术和模式的投资方式，这大大增加了总的交易量，缩短了反应周期，并使新型产品（包括信用违约掉期和不计其数的复杂金融产品）的数量增加。这些产品的设计使风险以新的方式分散到各参与方，但通常都蕴含着杠杆化。因为风险更加分散了，因此很难识别风险分布在何处以及在各参与方之间如何分布。相关的对冲行为，尤其在结构完善的CDS（信用违约掉期）市场，对金融市场的流动性起到无限放大的作用。"从上述的分析可以看到，这些金融创造或金融衍生工具管理风险多是建立在风险世界是一个正态分布统计曲线基础上，建立在人的决策行为可以完全量化的基础上，因此，人类可以用新创立的金融产品及金融工具来管理与分散风险，但实际上由于市场条件与上述的假定差距很大，这些创新的金融产品不仅没有分散风险，而且让金融产品的风险管理更为复杂化及风险无限放大。也就是说，金融知识套利通过金融衍生工具的创新而高杠杆化人为地制造大量的市场流动性，但是这种高杠杆化积累到一定程度之后，风险承担者一旦决定卖出金融衍生产品或避险产品以降低风险，去杠杆化就会很快发生，从而使得流动性突然间减少或消失，流动性的危机也就随这种风险放大而放大。

所谓的监管套利就是指在金融自由化的潮流中，全球金融市场的监管全面放松，那种干预最小化、市场是定价的基础及竞争出效率的原则，不仅是一般教科书的基本内容，也是政府决策者奉行的准则。在这种条件下，1988年《巴塞尔协议》推出后，不同类型的金融机构都会通过一系列的金融产品、金融工具、金融市场的创新来突破既有金融监管体系，以便在这种无监管的过度金融交易过程中实现利润最大化（巴茨等，2008）。可以说，近十年来，无论是传统的商业银行还是投资银行及对冲基金；无论是CDO（担保债务证券）还是CDS等金融产品的出现，还是大量场外交易存在；无论是国际大宗商品的炒作，还是国际原油价格"坐过山车"等，基本上都与这些金融机构的监管套利有关。也正是这种监管套利，美国由传统的融资模式即"借贷-持有"模式转变为"发起-分销"新的融资及经营模式。通过这一新的融资与经营模式,传统商业银行将资产及业务从表内移到表外,以高杠杆化来提高资本效率及利润水平。可以说,在这种融资模式下,传统商业银行、投资银行、评级机构、保险公司、按揭机构等大发其财,同时没有一个机构对这种发行证券化运作过程进行监管。

从美国国内的情况来看,2000年5月美国纳斯达克股市暴跌,随后是"9·11"事件,因此到2001年美国长达100多个月的经济持续增长的景气周期结束,经济开始疲软下滑。此时,美联储认识到经济基本面已经发生恶化,为了降低经济衰退的风险,美国的货币政策开始转向,由从紧转变为扩张,因此,从2001年1月3日起到2003年6月25日美国联邦基准利率连续13次下降,由6.5厘下降到1厘,创自1958年以来的历史最低水平。而货币政策的扩张降低融资成本、刺激消费与投资、信用快速扩张,使得国际金融市场流动性泛滥。从以下几个指标来看,美国M2/GDP从1997年的56.37%提高到2007年的71.74%,巨大的流动性从信贷市场流出。由外国投资者持有的美元债权从2000年的3.56万亿美元迅速上升到2006年的7.77万亿美元。有人估计,在这段时间,美国向国际金融市场至少输入了近4.21万亿美元的流动性(陈洁,2009),是国内外金融市场最直接的流动性来源。

当金融市场流动性泛滥时,美国贷款银行开始寻找美国房地产以让之作为吸收这些流动性的主要载体。比如,在低利率及流动性泛滥的情况下,为了让一些信用不高、收入不稳定的居民进入房地产市场,美国按揭贷款银行设计了许多所谓金融创新的按揭利率产品,让一些信用级别较低的购买住房者或次级信用者纷纷进入房地产市场,让他们购买超过其收入所能承担的住房。结果是,按揭贷款的质量全面下降。然后以证券化的方式把这些按揭贷款卖给不同的投资者。美国一套新融资体系也就在这一过程中产生。这就是下一节要研究的主题。

可以说,这次美国金融危机是近20年来一连串事件长期信用无限扩张的结果,无论是工资套利、金融套利、知识套利、监管套利等,还是美国极度宽松的货币政策,都是在采取不同的方式进行信用无限扩张、增加流动性。尽管这些流动性增加、持有及表现的方式各不相同,但其目标就是通过流动性增加来提高金融资产的杠杆率,谋取金融机构的利润水平最大化。这就是这次美国金融危机爆发的国内外宏观大背景。也就说,引发这次美国金融危机的根源早就植根于既有国内外金融市场主体行为及环境之中,就在于我们如何来把握与认识这些问题。

四 美国影子银行的流动性传导机制

这次美国金融危机的核心是以证券化的方式制造一个全新的融资模式即影子银行体

系。影子银行是以债务融资为主导,通过证券化的方式让市场流动性转换为银行流动性,并进行信用无限扩张及制造流动性,以便在无监管的过度金融交易的过程中现实金融机构的利润最大化。当然,这种以证券化为主导的影子银行体系同样是一个不断发展与演进的过程。比如,在初期(20世纪70~80年代),按揭贷款证券化的目标是为了解决银行体系流动性问题(即解决短期存款用作长期贷款的银行资产的期限结构错配),降低银行体系的流动性风险。第二阶段(20世纪80~90年代),其目标就在于化解银行体系流动性风险同时还要找到规避监管或监管套利的方法,以及满足经济全球化涌现出的流动性的金融需求,因此,通过一系列所谓的金融产品、金融工具、金融市场及金融机构的创新来突破既有金融监管体系,把商业银行的表内业务移到了表外,让银行信贷资金从银行贷款转向了有价债务证券。这样既可规避监管,又可提高杠杆率及增加流动性,提供更多的债务性金融产品。第三阶段(1995~2007年)是以CDO与CDS的发展与膨胀、结构性投资工具或金融衍生品大量涌现、广泛地使用大量的短期融资来维持"发起-分销"的融资模式、过度高杠杆率、过度地使用具有"公共性"的金融体系为特征,从而使得金融市场的流动性泛滥,参与其中的金融机构及投资者大获其利,金融市场不确定性不断地增加及风险聚积。以下我们就从影子银行演进发展的角度来讨论影子银行的流动性机制和内在机理。

从20世纪70~80年代开始,随着全球不少国家金融管制的放松,以及金融技术及网络技术的革命,全球金融体系发生了显著的变化,特别是美国金融体系更是发生了一场巨大的革命。这场革命主要表现为传统银行信贷方式向新的融资模式转变。因为,从传统的银行信贷模式来看(范奥德,2007),商业银行是利用债务(通常是存款)来发放并持有贷款,它所关注的是信用风险管理,以及如何将异质性资产转化为同质性债务等。美国这场金融革命后形成的新的融资模式则是以证券化的方式从市场上获得融资,即银行资金不是来自个人存款而是直接来自证券市场。Lall等人(2006)对美国金融市场这场革命给出了一对更为学术化的概念,即高度关系型的金融交易及非关系型的金融交易。这场美国信贷市场的革命就是一场由高度关系型金融交易向高度非关系性金融交易的转变。这种非关系性金融交易不仅使得金融机构与金融组织出现根本性的变革,而且也让整个金融交易方式与运作模式发生了很大的变化。它由传统的"零售并持有"为主导的银行信贷模式改变为以"发起-分销"为主导新的银行融资模式,或全球性信贷金融已经从传统银行主导的模式演变为隐藏在证券借贷背后类似为一个"影子银行体系"的金融制度安排(格罗斯,2009)。这种信贷融资模式没有传统银行的组织结构却行使着传统银行信贷运作的功能,即债权融资的实质没有改变,但其金融交易关系与方式则改变了。可以说,这种金融交易方式的重大变革不仅改变个人与企业所面临的借款与储蓄的机会,改变了金融机构从业者的职业生态，改变了整个金融市场的信用基础，也改变了金融市场的运作方式、流动性运行机制和内在机理。在此，我们先来了解"影子银行"的特质，然后在此基础上来分析影子银行流动性的运行机制及其内在机理。

所谓"影子银行"（Shadow Banking），就是把银行贷款的证券化，通过证券市场获得信贷资金或信用扩张的一种融资方式（黄元山，2008）。这种新的融资方式是一种债务融资，但它把传统银行的信贷关系演变为隐藏在证券化中的信贷关系。这种信贷关系看上去像传统银行但仅是行使传统银行的功能而没有传统银行的组织机构，即类似一个影子银行体系存在。在影子银行中，金融机构的融资来源主要是依靠金融市场的证券化，而不是如传统银行体系那样，金融机构的作用主要是把储蓄转化为投资，融资的来源主要是存款。而影子银行的证券化最为主要的产品就是住房按揭贷款的证券化（MBS）。它也包括了资产支持证券（ABS）、资产支持商业票据（ABCP）、担保债务证券（CDO）、结构性投资工具（SIV）、拍卖利率优先证券、可选择偿还债券和活期可变利率票据等多样化的金融产品与市场（克鲁格曼，2009）。也就是说，资产证券化的债务融资是影子银行的核心所在。因为债务融资的优势就在于投资人既可规避金融市场的代理风险及保证可观收益，又可便于流动性转换或流动性创造。

可见，影子银行是一种新的债务融资方式，它能够通过资产证券化把市场流动性转化为银行流动性。这样，它既可降低商业银行流动性风险，也可增加商业银行流动性。而证券按揭贷款的证券化肇端于1970年代的MBS（按揭贷款支持债券）（戴维森等，2006）。MBS开始是由美国政府信用担保的三家住房按揭公司推动与发行的。一般来说，证券化的债权创始机构是零售银行或贷款公司。这些机构把贷款按揭给购买住房者，然后又把放出去的贷款卖给住房按揭公司或发行证券的投资银行。投资银行将购自不同银行性质的按揭贷款放入一个资产池，再依据资产的收益与风险将这些按揭贷款加以分类、切割、信用加强、重新包装，转换成小单位证券卖给不同的投资者。在按揭贷款证券化后，商业银行无须持有贷款至到期为止，这样贷款银行既可把利率与信用风险转移出去而激励银行的信贷扩张，也可以调整债权的期限结构使长期债权得以流动。可以看到，按揭贷款证券化，尽管可以转移信用风险、降低贷款人的贷款成本、提供贷款便利，但最为核心的问题是能够调整商业银行的贷款期限结构，使银行的长期债权可以流动，增加银行的流动性或让市场流动性转变为银行流动性。可以说，按揭贷款证券化创立的初衷就是增加商业银行的流动性，并通过不同流动性的转换来进行信用扩张。MBS推出后逐渐为市场所接受，二级市场交易也开始非常活跃。但是，由于违约风险、利息波动等风险的存在，加上投资者很难评估MBS的风险，从而影响投资者进入。

还有，从资产证券化初期的产品来看，MBS作为一种转换流动性的金融产品，尽管当时按揭贷款的市场准入要求比较高或基础资产违约风险低，又有政府背景的金融机构担保，但由于受到当时金融创新的技术及人才、金融需求不足等方面条件的限制，其产品产生的目的更主要地是放在如何让银行的长期债权能够流动，创造银行体系的流动性，但投资者对这些金融产品风险并不是太了解，也无法规避相应的风险。因此，要盘活银行体系的流动性，就得设计更好的证券化产品来吸引投资者购买。因此，随着MBS的弊端不断显现、市场环境的变化及技术条件改善，资产的证券化观念演化变得十分复杂，新的证券化产品也不断推陈出新。1983年推出第一个CMO（按揭贷款担保债券）产品（范奥德，2007）。

CMO最基本的特性是将不同的住房按揭贷款的风险汇集，然后进行组合分割，产生一组相关联但偿付顺位不同的债权，再将风险分成不同等级，配以稳定或不稳定现金流量，也就是收益。最高级的具有优先性，其收益的时点及数量几乎是确定的，但剩下的偿付债权则依排序不同而承担不同风险及获得不同的收益。这样，证券化后的长期按揭贷款的债券就可以转化为一系列短期、中期、长期债券，然后卖给不同风险偏好类型的投资者。这些证券化债券创新表面上看是在降低风险与转移风险，但实际上只是以风险重新分配方式来吸引投资者进入，以便根据投资者的偏好来锁定风险。因为，只有让大量的投资者进入，保证市场繁荣，才能保证银行的长期债权得以流动或让市场流动性转化为银行流动性。同时，在这个时期，商业银行为了规避监管，也开始通过金融创新把其表内业务移到表外，但是这个时期的次贷风险还没有出现。这就是资产证券化的第二个时期。可以说，CMO的创新为未来的CDO及结构性金融产品出现奠定了基础。

因为，从CMO出现开始，资产证券化产品变得越来越复杂。后来有ABS（资产支持证券）、CDO及许多SIV（结构性投资工具）也就是在此基础上形成的，后来由此衍生出一系列的证券化的金融衍生工具，并制造了结构性投资工具市场的空前繁荣。比如，在2007年7月美国金融危机爆发之前，结构性信用金融产品成指数增长。1995年CDO还很少，但到2000年达到1500亿美元，2007年则增加到12000亿美元；结构性信用产品，2000年为5000亿美元，到2007年增加到26000亿美元（国际货币基金组织，2008）；CDS，2000年只有6300亿美元，到2007年增加到62200亿美元，增长近10倍（朱民等，2009）。

这些结构性投资工具之所以能够在短期内以指数方式增长或结构性投资工具市场为什么能够短期内繁荣，是与这些CDO创新的目的、实现之手段及方式、以及现实经济环境与社会条件相关的。"发起－分销"或影子银行的结构性投资工具的主要发行人是投资银行或基金，它们通过创设这些CDO等结构性投资工具来组织市场，并从中赚取管理费收入。而管理费收入高低取决于这个市场的繁荣程度。资产证券化供给方的目标是通过化解商业银行或贷款机构的存贷款期限结构错配、增加流动性、规避监管制度的监管等来追求利润最大化。资产证券化的需求方不仅在美国国内,而且还包括金融全球化后大量涌入美国市场的国外各种资金。这些投资者希望证券化产品是一种较为安全、风险低、收益高、流动性好的投资品。

因此,为了满足上述两方供求之间的要求,投资银行往往会以高薪聘请金融工程师来设计各种不同的证券化衍生投资工具以满足不同风险偏好投资者对金融产品的需求,而且这些金融产品创新给每一个投资者量体裁衣,产品十分个性化。面对这些个性化的投资产品,自然会减弱投资者对该产品风险的关注。当这些表面上个性化的金融产品通过复杂的数理模式设计出现并多次衍生工具化时,投资者根本没有能力来识别这些产品的风险。还有,在设计这些产品时,基本上假定金融风险是成正态分布的,根据大数定理法则,可以通过复杂的金融数理模型来分散与管理风险。同时,在设计这些复杂金融衍生工具时,不仅其历史数据时间很短而且没有连续性,更为重要的是用这些金融数理模式在设计金融产品时,基本上假定住房的价格只涨不跌,因此,在房价上涨时,绝大多数次级按揭贷款是没有违约风险的。因此,只要对这些 CDO 风险进行有效的分类,那么对排序优先的投资者来说,其购买的 CDO 的风险就不存在了。对于信用级别较低的 CDO 则可以通过 CDS 这些投资工具让投资者来规避风险。但实际上,对于投资银行来说,它们既了解产品特性,也了解交易部门市场变化,因此对产品风险及市况十分敏感,但是对于投资者来说,由于处于严重的信息不对称状态下,以及金融产品已经经过复杂金融数量模式被多次衍生工具化,他们也就根本无法知道这些结构性投资工具真实风险所在。

在此,我们可以把其资产证券化的基本过程简约为(Jobst, 2008):先是一家拥有贷款或其他带有收益资产的公司即发起人,它们确认希望从资产负债表中转移资产,并将这些资产打包成所谓的"资产池",然后出售给发行者,即特殊目的的公司(special-purpose entity,简称为 SPV)。SPV 是由不同金融机构设立,专门用于收购资产并出于法律与核算目的,实现资产负债表外处理。还有,SPV 可以是一个信托,也可以是一家登记在境外的责任公司。因为,放在同一个信托内的贷款资产结构相近,比起资产结构不同的投资标的来说,更能够为投资者所接受。同时,发起人可以不用将此证券化资产挂在自己账上,从而降低其风险。当金融市场发生变化导致发起人本身财务困难时,CDO 的投资者可以享受最优先偿还权的保护,从而使得投资者感觉投资这些证券化资产风险降低。还有,更为重要的是,在设计这些证券化产品时也可以让 SPV 取得外部融资。这样,SPV 可以从货币市场通过 ABCP(资产支持的商业票据)获得短期贷款,即通过短期融资来购买高收益的长期债务，提高 SPV 的杠杆率，从而使得 SPV 的市场信用无限放大，市场流动性快速增长。比如，IMF 的研究表明（沈联涛，2009），截至 2007 年底，美国最大的 5 家投资银行总资产达到 4.3 万亿美元，但其股本只有 2003 亿美元，其杠杆率为 21.3 倍。但是，这 5 家投资银行的名义表外负债达 17.8 万亿美元，其杠杆率达到 88.8 倍。

由于资产证券化的结构性产品设计得十分复杂，以及这些产品存在严重的信息不对称，为了吸引投资者，发起人还通过信用的内部增级与信用的外部增级来增加证券化产品的信用度。比如请信用评级机构进行评级（实际上是信用升级），让保险公司给这些产品的违约风险担保。这些产品新颖、复杂、个性化，有关联利益的信用评级机构及保险公司在产品设计时就参与其事，自然让这些产品在评级时往往会偏离评级机构应该扮演的中立裁判角色，从而这些产品被以严重包装的方式卖给投资者。而且 SPV 的证券化产品通过信用内部增级和外部信用增级之后，通过投资银行为中心的场外交易系统卖给各种不同投资者，如对冲基金、保险公司、退休基金、银行等。而这种投资银行为中心的场外交易市场不仅杠杆率高，而且监管松散或无法受到证券交易规则监管，从而这些结构性投资工具及证券化产品得到飞快的发展。影子银行就是通过上述的途径与方式，让资本市场上的传统机构债券投资者及对冲基金的流动性源源不断地流入美国住房消费者手上（详见下图）。

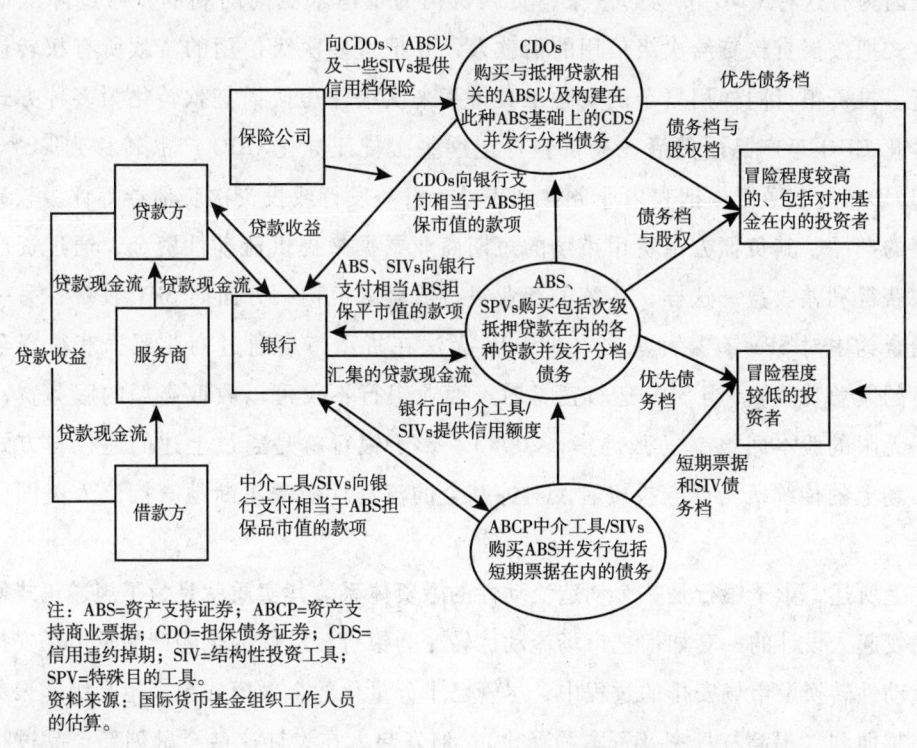

注：ABS=资产支持证券；ABCP=资产支持商业票据；CDO=担保债务证券；CDS=信用违约掉期；SIV=结构性投资工具；SPV=特殊目的工具。
资料来源：国际货币基金组织工作人员的估算。

从以上的分析可以看到,"影子银行"的主要参与者有:按揭贷款的借款人、按揭贷款机构、投资银行、SPV、传统债券机构投资者和对冲基金等,在房价上涨或基础资产不存在问题的情况下(即按揭贷款没有违约风险时),各个当事人都能各得其所,但是影子银行的基本前提一旦改变,其潜在风险就明显暴露出来。因为,从影子银行的流动性机制来看,影子银行形成(它是市场自然形成的而不是人为设立的),首先是为了解决贷款银行的流动性问题(即用短期存款做长期贷款的银行资产期限结构错配),让贷款银行的长期贷款通过市场流动性转变为可流动的资产。这样既可增加银行的可贷款资金,也可降低借款人的成本(因为从市场流动性中获得贷款成本更低)及让更多借款人进入信贷市场,同时也可以规避对商业银行资本金要求的监管及开启投资人新的投资渠道。后来,随着CMO、CDO等结构性投资工具的金融创新,尽管这些结构性投资工具的目的仍然是让市场流动性转变为银行流动性和让银行的长期债务可流动,以及把证券化资产衍生工具化、提高资金的杠杆率、增加市场流动性,但是由于这些CDO产品假定违约风险不存在的情况下可以识别风险及给风险资产排序,能减弱投资者对风险规避的疑虑及诱导更多的投资者进入CDO市场,从而投资者获得比其他市场更高的收益,及国内外投资者大量涌入,因此CDO市场的繁荣得以产生。

正因为有这种CDO市场的繁荣,贷款机构为了追求更高的利润,通过降低信用标准的方式把按揭贷款贷给次级信用的借款人,并把这些次级信用的贷款所有权转让给投资银行。投资银行同样用复杂的金融工具将买来次级住房按揭贷款转化为多种方式的次贷证券化CDO等产品。然后,投资银行把这些次贷证券化CDO产品转移到SPV公司,即发起CDO的金融机构把表内业务移到表外。SPV发行或投资次贷债券等评级较高、收益较高的产品,其负债方由货币市场的短期商业票据来提供流动性资金,通过资产长短搭配来获得利差收益。这样,传统的商业银行或金融机构一方面向SPV收费,另一方面在初始合约中对SPV有某种承诺(即SPV无法在货币市场通过商业票据获得资金时提供临时的紧急贷款)。当SPV运行正常时,商业银行不仅可以收取高额的服务费,也拥有几乎无限的股本回报率(张健华,2008)。影子银行就是通过上述的途径与方式,让资本市场上的传统机构债券投资者及对冲基金的流动性源源不断地直接流入美国住房消费者手上。

综上所述,影子银行是一个创造流动性的融资体系。其实质就是为了规避正式监管规则而由发起人设计的一套如何把市场流动性转变为银行流动性的金融产品及市场安排。在这种流动性转换及市场安排的过程中,尽管已十分量化的金融模式越来越高级,聚集流动性越来越便利(提高杠杆率及资本稀释化),但发起人在设计这些金融创新产品过程中其前提假定与现实背离从而使得低估金融创新产品的风险，以及金融衍生产品越来越复杂且透明度越来越低而难以定价。这既为流动性的转换与聚集创造条件，也为流动性突然中断导致以影子银行为主导的金融体系突然崩溃埋下了巨大的定时炸弹。

五　美国金融危机爆发，从流动性过剩到流动性突然消失

现在我们要问的问题是，为什么以影子银行为主导的美国金融体系会让只有约5650亿美元的次贷证券化产品的损失（国际货币基金组织，2008）① 导致整个美国金融体系突然崩塌，会引起全球的金融海啸，会造成全球经济严重衰退。其中有基本面的原因，但根本的原因是影子银行出现的流动性危机。也就是说，这次美国金融危机最为根本的是其本身的债务危机或流动性危机。因为，美国的影子银行体系看上去是可规避监管风险、可通过不同的层面的流动性相互转换增加银行体系流动性及金融市场流动性，但是无论影子银行流动性机制的内在本性还是证券化过程的每一步都潜藏了巨大的流动性风险，这些风险在经济繁荣周期内隐藏起来，一旦整个经济周期出现逆转，这些隐藏起来的流动性风险就会暴露出来并无限地放大，从而导致整个金融体系突然间崩塌。对此，美国的经济学教授Nouriel Roubini早在2006年7月就预测过，如果美国影子银行体系的流动性风险暴露出来将给美国经济带来严重衰退（刘志勇，2008）。随后，他还在2008年9月21日英国《金融时报》撰文指出（见刘志勇，2008），雷曼兄弟的倒闭，预示着已经发展了20多年的影子银行体系崩溃。影子银行体系的崩溃先是整个结构性投资工具和渠道体系的崩塌，然后是美国大型投资银行遭到挤兑，随之是没有偿付能力的高杠杆机构的倒闭、货币市场的恐慌，以及数以千计的高杠杆对冲基金出现赎回及倒闭等。而影子银行体系的崩溃不仅预示着美国以证券化为主导的融资模式崩溃，也意味着这种融资模式潜藏的巨大风险全面暴露出来。它将严重冲击美国及全球的金融体系及实体经济。而这一切都是流动性危机导致的结果。在此，我们先简单地来看看美国影子银行崩溃的基本原因，然后分析美国影子银行体系崩溃为什么是流动性危机。

我们可以看到，这次美国次贷危机使得不少金融机构倒闭，其中一个重要的原因在于

---

① 国际货币基金组织2008年4月的《全球金融稳定报告》预测，美国房价下跌和抵押贷款拖欠情况的增加可能导致与住宅相关证券有关的损失总额达到约5650亿美元。如果加上商业房地产、消费信贷市场和公司有关的贷款及发行证券，潜在损失总额将增加约9450亿美元。但2008年10月《全球金融稳定报告》预测，由于违约率的高峰还未到来以及市场困境，美国贷款和证券化资产公开损失有可能增至约14000亿美元，远高于4月《全球金融稳定报告》的预测。这也说明金融市场的形势在半年内在进一步恶化。

它们资产负债表上持有很多与住房按揭产品相关的证券化产品。我们知道,在危机爆发前,美国房地产市场出现了明显的泡沫,2000~2007年的房价涨幅大大超过了过去30多年来的长期增长趋势。Case-Shiller指数表明,2006年6月美国房价涨至历史高位,是1996年年底的2.34倍。其中,2000年以来就上涨了93.2%（朱民等,2009）。而这个时期房价会大幅上涨不仅在于政府货币政策过度宽松,而且在于次贷开始大行其道,次贷证券化市场迅速繁荣。2006年下半年,当美国经济出现周期性调整时,住房按揭贷款的违约率开始上升,反映了次贷证券化资产质量迅速恶化。到2007年底,在360万宗可调整利率的次贷中,严重违约率达到五分之一。也就是说,当美国房地产泡沫破灭之后,以住房按揭贷款为主导的各种证券化资产质量迅速下降,其资产的净值大幅缩水。这给相关的投资者造成了严重损失。

不过,像雷曼这样的大的金融机构资产负债表严重缩水,资产受到重创,会元气大伤,但不一定倒闭（熊伟,2009B）。在熊伟看来,雷曼倒闭的直接原因是无法从信贷市场上获得足够的流动性,出现严重的流动性危机。因为,在一个依赖短期融资高杠杆的市场,当一些金融机构的基本面出现问题时,市场就会担心这些金融机构的偿付能力,因而不愿意给这些金融机构融资,从而使得众多金融机构退出融资市场,导致流动性危机。这就是现代版的银行挤兑。这与传统的银行挤兑有很大不同。因为,传统的银行挤兑是存款人从银行取出他们的存款。比如,20世纪30年代的大萧条时期就是这样。但是,从那以后,银行体系在两个方面发生了很大变化。一方面传统的银行体系其资金主要来源于存款,再留取一定存款准备金做贷款,它是以零售为主导,并受到监管部门严格监管。比如说,商业银行必须维持存款准备,要求保留资本充足率为8%,即杠杆率不能够超过12.5,并向存款保险体系缴纳保险费等。也就是说,在现代金融体系中,对传统商业银行有一套严格监管制度并实行了存款保障制度。在这种情况下,传统银行的挤兑风险及骨牌效应是不容易发生的。另一方面,现代银行体系和其他金融机构可以在货币市场获得短期的批发性融资,可由此筹集大量的资金。

但是,现代影子银行体系与传统银行体系之间有天壤之别。两者无论是资金来源、运作模式、交易场所、监管方式,还是监管程度等都存在巨大的差别。但是,影子银行之所以能够在短期内迅速发展与繁荣,就在于它采取一系列的所谓的金融创新突破了现有的银行监管制度与体系,把金融衍生品的设计建立在不存在的假定之上,并形成一套高风险的运作方式。因为,影子银行中的许多结构性投资工具通过高度数学化模型计算风险而设计出来,表面上是分散风险实际上是制造风险及把其中风险无限放大。因为,影子银行这种大量的产品创新及批发的模式,表面上是让银行按揭贷款长期债务得以流动,让市场流动性转换为银行流动性，但产品发起人为了其利润最大化，不仅让这些结构性投资工具更为复杂化、不透明化及定价困难，而且还不断地把这些资产移到表外①，用货币市场的短期商业票据来购买高收益的、无法流动的、长期资产，以便通过资产和负债的长短错配来获得利差收益，加上没有谨慎监管的场外交易，这些就为这类金融机构追求过高杠杆率创造了条件，从而使得这场流动性危机无限放大。

根据研究，2007年美国金融产品交易合约总额有530万亿美元之多，其中CDS超过60万亿美元，它们赖以发起的担保品即物理金融资产实际价值只有2.7万亿美元，其杠杆率达到200（孙涤，2009）。2008年6月，美国现任的财长盖特纳在其演讲中指出："在本次美国经济繁荣期间，美国金融体系的结构发生了根本性变化，传统银行系统之外的资产所占比重大大提高。这个影子银行金融体系变得非常大，在货币和资金市场上尤其如此。2007年初，资产支持商业票据、结构化投资工具、拍卖利率优先证券等资产值已经达到2.2万亿美元，通过第三方回购隔夜融资的资产增加到2.5万亿美元，对冲基金持有的资产增加到约1.8万亿美元。原先的五大投资银行的资产负债表总规模达到4万亿美元。相比之下，美国最大的5家银行持股公司当时的总资产只有6万亿美元，而整个影子银行体系的总资产则超过10万亿美元。"（克鲁格曼，2009）也就是说，影子银行通过这些结构性投资工具以高杠杆率在短期内使其资产不断膨胀。当这些金融机构不断为其投资组合筹集资金时，其资本收益率也在不断提高，但其资本也越来越稀释。而且，在任何情况下，资产价值越低、不确定性越大、杠杆越高，资本耗尽和金融机构破产的概率也就越大。也就是说，当这些高杠杆率的金融机构的基本面或资产负债表受到市场质疑时，它们离破产倒闭那一步也就不远了。因为，在这样一个高杠杆率的市场中，一旦某家金融机构流动性不足及出现破产倒闭，现代版的银行挤兑也同时发生，金融危机也随之无限放大。

因为，在这个高杠杆率的影子银行体系中，它不仅没有进入传统银行监管体系，也没有进入正式股市交易市场与规则，加上MBS和CDO的流动量不高，结构性投资工具定价复杂，加上又在投资银行的场外交易，现有的市场上根本没有一个合适的方法来衡量证券化产品及结构性投资工具的市值。也就是说，在当时的美国金融市场没有一个合适的对结构性投资工具衡量价值的方式。因此，美国《证券交易条例》就规定（黄元山，2008），持有这些资产的金融机构就得每天度量这些MBS和CDO的市场价值。美国会计准则也规定，结构性金融产品只能按当前市值计价，不能按购入成本计价结构产品投资。不过，传

---

① 2006年，花旗银行的表外资产价格高达2.1万亿美元，已经超过了其1.8万亿美元的表内资产。

统的商业银行不需要每天来评估账面上住房按揭贷款的价值。为了计算这些结构性投资工具的市值，美国证券市场通过 MBS 和 CDO 建立起一个新指数 ABX。但这个指数的流通量不高，容易被投机者操纵扩大升跌波幅。随着 2005 年和 2006 年借出的住房按揭贷款问题逐渐显现，MBS 和 CDO 的价格和少有的流通量便随 ABX 指数一起大幅下滑。

MBS 和 CDO 的市值快速下跌，不仅导致一些持有这些资产的 SPV 的破产及挤提现象出现（贝尔斯登旗下的两只对冲基金就是如此）。由于这些 SPV 的融资是来自货币市场短期票据融资，当市场发现这些 SPV 面临严重的流动性风险时，这些短期债主都会迅速及同时向 SPV 讨债，或停止向这些 SPV 融资。而这些 SPV 的融资流动性中断，就不得不出售资产来应对债主的追讨，但是，在这种情况下，基本上没有任何一家资金雄厚的投资者愿意买入这些资产。加上这些结构性投资工具的资产难以估价，SPV 只能按低于预期资产现值的价格出售或甩卖。这意味着，如果有一家机构以低价出售资产，就会进一步引起所有同类资产价格下跌。在这种情况下，不仅会造成资产出售者的资产负债表缩水，而且也会造成持有同类资产所有机构的资产负债表都缩水。这样，就会使得这些机构的资本金减少，需要继续甩卖资产来补充资本金，如此恶性循环，流动性的风险就无限放大（布兰查德，2009）。

面对这些 SPV 资产贬值恶性循环及资本金严重不足，发起这些 SPV 的金融机构或商业银行只好把这些原本放在表外的业务重新收回表内，并利用商业银行本身融资偿还这些短期债务。其结果是，这些金融机构资产负债表的规模突然扩大，再加上监管部门要求商业银行加大次贷相关的拨备，要求提高资本充足率，使得这些商业银行和其他投资银行所遇到的流动性突然紧缩。在这种情况下，商业银行只好减少贷款以及提高贷款的利息。这样，短期货币市场流动性突然减少，融资条件恶化的可能性升高，从而导致许多投资者试图同时甩卖资产时，现代版的银行挤兑进一步升级。影子银行体系的潜在风险也在这过程中无限地放大。

在这里，我们可以看到，影子银行体系的流动性是反周期波动的，而且不同层面的流动性是反方向作用的。因为，影子银行的业务模式从以关系为基础的业务模式向以交易为基础的交易转变，基本上增强了银行流动性，但增加了对市场流动性的依赖，并无法从央行获得货币流动性补充。而市场流动性依赖于表外业务及对冲基金活动，依赖于复杂金融衍生工具及对冲基金进行杠杆操作的能力、量化交易及风险管理技术等。当经济繁荣时，市场流动性充沛，融资流动性便利，两种流动性之间除了可转换外，并没有更多的关联性。不过，随着危机从结构性投资工具和渠道的融资问题转化为银行间流动性普遍下降，两种流动性之间关联在增强。而这些结构性投资工具更是增加了两种流动性之间的不利

"流动性升级"的可能性。在这种情况下，流动性危机爆发，现代版的银行挤兑发生。影子银行体系的流动性过剩就转化力流动性突然紧缩。这就是影子银行体系的脆弱的内在本性所致。

而影子银行体系所存在的严重的金融脆弱性，就在于影子银行体系运作的每一步都包括着巨大的潜在风险。比如说，在影子银行的证券化过程中，贷款银行不需要持贷款至到期为止，而是可把利率风险及信用风险等转移出去，这自然会强化贷款人以降低信贷的市场准入盲目信贷扩张的激励，从而使得贷款的品质在一开始就容易处于极高的风险之中。这就是通常所指的逆向选择。为什么次级贷款能够大行其道，道理就在这里。而且这种信贷模式不仅在事前对借款人不会认真筛选，而且在事后也不会认真监督借款者（即道德风险）。这些与传统银行都是有很大差别的。还有，这些次贷证券化产品之所以能够在短短数年内形成大规模的市场，完全与证券化过程中的每一个交易环节虚假的包装分不开。贷款银行是这样，投资银行也是如此。投资银行把风险较高的次贷打包分解成为各种各样的证券化产品，如 MBS、CDO 和 CDS 等产品，卖给国内外的投资者。对于简单 MBS 所包括的风险，比如违约、利率波动及借款提前偿还本息等，贷款银行采取一些传统管理方式可以控制其风险。但是，对于这些复杂的或一而再和再而三的衍生化金融产品、结构性投资工具来说，其复杂结构下的风险即使最为精明的投资者都是无法识别的。正因为这些证券化产品的投资者没有能力来识别其产品所蕴藏的风险高低，投资者往往就会在这种过度包装的掩盖下进入市场。而且这种过度的包装不仅与这些产品设计过度的数理模型有关，也与对这些产品的评级机构及保险公司有关。近 20 多年来，影子银行激励机制造就了美国经济及 2001 年之后楼市繁荣。在繁荣期间，买房人、贷款银行或贷款中介机构、各大投行银行、对冲基金、信用评级机构、保险公司等各当事人，全部都大赚特赚、皆大欢喜，但制造的潜在风险则留给整个社会来承担。

在这种情况下，影子银行的规模迅速扩大，其潜在风险也就越积越多。影子银行各种工具及产品都是依靠货币市场的短期票据来购买大量风险高、流动性较低的长期资产，并通过这种方式无限放大信用扩张，就使得影子银行如传统银行遭遇挤兑时一样不堪一击。而在这种情况下，传统银行可以通过央行最后贷款人制度及存款保险等机制来降低这种风险，但是影子银行则没有这种保护机制。还有，由于影子银行在证券化的过程中每一步都存在着较大风险及信用丧失，因此，随着影子银行扩张链条的无限延伸，其风险也在无限放大。当影子银行这种无限扩张链条某一个环节出现问题或风险暴露出来时，整个影子银行体系就会立即土崩瓦解了。

正如格罗斯所指出的那样（格罗斯，2009），影子银行体系利用杠杆和金融创新，在20多年来给全球经济扩张注入了巨大能量，给全球金融市场带来了无节制的信贷扩张，但正是影子银行的运作内在风险给全球经济带来巨大的严重威胁。因为，现代市场经济核心是信用，严重信用缺失的影子银行体系一旦崩塌，不仅是这种融资模式崩塌，而且是整个金融体系的崩塌。这就是为什么美国金融危机爆发后，尽管各国政府对金融体系注入大量的流动性，但全球金融体系仍无法很快地稳定与唤起，且一路沉落的原因所在。

六 美国政府救市及对中国金融市场改革的启示

美国次贷危机爆发后，很快就演变成一场债务危机或流动性危机，及全球性的金融危机。为了减小金融危机对美国整个金融体系的冲击、稳定金融市场、恢复金融市场的信心，美国、欧洲等各国政府采取了前所未有的大规模金融救助计划。特别是美联储，在伯南克的领导下，不仅把货币政策平常的工具发挥得淋漓尽致，而且美联储危机管理的货币政策操作工具随着金融危机变化而不断地演进与创新。但是，货币政策无论是常规的工具还是创新的武器，其核心就是如何更好地向金融体系注入流动性，并围绕着流动性救助而展开，以此来化解美国金融市场的流动性危机。美联储这些着眼于流动性供给的危机管理方法不仅涉及金融机构流动性的可得性、相关资产的流动性，而且涉及货币市场或特定的金融产品市场的流动性。美联储不仅向金融机构提供流动性，也直接向金融市场提供流动性（彭兴韵，2009）。比如，从2007年9月开始到2008年12月，美联储基准利率由5.25%下降到零，并通过公开市场操作向市场提供大量的流动性，以及创新了对金融机构非常规性的流动性救助工具（如定期拍卖便利、定期证券借贷工具、一级交易商信贷工具等）和对金融市场的直接流动性救助工具（如商业票据融资便利、货币市场投资者融资便利、定期资产支持证券贷款便利等）。可以说，正是这些超常规应对货币的政策，使得美国金融市场的流动性危机得以化解，美国金融体系开始稳定及信心得以恢复，从而没有让美国经济走向1929~1930年那种经济大萧条之路。不过，美国这种超常规的危机管理的货币政策，尤其是量化宽松的货币政策，在短期内是化解了金融市场的流动性危机，但是并没有根除影子银行流动性危机所产生的根源。比如说，美联储推出的"定期资产支持证券贷款工具"，希望通过政府庞大信贷刺激计划来激活影子银行体系。但实际上这是在用一个短期解决方案来解决长期问题，其效果十分有限。

最近，克鲁格曼指出（2009），当影子银行体系不断扩张，甚至其重要性超过传统银行的时候，不少人都在看好这种金融制度安排的优越性，但是当影子银行给整个金融市场带来巨大危机并当人们开始认识到这点时，影子银行体系已经接近崩溃的边缘了。这说明了什么道理呢？其实，它告诉我们，任何一个金融制度安排都存在内在不稳定，都存在不同的风险。面对金融制度安排内在的不稳定与风险，我们无法规避与减少，而是随时都得保持一种谨慎的态度，建立起一种有效的监管制度、风险管理系统及危机预警系统。在美国如此发达的金融市场、如此完善法制制度下都容易产生巨大的流动性危机，那么对中国这种新兴金融市场来说，更是要在这方面花大力气。

其次，影子银行这种以"发起－分销"的融资模式，已经不能用以往那种以市场为主导的金融体系及以银行为主导的金融体系解释了。对于这种与传统完全不同的融资模式，我们是不是说这种融资模式已经一无是处了。如果不是，它的问题又在哪里？比如说，资产证券化不失为金融市场流动性创造的好方式，但为什么资产证券化成了流动性危机直接的根源。正如上文所分析的关键的问题还是在于我们没有把流动性创造与信用扩张、资产定价、杠杆率尺度、风险管理等内在关系理解清楚，从而通过负向的激励机制把资产证券化的流动性创造推向了反面。

再次，金融市场内在不稳定的根源在哪里，从影子银行运作方式来看，就是信用借助于金融创新的方式无节制地快速扩张创造流动性。而信用的快速扩张，必然导致金融市场内在不稳定或吹大金融市场的泡沫。在这里需要处理好三个方面的问题。一是金融经济与实体经济关系问题。金融好比实体经济衍生品，实体经济本身不好，就不可能有好的金融市场。比如，尽管房地产泡沫是这次美国次贷危机导火线，但是并不是次贷危机的最终根源。但是房地产泡沫破灭必然会引发出金融市场严重的危机。也就是说，如果信用快速扩张不是让巨大流动性流向实体经济而是流向金融市场，也就会导致金融市场泡沫四起，最后泡沫破灭引发金融危机。二是金融创新与金融市场发展问题。可以说，没有金融创新也就没有金融市场发展与繁荣，但是，任何金融创新都存在巨大的风险。尽管这些金融风险可以通过新金融创新工具转移，但并没有消失。特别我们对某种金融创新产品不了解时，其存在的风险会更大。因此，任何金融创新既要强调原始基础资产的真实性也要强调金融监管合适性。如果基础资产有问题，衍生市场的风险就会无限放大。由于金融市场的内在不稳定，任何金融创新就得受制约与严格监管。任何金融产品都是在信用基础上给风险定价，因此金融市场风险高低完全取决于该金融市场的信用基础。中国的金融市场刚建立，信用基础相当薄弱。特别是在当前信用下，中国金融创新就面对着一系列的制度障碍，因此，中国金融创新尽管发展迟缓，也同样不可操之过急，而是要成熟一个品种就出台一个品种，决不可照抄他人东西。

最后，从影子银行经验教训中寻求中国金融改革与发展之路，决不可因噎废食。

目前中国金融市场的问题并不是金融自由化过度而是不足,是政府对金融市场管制过多。因此,既要加大中国金融改革力度,也得引导金融市场发展适应中国信用基础的环境上来。

(本文发表于《金融研究》2010年第5期)

参考文献

[1] 巴茨等:《反思银行监管》,中国金融出版社,2008。

[2] 白俊男:《货币银行学》,台湾三民书局,1997。

[3] 北京大学中国经济研究中心宏观组:《流动性的度量与资产价格的关系》,《金融研究》2008年第8期。

[4] 比尔·格罗斯:《支持核心资产价格》,《证券周刊》2009年第4期。

[5] 布兰查德:《完美风暴:金融危机根本原因分析》,《金融与发展》2009年6月号,国际货币基金组织,中国财政出版社。

[6] 戴维森等:《资产证券化:构建和投资分析》,中国人民大学出版社,2006。

[7] 范奥德:《证券化的经济学分析及美国的经验教训》,《比较》2007年第33期,中信出版社。

[8] 国际货币基金组织:《全球金融稳定报告——控制系统风险和恢复金融稳健》中译本,中国金融出版社,2008。

[9] 哈耶克论述见《新帕尔格雷夫经济学大辞典(第二卷)》,经济科学出版社,1992。

[10] 黄元山:《股票分析师太乐观?》,香港《信报月刊》2008年第9期。

[11] 黄元山:《后金融海啸的游戏规则》,香港《信报月刊》2009年第9期。

[12] Jobst, A:《什么是资产证券化?》,《金融与发展》2008年9月号,国际货币基金组织,中国财政出版社。

[13] 克鲁格曼:《萧条经济学的回归和2008年经济危机》,中信出版社,2009。

[14] Lall等人:《金融体系如何影响经济周期》,《世界经济展望》2006年9月号,中国金融出版社。

[15] 刘海龙、仲黎明和吴冲锋:《中国证券市场流动性研究》,第6届全国青年管理科学与系统科学学术会议暨中国科协第4届青年学术年会卫星会议管理科学与系统科学研究新进展,2001。

[16] 刘洁:《繁荣与危机:透视流动性的过剩》,中国金融出版社,2009。

[17] 刘志勇:《经济灾难12步,金融断魂五篇章》,2008年9月29日《香港信报》。

[18] 彭兴韵:《流动性、流动性过剩与货币政策》,《经济研究》2007年第11期。

[19] 彭兴韵:《金融危机管理中的货币政策操作》,《金融研究》2009年第4期。

[20] 沈联涛:《十年轮回:从亚洲到全球的金融危机》,上海远东出版社,2009。

[21] 孙涤:《金融杠杆率及其创新》,《南方周末》,2009年2月5日。

[22] 谢德宗:《货币银行学》,台湾三民书局,1993。

[23] 《新帕尔格雷夫金融学大辞典(第二卷)》,经济科学出版社,2000。

[24] 熊伟:《"短期化"之祸:本轮金融危机并非始于一场意外》,2009年4月13日《21世纪经济

报道》。
- [25] 熊伟：《危机一周年：中国不应改变金融创新与开放的方向》，2009年9月16日《21世纪经济报道》。
- [26] 易宪容：《影子银行信贷危机的金融分析》，《江海学刊》2009年第3期。
- [27] 张健华：《美国次贷危机与金融制度重构》，《金融研究》2008年第12期。
- [28] 中国人民银行货币政策分析小组：《2006年第三季度货币政策执行报告》，中国金融出版社，2006。
- [29] 朱民等：《改变未来的金融危机》，中国金融出版社，2009。
- [30] Counterparty Risk Management Policy Group (2005), Toward Greater Financial Stability: A Private Perspective. 27 July. Available at http://www.crmpolicygroup.org.
- [31] Diamond, D. and P. Dybvig (1983), Bank Runs, Deposit Insurance and Liquidity, Journal of Political Economy, 91 (3), pp. 401 −419.
- [32] Fisher, I. (1933), The debt-deflation theory of great depressions, Econometrica (4), Oct. pp. 337 −357.
- [33] Gumerlock, R. (2000), Valuation, Liquidity and Risk, IFRI Risk Management Roundtable, mimeo, 6 April.
- [34] Knoszner, R. S. (2007), liquidity and Policy, http://www.federalreserve.gov.
- [35] Kyle, A. S. (1985), Continuous Auctions and Insider Trading, Econometrica, Vol. 53, No. 6, pp. 1315 −1335.
- [36] Lippman, S. A. and Mccall, J. (1986), An Operational Measure of Liquidity, American Economic Review, Vol. 76, pp. 43 −55.
- [37] Minsky, H. (1975), John Maynard Keynes, Columbia University Press.
- [38] Minsky, H. (1986), Stabilizing an Unstable Economy, Yale University Press, pp. 206 −213.

全球化下的初级商品价格与实际汇率

袁增霆

引言

本文关注全球化背景下国际大宗商品或初级商品市场波动对于国际实际汇率动态的先决性影响。在全球陷入金融危机和经济衰退之前,国际货币与汇率体制就已经受到高度的关注。根据金融危机史的分析经验,从国际货币角度来反思最近这场金融危机,在依然延续的美元本位时代,不难将一部分责任归咎于美元的疲软及美国货币政策。然而,美元以及其他主要货币实际汇率的驱动,并没有得到很好的解释。在现行国际汇率体制中,有必要从全球化现实中重新审视汇率体系动态的内生性及其决定因素。本文发现,全球化环境中同样具有内生性的初级商品价格,对于国际实际汇率体系的动态就具有一定的解释力。

在典型的初级商品价格与美元汇率之间的联动关系中,最常见的经验分析观点认为,美元作为国际商品市场上的计价货币,其汇率变化将引导商品价格朝着相反的方向运动。例如,Hanke(2008)利用反事实(Counter-factual)分析法认为,即假定2008年7月美元对欧元汇率仍然保持在2001年底的水平(真实情况是美元相对欧元贬值了44%),则在2008年7月中旬,美元贬值因素对大多数农产品价格的贡献率在55%以上,其中,对糖价的贡献甚至高达93%,但对部分食品饮料价格的贡献率则是负值;同期,美元贬值对黄金和原油价格的贡献率分别为62%和51%。更早些时候,Keyfitz(2004)以同样角度分析1997~2004年数据后,认为初级商品价格周期在一定程度上是由计价货币的币值决定的,而不是商品价格本身。此后,Sommer(2006)在国际货币基金组织(IMF)的世界经济展望(WEO)中,非燃料大宗商品中金属的价格行为,也将主要归因于需求缺口和美元相对特别提款权(SDR)的汇率。

然而,本文的实证分析表明,在此轮全球化背景下,初级商品价格并非美元汇率波动的被动接受者,而是其格兰杰成因(Granger Cause)。更进一步的,根据Cashin,Céspedes,and Sahay(2002)对58个国家在1980~2002年数据的实证研究,发现有五分之二的商品出口国"商品货币"的实际有效汇率受到了初级商品价格的先决性影响，且独立于名义汇率体制。而且，在用商品价格增广的购买力平价（PPP）关系中，实际汇率对商品价格变化响应的半衰期估计仅为 8 个月，远低于 Rogoff（1996）给出的 3 至 5 年的估计。

因此，从直觉上理解，自 2002 年以来国际初级商品市场及其金融化交易活动的极大扩张（BIS，2007），以及由此带来初级商品出口国经济地位的上升，很可能会显著增强初级商品价格对于实际汇率的先决性影响。袁增霆（2009）中的经验分析也恰恰表明，同期全球经济与主要资产市场的周期性波动，几乎完全笼罩在商品市场的大周期之下。本文通过更进一步的理论分析表明，内生于全球经济结构调整的商品价格，对国际实际汇率体系具有先决性的影响。

一 分析框架

在研究初级商品价格对实际汇率动态的先决性影响方面，Cashin，Céspedes，and Sahay（2002）给出的小国开放型经济模型颇有启发意义。根据该文的关键假定，即国际计价货币确定的初级商品价格是外生的，小型商品出口国的实际汇率反应主要是通过贸易部门与非贸易部门之间的经济平衡（即劳动生产率调整或"巴拉萨－萨缪尔森效应"）来实现。本文为论证最新阶段汇率的商品决定论，只是放松那个关键的前提假设，并拓宽汇率对商品价格的传导渠道。具体处理方法是假定在全球经济结构中，初级商品价格是内生的，汇率同时通过不同经济体之间，及其贸易与非贸易部门之间的劳动生产率调整来实现。因此，放松后的分析模型已经演变成更加贴近全球经济一体化现实的大国开放经济模型。

2002 年以来的全球化背景下，全球产业经济与贸易地理已经发生了重大变化，因而可以将小国开放模型修订为大国开放模型。换言之，"商品货币"的地位在现实中已经显著上升。在这种意义上，加总一些出口初级商品小国、特点鲜明的经济体，可以视同为商品大国，从而引发国际实际汇率体系的被动调整。于是，本文尝试将小国开放型经济模型推广为全球由三大经济体构成的大国开放经济模型，并引入特定的生产率冲击，以描述内生的初级商品价格，及其对实际汇率可能存在的先决性影响。

（一）全球经济结构关系

按照贸易地理进行划分，全球三大经济体分别是指初级商品出口国（A）、中间商品出口国（B）、最终商品出口国（C）。三大经济体也都拥有非贸易部门，生产不同于贸易品的最终消费品。

为了更进一步地参照现实，初级商品将主要指能源、原材料等上游产业商品，中间商品将主要指国际产业转移的最终资本设备、知识产权等资本品，最终商品专指最终消费品。在三大经济体的贸易关系中，A 向 C 出口初级商品，并从 C 那里进口最终商品；B 向 C 出口中间商品，从 C 进口最终商品；C 分别从 A、B 进口初级商品、中间商品，并向其出口最终商品。

以上描述的全球经济关系反映了过去一轮全球化背景下国际产业资本转移的基本事实。在现实经济环境中，初级商品出口国 A 即包括此类商品贸易主导型国家，如澳大利亚、巴西、俄罗斯、加拿大等。中间商品出口国 B 以美国为典型（同时也出口最终商品，输出储备货币），其次是日本和欧元区的部分国家。最终商品出口国 C 则以中国为典型，也包括其他最终消费品出口导向型国家。当然，很多国家和地区是介于三种类型或其中的两种类型之间。例如，欧元区内部突出的差异性几乎涵盖了以上三种经济体类型。

（二）相关技术性假设与实际有效汇率决定

为了贴近现实与便利模型简化分析，下面对诸部门的经济行为进行相关技术性假设。

假定 1 每个经济体非贸易品与贸易品之间的相对价格或比价，均等价于各自的内部劳动生产率比值。

这一假定借鉴了 Cashin, Céspedes, and Sahay (2002) 中的简化分析。在同一经济体内两个部门之间劳动供给无弹性以及劳动生产率相等价的传统假设下，该假设简化了两部门之间的动态均衡关系，以及影响实际汇率波动的巴拉萨—萨缪尔森效应（Balassa-Samuelson Effect）。

就 A、B、C 三个经济体而言，贸易部门相对非贸易部门的劳动生产率比值分别表示为 a_A、a_B、a_C。

假定 2 在三大经济体的贸易部门之间，不同贸易品之间的相对价格或比价，均等价于各自的内部生产率比值。

这一假定借鉴了假定 1 中对于同一经济体内部不同部门之间的简化分析，同样是为了简化短期均衡分析的便利。

在国际贸易体系中，经济体 A、B 贸易部门相对 C 贸易部门的劳动生产率比值，将分别表示为 b_P、b_I。

假定 3 三大经济体的消费者具有共同的效用函数，且通过对非贸易品与贸易品的消

费,达到效用最大化时,总体价格水平:

$$P_k = (P_k^N)^r (P_k^T)^{1-r}, \tag{1}$$

其中,$k = A、B、C$,r 为常数,P^N 表示非贸易品价格,P^T 表示贸易品价格。

此项假设是为了便利推导各个经济体的总体物价水平,具体形式及其推导可见 Cashin, Céspedes, and Sahay (2002)。

为避免国际计价货币及名义汇率体系的影响,这里将采用全球贸易部门中的最终商品作为实际计价单位(价格 =1)。在这种高度抽象化的、以货易货的"纯交换"的国际贸易体系里,根据以上三个假设,以及式(1)计算出的三个经济体的总体物价水平,便是各自的实际有效汇率 $REER_k$,$k = A、B、C$。具体计算结果为

$$REER_A = (a_A P_A^T)^r (P_A^T)^{1-r} = (a_A)^r b_P \tag{2}$$

$$REER_B = (a_B P_B^T)^r (P_B^T)^{1-r} = (a_B)^r b_I \tag{3}$$

$$REER_C = (a_C P_C^T)^r (P_C^T)^{1-r} = (a_C)^r \tag{4}$$

注意,经济体 A、B、C 的出口贸易品分别是初级商品、中间商品、最终商品,前二者相对最终商品的比价分别等价于这些贸易部门之间的劳动生产率比值。因此,式(2)~式(4)表明,经济体 A、B 以最终商品衡量的实际有效汇率水平,分别取决于经济体贸易与非贸易部门之间生产率差异 a_A、a_B,以及各贸易部门与经济体 C 的最终商品贸易部门之间的生产率差异 b_P、b_I;C 的实际有效汇率只取决于经济体内两部门之间的生产率差异 a_C。

(三) 生产率冲击与实际汇率动态分析

为便于分析纯理论框架下实际汇率的短期均衡及动态调整,首先需要定义外生冲击,然后在经济动态中考察它对不同部门之间劳动生产率差异调整的影响。

参照 2008 年全球金融危机爆发之前的经济全球化背景,本文将外生冲击定义为以制造业为主的国际产业资本转移。从由此引发的全球贸易地理和经济结构的调整来看,它构成了一次显著的生产率冲击。具体的历史背景可以追溯到 20 世纪 90 年代,随着全球化进程的不断加快,发达经济体内劳动生产率相对较低的最终消费品部门的产业资本开始向劳动力成本低廉的新兴经济体地区大规模转移。关于这方面的事实,IMF 世界经济展望报告(WEO, June 2005)的第三章作过细致描述:随着发展中国家关税下降、20 世纪 90 年代后区域性贸易协议的突然增加,以国际贸易与对外直接投资总量与结构变化衡量的经济全

球化程度也出现了大幅度提升。

国际产业资本转移给全球经济带来了两方面的积极作用，一方面降低了被转移产业资本的劳动力成本；另一方面提升了"目的地"贸易与非贸易部门的劳动生产率，或者说，缩小了国际产业资本转移源头地与目的地贸易部门之间的生产率差异。后一方面直接导致了不同经济体之间实际汇率水平此消彼长式的波动。同时，以制造业为主的产业资本的转移出境，也意味着最终商品生产部门的迁移。尽管以美国为首的发达经济体依然控制着大宗商品的金融交易，能够深刻影响到国际产业经济的现货商品价格。但从相对长期的经济周期及供求关系来看，初级商品的需求及定价将必然更多地受到已经转移出境的实体部门的影响。这也正是本文修正实际汇率分析框架的重要立足点。

在显示不同经济体各部门之间的生产率调整过程的经济变量中，除了经济部门生产率和资本存量的粗略估计之外，最显性的应当是涵盖各部门的产品价格体系。根据多部门经济的短期动态均衡分析，如 Uzawa（1961），不同部门之间实际利率相等的竞争均衡条件，表明部门产品比价与相应的边际资本产出成反比。

根据以上经济环境和生产率冲击的描述，不难认识式（2）～式（4）所描述的实际汇率体系动态。在国际产业资本转移驱动的生产率冲击下，出口初级商品的经济体 A 由于受惠于技术扩散，包括 a_A、b_p 在内的整体生产率将有所提高，从而驱使实际汇率 $REER_A$ 同步提高。在所有经济体的贸易部门之间，b_p 的上升意味着伴随初级商品生产部门单位产出的增长，边际资本效率将递减，从而初级商品贸易价格将趋于上涨。

出口中间商品的经济体 B，在贸易部门中已经不再包含最终商品生产部门，丧失了原有贸易体系下拥有此部门所具备的部分生产率优势，即 b_I 下降了。至于贸易部门和非贸易部门之间的生产率差异 a_B，由于不受国际产业资本转移的直接影响，可以视为另外的外生因素。如果不考虑此因素，$REER_B$ 将趋于下降。此外，可以考虑多种情景。如果进一步考虑非贸易部门的相对技术进步情形，即 a_B 下降，实际汇率将下降得更为严重，反之将有助于缓和实际汇率的下降。

出口最终商品的新兴经济体 C 由于受惠于国际产品资本转入的技术扩散，整体生产率将得到提高。由于实际汇率的计算采用最终商品为计价单位，同时也是采用最终商品贸易部门的生产率为比较基准，C 的实际汇率 $REER_C$ 仅体现在内外两部门之间的生产率差异，即 a_C。

最后，从经济周期的角度考虑，在经济景气阶段与衰退阶段，三类经济体的实际汇率水平将呈现相反方向的调整。当然，具体情形取决于各个国家和地区融入这种贸易体系的时间和程度，以及特定的产业结构、货币和汇率体制。

二 实证分析

在本文给出的分析框架下,初级商品市场的价格行为是全球经济结构调整以及具体部门之间生产率差异的集中体现或缩影。为提供经验证据,接下来首先阐述在最近这场金融危机前后初级商品实际价格的波动规律,然后运用格兰杰因果检验来证实初级商品价格变化对于实际有效汇率的先决性影响。

(一) 初级商品价格与国际汇率的联动性

如同通货膨胀的价格反应一样,国际计价货币的贬值对于所有初级商品价格的影响应当是更多地体现出一致性。然而,现实中的初级商品价格体系却出现了明显的内部分化。初级能源、基本金属和贵金属的实际价格涨幅高于其他初级商品数倍以上,呈现出结构性上涨特征。纺织品的实际价格甚至延续了近50年以来的长期下降趋势。在这种意义上,美元实际汇率对于初级商品价格的决定性贡献可以得到一定程度的证伪。换一种角度,根据前一部分给出的分析框架,从全球经济结构调整的角度似乎可以得到更好的解释。在过去一轮经济和金融全球化过程中,地区产业结构调整引发的商品供需变化,集中发生在新兴和发展中经济体内。以中国为核心的全球制造业基地的形成,拉动了资源品的消费需求,带动了经济体内资源型国家的生产活动。作为制造业的上游产业,如初级能源和金属采掘产业,产品价格因需求激增而大幅上涨。制造业及其下游产业,如最终资本设备、最终消费者商品等,产品价格却因供给增加而受到抑制。

从相关性分析来看,国际汇率体系与初级商品价格之间的确存在非常密切的内在联系。根据国际清算银行(BIS)公布的月度数据,如图1所示,2002~2009年,美国、日本的实际有效汇率与CRB实际商品指数成相反方向运动,相关性分别为-0.89和-0.72。同期欧元区实际有效汇率维持了上涨趋势,与商品指数的相关性高达0.81,颇显特别之处。中国的实际有效汇率水平大致介于新兴市场兼初级商品生产国(如巴西、俄罗斯),与工业化兼初级商品生产国(如澳大利亚、加拿大)之间。它与商品指数的相关性虽然在总区间内为0.01,几乎不相关。但从分阶段来看,2005~2007、2008~2009年的相关性分别为0.70、-0.92,似乎对应于一种周期性的转折,不排除中国贸易部门与非贸易部门之间生产率差异出现周期性调整的可能。

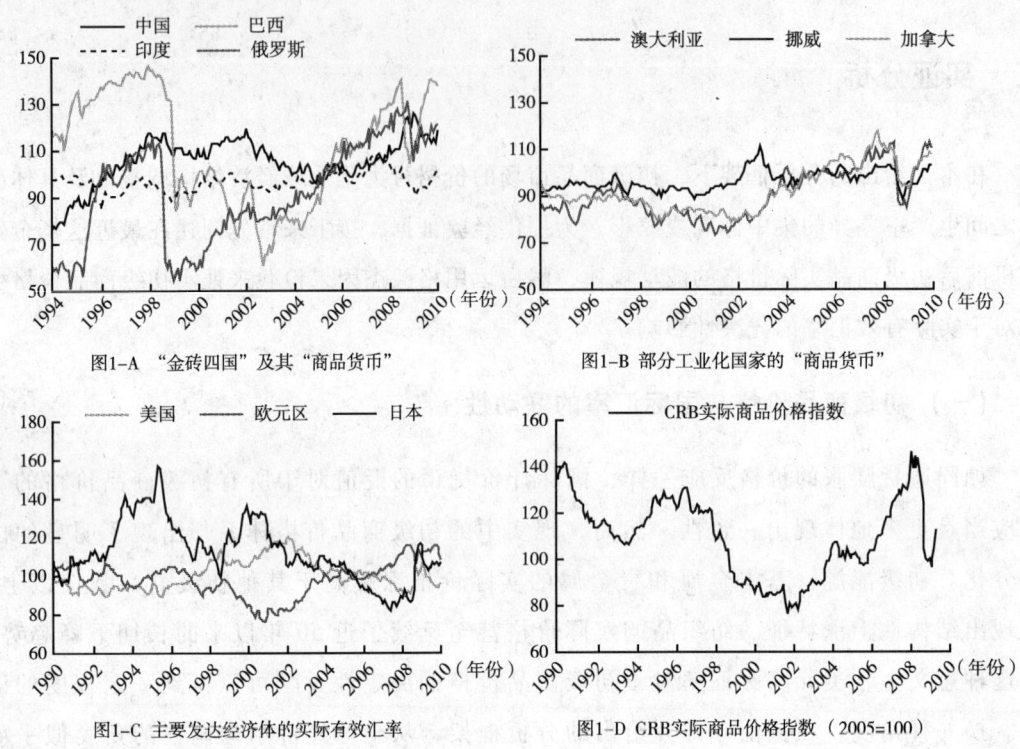

图1 主要经济体的实际有效汇率与初级商品价格（组图）

资料来源：BIS，CRB。

（二）初级商品价格与实际国际汇率的格兰杰因果关系检验

运用格兰杰因果关系检验，可以更进一步证实在生产率冲击的响应过程中，初级商品价格对于主要经济体实际有效汇率的先决性影响，而不是相反。本文采用经过美国CPI调整的CRB商品价格指数作为国际初级商品价格水平的代表，而汇率数据采用BIS公布的各国实际有效汇率月度数据。分析样本采用部分有代表性的国家和地区。在主要发达经济体中，选择美国、欧元区、日本；在部分工业化"商品货币"国家中，选择澳大利亚、加拿大、挪威；在主要新兴经济体中，选择"金砖四国"（BRIC），即巴西、俄罗斯、印度、中国；在其他初级商品出口国中，根据Cashin，Céspedes，and Sahay（2002）给出的初级商品贸易特征，选择能源和原材料出口占比较高的阿根廷、智利、秘鲁、印尼、沙特。为保证时间序列分析的平稳性要求，所有变量均进行了对数差分变换。

同时，考虑到全球经济周期以及其中经济结构的变迁，本文进行了三个阶段的检验。经济周期的划分标准，是根据IMF的WEO（Jan 2010）中自1970年以来的世界实际GDP

年度增长率数据,以相隔十年左右两个相邻的最低点作为划界点。第一阶段是1970～1991年,考虑到历史参照作用,大概合并了1975年和1982年为低点的多个周期。第二个阶段是1992～2001年。第三阶段是2002～2009年,检验时根据各国经济情况略作调整。相比美国国民经济研究局(NBER)基于宏观月度数据对美国经济周期的划分(见http：//www.nber.org/cycles.html),除了最后一个低点被定为2007年12月以外,划分结果大致相同。通过运用计量经济学分析软件EViews6.0中的格兰杰因果关系分析,具体检验结果如表1所示。为保证结果的稳健性,计量检验对滞后项和个别国家的期限进行了优化选择。

表1 初级商品价格与实际汇率的格兰杰因果关系检验

	阶段三(2002～2009年)			阶段二(1992～2001年)			阶段一(1970～1991年)		
	Lag	NH.A	NH.B	Lag	NH.A	NH.B	Lag	NH.A	NH.B
美 国	3	1.0	53.1	3	2.2	96.1	3	20.5	0.3
欧元区	3	1.8	59.3	4	1.3	56.8	3	26.7	5.9
日 本	3	9.1	7.0	4	0.6	20.0	4	64.9	0.2
澳大利亚	1	42.9	0.8	10	19.0	1.1	5	2.0	38.7
加拿大	3	6.5	75.9	1	49.5	1.8	3	92.0	84.9
挪 威	8	4.8	59.6	1	58.4	35.9	2	23.1	3.3
巴 西	8	4.7	70.1	13	3.4	92.6			
俄罗斯	3	4.7	74.8	4	33.9	0.8			
印 度	3	3.8	59.4	1	57.6	1.9			
中 国	8	0.7	57.0	3	71.0	11.9			
阿根廷	1	97.3	2.4	3	27.2	95.8			
智 利	3	20.1	46.8	3	33.8	41.0			
印 尼	1	3.3	83.9	2	1.8	70.4			
秘 鲁	1	1.6	62.1	1	58.4	1.5			
沙 特	2	0.3	62.2						

注：①"Lag"表示格兰杰因果检验显著时的解释变量的最大滞后项；"NH.A"表示初级商品价格不是实际汇率的格兰杰成因的零假设检验统计量的概率值(%),"NH.B"表示实际汇率不是初级商品价格的格兰杰成因的零假设检验统计量的概率值(%)。②在阶段二,受BIS数据限制,从巴西到沙特的汇率数据始于1994年。③在阶段三,欧元区的数据截止于2008年,巴西的数据期限为2003～2008年,阿根廷的数据则始于2008年6月,以上期限选择主要是考虑到各国特别的经济周期特征。
资料来源：BIS,CRB。

从表1的实证检验结果来看,在5%的显著水平下,2002年至2009年的全球经济周期中,除日本、澳大利亚、加拿大和智利之外,初级商品价格构成了美国、欧元区以及

"金砖四国"等一些重要经济体实际有效汇率的格兰杰成因。这种检验结果,为本文的分析框架提供了一种印证。在国际资本转移影响最突出的最新一轮全球经济周期中,初级商品出国和新兴最终商品出口国在实际国际汇率体系的作用已经变得举足轻重。继续追溯到1992年至2001年间的一轮周期,在国际产业资本转移的启动阶段,"金砖四国"的因果关系检验结果几乎全部相反。在更久远的第一阶段,发达经济体则表现出相反的因果关系。这种分阶段的检验,在一定程度上印证了全球贸易地理的历史变迁。

值得注意的是,在第三阶段,通常被誉为"商品货币"国家的澳大利亚,实际汇率反而构成了初级商品价格的格兰杰成因,或表现出相对的先行性。对于初级商品出口国而言,从1阶滞后项就能表现出显著的格兰杰因果关系,在一定程度近似同步关系,因果关系计量检验容易表现出非常敏感的易变性。在第三阶段,澳大利亚实际汇率与初级商品价格指数同步的相关系数为0.62。如果将商品价格前移一项,就可以逆转统计上的因果关系。其他一些初级商品出口小国也往往会有同样的表现。最后,不容忽视的是一些近似美元化的初级商品出口国,如阿根廷、秘鲁等拉美国家,以及作为"石油美元"国代表的沙特,实际汇率可能同时受到美元汇率和初级商品价格的影响。

格兰杰因果关系检验在变量近似于同步关系时不理想的稳健性,在式(2)~式(4)所描述实际汇率体系关系式中就有所揭示。在这一组关系式中,实际商品价格与实际汇率都具有同步相互影响的内生性。因此,可以进一步通过向量自回归(VAR)模型或协整模型来分析实际汇率相对初级商品价格冲击的动态响应。但是,这方面更有意义的建模将有赖于精细的结构分析以及各国异质性因素的引入,本文不再展开。

三 结论

根据本文的分析观点,国际汇率体系及其中的美元汇率,在一定程度上是全球经济结构调整的一个被动结果。自2002年以来美元本位下的国际实际汇率体系动态,在一定程度上受到了初级商品市场的先决性影响。单纯建立在这些实证分析的基础上,可以推断在全球化背景下既定的全球经济体制下,当初级商品周期走过波峰时期,进入更漫长的波谷阶段时,弱势的美元有可能自然恢复强势,特别是在没有新的创新势力能够引领全球经济增长,强势美元更符合美国根本利益的假设之下。

初级商品价格以及背后全球经济结构调整的先决性假设,为在这种特定的经济体制下观察国际实际和名义汇率体系动态提供了一个特别的分析视角。在既有的美元本位和全球经济运行体制下,初级商品价格和国际汇率的波动性,以及彼此之间的联动性都可能变得更加突出。随着汇率渠道在货币政策传导机制中重要性的上升，如同米什金（2008）的分析，这种状况也将直接促使货币政策和汇率管理的配合趋于更加重要。

作为本文分析结论的一种应用性思考，在全球经济增长没有切换到新的模式之前，对以各种形式盯住美元或具有垄断性的国际货币的经济体而言，可以在这些国际货币与初级商品之间的跷跷板上，及时调整自己的名义锚。在初级商品强势时，适时转向"商品锚"，而在商品弱势时回归货币锚。由此来看，货币政策与汇率管理相配合的重要性更加凸显起来，特别是在利率传导渠道地位下降，汇率渠道上升的货币环境下。对于中国的货币政策、汇率与国际储备管理而言，适时在国际储备货币及其计价金融资产，与国际大宗商品及其金融契约之间进行抵补操作，以平衡实际有效汇率或许是一个值得探索的通道。事实上，中国企业对境外初级商品生产部门的外汇资金运营已经开始了这方面的有益尝试。

（本文发表于《国际金融研究》2010 年第 7 期）

参考文献

[1] 米什金：《全球化、宏观经济运行和货币政策（译）》，《比较》2008 年第 38 期。

[2] 袁增霆：《金融危机中的商品市场波动与风险传染》，《中国金融》2009 年第 12 期。

[3] BIS. Financial Investors and Commodity Markets. BIS Quarterly Review, March 2007.

[4] Cashin P., L. Céspedes, and R. Sahay. Keynes, Cocoa, and Copper: In Search of Commodity Currencies. IMF Working Paper, WP/02/223, 2002.

[5] Hanke, S. The Greenback and Commodity Prices. Globe Asia, September 2008.

[6] IMF. World Economic Outlook (WEO): Globalization and External Imbalances. April 2005.

[7] IMF. World Economic Outlook Update: A Policy-Driven, Multispeed Recovery. January 2010.

[8] Keyfitz, R. Currencies and commodities: modeling the impact of exchange rates on commodity prices in the world market. Intermediate Input-Output Conference Paper, Brussels, Belgium, 2004.

[9] Rogoff, K. The Purchasing Power Parity Puzzle. Journal of Economic Literature, 1996 (34): 647 – 668.

[10] Sommer, M. The Boom in Nonfuel Commodity Prices: Can It Last? . IMF, World Economic Outlook, September 2006.

[11] Uzawa H. On a Two-Sector Model of Economic Growth. Review of Economic Studies, 1961 (78): 40 – 47.

全球金融体系改革及亚洲的选择：
我们需要更深入地思考

李 扬

发端于美国，如今仍在蔓延和深化的全球金融危机，再次暴露出现行国际货币体系的不合理，且再次凸显了改革的必要性和紧迫性。作为处于现行国际货币体系"边缘"地带上的亚洲国家，我们不仅需要积极参与国际货币体系改革的讨论并力争在其中发挥更大的作用，而且需要冷静地认真研究：在走向合意的国际货币体系的漫长期间内，如何建立一种稳定的地区性货币金融安排（不仅是应对危机的机制），有效地防范不合理国际货币体系对本地区经济和金融发展的意外侵扰，最大限度地维护区域内国家的利益。

本文将基于亚洲地区被现行国际货币体系边缘化的判断展开分析。我们首先概述第二次世界大战之后以美元为本位的国际货币体系的演化，重在指出其内在矛盾；然后分析 SDR 和欧洲货币体系这两个业已成型并获得一定成功的摆脱传统国际货币体系的努力；最后，从稳定亚洲国家经济和金融稳定发展的立场出发，探讨建立亚洲区域货币金融合作机制的若干问题。

一 美元本位的国际货币体系已难以为继

第二次世界大战后到 1970 年代初期，以资本主义国家为主导，建立了一个以美元为本位的国际货币体系，史称布雷顿森林体系。这一体系以所谓"双挂钩"为基本运行特征，即美国以其巨额的黄金储备为基础，对外国政府允诺以 35 美元/盎司的比价兑换黄金；各成员国则同意将本国货币钉住美元。布雷顿森林体系实行波动幅度很窄的固定汇率制，各国货币当局有义务保持汇率的稳定。这一体系正常运行的基本要素是：美国向世界提供美元作为储备货币并提供黄金清偿力，同时，通过稳定那些代表黄金的贸易品价格来维持美元价值的稳定。

众所周知，布雷顿森林体系存在着"原罪"性的矛盾。在"双挂钩"制度下，由于世界黄金和美国黄金储备的增长不能适应世界经济和国际贸易发展的需要，美国便陷入了进退维谷的境地：要满足世界经济和国际贸易增长之需，美元的供给必须不断增长，这要求美国的国际收支赤字不断扩大，而美国国际收支赤字的不断扩大和美元供给的持续增长，将使美元与黄金之间的固定比价难以维持，从而动摇布雷顿森林体系的黄金支柱；持续的国际收支逆差将对美元产生贬值压力，从而使美元与他国货币的固定比价也难以长期维持，这将动摇布雷顿森林体系的汇率支柱。显然，这里存在的内在矛盾难以解决，此即"特里芬难题"。由此还进一步引发出另一个问题，就是短期资本流动的冲击。当国际资本意识到"特里芬难题"的存在时，便会利用其中的矛盾和空隙牟利。所以，在20世纪70年代以来的所有国际金融危机中，我们都可看到国际游资的身影。

由于存在着深刻的内生性"原罪"，自1960年代开始，布雷顿森林体系就不断受到冲击，其中最重要的危机有四次。第一次发生于1960年。当年，美国对外短期债务首次超过它的黄金储备，导致各国纷纷抛售美元、抢购美国的黄金和其他硬通货。第二次发生于1968年。美国因侵越战争扩大，其财政金融状况急剧恶化，通货膨胀加剧，外汇市场再次掀起抛售美元、抢购黄金的浪潮。为应对危机，国际货币基金组织一方面采行黄金"双价制"（官价和市场价），试图平抑抢购黄金浪潮，另一方面则于1969年创设了被称为"纸黄金"的特别提款权（SDR），希望部分替代美元的功能。第三次发生于1971年。当年，美国对外短期负债和黄金储备的比率达到战后历史高点，加之发生了第一次石油危机，美国经济和国际货币体系陷入前所未有的混乱。应对危机，美国总统尼克松于1971年8月15日宣布实行"新经济政策"：对外停止美元兑换黄金，终止美元与黄金的官方兑换关系，并压迫德国、日本等国实行货币升值；对内，则决定冻结工资水平。作为对美元停止兑换黄金的反应，主要发达国家相继放弃了钉住美元的固定汇率制，改行浮动汇率制，布雷顿森林体系已难以为继。其后，虽有1971年12月的史密森协议缔结，以期举主要发达国家之力来维持该体系正常运转，但由于美国贸易赤字继续扩大，外汇市场抛售美元狂潮愈演愈烈，终于也未能力挽狂澜。1973年2月，外汇市场再度爆发美元危机，布雷顿森林体系寿终正寝。

二　摆脱美元的努力：SDR的创设和欧元的启动

前已述及，用美元充当国际储备货币的基本矛盾之一，就是美元不可能通过不损害美元地位（美元对内和对外价值的贬低）的方式稳定地向国际社会提供。认识及此，国际社会便出现了若干摆脱美元，探寻建立更为合理有效的国际货币体系的努力。在这些努力中，当数创设SDR和建立欧元区最有建树。

人们认识到，国际储备资产的存量及其增长，不应仅仅被动地由各国国际收支所决定的储备货币的累积余额来确定，而应当主动地反映全球贸易与经济增长的需要。换言之，国际社会应当根据全球经济、国际贸易和国际投资增长的需要，主动且有预见性地增加国际储备。在这方面，国际货币基金组织应当发挥积极的作用。它应当成为一个国际流动性的主要提供者，这种流动性不仅应有条件地通过提供金融援助来提供，而且应无条件地通过创造某种新的流动性来提供。创设 SDR 体系，便意在无条件地创造流动性。

但是，尽管 SDR 的创设凝聚了大量世界一流专家的心血，其设计不可谓不精巧，国际货币基金组织在推广它的使用方面更是不遗余力，然而，设置它的最初目的，即作为一种世界性储备资产，并取代黄金和美元（以及其他主权或区域货币），至今仍然没有达到，而且，随着全球化的深入发展，这一目标似乎离我们渐行渐远。基本的原因在于，SDR 并不具备作为国际储备货币的基本要素。在实践上，信用货币之被广泛接受，其必要条件，是具备国家信用的基础，并因此拥有法律赋予的强制流通权；其充分条件，则是需要设立专责的货币当局，用以处理货币流通等事务，并通过有效的宏观调控，保证币值之稳定。反观 SDR，它缺乏信用基础自不待言，就其定价机制而言，依赖四种主权货币"篮子"来定值，依然摆脱不了对那些"中心"国家之经济和金融状况的依赖，依然难以防止这些"中心"国家着眼于维护本国利益的宏观调控政策对全球经济产生"以邻为壑"式的冲击。在这个意义上，SDR 本位实在只是放大了的美元本位而已。

这种缺陷，在 SDR 的分配机制上体现得十分充分。由于缺乏作为信用货币的诸种条件，它便只能因循普通提款权的机制进行分配。2009 年 7 月 IMF 发布的 2500 亿美元特别提款权分配草案，再次挑明了 SDR 本质上只能因循普通提款权基本机制的特征。问题恰恰在于，如果 SDR 无非只是普通提款权的延长和扩大，则与设置 SDR 的目标相悖；而若根据其他机制，例如根据各国对储备资产的需求强度来进行分配，其经济上的不合理性一目了然，因而也是不可行的。

说到本质上，SDR 要充分发挥作用，须有"世界大同"，并在此基础上建立某种超主权的中央银行。创造这一条件，显然需要长期不懈的努力。

几乎就在美元刚刚取得世界霸权的同时，欧洲便开始了摆脱美元的尝试。与创设 SDR 不同，欧洲的努力从来就是区域化的，他们设定的方向，也只是创设某种区域化的统一货币，借以保护区域内各国的利益。在获得广泛政治共识的基础上，从 1950 年代开始，欧洲一元化进程便已启程。1950 年，欧洲支付同盟建立。1957 年 3 月，西欧六国签订《欧洲经济共同体条约》和《欧洲原子能共同体条约》（通称《罗马条约》），决定成立欧洲经济共同体。60 年代末，欧共体建立了关税联盟，实现了共同农业政策，并开始着手推动劳动力与资本流动的自由化。欧洲货币的一体化问题,就此也正式提上议事日程。1972 年,欧共体 6 国开始实行"蛇形浮动"等一系列货币汇率的联合浮动安排,以共同应对美元的剧烈波动。1979 年,欧共体各国建立了"欧洲货币体系(EMS)",并于 1993 年完成了市场一体化,设立了"欧洲货币单位(EU)"。1999 年 1 月,欧元正式启动。对于欧元启动的重要意义,固然可从多角度进行评价,但笔者更钦服法国前总统希拉克对此所作的精辟论断:"实施欧元,是欧洲在没有动用枪炮的情况下实现的一次巨大变革,其首要目的在于不受别人摆布。"

本节简述 SDR 和欧元的创设动机、过程及结果,意在分析迄今为止摆脱美元本位国际货币体系的可能方向。对于亚洲来说,欧元的榜样显然更具现实针对性。我们的发展目标因而也很清楚,这就是,我们希望"不受别人摆布"。

三 亚洲国家的"边缘化"困境

亚洲国家在当前国际货币体系中面临巨大困境。从表 1 列示的各主要货币形成的货币圈所占份额的数据可以明显看出,在本地区内,美元依然占据主导地位,欧元次之。这两个货币所覆盖的 GDP,在 2004～2007 年间达到 81% 的水平,而区域内货币(主要是日元)仅仅覆盖了 9.6%。就此而论,亚洲地区是被现行国际货币体系"边缘化"了的。然而,就同期各国 GDP 占全球 GDP 的份额而言,美国和欧元区总和占比不足 50%,而亚洲地区则高达 35% 左右。这两个占比的严重失衡,使得亚洲国家长期面临严重的"双重错

表 1 主要货币形成的货币圈份额

单位:%

年份	美元区		欧元区		日元区		英镑区		其他	总额(10亿美元)
	美国	合计	欧元地区	合计	日本	合计	英国	合计		
1970~1974	33.8	54.5	14.1	27.3	8.7	8.7	4.4	7.2	2.2	3675
1975~1979	29.0	50.5	15.2	30.9	10.5	11.9	4.1	5.3	1.3	7074
1980~1984	30.8	51.8	12.7	25.4	10.7	12.7	4.5	6.4	3.6	10729
1985~1989	30.2	48.9	12.6	22.0	14.8	15.3	4.3	5.8	8.0	15753
1990~1994	26.2	45.9	13.5	28.0	16.0	16.3	4.2	5.7	4.1	24101
1995~1999	27.6	50.3	14.8	26.2	14.9	16.7	4.4	5.7	2.0	29946
2000~2004	30.2	48.6	21.5	30.1	12.3	14.4	4.8	5.1	1.7	34929
2005~2007	26.8	48.4	22.2	33.4	9.0	9.6	5.0	6.7	1.9	49046

注:根据 GDP 计算(市场外汇汇率换算,美元计价)。
资料来源:见河合正弘《国际货币体系与东亚货币金融合作》,吉林大学出版社,2009。

配"，即货币错配和期限错配。这种错配，不仅使亚洲国家总会受到来自美欧经济和金融波动的意外侵扰，而且，在汇率安排上以及在外汇储备的管理上，总是面临困难的抉择并总是成为发达国家攻击的对象。因此，亚洲国家，特别是东亚国家实行密切的货币金融合作，便成为基于共同利益的理性追求。

事态也正沿着这一理性方向在发展。多年来，东亚地区的经济一体化一直在稳步推进，通过积极的贸易、投资和金融流动，地区内正逐步增强相互间的经济依存度。

在贸易领域，以直接投资为媒介的区域内分工推动了制造业的资本品、零部件、半成品和最终产品的垂直产业内贸易，产生了市场基础上的经济一体化。这种倾向肇始于1985年《广场协议》以后的日元升值。日元升值后，日本企业开始循"雁阵"型向外转移生产基地。转移的对象，先是亚洲"四小龙"，继而是亚洲"四小虎"，然后是中国华南地区和大中华地区。现在，整个东亚地区基本建立了完整的区域内生产和贸易网络。近年来，韩国、中国台湾、马来西亚、泰国等国家和地区的企业开始对外直接投资，主要以中国为新的生产基地在扩大国际分工，进一步加强了这种生产和贸易联系。所有这些努力的结果，是使东亚贸易中的区域内贸易占比达到50%以上。

在金融领域，通过商业银行的对外融资活动和机构投资者的对外证券投资，东亚各国金融市场之间的相互联动程度大幅度提高。这使得区域内利率和股价相互影响，联动性逐步增强。早在1997年亚洲金融危机中，危机在区域内传播的速度之快，范围之广，规模之大，便已出人意料，此次危机中区域内各国所受影响的特点及程度的相似性，更给人深刻印象。不过，亚洲危机之时，中国及多数东盟国家均实行资本流动管制，因此，相比贸易和投资，区域内的金融联动尚不充分。此次危机中，由于中国及东盟国家近年来逐步放松乃至基本废止了资本项目管制，区域内的金融联动性显然进一步提高。

区域内宏观经济的同步性和联动性也进一步增强。这反映出区域内实体经济领域和金融领域内的密切关联。从可以观察到的实际GDP增长率的国际相关系数可以看出，东亚区域内经济活动的联动性越来越高，景气变动的相互同步性和同时性正在提高，其中，日本、中国及其他东亚新兴经济体之间的宏观经济联动性更是显著提升。区域内经济一体化和景气循环相关度的提高，将使外部经济对区域内国家（地区）冲击的对称性相应提高。区域内经济相互依存度的深化，自然要对区域内的汇率稳定提出更高的要求。

然而，尽管东亚国家间的贸易、金融的密切程度日益提高，从而导致宏观经济运行的同步性和联动性日益提高，但东亚各国之间的经济结构和发展水平依然存在着多样性，因而并未如最优货币区所要求的那样，收敛到使整个地区形成单一货币区的程度。我们可以从经济结构（人均收入、产业结构、金融市场发展及深化程度等）指标和宏观经济指标（财政平衡、通货膨胀、利率等）的收敛状况来判断东亚地区的现状与形成单一货币区所要求的条件的差距。从表2各国人均GDP、投资/GDP等指标的差异可以看出，亚洲国家的经济结构存在较大差异；由表3各国政府部门债务/GDP、一般政府部门财政收支差额/GDP等指标可见，亚洲国家的宏观经济指标亦呈现不一致性；表4以中国和日本作对比，反映出区域内贸易结构也存在显著差异；表5则列出了东亚各国的外汇汇率制度，反映了这些国家在汇率安排上的步调也不统一。

表2 东亚国家的经济结构存在较大差异

国家/地区	人均GDP（美元）	投资/GDP(%)	储蓄/GDP(%)	CA/GDP(%)	产业结构			出口/GDP(%)	进口/GDP(%)	FDI/GDP(%)
					农业	制造业	服务业			
东亚和印度	3327	30.4	34.0	5.2	6.6	36.1	57.3	36.7	32.9	16.9
日本	34182	24.0	25.0	3.9	1.5	29.9	68.6	14.3	13.0	2.5
韩国	18347	29.8	30.9	0.7	3.2	39.6	57.2	43.2	42.1	8.0
中国香港	27507	21.4	32.9	10.6	0.1	9.3	90.6	205.4	194.0	405.2
新加坡	30045	18.8	50.5	27.5	0.1	34.7	65.2	252.6	220.9	159.0
印尼	1636	24.6	29.4	2.7	12.9	27.0	40.1	30.9	26.1	5.2
泰国	3254	27.9	31.8	1.1	10.7	44.6	44.7	73.7	69.8	33.0
中国	2016	44.6	52.5	9.4	11.7	48.4	39.9	40.1	32.2	11.1
印度	822	33.9	31.1	-1.0	17.5	27.9	54.6	23.0	25.8	5.6

资料来源：World Bank, World Development Indicators Database, 2008; IMF, International Financial Statistics, 2008; UNCTAD, UNCTAD Database, 2008。

表3 东亚诸国宏观经济指标亦呈现不一致性

国家/地区	政府部门债务对GDP比率(%)	一般政府部门的财政收支差额对GDP比率(%)	通货膨胀率（消费者物价指数）	利率(%)	
				12月期定期存款	12月期银行贷款利率
日本	162.5	-3.2	0.1	0.38	1.88
韩国	33.3	3.8	2.5	5.17	6.55
中国香港	1.7	7.2	2	2.8	6.75
新加坡	—	9	2.1	0.83	5.33
印尼	35.7	-1.2	6.2	8.2	13.86
泰国	37.5	-1.7	2.2	2.32	7.05
中国	17.3	0.7	4.8	3.29	7.47
印度	—	-2.9	6.3	8.4	13.02

资料来源：IMF, International Financial Statistics, 2008; ADB, Key Indicators, 2008。

表 4 区域内贸易结构：中国和日本比较

进口地＼出口地	中国				日本			
	1983 年	1995 年	2000 年	2006 年	1983 年	1995 年	2000 年	2006 年
韩国	NA	7.0	10.2	20.3	13.8	13.0	11.3	7.7
新加坡	1.0	2.3	3.8	9.6	9.2	7.8	7.3	5.4
菲律宾	NA	1.2	1.6	9.3	20.0	15.8	13.4	15.6
泰国	1.7	2.9	3.9	8.8	15.1	16.6	14.2	12.3
马来西亚	1.1	2.6	2.9	7.0	19.7	12.5	12.3	8.5
印度尼西亚	0.1	3.8	4.2	7.4	45.8	27.1	22.1	18.5
中国香港	11.4	33.3	34.1	46.7	4.4	6.1	5.5	4.9
中国台湾	NA	0.3	2.9	23.1	6.5	11.8	11.2	7.3

资料来源：IMF, Direction of Trade Statistics, 2008; ADB, Key Indicators database, 2008.

表 5 东亚若干国家的外汇汇率制度（2008～2009 年）

外汇汇率制度	国家/经济体（括号内是实行的汇率制度）
完全自由的浮动汇率制	日本（单独浮动制）
中间的外汇汇率制度	
变动幅度较大的管理浮动制	柬埔寨\印尼\老挝\泰国（管理浮动制）
	韩国\菲律宾（单独浮动制）
变动幅度较小的管理浮动制	马来西亚\新加坡\中国台湾地区（管理浮动制）
变动幅度极小的管理浮动制	中国（2005 年 7 月至 2008 年 6 月，爬行钉住制度）
	越南（管理浮动制）
软钉住制度	中国（2008 年 7 月以后）
硬钉住制度	文莱\中国香港地区（联系汇率制）

资料来源：IMF。

亚洲地区在国际金融体系中的地位与其经济实力的不匹配，尤其是缺乏主导性的区域货币，使得亚洲金融甚至经济体系均处于全球体系的边缘地带，从而导致区域内经济与金融体系极易受到国际经济和金融波动的传染与冲击。回顾 1997 年亚洲金融危机以及此次全球金融危机中亚洲各国所经历的经济和金融动荡，我们不仅可以明白无误地看到这种边缘化所引发的各类问题，而且，我们痛苦地看到，只要这种被边缘化的格局不改变，我们经济和金融的运行，就不可避免地要受到来自美欧等拥有储备货币发行权的"中心"国家的侵扰。

四 应对边缘化：亚洲国家需要更深入思考

意识到区域货币与金融合作的重要意义，亚洲各国针对合作的具体模式提出了各种方案。由于事实上处于国际货币体系的"边缘"地带，迄今为止的东亚金融合作的大部分方案，都把重点置于危机救助方面。

其中最早的一个方案是 1997 年 9 月日本在 IMF 和亚洲开发银行会议上提出的"亚洲货币基金（AMF）"构想。其内容是组成一个由日本、中国、韩国和东盟国家参加的组织，筹集 1000 亿美元的资金，为遭受货币危机的国家提供援助。在对 IMF 一再失望的环境下，多数东亚国家都对这一方案表示欢迎。但是，这一方案理所当然地招致美国和 IMF 的强烈反对，部分东亚国家也对日本提出方案的真实动机提出质疑，致使这一方案夭折。

亚洲货币合作方面的实质性进展表现在《清迈协议》上。清迈协议的前身是东盟 5 国（印度尼西亚、马来西亚、菲律宾、新加坡、泰国）在 1997 年 8 月建立的东盟货币安排互换（ASA），其目的是为国际收支困难的成员国提供流动性支持。1999 年 11 月，东盟 10+3（东盟 10 国加上中国、日本和韩国）峰会在马尼拉通过了《东亚合作的共同声明》，同意加强金融、货币和财政政策的对话、协调和合作。根据这一精神，2000 年 5 月，东盟 10+3 的财政部长在泰国清迈达成了《清迈协议》。涉及金融合作的协议有：①充分利用东盟 10+3 的组织框架，加强有关资本流动的数据及信息的交换。②扩大东盟的货币互换协议，同时，在东盟与其他三国（中国、日本和韩国）之间构筑两国间的货币互换交易网和债券交易网。③通过完善亚洲各国货币间的直接外汇市场并建立资金结算体系，扩大亚洲本国货币间的交易。

作为一种危机救助机制，《清迈协议》下的亚洲金融合作得到了快速发展。在 2007 年日本京都召开的东盟 10+3 会议上，双边互换总额已经达到 800 亿美元，同时各成员一致同意在整体契约的大前提下建立一个原则上成员国自行管理的储备池，这意味着清迈协议框架下的合作机制开始从双边走向多边。全球金融危机的爆发进一步加速了清迈协议合作机制的多边化进程。2008 年 5 月召开的东盟 10+3 会议决定建立总额 800 亿美元的共同外汇储备基金，其中东盟国家和中日韩三国的出资比率为 2∶8。2009 年 2 月召开的东盟 10+3 特别财长会议公布了《亚洲经济金融稳定行动计划》，将共同外汇储备基金规模扩大到 1200 亿美元，并提议建立独立的区域性监控实体，允许各国将外汇储备中的一部分专款专用。这一行动计划，为更高层次的亚洲货币与金融合作搭建了平台。

亚洲金融合作的另一项重要进展表现在亚洲债券基金的建立上。发展亚洲债券的目的在于调整亚洲地区的融资结构，摆脱对于银行体系的过度依赖，同时解决资金期限结构与币种的错配问题，降低风险，提高资金配置效率。2002 年 6 月，泰国在第一届"亚洲合作对话（ACD）机制"下提出"亚洲债券市场"的倡议，同年 8 月，在东亚及太平洋地区央行会议（EMEAP）上提出建立亚洲债券基金的建议。上述提议得到了东亚各国和地区的积极响应。2003年6月2日，EMEAP发布公告，宣布与国际清算银行（BIS）合作建立债券基金（ABF），初始规模为10亿美元，将投资于EMEAP成员（除日本、澳大利亚和新西兰以外）发行的一篮子主权和准主权美元债券。2004年12月，成立了总额为20亿美元的亚洲债券基金二期（ABF2），投资方向拓展到主权和准主权本币计值的债券。2004年以来，已经建立了若干工作小组，分别通过开展政策对话、举办研讨会等形式，从不同方面促进亚洲债券市场的发展。

金融合作的再一个重要方面是政策协调与监督机制。到目前为止，在亚洲金融合作的过程中已经建立了三个相应的机制，它们分别是"马尼拉框架小组（Manila Framework Group）"、"东盟监督进程（ASEAN Surveillance Process）"与"东盟+3监督进程（ASEAN+3 Surveillance Process）"。"马尼拉框架小组"建立于1997年11月，由包括美国、加拿大、澳大利亚以及东亚国家在内的14个成员组成，其主要职责是实行地区监测。它每半年举行一次有IMF、世界银行、BIS和亚洲发展银行出席的会议，讨论亚洲地区宏观经济与金融形势。1998年10月，东盟各国财长签署"理解条款（Terms of Understanding）"，建立了"东盟监督进程"。作为IMF监督功能的补充，"东盟监督进程"主要是一个相互评议的机制，其成员每年至少举行两次会议，对本地区经济形势和其他相关领域的问题进行监督讨论。"东盟+3监督进程"是"东盟监督进程"的扩展，建立于1999年11月，它的第一次同行意见会议在2000年5月亚行年会之后召开。"东盟10+3监督进程"每年举行两次由13个国家的财长和秘书长参加的会议，交换对经济问题的看法。目前，建立东亚"10+3"早期预警系统是它的重点课题。

由于受到欧元成功启动的鼓舞，很多人都把亚洲金融合作的最终目标定位在"亚元"的设立上，这是很自然的。不过，多数亚洲国家同时也承认，设立亚元恐怕只是一个长期目标。根据最适货币区理论，单一货币区应该满足下列条件：第一，价格和工资能够灵活地作出调整；第二，金融市场高度一体化；第三，要素与商品能够自由流动；第四，具有均匀的经济结构。用这一标准进行衡量，亚洲离单一货币区显然还有相当遥远的距离。亚洲各国与地区的经济发展水平存在着巨大的差异，金融市场发展水平总体较低，尤其是债券市场发展严重滞后，金融一体化程度也较低。同时，在要素流动方面，亚洲各国和地区之间还存在比较多的障碍，尤其是劳动力的流动更受到严格限制。

与经济相对应的是政治层面的问题，即亚洲各国是否有足够的意愿走向欧盟那样的统一经济体。在我们看来，就各种形式的区域一体化进程而言，经济指标向共同目标收敛固然重要，政治的共识更具关键意义。我们看到，在欧洲走向一体化的最初阶段，最适货币区理论还未出现，各个成员国也无法像现在的亚洲国家和地区那样根据某种"标准"经济理论来决定其一体化的目标和路径。而是，它们只能基于既定的政治共识，按照其特定的社会与经济条件来采用某些超国家的制度安排，并在这一过程中不断积累经验，"摸着石头"逐步走向统一。然而，在亚洲金融合作当中，尽管人们对于未来的发展和目标进行了大量讨论，但是各国政府却没有表现出将这一合作坚持下去直至实现单一货币区的坚定决心。实际上，到目前为止，亚洲金融合作的大部分实质性内容仍然停留在危机救助这类"应急措施"上，而在宏观政策协调等更为深入的方面则进展缓慢，甚至没有一个真正具有约束力的正式制度安排。这一现象也说明，很多亚洲国家和地区并没有真正把区域经济一体化视为本国长期经济增长的动力，而更多地只是由于面临困境而采取的应急性措施。

令人更为沮丧的是，正当亚洲各国隐隐地依照欧洲的蓝本在艰难地推进区域一体化之时，欧洲地区爆发了主权债务危机。这场危机不啻为世界其他地区的各种统一货币的努力兜头浇上了一盆冷水。它冷酷地告诉我们，即使是在经济发展水平相对均衡，明确的一体化进程已推行了50年的欧元区，也依然存在着统一货币政策与分散化的财政政策之间的矛盾；这一问题若不解决，欧元地位下降自不待言，其前景都值得忧虑。

鉴于欧债危机的新鲜教训，我们不得不在继续探索建立区域内货币金融合作机制的同时，转而更为认真地研究这样的问题：可否通过强化某些亚洲国家的货币（例如日元和人民币）在国际货币体系中的地位的途径，来实现突破亚洲地区被国际货币体系边缘化之格局的目的。

基于上述思路，积极推进人民币的国际化，就不仅是中国经济与金融发展的必然选择，而且也是整体性提高亚洲在国际金融体系中地位，提高亚洲在全球经济体系中地位的重要内容。

毋庸讳言，由于现行国际货币体系的历史惯性和我国相对封闭且落后的金融体系，人民币国际化并非易事。到目前为止，人民币在境外仍然主要在周边国家与地区作为交易媒介使用，价值储存功能有限，而且尚未成为任何其他货币的"驻锚"。面对短期内的较大困难，人民币国际化应当选择渐进发展战略。当前，中国应重点在贸易项下扩大人民币的国际影响，在这一过程中，我们不仅要鼓励扩大金融机构开展对外人民币贸易融资，更须通过保持人民币汇率的相对稳定，为人民币国际化进程的起航维持相对稳定的国际环境。与此同时，中国还可尝试依托外汇储备扩大人民币的国际影响，包括积极参加双边货币互换机制、在亚洲建设外汇储备库以及在SDR改革中提出扩大人民币国际影响的方案。更具关键意义的是，中国国内的金融体制改革必须与人民币的国际化步调一致，密切配合，并且要为人民币的国际化创造必要的条件。例如，我们显然必须建立与发展比较发达的人民币债券市场,否则,人民币作为他国价值贮藏手段的功能便基本无从发挥。仅此一例便告诉我们,推行人民币的国际化,采取各种"走出去"的举措固然重要,按照建设社会主义市场经济体系和积极融入全球化金融体系的要求,进一步推动国内金融体系(包括机构、市场、货币政策和金融监管体系)的改革和发展,更具根本性意义。

(本文发表于《国际金融研究》2010年第10期)

国际货币体系的演变及多元化进程的中国选择

——基于"货币强权"的国际货币体系演进分析

彭兴韵

一 引言

国际货币体系是影响当今全球经济和金融稳定的一个重要因素。国际货币的演变、发展及其影响，也是经济学家们历久不衰但仍未穷尽的研究课题。当私人部门和官方机构将一种货币的使用扩展到其发行国以外时，它就成为国际货币（Cohen, 1971），或成了国际货币体系的中心货币并拥有了国际货币"领导权"。为什么需要一种中心国际货币？麦金农（McKinnon, 2006）认为，这可以简化全球的外汇市场，居于中心的国际货币实际上是"货币的货币"，它具有交易媒介、价值尺度、延期支付标准和价值贮藏等功能，全球外汇市场的发展和扩大，会自发地选择某一经济总量较大的外汇市场的货币来发挥中心货币的作用。一种货币能够成为国际货币，会给国际货币的发行国带来诸多利益。过去，人们通常将目光集中于发行国际货币所能获得的铸币税。除此之外，普拉卡西（Prakash, 2007）认为，若一种货币能够在国际经济关系中得到广泛使用，还可以通过贸易条件渠道带来新的利益，即一定单位的该货币所能购买到的国外商品数量会增加。居于国际货币体系中领导地位的货币，还拥有货币强权（monetary power），即居国际货币领导地位的国家，会通过国际货币关系而对其他外围国家施加很大的影响（David M. Andrews, 2006）。货币强权体现在多方面，如转嫁货币转换成本的权力、延迟支付持续调整成本的权力、重构参与国社会地位的权力，等等。拥有货币强权的国家还可利用"汇率武器"制衡其主要经济对手，美国就曾利用货币胁迫的手段（汇率武器）来使日本和欧盟采取的诸多措施大打折扣（Henning, 2006）。

成为国际货币的决定要件是什么呢？艾肯格林（2008）强调，国际货币体系的形成是网络外部性的结果，当参与国际交易的其他国家（企业）都在使用某一种货币，另一国不使用它时，其交易成本就非常高，而参与到这个网络中，则会大大地降低交易成本。根据网络外部性理论，国际货币体系最终只能有一种中心货币。但网络外部性理论没有解释形成国际货币的原动力是什么。如果卖方决定用某种货币作为国际交易计价与结算的货币，这种货币就成了国际货币，而影响卖方选择的因素主要取决于其他卖方的行为、贸易伙伴的相对规模及该种货币的通胀率（Prakash Kannan, 2007）。迈克尔（Michael Kumhof, 2009）认为，以一国货币定值的资产在国际资产组合中所占份额，与该货币的名义利率存在单调增加的关系，将一国货币在国际货币体系中的地位，归结为名义利率显然是过于简单化了。一个矛盾的现象是，现在发达国家的利率要远远低于发展中国家或新兴市场国家的利率，但后者依然没有能够享有国际货币的地位。王信（2009）认为，20世纪90年代之前，国际收支顺差是国际货币体系演变的决定性作用，90年代之后，金融实力超过贸易顺差成为国际货币体系的决定性因素。张明和覃东海（2005）认为，国际货币体系的演进属于诱致性制度变迁，在某种国际货币经历了一段较长时间后，由于国际经济中出现了一些新特点，原有的国际货币体系已经变得不再具有可持续性，旧体系就会被新体系取代；国际货币体系中心国家和外围国家彼此之间可能相互转化；中心国家的数量可能发生改变，既可以只有一个中心，也可以有多个中心。艾肯格林和弗兰德鲁（Barry Eichengreen, Marc Flandreau, 2008）的统计分析支持了可以存在多个中心的观点，在两次世界大战期间，英镑就与美元在国际储备货币中平分秋色，许多国家的中央银行在英镑与美元之间以相当的比例分配其储备资产。科恩（Benjamin Cohen, 2006）考察了货币强权的宏观基础，沃尔特（Andrew Walter, 2006）认为相对保守的货币政策、便于促进高度发达金融市场的制度安排，都是让一国货币取得国际货币强权的重要国内前提条件。除了经济、商业与金融的规模以外，储备货币地位的取得，也依赖于一国的政治影响力（Barry Eichengreen, Marc Flandreau, 2008），这些因素的变化，会导致国际货币的兴衰，因此，货币的权力格局从来就不是静止不变的，而是随着国家的兴衰而演变（蒙代尔，2003）。

众所周知，当今的国际货币体系成单一化格局。根据 IMF 的统计，在全球外汇储备的币种构成上，美元资产占据了 60% 以上，欧元则在 20% 左右。在商品的进出口方面，以美元计价和结算的，也占有极高的比重，尤其是在亚洲国家，占到 60%~90% 不等（Goldberg and Tille, 2006）。这使得国际货币体系结构具有不对称性，货币中心国家可以将汇率脆弱性的风险转嫁给债权国家，债权国家却不能以自己的货币向债务国贷放资金。这被麦金农（McKinnon, 2005）称为"冲突美德"（conflict virtue），他还将国内金融体系不太发达、不能以本币向债务国提供资金的国家称为"不成熟债权人"（immature creditor）。次贷危机演变成为全球金融危机之后，那些具有"冲突美德"、高外汇储备的"不成熟债权人"，深切地体会到了拥有"货币强权"的国家，在危机与调整成本转嫁方面给它们带来的不公平待遇，它们对改革国际货币体系的声音日渐高涨。但是，国际货币的改革与重构，既是全球货币版图的重构与货币权力的重新分配过程，也是对全球地缘经济政治利益的重新分配过程，对于如何改革国际货币体系，利益相关各国有不同的主张。这无疑加大了改革国际货币体系的难度，也决定了未来国际货币体系的改革将是十分漫长的过程。然而，国际货币的既得利益政府是否乐意推动其改革是一个主观意愿的问题，国际货币体系是否需要改革以及该如何改革，却是全球经济、政治、科技等诸多因素共同作用的客观结果。

上述有关国际中心货币的相关利益及其决定因素的诸多文献中，国际货币强权是一个非常重要的概念和分析视角。遗憾的是，安德鲁等（David M. Andrews, et al, 2006）虽然提出了货币强权这一概念及其构成，但他们并没有分析货币强权是如何影响了国际货币体系的发展和演变的。本文的目的就在于，除了强调基本的经济因素外，基于国际货币强权的概念，从国际货币体系的历史视角，分析美国对国际货币强权的追求是如何影响了布雷顿森林体系以来的国际货币演变的。本文的结构安排如下：第二部分重点分析了美国布雷顿森林体系的"双挂钩"安排对美元货币强权的约束及它对布雷顿森林体系崩溃的重要影响；第三部分分析了牙买加体系下美元货币强权的扩张及新的制约因素；第四部分则研究了美元货币强权扩张的结果，它导致了美元主导的单一国际货币体系的内在不稳定，认为在全球外汇储备急剧扩张的背景下，任何单一主权储备货币都使得国际货币体系具有内在的不稳定性，因而国际货币体系的多元化是提高国际货币体系稳定性的必然选择；第五部分则分析了实现国际货币体系多元化和重新分配国际货币权力的经济基础，即贸易与资本流动的全球格局的变化的影响；最后一部分分析了在国际货币强权的重新分配与多元化进程中的中国政策选择。

二 国际货币强权与布雷顿森林体系的崩溃

在金本位制出现之前，商品经济较为发达的国家，以各种金属作为货币。由于金属具有同质性，采用同一币材的货币便有比较的相同基础，比如成色和重量。到19世纪70年代，随着工业革命的兴起，蒸汽动力消除了技术障碍，且复本位制的固有缺陷，使得英国采取了金本位制（艾肯格林，2009）。更重要的是，工业革命的兴起使已经实行了金本位的英国，成为世界经济的主导力量和其他国家融资的主要来源。据艾肯格林（2005）分析，在那个时期，英国主导了全球的贸易体系，在1860年至20世纪初，英国的出口占全球出口量的份额在20%~30%。这就使那些与英国进行贸易，并从英国输入资本的国家，在网络外部性作用的推动下，纷纷转向了金本位。英镑也就因此成了国际货币体系的中心货币。例如，在同一时期，全球贸易约有60%是以英镑计值和结算的（艾肯格林，2005）；在"一战"前，外汇储备占到中央银行及政府全部黄金与外汇储备总量的20%；同时，英镑在储备货币中居统治地位，64%的官方外汇储备资产是存放在伦敦的，巴黎和柏林分别存有15%的官方外汇储备资产（Lindert，1969）。特里芬（1968）估计，在20世纪20年代末，全球外汇储备中英镑占80%，在1938年仍约占70%。

随着工业革命的影响从欧洲转向美洲，全球经济、贸易与资本的主导力量也便逐渐从英国转移到了美国，英镑和美元在国际货币竞争中的强弱对比也发生了变化。虽然钦和弗兰克尔（Chinn and Frankel，2008）认为，美元是在"二战"之后才取代英镑成为主导国际货币的，但是艾肯格林和弗兰德鲁（Barry Eichengreen，Marc Flandreau，2008）则认为，美元事实上在20世纪20年代中期就取代了英镑在国际货币体系中的地位（其间经历过反复，在1933年美元贬值后，英镑又超过了美元）。两次大战期间的一个显著特征就是，纽约作为金融中心的兴起，并与伦敦展开了竞争；美元作为国际货币的兴起，并与英镑展开竞争。为了重构金本位崩溃后的国际货币体系和重新分配国际货币强权，英美两国分别于1940年和1941年开始酝酿战后国际货币秩序，最终促成了1944年召开的布雷顿森林会议。针对这次会议，凯恩斯和怀特分别代表英美两国的利益，提出了众所周知的"凯恩斯计划"和"怀特计划"。英美两国利益的差异，决定了它们在许多方面都存在很大的差异。然而，英美两国经济、政治及军事实力在过去几十年里强弱对比的变化，使得这次国际货币会议的各方面结果，都更接近于怀特计划，与凯恩斯计划相去甚远。布雷顿森林会议确立了美元与黄金以固定比率挂钩、其他国家货币与美元挂钩的新国际货币制度，正式确立了美元在国际货币体系中的主导地位，英镑在国际货币体系中的地位被边缘化了。布雷顿森林体系是英美之间权力转移的产物，英国无力领导世界，英镑也就无法再充当国际中心货币的角色了（斯基德尔斯基，2006）。

布雷顿森林体系是促成一些国家战后黄金增长期的重要因素，它在一定程度上实现了汇率稳定，迅速解决了国际收支问题，使得国际贸易和投资获得空前的发展（艾肯格林，2009）。但是，布雷顿森林体系建立之后，美元居于国际货币体系的中心地位，这使美联储充当起世界中央银行的角色，戴高乐对美元的这种"过分特权"（Exorbitant Privilege）颇为不满（艾肯格林，2009），布雷顿森林体系在实际运行中开始遇到了政治冲突。同时，布雷顿森林体系又存在一些固有的缺陷：首先是众所周知的"特里芬难题",美元作为储备货币与其价值之间存在内在冲突;其次,美元与黄金之间的可兑换性,会使人们随着美元负债相对于美国所拥有的黄金存量上升而对该承诺的信心发生动摇;最后,它依赖于对汇率的相机调整来校正国际收支失衡,一旦经济基本面使国际收支长期失衡,就会导致对该货币的投机冲击(Richard Cooper,1984)。有鉴于此,布雷顿森林体系保留了对资本项目的管制。但是,随着通信技术的发展、贸易结构的变化、私人部门对外投资的增长,要识别投机资本越来越困难。上述矛盾,最终导致了布雷顿森林体系在1973年的崩溃。

上述对布顿森林体系崩溃的常规解释,固然是重要的方面。但它忽略了布雷顿森林体系的内在结构安排对美国在该体系下"货币强权"的制衡机制。布雷顿森林体系"双挂钩"的货币体系安排,纵然确立了美元的中心地位(或者如戴高乐意义上的"过分特权",或如麦金农所说的"固定汇率美元本位"),但这种结构同时制约了美国从该货币体系中所能真正获得的"货币强权",固定汇率的安排也使美国丧失了"汇率武器",美元在该体系下所拥有的"过分特权",或许并不如戴高乐想象的那么大。即便没有"特里芬难题"、可调整钉住汇率与资本流动的内在冲突,美国为了获得更大的货币强权,也有激励摆脱美元的黄金束缚,从而导致该体系的崩溃。该体系对美国货币强权的制衡主要体现在两个方面。

首先,布雷顿森林体系固定了美元与黄金之间的比价关系,但黄金的市场价格却是随市场供求关系而波动的。同一物品在同一时点上出现较大的价格差异时,总会产生套利的激励。当黄金市场价格高于布雷顿森林体系的固定美元价格时,一些国家的中央银行也有激励从事黄金套利活动。这种套利行为给美国的货币政策施加了很强的约束。美联储试图较多地发行美元或美国财政赤字的货币化,都可能激化黄金套利活动,因此,虽然布雷顿森林体系下其他货币与美元之间固定汇率的安排,使得外围国家的货币政策失去了自主性,但双挂钩的货币体系安排,同样使美国货币政策的"自主性"受到了很大约束。这同金本位制对货币政策的约束大致相似。在1929~1933年的大危机中,美联储面对当时的危机冲击时还在提高利率,其原因之一就在于金本位约束使得美联储降低利率反而会导致货币存量的减少(弗里德曼、施瓦茨,2009)。同样的,布雷顿森林体系下的无风险黄金套利行为,最终可能会耗光美联储的黄金储备。这一机制使得美国无法通过其国内货币政策的调整来对其他国家施加更强大的影响。为了获得真正的国际货币强权,美元首先要摆脱其与黄金之间的可兑换性。

其次,美元与外围国家货币之间固定汇率制的安排,使得美国在其国际经济地位面临外围国家兴起的威胁之时,无法使用汇率武器来加以制约。在20世纪60年代,美国采取了扩张性的货币政策，导致美国通胀率不断攀升，面对日本和德国在战后的兴起，美国的出口又失去了价格竞争力，例如，德国和日本占全球出口的份额，分别从 1948 年的 1.4% 和 0.4%，上升到了 1973 年的 11.6% 和 6.4%，相反，美国的出口份额在同一时期从 21.7% 下降到了 12.3%（见后文表 1）。但布雷顿森林体系下的固定汇率安排，却使得美国无法利用汇率机制来调整国际经济关系。摆脱美元与其他复兴国家货币之间的固定汇率安排，也就成了美国为获得更大货币强权的另一必要选择。布雷顿森林体系与美国追求货币强权的内在冲突，在 20 世纪 60 年代中后期因美国的通胀而更加激化。为了摆脱布雷顿森林体系下"双挂钩"对货币强权的制衡，尼克松政府最终于 1971 年宣布美元贬值，关闭"黄金窗口"，拒绝国外美元储备与美国黄金储备之间的可兑换性。1971 年底的史密森协定试图稳固其他货币与美元之间的固定汇率，但又于 1973 年 3 月宣告失败，主要工业化国家的货币之间可以自由浮动。自此，美元与黄金挂钩、其他国家货币与美元挂钩的布雷顿森林体系就不复存在了，美元也因此解脱了黄金束缚，在国际货币体系路径依赖的作用下，美元获得了名至实归的国际货币地位，美国所拥有的货币强权得到了极大的扩张。

三 牙买加体系下美元货币强权的扩张及其新的制约

布雷顿森林体系崩溃后，国际汇率制度开始多样化。1975 年，11 种货币实现了独立浮动，采取单一钉住的货币有 81 种，钉住 SDR 及其他篮子货币的有 19 种，联合钉住的有 7 种（Ronald McKinnon，1979）。有鉴于此，国际货币基金组织成员国召开了 1976 年的牙买加会议，确立了所谓的牙买加体系。牙买加体系实现了浮动汇率的合法化、黄金非货币化，还主张以特别提款权作为主要储备资产等。虽然牙买加体系允许各国选择汇率制度，但 IMF 要对成员国的汇率政策进行监督，使汇率符合各国长期的经济基本面，成员国不得通过操纵汇率来赢得不公平的竞争利益。因此，麦金农（1993）将其称为"浮动汇率美元本位"。由于美元不再与黄金挂钩，其他国家便没有了对美元发行的约束机制（在布雷顿森林体系下，就是外围国家的黄金套利活动），美元发行全凭美国政府的信用，失去了黄金约束的美元本位制，使得美国的货币强权得到了进一步增加，美国的"汇率武器"在处理国际关系时，便有了随美国之心而发挥的更大空间和余地。因此，我们看到，牙买加体系下美元汇率的每一次周期性波动，总是伴随着另一个国家（地区）的经济或金融体系的动荡（黄晓龙，2007）。人们常常提起的广场协议，便是美国运用"汇率武器"这一货币强权的经典案例。

布雷顿森林体系崩溃并没有使美国所拥有的"过分特权"有所减少，而是，各国货币再没有直接或间接锚定的贵金属了，国际货币秩序时常显得较为混乱，其他没能获得货币强权的经济体不得不面临更脆弱的外部冲击。由于当时欧洲贸易已占全球总量的50%左右，汇率的波动对当时已然成为全球经济一极的欧洲带来了新的不确定因素。为了稳定欧洲国家间货币的汇率并减弱美元汇率对欧洲贸易的不利影响，欧洲一些国家实行了蛇形浮动，但由于实行蛇形浮动的国家经济基本面的变动不一致、政府财政纪律与货币政策约束也存在较大的差异，蛇形钉住的汇率机制在运转中困难重重，在投机冲击的压力之下，参与蛇形浮动的国家不得不频繁调整汇率平价，欧洲货币间的汇率变动越来越剧烈，甚至多次发生了欧洲国别货币的汇率危机（艾肯格林，2009）。欧洲的货币动荡加速了欧洲货币一体化的进程，通过货币的统一，一劳永逸地消除了欧元区内各成员国之间货币的汇率，也就消除了成员国之间贸易与资本流动的汇率风险和货币兑换成本，加速了欧洲要素市场的一体化（Barry Eichengreen，2008）。欧洲货币的统一消除了汇率风险，也就减少了对外汇储备的需求，ECB的数据显示，在2002~2005年，欧元区十二国的外汇储备余额下降了40%以上，此外，货币统一还促进了欧元区金融市场的一体化和深化，这使得欧元拥有了越来越强的储备货币竞争力。帕帕约安努、伯茨和格林乔里奥（Elias Papaioannou，Richard Portes and Gregorios Siourounis，2006）通过均值方差模型进行的计量分析认为，由于越来越多的国家在国际市场上发行以欧元定值的证券，欧元在国际储备货币的最优份额显著增加，它事实上迅速地获得了国际货币的地位。艾肯格林（2005）认为，未来20~40年里，欧元可能取得同美元一样重要的地位。更为乐观的是，在未来15年里，欧元就将超过美元成为主导的储备货币（Menzie D. Chinn and Jeffrey A. Frankel，2008）。如果他们的分析和判断是正确的，那么，可以说，欧洲货币的统一，无疑形成了对"美元货币强权"的新的制约因素。在这个层面上，欧洲货币的统一与发展，不过是欧洲国家限制国际货币体系中美元过分特权及其货币强权的一次集体合作行动。

其他没有建立统一货币区的国家，为了维持汇率的稳定，普遍采取了钉住美元的汇率机制，试图让美元发挥国内反通胀或货币稳定的名义锚功能。但随着国际资本流动的规模越来越大、越来越频繁，各国要对资本流动进行有效的监测与控制困难重重，而钉住汇率又使得汇率水平难以跟随实体经济基本面的变化而及时地调整，那些实行钉住汇率的国家常常出现本币高估。在投资冲击之下，最终演变成一次次货币危机。其中，典型的莫过于1997年肇始于泰国的亚洲金融危机，它彻底改变了人们对外汇储备需求的认识。在亚洲金融危机爆发前，危机各国的经济基本面是非常良好的，按照传统衡量外汇储备最优规模的拇指规则——外汇储备持有量满足三个月的进口需要量，危机各国的外汇储备是充裕的。然而，在泰国遭受危机冲击后，泰国中央银行很快就耗光了其持有的外汇储备，被迫宣布让泰铢自由浮动，结果，泰铢出现了更大幅度的贬值，并很快传染到了菲律宾、印度尼西亚和马来西亚。甚至在地域上相对较为遥远的韩国和日本也很快被卷入这次危机。亚洲危机促使经历危机冲击的各国加速了金融体制的改革，放弃了原来的钉住汇率制，实行了更加灵活的浮动汇率制，对国内金融机构进行了重组和资产负债表的清理，注入了大量的公共资金，提高金融机构的资本充足率，同时改革了国内金融监管体系，金融体系的对外开放也不断提高（彭兴韵、江松霖，2007）。危机免疫国家（如中国）面对亚洲金融危机时，为避免货币的竞争性贬值，反过来强化了钉住美元的汇率制度，因而被迫强化了美元的货币强权。综合起来看，在亚洲金融危机期间及之后的金融发展中，对国际货币体系产生重大影响的事件主要有三个方面。

首先，各国吸取了教训，在外汇储备的规模上不再教条般地以传统的拇指规则为标准，为了防范汇率的新动荡，各国持有的外汇储备大量增长，远远超过了满足三个月进口需要量。1997年，全球外汇储备总量为16162.48亿美元，而到2008年末，全球外汇储备总量上升到了67128.57亿美元，在十年左右的时间里，增长了3倍左右，外汇储备持有者结构也发生了深刻变化（见图1）。2005年以前，全球外汇储备持有者结构中，发达国家持有的外汇储备一直多于新兴市场及发展中国家，许多发展中国家面临的重大问题之一便是外汇短缺。在2005年后，新兴市场及发展中国家持有的外汇储备量就超过了发达国家。2005年，新兴市场及发展中国家持有的外汇储备量为21270亿美元，发达国家持有的外汇储备量为20476亿美元，而到2008年，前者持有的外汇储备量达到了42484亿美元，后者持有的外汇储备量只有24644亿美元（见图1）。在发达经济体中，拥有储备货币发行权的美国、英国和欧元区持有的外汇储备总量（2009年第三季度末）却分别只有783亿美元、655亿美元和5207亿美元，尽管它们的经济总量较大、开放度很高，与其他国家间的资本流动也很频繁，但持有的外汇储备量不足，甚至远远低于三个月的进口需要量。与这些国家相反，在近十年左右的时间当中，亚洲国家的外汇储备增长最为迅速，吸收了全球新增外汇储备的绝大部分。根据IMF的统计，截至2009年，中国、日本、韩国、中国香港、中国台湾、马来西亚、印度尼西亚、韩国和印度持有的外汇储备总量就达到了45000亿美元左右，占到全球外汇储备总量的近70%。用麦金农的术语来说，亚洲国家普遍是具有"冲突美德"的"不成熟债权人"，深刻地反映了亚洲国家在国际经济与货币事务中的从属地位，反映了国际货币事务安排与全球经济格局变动的不对称性：全球制造业体系越来越依赖于亚洲，但亚洲国家在国际货币事务中却越来越严重地依赖于发达国家。

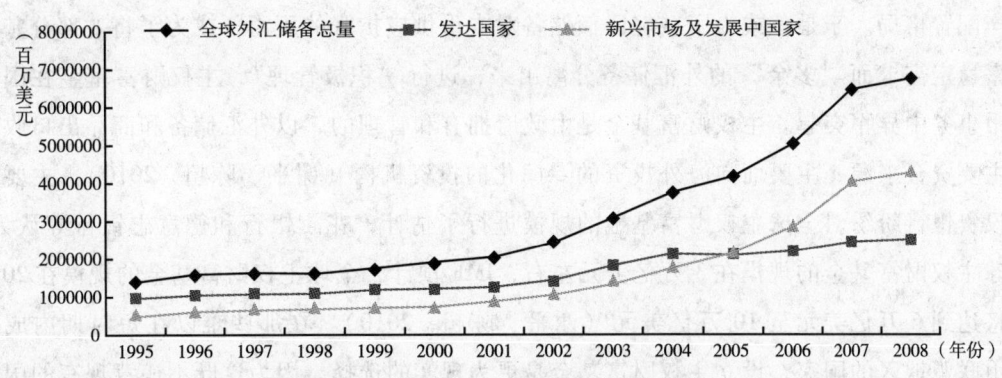

图 1　全球外汇储备总量及持有者结构

资料来源：根据 IMF 网站数据绘制。

因此，如果说布雷顿森林体系下，国际货币体系的最终基础是黄金，美元不过是黄金影子，是各国货币与黄金之间的介质的话，那么，在布雷顿森林体系崩溃后，美元便拥有了名副其实的国际中心货币的地位。亚洲国家在金融危机之后外汇储备的大量增长，使得美元在国际货币体系中的这种地位得到了进一步强化，因而，面临欧元的兴起，美国也就得以维持其既得的"国际货币强权"。布雷顿森林体系崩溃后国际货币体系的一个重要特征便是重新实行美元本位制（李扬，2008），亚洲金融危机之后，国际货币体系的这一特征显得更加鲜明。在一定程度上，钉住美元让美国获得了更多的货币强权，但这样的安排又使美元具有了名义锚的作用，那些钉住美元的国家能够更好地稳定国内价格，通过商品套利与信号机制调和与美国的货币政策关系（McKinnon，2005）。尤其是，由于美元作为国际货币的地位难以动摇、东亚自身缺乏核心货币以及需要发挥汇率名义锚的作用等，东亚经济体普遍将美元作为对外贸易、投资活动的结算货币，将本币钉住美元是一个理性的选择（麦金农，2005）。杜利等人（Michael Dooley, etc，2003）将新兴工业化国家将其货币以低估的汇率与美元挂钩，并将其所得美元重新投资于美国，让美国保持稳定并发挥最终消费者的作用的国际货币体系称为布雷顿森林体系Ⅱ。表面来看，这是一个双赢的选择。

其次，主权财富基金的发展和扩张。外汇储备的迅猛增长，部分地反映了全球经济失衡，也反映了全球经济失衡背后的国际货币权力的失衡。此外，它还导致了一些汇率机制不太灵活的国家流动性的迅速扩张和资产价格的大幅上涨，从而让美国实现了延迟和转移持续调整成本的货币强权。有鉴于此，被国际货币强权束缚的国家在储备管理方面开始发生了明显的变化，它们不再满足于高流动性、低信用风险和低收益的传统较为保守的储备资产配置格局。于是，或为了减轻巨额储备对本币供应扩张的压力，或为了将一部分基于汇率稳定需求而"多余"的外汇储备分离出来，进行"积极管理"，主权财富基金在国际货币事务中异军突起。主权财富基金是由政府拥有和管理的、以外汇储备和商品出口收入为主要资金来源、主要面向海外投资的专门化的投资机构（谢平、陈超，2010）。主要国际投资银行纷纷对全球主权财富基金的规模进行了估计，花旗银行和德意志银行等认为，全球主权财富基金的规模在3万亿美元左右，IMF预计，全球主权财富基金的规模在2013年将达到6万亿美元至10万亿美元（谢平、陈超，2010）。在那些难以在短时期内成立货币联盟地区的国家，设立主权财富基金是更为现实的选择，因为这既不违背现有的国际货币格局，又不失为一种管理过量外汇储备的可行办法，而经济全球化又为主权财富基金的运作提供了良好的环境（谢平、陈超，2010）。但实际上，主权财富基金的兴起，在相当程度上是对现行国际货币体系下储备货币发行国所享有的货币发行权利及其承担义务不对称的一种反应，引起了储备持有国与储备货币发行国之间新的冲突。由于主权财富基金的持有者通常是各国政府，储备货币发行国基于所谓自由市场理念而担心，储备持有国通过主权财富基金投资而实施对投资对象的干预，因而要求IMF制定全球统一的主权财富基金治理规则，或者对主权财富基金的投资实施政治上的约束或否决；主权财富基金的国家则声称，主权财富基金的兴起不过是国际货币体系不合理的结果，要限制主权财富基金，当首先改革现行的国际货币体系。

最后，区域金融合作不断深化。在亚洲金融危机期间，国际货币基金组织提供的援助附加了侵略性的条件，比如，它要求受援国实施货币与财政紧缩、结构或自由化改革。IMF不过成了居国际货币领导地位并拥有较大投票权的国家实施货币强权的一个合法机构，但IMF的援助并没能缓和这场危机，IMF作为国际最后贷款人，在"帮助"亚洲地区应对金融危机时遇到了政治上的很大障碍，或引起了这些国家民众的强烈反感。于是，地区内的金融合作就被提上了议事日程，试图通过地区性的互换与信用网络，以互助的形式建立本地区内的金融稳定机制。地区金融合作的形式多种多样，既有初期的合作，也有深入的合作。"清迈倡议"是亚洲金融危机后该地区金融合作的一个代表。借鉴欧洲货币体系的短期和极短期融资便利，参与"清迈倡议"的亚洲各国中央银行同意为其邻国提供融资支持，若某国货币日后面临投机攻击，就利用官方融资来加以应对。多边外汇储备应运而生。2009年2月，多边外汇储备库的规模由原来的800亿美元扩大至了1200亿美元，并确定了参与国各方的出资份额（中国人民银行，2009）。"清迈倡议"被设想为一个互助性的机制，又没有国际货币基金组织式的侵略性条款，可能会在实践中不断推动地区金融合作的深化，从而削弱现行国际中心货币国家"货币强权"的制约，减轻它们承受的中心货币国家失衡调整持续成本转嫁的负担。

在以上三个方面的新变化中，外汇储备的迅猛增长似乎强化了美元所拥有的货币强权，而主权财富基金和区域金融合作的发展，则是外围国家试图在一定范围内摆脱货币强权控制的努力。次贷危机的爆发进一步引发了人们对美元及以美元为中心的国际货币体系的前景的担忧和质疑（李伏安、林杉，2009）。不过，艾肯格林（Eichengreen，2008）也认为，美国国债依旧是世界上流动性最强的金融市场，使得它对中央银行外汇储备的持有形式仍然具有吸引力。在次贷危机引发的衰退结束后，驱动布雷顿森林体系Ⅱ的基础将更加巩固，发展中国家仍会愿意、能够而且急于通过管制本国货币，扩大出口并刺激国内经济增长，布雷顿森林体系Ⅱ仍将主导国际货币体系（Dooley，etc，2009）。更为乐观的看法是，美元很可能在未来许多年保持其国际主导货币的地位，未来十年甚至可能更长时间，似乎没有哪种货币能超过它（Cooper，2009）。

问题是，外汇储备的迅猛增长又会给该体系稳定及货币权力带来什么样的影响呢？

四　美元货币强权扩张的结果：外汇储备急剧扩张下单一国际货币内在不稳定性

外围国家外汇储备的大量增长，本意在于提高维持本国金融体系，尤其是本币汇率稳定的能力。这似乎也是处于国际货币中心地位和拥有国际货币领导权的国家所乐意见到的结果，因为，从表现来看，它强化了中心国家的货币强权，可以更好地转移和延迟支付持续调整的成本，通过汇率武器实施对其他经济体的制约。但是，对中心货币国家而言不幸的是，外汇储备的迅猛增长，使得单一储备国际货币体系的内在不稳定性更加突出，其反身性冲击更快地提出了该系统多元化发展的要求，因而会逐渐削弱货币强权的垄断局面。

为了分析外汇储备大量增长背景下单一储备货币的内在不稳定性，我们先看一下美国贸易逆差、财政赤字和不断下降的联邦基金利率。我们从图2中可以看到，自20世纪80年代初以来，美国的贸易逆差与财政赤字之间就呈现基本一致、不断扩大的趋势。财政赤字的扩张导致了美国联邦债务余额及债务负担率的大幅上升。1966年，美国联邦政府债务负担率为43.21%，而到2007年，该比率就上升到了超过70%。与这一趋势相伴的另一个现象就是，美国的利率也不断下降。例如，三月期美国财政部债券的利率在1980年初为12%~15%，而到2009年底却只有0.05%；同样，美国的联邦基金利率也从20世纪80年代初的10%以上下降到了2009年的0~0.25%的区间。美国的双赤字、不断下降的利率是美元作为单一主导储备货币的结果吗？其持久发展又对以美元为中心的单一国际货币体系产生什么样的影响呢？

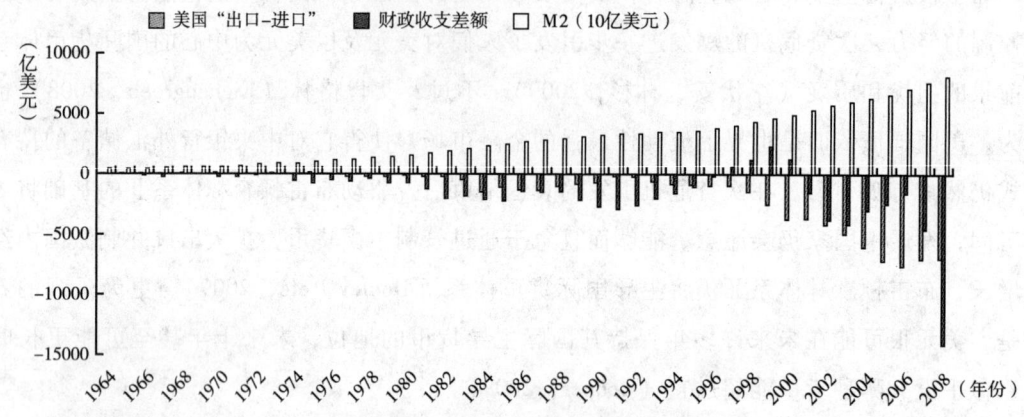

图2　美国的财政赤字、贸易差额与M2

资料来源：根据美联储网站资金流量表整理而得。

特里芬（Triffin，1960）最早讨论了美元作为储备货币与美国的经常账户逆差及其对该体系稳定性的影响。他指出："由于美元与黄金挂钩，其他国家的货币与美元挂钩，美元虽然因此而取得了国际核心货币的地位，但是各国为了发展国际贸易，必须用美元作为结算与储备货币，这样就会导致流出美国的货币在海外不断沉淀，对美国来说就会发生长期贸易逆差；而美元作为国际货币核心的前提是必须保持美元币值稳定与坚挺，这又要求美国必须是一个长期贸易顺差国。但这两个要求是互相矛盾的。"这被人们提炼为"特里芬难题"。根据特里芬难题，随着各国外汇储备需求的增长，美国的贸易逆差也会增长。因此，我们可以根据特里芬难题得出这样的结论：与其说美国的贸易逆差是全球分工重组的结果，倒不如说是美元作为全球主要储备货币而满足各国储备需求增长的结果。换言之，为了适应美元保持国际中心货币地位的要求，就必须建立新的国际分工与生产体系，从而形成并强化了在这样的国际货币体系安排之下的全球经济失衡。

特里芬难题是一个睿智的洞见。在这一问题被指出的时候，美国的贸易状况并没像今天这样严重，那时美国甚至还有一定的贸易盈余（如图3所示），因此，不能不说特里芬是有先见之明的。但是，他只指出了问题的一个方面，即只阐述了作为国际关键货币的美元与美元输出之间的内在矛盾并进而对国际中心货币币值稳定的影响。它没有考虑到作为储备货币的发行国，以何种形式为各国的外汇储备提供资产的保值或增值。而这恰恰是美

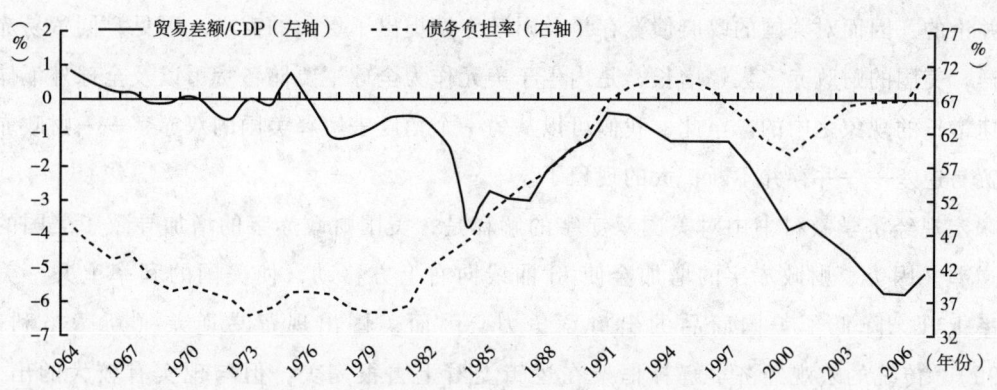

图 3　美国的贸易差额/GDP 与联邦政府债务负担率

资料来源：根据圣·路易斯联储银行网站数据计算而得。

国为保持美元的货币领导权和货币强权所必须作出的金融安排。在各种可供选择的资产形式当中，政府债券是唯一可以满足流动性和安全性的储备资产，其他的公司债券、股票、银行存款，甚至政府机构债券都无法满足外汇储备资产管理这些方面的要求。这在美国次贷危机期间得到了很好的印证。一些实行了积极外汇储备管理而建立主权财富基金的国家，将一些国家外汇资产投资于股票、公司债券甚至像房利美和房地美这样的政府机构债券，在次贷危机中就遭受了巨大的损失，次贷危机给那些试图将更多外汇资产配置于美国股票、债券的外汇资产管理体系带来了深刻的教训。相反，基于对避险、流动性的要求，在危机期间，对美国（尤其是短期）国债的需求大量增加，收益率不断下降。经历危机冲击之后，人们发现，将巨大的外汇储备资产，甚至只是将其中的小部分投资于非政府债券资产，都面临着难以管理的风险，政府债券依然是外汇储备最安全的资产持有形式。在特里芬那个时代，各国外汇储备持有量实际上并没有达到今天之巨，较少的美国财政赤字额仍能满足其作为国际中心货币的需求。然而，随着全球外汇储备的大幅增长，在美元主导的国际货币体系下，对美国政府债券的长期需求大量增加。为了满足各国外汇储备资产管理的要求而大量发行美国政府债券，又会要求美国有相应的财政赤字。倘若美国的财政赤字和政府债券余额不能随各国外汇储备的增长而上升，外汇储备持有国在管理外汇储备资产时就会面临尴尬的境地。这有前车之鉴。在克林顿政府时期，美国出现了短暂的财政盈余，不仅美国政府债券的发行量减少了，还出现了美国政府债券净发行量为负的情况，导致了美国国债余额的下降。这一变化立即给各国的外汇储备资产管理带来了始料未及的麻烦，许多国家在外汇储备管理中发现，它们持有的外汇储备居然没有合适的投资对象（李扬，2003）。更何况，今天的外汇储备规模，又不是克林顿政府财政盈余时期可以相提并论的，因而对美国的政府债券存量及财政赤字提出了更大的需求。可见，同贸易赤字一样，美国的财政赤字大幅增长，是内生于美元作为全球主要储备货币以及全球外汇储备迅速增长的现象之中的。至此，我们可以从另一个角度来解释美国的双赤字——财政赤字和贸易逆差——并存并不断扩大的现象了。

宏观经济学教科书中对美国双赤字的解释是，美国财政赤字的增加导致了美国的贸易逆差。因为，财政赤字的增加会使 IS 曲线向右上方移动，使美国的利率上升，美元汇率上升，降低了美国商品的出口竞争力，因而美国出现贸易逆差（斯蒂格利茨，1999）。传统的宏观经济学解释框架在逻辑上看上去很完美，但与现实有较大的出入。例如，与双赤字并存的另一个问题是，三十年来，美国的利率是不断下降的，这与上述宏观经济分析框架的逻辑结论正好相反。至于为什么利率会下降，格林斯潘（2007）有一套基于古典储蓄投资理论的解释。他认为，社会主义国家的转轨，并且由于在这些国家缺乏社会保障体系，会导致转轨国家的储蓄大量增长，从而使得全球的利率水平下降。问题在于，美国利率水平的下降并非始于 20 世纪 90 年代之后，况且，将全球所有国家合并在一起，储蓄与投资、因而进口与出口之间应当是平衡的。逻辑一致地运用格林斯潘（2007）基于古典储蓄投资理论的分析架构，鉴于美国长期的投资大于储蓄，且其间的缺口年复一年扩大，美国的利率水平也应是上升的，至少不会大幅下降，甚至出现零利率的现象。这与斯蒂格利茨（1999）宏观经济分析一样，得出了与现实颇有矛盾的结论。

显然，美国的利率水平持续不断地下降，既不能从标准的宏观经济学框架得到充分的解释，也不能像格林斯潘那样运用古典储蓄投资理论来得到解释。这就自然让我们提出了这样一个问题：为了维持美元作为国际中心货币的地位，美国是否有主观动机来降低其利率呢？我们的答案是肯定的。如前所述，为了满足对美元作为储备货币的要求，美国不得不大规模地发行政府债券，但它又不得不同时考虑政府债务的可持续性，避免为了因满足储备货币的需要而带来美国的财政危机。人们通常以债务负担率来衡量政府债务负担程度。政府债务负担率等于未偿还的债务本息余额与 GDP 之比。当债务发行增长率与经济增长率一定时，为了降低债务负担率和提高债务的可持续性，政府就会想法降低给债务支付的利率。如果过去二十多年里，美国的利率没有下降得这么多，对美国政府债务负担率会产生什么样的影响呢？不考虑其他因素的影响，这至少会从三个方面对美国的政府债务负担率带来不利的后果。首先，相对较高的利率会抑制美国的经济增长率，从而降低了美国的 GDP；其次，GDP 的减少又直接减少了美国的税基，因而会使美国政府面临更大的赤字压力；最后，较高的利率又会直接增加美国政府债务的利息负担，并因此会要求增加债务的发行额。综合在一起，这会极大地提高美国政府的债务负担率。那么，该如何降低为满足储备资产需求而发行的巨额政府债务的利率呢？如果没有美国联邦储备银行的积极配合，这是难以实现的。事实上，在美国历史上，美联储曾多次为了配合降低政府债务利息负担而改变货币政策操作。例如，第二次世界大战爆发后，为了帮助美国政府筹措战争经费，联储就同意帮助财政部把利率钉在2.4%，只要利率上升到高于这个水平，联储就从公开市场买入债券，促使利率下跌，结果，钉住利率的货币政策实际上使美国的政府债券被大量地货币化了（彭兴韵、施华强，2007）。同样的，在全球外汇储备大量增长的背景之下，既为了能够满足储备货币需要的巨额美国政府债券，又为了控制政府债务负担率和降低债务利息成本，在一定程度上提高财政的持续能力和美国政府债券市场的稳定性，维护美元作为全球主导货币的利益，美国财政部同样会要求联储实行相对宽松的货币政策，通过货币供应量的增加来降低市场利率。因此，美联储实施宽松的货币政策刺激利率水平的下降，纵然有应对危机冲击的成分在内，但也是内生于美元作为主导国际储备货币体系之中的。从这个角度来看，如果没有国际货币体系的改革，美联储为应对次贷危机而急剧降低的利率，日后的退出将不会是彻底的。

问题又在于，不仅如"特里芬难题"强调的美国的经常账户赤字与美元稳定性之间存在难以调和的矛盾，而且，美国的财政赤字、债务膨胀、美国宽松的货币政策及为提高债务持续能力而不断降低的利率，也使得美元本位的单一国际货币体系与美元币值稳定之间的冲突更加激化和难以调和。过去三十年里，美元汇率指数就随着双赤字扩张及美元利率的不断下降而走低，似乎印证了这一点。另一方面，虽然麦金农认为美元本位在过去很好地发挥了名义锚的作用，帮助一些国家实现了价格稳定，但是，当存在升值预期时，储备货币的国际货币强权便又开始体现出来，并给美元本位国家带来了新的麻烦。例如，为应对危机而采取的激进货币政策，导致国际金融市场中更大规模的携带交易、美元本位国家外汇储备的扩张以及体现在资产价格泡沫化当中的通胀压力。因此，巨额外汇储备的增长，既给中心货币带来了难以调和的矛盾，也给外围国家的宏观稳定带来了越来越大的冲击。

艾肯格林（Barry Eichengreen，2005）强调，美元是否能够保持其储备货币的地位，关键在于美国自己是否会出现严重不当的经济政策，导致美国的通胀和美元贬值，降低其作为储备货币的吸引力。但文章分析至此，我们已不难得出这样的结论：美国的贸易逆差和财政赤字（双赤字现象）的不断扩大、美元利率的不断走低和美元流动性不断扩张，都是内生于美元作为主导全球货币体系安排之中的，但这又增加了该体系的内在不稳定性与脆弱性。换言之，美国为了维持其货币强权本身就会导致其采取严重不当的经济政策。

作为中心货币的美国，不得不在满足美元作为主导国际货币的需要、维护美国在国际货币体系中的根本利益（货币强权），以及防止系统内在不稳定性加剧之间进行艰难的平衡。不幸的是，随着全球外汇储备的迅猛增长，美国的这种平衡是刀刃上的平衡。显然，艾肯格林和库珀等都没有注意到，美元储备的增长自身就会导致其不稳定性的增加和反身性冲击，储备增长得越多、越快，对美元地位的冲击也就越大，布雷顿森林体系 II 也就崩溃得越快。在这个意义上，外围国家外汇储备的增长，形成了国际货币体系改革的强有力倒逼机制。

基于以上分析，我们又可以得出如下推论：实际上，不仅美元作为主导储备货币是脆弱而不稳定的，任何以一种单一主权货币作为主导国际储备货币的安排，在全球外汇储备大量增长的背景下，都会使该体系自发地产生内在不稳定性。

五 国际货币强权的重新分配与多元化的经济基础：贸易与资本流动的变化

除了全球外汇储备的增长使得单一国际货币体系更加脆弱，系统自身就具有多元化的需求之外，全球经济格局的多元化，既对单一国际货币体系的安排提出了新的挑战，又对国际货币的多元化和重新分配国际货币权力提出新的需求。20 世纪 80 年代末以来，随着新兴市场国家的兴起、社会主义国家的纷纷转轨，经济全球化进展不断加深，资本与劳动力的配置也更加全球化，这使得全球经济正在朝着多极化的方向发展。许多发达国家的经济因为人口老龄化、高福利与高税收等诸多因素而显得比较僵化，受到政府多方面管制而缺乏竞争的经济在面临外部冲击时缺乏灵活性，劳动生产率和经济增长率都比较低（艾伦·格林斯潘，2007；罗伯特·夏皮罗，2009）。与之相反的是，许多转轨国家和新兴市场经济国家，却在不断地放松政府管制，促进竞争，通过大量吸引外资，再加上本国低廉的劳动力成本而获得了良好的经济增长率。这导致发达国家创造的 GDP 占全球份额逐步下降，新兴市场国家 GDP 占全球的份额逐步上升（如图 4 所示）。发达经济体 GDP 占全球的份额已经从 20 世纪 90 年代初的 65% 左右，下降到了 2008 年的 55% 左右，在近 20 年的时间里，下降了约 10 个百分点；与之相反，新兴及发展中国家所占份额则上升到了 2008 年的约 45% 左右。越来越多的国家进入了"新兴"的行列。

全球经济总量的变化反映了新兴及发展中国家制度改革、技术创新、资本供给增加等多种因素综合作用的结果，但放眼全球体系，这一总量结构变化的背后反映了全球资本与劳动力等资源的重新配置过程，正逐步从根本上改变对国际货币的需求结构。当今的新兴

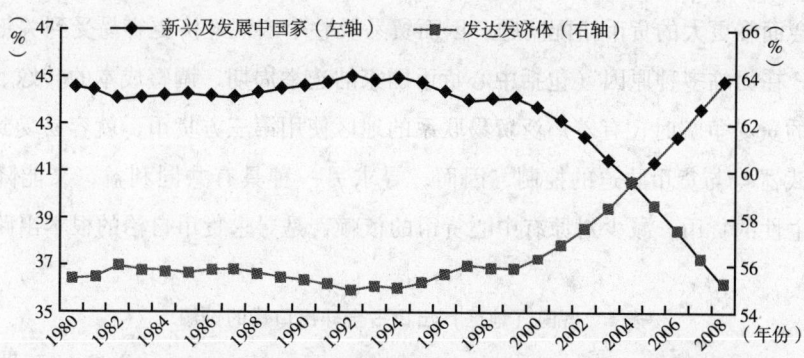

图 4　发达经济体及新兴与发展中国家 GDP 占全球份额的变化

资料来源：根据 IMF 网站数据绘制。

市场经济国家的外向型特征比较突出，它们在近十多年来为全球提供了越来越多的制造业产品，国际贸易占全球的份额大幅上升，新兴市场国家之间的贸易规模也越来越大。与之对应的另一个方面，它们持有的外汇储备量也已经大大超过了发达国家的总水平。表1反映了布雷顿森林体系以来全球主要国家贸易份额的变化。以出口为例，1948 年时，美国的出口占全球出口量的 21.7%，到 2008 年这一比重下降到了 8.2%。欧洲作为一个总体，其占全球出口的份额虽然还保持在 40% 左右，但很明显，相对于它在 1973 年时的 50.9% 已下降了近 10 个百分点。虽然德国在"二战"后的出口占全球的份额大幅上升，但在 20 世纪 70 年代初之后，就没有再继续上升；欧洲的其他发达国家，如法国、英国和意大利的出口占全球份额都呈现萎缩之势。与之相反，亚洲地区的出口占全球的份额却在不断攀升，2008 年亚洲出口占全球出口份额达到了 27.7%。同时，过去半个多世纪来，推动亚洲地区出口份额上升的动力也在悄然发生变化。20 世纪 80 年代中以前，亚洲地区出口份额上升主要来自日本经济的复兴，进入 21 世纪后，随着中国加入 WTO，中国成为了推动亚洲出口份额上升的主导力量，比如，2008 年，中国的出口占全球出口总额之比达到了 9.1%，已经远远超过了日本 5% 的份额。但是，地处亚洲的"金砖四国"之一的印度占全球出口的份额却仍然很低，只有中国的约 10%。过去几十年里，虽然全球化迅速发展，但中南美洲的出口所占全球份额大幅下降，并一直处在较低的水平，至少在相对份额上，它们具有"逆全球化"的特征。在全球进口方面，美国相对较为稳定，欧洲和美洲都明显下降，亚洲则大幅上升（其中，中国更为突出）。根据艾肯格林（2005）的分析，英镑之所以能够在 19 世纪成为全球主导的储备货币，根本原因就在于英国当时主导全球的贸易体系。依照他的这一结论，从全球贸易格局的变化来看，对现行国际货币体系最大的影响来自亚洲的崛起。特别是，随着亚洲各国之间的贸易所占比重越来越大，它们继续采用本地区之外的另一种货币，就会面临更大的货币错配问题，因而贸易及整个宏观经济更容易受到关键货币汇率波动的影响；在面临多种原因（包括中心货币国家的选举周期、调整成本的转嫁、党派利益之争）引起的贸易争端时，有着广泛贸易联系的地区使用第三方货币，就容易受到中心货币国家"汇率武器"与货币胁迫的控制，因而，寻求另一种具有共同利益，又能降低交易成本和增强自主性的货币，减少对原有中心货币的依赖，是寻求货币自治的根本出路。

表1 各国（地区）出口占全球出口量的份额

单位：%

年份	1948	1953	1963	1973	1983	1993	2003	2008
美国	21.7	18.8	14.9	12.3	11.2	12.6	9.8	8.2
加拿大	5.5	5.2	4.3	4.6	4.2	4.0	3.7	2.9
欧洲	35.1	39.4	47.8	50.9	43.5	45.4	45.9	41.0
其中：德国	1.4	5.3	9.3	11.6	9.2	10.3	10.2	9.3
法国	3.4	4.8	5.2	6.3	5.2	6.0	5.3	3.9
英国	1.8	1.8	3.2	3.8	5.0	4.9	4.1	2.9
亚洲	14.0	13.4	12.5	14.9	19.1	26.1	26.2	27.7
其中：日本	0.4	1.5	3.5	6.4	8.0	9.9	6.4	5.0
中国	0.9	1.2	1.3	1.0	1.2	2.5	5.9	9.1
印度	2.2	1.3	1.0	0.5	0.5	0.6	0.8	1.1
中南美洲	11.3	9.7	6.4	4.3	4.4	3.0	3.0	3.8
其中：巴西	2.0	1.8	0.9	1.1	1.2	1.0	1.0	1.3

资料来源：WTO网站。

表2 各国（地区）进口占全球进口量的份额

单位：%

年份	1948	1953	1963	1973	1983	1993	2003	2008
美国	13.0	13.9	11.4	12.3	14.3	15.9	16.9	13.5
加拿大	4.4	5.5	3.9	4.2	3.4	3.7	3.2	2.6
欧洲	45.3	43.7	52.0	53.3	44.2	44.6	45.0	42.3
其中：德国	2.2	4.5	8.0	9.2	8.1	9.0	7.9	7.5
法国	13.4	11.0	8.5	6.5	5.6	5.7	5.2	4.4
英国	5.5	4.9	5.3	6.3	5.3	5.5	5.2	3.9
亚洲	13.9	15.1	14.1	14.9	18.5	23.6	23.5	26.4
其中：日本	1.1	2.8	4.1	6.5	6.7	6.4	5.0	4.7
中国	0.6	1.6	0.9	0.9	1.1	2.7	5.4	7.0
印度	2.3	1.4	1.5	0.5	0.7	0.6	0.9	1.8
中南美洲	10.4	8.3	6.0	4.4	3.8	3.3	2.5	3.7
其中：巴西	1.8	1.6	0.9	1.2	0.9	0.7	0.7	1.1

资料来源：WTO网站。

除了贸易结构的显著变化之外，全球资本流动格局的明显变化也给单一国际货币体系带来了新的问题。自20世纪80年代以来，大量的私人资本涌向了新兴市场及发展中国家，其间，虽然亚洲金融危机使得私人资本为规避风险而大量地从新兴市场及发展中国家流出，但之后很快又恢复了，而且规模越来越大（如图5所示）。1989年，流向新兴及发展中国家的私人资本只有154亿美元左右，1996年这一数额达到了近2266亿美元。亚洲金融危机爆发后的几年里（1998~2002年），流向新兴及发展中国家的私人资本下降到并维持在750亿美元上下，较危机前大幅下降了。随着亚洲金融危机影响的逐步消退，流向新兴及发展中国家的私人资本便迅速地恢复而且得到了极大的扩张，2007年和2008年，流向新兴及发展中国家的私人资本分别达到了6328亿美元和5286亿美元。私人资本大量流向新兴及发展中国家，既是这些国家原有资本存量较低，因而资本边际回报率较高使然，也是发达国家的低利率使然。发展中国家与发达国家的利率水平差异，导致携带交易的大量兴起，并获得较投资于发达经济体金融市场高得多的回报。根据Brian Lee（2009）的计算，投资于亚洲新兴国家的携带交易的回报率（利差与货币升值回报率之和）高达10.7%。但私人资本大量流向新兴及发展中国家，的确对这些国家产生了深远的影响，如资产泡沫、银行（从海外）与企业的过度借贷、本币升值的压力及后来的危机冲击。

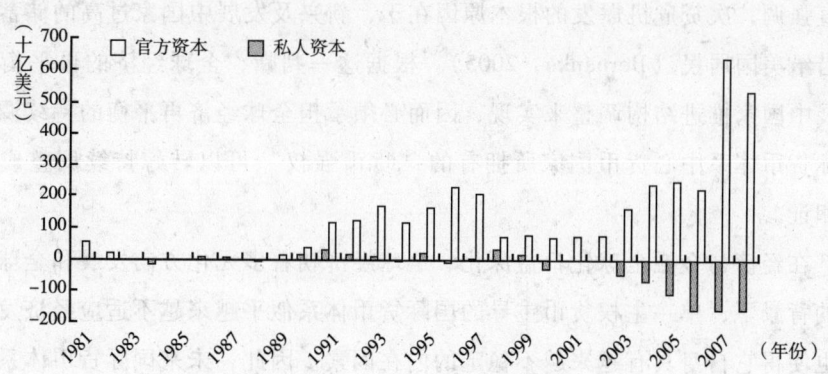

图5　发展中及新兴市场国家的资本流动

资料来源：根据IMF网站数据绘制。

与私人资本流动相反的是，新兴及发展中国家的官方资本却是净流出。在亚洲金融危机之前，除了少量年份外，新兴及发展中国家的官方资本同私人资本一样，呈现净流入的状况，这可能体现了那个时期发达国家对发展中国家的政府援助。但随着亚洲金融危机之后全球外汇储备的迅猛增长，更大规模的私人资本流向了新兴及发展中国家，为了应对资本流动对本币汇率及对国内金融体系的冲击，新兴及发展中国家的官方资本开始大量地流向发达国家。例如，2006～2008年，新兴及发展中国家官方资本流出的总额就分别为1580亿美元、1407亿美元和1586亿美元。这也是与前文所看到的新兴及发展中国家外汇储备超过发达国家的现象密切相关和一致的。

新兴及发展中国家大量的私人资本流入及官方资本流出，在一个民主国家逐渐遇到了越来越大的政治障碍。在过去较长的一段时间里，发展中国家一直存在着储蓄小于投资、资本短缺的瓶颈，为了实现经济起飞，发展中国家根据双缺口模型开始引进外资，这既可以弥补国内储蓄的不足，又可以引进先进的技术，促进发展中国家市场机制的发育和制度变革。然而，当全球经济失衡积重难返之时，发展中及新兴市场国家出现了始料未及的储蓄过剩。大量的发达经济体的私人资本涌向发展中国家追逐较高的收益率，而新兴及发展中国家的官方资本却大量地流向发达国家，减缓了货币中心国家国内经济失衡的不利后果，但得到的收益率极低，两相对照迫使发展中国家那些民族情绪较强的公众，对这种资本流动日益不满；当中心货币汇率出现贬值之时，有大量外汇储备的不成熟债权人，又都会承受越来越大的官方外汇资产货币折算损失的舆论压力。同时，让新兴及发展中国家政府啼笑皆非的是，接受官方资本流入的发达国家也常常抱怨，这是造成全球失衡，并给发达国家制造麻烦的根源。例如，美国次贷危机发生后，包括美联储主席伯南克在内的政府要员就一直强调，次贷危机爆发的根本原因在于，新兴及发展中国家过高的储蓄及它们大量地把钱借给美国居民（Bernanke, 2005）。根据这一判断，全球经济的再平衡，必须由新兴及发展中国家推进结构调整来实现，因而必须承担全球经济再平衡的持续调整的巨大成本。国际货币体系中心货币国家所拥有的"货币强权"可以转嫁持续调整成本，再一次得到了印证。

总之，在经济与金融全球化日益深化、全球经济朝着多元化方向发展和全球外汇储备大幅增长的背景下，单一主权货币主导的国际货币体系似乎越来越不适应经济发展的内在要求了，也使得它自身具有越来越不稳定的内在因素。因此，未来国际货币体系必须顺应全球经济、贸易与投资多极化发展的格局而多元化。在全球经济格局多极化的同时，处于现行国际货币体系外围地位，同时又在全球经济中越来越具有举足轻重地位"不成熟债权人"国家，对于实现国际货币体系多元化的呼声也越来越高。典型的莫过于2009年6月16日"金砖四国"峰会发表的联合声明："我们强烈认为应建立一个稳定的、可预期的、更加多元化的国际货币体系。"①

---

① 参阅2009年6月17日《人民日报》。

六　国际货币体系多元化进程中的中国选择

　　经济与金融全球化的加深，正在深刻地改变既有国际货币体系的基础，外汇储备的迅猛增长似乎增强了货币中心国家的货币强权，实则加剧了该系统的内在不稳定性。但是，未来国际货币体系到底朝着什么方向演变，在理论上的看法并不一致。25 年前，理查德·库珀（Richard W. Cooper, 1984）就曾设想过到 2010 年的国际货币大同世界。但是，25 年过去了，国际货币体系与库珀的设想相去甚远。周小川（2008）提出了与库珀（1984）相似但又有区别的国际货币改革的构想，即建立超主权储备货币。他认为，超主权储备货币可以克服主权货币的缺陷，IMF 的特别提款权具有超主权货币的特质，可以改革特别提款权，使之成为超主权储备货币，由 IMF 集中管理成员国的部分储备，有利于增强国际社会应对危机、维护国际货币金融体系稳定的职能。周小川提出超主权储备货币之后，立即引起了现行国际货币中心国家美国的强烈反应，乃至于美国总统奥巴马和财政部长盖特纳先后表示，现在不需要改革国际货币体系。但周小川提出的构想得到了其他一些"不成熟债权人"国家的积极响应。在 2009 年 6 月举行的"金砖四国"峰会期间，梅德维杰夫希望创建一种新的超主权货币，用于国际清算。[①] 建立超主权货币面临的最大难题，便是 IMF 以何种资产为各国的外汇储备提供存在形式。更何况，特别提款权设立的初衷，就在于弥补美元作为储备货币（受黄金约束）供给的不足，维持布雷顿森林体系，牙买加会议也强调过增加 SDR 的储备功能。然而，特别提款权既没能挽救布雷顿森林体系，在牙买加体系三十多年的国际货币安排中，它也没有在官方储备管理中发挥任何有影响力的作用。因此，更多的看法是货币朝着多元化的方向发展，其理论上以蒙代尔（Mundell, 2000）的"金融稳定性三岛"为代表，认为未来可能以货币联盟的方式向新的固定汇率制复归，欧洲、美洲和亚洲各自形成货币联盟。实践中以上述"金砖四国"的联合声明为代表。

　　鉴于建立超主权储备货币不具备现实可行性，也不能顺应全球经济格局多元化对货币多元化的需求，因而，中国政府并未正式表示要建立超主权储备货币，而是采取多方面的措施推进或强调国际货币体系的多元化。胡锦涛在 2009 年 6 月的"金砖四国"峰会期间就强调，要推动完善国际货币体系，健全储备货币发行调控机制，稳步推进国际货币体系

---

① 参阅 http://finance.cctv.com/20090617/103159.shtml。

多元化。① 从中国的利益和立场出发，推进人民币的国际化是实现未来国际货币多元化的必要选择，当然也顺应了国际经济发展的新变化。更何况，国家间经济竞争力强弱的最高表现就是货币竞争力，经济上崛起的国家，总会试图提高本国货币的竞争力。虽然艾肯格林（Eichengreen，2005）、弗兰克尔和钦（Frankel and Chinn，2005）认为，中国不发达的金融市场，决定了人民币在亚洲发挥国际货币的作用可能需要几十年，在全世界称雄则更为遥远，但这并不意味着中国不应当、也不能作出努力来逐步摆脱现在单一中心货币强权的控制。毋庸置疑，人民币的国际化并进而实现国际货币的多元化，将是一个长期的过程。中国既要在国际经济、金融与货币事务中不断表达改革国际货币体系的诉求，又要切实推进国内金融体系的改革，为人民币的国际化及改革国际货币体系创造条件。

人民币国际化的进程，大致可以从地域渐进性或功能扩展两个方面来考察。就人民币的地域影响而言，应是从周边到区域再到全球化的过程。这样一个过程，大致与中国贸易的地区结构相呼应。例如，中国虽然现在总体上是年年有大量的贸易顺差，但中国对亚洲地区，尤其是对东北亚和东盟国家一直是逆差。中国商务部数据显示，2004~2008年，中国对亚洲各国（不包括中国香港、中国台湾和中国澳门）的贸易逆差分别为720亿、718亿、741亿、709亿和394亿美元。2009年，中国又对一些东盟国家实行了零关税，进一步推动了中国与东盟之间贸易与投资便利化。这就使得周边国家客观上对人民币的交易需求会有所增长。从职能上讲，作为国际货币，它只不过是货币的基本职能在使用地理范围上的扩大和深化，就此而论，人民币国际化首先必须取得货币作为国际经济交易的价值尺度、交易媒介及支付手段的职能，再更大程度地发挥其作为价值贮藏的职能。自然的，人民币的国际化，也是从结算货币到投资货币和储备货币过渡的渐进过程。应当强调的是，由于货币的职能并不是在物理上可分的，因而人民币职能国际化的过程，也并不是截然分离的几个阶段。

从中国所采取的措施来看，大致遵循着以上顺序安排。首先，中国已与越南、蒙古、老挝、尼泊尔、俄罗斯、吉尔吉斯斯坦、朝鲜和哈萨克斯坦八个国家中央银行签署了边境贸易本币结算协定。随着中国与周边国家和地区的贸易量不断增长，将本币结算从双边贸易扩展到一般国际贸易的需求不断增加。2008年12月，国务院决定对广东和长三角地区与港澳地区、广西和云南与东盟的货物贸易进行人民币结算试点。2009年4月8日决定，在上海市和广东省广州、深圳、珠海、东莞4城市开展跨境贸易人民币结算试点，这标志

---

① 参阅2009年6月17日《经济参考报》。

着人民币结算由此前仅限于边贸领域开始向一般国际贸易拓展。其次，在 2008 年底次贷危机向全球金融危机扩散之际，中国推出了货币互换，先后与韩国、中国香港、马来西亚、白俄罗斯、印度尼西亚和阿根廷等国家（地区）在内的中央银行签署了总额为 6500 亿元人民币的双边本币互换协议（货币互换），使其成为增强地区流动性互助能力的重要手段。在人民银行与有关央行/货币当局签署的系列本币互换协议中，支持互换资金用于贸易融资，央行通过互换将得到的对方货币注入本国金融体系，使得本国商业机构可以借到对方货币，用于支付从对方的进口商品，这样，在双边贸易中出口企业可收到本币计值的货款，可以有效规避汇率风险、降低汇兑费用；在金融危机的形势下，可推动双边贸易及直接投资，并促进经济增长（中国人民银行，2009）。再次，2007 年 6 月，中国人民银行、国家发展和改革委员会发布了《境内金融机构赴香港特别行政区发行人民币债券管理暂行办法》。2009 年 9 月 28 日，中国财政部在香港特别行政区发行了 60 亿元人民币国债，试图让人民币开始发挥国际价值贮藏的职能。在香港发行人民币计值债权，有利于推动人民币区域化的进程，促进香港离岸人民币业务的发展，推动人民币在周边国家和地区的结算和流通；有利于促进香港人民币债券市场的发展，将为今后内地机构在香港发行人民币债券提供定价基准，带动更多内地机构在香港发行人民币债券，稳步扩大香港人民币债券市场。

上述种种，只是中国在推进人民币国际化方面初步的有益尝试。我们相信，这个过程会面临不少曲折，即凭此断言人民币将很快实现国际化，是不切实际的幻想。纵观国际货币体系发展及巩固的过程，我们认为，在推进人民币国际化、实现国际货币多元化及促进国际货币权力重新分配的进程中，中国仍然需要多方面进行积极的努力和探索。

首先，推进市场化改革是实现人民币国际化的重要制度前提和保障。受到政府严格管制而僵化的经济体制，不仅会制约经济应对各种外生冲击时的自我修复能力，降低经济的灵活性和活力，也会制约创新和抑制生产率的增长。在这方面，格林斯潘（2007）和罗伯特·夏皮罗（2009）对欧洲、日本和美国进行了对比分析，他们认为，欧洲和日本相对于美国更多的管制，使得欧洲和日本的经济缺乏灵活性，而美国的经济则因更加充分的竞争、充满创造性的破坏而具有更强的创新精神和活力。可以说，一国主权货币在国际货币体系及国际经济与金融事务中的活力，也是与一国的经济活力高度相关的。日元国际化的无功而返，大抵与日本泡沫经济的形成、破灭及之后日本经济的长期低迷密切相关。当然，经济的市场化改革与放松管制，不应当仅仅局限于实体经济之中。金融体系的市场化改革，尤其是放松资本管制同样重要。"二战"之后，美元之所以能够在中央银行的储备货币中取得完全的统治地位，就是因为，纽约是唯一真正具有深度和流动性的金融市场，美国是唯一规避资本管制的国家（Barry Eichengreen，Marc Flandreau，2008）。反面案例莫过于日本。虽然日本早在20世纪80年代就试图推行日元国际化，但收效甚微，与日本的金融管制密切相关，日本直到1998年才真正放开对资本账户的管制，无奈的是，日本已经进入了所谓"失去的十年"，日元也就失去了取得更高国际货币地位的时机。因此，实现人民币的国际化，使人民币成为国际多元货币体系中的重要力量，中国必须推进经济的市场化改革，放松管制，包括放松对外汇的管制，实现人民币在资本账户下的可兑换，提高经济的灵活性。

第二，推进中国债券（尤其是国债）市场的发展。一个具有深度、广度和高流动性的政府债券市场，是一国货币取得储备货币地位的重要条件，储备持有国才有使用该种货币进行投资的安全栖所。正如迈克尔和艾肯格林强调的，尽管经历了次贷危机冲击，美国依然能够维持中心货币的地位，原因就在于美国仍然是拥有流动性最高、深度最好的政府债券市场的唯一国家，高流动性的债券市场增强了网络外部性，而网络外部性又使流动性得以提高，从而巩固了美元作为国际主要储备货币的地位。虽然前文指出，有学者认为欧洲已经取得了储备货币的地位，但它没有很快、到现在也没有动摇美元作为中心国际货币的地位。其主要原因之一就在于，虽然欧洲的货币统一了，加速了欧洲商品要素市场与金融市场的一体化，但是，欧洲的政府债券市场仍然是分割的。欧元区的不同国家，由于其财政状况与实体经济结构的差异，决定了欧元区的主权政府债券具有相异悬殊的信用风险和流动性风险，也极大地制约了欧元区内各个主权政府债券市场的深度和广度。因而，要将巨额的外汇储备配置于欧元区的主权政府债券，至少会面临极大的流动性困境。最近的希腊政府债务危机很好地印证了这一点。中国要推进人民币的国际化，同样必须为国外的政府和商业机构提供高流动性的资产持有形式，即推进中国政府债券市场的发展和完善，是让人民币取得国际储备货币地位的基础条件。应当注意的是，政府债券市场的发展并不意味着政府债务的规模越大越好，这也只是货币国际化的一个必要条件，而非充分条件。例如，日本的政府债务余额与GDP之比，远远高于美国的这一比率。就欧元而言，2009年陆续出现的希腊、西班牙等政府债务问题，就极大地影响了随后美元与欧元之间的汇率关系，这也会对欧元在与美元的国际货币竞争中产生不利影响。

第三，人民币衍生产品市场的发展。一国货币要取得储备货币的地位，它必须是可自由兑换的，货币的可自由兑换又要求汇率机制更加灵活，否则，货币的可兑换与僵化的汇率制度的组合，将会导致对这种货币较大的投机冲击。灵活的汇率机制，本身也是货币国际化所带来的货币强权并得以实现的工具之一。然而，灵活的汇率机制又会对使用该种货币的相关各方带来新的汇率风险，若缺乏规避汇率风险的机制，也会同缺乏高流动性和深度的政府债券市场一样，降低这种货币对外部交易者或资产持有者的吸引力。由此可见，人民币衍生产品市场的发展，同样是使人民币成为重要国际货币的市场组织结构安排。

第四，提高国内金融机构提供国际金融服务的能力，同时发展人民币离岸金融市场。人民币要成为国际货币，国内金融机构必须能够为国际经济交易及资产投资提供及时、高效的资金结算、托管等安排。否则，会提高国外企业、金融机构、政府持有人民币进行支付、结算和价值贮藏的交易成本和流动性风险；一个完善的人民币离岸金融市场的形成和发展，也会便利国外机构的人民币交易和结算。然而，纵然现在国内金融机构受金融危机之赐迅速跻身于国际大银行之列，但其产品创新能力、风险控制及治理水平，都难以为人民币的国际化提供强有力的金融服务支持系统。可见，人国民币的国际化及国际货币多元化对进一步完善国内金融机构和市场体系也提出了新的要求。

（本文发表于《金融评论》2010年第5期）

参考文献

[1] Andrews, David M., 2006, Monetary Power and Monetary Statecraft, in *International Monetary Power*, edited by David M. Andrews, Cornell University Press.

[2] Bernanke, Ben, 2005, The Global Savings Glut and the U.S Current Account Deficit, Federal Reserve Bank, March.

[3] Chinn, Menzie and Jeffrey Frankel, 2005, Will the Euro Eventually Surpass the Dollar as Leading International Reserve Currency? *NBER Working Paper*, No. 11510.

[4] Chinn, Menzie D. and Jeffrey A. Frankel, 2008, The Euro May Over the Next 15 Years Surpass the Dollar as Leading International Currency, *NBER Working Paper*, No. 13909.

[5] Cooper, Richard W. Cooper, 1984, Is There a Need for Reform? In *the International Monetary System: Forty Years After Bretton Woods*, Conference Series, No. 28, Federal Reserve Bank of Boston.

[6] Cooper, Richard, 2009, The Future of the Dollar, Peterson Institution for International Economics, September.

[7] Dooley, Michael, David Folkerts-Landau, Peter Garber, 2003, An Essay on the Revived Bretton Woods System, *NBER Working Paper*, W9971.

[8] Dooley, Michael, David Folkerts-Landau, Peter Garber, 2009, Bretton Woods II Still Defines International Monetary System, *NBER Working Paper*, W14731.

[9] Eichengreen, Barry, 2005, Sterling's Past, Dollar's Future: Historical Perspectives on Reserve Currency Competition, *NBER Working Paper*, No. 11336.

[10] Eichengreen, Barry, Marc Flandreau, 2008, The Rise and Fall of the Dollar, or When Did the Dollar Replace Sterling as the Leading International Currency? *NBER Working Paper*, No. 14154.

[11] Goldberg and Tille, 2006, The International Role of The Dollar and Trade Balance Adjustment, *NBER Working Paper*, No. W12495.

[12] Helleiner, Eric, 2006, Below the State: Micro-Level Monetary Power, in *International Monetary Power*, edited by David M. Andrews, Cornell University Press.

[13] Henning, Randall, 2006, The Exchange-Rate Weapon and Macroeconomic Conflict, in *International Monetary Power*, edited by David M. Andrews, Cornell University Press.

[14] Kannan, Prakash, 2007, On The Welfare Benefits of an International Currency, *IMF Working Paper*, WP/07/49.

[15] Kumhof, Michael, 2009, International Currency Portfolios, *IMF Working Paper*, WP/09/48.

[16] Lee, Brian, 2009, Carry Trades and Global Financial Instability, Stanford University, April 30.

[17] Lindert, Peter, 1969, Key Currency and Gold, 1900–1913, Princeton Studies on International Finance, No. 24, International Finance Section, Department of Economics, Princeton University.

[18] McKinnon, Ronald, 1979, *Money in International Exchange*, Oxford Press.

[19] McKinnon, Ronald, 1993, The Rule of the Game: International Money in Historical Perspective. *Journal of Economic Literature*, Vol. 31, Mar.

[20] McKinnon, Ronald, 2005, *Exchange Rates under the East Asian Dollar Standard: Living with Conflicted Virtue*. MIT Press.

[21] McKinnon, Ronald, 2006, Tthe Modern Dollar Standard and the Rules of the Game in Historical Perspective. Princeton Encyclopedia of the World Economy, 10 September.

[22] Nurkse, Ragnar, 1944, *International Currency Experience*, League of Nations.

[23] Papaioannou, Elias, Richard Portes and Gregorios Siourounis, 2006, Optimal Currency Shares in International Reserves: The Impact of the Euro and the Prospects for the Dollar, *NBER Working Paper*, No. 12333.

[24] Triffin, 1960, *Gold and Dollar Crisis*, Yale University Press.

[25] Triffin, 1968, Our International Monetary System: YTesterday, Today, and Tomorrow, New York, Random House, 1968.

[26] Walter, Andrew, 2006, Domestic Sources of International Monetary Leadership, in *International Monetary Power*, edited by David M. Andrews, Cornell University Press.

[27] 艾伦·格林斯潘：《我们的新时代》中译本，台湾大块文化出版公司，2007。

[28] 巴里·艾肯格林：《资本全球化——国际货币体系史》中译本，上海人民出版社，2009。

[29] 弗里德曼、施瓦茨：《大衰退》中译本，中信出版社，2009。

[30] 黄晓龙：《全球失衡、流动性过剩与货币危机——基于非均衡国际货币体系的分析视角》，《金融研究》2007年第8期。

[31] 李扬：《国债规模：在财政与金融之间寻求平衡》，《财贸经济》2003年第1期。

[32] 李扬：《国际货币体系的改革及中国的机遇》，《中国金融》2008年第13期。

[33] 李伏安、林杉：《国际货币的历史、现状——兼论人民币国际化的选择》，《金融研究》2009年第5期。

[34] 罗伯特·蒙代尔：《国际货币：过去、现在和未来》，中国金融出版社，2003。

[35] 罗伯特·斯基德尔斯基：《凯恩斯传》，三联书店，2006。

[36] 罗伯特·夏皮罗：《下一轮全球趋势》中译本，中信出版社，2009。

[37] 麦金农:《美元本位下的汇率——东亚高储蓄两难》中译本,中国金融出版社,2005。
[38] 彭兴韵、施华强:《美国货币政策的演化》,《国际经济评论》2007年第5~6期。
[39] 彭兴韵、江松霖:《亚洲金融危机后的金融发展》,《世界经济与政治》2007年第11期。
[40] 斯蒂格利茨:《经济学》中译本,中国人民大学出版社,1999。
[41] 谢平、陈超:《谁在管理国家财富》,中信出版社,2010。
[42] 张明、覃东海:《国际货币体系演进的资源流动分析》,《世界经济与政治》2005年第12期。
[43] 中国人民银行:《第一季度货币政策执行报告》,中国人民银行网站,2009。
[44] 周小川:《关于改革国际货币体系的思考》,中国人民银行网站,2009。

人民币国际化:"贸易结算+离岸市场"还是"资本输出+跨国企业"?

——以日元国际化的教训为例

殷剑峰

一 以史为镜:日本人的雄心

中国有一句古话:以史为镜,可以知兴衰。今天,当全世界的人,尤其是那些摩拳擦掌准备大干一场的海外银行家们都在热议人民币国际化的时候,当世界银行乐观地预测人民币将最终与美元、欧元并驾齐驱的时候,特别是当我们中间一些人明显陶醉于这样的憧憬以至于想迅速、彻底地放开资本项目的时候,回顾一下当年日元国际化的经历或许有助于冷静我们的大脑。

日元国际化正式启动于 1984 年,其主要背景有两个:在美国方面,是希望压迫日本开放资本项目和国内市场;在日本方面,是日本经济的崛起所带来的挑战美国经济地位和美元地位的诱惑。也就是说,日元国际化来自于"威逼"和"利诱"。相比较之下,"利诱"的成分似乎更大一些,因为当时日本国内上下乃至国际上都弥漫着一种对日元极其乐观的情绪。

在 1984 年的一份报告中,日本财政部说道:"海外对日元持续国际化的兴趣在不断加强,这反映了我们的经济在世界上的重要地位……日元承担国际货币的角色不仅是重要的,也是必然的。"日本官方的信心十足,日本的学术界也是如此。1987 年东京大学贝冢启明教授在主持报告中说道:"一些经济学家预测,日元最终将取代美元成为关键货币,就如当年美元取代英镑一样。"即使到了 1988 年,当日本人已经意识到他们落后的金融市场、较小的经济规模使得日元不太可能挑战美元地位的时候,日本财政部还是认为,尽管美元的主导地位不可能被削弱,但是,日元可以成为仅次于美元的第二大国际货币。(Shigeo Nakao, 1995)

今天,我们已经清楚地看到,在付出了巨大的代价之后——惨痛的 1990 年泡沫危机和随后延续迄今的经济乏力,日元确实成为了包括美元、欧元、英镑、瑞士法郎、澳大利亚元、韩元、港币等十多个国际货币中的一员,但是,从国际货币体系的层级结构看,日本人当年的雄心显然没有实现。

以国际货币的顶级角色——储备货币来衡量(见图1),日元在全部国际储备货币中的份额由1995年的6.78%下降到2009年的3.01%,低于英镑(4.29%),更是远低于美元(62.17%)和欧元(27.3%)。以国际货币的其他功能(如作为经济和金融交易中的计价结算货币)来衡量,日元也要远逊色于美元、欧元乃至英镑。事实上,1990年泡沫经济危机之后,日本学者就已经认识到:国际化后的日元至多是一种"载体货币"(transit currency),其主要功能就是用于国际金融市场中的套利交易(carry trade)。

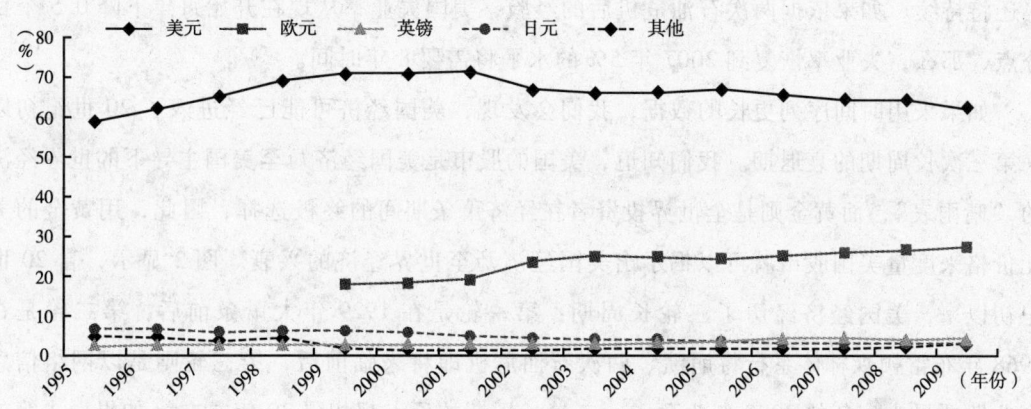

图1 国际储备货币中各类货币的份额

资料来源:IMF 数据库 IFS。

所以,对照日本人当年的雄心壮志,特别是考虑到日本人为此所付出的代价,我们今天下这样一个结论应该是合理的:日元国际化是失败的。

二 人民币国际化:两个重要考虑

在讨论日本人雄心破灭的原因之前,先将视线拉回到当前人民币国际化的实践。从官方的态度看,人民币国际化遵循着"少说多做"的原则,其起步的工具就是人民币跨境贸易结算。事实上,人民币跨境贸易结算也并非一个新鲜事物。早在20世纪60年代末、70年代初,我们就开始推动人民币在与港澳、日本、英国、法国等贸易中的使用。在笔者看来,将人民币跨境贸易结算作为一种推动人民币国际化的工具,其背后有两个重要的考虑：

第一个考虑是关于美元贬值的风险。危机后，全世界都对现行以美元为绝对主导的国际货币体系表现出不满，尤其是金融危机后美国不顾及他国利益的美元滥发政策。这无疑会使得、也正在使得我们的巨额外汇储备暴露在美元贬值的风险中，而且，美元对新兴市场货币和大宗商品贬值的趋势在未来数年内似乎难以扭转。

在竞选美国总统时，奥巴马曾经指望利用新能源、低碳经济来实现他的"We can"目标。但是，危机后的高失业率让他意识到制造业以及基于制造业的出口产业才是吸纳就业的主要渠道，而重振美国制造业的关键工具之一就是弱美元政策。刚刚公布的经济数据显示，美国5月的失业率由4月的9%上升到9.1%。高企不下的失业率意味着弱美元态势还将持续。如果依据两次石油危机后的经验，美国失业率从现在开始每年下降0.5个百分点，那么，失业率恢复到2007年5%的水平将需要8年时间。

如果采用时间序列更长的数据，我们会发现，美国经济可能已经进入了20世纪初以来第三次长周期的衰退期。我们知道，美国的股市是美国经济乃至美国主导下的世界经济的"晴雨表"，而黄金则是全世界投资者在经济萧条期间的终极选择，因此，用黄金的美元价格来度量美国股市就可以揭示出美国经济乃至世界经济的兴衰。图2显示，自20世纪初以来，美国经济经历了三轮长周期：第一轮是在1929年大萧条前后，第二轮是在1968年布雷顿森林体系行将崩溃、两次石油危机即将来临前后，第三轮则是以网络信息产业股票最为疯狂的2000年为顶点。三轮长周期的顶点都相隔30年左右（如果抛去第二轮周期中的十年"二战"的话），这也就意味着，如果历史会重演（通常是这样），那么，至少在21世纪的第二个十年，美国经济的相对力量将依然处于衰落之中。

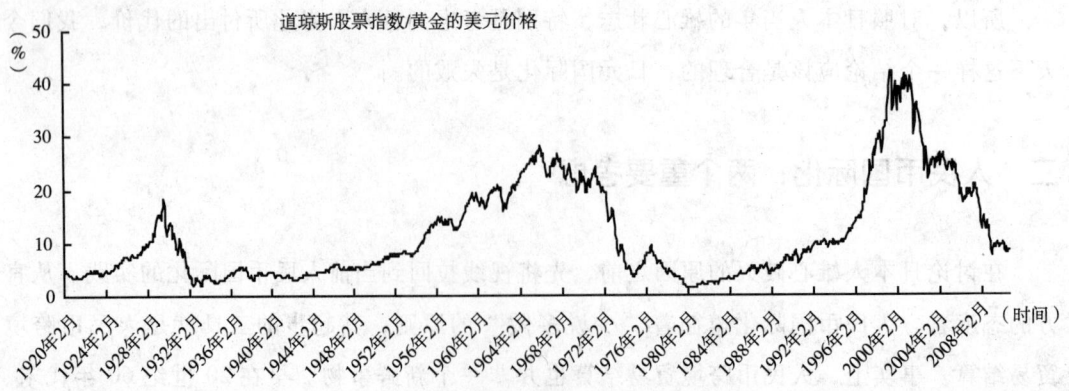

图2　黄金度量的美国股市

资料来源：Bloomberg，中国社科院金融产品中心。

美国经济的衰落威胁到我们主要以美元定值的外汇资产,不过,也确实为我们提供了机遇:通过人民币国际化来彻底摆脱以美元定值的外汇资产,并建立一个多极货币支撑的国际货币体系。

第二个考虑就是希望通过人民币国际化来"倒逼"国内的金融改革。亚洲金融危机之后,国内外学术界已经基本达成了一个关于改革次序的共识(李扬,殷剑峰,2000):实体经济部门的改革应该摆在所有改革的前面,其后是国内金融部门的改革(如放松金融市场管制、利率市场化等),最后才能是放开资本项目。即使是资本项目的放开,也需要结合国内实体经济部门和金融部门改革的进展,采取"先直接投资项目、后证券金融项目"、"先长期项目、后短期项目"的原则(吴晓灵,2010)。

遵循上述改革次序,一个基本的逻辑链条就形成了:为了实现人民币国际化这个伟大目标,我们需要放开资本项目,而放开资本项目的前提是推动国内的金融改革和金融发展。可以看到,中国的金融体系还是一个以传统银行业为主导的结构,金融市场非常落后,这使得我们即使放开资本项目、让人民币成为一个"国际化"货币之后,也难以为国际投资者提供有深度、流动性好、多样化的投资和风险管理工具。

例如,中国的股票市场虽然市值位列全球第二,但是,由于我们舍不得放弃行政管制,2009年中国内地的上市公司数量只有1700家,同期,欧元区有7459家,印度6408家,美国5179家,日本3656家。在发行体制、交易机制不改变的前提下,近些年陆续推出的所谓"中小板"、"创业板"也是弊端重重、令人诟病。债券市场方面,虽然自2005年人民银行推出短期融资券,特别是采纳市场化发行管理机制后迅速发展,但是,由于起步晚以及"一行三会"、发改委、财政部等共同组成的多头分散管理/打架的体制,2009年中国的债券市值只占同期全球债券市值(不含离岸市场)的4%,同期美国、欧元区、日本分别占39%、22%和18%;至于金融衍生品,中国只是刚刚处于萌芽状态(殷剑峰,2011)。

所以,按照改革次序的共识,如果能够借人民币国际化的"东风",大力推动国内金融改革和金融市场的发展,那将极大地改变中国金融业的面貌,并为实体经济的结构调整奠定坚实的金融基础。

三 人民币国际化:实践中遇到的两个问题

自2009年4月人民币跨境贸易结算试点以来,人民币国际化取得了非常初步,但引人瞩目的进展。不过,迄今为止的实践似乎正在背离我们的初衷。这表现在两个方面:

第一,单向的"货币替代"似乎正在使我们暴露在更多而不是更少的美元风险之中。

2009年以来的人民币跨境贸易结算中,多数是进口贸易。例如,在2010年5000亿元人民币左右的贸易结算额中,80%的贸易结算,即约4000亿元人民币是进口贸易。进口贸易采用人民币结算意味着原先进口购汇的美元需求减少,相应的,这也意味着中国人民银行原先可以减少的外汇储备没有减少。

这种强币(人民币)替代弱币(美元)的现象在20世纪80年代的拉美普遍发生过,只不过当时是美元替代当地货币。然而,与那时的情形不同的是,人民币只是在进口方"单向"地替代了美元。其极端结果是,即使中国的对外贸易实现了平衡(进口等于出口),如果进口普遍采用人民币,出口依然使用以美元为主的外币,中国的外汇储备还会不断增加。考虑到在现行货币发行体制下,外汇资产构成了央行的主要资产,因此,外汇储备的增加又对应着基础货币投放的增加和国内流动性的泛滥。

对于人民币贸易结算过程中的单向货币替代现象,一部分是因为在试点过程中,我们对人民币进口贸易结算放的较开,却对人民币出口贸易结算限制较严:根据2010年6月的《关于扩大跨境贸易人民币结算试点有关问题的通知》,人民币进口贸易结算可由20个省的所有企业办理,但人民币出口贸易结算仅限于16个省的试点企业。不过,其根本因素恐怕还在于我们出口企业的谈判力量较弱,缺乏定价权乃至结算货币选择权。

第二,香港人民币离岸市场的滞后似乎正在"倒逼"资本项目开放而非"倒逼"国内金融改革,从而有可能违背了我们关于改革次序的共识。

由于人民币跨境贸易结算主要发生在进口方,并且主要是经过香港,因此,近些年来香港积蓄了大量的人民币存款。至2011年3月底,在港人民币存款规模已逾4500亿元。而且,根据过去一年的发展速度,业内普遍预测2011年底人民币存款规模可轻松突破万亿元。与此同时,香港人民币离岸市场的发展却非常滞缓。自2007年以来,全部人民币债券发行额也不到1000亿元。加之这些债券通常为两年以内的短期债券,存量人民币债券规模更是大打折扣。在债券市场之外,以人民币计价的结构化金融产品和信托产品虽屡有创新,但规模微不足道。

在港人民币存款的飙升和人民币离岸市场发展的滞后使得人民币资金的收益率远低于内地,并由此引发了一个潜在,但愈发强烈的呼吁:为了推动离岸市场发展进而推动人民币国际化,内地应该尽快放开资本项目管制,以让香港人民币资金回流至内地,从而形成一个双向流通机制:以人民币进口贸易结算为主的输出、以人民币离岸市场资金回流为主的输入。事实上,除了金融机构和在港人士之外,国内的一些资深学者近期也提出要加快资本项目的开放(谢平,2011)。

实际上，当前人民币国际化实践中的两个问题，在当年日元国际化的过程中也表现得非常突出，尽管形式略有不同。随后我们将看到，日元国际化的失败也正是因为在这两个问题上栽了跟头。

四　日本人的教训之一：低下的日元贸易结算地位

在20世纪80年代日元国际化的过程中，遇到的第一个难题就是本币在本国对外贸易中使用的比例太低。日本推动日元贸易结算的努力早于其正式宣布日元国际化。两次石油危机后，为规避汇率风险，日本就开始逐渐推行本币结算。在1980年（Hiroo Taguchi, 1982），日元结算在本国出口贸易和进口贸易中分别只占到31%和4%，远低于同期美国（85%、60%）、英国（76%、33%）和德国（83%、45%）。到1989年（Shigeo Nakao, 1995），即日本官方正式宣布日元国际化5年后，日元结算在本国出口和进口贸易中的比重也只有37%和15%。此后，随着泡沫危机的爆发和持续的经济低迷，这两个比重迄今也未见起色。

对于日元在日本对外贸易中使用较少的现象，存在两个似是而非的观点。第一个观点是，由于日本出口导向的经济发展模式，日本企业对海外市场过于倚重，以至于丧失了在贸易中的谈判能力。然而，事实是：在整个80年代，日本的出口占GDP比重、净出口占GDP比重以及贸易依存度等三个指标都接近美国、远低于德国，到了1990年，日本的贸易依存度甚至已经低于美国。

表1　三国经济外向度比较

单位：%

	1980年			1990年		
	日本	德国	美国	日本	德国	美国
出口/GDP	13.5	25.2	10.1	10.4	30.7	9.5
净出口/GDP	-0.9	-2.2	-0.5	0.9	2.7	-1.3
贸易依存度	27.9	52.6	20.6	19.9	58.6	20.4

资料来源：根据IFM数据库IFS计算。

第二个观点是，日本独特的贸易模式阻碍了日元在进口和出口贸易中的使用。以1989年日本的贸易结构为例（见表2），在按产品类别划分的进口贸易中，中间品、能源和大宗商品分别达到47.6%和49.6%；在按出口区域划分的出口贸易中，欧美占了

54.4%。所以,日本的贸易结构表现为从发展中国家进口中间品、原材料,加工后出口到发达国家。由于发达国家(欧美)的货币本身就是强币,日元难以在出口贸易中发挥作用;同时,由于发展中国家普遍采用钉住美元体制以及日本企业为了规避频繁波动的汇率风险,进口方也多使用美元。

表2　1989年日本的贸易结构

单位:%

进口产品结构		出口区域结构	
中间品	47.6	欧美	54.4
能源和大宗商品	49.6	亚洲	29.5
其他	2.8	其他	16.1

资料来源:Shigeo Nakao,1995。

与第一个观点相比,第二个观点似乎更有说服力,但事实上,由劳动力成本、资源禀赋和技术水平的差异所决定的比较优势,以及发达经济体间的分工合作,使得几乎所有的发达国家都存在类似的贸易结构。那么,日元难以在贸易中使用的根本原因是什么呢?

阻碍日元使用的第一个原因在于"二元经济"造成的一系列后果。日本学者很早就意识到日本实际上是一个"二元经济":一方面是只占全部企业数量0.1%的少数大型企业,这些企业仅仅雇佣了全部雇员的12.1%,但在经济上得到财阀体制、在金融上得到主银行体制、在政治上得到官僚体制的庇护;另一方面,则是在各个领域都受到抑制的大量中小企业。

日本的中小企业在国际市场难有作为——这自不待言,日本的大型企业也缺乏竞争力。例如,在1990年的《财富》杂志排行榜上,日本的丰田汽车、尼桑汽车、本田汽车、NEC虽然在销售额上排名第6、17、30、32,但是,这些企业的净利润只分别排到第12、64、74、123名,《财富》排行榜中日本企业的净利润/销售收入比美国企业低50%左右。显然,日本企业更看重的是量的扩张(销售收入的增加)、而非质的改善(效益/利润的增加)。这种倾向加上国内"二元经济"引发的收入分配结构问题和国内消费不振,最终导致日本的大型企业极其依赖海外市场,进而丧失了谈判定价的能力。

阻碍日元使用的第二个原因在于日本没有利用当时富裕的资本拓展对外直接投资,并建立以本国的跨国企业为核心的全球产业链。在国际市场中,谁掌握了从资源采集到中间品分包再到最终品销售的生产链条,谁就拥有了资源配置和利润分配的权力,更不用说去决定在这样的链条中应该使用何种货币结算了。

在日美的贸易关系上，是美国企业而不是日本企业控制了这样的链条。在20世纪80年代，美国企业通过直接投资在日本开展了大量的代工生产（Original Equipment Manufacturing，OEM），其中，美国企业掌握销售品牌、销售渠道和核心技术，日本的企业则负责加工生产。例如（Shigeo Nakao，1995），当时IBM的个人电脑总成本为860美元/台，其中向日本代工企业支付625美元/台，而在美国的零售价格是2000美元/台。无疑，在这种不对称的地位下，很难想象日本的代工企业可以要求他们的IBM老板用日元结算。

那么，日本为什么不去建立自己的跨国企业生产链呢？毕竟，日本当时已经有了迄今依然知名的大型企业。日本的大型企业确实在海外进行了大量生产性投资，但是，日本主要的资本输出并非用于购买资源和建立覆盖全球的生产链条，而是拿去进行金融投资/投机了。

从1984年和1990年日、美两国国际投资头寸的资产方来看（见表3），与美国相比，日本对外的直接投资显然不是重点：直接投资在日本全部的对外资产中只占到11%，在美国则达到28%。即使在日本占比不高的对外直接投资中，其主要构成也不是用于购买资源、技术和建立如美国那样的OEM，而是用于购买美国的房地产（Shigeo Nakao，1995）。1984年日元国际化后占比显著上升的是证券投资和其他投资，其中，前者主要是投向了欧美的证券市场，后者则以日本银行业的对外投资为主——这部分投资与我们后面将要谈到的"再贷款游戏"有关。

表3　日美两国国际投资头寸的资产方比较

单位：十亿美元

	日本		美国	
	1984年	1990年	1984年	1990年
直接投资	38(11%)	201(11%)	348(29%)	617(28%)
证券投资	88(26%)	596(32%)	89(7%)	342(16%)
其他投资	188(55%)	981(53%)	663(55%)	1045(48%)
储备资产	27(8%)	80(4%)	105(9%)	175(8%)
总资产	341	1858	1205	2179

注：括号中数字为相应项目的占比。
资料来源：根据IMF数据库IFS计算。

另外一个值得关注的现象是，在日本的对外证券投资中，其主要载体也是非日元的工具。这让当时的美国学者觉得如此不可思议（Shigeo Nakao，1995）："日本人正在被迫承担巨大的风险。这与其富裕的英国和美国前辈不同……英国人简单地在殖民地创造了一个英镑区,而美国人则建立了一个能够让他们的跨国企业得以运转的欧洲美元世界。"

阻碍日元使用的第三个原因同日本金融改革滞后乃至日本金融衍生品市场落后有关。日元在日本进口贸易中使用的比重较少(这与我们不同),其中一个关键因素在于能源、大宗商品占了日本进口的50%(见表2)——这些都是以美元定价的。我们今天已经清楚地看到,国际能源和大宗商品的定价权是由纽约(和伦敦)商品期货交易所以及依托于此的发达的场外衍生品市场所掌握的,而纽约金融中心则是在两次石油危机之后从石油输出国组织那里夺得了这样的权力。日本二流的军事力量、三流的政治地位和不入流的金融发展水平决定了日元不可能在这些战略物资的交易中取代美元的地位。

五 日本人的教训之二:离岸市场和在岸市场间的"再贷款游戏"

日元国际化的第二个教训就是在国内金融改革尚未真正展开的时候,就急匆匆地放开了资本项目。日本国内主要的金融改革措施(利率市场化、债券市场管制放松、股票市场"大爆炸"改革、废弃主银行体制等)都发生在泡沫危机爆发后的1993年、1994年和1997年,在正式宣布日元国际化的前后,日本采取的主要"改革"措施实质上都是些资本项目开放的措施,如1983年和1984年的欧洲日元贷款业务、1984年的日元汇兑管制放开等,而当时日本的金融体系还是一个行政管制盛行的主银行体制。

在国内实施金融管制、资本项目完全放开的背景下,在日元的离岸市场和在岸市场之间,就上演了一出日后被日本学者称作"再贷款"的游戏(Re-Lending Game)(Shigeo Nakao, 1995):日本的富裕资金从在岸市场流到离岸市场,然后又从离岸市场回流到在岸市场。简单地说,就是日本人"自己人玩着自己的钱"。在这场游戏中,主角是日本的银行业。观察1980年代日本国际投资头寸资产方的"其他投资"和负债方的"其他负债"(其中日本银行业的资产和负债占据了绝大多数),我们可以发现(见图3),1984年正是资金大进大出的起点。在1984~1990年,日本银行业的对外资产由1050亿美元飙升到7250亿美元,同期,日本银行业的对外负债则从1300亿美元飙升到9040亿美元,净流入的资金从250亿美元飙升到1800亿美元。

在日本"再贷款"的游戏中,包括伦敦和香港在内的离岸市场构成了资金进出的重要通道。以BIS统计的报告银行数据为例,1990年,日本对在伦敦的银行机构(主要是日本银行业在伦敦的分支机构)的净负债是1122亿美元,而对其他离岸市场中的银行机构的净负债是2405亿美元,分别占到1990年日本对报告银行负债的29%和62%。在离

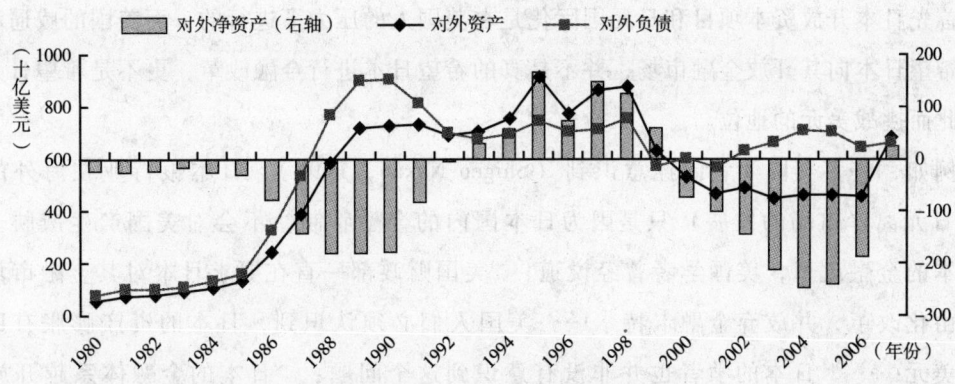

图3　日本银行业的对外资产和负债

资料来源：根据 IMF 数据库 IFS 计算。

岸市场中，香港显然是一个重要的组成部分。图4显示，香港对在日本的银行机构的负债与对在日本的非银行机构的债权高度协同，这反映了日元资金从日本的银行业流出到香港，随后又再次回流到日本的企业部门。直到亚洲金融危机爆发后，通过香港的日元再贷款游戏才偃旗息鼓。

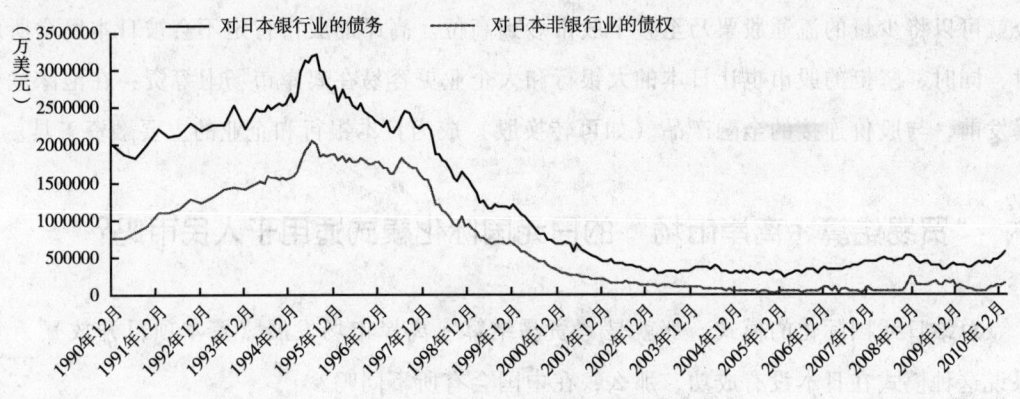

图4　香港对日本的债务和债权

资料来源：香港金管局。

对于日本再贷款游戏的结局，今天我们已经看得很清楚：第一，流出的资金再次回流到国内弊端重重的股票市场和地产市场，成为推动1990年泡沫危机和随后长期经济萧条的重要原因；第二，在面临1990年泡沫危机和1997年亚洲金融危机的双重打击后，日元离岸市场的发展以及在很大程度上基于此的日元国际化进程陷入倒退。问题在于：为什么日本会在国内金融改革前放开资本项目，从而任由这种再贷款游戏发展？

首先日本开放资本项目和日元国际化是在美国人的压力下进行的，而美国的威逼利诱只是希望日本向其开放金融市场，并不是真的希望日本进行金融改革，更不是希望日元能够因此而挑战美元的地位。

例如，许多美国学者已经意识到（Shigeo Nakao，1995），日本银行业在海外的扩张（日元离岸市场的发展）只是因为日本国内的金融管制，不会对美国产生威胁。至于日本的金融改革，美国学者曾经说道："美国财政部一直在要求日本对其金融市场实施自由化改革，并放弃金融卡特尔……美国人们必须认识到，日本的资产膨胀有助于保护美元……"日本的学者也并非没有意识到这个问题："日本的金融体系越开放[①]，MOF（日本财政部）就越不可能让华盛顿享受低储蓄率的好处和实施不负责任的财政政策。"

既然日本学者也意识到改革的重要性，那么，为什么什么事情都没有发生呢？其一，长期的财阀体制、主银行体制和官僚体制造就了强大的利益集团，这些利益集团反对着眼于长远的根本改革；其二，停滞的国内改革和迅速的资本项目开放也让几乎全体的日本人享受到了近在眼前的好处，从而忘却了改革的必要性。例如，日本股票市场中财阀之间、财阀与主银行之间的相互持股使得股票价格能够维持在一个较高的水平，并且，少量的资金就可以将少量的流通股票乃至整个股市炒到高位。高昂的股市肯定不会被日本民众所反对，同时，坚挺的股市也让日本的大银行和大企业更容易在离岸市场上筹资：在泡沫危机爆发前，与股价连接的金融产品（如可转换股）成为日本银行和企业的主要融资工具。

六　"贸易结算+离岸市场"的日元国际化模式适用于人民币吗？

总结日元国际化的模式，那就是"贸易结算+离岸市场发展（资本项目开放）"。如果说这种模式在日本没有成功，那么，在中国会有所不同吗？

首先来看通过贸易结算推行人民币国际化的可能性。根据中国对外贸易的区域结构（见表4），美国、欧元区和英国、日本等储备货币发行国占到中国对外贸易的37%左右，如果将香港算进去（因为对香港贸易主要是转口贸易，且以出口到欧美为主），则中国对外贸易中的45%左右是与强势货币国和钉住强势货币的地区（香港）进行的——这部分贸易显然难以推行人民币结算。

[①]　实际上应该是"改革"，日本人一直没有分清"改革"和"开放"的差异，正如现在一些中国学者那样。

表4　2009年中国对外贸易的区域结构

单位：%

国家/地区	进出口	出口	进口	净出口
美国	13.51	18.38	7.70	73.24
欧元区和英国	13.97	16.57	10.87	45.91
日本	10.36	8.14	13.01	-16.88
亚洲	34.81	25.35	46.12	-81.41
中国香港地区	7.92	13.83	0.87	80.48
非洲	4.13	3.97	4.31	2.25
其他欧洲地区	3.18	3.47	2.83	6.76
前苏联地区	2.18	1.98	2.41	-0.24
拉丁美洲	5.52	4.75	6.44	-3.92
北美其他地区	1.35	1.48	1.20	2.89
大洋洲	3.06	2.07	4.24	-9.06

注："亚洲"不包括日本和中国香港。
资料来源：根据2010年《中国统计年鉴》计算。

非洲、前苏联地区、大洋洲（主要是澳大利亚）虽然不拥有强势国际货币，但是，与这些地区的贸易主要是以资源类的大宗商品——在这部分贸易中推行人民币结算也并不容易，因为这些商品的国际定价和交易结算货币同样是美元这样的强势货币。

剩下的就是不包括日本和中国香港的其他亚洲地区了，在这些地区推行人民币结算似乎大有可为：一则我们与这些地区的贸易量巨大，二则因为我们对这些地区的进口大于出口，总体上呈现出逆差状态。然而，如果再观察一下我们对外贸易的企业结构，就可以发现，我们面临着当年日本类似的困境：由于IBM这样的美国企业主导了全球的生产链条，日本难以获得日美贸易中的定价权和结算货币选择权。

根据2010年《中国统计年鉴》计算，在2009年的全国对外贸易中，外商投资企业在全部进出口贸易、出口贸易和进口贸易中分别占到55.2%、56.0%和54.2%。外商投资企业显然主导了我国的对外贸易，并且，外商投资企业也是贸易顺差的主要贡献者：在全部净出口中占到64.7%。分省和直辖市来看（见图5），我们可以发现，各地区外商投资企业在出口和进口贸易中的比重与其在当地全部进出口贸易的比重高度吻合。换言之，我国对外贸易的企业结构表明，我们的对外贸易是由外商投资企业主导的全球产业链的一部分。

再来看离岸市场发展以及背后的资本项目开放。由于我们尚没有像日本人那么做，这里只能推测了。并且，由于人民币离岸市场主要集中在香港，也就以香港为例。观察香港的资金流动，我们可以发现，事实上香港早就是中国内地"再贷款游戏"的通道了，只

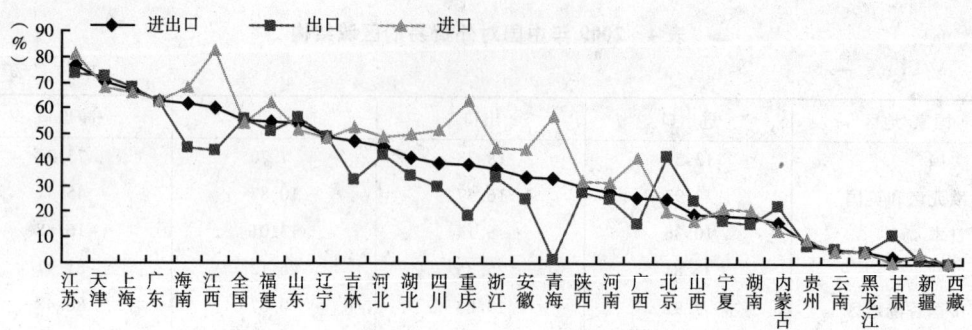

图 5　2009 年全国各省份外商投资企业对外贸易占比

资料来源：根据 2010 年《中国统计年鉴》计算。

不过这样的"游戏"尚属健康，且受到控制。以香港的直接投资为例（见表 5），在香港历年的外来直接投资和对外直接投资中，中国内地和英属维尔京群岛都位列前二位，两者占比达到 70% 和 80% 以上。

表 5　香港国际直接投资头寸分地区占比

单位：%

	对象	2005 年	2006 年	2007 年	2008 年	2009 年
外来直接投资	中国内地	31.4	35.1	40.7	36.5	36.4
	英属维尔京群岛	31.3	33.8	36.6	32.3	32.4
对外直接投资	英属维尔京群岛	44.0	46.9	47.8	43.8	43.8
	中国内地	40.4	40.2	43.4	44.4	42.3

资料来源：香港金管局，中国社科院金融产品中心。

考虑到香港是一个股票市场发达、债券市场落后的金融中心，我们再来看一下香港股票市场的情况。表 6 显示，在香港上市公司中，中国背景公司（H 股和红筹股）数量占到近 2 成，而市值在 2010 年达到了 47%。从香港股市投资资金来源看，公开数据反映有 12% 来自于中国内地。

表 6　香港联合交易所主板市场上中国背景公司数量及市值

	中国背景公司数	数量占比（%）	市值（10 亿港元）	市值占比（%）
2010 年上市公司	225	18.1	9811.7	46.9
2008~2009 年资金来源	美国	英国及欧洲	中国内地	其他
	36%	34%	12%	18%

资料来源：香港金管局，中国社科院金融产品中心。

人民币国际化:"贸易结算+离岸市场"还是"资本输出+跨国企业"? | 441

所以,香港事实上已经在很大程度成为一个资金由内地流出再从香港回流到内地的通道。只不过与当年日元国际化所不同的是,在资本项目管制的情况下,这样的资金流动是受控的,并且,受益的主要是内地的实体经济部门。由此也可以看到,没有内地的资金供给和资金需求,香港不可能拥有现在的金融中心地位。不过,在人民币国际化的背景下,这里也产生了一个悖论:通过香港的如此庞大的直接投资和股票投融资基本都是以美元或者美元的附属物——港币进行计价、交易和结算的,人民币被排除在外,这种状况显然有悖于香港对人民币国际化的热心。

关键的问题是,如果内地放开资本项目,香港会否扮演如同当年日元"再贷款游戏"那样的通道?从香港直接投资和股票市场的情况看,答案应该是:非常可能。事实上,此次全球危机后,内地所体会到的"热钱"压力,其中相当部分可能就来自香港银行业的贡献。图6显示,从2009年初到2010年底,香港对在美国银行的负债从1000亿港元左右飙升到3500亿港元左右,同期,香港对在内地银行业的债权由3000亿港元左右飙升到10000亿港元。对于这种异常的资金流动,我们很难用正常的经济、金融因素予以解释。总之,至少笔者相信,如果短期内放开资本项目,那么,随之而来的巨额资金流出、回流游戏将为在港银行家们带来又一场饕餮盛宴。

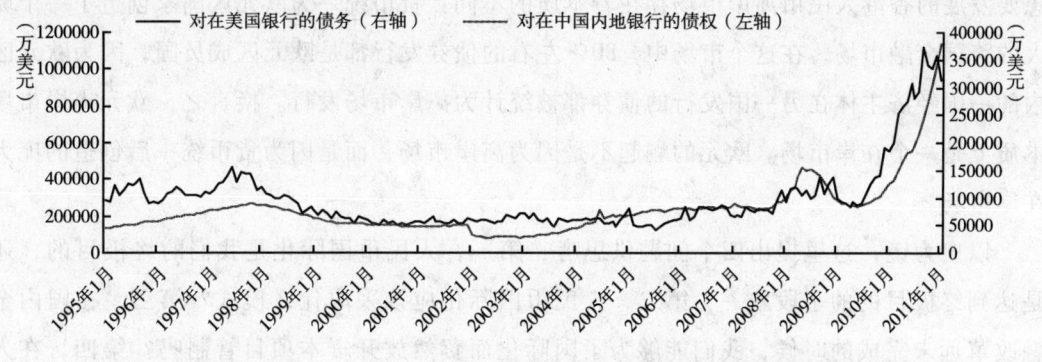

图6 1995年1月~2010年12月香港对境外银行的债权和债务

资料来源:香港金管局。

七 简短的结论:"资本输出+跨国企业"或是正道

本文的结论应该很简单:日元国际化的模式是失败的,它也同样不适用于人民币的国际化。事实上,翻开历史,我们还从来没有发现哪个储备货币国是以"贸易结算+离岸市场"的模式取得成功的。

历史告诉我们（宋则行和樊亢，1998；艾肯格林，2009），除了特殊的欧元模式（若干主权国家采用同一货币）之外，在英镑和美元成为国际关键货币的过程中，特别是国内金融市场尚未充分发展的初始阶段，都采用的是"资本输出＋国际卡特尔/跨国企业"模式。"资本输出"，在金融形态上输出的是以本币或者比本币更可靠的黄金定值的信用，在物质形态上输出的是资本货物和技术。例如，在"一战"前英国对其殖民地附属国的资本输出，"一战"和"二战"期间美国对交战国的资本输出以及"二战"后美国的马歇尔计划。"资本输出"必然带来随后的"回流"，这样的"回流"在物质形态上是原材料、中间品和低端最终品，在金融形态上是以本币或黄金定值的债务本息。在"资本输出"和随后的"回流"中，本国的企业集团（国际卡特尔）或者跨国企业则是组织资源配置、生产、销售和定价的核心。

历史同样告诉我们（Levish，2002），离岸市场的发展不是本国货币成为国际关键货币的因，而仅仅是果。在本国货币国际化的过程中，尤其是初始阶段，它显然不可能发挥重要的作用。在这方面，我们已经看到，日元离岸市场的发展无疑是一大败笔。以美元离岸市场为例，其发端于20世纪50年代，大发展于70年代，而美元早已经在1945年的布雷顿森林体系中取代了英镑。即使是最近十年迅猛发展的欧元离岸市场，它也同我们今天想要发展的香港人民币离岸市场存在着本质的不同：货币统一为欧元区国家创造了一个庞大的跨国金融市场，在这个市场中，80%左右的债券发行都是欧元区成员国，因为欧元区内的一国经济主体在另一国发行的债券都被统计为离岸市场发行。换言之，欧元离岸市场本质上是一个在岸市场。欧元的崛起不是因为离岸市场，而是因为货币统一后创造的庞大在岸市场。

以史为镜，这里提出四个问题供思考：第一，人民币国际化是我们的终极目的，还是达到终极目的的手段之一？第二，人民币国际化应该采取什么模式？第三，在国内金融改革远未完成的时候，我们能够为了国际化而贸然放开资本项目管制吗？第四，在人民币国际化的过程中，香港究竟应该扮演何种角色，钉住美元的港币扮演的是何种角色？

无论如何，虽然前路漫漫，但是，只要遵循我们关于改革次序的共识，采取正确的模式，循序渐进，我们相信，人民币必将成为多极货币体系中的关键一极。毕竟，与全世界1/60的人使用的货币（日元）相比，全世界1/6的人使用的货币（人民币）更应该、也更有可能成为世界货币。

（本文发表于《国际经济评论》2011年第4期）

参考文献

[1] 艾肯格林,《资本全球化》,彭兴韵译,上海人民出版社,2009。
[2] 李扬、殷剑峰,《开放经济的稳定性与经济自由化的秩序》,《经济研究》2000 年 11 期。
[3] 宋则行、樊亢,《世界经济史》,经济科学出版社,1998。
[4] 吴晓灵,《积极推进人民币有控制的可兑换》,博源基金会课题项目报告。
[5] 谢平,《人民币资本项目可兑换可以加快》,金融四十人论坛内部讨论稿。
[6] 殷剑峰,《中国金融发展水平的国际比较与上海国际金融中心建设》,《金融评论》2011 年第 1 期。
[7] Hiroo Taguchi, 1992: A Survey of the Internationalizational Use of the Yen. BIS.
[8] Levich, R, 2002: *International Financial Markets: Prices and Policies*. 机械工业出版社。
[9] Shigeo Nakao, 1995: *The Political Economy of Japan Money*, University of Tokyo Press.

保险业在金融危机中的角色：
资产证券化视角

阎建军　关　凌

一　引言

不同的保险业务具有不同的风险特性，讨论保险业在金融危机中的角色时，演绎的逻辑应当从区分保险公司业务结构开始。

在本轮金融危机爆发时，保险公司在欧美发达市场的主要业务可分为四类，一是传统承保业务，包括人寿保险、健康保险、财产保险和责任保险等；二是投资业务；三是转移保险风险和市场风险至第三方，其中主要是再保险业务；四是出售信用担保，包括信用保险、按揭保险、债券保险、CDS业务等。可把前三类业务归纳为保险公司的核心业务，也是通常谈到的传统保险业务。

按业务类别区分，关于保险业在金融危机中的角色，现有文献中主要观点大致有三类。

（一）传统保险业务与此次金融危机爆发无关

传统保险业务没有产生系统性风险，并非本轮金融危机的原因之一（IAIS，2010）。Geneva Association（2010）指出，传统承保业务虽然面临巨灾损失、过高的退保率和变额年金业务过高保证收益等风险，但上述风险都不可能产生系统性风险，也达不到拖累整个金融体系的地步。在投资业务中，保险公司不太可能通过抛售资产引发系统性风险，保险公司以负债规模所决定的基准对资产进行管理，其资产负债管理的目的，是复制久期与长期负债相匹配的长期资产。由于投资管理要考虑到负债，其重点并非绝对收益率。因而，保险公司的投资部门与其他以市场定基准（股票综合指数或是Libor等）的资产管理部门十分不同。此外，保险公司投资业务足够多样化且对股票的整体投资规模较为有限。最后，再保险业务活动的本质及规模使其不具备系统相关性。

为何传统保险业务不产生系统性风险？瑞士再保险股份有限公司（2010）和IAIS（2010）分析了保险公司在只经营传统业务时，具有与银行不同的风险特点。第一，保险公司的流动性风险低。保险公司的负债期限较长，而且赔付一般由保险事件所触发，负债流动性弱；而保险公司注重资产负债管理，资产流动性较好；加上保单持有人数量巨大而且比较分散，可以为其提供长期和稳定的保费流入，保险公司不用向金融市场获取批发性资金，因此，保险业务流动性风险低，基本不会出现挤兑的情况。第二，保险公司之间风险不容易蔓延，关联性不强。保险公司之间除去再保险业务外，不会相互借贷，相互资金往来并不频密也不庞大，风险不容易相互蔓延。第三，保险公司的杠杆率较低。保险业务的资产与权益的比率比银行低，从行业总体看，寿险公司大约为10，非寿险公司大约为3。第四，保险公司的清算过程较长。即便出现破产等严重风险事件，保险业务的清算过程较长，有比较宽裕的时间来消化风险。

（二）AIG FP 出售的 CDS 业务规模庞大，但 AIG FP 不是保险机构

AIG 金融产品公司（AIG Financial Products，以下简称 AIG FP）属于 AIG 集团的金融服务板块，于 1987 作为 AIG 的资本市场分部在伦敦注册。AIG FP 通过 CDS 交易等与主要金融机构形成高度内部关联，其接受美联储紧急援助计划后，对主要金融机构的赔付金额就高达 933 亿美元（J. David Cummins，2009）。

关于 AIG FP 的性质，美联储主席伯南克 2009 年 3 月 3 日于参议院预算委员会听证会上指出：从根本上讲，AIG FP 是附属于一家大型且稳定的保险公司的对冲基金。

（三）债券保险业务具有系统相关性

IAIS（2010）指出债券保险业务具有系统相关性。Geneva Association（2010）进一步分析了债券保险公司业务模式所具有的高度内部关联性、敏感性、损失转移快速性和业务单一性等特征；强调当债券保险公司规模足够大时，其业务具有潜在的系统相关性，应当和从事类似业务的银行受到相同的监管和规制。

OECD（2008）探讨了债券保险机制的内在缺陷：债券保险公司的信用评级依赖于所承保的结构化金融产品的价值，所承保的结构化金融产品的价值反过来依赖于债券保险公司提供的信用增级。

本轮金融危机与包括次贷、次债、CDO 和 CDS 在内的次贷产品链条及其机理缺陷直接相关。上述文献虽然指出债券保险机构是引发次贷危机的原因之一，但并未深入探讨债券保险机构如何与次贷产品链条相关联。

在前述研究的基础上，本文进一步探讨了债券保险机构在次贷债券及其衍生品的规模扩张中所起作用。按揭保险是保险业参与资产证券化的又一途径，属于优级房贷证券化中

的增信环节，本文探讨了按揭保险机构在金融危机中的角色之谜。并对资产证券化中的两种保险机制为何在金融危机中扮演了完全不同的角色作了比较。最后对照我国保险业发展阶段和保险监管实际，给出结论性评述。

二 按揭保险业发挥了逆周期的稳定器功能，减缓了系统性风险对住房金融体系冲击

美国的住房抵押贷款（以下简称"房贷"）市场大致可以分为三个层次，第一层次是优级房贷（Prime loan），第二层次是次优级房贷（Alt-A loan），第三层次是次级房贷（Sub-prime loan）。

按揭保险（Mortgage Insurance）是以优级房贷为标的，由保险公司分担对抵押品执行清偿以后依然产生的房贷损失，把房贷违约风险从房贷机构和住房按揭证券（MBS）的投资者转移给保险公司。

（一）按揭保险是优级房贷证券化的重要环节

优级房贷包括合格或常规住房按揭贷款，面向信用评分高、收入稳定可靠、债务负担合理、收入证明文件齐全的优良客户，成为按揭支持证券（MBS）首选的基础金融工具。

1. 优级房贷证券化

优级房贷证券化由两家公营机构——美国联邦国民按揭协会（FNMA，简称房利美）和联邦房屋贷款按揭公司（FHLMC，简称房地美）主导，其他参与者包括：按揭购房者、商业银行或按揭贷款公司、按揭保证保险公司。美国优级房贷证券化的运作方式详述如下：

房利美和房地美只限于购买优级房贷，优级房贷的条件包括：一定的房贷限额标准；第一套自住房；LTV<80%或超额部分已投保；负债/收入上限33%；信用评分在一定水平以上；文件齐全。

LTV>80%的符合条件的按揭购房者支付保费后，将获得按揭信贷条件的优惠，并降低购房首付款比例，一般可以将购房首付款比例从房价的20%，降低为房价的5%。

商业银行为贷款与房价比（LTV）>80%的客户购买按揭保险（保费一般由按揭购房者支付），并向MBS的发行人出售优级按揭贷款。

2. 按揭保险属于优级房贷证券化中的增信环节

一般而言，贷款与房价比（LTV）在80%以上的按揭贷款，一旦房价大幅下跌，住房的抵押功能将下降，甚至无法为按揭贷款提供保护。按揭保证保险（Mortgage

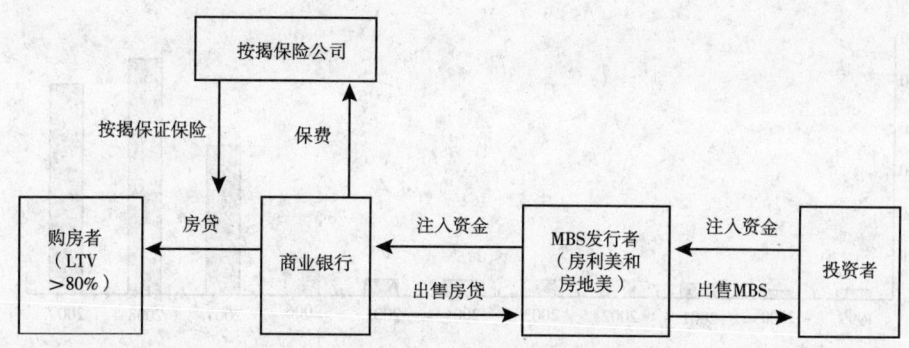

图 1 按揭保险对优级房贷证券化的参与

注：根据黎晓静（2009）整理。

Insurance）正是针对上述风险，由保险公司或政府住房保险机构分担对抵押品执行清偿以后依然产生的银行按揭贷款损失，把风险从银行和住房按揭证券（MBS）的投资者转移给保险公司或政府住房保险机构，改变了按揭贷款资产库的风险收益特性，使得按揭贷款资产池的风险可以标准化。

按揭保险行业通过适当降低按揭首付率，在没有降低贷款整体信用标准的前提下，为MBS的发行者提供更多的优级按揭贷款，促进了优级房贷二级市场（即优贷MBS市场）的发展，成为房地产金融体系的重要组成部分。

（二）按揭保险减轻了系统性风险引致的优级房贷损失，稳定了住房金融体系

在系统性风险面前，优级房贷同样蒙受损失。从美国住房企业监督署价格指数（即OFHEO）看，从2005年第3季度开始美国房价上涨出现了趋势性逆转，2007开始出现房价下跌，2007年8月美国次贷危机爆发，并引发银行信贷紧缩和房价进一步下跌，2008年底房价相比2006年底下跌近10%，导致优贷拖欠率从2006年1季度末的2.4%增加到2008年3季度末的超出12%（次贷危机研究课题组，2009）。

按揭保险减轻了优级房贷损失，稳定了住房金融体系。随着次贷危机的深化，美国按揭保险业对贷款机构优级房贷损失的赔付也急剧上升，2006～2009年共赔付303亿美元，减轻了具有系统重要性的机构——"房利美"和"房地美"遭受的优级房贷损失。

按揭保险促进了住房市场的复苏。2007～2009年，按揭保险业共签发新单379万份，承保优级房贷6263亿美元，继续帮助符合资信标准的客户以低于20%的首付比例购房，鉴于其中多数是首套房购买者，从而有助于增加住房需求，减少经济危机时期的住房库存，刺激住房投资扩大。

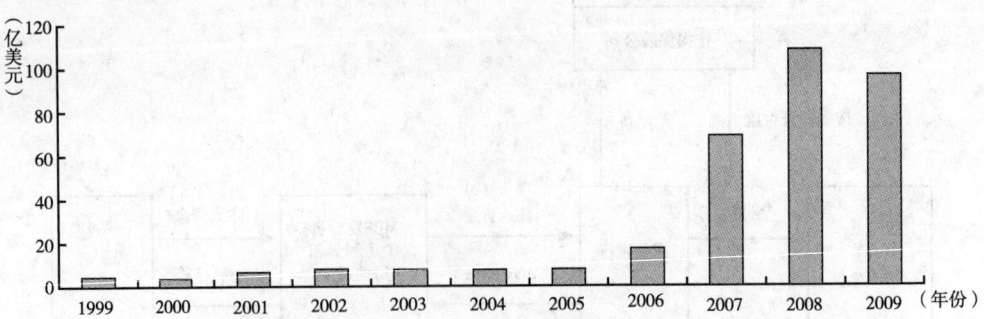

图 2　1999～2009 年美国按揭保险业每年赔付额

资料来源：MICA 2010－2011 Fact Book。

（三）按揭保险为何能在金融危机中发挥稳定器功能

1. 逆周期的准备金精算规定

州监管当局要求按揭保险公司提取三种准备金，分别是意外损失准备金（contingency reserve）、个案准备金（case basis loss reserve）和未赚保费准备金，其中意外损失准备金用于抵御经济和房市萧条导致的大额赔付风险。按揭保险商依照要求把已赚保费收入的 50% 作为意外损失准备，并且十年内一般情况下不得动用；只有当某一年份的已发生损失率超过 35% 时，上述准备金方可释放出来用于赔付。与美国投资银行业在住房金融景气时期进行高额分红不同，按揭保险业在这一时期积累了高额的意外损失准备，1999～2005 年的住房市场繁荣期，每年意外损失准备金都在已赚取保费的 250% 以上，并达到赔付额的 10 倍以上（见表 1），上述逆周期的准备金积累方式"以丰补歉"，帮助行业渡过了 2007～2009 年的难关。从历史上看，保守的财务安排也帮助行业经受住了 1980 年代中期另一次房市大衰退的考验。

表 1　1999～2009 年美国按揭保险业每年财务状况

单位：亿美元

年份	1999	2000	2001	2002	2003	2004	2005	2006	2007	2008	2009
已赚取保费	30.4	33	36.5	38.4	33.9	34.8	34.5	43.96	48.7	49.5	46.1
赔付额	5.9	4.8	6.8	8.3	8.7	11.4	12.5	18.1	68.5	108.2	96.2
个案损失准备金	19.9	19.2	20.6	20.2	18.5	22	21.6	29.7	74.96	134	178.8
意外损失准备金	79.5	95	111.9	127.9	96.4	105.9	111.98	168.8	134.8	71.3	27.8

资料来源：MICA 2000－2011 各年度 Fact Book，其中 MICA 对 2006 年和 2007 年数据进行了追溯调整。

2. 偿付能力充足

按揭保险业也受到保守的风险资本比例监管，州监管当局要求他们按照1:25比例为所承保的房贷违约风险拨备资本。上述风险—资本比例在2006~2009年分别达到8.02、11.87、15.59和18.55，虽然上升较快，但仍在安全线之内，也低于行业在1980年代中期另一次房市大衰退时的风险—资本比例水平，后者在1984~1988年都在20以上，1986年的峰值达到22.5（MICA，2009）。

3. 重视房贷违约风险管理

一是产品设计，与联邦住宅管理局（FHA）不同，按揭保险商一般仅对按揭贷款提供部分保险，承保房贷金额的20%~25%，并根据房市趋势变动，调整对按揭首付比例的要求，与银行和按揭购房者一起分担违约风险。二是与相关各方的沟通机制，减少了丧失抵押品赎回权（foreclosure）的借款人数。按揭保险商与银行、MBS投资者和社区建立了针对房贷拖欠者的工作机制，并配合奥巴马政府HARP和HAMP计划的实施，后者旨在帮助借款人不丧失抵押品赎回权。2008~2009年上半年，在按揭保险商的努力下，约20万名借款人没有丧失房屋（MICA，2009）。

4. 市场行为监管较为有效

一是按揭保险公司是专业化运作的，不能兼营其他商业保险业务。二是各州保险监督官对保险费率和保单格式实施监管，以防范过多、不足和歧视性的费率出现，并鼓励公平竞争。

5. 保险标的——房贷资产的优级质量

基础资产的优级质量和按揭保险业对产品特性理解到位，使得行业在百年一遇的金融危机中正常发挥了风险管理功能。

三 债券保险业介入次贷债券及其衍生品的供需链条之中，是导致本轮金融危机中系统性风险爆发的一环

债券保险（Bond Insurance）又称金融担保保险（Financial Guarantee Insurance）。债券保险公司有着和传统保险公司完全不同的业务模式，一是专业化经营，不得从事金融担保之外的业务。二是保险标的为债券信用风险，保险公司承诺当债券发行人或承销商违约时向债券投资人（债券持有人）支付利息和本金。三是严重依赖于公司本身较高的信用评级。

在美国，债券保险公司属于各州保险监管当局的管辖范围，但其CDS业务不受保险

监管。在1990年之前，债券保险公司主要为地方政府发行的市政债券承保。为了寻找更有吸引力的盈利增长点，债券保险业从1990年代中期开始介入结构化金融债券的担保业务，并越来越多地介入到次贷MBS、ABS-CDO和CDO平方的金融担保业务之中。

2007年底，美国未清偿的次级住房抵押贷款在1.3万亿美元左右，占全部住房抵押贷款的比重12%左右，占同期美国的各项未清偿债务的比重仅为2.65%。如果没有次贷债券及其衍生品的规模扩张，次贷若仅维持在银行账户，相关损失会止于贷款发放机构，这样的规模难以引发系统性风险（王国刚，2009）。

（一）债券保险业提供信用增级，刺激次贷债券及其衍生品市场的繁荣

债券保险业从供需两个方向刺激次贷债券及其衍生品市场的规模扩张。一是促进了次贷债券及其衍生品的供给，正是借助债券保险看来似乎"完美"的金融担保功能，次贷债券，进而CDO、CDO平方等后续衍生产品才能"乌鸡变凤凰"，不断投入市场，成为投资市场的香饽饽，风险敞口才不断放大，酿成金融危机。二是通过对商业银行主办的资产支持商业票据管道（ABCP conduit）等提供信用增级，便利后者发行短期商业票据购买次贷债券及其衍生品，增加了次贷债券及其衍生品的市场需求。上述机理如图3示。

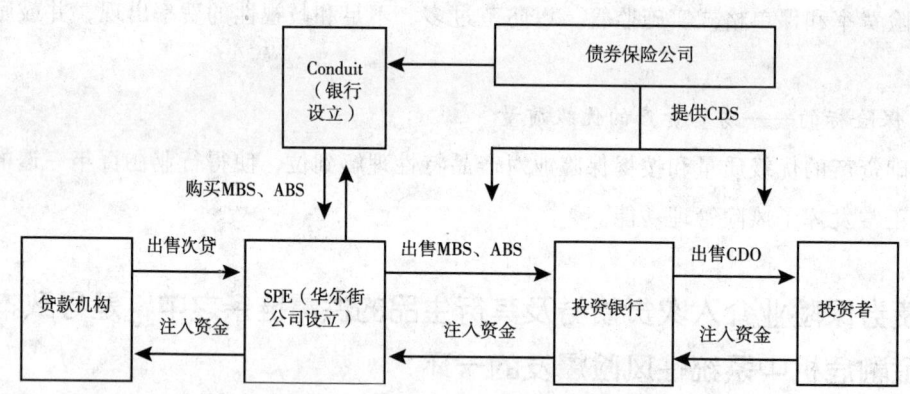

图3 债券保险业在次贷证券化及其衍生机制中的作用机理

1. 直接承保次贷RMBS，促进了其供给规模的扩大

次贷RMBS通常由华尔街公司设立的SPE发行。为了提高所发行次贷RMBS的信用等级，部分SPE向债券保险业购买了金融担保保险或者CDS。截至2007年底，美国债券保险业直接承保的次贷RMBS未到期面值余额（net par value outstanding）达到120.57亿美元（见表2）。

表2 美国债券保险业承保次贷RMBS未到期面值余额

单位：亿美元

债券保险业主要公司	2005年底	2006年底	2007年底
FSA公司	5.79	1.25	29.99
Assured公司	38.18	19.28	6.63
MBIA公司	—	—	43
Ambac公司	15.16	10.26	5.76
FGIC公司	34.89	4.14	21.52
Radian公司	0	0	0
CIFG公司	14.53	3.61	0
Security capital	3.08	0	13.67
合计	—	—	120.57

注：数据统计截至2007年12月31日。MBIA公司未披露2005年、2006年数据。
资料来源：MBIA年报、Ambac年报以及美国金融担保保险协会（AFGI）2008年3月12日的国会证词。

2. 承保的CDO业务市场规模日趋庞大，间接拉动CDO对次贷RMBS的需求

华尔街的投资银行和基金是次贷RMBS的主要购买者，它们将次贷RMBS、非次贷RMBS、ABS等汇聚为资产池之后，又把后者的现金流切割成高级档（High grade）CDO、夹层档（Mezzanine）CDO和权益档（Equity）CDO等几类。投资银行等机构通常为高级档CDO和夹层档CDO购买信用担保，以增加其市场吸引力。

2005～2007年，美国债券保险业承保CDO的未到期面值余额（net par value outstanding）年均增长29.1%，截至次贷危机爆发的2007年底，美国债券保险业承保CDO的未到期面值余额（net par value outstanding）达到2256.93亿美元（见表3）。美国债券保险业通常采用销售CDS的方式，为CDO提供信用担保。例如，MBIA公司2005年

表3 美国债券保险业承保CDO的未到期面值余额

单位：亿美元

	2005年底	2006年底	2007年底
MBIA公司	816	1025	1463
Ambac公司	491.8	605.5	668.7
FGIC公司	20.91	38.85	49.58
Radian公司	1.5	5.11	0
CIFG公司	11.27	51.96	7.22
Security capital	9.49	70.96	68.43
FSA公司	3	0	0
Assured公司	0	0	0
合计	1353.97	1797.38	2256.93

注：数据统计截至2007年12月31日。
资料来源：MBIA年报、Ambac年报以及美国金融担保保险协会（AFGI）2008年3月12日的国会证词。

以来承保的 CDO 业务量一直居美国债券保险业首位，截至 2007 年 12 月 31 日在其所承保的 CDO 组合中，有 90% 是通过销售 CDS 的方式来实现的（MBIA，2007 年报）。

美国债券保险业为 CDO 提供信用增级，间接拉动了对次贷 RMBS 的需求。以 MBIA 公司为例，2004 年以来，在其每年承保的高级 CDO 和夹层 CDO 所对应的资产池中，次贷 RMBS 占比都在 31% 以上（见表 4）。

表 4 MBIA 公司所承保 CDO 的资产池状况

年份	年承保额(百万美元)	CDO 资产池中次贷 RMBS 占比(%)
CDOs of High-Grade U. S. ABS		
2004	1309	31
2005	600	33
2006	3273	31
2007	10919	37
CDOs of Mezzanine U. S. ABS		
2000	40	2
2002	941	10
2003	930	25
2004	587	36
2007	468	43

资料来源：MBIA，2007 年报。

3. 对资产支持商业票据管道提供信用增级，便于后者购买次贷债券及其衍生品

资产支持商业票据管道（ABCP conduit）属于 VIEs（可变利益实体）的一种。ABCP 管道通常为商业银行发起，目的之一是规避巴塞尔资本协议的监管要求。从 20 世纪 90 年代后期开始，商业银行开始设立主要购买投资级（rated）ABS、RMBS 和 CDO 债券的管道，管道依靠发行短期商业票据进行融资。因为 ABS、RMBS 和 CDO 债券的利率远高于 Libor，而发行短期商业票据利率等于或低于 Libor，其中存在明显的套利机会。2004～2007 年全球新设立了 70 个可以发行美元计价商业票据的 conduits，其中有 40 个从事上述套利交易。2007 年 8 月，新发行的资产支持商业票据（ABCP）达到 1.2 万亿美元（Standard & Poor, 2008）。

债券保险业对资产支持商业票据管道发行债务凭证提供金融担保保险（financial guarantee insurance）。虽无全行业的统计资料，但在 2007 年，仅 Ambac 公司为商业银行发起的 multi seller conduits 提供的金融担保余额就达到 556.97 亿美元（见表 5），上述管道的商业票据融资被用于购买次贷 RMBS 和 CDO 等（Ambac，2007 年报）。

表5　Ambac公司为资产支持商业票据管道提供的金融担保余额（Net Par Amount Outstanding）
（时间：每年12月31日）

单位：亿美元

	2003年	2004年	2005年	2006年	2007年
美国国内	271.26	288.58	325.05	348.15	364.07
国　际	125.03	156.92	153.56	178.63	192.90
合　计	396.29	445.50	478.61	526.78	556.97

资料来源：Ambac公司2003~2007年报。

（二）CDS放大了次贷损失，债券保险业是其主要销售方

只要不存在财务杠杆，销售CDS本身并没有比购买公司债券风险更高。但是在不断衍生的过程中，CDS的功能和作用被异化，成为金融危机爆发的重要一环。CDS的负面效果[①]包括以下两个方面。

第一，放大了次贷损失。随着以CDS为基础资产的合成CDO的持续发行，被纳入名义基础资产池而使金额成倍放大的MBS债券和现金CDO债券越来越多：信用为A级的Glacier Funding CDO 2006-4A本来只有0.15亿美元，但合成CDO叠加在它之上的名义金额达到0.85亿美元；信用A级的Soundview Home Equity Loan Trust 2006-EQ1在0.28亿美元之上叠加了0.79亿美元的合成CDO等等；据统计[②]，在高盛发行的合成CDO所纳入的名义基础资产中，有610档被两次叠加，其中一档债券之上竟然叠加了9只合成CDO。而且，到后期CDS发展出无实体CDS，或者叫做CDS"裸头寸"（naked CDS），也就是买卖双方可以与需要信用担保的金融资产毫无关系，这样一份基础资产可以被许多支CDS作为标的，CDS的名义规模远远超过其对应的基础资产的名义规模，这样风险就迅速地以几何量级膨胀。图4为2007年Lehman公司CDS合同的名义价值和标的债券价值。

第二，鼓励对赌投机，破坏结构化金融市场的信用安全机制。CDS交易后来的发展已经远远超出CDS设计的初衷，实际上已经异化成为信用保险合约买卖双方的对赌行为，

[①] 虽然合成CDO具有赌博的属性，成为放大危机的工具之一，但是，对于单名CDS（指只有一个标的机构的CDS，是最简单的CDS产品）是否具有正面作用却存在争论，高盛高管认为其"社会价值（social utility）"有：增加个性化风险管理工具、提高市场的流动性等。高盛董事长Gary Cohn在FCIC作证时说："这与每天成交量达几万亿的美元与其他货币间的互换没有本质区别……这就叫金融市场。"谢平（2011）认为CDS在揭示违约信息和为违约事件保险方面有不可替代的功能，CDS市场是一个具有活力、创新力和自我修复能力的市场，不可能简单地一笔抹杀。

[②] The Financial Crisis Inquiry Commission (2011), p.14.

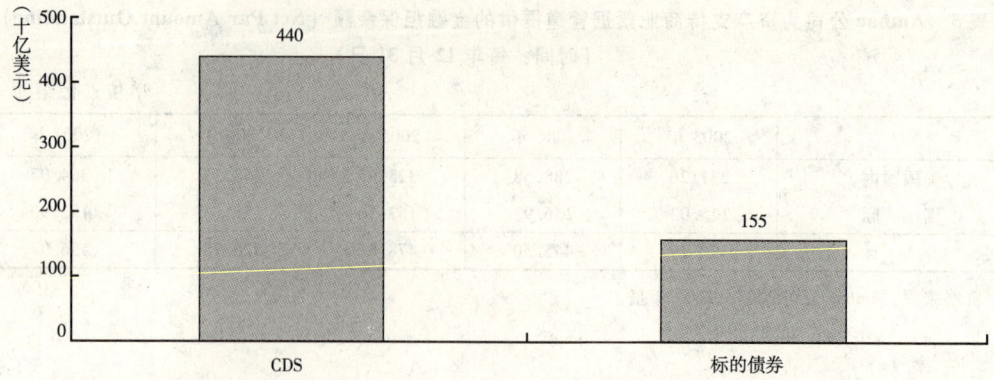

图 4　2007 年 Lehman 公司 CDS 合同的名义价值和标的债券价值

注：CDS 合同含单名和多名 CDS。
资料来源：The Geneva Association (2010)。

他们赌的就是信用违约事件是否会出现。典型情形就是一只对冲基金做多一只 CDO 权益档的同时，通过 CDS 做空该 CDO 的夹层档甚至安全档。这样，如果该 CDO 按期还本付息，该对冲基金会略有收益；但如果市场崩溃造成该 CDO 彻底违约，那么该对冲基金会赚得更多。FCIC 对 2010 年初 170 只对冲基金（交易名义金额超过 1.1 万亿美元）的调查表明，中等规模的对冲基金常用这种"对冲"策略。2006 年下半年发行的所有 CDO 中，一半以上权益档是被卖空了该 CDO 其他信用档的对冲基金所购买的。

如此一来，结构化金融市场的信用安全机制受到削弱。因为在无实体 CDS 交易大量出现以前，CDO 和 MBS 的权益档及垃圾信用档投资者是次贷信用链的守门员。一旦出现违约，它们将首当其冲。但通过大量的无实体 CDS 把高风险资产多头与"低风险"资产空头捆绑以后，投资机构似乎已经不担心危机的发生，反而担心危机不够迅猛。在大机构多数或明或暗地站到了空头一方之后，大危机的到来似乎已经不是偶然，而是"合乎逻辑的自然结果"。

对于内置 CDS 的合成 CDO 所具有的赌博属性，正如马里兰大学教授 Michael Greenberger 所指出的那样，CDS 市场就是赌场（casino），是"与房贷无关的双方就房主是否违约进行几十亿美元的合法赌博"。

虽然保险业参与的 CDS 规模并不是最大，但从统计数据上看，保险行业整体上是 CDS 净卖出者，而投资银行和商业银行则成为 CDS 的净买入者。截至 2006 年 12 月底，以 AIG FP 为代表的保险集团附属机构净卖出 CDS 名义金额 3950 亿美元，债券保险公司（Monoliners）净卖出 CDS 名义金额 3550 亿美元，银行净买入 CDS 名义金额 3040 亿美元（ECB，2009），具体见图 5。

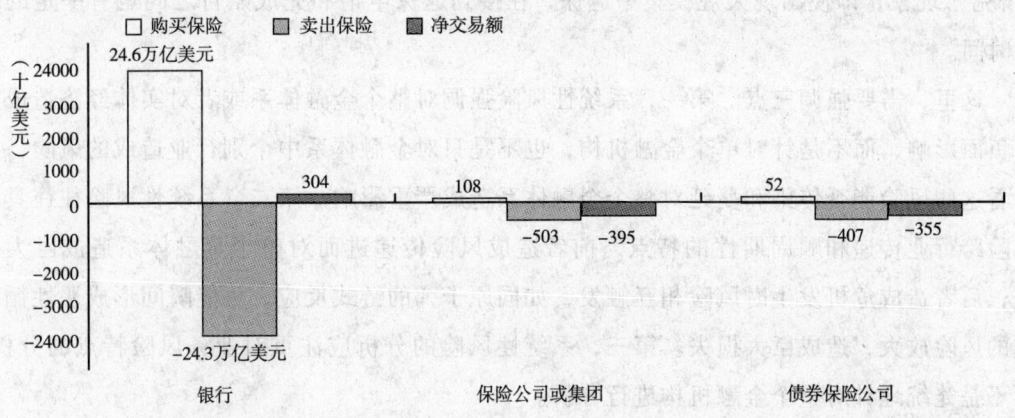

图 5　各金融部门 CDS 的买入额（空头仓位）和卖出额（多头仓位）

资料来源：The Geneva Association（2010），ECB（2009）。截至 2006 年 12 月底。

四　资产证券化中的两种保险机制为何在金融危机中扮演了完全不同的角色

从前面的分析可以看出，按揭保险与 CDS 等金融担保产品在金融危机中扮演了完全不同的角色，这反映出按揭保险和 CDS 具有不同的风险特征。

（一）识别系统性风险的标准

2009 年，金融稳定委员会（FSB）、国际货币基金组织（IMF）和国际清算银行（BIS）共同给出了"系统性风险"的定义：一种扰乱金融服务的风险，它首先是由全体或者部分金融体系损坏造成的，其次具有对实体经济造成严重负面影响的潜力。系统性风险包括了两个要素：一是对部分或整个金融体系造成损害，二是具有对实体经济造成严重负面影响的潜在可能。FSB、IMF and BIS（2009）制定了识别系统性风险的三项标准：规模（Size）、相关性（Interconnectedness）和可替代性（Substitutability）。规模指金融系统中各个组成部分提供的金融服务数量（Volume）；相关性指与其他组成部分的联系；而可替代性指的是在破产事件发生后，系统中的其他部门能够提供相同服务的程度。这一定义已得到 20 国集团财长和央行行长的认可。

国际保险监督官协会（IAIS）在此基础上，建议增加"时间"（Time Horizon）作为第四标准，用来衡量风险传播速度。因为保险公司在一般情况下不会发生银行面临的

"挤兑"现象,即使出现大规模集中退保,在接到退保申请和完成赔付之间也有一定的缓冲时间。

这里,需要强调三点。第一,系统性风险强调对整个金融体系或者对实体经济造成严重负面影响,而不是针对单个金融机构,也不是只对金融体系中个别行业造成的风险,关键看这些风险能否传染和蔓延对整个金融体系造成严重影响。第二,系统性风险往往具有风险跨行业传递和顺周期性的特点,前者造成风险传递进而对整个金融体系造成巨大损失,后者造成危机发生时风险相互触发,如同原子弹的链式反应,可能瞬间形成恶性循环式的风险放大,造成巨大损失。第三,系统性风险的分析应注重对业务风险特点的分析,而不是笼统地针对整个金融机构进行分析。

(二)按揭保险不易导致系统性风险,而 CDS 容易造成系统性风险

第一,需求不同。按揭保险要求投保人必须对标的具有可保利益,标的违约投保人将遭到损失,投保人通过信用保险的赔付并不能获得额外收益,难以成为投机的工具。信用保险对真实风险的保障,是与实体经济紧密相关的。而 CDS 可以把与买卖双方毫无关系的资产作为担保对象,变成一种投机对赌的工具,完全脱离了实体经济的真实需求,大量的无实体 CDS 成为纯粹的赌博。

第二,规模不同。按揭保险总体额度有限,2006 年,全球信用保险加上保证保险的保费只有 150 亿美元,占非寿险保险保费的比例不到 1%。而 CDS,特别是无实体 CDS 的泡沫化增大,规模达到几十万亿美元,符合系统性风险的"规模"条件。

第三,关联性不同。按揭保险面向大量的个人或者中小企业,客户比较分散,与金融机构的联系也不是特别紧密,对金融体系的影响不大;而 CDS 基本上是金融机构之间的交易,风险容易在金融机构之间传递,"关联性"更高。

第四,蔓延速度不同。按揭保险只有当信用违约事件发生时才产生损失,而且有一套理赔的程序和控制;而 CDS 在信用违约事件发生的可能性增加时也会产生现金流,比如评级改变时就可能要求 CDS 卖出方必须及时增加抵押额,这样可能瞬间导致流动性风险。

第五,受到的监管不同。按揭保险受到严格的保险监管,需要对交易提取责任准备金。CDS 基本上处于监管缺失状态,没有准备金和最低资本的监管要求,只要提供定期调整的抵押品即可,而且基本上是场外交易,处于监管的盲区。

债券保险公司承保业务的主要风险和一般银行业务一样,都是信用风险,需要像评估银行业中那些风险高度集中的信贷机构一样去评估风险,对债券保险公司的监管应更接近于银行监管。

因此，按揭保险与 CDS 是一个分水岭，也是金融危机爆发前保险监管的界限，在保险监管范畴内有效地防范了系统性风险。CDS 业务在保险监管范畴外，没有准备金、最低资本和偿付能力监管的要求，而其他金融监管也未实施有效管辖，缺乏宏观审慎监管的全面覆盖，最终酿成系统性风险。

五 对中国保险业的启示

总结保险业在金融危机中的表现，分析国际保险监管的改革进展，对照我国保险业发展阶段和保险监管实际，我们能从中获得许多有益的启发。

（一）坚持核心业务不动摇

在规划我国保险业发展方向时，应坚持发展核心主业不动摇，也就是大力发展风险保障型和长期储蓄型业务。我国保险市场与西方成熟保险市场的发展阶段不同。西方成熟市场的风险保障型和长期储蓄型业务已经基本饱和，以美国为例，2009 年的保险深度（保费占 GDP 的百分比）达到 8.0%，保险密度（人均保险费）达到 3710 美元，分别是我国同期保险深度的 2.35 倍、保险密度的 30.6 倍。美国等国家的保险公司要拓展市场，就把金融属性较强的业务作为发展重点，进入债券信用担保市场，强化与金融体系的关联性，并在不断泡沫化的金融创新中偏离实体经济，更偏离保险核心业务，导致系统性风险大大增加。

而我国保险业还处在发展的初级阶段，保险深度和保险密度与西方发达国家差距很大，消费者对财产保险、人寿保险、健康保险和养老保险的需求与日俱增，保险风险保障和长期储蓄型业务有巨大的发展空间。我国保险业在现阶段的当务之急不是盲目地去开拓非传统、非核心的业务，而应集中精力优先发展好保险核心业务。近年来，我国一些保险公司为了保费规模和市场份额，也出现了追求趸交、短期、投资性业务，淡化风险保障，积极发展类似银行储蓄产品的业务，有偏离保险核心业务方向的苗头，且时有反复，这一现象值得研究和深思。因此，我国保险业应坚持推进结构调整，确保发展核心业务不动摇，确立保险行业在金融体系中的定位及其核心竞争力，突出保险行业在整个经济社会建设中的不可替代的作用和功能。

（二）鼓励核心业务领域内的创新

2008 年金融危机源于脱离实体经济的金融创新。对比之下，我国保险市场不同于国外存在的金融市场创新过度问题，相反，却面临创新不足的问题。

我国保险公司的产品供给和管理水平还不能满足市场日益增长的需求，保险公司只有积极创新，才能满足市场的真实需求，才能提高防范系统性风险的能力，才能确立保险行业的核心竞争力。

正如 Geneva Association（2010）所言，保险公司核心业务并不是 2008 年金融危机爆发的源头，相反，还具有天然的抗风险优势，并在一定程度上减缓了金融危机对实体经济的冲击，现有保险监管框架对风险的防范也是总体有效的。保险公司的核心业务不易造成系统性风险。基于这一基本判断，我国保险业在发展核心保险业务时，更应该大力创新，形成保险行业锐意创新的文化。建议监管当局以最大的力度来支持保险公司在核心业务上的创新，从政策上鼓励保险创新，凡是法律没有禁止的，都可以探索和尝试，并以最大的宽容度来对待创新过程中出现的问题。

在鼓励核心业务创新的同时，也应当注意几点：第一，坚持以保险消费者的真实需求为导向，避免保险创新脱离实体经济，成为空中楼阁，避免保险公司以创新的名义损害消费者利益；第二，坚持保险核心业务，积极推进业务结构调整，确保保险行业创新发展的正确方向，对于非核心业务领域的创新一定要慎重和严格监管，比如对信用保险的监管一定要及时跟上和强化；第三，注重风险可控，避免保险公司在创新过程中出现重大风险的累积。

（三）审慎对待保险公司金融混业

在 2008 年金融危机中，凡是专注于核心主业的保险公司都没有受到重创，凡是偏离核心主业、追求金融混业经营的保险机构都陷入了严重的危机，如 AIG 就是典型。

我国保险公司还处在发展的初级阶段，但已经出现集团化发展的趋势。部分保险公司和保险集团积极介入证券、银行等领域。应清醒认识到，其他金融业务的风险特征与保险核心业务风险不同，可能会因为风险传递拖累保险集团。跨行业经营的保险集团更可能成为具有系统重要性的机构，导致系统性风险的可能性显著增加。因此，保险监管机构应该审慎对待保险集团的综合经营，严格监管，避免监管盲点，避免保险集团在盲目追求混业经营中出现系统性风险。而金融集团在追求混业的便利和规模时，更要注意风险的传染和叠加效应，并意识到今日的监管改革正是要解决"大而不能倒"的难题。

（本文发表于《金融评论》2011 年第 4 期）

参考文献

[1] 次贷危机研究课题组:《次贷危机正在改变世界》,中国金融出版社,2009。
[2] 黎晓静:《次贷危机同步解析》,中国金融出版社,2009。
[3] 罗伯特·博森:《大乱有大治》,中信出版社,2010。
[4] 瑞士再保险股份有限公司:《保险业监管问题》,《Sigma》2010 年第 3 期。
[5] 王国刚:《止损机制缺失:美国次贷危机生成机理的金融分析》,《经济学动态》2009 年第 4 期。
[6] 谢平:《CDS 的功能不可替代》,《金融发展评论》2011 年第 1 期。
[7] 阎建军:《美国住房按揭证券化中的保险机制及其启示》,《中国城市经济》2008 年第 4 期。
[8] 朱民等:《改变未来的金融危机》,中国金融出版社,2009。
[9] Cummins, D. (2009): "Perspectives on Systemic Risk", National Meeting. http://www.naic.org/.
[10] ECB (2009): "Credit Default Swaps and Counterparty Risk", http://www.ecb.int/.
[11] FSB, IMF and BIS (2009): "Guidance to Access to the Systemic Importance of Financial Institutions, Markets and Instruments: Initial Considerations". http://www.imf.org/.
[12] Greenspan (2007): The Age of Turbulence: Adventures in a New World, Penguin Press.
[13] IAIS (2010): "position statement on key financial stability issues", www.iaisweb.org.
[14] International Swaps and Derivatives Association (2009): "AIG and Credit Default Swaps", http://www.isda.org/.
[15] Jaffee, D. and J. Quigley (2008): "Mortgage Guarantee Programs and the Subprime Crisis", *California Management Review*, 51.
[16] MICA (2009): Statement of Teresa Bryce Before the Subcommittee on Capital Markets Insurance and Government Sponsored Enterprises of the House Committee on Financial Services, http://www.privatemi.org/.
[17] Mortgage Insurance Companies of America (2011): "MICA 2001~2011 Fact Book", http://www.privatemi.org/.
[18] OECD (2008): "Challenges Related to Financial Guarantee Insurance", http://www.oecd.org/.
[19] OECD (2010): "The Impact of the Financial Crisis on the Insurance Sector and Policy Responses", http://www.oecd.org/.
[20] Standard & Poor (2008): "The U.S. Asset-Backed Commercial Paper Market May Be Down, But It's Not Out", www2.standardandpoors.com/···/US_ABCP_MayBeDownButNotOut_July_7.pdf.
[21] Turner, S. (2010): "Mortgage Guaranty Insurance Surviving the Subprime Crisis", Candidate Liaison Committee, http://www.casact.org/.
[22] The Geneva Association (2010): "System Risk in Insurance: An Analysis of Insurance and Financial Stability", http://www.genevaassociation.org/.
[23] The Financial Crisis Inquiry Commission (2011): "The Financial Crisis Inquiry Report", http://www.gpo.gov/.
[24] United States Senate Permanent Subcommittee on Investigations (2011): "Wall Street and The Financial Crisis: Anatomy of a Financial Collapse", http://hsgac.senate.gov/.

对全球金融监管改革核心内容的再认识*

尹振涛

由美国次贷危机而引发的全球性金融危机为世界各国及国际组织提供了一个重视和重塑金融监管体制的契机,其中加强宏观审慎管理成为各国改革的核心内容之一,也是金融稳定委员会(FSB)、国际货币基金组织(IMF)、国际清算银行(BIS)以及巴塞尔银行监管委员会(BCBS)应对金融危机的工作重点。特别是在2010年11月召开的G20首尔峰会上正式通过了加强全球金融安全网建设,构筑全球宏观审慎管理框架的议案,将宏观审慎管理实践推介给全部成员国。为贯彻落实G20共识,履行成员国承诺,并紧跟其他大国的改革步伐,以此巩固我国在G20集团中的核心地位,"构建逆周期的金融宏观审慎管理制度框架"已被正式写入中国"十二五"规划建议中,成为我国进一步深化金融体制改革的一项重要举措。但与西方发达国家相比,我国金融体系在特征、发达程度及监管框架等方面存在诸多差异,因此,在积极借鉴国外先进经验,构建宏观审慎管理框架的同时,必须充分考虑其适用性和可行性,使其成为促进我国金融竞争力提升,维护金融市场稳定的重要措施。

一 宏观审慎管理理念的发展脉络及主要特征

"宏观审慎"概念的产生可以追溯到20世纪70年代末,1979年6月,巴塞尔银行监管委员会的前身库克委员会(Cooke Committee)在一次关于国际银行贷款期限转换的讨论会中首次提出了"宏观审慎"一词。当时,时任委员会主席的库克在演讲时指出:委员会所关注的微观经济问题已经与之前不受重视的宏观经济问题存在关联,呈现微观审慎向宏观审慎的转变。委员会应当关注宏观审慎,以及与微观审慎和本委员会利益相关的宏观经济[①]。但

---

* 本文系2010年中国社会科学院重大课题"后危机时代金融监管改革的新方向:宏观审慎监管理论及实践研究"的阶段性研究成果,并受中国社会科学院青年科研启动基金资助。感谢匿名审稿专家为完善本文所提出的修改建议,但文责自负。

① Piet Clement, The Term "Macroprudential": Origins and Evolution, *BIS Quarterly Review*, March 2010.

是，直到 1986 年，"宏观审慎"一词才首次被正式写入公开文件中，BIS 在一份针对欧洲通货常务委员会（Euro-Currency Standing Committee，ECSC）的研究报告《国际银行业的最新创新》的部分章节中提出了"宏观审慎政策"这一概念[①]。随着亚洲金融危机的爆发，有关"宏观审慎"这一新的监管理念及相关研究逐步得到强化和深入，其中最为突出的代表是 BIS 和 IMF 在此方面的探索性研究。1998 年 1 月，IMF 在《迈向一个健全的金融体系框架》的报告中指出：有效的银行监管必须持续地进行，主要通过现场检查，涉及微观审慎与宏观审慎两个方面。基于市场情报与宏观信息的宏观审慎管理应着重分析重要资产市场的发展、其他金融中介及宏观经济发展和潜在失衡等问题。从 1999 年起，IMF 向成员国推荐"金融部门评估规划"（FSAP），强调对一国金融体系的稳健性进行评估，并尝试研究建立"金融稳健指标体系"。该体系的目的就在于对宏观审慎分析提供数据支持，以此估计和监督金融体系的实力和脆弱性，以防范金融体系中最重要组成部分的风险。2000 年 9 月 21 日，时任 BIS 总裁的安德鲁·克罗克特（Andrew Crockett）在一次关于银行监管的国际会议中，首次对微观审慎和宏观审慎的目标进行了区分，认为微观审慎管理以确保单个金融机构稳健为目标，而宏观审慎管理以维护整个金融体系稳定为目标[②]。2001 年，BIS 在相关报告中将宏观审慎管理定义为是微观审慎管理方法的有益补充，该方法不仅考虑单个金融机构的风险敞口，更是从金融体系的系统性角度出发对金融体系进行全面的风险监测，从而实现金融稳定。2002 年 9 月，IMF 正式出版了《金融稳健指标编制指南》，该指标体系包括两个部分，即加总的微观审慎指标（Aggregated prudential indicators）和宏观经济指标（Macroeconomic Indicators），其中微观审慎指标主要包括资本充足率、资产质量、管理和流动性指标等单个机构稳健的金融指标，而宏观经济指标则包括经济增长、国际收支平衡、通货膨胀率等影响金融失衡的重要指标。宏观审慎管理指标的设立是对微观审慎指标进行汇总，并加入了宏观经济政策的变化对系统性风险的影响的关注。2003 年，BIS 研究部主管克劳迪奥·博里奥（Claudio Borio）在一份工作报告中对宏观审慎管理和微观审慎管理进行了更加详细的区分（见表 1），并将宏观审慎管理划分为两个维度，一是时间维度，主要考察风险在金融系统中如何随着时间而变化；二是横截面维度，主要考察金融体系内的风险在某一时间点如何分配[③]。

[①] Bank for International Settlements, Recent Innovations in International Banking, Report Prepared by a Study Group Established by the Central Bank s of the G10 Countries, Basel, April (Cross Report), 1986.
[②] Andrew Crockett, Marrying the Micro-and Macro-prudential Dimensions of Financial Stability, *BIS Speeches*, 21 September, 2000.
[③] Claudio Borio, Towards a Macroprudential Framework for Financial Supervision and Regulation? *BIS Working Paper* No. 128, February 2003.

表1　宏观审慎管理与微观审慎监管的比较

	宏观审慎管理	微观审慎管理
监管目标	避免系统性金融风险	避免单一机构的危机
最终目标	避免经济产出（GDP）成本增加	保护金融消费者利益
风险的性质	内生性	外生性
机构间共同风险暴露的相关性	重要	无关
审慎控制的实现方法	自上而下，关注系统性风险	自下而上，关注单个机构风险

资料来源：Borio（2003）。

二　构建宏观审慎管理框架的国际经验及模式特点

2008年全球性金融危机爆发以后，实务界和理论界纷纷认为危机的根源是现行金融监管中存在的诸多弊端，并普遍认为加强宏观审慎管理是维护金融体系及实体经济稳定的必要手段。为此，美国、英国、欧盟等国家和地区纷纷提出了以加强宏观审慎管理为核心的金融监管改革方案。例如，欧盟理事会出台《欧盟金融监管体系改革》，英国发布《特纳报告》和《金融市场改革白皮书》，美国相继颁布《金融监管框架现代化蓝图》《金融监管改革框架》《金融监管改革——新基础：重建金融监管》及最终通过美国总统奥巴马签署实施的《华尔街改革与消费者保护法》。同时，FSB、IMF、BIS、BCBS、国际保险监督协会（IAIS）、国际证监会组织（IOSCO）和国际会计准则理事会（IASB）也分别就金融体系、银行、证券和保险监管及会计准则等方面出台了有关支持宏观审慎管理、促进国际监管合作的相关改革措施。考察国外改革的实践经验，国际通行的宏观审慎管理制度框架主要表现出以下几个特点。

第一，成立具有较高层次、较强协调能力的宏观审慎管理实体部门。从全球层面看，G20伦敦峰会决定将金融稳定论坛（FSF）升级为金融稳定委员会（FSB），以解决FSF的非正式性和松散性问题。从各国的实施情况看，美国金融监管法案提出成立一个具有宏观审慎管理职能的新机构——金融稳定监管委员会（FSOC）。该委员会由财政部主管，由10家金融监管机构共同组成，负责统一监管标准、协调监管冲突、处理监管争端、鉴别系统性风险并向具体监管机构进行风险提示。在极端情况下，该委员会将有权直接拆分那些被视为对金融市场稳定存在威胁的金融机构。英国则成立了金融稳定理事会（CFS）作为宏观审慎管理部门，理事会由英格兰银行、金融服务局和财政部共同组成，财政大臣担任主席，对全局性的、系统性的金融稳定负责。欧盟则宣布成立欧盟系统风险委员会

(ESRB）作为宏观审慎管理部门，负责监控和评估在宏观经济发展以及整个金融体系发展过程中出现的威胁金融稳定的各种风险，识别并对这些风险进行排序，出现重大风险时发出预警并在必要时向政策制定者提供各种建议和措施。

第二，赋予央行更多的宏观审慎管理职能和权限。美国金融监管法案赋予美联储更多的监管职能，其中包括负责监管银行、证券、保险及对冲基金等其他具有系统重要性的金融机构；接替证券交易委员会（SEC）行使对投资银行控股公司的监管；修订紧急贷款权利，增强其危机反应能力。在新的金融监管改革方案中，英格兰银行也被赋予了更大的权力，除当前的货币政策职能之外，英格兰银行还将承担防止系统性风险以及对英国金融业日常监管等职责。例如，英格兰银行将成立一个独立的金融政策委员会（FPC），其主要职责就是维持金融系统的稳定性，掌握宏观政策工具。同时，英格兰银行还将成立审慎监管局（PRA），负责金融机构的日常监管，以促进金融公司的稳定性为首要目标。2009年10月8日德国新执政联盟宣布，联盟党和自由民主党已经同意由德国联邦银行全权负责德国的银行监管，主导宏观审慎管理工作，以保护消费者和防止金融危机重演。2009年9月的欧盟委员会正式提出了《关于赋予欧洲中央银行在欧洲系统风险委员会中的特定任务》的提案，明确了欧洲中央银行在宏观审慎管理及维护金融稳定中的重要作用。提案要求欧洲中央银行行长、副行长必须成为欧洲系统风险委员会普通董事会的成员，同时，赋予欧洲央行对系统风险委员会提供分析、统计以及管理、后勤等方面的支持职能。

第三，宏观审慎管理的主要内容为系统性风险防范和金融体系逆周期监管。美国金融改革方案体现出美国已充分认识到加强系统性风险监管的重要性，在将对冲基金、私募股权基金、衍生产品及影子银行体系纳入监管范围的基础上，强调通过维持较高的资本充足率、限制高风险投资和提高杠杆率等措施，对所有大型、关联度高的系统重要性金融机构实施稳健监管；并提出修改银行贷款损失会计准则等计划，使银行更有预见性地预留损失准备金，实现逆周期政策目标。英国要求加强对具有系统重要性的大型复杂金融机构及金融市场进行审慎性监管，通过改进公司治理机制，提高市场透明度和其他激励性措施来强化市场纪律约束。危机发生伊始，德国财政部便对逆周期监管提出了更加明确和严格的要求，通过灵活、动态的资本充足比率要求，形成逆周期性资金缓冲机制，并加强监控金融机构的杠杆比率，建立相应的报告机制，对整体金融风险进行预测和预警。欧盟要求全面加强对银行、信用评价、投资基金等金融机构的风险管理，以防范系统性风险，并就如何减少金融监管的顺周期性达成共识。具体包括修改公允价值会计准则、引入前瞻性会计标准、建立逆周期资本缓冲机制和坏账准备动态模型。

第四，宏观审慎管理工具主要以现有的微观监管工具为基础。宏观审慎管理的政策工具主要包括两种模式，一种是以原有的微观审慎工具为基础，增加额外的系统性风险权重或宏观审慎要求，另一种是通过设计新的监管工具实现宏观审慎管理目标。从国外实践经验看，目前宏观审慎管理主要采取微观监管手段与宏观性指标相结合的方式，例如，附加动态调整性的资本充足率和拨备计提政策，以及修改原有会计准则、选择不同的风险计量模型、提高杠杆融资比率和交易保证金要求等等。其中，BCBS于2010年底颁布实施的《第三版巴塞尔协议》可谓是最具代表性和权威性的以加强宏观审慎管理为目标的微观监管制度改革的典范。新协议通过提高资本充足率监管标准、扩展风险计量范围、动态调整资本要求和提出杠杆率指标等方式强化原有的资本充足率监管框架。同时，引入流动性覆盖率和净稳定融资率两项指标对金融体系的流动性进行监控。

三　构建适合中国国情的宏观审慎管理框架的基本原则

2009年11月11日，在中国人民银行公布的第三季度《中国货币政策执行报告》中首次提出了"宏观审慎管理"一词，指出"逐步建立起宏观审慎管理的制度并纳入宏观调控政策框架"。该年12月，中国人民银行货币政策委员会第四季度例会再次明确，"要研究建立宏观审慎治理制度，有效防范和化解各类潜伏金融风险"。2010年5月，国务院批转发改委《关于2010年深化经济体制改革重点工作意见》（国发〔2010〕15号），在深化金融体制改革的意见中已经明确提出，"建立宏观审慎管理框架，强化资本和流动性要求，确立系统性金融风险防范制度"。在备受关注的"十二五"规划纲要中，深化金融体制改革的一项重要内容就是"构建逆周期的金融宏观审慎管理制度框架"。同时，由于国际经济形势日趋复杂，国内通货膨胀压力不减，资产价格泡沫、民间金融泛滥、地方政府债务风险高企及经济增长减速等复杂因素对稳健性的货币政策提出了更高的要求和挑战，央行提出了"合理运用利率、汇率、公开市场操作、存款准备金率和宏观审慎管理等多种政策工具组合"，首次将宏观审慎管理理念正式引入货币政策领域[①]。可见，完善宏观审慎管理框架是我国今后一段时期内，金融领域最核心的改革内容之一。但是，由于宏观审慎管理的概念尚属发展阶段，特别是与西方发达国家相比，我国金融体系存在诸多差异，因此，要构建适合中国国情的宏观审慎管理框架必须充分研究宏观审慎管理的内涵及外延，避免不加具体分析地实施"别人感冒我吃药"的"跟风式"改革，并必须遵循

---

① 参见中国人民银行《2011年第二季度中国货币政策执行报告》。在《2011年第一季度中国货币政策执行报告》中为"健全宏观审慎政策框架，配合常规性货币政策工具发挥合力"。

以下六项基本原则。

第一,必须充分考虑政策措施的适用性。本轮全球性金融监管改革浪潮及重新提及宏观审慎管理理念,是危机背景下的产物,是为缓解发达经济体金融危机而提出的具有针对性的应急措施。同时,当前国际通行的宏观审慎管理框架主要是针对发达经济体而提出的,其构建思路和具体工具不可能完全适用于新兴市场国家和中国的金融实践。

第二,必须有助于鼓励我国金融创新。美国金融危机暴露的一个重要问题就是监管机构对金融创新,如金融衍生品的监管过于松散,甚至缺位。但就中国而言,目前最棘手的问题并非金融监管不力,而是监管过度,并导致创新不足,削弱金融业的国际竞争力及吸引力。如果盲目跟从国际金融监管改革的实践,实行过严的金融监管措施,必将影响我国金融创新的步伐,痛失目前有利于我国金融业创新发展的良机。

第三,必须有助于提升我国金融竞争力。金融监管的目的不是要制约、管制和限制金融发展,也不是要彻底消除金融危机,当然这也是不可能的,而是要构建一个能够让实体经济顺畅发展的金融支持体系。不能因为要实施金融监管改革而损伤金融效率,影响我国金融发展及在国际金融市场中的竞争力,而应使其成为增强我国金融实力及地位的契机。

第四,必须有助于维护我国金融利益。作为世界经济与政治大国,我们必须在金融稳定合作中表现出积极和负责任的态度,并且通过国际合作来营造良好的国际金融环境。但与此同时,作为一个拥有特殊国情的发展中国家,我们也需要最大限度地反映中国金融业的利益诉求,维护自己的国家利益。因此,必须呼吁国际组织充分考虑各国经济发展水平、结构及特点不尽相同的大背景,实现国际金融规则的"求同存异",避免因"一刀切"式的监管框架束缚我国金融发展的拳脚,为我国金融业发展创造良好的外部环境。

第五,必须有助于防范系统性风险。虽然中国金融市场并不发达,但与西方发达国家一样,同样存在着自身的系统性风险隐患。除了经济结构不合理,存在发展不平衡、不协调、不可持续的深层次矛盾之外,国内信贷持续扩张动力仍然较强,跨境资本流动蕴含潜在风险,流动性过多、通货膨胀、资产价格泡沫、周期性不良贷款增加等都是我国目前必须面对的系统性风险源。因此,实施宏观审慎管理必须要起到防范系统性风险的作用。

第六,必须积极借鉴国外实践的有益经验。各国金融监管改革方案,特别是美国金融改革新法案对宏观审慎框架进行了较详细的设计。同时,IMF、BIS 及 BCBS 正就宏观审慎管理的政策工具进行深入的论证,这都为我国实施宏观审慎管理奠定了良好的理论和实践基础。因此,我们应该认真地分析和研究国外实践,积极借鉴适用于我国国情的有益经验。

四 构建适合中国国情的宏观审慎管理框架的核心问题

宏观审慎管理框架既是一个复杂的系统体系，又是一个动态发展的体系，要构建适合中国国情的宏观审慎管理框架必须对以下几个核心问题进行深入的研究。

第一，建立或明确我国宏观审慎管理的实体部门。宏观审慎管理的实施要依靠权力部门的推进，因此宏观审慎管理中的权力安排也是至关重要的一环。根据FSA的相关报告，宏观审慎管理框架中的管理机构可以有三种模式：第一种模式是监管机构负责监管政策的制定及执行。在这种模式下，中央银行负责监控系统性风险，并将监管结果及建议反馈给微观审慎监管机构，由微观审慎监管机构来化解系统性风险。第二种模式是中央银行负责宏观审慎管理政策的制定。在这种模式下，中央银行负责监控系统性风险并出台政策化解系统性风险，必要时中央银行可以要求微观审慎监管机构配合其政策的实施。第三种模式是由中央银行和微观审慎监管机构共同组成委员会，由委员会负责监管政策的制定[1]。可以说，三种模式并无绝对的好或坏，要根据各国的国情决定所采用的模式。从国外实践经验看，目前国际通行的宏观审慎管理部门大多采用第三种模式。例如，金融稳定理事会是由各国财政部、央行和监管机构共同组成的一个协调机构，美国提出建立由财政部、美联储和监管部门参加的金融稳定监管委员会，欧盟在泛欧层面建立由央行和监管当局参加的欧盟系统风险委员会，英国提出建立由财政部、英格兰银行和金融服务局共同参加的金融稳定理事会。在参照国外现成模式的基础上，笔者认为中国宏观审慎管理的组织模式应充分考虑中国金融监管制度变迁的路径依赖、宏观审慎监管目标及中国经济体制的特殊性等要素，在保留现有分业监管体制下，建立中央银行、监管部门和职能部门之间正式的协调制度，加强对系统性风险的宏观管理。根据国际经验及中国国情，中国可以考虑成立金融稳定协调办公室，由中国人民银行、银监会、证监会、保监会及财政部、发改委共同组成，并形成运作协调、信息共享的交流机制与平台，构成我国宏观审慎管理框架的实体主管机构。同时，鉴于央行在支付清算信息、宏观调控的货币政策及最后贷款人职能上的优势，应该强化中国人民银行在宏观审慎管理中的牵头及主导作用。

第二，建立适合中国国情的宏观审慎管理的政策工具。从目前的国外实施情况看，在宏观审慎管理工具的开发上，主要围绕宏观审慎管理的跨行业维度和跨时间维度进行设计。具体来看，着重开发那些对系统重要性金融机构的风险能够有效控制的工具（如资

---

[1] FSA, The Turner Review: A Regulatory Response to the Global Banking Crisis, www.fsa.gov.uk, March 2009.

本金率、系统性风险税、杠杆率等)和那些对顺周期性能够有效调节的工具(如动态拨备、资本缓冲等)。但是,从宏观审慎管理的政策目标看,这些措施仍然停留在微观层面,与微观审慎监管使用的政策工具基本相同,唯一的区别可能是着眼点的侧重不同。这些以微观审慎监管框架为基础的宏观审慎管理工具并未体现出宏观审慎管理的"宏观"实质,更不能完全涵盖宏观管理的全部内涵。相对于微观审慎监管,宏观审慎管理中的"宏观"更应该体现在政策干预机制的宏观性,即在宏观审慎管理的过程中,需要通过宏观经济指标或者宏观经济政策与微观监管措施的配合来达成目的。因此,要构建宏观审慎管理框架的政策工具除需要积极运用微观审慎监管手段达到宏观目的外,更需要找到能够直接实现宏观目标的工具和指标体系。例如,中国人民银行正在实施的差别准备金动态调整政策及对社会融资规模和新货币口径 M2 + 的统计与研究,均属于构建适合中国国情的宏观审慎政策工具的有益尝试。即便就微观监管工具的宏观审慎目标改革来说,要构建适合中国国情的监管工具也必须进行必要的修正和中国化。对欧美国家来说,已经具备了在短期内实施《第三版巴塞尔协议》的基础,实施新协议对经济发展更多的是积极作用,负面影响有限。但对中国来说,由于引入资本充足率监管框架的时间并不长,相关基础设施的建设还未完善,因此,在贯彻实施新协议时,必须要全面评估资本充足率监管框架对我国宏观经济的影响,充分考虑中国银行业的承受能力,制定具有国别特点的差异化、可调整的宏观管理工具。在不挫伤我国金融业发展积极性和竞争力的同时,实现有效抵御和化解金融体系系统性风险的目的。

第三,实现财政政策、货币政策与金融监管之间的协调顺畅。宏观审慎管理是一种综合性的政策干预,为了维护金融体系的稳定或实现特定的宏观经济目标,除了传统的金融监管政策,还需要货币政策、财政政策、汇率政策等宏观经济政策的协调与配合。货币政策的主要目标是保持一般物价水平的稳定,在宏观审慎层面,中央银行可以通过事先设定货币供应量的增长速度来实现政策目标,也可以通过相机抉择的方式提高利率来控制资产价格泡沫。汇率政策在促进金融稳定方面也能发挥重要作用,特别是在管制资本的流入流出、促进外需增长方面对于支持金融体系的稳健发展具有特殊意义。财政部门可以通过税收手段抑制资产泡沫,降低系统性风险;同时救助金融危机的成本在很大程度上需要由国家财政买单,因此,财政政策对金融市场的稳定也具有重要作用。财政政策、货币政策与金融监管之间协调的一个重要环节是及时有效的信息共享与预警机制,特别是在金融机构风险暴露、市场集中度风险、跨境资本流动风险等方面要做好信息及时共享。在建立风险预警机制中,应尽可能地利用可得的各种经济指标,而不是局限于金融部门,对于预警指标的变化情况也需要及时通报相关部门,并且建立正式的信息交换渠道。就我国而言,推进宏观审慎信息建设主要可以从以下三个方面着手。第一，完善征信体系，在为金融机构提供决策依据的同时，有助于政策当局通过违约率了解宏观经济运行情况，为宏观审慎管理提供支持。第二，健全支付清算体系及其信息挖掘，汇集经济交易信息，以此反映交易活跃状况、经济景气程度和经济结构变化情况等宏观经济运行的重要信息，为金融稳定状况的评估提供背景。第三，加强各政策部门内部及其与各经济部门之间的信息系统整合与共享，在可能的情况下制定明确的、有时间表的金融信息资源整合方案。

第四，明确系统重要性机构评价标准和范围。2011年7月BIS公布了全球系统重要性银行的评定标准，FSB公布了有关"系统重要性金融机构有效清算方案"的咨询文件，在2011年11月初提交G20戛纳峰会核准。评定标准提出了关于定性和定量分析相结合的基本框架，用于从系统性风险的角度评估和测量单个机构、市场以及工具在金融系统中的重要性，其最重要的三个标准是规模、不可替代性和相互关联性。因此，确定中国系统重要性机构也必须充分考虑这三个标准，同时还应根据中国特有的国情予以综合考虑。从规模上看，在中国现有的金融体系中，银行系统特别是工、农、中、建、交所应当的应该属于系统重要性机构，大型国有控股保险公司也应被纳入。但是，仅依靠规模进行划分存在不合理性，例如国家开发银行，其资产规模与交通银行相仿，但由于其特殊的功能定位与业务范围，是不具有系统性风险传染特征的。从关联性看，虽然我国金融机构的涉外关联还不发达，但是国内金融机构之间的联动发展很快，并形成了一些具有一定规模的金融控股集团，例如平安、中信和光大等。由于这些大型、复杂的金融机构内外部关联度较高，因此也应将其划为系统重要性机构，给予更为严格的管理要求。另外，中国不仅存在"太大而不能倒"和"太关联而不能倒"的困境，还存在"小也不能倒"的弊病。从中国系统性风险的特征来看，中国系统性风险隐患不是过高的杠杆率，不是复杂的金融衍生品和影子银行体系，而是宏观经济环境和政策的波动与微观金融机构的同质化与恶性竞争。例如，在中央清理政府投融资平台贷款过程中，发现很多风险均源自股份制商业银行、城商行和农商行之间的不正当竞争。因此，在确定中国系统重要性金融机构的时候，还应该将这些中小金融机构作为一个统一的整体考虑，逐步完善金融机构的退出清算机制，绝不能因规模小、关联度不高而忽视其存在的整体系统性风险。

（本文发表于《国际经济评论》2011年第6期）

十年回眸
中国社会科学院金融研究所文集
2002~2012

THE DECADE: 2002-2012
Collected Works of Institute of
Finance & Banking, CASS

（下 册）

主 编 殷剑峰

社会科学文献出版社
SOCIAL SCIENCES ACADEMIC PRESS (CHINA)

CONTENTS 目录

上 册

宏观经济与货币政策

货币政策与财政政策的配合：理论与实践 …………………………… 李 扬 3
劳动力转移过程中的高储蓄、高投资和中国经济增长 ………… 李 扬 殷剑峰 20
中国高储蓄率问题探究
　　——基于1992~2003年中国资金流量表的分析 ………… 李 扬 殷剑峰 40
金融危机管理中的货币政策操作
　　——美联储的若干工具创新及货币政策的国际协调 …………… 彭兴韵 58
基于资产负债表的央行调控能力分析 …………………………… 王国刚 81
21世纪中国经济周期平稳化现象研究 …………………………… 殷剑峰 103
历史视角下的货币总量指标
　　——统计进展、角色转换及其依据 …………………………… 周莉萍 127
中国政府储蓄研究：理论演进与实践考察 ……………………… 杨 涛 139
简论货币、金融与资金的相互关系及政策内涵 ………………… 王国刚 151
转变经济发展方式是抓住战略机遇期的关键 …………………… 李 扬 182
从央行资产负债表解读中国货币政策 …………………………… 蔡 真 190
中国货币政策调控工具的操作机理分析（2001~2010年）……… 王国刚 199

国际金融与国际货币体系

关于国际金融危机的理论评述	刘 菲 高占军	225
经济全球化背景下的中国外汇储备管理改革	李 扬	239
全球经济失衡：起因、可维持性与应对之策	李 扬	270
国际对冲基金的中国资产配置研究	张跃文	286
危机中的流动性变化及其管理	胡志浩	299
防范同质化加剧系统性金融风险		
——美国次贷危机的警示	董裕平	314
美国居民低储蓄率之谜和美元的信用危机	殷剑峰	322
美国经常账户失衡：表现、理论与政策		
——兼驳伯南克"世界储蓄过剩"论	何海峰	340
美国次贷危机的流动性传导机制的金融分析	易宪容 王国刚	355
全球化下的初级商品价格与实际汇率	袁增霆	380
全球金融体系改革及亚洲的选择：我们需要更深入地思考	李 扬	390
国际货币体系的演变及多元化进程的中国选择		
——基于"货币强权"的国际货币体系演进分析	彭兴韵	401
人民币国际化："贸易结算+离岸市场"还是"资本输出+跨国企业"？		
——以日元国际化的教训为例	殷剑峰	428
保险业在金融危机中的角色：资产证券化视角	阎建军 关 凌	444
对全球金融监管改革核心内容的再认识	尹振涛	460

下 册

金融发展

中国保险业发展的人口因素分析	郭金龙 张 昊	471
中国金融体系的结构性改革：全球化下的机遇与挑战	王松奇	486
法治视野下的中国金融发展		
——中国金融法治化进程、问题与展望	胡 滨 全先银	505
上市公司民营化绩效：基于政治观点的检验	李广子 刘 力	514
中国金融发展水平的国际比较与上海国际金融中心建设	殷剑峰	537

中国地方政府公共资本融资：问题、挑战与对策
　　——基于地方政府融资平台债务状况的分析 ············ 刘煜辉　沈可挺　561
中央与地方金融管理权的合理划分问题研究 ··················· 汤　柳　586
创新型增长视角下的金融发展：综述及展望 ··················· 黄国平　597

金融产品与市场

股权分置、政府管制和中国 IPO 抑价 ························· 刘煜辉　617
中国金融市场联动分析：2000～2004 ·························· 殷剑峰　638
中国住房市场的公共政策研究 ································· 易宪容　654
结构性金融产品的定价与投资决策研究：不确定性方法 ···· 王增武　汪圣明　671
股票名称与股票价格非理性联动
　　——中国 A 股市场的研究 ··············· 李广子　唐国正　刘　力　683
房价与信贷关系研究
　　——兼论当前房价调控政策的有效性 ·············· 蔡　真　汪利娜　708
股票市场的国际一体化进程 ································· 费兆奇　736
是一级市场抑价，还是二级市场溢价
　　——关于中国新股高抑价的一种检验和一个解释 ··· 刘煜辉　沈可挺　757
金融经济领域中的不确定性研究综述 ························· 王增武　779

银行与小企业融资

小企业民间借贷行为与制度安排 ····························· 陈经伟　797
小企业融资担保服务的商业发展模式研究
　　——基于粤、浙两省数据的情景模拟试验分析 ··············· 董裕平　810
中国小企业融资难问题的成因及对策
　　——基于 31 省（市、区）调查问卷的分析 ······· 袁增霆　蔡　真　王旭祥　824
政策性金融转型动态与我国的改革路径评析 ··················· 董裕平　833
资本充足率变动对银行信贷行为的影响 ············ 曾　刚　李广子　谢　玮　845
商业银行资本补充机制：现状、动因与效果 ············ 李广子　李　玲　861
我国村镇银行的绩效及其影响因素 ···················· 曾　刚　李广子　875
外部环境与贷款技术选择
　　——小企业融资的一个分析框架 ··························· 曾　刚　888

CONTENTS 目录

Volume One

Macro-economy and Monetary Policy

Cooperation between Monetary Policy and Fiscal Policy: Theory and Practice
Li Yang / 3

High Saving Rate, High Investment Rate and Chinese Economic Growth
During Labour Transition   *Li Yang, Yin Jianfeng* / 20

Anatomy of High Saving Rate of China
—*Analysis based upon Flow of Funds Account of China from 1992 to 2003*
Li Yang, Yin Jianfeng / 40

Monetary Policy Operations During the Financial Crisis
—*Some Innovated Instruments by Fed and International Cooperation*   *Peng Xingyun* / 58

Central Banks' Operation Capacity: Analysis based on Balance Sheets
Wang Guogang / 81

A Study of the Stabilization of China's Business Cycle in the Twenty-first Century
Yin Jianfeng / 103

Monetary Aggregates Index in Historical Perspective
—*Statistical Progress, Role Transformation and Its Basis*   *Zhou Liping* / 127

Research on Government Saving in China: Practical Investigation
 and Policy Advice   Yang Tao / 139

A Brief Study on the Relationship Between Money, Finance and Fund
 and Its Policy Implications   Wang Guogang / 151

The Key to Reap the Benefit of Strategic Opportunity: To Change the
 Way of Economic Development   Li Yang / 182

Understanding the Monetary Policy of China from the Balance Sheet
 of Central Bank   Cai Zhen / 190

The Operational Mechanisms of Monetary Policy Tools in China: 2001 – 2010
                  Wang Guogang / 199

International Finance and International Monetary System

A Summary of International Crisis Theories   Liu Fei, Gao Zhanjun / 225

The Reform of Foreign Exchange Reserve Management in China Under
 the Background of Globalization   Li Yang / 239

Global Imbalance: Causes, Sustainability and Countermeasures   Li Yang / 270

A Study on Asset Allocation of International Hedge Funds in China   Zhang Yuewen / 286

Changes and Management of Liquidity in the Crisis   Hu Zhihao / 299

Avoiding Systemic Financial Risks Exacerbated by Homogenization
 —Lessons from the U. S. Subprime Crisis   Dong Yuping / 314

The Puzzle of Low Saving Rate of U. S. Household and Credit Crisis
 of U. S. Dollar   Yin Jianfeng / 322

The Imbalance of U. S. Current-Account: Behavior, Theory and Policy
 —A Criticism to Bernanke's Excess Global Savings Argument   He Haifeng / 340

Financial Analysis on the Liquidity Transmission Mechanism
 of U. S. Subprime Mortgage Crisis   Yi Xianrong, Wang Guogang / 355

Primary Commodity Prices and Real Exchange Rates Under Globalization
                  Yuan Zengting / 380

International Financial System Reform and the Choice of Asia:
   We Need In-depth Thinking　　　　　　　　　　　　　　Li Yang / 390
The Evolution of International Monetary System and China's Choice
   in the Process of Global Monetary Diversification
   —An Analysis from the Perspective of Monetary Power　　Peng Xingyun / 401
RMB Internationalization: Trade Settlement plus Offshore Market
   or Capital Account Opening-up plus Multinationals?
   —Lessons from Japan's Yen Internationalization　　　　Yin Jianfeng / 428
The Role of Insurer in Financial Crisis: The Perspective of Asset Securitization
　　　　　　　　　　　　　　　　　　　　Yan Jianjun, Guan Ling / 444
Re-thinking the Core of Global Financial Regulation Reform　　Yin Zhentao / 460

Volume Two

Financial Development

A Demographic Analysis on the Development of China's Insurance Industry
　　　　　　　　　　　　　　　　　　　　Guo Jinlong, Zhanghao / 471
The Structural Reform of Chinese Financial System: Opportunities
   and Challenges in the Globalization　　　　　　　　　Wang Songqi / 486
Development of Financial Laws and Regulations in China with the Goal of Rule of Law
   —Developments, Issues and Prospects　　　　　Hu Bin, Quan Xianyin / 505
Listed Firm's Privatization and Performance: A Test for Political View
　　　　　　　　　　　　　　　　　　　　　　Li Guangzi, Liu Li / 514
International Comparison of China's Financial Development and the Construction
   of Shanghai International Financial Center　　　　　　Yin Jianfeng / 537
Public Capital Financing of Local Governments in China:
   Challenges and Strategies
   —Based on the Analysis of Local Financing Vehicles　　Liu Yuhui, Shen Keting / 561

The Division of Financial Administrative Power Between Central
and Local Governments Under the Current System　　　　Tang Liu / 586

Financial Development and Innovative Growth: Review and Outlook

Huang Guoping / 597

Financial Products and Markets

Equity Separation, Government Regulation, and Chinese IPO
　Under-pricing Puzzle　　　　　　　　　　　　　　　　Liu Yuhui / 617

The Linkage between Financial Markets in China: 2000 – 2004　　Yin Jianfeng / 638

A Study on the Public Policies of China's Housing Market　　Yi Xianrong / 654

The Pricing and Investment of Structured Financial Products:
　the Uncertainty Approach　　　　　　Wang Zengwu, Wang Shengming / 671

The Irrational Co-movement of Stock Names and Stock Prices
　—An Study Based on China's A-share Market

Li Guangzi, Tang Guozheng and Liu Li / 683

A Study on the Relationship Between Housing Price and Credit Support
　—The Effectiveness of Current Housing Price Control Policies　　Cai Zhen, Wang Lina / 708

Evolution of International Stock Markets Integration　　　　Fei Zhaoqi / 736

Primary Market Under-pricing or Secondary Market Over-pricing?
　—An Empirical Analysis and Explanation of IPO Puzzles in Chinese Stock Market

Liu Yuhui, Shen Keting / 757

A Survey of Ambiguity in Finance and Economics　　　　Wang Zengwu / 779

Banking and Small Business Financing

The Informal Finance of Small Business and System Arrangement　　Chen Jingwei / 797

Study of Small Enterprises' Commercialized Model of Financing Guarantee System
　—Scenario Simulation Based on Data from Guangdong and Zhejiang Province

Dong Yuping / 810

Causes and Countermeasures of the Difficulties in China's Small Business Financing
　　—*Analysis Based on Provincial Questionnaire*
　　　　　　　　　　　　　　　　　Yuan Zengting, Cai Zhen and Wang Xuxiang / 824

An Analysis on the Development of Policy Finance and Its Reform in China
　　　　　　　　　　　　　　　　　　　　　　　　　　Dong Yuping / 833

Effect of Change in Bank's Capital Adequacy Ratio on Loan Growth
　　　　　　　　　　　　　　　　　　Zeng Gang, Li Guangzi and Xie Wei / 845

Commercial Bank's Capital Replenishment Mechanism: Facts, Causes and Effects
　　　　　　　　　　　　　　　　　　　　　　　　Li Guangzi, Li Ling / 861

The Performance of Chinese Village Banks and Its Contributing Factors
　　　　　　　　　　　　　　　　　　　　　　　Zeng Gang, Li Guangzi / 875

Environments and Lending Techniques
　　—*A Framework for Small Size Firms Loans*　　　　　　　　*Zeng Gang* / 888

金融发展

中国保险业发展的人口因素分析

郭金龙 张 昊

　　无论从理论研究的结论，还是从世界各国（尤其是发达国家）保险业发展的影响因素来看，人口因素都是非常重要的变量。2003年我国人均GDP突破1000美元，从其他国家发展的经验来看，这一阶段是经济社会发生重大结构性变化的时期，居民的消费行为、社会结构、金融结构等都会出现明显的变化。同时，在这一阶段，保险业也处于高速发展时期。随着保险业规模的扩张，保险业在国民经济、居民生活以及金融体系中的作用将发挥越来越重要的作用，甚至是举足轻重的作用。而在保险业发展过程中，人口因素直接影响保险产品的开发和保险业政策的制定。尤其在当前我国已出现明显老龄化趋势，同时人口的收入结构、地区结构、城乡结构、受教育结构等也出现明显变化，人口因素的这些变化及其对我国保险业发展的影响已经越来越受到保险政策决策部门和保险机构的关注，而目前国内对这一问题的研究几乎是空白。

　　随着我国保险业的迅猛发展，保险业在我国国民经济和居民生活中的作用日益提高，对保险业的研究也愈加重要。随着我国国民经济的快速发展，近几年我国保险业一直保持高速发展的态势，到2004年4月末，我国保险业总资产首次突破1万亿元，标志着我国保险业发展迈上了新台阶。根据国际保险业发展的经验，目前我国经济发展的阶段正是保险业高速发展时期。在影响保险业发展的各种因素中，人口因素是影响保险业发展的重要变量，分析和研究人口因素的变化与保险业的关系，有助于保险业发展政策的正确决策，充分发挥保险的各种功能和促进国民经济协调快速发展。

一 保险业发展的人口因素的理论解释

　　理解保险发展中的人口因素需要从对保险功能的认识出发。虽然对保险功能的认识有一定差异，但几乎所有人都承认，对于个人而言，保险的基本功能无非是分散风险和经济补偿。人们保险的需要来源于风险的存在，而风险的根源是不确定性。这种不确定性来源于人与自然、社会等交往之中产生的不自知、不确知或者不可知的各种事件。不确定性有两方面的含义,其一是风险发生的时间不确定,人们不能确知什么时候会发生危险,因而就不能事先进行有效的自我防范;其二,风险产生的损害程度不确定,人们不知道通过自我储蓄的风险预防手段是否能够弥补损失。不确定性是生活的常态,但不是所有的不确定性都需要进行保险,只有那些自身无力承担的风险才具有经济上保险的合理性。人们都具有回避风险的天性,而现实社会又充满着各种各样的风险。根据德国社会学者贝克的观点,我们已经进入了所谓后现代社会的"风险社会",其特征是社会的进步与风险的扩散存在齐头并进、同步实现的趋势。也就是说,在社会进步、人类发展的每一个环节都存在着风险,风险与发展相连。在当今"风险社会"复杂的现实情况下,风险的形式更具多样性、不确定性和不可预测性,风险造成的后果更趋于严重性。因此,人们对风险管理更为重视,对保险的需求也就更为迫切。然而,由于各人所处的自然环境、社会关系、经济地位的不同,人们的属性也不同,这种不同属性所表现的结构性特征构成了人口结构的各种因素。这些因素主要包括人口总量、年龄结构、收入结构、城乡结构和教育结构等。

  从保险业的构成来看,保险从广义上可分为人寿保险和非人寿保险。就世界范围而言,人寿保险占到整个保险业的3/4左右,有的国家,如保险市场排名世界第二位的日本,其寿险比例已经达到80%。因此,人口以及与人口相关的其他因素对寿险产品需求在整个保险业中居于决定性地位。即使在非寿险业中,占有40%左右的保险是与机动车辆相关。一般而言,机动车辆的车主以中年人居多。因此,从整个保险的业务构成来看,人口结构因素对保险业的影响极为明显,而寿险业的发展几乎与人口结构无不相关。根据人们购买保险的不同动机,可以把寿险产品分为两类:①纯粹的死亡保险。主要是定期保险,这是收入较低而保险需求较高的人(富有家庭责任感的主要收入者会购买此类保险,大抵是人类共同的情感所在,天性使然)必不可少的保险手段,以避免因主要收入者受到意外伤害或死亡而给家庭带来生活上的困苦。②包含死亡和储蓄功能的保险。该险种主要包括终身寿险、万能保险、生死保险等,其特点是含有投资功能,属于保险投资的复合产品。之所以对寿险产品进行这样的划分,是由于我们据此可以了解人口结构对保险需求的结构性影响,从而有针对性地发展与人口结构相符合的保险产品,最终促进保险业的发展壮大。

  Lewis通过数学模型分析了保险需求中的人口因素(Lewis, Frank, D., 1989)。在Lewis的模型中,受益人的类型有两类,分别是配偶和子女,主要收入者具有购买保险的遗产动机以保证其配偶和子女的正常生活。主要收入者购买保险的数量取决于由下式给定的终生效用最大化：

$$(1 - Lp_i)f_i^* = \max\left\{\left[\frac{1 - Lp_i}{L(1 - p_i)}\right]^{1/\delta} c_i^* - b_i, 0\right\} \tag{1}$$

其中，L：寿险费用系数，

p_i：子女年龄为 i 时，主要收入者死亡的概率，

f_i^*：最优的寿险保单的面值，

δ：子女的相对风险厌恶度，

c_i^*：假定主要收入者活到子女成人时所需要的消费的现值，

b_i：子女的遗产。

Lewis 认为如果子女没有遗产，而且主要收入者的死亡概率较低，这样，上式约等于：

$$f_i^* = \left(\frac{1}{L}\right)^{1/\delta} c_i^* \tag{2}$$

方程（2）表明主要收入者为任何一个子女购买的最优的寿险水平与寿险的费用成反比，与子女的风险厌恶程度和消费成正比。

主要收入者为其配偶购买的最优寿险保单为：

$$(1 - Lp_i)f_i^* = \max\left[\frac{1 - Lp_i}{L(1 - p_i)}^{1/\delta} c_i^* - k_i + \frac{B}{(1 + r)^{\tau-i}}, 0\right] \tag{3}$$

其中，k_i 为其配偶在年龄 i 时的人力资本，假定配偶年龄为 τ，此时其所留的遗产为 B，r 是贴现率，其他变量的含义和（1）相同。

假定家庭的相对风险厌恶程度一致，主要收入者所购买的最优的寿险保单取决于家庭成员的最优数量之和 F：

$$(1 - Lp)F = \max\left\{\left[\frac{1 - Lp}{L(1 - p)}\right]^{1/\delta} TC - W, 0\right\} \tag{4}$$

其中：TC 是子女成人和其配偶年龄为 τ 时所消费的现值，W 是配偶的遗产。

方程（4）表明寿险消费需求是随着主要收入者死亡的概率以及家庭成员消费的现值的增加而增加的。Thorsten Beck and Ian Webb（2002）根据 Lewis 的模型及其他变量对 63 个国家和地区在 1980～1996 年期间以及 23 个 OECD 国家 1960～1996 年的保险深度和保险密度的影响因素进行回归分析，结果如表 1 所示。

表1　人口结构因素对保险密度和保险深度的影响

		收入	幼儿抚养率	老年抚养率	教育水平	城市化
63个国家和地区	保险深度	0.348(0.029)	0.204(0.666)	-0.651(0.165)	2.075(0.001)	-0.625(0.147)
	保险密度	0.819(0.001)	0.535(0.262)	-0.806(0.070)	2.089(0.001)	-0.477(0.288)
23个OECD国家	保险深度	0.702(0.005)	0.249(0.468)	1.120(0.001)	1.413(0.001)	0.780(0.162)
	保险密度	1.847(0.001)	0.379(0.303)	1.178(0.001)	1.620(0.001)	1.006(0.090)

注：1. 表中的数据用对数表示；
2. 63个国家和地区分别是：40个非OECD国家和地区：阿尔及利亚、阿根廷、巴西、保加利亚、喀麦隆、智利、中国、哥伦比亚、哥斯达黎加、多米尼加、厄瓜多尔、埃及、斐济、危地马拉、洪都拉斯、中国香港、印度、以色列、肯尼亚、马来西亚、新西兰、巴基斯坦、巴拿马、秘鲁、菲律宾、罗马尼亚、新加坡、南非、中国台湾、泰国、突尼斯、乌拉圭、委内瑞拉、赞比亚、津巴布韦、印度尼西亚、伊朗、匈牙利、波兰、韩国。23个OECD国家是澳大利亚、奥地利、加拿大、丹麦、芬兰、法国、德国、英国、意大利、日本、墨西哥、荷兰、挪威、葡萄牙、西班牙、瑞典、瑞士、美国、冰岛、希腊、土耳其、比利时、爱尔兰。（注：匈牙利、波兰、韩国1996年加入OECD，而我们使用的是1996年之前数据，故把这三个国家作为非OECD国家）

从表中可以看出，①无论是对于发达国家或者是发展中国家，各种因素对保险密度的影响要大于对保险深度的影响；②对于非OECD国家而言，教育水平的提高对寿险产品的需求弹性远远大于其他因素。并且，发展中国家教育水平的提高对保险须取得弹性要远大于发达国家。如果阿尔及利亚在1980年平均教育年限是5.94年而不是1.48年的话，其保险深度就可能达到GDP的0.66%，而不会是现在的0.08%。③与发达国家相比，发展中国家老年抚养率和城市化率的提高对保险的需求影响为负，这可能是由于发展中国家收入降低，以及贫富差距较大的缘故。④与发展中国家相比，发达国家老龄化比率的提高对保险需求增加的影响更为明显。⑤发达国家和发展中国家在幼儿抚养率对保险需求的影响方面有更大的共性。

二　保险业发展的人口因素分析

（一）在其他因素不变的情况下，人口数量的多少决定着保险市场的规模

在收入、风险偏好等其他因素不变的情况下，人口数量的多少决定着保险市场的规模。这是由于人口数量直接决定保险的供求。

第一，较大的人口规模有利于准确地确定保险产品的价格。保险产品是基于大数法则原理定价的。保险人对任何一个风险损失的概率做出比较精确的估算时，都需要根据大数法则原理，通过大样本量的观察和统计，得出损失概率。这是确定产品价格的重要依据。

根据某一事件发生的概率来确定价格，其前提必须是有较为准确的概率，而这只有在数量足够多，或者期间足够长的情况下才有可能更为准确。因此，一定规模意义上的人口和期间是确定保险产品价格的基础条件。

第二，较大的人口规模为市场供给提供了更为广阔的发展空间，由此可以降低单项产品的价格，从而进一步扩大市场的需求，增加保险业的市场占有率，为保险业的进一步发展创造良好的环境。

第三，广阔的市场空间可以吸引更多有资质的保险人开展保险业务，促进有效竞争，从而提高保险服务的效率，促进对保险的需求和保险市场的进一步扩大。

另外，人口增加不仅增加了对保险产品的需求，而且伴随着人口增加、城市化和工业化的发展，人与人之间相互影响导致产生风险的因素增加，从客观上会促进对保险产品的需求。尤其是在当今"风险社会"条件下，有许多风险是由人与人之间的相互作用而产生的。

（二）收入结构是决定保险需求的关键变量

收入结构包括两个方面的含义：从纵向来讲，是指一个人在其一生中收入的结构性变化，它反映了人们的收入水平。一方面，根据生命周期假说，人们收入水平直至退休前达到最高，也就是说，在退休以前，人们的收入与年龄正相关，年轻时收入较低，但消费却较多，因此需要进行借贷。此时，年轻人的保险需求较低，到了中年以后，随着收入的增加，对风险的厌恶开始上升，因而，保险的需求也就随着增加。

另一方面，无论是财产保险还是人身保险都是建立在较高的收入基础上的。较高的收入带来较多的财产包括物质财产和人力资本等，所有这些都是保险消费的充分条件，同时较高的收入也提高了保险费用的支付能力。另外，收入水平较高表明因疾病、伤残等其他伤害造成的成本就较高，而保险费用又远远低于其伤残或者死亡带来的损失。因此，购买保险也是个人进行风险管理的重要手段，同时也是平滑其收入波动的有效工具。

根据世界银行的一项研究（Thorsten Beck and Ian Webb，2002），63个国家和地区在1980~1996年期间的保险需求收入水平对保险产品的需求弹性是0.82。但其他的研究者如布朗和金（Browne and Kim，1993）认为该收入弹性是0.58，而奥特维尔（Outreville，1996）却认为只有0.52。尽管不同的研究之间收入弹性有较大的差异，但是，不可否认的是，保险产品确实是一种奢侈品，换言之，只有提高收入水平才会增加对保险产品的需求，这几乎是所有研究的共识。

收入结构的另一个含义是横向的收入比较，反映的是财富在人与人之间的分配状况，对保险需求的影响极为微妙。对于发达国家而言，富人不需要购买保险，当然，有时出于避税的目的，富人也会将购买保险作为转移财富的手段。穷人无力承担保险费用，买不起保险（Beenstock，Dickinson，Khajuria，1986）。因而，中间阶层是保险产品的最大需求者。从这个意义上说，收入趋向于平均化使得中产阶层扩大，有利于增加保险消费。

与发达国家不同，对于发展中国家而言，购买保险的主要是富人，穷人同样买不起保险，中间收入阶层的扩大可能不仅不会增加保险的需求，反而适得其反，减少对保险产品的需求。这是由于在发展中国家，保险业市场较小，单位保险产品的成本较高，以至于其盈亏点均衡价格往往高于中间阶层的承受能力，从而使得中间阶层无力消费。因此，在发展中国家，尤其是不发达国家，中间阶层的扩大可能会在一定程度上导致保险市场的萎缩。

（三）人口的年龄结构对保险消费的影响

人口的年龄结构也是影响保险消费的重要因素，不同的年龄有不同的保险需求。年龄结构是指各年龄段人口的规模构成。一般的，我们把年龄段划分为三个层次：少儿人口（0~14岁之间）、工作人口（15~64岁）和老年人口（65岁及以上的人口）。人口的年龄结构由两个指标来表示：少儿抚养率和老年抚养率，分别用少儿人口和老年人口与工作人口的比例来表示。如果少儿抚养率高，说明人口中少儿的人口比例高，整个社会处于年轻状态；同理，如果老年抚养率高，说明老人占社会人口的比例高，预示着社会已经进入老龄化（其标志是65岁及以上的人口占社会总人口的7%以上）。根据生命周期理论以及雅瑞（Yarri，1965）的研究，并由费切尔（Fischer，1973）模拟研究所证实，对于大多数人来说，如果人们不能确定死亡的确切日期，而且又希望在死亡之前给被抚养者留下足够的资财来维持生活（这是人类的天性），那么，购买保险产品尤其是寿险产品无疑是最好的选择。因此，为了避免因主要收入者的早死（premature death）使得子女或者其他被抚养者的生活困苦，人们会增加对死亡类保险产品的需求。此时，在收入不变的情况下会相应地减少对储蓄类保险产品的需求。刘易斯（Lewis，1989）认为寿险需求取决于受益人、配偶及子女的效用函数最大化。因此，从宏观而言，少儿抚养率高、少儿消费支出大都会提高家庭对死亡保险的需求。到了中年以后，子女已经长大成人，开始了独立生活，此时，家庭对保险产品的需求更多地集中于对具有储蓄型投资特点的保险产品的需求，因为人生此时的第一需要是养老储蓄，以免后顾之忧。因此，从这个生命周期的逻辑结构看，少儿抚养率高将会增加对纯粹死亡类保险产品的需求，同时，对储蓄类保险产品需求减少。如果老年抚养率高，对储蓄类保险产品需求增加，同时，减少了对纯粹死亡保险产品的需求。而且由于预期寿命的延长，人们对死亡类保险产品的需求将会更少。

从表面看，无论是少儿抚养率还是老年抚养率对于保险产品的需求都存在一增一减、相互抵消的情况。但是，根据生命周期理论可知，由于人们的工资随着年龄一直在增加，直到退休之前达到高峰，因此，中年以后的工资收入一般应该大于中年前期的工资收入，从而会加大对保险产品的需求，此时，对储蓄类保险产品需求增加的程度要大于对纯粹死亡类保险产品需求减少的程度。因此，总体而言老年抚养率提高会增加对总的保险产品的需求。除了对保险总量的影响外，年龄结构也影响寿险产品的结构。从以上分析可知，当一个社会处于年轻态时，应该尽可能地增加对定期保险的供给；而当社会进入老龄化时，增加丰富多彩的储蓄类保险产品应该更符合社会的需要。

（四）人口的城乡结构对保险产品的的影响

人口的城乡结构对保险产品的供给和需求都有明显的影响。

第一，农村社会人际关系相对简单，人员流动较少，人与人之间的关系相对固定。传统的生活方式和道德规范在一定程度上约束着人们的举止、行为，因而具有比城市高得多的确定性，而且也不存在与现代城市机器大工业生产相关的诸多风险，因而，保险存在的前提大大减少。

第二，大家庭的居住条件使得家庭成员的共济互助在一定意义上替代了保险产品，因而也降低了保险需求。

第三，由于农村居住分散，增加了保险的营销、承保和理赔过程中的诸多成本，从而降低了保险公司发展农村保险的积极性。就城市而言，城市人口的增加，一方面表明大家庭的解散和小家庭的增加。由此，传统的家庭成员之间非正式的相互救济的功能减弱，保险需求的愿望增加；另一方面，城市人口的增加促进了城市的扩大，由此带来的机械设备、车辆等的增加使人们面临的危险加大，因而也增加了对车辆保险、死亡保险等保险产品的需求。再者，城市医疗卫生条件的改善，延长了人口的寿命，也增加了人们对储蓄类寿险产品的需求。另外，城市人口的增加可以减少保险的相关成本，降低保单费率，从而进一步扩大保险产品的供给。因此，农村萎缩和城市化趋势带来的城乡人口结构的改变最终会增加保险产品的需求。

（五）人口教育结构对保险需求的影响

教育是人类发展的源泉，教育结构的改善对于保险的供求和市场的扩大具有持续的推动力。提高教育结构可以促进对保险的需求，原因在于：

其一，高的学历教育可以使人更好地理解现代金融技术、风险管理手段以及运用保险的风险分散功能进行风险管理，从而提高终生效用。

其二，学历教育增加了人力资本，提高了风险厌恶程度，人们更倾向于回避风险。同时，伴随着人力资本的提高，人们的收入也在增加，因而，对保险产品的需求增加。

其三，延长学历教育等于延长了自身被抚养的时间，因而增加了家庭对死亡保险的需求，而且由于自身人力资本的增加，提高了未来收入预期，改善了生存环境，增加了预期寿命，因而会促进本人对储蓄类保险产品的需求。

因此，人口教育结构的改善、风险意识的提高可以使人们潜在的保险需求能力转化为现实的保险需求。人口教育结构的提高对保险需求持久的积极影响已经被 Truett, D. B. and Truett, Lila J. (1990) 及 Browne, Kim (1993) 所证实。

总之，就人口因素对保险需求的影响，从世界范围内比较可以看出，几乎所有发达国家的人口结构因素都有利于保险业的发展。而发展中国家保险业的发展几乎无一例外地受到了诸多因素的制约。人口结构是一个长期的发展演变过程，不可能一蹴而就或在短期内就有很大的改观。但就结构而言，人口结构本身就是一个局部性的问题，不仅每时每刻都在变化，而且还可以通过局部调整、以点带面，最终促进保险业的发展。

三 我国保险业发展的人口因素分析

我国自改革开放以来的 20 多年时间里，GDP 增长速度平均每年达到 9% 以上，经济的高速发展和人口规模的扩大为我国保险业提供了极大的发展空间。1986 年以来，我国保险业发展速度年均超过 30% 以上，并于 2004 年 4 月底保险总资产突破了 1 万亿人民币。与此同时，保险结构也发生了翻天覆地的变化：1991 年，中国保险市场有 76.8% 是非寿险市场，但到了 2002 年，寿险市场占到了 70% 左右的份额，这和世界保险市场的发展结构颇为一致。在短短十多年的时间里，保险业如此快速的发展，确实是成绩斐然。但是在快速发展的同时，也暴露出我国保险业发展的盲区：我们对人口结构的保险需求研究不够，缺乏市场开拓的观念和前瞻性。

首先，我们用计量经济方法分析影响我国保险业发展的各个因素。限于篇幅和统计数据可得性，本文在综合考虑上述因素的基础上，采用以下变量对 1980～2002 年的数据进行分析。选择的变量有：保费收入（用 PI 表示）、总人口（用符号 GP 表示）、居民可支配收入（用 DI 表示）、城乡居民储蓄存款余额（用 DCCI 表示）、社会保障福利费（用 SSW 表示）、消费价格指数（用 CPI 表示）（用于对保费收入、城乡居民储蓄存款余额、社会保障福利费、城乡居民可支配收入的价格调整）、保险公司数量（用 QIC 表示）、居民活期存款利率（用 IRCD 表示）、虚拟变量（用 Dt 表示，1993 年及以前取 0，1993 年以后取 1，Dt 反映

1994 年以来中国保险监管政策的变化对保险业的影响）。以上变量的数据来源是 1996~2003 年的《中国统计年鉴》（中国统计出版社，国家统计局编）、1996~2003 年的《中国金融年鉴》（《中国金融年鉴》编辑部编，《中国金融年鉴》编辑部出版）、1997~2003 年《中国保险年鉴》（《中国保险年鉴》编辑委员会编，《中国保险年鉴》编委会出版）、1996~2003 年《中国劳动统计年鉴》（中国劳动出版社，《中国劳动统计年鉴》编辑部编）和《新中国五十年统计资料汇编》（中国统计出版社，国家统计局国民经济综合统计司编，1999）。

为了得到变量间的长期均衡关系，我们首先检验变量的平稳性。检验的方法是单位根检验中的 ADF（Augmented Dickey Fuller Test）方法。检验时，先根据其基本时序图确定截距项和时间趋势项是否存在，也就是确定 ADF 检验的基本形式，再根据赤池信息准则（AIC）确定滞后阶数，最后根据 ADF 统计量判定是否平稳。检验结果表明，变量 PI、IRCD、GP、DCCI、DI、QIC 和 SSW 都是一阶单整的，即它们本身都是非平稳的，而它们的一阶差分都是平稳的。

其次，我们对变量之间的协整关系进行检验。协整性检验可以用 EG（Engle-Granger）两步法，也可以用极大似然估计法，但 Gonzalo（1989）的研究发现后一种方法优于前一种方法。这里用极大似然估计法（Johansen 法）检验 IRCD、GP、DCCI、DI、QIC 和 SSW 六个变量与 PI 之间的协整关系。协整检验的判断准则是：若极大似然比大于临界值，则拒绝原假设，接受备择假设；反之则接受原假设。结果如表 2。

表 2 因素变量与保费收入之间协整关系的 Johansen 检验结果

检验变量	特征值	原假设(H0)	备择假设(H1)	似然比	临界值	结论
PI、IRCD	0.515776	r = 0	r = 1	18.51069	15.41 *	有一个协整关系
	0.144659	r <= 1	r = 2	3.281345	3.76 *	
PI、GP	0.888836	r = 0	r = 1	53.98979	30.45	有一个协整关系
	0.395128	r <= 1	r = 2	10.05475	12.25 *	
PI、DCCI	0.448098	r = 0	r = 1	13.20734	12.53 *	有一个协整关系
	0.033946	r <= 1	r = 2	0.725242	3.84 *	
PI、DI	0.575264	r = 0	r = 1	23.07816	18.17 *	有两个协整关系
	0.215472	r <= 1	r = 2	5.096133	3.74 *	
PI、QIC	0.628157	r = 0	r = 1	20.79722	20.04	有一个协整关系
	0.001059	r <= 1	r = 2	0.022257	3.76	
PI、SSW	0.498230	r = 0	r = 1	16.01931	15.41 *	有一个协整关系
	0.070595	r <= 1	r = 2	1.537423	3.76 *	

注：1. 本表所有统计结果均由 Eviews3.1 软件计算得出，r 代表协整关系个数或协整秩。
   2. * 表示 5% 显著水平下的临界值，其余表示 1% 显著水平下的临界值。

从表2可知，居民活期存款利率（IRCD）、总人口（GP）、城乡居民储蓄存款余额（DCCI）、居民可支配收入（DI）、保险公司数量（QIC）和社会保障福利费（SSW）六个变量与保费收入（PI）之间均存在协整关系，即存在长期均衡关系。但是，通过进行格兰杰因果关系检验，我们发现，中国的总人口不是保费收入的格兰杰原因，这与国外的情况不一致，主要因为中国保险业尚处于起步阶段，保险业发展在城镇和农村之间极不平衡。保费收入大部分来自城镇，而占总人口80%左右的广大农村地区的保费收入占总保费收入的比例却很小。目前，我国保险业发展的人口因素中，主要是人口结构因素在发挥作用，如城乡结构、收入结构、年龄结构、教育结构等。

2002年我国保险费收入总量在世界排名是11位，超过了瑞士。世界保险业平均保险深度是8.14%，保险密度为422.9美元，我国的这一指标分别是2.98%和28.7美元，排名分列世界的第48位和第71位。而瑞士分别是13.36%和4922.4美元，分别名列世界的第3位和第1位。可见，我国保险费收入的总量较高，这是我国人口和经济的规模因素在保险业发展中的体现。但是我国的保险密度和保险深度却远低于世界平均水平（参见表3）。

表3　我国保险发展水平与世界保险发展水平比较

	抚养率(%)		城市化	识字率	预期寿命	人均GDP	基尼系数	保险深度	保险密度
	少儿	老年	%	%	年	(PPP,MYM)	%	%	美元
世界	28.2	7.2	47.2	77	64.1	8200	—	8.14	422.9
美国	20.8	12.4	77.4	97	77.4	37800	40.8(97)	9.58	3461.6
日本	14.3	19	78.9	99	81	28000	24.9(93)	10.86	3498.6
中国	22.3	7.5	37.7	86	72	7651(¥)	40(2001)	2.98	237.6(¥)
北京	14.7	13.9	70.9	94.6	76.1	28273.4(¥)		7.2	1750(¥)
上海	14.1	17.7	76.4	91.8	80	40538(¥)		4.41	1789(¥)

资料来源：1. 世界、美国、日本、中国的保险密度、保险深度来自瑞士再保险公司的西格玛2003年全球保险报告，城市化率来自2003年《国际统计年鉴》（中国统计出版社，国家统计局编）。

2. 北京、上海的抚养率、城市化、识字率、预期寿命来自2003年中国人口统计，人均GDP来自2003年度《中国统计年鉴》，保险密度和保险深度来自2003年中国保险报告。

3. 其他数据来自World Factbook 2004。

由表3可以看出，我国人均收入低于世界平均水平，因而从总体上决定了我国保险消费的状况。我国总抚养率低于世界平均水平，尤其是少儿抚养率更低，这说明我国人口结构在世界格局中已经偏离年轻态，进入老龄化社会（参见表4和表5）。因此，对死亡保险的需求较低，虽然老年抚养率高于世界平均水平，但由于我国还处于体制转轨时期，对老年的养老保障替代率较高，因而对于储蓄类保险产品的需求由于社会保障的替代也有所降低。

表4　我国人口年龄构成变化

单位：%

年份		1953	1964	1982	1990	2000	2002	2003
各年龄组人口的百分比	0～14岁	36.28	40.69	33.59	27.69	22.89	21.29	20.33
	15～64岁	59.31	55.75	61.5	66.74	70.15	70.55	71.16
	65岁及以上	4.41	3.56	4.91	5.57	6.96	8.16	8.51

注：2002年和2003年数据为抽样数据，其他为2000年全国人口普查数据。

资料来源：2000～2004年《中国统计年鉴》。

表5　我国人口年龄构成和抚养比

单位：人，%

年份	人口数	0～14岁	15～64岁	65岁及以上	总抚养比	少年儿童抚养比	老年人口抚养比
2003	1260498	256344	896908	107246	40.54	28.58	11.96
2002	1258951	267978	888206	102767	41.74	30.17	11.57
1998	1243377	302230	848749	92398	46.50	35.61	10.89
1996	1246243	322330	837470	86443	48.81	38.49	10.32
1995	1236695	330622	823261	82813	50.22	40.16	10.06

注：2003年人口变动情况为抽样调查样本数据，抽样比为0.982‰；2002年人口变动情况为抽样调查样本数据，抽样比为0.988‰；1998年人口变动情况为抽样调查数据，抽样比为1.01‰；1996年人口变动情况为抽样调查数据，抽样比为1.028‰；1995年人口变动情况为1%人口抽样调查数据，抽样比为1.04‰；抚养比是指0～14岁和65岁及以上人口占15～64岁人口的比重。

资料来源：1996～2004年《中国统计年鉴》。

我国的城市化率与世界相比很低，农村人口还占有相当高的比例（参见表6）。农村特有的生活方式以及与之相关的低风险和较低的生活水平约束了对保险的需求，从而降低了保险的总量消费。

表6　我国人口数及城乡构成变化

年份	年底总人口（万人）	城镇总人口		乡村总人口	
		人口数（万人）	比重(%)	人口数（万人）	比重(%)
1978	96259	17245	17.92	79014	82.08
1980	98705	19140	19.39	79565	80.61
1985	105851	25094	23.71	80757	76.29
1989	112704	29540	26.21	83164	73.79
1990	114333	30195	26.41	84138	73.59
1991	115823	31203	26.94	84620	73.06
1992	117171	32175	27.46	84996	72.54

续表

年份	年底总人口（万人）	城镇总人口		乡村总人口	
		人口数（万人）	比重（%）	人口数（万人）	比重（%）
1993	118517	33173	27.99	85344	72.01
1994	119850	34169	28.51	85681	71.49
1995	121121	35174	29.04	85947	70.96
1996	122389	37304	30.48	85085	69.52
1997	123626	39449	31.91	84177	68.09
1998	124761	41608	33.35	83153	66.65
1999	125786	43748	34.78	82038	65.22
2000	126743	45906	36.22	80837	63.78
2001	127627	48064	37.66	79563	62.34
2002	128453	50212	39.09	78241	60.91
2003	129227	52376	40.53	76851	59.47

注：1. 1982年以前数据为户籍统计数，1982~1989年数据根据1990年人口普查数据有所调整，1990~2000年数据根据2000年人口普查数据进行了调整，2001~2003年数据为人口变动情况抽样调查推算数。

2. 总人口和按性别分人口中包括中国人民解放军现役军人，按城乡分人口中现役军人计入城镇人口。

3. 本表各年人口未包括香港、澳门特别行政区和台湾省的人口数据。

资料来源：2004年《中国统计年鉴》。

我国识字率和预期寿命虽然高于世界平均水平，但与发达国家相比，仍然有很大的差距，而且还有更多的结构性特点。

我国自20世纪50年代以来人口教育素质虽然有很大的发展，但由于我国基础较差，教育水平，尤其是农村教育与发达国家的差距相当显著。较低的教育水平抑制了对于风险管理的了解和需求，因而不利于保险消费。就发展中国家而言，基尼系数越高可能越会促进保险业的发展，但过高的基尼系数不利于社会的稳定发展。对于我国来说，基尼系数的保险效应更多地表现为城乡保险消费的结构性差异。但是我国预期寿命和识字率高于世界平均水平，应该有助于保险消费。然而，由于我国的社会保障制度的替代作用所部分抵消。识字率较高应该体现出人们思维、观念、价值等的变化，进而影响人们的行为。但从我国的现实来看，识字率—观念—行为的演变似乎相当缓慢，人们更多的是遵循路径依赖所揭示的习惯性行为。如从表2中可以看出，我国北京、上海从各方面来说都应该优于世界平均水平，然而，从保险消费的指标而言，却远低于世界平均水平。虽然保险消费受收入水平影响很大，但从我国的情况来看，我国保险发展与世界水平的巨大差距并不能完全由收入的差距来解释。

我们知道，保险深度是保险费收入和GDP的比率，保险密度是保险费收入与人口的比率。为了便于分析，我们借用保险学中关于深度和密度的定义，把新增储蓄与GDP和总人口的比值分别定义为储蓄深度和储蓄密度（表明储蓄的水平）。由此，我们计算出 2002 年美国、日本、北京和上海的储蓄深度和储蓄密度，如表 7 所示。

表 7 2002 年美国、日本、上海和北京的储蓄水平

国家/地区	人口	GDP	储蓄	储蓄密度	储蓄深度
美国	2.87	104809	2936	1023	2.8
日本	1.27	5372667	296440	233417.3	5.52
北京	1423.2	3212.7	853.4	5996.3	26.56
上海	1334.2	5408.8	1020.5	7648.8	18.87

资料来源和说明：1. 美国、日本的储蓄、GDP 和人口数据分别来自 OECD 年报第一部分的表 4 和表 5；北京、上海的数据来源于《中国统计年鉴》(2003)

2. 关于单位：人口中，美国和日本的单位是亿；北京和上海的单位是万。GDP 和储蓄的单位是各国货币：亿。储蓄密度是各国单位货币。储蓄深度是%。

从表 7 中可以看出，美国的储蓄深度低于日本，储蓄密度（1 美元 = 125.5309 日元，根据我国外汇管理局公布的每月汇率平均值）与日本相仿。美国的金融结构以市场为导向，因而为居民提供了更多的投资渠道，相反，作为银行导向的金融结构，日本的银行业在金融体系中居于举足轻重的地位。Outreville（1996）和 Thorsten Beck and Ian Webb（2002）都认为，银行体系的发展可以促进保险产品的消费，这是由于银行发展不仅创造了良好的金融消费环境，促进了金融产品的发展，提高了人们对金融的信心，而且，银行业的发展为保险业提供了方便快捷的结算和支付服务。因此，就美、日比较而言，日本的银行体系显然促进了国民对保险产品的消费，日本的保险深度和保险密度都高于美国。北京、上海的储蓄深度远远高于美国和日本，储蓄密度虽然低于美国和日本，但差距较小，然而保险密度的差距却要大得多。这表明我国居民把收入中的大部分都用于银行存款，而不是购买保险。换言之，在我国，即使在北京、上海这样的城市，人们仍然还保持传统的理财观念，对于保险本身所具有的投资储蓄功能还缺乏深刻的了解。

表 8 2000~2002 年我国储蓄和保险的发展水平

年份	保险费收入(亿元)	保险深度(%)	保险密度(元)	新增储蓄额(亿元)	新增定期储蓄(亿元)	储蓄深度(%)	定期储蓄深度(%)	储蓄密度(元)	定期储蓄密度(元)
2000	1595.9	1.8	127.7	4976.7	1310.3	5.6	1.5	392.7	103.4
2001	2112	2.2	169	9457.6	4144.5	9.9	4.3	741	324.7
2002	3054.1	3	237.6	13233.2	7432	12.8	7.2	1030.2	578.6

资料来源：根据各年度《中国统计年鉴》和《中国保险年鉴》数据计算。

为了便于比较,我们增加了保险深度和保险密度。表 8 反映了 2000~2002 年我国储蓄和保险的发展状况,可以更深刻地说明我国整体国民的理财观念。从表 8 中可以看出,在 2000 年,保险深度和保险密度要高于定期储蓄的深度和密度,到了 2002 年,保险深度只增加了 1.2 个百分点,而定期储蓄深度却增加了 5.7 个百分点,定期储蓄密度增长了五倍,保险密度增长幅度却还不到一倍。而且,这里所说的保险费包括各种单位、各种类型的保险收入,而新增的储蓄还仅仅是指居民个人,如果把企业储蓄计算在内的话,这种差距将会更大。可见,就整体国民而言,这种巨大的差距反映了人们理财观念的路径依赖——仍然遵循传统模式,习惯于银行存款,漠视风险管理。

由此可以看出,我国和其他发达国家在保险业发展方面存在差距的原因,与其说是收入水平,还不如说观念使然。而观念问题,大而言之,涉及整个国民教育素质问题;小而化之,则涉及保险业的发展。在我国,尽管保险业已经有十多年的发展历史,然而从保险营销的理念、手段,到保险市场调研、产品开发以及风险管理等各个方面几乎仍处于起步阶段。因此,我国保险业要取得突破性的发展,需要充分考虑人口结构因素的变化。

首先,保险人员的素质需要大幅度的提高。根据 2003 年《中国保险年鉴》数据,我国保险从业人员一共有 22 万多人,其中,大专以下学历占到总人数的 3/4,中专以下学历竟然达到 1/3。很难想象,这样的学历结构如何与当今先进的保险理念相结合,在进行保险服务的时候如何能够向客户理清复杂的保险条款,又如何能够在当今纷繁多变的金融环境下分散保险公司自身聚集的风险。因此,提高人员素质应该是保险业当前的重中之重。

其次,深刻认识我国人口城市化和老龄化的发展趋势,研究我国保险产品现实的需求结构以及未来的变化格局,开发出一系列符合各层次人们需求的保险产品。这样,既可以满足人们的风险管理需求,又可以培养客户群体,从而促进保险业的长期发展。

再次,应该认真研究开拓农村保险市场的方法和途径,尤其是发达的农村地区。农业生产先天脆弱性尤其需要保险。如果政府给予适当的政策支持,农业的保险发展将可能会是另一片广阔天地。

最后,也是更重要的,应该加强保险教育和保险宣传,提高整个国民的风险管理理念和保险意识,这可能是更为直接有效地增加保险消费需求的最终因素。

无可否认,我国保险业正在进入一个迅速发展的上升通道,这是因为:其一,我国有一个稳定的政治经济环境,这是保险业得以持续发展的前提。其二,我国有世界上最多的人口以及财富增长速度最快、规模最大的城市阶层。目前我国的城市人口已经达到 5 亿,相当于整个欧洲的人口规模,人均 GDP 达到 1.76 万人民币。如此庞大的市场发展空间以及几乎源源不断的后续发展潜力有力地保证了我国保险业未来长期的发展势头。其三，不断发展的城市化和人口进一步的老龄化为保险业发展提供了现实的需求空间。正是基于未来的巨大发展空间和现实持久的需求空间，各国保险公司纷纷涉足我国保险业，以图分享快速增长的中国保险业市场。中国的保险人要在这强手如林的保险市场里争取应有的份额，就需要付出更为艰辛的努力。

（本文发表于《中国人口科学》2005年第1期）

参考文献

[1] Browne, Mark J. and Kim, Kihong (1993): "An International Analysis of Life Insurance Demand", *Journal of Risk and Insurance* 60, 616−634.

[2] Beenstock, M., Dickinson, G. and Khajuria, S. (1986): "The Determination of Life Premiums: an International Cross-Section Analysis 1970−1981", *Insurance: Mathematics and Economics*, 5, 261−70.

[3] Fischer, S. (1973): "A Life Cycle Model of Life Insurance Purchases", *International Economic Review*, 14: pp. 132−152

[4] Gonzalo, J. "Comparison of Five Alternative Methods of Estimating Long Run Equilibrium Relations", *UC San Diego Discussion Paper*, 1989. No. 89−55.

[5] Lewis, Frank, D. (1989): "Dependents and the Demand for Life Insurance", *American Economic Review*, 79 Issue 3 (1989), pp. 452−466.

[6] Outreville, Francois J. (1996): "Life Insurance Markets in Developing Countries", *Journal of Risk and Insurance*, 63.

[7] Pissarides, C. A (1980): "The Wealth-age Relation With Life Insurance", *Economica* (Nov. 1980).

[8] Thorsten Beck and Ian Webb (2002): Determinants of Life Insurance Consumption across Countries

[9] Truett, D. B. and Truett, Lila J. (1990): The Demand for Life Insurance in Mexico and the United States: A Comparative Study, *The Journal of Risk and Insurance*, 57.

[10] Yarri, M. E (1965): "Uncertain Lifetime, and the Theory of the Consumer", *Review of Economic Studies*, 32, pp. 137−150.

中国金融体系的结构性改革：
全球化下的机遇与挑战*

王松奇

一 引言

30 多年前，中国做出了一个具有重大历史意义的战略选择，即由封关锁国式的"自力更生"发展模式转向实施改革开放政策彻底融入全球化的新发展模式。这种发展模式的转型不是单纯解决计划经济体制的效率低下问题，而是一个人口总量居世界第一、具有悠久历史和优良文化传统的伟大民族由种种内生因素推动的包含经济社会文化等诸多层面内容的制度性转型。在这一制度转型过程中，中国采取的是渐进主义的过渡方针，并在诸多体制方面实行了分清轻重缓急将经济体制改革和生产力发展始终摆在优先位置的策略，这使得中国几乎在未发生任何社会动荡的情况下就平稳地创造了连续 30 年每年 GDP 保持 9.7% 的增长率的经济成长神话。中国已经从一个经济濒临崩溃边缘，人均 GDP 不足 200 美元积弱不堪的穷国成为贸易量和 GDP 总量排名世界第三、人均 GDP 超过 2000 美元的经济大国。在反映综合国力的金融指标上，中国的进步更是惊人：1978 年全国城乡储蓄存款余额只有 210.6 亿元，人均 21.9 元，至 2008 年 8 月底全国城乡储蓄存款余额近 21 万亿元，1978 年国家外汇储备总额只有 16 亿美元，而至 2008 年 9 月底中国外汇储备已超过 1.9 万亿美元。这些指标说明，30 年的改革开放和制度转型，不仅使中国成为经济大国，而且也成了金融大国。

无论是经济大国还是金融大国，都只是对中国经济总量和金融总量现状的简单描述。我们都知道，"大国"和"强国"之间还有相当大的距离。因此，我们在为过去 30 年经济发展成就自豪和骄傲的时候还应当清醒地认识到：中国仍然处在一个上升发展阶段的十字路口上。我们必须确定一个十分清晰的战略目标并选择正确的发展路径才能少走弯路，力争在下一个 30 年中顺利实现由经济、金融大国向经济、金融强国的转变。

---

* 本文系为 2008 年"全球化与中国"国际研讨会提交的论文。

尽管中国存在着经济体制与政治体制改革不协调以及经济发展与文化价值观改善不协调等一系列问题，但眼下仍然应当将主要精力放在深化总体经济改革和经济发展方式转变方面，这一任务的完成要以体制的不断改善和资源配置方式的继续调整为基本手段。在本轮全球化中，金融已成为资源配置和要素流动的牵引性因素，因此，金融体制和金融政策的改革在中国下一轮的经济改革中应居于核心地位。本文将简要地介绍中国金融体系的现实状况、存在的主要问题，并尝试提出今后时期中国金融体制和金融政策的改进方向和政策要点。

二 中国金融体系的结构和运行特征

1. 中国金融体系的基本特征

按照20世纪下半叶流行的金融体系分类标准，中国的金融体系是典型的银行主导型金融体系，即全社会绝大部分金融资源都是通过银行系统进行配置的。现行银行主导型金融体系并不是中国最终定型的金融运行模式选择，从历史角度考察，它是中国金融体制从计划经济向市场经济转型过程中的一个特定阶段的形态，也就是说，从长期发展角度看，中国的金融体系也可能演化成市场主导型的金融体系，当然，也可能继续保留银行在资源分配方面居于绝对主导地位的基本特征。未来的发展趋势将由金融政策导向和市场自然演化两种因素共同起作用。银行和市场，哪一种主导方式更有利于金融资源配置效率的自动提升，哪一种方式就有可能成为中国金融体系模式的最终选择结果。一般情况下，人们都是用直接融资和间接融资的比例来判别金融体系市场主导和银行主导的模式特征，直接融资比例大于50%即可视作市场主导型，间接融资比例大于50%则可将金融体系视作银行主导型，中国金融体系融资比例如图1所示，具有明显的银行主导特征。

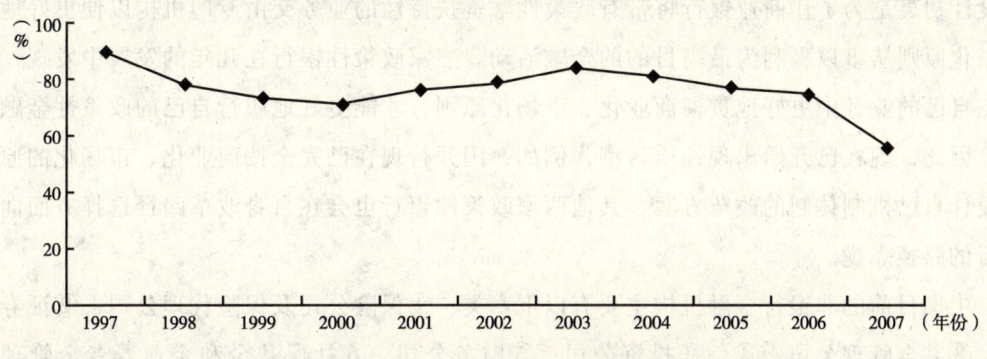

图1 贷款占总融资额的比重变化（间接融资比例变化）

2. 机构体系

在银行主导型金融体系中,参与存放款活动的银行类金融机构是组织体系中的基本力量。在1978年之前,中国只有两家银行和一个遍布全国的农村信用合作社系统:中国人民银行既履行发行货币、支付清算功能的职责,又从事工商业贷款,中国银行则主要从事与外贸外币有关的业务,农村金融服务则由数以万计的农村信用合作社承担。在30多年的改革中,中国银行业已出现了巨大的变化,现有的银行类机构已形成了一个拥有52万亿资产(截至2007年12月)的庞大组织体系。如图2所示。

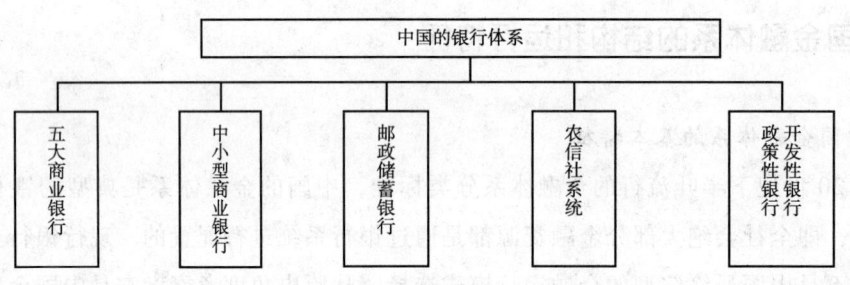

图2 中国的银行体系

图2的各类机构中,五大商行(工农中建交)中除中国农业银行仍为待改制的国有独资商业银行外其他四行均已成为成功的上市银行;中小型商业银行则由14家全国性股份制商业银行和113城市商业银行构成,城市商业银行中目前除三家已上市外,其余大多为由地方政府相对控股的中小型银行;邮储银行刚刚成立,性质仍属国有独资,虽然未大规模开展社区银行服务,但资产规模已超过了交通银行成为中国资产规模排名第五的商业银行;农村信用社系统是分散于全国各地的,以农村、农业、农民为基本服务对象的近两万家合作性存放款机构的总称;三家政策性开发性银行(国开行、农发行、进出口行)的设计初衷是为了让商业银行将带有政策性融资扶持性的业务交由专门机构以便更好地按市场化原则从事以赢利为最高目的的金融活动。三家政策性银行在几年的发展中发现,只有在自己的业务中更好地贯彻商业化、市场化原则,才能更好地履行自己的政策性金融职能。因此,现在已开始出现性质转型,例如,国开行现在已完全按商业化、市场化的原则来设计自己机制体制的改革方案,其他两家政策性银行也会在自身改革路径选择方面向国开行的路径靠拢。

中国目前的非银行金融机构主要有以下六类:①保险公司及保险代理公司;②证券公司;③基金管理公司;④信托投资公司;⑤财务公司;⑥社保基金和企业养老金管理机

构。这六类机构中，保险业和证券业在重要性上堪与银行业并列。截至 2007 年 12 月，我国共有证券公司 165 家，保险机构 120 家。中国的保险公司目前主要分为四类，即寿险类、财产险类、再保险类和保险经纪类。在一个银行主导的金融体系中，由于中国总体经济正处于转型期，用各种改革措施调整直接融资和间接融资的比例已被确定为中国金融改革的基本内容，因此，非银行金融机构资产和业务的扩张速度会明显高于银行业的资产和业务扩张速度。

我们可以把中国现存的金融机构体系作一图示，如图 3 所示：

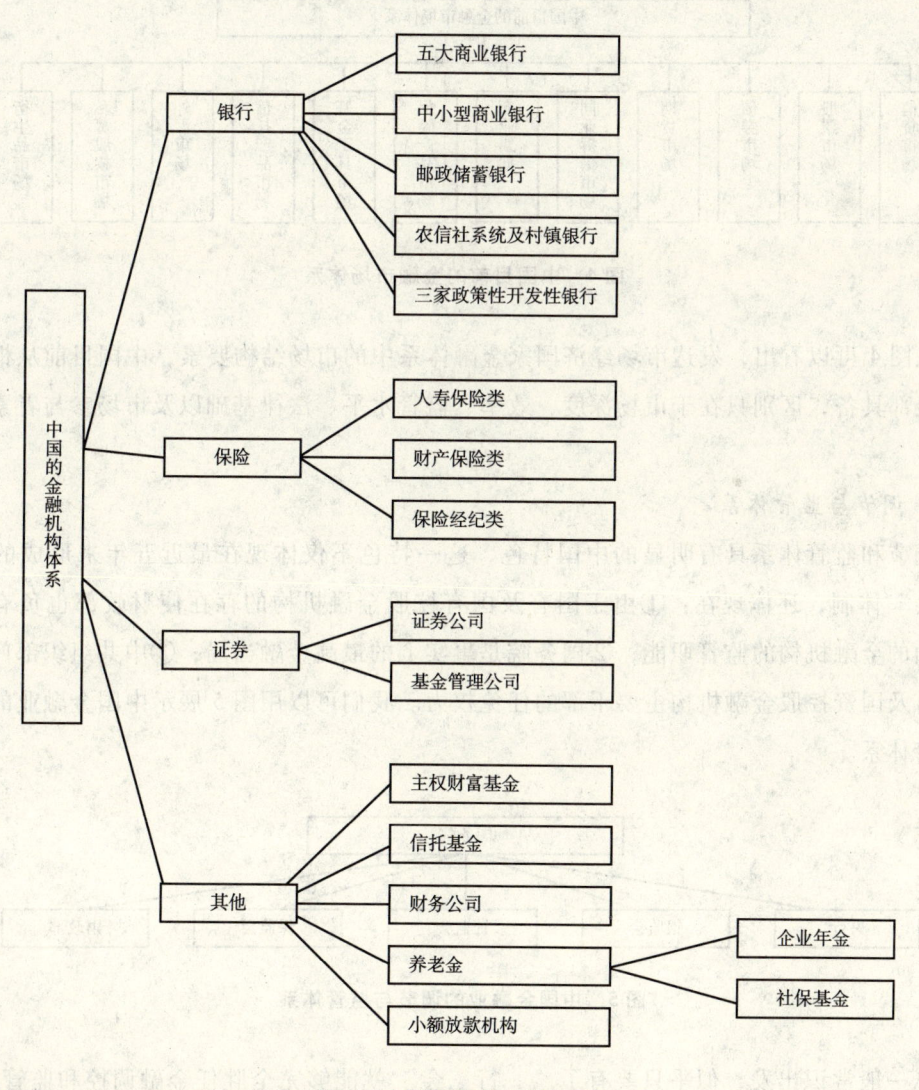

图 3　中国的金融机构体系

3. 市场体系

1991年，上海证券交易所和深圳证券交易所的成立，是中国金融市场发展的最具标志意义的事件。尽管至2007年12月底，中国内地的股市总市值超过32万亿，占GDP的比重达158%。但与市场主导型金融体系的经济体相比，中国的金融市场无论从现有的完备状况还是从功能效率等方面来说，都还远称不上发达，只能算作是市场体系建设的初级阶段。

我们用图4展示目前阶段金融体系的架构。

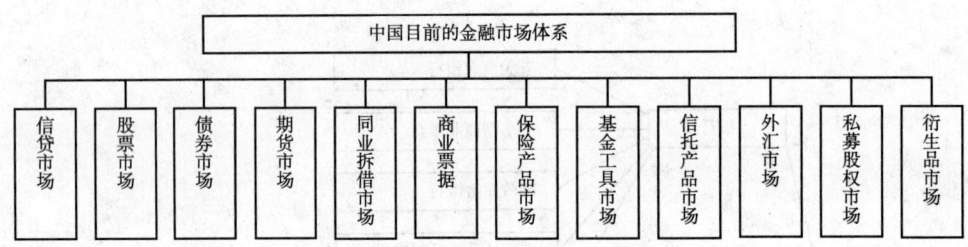

图4　中国目前的金融市场体系

从图4可以看出，发达市场经济国家金融体系中的市场结构要素，中国目前从框架上说已全部具备，区别只在于市场深度、效率、监管水平、法律基础以及市场参与者素质等方面。

4. 调节与监管体系

调节和监管体系具有明显的中国特色，这一特色不仅体现在最近五年来形成的"一行三会"体制，还体现在：①由于国有及国有控股金融机构的存在使财政部也负有财务等方面的金融机构的监管职能；②国务院是事实上的最高金融当局；③中共组织部门拥有对国有及国资控股金融机构主要干部的任免权力。我们可以用图5展示中国金融业的调节与监管体系。

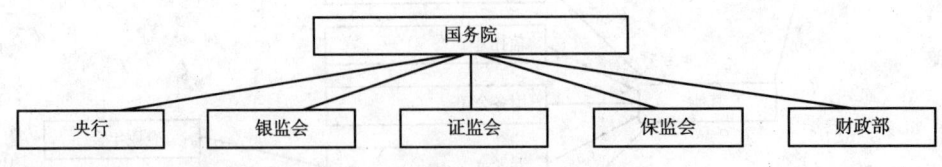

图5　中国金融业的调节与监管体系

从一般常识出发，似乎只要有了"一行三会"就能够完全胜任金融调控和监管职能，但在图5中我们之所以将国务院和财政部也加入考虑，是因为中国的中央银行并没有美联储那样的独立决策权。中国的货币政策调节行动只有在上报国务院并得到国务院的批准后才能发布和施行。而财政部也列入中国金融监管者的行列则是由于财政部代表国家对国有金融机构进行财务监督，它的财务管理权力之大已超出想象。如果不考虑国务院在货币政策措施出台上的审批地位和财政部在国有及国资控股金融机构财务管理方面的特殊权力，按照经济学界对金融调控与监管的一般分析方法给中国的金融调控和监管体制定义，可称之为：货币政策与监管分离式分业监管模式。随着中国金融业混业经营趋向的强化以及行政管理体制方面即将实行缩减现有机关数量的"大部委"制的施行，今后几年，"一行三会"模式也可能会发生改变。

　　5. 运行特征

　　在中国这种特殊的制度转型背景下，银行主导型金融体系在运行上常常显露出二元化特征：一方面，中国金融业必须遵循市场经济规律按照国际金融业的通行规则和业务规范去改造原有的金融机构，矫正其违背市场规律的不当经济行为；另一方面，由于法律环境、体制因素干扰以及微观基础等方面原因，中国在金融政策和金融监管方面又常常要重新启用那些传统的行政信管理手段。例如，中国的商业银行在 1998 年就取消了指令性贷款指标管理制度代之以资产负债比例管理，而在近 10 年时间的改革开放实践后，尽管商业银行本身存在着资本比例约束，但中央银行近年来又开始重新启用了信贷扩张的指标性管理办法。这一金融管理办法与前不久为对付通货膨胀出台的物价管制措施一样，在国内外政策研究领域遭到了一些非议。不论怎么说，我们都可以将中国金融体系的运行特征概括为：在市场化水准不断提高的前提下以集权性管理和控制为基本特征的货币金融资源配置系统。

三　金融改革开放的实践路径和逻辑结果

　　1984 年中国人民银行不再从事存贷款业务，其职能转化为负责货币政策的制定、执行和监管金融机构，这是中国金融改革的真正起点。与 1978 年开始的总体经济改革时间起点相比，金融改革的起步时间大约拖后了六年。在 1984～1990 年的七年时间里，中国金融改革的基本内容是对银行业进行分业性机构设置即在中央银行之外形成了工农中建四个专业银行，而中央银行在当年的价格改革、严重通货膨胀和宏观经济形势不稳定的条件下，主要以寻求货币供给的稳定性控制为政策目标。当然，在当时，这一政策目标的落实也只能诉诸各商业银行贷款规模指标性管理办法。1991 年，中国建立了两个证券交易所，股票市场的出现在中国金融改革的历史上具有里程碑意义：它打破了国家垄断银行业条件下单一间接融资模式，为有上市潜力的公司提供了一个公开的制度化的融资平台；苛刻的上市条件及上市公司监管要求对中国企业的股份制改造和改善公司治理产生了明显的促进作用；股市所蕴涵的财富效应和投资风险令许多中国老百姓的财产性收入水平和行为方式发生了前所未有的变化；最重要的还有，中国在当年决心建立股票市场实际上是在根本经济制度上的一次革命性选择，即私有制和混合经济制度已被决策层认为是社会主义经济的一个组成部分。在两个证券交易所成立的第二年即1992年春，中国改革开放的总设计师邓小平发表了"南方谈话"，这个讲话为中国1993年开始选定"社会主义市场经济"的体制目标模式定下了基调。但同时，由于邓小平提出"胆子再大一点，步子再快一点，思想再解放一点"的说法被金融业房地产业当成了放松管制的信号，因而从1992年上半年开始出现了全国性的投资热、股票热和房地产热，这直接引发了1993年6月开始的金融房地产的清理整顿。当时仅从金融业来说，全国首先关闭了20多个场外交易中心，资本市场的发展速度大幅放缓，银行业的改革也处于徘徊状态。在这段时期唯一值得称道的是外汇管理体制的改革。可以认为，1997年爆发的亚洲金融危机是中国金融改革取得长足进步的起点。由于实行资本项目管制以及主权信用支撑下的基本银行体制，中国得以成功地抵御了横扫东亚的金融风暴。按照当年中国银行体系不良资产比重和系统性金融风险水平，中国金融业所面临的严峻形势程度已远远超过日本、韩国甚至是俄罗斯，但中国在坚持人民币不贬值的条件下硬是撑过了这场使许多东亚国家经济出现严重衰退的金融危机。从当年的经验说，除了上面提到的资本项目管制和主权信用支撑这两个前提外，中国决策层自1998年开始采取的一些强硬性改革措施也在防止亚洲金融危机传染方面发挥了积极作用。这些措施中最令人印象深刻的大致有三点：一是用指令性方式迫使大型商业银行每年必须降低不良资产比率至少3个百分点，将金融特别是信贷业务方面的责任诉诸刑法，这迫使各商业银行加强内部风险控制和岗位责任追究制度；二是利用股票市场为大型国有企业的资金需求和财务脱困服务，在当年按地区和部门分配上市指标（或家数）的措施下，监管部门允许国有企业可以用"以好带次"的方式进行"捆绑上市"，这种做法虽然给资本市场的健康发展埋下了隐患，但从短期效应说，确实对改善金融危机时期的实体经济部门的状况起到了一定的积极作用；三是宏观管理权特别是大型金融机构的干部任命监督权力上收，专门成立了"中央金融工作委员会"，从组织上、政治上保障了中央号令执行的顺畅问题。

中国金融改革开放从2000年开始真正加速。促使改革开放加速的契机是1999年4月开始的中国政府与美国、加拿大、欧洲等国政府关于加入世界贸易组织的谈判，其中1999年12月11日我国与美国政府签订的双边协议具有决定性意义，因为中国同美国的谈判内容对发达市场国家的多边谈判内容覆盖率可达 80% 以上。确定了加入 WTO 的过渡期、时间表后，中国政府在金融业这个最重要的开放领域中采取了一系列大胆而不失稳健的改革开放政策，当然最值得称道的就是对银行业的改革和开放。按照当年的谈判结果中国首先以发展中国家的经济地位争取到了五年过渡期。在对外开放步骤上，中国采取了先进行金融市场开放再根据国情逐步放松资本项目管制的策略。在 2006 年 12 月 11 日加入 WTO 过渡期结束时，检验中国金融开放和改革的成果，我们可以用"非常成功"来进行评价，而成功的标志大体有四：

第一，中国的银行业已从 1997 年因不良资产过高（大约达 26%）的所谓"理论破产"境地转变为全球业绩增长最快、整体环境良好、财务指标健康、股权受到全世界投资家追捧的金融产业之一。

第二，中国的保险业近年来始终保持了市场率先开放的势头。2002 年，中国境内的保险机构只有 42 家，到 2007 年 12 月保险机构总数已达 120 家，对外资开放度明显高于银行业和证券业，国民保险深度及保险机构的自身素质已明显提高。

第三，2007 年我国证券市场已成为全世界投资者最看好的金融市场之一。自加入 WTO 之后，中国就把证券市场的规范化建设、法律法规基础设施建设当作重点任务，2006 年开始成功进行的股票全流通制度改革在提升投资者信心方面发挥了相当大的作用，使中国股市总市值在 2007 年 12 月达到 32.71 万亿元，位列全球第四。

第四，中国在 20 多年的时间里始终保持着世界数一数二的高储蓄率，每年城乡居民户储蓄保持 16% 以上的递增速度。外汇储备至 2007 年 12 月底已超过 1.5 万亿美元，使中国从一个积弱不振的金融角色成为国际金融市场上最有实力的玩家之一，并从 2007 年开始通过主权财富基金的形式参与全球性投资活动。

在亚洲金融危机刚刚爆发时，全世界最大的担心是中国能否幸免于难，因为中国当年银行业的不良资产比重已远远超过惨遭金融危机袭击的日本和韩国等国家银行业的不良资产比重。结果，中国不仅成功抵御了金融危机的传染，而且还使中国的金融市场成为最受全球投资者青睐的市场，使中国的金融机构成为最受国际投资人（财务投资人和战略投资人）追逐的投资目标。

中国是怎样做到这一点的？

许多研究中国问题的人都十分看重中国的资本项目管制，认为资本项目管制是隔绝世界性金融风险的一堵高墙。其实，中国金融业在 1997 年以来的全球性的金融动荡中之所以能平稳地走上健康发展的道路，关键还在经济的某些基本面要素和正确的改革策略。

中国经济基本面中最重要的元素是超稳定的政治社会结构背景下的持续高经济增长

率,这是许多国家都不具备的金融环境条件。在世界上有许多具有超稳定政治社会结构的国家根本无法实现高经济增长,这些国家中的发达工业国家,如果经济增长率每年能达到3%左右,就算是非常高的经济增速了;还有许多国家,虽然能够实现较高的增长率,例如年GDP增速可达6%以上,但国内政治社会却始终存在不稳定因素的威胁。从一般经验看,政治社会的潜在风险又常常是使国际投资者望而却步、国内金融难以健康成长的关键原因。自1979年以来,在连续30年的时间里中国的GDP年均增长率达到9.7%,始终保持着世界第一的纪录。可以认为,连续30年的GDP年均增速世界第一为中国金融业分享高经济增长红利提供了最重要的基础条件。而超稳定政治社会结构、巨大的内需潜力、低要素成本在可贸易商品市场上的竞争力以及中央政府、地方制度和企业等所有市场参与者都具有的持久扩张冲动等内部因素与全球化条件下的外部市场空间、资本要素流入等条件相结合,又是创造中国30年持续高经济增长的必要条件。可以断言,只要这些条件仍然在发挥作用,中国就会继续维持10~20年的高速成长。

参照近几十年来的国际经验,金融市场在工具日益复杂化、虚拟化的条件下常常会形成自己独特的运行规律,因此,即使和实体部门运行联系紧密的传统金融行业也会有自己的特殊性,即实体经济部门的运行状况常常取决于实实在在的供给和需求的对比现状及走势,而金融业在发展时是否健康平稳常常取决于人们的信心、预期和种种不确定性。金融的基础是信用,而信用的最后基石是信任。总结中国自亚洲金融危机爆发以来金融改革和开放的轨迹,我们可以发现,中国在降低金融体系系统性风险方面正是熟练地运用了"信任-信心-稳定预期"这个对金融部门稳定运行至关重要的规律才创造了化险为夷的奇迹。我们还是以在中国金融体系中占绝大比重且在1997年被国际、国内一些人讥讽为"从理论上说已破产"的银行业为例。1998年,中国想出了一个用"财政注资"2700亿人民币补充几大国有商业银行资本金使之核心资本比例勉强达到8%左右的办法:以国家财政的名义发行特别国债,用几大商业银行吸收的存款来认购这些国债,然后再将这种"募集"概念下的钱放在几大国有商业银行账簿上的核心资本科目上,然后向全世界宣称,中国四大国有银行的核心资本比例已接近巴塞尔协议要求的最低水平,结果自然是积极的,国内国外都认为中国的几大银行从核心资本比例角度看已处于安全状态。从这一"注资"行动的逻辑关系可以看出,从被注资银行的账上拿出一笔钱转移到这些银行账目的另一个科目上,只是变动了原有银行与存款及国家财政之间的付息关系,并没有从银行外部引入新的货币,这个注资行动就宣告完成。其间真正起作用的已不是货币和资本而是市场参与者对中国国家信用的信任,由信任产生了信心,信心又进一步稳定了市场预期,如此而已。不过,这种充满调节艺术的政策手法一般来说只能运用一次,到了2003年,当中国中央政府决定对中国银行和中国建设银行进行财务重组进而引入境外战略投资者的时候，这时的注资就只能靠真金白银的流入来实现财务重组目标了。我们都知道，中国是先成立一个公司——"汇金公司"，这个公司直接作为国家外汇管理局的附属单位，然后这个单位再直接将从国家外汇储备中拿出的 450 亿美元注入中国银行和中国建设银行。这样通过不良资产剥离和国家注资，就为引入境外战略投资者奠定了前提。

在中国金融业由高风险和极度脆弱状态转变为充满活力健康发展状态的过程中，向国际投资人开放市场、中资金融机构引入境外战略投资人和财务投资人的方式虽然在国内充满争议，但却是 2001 年以来最为成功的金融改革开放实践。

按照中国加入 WTO 协议的要求，金融市场开放当然也包括中资金融机构股权市场的开放。为稳健起见，中国在经历了一些争论之后最终将银行股权的外资进入比例锁定为 25% 的上限。不过，即使境外投资者的股权比例只占 1/4，这种由中外出资人形成的新的股权结构和公司治理结构，也对中国银行业包括非银行金融机构的公司行为乃至于整体金融体系的运行状态产生了极大的积极影响。中资金融机构引入境外战略投资者问题自 2005 年 8 月开始就在国内引起十分激烈的批评，当时的背景是入股中资金融机构特别是入股银行类机构的投资者以较低的价格在非公开发行阶段购得了这些机构的股权。在以后的一段时间内，随着某些机构成功地在国外上市，境外战略投资者在中资银行股价上涨过程中实现了巨大的资本溢价，这一现象引发了诸如中资金融机构引入外资使中国经济出现殖民化倾向、威胁中国经济金融安全以及造成中国财富滚滚外流等诸多指责。这些带有经济爱国主义色彩的批评当然也要引起重视，但从公允角度评价中资金融机构引入境外战略投资者的举措还应当有更宽广长远的思考视角。就每个特定的机构来说，它们当然缺钱需要补充资本，然而从宏观角度看，中国作为一个居民储蓄倾向全球数一数二且金融体系中流动性过剩现象严重的国家，它根本就不缺钱、不缺少资本。在这种特定的宏观背景下，中资金融机构引入境外战略投资者，中国决策层看重的主要是境外战略投资者进入后对中资机构公司治理、经营理念、管理手段、产品和服务内容的改善以及从全局上使中国金融体系在法规制度等方面同国际通行游戏规则接轨的推动作用。后一点尤其重要，因为中国的金融机构特别是银行类金融机构最欠缺之处就是规范化的公司治理。中国的大多数银行在控制权方面都存在两种情况：或是政府控制，或是内部人控制。在这种条件下，引入境外投资者的最大好处就是最大限度地降低原来政府控制或内部人控制情况下经常可能出现的决策不当对机构长远发展带来的损害。另外，从财务效应说，境外战略投资者从投资目标银行股价上涨中获得的巨大的收益，也成为一些人说"中国财富滚滚外流"的批评口实，但熟悉内情的人都知道：①在非公开发行阶段，中资银行首选的募资对象——中国的一些有实力的大型国有企业出价远较境外战略投资者的出价为低；②中国首选的入股工、中、建、交四大行的境外战略投资者都是世界一流的银行，它们的加盟实际上也是为品牌价值不高的中资银行变相提供了一种"背书"，这是保证银行募资路演成功及上市后股价表现良好的一个重要条件。实际上，如果说占投资对象1/4股权的外资银行已经大赚特赚了，那么，占比75%左右的中资股权，其溢价收益当然也就更多。

加入WTO使中国经济融入全球化的进程加快，金融市场开放以及中国的金融资本进入国际市场，都是中国在全球化中发挥作用的表现，从这一点说，尽管中国国内出现各种保守派的声音，但经济和金融的开放进程并没有受到影响。将深化改革和扩大开放相结合仍将是中国制度转型期的既定方针。应当说，中国目前要注意的是在金融业发展势头良好、宏观经济继续保持足够的扩张冲力时如何探索出更具远见的对实体经济改善有更大促进作用的结构性改革方案。当然，设计这种结构性的改革方案的思考起点应当是如何看待中国经济发展和金融体系中目前需解决的主要问题。

四 中国金融体系存在的主要问题

评价一个国家金融体系的健康状况和运行效率可以用不同的方法，例如可以用比较经济分析方法将本国金融体系与发达市场经济国家的金融体系的内在结构制度条件和运行指标等内容进行对比；还有一种方法，就是运用机制设计理论的思考方法为中国的实体经济设定战略目标，用实体经济对金融体系提出的服务需求同现行金融体系的服务功能和效率相对照，然后按照满足这些战略目标实现要求的必要条件进行相应的金融政策设计。

中国金融体系自1997年以来在10年多的时间里最明显的进步是解决了两大问题，一是系统性风险过高的问题，二是金融机构出资人制度改革问题。系统性风险过高源于不良资产比重过高，而不良资产比重过高又源于国有银行部分地承担了改革初期全社会必须付出的经济转型成本。为什么本应当由公共财政承担的过高改革成本却错位转移到国有银行身上呢？其背后原因就是银行由于是国家出资、国家垄断经营的，国有经济的单一所有制形式使得国有银行和国家财政理所当然地成为公有制体制下承担不同功能的两个资金汇聚和分配部门，即使在1984年出现了中央银行调节职能独立的改革之后，中央银行在国家需要时为财政提供融资功能以及国有银行转变为商业银行后为承担稳定经济和社会的责任用贷款支持业绩不良的国有企业，所有这些，都是传统计划体制下形成的公有经济思维在起作用。单一国有制使得出资人多元化和产权多元化下必然会产生的硬预算约束效应不可能出现。所以，我国在通过外汇储备注资用指令性的办法强迫各商业银行降低不良贷款比率之后，一定要不失时机地对大型商业银行进行财务重组和产权多元化的改革。目前工农中建交五大行中已有四个完成了股份制改造和在海内外上市。中国农业银行也开始进行财务重组和股份制改造，除中等规模的股份制银行外，全国的城市商业银行和农村信用社也在股份制改造方面取得了显著的成绩。除银行外，证券公司、基金管理公司、保险公司中也有相当数量完成了股份制改造，其中一部分已成为市场上表现突出的上市公司。从产权多元化入手对金融机构进行结构性改造在中国金融改革中是最值得称道的进步。但是，从目前情况看，中国业已完成股份制改造甚至已经成为上市公司的银行、保险公司和证券公司中的相当一部分，运营机制并没有发生根本改变，在政府控制和中国特殊的干部管理体制下，它们距离具有规范化治理结构的现代意义上的"公司"还有相当的距离。仅从银行业的情况看，中资控股银行普遍存在的问题仍然是产品单调，服务效率低下，创新动力不足，成本控制不严，资产赢利水平同世界先进水平比差距较大，同亚洲银行业的平均水平比也低了许多。

以上，只是从微观角度对金融体系现存问题进行简单评述，还需要考察的则是从宏观角度即从金融体系对实体经济部门的服务能力以及通过货币金融资源配置方向的调节来促进实体经济部门结构改善方面来考察中国金融体系现存的一些问题。

中国实体经济目前面临的最大问题有三：一是科技创新与自主知识产权应用方面与世界一流强国之间存在巨大差距；二是资源浪费型经济成长模式下的结构性发展畸形；三是由于历史原因和资金投入不足造成的城乡经济差距。

通常情况下，世界一流强国要在三个方面达到领先水平，即经济技术方面、政治军事方面和教育文化方面。后两个方面不在本文的讨论范围内，因此我们这里只谈经济技术方面中国与世界一流强国的差距。从近些年年均专利申请量指标来说，中国似乎只逊于美国、日本、德国等少数几个国家，但中国的技术专利从市场开发到大规模生产最终能形成有生命力品牌的则少之又少。这种现状形成的原因可能有很多，例如精英教育水平、科研体制、企业创新冲动的制度性激励、全球性技术竞争中的相对劣势等等，应当指出，守旧的金融政策也负有相当的责任。在前面我们介绍中国金融体系的特征和市场结构时已经可以看出，中国的金融资源绝大部分都分布在银行系统，信贷市场是用货币资金方式引导实体经济要素流动的主导型平台。而资本市场，尽管近年来发展速度呈加快之势，尽管股票市场自2006年下半年到2007年11月一直保持着行情向上的走势，但高股价、高市盈率以及参与者旺盛的投资热情都不过是虚拟经济的价格膨胀现象，在中国金融市场中还没有出现足以促使金融资源自动流向有利于实体经济中产业结构强制升级、激发创业热情、使创新型企业能得到充分金融服务的机制。从世界各地的经验看，创新型成长导向型企业的最有效金融服务形式就是创业投资，但中国的"创业投资"概念自1985年在中央颁布的《关于科技管理体制改革的决定》这一文件中被提到直至今日，24年的时间内，这个理应得到大发展的金融产业却始终处于幼稚阶段。按照统计，2007年全国创业投资公司的资本总量也就300亿元左右，而实际上由于各创投公司股东普遍追求短期回报，大多数创投公司都用募集资本的相当比例去炒股票，真正用于支持拥有自主知识产权的创新型企业的投资少得可怜，而天使投资人在中国更是寥若晨星。实际上，中国目前最可怕的不是通货膨胀，也不是流动性过剩，而是由于本国创投产业不发达致使那些成长型的创新企业股权被海外创业投资基金大量收购所出现的新形式的产业空心化趋势。这种倾向如果不通过恰当的金融政策调整来加以矫正，中国就可能永远沦为技术经济意义上的二流或三流国家。最近30年来，世界上重要经济体在经济技术上保持竞争优势的一条重要经验就是要在教育、科研、应用性开发及金融资源配置等环节上形成高度协调的制度化安排，而在这种制度化安排方面，中国还有很长的路要走。

在经济增长年率达9%时，中国如果不借助全球化而仅靠内部资源的供给，就无法将这种成长势头保持下去，因为相对于每年经济增速所要求的要素供给能力来说，中国的资源在相当意义上说已经相当匮乏了。从能源、淡水、大宗矿产品甚至到农业用地、工业用地和年轻劳动力，中国都面临着供给策略的调整问题。从这一意义上说，中国的经济发展方式必须在一二十年发生根本性转变，这样才能保持经济成长的可持续性。在30年的改革开放过程中，中国成功地解决了许多问题，经济发展方式转变问题尽管早在十几年前我们就已经认识到它的重要性，但却始终没有得到解决。在粗放式、环境破坏式的经济成长方式形成和延续原因的讨论中，中国的许多学者习惯于声讨以政绩为主要工作目标的地方政府和唯利是图的企业，这不能说错，但也没有看到问题的实质。中国经济发展方式转变之所以难以看到明显成效，关键在于激励制度的设计不合理以及金融政策缺少全新的思路，其道理在于激励决定行为，金融资源流动方向和数量的改变决定了调节效果和调整强度。从全局角度看，只要中国经济出了长期性趋势性问题，不管企业和地方政府的行为偏差产生了多大的负面作用，主要责任都应当由宏观管理者承担，因为他们是政策制度的供给者，是价格信号和数量信号的直接操控者。

中国的高能耗、高污染企业主要由传统的重化工业构成，这些重化工业企业又是能够贡献大额产值、解决众多就业、在贷款可得性上有优先权的国有企业。所以，要落实节能减排和转变经济发展方式的目标，阻力不仅来自于那些利益受损企业，也会来自于地方政府。企业的行为矫正要用利益机制，而地方政府行为的矫正方法就是中央政府提出一套新的官员考评标准——用"乌纱帽"来影响地方官员的行为。金融体系的守旧业务行为当然也是经济发展方式转变战略实施中的消极力量。因此从一般规律看,创新技术成果绝大部分都是由民营创新型中小企业采纳的,掌握大部分货币资源的银行系统既不愿承担高新技术企业的市场风险,也因为缺少难以对新兴企业的产品技术风险进行准确判断的专门人才而无力承担创新型企业可能遭遇的新技术风险,而且,在1998年以来国有银行不良资产的核销名单中,非国有企业根本不得列入,这使得银行出于安全考虑更不愿意承担对创新型民营中小企业的融资服务功能。这些因素交互发挥作用,就使得中国的经济发展方式转型变得异常困难。要改变这种状况就必须对中国金融体系的职能进行改造,而改造的目标就是要让那些创新型成长导向型企业能够有效地解决资金可得性问题,让实体经济部门中能够自动生成一种促使产业结构自动升级、工业基础自发进行优化调整和改善的机制。

当然,即使是从金融支持的角度较好地解决了为创新企业和新经济服务、为经济发展方式转变和部门结构优化服务等重要问题,中国金融体系的服务功能还不能说已经尽善尽美了,因为作为一个有着7亿多农村人口的二元经济国家,农业、农村、农民及县域经济的发展仍然需要中国金融体系进行制度、功能等方面的重大调整。按照市场经济的发展规律,一个国家经济的现代化过程当然可以简单看做是工业化、城市化的过程。在这个经济发展转型的过程中,农业产值占GDP的比重会越来越低、农村从占地面积上说会逐渐相对缩小、真正从事种养等业农民的人口总量会相对越来越少将成为必然规律,但一个有13亿人口且立足于用自身农产品供给解决吃饭问题的国家,无论从经济发展还是从和谐社会建设考虑都必须有效地解决农民增收和农业发展等问题。与区域经济发展中的规律性现象一样,农村经济的发展速度也可以简单地概括为技术和资金的相对流入速度问题。中国城乡经济发展速度比率差距之所以有不断拉大的趋势,当然与农村资金每年都由邮政储蓄系统吸纳存款、农信社系统资金大量流向城市这一现象有关。县域经济和"三农"领域,近十年来由于工农中建四大行撤并分支机构,金融服务实际已出现了明显的萎缩现象。中国农村目前仍属于小户自耕农生产方式,一家一户的小额资金需求需要有覆盖广泛、组织灵活、供给积极的农村金融组织为其提供简单便捷的信贷服务,但目前农村金融服务领域居主导地位的农信社系统实际上连仅仅满足农民的简单再生产性资金需求都难以做到,更不要说满足农业生产大户、农产品深加工及农村基本设施建设的融资需求。近年来,中国在"三农"金融服务的制度性改革方面已出台了许多新的措施,如中国农业银行重新定位了以"三农"金融服务为主营业务的职能,邮政储蓄银行定位为社区银行因而农村社区也成为其重点业务领域,中国农业发展银行除发放粮棉油收购贷款外还拓宽业务领域并重点支持农业生产"龙头"企业,允许全国31个省、市、自治区放宽村镇银行审批限制等。这些措施都是基于一个基本构想,即尽快提升县域经济和"三农"领域的金融服务水平，不过，这些新措施因种种原因到现在尚未收到明显效果。

从上面的分析可以看出，中国金融体系存在的最大问题就是服务功能上存在着重大缺陷，一方面流动性严重过剩，另一方面，创新型企业、产业结构自动升级以及县域经济"三农"领域又存在着严重的资金可得性障碍，这说明中国急需围绕建设世界一流强国、通过产业结构调整转变经济发展方式、重视"三农"构建和谐社会三项战略目标重新设计金融政策。

五 美国次贷危机和全球金融危机背景下的中国改革思路

始于 2007 年 8 月的美国次贷危机至今已演化为一场全球金融危机，在这场金融流动性危机和市场信任危机中，尽管中国已成为为数不多的稳健安全亮点之一，但也应认真研究这次危机的产生原因并从中吸取教训，对以往金融改革思路进行严格检视和重新调整，将这次危机的外部冲击当成促进改革和发展的一次重大机遇。

美国次贷危机源于高负债经济基础之上的居民超前消费、银行系统的非理性信贷扩张、衍生品市场的疯狂交易、金融机构经营管理层的贪婪以及金融监管当局的失误。由美国次贷危机引发的全球金融危机目前仍在继续蔓延并开始对实体经济产生影响，在这种情况下，中国的金融改革和金融政策必须在以往思路的基础上进行适当的调整，以稳定、可持续发展、密切与实体经济间的联动关系为着眼点。中国金融改革的最终目标就是为实体经济的结构自动升级和资源配置提升建立一套市场化的自动调节机制，同时在市场化机制作用日益强大之时保持适当的政府干预空间，防止各种内生性和外部输入性的不稳定、不安全因素放大其震荡性影响。美国次贷危机和全球金融危机还在继续，全球化出现了新的背景，世界经济和金融格局都将发生许多新的变化，在中国领导人明确表示要参与全球协调救助行动的同时当务之急是把国内的事情办好，在这一特定的历史条件下，我们思考中国金融体系结构性改革时应明确以下几点：

第一，美国次贷危机和全球金融危机不仅不应当成为中国经济金融开放的顾虑性、阻碍性因素反而应当成为中国经济金融融入全球化的一个新起点。在最近若干年的金融开放实践中，中国最值得肯定的是对金融市场开放持积极态度，对资本项目则实行了极其审慎的、逐步放松对资本项目中的许多细项但仍实施严格管制的策略，这使得中国金融业的外国资本进入不得不采取投资入股、收购股权等长期稳定的方式，避免了短期投机资本可能对中国经济金融体系造成的外部冲击。在金融业特别是银行业的开放上，最近三年多来最大的争议是所谓中资银行股权出售价格过低、外资投资收益过高等问题；持批评意见的大体是对中国银行、中国建设银行、中国工商银行、交通银行等当年引入境外战略投资者的特殊历史背景不大熟悉的人士。实际上，在上述四大行财务重组之时，在外部引资之前，国家已有意安排争取内资企业特别是许多有实力的巨型国有企业先入股，但我们自己的企业当年对几家银行的发展前景普遍看淡，股权出价过低，而境外战略投资者出价却远高于内资国有企业。从事后结果看，由于外资入股比例始终被控制在20%左右，因此，在几大银行上市后股价上涨所形成的增值中，国有股权的市值收益既远超于境外战略投资者的股权溢价收益，也数倍于国家当年所投入的财务重组成本。由于境外战略投资者的引入，中国的许多引资金融机构已经在业务流程、风险控制、公司治理、决策机制、信息披露、产品和服务水平等方面出现了明显的改善。中国金融业的对外开放不仅仅是为了履行当年为加入WTO所签署的各项双边或多边协议的策略性行为，也是从经济发展长远考虑所采取的一种自觉战略行动。改革开放30年中国的经济成长速度之所以比印度、俄罗斯、巴西等竞争类型相当的国家更快，除了内部政策因素外，主要差异就在对外开放方面，中国比新兴市场国家中的任何一个经济体都更多更快地吸纳了境外资本且以直接投资为主要形式，使得中国在内源储蓄极为充裕的条件下又获得外源储蓄的补充和技术、管理、国际营销经验的添加。从这个角度说，体制改革过程中的积极开放政策是中国创造了连续30年高增长奇迹的重要经验之一。可以认为，目前的全球金融危机在金融开放方面又给中国提供了一次难得的发展机遇。美国、欧盟等重要经济体普遍遭受危机创伤后，中国会成为全世界最有吸引力的金融投资目的地，中国庞大的外汇储备也会使中国成为全球金融体系中的一支最重要的稳定力量。在今后一段时间，中国的金融机构体系还能够吸纳大量的国际投资，我们可以在中小型机构引资、金融服务薄弱环节引资等方面加大开放力度，在运用主权财富基金参与全球金融市场方面增加投入，支持具备资本实力和相应人才基础的金融机构在国外并购和拓展市场。从目前发展趋势看，中国外汇储备的快速增长及随之而来的外储资金高效率运用问题应当成为中国全球化金融发展战略的重要构成内容之一，中国应当有两到三个主权财富基金的运用主体形成既分工协作又合理竞争的关系，在对外投资活动中发挥更大的作用，用成功的投资方向选择和风险控制机制为中国经济长期快速发展奠定稀缺性资源的稳定供给通道并创造出良好的经济效益。

第二，中国应当认真总结美国次贷危机发生的教训，不仅要注意金融创新过程中的风险监管问题，还应当根据中国目前的经济金融发展阶段性特点，避免金融压制，应以鼓励微观主体产品创新、对实体经济的金融服务创新为现阶段金融政策调整重心，在适度放松金融管制提高金融资源配置效率的同时不断改进和强化监管，在促进金融业发展的过程中关注和监管风险，用金融机构服务效率的提升不断优化实体经济领域的要素配置结构。从中国实体经济结构的现实情况说，不平衡、不协调和不可持续局面的主要形成原因最终都可以追溯到金融体系的资源配置功能存在缺陷。中国金融体系的主要特征是银行主导，在银行体系中又以工、农、中、建、交五大国有或国家控股银行为资金聚集和分配主体，即使五大行中的四大银行已经完成了股份制改造、上市等工作，但它们的运营机制并没有发生根本改变，在信贷分配上倾向于大企业特别是大型国有企业，在产品创新上缺少积极性，授信业务效率十分低下，普遍存在着风险规避行为，因而不可能主动对科技创新型、风险承受型中小企业积极提供信贷支持等等。这些行为在银行体制中的普遍化倾向就使得中国实体经济领域容易产生重复建设、传统产业升级困难，有自主知识产权的创新型企业经常面临在成长初期被外资收购等一系列问题。从国外成功经验看，一个经济体的技术经济结构升级一定要伴随着对人们创新创业积极性的制度性激励政策的出台和融资环境的明显改善。在现代经济中，政府可以用差别税收政策引导资本的流动方向调整，但市场化的金融资源配置常常能产生比政府税收更强烈的激励作用。例如，当税收产生前端激励即将资本引导到某个投资方向上以后，如果存在一个能够为创新型企业提供强大融资功能和企业价值变动评估功能的资本市场，成功的创新型企业就可以在这个市场上实现创业企业价值和创业企业参与者个人价值的制度化激励兼容。这种激励兼容的影响如果足够大，又能够在资本市场这个公众性金融平台上对一个经济体的所有市场参与者产生巨大的心理影响，进而导致他们储蓄投资的选择行为发生有利于整体产业结构改善的良性转变。当全社会的储蓄投资循环流程都倾向于将资源优先配置于创新型成长导向型企业时，一个国家的经济结构调整就能获得内生性和持续不断的发展活力。但是，在中国的金融体系变迁过程中，我们由于缺少放松管制和金融自由化发展阶段，中国的各类金融机构在过于严格的行政性监管限制下，始终存在着创新积极性被压制、资本市场发育迟缓之类的问题，这与美国次贷危机过程中对抵押贷款业务过度扩张、衍生品设计过虚过滥且当局又疏于约束的情况截然相反。事实上美国自从1938年成立房利美、1970年成立房地美以及随后的20多年中的金融创新活动都曾为美国的新经济出现和实体结构调整作出过相当积极的贡献。美国的问题主要出在2001年以后的次贷业务过度扩张和相应的衍生债券泛滥成灾为今日的金融危机埋下了祸根，但此前几十年金融政策和市场主导型金融体系的发育实践依然是非常成功的。我们现在在面对次贷危机和全球金融危机并设计中国的金融政策思路时，绝不能因危机而忽视美国在危机酝酿之前成功阶段的经验。中国金融改革设计者应当关注的是如何在放松金融管制过程中平衡提高效率和控制风险的关系。

第三，美国次贷危机和全球金融危机对全世界金融机构和金融监管当局提出的最大挑战是风险的内部控制和外部监管难题。当金融产品链条一旦延长到某种程度时，各层次金融产品和业务扩张就会由于委托－代理关系变形和金融机构高管阶层的贪婪使得正常的金融创新业务演化为单纯的以奖金和分红为目的的虚拟财富创造过程，各阶层的金融机构经营管理者就会产生不顾公司长远利益和金融体系稳定的短期逐利行为。在最近几十年中，美国许多金融机构的公司治理结构出现变形，据统计，公司独立董事真正具有专业知识背景的人员比例只在1/4到1/3之间，绝大多数公司的独立董事成为委托－代理关系中的代理人，即公司高管人员提出动议或议案的表决机器，股权所有人权力虚置已成为普遍现象——这和中国大型国有企业所有者虚置、管理链条太长、内部人控制的局面有异曲同工之妙。在通行的期权激励和收益分红制度下，金融机构往往以个人收入最大化的实现条件为着眼点去设计业务扩张动作，这就导致不顾后果的业务扩张和所谓"人们看不懂"的产品创新活动。在强化激励的同时又缺少着眼于可持续发展的风险约束机制，机构高管人员只享受业务扩张成果，企业制度设计中没有考虑企业遭受重大失误导致经济损失时建立的一种问责和高管层不当收入追回机制。目前，全世界金融机构的公司治理都存在两种不当倾向：或是政府控制，或是内部人控制。政府控制的一类效率普遍偏低，内部人控制的一类则容易滋生短期逐利行为导致机构风险甚至衍生为系统性金融风险。所以，中国在总结本次全球金融危机教训时，一项重要工作就是要重新思考委托－代理关系的合理设计和公司治理的规范化架构。外部监管的失察和制度性缺陷也是美国次贷危机爆发的原因之一，中国也应当在这方面进行认真的总结。美联储在2004～2005年美国房地产抵押贷款市场和衍生品市场交易非常红火时就应当采取除升息以外的干预行动，防止金融泡沫的过度膨胀，并且还应联合相关政府部门对金融机构高管人员的个人收入制度以及日益扩大化的公司内部收入分配差距进行严格限制，从抑制贪婪入手校正各机构不顾风险的扭曲性经济扩张行为。在本次金融危机中，中国金融体系之所以表现出少有的稳健特征，除了资本项目管制、衍生品市场尚未发育等原因，"一行三会"以及财政部对国有及国资控股大型金融机构的监管和监督较为严格也是一个不可忽略的积极因素。在1997年亚洲金融危机的背景下，中国的金融监管部门自1998年以来对银行系统特别是对那些于整体金融安全具至关重要意义的大型银行采取的财务重组、国家注资、股份制改造、上市融资等一系列改革动作，使得中国金融体系的系统风险大幅降低，并且在最近10年来的经济发展中，中国决策层在宏观经济政策上也没有出现过冷过热、过紧过松之类的明显失误，因而消除了由实体经济剧烈波动可能造成的信用经济崩溃的现实基础。从这一点说，我们可以暗自庆幸。现在我们面临的问题，既不是重蹈美国的覆辙走不受限制自由化的老路，也不是维持原有的管制思维和保守的监管套路压制金融资源配置效率的提升，而是要在新形势下抓住机遇，探求如何在进一步发挥微观金融主体积极性和创新精神的基础上谋求中国实体经济和金融部门实现良性互动的新路子，其政策着眼点就是让全社会金融资源的流动效率更高，方向更合理，更有利于快速实现由贸易大国、经济大国向贸易强国、经济强国转变的伟大历史目标。

在上述三个方向性、前提性问题明确以后就可以用务实的态度去进行近中期内的金融政策设计：

第一，在全球金融危机的背景下，中国应立即改变宏观经济调节方向，即转变自2007年下半年形成一直延续至2008年第三季度的从紧宏观政策思路，应当立足于刺激内需，稳定股市、楼市和维持经济较高增速来设计货币政策、财税政策组合。

第二，加快金融混业经营的发展进程，除了传统意义上的银行、证券、保险业的混营外，允许各类金融机构以资本或资产的一定比例用于支持创新型企业的直接投资或入股专业创投机构。在金融微观基础出现较大变化后，可探讨新型的成本更低、效率更高的金融监管制度模式。

第三，综合运用数量手段和价格型手段促使实体经济部门的产业产品结构进行升级性调整，可探讨人民币一次性大幅升值并在若干时期内不变的政策措施的可行性，用该项手段解决贸易条件不断恶化、货币政策对冲压力过大以及输入型通货膨胀问题。

第四，"三农"金融服务领域的行业进入门槛可以进一步降低。例如，建立村镇银行可在一些省份试点去除"必须有一家现有银行入股且入股比例不得低于20%"的规定，这样，民间资本和外国资本进入农村金融服务领域开展小额农贷业务就会便利许多。在设立审批上可规定审批时限，减少各地方银行监管分支机构的官僚主义作风及寻租行为对快速推进农村金融服务改革可能造成的延宕。

第五，尽快推出创业板股票市场，并在全国建立10~20个场外交易市场，用为中小企业打造直接融资平台的方式抑制现存主板股票市场为大企业特别是大型国企的浪费性过度融资行为，用市场化的融资激励和价格激励方式推动全国性的创业创新趋势。

我们都知道，本轮全球化以金融资本、技术信息、资源约束为基本导向因素，中国如果能通过新金融政策的设计使自己成为经济技术方面的一流强国，有效地解决本国经济发展方式的转型问题，能够通过商品劳务资本的输出在世界范围内为科学合理地利用有限资源作出贡献，中国就注定会成为本轮全球化中最重要的角色之一。

（本文为"全球化与中国"国际研讨会论文，2008年）

法治视野下的中国金融发展
——中国金融法治化进程、问题与展望

胡 滨 全先银

作为一种社会调整方式，法治意味着社会运行，包括经济、政治、文化等各领域的社会运行，都处于法律的调整之下。1978年，中国开始改革开放，作为金融改革开放内容之一的金融法治也由此开始。

一 中国金融法治化的基本历程

自1978年以来，中国的金融法治化主要经过了三个主要阶段：1978~1994年金融法治化的起始阶段，1995~2002年的全面推进阶段，以及2002年以来的持续深化阶段。

（一）1978~1994年的中国金融法治化历程

这一时期金融法治建设的成就主要表现在：首先，金融法规的制定和贯彻，初步改变了金融活动无法可依的状况（张秀民，1987）；其次，中国人民银行作为金融管理机关，实现了行政管理的专门化。但是，这一时期的金融法治建设具有极大的局限性：对于金融立法来说，在形式上，立法有权宜之计的嫌疑，很多立法表现为暂行规定、暂行办法，缺乏稳定性和权威性。更为重要的是，金融立法全部由行政法规和部门规章组成，而缺少由全国人大或其常委会通过的法律；[①] 在内容上，突出行政法律关系，带有较强的高度集中计划经济体制色彩，规范中多为禁止性规范和义务性规范（余亚勤，1993）；在范围上，仅仅是搭起了金融法治的简单框架，在诸多领域还存在立法空白；在可操作性上，由于金融法规或规章普遍缺少罚则，导致法规或规章无法得到有效执行而缺乏可操作性。对于金

---

① 当然，在金融活动急剧变革且金融改革目标尚未确立，金融改革处于边走边看的时候，制定具有稳定性和权威性的法律具有一定的困难。

融管理来说，虽然中国人民银行成为全国金融管理机关并且也积极进行管理，但是，有法不依的情形时常可见。

（二）1995～2002年的金融法治化进程

1995年在中国金融法治建设史上是具有里程碑意义的一年，此后6年是改革开放以来我国金融法治进展最快的时期。这表现在：一是金融立法数量多。据不完全统计，1995年至2001年底，由全国人大及其常委会颁布的金融法律达9部之多；由国务院颁布的金融法规有145部，国务院各机构颁布的金融类规章有3680部；由最高人民法院制定的金融类司法解释41部，由最高人民检察院制定的金融类司法解释的9部。① 二是金融法律法规规章已经初步体系化，金融领域无法可依的状况得到根本改变。三是金融监管执法活动日趋成熟，不仅形成了分业经营、分业监管的监管体制，而且各监管机构的监管活动越来越符合市场需要，越来越深入。当然，这一时期的金融法治进展仍存在一些不足，主要表现在：一是过于强调金融市场安全和稳定，存在管制过度的情形；二是仍存在金融体系为国有经济服务的倾向，同市场化原则有一定的背离。

（三）2002年之后的金融法治化进程

2001年底，中国加入世界贸易组织，中国的金融业出现了一些新变化，需要通过修改立法来适应发展的需要。2003年12月，全国人大常委会通过了《中国人民银行法》《商业银行法》修订案及《银行业监督管理法》。上述三法适应了我国加入世界贸易组织和金融开放的新形势，满足了金融监管体制改革和中央银行职能调整的需要，重新界定了中国人民银行、银监会的地位和职责，从法律上明确了银监会对全国银行业金融机构及其业务活动进行监督管理的职责，为银监会依法履行监管职责、依法加强对银行业的监督管理、依法行政提供了法律保证，以法律的形式肯定和巩固了中国金融业改革的成果。2006年10月，《银行业监督管理法》进行修改，赋予银行业监管机构相关调查权。在金融监管方面，2002年以后，各监管机构在金融公司治理、金融机构及业务创新、防范金融市场风险等方面细化监管规则，制定了大量的监管细则，加强行政执法力度并严惩违法违规行为，每年都破获大批金融违法案件。

---

① 李宏：《我国金融立法的不足及其完善》，北大法律信息网，http://artiele.chinalawinfo.com/article/user/article_display.asp? ArticleID = 20115。

二 中国金融法治化的主要成就和基本特点

（一）中国金融法治化的主要成就

1. 初步建立了相对完备的金融法律体系

改革开放以来，中国金融法律体系经历了逐步发展的过程。改革开放之前，在计划经济体制下由于不存在金融交易活动，也就不存在以规范金融交易为核心的金融法律体系。改革开放之后，随着金融机构、金融业务以及金融市场逐步发展，金融法律体系才逐步产生并日益深化。尤其是在中国确立市场经济体制以后，随着金融改革开放日益向纵深发展，金融法律体系才开始逐步完善起来。经过30年的发展，特别是近10多年的努力，中国已经初步形成了以"银行三法、证券、保险、信托基本法为核心，金融法律、行政法规和规章为主体，金融方面的司法解释为补充的金融法律体系"（胡滨，2005）。

2. 建立了与金融业发展相适应的监管机制

改革开放之初，中国人民银行作为中央银行以及国务院领导和管理全国金融事业的国家机关，自然而然地承担起监管职能，对重新恢复的保险业、新出现的证券业和信托业实施监管。证监会和保监会的成立，初步确定了中国金融业分业监管的体制，即中国人民银行监管银行业，证监会监管证券期货业，保监会监管保险业。对于中国人民银行来说，在分业监管体制初步形成以后，其既负责货币政策又负责银行业监管，使其货币政策独立性受到影响。因此银监会成立，专司银行业监管。中国金融业监管体制经过近30年演变形成了目前的局面。从其演变历程来看，我们能够清晰地发现：监管体制变革同中国金融改革和发展的现实密切相关。具体来说，中国金融监管机构的设立、职责的变化都是在原有体制难以适应金融发展，难以更好地为金融发展服务的背景下进行的。因此，虽然我们不能说目前的监管体制是最好的，但是我们可以说目前的监管体制基本上是符合现阶段金融发展需要的。

3. 强化了金融机构、投资者、金融消费者等私法主体的权利意识

中国金融改革的30年，一定意义上是政府放权，金融机构成长为参与市场竞争的独立司法主体的30年。在这一过程中，金融机构取得了政府部门让渡并经法律认可的权力，同时也产生了自身的利益。为了自身利益，金融机构一方面希望能从政府部门那里取得更多的自主权，希望政府部门能够有效约束和规范其权力，减少对金融机构的干预；另一方面在金融业务运作的过程中，金融机构为了自身利益积极向金融消费者等主张自己的权利。金融机构的这种权利意识，一方面为自己争取到金融创新的空间，另一方面也有效地防范了金融风险，促进了金融发展。随着金融市场广度和深度的日益提高，金融机构利用其优势地位侵害消费者利益的情形日益增多。消费者利益受到损害以后，勇于行使自己的权利，或者通过诉讼、非诉讼手段积极向金融机构主张权利，或者促使监管机构修改不利于消费者的法律规则，以维护自身利益。改革开放30年，尤其是近几年来，消费者对自己的权利越来越重视，维权案例层出不穷，消费者群起反对银行跨行查询收费就是适例。

4. 初步形成了金融发展所需要的法律秩序环境

明晰的产权结构、良好的产权保护、有效的合同履行机制、公正的司法体制被认为是金融发展所需要的基本法律秩序环境。经过30年改革开放，中国已经基本建立了这样一种金融发展所需要的法律秩序环境：通过股份制改革，国有商业银行已经成为具有相当竞争力的产权明晰、自主经营、自负盈亏的现代企业；《物权法》所确立的所有财产，无论是国有还是私有都一体保护的理念，为财产权保护提供了良好的环境；有约必守原则已被包括《合同法》在内的法律规范所确认；征信制度建设为保护金融债权，确保债务人履行合同提供了保障；司法体制也基本上能够满足权利保护的需要。

5. 初步形成了金融市场主体利益平衡机制

经过30年的金融改革，中国已经初步形成了市场主体利益平衡机制。首先，监管者的权力受到有效约束和规范。中国30年金融改革的历程，实际上就是作为监管者的政府部门不断放权，金融机构不断成长的过程，监管者的权力对于中国金融市场发展的广度和深度有着决定性影响。近几年来，在依法治国背景下，随着《行政许可法》《行政处罚法》等法律的出台，金融监管部门的监管权力受到了有效约束。其次，金融机构可以通过银行业协会、证券业协会、保险业协会等社会组织向国家和监管者表达意见，也可以通过诉讼、非诉讼等法律手段向投资者、消费者主张权利。最后，投资者、金融消费者等也有了维护权利和表达意志的渠道。在他们受到侵害时，可以向法院提起诉讼维护自身的权利，也可以要求监管者履行职责来保护消费者利益。

（二）中国金融法治化的基本特点

1. 从过程上看，中国的金融法治化是一个渐进演化的过程

回顾30年金融法治化进程，可以发现其带有显著的渐进演化特征，无论是法律体系、监管体制还是人们对金融法治的认识都是渐进形成和完善的。以规范银行业的法律体系为例，银行业法律体系的形成和完善经历了以下几个阶段：一是1983年国务院颁发《中国人民银行专门行使中央银行职能的决定》，明确了中国人民银行的性质和职责，厘清了中国人民银行同其他银行及金融机构的关系；二是1986年国务院颁布的《银行管理暂行条例》。该条例总结了过去一段时间金融改革的成果，初步明确了中国人民银行作为中央银行和金融监管当局的职责，明确规定了银行和其他非银行金融机构的经营原则和经营范围；三是全国人大常委会于1995年通过《中国人民银行法》《商业银行法》。上述两法是在中国确立市场经济体制以后，在总结10余年金融改革经验基础上形成的；四是2003年全国人大常委会通过《银行业监督管理法》并修改《商业银行法》和《中国人民银行法》。上述修改和立法适应了中国加入世界贸易组织和金融开放的新形势，满足了金融监管体制改革和中央银行职能调整的需要。银行业法律体系形成和完善经历了行政法规—法律—法律修改的过程，清晰地表明了中国金融法治化的渐进过程。

2. 从主导因素上看，行政权力在中国金融法治化过程中起主导作用

行政权力在中国金融法治化进程中一直以来都起到主导作用，具体表现为以下几方面：首先，行政权力主导了金融市场法律规则设计。回顾30年来的中国金融改革，其基本历程表现为由计划金融体制向市场金融体制的转变。在计划金融体制下不存在金融交易和金融市场，因而也不存在金融市场法律规则。改革开放以后，在向市场化转型过程中，由于此前并不存在金融市场，因而行政权力承担着培育市场的重任。由于市场系行政权力一手培育而成，也就没有通过市场自发演进而形成的市场法律规则，这些规则基本上全部由行政权力主导设计完成。其次，行政权力掌控了金融市场中的"剩余权利"。所谓剩余权利，是指金融法律规则没有规定也没有禁止的权利。在市场主导金融法治化的国家，剩余权利通常属于金融市场私法主体，尤其是金融机构享有，以便于其实现金融创新。中国则与其相反，通常情况下属于行政权力掌控：当遇到法律没有禁止，也没有允许的情况下，金融机构并不能认为就是当事人具备可以自由选择权利，而是要通过行政系统打报告"请示上级主管部门"批准（吴志攀，2000）。再次，行政权力主动或被动地承担了金融市场的纠纷解决职能。中国金融市场的纠纷，大多发生在金融机构、上市公司同投资者、金融消费者之间。在纠纷中，投资者和消费者通常处于弱势地位而导致经常利益受损。此类纠纷从性质上看属于平等民事主体之间的民事争议，应当通过仲裁或法院解决。但是，由于种种原因，投资者和消费者不愿或难以通过上述途径解决，而只能求助于行政权力。

3. 从法律与金融改革的关系上看，行政权力制定的行政法规、部门规章、规范性文件要先于金融改革措施，全国人大常委会制定的法律要后于金融改革措施

中国每一次具体的改革措施，包括金融市场的建立、新的金融产品或服务的推出，最先对其规范的一定是行政权力制定的规则，这一点也充分印证了前面所说的行政权力在中国金融法治化过程中起主导作用的观点。而全国人大常委会制定的法律在金融改革措施之后推出，一方面，肯定和巩固了金融改革的成果，另一方面，法律的适时出台，也推动了改革过程中分歧和问题的解决，推进了金融制度创新。

三 中国金融法治化存在的主要问题

1. 金融法律体系虽已初步形成但还存在空白领域

从金融运行的角度来看，完备的金融法律体系应当包括以下几个方面：一是金融机构组织方面的规范，包括金融机构的法律地位、性质、组织机构、组织形式、治理机制、市场退出等内容；二是金融监管方面的规范，包括监管机构的设置、职能、金融监管体制、市场准入监管、金融谨慎监管、市场退出监管等内容；三是金融业务方面的规范，包括金融机构开展金融业务活动应该遵守的规则；四是金融交易方面的规范，包括权利的确认和保护、交易结果的确认和保护规则等。目前，中国的金融法律体系大体上已经涵盖了以上内容。但是，还有一些金融发展急需的重要法律法规未能出台，包括：①存款保险制度仍然迟迟未能建立。随着我国金融开放的逐步深入和金融管制的逐步放松，一个确保金融安全体系以抵御金融危机的存款保险制度越来越有必要。②金融机构市场退出制度仍未推出。加快建立金融机构市场退出机制，有利于及时清理金融体系中的不健康肌体，确保金融体系的健康运行。③私募基金、产业基金还没有取得相应的法律地位。长期的法外运行，不利于私募基金和产业基金的发展，同样也不利于金融安全和金融稳定。

2. 对投资者和金融消费者的利益保护不足

金融机构是金融市场的中介机构，其运营的资金大多来自于投资者和金融消费者。因为信息不对称和投资者、金融消费者能力有限，导致金融机构比其他机构存在更大的代理问题，投资者、金融消费者对金融机构如何运作他们的资金无法予以有效的监督和约束，所以，金融法律体系承担起保护客户利益的责任就成为必要。虽然我国的《商业银行法》《银行监督管理法》《证券法》《保险法》《证券投资基金法》等都将保护投资者和金融消费者的利益作为立法目的，但是在实践中，各种原因导致投资者和金融消费者利益并没有得到很好的保护，金融合同中各种各样的霸王条款层出不穷，极大损害了投资者和金融消费者的利益，也引起投资者和金融消费者对金融机构的极大不满。因此，制定专门立法来保护金融客户利益就显得非常有必要。

3. 金融监管机构权限过大

在实践中，金融法律体系不完善导致金融监管机构权限过大的原因有以下几种：一是监管机构由于法治意识不强,经常在没有法律规范的情况下,随意行使权力,权力得不到有效约束。特别是当监管机构面对大量实际问题,在法律不到位的情况下,靠政策、靠文件随意行使权力的情况是时有发生的;二是由于金融法律对监管机构的授权过于宽泛,导致监管机构权力没有受到法律的有效约束,干预的随意性很大;三是金融法律在很多时候过多关注如何保障金融管理权力的行使,而如何保护相对方权益和社会公共利益则考虑不够,规定监管机构责任少,强调金融市场参与者义务多,权利与权力、职责权不统一,致使监管机构权力未得到有效限制和规范。改变金融机构权限过大的情况需要改变传统的授权方式,要在金融法律中明确监管机构的具体权限和责任,以及违法的后果,而不能笼统授权。

4. 对金融机构的创新权力限制过严

如前所述,在中国金融法治化过程中,行政权力掌握了金融市场中的"剩余权利"。在金融改革之初,市场发育尚不完善,无论是金融机构还是投资者或金融消费者对金融市场风险都未能有充分认识。在这种情况下,由行政权力掌握金融市场中的剩余权利显然是符合中国国情,是合适的。但是经过30年的金融改革,尤其是中国加入世界贸易组织以后,中国的金融市场发展无论是广度还是深度都是改革开放之初的水平所无法比拟。尤其是在当前,中国金融业一方面面临着从传统盈利模式向现代盈利模式的转变,另一方面,人民群众的金融服务需求也逐步增强。在这种背景下,金融机构提高金融服务效率需要通过管理创新和业务创新来实现。金融创新应当成为金融改革的重点之一。如果金融市场中的剩余权利仍然由行政权力(监管机构)来主导,那么将难以发挥金融机构自身的主动性。事实上,金融机构处在提供金融服务的第一线,最了解投资者需要何种金融服务,因此,金融机构应当成为金融创新的主导者。

5. 司法体制尚未完全发挥作用

在现代社会,司法是社会公正的最后一条防线。司法失真将使社会失去起码的公正,使人民失去对政府的信任与信心。司法的作用在于解决纠纷。金融市场中存在大量金融纠纷,虽然多数纠纷能够在司法体制中得到解决,但也有很大一部分纠纷由于司法体制自身的原因未能在司法体制中得到解决。例如,因内幕交易、操纵市场、虚假陈述等证券市场违法违规行为而引发的民事侵权纠纷。2001年9月21日,最高人民法院对证券市场上发生的侵权行为而引起的民事赔偿纠纷案件下发了"暂不受理"的通知。在涉及金融机构的大量争议中,最高人民法院大量使用"明传电报"的形式通告各级法院"暂停受理、暂停审理、暂停执行"某类案件。虽然司法机关实施这些措施都有其自身的理由,但法院拒绝受理本应属于法院受案范围的案件,无疑是对投资者和金融消费者的利益损害,显然是不利于金融发展的。此外，司法地方保护主义盛行，也在极大程度上损害了司法权威，损害了金融市场主体的利益。

四 中国金融法治化进程展望

过去的 30 年，中国金融法治化主要目的在于培育金融市场，为金融发展努力建立规则。在这一阶段，让市场发育成熟起来并有其运行规则是金融法治化最主要的工作。至于金融法治环境的公正问题则并非最重要的，尽管我们在金融法治建设中努力去做到公正。但是，当金融市场已经发育起来并逐渐走向成熟的时候，这种低层次的金融法治化就不符合人们对金融法治建设的要求了。在未来一段时间，中国的金融市场必将走向成熟，中国的金融法治化也将走入寻求更加公正有序的新阶段。

1. 金融法律规则的形成机制将更加合理

金融法律规则是金融市场主体利益博弈的结果。在过去的 30 年中，由于除政府（监管机构）以外的市场主体包括金融机构、投资者、金融消费者等尚未成熟起来，由政府（监管机构）主导金融法律规则的制定具有其合理性。但是，政府（监管机构）毕竟有其自身的利益和运作机制，由其一手操办的金融法律规则并不一定符合其他市场主体的利益。随着中国金融改革的不断发展，金融机构、投资者、金融消费者日益成熟起来并有了自己的利益表达方式，在金融法律规则制定过程中将能够充分表达自己的意见，进行博弈，从而促使金融法律规则的形成。

2. 金融监管机构的权限与金融市场主体权利的配置将更加平衡

如前所述，在金融市场尚不成熟之时，由金融监管机构掌握金融市场"剩余权利"有其合理性。但是，当金融市场发展较为完善，金融市场主体逐渐成熟时，完全由金融监管机构掌握金融市场"剩余权利"则不利于金融市场的进一步发展。因此，随着金融改革的进一步发展，金融监管机构向金融市场主体让渡全部或部分"剩余权利"成为必然。

3. 金融监管机构的执法更加公开透明

金融监管机构的执法是金融市场健康发展的重要保证。目前，我国金融市场上的违法违规行为泛滥在一定程度上同监管机构执法不力有关。在未来的金融法治化进程中，改进和加强金融监管机构的执法体制和机制，应当是金融法治化的重要内容之一。其重点在于建立更加公开透明的执法机制，一方面使得监管机构的执法行为可以得到有效监督，另一方面也可以发动金融市场主体及利益相关者参与执法，使违法违规行为得到及时制裁。

4. 司法体制在金融发展中的作用更加显著

司法是保护金融市场主体利益的最后一道关口。司法体制无法有效发挥作用会极大危害金融健康发展。目前，中国正在进行司法改革，司法体制的一些病疾将会得到解决。届时，司法在保护投资者和金融消费者的利益方面将会发挥更大作用。

（本文发表于《财贸经济》2009 年第 5 期）

参考文献

[1] 胡滨等：《中国金融法治报告》（1～4 卷），社会科学文献出版社，2006～2009 年。

[2] 李扬：《中国金融改革 30 年》，社会科学文献出版社，2008。

[3] 李扬等：《中国金融改革开放 30 年研究》，经济管理出版社，2008。

[4] 史克剑：《金融法制建设十年》，《中国金融家》2005 年第 12 期。

[5] 吴志攀：《中国金融法制十年》，《中国金融》2005 第 13 期。

[6] 余亚勤：《论市场经济建立中的金融法制建设》，《法学》1993 年第 9 期。

[7] 张秀民：《谈加强金融法制建设》，《中国金融》1987 年第 6 期。

上市公司民营化绩效：基于政治观点的检验[*]

李广子 刘 力

一 引言

随着经济市场化改革的推进，政府越来越多地将其持有的国有企业的股权出售给民营企业，引入其他类型的股权，通过"民营化"来提高企业的经营效率和绩效。考察民营化对公司绩效的影响对于评价市场化改革的政策效果、指导进一步的改革实践具有重要的现实意义。

按照国有股权出售时国有企业所处状态的不同，可以将民营化大致分为以下两大类。第一大类与非上市公司有关，政府通过拍卖、重组、协议转让等方式将未上市的国有企业股份出售给民营企业。胡一帆等（2006）利用问卷调查数据发现，这类民营化改善了企业绩效。第二大类与上市公司有关，又可分为以下三个子类：第一类为国有企业通过IPO上市，引入私人投资者；许多文献考察了这类民营化对企业绩效的影响，如 Sun and Tong（2003）、Jefferson and Su（2006）、Jiang et al.（2009）等，这些文献总体上发现国有企业通过IPO上市提高了绩效。第二类为政府在国有企业上市之后将控制权转让给民营企业，实现所有权性质由国有到民营的变更，本文称之为"上市公司民营化"。第三类为与国有上市公司有关的其他形式的民营化，比如股权分置改革中上市公司的国有非流通股股东向流通股股东支付对价的过程（Li et al.，2009）、国有上市公司股权再融资（SEO）、国有股减持等。

本文对上述与上市公司有关的第二类民营化过程即上市公司民营化进行考察，研究所有权性质由国有向民营的变更对上市公司绩效的影响。现实中，上市公司民营化过程往往

---

[*] 本文是国家社科基金项目"地区金融环境差异与企业投融资研究"（项目批准号06BJY114）的成果之一，笔者感谢国家社科基金对研究的支持。笔者感谢北京大学光华管理学院金融系博士生讨论班、第六届中国金融学年会参与者的讨论，特别感谢刘玉珍、赵龙凯、张翼、张峥、杨云红、熊德华、郑志刚、廖冠民、冯旭南、余明桂（评论人）及两位匿名审稿人的建设性意见。文责自负。

伴随着资产重组行为，这种资产重组行为往往会对上市公司绩效产生重大影响。例如，2006年8月28日，民营企业仁和（集团）发展有限公司通过拍卖方式得到九江化学纤维总厂持有的九江化纤（000650）13439.52万股国有法人股（占比67.16%），从而成为上市公司新的控股股东。与此同时，上市公司对原有大部分资产和负债进行剥离，并置入仁和集团及其实际控制人持有的铜鼓仁和、吉安三力、仁和药业三家公司100%的股权等资产，该公司由一家化纤企业变成一家制药企业。经过资产重组，该公司的净资产收益率（ROE）由2005年的 −277.16% 增加到2007年的16.64%。对与所有权性质变更相伴随的资产重组效应进行区分是非常重要的。如果绩效的变化仅仅是由资产重组效应所引起的，则我们无法得出所有权性质变更会对企业绩效产生影响的结论。在已有文献中，徐莉萍等（2005）、荆新等（2007）和戴璐（2007）等考察了国有上市公司民营化对其绩效的影响，但他们并没有区分所有权性质变更效应和资产重组效应，因此也没有真正论证所有权性质变更对企业绩效是否产生影响这一问题。一些文献在考虑资产重组效应后考察了控制权转让对企业绩效的影响。比如，白云霞等（2004）、白云霞和吴联生（2008）在将资产重组产生的收益从当期绩效中扣除后发现，控制权转移对公司业绩的影响并不显著。尽管这些文献在研究控制权转移对绩效的影响时一定程度上控制了资产重组的影响，但是，一方面，资产重组对当期收益的直接影响很难准确计算；另一方面，资产重组还可能产生其他间接影响，比如一项资产的注入会对公司已有资产产生间接影响，这种间接影响同样无法准确衡量但显然不能被忽视。考虑到这两点，将资产重组产生的收益从当期绩效中扣除的做法存在一定缺陷。本文通过对考察未发生资产重组的样本，完全剔除掉资产重组效应，考察了纯粹由所有权性质变更对上市公司绩效的影响，得到了新的研究成果。

在理论意义上，已有文献对国有独资企业绩效较差的原因有两种解释。一种是政治观点（political view, Shleifer and Vishny, 1994），这一观点认为，除了利润最大化目标之外，政府还会追逐其他目标，这些目标与利润最大化目标相冲突。此时，只有当公司的控制权由政府转移到私有股东手里后，公司的绩效才会得到改善。另一种被称为经理人观点（managerial view, Laffont and Tirole, 1993），这种观点认为，由于缺乏具有较强动机对管理层进行监督的单个投资者，同时缺乏用于对管理层业绩进行评价的股票市场价格信息，因此，完全由政府所有的国有企业很难对管理层进行有效激励。在缺乏股票市场价格信息时，由于无法获取市场对经理人工作绩效的评价信息，对管理层的激励合同会受到限制（Holmstrom and Tirole, 1993; Tirole, 2001）；同时，由于股票未公开交易，敌意收购对管理层的激励作用也几乎不存在（Scharfstein, 1988;

Stein，1988）。

Gupta（2005）利用印度部分民营化（partial privatization）样本对上述两种观点进行了区分。所谓部分民营化是指政府通过IPO将持有的国有企业股份中的一部分出售给私人投资者，上市之后政府仍然是企业的控股股东。部分民营化后，政府在企业中的控股地位并没有发生变化，改变的仅仅是引入了新的投资者和市场约束机制。Gupta（2005）的证据表明部分民营化提高了企业绩效，从而支持了经理人观点。

中国上市公司的民营化过程同样可以对上述两种理论观点进行区分。所不同的是，这一过程可以检验的是政治观点。这是因为，中国上市公司在民营化之前，通常也存在非国有的大股东或机构投资者，这些股东通常会有动力来监督管理层的行为；同时，上市公司在民营化前后都是一家公众公司，市场约束机制在民营化前后均会对经理人产生约束作用。也就是说，民营化前后经理人面临的外部环境不会发生变化。因此，剔除资产重组效应后，上市公司民营化前后唯一发生变化的是控股股东的性质。因此，上市公司民营化后绩效是否改善等价于政治观点是否成立。我们可以通过上市公司民营化样本检验所有权性质变更对公司绩效的影响，从而对政治观点进行检验。这也是本文在理论上的创新所在。

由于民营化样本中包含大量绩差公司，本文的研究还避免了已有的关于民营化问题研究中普遍存在的选择性偏差问题（如Frydman et al.，1999；Jiang et al.，2009；胡一帆等，2006），即那些绩效好的公司更可能被民营化。另外，已有的基于企业绩效与股权结构的横截面分析的文献都会面临股权结构的内生性问题（徐晓东、陈小悦，2001；徐莉萍等，2006；等），本文考察的是民营化所导致的公司绩效的变化，从而避免了内生性问题。

利用中国市场上剔除资产重组影响后的上市公司民营化样本，本文发现：①民营化后上市公司的绩效得到改善；②与配对的未发生控制权转让的国有上市公司和国有企业间控制权转让相比，民营化更有效地改善了上市公司绩效；③民营化前后上市公司在经理人激励方面没有显著差别，民营化样本与未发生控制权转让的配对国有上市公司样本以及国有企业间控制权转让样本相比，在经理人激励方面也没有显著差别。本文的证据表明所有权性质由国有到民营的变更改善了公司绩效，从而支持了由Shleifer和Vishny（1994）所提出的政治观点。

本文的后续结构安排如下：第二部分介绍样本和分析方法，第三部分比较民营化前后公司绩效的变化，第四部分比较民营化样本与配对的未发生控制权转让的国有上市公司样本的绩效，第五部分将民营化样本与国有企业间控制权转让样本进行对比，

第六部分考察经理人激励的变化,第七部分讨论潜在的"合谋行为"的影响,第八部分是结论。

二 样本与研究设计

(一) 样本选择

本文包括的上市公司民营化数据来自 CCER 民营上市公司数据库。截至 2008 年底,共有 336 家国有控股上市公司控制权发生转移而成为民营公司,剔除数据错误或数据不全的公司后还有 301 个样本。我们需要在这 301 个样本中选择出不含资产重组效应的研究样本。剔除资产重组效应通常有两种方法:一种方法是对于伴随资产重组的样本,把资产重组效应从企业经营绩效中剔除,比如白云霞等(2004)、白云霞和吴联生(2008)。如前所述,这种方法存在一定不足;另一种方法是只考虑不存在资产重组的样本,这种方法可以从根本上剔除资产重组效应。本文采取第二种方法。对于上述民营化样本,我们通过逐一查阅公司公告,查看该公司民营化当年以及之后 4 年内[①]是否发生资产重组。本文所指的"资产重组"泛指控制权受让方及其关联方与上市公司之间发生的资产置换、债务重组、资产收购及其他重大关联交易,而日常关联交易不包括在内。如果一家公司在民营化后某一年度发生此类资产重组行为,则将该公司当年及以后年度观测值予以剔除。另外,由于需要对上市公司民营化前后的绩效进行比较,本文要求民营化后的数据时间长度不低于 1 年。在 301 个民营化样本中,有 5 个样本在民营化当年再次发生控制权转让,有 123 个样本在民营化当年发生资产重组,有 44 个样本在民营化之后 1 年内发生资产重组,剔除这几类样本后得到 129 个样本。所有样本至少在民营化之后 1 年内没有发生资产重组,其中,2 年内没有发生资产重组的有 101 个,3 年内没有发生资产重组的有 76 个,4 年内没有发生资产重组的有 48 个[②]。样本行业及年度分布见表 1。可以看到,样本分布广泛,涉及 12 个行业和 12 个年度。其中制造业样本数量最多,为 68 个,占总样本数的一半以上;从年度分布来看,2002~2004 年相对集中一些。

[①] 本文所指的年度为会计年度。比如,一家上市公司民营化时间为 2000 年 5 月,那么本文所指的第 0 年为 2000 年,第 1 年为 2001 年(而不是 2000 年 6 月至 2001 年 5 月),其他年度以此类推。由于 4 年后未发生资产重组的样本数量很少,因此本文只考虑民营化之后 4 年的情形。

[②] 可见,民营化过程通常伴随着资产重组行为。本样本中,在民营化当年或之后 1 年内发生资产重组的共有 167 个,占样本总数(301)的 55%。因此,在考察民营化对公司绩效的影响时,如果对资产重组效应不加以区分,则很难区分绩效变化背后的驱动因素。

表1 样本行业及年度分布

行业（代码）	1996	1997	1998	1999	2000	2001	2002	2003	2004	2005	2006	2007	合计
农、林、牧、渔业（A）							1	1	2				4
制造业（C）		1	1	3	3	4	13	18	8	7	9	1	68
电力、煤气及水的生产和供应业（D）								3	1	1			5
建筑业（E）				1					1				2
交通运输、仓储业（F）								1	1				2
信息技术业（G）					1	2	2	3	1	1	3	1	14
批发和零售贸易（H）					1	1	2	1	3	2	1	1	12
金融、保险业（I）								1					1
房地产业（J）				1			1			1		1	4
社会服务业（K）							1	1		1			3
传播与文化产业（L）				1					1				2
综合类（M）	1	1	3		2	1	1	2			1		12
合计	1	2	8	6	8	7	21	28	18	12	14	4	129

（二）分析方法与变量描述

我们首先采取已有文献中的标准做法（参见 Sun and Tong, 2003；Jiang et al., 2009；白云霞等，2004；徐莉萍等，2005），对相应的绩效指标进行均值和中位数比较。为了剔除年度不同以及行业因素造成的影响，参照徐莉萍等（2005）的研究，我们对各指标根据其行业中位数进行了调整，考察扣除行业中位数之后的绩效指标。同时，为剔除异常值的影响，我们采取 Winsorization 方法，对所有小于 5% 分位数（大于 95% 分位数）的变量，令其值分别等于 5% 分位数（95% 分位数）。考虑到很多情况下样本并不满足正态性，在对各绩效指标进行单变量比较时，除报告均值比较及 t 检验显著性结果外，本文还给出了中位数比较及相应的 Wilcoxon 符号秩检验显著性结果。

此外，我们还通过如下模型在控制其他因素之后考察所有权性质变更对绩效的影响：

$$PERFORMANCE_{it} = \beta_0 + \beta_1 PRIVATE_{it} + \beta'_2 X_{it} + \varepsilon_{it}$$

其中，*PERFORMANCE* 为绩效指标。准确度量上市公司绩效是很困难的，单一指标可能会存在误导。参照已有研究（Gupta，2005；徐莉萍等，2005；荆新等，2007），本文选取了赢利能力、市场价值及生产率等多种指标，以求更为全面地反映上市公司的绩效水平。在选取赢利能力指标时，考虑到息税前盈余（EBIT）中盈余管理成分较少，本文以此为基准，再除以上市公司当年平均所有者权益作为赢利能力度量指标。本文还选取了 Tobin's Q 作为上市公司市场价值的度量，由于市场价值指标包含了许多会计指标无法度量的信息，因此可以作为会计指标很好的补充。此外，本文还选取了销售额、雇员人数和人均销售来反映上市公司的生产率。

PRIVATE 为民营虚拟变量，当上市公司为民营公司或样本为民营化样本时取1，否则取0。*X* 为控制变量向量，实际中究竟有哪些因素可能对绩效产生影响并没有确定的结论。本文采取 Gupta（2005）和荆新等（2007）的做法，对公司规模（SIZE）和负债率（LEVERAGE）进行了控制①。由于本文对所有指标均进行了行业中位数调整，因此，在回归中我们不需要再对行业变量和年度变量进行控制。各变量定义见表2，所有数据均来自 WIND 数据库。

表2　变量定义

指标类型	变量名称	变量定义
赢利能力	EBIT_E	（营业利润＋财务费用）／[（上一年末所有者权益＋本年末所有者权益）／2]
市场价值	TOBIN Q	公司市场价格／公司重置成本＝（年末流通市值＋非流通股份占净资产的金额＋长期负债合计＋短期负债合计）／年末总资产
生产率	SALES	销售额
	LABOR	雇员人数
	RJXS	人均销售额＝销售额／期末雇员人数
民营虚拟变量	PRIVATE	上市公司为民营或样本为民营化样本时取1,否则取0
公司规模	SIZE	总资产的自然对数
负债率	LEVERAGE	负债率＝总负债／总资产

各指标描述性统计结果见表3（所有数据均经行业中位数调整）。

---

① 作为稳健性测试，我们还加入其他控制变量如公司治理变量（第一大股东持股比例、第二到第十大股东持股比例之和）、经理人激励变量（CEO变更、CEO持股比例、前三大高管薪酬）等，本文的基本结论不变。受缺失值影响，加入的控制变量越多，可利用的观测值越少。

表3 变量描述性统计

变量	民营化样本			未发生控制权转让的配对国有上市公司样本			国有企业间控制权转让样本		
	样本	均值	标准差	样本	均值	标准差	样本	均值	标准差
EBIT_E	129	−0.038	0.170	92	−0.036	0.141	120	−0.031	0.103
TOBIN Q	129	0.393	0.695	92	0.238	0.583	120	0.078	0.412
SALES	129	97837525	1295952042	92	832164996	2799422156	120	291532132	1734157897
LABOR	129	171	2477	92	1336	3842	120	505	2103
RJXS	129	670530	3800356	92	360117	1421126	120	282807	1124653
SIZE	129	−0.403	1.007	92	0.111	1.028	120	−0.003	0.644
LEVERAGE	129	0.058	0.215	92	0.032	0.239	120	−0.049	0.161

三 民营化前后上市公司绩效变化分析

（一）均值（中位数）比较

由于本文各个样本时间长度不同，本文采取白云霞等（2004）的做法，我们以民营化前1年度为基准，分别计算民营化前后不同年度上市公司绩效的改变量。下文分析中，我们在各指标前添加"Δ"以表示相应指标的改变量。各指标改变量的计算方法如下：对于相对值指标（EBIT_E、TOBINQ），首先按照各年度行业中位数对各指标进行调整，再计算民营化前后不同年度的差异；对于绝对值指标（SALES、LABOR、RJXS），首先计算出民营化前后不同年度的增长率[①]，再扣除对应指标变化率相应年度区间的行业中位数[②]。对绩效进行比较时，我们采用t统计量检验绩效指标变化的均值是否异于0，采用Wilcoxon符号秩统计量检验变化的中位数是否异于0。具体结果见表4。

[①] 以SALES为例，其增长率的计算方法为 $(SALES_y - SALES_x)/SALES_x$，LABOR、RJXS的计算与此相同。

[②] 这样做是因为如果先对绝对值指标扣除行业中位数，该指标可能出现负值，此时再计算该指标的变化率就会出现问题。

表4 民营化前后绩效比较

区间	(-1,0)		(-1,1)		(-1,2)		(-1,3)		(-1,4)	
变量	均值	中位数	均值	中位数	均值	中位数	均值	中位数	均值	中位数
ΔEBIT_E	-0.015	-0.001	-0.012	0.015	0.007	0.008	0.011	0.007	-0.012	-0.027
N	120		119		96		68		42	
ΔTOBINQ	0.086*	0.008	0.067	0.008	0.131*	0.052	0.354***	0.108***	0.444***	0.441***
N	120		118		96		68		42	
ΔSALES	-0.034	-0.101*	0.063	-0.138	0.121	-0.291	0.223	-0.301	0.328	-0.526*
N	121		91		71		51		34	
ΔLABOR	-0.022	-0.024***	-0.080**	-0.078***	-0.101*	-0.158***	-0.109	-0.206**	-0.140	-0.280***
N	113		83		63		43		25	
ΔRJXS	0.096**	-0.007	0.398***	0.099**	0.741***	0.004*	0.978**	0.095*	1.444**	0.424*
N	112		82		62		42		25	

注：表中列示的是民营化样本各指标相应区间内改变量的均值（中位数）。*、**、*** 分别表示均值（中位数）在10%、5%、1%的显著性水平上异于0（双尾）。其中，-1, 0, 1, …, 4 表示民营化前1年、当年即民营化之后1~4年，(x, y) 表示第y年绩效减去第x年绩效，下同。

从表4可以看到，赢利能力的改变量（ΔEBIT_E）总体上并不显著，说明民营化对上市公司赢利能力并没有太大的改善作用。与此相反，上市公司的市场价值（TOBINQ）在民营化后有了显著的提高，民营化后时间越长，市场价值提升越明显。例如，民营化后第4年与民营化前1年相比，其TOBINQ值的改变量比行业平均水平高0.444，在经济意义和统计意义上都是显著的。另外，与行业平均水平相比，人均销售指标（RJXS）在民营化后大幅增加并且是显著的，说明民营化提高了上市公司的生产率。同样的，时间越长，生产率的提高越明显。民营化后第4年与民营化前1年相比，其生产率的增长率（ΔRJXS）比行业平均水平高144%。进一步分析发现，民营化后上市公司销售额的增长率（ΔSALES）并未显著高于行业平均水平，甚至一定程度上低于行业平均水平；与此相反，民营化后上市公司雇员人数的增长率（ΔLABOR）要显著低于行业平均水平。以民营化后第4年为例，与民营化前1年相比，民营化后上市公司雇员人数的增长率比行业平均水平要低14%。这意味着，雇员人数的相对减少比销售额的相对上升对生产率的相对提高贡献要更大一些。

（二）多元回归分析

上一部分对民营化前后不同区间各指标的改变量进行了比较。进一步，我们将所有的观测值组合在一起，进行多元回归分析。虚拟变量PRIVATE在上市公司民营化后取1，否则取 0。表 5 给出了多元回归分析结果①。与表 4 中计算各指标的改变量不同，表 5 中的各指标对应的指标即为其本身。

表 5 回归分析（民营化前后比较）

因变量	EBIT_E	TOBINQ	RJXS
PRIVATE	0.011 (0.014)	0.089** (0.044)	597278** (275525)
SIZE	0.027*** (0.009)	-0.345*** (0.034)	376538*** (118346)
LEVERAGE	0-0.001** (0.000)	0.005*** (0.001)	-21156*** (6630)
INTERCEPT	-0.030** (0.012)	0.160*** (0.035)	375590** (167507)
F-value	5.56***	40.11***	4.51***
Adj_R^2	0.051	0.311	0.047
N	566	565	500

注：括号中为回归系数的标准差，*、**、*** 分别表示系数在 10%、5%、1% 的显著性水平上异于 0。

从表 5 可以看到，控制其他因素后，民营化对上市公司市场价值（TOBINQ）和生产率（RJXS）产生了显著为正的影响，对公司赢利能力（EBIT_E）的影响尽管为正但并不显著。其中，与民营化前相比，剔除行业平均水平后，民营化后上市公司的市场价值（TOBINQ）增加了 0.089，生产率（RJXS）的绝对值增加了 597278，在经济意义和统计意义上都是显著的。规模因素（SIZE）和负债率（LEVERAGE）都对上市公司绩效产生了显著影响，但对不同绩效指标的影响却并不相同。总体上，多元回归分析的结果与上述单变量分析结果一致。

利用不涉及资产重组的上市公司民营化样本，通过比较各绩效指标民营化前后的变化，本文发现，所有权性质的变更总体上对上市公司绩效产生了积极作用，表现在市场价值的提升和生产率的提高两方面；另外，民营化后上市公司赢利能力并没有得到明显改善。

---

① 考虑到各公司民营化时间不同，我们将民营化当年数据扣除后重复相应的回归分析，结果基本不变。

四 配对样本比较分析

上一节的研究结果表明，民营化对上市公司绩效具有一定的改善作用。但是，由于民营化样本中包含很多绩差公司（在下文中有进一步分析），而绩效指标往往具有均值反转（mean-reverting）特性（Fama and French，2000），Jiang et al.（2009）关于中国市场中 IPO 上市效果的研究也证实了这一点。同时，上一节考察的是不同行业上市公司在不同年度绩效指标的变化，可能存在其他因素对上市公司绩效产生影响。为了克服上述缺陷，本节采用配对样本方法对民营化绩效进行进一步考察。配对样本与标的样本在很多方面非常接近，因此这种方法可以有效去除诸多不可控因素的影响（如白云霞等，2004；Jiang et al.，2009）。

（一）样本

我们选择控制权未发生转让的国有上市公司作为民营化公司的配对公司，以配对公司在相应区间内的绩效作为标的公司的期望业绩，考察两类公司间是否存在差异。选择配对公司时，除要求控制权未发生转让外，还要求配对公司的影响业绩的其他因素尽量接近研究样本。具体的，我们依据以下标准确定标的公司的配对公司：①配对公司为国有上市公司并且在样本期间内未发生控制权转让；②配对公司与标的公司属于同一行业；③配对公司赢利能力（EBIT_E）和资产规模（ASSET）在民营化前1年与标的公司对应指标的差异不超过30%；④配对公司在标的公司未发生资产重组的年度内同样没有发生资产重组（参见白云霞等，2004；Jiang et al.，2009）。如果同时有多家上市公司满足上述标准，我们选择经营范围、赢利能力和资产规模与标的公司最为接近的公司作为配对公司。经过筛选，最终我们为92家民营化公司确定了配对公司①。

（二）均值（中位数）比较

我们首先计算民营化样本和配对样本在不同区间内各绩效指标的改变量，得到相应的均值（中位数），然后再以民营化样本各绩效指标不同区间内改变量的均值（中位数）减去配对样本对应指标改变量的均值（中位数），得到两类样本的差异并检验其显著性。这种差异反映了民营化对上市公司绩效的影响。具体结果见表6。

---

① 由于本文筛选标准比较严格，尤其是要求配对公司在标的公司未发生资产重组的年度内同样没有发生资产重组，因此无法为一部分民营化公司找到满足所有标准的配对公司。

表 6 民营化样本与配对国有上市公司样本绩效改变量比较

区间	(-1,0)		(-1,1)		(-1,2)		(-1,3)		(-1,4)	
变量	均值	中位数	均值	中位数	均值	中位数	均值	中位数	均值	中位数
ΔEBIT_E	-0.025	-0.009	-0.006	0.014	-0.006	-0.012	0.061*	0.033*	-0.013	-0.015
N	92(92)★		91(92)		75(78)		53(58)		32(42)	
ΔTOBINQ	0.038	0.000	0.193***	0.031*	0.185*	0.037	0.297**	0.068*	0.229*	0.122
N	92(92)		91(92)		75(78)		53(58)		32(42)	
ΔSALES	-0.020	-0.063	0.002	-0.125	0.101	-0.146	0.288	-0.130	-0.038	-0.550
N	91(91)		68(68)		52(52)		35(34)		22(21)	
ΔLABOR	-0.050**	-0.007*	-0.097**	-0.043**	-0.155*	-0.128**	-0.071	-0.110	-0.156	-0.139
N	87(87)		64(64)		48(48)		31(30)		17(16)	
ΔRJXS	0.138**	-0.017	0.302***	0.050*	0.573**	0.125*	0.866*	0.025*	0.269*	-0.363
N	86(86)		63(63)		47(47)		30(29)		17(16)	

注：表中列示的是民营化样本相应区间各指标改变量的均值（中位数）减去未发生控制权转让的配对国有上市公司样本相应的均值（中位数）后的差值。*、**、*** 分别表示差值在 10%、5%、1% 的显著性水平上异于 0（双尾）。★表示民营化样本（配对样本）观测值数目（下同）。

表 6 的结果与表 4 总体上是一致的。从赢利能力的改变量（ΔEBIT_E）来看，与未发生控制权转让的配对国有上市公司样本相比，民营化并没有显著地改善上市公司的盈利能力，只是在（-1,3）区间内，民营化样本的赢利能力改变量要略好于配对样本。此外，民营化样本在绝大多数区间内市场价值的改变量（ΔTOBINQ）都要高于配对样本，表明民营化使得公司的市场价值得到相对提升，时间越长，提升的幅度就越大。以（-1,4）区间为例，以民营化前 1 年为基准，民营化后第 4 年为上市公司带来市场价值的增加平均比配对样本高 0.229。与表 4 一致，民营化导致的上市公司生产率的增长率（ΔRJXS）要显著高于配对的国有上市公司样本，其中，在（-1,3）区间表现得最明显：民营化所带来的上市公司生产率的增长率平均来说比配对样本高 86.6%。进一步分析表明，两类样本在销售额的增长率（ΔSALES）上并没有显著差别，而民营化所带来的雇员人数的增长率（ΔLABOR）要显著低于配对的国有上市公司样本。因此，雇员人数的相对减少比销售额的相对上升对生产率的相对提高贡献要更大一些。

（三）多元回归分析

我们进一步通过多元回归方法对两类样本进行分析。下文分析中，当样本为民营化样本时，民营虚拟变量 PRIVATE 取 1，否则取 0。由于此处比较的是不同区间绩效指标的改变量，因此除 PRIVATE 外，其他控制变量均以改变量形式进入回归分析（同样的方法参见 Gupta，2005）。我们对所有区间均进行了分析，出于节省空间考虑，我们只报告了

（-1,1）和（-1,3）两个区间的结果，其他区间结果与此基本类似（下文同）①。具体结果见表7。

表7 回归分析（与配对国有上市公司样本比较）

	ΔEBIT_E		ΔTOBINQ		ΔRJXS	
	(-1,1)	(-1,3)	(-1,1)	(-1,3)	(-1,1)	(-1,3)
PRIVATE	0.005	0.048	0.127*	0.161*	0.305**	1.13*
	(0.018)	(0.045)	(0.076)	(0.107)	(0.127)	(0.742)
ΔSIZE	-0.000	-0.000	0.001	-0.001**	0.002**	0.228
	(0.000)	(0.000)	(0.001)	(0.000)	(0.001)	(0.242)
ΔLEVERAGE	-0.002***	(0.001)	0.009***	0.008***	0.000	0.036
	0.001	(0.002)	(0.001)	(0.002)	(0.002)	(0.025)
INTERCEPT	-0.006	0.017	-0.075*	0.054	-.016	0.232
	(0.012)	-0.007	(0.040)	(0.075)	(.045)	(0.330)
F-value	3.54***	1.13	11.22***	8.53***	2.56**	2.14*
Adj_R²	0.096	0.024	0.197	0.160	0.049	0.223
N	183	111	183	111	126	30

注：括号中为回归系数的标准差，*、**、***分别表示系数在10%、5%、1%的显著性水平上异于0。

表7的回归分析结果与表6是一致的。控制其他因素之后，民营化样本赢利能力的改变量（ΔEBIT_E）尽管高于配对样本但并不显著。与此相反，民营化样本市场价值改变量（ΔTOBINQ）在所有区间都要高于配对样本。以民营化前1年为基准，民营化所带来的上市公司市场价值之后1年的改变量比配对样本平均高0.127，之后3年的改变量则比配对样本平均要高0.161，二者都在10%的显著性水平上显著。同样的，民营化样本生产率的增长率（ΔRJXS）在所有区间都要高于配对样本。以民营化前1年为基准，民营化之后1年公司生产率的增长率比配对样本平均高30.5%，之后3年的增长率比配对样本要高113%，二者分别在5%和10%的显著性水平上显著。市场价值和生产率指标在两类样本间的差别在经济意义上也是显著的。公司规模变化（ΔSIZE）和负债率的变化（ΔLEVERAGE）等控制变量都对绩效指标产生了一定影响，但对不同绩效指标的影响并不完全一致。

通过筛选未发生控制权转让的国有上市公司作为配对样本，本文考察了民营化样本与配对样本在不同区间内绩效指标改变量的差异。结果表明，民营化所导致的上市公司绩效

---

① 所有区间的回归分析结果可向笔者索取。

的改变量总体上要好于配对国有上市公司样本,同样表现在市场价值和生产率的提高两方面;此外,较弱的证据表明民营化所导致的上市公司赢利能力的改变量要略好于配对国有上市公司样本。因此,通过配对样本方法,我们再次验证了所有权性质的变更对上市公司绩效产生了积极作用。

五 与国有企业间控制权转让相比较

上市公司民营化过程中,政府将国有上市公司的控制权转让给民营企业,是控制权转让的一种。控制权转让意味着资源的重新配置,在市场机制的作用下,资源会流向那些更有效率的投资者手中。从这个意义上说,控制权转让可能会对上市公司绩效产生积极影响。那么,民营化后上市公司绩效的变化是否仅仅是控制权转让的结果,而与所有权性质的变更没有太大关系?为此,我们需要比较民营化样本与国有企业间控制权转让样本(指国有上市公司的控制权从一家国有企业转让至另一家国有企业)之间的差异。如果民营化导致的上市公司绩效的变化优于国有企业间控制权转让,则在一定程度上反映出所有权性质变更对上市公司绩效起到了改善作用。需要说明的是,目前我国市场上控制权在民营企业间进行转让以及由民营企业转让给国有企业的上市公司样本数量很少,而且,考虑到本文要求样本在控制权转移后至少一年内没有发生资产重组,此时,样本数量要更少。受此限制,我们仅对民营化样本与国有企业间控制权转让样本的绩效差异进行比较,而未对民营化样本与另外两类控制权转让样本的绩效差异进行分析。

(一) 样本

本文参照与前文同样的方法筛选不涉及资产重组的国有企业间控制权转让样本。国有企业间控制权转让数据来自 CCER 上市公司股权协议转让数据库。截至 2008 年底,该数据库共有 3052 条股权协议转让记录。我们根据该数据库所提供的以下条件进行了筛选:①受让方为国有企业;②受让方在股权转让前不是控股股东;③受让方在股权转让后为控股股东;④控制权转让之前为国有控股企业。经过上述条件筛选,我们共得到 468 笔国有企业间控制权转让记录。我们进一步通过查阅上市公司公告查看每一笔控制权转让交易发生当年以及之后 4 年是否发生资产重组。如果一家公司在控制权转让后某一年度发生资产重组,则将该公司当年及以后年度观测值予以剔除。同样的,我们要求控制权转让后的数据时间长度不低于 1 年。在此 468 个国有企业间控制权转让样本中,剔除掉数据不全、错误或重复记录样本后得到 322 个样本。其中,有 17 个样本控制权转让后数据时间长度少于 1 年；有 139 个样本在控制权转让当年发生资产重组，有 46 个样本在控制权转让之后 1 年内发生资产重组，剔除这几类样本后得到 120 个有效的国有企业间控制权转让样本。这 120 个样本至少在控制权转让之后 1 年内没有发生资产重组，其中，2 年内没有发生资产重组的有 82 个，3 年内没有发生资产重组的有 51 个，4 年内没有发生资产重组的有 28 个。

（二）均值（中位数）比较

我们先分别计算民营化样本和国有企业间控制权转让样本不同区间内各绩效指标的改变量，得到相应的均值（中位数），然后再以民营化样本相应区间内各绩效指标改变量的均值（中位数）减去国有企业间控制权转让样本相应指标改变量的均值（中位数），得到两类样本的差异并检验其显著性。具体结果见表 8。

表 8 民营化样本与国有企业间控制权转让样本绩效变化比较

区间	（-1,0）		（-1,1）		（-1,2）		（-1,3）		（-1,4）	
变量	均值	中位数	均值	中位数	均值	中位数	均值	中位数	均值	中位数
ΔEBIT_E	0.006	0.015	0.003	0.018	0.041*	0.017*	0.075**	0.023*	0.088**	0.045**
N	120(100)		119(100)		96(71)		68(46)		42(24)	
ΔTOBINQ	0.069	-0.002	0.054	-0.004	0.001	-0.031	0.273**	0.059*	0.288*	0.427*
N	120(100)		118(100)		96(72)		68(46)		42(24)	
ΔSALES	-0.018	-0.081*	0.063	-0.086	0.057	-0.165	0.007	-0.128	-0.178	-0.330
N	121(102)		91(73)		71(61)		51(50)		34(24)	
ΔLABOR	-0.048*	-0.011	-0.114*	-0.015*	-0.017	0.047	0.052	0.026	-0.175*	-0.101*
N	113(83)		83(54)		63(42)		43(30)		25(23)	
ΔRJXS	0.075*	0.006*	0.244*	0.131*	0.149	-0.066	0.215*	-0.169	0.720*	-0.112
N	112(83)		82(54)		62(42)		42(30)		25(23)	

注：表中列示的是民营化样本相应区间各指标变化的均值（中位数）减去国有企业间控制权转让样本相应的均值（中位数）后的差值。*、**、*** 分别表示差值在 10%、5%、1% 的显著性水平上异于 0（双尾）。

从表 8 可以看到，民营化对上市公司所带来的绩效改善总体上要高于国有企业间控制权转让样本。与前文不同的是，在所有区间里，民营化所带来的赢利能力的改变量（ΔEBIT_E）都要高于国有企业间控制权转让样本，时间越长，这种差异在绝对值上越大。以（-1,4）区间为例，以民营化前一年为基准，民营化之后第 4 年所带来的赢利能力的增加平均来说比国有企业间控制权转让样本高 8.8%，在经济意义和统计意义上都是显著的。市场价值的改变量（ΔTOBINQ）与此类似，与国有企业间控制权转让相比，民营化带来了上市公司市场价值更大幅度的提高。例如，这一差异在（-1，4）区间为0.288，且在10%的显著性水平上显著。与前文一致，民营化所导致的生产率的增长率（ΔRJXS）要高于国有企业间控制权转让样本，这种差别在（-1，4）区间达到0.720，意味着民营化所带来上市公司生产率的增长率在该区间平均来说比国有企业间控制权转让样本高72%。同样的，销售额的改变量（ΔSALES）在两类样本间没有显著差异，而民营化所导致的上市公司雇员人数增长率（ΔLABOR）要显著低于国有企业间控制权转让样本，在（-1，4）区间达到-0.175，意味着民营化所带来的上市公司雇员人数的增长率在该区间平均来说比国有企业间控制权转让样本低17.5%，再次说明雇员人数的相对减少对生产率相对提高的贡献要更大一些。

（三）多元回归分析

表9给出了对两类控制权转让样本进行比较的多元回归分析结果。其中，当样本为民营化样本时，民营虚拟变量PRIVATE取1，否则取0。

表9 回归分析（与国有企业间控制权转让样本比较）

	ΔEBIT_E		ΔTOBINQ		ΔRJXS	
	（-1,1）	（-1,3）	（-1,1）	（-1,3）	（-1,1）	（-1,3）
PRIVATE	0.012	0.083**	0.047	0.203*	0.228*	0.983
	(0.018)	(0.035)	(0.071)	(0.130)	(0.158)	(0.849)
ΔSIZE	-0.000	-0.000***	(0.001)	-0.001*	0.002***	0.437
	(0.000)	(0.000)	(0.001)	(0.000)	(0.002)	(0.374)
ΔLEVERAGE	-0.003***	-0.001	0.004	0.009**	0.012*	0.006
	(0.000)	(0.001)	(0.003)	(0.003)	(0.008)	(0.027)
INTERCEPT	-0.004	-0.066**	-0.004	0.049	0.093	0.163
	(0.012)	(0.026)	(0.038)	(0.084)	(0.112)	(0.286)
F-value	6.07***	8.92***	0.73	8.10***	1.96*	1.27
Adj_R^2	0.152	0.040	0.016	0.076	0.057	0.156
N	217	112	216	112	135	33

注：括号中为回归系数的标准差，*、**、*** 分别表示系数在10%、5%、1%的显著性水平上异于0。

表9的结果与表8是一致的。控制其他因素之后，民营化样本赢利能力的改变量（ΔEBIT_E）在所有区间内都要显著高于国有企业间控制权转让样本。以（-1，3）区间为例，民营化所导致的盈利能力的改变量（ΔEBIT_E）比国有企业间控制权转让样本高8.3%，并且在5%的显著性水平上显著；同样的，民营化样本市场价值改变量

(ΔTOBINQ) 在所有区间都要高于配对国有上市公司样本，民营化所带来的公司市场价值的增加在（-1,3）区间比国有企业间控制权转让样本要高 0.203，且在 10% 的显著性水平上显著；同样的，民营化样本生产率的增长率（ΔRJXS）在所有区间都要高于国有企业间控制权转让样本，以（-1,1）区间为例，这一差异为 22.8%，在经济意义和统计意义上都是显著的。

（四）关于样本选择性偏差的讨论

当一家国有上市公司原控股股东拟出售其股份时，为什么有的转让给国有企业而有的转让给民营企业？民营化和国有企业间控制权转让两类样本各绩效指标在控制权转让前是否存在差异？表 10 给出了控制权转让前一年两类上市公司绩效指标的比较。

表 10 控制权转让前一年度两类样本绩效比较

变量	民营化(1)		国有企业间控制权转让(2)		差异(1)-(2)	
	均值	中位数	均值	中位数	均值	中位数
EBIT_E	-0.038***	-0.029***	-0.013	-0.007	-0.025*	-0.022*
TOBINQ	0.258***	0.084***	0.173***	0.035***	0.085	0.049
RJXS	267201	-76223	410666**	11354	-143465	-87679

注释：*、**、*** 分别表示在 10%、5%、1% 的显著性水平上异于 0（双尾）。

从表 10 可以看到，民营化样本的 EBIT_E（经行业中位数调整后）的均值和中位数分别为 -0.038 和 -0.029，二者均在 1% 的显著性水平上异于 0，说明民营化样本民营化前一年度的赢利能力要显著低于行业平均水平；而国有企业间的控制权转让样本相应指标（经行业中位数调整后）的均值和中位数分别为 -0.013 和 -0.007，二者与 0 无差异。比较发现，民营化样本的 EBIT_E 要低于国有企业间控制权转让样本，且是统计显著的，说明与国有企业间控制权转让相比，民营化样本在控制权转让前的赢利能力要更差一些。两类样本的市场价值指标（TOBINQ）在控制权转让前均显著高于行业中位数水平，意味着市场具有很强的控制权转移预期，两类样本并无显著差异。国有企业间控制权转让样本生产率指标（RJXS）转让前倾向于高于行业中位数水平，而民营化样本该指标与行业中位数水平并无显著差异，不过两类样本间生产率指标的差异并不显著。证据总体表明，当国有上市公司经营绩效较差时，更容易转让给民营企业。这一点与徐莉萍等（2005）的发现一致。如前所述，有关民营化研究的文献都会面临选择性偏差问题，即那些绩效更好的公司更可能被民营化，此时，民营化后绩效的改善可能是因为这些公司本身绩效就比较好。但本文的样本则避免了这一问题，相反，本文的民营化样本与国有企业间控制权转让样本相比，控制权转让前绩效相对更差一些。这无疑强化了本文的分析结论。

通过与国有企业间控制权转让样本进行比较，本文发现，民营化对上市公司带来的绩效改善要好于国有企业间控制权转让情形，表现在赢利能力、市场价值和生产率等方面都有了更大程度的改善。这一结果表明，民营化对上市公司绩效的改善并不能由控制权转移所解释，而应归因于所有权性质变更的作用。此外，我们还发现，当上市公司经营较差时，更可能被转让给民营企业。

六　经理人激励分析

前几部分将民营化样本与未发生控制权转让的配对国有上市公司样本以及国有企业间控制权转让样本进行了对比，发现民营化所带来的绩效改善要好于其他两类样本。我们将这种绩效改善归结为政府干预减少、控股股东的目标更趋近于追求公司价值的最大化。前文中我们提到，经理人观点（managerial view）认为完全由政府所有的国有企业无法对经理人实施有效的激励，主要是以下两方面的原因：①缺乏具有较强动机对经理人进行监督的单个投资者；②缺乏有效的股票价格信息和市场约束机制。直观上说，上市公司民营化前后这两方面都没有发生实质性变化。一方面，民营化前后，上市公司通常会存在持股比例较大的非国有大股东或机构投资者，没有理由认为这些投资者对经理人的监督在民营化前后发生系统性变化；另一方面，上市公司民营化前后都有可以利用的股票价格信息，市场约束机制也没有发生改变。为了更好地说明这一点，我们可以从事后角度来考察上市公司民营化前后对经理人的激励是否发生了变化，同时，还可以考察民营化样本与国有企业间控制权转让样本在控制权转让前后对经理人的激励是否存在差异。本部分里，我们将从高管变更、高管持股比例和高管薪酬等三个方面来考察上市公司对经理人的激励，相关数据来自 CCER 上市公司治理结构数据库。

（一）高管变更

由于 CEO 一般在上市公司的经营决策中处于支配地位，本文以 CEO 变更作为高管变更的度量。三类样本各年度发生 CEO 变更的比例见表11。由于高管变更指标为二元变量，因此没有给出中位数比较结果。

表 11 高管变更比较分析*

年度	-1	0	1	2	3	4
上市公司民营化 CEO 变更比例(1)	0.460	0.426	0.459	0.419	0.429	0.400
未发生控制权转让的国有上市公司 CEO 变更比例(2)	0.432	0.405	0.368	0.343	0.490	0.333
国有企业间控制权转让 CEO 变更比例(3)	0.386	0.422	0.427	0.457	0.512	0.440
CEO 变更比例差异(1)-(2)	0.028	0.021	0.091	0.075	-0.062	0.067
P-value	0.719	0.776	0.201	0.345	0.510	0.614
CEO 变更比例差异(1)-(3)	0.074	0.004	0.032	-0.039	-0.083	-0.040
P-value	0.338	0.953	0.651	0.631	0.404	0.754

*我们还在控制了赢利能力、公司规模、杠杆比例等因素的基础上进行了多变量回归分析，结果是类似的。此外，我们还考察了业绩——高管激励敏感性在不同样本间的差别，我们没有发现不同样本在业绩——高管激励敏感性方面存在系统性差别。出于节省空间角度考虑，我们没有报告相应分析结果。下文同。

从表 11 可以看到，三类样本各年度 CEO 变更比例基本上在 30% ~ 50%，意味着上市公司每年更换 CEO 的比例平均来说不到一半，这一比例在各年基本保持稳定，每类样本不同年度在 CEO 变更方面都没有显著差异。我们还对三类样本各年度 CEO 变更比例进行了对比，检验结果表明，三类样本的 CEO 变更比例之间在各年度的差异都是不显著的。

（二）高管持股比例

本文以 CEO 持股比例（经行业中位数调整）作为高管持股比例的度量。由于多数年度内很多公司 CEO 持股比例为 0，三类样本多数年度内该指标中位数相应的也为 0，因此没有给出中位数比较结果。具体结果见表 12。

表 12 CEO 持股比例比较分析

年度	-1	0	1	2	3	4
上市公司民营化 CEO 持股比例(%)(1)	0.004	0.039	0.005	0.004	0.312	0.003
未发生控制权转让的国有上市公司 CEO 持股比例(%)(2)	0.033	0.003	0.006	0.051	0.341	0.005
国有企业间控制权转让 CEO 持股比例(%)(3)	0.145	0.159	0.013	0.135	0.003	0.002
CEO 持股比例(%)差异(1)-(2)	-0.029	0.037	-0.001	-0.047	-0.029	0.002
P-value	0.210	0.311	0.947	0.332	0.950	0.429
CEO 持股比例差异(%)(1)-(3)	-0.141	-0.120	-0.008	-0.131	0.309	0.001
P-value	0.324	0.447	0.232	0.146	0.322	0.571

从表12可以看到，三类样本CEO持股比例总体上均高于行业平均水平，但与行业平均水平差别不大，最大的差异仅为0.341%。同样的，每类样本不同年度在CEO持股比例方面都没有显著差别，三类样本的CEO持股比例之间在各年度的差异也都是不显著的。

（三）高管薪酬

我们首先从数据库中提取薪酬最高的前三名高管的薪酬总额数据，然后计算其占EBIT的比例（经行业中位数调整）作为高管薪酬的度量指标。我们同时给出了均值和中位数的比较分析结果，具体结果见表13。

表13 高管薪酬比较分析

年度	-1	0	1	2	3	4
上市公司民营化						
前3名高管薪酬/EBIT（均值）(1)	0.021	-0.359	0.025	0.028	-0.016	0.156
前3名高管薪酬/EBIT（中位数）(2)	0.001	0.000	0.000	0.000	-0.002	-0.001
未发生控制权转让的国有上市公司						
前3名高管薪酬/EBIT（均值）(3)	0.017	0.094	0.002	0.001	0.141	0.006
前3名高管薪酬/EBIT（中位数）(4)	0.002	0.000	0.001	0.001	0.001	-0.001
国有企业间控制权转让						
前3名高管薪酬/EBIT（均值）(5)	0.000	-0.005	-0.003	-0.018	0.008	-0.003
前3名高管薪酬/EBIT（中位数）(6)	0.000	-0.001	-0.001	-0.001	0.000	-0.001
前3名高管薪酬/EBIT差异（均值）(1)-(3)	0.004	-0.453	0.023	0.027	-0.157	0.150
P-value	0.789	0.234	0.415	0.134	0.235	0.398
前3名高管薪酬/EBIT差异（中位数）(2)-(4)	-0.002	0.000	-0.001	0.000	-0.003	0.000
P-value	0.971	0.434	0.641	0.353	0.005	0.498
前3名高管薪酬/EBIT差异（均值）(1)-(5)	0.021	-0.353	0.028	0.046	-0.024	0.158
P-value	0.042	0.339	0.159	0.041	0.120	0.373
前3名高管薪酬/EBIT差异（中位数）(2)-(6)	0.001	0.000	0.001	0.002	-0.002	0.000
P-value	0.126	0.704	0.636	0.241	0.030	0.760

从表13可以看到，三类样本的前3名高管薪酬/EBIT比例各年度均与行业平均水平非常接近，最大差异为-35.9%，但当年中位数的差异几乎为0，因此可以认为这主要是受异常值影响。对不同年度进行比较发现，每类样本不同年度之间在高管薪酬方面都没有显著差异。进一步，我们对三类样本进行了对比。总体上，三类样本之间各年度并无太大差异，只有个别结果具有显著性。其中，在控制权转让前1年和转让后第2年民营化样本高管薪酬要高于国有企业间控制权转让样本；而在第4年，民营化样本高管薪酬则显著低

于其他两类样本。不过，三类样本的差异总体上并没有体现出系统性趋势。

在这一部分里，我们从高管变更、高管持股比例与高管薪酬等三个维度比较了民营化前后经理人激励的变化，同时也比较了三类样本在经理人激励方面的差异。总体上，没有证据表明民营化前后上市公司对经理人的激励发生了系统性变化，也没有证据表明三类样本在经理人激励方面存在系统性差别。因此，民营化所带来的上市公司绩效的改善不能由经理人激励的不同所解释，同时，三类样本所导致的绩效改善方面的差异也不能由经理人激励上的差别所解释。因此，我们的证据进一步为政治观点（political view）提供了支持。

七 关于"合谋行为"的讨论

我们在前文中发现，绩差公司的控制权更容易被转让给民营企业。一种观点认为，在国有上市公司民营化过程中，作为受让方的民营企业为了能够低价获取国有企业的控制权，会与上市公司相勾结，把上市公司"做差"，达到低价收购的目的。本文称之为"合谋行为"。这种情况下，国有上市公司民营化后绩效变好并不是因为所有权性质变更的影响，而是人为操纵的结果。

针对这一问题，本文认为，首先，这一问题是所有关于民营化、控制权转移或并购绩效问题研究中所共同面临的一个问题，很难完全剔除这一因素。

其次，就本文而言，本文选取的绩效指标人为操纵成分相对较少。通常情况下，会计指标更容易受到人为操纵，因此，本文除会计指标外还选取了市场价值指标（TOBINQ）和生产率指标（RJXS）。如果国有上市公司通过人为操纵"做差"公司以达到低价转让的目的，在市场有效情况下，投资者尤其是机构投资者很可能会识别这一点，意识到这本身是一家好公司并给予公司合适的估值，因此市场价值指标被操纵的可能性较小。另外，生产率（RJXS）指标由销售收入除以雇员人数得到，二者中销售收入相对更容易被操纵，而由于劳动合同的存在，操纵雇员人数的难度要大得多。但是，本文的一个基本发现是，民营化所带来的生产率的相对提高主要是由雇员人数的相对下降而不是销售收入的相对增加所引起的，很难想象上市公司为了在控制权转让前"做差"生产率指标而去雇佣更多的员工。

最后，我们进一步考察民营化过程中控制权受让方的背景。一般来说，当受让方与上市公司存在关联关系时，"合谋行为"更有可能发生。通过查阅上市公司公告，我们发现129家民营化样本中，有13家样本的受让方与上市公司或控制权出让方存在关联关系，其他116个样本不存在关联关系。为了剔除可能存在的"合谋行为"的影响，我们将上述13家样本剔除并重复本文的分析,我们发现本文的基本结论仍然成立①。

因此,我们认为,潜在的"合谋行为"并不能解释本文的主要结论。

八 结论

利用剔除资产重组效应后的上市公司民营化样本,本文发现:①民营化对上市公司绩效产生了积极影响,表现为市场价值的增加、生产率的提高。另外,民营化对上市公司赢利能力也具有积极作用;②通过与未发生控制权转让的配对国有上市公司样本以及国有企业间控制权转让样本进行对比,本文发现民营化更好地改善了上市公司绩效;③民营化前后上市公司对经理人的激励没有发生显著变化,民营化样本、未发生控制权转让的配对国有上市公司样本、国有企业间控制权转让样本在经理人激励方面不存在显著差别。此外,我们还发现民营化过程中潜在的"合谋行为"并不能解释本文的主要结论。

已有文献在考虑上市公司民营化绩效时,并没有对所有权性质变更效应以及与之相伴随的资产重组效应进行区分,从而无法考察民营化绩效变化背后的驱动因素。本文通过严格剔除民营化过程中的资产重组效应解决了这一问题,验证了所有权性质变更是导致企业绩效改善的驱动因素之一,为我们科学评价国有企业民营化改革的政策效果提供新的证据。在理论意义上,国有上市公司民营化样本能够使我们在保持对经理人激励不变的情况下考察政治干预对上市公司绩效的影响,对政治观点和经理人观点进行区分,为政治观点提供了实证支持。

本文的发现的政策含义是:通过市场化改革,将企业的控制权转让给私人投资者,所有权性质的变更可以提高企业的经营效率和赢利能力,政府应该选择合适的企业积极推进这一政策的执行。国有控股上市公司的经营效率的损失在一定程度上与其冗员较多相关联的现象表明,赢利之外的其他目标会导致企业经营效率的损失,政府无法在这两者之间实现"鱼与熊掌兼得"的"双赢",而需要在效率的损失与其他目标的实现之间寻求一个合理的均衡。当然,民营化即所有权性质的变更只是国有企业治理机制改革的一种方式,除此之外,国有企业治理机制改革还包括其他很多内容,比如经理人激励、企业内部组织架构、劳动力或产品政策等等。各种不同的改革方式对绩效影响有何差异?是否存在最优的

---

① 这种方法并不能完全剔除潜在的"合谋行为",因为一些公司即使与上市公司或控制权出让方不存在关联关系,仍然可以通过其他途径(比如贿赂)来对上市公司进行操纵,但这种情况已经超出了本文的讨论范围。

改革方式？对不同的改革方式如何选择和权衡？对于这些问题仍然需要进一步思考和研究。

（本文发表于《世界经济》2010 年第 11 期）

参考文献

[1] 白云霞、吴联生：《国有控制权转移、终极控制人变更与公司业绩》，《金融研究》2008 年第 6 期。

[2] 白云霞、吴联生、徐信忠：《资产收购与控制权转移对经营业绩的影响》，《经济研究》2004 年第 12 期。

[3] 戴璐：《国有上市公司民营化的治理与产业重组效应》，《审计与经济研究》2007 年第 3 期。

[4] 胡一帆、宋敏、张俊喜：《中国国有企业民营化绩效研究》，《经济研究》2006 年第 7 期。

[5] 荆新、廖冠民、毛世平：《公司治理、制度环境与民营化效应》，《经济理论与经济管理》2007 年第 3 期。

[6] 徐莉萍、陈工孟、辛宇：《控制权转移、产权改革及公司经营绩效之改进》，《管理世界》2005 年第 3 期。

[7] 徐莉萍、辛宇、陈工孟：《控股股东的性质与公司经营绩效》，《世界经济》2006 年第 10 期。

[8] 徐晓东、陈小悦：《第一大股东对公司治理、企业业绩的影响分析》，《经济研究》2003 年第 2 期。

[9] 张俊喜、张华：《民营上市公司的经营绩效、市场价值和治理结构》，《世界经济》2004 年第 11 期。

[10] Fama, E., French, K., "Forecasting Profitability and Earnings", *Journal of Business*, 2000, 73 (1), 161 – 175.

[11] Frydman, R., Gray, C., Hessel, M., and Rapaczynski, A., "When Does Privatization Work? The Impact of Private Ownership on Corporate Performance", *Quarterly Journal of Economics*, 1999, 114 (4), 1153 – 1191.

[12] Gupta, N., "Partial Privatization and Firm Performance", *Journal of Finance*, 2005, 60 (2), 987 – 1015.

[13] Holmstrom, B., and Tirole, J., "Market Liquidity and Performance Monitoring", *Journal of Political Economy*, 1993, 101 (4), 678 – 709.

[14] Jefferson, G., and Su, J., "Privatization and Restructuring in China: Evidence from Shareholding Ownership, 1995 – 2001", *Journal of Comparative Economics*, 2006, 34 (1), 146 – 166.

[15] Jiang, G., Yue, H., and Zhao, L., "A Re-examination of China's Share Issue Privatization", *Journal of Banking & Finance*, 33, 2009, 33 (2), 2322 – 2332.

[16] Laffont, J., and Tirole, J., *A Theory of Incentives in Procurement and Regulation*. MA: MIT Press, Cambridge, 1993.

[17] Li, K., Wang, T., Cheung, Y., and Jiang, P., "Privatization and Risk Sharing: Evidence from the

Split Share Structure Reform in China", *Working paper*, University of British Columbia and City University of Hong Kong, 2009.

[18] Scharfstein, D., "The Disciplinary Role of Takeovers", *Review of Economic Studies*, 1988, 55 (2), 185 – 199.

[19] Shleifer, A., and Vishny, R., "Politicians and Firms", *Quarterly Journal of Economics*, 1994, 109 (4), 995 – 1025.

[20] Stein, J., "Takeover Threats and Managerial Myopia", *Journal of Political Economy*, 1988, 96 (1), 61 – 80.

[21] Sun, Q., and Tong, H., "China Share Issue Privatization: The Extent of Its Success", *Journal of Financial Economics*, 2003, 70 (2), 183 – 222.

[22] Wei, Z., Xie, F., and Zhang, S., "Ownership Structure and Firm Value in China's Privatized Firms: 1991 – 2001", *Journal of Financial and Quantitative Analysis*, 2005, 40 (1), 87 – 108.

中国金融发展水平的国际比较与上海国际金融中心建设

殷剑峰

自改革开放以来,我国的金融发展远落后于经济领域中取得的辉煌进展。"十一五"期间,全球经历了百年罕见的金融危机。与1998年的亚洲金融危机不同,这场发端于国际货币金融体系中心国家——美国并在欧洲进一步演化为主权国家债务危机的全球金融风暴对中国以及主要的亚洲国家并没有产生直接和严重的影响。然而,受到重创的美欧并没有因危机而丧失其在金融发展方面的优势以及在国际货币金融体系中的垄断地位。反过来,中国也并没有因为远离风暴中心就改变了金融结构不合理和金融发展水平在全球落后的局面。可以看到,与金融发达国家和地区相比,中国的金融体系依然是一个以传统银行业为主导的体系,金融市场的建设非常落后,金融体系的对外开放还处于相当初级的阶段。

金融体系的发展水平决定了金融中心的地位。作为一国金融体系在机构、产品、市场和功能上相对集聚的城市,金融中心的地位体现并完全依赖于整个金融体系的发展水平,而金融中心的国际化程度和在国际金融资源配置中担当的角色和功能也取决于该国金融体系的对外开放程度和该国货币在国际货币体系中的地位。作为我国的金融中心之一,上海相对于国内其他金融中心城市的主要优势在于,它是一个金融市场相对集中的中心,而建立一个完善、健康的金融市场体系也体现了我国金融发展的总体方向。但是,以我国目前金融体系的结构特征、发展水平和对外开放程度看,上海作为全国性金融中心的地位尚不稳固,更不用奢谈所谓"国际"金融中心了。

2009年4月14日,国务院颁布了《关于推进上海加快发展现代服务业和先进制造业建设国际金融中心和国际航运中心的意见》(以下简称《意见》)。作为一项国家战略,《意见》提出了上海建设国际金融中心的总目标:到2020年,基本建成与我国经济实力以及人民币国际地位相适应的国际金融中心。据此目标,在2020年,上海乃至我国整体的金融市场发展水平应该至少匹配于彼时我国经济总量在世界经济中的份额①，而上海金融中心的"国际化"程度也应该能够基本反映彼时我国资本项目开放的进度。

一 中国金融体系的结构特点及上海金融中心的地位

"十一五"期间，中国的金融体系结构表现出两个鲜明的特征：银行主导、生产者导向。前者指的是，在金融体系中，传统的银行业在金融资源分配中占据了主导地位，金融市场以及基于金融市场的非银行金融机构和业务处于从属地位；后者指的是，整个金融体系的服务对象是以资金短缺部门和生产部门（企业部门）为导向，对资金盈余部门和消费部门（住户部门）的服务不足。

银行主导、生产者导向的金融体系结构对于经济起飞时期的储蓄资金动员和资本积累具有重要作用，但是，这样的结构与未来我国经济结构调整的方向——从依靠投入的粗放增长方式转向依靠技术进步的集约增长方式、从依靠外需的总需求结构转向依靠内需（尤其是消费）的总需求结构——是相矛盾的。我国金融体系结构的特点和问题表现在如下四个方面。

1. 居民金融资产的结构不合理

由于金融市场不发达，居民部门的金融资产结构以低收益的存款和通货为主。以2008年为例，在中国居民部门的资金运用存量结构中，存款和通货占比达73%，具有较高收益和较长投资期限的金融市场工具（股票、国债、企业债）和证券投资基金份额、证券客户保证金、保险准备金分别只有9%和18%（参见图1）。这种资金运用结构严重限制了居民财产性收入的规模。例如，根据国家统计局2009年的《中国统计年鉴》，2007年中国居民的财产性收入为8979.6亿元，仅相当于同期居民部门资金运用总量（近37万亿元）的2.45%②。同时，这种结构也限制了居民为养老做长期投资的能力，限制了以资本市场为主要投资对象的养老基金业的发展，制约了经济结构向以内需，尤其是以消费为主导的调整。

---

① 以这种方式来理解国务院的《意见》，实际上降低了实现总目标的难度，因为国际金融中心（如纽约、伦敦）以及这些中心所在国金融发展的相对水平已经远远超过了这些国家经济总量在世界经济中的份额（参见以下各国股票、债券、衍生品的统计数据）。

② 实际上，中国股票市场也并非提高居民财产性收入的场所。例如，2007年中国居民部门的红利收入为812.4亿元，同期持有股票价值总额为78526亿元，不考虑资本增值的股票收益率仅为1.03%，远低于总体资产收益率，甚至是存款利率。这种状况由多方面因素造成，但最根本的因素在于上市公司，尤其是国有控股的上市公司基本不分红。

中国金融发展水平的国际比较与上海国际金融中心建设 | 539

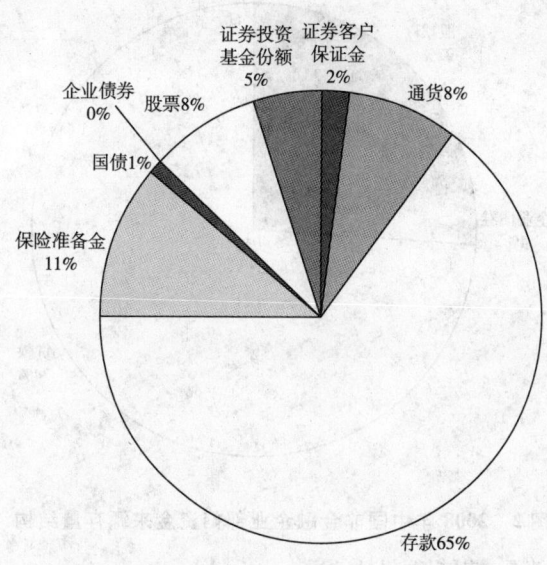

图1　2008年居民部门资金运用存量结构

资料来源：中国人民银行。

2. 非金融企业的融资结构不合理

由于金融市场，尤其是债券市场不发达，非金融企业部门的外部融资过度依赖银行贷款（参见图2）。2008年，在我国非金融企业资金来源存量结构中，虽然股票的份额因多种因素（股改、股票价格上涨等）达到了22%，但是，贷款依然占到74%，债券仅为4%。这种以贷款为主体的资金来源结构不仅使得风险集中在银行体系，而且，也使得我国的银行业不能够为中小企业和居民部门提供更多的服务，对经济的平稳发展和转型构成严重制约。事实上，即使是在股票市场中，由于具有多样化功能、健康的多层次市场尚未建立，中小企业和高新技术产业得到的支持也是严重不足的。

3. 金融部门的结构不合理

由于金融市场不发达，非银行金融机构缺乏繁荣发展的基础，传统的银行业（存款货币机构）在金融部门中占据了过多的份额（参见图3）。2008年，在中国各类金融机构的资金运用存量结构中，存款货币机构的份额达到了89%，而包括保险公司、证券投资基金等在内的非银行金融机构仅有11%。传统银行业的比重过大不仅制约了金融服务业的发展，而且也限制了中国经济的转型。以传统银行业为主体的金融部门主要服务于大型企业，不仅缺乏对中小企业和高新技术产业的支持，也缺乏对居民部门的支持——例如，在2008年的全部贷款中，居民部门的贷款仅占18%，远远低于金融发达国家的水平。

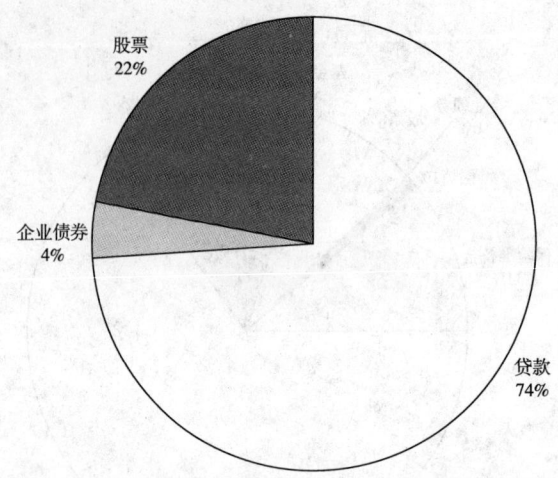

图2　2008年中国非金融企业部门资金来源存量结构

数据来源：中国人民银行。

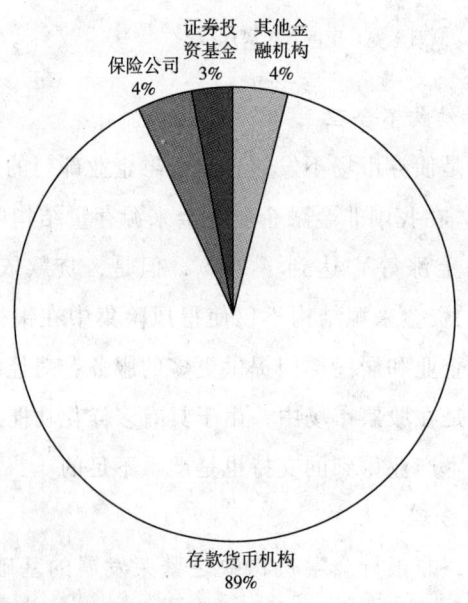

图3　2008年中国金融机构资金运用存量结构

资料来源：中国人民银行。

4. 上海金融中心在我国金融体系中的地位

在我国以银行为主导的金融结构下，作为金融市场相对集聚的国内金融中心，上海在金融体系中的地位有待提高。关于上海以及全国其他主要城市的金融发展水平和在国内的金融中心地位,在我们以往的研究中已经有过全面分析[①],这里仅从核心金融功能——资金集聚和分配的角度予以简单阐释。

资金的集聚和分配是金融中心的基本功能,集聚和分配的资金规模、辐射的区域是反映一个金融中心在金融体系中地位的最重要的指标,因为金融机构、金融市场和金融交易的集聚程度以及各种金融功能的集聚程度最终都将反映到资金的往来上。我国资金往来的电子支付系统是中国人民银行开发的中国现代化支付系统(CNAPS),其中又包括:第一,中国人民银行大额支付系统,2008年支付金额占比56.61%,占了支付金融的半壁江山;第二,银行机构行内支付系统,2008年占比达36.12%;第三,同城票据交换系统,2008年占比为6.36%。因此,大额支付系统的数据可以基本反映一个地区的资金集聚和分配情况。

根据央行大额支付系统统计的资金流入和流出数据(见表1),北京、上海、深圳始终排在全国前三位,三个城市资金流入和流出占到全部资金流入和流出的近60%,天津市

表1 通过央行大额支付系统的各省市资金流入、流出占比

单位:%

资金流入占比					
城市	2006年	城市	2007年	城市	2008年
北京市	41.02	北京市	40.97	北京市	36.53
上海市	13.16	上海市	16.79	上海市	16.40
深圳市	6.19	深圳市	8.51	深圳市	7.96
天津市	1.64	天津市	1.52	天津市	1.77
重庆市	0.81	重庆市	0.94	重庆市	0.93
资金流出占比					
城市	2006年	城市	2007年	城市	2008年
北京市	40.18	北京市	39.02	北京市	35.97
上海市	14.08	上海市	18.83	上海市	16.94
深圳市	5.57	深圳市	8.49	深圳市	7.95
天津市	1.63	天津市	1.51	天津市	1.77
重庆市	0.70	重庆市	0.93	重庆市	0.93

资料来源:中国人民银行。

[①] 殷剑峰、蔡真等:《呼唤中国资本之都:重点城市金融发展水平大比拼》,2010年12月3日《第一财经日报》。该文节选自中国社会科学院金融所内部课题报告《中国重点城市金融发展水平评估报告》。

和重庆市的资金流入和流出占比都非常小。这基本反映了各城市在中国金融体系中的地位。从央行大额支付系统反映的资金集聚和分配功能上看,上海遥遥领先于深圳,但却远远落后于北京。造成这种状况的因素有政策层面的,但归根到底在于银行主导的金融体系结构。

从政策层面看,中央银行的货币政策操作和债券市场的登记、结算和托管都集中在北京是造成上海相对落后的原因。根据《大额支付系统业务处理办法(试行)》第十九条规定,以下业务经由大额支付系统进行:"中国人民银行公开市场操作室发起公开市场操作业务的资金清算和自动质押融资业务;中央国债登记结算公司发起债券发行缴款、债券兑付和收益款划拨、银行间债券市场资金清算业务;中国人民银行规定的其他即时转账业务。"这一规定意味着央票以及国债的发行都要通过大额支付体系清算,而清算的公开市场操作系统、债券发行系统和中央债券簿记系统的物理接口都在北京。不过,上海也获得了一定的政策支持,大额支付系统同时规定:为保障外汇交易资金的及时清算,外汇交易中心与人民银行大额支付系统的上海城市处理中心相连接,处理外汇交易人民币资金清算。

从金融体系结构看,由于大部分商业银行,特别是中、农、工、建等四大国有银行的总部位于北京,这是造成北京大额系统收支遥遥领先于上海的更为根本的原因。《大额支付系统业务处理办法(试行)》规定:各商业银行可利用行内系统与中国人民银行大额支付系统的省会(首府)城市的处理中心连接,也可由其总行与所在地的处理中心连接。各商业银行作为市场化的法人主体,一方面出于保密性考虑,另一方面出于资金运用的统筹考虑,往往选择通过行内系统支付,然后再与中国人民银行的大额支付系统连接。

二 中国金融市场发展水平的国际比较和上海金融市场的发展水平

金融体系的结构缺陷反映了我国金融市场发展水平的滞后。从全球主要经济体的比较看,我国的金融市场尚处于较为初级的阶段,其发展水平远远落后于经济发展水平。中国金融市场发展水平的国际比较也基本反映了上海金融市场的发展水平。

1. 股票市场:规模可观、缺乏多层次

"十一五"期间,我国股票市场的规模增长较快,但是,场内和场外交易相结合且能够符合大、中、小型企业上市融资需求的多层次市场建设滞缓,上市企业数量太少。

从2006年股权分置改革开始,我国股票市场的发展速度明显加快。在顶峰时期的2007年,市值规模(中国内地)达到了4.46万亿美元。2009年底,尽管受到危机影响,

但市值（中国内地）依然超过3万亿美元。2009年，中国内地股市市值已经超过了法国、德国、印度等发达经济体和新兴经济体，成为仅次于美国、日本的全球第三大市场（参见表2）。

表2　各经济体股票市值及中国与其他经济体之比较

单位：十亿美元，%

	2005	2006	2007	2008	2009
美　国	15708	17467	17663	10606	13740
日　本	4950	4873	4546	3265	3467
中国内地	402	1144	4459	1776	3303
英　国	3053	3808	4047	1996	2990
中国香港	1055	1715	2654	1329	2305
法　国	1861	2511	2737	1491	1895
德　国	1286	1758	2207	1077	1367
印　度	546	816	1815	637	1301
中国内地/美国	2.6	6.6	25.3	16.7	24.0
中国内地/日本	8.1	23.5	98.1	54.4	95.3
中国内地/法德	12.8	26.8	90.2	69.2	101.3
中国内地/印度	73.6	140.2	245.7	278.6	253.9
中国/美国	9.3	16.4	40.3	29.3	40.8

注："中国/美国"为中国内地和香港的股票市值之和与美国股票市值之比，不包含中国台湾省的股市。
资料来源：Bloomberg。

然而，从上市企业数量看（参见图4），截至2009年，中国三大证券交易所（上海、深圳、香港）加总之和仅为3019家，中国内地两家交易所加总仅为1700家。中国的上市公司数量不仅少于或远少于欧元区、美国、日本等发达经济体，甚至比经济发展程度较中国落后的印度还要少得多。这种状况反映了我国多层次股票市场建设的滞缓，股票市场规模的增长并未惠及足够众多的企业，而其根源在于目前我国股票市场在上市发行环节中存在的严格的行政管制。

2. 债券市场：规模小、结构不合理、品种不全

与股票市场相比，我国债券市场的发展在全球的地位要落后得多（参见表3）。根据国际清算银行（BIS）的统计，在全球国内发行的债券市值中，中国的份额虽然自2000年以来不断提高，但是至2009年也仅占到4%，而同期中国名义GDP占全球比重已经超过了8%。从债券市场发展的深化程度指标看，2009年中国的债券市值仅为同期GDP的52.3%，不仅低于美、欧、日三大经济体，也低于全球平均水平，这表明中国债券市场的发展水平比许多新兴经济体和发展中国家还要低。

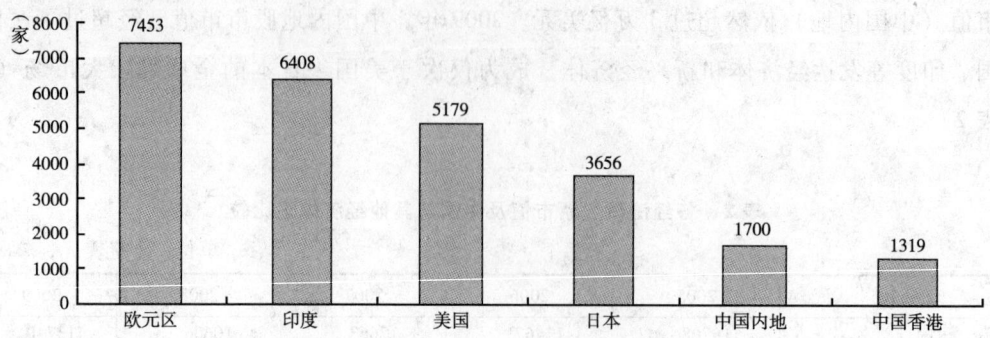

图4　2009年主要经济体上市公司数量

资料来源：wrold exchange federation。

表3　主要经济体国内债券市场发展比较

单位：%

年份	债券市值/全球债券市值				债券市值/名义GDP				
	美国	欧元区	日本	中国	全球	中国	美国	欧元区	日本
2000	47.3	18.5	19.6	0.7	90.7	16.9	140.7	85.9	122.2
2001	49.3	17.5	18.5	0.8	92.9	18.0	144.7	81.4	133.8
2002	46.8	19.0	19.2	1.0	100.4	23.5	149.1	91.5	162.6
2003	43.3	20.7	20.3	1.2	103.7	27.3	153.2	93.5	184.9
2004	41.9	20.9	20.4	1.4	103.6	32.3	156.4	92.9	192.3
2005	44.6	18.7	18.9	2.0	97.9	40.2	159.8	81.6	183.9
2006	43.6	20.0	17.1	2.4	100.6	44.5	164.0	92.0	192.7
2007	41.8	21.5	15.9	3.0	101.2	49.9	169.8	97.1	202.2
2008	41.5	21.1	18.7	3.7	97.6	51.1	174.1	91.9	225.1
2009	39.0	21.7	17.9	4.0	110.5	52.3	175.8	112.0	227.4

资料来源：国内债券市值来源于BIS，名义GDP来源于Bloomberg。

在规模落后的同时，中国债券市场的结构也存在缺陷。以2009年债券存量结构为例（参见图5），在全部债券存量中，各种类型的非金融企业债只占16%，资产支持证券几乎为零。事实上，也正是这两类债券品种的规模限制了整个债券市场规模的扩大。此外，在政府债券方面，我国中央政府债券市场因外汇管理体制弊端被分割为国债和央行票据，地方政府债券的发展也受制于目前的法律约束。

3. 衍生品市场：尚处于商品衍生品阶段、匮乏金融衍生品

全球衍生品市场按照交易的基础资产类型可以分为金融衍生品和商品衍生品两大类。从20世纪70年代以来，金融衍生品的规模（名义本金额，notional amount，下同）就超

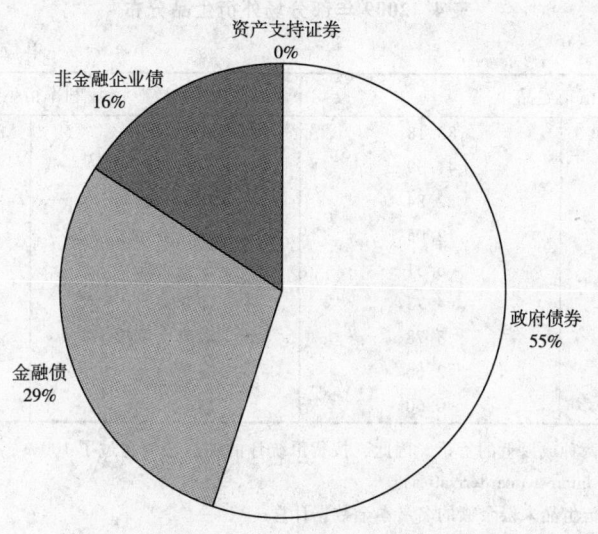

图 5　2009 年中国债券存量结构

资料来源：根据 WIND 资讯数据计算。政府债券含国债、央行票据及地方政府债券；非金融企业债包括企业债、公司债、中期票据、短期融券等。

过了商品衍生品规模，并于 80 年代后居于绝对主导地位。在近十年中，金融衍生品占全球衍生品规模的份额一直保持在 98%～99% 的水平，商品衍生品仅占 1%～2%。

近些年，中国的商品衍生品市场得到了较快发展，如上海期货交易所的金属期货交易、郑州期货交易所的农产品期货交易业已位居世界各交易所的前列，但是，中国的金融衍生品市场规模极小，许多品种空缺。总体上看，中国衍生品市场的规模不到全球衍生品市场规模的 1%。在股票、债券、衍生品三大金融市场中，衍生品市场的发展与中国经济地位最为不匹配。

在全球场外衍生品方面，其按币种划分的规模份额基本反映了相应币种的国际地位，而人民币衍生品的规模基本可以忽略不计（参见表 4），且缺乏包括信用衍生品在内的诸多品种。截至 2010 年 8 月底，我国银行间市场的利率衍生品和人民币汇率衍生品（掉期、远期）的名义本金额分别仅相当于全球场外利率衍生品和汇率衍生品规模的 0.03% 和 0.046%。

全球场内金融衍生品的区域分布也基本反映了该地区在国际货币金融体系中的地位（见表 5）。就中国场内金融衍生品而言，与场外产品一样，已推出的品种规模甚小，全球已经有的许多成熟品种在我国还未推出。就历经曲折终于在 2010 年推出的股指期货而言，截至 2010 年 9 月底，其名义本金额也不到 2009 年全球场内衍生品规模的 1%。

表4 2009年部分场外衍生品分布

单位：按货币统计，%

外汇衍生品		利率衍生品	
美　元	83.18	欧　元	43.31
欧　元	41.39	美　元	38.14
日　元	22.84	英　镑	7.41
英　镑	12.05	日　元	6.02
瑞士法郎	6.31	瑞士法郎	0.91
澳　元	4.73	加拿大元	0.72
加拿大元	3.78	瑞典克罗拉	0.71
瑞典克罗拉	2.66	澳　元	0.35
港　元	0.60	港　元	0.08

注：外汇衍生品涉及两种或以上的货币，因此，按货币统计的加总份额超过了100%；利率衍生品为单一货币利率衍生品（single-currency interest rate derivaties）。
资料来源：根据BIS衍生品未偿余额的名义本金数据计算。

表5 2009年场内衍生品分布

单位：按区域统计，%

年份	北美	欧洲	亚太
1999	51.01	29.50	17.65
2000	57.33	29.45	11.22
2001	68.16	25.86	5.51
2002	57.52	36.94	5.00
2003	53.03	41.99	4.39
2004	59.19	35.06	5.21
2005	62.62	31.40	5.24
2006	59.81	33.46	5.83
2007	53.74	38.66	6.28
2008	51.41	42.66	4.65
2009	47.30	47.00	3.77

资料来源：根据国际清算银行衍生品未偿余额的名义本金数据计算。

4. 上海金融中心的金融市场发展水平

我国的金融市场按照交易方式可以分为场外市场和场内市场两大类。场外市场主要是指银行间货币和债券市场（下称"银行间市场"），这是目前我国主要的债券交易、货币交易以及利率和汇率衍生品交易的场所。场内市场包括证券交易所、商品期货交易所（含黄金交易所）和金融期货交易所等。在场内市场方面，上海已经集聚了全国规模最大的股票市场、商品期货市场和唯一的金融期货市场；在场外市场方面，上海是银行间市场交易系统（设在外汇交易中心）的所在地，并且集聚了数量众多的交易机构。

作为我国金融市场的集聚地，我国在金融市场发展方面表现出的规模问题、结构问题和品种匮乏问题自然也是上海在金融市场发展方面的问题。以股票市场为例，"十一五"期间，股权分置改革和中国经济的高速增长推动了上海证券交易所的快速发展。截至2009年，从交易量来看，上海证券交易所已经成为仅次于美国纳斯达克、纽约泛欧证券交易所（美国）的世界第三大股票市场，深圳证券交易所和香港证券交易所按交易量的排名分别为第五位和第十位。从市值规模看，上海证券交易所排在纽约泛欧证券交易所（美国）、东京证券交易所、纳斯达克和纽约泛欧证券交易所（欧洲）之后，位列第五，香港和深圳证券交易所分别为第六位和第十一位。

表6 2009年全球主要证券交易所比较

交易所名称	交易量（百万美元）	市值（百万美元）	上市公司数量（家）	市盈率（2008年）
纳斯达克 OMX（NASDAQ OMX）	28951349	3239492	2852	—
纽约泛欧证券交易所（美国）（NYSE Euronext（US））	17784586	11837793	2327	—
上海证券交易所（Shanghai SE）	5061643（第三名）	2704778（第五名）	870（第十一名）	14.90（第四名）
东京证券交易所（Tokyo SE）	3990909	3306082	2335	16.40
深圳证券交易所（Shenzhen SE）	2774065	868374	830	15.00
德国证券交易所（Deutsche Börse se）	2186433	1292355	783	—
纽约泛欧证券交易所（欧洲）（NYSE Euronext（Europe））	1981519	2869393	1160	—
韩国证券交易所（Korea Exchange）	1559040	834597	1788	9.00
西班牙 BME 交易所（BME Spanish Exchanges）	1511044	1434540	3472	8.20
香港证券交易所（Hong Kong Exchanges）	1501638	2305143	1319	7.30
意大利证券交易所（Borsa Italiana）	885576	655848	296	6.40
印度国家证券交易所（National Stock Exchange India）	786684	1224806	1453	11.80
纳斯达克 OMX 北欧交易所（NASDAQ OMX Nordic Exchange）	733388	817223	797	—
孟买证券交易所（Bombay SE）	263352	1306520	4955	12.40
大阪证券交易所（Osaka SE）	139868	138330	432	20.50
雅典交易所（Athens Exchange）	66702	112632	288	12.50
维也纳交易所（Wiener Börse se）	47952	114076	115	—
爱尔兰证券交易所（Irish SE）	35077	61291	64	6.70

续表

交易所名称	交易量（百万美元）	市值（百万美元）	上市公司数量（家）	市盈率（2008年）
Jasdaq 证券交易所(Jasdaq)	31169	89567	889	—
塞浦路斯证券交易所(Cyprus SE)	1694	10269	115	—
卢布尔雅那证券交易所(Ljubljana SE)	1216	12141	76	10.50
卢森堡证券交易所(Luxembourg SE)	281	105048	267	10.70
马耳他证券交易所(Malta SE)	33	4080	20	—

注：除市盈率之外，其他皆为2009年数据。
资料来源：World Exchange Federation.

从市值和交易量看，上海证券交易所已经成为我国最重要的股票市场，其全球排名也基本反映了中国经济在全球的地位。但是，由于多层次资本市场的建设滞缓，导致上市公司的群体狭窄。从上市公司数量看，2009年底上海证券交易所仅有870家，不仅远远低于美国、欧洲等发达经济体上市公司的数量，也远远低于印度、韩国等新兴经济体的数量。此外，在多层次市场建设方面，深圳已经走在了上海的前面，形成了主板市场、中小企业板、创业板、代办股份转让系统等多个层次的市场。

除了表现出中国金融市场发展中存在的一般性和整体性问题之外，上海在金融市场管理机构、金融市场参与机构的集聚方面也存在着特殊性和地域性的问题。以银行间市场为例，目前，无论从债券的发行量、交易量还是存量看，银行间市场已经成为债券市场的绝对主体。以债券存量比较为例①，截至2009年底，银行间市场债券存量近16万亿元，占比超过了90%，而交易所市场仅有不到2900亿元，占比仅为2%。除了债券交易之外，银行间市场还是我国货币市场工具（拆借、回购）、利率和汇率衍生品交易、外汇交易的场所。从债券市场本身的特点和各国债券市场的发展历史看，银行间市场将继续超越交易所市场，成为债券发行、交易的主要场所。因此，上海在债券、货币和衍生品市场方面的发展状况就主要取决于上海在银行间市场中的地位。

然而，银行间市场并不"属于"上海。作为全国性的无形电子化市场，银行间市场的交易系统设在上海的外汇交易中心，但是，从市场管理职能、交易组织功能、融资功能、支付结算功能等几个方面看，上海发挥的作用还有待提高。具体表现在如下几个方面：

---

① 在中央国债登记结算公司一级托管的债券被归到四个市场，即银行间、交易所、柜台和其他。其中，柜台指商业银行开办的国债柜台交易市场和证券公司开办的企业债柜台市场，而"其他"则分两种情况：一是在2002年末之前发行的企业债券的托管量未按发行范围、流通场所分类；二是尚未及统计正处于分校期间的债券托管量，这两类均被归于"其他"项。

第一，市场管理机构和自律组织机构不在上海，对银行间市场的管理职能不在上海，从而限制了市场参与机构在上海的集聚。根据《中国人民银行法》，银行间市场归属人民银行管辖，实际管理部门是中国人民银行总行，中国人民银行上海总部没有实质性管理权限。2007年，经国务院同意，民政部批准设立"中国银行间交易商协会"（下称"协会"），会址在北京。目前，根据中国人民银行授权，协会已经在新产品的研发和推介、产品发行规则和交易规则的制定、会员单位的组织管理等方面承担起了重要职责。特别是随着银行间市场备案发行制度的推广，协会已经成为事实上的市场管理机构。

第二，市场主要的交易中介和投资机构不在上海，限制了金融机构在上海的集聚和上海利用银行间市场来发挥融资、交易和风险管理等金融功能的条件。

表7 银行间市场机构类型、数量和市场份额

时 间	机构数量				债券持仓量占比	债券交易量占比
	合计	甲类	乙类	丙类		
特殊结算成员	16	3	11	2	12.2	4.8
商业银行	391	48	266	77	69.3	78.5
其 中:全国性商业银行	83	18	54	11		
其 中:外资银行	56	0	37	19		
非银行金融机构	164	5	97	62	0.5	0.2
证券公司	123	55	60	8	0.7	8.2
保险机构	131	0	82	49	9.0	1.0
基 金	1589	0	1163	426	4.5	2.3
非金融机构	5990	0	3	5987	0.2	
个人投资者	0	0	0	0		0.7
合 计	9247	111	1969	7167	100.00	100.00

注：(1) "甲类"指可办理自营和代理业务的金融机构，包含证券公司；"乙类"指只能办理自营业务的机构；"丙类"指必须委托其他金融机构为其办理债券结算业务的投资者，包含委托证券公司代理企业债业务的机构和个人；(2) 特殊结算成员包括央行、财政部、三家政策性银行、沪、深证券交易所和中国证券登记结算公司等；(3) 非银行金融机构包括财务公司、信托公司、融资租赁公司和投资公司。原来国家邮政局邮政储汇局也包含在内，后成立国家邮政储蓄银行后，则被归入商业银行；(4) 基金包括证券投资基金和社会保障基金两类；(5) 本表的"全国性商业银行"系将原来的"国有控股商业银行"和"股份制商业银行"合并而得；(6) 均为年底数据。
资料来源：中国社会科学院金融所：《中国金融发展报告（2010）》。

截至2009年底，银行间市场的参与机构达到了9247家，其中，111家是可以从事自营和代理业务的甲类机构——这类机构是市场真正的交易中介，1969家是只能从事自营业务的乙类机构，剩余的7167家是只能委托甲类机构代理交易的丙类机构（参见表7）。从各类机构的市场影响看，商业银行（主要是包括国有控股银行和股份制银行在内的全

国性商业银行）是市场主要的投资者和交易者。需要注意的是，商业银行作为债券和衍生品市场的主要参与者并非中国特例，各国都是如此。

目前，在上海从事银行间市场交易的甲类银行机构只有三家：交通银行、浦发银行和兴业银行资金交易中心，其他甲类银行机构主要集中在北京；上海是外资银行的主要集聚地，但外资银行都只是乙类或丙类机构，不能代理其他机构交易，对市场的影响很小；上海也是基金和证券公司的集聚地，但由于基金、证券公司在市场中的投资和交易份额很小，这些机构的影响力有限。

三 中国金融体系的对外开放程度和上海金融中心的国际化程度

在对外开放方面，我国的经常项目已经于1996年开放，但是，资本项目依然处于封闭状态，这极大地限制了我国金融体系的对外开放程度和人民币的国际化进程。这种状况也决定了上海金融中心的国际化程度。

1. 我国资本项目管制情况[①]

近年来，我国坚持循序渐进、先易后难、先长期后短期、先机构后个人、先真实后虚拟的原则，稳步推进人民币资本项目可兑换。根据国家外汇管理局的相关评估，截至2009年7月，在7大类40项资本项目交易中，我国有5项实现了可兑换，8项基本可兑换，17项部分可兑换，还有10项不可兑换。然而就资本项目的主体而言，目前我国在借用外债、跨境证券投资和中资机构对外贷款、直接投资等项下，还存在较多管制，具体如下：

第一，对外直接投资，尤其是人民币对外直接投资受限较多。目前，外商来华直接投资已实现可兑换。在对外直接投资方面，汇兑限制已很少，2009年下半年又取消境外投资外汇资金来源审查。但在投资项目的设立等交易环节，仍存在一定限制，政策上尚不允许企业用人民币对外直接投资。截至2008年末，我国对外直接投资存量1700亿美元，远低于8763亿美元的外商来华直接投资余额。

第二，对外借债受到严格限制，对外放款依靠政策性银行。目前，我国外债管理较严：对中外资金融机构短期外债实行余额管理，近年来外债指标有所削减；中资机构中长期外债须经逐笔审批；外商投资企业外债按"投注差"管理，即外资企业中长期外债累计发生额和短期外债余额之和，控制在经批准的项目总投资和注册资本之间的差额内。从

[①] 本节参考了博源基金会"国际货币体系改革"课题的子课题"积极推进人民币有控制的可兑换"的成果。

对外放款情况看，根据金融机构外汇信贷统计，2008年末，我国金融机构（含外资）境外中长期贷款余额564.3亿美元，境外短期贷款余额21.6亿美元。境外贷款几乎全由政策性银行进行，国有商业银行仍是空白。

第三，跨境证券投资受到严格限制。在资本项目中，"证券投资"项的开放程度是决定金融开放程度的最为核心的指标。目前，我国对证券投资的管制非常严格，主要的开放渠道是2003年推出的QFII制度和2007年推出的QDII制度。在QFII方面，截至2009年底，共有94家外资机构获得了QFII资格，86家QFII获得共计166.7亿美元的投资额度。在QDII方面，截至2009年底，经国家外汇管理局批准的QDII（银行类、证券类、保险类、信托类）共有69家，获批总额度为650.3亿美元。其中，证券类、保险类、银行类、信托类获批额度分别为409.65亿美元、155.05亿美元、79.6亿美元和6亿美元。虽然QFII和QDII的发展速度较快，但相关资格的审核依然极其严格，规模依然非常小。

2. 我国金融体系对外联系的通道和金融开放度

由于资本项目，尤其是其中的证券投资项的严格限制，目前我国与境外的资金往来在外部资金流入方面主要依靠传统的直接投资，境外机构在境内的股票和各种债务类工具的投资只占到外部资金流入的20%强、在内部资金流出方面，则主要依靠国际储备（参见表8）。

表8 2008年我国对外资金流动分项占比

单位：%

	外部资金流入	内部资金流出
通货	2.03	
存款	0.85	
贷款	3.18	2.13
保险准备金	3.18	0.00
金融机构往来	9.37	1.26
股票	10.79	0.72
直接投资	58.71	6.06
其他对外债权债务	11.80	19.52
国际储备资产		70.31

资料来源：根据中国人民银行资金流量表数据计算。

为了对我国金融体系的开放程度有直观的认识，根据博源基金会课题的思路，我们计算并比较了2008年若干国家的金融开放度（见图6）。2008年，中国的金融开放度只达到了0.39，在样本国家中仅高于印尼和印度，不仅低于德国、日本这样的发达国家，也低于韩国、泰国、菲律宾这样的新兴和发展中国家。如果进一步与20世纪80年代的德国和日本做比较，则可以发现目前中国的金融开放度尚不及德国和日本在1982年的水平。

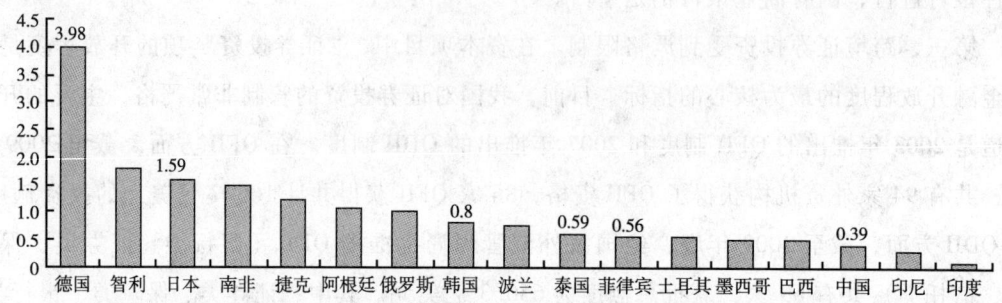

图6 2008年若干国家金融体系开放度比较

注："金融开放度"等于各国扣除外汇储备的对外金融资产、金融负债之和与GDP之比。
资料来源：IFS。

3. 上海金融中心的国际化程度

"十一五"期间，上海金融中心的国际化建设取得了重要进展，表现在三个方面：第一，外资金融机构不断聚集。外资银行、外资财产险公司完成法人化转制后大量入驻上海，合资基金公司等其他外资金融机构进一步汇聚。截至2009年末，20家外资银行将其在我国境内的法人总部设在上海，占全国外资法人银行总数的67%，并表资产占全国外资法人银行总资产的85%；7家转制后的外资法人财产险公司落户上海，占全国外资法人财产险公司总数的63.6%；上海有合资基金公司21家，较2005年末新增5家，占全国的62%。

第二，外资金融机构参与上海金融市场程度逐步提高。证券市场QFII机构数量和投资额度进一步增加，货币、外汇、黄金、商品期货等市场稳步有序地向外资金融机构开放。

第三，境内金融机构稳步拓展海外业务。截至2009年末，上海共有14家基金公司、4家证券公司获得QDII业务资格；境内金融机构海外业务布局加快。

不过，上海金融中心的国际化程度不可能超越我国整体的金融开放程度。由于我国对资本项目的严格管制和较低的金融开放度，上海尚无法成为严格意义上的"国际"金融中心，因为国际金融中心的基本功能是在国际范围内实现资金的集聚、配置和管理功能。例如，虽然诸多外资金融机构集聚上海，进而提高了感官上的"国际化"程度，但是，这样的"国际化"仅仅是金融机构所有者层面的国际化，而不等同于具备了国际化的金融功能。此外，由于金融竞争、金融安全等诸多考虑，除了离岸金融中心（如伦敦）之外，金融中心的国际化在机构层面也主要依靠的是国内金融机构，而不是外资。

四 未来全球经济、金融发展和匹配于我国经济地位的金融市场规模预测

金融中心是金融体系发展水平的高度凝结，金融中心的发展水平和目标体现了金融体系的发展水平和目标。根据国务院《意见》，为了在2020年将上海建设成为与当时我国经济发展水平和人民币国际地位相适应的国际金融中心，在2020年我国的金融发展水平就至少应该与当时我国在全球的经济地位相匹配。由于发展多功能、多层次的金融市场体系是建设上海国际金融中心的核心任务，因此，2020年的金融市场（股票市场、债券市场、场外衍生品市场和场内衍生品市场）发展水平是达成总目标的关键。

1. 未来十年全球经济和我国经济地位预测

关于未来十年全球的经济前景，我们可以在联合国相关报告的基础上予以推测①。在过去十年中（2000~2009年），全球（160个国家）、中国、美国、欧盟、日本的实际GDP增长率分别为2.63%、9.8%、1.9%、1.6%和0.7%。由于未来全球和各主要经济体都面临着重大而艰难的经济结构调整，未来十年可能难以保持过去十年的高速经济增长。

为此，我们将未来十年的实际经济增长设定为三种情景：第一，"好情景"，全球和主要经济体的实际GDP增长率保持在过去十年的水平；第二，"一般情景"，全球和中国的实际GDP增长率比过去十年下降1个百分点，美、欧、日下降0.5个百分点；第三，"坏情景"，全球和中国的实际GDP增长率比过去下降2个百分点，美、欧下降1个百分点，日本零增长。根据实际GDP增长率和设定的通货膨胀率，推算出名义GDP增长率的相应三种情景（见表9）。

表9 未来十年全球经济增长情景

	实际GDP增长率			名义GDP增长率		
	好情景	一般情景	差情景	好情景	一般情景	差情景
全 球	2.63	1.63	0.63	5.63	4.63	3.63
中 国	9.80	8.80	7.80	12.80	11.80	10.80
美 国	1.90	1.40	0.90	4.90	4.40	3.90
欧元区	1.60	1.10	0.60	4.60	4.10	3.60
日 本	0.90	0.40	0.00	3.90	3.40	3.00

注：名义GDP增长率为实际GDP增长率与GDP平减指数（设定为3%）之和。

---

① 联合国，2009，*World Economic Situation and Prospects 2010*，http://www.un.org。

在中国名义GDP预测中的一个关键指标就是人民币汇率。自2005年汇率改革到2009年底，人民币兑美元的年均升值速率为3.743%。在以人民币计价的中国名义GDP为既定的情况下，人民币的升值会提升以美元计价的中国名义GDP。为此，我们也假设两种人民币汇率情景：第一，不考虑人民币升值，人民币兑美元汇率维持在2009年的水平；第二，考虑人民币升值，在未来十年中人民币兑美元汇率以2005~2009年的平均速率升值。

根据以上设定情景，在不考虑人民币升值的情况下，无论是采用哪种经济增长情景，中国的名义GDP都将超越日本，成为仅次于美国、欧元区的第三大经济体。在假设人民币以过去五年均速升值的情况下，无论哪种经济增长情景，2020年中国的名义GDP都将超过美国，成为第一大经济体（见表10）。在对人民币汇率变化的假设相同的情况下，以上三种经济增长情景给出的中国GDP份额基本相同。因此，以下将只采用经济增长"坏情景"下人民币升值和维持不变的名义GDP预测值。

表10 全球名义GDP预测和中国名义GDP占比

单位：十亿美元，%

	好情景		一般情景		坏情景	
	2015	2020	2015	2020	2015	2020
全球名义GDP	80751	106190	76272	95641	72001	86053
美国名义GDP	18996	24129	18459	22894	17935	21716
欧元区名义GDP	16314	20428	15852	19379	15401	18380
日本名义GDP	6375	7719	6193	7320	6051	7015
中国名义GDP1	10113	18468	9587	16745	9084	15169
中国名义GDP2	12299	26439	11679	24048	11086	21855
中国名义GDP份额1	12.52	17.39	12.57	17.51	12.62	17.63
中国名义GDP份额2	15.23	24.90	15.31	25.14	15.40	25.40

注：中国名义GDP1、中国名义GDP份额1为不考虑人民币升值，即人民币兑美元汇率维持在2009年水平下的预测值；中国名义GDP2、中国名义GDP份额2为假设人民币按照2005~2009年平均升值速率（3.743%）均速升值的预测值。

2. 关于未来全球金融发展水平的预测

关于未来全球金融发展水平的状况，我们可以采用金融深化（金融变量值与名义GDP之比）这个通行指标予以预测。在此次全球金融危机爆发前，放纵的金融自由化和金融全球化推动了全球的金融膨胀，这尤其体现在衍生品市场中（参见表11）。2000年场外和场内衍生品的名义本金仅相当于全球GDP的297.16%和44.47%，到2007年则分别膨胀到1080.86%和143.45%。危机爆发后，特别是由于信用衍生品和复杂结构产品的交易受到严重打击，场外和场内衍生品名义本金额曾一度萎缩。不过，2009年后全球利率风险和汇率风险的急剧上升推动了相关衍生品的交易，衍生品名义本金额再次飙升并基本恢复到危机前的最高水平。在债券市场方面，危机的爆发对公司债券和金融机构债券的影响较大，而政府债券的规模则因经济刺激计划的实施迅速膨胀——这是危机后债券市场规模上升的主要因素。股票市场显然受到危机的严重打击，全球股票市值与GDP之比由2007年的120.2%强跌落一半至2008年的不到60%，2009年因经济的暂时复苏恢复到68.81%。

表11 2000~2009年全球四大金融市场金融深化指标

单位：%

年份	场外衍生品/GDP	场内衍生品/GDP	债券/GDP	股票/GDP
2000	297.16	44.47	90.70	
2001	349.50	74.65	92.93	
2002	428.38	72.05	100.43	
2003	529.92	98.62	103.65	
2004	617.00	110.96	103.55	
2005	660.73	126.38	97.90	97.37
2006	852.95	141.53	100.59	110.96
2007	1080.86	143.45	101.17	120.20
2008	904.90	95.31	97.63	59.21
2009	1057.35	125.81	110.47	68.81
平均	677.87	103.32	99.90	91.31

注：衍生品采用名义本金额，债券和股票采用存量市值。
资料来源：根据BIS、Bloomberg数据整理计算。

对于未来十年全球的金融发展水平，我们认为，随着全球金融监管改革的全面实施，过去十年中过度的金融膨胀将会受到抑制。因此，我们将以2000~2009年各项金融深化指标的均值作为未来十年的预测值——这意味着，全球股票、债券市场的预测规模不会较2009年呈现快速增长，而衍生品市场，尤其是场外衍生品市场的预测规模则会较2009年出现一定程度的萎缩，这就相应降低了实现上海国际金融中心建设总目标的难度。

根据以上关于全球经济前景（仅采用"坏情景"）和金融深化水平的预测，我们即可以采用如下公式，推算出2020年全球各类金融产品的市值或名义本金额（见表12）：

2020年全球市场规模 = 全球金融深化指标 × 2020年全球名义GDP预测值

表 12　全球金融市场发展水平预测

金融深化指标		2020年预测（十亿美元）	2009年（十亿美元）	2020/2009（倍数）
股票市场	91.31	78575	40000	1.96
债券市场	99.9	85970	64222	1.34
场外衍生品	677.87	583331	614674	0.95
场内衍生品	103.32	88913	73140	1.22

注："金融深化指标"取 2000~2009 年的平均值，见表 11；衍生品采用名义本金额，债券和股票采用存量市值。

表 12 中关于未来全球金融市场规模的预测体现了相对保守和悲观的态度：第一，全球 GDP 的预测采用了"坏情景"；第二，金融深化指标取 2000~2009 年的平均值。这意味着，为实现国务院《意见》总目标，我国金融市场规模水平有所降低。

3. 实现《意见》总目标所需要达到的金融市场规模

根据以上全球经济和金融发展水平的预测，在中国金融发展水平能够匹配当时中国经济全球地位的假设下①，即可通过如下公式，推算出 2020 年达到国务院《意见》总目标所需要的金融市场发展规模（以亿元人民币计）：

2020 年中国市场规模 = 中国名义 GDP 份额 × 2020 年全球市场规模 × 人民币兑美元汇率 × 10

表 13　实现 2020 年总目标所需要达到的金融市场规模预测

	不考虑人民币升值			考虑人民币升值		
	2020年（亿元人民币）	2020/2009（倍数）	年均增速（%）	2020年（亿元人民币）	2020/2009（倍数）	年均增速（%）
股票市场	945773	4.19	15.40	895641	3.97	14.78
债券市场	1034785	5.91	19.44	979935	5.59	18.78
场外衍生品	7021295	656.62	91.31	6649123	621.81	90.27
场内衍生品	1070203	17.68	33.27	1013476	16.75	32.56

注：衍生品采用名义本金额，债券和股票采用存量市值。

由表 13 可以看到，为了在 2020 年使上海金融中心乃至我国整个金融市场的发展水平匹配于当时我国的经济地位，四大类市场都需要在现有基础上成倍增长。其中，股票市场

---

① 这个假设意味着 2020 年中国的金融深化指标只达到了全球平均水平，低于其他主要经济体的金融发展水平。因此，根据该假设来设定最终目标，一方面是显著降低了目标值，另一方面也意味着未来我们不会出现金融的过度膨胀。

和债券市场的存量市值应该分别达到 90 万亿和 100 万亿人民币左右，分别相当于 2009 年规模的 4 倍和 5 倍左右；场外和场内衍生品的名义本金额则分别需要达到 700 万亿和 100 万亿左右，分别相当于 2009 年的 600 多倍和 17 倍左右。

在四类市场中，股票和债券市场的规模可能较易于实现——其年均增速仅需要维持在 15% 左右和 19% 左右，而在过去十年中，我国股票和债券市场的市值年均增速分别超过了 70% 和 30%。这意味着，如果过去推动我国股票和债券市场发展的因素能够继续存在，尤其是改革方面的因素（如股票市场中的股权分置改革、债券市场中短期融资券和中期票据的发行体制改革）能够继续存在的话，那么，在 2020 年，我国股票和债券市场在全球市场中的地位将能够比较容易地匹配于彼时我国的经济地位。就上海来说，如果能够继续维持和增强其在全国股票和债券市场中的地位的话，那么，在这两类市场上也可以较为轻易地达到国务院《意见》的要求。

可是，要达到 2020 年衍生品市场的规模，尤其是场外衍生品市场的规模，这两个市场需要保持的增长速度都超过了，甚至远远超过了过去十年的平均增长速度：场内衍生品市场需要以年均 30% 以上的速度增长，而场外衍生品市场则需要以年均 90% 的速度持续增长十年——这意味着每年场外衍生品的名义本金额都近乎翻番。不过，这也并不意味着完全没有可能达到目标，因为过去十年我国衍生品市场的低增长在很大程度上是政策不支持、人为抑制的结果。未来，随着政策方向的转变，随着利率市场化、资本项目开放引发的风险管理需求的上升，随着一些产品空白（如场内交易的国债期货、场外交易的信用衍生品）被填补，我国衍生品市场可能会出现跳跃式的发展。

五　制约我国金融发展和国际金融中心建设的两大因素及政策建议

为了完成国务院《意见》中提出的总目标，在 2020 年使上海国际金融中心的地位和我国金融发展水平与当时我国的经济地位相匹配，目前存在两大制度性障碍：行政主导、多头分散的金融管理格局和资本项目开放的进度。其中，前者是根本性的，因为它决定了我国金融市场发展的速度，并在很大程度上决定了我国资本项目开放乃至人民币国际化的进度；后者是适应性的，它取决于国内和国际经济、金融甚至政治方面的环境和条件。为此，需要在国内推动"大爆炸"式的金融改革，并视具体情况，循序渐进地推动资本项目开放乃至人民币国际化进程。

1. **第一大制约因素：行政主导、多头分散的金融管理格局**

我国目前金融管理体制的基本特点就是行政主导、多头监管，这样的体制形成于

1993年。1993年底国务院出台了《关于金融体制改革的决定》，随着强有力的中央银行宏观调控体系的建立，以及随后逐步确立的"一行三会"的分业监管架构，1993年之前的中央政府、地方政府分权的"块块"结构已经变成了中央各部委各管一块的"条条"架构。在这种的架构下，各部委依据它们的权限分别对相应的机构、市场、产品等进行管理。

在目前的体制下，除了少数产品和少数业务实行市场化的备案制之外，大多数的产品和业务都是由相应的管理部门实行事实上的行政审批制，对金融机构的准入也实行了严格的限制。并且，有些创新型产品和业务还需要经过国务院层面的审批。另外，在目前事实上的混业经营格局下，我们依然采取的是分业监管的架构。在这种背景下，由于相关法律、规章赋予了各部门诸多类似的权力，且存在着有意无意的模糊空间，这不仅使得各部门的权限范围出现了诸多重叠区域，也导致诸多领域存在监管漏洞，很多新型产品和新的金融业态并不在监管体制的管辖范围之下。

行政主导、多头分散的格局尤其体现在需要得到大力发展的债券和衍生品市场中（参见图7）。在债券和衍生品发行管理方面，财政部负责国债发行监管；人民银行负责金融债、非金融企业债务融资工具、利率和汇率衍生品以及信贷资产证券化产品等的发行管理；证监会负责公司债券（目前限于上市公司发行的公司债、可转债等）和在场内市场交易的衍生品发行管理；发改委负责企业债券的发行监管；银监会除会同人民银行参与商业银行金融债等债券的发行监管外，还负责商业银行资本混合债券的发行管理，以及银行参与利率、汇率、信用衍生品交易的管理。在债券二级市场监管方面，我国目前共有三个主要的债券交易市场：银行间市场、交易所市场和商业银行柜台交易市场，其中，中国人民银行主要负责银行间市场和商业银行柜台交易的监管，中国证监会负责交易所的监管。银行间市场和交易所市场在管理主体、托管结算、参与主体等各个方面还没有实现互联互通。

这种行政主导、多头分算的金融管理架构至少存在五大弊端：其一，行政管制过强，金融机构、金融市场自发的创新动力严重不足。其二，各部门跑马圈地，有法不依，不利于建立统一的金融市场。其三，监管标准各不相同，不利于经营类似产品的不同机构开展竞争，不利于建立统一、有效的投资者保护制度，不利于建立统一、及时的信息搜集与处理平台监控和防范系统性风险。其四，监管部门间的竞争便利了市场参与机构进行监管套利，可能会诱发市场参与机构的道德风险，不利于金融稳定。其五，在行政主导的背景下，各管理部门过于强调加强自身的监管，忽视了市场纪律。

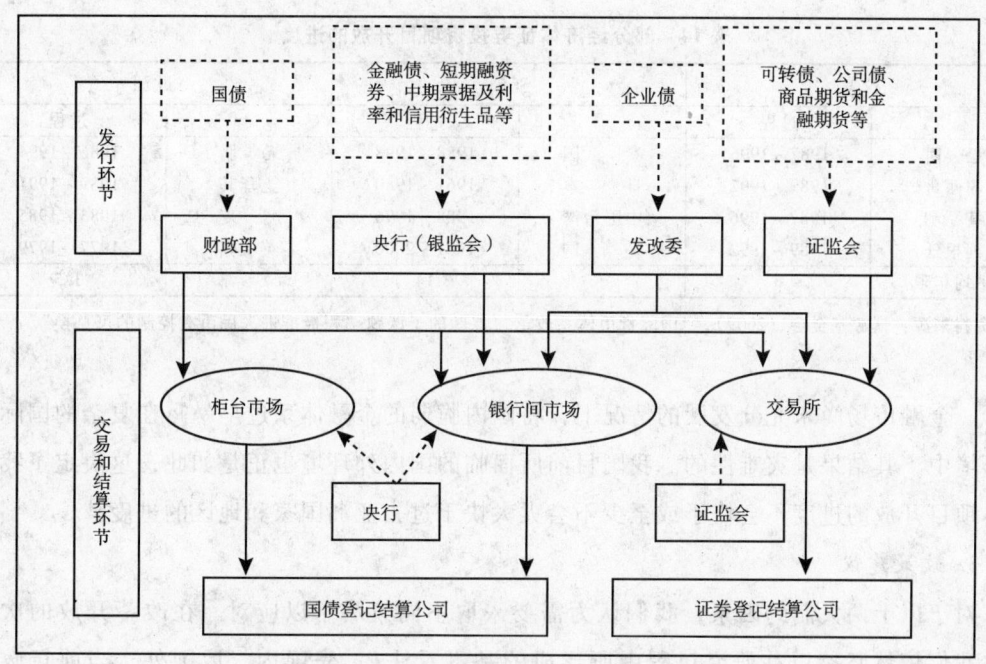

图7 多头分散的债券和衍生品市场管理架构

2. 第二大制约因素：不可能一蹴而就的资本项目开放进程

资本项目开放的进度是决定上海国际金融中心国际化程度的关键，同时，由于境外融资主体、投资主体参与境内金融市场的程度取决于资本项目开放的进度，因此，这也会对境内金融市场的规模、品种、交易活跃程度产生重要影响。由于我国资本项目的管制主要表现在对证券投资项目的管制上，而证券投资项目是否开放是影响境外主体参与境内市场的关键，因此，开放证券投资项目的进度就决定了上海国际金融中心的国际化程度。

然而，各国的经验表明，开放证券投资项目不仅涉及国内的监管体制改革、利率市场化改革、汇率形成机制改革等方方面面，还取决于当时的国际经济和金融形势，这使得证券投资项目的开放都经历了一个循序渐进的漫长过程。

从全球各国"证券投资"项目可兑换的过程看（见表14），平均过渡期年限为8年。其中，欧洲国家"证券投资"项目可兑换的过程较短，平均为3.5年；拉美国家"证券投资"项目开放的过程也较短，平均为6年。这两个区域"证券投资"项目可兑换的过程较短的主要原因在于，它们早在20世纪初就已经融入经济和金融全球化的进程中，并且，有些经济体（如英国）还是当时全球化的主导力量。亚洲参与全球化进程主要是在二战以后，这是亚洲各个国家或地区"证券投资"项目开放过程相对很长的主要原因。

从其他国家（如亚洲国家）资本项目开放的经验教训看，在国内金融改革尚未充分

表 14　部分经济体证券投资项目开放的进度

拉美		亚洲		欧洲	
	过程		过程		过程
巴　西	1987~1996	泰　国	1988~1998	希　腊	1986~1994
墨西哥	1989~1992	日　本	1961~1980	土耳其	1989~1991
智　利	1987~1996	中国台湾	1988~1996	丹　麦	1983~1985
阿根廷	1989~1992	韩　国	1981~2000	英　国	1977~1979
平均年限	6		14		3.5

资料来源：博源基金会（2009），"国际货币体系改革"课题的子课题"积极推进人民币有控制的可兑换"。

展开、金融市场尚未充分发展的情况下，将国内脆弱的金融体系过早暴露在复杂的国际金融环境中，其结果是灾难性的。我国目前所面临的国内外环境也正是如此，这决定了我国资本项目开放的进度不会快于或至少不会大大快于过去亚洲国家和地区的进度。

3. 政策建议

对于以上两大制约因素，我们认为需要采取不同策略予以应对。在改革开放的次序上，我们依然坚持以往研究过程中所形成的基本看法[①]：先国内、后国外。当前行政主导、多头分散的金融管理体制是阻碍金融发展的首要的、根本性因素，因此，放松行政管制以"深化金融体制改革"，并借此推动我国金融市场的充分发展，始终应该摆在改革开放次序上的第一位，同时，应该"加强金融监管协调，建立健全系统性金融风险防范预警体系和处置机制"（中央"十二五"规划建议稿）。

在改革开放的手段上，我们认为，资本项目开放和人民币国际化需要循序渐进——因为这在很大程度上是一种适应性的制度演进，但是，国内的金融改革已经不能再"摸着石头过河"了，而是需要采取"大爆炸"式的手段。这是因为，一方面，前面的推算已经表明，如果没有"大爆炸"式的改革措施，我们不太可能在未来使我国的金融发展水平匹配于我国的经济地位；另一方面，更加根本的因素是，在理论界、实务界甚至政策管理层，对于我国金融体系和金融管理制度中存在的弊端、金融改革开放的方向、应该采取的手段和建立的机制已经有了高度共识，这与刚刚改革开放时方向不明、手段不清楚的环境业已大相径庭。事实上，未来中国经济和金融体系面临的最大风险就在于我们今天不能勇于抓住历史赋予的机会，去打破部门利益束缚，推动改革。

（本文发表于《金融评论》2011 年第 1 期）

---

① 殷剑峰：《金融结构与经济增长》，人民出版社，2006。

中国地方政府公共资本融资：
问题、挑战与对策
——基于地方政府融资平台债务状况的分析

刘煜辉　沈可挺

一　引言

改革开放以来，地方政府竞争在中国经济增长过程中起着至关重要的作用。在有关中国经济增长的主流文献中，财政分权的经济激励和地方官员的政治晋升博弈被认为是地方政府为促进辖区经济增长而竞争的两个主要原因（例如：沈立人、戴园晨，1990；Blecher，1991；Oi，1992、1999；Montinola、Qian、Weingast，1995；Qian、Weingast，1996；张维迎、栗树和，1998；何梦笔，1999；Lin、Liu，2000；Blanchard、Shleifer，2001；冯兴元，2001；周业安，2003、2009；周黎安，2004、2007；Jin、Qian、Weingast，2005；张军，2005；沈坤荣、付文林，2006；徐现祥、王贤彬、舒元，2007等）。由于道路交通、电力通信、市政建设等公共基础设施建设投资是促进招商引资进而推动经济增长的重要因素（郭庆旺、贾俊雪，2006a；李永友、沈坤荣，2008；刘生龙、胡鞍钢，2010），基于财政分权的经济激励而展开的招商引资竞赛以及基于地方官员政治晋升博弈而展开的"标尺竞争"为地方政府优先发展此类公共基础设施投资提供了非常强劲的动力（张军等，2007；王世磊、张军，2008）。

地方政府为促进经济增长而优先发展基础设施的政策偏向使得地方财政对基础教育、医疗卫生、社会保障等公共服务的资金投入存在显著不足（乔宝云等，2005；傅勇、张晏，2007；周业安、王曦，2008；龚锋、卢洪友，2009），进而使得中国社会面临经济增长与社会发展显著失衡的突出问题（中国社会科学院经济研究所中国经济增长与宏观稳定课题组，2006；吕炜、王伟同，2008）。值得注意的是，削减或挤占本该用于公共服务的财政资金并不足以保证用于基础设施建设投资的资本预算。在改革开放以来经济持续高速增长的过程中，尽管政府财政收入的增速长期高于经济增长，但地方政府对基础设施的投资资金长期以来主要依靠的却是各种显性或隐性的地方政府债务以及以土地财政为基础的预算外资金支撑（时红秀，2005；胡静林等，2006；沈可挺，2007）。地方政府的自我融资能力对地方经济增长有着非常显著的影响（李扬等，2002；蔡昉、都阳，2003）。这种由地方政府利用行政权力主动开拓财源为公共资本融资的模式被周雪光（2005）称为"逆向软预算约束"现象①。以"逆向软预算约束"为特征的地方政府公共资本融资模式在加快基础设施建设投资、促进地方经济增长的同时，还会加剧宏观经济波动，甚至使宏观调控政策的传导机制变得更为复杂（沈可挺，2004；沈可挺、郑易生，2006；郭庆旺、贾俊雪，2006b；周业安、章泉，2008；方红生、张军，2009）。更加不容乐观的是，由于缺乏严格的公共资本长期投资计划，"逆向软预算约束"现象很容易使得地方官员以地方债务的爆发性增长为代价扩张公共基础设施建设投资，进而导致较为严重的财政风险。

本文试图通过对地方政府融资平台债务状况的分析，深入探讨中国地方政府公共资本融资模式面临的问题与挑战。笔者认为，当前因地方融资平台债务激增导致的地方政府债务风险所反映的并不只是中央与地方财政分权不当的问题，它还深刻地反映了现有的公共资本投融资体制所存在的缺陷。城镇化是中国经济社会中长期发展战略的一个重要方面。中国许多地方都面临城镇化所要求的公共基础设施建设资金短缺压力。从公共财政角度看，由于公共基础设施建设资金的期限结构特征以及成本收益的代际分布原因，对公共基础设施建设的资本预算有必要寻求可持续的外部融资支持（李扬，2007）。在现有的公共资本投融资体制下，由于缺乏审慎的公共资本长期投资计划和严格的公共资本预算约束，地方政府基础设施建设的投资规模在很大程度上取决于地方财政可获得的资金规模；由于地方政府不享有进行市场化融资的合法的体制通道②，对公共基础设施建设的资金需求也难以通过外部融资得到合理满足（刘煜辉、沈可挺，2009）；但是当前地方融资平台债务激增的事实则表明，地方政府及其下属机构实际上很容易通过土地抵押或者财政担保的方式突破财政预算或法律约束实现对外举债。在当前地方政府主导辖区经济运行的体制环境下，试图通过单纯的商业银行内部体系改革来达到遏制地方政府过度举债行为的目标将是一项非常艰巨的任务；而通过地方融资平台举债导致的地方政府债务隐形化趋势则使得监

---

① 周雪光（2005）提出的"逆向软预算约束"理论概括了地方政府利用行政权力"自上而下"向其管辖区域内其他组织和个人索取资源以突破预算限制的行为；马骏和刘亚平（2005）利用"逆向软预算约束"理论简要解释了地方政府通过主动积累债务，以财政风险的不断增加为代价谋求经济增长和地方政绩的问题。

② 我国《预算法》第3条规定，"各级政府预算应当做到收支平衡"；第28条规定，"地方各级预算按照量入为出、收支平衡的原则编制，不列赤字。除法律和国务院另有规定外，地方政府不得发行地方政府债券"。《担保法》第8条规定，"国家机关不得作为保证人，但经国务院批准为使用外国政府或者国际经济组织贷款进行转贷的除外"。这些规定意味着地方政府没有合法融资和对外担保的体制通道。

管当局对于地方政府债务风险的监控变得更为困难。如果缺乏更为有效的债务治理机制，地方政府债务急剧膨胀可能引发较为严重的财政风险和金融风险。

在本文中我们将提出，当前需要一种双管齐下的解决方案，以推进地方政府金融管理体制改革，构建地方公共基础设施建设投资的可持续融资模式：一是彻底改变当前以地方政府融资平台为主体、以土地储备作为抵押支持、以银行信贷作为主要资金来源的地方政府融资模式，构建以市政债券市场为基础的多元化的地方政府公共资本融资模式，促进地方债务的显性化和透明化；二是促进地方政府职能的根本性转变，围绕公共财政建设和服务型政府建设的体制改革目标，推进各级地方政府财政预算及其执行情况的透明化，强化对公共基础设施建设的长期投资计划及其资本预算约束。本文的结构安排如下：第二节主要分析当前地方政府对公共基础设施的投资扩张以及由此导致的地方政府债务膨胀问题。第三节探讨当前以地方政府融资平台为主体、以土地储备作为抵押支持、以银行信贷作为主要资金来源的公共资本融资模式存在的缺陷及其成因。第四节在综合分析地方融资平台造成的地方政府债务隐形化问题的基础上提出构建以市政债券市场为基础的地方政府公共资本融资模式。第五节是结论与政策建议。

二 投资扩张引发的债务膨胀：基于地方融资平台贷款投向的分析

地方政府债务并不是一个新问题。韩俊（2002）、贾康和白景明（2002）、魏加宁等（2004）以及时红秀（2007）等均曾对地方政府债务的成因及其影响问题进行过较为深入的研究。2009年下半年以来，随着地方政府融资平台贷款规模的激增，有关地方政府债务风险的问题逐步暴露并再次引起社会各界的高度关注。由于缺乏可靠的数据信息，各界对地方融资平台的债务规模没有一个准确的估计，诸多测算结果相互之间存在较大差异。不少国际投行机构和一些海外观察家也都先后根据各自所掌握的信息对地方融资平台的债务规模进行了估测，但其中有一些各界广泛关注和引用的估计结果在很大程度上夸大了真实情况，从而使得对地方政府债务风险的评估，在一定程度上转向对全球金融危机过后的经济刺激政策效果和经济回升质量的评价，甚至转向对中国经济中长期发展前景的评判（如史宗瀚，2010）。2010年初以来国际市场上兴起的一些看空中国经济的言论大抵与此有关。

地方融资平台债务问题并没有像史宗瀚（2010）等少数海外观察家描述得那么糟糕。但地方融资平台债务规模增长过快可能导致的财政风险确实已不容回避。魏加宁等（2004）估计截至2003年前后全国地方政府债务规模在1万亿元以上；胡静林等（2006）

估计2004年全国地级及以上城市的负债总额为10800亿~12000亿元。而央行最近的专项调查结果则表明，截至2009年末，地方政府融资平台负债总额约9.76万亿，其中金融机构地方融资平台贷款（不含票据融资）余额约7.38万亿，约占一般贷款余额的20.4%，贷款余额同比增长70.4%，高出同期一般贷款余额增速36.5个百分点；2009年全年金融机构新增融资平台贷款约3.05万亿元，约占全部新增一般贷款的34.5%，其中新增融资平台项目贷款约2.34万亿元，约占当年全部新增融资平台贷款的76.8%。2009年末地方融资平台贷款余额占当年GDP的比重约为21.7%，较同期国债实际余额占GDP约17.7%的比重高出4个百分点。

值得注意的是，地方融资平台的举债资金主要是用于地方政府安排的公共基础设施项目建设所需要的资本性支出，而不是用于地方经常性项目支出。从央行专项调查的统计数据来看，截至2009年末，流向城市投资建设、交通运输、开发区建设、土地储备和国有资产管理类融资平台公司的贷款余额占金融机构全部地方政府融资平台贷款余额的比重分别为42.8%、22.4%、12.8%、10.4%和10.7%；以上各类融资平台公司2009年新增贷款占全部融资平台贷款新增量的比重分别为42.6%、17.2%、12.8%、13.2%和11.1%；2009年末以上各类融资平台公司贷款余额的同比增速分别为69.8%、46.2%、70.8%、108.5%和74.3%。从融资平台公司贷款余额和贷款新增量占比情况可以看出，城市投资建设和交通运输类平台占据绝对多数地位，两者合计的贷款余额和贷款新增量占比分别为65.2%和59.8%；而从贷款余额增速来看，土地储备类平台贷款增速最高，交通运输类平台贷款增速相对较低。

从地方融资平台项目贷款的实际投向来看，贷款投向主要集中于基础设施行业和广义房地产开发行业两大领域。截至2009年末，基础设施行业融资平台项目贷款余额约为3.95万亿元，占年末全部融资平台项目贷款余额的69.6%；2009年基础设施行业融资平台新增项目贷款1.56万亿元，占当年全部新增融资平台项目贷款的63.2%；2009年末基础设施行业融资平台项目贷款余额同比增长65.6%。广义房地产开发行业融资平台项目贷款余额约为3.16万亿元，占年末全部融资平台项目贷款余额的55.6%；广义房地产开发行业平台全年新增项目贷款1.48万亿，占当年全部新增融资平台项目贷款的60%；2009年末广义房地产开发行业融资平台项目贷款余额同比增长88.6%[①]。租赁和商务服务业以及公共管理和社会组织类平台项目贷款2009年末的贷款余额分别为0.6万亿元和

---

① 广义房地产开发行业包括各类开发区、工业园等园区建设、市政公共设施管理以及土地储备等相关的子行业，其中有些部分与基础设施建设业下属的子行业重复。

0.53万亿元，占年末全部平台项目贷款余额的比重分别为10.6%和9.4%；这两类平台当年分别新增项目贷款0.35万亿元和0.3万亿元，占当年全部新增平台项目贷款的比重分别为14.1%和12.3%；这两者的贷款余额增速相对较高，分别比上年年末增长138.2%和132.2%①。

表1 地方政府融资平台项目贷款按实际投向分类状况

单位：亿元，%

统计指标 项目贷款实际投向	2009年贷款余额		2009年贷款增量		余额同比增速	
	年末	占比	全年	占比	年末	较三季度增减
项目贷款总额	56745	100.0	24746	100.0	77.3	-5.3
一、基础设施行业	39484	69.6	15637	63.2	65.6	-7.0
1. 水利、环境和公共设施管理业	25813	45.5	10929	44.2	73.4	-15.9
其中：公共设施管理业	23215	40.9	9560	38.6	70.0	-17.7
水利管理业	1468	2.6	758	3.1	106.8	6.7
环境管理业	1128	2.0	608	2.5	117.1	4.5
2. 交通运输业	12611	22.2	4293	17.3	51.6	3.1
其中：道路运输业	7566	13.3	3115	12.6	70.0	31.2
城市公共交通业	2874	5.1	723	2.9	33.6	-36.0
铁路运输业	1618	2.9	350	1.4	27.6	-19.6
3. 电力、燃气及水的生产和供应业	1060	1.9	415	1.7	64.4	27.1
二、广义地产开发行业	31577	55.6	14838	60.0	88.6	-6.7
三、租赁和商务服务业	6017	10.6	3491	14.1	138.2	-9.4
其中：投资与资产管理业	4024	7.1	2693	10.9	202.3	111.0
四、公共管理和社会组织	5335	9.4	3037	12.3	132.2	-18.5
其中：土地储备贷款	4338	7.6	2585	10.4	147.4	-8.5
五、建筑业	1284	2.3	715	2.9	125.6	-1.3
六、农林牧渔业	519	0.9	130	0.5	33.4	-7.7
七、其他行业	4106	7.2	1737	7.0	73.3	21.3

资料来源：2009年四季度地方投融资平台贷款情况专项调查，中国人民银行，2010年1月。

综合起来看，地方政府融资平台项目贷款当中约有三分之二的比例直接投向公共设施管理业、交通运输业以及电力、燃气及水的生产和供应业等公共基础设施建设管理项

---

① 公共管理和社会组织类平台项目贷款当中主要以土地储备贷款为主。截至2009年末，公共管理和社会组织类平台项目贷款当中土地储备贷款余额占比约为81.3%；当年新增的公共管理和社会组织类平台项目贷款中土地储备贷款的增量占比约为85.1%。

目①。值得注意的是，地方政府的举债资金主要是用于由当地政府安排的公共基础设施项目建设所需要的资本性支出，而不是用于地方经常性服务项目的支出，这一点并不是当前才出现的新情况。在过去十年间，地方政府举债进行城市建设已经成为一种非常普遍的现象②。过去几年以来，在这种"以小财政撬动大城建"的城镇化建设过程中，地方政府债务问题之所以一度显得不那么突出，主要是由于在此期间房地产市场的持续繁荣使得地方政府一方面能够通过"土地财政"获取巨额土地出让金收入，另一方面还可以通过地方融资平台利用土地使用权抵押获取巨额外部融资资金，包括土地使用权抵押贷款以及利用土地使用权支持的城投债券和信托融资。按照现行法律的规定，地方政府不得对外举债。因此，地方融资平台在某种程度上可以说是地方政府在现有制度框架下为满足对外融资需求所采取的创新举措，它对于地方政府优先发展道路交通、电力通信、市政建设等公共基础设施投资提供了重要的支撑。但是，无论是称之为创新还是称之为"打擦边球"，一个基本的事实是，禁止对外举债的地方政府现有的实际债务存量竟然显著高于中央财政已发行的国债实际余额，并且有禁无止。对于发生这种状况的原因的传统解释是地方财政收支状况吃紧——扣除经常性服务项目支出之后的地方财政根本无力承担公共基础设施建设所需要的项目资金。更深层次的原因则进一步涉及现阶段因分税制财政体制改革不完善所造成的地方政府财权与事权不对等的问题。按照这个分析思路，当前地方融资平台债务激增的根本原因是由于地方财力不足，而不是由于地方公共资本投资预算失控、基础设施项目建设投资过度等问题所致。问题的症结究竟是在于地方财力不足，还是在于预算失控和投资过度？这当中的要害在于，如果地方政府债务激增主要是因地方财力不足所致，治理地方债务的关键就在于拓宽地方政府财政收入；而如果地方债务激增主要是因为地方公共资本预算失控和投资过度所致，那么关键就在于构建遏制地方政府预算失控和投资过度的政策机制。

1994年的分税制改革对中央与地方的相对财力确实具有根本性的影响。1993年中央与地方之间的财政收入比为22/78，支出比为28/72；1994年中央与地方之间的财政支出

---

① 尽管有一些地方政府可能较多地从形象工程、政绩工程、GDP工程或者从招商引资的角度，而不是从提高居民福利水平、促进社会和谐发展的角度出发来安排公共基础设施项目建设的，从而使得融资平台项目贷款的实际投向在一定程度上偏离社会福利最大化的公共资本投资政策目标，但是这些举债资金主要并非用于地方经常性服务项目的支出，这是一个基本的事实。

② 财政部经济建设司在2006年完成的一份关于中国城市负债问题的调研报告（胡静林等，2006）中曾经指出：城市建设债务已经成为城市本级财政债务的最主要部分；截至2004年，城市建设债务占城市本级债务的比重约为70%~90%；包括国债转贷、外债、商业银行借款和政府性投资公司债务在内的各项城市本级债务项目大多数都是用于城市建设；综合各地情况看，城市建设债务的增长速度通常都高于城市本级债务增速，1998~2004年间，城市建设债务的平均增长率高达50%，高出城市本级债务增速约10个百分点。

比为 30/70，与 1993 年相比变化不大，而财政收入比却变成了 56/44。此后十余年间，财政体制基本保持着这种"收入上移、支出下移"的大体格局。但是最近几年来，随着中央对地方财政转移支付比例的不断提高，这种"收入上移、支出下移"的财政收支格局实际上已经发生了较为显著的变化。以 2008 年为例，统计数据表明，当年中央与地方的本级财政收入比约为 53/47，本级财政支出比为 21/79；但是如果考虑到中央对地方 22945.61 亿元的税收返还和转移支付支出，中央与地方的财政收入比就约为 17/83（如图 1 所示）。2009 年中央本级财政支出为 15279.84 亿元，比上年增长 14.5%；中央对地方税收返还和转移支付 28621.3 亿元，比上年增长 29.8%。与此形成鲜明对照的是，2009 年新增的地方政府融资平台贷款高达 3.05 万亿，这其中还不包括通过发行信托产品和城投债券等其他渠道举借的债务。由此可见，尽管当前中央对地方的财政转移支付制度仍不完善，但是如果我们仍然把地方政府债务激增的成因简单地归结为中央与地方的财政收支划分"不合理"，似乎已不再是一个非常恰当的解释；那种一味地强调因中央与地方财政收入比例失衡导致地方债务激增的说法可能已经明显偏离事实。

对于当前地方政府债务激增的另一个较为常见的解释是由于中央政府为应对全球金融危机而推行的 4 万亿元投资刺激计划。根据这个解释，最近两年地方政府融资平台公司债务之所以增长过快主要是为了完成中央投资项目的地方配套任务。但是有关部门的统计结果却显示，自 2008 年第四季度以来，地方政府融资平台公司的举债资金大约只有 10% 真正用于解决中央提出的 4 万亿元投资计划中要求地方配套的资金，其余部分主要用于地方政府自行安排的建设项目[1]；换言之，2009 年新增地方政府融资平台贷款 3.05 万亿元，截至 2009 年底，真正用于为中央投资计划配套的资金只有 3000 亿元。另外值得注意的是，截至 2010 年 6 月底，前四批扩大内需中央投资项目当中仍有 442 个项目尚未开工[2]。

尽管地方政府通过举债融资进行城市公共基础设施项目建设具有一定的合理性，但是这并不意味着举债规模能够在促进城市建设或者改善基础设施的名义下无限扩张；尽管推进城镇化发展战略要求许多地方进行大量的城市公共基础设施项目建设，但是这也不意味着地方公共资本投资计划可以在加快城镇化建设步伐的名义下无限膨胀。地方政府融资平台的债务规模自 2008 年底以来急剧膨胀的事实充分表明，中国当前面临的主要问题在于，

---

[1] 参见 http://www.gov.cn/gzdt/2010-08/19/content_1683661.htm，"财政部、银监会等部门负责人就《关于贯彻国务院关于加强地方政府融资平台公司管理有关问题的通知相关事项的通知》答记者问"，2010 年 08 月 19 日。

[2] 参见国家发改委于今年 8 月 9 日下发的《关于抓紧做好扩大内需中央投资项目有关工作的紧急通知》（发改电 [2010] 288 号）中披露的信息。

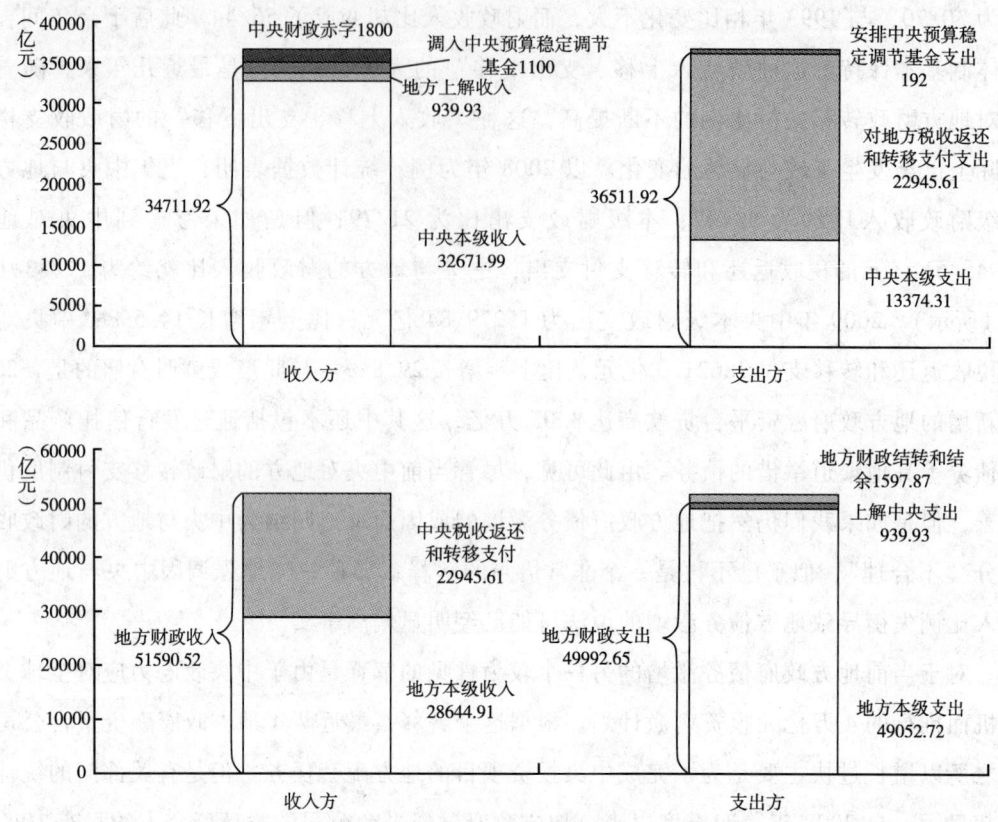

图 1　2008 年中央与地方的财政收支对比状况

迄今为止还没有一个有效的机制能够遏制地方政府进行过度投资的持续冲动。地方政府几乎总是能够找到变通的办法，利用各种途径绕开现行的体制与政策障碍，获取外部融通资金，进而实现将资金用于其所主导的市政建设或公用事业等基础设施项目建设的目标。正因为如此，许多地方政府在制定城市发展建设规划和公共资本投资计划时几乎不对资本预算设置任何实质性的约束目标[1]。

三　银行治理难遏制过度举债：基于地方融资平台贷款来源的分析

当前不少地方政府的债务风险问题已经比较突出。如果不采取果断的债务治理措施，

---

[1] 例如，早在 2003 年前后就有 183 座城市提出要建设"国际化大都市"，约占当时全国 667 座城市总数的 27%。这么多城市发展定位不切实际，盲目追求城市建设的高标准和高速度，根本原因就在于完全无须考虑资本预算约束，无须考虑财政可行性和融资可持续性问题。

在未来宏观经济增速趋缓的情况下，少数融资平台贷款债务率过高的城市或地区不排除陷入较为严重的债务危机的可能。

根据平台贷款债务率指标测算的地方政府融资平台债务状况显示①，截至2009年末，全国共有12个省区的平台贷款债务率指标超过100%（见图2）。但是，如果按照平台贷款债务率（1）指标的测算结果，除了广东、内蒙古和西藏等3个省区之外，全国共计有28个省、自治区和直辖市的平台贷款债务率指标超过100%；江苏、河北、宁夏、新疆、贵州、天津、四川和湖南8个省区的平台贷款债务率指标超过150%；上海、海南、广西、甘肃、陕西、重庆、云南和吉林8个省区的平台贷款债务率指标超过200%；青海和湖北两省的指标超过300%（见图2）。尤其值得注意的是，根据我们采用平台贷款债务率（1）指标对全国110个中心城市政府融资平台贷款状况的测算结果，共有91个城市的平台贷款债务率指标超过100%，有62个城市的指标超过150%，42个城市超过200%，17个城市超过300%，8个城市超过400%（见表2）。

表2 110个被调查城市的融资平台贷款债务率分布状况

平台贷款债务率(1) = 平台贷款余额/(地方政府一般预算收入 + 土地出让金收入)	满足条件的城市(个)	在110个被调查城市中的数量占比(%)
超过400%	8	7.27
超过300%	17	15.45
超过200%	42	38.18
超过150%	62	56.36
超过100%	91	82.73

资料来源：中国地区金融生态环境评价课题组。

如何在努力化解地方融资平台债务风险的同时寻求对地方政府债务的长效治理机制，这是当前各界普遍关注的一个重要议题。为此，我们首先需要搞清楚的问题是，地方政府为何能够从金融机构获取巨额信贷资金。通过调查可以发现，尽管相关的法律法规禁止地方政府合法举债，但是地方政府却几乎总是能够通过层出不穷的融资模式"创新"绕开各种金融市场准入门槛，进而实现其融资目标。相关的统计数据表明，实际上商业银行目前已经超越政策性银行而成为地方融资平台最主要的资金提供者。问题并非主要出在商业银行身上。过去几年以来，我国银行体系的改革已经取得显著进展。在股份制商业银行不

---

① 我们认为，未来真正能支撑地方政府用于偿还融资平台债务的真实偿债能力将主要依靠地方政府性基金收入中的土地出让金以及来自地方一般预算收入的部分资金安排。

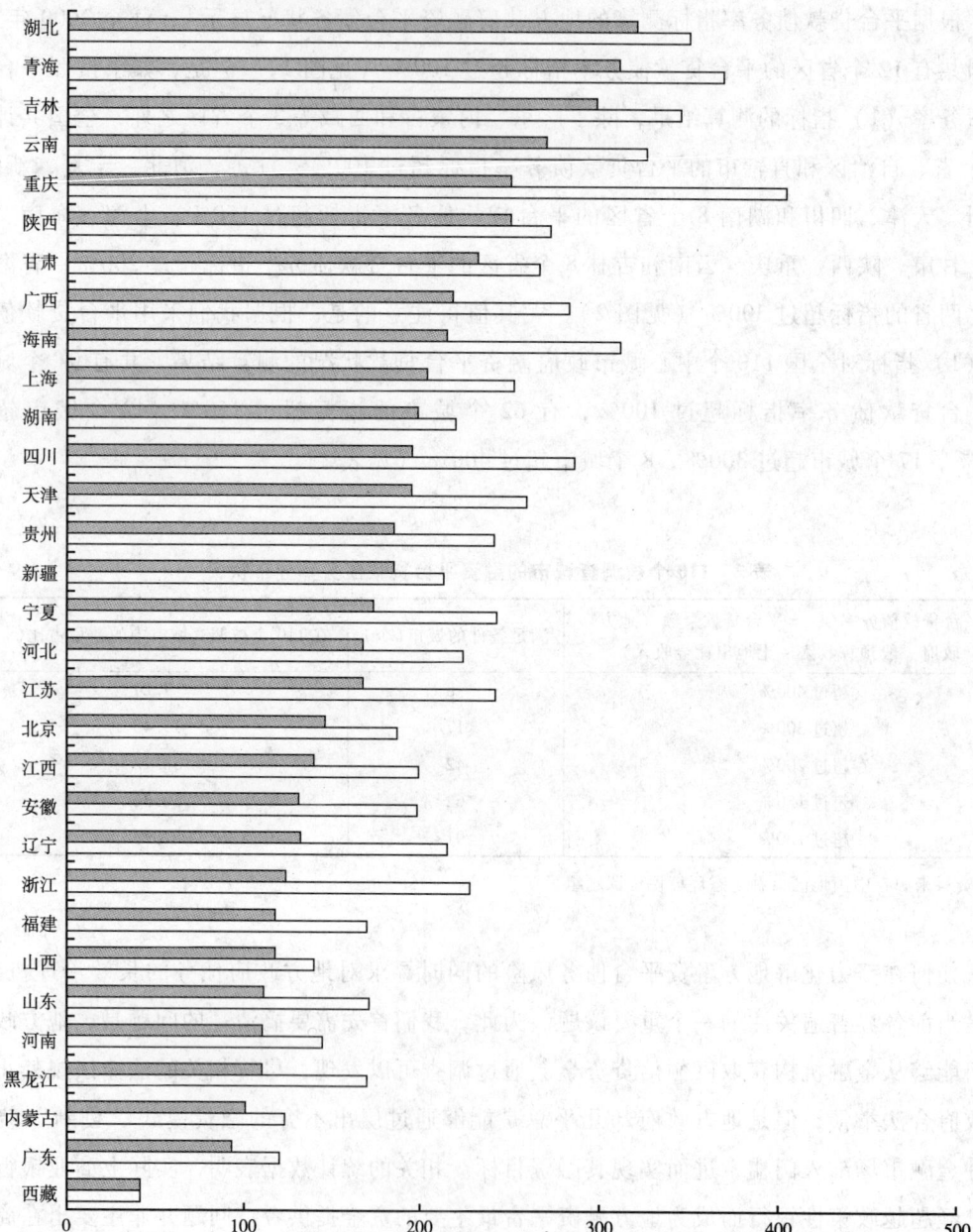

图2 按不同口径测算的各省区地方融资平台贷款债务率状况

资料来源：中国地区金融生态环境评价课题组。

断发展的同时，大型国有商业银行在经过财务重组、股份制改造和股票公开上市等一系列强有力的改革之后，其内部治理结构和风险管理机制也在日趋强化。这些改革措施对于防范地方政府对银行信贷决策的不当干预应该能够起到非常积极的作用。但是事实表明，实际上地方政府通过组建各种形式的融资平台，仍然能够轻而易举地越过商业银行及其监管机构设置的各种信贷标准。这说明在当前的体制环境下，试图通过单纯的银行体系改革来达到遏制地方政府过度举债行为的目标仍然是一项非常艰巨的任务。

通过进一步分析地方融资平台贷款在政策性银行、国有商业银行、股份制商业银行、城市商业银行、城市信用社、邮政储蓄银行以及农村合作金融机构等各类金融机构之间的具体分布状况，可以对这个问题有一个更为清晰的认知。根据央行的专项调查数据，从2009年末地方融资平台贷款余额在不同类型金融机构间的分布状况来看，国家开发银行、农业发展银行和中国进出口银行三家政策性银行地方融资平台贷款余额占全部金融机构融资平台贷款余额的比重分别约为23.3%、7.8%和0.2%，城市商业银行地方融资平台贷款余额占比约为7%，工农中建四大国有商业银行的占比分别为10.4%、6.8%、7.3%和8.8%，包括交通银行在内的十三家股份制商业银行融资平台贷款余额合计占比约为22.4%；从2009年新增地方融资平台贷款占比状况来看，国家开发银行占比约为13.9%，农业发展银行和中国进出口银行占比分别为4.9%和0.3%，工农中建四大国有商业银行合计占比约为40.8%，十三家股份制商业银行合计占比29.1%；从2009年地方融资平台贷款余额增长状况看，国家开发银行和农业发展银行这两家主要政策性银行2009年末融资平台贷款余额同比增速分别仅为32.6%和35.1%，显著低于同期全部金融机构地方融资平台贷款余额70.4%的增长速度，而国有商业银行和股份制商业银行的融资平台贷款余额同比增速则均远远高于国家开发银行和农业发展银行。考虑到各家金融机构之间的资产规模存在较大差异，针对各家机构地方融资平台贷款占全部金融机构融资平台贷款比重的统计数据可能还不能充分反映不同机构之间的经营风格差异。为此，需要进一步通过融资平台贷款集中度指标考察各家金融机构的地方融资平台贷款相对于其自身一般贷款总量的占比状况。根据央行的专项统计数据，截至2009年末，全部金融机构地方融资平台贷款余额集中度约为20.4%；除国家开发银行外，邮政储蓄银行、农业发展银行、光大银行、兴业银行、渤海银行和上海浦东发展银行的融资平台贷款余额集中度超过25%；民生银行、广东发展银行、恒丰银行、交通银行、中信银行、浙商银行以及作为一个整体测算的城市商业银行的融资平台贷款余额集中度超过20%；深圳发展银行、中国银行、工商银行和建设银行的融资平台贷款余额集中度超过15%。2009年全年金融机构地方融资平台新增贷款集中度约为34.5%；农业发展银行的新增平台贷款集中度超过

70%；国家开发银行和兴业银行新增平台贷款集中度超过60%；上海浦东发展银行、深圳发展银行、广东发展银行、光大银行、交通银行和民生银行新增平台贷款集中度处于40%~50%；中信银行、渤海银行、中国银行、农业银行、恒丰银行、华夏银行、建设银行和工商银行新增平台贷款集中度处于30%~40%（见图3）。

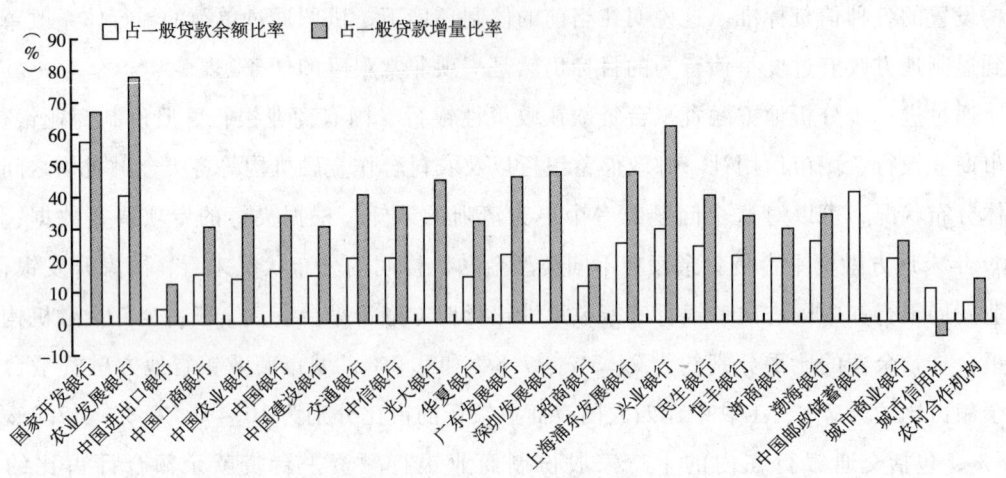

图3 金融机构地方政府融资平台贷款集中度分布状况

根据这些数据不难看出，2009年出现的一个显著变化是，国有商业银行和股份制商业银行已快速超越以国家开发银行为首的政策性银行，成为地方融资平台信贷膨胀过程中最为主要的资金提供者。商业银行所采取的宽松的信贷政策无疑是造成地方融资平台贷款激增的直接原因。但是把这些统计数据综合起来看，无论是内部治理结构和风险管理机制相对较为完善的股份制商业银行，还是经过一系列强有力的改革之后内部治理结构和风险管理机制已经逐步得到强化的国有商业银行，或者是股权结构较为多元化的城市商业银行，其贷款投向都越来越集中于具有深厚政府背景的地方融资平台企业，其经营风格似乎都越来越类似于作为政策性银行的国家开发银行。我们要真正寻求对地方政府债务的长效治理机制，显然不能无视这种令人感到比较奇怪的现象。国有商业银行向地方融资平台集中放贷造成的信贷风险容易使人联想到这些商业银行的内部治理结构和风险管理机制可能仍存在较为严重的缺陷，进而对中国过去这些年间针对银行体系的改革成效产生深度怀疑。相比较于股份制商业银行，国有商业银行的内部治理结构可能确实存在一些不足，但是从以上有关地方融资平台贷款集中度的数据分析中不难看出，不少被普遍认为内部治理结构和风险管理机制比国有商业银行更为健全的股份制商业银行，其经营风格甚至比国有商业银行更为激进，更加接近于政策性银行。基于这样一个明确的事实，我们有理由相信,地方政府融资平台信贷膨胀问题的主要症结可能并不完全在于商业银行体系的内部治理结构和风险管理机制①。

需要强调的是,金融体系并非是一个能够独立创造金融产品和金融服务的系统,它的运行广泛涉及它赖以生存的制度环境及其政治、经济、文化、法治等各项基本环境要素;金融体系的任何微观机制都需要依托一定的宏观环境和制度条件才能得以运行。中国现阶段面临的金融风险固然有金融机构内部治理结构和风险管理机制缺陷的原因,更有金融业生存与发展的外部金融生态环境不良的深刻根源。中国金融业所面临的问题事实上是中国经济和政治体制转轨过程中诸多体制性矛盾累积之后的集中表现。如果这些体制性矛盾得不到有效解决,金融机构微观治理结构层面的改良并不一定能够保证金融业发挥有效的资源配置作用,金融风险同样也会发生并且积累成灾。在过去 30 多年的改革进程中,尽管我们不断在强调要"党政分开""政企分开""减政放权""松绑让利""转变政府职能""推进体制改革",但一个非常明显的事实是,各级地方政府支配资源的能力并未因此减弱,实际上最近这些年来还存在不断加强的趋势。由于各级地方政府可以通过各种方式控制土地、矿产等基本要素资源的市场价格,并且拥有对各项经济活动的市场准入条件近乎绝对的控制能力,由此造成的结果是国民经济的运行具有很强的政府主导色彩。在这样一个政府主导基础资源配置的经济体系当中,要想理顺政府与银行之间纷繁复杂的关系绝不是一件容易的事情。

过去十年间,我国金融体系的改革确实已经取得较为显著的进展。无论是从直接融资与间接融资的相对占比还是从两类融资方式的内部构成角度,均可以看到较为明显的融资渠道多元化的发展趋势,表明中国在构建和发展多层次金融市场体系方面的成效颇为显著。在银行体系的改革和发展层面,在内部控制和风险管理相对更为规范的股份制商业银行不断发展的同时,大型国有商业银行的内部治理结构和风险管理机制也在经过财务重

---

① 对中国大型国有商业银行的改革成效问题,过去几年曾有境外机构在分析报告中提出过一些批评。这些境外机构认为中国大型国有商业银行改革问题的要害在于政府仍然是银行部门的主要股东,并且没有任何迹象表明政府打算在近期内放弃对主要银行的控股权;由于股份制改革不彻底的原因,这些大型国有银行的实际运作几乎没有发生任何变化,许多银行仍将大量资金贷给国有企业,而且贷款也几乎完全没有根据商业风险进行定价。它们建议大型国有商业银行应进一步分散股权结构,提高业务运作透明度,并引入"一套标准的银行经理人业绩激励机制",通过激励银行经理人,保证银行经营业绩得到持续改进。具体可参见国际货币基金组织的工作报告 Podpiera(2006)以及标准普尔 2006 年 2 月的研究报告《中国 50 大商业银行》。在此前发布的中国城市/地区金融生态评价报告中,我们曾经对这些境外机构有关中国大型国有商业银行改革成效的分析报告提出过有针对性的批评。而在当前地方政府融资平台债务膨胀、商业银行平台贷款激增的情况下,又有一些海外观察家进一步提出,未来几年因地方政府债务危机造成的商业银行呆坏账高企将使过去十年来中国对银行体系进行的改革成为一场笑话(史宗瀚,2010)。

组、股份制改造和股票公开上市等一系列强有力的改革之后逐步得到强化。但是对地方政府金融管理体制的改革由于牵涉政治、经济、财政、金融等各方面较为复杂的因素而相对滞后。当前的问题在于，尽管在现有的体制框架下地方政府没有进行合法融资的体制通道，并且相关监管部门也比较注意防范地方政府对金融体系的不当干预，但其强烈的融资需求却是一个客观存在的事实。由于政治体制改革滞后、社会诚信环境不健全等一系列制度层面的原因，地方政府实际上完全能够凭借其所掌握的对土地、矿产等基本要素资源的实际控制权以及对各项经济活动几近绝对的市场准入权限，通过各种隐形方式对金融机构施加行政影响。在这样一种政府主导经济运行的体制环境下，金融机构必然会屈从于行政权力，金融资源的配置也必然会服从于行政权力的意志。商业银行即便能够通过强化内部治理结构和风险管理机制将来自政府层面的直接干预拒之门外，但是迫于经营层面上的压力，最终还是无法挣脱现行体制框架的约束。过去几年间，最初源于政策性银行的"银政合作"信贷模式之所以一度被各家主要商业银行竞相效仿，正是由于同样的体制根源。从一些地方政府债务积累过程的案例中也可以发现，即便相关的法律法规明确禁止地方政府直接举债，但是实际上地方政府却几乎总是能够通过层出不穷的融资模式"创新"绕开各种监管部门的监管规定和金融市场的准入门槛，进而实现其融资目标[①]。通过以上分析不难理解，地方政府正是利用这种体制性弊病才能在很大程度上掌控对金融资源的实际配置权。这意味着，当对银行体系的内部改造进行到一定阶段之后，必须通过加快体制改革、转换政府职能、强化社会信用体系建设、促进以保护债权为中心的法治环境等一系列综合改革措施，推进地方政府金融管理体制改革，进一步巩固和深化金融改革的成果（周小川，2004）。

值得注意的是，我们并不是在倡导一种机械式的阶段论，也不认为在其他方面的体制改革没有到位之前，对银行体系的改革应该停顿。我们所要强调的是，任何单项的制度都只是整个制度环境体系当中的一个环节，要使该项制度能够发挥良性作用，需要其他相应的制度来协调和配套。在体制转轨的过程中，某些体制的改革"超前"或"滞后"引起的不协调问题都可能造成无效率的结果。这是转轨经济体的一个最基本的特征（卢峰、姚洋，2004；樊纲、胡永泰，2005）。在一些市场经济体制比较发达的国家，由于各项体制之间的协调性较好，这种因"体制之间的相互不协调"而产生的金融生态环境问题不

[①] 时红秀（2010）简要总结了过去几年来一些地方政府采取的较为常见的融资模式"创新"。地方政府融资模式的演变过程实际向我们展示的是地方政府为实现融资目标如何跟金融机构以及相关监管部门博弈的过程。通过考察地方政府融资模式的演变过程，可以进一步了解地方政府是如何利用层出不穷的融资模式"创新"绕开金融市场上的各种监管规定和准入门槛，对金融机构实施隐形干预从而影响金融资源的配置结果。

突出，因而不需要予以特别关注；而在中国这样的体制转轨国家，解决这种因体制不协调而造成的金融生态环境问题对于推进金融体系改革就具有特别的重要意义，它不仅可以说明为何在当前的体制环境下试图通过单纯的商业银行体系改革来达到遏制地方政府过度举债行为的目标几乎是一项不可能完成的任务，也可以说明为何那种一味地鼓吹股权结构分散化的论调并没有抓住中国银行体系改革问题的关键。在当前这种政府主导基础资源配置的体制环境下，强化地方金融生态环境建设，推进地方政府金融管理体制改革，不断化解因体制不协调而造成的金融生态环境问题，弱化地方政府通过各种隐形方式对金融体系可能施加的行政影响进而遏制地方政府过度举债的行为，是中国这样一个转轨经济体在现阶段促进金融体系全面改革的过程中所需要面对的一项特殊课题。

四 地方政府公共资本融资模式改革：一种双管齐下的解决方案

地方政府债务主要用于城市公共基础设施项目建设这一事实意味着，如果我们试图从根本上解决地方政府债务治理的问题，就必须对地方政府为推进公共基础设施项目建设而进行外部融资的合理性予以充分考虑。从公共财政的角度看，一个城市或地区的公共基础设施项目建设资金之所以需要通过借助外部渠道进行融资，主要是基于以下两个方面的原因：一是公共基础设施建设项目的资金需求与地方财政收入的期限结构错配问题；二是公共基础设施服务项目的建设和运行所涉及的成本与收益的代际分布问题。首先，在从项目建设运行直至废弃的整个生命周期过程中，公共基础设施项目一般具有初始建设投资资金规模相对较大、后期运行维护费用相对较低的特征，这种现金流支出的期限结构通常都与地方财政收入现金流的期限结构有较大差别；后者通常相对较为稳定，并且在扣除地方经常性服务项目的支出（包括现有基础设施项目的运行维护费用）之后，通常都难以覆盖新建公共基础设施项目所需要的初始建设资金。其次，公共基础设施项目通常运行寿命较长，由于初始投资大、受益期限长，因此如果采用类似于现收现付制（Pay As You Go）的项目融资机制，完全利用当期地方财政收入进行融资，不仅会对当期地方财政造成极大的资金需求压力，而且会使成本和收益在当代人与后代人之间的分布失衡，进而造成代际的分配不公问题。基于公共基础设施项目建设资金需求与地方财政收入的期限结构差异以及基础设施服务的成本与收益的代际分布特征这两方面因素考虑，地方政府通过适度对外举债为公共基础设施项目建设进行融资具有一定的内在合理性。

城镇化是中国经济社会中长期发展战略的一个重要方面。随着经济发展水平的不断提高和城镇化建设步伐的加快推进，中国许多地方普遍面临的一个挑战是如何尽快实现城镇化所需要的公共基础设施服务项目的有效供给。值得注意的是，城市基础设施建设通常都是一个长期持续的过程，在一个城市的基础设施建设达到一定水平之前，要求地方财政安排持续的资本预算支出。图4所示的是1999~2008年十年间中国几个典型城市的城市基础设施建设人均固定资产投资状况。从图4中可以看到，过去十年间，尽管这些城市每年的城市基础设施建设人均固定资产投资规模存在较为明显的波动，但所有城市2008年的投资规模与1999年相比增幅均极为显著；其中投资增幅最快的重庆2008年比1999年增长9.4倍，西安比1999年增长6.9倍，武汉增长4.1倍，天津增长3.5倍，北京和上海在原先较高的投资水平基础上仍分别增长1.7倍和1.5倍。考虑到中国许多地方公共基础设施供给极为匮乏同时地方财政收入极为微薄的现状，地方财政预算资金不可能在较短时期内承担密集投建大量基础设施项目的庞大资金需求压力，因此一个更大的挑战在于，如何为实现公共基础设施服务项目的有效供给提供可持续的融资保障①。

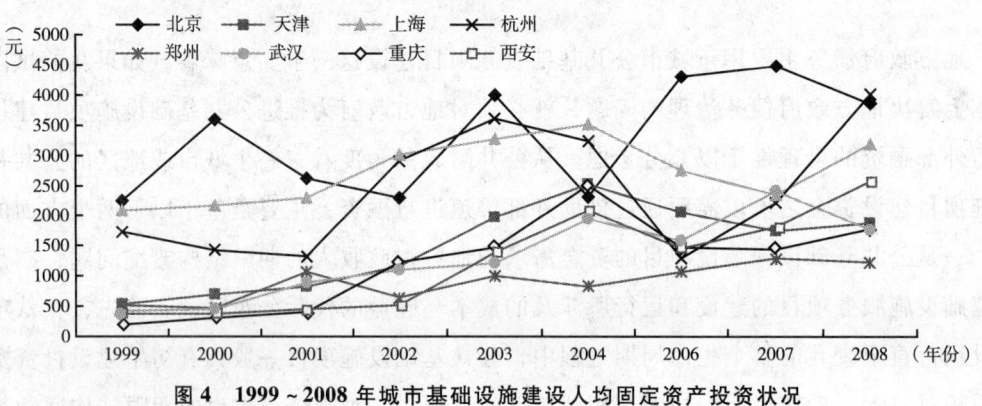

图4　1999~2008年城市基础设施建设人均固定资产投资状况

　　地方政府为了加快推进公共基础设施项目建设而绕开各种法律和制度障碍，以便进行大规模的对外融资行动，这种政策思路主要源于1998年的中央财政刺激计划。当时为应对亚洲金融危机冲击，中央允许地方政府通过变通手法进行对外融资以扩张投资规模。在2006年宏观调控过程中被监管部门叫停的"银政合作"与"打捆贷款"模式即肇始于此。地方融资平台作为地方政府为满足对外融资需求而采取的一种形式上看起来更为市场化的融资模式创新，是地方政府在现实的资金需求压力下为绕开现行的各种法律和制度障碍而采取的新的变通手法。地方政府通过划拨土地、股权、规费等各种资产并通过直接或

---

① 实现公共基础设施服务项目的有效供给及其融资的可持续性至少涉及两个方面的问题：一是切实保证地区间的公共基础设施服务均等化，在消除供给不足的同时还应避免过度供给；二是合理安排地方公共基础设施建设项目的投资规模和优先顺序，防止因短期密集投建导致的建设资金难以为继的问题。

者间接的政府担保方式组建地方融资平台公司,其根本目标就在于为了从形式上满足金融机构设置的融资条件和监管部门规定的准入门槛,以便获取外部融资,进而能够将资金用于由当地政府主导的公共基础设施建设项目上。地方政府采取组建地方融资平台公司这种变通手法进行对外举债比政府直接举债具有多方面的好处。首先,地方政府融资平台是独立的企业法人,符合向商业银行借贷的主体资格;其次,地方政府很容易通过财政拨款或注入土地、股权等各类资产的形式使地方融资平台达到政府投资项目资本金不低于30%的监管要求;最后,地方政府融资平台可以利用土地使用权甚至未来的财政补贴资金作为抵押申请商业银行贷款或者申请公开发行公司债券,而且还可以通过融资平台之间互相担保以看似市场化的方式提高信用级别。基于以上原因,地方融资平台公司对于地方政府成功绕开诸如地方财政不能列预算赤字、不能进行对外融资担保等一系列法律和制度障碍具有极大的帮助。

2009年3月,面对全球金融危机造成的严峻形势和宏观经济的持续下行压力,为解决中央提出的4万亿元经济刺激计划中地方配套资金的来源问题,央行和银监会联合发布《关于进一步加强信贷结构调整促进国民经济平稳较快发展的指导意见》,提出"支持有条件的地方政府组建投融资平台,发行企业债、中期票据等融资工具,拓宽中央政府投资项目的配套资金融资渠道"。随后的事实表明,推广开来之后的地方融资平台暴露出不少问题。尽管地方融资平台具有形式上的独立性,但其最终信用主体仍是地方政府,因而其债务偿付能力与地方政府的财政状况密切相关。值得注意的是,地方政府通过直接或间接的担保措施利用地方融资平台公司进行融资,而不是以自身的名义直接进行借贷。从地方政府资产负债表的角度来看,实际上相当于把原先的常规负债项目转变成为表外融资业务;换言之,原先的常规负债项目通过融资平台这个中间环节之后已经变成了地方政府的或有负债。通过这样一种变通处理之后,地方政府债务实际上就从账面上被隐匿了;再经过地方融资平台之间的交叉担保等一系列看似市场化的运作之后,地方政府的或有债务很多时候就不会被外界所关注。在地方政府融资平台的债务问题开始暴露并引起广泛关注之前,很大程度上正是由于它所造成的地方政府债务隐形化的趋势,再加上有土地财政的支撑,才会使得地方政府的债务风险问题一度被忽视。从这个角度来看,地方政府通过组建地方融资平台绕开有关对外融资的法律和制度障碍的过程,同时也是一个地方政府债务隐形化的过程。

当前由于地方政府融资平台所导致的地方政府债务隐形化趋势不仅跟地方政府债务治理的政策目标背道而驰,同时也不符合公共财政体制建设和投融资体制改革的发展方向。地方政府债务隐形化造成的最主要的问题是使得金融机构和监管部门很难对债务风险进行有效监控，因而也就谈不上对可能引发的财政风险和金融风险进行预警，由此更容易造成地方政府过度举债和过度投资的问题。从更深层次上讲，地方政府过度举债可能会造成微观和宏观两方面的经济成本。因少数地方政府融资平台过度举债引发的局部的财政风险和金融风险还只能说是微观层面的经济成本——地方融资平台一旦无法清偿债务可能会产生拖欠，进而使商业银行等金融机构产生不良资产，严重的可能诱发局部债务危机。相比较而言，地方政府过度举债可能导致的宏观经济成本更加不容忽视。从当前的情况来看，对于因地方政府过度举债可能导致的以下三个方面的宏观经济成本应该予以高度关注。一是对经济结构调整可能产生的不利影响。在2009年应对国际金融危机冲击的背景下，中央制定了十大产业振兴规划，以期在强力拉动中国经济增长的同时优化产业结构，转变经济发展方式；而根据笔者的调查，一些地方政府在规划范围之外自行融资建设的项目却往往是导致"两高一资"产业持续维持甚至死灰复燃的主要原因。二是对国有商业银行改革成效可能造成的负面影响。尽管少数股份制商业银行的策略可能比大型国有商业银行更为激进，但是这些大型国有商业银行在对地方融资平台贷款的过程中仍然稳健不足却是一个不争的事实；如果国有商业银行在此前剥离的2万亿元不良资产尚未消化完毕的情况下再次积聚巨额不良资产，将对银行体系的改革成效造成极为沉重的打击。三是对缓解宏观经济失衡可能造成的不良影响。在推动宏观经济持续增长的动力机制问题上，中国经济过度依赖出口和投资。改变现状的必由之路是实现胡锦涛主席所倡导的"包容性增长"，切实提高家庭消费在GDP中所占的比例；但是如果家庭部门要被迫承受较低的储蓄利率和收入增长为地方政府造成的坏账埋单，那么"让家庭部门分享经济增长的成果"将成为一句空话，而宏观经济失衡的问题恐怕也很难真正得到缓解[①]。

从2009年下半年以来，针对地方政府融资平台债务的清理、整顿和规范工作已经在开始逐步推进。国务院在2010年6月10日下发的"国发〔2010〕19号文件"——《关于加强地方政府融资平台公司管理有关问题的通知》中进一步明确提出要对地方政府融资平台公司进行分类清理整顿。"国发〔2010〕19号文件"中提出禁止地方政府融资平台公司为主要依靠财政性资金偿还债务的公益性项目融资并且要求对只承担此类公益性项目融资任务的融资平台公司进行清理处置的规定，对于切断地方财政跟融资平台公司之间

---

① 本文前面部分曾经指出，在2009年下半年地方政府融资平台信贷膨胀问题暴露之初，正是由于监管较为困难的原因，才会使监管部门一时间对地方融资平台的债务规模没有一个准确的估计，从而引起国际市场上一些夸大真实情况的猜测，更使得对现阶段中国地方政府债务风险的评估在一定程度上转向对最近一轮经济刺激政策效果和经济回升质量的评价，甚至转向对中国经济中长期发展前景的评判，进而在国际市场引发一些看空中国经济的言论和做空中国经济的投机行为。由此不难看出地方政府债务模糊化和隐形化可能造成的严重危害。

的隐形债务关系而言非常必要；而要求具有稳定经营性收入的公益性项目及其融资平台公司完善治理结构，实现商业化运作并且推向市场引入民间资本的规定，也可谓拓宽公共基础设施建设资金来源的应时之举。从总体上看，这些规范性要求的出台既有利于促进对地方政府现有债务问题的治理，也有利于在一定程度上抑制地方政府继续过度举债的行为，从而起到缓解地方政府债务风险的作用。但从"国发〔2010〕19号文件"出台前后及财政部、发改委、中国人民银行、银监会四部门关于贯彻"国发〔2010〕19号文件"相关事项的联合通知下发前后，相关部门与地方政府之间就清理整顿地方融资平台的具体实施细则而展开的激烈博弈过程以及相关文件规定最终所作出的妥协结果来看，当前对地方政府融资平台的清理力度存在明显不足。笔者认为，无论是为了推进地方政府金融管理体制改革，限制地方政府通过各种隐形方式对金融体系施加不当干预从而遏制地方政府过度举债，还是为了构建可持续的地方政府公共资本融资模式，强化公共投资计划的资本预算约束从而防止地方政府过度投资，通过彻底清理整顿地方融资平台促进地方政府债务信息的阳光化和透明化都是必须迈出的关键一步，但必须强调的是，这只是第一步。

当前为加快推进地方政府金融管理体制改革，真正构建地方公共基础设施建设投资的可持续融资模式，特别需要一种双管齐下的解决方案：一是彻底改变当前以地方政府融资平台为主体、以土地储备作为抵押支持、以银行信贷作为主要资金来源的地方政府融资模式，构建以市政债券市场为基础的多元化的地方政府公共资本融资模式，促进地方债务的显性化和透明化。二是促进地方政府职能的根本性转变，围绕公共财政建设和服务型政府建设的体制改革目标，推进各级地方政府财政预算及其执行情况的透明化，强化对公共基础设施建设的长期投资计划及其资本预算约束。

本文的分析表明，如果没有更加广泛的市场参与度，在当前以地方融资平台为主体的地方政府公共资本融资模式下，由商业银行单独面对具有强大资源支配能力的地方政府，不管是要防范地方政府对信贷资源配置的行政影响还是要限制其过度举债，都是几乎不可能达成的目标。实际上，不管地方政府融资平台是直接通过商业银行贷款，还是通过发行城投债券或者发行信托产品进行融资，只要地方融资平台的债务没有被统一纳入到地方财政的预算体系当中，这种由于多本账或者账外账所造成的地方政府债务和财务信息不透明以及由此导致的不良影响就很难消除。为了更好地促进地方债务的显性化和透明化，当前需要考虑采取以下几个方面的政策措施，从而能够彻底改变当前以地方政府融资平台为主体、以土地储备作为抵押支持、以银行信贷作为主要资金来源的地方政府融资模式，构建以市政债券市场为基础的多元化的地方政府公共资本融资模。首先，经过清理整顿之后继续留存的绝大多数地方政府融资平台公司都应该真正确立独立的市场主体地位；为此，应该使其完全与地方政府脱钩，彻底改变原先以土地储备作为抵押支持的融资模式，同时鼓励其通过引入民间资本促进投资主体多元化。其次，构建以市政债券市场为基础的地方政府公共资本融资模式，对于具有稳定经营性收入的公益性项目，允许相关的经营机构通过发行市政收益债券（revenue bonds）进行融资，并以发债项目未来收益作为偿债资金来源，此前发行的城投债券今后可考虑转换为此类收益债券①；对于主要依靠财政性资金偿还债务的公益性项目，应该允许地方政府发行一般责任债券（General Obligation Bonds）进行融资，并以地方财政收入作为偿债资金的来源。最后，地方政府应该把不具有真正独立地位的地方融资平台统一纳入地方财政预算，此类地方融资平台确实需要通过金融市场进行外部融资的，应该在地方财政和债务信息进一步透明化的基础上，把外部融资纳入地方政府总体债务规模当中，实行严格的限额管理，并纳入统一的征信系统。

从地方政府债务治理的长效机制建设角度考虑，除了通过对地方融资平台债务的清理整顿，化解当前面临的地方政府债务风险进而构建以市政债券市场为基础的多元化的地方政府公共资本融资模式之外，更为关键的一点是需要进一步强化对地方政府的资本预算约束。地方政府几乎总是具有突破预算约束限制进而扩大财政支出规模的强烈冲动。在2004～2007年中央政府进行宏观调控的过程中，针对地方政府项目投资居高不下的现象，人们议论最多的就是地方政府在"政绩驱动"之下"攀比GDP增长""地方与中央进行政策博弈"的问题。鉴于此，当时中央曾提出实行绿色GDP核算，并尝试将环境保护、民意调查、安全生产等指标纳入干部政绩考核体系，这些深化干部人事制度改革的举措无疑都是阻断政绩考核的利益驱动机制的必要举措。但是值得注意的是，除了一些完全以"形象工程"或"政绩工程"为出发点的案例之外，地方政府扩张公共投资的动力也可能并不只是源于追求经济增长型的"政绩驱动"。长期以来，由于从中央到地方都存在盲目追求GDP增长的片面倾向，因此许多地方政府在把大量资金投入到经济建设领域的同时忽略了对基础教育、医疗卫生以及环境建设等方面的投资需求，从而造成城市基础设施和公共服务项目建设欠账过多的局面。现阶段如果试图在较短时期内从根本上改善这种状况，可能就不得不依赖于大量负债。如果像当前一些地方政府所提出的那样，要在短期内把长期的历史欠账全都补上，即使不考虑各地政府时不时冒出的"形象工程""政绩工

---

① 地方融资平台公司发行的城投债券的信用风险显著高于市政收益债券。由于地方政府跟融资平台具有形式上的独立性，因此一旦融资平台发行的城投债券发生实质性风险，地方政府大可以撇清干系，以中立的协调者身份进行干预，同时通过创设新的融资平台重新进入市场进行融资；由于发行市政债券的过程中不存在这种因地方政府多重身份可能造成的问题，其约束力度明显要高于城投债券。另外，考虑到如果今后不同的融资平台公司每年连续有城投债券发行的话，当前采取的城投债券3年期限以保证本届政府在任内还款的措施基本也是形同虚设。

程"等各种问题,这样的思路仍可能造成过度举债和过度投资的问题,因为现有的地方财政体系不可能支撑规模如此庞大的资本支出需求。因此,要想真正有效地控制地方政府债务规模,就必须强化对地方政府进行公共基础设施投资的资本预算约束,从而能够适度控制地方政府主导的城镇化发展进程。

强化公共基础设施建设投资的资本预算约束的核心要义在于,城市基础设施建设是一个长期持续的过程,在一个城市的基础设施建设达到一定的水平之前,通常都要求地方财政为此安排持续的资本性预算支出。为此,促进可持续的城市基础设施建设通常都需要在审慎设计的城市发展规划基础上寻求一个可持续的融资机制。但是,当前中国许多地方的公共基础设施建设项目乃至城市发展总体规划,从设计论证到实施运行的各个环节通常都缺乏审慎的系统规划、广泛的公众参与和严格的资本预算,从而使得城市发展总体规划与地方财政预算严重脱节,不少地方的城市发展总体规划当中甚至都没有什么实质性的公共资本投资预算计划。由此往往导致城市基础设施的建设普遍缺乏系统性,通常是哪个具体项目能获得资金就先行启动,在项目启动之后发现项目建设资金预算不足就被迫追加预算;考虑到相关监管部门不会对在建工程采取强硬的清理整顿措施甚至是质性的损失,当前最理想的城市建设模式就是利用有限的资金在短期内启动尽可能多的建设项目。至于什么样的公共基础设施项目投建顺序最符合社会福利最大化的目标或者说如何从社会发展角度安排项目建设的优先顺序,这样的问题往往不在一些地方公共资本投资决策的议事范围之内。由此可以看出,要建立针对地方政府债务问题的长效治理机制,仅仅从融资机制改革层面入手是不够的,同时还需要确立对地方政府公共资本投资的强有力的资本预算约束机制。只有在此基础上,才能谈得上建立可持续的地方政府公共资本融资机制或者有效控制地方政府债务规模的问题。

五 结论与政策建议

改革开放 30 多年来,工业化和城镇化一直是中国经济发展的两个主要引擎。通过考察中国经济发展过程中工业化和城镇化之间的相互关系可以看到,工业化迄今为止一直占据着主导地位,城镇化虽然也有较大发展,但在很大程度上只是由工业化所"引致"的结果(郭克莎等,2002)。工业化先导是中国发展道路的优势之一,它避免了拉美地区及其他一些发展中国家在经济发展过程中城市过度膨胀的诸种弊端。但不可否认的是,现有的发展模式也存在一些需要进一步调整的问题。长期以来由于片面追求 GDP 增长从而忽略基础教育、医疗卫生、环境保护、社会保障等方面的需要所造成的公共服务和基础设施建设欠账过多的问题亟待改进。中国当前的工业化进程就总体而言已进入中后期阶段，而城镇化发展的进程则方兴未艾。工业化和城镇化并举并且逐步向以城镇化为主导的方向转移将是中国经济未来发展的一个重要趋势。这种转型将有助于逐步改变中国经济当前面临的城乡收入差距过大、社会事业发展滞后、经济增长过度依赖外需等一系列问题。"十二五"规划建议也已及时指出了这一新的发展趋势。但是由于历史欠账过多，现阶段如果要从根本上改善城镇化所要求的公共服务和基础设施状况，必须应对新的发展趋势对于财政和金融体制改革所提出的一系列新课题，进一步拓宽公共基础设施建设投资的资金渠道，加快推进地方政府金融管理体制改革，构建可持续的地方政府公共资本融资机制。"十二五"规划建议明确提出了"完善地方政府金融管理体制"的改革任务，这在中国金融改革历史上尚属首次。考虑到今后一段时期城镇化建设的投资任务主要集中在地方层面，而当前不仅缺乏地方政府对外融资的合法体制通道，同时也缺乏对地方政府举债规模和资本预算真正有效的约束机制，就不难理解此项改革任务的关键所在。

本文通过对地方政府融资平台债务状况的分析表明，彻底改变当前以地方政府融资平台为主体、以土地储备作为抵押支持、以银行信贷作为主要资金来源的地方政府融资模式，构建以市政债券市场为基础的多元化的地方政府公共资本融资模式，促进地方债务的显性化和透明化，是现阶段推进地方政府金融管理体制改革的关键。地方政府通过组建地方融资平台绕开有关对外融资的法律和制度障碍的过程，同时也是一个地方政府债务隐形化的过程；地方政府债务隐形化造成的主要问题是使得金融机构和监管部门很难对债务风险进行有效监控，因而也就谈不上对可能引发的财政风险和金融风险进行预警，由此更容易造成地方政府过度举债的问题。地方融资平台所导致的地方政府债务隐形化趋势不仅跟地方政府债务治理的目标背道而驰，同时也不符合公共财政体制建设的发展方向。不管地方政府融资平台是直接通过商业银行贷款，还是通过发行城投债券或者发行信托产品进行融资，只要地方融资平台的债务没有被统一纳入地方财政预算当中，这种由于多本账或者账外账所造成的地方政府债务和财务信息不透明以及由此导致的不良影响就很难消除。此外，地方政府过度举债从某种程度上说也是由于对公共基础设施建设的投资失控所致。中国当前面临的突出问题在于缺乏有效的体制和机制来遏制地方政府通过过度举债进行投资的持续冲动。由于地方政府能够通过层出不穷的融资模式"创新"绕开各种市场准入门槛获取外部融资，绝大多数地方的城市发展总体规划当中甚至没有实质性的公共资本长期投资计划和资本预算约束。因此，当前要完善地方政府金融管理体制，建立针对地方政府债务问题的长效治理机制，仅仅从融资体制改革层面入手是不够的；还需要进一步强化公共基础设施建设投资的资本预算约束，从而为城市建设构建真正可持续的公共资本融资机制。

为了构建地方政府公共资本投资的可持续融资模式，推进和完善地方政府金融管理体制改革，现阶段需要一种综合性的解决方案：第一，经过目前阶段清理整顿之后绝大多数地方融资平台公司应该真正确立独立的市场主体地位，完全与地方财政脱钩，彻底改变原先以隐性财政担保或以土地储备抵押支持的融资模式，同时鼓励其通过引入民间资本促进投资主体多元化。第二，大力发展市政债券市场，构建以市政债券市场为基础的地方公共资本融资模式，对于具有稳定经营性收入的公益性项目，允许相关的项目经营机构通过发行市政收益债券进行融资，以发债项目的未来收益作为偿债资金的来源，此前发行的城投债券今后可考虑转换为此类市政收益债券；对于主要依靠财政性资金偿还债务的公益性项目，可允许地方政府发行一般责任债券进行融资，以地方财政收入作为偿债资金的来源。第三，要求地方政府把不具有真正独立地位的地方融资平台统一纳入地方财政预算，此类地方融资平台如确实需要通过金融市场进行外部融资，应在地方财政和债务信息进一步透明化的基础上，把外部融资纳入地方总体债务规模当中，实行严格的限额管理，并纳入统一的征信系统。第四，通过对市政债券信用状况进行连续评级以及对地区金融生态环境和地方政府信用状况进行外部评价，利用公开市场投资者"以脚投票"的市场压力强化对地方政府进行债务约束。第五，通过切实强化公共基础设施建设项目的长期投资计划和资本预算约束，从而能够适度控制地方政府主导的城镇化发展进程，为城市建设构建真正可持续的公共资本融资机制。

（本文发表于《金融评论》2011年第3期）

参考文献

[1] 蔡昉、都阳：《转型中的中国城市发展——城市级层结构、融资能力与迁移政策》，《经济研究》2003年第6期。

[2] 樊纲、胡永泰：《"循序渐进"还是"平行推进"？——论体制转轨最优路径的理论与政策》，《经济研究》2005年第1期。

[3] 方红生、张军：《中国地方政府竞争、预算软约束与扩张偏向的财政行为》，《经济研究》2009年第12期。

[4] 冯兴元：《中国辖区政府间竞争理论分析框架》，《天则经济研究所内部文稿系列》，2001年12月。

[5] 傅勇、张晏：《中国式分权与财政支出结构偏向：为增长而竞争的代价》，《管理世界》2007年第3期。

[6] 龚锋、卢洪友：《公共支出结构、偏好匹配与财政分权》，《管理世界》2009年第1期。

[7] "工业化与城市化协调发展研究"课题组：《工业化与城市化关系的经济学分析》，《中国社会

科学》2002年第2期。

[8] 郭庆旺、贾俊雪：《政府公共资本投资的长期经济增长效应》，《经济研究》2006年第7期。

[9] 郭庆旺、贾俊雪：《地方政府行为、投资冲动与宏观经济稳定》，《管理世界》2006年第5期。

[10] 韩俊：《中国县乡公共财政危机：表现、成因、影响与治理——湖北省襄阳县、河南省鄢陵县、江西省泰和县案例研究》，《中国农村公共财政国际研讨会会议报告》，2002年12月。

[11] 何梦笔：《政府竞争：大国体制转型理论的分析范式》，德国维藤大学讨论文稿第42期中译文，陈凌译，1999年9月。

[12] 胡静林等：《关于中国城市负债问题的调研报告》，《财政部经济建设司调研报告》，2006。

[13] 贾康、白景明：《县乡财政解困与财政体制创新》，《经济研究》2002年第2期。

[14] 李扬：《公共设施中长期融资与中国经济发展》，《中国金融》2007年第20期。

[15] "中国地方政府竞争"课题组：《中国地方政府竞争与公共物品融资》，《财贸经济》2002年第10期。

[16] 李永友、沈坤荣：《辖区间竞争、策略性财政政策与FDI增长绩效的区域特征》，《经济研究》2008年第5期。

[17] 刘生龙、胡鞍钢：《基础设施的外部性在中国的检验：1988~2007》，《经济研究》2010年第3期。

[18] 刘煜辉、沈可挺：《全球金融危机背景下的中国地区金融风险》，《中国地区金融生态环境评价（2008~2009）》，中国金融出版社，2009。

[19] 吕炜、王伟同：《发展失衡、公共服务与政府责任——基于政府偏好和政府效率视角的分析》，《中国社会科学》2008年第4期。

[20] 卢峰、姚洋：《金融压抑下的法治、金融发展和经济增长》，《中国社会科学》2004年第1期。

[21] 马骏、刘亚平：《中国地方政府财政风险研究："逆向软预算约束"理论的视角》，《学术研究》2005年第11期。

[22] 乔宝云等：《中国的财政分权与小学义务教育》，《中国社会科学》2005年第6期。

[23] 沈可挺：《资源管理体制挑战货币政策效力》，2004年9月9日《中国社会科学院院报》。

[24] 沈可挺：《地方与中央：投资冲动与可持续发展》，《中国环境与发展评论（第三卷）》，郑易生主编，中国社会科学出版社，2007。

[25] 沈可挺、郑易生：《资源供给冲击与宏观经济波动——重新理解中国经济增长》，《数量经济技术经济研究》2006年第6期。

[26] 沈坤荣、付文林：《税收竞争、地区博弈及其增长绩效》，《经济研究》2006年第6期。

[27] 沈立人、戴园晨：《我国"诸侯经济"的形成及其弊端和根源》，《经济研究》1990年第3期。

[28] 时红秀：《中国地方政府的债务：一个理论解释》，《中国社会科学评论（第3卷）》，张曙光、邓正来主编，法律出版社，2005。

[29] 时红秀：《财政分权、政府竞争与中国地方政府的债务》，中国财政经济出版社，2007。

[30] 时红秀：《地方政府债务出路问题再讨论》，《银行家》2010年第3期。

[31] 史宗瀚：《中国地方政府的债务问题：规模测算与政策含义》，2010年4月北京大学中国教育财政科学研究所简报。

[32] 王世磊、张军：《中国地方官员为什么要改善基础设施？——一个关于官员激励机制的模型》，《经济学（季刊）》2008年第2期。

[33] 国务院发展研究中心宏观经济部课题组：《关于中国的地方债务问题及其对策思考》，地方债问题国际研讨会会议报告，2004年2月。

[34] 徐现祥、王贤彬、舒元：《地方官员与经济增长——来自中国省长、省委书记交流的证据》，《经济研究》2007年第9期。

[35] 张军：《为增长而竞争：中国之谜的一个解读》，《东岳论丛》2005年第4期。
[36] 张军等：《中国为什么拥有了良好的基础设施?》，《经济研究》2007年第3期。
[37] 张维迎、栗树和：《地区间竞争与中国国有企业的民营化》，《经济研究》1998年第12期。
[38] 中国地区金融生态环境评价课题组：《中国地区金融生态环境评价（2006~2007）》，中国金融出版社，2007。
[39] 中国地区金融生态环境评价课题组：《中国地区金融生态环境评价（2008~2009）》，中国金融出版社，2009。
[40] 中国地区金融生态环境评价课题组：《中国地区金融生态评价报告（2010）：地方政府债务治理与区域金融生态环境建设》，中国社会科学院金融研究所研究报告，2010年10月。
[41] 中国经济增长与宏观稳定课题组：《增长失衡与政府责任——基于社会性支出角度的分析》，《经济研究》2006年第10期。
[42] 周黎安：《晋升博弈中政府官员的激励与合作——兼论我国地方保护主义和重复建设问题长期存在的原因》，《经济研究》2004年第6期。
[43] 周黎安：《中国地方官员的晋升锦标赛模式研究》，《经济研究》2007年第7期。
[44] 周小川：《完善法律制度 改进金融生态》，在"长安论坛（经济学50人论坛）"上的演讲，2004年12月。
[45] 周雪光：《"逆向软预算约束"：一个政府行为的组织分析》，《中国社会科学》2005年第2期。
[46] 周业安：《地方政府竞争与经济增长》，《中国人民大学学报》2003年第1期。
[47] 周业安：《中国地方政府竞争30年》，《教学与研究》2009年第11期。
[48] 周业安、王曦：《中国的财政分权与教育发展》，《财政研究》2008年第11期。
[49] 周业安、章泉：《财政分权、经济增长和波动》，《管理世界》2008年第3期。
[50] Blanchard, Olivier, and Andrei Shleifer, 2001, "Federalism With and Without Political Centralization: China Versus Russia," IMF Staff Papers, *Palgrave Macmillan Journals*, vol. 48 (4): 171 – 179.
[51] Blecher, Marc, 1991, "Developmental State, Entrepreneurial State: The Political Economy of Socialist Reform in Xinji Municipality and Guanghan County", In *The Road to Crisis: The Chinese State in the Era of Economic Reform*, edited by Gordon White, London: Macmillan, 1991: 265 – 291.
[52] Jin, Hehui, Yingyi Qian, and Barry R. Weingast, 2005, "Regional Decentralization and Fiscal Incentives: Federalism, Chinese Style", *Journal of Public Economics*, 89: 1719 – 42.
[53] Lin, Justin Yifu, and Zhiqiang Liu, 2000, "Fiscal Decentralization and Economic Growth in China", *Economic Development and Cultural Change*, 49 (1): 1 – 22.
[54] Montinola, Gabriella, Yingyi Qian, and Barry R. Weingast, 1995, "Federalism, Chinese Style: The Political Basis for Economic Success in China," *World Politics* (October), 48: 50 – 81.
[55] Qian, Yingyi, and Barry R. Weingast, 1996, "China's Transition to Markets: Market-Preserving Federalism, Chinese Style", *Journal of Policy Reform*, 1 (2): 149 – 185.
[56] Oi, Jean C., 1992, "Fiscal Reform and the Economic Foundations of Local State Corporatism in China", *World Politics* (October), 45: 99 – 126.
[57] Oi, Jean C., 1999, *Rural China Takes Off: Institutional Foundations of Economic Reform*, University of California Press (Berkeley).
[58] Podpiera, Richard, 2006, "Progress in China's Banking Sector Reform: Has Bank Behavior Changed?" IMF Working Paper, WP/06/71.

中央与地方金融管理权的合理划分问题研究*

汤 柳

在中央与地方的关系问题上，理论界和决策层始终关注财税权力的合理划分。尽管"金融管理权"一词不时出现于优化中央与地方权力分配的问题讨论中，但是有关金融管理权合理划分的问题没有得到足够的重视，对这一问题也鲜有相应的系统研究。当前"十二五"规划建议首次提出了"完善地方金融管理体制"，而这一政策的实现首先需要解决中央与地方的权力划分问题；与此同时，地方金融管理机构的职能定位问题也迫切需要有关理论研究的界定与支持。有鉴于此，本文对金融管理权的定义与内涵进行明确界定，并试图在制度经济学的理论框架下，结合我国当前的制度条件，探讨如何完善中央与地方金融管理权的合理划分问题。

一 金融管理权的概念、内涵、结构与特征

（一）金融管理权的概念

在制度经济学的研究框架中，中央政府和地方政府符合"经济人"的特征。现代市场经济条件下，政府既要维护统治者利益的最大化，又要实现公共利益的最大化。为了实现统治者利益最大化，统治者需要通过各种产权制度安排，向不同的势力集团提供不同的产权，获取租金的最大化；为了实现公共利益最大化，政府职责在于降低交易费用、解决市场失灵、实现公共产品的供给以及促进社会公平问题。在金融领域，政府职能可以包括界定产权，制定一系列金融制度，增强国有企业收入，通过各种政策性目标的实现获取产权制度收益；与此同时，政府还试图以降低交易费用为主要标准，以推动社会产出的最大

---

* 本文系2009年国家社科基金重大项目"中国货币供应机制与未来通货膨胀风险研究"（批准号09&ZD36）的阶段性成果之一，发表于《上海金融》2011年第7期。感谢中国社会科学院金融所殷剑峰副研究员和全先银副研究员对本文形成提出的宝贵建议，本文文责自负。

化,实现公共利益最大化,并从中获取国家税收的增加。

结合上述分析,在制度经济学的理论框架中,金融管理权是政府为了实现自身和公共利益的最大化,通过金融规制和放松管制、降低交易费用的平衡,在产权明晰的金融制度的基础上,实现资源合理配置、促进金融稳定与安全、实现普惠制金融体系等政府职能,在金融领域实行使计划、组织、指挥、协调和控制等权力。

(二) 我国"金融管理权"产生的历史背景

剖析金融管理权需要了解这一概念的产生的特定历史背景。"金融管理权"一词最早出现在我国计划经济时代,与我国"条块"管理体制相联系,是我国政府经济管理权的一部分。从掌握的资料来看,新中国成立后"金融管理权"一词最早出现在1950年3月国务院的前身——政务院颁布的《关于统一国家财政经济工作的决定》,文中第一次对中央与地方经济管理权限进行了划分,全国的财政、经济、金融、行政管理权全部集中到中央政府手里,而地方政府则设立了与中央经济部门相对应的经济管理机构,"条条"管理体制初告形成。此后,在涉及我国中央和地方政府在金融方面的权力分配时,常常会使用"金融管理权"这样的字眼。由此可见,"金融管理权"的提法始于计划经济下统一计划干预的时期,由于当时的金融资源匮乏,加之理论支持的薄弱,因此只能使用这一笼统概念。随着中国经济体制由计划经济向市场经济的转变,金融管理权的内涵也处于不断的调整与变化之中。

(三) 我国金融管理权的基本内涵

在为数不多的讨论金融管理权划分的文献中,对于金融管理权的基本内涵给予不同程度的阐述。

其中,周富祥(1994)将中央和地方政府的经济权力关系划分为事权、财权、产权和经济管理权四类,认为经济调控权是经济管理权的主要内容。在此基础上,金融管理权被进一步理解为中央主导的金融调控权和地方拥有的部分金融调节权,从而把金融管理权视为是宏观权力和中观权力的结合。在对中央和地方的金融管理权的探讨中,货币发行、汇率和利率政策、信贷政策、监管政策、发行地方政府债券等政策权力被间接地归结其中。

宋立(2002)将金融管理与政府职能相联系,认为金融管理包括金融监管、货币政策和金融改革与发展等三个方面,从政府管理的层次分布来看,货币政策和金融监管权力在于货币政策决策者和中央银行及其分、支行,金融体制改革也应进入其职能范围,而金融发展权力的归属问题却存在模糊不清的现象。

白光绍(2010)、朱静平(2005)等从地方金融管理机构的定位角度对金融管理权进行探讨，除了认定金融监管是金融管理的主要部分，还将地方政府关于金融规划、金融咨询等服务纳入金融管理范畴。除此之外，地方金融国资监管也被归为金融管理的内容范围（文申，2010）。

从上述文献的分析中可以发现，金融管理权的出发点是政府的管理体制，这是因为金融管理权的权力主体是政府，因此，金融管理权的内涵与政府金融管理体制结构有着重要的联系。当前，我国涉及金融管理权的政府部门主要包括国家制度明确规定的由国务院直接领导的一行三会管理体系，以及与金融有关的、处于临时性管理地位的地方政府机构。因此，参照一行三会所依据的《中华人民共和国中国人民银行法》《中华人民共和国银行业监督管理法》《中华人民共和国银行法》《中华人民共和国证券法》和《中华人民共和国保险法》有关职责的表述，结合以上文献对金融管理权内容的描述，本文将我国金融管理权的内涵归纳为以下几个方面：一是促进金融安全与金融稳定的金融监管权力。二是货币、信贷、利率、汇率以及外汇储备等宏观调控权力。三是国有金融资产管理权力，即对国有金融资本安全和赢利的管理。

（四）现行金融管理权的分配结构

尽管随着我国权力下放的推进，有研究将我国定位为有中国特色的权力分散化的经济联邦制（钱颖一，2003），但是在金融管理领域，地方政府的权限微乎其微（见表1）①。

表1 我国现行金融管理权分配结构表

金融管理权	法律规定	中央政府的权力	地方政府的权力
促进金融监管与金融稳定	《中华人民共和国中国人民银行法》《中华人民共和国证券法》《中华人民共和国银行法》《中华人民共和国保险法》	集中于一行三会，以审批制为代表的行政控制方法在一行三会对金融部门的监管中占据主导地位。中国银监会、中国证监会、中国保监会控制了金融机构、金融产品、金融业务的市场准入	制度规定上几乎没有任何实质性权力面。实际上，协调当地一行三会的关系、承担当地金融稳定与风险职责
货币、信贷、利率汇率以及外汇储备等宏观调控权	《中华人民共和国中国人民银行法》《国务院关于部委管理的国家局设置及其有关问题的通知》	集中于人民银行，中国人民银行控制金融机构的存贷款利率，以及拥有隐性的贷款配额限制	制度规定上几乎没有任何实质性权力面。实际上对地方金融机构的信贷计划仍然有所干预
国有金融资产管理	财政部《金融企业国有资产转让管理办法》等	负责国有金融资产管理，主要由财政部和汇金公司负责，其他涉及财政部、银监会、保监会、证监会、中国人民银行、国务院发展和改革委员会、国家审计署、中央组织部等	负责地方金融资产管理，主要有地方财政局、地方金融办、地方国资委等

---

① 鉴于中央与地方的国有金融资产管理权限划分较为清楚，故本文不作专门探讨。

（五）地方金融管理权的特征

从地方政府在金融管理方面的实际权力来看，地方政府所拥有的金融管理权力主要有以下特征：

1. 地方拥有的金融管理权的表现形式是非制度化和非规范化

尽管我国宪法以及政府决议涉及中央和地方的金融管理权力的分配问题，但是迄今为止，没有任何明确的法律规定地方政府应当承担什么样的金融管理权力。在这种模糊性的法律制度框架下，地方政府金融管理权力往往来源于弥补"一行三会"为主体的金融管理体系的制度缺陷或填补制度空白。地方政府往往为了实现地方的政府管理职能，促进金融对当地经济的支持，确保当地金融的稳定和安全，常常会充当协调当地一行三会的关系、承担当地金融稳定与风险职责的角色。

2. 在金融管理领域，地方政府同样存在着事权与金融管理权的不对等状况

地方政府几乎没有任何金融管理权力，但是在经济体制改革过程中，往往需要地方政府作为改革的推动力，承担以地方金融产业发展与规划为主的事权，主要包括优化金融产业的布局，制定促进本市金融业发展的规划、政策及措施并组织实施，引导金融产业服务、促进经济发展等工作。

3. 地方政府在金融管理领域存在权力与责任不对等的事实

从有关监管当局的政策法规得知，尽管地方政府没有太多的金融管理权，但是地方政府对当地金融机构的救助责任却十分明确。当前，在农村信用合作社、小额贷款公司等涉及地方金融管理权力的规定时，往往对于机构的市场准入、监管等还没有明确的规定，但首先会强调地方对机构的风险救助责任。

二 对我国金融管理权分权模式的理论分析与诠释

纵观我国权力分配的历史演变，为了激发地方发展经济的积极性，在改革开放初期，中央政策在向地方政府分权方面作出了诸多尝试（主要包括80年代初的信贷计划权力的下放、信托投资公司准入和监管权力的下放以及地方政府对证券市场的实际管理权等），其结果却差强人意，最终中央不得不重新收回金融管理权力。那么，金融管理权分配的前提条件和合理划分的界限究竟在哪里？中央政府与地方政府金融管理权限的合理划分问题，其实质是通过寻找最优的分权结构提高经济效率。本文将依据皮建才（2008）基于权威委托的不完全契约理论的分析框架，对我国金融管理权力结构的现状和未来的优化进

行分析与讨论,进而从经济效用的角度为中央和地方金融管理关系的处理以及边界的划分提供一个合理的分析框架。

(一)理论分析:基于权威委托的制度经济学分析框架

1. 理论模型描述

在这一分析框架内,首先是基于权威委托的模型,这种分权是实际上的中央政府与地方政府边界时的"授权制"。在中央和地方的权力分配过程中,中央和地方的最终效用取决于权力分配所带来的利益、中央和地方为了实现有利于自身偏好的利益分配而进行的努力及其付出的成本,以及这项权力分配所产生的外部性。中央政府和地方政府在做同一件事情时可能存在不同的方向,也并不完全一致,假设中央政府偏好的方向被选中时会给地方政府带来负外部性,地方政府偏好的方向被选中时会给中央政府带来负外部性。这是因为中央政府和地方政府之间并不仅仅是利益不一致这么简单,有时候还可能存在利益冲突。地方偏好的实现是建立在劝说中央选择地方偏好的方向上的。

根据这一含义,中央效用 $f(c)$ 和地方政府效用 $f(l)$ 分别是[①]:

$$f(c) = f(B,E,e,A,Q)$$
$$f(l) = f(b,E,e,P,Q)$$

其中,B 为当中央政府的偏好被选中,为中央政府带来的收益;

b 为当地方政府的偏好被选中,为地方政府带来的收益;

E 为中央政府的努力和积极性,通过 E 的确定,中央政府可以确定权力分配中的收益和成本;

e 为地方政府的努力和积极性,通过 e 的确定,地方政府可以确定权力分配中的收益和成本;

A 为地方政府的偏好方向被选中时给中央政府带来的负外部性($A>0$)

P 为中央政府的偏好方向被选中时给地方政府带来的负外部性($P>0$)

Q 为中央和地方偏好一致性参数,包含着中央主动、地方被动以及中央被动、地方主动的一致性不同的参数选择。

(1) 分权的前提条件。

在该权威委托模型中,中央政府是否采取分权行动的前提在于——必须保证地方政府给中央政府带来的外部性不是太大:即 $A < QB$。而这种外部性带有一定的主观性,其大

[①] 具体推导过程参见皮建才《中国经济发展中的中央与地方政府边界研究》,《财经问题研究》2008 年第 5 期。

小可能随中央政府认识的变化而变化。因此，制度变迁的形成与中央政府认识的变化密切相关，而且真正需要变迁的地方恰恰是中央政府在认识上可能存在误区的地方。

（2）选择集权还是分权。

在集权还是分权的不同情况下，中央政府效用函数 $f(c)$ 和地方政府的效用函数 $f(l)$ 中的 E、e 以及 Q 的参数的不同，从而使中央政府和地方政府的效用函数在集权状态下为 $f(c)_n$、$f(l)_n$；在分权状态下为 $f(c)_d$、$f(l)_d$。

当中央认为分权的外部性不大，即 $A<QB$，那么是采取集权还是分权的方式，主要在于基准的选择和效用的大小。

如果中央以自身效益函数作为基准，那么

当 $f(c)_n > f(c)_d$ 时，选择集权；

当 $f(c)_n < f(c)_d$ 时，选择分权。

如果中央以社会总效用为基准，那么

当 $f(c)_n + f(l)_n > f(c)_d + f(l)_d$ 时，选择集权；

当 $f(c)_n + f(l)_n < f(c)_d + f(l)_d$ 时，选择分权。

（3）分权的后果。

在分权的模式下，中央同样应当考虑对地方的外部性影响。理论上可以证明，当中央政府给地方政府带来的外部性太大（$P>Qb$）时，地方政府在自己没有获得事情方向的信息前是不会听从中央政府提供的意见的，即中央的任何积极性都不存在，即 $E=0$。

2. 结论

中央政府采用集权还是采用分权，首先考虑的是地方政府对中央政府外部性的大小，分权边界的基准可以是中央政府的效用，也可以是包括中央和地方的总效用。中央政府和地方政府的边界会随着经济发展而不断变迁，变迁过程本身就是效率改进的过程。正是那些存在潜在经济效率损失的领域才是有可能发生制度变迁的领域。

（二）对我国金融管理权分配结构的诠释

1. 以中央政府效用为主的金融管理权分配结构

根据上述模型，结合有关金融管理权的内涵，笔者认为，自1994年市场化改革以来，中央政府金融管理权分配的基准应当是中央政府利益的最大化。中央政府在权力分配过程中并没有过多地考虑地方政府的利益，也没有考虑金融体系对非国有经济的支持。主要理由如下：

第一，财政与经济结构的失衡。

1994年的分税制改革极大地改变了国家收入分配体系以及中央政府和地方政府财政

收入能力之间的对比,而支出责任之间的划分并未做出相应的调整。随着经济社会的发展,地方政府既要支持地方经济发展,又要履行相当的事权,而这些事权大多刚性较强,所需支出基数大、增长也快,地方财政出现收支缺口,而中央的财政收入却急速增长。这一问题目前得到我国众多研究的关注,本文不再赘述。除此之外,在分税制改革后,最富裕省份和最贫穷省份在经济发展水平上的差距扩大了而非收敛了(李扬等,2005)(见表2),集权的金融和财政管理体制不利于地区发展的平衡。

表2 各地区分税制改革前后的GDP占比

单位:%

年份 地区	1978	1985	1990	1995	2000	2005
东部地区	50.62	50.68	51.50	55.65	57.29	57.86
中部地区	29.96	29.20	28.26	26.14	25.58	25.12
西部地区	20.12	20.12	20.24	18.21	17.13	17.01

资料来源:李扬等:《中国城市金融生态环境评价》,人民出版社,2005。

第二,重视国有企业以及国有银行的发展。

中央政府在渐进式改革中更加重视国有企业的发展及其金融资源的支持。改革开放以前,为了解决国家战略布局造成的国有企业效率低下的问题,在金融领域国家的扶持政策就是垄断金融资源,并通过计划将它配置到符合国家政策的产业中(林毅夫等,1999)。改革开放以后,我国在银行业继续实施国家审批管制的政策性壁垒,市场机制的不完善和政府管制过严妨碍了融资结构的进一步调整。在为国有企业提供服务的国有商业银行占据垄断地位的金融服务结构中,能够为中小企业和农村经济提供信贷融资服务的市场供给严重不足。

2. 以中央利益为基准的金融管理集权制体制下的经济效率损失

从国家的整体状况来看,由于财税改革造成的国家财政收入的急剧下降,金融资源的缺乏、经济制度不稳定导致的放权失败顺应了以中央利益为基准的金融管理集权体制的历史必然性,但是随着金融资源的扩张和金融深化的不断进行,这样的金融管理体制已经不能适应金融效率的进一步提高。

依据上文的模型分析,笔者认为当前以中央政府利益最大化的金融管理集权制存在着各种弊端,主要表现为不利于交易成本的下降,阻碍了金融资源配置的进一步优化,从而抑制了金融效率和经济效率的提高。具体表现为:

第一,不利于非国有经济的持续性发展。有关研究证明,我国许多地区的中小企业的贡献率大于大企业,并且中小企业贡献率较大的地区往往也是经济增长率较高的地区(林毅夫、李永军,2001),然而,我国中小企业融资难问题一直没有得到有效解决。

第二，出现监管成本较高和监管有效性不足。随着金融体系的复杂化，新的业务创新的出现，加之分业监管的协调因素以及垂直管理在信息获取方面的效率问题，管理体制架构不健全的问题仍然较为突出。有关研究表明，中小金融机构由地方政府监管时，其创新空间和收益要大；而其创立门槛和接受监管的成本也相应较低（严维石，2006）。

第三，中央集权下的金融管理体制不利于调动地方积极性。例如市、县两级的证券机构和保险机构由于缺乏监管机构而需要当地政府加以支持，但由于权力过度集中于中央，各级地方政府基本不愿承担管理责任，形成部分地区的管理盲区。

3. 我国权力下放的外部性问题分析

第一，宏观调控权的集权。货币、利率、汇率等宏观调控权问题往往和国家的主权相联系，统一的货币管理权力是一国政治安全、经济安全和金融安全的保证。因此，货币、外汇等宏观金融管理权集中于中央政府是没有任何异议的。这与其他各国的现实情况也相一致。

第二，金融监管权的下放。根据上述的模型，分权的前提是：外部性应当小于中央政府从中获得的利益。在金融监管权力方面，由于当前制度条件存在诸多弊端，如果分权，有可能会产生更大的外部性，进而威胁中央的整体利益。主要包括以下两个方面：

其一，地方主导经济发展条件下的金融稳定问题。在转轨经济条件下，地方政府在短期内不可能完全退出主导地区经济发展的作用，对政绩的追求和本地区经济发展的需要驱使地方政府通过权力和资本的结合推动经济持续增长。这些制度弊端在金融领域表现为地方政府对银行信贷的行政干预以及地方政府利用投融资平台进行的低水平重复建设。如果进一步下放金融管理权，中央政府势必担心地方政府对金融机构和金融资源实行不合理的干预和配置，影响银行信贷质量和风险控制，进而威胁金融体系的稳定与安全。

其二，地方权力过度而导致的公用地困境。地方主导经济的行为进而会影响国家宏观经济调控的效果。根据哈丁关于牧羊人的博弈模型，作为"经济人"的地方政府会不顾一切地追逐眼前区域经济利益，而把宏观调控的责任留给中央政府。在金融管理方面，诸多研究和实证表明，由于地方政府存在强烈的推动经济扩张的动机，故而对货币政策的实施采取选择性配合，对宽松性货币政策的配合度与积极性远高于紧缩性货币政策。

三 合理划分中央地方金融管理权限的政策建议

（一）消除分权可能产生的外部性问题

1. 理顺政府与企业的关系

产权清晰是理顺中央与地方关系的前提和关键。如果政企不分、产权不清，中央与地方之间就很难建立良性关系。政企分开，实现国有产权与公共行政权的分离是稳定而有秩序的中央地方关系的基础。中央与地方的分权并非独立存在，而是与政府和企业（市场）、政府和社会的分权交织存在的，互为条件，互为因果（金太军、汪波，2003）。

2. 取消经济竞赛，转换政府职能

依照"十二五"规划的要求，地方政府应当"进一步转变政府职能，深化行政审批制度改革，加快推进政企分开，减少政府对微观经济活动的干预，加快建设法治政府和服务型政府"。转换政府职能的重点应当在于政府退出一般竞争性领域，由地方政府之间的经济竞赛转化为地方企业之间的市场竞争；政府职能应当着重于完善市场竞争秩序和规则制定方面。

3. 协调地方事权、财力、金融管理权的一致性

欧元区的主权债务危机提醒我们金融与财政政策是相互配合、相互联系和相互影响的关系。地方政府追求金融业等非税资金来源的原因在于分权化改革导致的地方政府的财政收入失衡，以致正常的税收收入无法满足日益增加的需要。应当按照"一级事权"给予相应的"财权"，或者是相应的"财力"，降低地方政府希望通过干预金融企业而筹集资金的冲动。此外，如何推动市政债券或市政贷款的发展与建设，为地方政府发展基础建设提供合理的金融支持，实行地方事权、财权与金融管理权的一致，也是防范金融风险、消除地方对中央外部性的重要方面。

（二）对国家能力的重新认识

依据我们的分析模型，中央政府和地方政府对外部性的认识往往依赖于自身的主观判断。随着中央政府对地方政府和企业的放权行为，地方政府必然拥有更多资源实现与中央政府的博弈和抗衡，中央政府应当客观全面地看待这一事实。对于1994年分税制改革所引发的中央与地方财政能力的地位变化，学界曾展开过激烈讨论，其焦点在于如何平衡中央对宏观经济的控制力和地方积极性问题（王绍光、胡鞍钢，1997；魏杰，1997；张曙光，1997）。尽管当时中央更加看重中央财政实力对国家能力的体现，但是随着外部性和客观条件的变化，主观认识也随之变化，对于国家能力的认识并非仅从财政收入的比例来衡量。根据我国"十二五"规划的建议，"积极构建有利于转变经济发展方式的财税体制。在合理界定事权的基础上，按照财力与事权相匹配的要求，进一步理顺各级政府间财政分配关系"，这样的政策信号暗示中央政府将会根据地方事权的要求下放有关财税权力。随着地方政府财政金融权力的下放，中央政府应当多角度看待国家能力问题，加强与地方的信息沟通机制，客观认识在放权过程中的相互的外部性问题，从全局出发考量总效用的大小，而不能简单从财政收入、中央权力削弱等单一方面来判断外部性的大小。

(三) 对地方的金融权力下放

1. 总体目标

对地方金融权力下放的总体目标可以归纳为：依照权责一致的原则，赋予地方政府发展地方金融业的权力。在政府充分转换职能，实行政企分开的前提下，地方政府不仅应当拥有有关金融发展与规划的事权和金融救助的责任，也应当拥有与责任相匹配的建设符合当地发展的地方金融体系的相关的市场准入和监管权力，主要包括：中小金融机构以及支持农村发展的金融机构的审批权和监管权、区域性金融中心的建设权以及发展多层次资本市场的相关权力。

2. 实现手段

中央和地方政府权力边界的界定是基于中央与地方政府的不断信息交互，使中央政府在充分获得有效信息的基础上，通过不断地试错来了解外部性与收益的对比关系，了解中央利益和社会利益的差异，最终实现边界的确定。此外，中央政府和地方政府对于权力边界的认识也随着经济发展而不断发生改变，因此，中央和地方的边界并不是一成不变的，而是处于为了实现效率改进而不断优化的动态调整中。基于此，笔者认为应建立权力下放中的对接机制为地方金融办的核心职能，采取分阶段、分级、分区域的差别化授权方式，推进对地方政府放权的实施，促进地方金融管理体制的完善。

3. 加强地方权力实现的法治建设

当前，我国中央政府对地方的放权基本上采取临时的、非制度化的方式。事实上，中央与地方在分权过程中由于利益的差异，往往会出现分歧和纠纷，如果事先存在一个广泛认可的程序，则分权执行及其纠纷的解决会变得容易些，否则，等到纠纷发生的时候再进行中央与地方的沟通与谈判，其着眼点必然放在如何制定一个有利于自己的谈判规则上（钱颖一，2003）。此外，从交易费用的角度看，规范化的分权方式具有透明性、可预测性和普适性，因此可以降低交易成本，防止地方寻租问题的出现。至少，经过试错而确定的权力边界，应当以法律形式给予明确，以保证放权的持续性和避免错误的继续发生。

4. 建立对地方的监督机制

为了规范地方政府行为，必须建立健全相应的监督约束机制，加强对地方政府行为的监督与控制。可以考虑遵循法制统一、非歧视性和公开透明的原则，加强中央政府和人民群众对地方政府的监督力度，建立对地方政府行为的监测体系，通过建立一系列的行政标准、经济标准等，判断区域经济金融活动的合法性、合理性和有效性等。

（四）保证地方在国有金融资产整合改革的权力与利益

鉴于金融资产安全与盈利对国家稳定和利益保障的重要性，当前我国政府正在酝酿有关整合国有金融资产管理体系，消除多头管理的改革。尽管这一举措主要体现在进一步优化横向管理体制方面，但是由于我国采取中央集权的单一制结构，因此横向的制度变迁同样会涉及纵向垂直的体制关系。依据本文的核心思想，笔者认为在改革方案的确定中应当充分维护和保证地方应有的权力与利益。第一，坚持促进产权明晰、政企分开的改革路线；第二，明确中央与地方国有资产的产权界限，改革中任何垂直型的机构设立不应直接干涉现有法律赋予的地方对当地国有金融资产的配置权力；第三，在改革的设置中应当尽量避免原有体制和"一行三会"垂直体系在地方金融管理中存在的成本效率问题，考虑地方金融办或其他地方机构对国有金融资产的主要监督责任；第四，支持发挥地方积极性，探索各地地方国有金融资产管理体制改革的最佳模式。

（本文发表于《上海金融》2011 年第 7 期）

参考文献

[1] 皮建才：《中国经济发展中的中央与地方政府边界研究》，《财经问题研究》2008 年第 1 期。
[2] 白光昭：《地方政府金融办的职能定位》，《中国金融》2010 年第 18 期。
[3] 宋立：《当前地方金融管理面临的几个问题》，《宏观经济管理》2002 年第 11 期。
[4] 金太军、汪波：《经济转型与我国中央—地方关系制度变迁》，《管理世界》2003 年第 6 期。
[5] 刘承礼：《理解当代中国的中央与地方关系》，《当代经济科学》2008 年第 5 期。
[6] 周祥富：《理顺中央与地方经济关系的几个争论性问题》，《管理世界》1994 年第 6 期。
[7] 潘小娟：《中央与地方关系的若干思考》，《政治学研究》1997 年第 3 期。
[8] 王绍光、胡鞍钢：《关于中国国家能力的研究报告》，《集权与分权》，经济科学出版社，1997。
[9] 魏杰：《政府经济职能及中央—地方关系的经济关系》，《集权与分权》，经济科学出版社，1997。
[10] 张曙光：《国家能力与制度变革和社会转型》，《集权与分权》，经济科学出版社，1997。
[11] 李扬等：《中国城市金融生态环境评价》，人民出版社，2005。
[12] 钱颖一：《现代经济学与中国经济改革》，中国人民大学出版社，2003。

创新型增长视角下的
金融发展：综述及展望

黄国平

一 引言

早在亚当·斯密（Adam Smith，1776）在完成《国富论》开创经济学这一学科领域之前，人们就一直在思考金融在经济增长中的作用[①]。巴杰特（Bagehot）在1873年就认为金融体系通过提供大型工业项目融通所需要的资本而在英国工业革命进程中发挥了关键作用。希克斯（Hicks，1969）则从经济史的角度就此问题做出进一步详细考察[②]，认为工业革命的发生是以金融体系的发展为先决条件的。在人们肯定金融对经济增长的促进作用的同时，质疑的声音也不绝于耳。罗宾逊（Robinson，J.，1952）认为金融体系的发展是对经济增长所创造的金融服务需求的反应，即"实业引导金融"，但金融对经济增长没有实质性贡献。帕特里克（Patrick，1966）试图对这两种观点进行调和，并给人们留下了所谓的"帕特里克之谜"[③]。戈德史密斯（Goldsmith，1969）希望通过实证检验的方法揭开"帕特里克之谜"，由于方法和数据不足，只证明了金融发展与经济增长之间存在着大致的平行关系，但却为金融发展理论的创立以及金融发展与经济增长关系的系统研究开启了先河。

20世纪70年代金融发展理论创立（Mckinnon，1973；Shaw，1973等）以及以新古典增长理论为代表的经济增长理论的复兴（Solow，1956等）为我们研究金融发展和经济增

[①] 如古典经济学产生之前的重商主义就直接把以贵金属为代表的货币的积累看做是促进经济增长和国民财富增加的直接手段。

[②] 根据Hicks的分析和考察，18世纪前叶英国金融市场的进步减少了长期投资的流动性风险，使得资金供给者愿意通过持有股票、债券、存单等金融资产，将流动性储蓄转化为投资，致使依赖固定资本的现代工业得以发展。

[③] 根据帕特里克的论述，金融发展与经济增长关系的因果方向问题存在三种可能的答案：一是金融发展是因，经济增长是果；二是经济增长是因，金融发展是果；三是金融发展与经济增长互为因果。帕特里克对金融发展与经济增长的关系的表述引起了人们对二者因果关系方向上的迷惑。在此之后，人们把金融发展与经济增长关系的因果方向问题称为"帕特里克之谜"。

长的相关性提供了新的理论和工具支持。但是在新古典增长理论分析框架内，金融体系对经济增长的促进作用非常有限，这也使得金融因素在20世纪80年代新增长理论兴起之前仍然未能有效地整合进主流经济学分析框架中。随着20世纪80年代新经济增长理论和信息经济学的兴起和发展，金和莱文（King, Levine, 1993a, 1993b）等人打破了传统金融发展研究的僵局，从金融功能的角度研究金融发展对经济增长（尤其技术进步）的影响，为现代金融发展理论的形成和发展奠定了基础。

首次从创新的角度来对金融因素和经济增长二者关系进行系统研究和考察的是奥地利经济学家熊彼特（Joseph A. Schumpeter, 1912）。根据熊彼特的创新经济学理论观点，经济发展的实质在于创新，而创新的实质在于生产要素的组合，而金融体系在创新中的重要作用在于为生产要素重新组合提供必要的购买力。20世纪90年代以来兴起的熊彼特增长理论（Schumpterian Growth Theory）进一步强调了内生性的研发和创新是推动技术进步和经济增长的决定性因素，并且运用数理分析手段和工具，验证和解释了熊彼特的创造性破坏假说，认为经济增长与经济周期是不可分的，两者都是创新的结果，反映了技术进步的不同侧面。

2008年世界性的金融危机在给全球范围内金融和经济体系造成巨大破坏的同时，也给我们提供了一个研究金融和经济发展关系的生动实例。金融危机的起因和形式可能各异，但其源于实体经济因素的本质是相同的，都是经济繁荣时期过度承担风险和扩张资产负债的结果（Borio, 2008）。从时间维度上看，金融（经济）危机的爆发也意味着新的产业和技术革命即将来临①。根据于泽（2009）的研究结果，本轮金融危机是IT革命之后长期经济增长的调整，因此，欧美等发达市场经济要走出此次金融危机的困境，需要一次新的技术革命来提高全社会的劳动生产率，而单纯的刺激政策是难以产生新一轮高速增长的。本文将在创新视角下，对经济增长和金融发展的历史、现状和最新进展进行系统分析和总结，在此基础上提出一个简单的分析框架。

二 传统增长理论观点下的金融发展：没有增长效应的被动反应②

关于经济增长和金融发展关系在学术意义上的系统和科学研究可能只是"凯恩斯革

---

① 通过对200年间的5次技术革命的系统研究，佩蕾丝（2007）认为从长期历史来看，新的技术和行业的发展总是与危机相伴而生的，它既帮助人们走出危机，也不可避免地在其末期产生危机。

② 本文所说的传统增长理论是指20世纪80年代新增长理论（也称内生增长理论）兴起之前的经济增长理论，主要包括新古典增长理论、古典增长理论以及凯恩斯宏观经济（增长）理论。

命"（Keynesian Revolution）之后经济增长理论的复兴以及战后金融发展理论取得积极成果之后的事情，然而，人们对经济增长中金融和货币因素的关注由来已久。根据古典经济学产生以前的重商主义经济学说观点，通过发展贸易来获取贵金属货币是增加一国国民财富的核心手段，金融财富的积累等同于国民财富增长。古典经济学在继承重商主义者把增加国民财富作为经济学主要研究目的的基础上，直接否定了重商主义对国民财富的"货币幻觉"，指出对于一个国家来说，真正的国民财富不是贵金属货币所代表的金融财富的积累，而是物质产品，增加一国国民财富的源泉和途径是保护和鼓励本国的物质产品生产，发展本国的农业和制造业（Smith, 1776）。古典经济学对重商主义者"财富观"直接否定，一方面奠定了今后经济增长理论的研究集中于社会物质产品生产领域的传统，同时，在某种程度上也意味着经济增长与货币、金融这两个领域的研究从此分道扬镳，以至于随后的经济增长和经济发展方面的研究很少涉及和考虑金融方面的因素。

　　古典经济理论认为经济增长（国民财富增加）最终取决于资本、劳动和土地这三种投入要素的质量和数量，没有直接论及增长过程中的货币和金融的影响和作用，但在讨论提高经济增长手段和途径的过程中仍然述及货币和金融方面的因素。斯密（Smith, 1776）认为劳动生产力（技术进步）是决定经济增长的最重要因素，其提高和增进几乎完全是劳动分工的结果，交换是促使分工成为可能的必要条件，货币则是为了适应交换范围的扩大、提高交换效率的需要而出现的。李嘉图（Ricardo, 1821）在假定充分就业和货币需求完全弹性的基础上，否定了货币数量的增加与产出的任何联系。这一看法深刻地影响了后来的新古典经济理论对实体经济与货币、金融关系的观点，即货币是中性的，不过是覆盖于实体经济之上的一层面纱，对经济并不产生影响；商品价格取决于该商品的供求关系，而物价水平和货币购买力则取决于货币的数量和速度，二者之间没有内在联系（Fisher, 1911；Pigou, 1917）。

　　凯恩斯（Keynes, 1936）掀起的"凯恩斯革命"无论对经济增长研究还是货币、金融发展研究都是具有里程碑意义的，也是经济增长模型内生化过程中不断融合货币和金融因素的起点。对经济增长研究而言，旨在对凯恩斯宏观分析长期和动态化的哈罗德－多马模型（Harrod, 1939, 1948；Domar, 1946）是经济增长研究复兴后的第一个增长模型，重点研究了资本主义市场经济动态不稳定路径问题，强调了物质资本积累对经济增长的决定意义。鉴于哈罗德－多马模型具有不稳定的"刀刃"性质，索洛（Solow, 1956）通过引进新古典生产函数，将产出、资本和劳动之间的比例内生化，从而创建了称之为新古典增长理论基准的索洛模型。卡斯（Cass, 1965）和库普曼斯（Koopmans, 1965）采用拉姆齐（Ramsey, 1928）对家庭最优行为的分析方法在新古典增长模型中引入家庭和企业在竞争性市场中的最优行为决策,将外生给定的储蓄率转化为内生变量。几乎同时,戴蒙德(Diamond,1965)根据萨缪尔森(Samuelson,1958)的研究成果,在新古典增长理论框架下也发展出另一种将储蓄率内生化的所谓"世代交替模型"。尤其值得一提的是,严格遵循新古典经济学分析范式的"世代交替模型"得出的结论认为,个人最优不一定是社会最优,经济增长可能会出现动态无效率。这既迎合了凯恩斯主义者强调政府通过货币、金融和财政政策干预经济的政策主张,同时,在某种程度上也说明货币和金融因素对实体经济具有实质影响。

"凯恩斯革命"对货币和金融发展研究而言,开启了将货币看做是具有价值贮藏功能的资产和财富研究思路,从而使得增长理论在内生化过程中将货币和金融因素融入其中变为可能。凯恩斯在其开创性的货币流动性偏好理论中,将货币需求分为满足交易动机和预防动机所持有的货币数量以及满足投机动机所持有的货币数量。其中,满足交易和预防动机的货币需求核心功能仍然是货币的交易媒介职能,主要是适应和满足实体经济活动的需要;满足投机动机的货币需求,发挥的是货币的价值贮藏职能,货币实际上被看做是一种资产。

随着金融和经济在理论和实践上研究的不断深入,日益激发了人们对二者关系研究的热情,并逐渐发展成为所谓的"金融发展理论"的独立学科。戈德史密斯(Goldsmith,1969)明确指出金融发展理论的职责在于找出决定一国金融结构、金融工具存量和金融交易流量的主要经济因素,创造性地提出金融发展就是金融结构的变化,并且采用定量和定性分析相结合的方法确立了衡量一国金融结构和金融发展水平的指标体系。麦金农(Mckinnon,1973)和肖(Shaw,1973)根据发展中国家金融体系发展不平衡现象进行了分析和论证,认为金融体系对经济增长的推动和促进作用主要体现在资本积累方面,其主要功能在于通过动员储蓄而改变储蓄率,提高储蓄转化为投资的比例,将资源配置到最有效率的项目或者产业上,从而促进经济增长。然而,在传统经济增长理论分析框架下,金融系统这种动员储蓄的能力,也仅仅只影响资本形成,并不创造社会财富,它对经济增长的作用只有水平效应而没有增长效应,因此,对经济增长中起决定作用的全要素生产力(技术进步率)没有贡献。

三 新增长理论框架下的金融发展:创新型增长方式关键因素

20世纪80年代中期以来,以罗默(Romer,1986)和卢卡斯(Lucas,1988)为代表的新增长理论(New Growth Theory)的兴起,突破了新古典增长理论(Neoclassical Growth

Theory）关于技术进步的外生性假设，强调资本积累和创新是促进内生性技术进步和经济增长的重要力量。20世纪90年代以来，熊彼特增长理论（Schumpeterian Growth Theory）的兴起，进一步强调内生性的研发和创新是推动技术进步和经济增长的决定性因素（Romer，1990；Grossman、Helpman，1991；Aghion，Howitt，1992；Jones，1999；Strulik，2006；Dinopoulos，Sener，2006等）。同一时期，金和莱文（King，Levine，1993a，1993b），格林伍德和伊万诺维奇（Greenwood，Jovannovic，1990），拉詹和森格勒斯（Rajan，Zingales，1998）等人的开创性工作也打破了传统金融发展理论研究的僵局，通过引入信息经济学研究成果（如不确定性、信息不对称，监督成本）开启了金融发展的内生化进程，建立了一种包括发展中国家和发达国家在内的新的金融发展理论框架，为研究金融发展促进技术进步和经济增长作用机理及其内在联系提供了一种全新视角。

相较于新古典增长理论而言，新增长理论强调长期动态一般均衡，认为经济增长是由经济参与者（消费者、厂商、政府等）的最优化行为决定的，因而是内生的。根据所强调的促进经济增长和技术进步的要素不同，可将其分为基于资本的（Capital-based）增长理论和基于思想的（Idea-based）增长理论。前者认为资本积累（包括物质资本和人力资本）是促进技术进步和经济增长的重要因素，而后者则强调创新和知识积累在技术进步和经济增长中的决定性作用。

基于知识（思想）的增长理论可追溯至斯密（Smith，A.，1776）的劳动分工思想①。罗默（Romer，1990）建立将中间产品种类内生化的模型是第一个基于知识的新增长模型，也为熊彼特增长理论（Schumpeterian Growth Theory）的发展奠定基础。在该模型中，其关键假设在于知识积累的正外部性所产生的知识的内生增长是促进经济长期增长的源泉，而知识生产的激励则来源于知识用于产品生产过程中的可排他性。与罗默（Romer，1990）强调水平创新的中间产品内生化方式不同，格罗斯曼和赫尔普曼（Grossman，Helpman，1991）提出一个以垂直创新为主要特征的内生技术变化增长模型。在这个模型中，生产率的提高表现为同种产品质量的提升，提升质量的技术是通过专门的研究和开发获得的，需要为提高产品质量的研究和开发活动设立专门的生产函数。由于技术进步体现为产品质量的提高，优质产品出现使旧产品不断淘汰，因此，创新表现为一种创造性地破坏过程。格罗斯曼和赫尔普曼认为正是一系列部门中产品质量递进式的提高构成了经济增长的源泉。

阿格奥和豪伊特（Aghion，Howitt，1992）通过引入熊彼特式创造性破坏（Creative

---

① 马歇尔（Marshall，A.，1890）外部经济，杨（Yong，1928）迂回生产方式，迪克希特和斯蒂格利茨（Dixit，Stiglitz，1977）以及艾塞尔（Ethier，1982）垄断条件下的均衡竞争的效用函数（D-S效用函数）的提出和应用在基于知识增长理论的发展过程中起到了重要作用。

Destruction）过程（新产品淘汰旧产品）所建立的模型，可以说是严格意义上的熊彼特增长理论的发轫之作。这不仅在于该模型运用数理分析工具重新论证和解释了熊彼特创造性破坏假说，也在于其强调经济增长与经济周期是不可分的，两者都是创新的结果，反映了技术进步的不同侧面。在该模型中，源于竞争性厂商的垂直产品创新（Vertical Innovation）被认为是经济增长的根本源泉。经济的动态均衡可能是平衡增长路径，也可能是非均衡陷阱。由于创新具有破坏效应，知识和研究的生产率提高并不必然导致更高的经济增长。随后，熊彼特增长理论的发展主要都是针对早期模型中存在的与现实经济不符的问题和缺陷进行的修正和完善：一是针对规模效应和知识存量"刀刃条件"（Knife-edge Condition），引进知识存量的边际生产率递减假设来加以修正（Kortum，1997；Segerstrom，1998等）；二是针对经济增长率（人均产出增长率）与人口增长率正相关的结论可能与现实经济不相符的事实，引进诸如卢卡斯（1988）人力资本积累函数等方法来加以完善和扩展（Strulik，2006；Bucci，2008等）；三是针对政府政策不能影响经济的结论可能不符事实观察的缺陷，引进水平创新的数量与经济规模同比变化的约束进行修正和补充（Dinopolous，Thompson，1998；Howitt，1999等）。

在以熊彼特增长理论为代表的创新型增长模型分析框架中，金融因素对经济增长的影响和作用不仅在于动员储蓄，提高资本积累水平，更体现在促进分工、防范和化解创新风险、改善资金配置效率、利用信息优势、降低交易成本等方面。金和莱文（King，Levine，1993a）认为[①]，金融体系为创新活动提供的服务不仅扩大了创新活动的范围，也提高了创新活动的效率，从而促进了经济增长。格林伍德和伊万诺维奇（Greenwood，Jovanovic，1990）对金融机构与经济增长关系动态分析表明，金融中介通过收集并分析投资项目的信息，改善投资的配置效率，因而有效地发挥了信息收集和风险分散功能。默顿（Merton，1995）等相关研究结果也表明金融体系对经济增长的促进作用不在于是市场导向型还是银行导向型，而在于金融系统是否能为实体经济提供完善的金融服务。

在实证方面，金和莱文（King，Levine，1993b）的实证结果表明金融中介发展水平与长期经济增长率之间存在着很强的正相关性。其后，人们进一步改进实证分析方法，并且，从不同的角度所获得的实证结果也都说明金融发展确实是影响科技创新、技术进步和长期经济增长的关键因素（Levine，Loayza，Beck，2000；La Porta，et al. 1997，1998；Tadesee，2000；Beck，Levine，2003；Maksimovic，2007等）。

---

① 金和莱文（King，Levine，1993a）建立一个以企业家精神和创新活动为纽带，把金融和实体经济联系起来的内生增长模型，在给定金融体系能有效评估创新活动和企业家精神，为投资项目筹集资金，真实评估和揭示创新活动的潜在收益，分担和化解创新风险等服务功能的条件下得出了金融促进经济发展的结论。

四 创新视角下金融促进科技进步和经济增长作用机理

我们在此分别选择强调水平创新的罗默（1990）增长模型，强调垂直创新的阿格奥和豪伊特（Aghion，Howitt，1992）增长模型（简称 AH 模型）以及一个同时包含水平创新和垂直创新的模型对金融因素如何通过促进科技创新推动经济增长作用机理进行分析讨论。

（一）水平创新模型中（Romer，1990）金融促进经济增长作用机理

水平创新模式是通过中间产品（生产投入品）种类的增加来反映技术进步和知识积累的。因而，技术进步（知识增长）在本质上就是中间产品种类的增长速度。罗默（1990）是这类模型的典型代表。根据罗默（1990）模型，其知识积累方程为：

$$\dot{A} = \delta H_A A \tag{1}$$

其中：$\dot{A}$ 表示知识增量（新生产的知识），A 表示知识存量，H_A 表示用于研发部门的人力资本，δ 为知识生产效率。在此基础上，罗默（1990）给出总量（最终产品）生产函数为：

$$Y = H_Y^\alpha L^\beta \left(\int_0^\infty x(i)^{1-\alpha-\beta} di \right) \tag{2}$$

其中：Y 为总产出，H_Y 生产部门人力资本，L 为劳动力数量，$x(i)$ 为第 i 种中间产品的数量，α，β 分别为人力资本和劳动力的产出弹性。

当经济处于平衡增长路径时，人均产出增长率等于知识积累的速度（技术进步率），即

$$g = g_A = \delta H_A = \delta s^* H \tag{3}$$

其中：$H = H_A + H_Y$，s^* 为平衡增长路径上用于研发部门的人力资本比率。

在这一类模型中，金融因素对技术进步和经济增长的影响和作用的关键是在促进劳动分工和提高专业化水平方面，一是在人力资本总量给定的情况下，提高用于研发部门的人力资本比率 s^*，二是提高知识生产的效率 δ。对于前者，金融部门的作用是动员储蓄，提高储蓄转化为投资的比率，继而在实体经济中通过增加实物资本来替代人力资本，使得宝贵的人力资本用于研发和知识生产。

对于后者金融部门的关键作用在于促进专业化分工。事实上，在水平创新模式下知识积累（技术进步）效率δ在本质上反映的是中间产品种类的扩大和提高。因此，金融体系促进创新的作用在于如何提高社会分工的速度和质量，这一方面体现在金融体系能提供便利商品、劳务和资产交易的清算和支付功能，有助于降低交易成本，推动更为专业和精细化的分工；另一方面也在于金融部门有助于分散和化解创新风险，促进全社会对创新活动的投资，继而进一步促进和扩大社会分工。Saint - Paul（1992）分析了投资收益风险对技术选择的影响：一般情况下，越是专业化的技术，其收益波动性越大，普通投资者为规避风险倾向于选择风险较小、专业化程度较低的技术，这势必导致高度专业化的高新技术投资不足。

（二）垂直创新模型中（AH，1992）金融促进经济增长作用机理

垂直创新模型也称为质量阶梯模型（Quality Ladder Model），它通过引进熊彼特式创造性破坏过程（即通过研发使得产品质量提高，同时高质量产品不断地将低质量产品排挤出市场，进而推动技术进步和经济增长）来分析和考察技术创新和经济增长的内在联系。阿格奥和豪伊特（Aghion，Howitt，1992）（简称 AH 模型）是其中的典型代表。在 AH 模型中，每一次创新对应着一种新中间产品的发明，可用于提高最终产品的生产效率。假设最终产品初始生产效率为 A_0，则第 j 次创新所对应的最终产品生产效率为：

$$A_j = A_0 \gamma^j \tag{4}$$

其中：γ 为每一次创新成功所获得的生产效率提高（技术进步）。给定熟练劳动[①] $L = L_Y + L_A$ 出清条件下，第 j 次创新所对应的最终产出为：

$$Y_j = A_0 \gamma^j F(L_Y) \tag{5}$$

其中，L 为熟练劳动总量，L_Y 为用于中间产品的熟练劳动，L_A 为用于研发部门的熟练劳动，F 是一个具有规模收益不变的凹生产函数。

于是，在均衡状态下，人均产出增长率为：

$$g = \lambda \phi(L_A^*, R) \ln(\gamma) \tag{6}$$

其中：$\lambda \phi(\cdot, \cdot)$ 表示的是研发部门的生产函数。假设创新生产是一个泊松过程，

[①] 在 AH 模型中假定存在 3 种不同类型的劳动：一是只能从事最终消费品生产的简单劳动；二是既能从事中间产品生产又能从事研究开发的熟练劳动；三是只能从事研究开发的特殊劳动。

则 $\lambda\phi(\cdot,\cdot)$ 实际上就是一个泊松实现率（Poisson Arrival Rate）。λ 为由研发部门特点决定的不变技术参数，L_A^* 为均衡状态下用于研发部门的熟练劳动，R 为只能从事研究开发的特殊劳动。

在这一垂直创新模型中，金融因素对技术进步和经济增长的影响和作用也体现在两个方面，一是增加用于研发部门的熟练劳动数量，以提高实现创新的次数；二是提高创新成功所获得的生产效率强度 γ。

对于前者，金和莱文（King，Levine，1993b）通过引入一个代理成本 f 将金融部门加入考虑，为此，在稳态状态下劳动力市场出清条件由没有考虑金融部门条件下的 $L = L_Y + L_A$ 变为：

$$L = L_Y + L_A(1 + f/\phi) \tag{7}$$

其中：ϕ 为产生价值的创新概率。

根据（7）式，代理成本 f 越高，均衡条件下的 L_A 就越低，根据（6）式，则增长率 g 也就越低。由于金融系统越发达，代理成本 f 就越小，因此，金融发展在理论上显著地促进经济增长。

至于后者，则需要金融系统更好地发挥信息甄别和风险分担功能。γ 的提高在本质上反映的是提高每一创新活动的经济和社会效益。金和莱文（King，Levine，1993a）曾强调金融体系在揭示从事科技创新活动潜在收益方面的重要性，指出技术创新活动的预期回报是项目利润源泉，而金融体系运用自身的信息优势可能更加准确地揭示科技创新活动的潜在收益。Leland 等（1977）也指出，与其他投资者相比，银行等金融中介部门由于其自身的专业化特性，在获取和识别信息能力方面具有比较优势。有效应对信息不对称问题及其所引致的道德风险和逆向选择问题是外部资金支持和培育创新能力的一个重要前提，银行则可以利用自身的专业能力，通过对贷款进行合理定价等方式加以有效解决。相关研究也表明追求创新的高科技创业企业通过债务形式进行融资普遍较低，而以风险投资为主体的股权融资更是创业资金的重要来源。高科技产业企业的研发经费通常比一般企业高出 2~3 倍，高投入构成了技术创新的基础，风险投资则为这种高投入创造了条件（李杨、杨思群，2001；Jordan，Lowe，Taylor，1998 等）。

（三）包含水平和垂直创新的增长模型中金融促进经济增长作用机理

包含水平创新和垂直创新的增长模型（也称为完全内生的熊彼特增长模型），能够更好地拟合经济增长的现实情况，也是当前熊彼特增长理论的最新发展。假设总产出函数为：

$$Y = \left[\int_0^\infty (A_i X_i)^{1/\theta} di \right]^\theta \tag{8}$$

其中：Y 表示总产出，Q 表示中间产品的种类（水平创新部门的个数），A_i 表示第 i 种中间产品的生产效率，X_i 表示第 i 种中间产品的数量（为简单起见，用生产第 i 种中间产品的劳动力数量 L_{X_i} 代表），$\theta > 1$ 为中间产品的替代弹性。

于是，根据 Jones（1999），水平创新和垂直创新累积方程分别为：

$$Q = \eta L \tag{9}$$

$$\dot{A}_i = \phi L_{A_i} A \tag{10}$$

其中：L 为劳动力数量，η 是水平创新的生产效率，反映单位劳动力所产生的中间产品的种类；ϕ 为垂直创新的生产效率；L_{A_i} 表示第 i 个垂直创新部门的劳动力数量；$A = \int_0^Q (A_i/Q) di$ 表示平均的质量水平。于是，根据对称性，可计算出总产出：

$$Y = Q^\theta A L_X \tag{11}$$

其中：L_X 为生产中间产品的总劳动力数量。

在经济处于平衡增长路径时，可求得人均产出增长率为：

$$g = (\theta - 1)n + \phi \eta^{-1} s^* \tag{12}$$

其中：s^* 是平衡增长路径中劳动力用于垂直创新部门比例。

在这一包含水平创新和垂直创新的完全内生的熊彼特增长模型中，金融对技术进步和经济增长的影响和作用不仅具有前两种情况共同因素，更体现在金融如何平衡和协调水平创新和垂直创新的生产效率方面。根据式（12），经济处于平衡增长路径中的人均产出增长率随着用于垂直创新劳动力比例 s^* 的提高而提高，如果以水平创新代表经济规模和范围的扩大，而垂直创新代表经济质量和效率的提高，则这也意味着在创新资源给定的情况下，应优先推动提高质量和效率的垂直创新的发展。通常，相对于水平创新而言，垂直创新是一种创造性的毁灭过程，无论对创新自身还是整体经济而言，都具有很大的波动性和不确定性。因此，对于具有较大的经济和社会影响的垂直创新而言，提高和增强其政策性的金融支持是必要的。新技术产生的社会效益往往大于私人效益，政府需要在考虑社会效益的基础上对科技创新外溢性的积极作用和消极作用进行权衡，兼顾私人和社会效益，以便实现理想的社会产出（Arrow，1962；Nelson，1993）。

五 创新型增长下金融发展的中国实践与展望：相容性发展

中国学术界关于金融发展和金融增长问题的研究是伴随着中国社会主义市场经济体制的建立、完善以及金融体制改革的深化而不断深入的。20世纪90年代，李扬（1995，1998，1999）、易纲（1996）等人就从宏观和政策层面上对中国金融发展、金融结构及其经济增长之间的关系进行了实证和理论上的分析和研究。随后，许多学者在不同的层面和视角下进行了有益探索。总体而言，中国的金融发展水平不能适应经济发展和增长需求，金融体系仍然存在着不可忽视的金融压抑现象（张杰，2000；卢峰、姚洋，2004；王晋武，2007；王定祥、李伶俐、冉光和，2009等）。中国的金融发展与经济增长之间可能存在着正相关性，但是，金融发展对经济增长和技术进步的作用非常有限（周立、王子明，2002；张军，2006等）。

这些问题在本质上反映的是二者如何相互促进和协调发展问题。在此，我们称之为金融发展与经济增长相容性问题。结合中国金融、经济和产业发展的政策和实践，国内学者针对当前金融发展研究中诸如金融结构与经济发展、产业结构之间如何协调发展（即金融与经济相容性发展）等悬而未决的问题在理论和实证方面都进行了卓有成效的探索（林毅夫、章奇、刘明兴，2003；李扬、殷剑峰，2005；林毅夫、孙希芳、姜烨，2006，2009；殷剑峰，2006；黄国平、孔欣欣，2009等）。林毅夫、孙希芳、姜烨（2006，2009）在总结国内外相关研究的基础上提出并论证了"最优金融结构理论"，认为实体经济与金融服务需求相适应的金融结构才能有效地发挥金融体系动员资金、配置资金和降低系统性风险的功能，促进技术进步和实体经济的发展，因而是最优的。每一经济体在一定的发展阶段都有各自的最优金融结构，这种内生的金融结构是客观的、动态的，并随着该国经济要素禀赋结构和产业技术结构提升，企业规模和风险特征的变化而演变。

新增长理论的最新成果（尤其是熊彼特增长理论发展）在理论上为我们证实了创新和知识是促进技术进步和经济增长的源泉，这为我们从创新的角度来分析和度量金融发展与经济增长相容性问题提供了新的分析工具和理论方法，同时，也可能表明对创新型增长下金融发展的结构和模式进行分析和探索将是金融发展领域的主流和方向。这一领域的发展远未成熟，从一定意义上讲，还刚处于起步阶段。利用相容性测度概念对金融发展与经济增长的关系进行分析研究，相容性指标测度的设计和构造的科学和合理性是基础和关键。从促进科技创新和技术进步的角度看，金融发展和经济增长的相容性测度所包含的内容该包括以下四个方面，即金融发展制度、政策和法律相容性测度，金融发展水平与经济规模相适应的水平相容性测度，金融结构与产业发展和产业结构的结构相容性测度以及金融发展和经济增长在时间维度上的相互促进协调发展动态相容性测度（参见图1）。

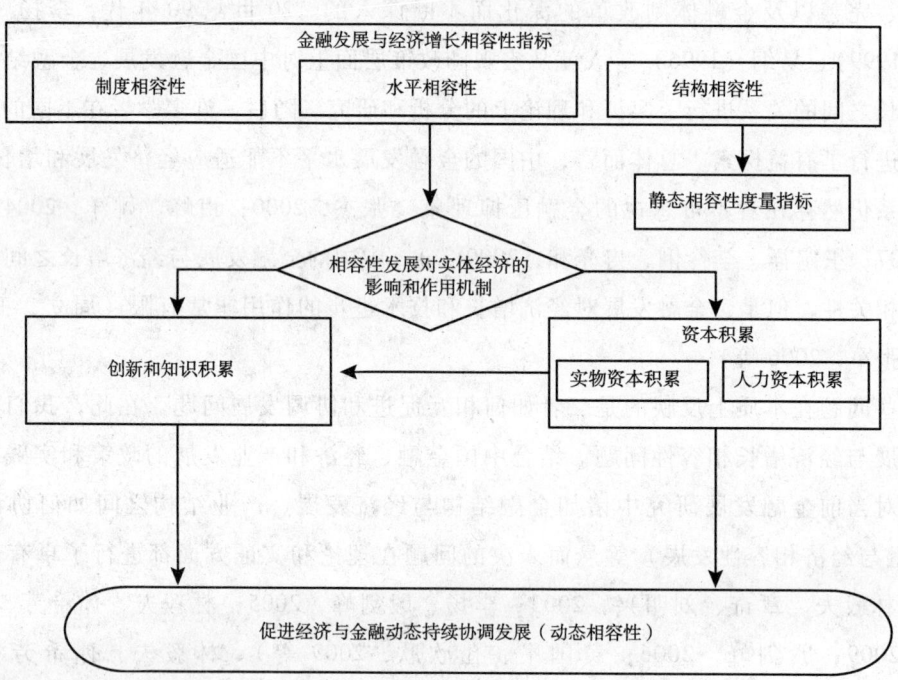

图1　创新型增长视角下的相容性发展结构示意图

目前，中国金融发展以及金融机构内部管理体系还不能适应经济发展、科技创新和产业升级的需要。中国金融体系存在着过度集中和垄断现象，加之金融市场具有明显的地域和部门分割特征，这导致中国金融体系发挥资金配置、促进科技创新，推动技术进步和经济发展功能的低效率和无效率（秦宛顺、欧阳俊，2001；赵旭、将振声、周军民，2001；彭兴韵，2002；王广谦，2004；李华明，2005；方军雄，2007；林毅夫、孙希芳，2008；徐忠等，2009；雷震、彭欢，2009等）。但是，中国金融体系的改革和完善，在一定程度上讲，本身就是促进科技创新的发展史。伴随着金融体系的改革和完善，金融在促进科技创新的具体政策实践和制度安排方面也在进行积极有益的探索。一是针对科技创新活动的融资难问题，在探索建立政策性金融体系方面进行有益尝试。目前基本形成了以国家开发银行、中国进出口银行和中国农业发展银行为核心，各种形式中小型科技金融支持机构为主导的促进科技创新和技术进步的金融支持体系。二是针对高技术行业高风险、高成长性特点以及创业初期的融资难问题，建立和完善各种形式的创业投资体系。三是建立和完善旨在促进创业和科技创新的资本市场体系。2009年9月中国创业板的正式推出，势必将进一步拓宽中小企业科技创新的融资渠道，让风险投资和股权融资形成良性互动，共同推动科技创新发展，提高自主创新能力。

中国已经把增强自主创新能力作为推动科技进步核心和转变经济增长方式的中心环节，以旨在增强自主创新能力，努力建设创新型国家。当前，中国金融体系在金融制度、金融结构、监管方式以及目前所处的外部生态环境方面还不能对科技创新形成有效支持，金融发展现状与创新型增长要求之间存在一定程度的不相容性。促进科技进步，增强自主创新的金融支撑体系的重构是一个系统工程，需要站在系统和全局的高度，在制度、政策和监管体系上不断完善与变革来逐步实现，以最终形成科技创新和金融创新的良性互动局面。

六 结语

对经济增长和金融发展关系进行系统和科学的研究是在"凯恩斯革命"促使经济增长理论复兴和金融发展理论创立之后。"凯恩斯革命"是经济增长模型内生化过程中不断融合货币和金融因素的起点，但是，在传统经济增长理论分析框架下，金融系统只影响资本形成，并不创造社会财富，它对经济增长的作用只有水平效应而没有增长效应，因而对增长中起决定作用的全要素生产力（技术进步率）没有贡献。20世纪80年代中期以来，新增长理论（New Growth Theory）的兴起，突破了新古典增长理论（Neoclassical Growth Theory）关于技术进步的外生性假设，强调资本积累和创新是促进内生性技术进步和经济增长的重要力量。同时，金融发展理论框架的提高和完善为研究金融体系促进技术进步和经济增长作用机理及其内在联系提供了一种全新视角。熊彼特增长理论的发展进一步论证创新和知识是促进技术进步和经济增长的源泉，这为我们从创新的角度来分析和度量金融发展与经济增长相容性问题提供了新的分析工具和理论方法。这一领域的发展远未成熟，处于起步阶段。当前，中国金融发展现状与创新型增长要求之间存在一定程度的不相容性。促进科技进步，增强自主创新的金融支撑体系的重构是一个系统工程，需要站在系统和全局的高度，在制度、政策和监管体系上不断完善与变革来逐步实现。

（本文发表于《金融评论》2011年第5期）

参考文献

[1] 〔英〕卡萝塔·佩蕾丝:《技术革命与金融资本:泡沫与黄金时代的动力学》,田方萌、胡叶青、刘然、王黎民译,中国人民大学出版社,2007。

[2] 〔英〕亚当·斯密:《国民财富的性质和原因的研究》,郭大力、王亚南译,商务印书馆,1972。

[3] 方军雄:《所有制,制度环境和信贷资金配置》,《经济研究》2007年第12期。

[4] 黄国平、孔欣欣:《金融促进科技创新的政策和制度分析》,《中国软科学》2009年第2期。

[5] 雷震、彭欢:《我国银行业改革与存贷款市场结构分析:基于推测变分的结构模型》,《管理世界》2009年第6期。

[6] 李华明:《寡头均衡、绩效改善与金融稳定——中国银行业结构变迁的政策取向》,《金融研究》2005年第8期。

[7] 李扬:《国际资本流动和宏观经济稳定》,《经济研究》1995年第6期。

[8] 李扬:《中国经济对外开放过程中的资金流动》,《经济研究》1998年第2期。

[9] 李扬:《金融全球化研究》,上海远东出版社,1999。

[10] 李扬、殷剑峰:《开放经济的稳定性和经济自由化次序》,《经济研究》2000年第11期。

[11] 李扬、殷剑峰:《劳动力转移过程中的高储蓄、高投资和中国经济增长》,《经济研究》2005年第2期。

[12] 李扬、杨思群:《中小企业融资与银行》,上海财经大学出版社,2001。

[13] 林毅夫、孙希芳:《银行业结构与经济发展》,《经济研究》2008年第9期。

[14] 林毅夫、孙希芳、姜烨:《经济发展中最优金融结构理论初探》,北京大学经济研究中心讨论稿,No. C2006013,2006。

[15] 林毅夫、孙希芳、姜烨:《经济发展中最优金融结构理论初探》,《经济研究》2009年第8期。

[16] 林毅夫、章奇、刘明兴:《金融结构与经济增长:以制造业为例》,《世界经济》2003年第1期。

[17] 卢峰、姚洋:《金融压抑下的法治、金融发展与经济增长》,《中国社会科学》2004年第1期。

[18] 米建国、李建伟:《我国金融发展与经济增长关系的理论思考与实证分析》,《管理世界》2002年第4期。

[19] 彭兴韵:《金融发展的路径依赖与金融自由化》,上海人民出版社,2002。

[20] 秦宛顺、欧阳俊:《中国商业银行市场结构、效率与绩效》,《经济科学》2001年第4期。

[21] 王定祥、李伶俐、冉光和:《金融资本形成与经济增长》,《经济研究》2009年第9期。

[22] 王广谦:《中国经济增长新阶段与金融发展》,中国发展出版社,2004。

[23] 王晋武:《金融控制政策下的金融发展与经济增长》,《经济研究》2007年第10期。

[24] 徐忠、沈艳、王小康、沈明高:《市场结构与我国银行业绩效:假说与检验》,《经济研究》2009年第10期。

[25] 易纲:《我国金融结构的分析与政策含义》,《经济研究》1996年第12期。

[26] 殷剑峰:《金融结构与经济增长》,人民出版社,2006。

[27] 严成樑、龚六堂:《熊彼特增长率理论:一个文献综述》,《经济学(季刊)》2009年第33期。

[28] 于泽:《IT革命、利润率和次贷危机》,《管理世界》2009年第9期。

[29] 张杰:《民营经济的金融困境与融资秩序》,《经济研究》2000 年第 4 期。
[30] 张军:《中国信贷增长为什么对经济增长不显著》,《学术月刊》2006 年第 7 期。
[31] 赵旭、将振声、周军民:《中国银行业市场结构与绩效实证研究》,《金融研究》2001 年第 3 期。
[32] 周立、王子明:《中国各地区金融发展与经济增长实证分析:1978~2000》,《金融研究》2002 年第 10 期。
[33] Aghion, P., P. Howitt, 1992, "A Model of Growth Through Creative Destruction", *Econmetrica*, 60 (2): 323 – 351.
[34] Arrow, K., 1962, "The Economic Implication of Learning by Doing", *The Review of Economic Studies*, 29 (1): 155 – 173.
[35] Bagehot, W., 1873, "*Lombard Street: A Description of the Money Market*", London: H. S. King, reprinted by Homewood, Ill.: Richard D. Irwin, 1962.
[36] Beck, T., R. Levine, 2003, "Stock Markets, Banks and Growth: Panel Evidence" *Journal of Banking and Finance*, 28: 423 – 442.
[37] Borio, C. E, 2008, "The Financial Turmoil of 2007 – ?: A Preliminary Assessment and Some Policy Considerations", *BIS Working Papers* No. 251.
[38] Cass, D., 1965, "Optimum Growth in an Aggregative Model of Capital Accumulation", *Review of Economic Studies*, 32 (7): 233 – 240.
[39] Diamond, P. A., 1965, "National Debt in a Neoclassical Growth Model", *American Economic Review*, 55 (12): 1120 – 1256.
[40] Dinopolous, E., P. Thompson, 1998, "Schumpterian Growth without Scale Effects", *Journal of Economic Growth*, 3 (4): 313 – 315.
[41] Dinopoulos, E., 2006, "*Growth in Open Economies, Schumpeterian Models*", in Renerirt, K., R. Rajan (eds), Princeton Encyclopedia of the World Economy, Princeton, NJ: Princeton University Press.
[42] Dixit, E., J. E. Stiglitz, 1977, "Monopolistic Competition and Optimum Product Diversity", *American Economic Review*, 67 (6): 297 – 308.
[43] Domar, E., 1946, "Capital Expansion, Rate of Growth and Employment", *Econometrica*, 14: 137 – 147
[44] Ethier, W. J., 1982, "National and International Returns to Scale, Modern Theory of International Trade", *American Economic* Review, 72: 389 – 405.
[45] Fisher, I., 1911, "The Purchasing Power of Money", New York: Macmillan.
[46] Gold Smith, R. W., 1969, "*Financial Structure and Development*", New Haven, CT: Yale University Press.
[47] Greenwood, J., B. Jovanovic, 1990, "Financial Development, Growth, and the Distribution of Income", *Journal of Political Economy*, 98: 1076 – 1107.
[48] Grossman, G., E. Helpman, 1991, "Quality Ladders in the Theory of Growth", *Review of Economic Studies*, 58: 43 – 61.
[49] Harrod, R. F., 1939, "An Essay in Dynamic Theory", *Economic Journal*, 49: 14 – 33
[50] Harrod, R. F., 1948, "*Towards a Dynamic Economics*", London: Macmillan.
[51] Hicks, J., 1969, "*The Theory of Economic History*", Oxford: Clarendon Press.
[52] Howitt, P., 1999, "Steady Endogenous Growth with Population and R&D Inputs Growing", *Journal of Political Economy*, 107 (5): 715 – 730.

[53] Jones, C., 1999, "Growth: with or without Scale Effects?", *American Economic Review*, 89 (2): 139–144.

[54] Jones C., 1995, "R&D-based Models Of Economic Growth", *Journal of Political Economy*, 1995, 103 (4): 759–784.

[55] Jordan, J., J. Lowe, J. P. Taylor, 1998, "Strategy and Financial Policy in UK Small Firms", *Journal of Business Financial and Accounting*, 25: 1–27.

[56] Keynes, J.M., 1936, "*The General Theory of Employment, Interest and Money*", London: Macmillan.

[57] King, R. G., R. Levine, 1993a, "Finance and Growth: Schumpeter Might Be Right", *Quarterly Journal of Economics*, 108: 717–738.

[58] King, R. G., R. Levine, 1993b, "Finance, Entrepreneurship, and Growth: Theory and Evidence", *Journal of Monetary Economics*, 32: 513–542.

[59] Koopmans, T. C., 1965, "On the Concept of Optimal Growth", The Economic Approach to Development Planning, North Holland.

[60] Kortum, S., 1997, "Research, Patenting, and Technological Change", *Economertica*, 65 (6): 1389–1419.

[61] La Porta, R., F., Lopez-de-Silanes, A. Shleifer, R. W. Vishny, 1997, "Legal Determinants of External Finance", *Journal of Finance*, 52: 1131–1150.

[62] La Porta, R., F., Lopez-de-Silanes, A. Shleifer, R. W. Vishny, 1998, "Law and Finance", *Journal of Political Economy*, 106: 1113–1155.

[63] Leland, H., D. Pyle, 1977, "Information Asymmetries, Financial Structure and Financial Intermediation", *Journal of Finance*, 32: 371–388.

[64] Levine, R., N. Loayza, T. Beck, 2000, "Financial Intermediation and Growth: Causality and Causes", *Journal of Monetary Economics*, 46: 31–77.

[65] Lucas, R. E. J., 1988, "On the Mechanics of Economic Development", *Journal of Monetary Economics*, 22 (7): 3–42.

[66] Maksimovic, V., M. Ayyagari, A. Demirguc-Kunt, 2007, "Firm Innovation in Emerging Markets: the Role of Governance and Finance", World Bank Policy Research (Working Paper).

[67] Marshall, A., 1890, "*Principles of Economics*", 8th Edition, New York: Macmillan.

[68] McKinnon, R. I., 1973, "*Money and Capital in Economic Development*", Washington, D. C.: Brookings Institution.

[69] Merton, R.C., 1995, "A Functional Perspective of Financial Intermediation", *Financial Management*, 24: 23–41.

[70] Nelson R, 1993, "National Innovational Systems: A Comparative Analysis", *Research Policies*, 25 (5): 838–848.

[71] Patrick, H., 1966, "Financial Development and Economic Growth in Underdeveloped Countries", *Economic Development Cultural Change*, 14 (2): 174–189.

[72] Pigou, A. C., 1917, "The Value of money", *Quarterly Journal of Economics*, 1917, 32 (11): 38–65.

[73] Rajan, R. G., L. Zingales, 1998, "Financial Dependence and Growth", *American Economic Review*, 1998, 88: 559–586.

[74] Ramsey, F. P., 1928, "A Mathematical Theory of Saving", *Economic Journal*, 38: 543–559.

[75] Ricardo, D. 1821, "*On the Principles of Political Economy and Taxation*", Cambridge: Cambridge University Press, 1951.

[76] Robinson, J., 1952, "*The Generalization of the General Theory*", The Rate of Interest and Other Essays, London: Macmillan.

[77] Romer, P. M., 1990, "Endogenous Technological Change", *Journal of Political Economy*, 98 (10): 71–102.

[78] Romer, P. M., 1986, "Increasing Returns and Long-run Growth", *Journal of Political Economy*, 1986, 94 (5).

[79] Saint-Paul, G., 1992, "Technological Choice, Financial Markets and Economic Development", *European Economic Review*, 763–781.

[80] Samuelson, P. A., 1958, "An Exact Consumption-Loan Model of Interest with or without the Social Contrivance of Money", *Journal of Political Economy*, 66 (12): 467–482.

[81] Schumpeter, J., 1912, "*The Theory of Economic Development*", Cambridge, MA: Harvard University Press.

[82] Segerstrom, P., 1998, "Endogenous Growth without Scale Effect", *American Economic Review*, 88 (5): 1290–1310.

[83] Shaw, A. S, 1973, "*Financial Deepening in Economic Development*", New York: Oxford University Press.

[84] Solow, R. M., 1956, "A Contribution to the Theory of Economic Growth", *Quarterly Journal of Economics*, 70: 65–94.

[85] Strulik, H., 2006, "Effectiveness versus Efficiency: Growth Accelerating policies in a Model of Growth without Scale Effect", *German Economic Review*, 7 (3): 297–316.

金融产品与市场

股权分置、政府管制和中国 IPO 抑价

刘煜辉

一 导言

IPO 抑价（IPO Underpricing）是指股票一级市场的发行价低于二级市场上市价的现象。此现象在世界所有的股票市场几乎都存在，但是抑价的程度各国之间差异性较大。大量相关研究发现发达国家市场的抑价幅度普遍小于新兴市场国家，加拿大、法国市场的 IPO 抑价不到 10%，而在马来西亚市场却高达 80%。但这些与中国市场相比，就显得不那么突出了，1995~2003 年，中国发行上市的 908 只 A 股股票的平均抑价率高达 129%（参见图 1）。关于 IPO 抑价的解释，近二十年来，金融学界提出了大量的假说，并不断地被成熟市场或新兴市场的数据所检验。IPO 抑价被认为是现代金融学研究的十大谜团之一，因为在这个领域很难获得共识（Brealey 和 Myers，1991）。

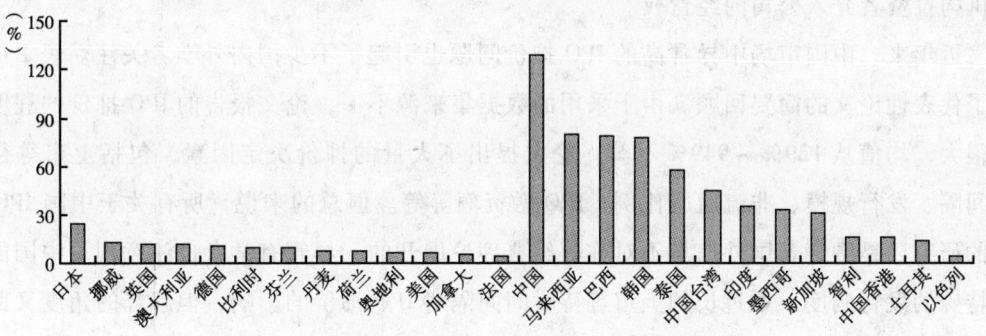

图 1　1995~2003 年部分国家和地区的 IPO 抑价率

总的说来，国外关于 IPO 抑价的讨论，其主流的研究基础是信息不对称理论。具体而言，根据信息不对称所考察的对象不同，大致可分为三个分支①：

---

① 参见金晓斌、吴淑琨、陈代云《投资银行声誉、IPO 质量分布与发行制度创新》，《经济学（季刊）》2006 年第 1 期。

（1）投资银行模型。Barron（1982）提出，与发行人相比，投资银行具有更多的关于资本市场发行与定价的信息。博弈的结果是发行人将定价交由投资银行，在缺乏有效监督的情况下，投资银行往往更加倾向于采取抑价的方式发行，以确保发行的成功，并建立起良好的声誉。

（2）"赢家诅咒"模型。Rock（1986）认为，市场中的投资者之间并不是信息对称的，即存在知情投资者和不知情的投资者。对于新股发行来说，仅拥有知情投资者是不够的，还必须拥有一定的不知情的投资者的参与，才能确保发行顺利，故主张IPO抑价是为了补偿不知情投资者所承受的信息风险，以吸引这部分投资人参与认购。

（3）信号显示理论。该理论集中于三个方面：一是发行人在IPO价值方面拥有比投资者更多的信息，发行人把新股抑价作为一种向投资者传递真实价值的信号（Rock，1986）。二是发行人可以通过委托声誉卓越的投资银行为其承销股票，从而向投资者传递风险较低的信号。Carter和Manaster（1990）以及Johnson和Miller（1988）发现，声誉低的投资银行所承销的企业，其IPO抑价程度要显著高于声誉高的投资银行所承销的企业。三是对于那些IPO后有再融资（SEO）需求的企业，会通过IPO抑价，吸引投资者的认购，并在以后的再融资过程中给予补偿（Allen和Faulhaber，1989；Grinblatt和Hwang，1989；Welch，1989）。此外，Brennan和Franks（1997）认为，在IPO后，发起人仍然希望维持其对公司的控制权，故此发行人倾向于利用IPO抑价产生超额认购效果，以避免大型机构投资者介入公司的经营权。

近年来，中国市场中异常高的IPO抑价问题也引起了不少国内外学者关注。表1中给出了代表性论文的简要回顾。由于采用的数据集来源不一，论文报告的IPO抑价的程度跨度很大，均值从129%~949%不等。论文提出了大量的抑价决定因素，包括上市等待时间间隔、发行规模、非流通股比例、IPO融资额等等。但总的来说，所有关于中国IPO问题的研究还是围绕着国外信息不对称等经典理论展开的，尽管有学者也注意到了中国的一些特殊的发行制度，如过长的上市等待时间间隔对IPO抑价的影响，但解释的角度又回到了国外既有的框架中，中国市场深层次的制度背景依然未能触及。

表1 有关中国IPO抑价问题的研究文献

作者	样本期	样本数	平均IPO抑价率		原因
			均值(%)	中位数(%)	
Mok 和 Hui (1998)	1990~1993	101只A股	462	—	上市等待时间和高比例的国有股
Chi 和 Padgett (1999)	1996~2000	668只A股	129	—	信息不对称假说

续表

作者	样本期	样本数	平均 IPO 抑价率		原因
			均值(%)	中位数(%)	
Su 和 Fleisher (1999)	1990~1995	308 只 A 股	949	—	上市等待时间,再融资(信号理论)
陈工孟、高宁(2000)	1992~1996	565 只 A 股	335	149	公司营运风险与上市等待期导致公司价值评判的不确定性,公司未来再融资计划
Chan et al. (2002)	1993~1998	570 只 A 股	178	—	中国证券市场的制度特征
Tian(2003)	1991~2000	1124 只 A 股	267	131	金融管制和投资风险
邹健(2004)	1999~2002	340 只 A 股	—	—	发行定价方式、发行价格、发行时机、发行与上市时间间隔、承销商排名、立即可流通比例、职工股比例、发行规模

二 中国 IPO 抑价之谜的经济学分析

我们以为,要分析中国异常的 IPO 抑价之谜,首先应该注意到中国股票市场的制度性特征。

其一,股权分置的制度背景。股票市场设立初期为了保证上市公司的国有控股性质,设计了股权分置的制度安排,即上市公司的大部分股票（国家发起人股、法人发起人股及转配股等）是不可在二级市场流通的,而可流通的社会公众股仅占全部股本的 1/3 左右。尽管政策制定的初衷已经有了很大的调整,但股权分置的特殊制度却被一直延续下来,迟迟得不到解决。

在股权分置的体制下,由于流通股比例的限制,导致 IPO 的发行数量大多数情况下总是供不应求,异常高的 IPO 抑价产生的赚钱效应,形成了认购风潮（Positive Cascade）,对于侥幸买到新股的投资者来说如同中彩一般。故此相较其他国家,中国的 IPO 的新股分配方式就显得十分特别。多种方式被采用来发行新股,诸如认购证、储蓄存单方式、网上认购、中签制、投资基金与长期战略投资者的新股优先认购权、二级市场的投资者优先认购方式（市值配售）等等。

其二,政府严格管制下的 IPO 市场准入和定价机制。2000 年以前,中国新股发行采用"额度制"。所谓"额度制",即 IPO 的发行数量由证监会决定。额度在各行政省及国家部委进行分配，由各省及部委选择辖下企业上市，最后由证监会决定 IPO 是否被允许上市。股票再融资（SEO）也需通过证监会审批。1999 年以后随着《证券法》的颁布，"额度制"被废止，但是对于 IPO 的上市规模和价格，证监会最后的审批仍是必须的。新的规则被称为"核准制"。投资银行可以选择和推荐公司上市，证监会对其进行正式审查。如果公司符合证监会制定的相关标准，证监会将公司 IPO 申请上送发行审查委员会。发审委由证监会官员及外聘专家组成，最终由其决定是否批准股票发行，此过程被称为"过会"。

根据"核准制"的相关规定，企业只要符合条件就可以上市。从 2000 年开始，券商积极地对企业进行上市辅导，使得具备上市条件的企业瞬时增加到近千家。为缓解市场所面临的前所未有的扩容压力，2001 年 4 月所谓的"通道制"开始实施，即由证监会确定各家综合类券商的通道数量，券商按照发行一家再上报一家的程序来推荐发股公司。由此可见，"额度制"尽管是废止了，但事实上，监管部门依然也没有放弃对 IPO 计划色彩浓重的调控手段，只不过从以前的上市额度变成了券商通道。

此外，IPO 的定价机制同样受到政府管制。1999 年 6 月以前一直采用固定市盈率定价方式，大多数 IPO 的市盈率被规定在 13～15 倍之间。《证券法》正式施行后，证监会颁布新的规则允许发行公司与承销商协商 IPO 发行价格，由此中国 IPO 定价机制开始了市场化的探索。2001 年以来，累计投标定价方式（bookbuilding）在中国一级市场开始实行[①]。发行公司与承销商决定最初的发行价区间，然后承销商测定机构投资者对股票的需求，根据需求修正最终发行价，但该价格仍必须报证监会最后核准[②]。

实施市场化询价的初衷是以高价发行新股，使新股的申购获利机会减少，从而迫使部分一级市场申购资金分流进入二级市场，减少二级市场的波动，从而有利于股票市场的平稳发展。但在实际操作中，这种单纯定价的市场化改革并未达到预期效果，随着成本提高，市场以更高的价格炒作，一、二级市场价差依然巨大。2000 年新股发行市盈率前 10 名股票的平均价差高达 134%，巨大的价差使大量资金仍然聚集在一级市场。而由于高价发行新股，上市公司过度融资的现象日益严重，严重降低了资本市场的资源配置效率[③]。监管层注意到市场化询价的种种弊端，于是在 2001 年下半年，IPO 又重新恢复了控制市

---

① 2000 年 11 月，由中国国际金融公司承销的宝钢股份，为累计投标定价方式发行的第一例。

② 2004 年 8 月 30 日，中国证监会公布了《关于首次公开发行股票试行询价制度若干问题的通知》（征求意见稿），再次开始新股发行市场化的探索。

③ 以闽东电力为例，由于超过预定募集资金的目标，产生了大量的闲置资金，2000 年其与几家证券公司签订了 3.6 亿元的委托理财合同。2001 年，募集资金投入使用只有 39%，60% 的资金存入银行。

盈率的做法。

国外举凡讨论 IPO 抑价的文献中，对于抑价的解释，虽然会有不同的依据与论点，但视角大都只讨论发行价的制定，即讨论发行人或承销商 IPO 低价发行的动机，发行人有意压低 IPO 发行价，或补偿非信息交易者的损失，或显示公司品质的信号，以期未来 SEO 的高价发行；或为保持公司的控制权，以较低的发行价引起认购风潮而有助于股权分散，避免潜在大股东出现等等。不过这些论点都是以市场化背景为前提的，即新股的定价是市场化的，且新股的供给也是市场化的。笔者以为，上市公司股权分置及政府严格管制的 IPO 过程为理解中国的 IPO 抑价提供了一个非常独特的视角，其中的经济学分析如下。

第一，在股权分置和政府管制的格局下，发行人并无低估发行价的动因。理由有二：其一，确定正常市场中的 IPO 发行价和发行数量，发起人股东必须在现金流量价值与控制权价值之间做出权衡。显然，中国上市公司并不存在这一决策问题。在股权分置的安排下非流通股占主要比例，发起人根本无需担心公司控制问题，这就使得控股股东未来不断地利用这一机制为自身谋取私利，故此发行人对于 IPO 的发行价并不敏感。其二，从根本上讲，讨论发行价"低估"的基本前提是：IPO 是否真正存在一个"估值"的过程。在中国股市的十余年中，大多数时间内都采用的是固定市盈率的定价方式，也就是说，一级市场的发行价是被管制的，发行人和投资银行本身与此并无多少关系。即便是 1999~2001 年曾实行过单纯的市场化询价，但是由于没有新股供给市场化加以配套，从而使得估值也是个严重背离公司基本价值的价格。故此，笔者认为，国外文献关于 IPO 抑价的种种动机假说在中国是缺乏立论基础的。截至 2004 年 8 月 19 日，当年上市的 91 只新股中，有 23 只跌破发行价，占新股发行的 25%。这一现象本身也就意味着中国市场 IPO 问题是无法以发行价低估来解释的。

第二，股权分置扭曲了股票市场的正常利益机制（即控股股东通过提高公司经营绩效，资本市场股价升值，来实现自身财富的增长）。流通股权的交易价格与控股股东（非流通股）的利益没有了直接关系，同时不流通的控制权也不会因敌意收购而转移。前者弱化了控制性股份的正常的资本属性，后者则强化了控制性股份的控制权属性，这两方面都会激励控股股东通过各种方式去侵占流通股东的利益。此外，股权分置下流通股东的投资行为也是扭曲的。一般意义的股东权利包含了两项最基本的权利，一是分红权，二是投票权。分红是股东基本的权益，而投票权是保障分红权益的制度安排。换句话说，上市公司是通过出让有相应保障的未来分红权来交换股权投资人的资本。但股权分置下的大部分股票（控制性股份）是不流通的，流通股权即使全加在一起也无法影响公司决策。换言之,流通股东的分红权是有的,与之相对应的投票权也是有的,就是没有可能通过投票控制公司管理层来加以保障。流通股东的唯一好处就是可以自由买卖股票。既然分红权无法通过制度保障,那么股权投资可靠的赢利模式就只能通过股票买卖产生差价。我们看到,中国股市的投资者非常愿意相信和制造五花八门、无稽之谈的"概念",原因在于这个市场上只有不断地产生"不同看法"和"概念"才可能使投资获益;但这种以概念支撑的股价与公司内在价值基本上是脱节的,因为预期的收益没有投票权作为保障。这样,二级市场的估值泡沫就为IPO高价发行创造了条件。投资者即便意识到IPO发行价过高了,但他们预期总可以在二级市场以更高的价格把股票转让给下一个投资者,故此一级市场的高价发行有可能得以持续。

第三,股权分置严重割裂了一、二级市场正常的套利机制。在正常制度安排下,股票发行的一级市场与交易的二级市场应该是相通的,相通的基础就是共同的价值判断,IPO确定发行价不单是向社会公众融资的股票价格,实际上同时也是为二级市场确定发行企业原始股票的价值。一级市场本身也就成为平抑二级市场股价泡沫、维持市场效率最重要的套利机制之一。异常高的IPO回报会吸引二级市场的大量资金进入,同类未上市公司的创始股东也会受到高溢价诱惑而积极寻求上市,已上市公司也会伺机以低成本进行再融资,故此二级市场自然不可能支撑高估的价格。这一过程我们称之为"新股供给的市场化"。但股权分置和政府严格管制的IPO准入制度导致中国的一、二级市场事实上是隔断的。

笔者以为,不同的制度背景下影响IPO抑价的根本性因素应该有所不同,没有一个超然于背景之外的共同因素。市场化背景下,IPO抑价的确是由发行人、投资银行与投资者三个主体之间的行为关系所决定的,但股权分置、政府高度管制背景下的中国IPO过程,参与主体的行为发生明显不同。除了以上三者外,还有一个最重要的行为人——政府,证监会是其具体的权力执行机关。它不仅承担了市场监管的责任,而且还要对发行人的质量情况进行审查,甚至是担保,承担了成熟市场下本应属于投资银行的义务和职责[①]。由于政府在IPO过程中的主导性作用,导致其他行为主体的行为变异。

综上所述,本文要强调的是,影响中国市场IPO抑价的根本性因素是股权分置与政府管制的制度背景。其中并没有质疑先前经典文献结论的初衷,本文的研究仅仅是一个特殊的市场制度背景下的特殊视角。

---

① 最近,证监会对发审委做了新的调整,保荐制度业已公布,这将有利于纠正当前监管体系的缺陷。

总括起来，本文对于 IPO 研究领域的贡献有二。其一，围绕中国特殊的股权分置和政府管制的制度背景来展开 IPO 抑价的决定因素的讨论，是本文贯彻始终的研究原则。基于此，有别于国外经典文献，我们提出了一套完整且更为合理的关于中国异常高的 IPO 抑价之谜的解释框架。其二，研究采用了一个更大且更为合理的数据集，样本期基本覆盖了中国 IPO 制度重大变革的整个过程，使得我们能考察中国 IPO 抑价的决定机制的动态变化，以及其间一系列有关 IPO 政策调整的效果。

文章结构如下。第三部分是数据、指标与经验方法，第四部分是股权分置与 IPO 抑价，第五部分是政府严格管制的 IPO 过程对抑价的影响，最后是结论的总结与政策建议。

三 数据、指标与经验方法

1. 数据来源

本文采用的数据集为 1995~2003 年间沪深 A 股市场发行并上市的 908 只股票。有两点不同于先前关于中国 IPO 研究文献：一是"历史遗留问题股"被剔除在研究样本之外[①]，保证了结论的说服力；二是这个数据集覆盖两个标志性时期，即《证券法》实施前的"额度制"与之后的"核准制"（《证券法》于 1999 年 7 月正式施行），同时数据集也包含了全部的 IPO 定价方式以及发行方式的调整过程。故此，保证了研究成果的完整性。

本文主要的数据来源为 CCER 中国证券市场 IPO 数据库，该数据库由北京大学中国经济研究中心和北京色诺芬信息服务公司推出。

2. 指标定义

IPO 抑价率反映新股发行定价被低估的程度，考虑中国市场中新股发行完毕与首发上市日之间有较长的时间间隔，如果在此期间，市场条件发生了较大的变化，我们应该就新股上市首日的初始收益率对市场收益做一定的调整。故定义 IPO 抑价率如下：

$$AUNDERPR = \frac{P_m - P_e}{P_e} - \frac{M_1 - M_0}{M_0} \tag{1}$$

---

① "历史遗留问题股票"（82 只）指在 20 世纪 80~90 年代完成股份制改造，在小范围内以定向募集方式发行的公司。

其中，$AUNDERPR$ 为新股上市首日收益率，M_1 是新股上市首日的市场指数，M_0 为新股 IPO 发行日市场指数。式（1）中市场指数收益取 CCER 深沪两市流通 A 股市值加权收益。

本文研究涉及的与中国 IPO 抑价率相关的变量，符号定义如下：

ROE——上市前一财务年度的公司净资产收益率

ALR——上市前一财务年度的公司资产负债率

SOE——哑元变量，公司若属于国有控股性质取 1，否则取 0。

POE——哑元变量，公司若属于民营控股性质取 1，否则取 0。

TOPSHARE——公司第一大股东持股比例

ESHARE——内部职工股占比

CONC——公司第二大股东至第十大股东持股集中度

HB——哑元变量，公司若在发行 A 股前已发行了 H 股或 B 股取 1，否则取 0。

PROCEED——IPO 发行规模（融资额）

OUTSTANDING——IPO 发行股数

OFFERPR——IPO 发行价格

HTECH——哑元变量，公司若属于高科技概念取 1，否则取 0。

MKTPE——市场平均市盈率水平

MKTRTN60——新股上市日前三个月的累计市场收益率

LAG——上市等待期，即发行日至首发上市日之间的间隔天数

INBANKTOP——哑元变量，市场垄断力前 10 位券商承销的股票取 1，否则取 0。

UNDERWRITING——承销费用（签字费）/股

MKTPR——哑元变量，市场化询价期（1999 年 2 月～2001 年 11 月）发行的股票取 1，否则取 0。

NONMKTPR——哑元变量，市场化询价前（1999 年 2 月前）发行的股票取 1，否则取 0。

TURNOVER——上市首日换手率

LOTTERY——IPO 发行中签率

IPOTYPE——哑元变量，若 IPO 采用二级市场市值配售方式发行的股票取 1，否则取 0。

CONDUIT——哑元变量，通道制期间（2001 年 4 月至今）发行的股票取 1，否则取 0。

3. 数据统计描述

表2 研究变量的统计描述

变量	均值	中位数	最大值	最小值	标准差	JB检验值	样本数
UNDERPR	128.93%	114.02%	830.21%	-18.58%	84.29%	1962.41	907
AUNDERPR	127.32%	113.82%	817.74%	-17.18%	83.18%	1990.34	907
ASSET(亿)	11.98	4.48	424.11	0.83	36.43	128589.3	900
EPS	0.37	0.338	1.46	0.035	0.184	1279.92	834
ROE	21.87%	19.99%	65.29%	2.24%	10.40%	186.57	857
ALR	55.37%	57.68%	90.72%	0.73%	12.36%	136.39	754
PROCEED(亿)	4.64	2.97	118.16	0.33	8.71	425752.1	906
IPOPE	19.83	16.78	88.69	6.78	8.85	2510.25	891
OFFERPR	6.86	6.2	36.68	2.2	3.06	13257.79	906
TOPSHARE	48.78%	51.04%	100.00%	0.01%	18.44%	28.73	907
CONS	185.07	43.36	1805.42	0.00	280.24	1303.23	839
ESHARE	4.07%	1.74%	48.48%	0.00%	6.43%	3206.38	890
UNDERWRITING	0.26	0.24	1.17	0	0.12	4989.86	906
LAG	31.39	22	382	7	26.79	57850.42	908
TURNOVER	59.11%	59.00%	88.44%	0.57%	12.32%	31.75	908
LOTTERY(%)	1.432	0.454	90.577	0.001	5.029	1187917	886

注：统计上市公司资产规模、每股收益、净资产收益率、资产负债率时，没有包含金融类上市公司。

表3 不同分类的IPO抑价的统计描述

	均值%	中位数%	最大值%	最小值%	标准差%	样本数	比较对象	均值F检验（p值）	中位数卡方检验（p值）
额度制	126.48	113.93	817.74	-17.18	82.63	515	核准制	0.7277	0.9465
核准制	128.42	113.71	478.35	0.5	83.98	391	额度制	0.7277	0.9465
国有控股	128.38	115.44	817.74	-17.18	84.03	723	非国有控股	0.4451	0.3627
非国有控股	123.12	109.63	396.21	-12.4	79.79	183	国有控股	0.4451	0.3627
私营控股	94.99	72.29	285.03	19.22	75.79	22	国有控股	0.0661	0.0176
高科技	151.01	131.79	478.35	19.22	95.7	84	非高科技	0.0061	0.0858
非高科技	124.9	112.37	817.74	-17.18	81.47	822	高科技	0.0061	0.0858
市场化定价	137.13	126.88	478.35	0.50	84.9	284	固定市盈率	0.0164	0.0264
固定市盈率	122.84	109.52	817.74	-17.18	82.06	622	市场化定价	0.0164	0.0264
主流券商	121.64	109.28	478.35	-17.18	82.05	461	非主流券商	0.0366	0.1628
非主流券商	133.19	118.15	817.74	-14.03	84.02	445	主流券商	0.0366	0.1628
发行H、B股	106.71	78.92	336.6	0.50	81.94	49	仅发行A股	0.0745	0.0276
仅发行A股	128.49	115.4	817.74	-17.18	83.14	858	发行H、B股	0.0745	0.0276

表3样本抑价率的统计描述显示中国IPO抑价的几个特点：

①"额度制"与"核准制"期间抑价率并无显著差别，意味着股权分置、政府高度管制的实质不变，审核和审查其实没有多少差别，一、二级市场异常价差依然如旧。

②国有控股公司与非国有控股公司（集体控股、外资控股或私营控股）的抑价率并无显著差别，但国有控股与明确的私营控股公司的抑价率存在显著差异。

③高科技概念公司与非高科技概念公司存在显著差异。

④市场化定价阶段与固定市盈率定价阶段的抑价率存在较显著差异（但并未控制影响抑价的其他因素）。

⑤主流券商与非主流券商承销的股票的抑价率存在较显著差异（但中位数检验不显著）。

⑥发行过H股与B股的公司与仅发行了A股的公司的抑价率存在显著差异。

②~⑥意味着控股股东性质、行业属性、IPO定价方式、承销商以及公司境外股权都可能在某种程度上影响中国上市公司IPO抑价程度。

4. 计量技术

我们发现多数样本数据存在高度偏离，可能会给最小二乘法回归带来估计偏差，故在本文中，采用了"系鞋带法"（Bootstrap）来计算估计参数的标准差，该技术能放松线性回归中正态分布的假设，从而提高估计的准确性。此外，我们发现除了个别变量的内生性外，多重共线并不明显。

四 股权分置与中国IPO抑价

一般抑价定义为上市价与发行价之间的价差。IPO抑价，虽然可能源自发行人承销价的低估，但也可能是由于二级市场泡沫，或者是二者的综合作用。如前文所述，股权分置下发行人并无发行价低估的动机，因此，导致中国异常的IPO抑价的一个重要因素必然是严重的股价泡沫。从2001年下半年开始至今，长达四年的熊市调整，异常高的IPO抑价开始呈显著下降态势，并不时有新股上市首日即跌破发行价的事件发生①。为规范地检验以上的观点，我们设计以下经验研究的框架。

---

① 尽管随着市场泡沫的破灭，IPO抑价呈显著下降态势，但产生异常高抑价的制度性根源（股权分置与政府管制）并未解决。我们看到，即便最近开始实施市场化询价，但华电国际和黔源电力的抑价依然高达78.97%和54.77%。

1. 假说提出

股权分置割裂了股票分红权和投票权，而良好的公司治理是保证未来预期的分红得以实现的重要机制，这一点对于中国股市的投资人尤显重要。公司治理中最基本的代理问题是股东如何能确保经理人追求股东的利益。但是，近年来另一种利益冲突——控股股东盘剥小股东的利益，引起了越来越多的关注。La Porta、Lopez-de-Silanes 和 Shleifer（1999）用"掏空"（Tunneling）一词来形容这种公司利益向控股股东的转移。中国特有的股权分置的制度安排成为控股股东"掏空"行为的天然保护伞。因此提出：

假说1：公司治理的有效性应与 IPO 抑价程度呈正向相关。

一般而言，良好的公司治理应包含两类机制来解决所有者与管理层、控股股东与中小股东的冲突。一类称为内部治理（如股权结构、经理人的补偿、董事会成员、财务报告制度等），另一类为外部治理（如外部的接管市场、法律架构、对中小股东的保护等）。鉴于数据的可得性，我们选取以下几个代理变量来描述内、外部治理的特征。

内部治理包括以下三个方面的变量。

（1）股权结构。集中的股权结构使得大股东拥有过多的权利，就有可能以牺牲其他股东权益为代价，利用公司资源服务于其自身利益。中国上市公司的第一大股东通常是公司最终所有者。股权集中使得将上市公司的资源转移至控股股东或其他关联方账户成为可能。可以预期，第一大股东持股比例与 IPO 抑价负相关，即控股股东的持股比例越高，投资人对新股上市后的估值越低。

（2）控股股东性质。众所周知，政府设立股票市场的初衷是为国有企业解困，股市的政策目标定位是融资而不是资源的优化配置。政府通过控股上市公司作为其实现政策目标的手段，必然会与其他社会公众股东的利益相冲突。可以预期，国有控股的上市公司 IPO 抑价程度更小，即对于政府控制，市场评价应该是负面的。

（3）经理人的报酬。通过合理的管理层报酬制度，将经理人利益与股东利益结合起来是公司内部治理的重要方面。本文选取内部职工股权作为代理变量来获取经理人利益与股东利益的结合程度[①]。可以预期，内部职工持股比例应与 IPO 抑价率正相关。一个有效管理层和员工的股权激励机制有助于改善公司绩效，提升公司价值。

外部治理包括以下两个方面的变量。

（1）公司控制权。一个活跃的控制权市场对于有效的资源配置是必要的，它使得低能

---

① 数据源中虽有高管持股数这一指标，但在中国上市公司中高管持股在总股本中占比极低，几乎不能起到实质意义的作用。

的经理人能够被高素质的经理人所取代,在短期内获得资源的控制权。中国上市公司的大多数股份是不流通的,但是非流通股权的场外协议交易十分活跃。本文定义第 2~10 大股东的持股集中度指标 $CONC = \sum_{i=2}^{10} S_i^2$,其中 S_i ($i=2 \sim 10$) 为第 2~10 大股东持股比例。该变量至少可以通过两个途径来产生正效应,一是排位在第一大股东之后的大股东是控股股东实施"掏空"行为的主要障碍,因为其他股东有监督和限制控股股东的动机;二是当管理层表现不佳时,这些大股东有可能发动公司控制权争夺战或者协助外部力量取得公司控制权。因此,可以预期,第 2~10 大股东的股权集中度应与 IPO 抑价正相关。换言之,若其他大股东的股权集中度越高,那么他们发挥制衡作用的空间就越大,投资人应对此给予正面的评价。

(2) 财务透明度、法律基础及对中小股东的保护。La Porta 等(2002)强调了法律基础在约束经理人及控股股东的机会主义行为方面的重要性。部分中国公司拥有在不同交易所上市的股票,如在香港交易所发行 H 股以及在国内市场对外国投资者发行 B 股的公司都必须采用国际会计标准。可以预期,事前发行了 H 股或 B 股的上市公司,其 A 股的 IPO 抑价程度应更高。也可以说,它们的财务透明度、法律基础以及对中小股东的保护等方面做得比单纯的 A 股公司要强,市场对此应给予正面的评价。

此外,股权分置下投资人行为异化,流通股权的估值模式扭曲导致严重的二级市场泡沫。公司的内在基本价值(由公司未来预期赢利决定)与流通股权价格基本上是脱节的,因此,流通规模大小、股票本身所蕴涵的题材以及市场泡沫程度就成为新股上市估值时主要考虑的因素。

小市值股票一直为中国投资者所青睐,其一是便于机构所操纵,从股票价量上制造出各种吸引投资者"跟风"的理由。其二是小市值股票未来高比例送配股可能性更大,对于偏好高送配的中国投资者来说无疑是具有吸引力的。

股权分置下股票估值的一个更重要的考虑因素是,上市公司是否能制造足够多的题材以引起市场关注,也就是"讲故事"。"科技"概念被认为是经久不衰的主题。这种"科技"幻想对于中小投资者而言,易产生极强的羊群效应(Herding)。相关上市公司往往能获得较高的估值。选取电子元器件(C51)及信息技术业(G)这两个形成"科技"概念相对集中的行业中的上市公司作为代表。此外,新股交易的首日换手率在某种程度上反映了这种概念为市场所接受的程度。

本文用二级市场的平均市盈率作为衡量市场系统性泡沫程度的代理变量[①],市场整体

[①] 计算股票上市日所有已上市公司(剔除亏损公司)的市盈率,然后取中位数作为二级市场的平均市盈率水平,这样处理是考虑到样本的高度有偏。

泡沫严重，IPO抑价程度普遍较高。

综上所述，提出以下三个命题。

假说2：IPO抑价与股票发行规模负相关。

假说3："科技概念股"的IPO抑价程度应显著高于其他股票。

假说4：IPO抑价与市场市盈率水平正相关。

1999~2001年间，监管当局为了减少一、二级市场的异常价差，维护二级市场的稳定，在IPO的定价机制上曾做过市场化的探索。当时推行市场化定价的逻辑是，异常高的IPO抑价是因为"发行价一直偏低"，而导致发行价偏低的原因是IPO定价没有市场化，只要IPO定价实现市场化，一、二级市场的价差就可能趋于合理。股权分置和政府管制下一、二级市场相隔离，没有新股供给市场化配套的单纯市场化询价，是否真正能收到预期的政策效果呢？故此提出：

假说5：市场化询价机制应比固定市盈率机制的IPO抑价程度要显著减小。

2. 经验结果分析

表4　股权分置与IPO抑价的估计结果

	全样本	额度制	核准制
CONSTANT	3.15632***	6.376671***	1.627577
	(0.70841)	(0.916589)	(0.986662)
SOE	0.055818	0.283139**	-0.19863
	(0.11079)	(0.13684)	(0.149268)
POE	-0.187487	0.097302	-0.40159**
	(0.170244)	(0.311624)	(0.180458)
TOPSHARE	-0.002591	-0.00311	-0.00284
	(0.001966)	(0.002455)	(0.002786)
ESHARE	-0.255071	-0.38157	-0.16628
	(0.44841)	(0.539362)	(0.672221)
CONC	0.000322**	0.000245*	0.000221*
	(0.000127)	(0.000141)	(0.000135)
HB	-0.303183**	-0.17879	-0.54814***
	(0.126789)	(0.154997)	(0.185101)
OUTSTANDING	-0.294143***	-0.47623***	-0.14571**
	(0.037684)	(0.052079)	(0.051208)
MKTPE	0.042082***	0.063979***	0.017408***
	(0.003562)	(0.005321)	(0.004313)
HTECH	0.352922***	0.417599***	0.236711**
	(0.090536)	(0.114232)	(0.119971)

续表

	全样本	额度制	核准制
TURNOVER	2.094654 ***	1.45465 ***	2.928066 ***
	(0.216114)	(0.262937)	(0.325026)
ROE	-0.132926	0.249411	-1.10176 **
	(0.253266)	(0.304681)	(0.402093)
ALR	-0.393765 **	-0.52378 **	-0.17834
	(0.188275)	(0.243868)	(0.241209)
LOTTERY	-0.016177 **	-0.00725	-0.16955 **
	(0.007151)	(0.007522)	(0.065314)
MKTPR	0.136235		0.313252 ***
	(0.09825)		(0.096085)
NONMKTPR	0.733463 ***		
	(0.095321)		
Adjusted R-squared	0.456929	0.455273	0.656024
Obs	546	378	168

注：表中每单元格中上下行分别给出了估计参数及其标准差，***、**、*分别表示估计参数在1%、5%与10%水平显著。

兹将表4的实证的结果总结如下：

（1）总体来说，控股股东性质对于IPO抑价影响不大，但核准制期间，私营控股的公司的IPO抑价程度显著要低于国有控股公司，与假说预期相反。换言之，对于私营控股的上市公司，投资人给予价值评价是负面。这表明在股权分置制度下上市公司异化成圈钱的机器，民营公司利用增发配股、恶意担保、关联交易等不断盘剥流通股东的利益的动机可能更为强烈，这给民营上市公司的估值带来很大的负面效应①。

（2）IPO抑价与第一大股东持股比例负相关，但不显著。第一大股东持股越集中，市场评价越低，与假说预期一致。

（3）IPO抑价与第2~10大股东的集中度显著正向关联，与假说预期一致。

（4）内部职工股比例对于公司价值评价和IPO抑价的影响不大。由于内部职工股是发起人上市前的员工利益分配，而不是一种真正意义上的股权激励的安排，不能很好地代理经理人的报酬。

（5）事先发行了H股或B股的上市公司抑价程度显著为低。市场并未因为这些公司

---

① 最近香港中文大学的郎咸平教授发表研究报告，指责格林柯尔的顾雏军利用资本杠杆效应和国民经济结构调整中法律上的缺陷，在兼并重组中有侵吞国有资产的嫌疑。从而引发了国内关于国有产权改革方向的大讨论，此事件被媒体称为"郎顾之争"，某种程度上说，正是这种市场看法的一个剪影。

财务制度更健全、运作更规范、不确定性因素少而给予一个更高的评价。这可能是海外投资者对于 H 股或 B 股相对理性的定价,很大程度上限制了国内 A 股市场投资者的想象空间,减少了制造概念的机会。

(6) 股权分置造成二级市场估值模式的扭曲,显然是影响中国 IPO 抑价的重要因素。实证结果表明,新股 IPO 发行规模与 IPO 抑价显著负相关,小市值股票抑价程度高;高科技概念股获得了显著高的抑价率,上市首日的换手率与 IPO 抑价显著正相关;市场市盈率水平与 IPO 抑价显著正相关,二级市场泡沫越严重,抑价程度越高。以上因素能够解释相当程度的 IPO 抑价。

(7) 与 (6) 形成鲜明对比的是,IPO 抑价率与公司会计变量关联度不高,甚至表现出与预期相反的关系。如核准制期间,净资产收益率与抑价显著负向关联,意味着股权分置下市场估值模式与公司基本面是脱节的。

(8) 在控制了影响 IPO 抑价的其他因素后,我们发现,市场化询价并未能显著改善一、二级市场的价差。哑元变量 MKTPR 的回归参数为正,核准制期间,甚至非常显著,意味着单纯的市场化询价在某种程度上还加大了抑价率。

总之,我们发现,股权分置下严重的控股股东的"掏空"行为使得投资者对于公司治理的关注程度在提升,尽管还不强。这种认识被带入了二级市场的价值判断中,从而影响到 IPO 抑价。股权分置造成正常的市场利益机制扭曲,上市公司和投资人行为异化,一、二级市场的割裂,形成了二级市场严重泡沫,这是决定中国异常高 IPO 抑价的重要因素。在这一制度背景下,单纯的市场化询价的改革无助于平抑 IPO 抑价程度。

五 政府管制下的 IPO 准入制度对抑价的影响

关于政府管制,Shleifer 和 Vishny (1998) 的"抓手"(grabbing hand) 理论指出,行政部门之所以很热心要求各种准入许可证和其他管制,是因为这些许可申请和审批过程以及对可能的违规行为的调查过程给掌权人提供了受贿的机会。中国多数公司上市时经过层层审批,严格管制 IPO 准入过程和信息披露,每一个环节都可能滋生出大量的"经济租"。鉴于数据的可得性,本文仅能选取两个角度来讨论严格管制的 IPO 准入过程对抑价率的影响,即上市等待期与投资银行。

1. 假说提出

在中国证券市场早期,从 IPO 募股公告书发布至股票首发上市之间的等待时间间隔非常长,有学者曾注意过这种较长的上市等待期对 IPO 抑价的影响,如 Su 和 Fleisher

(1999) 以及 Tian (2003), 他们都发现 IPO 抑价程度与上市等待期呈显著正相关。Tian (2003) 将长时间的上市等待期定义为锁定风险 (Lock Risk), 由于过长的锁定期, IPO 的认购人会考虑到"掏空"风险, 因此会要求 IPO 发行价格的折扣。姑且不论投资人是否会因此而存在低估发行价的动机。笔者以为, 上市等待期至少在某种程度上能折射出 IPO 准入过程中, 寻租行为的某些信息。过长的等待期无疑会影响一级市场投资人的成本, 必然需要上市后从二级市场获得相应的补偿, 这样就可能产生一个更高的抑价率。因此提出:

假说 6: IPO 抑价程度与上市等待期呈正相关。

此外, 为了获取政府管制的准入过程对 IPO 抑价率的影响, 有必要进一步分析上市等待期的特殊的内生机制, 为此选取了以下几个代理变量。

(1) 控股股东的性质。既然股票市场设立的初衷是为国有企业解困, 那么国有控股企业上市是否比私有企业上市更顺利些, 上市等待期是否要明显短些呢? 可以预期, 国有控股企业的上市等待期要短一些。

(2) 企业的规模。同样是国有企业, 是否大型企业更容易得到监管当局的关照? 这似乎符合政府利用股票市场帮助国有企业解困的政策意图。预期上市等待日与企业的规模呈负向相关。

(3) 投资银行的影响力。券商声望、实力以及与监管当局协调的能力在一定程度上是否能够影响上市等待期的长短? 预期具有市场垄断力的券商承销的新股其上市等待期更短。

(4) 承销费用。如果投资银行可以通过游说监管当局而缩短股票的上市等待期, 必然会相应增加 IPO 的成本, 预期上市等待期与 IPO 承销费用呈负向相关。

(5) 内部职工股比例。由于中国上市公司大多属于国有控股, 内部职工股比例高, 在某种程度上能缓和所有者缺位的代理问题。内部股权上市后的暴利机会更能激励发行人缩短等待期的动机。此外, 内部职工股经常被发行人或承销商当做寻租的手段, 来行贿那些能够对监管当局施加影响的权力部门或个人, 以争取缩短上市等待期[①]。可以预期上市等待期与内部职工股比例呈负向相关。

(6) 市场活跃程度。取新股上市日前 3 个月的市场累计收益率作为代理变量。控制新股发行上市的节奏是监管当局调控市场的重要手段之一, 市场过热时, 监管层往往加快上市审批的进度, 市场低迷时, 又经常出台暂停新股上市的政策利好, 来刺激市场。预期上市等待期与市场活跃程度呈负向相关。

---

① 1996 年, 大庆联谊进行了一系列弄虚作假、欺骗上市的活动。将部分公司职工股票行贿 17 名党政机关厅(局)级、44 名县(处)级干部。

一般而言，国外成熟市场中，声誉高的投资银行商有利于降低 IPO 市场中信息不对称的程度，因此其承销的 IPO 的抑价水平低。中国的 IPO 准入过程受到严格的政府管制，进入门槛很高，整个业态呈现出明显的高度垄断特征。据 1995～2003 年的数据统计，前 10 大券商占据了 66% 以上的 IPO 市场份额（见表 5），这些券商在资金实力、人力资源、承销成本方面，更重要的是在与监管层的协调能力等方面具有明显的比较优势。也就是说，主流券商在面对发行人时，具有较强的议价能力。

表 5 承销商市场垄断力统计

投资银行	融资额（亿元）	市场份额（%）	承销家数	垄断力排名
国泰君安	583.49	13.46	137	1
中金公司	468.97	10.82	9	2
中信证券	389.30	8.98	55	3
南方证券	369.56	8.53	63	4
广发证券	227.69	5.25	61	5
海通证券	216.78	5.00	36	6
华夏证券	200.92	4.64	46	7
申银万国	168.30	3.88	57	8
国信证券	167.34	3.86	37	9
光大证券	106.59	2.46	28	10

在此情况下，市场影响相对较小的地方性券商为了竞争到一笔 IPO 业务，更有可能产生寻租行为，或是请求地方政府对发行企业的直接干预，或是承诺为发行企业的管理人提供一些利益输送的渠道等。总之，更高的承销成本都需要在二级市场中获得补偿，因此非主流券商存在更强的维护上市后股价的动机。因此提出：

假说 7：非主流券商承销的股票的 IPO 抑价程度更高。

2. 经验结果的分析

表 6 政府管制的 IPO 准入对抑价率影响的估计结果

表 6 政府管制的 IPO 准入对抑价率影响的估计结果

	全样本	额度制	核准制	通道制
CONSTANT	4.831083 ***	5.930251 ***	3.338339 ***	4.54769 ***
	(0.53771)	(0.736648)	(0.746325)	(0.544283)
LAG	0.004936 ***	0.004872 ***	0.003887 **	0.004552 ***
	(0.000851)	(0.000998)	(0.001295)	(0.000857)

续表

	全样本	额度制	核准制	通道制
INBANKTOP	-0.06478 * (0.036554)	-0.04375 (0.038321)	-0.07772 * (0.04585)	
MKTPE	0.021297 *** (0.001809)	0.063604 *** (0.004049)	0.017289 *** (0.003507)	0.022308 *** (0.001834)
OUTSTANDING	-0.34476 *** (0.030546)	-0.46328 *** (0.042997)	-0.28584 *** (0.038957)	-0.33091 *** (0.03079)
TURNOVER	2.326311 *** (0.173166)	1.465804 *** (0.2039)	3.325775 *** (0.266895)	2.334213 *** (0.172474)
INBANKTOP * NONCONDUIT				-0.02987 (0.04789)
INBANKTOP * CONDUIT				-0.29503 *** (0.091728)
Adjusted R-squared	0.3323	0.437889	0.422877	0.337791
Obs	906	515	391	906

注：表中每单元格中上下行分别给出了估计参数及其标准差，***、**、*分别表示估计参数在1%、5%与10%水平显著。

表7 上市等待期的内生机制的估计结果

	全样本	额度制	核准制
CONSTANT	54.3626 *** (22.7814)	5.5416 (30.9623)	94.6227 *** (37.5759)
SOE	2.4215 (4.1641)	4.0767 (4.7813)	-0.9213 (8.2094)
POE	-12.2661 * (7.0928)	-11.4089 (12.7929)	-7.4206 (10.4526)
ASSET	-0.6227 (1.0863)	-1.7868 (1.4950)	-2.9123 * (1.7478)
ESHARE	-10.6863 (14.7562)	-41.6617 ** (16.6664)	101.4352 *** (33.5951)
UNDERWRITING	-33.1803 *** (11.2673)	-14.3231 (16.0712)	-38.4037 ** (17.0658)
INBANKTOP	-1.2624 (2.2203)	-4.6297 * (2.6274)	8.3135 ** (4.1579)
MKTRTN60	-19.8749 *** (5.9043)	-22.6264 *** (6.4503)	-4.6060 (17.9037)
Adjusted R-squared	0.3405	0.3581	0.1982
Obs	618	448	170

注：表中每单元格中上下行分别给出了估计参数及其标准差，***、**、*分别表示估计参数在1%、5%与10%水平显著。

表6实证结果表明，控制诸多影响抑价率的重要因素后，上市等待期与IPO抑价率在1%水平呈显著正向关联。上市等待期是影响中国IPO抑价的重要因素，它某种意义上反映出政府对IPO准入的管制程度。此外，投资银行的市场垄断力对IPO抑价程度存在负向影响，与假说预期一致，在全样本和核准制期间能在10%水平显著，而额度制期间显著性不高。尽管结果与成熟市场相似，但是中国投行所起作用不大可能是间接显示发行公司品质的信号，主要反映的是，在通过关卡重重的政府严格管制IPO的过程中，不同市场影响力的券商寻租成本的差异。

进一步分析，笔者发现，通道制的实行在相当程度上强化了以上的效果。一方面具有市场垄断力的券商，由于通道数量所限，被迫放弃许多规模比较小的项目，因此IPO业务向大项目集中，降低了承销成本；而另一方面，通道成为券商的垄断资源，导致承销市场从买方市场成为卖方市场，承销商与发行人之间的力量对比由此发生了根本变化：额度制是券商求发行人，而通道制变成了发行人求券商。这样，投行议价能力的增强在某种程度上也降低了寻租的成本。

此外，表7给出了上市等待期的内生机制的估计结果，总结如下。

（1）有意思的是，国有企业并未得到缩短上市等待期的优惠，相反，私营控股公司的上市等待期似乎还要短于国企，但显著性不高。

（2）企业规模与上市等待期负相关，大规模的企业上市等待期更短些，与预期相符。

（3）承销费用与上市等待期显著负向关联，与预期一致，上市等待期的长短从某一侧面反映出IPO过程中寻租的代价。

（4）不同时期，内部职工股比例对于上市等待期长短影响方向相异。额度制期间，内部职工股比例与上市等待期显著负相关，与预期一致。由于内部职工股的发行价格几乎接近面值，对于股票上市后高利润的预期，的确是管理人积极寻租以推动企业尽早上市的主要动因。但"核准制"后，内部职工股比例与上市等待期显著正相关，与预期完全相反。因历史原因而生的内部职工股，更多代表着公司历史遗留的不规范的痕迹，在核准制下反而可能会带来某种负面的影响。

（5）投行的市场影响力与上市等待期长短呈负向关联，与预期一致，但全样本显著性不高。额度制时期，承销商的影响力较显著，与监管机构的协调能力强的投行的确有缩短上市等待期的长短的可能。但核准制后，这种关系反过来了。IPO审批上市的程序化，至少压缩了在上市等待期上寻租的空间，一旦申请企业通过发审委的最后核准即按次序进入上市等待队列。

（6）市场活跃程度与上市等待期显著正相关，与预期一致，意味着高度管制的中国证券市场中，监管层常利用行政手段控制新股发行上市的节奏，进而调节二级市场冷热。但是，2000年以后这种关系已经不显著了，与时任证监会主席周小川提出的"市场能解决的问题交给市场解决"的政策取向是有关系的。

总之，以上结果表明，发行公司内部人、投资银行以及监管当局的各种利益交织在一起，不同程度地影响着上市等待期的长短。

六 结论与政策建议

本文报告了中国市场异常高的 IPO 抑价，并从一个特殊的市场制度背景下的特殊视角提出了完整且合理的解释框架。1995～2003 年，中国市场发行上市的 908 只 A 股的上市首日的平均收益高达 129%，中位数高达 113%。

有别于其他相关研究，笔者认为，真正影响中国市场 IPO 抑价的根本性因素是股权分置与政府管制的制度背景。该背景下不存在真正意义上的 IPO 估值过程，因此也就没有普遍的发行价被故意调低的动机。股权分置下正常市场利益机制扭曲，上市公司和投资人行为异化，从而形成了二级市场严重泡沫；而政府高度管制的新股供给机制使得一、二级市场割裂、套利机制失效，一则在相当程度上支撑了虚高的股价，二则保证了新股上市后能不断制造出与发行价的异常价差。

不同于成熟市场，在中国 IPO 的整个过程中，政府在其中扮演着最为重要的角色，它不但要承担市场监管的责任，而且还要对发行人的质量情况进行审查、担保。从券商的辅导改制、重组包装，到审计师事务所的资产审定，再到发审委的最后表决通过，每一个环节都可能滋生出大量的"经济租"。政府的严格管制造成 IPO 的其他行为人或功能弱化或行为变异，甚至沦为寻租和利益输送的管道。这种制度性的依赖在实际运作过程中会进一步强化，并最终导致发行定价机制的严重扭曲。

基于制度背景的分析框架有助于理清中国特殊的股票市场的运行机制，最终找到中国市场严重的 IPO 抑价问题的症结，为监管当局未来制定政策提供可靠的依据。因此，本文最重要的一个政策暗示是，如果不解决股权分置和政府管制这一根本性制度问题，任何局部性的、技术性的或形式上的 IPO 变革措施，诸如核准制、单纯市场化询价、股票分配方式等，只可能是"空中楼阁"，最终的效果必然是"泥流入海无消息"。

（本书发表于《经济研究》2005 年第 5 期）

参考文献

[1] 陈工孟、高宁：《中国股票一级市场发行抑价的程度与原因》，《金融研究》2000 年第 8 期。

[2] 金晓斌、吴淑琨、陈代云：《投资银行声誉、IPO 质量分布与发行制度创新》，深交所研究报告，2003。

[3] 邹建：《核准制下 IPO 抑价率及长期异常收益率影响因素研究》，深交所研究报告，2003 年 9 月。

[4] Allen, R. and G. Faulhaber, 1989, "Signalling by Underpricing in the IPO Market," *Journal of Financial Economics*, 23, 303-324.

[5] Baron, David P., 1982, "A model of the demand for investment banking advising and distribution services for new issues", *Journal of Finance*, 37, 955-976.

[6] Brealey, R. and Myers, S., 1991, *Principles of Corporate Finance*, 4th edn. McGraw-Hill,

[7] Brennan, M. and J. Franks, 1997, "Underpicing, Ownership, and Control in Initial Public Offerings of Equity Securities in the UK", *Journal of Financial Economics*, 45, 391-414.

[8] Carter, R., Dark, F., Singh, A., 1998. "Underwriter reputation, initial returns, and the long-run performance of IPO stocks". *Journal of Finance*, 53, 285-311.

[9] Chemmanur, T. J., 1993, "The Pricing of Initial Public Offerings: A Dynamic Model with Information Production," *Journal of Finance*, 48, 285-305.

[10] Chi, Jing and Carol Padgett, 2002. Short-Run Underpricing and Its Characteristics in Chinese IPO Markets. Working Paper, University of Reading.

[11] Denis, Diane K., and McConnell, John J., "International Corporate Governance", *Journal of Financial and Quantitative Analysis*, forthcoming, 2003.

[12] Dewenter, Kathryn L. and Paul H. Malatesta, 1997. "Public Offerings of State-Owned and Privately-Owned Enterprises: An International Comparison", *Journal of Finance*, 52 (4): 1659-1679.

[13] George Lihui Tian, Financial Regulations, Investment Risks, and Determinants of Chinese IPO Underpricing, working paper, Peking University Management School, January 7th, 2003.

[14] Grinblatt, M. and C. Hwang, 1989, "Signalling and The Pricing Of New Issues", *Journal of Finance*, 44, 393-421.

[15] Ka Lok Chan, K. C. John Wei and Junbo Wang, "Underpricing and Long-term Performance of IPOs in China", *Journal of Corporate Finance*, 2004, Vol. 10, issue 3, pp. 409-430.

[16] La Porta, Rafael, Lopez-de-Silanes, Flowrencio, and Shleifer, Andrei, "Corporate Ownership Around The World", *Journal of Finance*, 54: 471-517, 1999.

[17] La Porta, Rafael, Lopez-de-Silanes, Flowrencio Shleifer, Andrei, and Vishny, Robert W., "Investor Protection and Corporate Valuation", *Journal of Finance*, 57: 1147-1170, 2002.

[18] Mok, Henry M. K. and Y. V. Hui, 1998. "Underpricing and Aftermarket Performance of IPOs in Shanghai, China", *Pacific-Basin Finance Journal*, 6: 453-474.

[19] Rock, K., 1986, "Why New Issues Are Underpriced?", *Journal of Financial Economics*, 15, 187-212.

[20] Shleifer, Andrei, and Robert W. Vishny, *The Grabbing Hand: Government Pathologies and Their Cures*, Harvard University Press, 1998.

[21] Su, Dongwei and Belton M. Fleisher, 1999. "An Empirical Investigation of Underpricing in Chinese IPOs.", *Pacific-Basin Finance Journal*, 7: 173-202.

[22] Welch, I., 1989, "Seasoned Offerings, Imitation Costs, and the Underpricing of Initial Public Offerings", *Journal of Finance*, 44, 421-449.

中国金融市场联动分析：2000~2004

殷剑峰

一 引言

在一个没有摩擦的金融世界里，市场参与者的套利行为以及对套利工具的创造均不受限制。因此，尽管各种金融市场（货币市场、债券市场以及股票市场等）的功能有所不同，驱动它们变化的随机因素也各有差异，但是，套利机制将保证各市场的收益率间存在长期和（或）短期的联动关系。市场间的这种联动关系既是整个金融体系有效性的表现，也是市场化的货币政策能够得以有效实施的基础性条件。

从市场联动关系的变化看，中国金融市场大致经历了三个阶段。第一个阶段是在1997年前，如李扬和何德旭（1999）所分析，在这段时间里，货币市场（拆借、国债回购）和债券市场（主要是国债）分割为两个交易所市场、各地的融资中心以及场外大额交易市场，各市场功能定位混乱，同品种的利率间存在着巨大而且长期的差异，这说明维持市场间联动关系的套利交易并未现实地发生。其间，唯一的例外可能就是国债回购市场同股票市场间的密切联动关系（李扬，1996）。

第二个阶段始自1997年银行间货币和债券市场的成立，从此直至2000年，尽管货币市场与资本市场的功能逐步得以明确，市场秩序得以逐步建立，但是，我国的金融市场无疑被人为分割成了银行间和交易所两个互不关联的子市场。

第三个阶段是从2000年开始，在这个阶段，中国金融市场的统一步伐逐步加快。不仅跨市场国债品种的发行逐渐增加，更主要的是，证券、基金等非银行金融机构开始介入银行间市场，这些非银行金融机构在两个市场中的套利活动使得市场间开始建立起比较密切的联动关系。2002年又是市场统一的新起点，其标志性事件首先是2002年4月3日中国人民银行的5号公告，规定金融机构进入银行间市场实行准入备案制，从而极大地便利了非银行金融机构在市场间的套利活动。另一个标志性事件是中国人民银行于2002年10月24日允许39家商业银行在银行间市场为非金融机构法人开办债券结算代理业务，从而将潜在的套利群体扩大至更加众多的非金融企业。

2000年以来市场的逐步统一无疑对提高中国金融市场的总体效率具有极大的意义,也将为中国货币政策的转型创造前提条件。为此,本文以 2000~2004 年我国货币市场(银行间拆借和回购市场)、债券市场(银行间和交易所国债市场)以及股票市场(上海证交所)作为研究对象,来分析我国主要金融市场中的长期均衡和短期互动关系。在以下内容中,第二节说明了市场联动关系的分析方法,并对主要文献进行了介绍。第三节描述并处理了有关数据,由此将获得我国金融市场长、短期的联动关系。第四节是全文的结论和政策建议。

二 金融市场联动关系的界定及文献回顾

1. 市场联动关系的界定

金融市场联动关系的一个主要方面是指市场收益率之间的关系[①],这包括三方面的内容:①市场收益率之间是否存在长期的均衡关系;②一旦偏离均衡,各收益率是否能够进行迅速的调整;③在均衡关系既定的情况下,各收益率之间是否存在短期的因果关系。以两市场为例,在单个市场均满足有效市场的假设下,市场 A 和 B 的收益率可以用如下随机游走[②]过程描述:

$$\begin{cases} i_t^{(x)} = \mu^{(x)} + u_t + e_t & x = A, B \\ u_t = u_{t-1} + \varepsilon_t \\ e_t = \rho e_{t-1} + \varepsilon_t & |\rho| < 1 \end{cases} \quad (1)$$

在上式中,ε_t 是白噪声向量。式(1)表示,两市场收益率 i_t^x 都是一阶单整过程,即 I(1);并且,两个市场受到一个共同的随机因子 u_t 的驱动。

市场联动关系的第一层含义是指各市场间存在无套利的长期均衡关系。这里,长期的均衡关系即指 i_t^A 和 i_t^B 是协整的,协整向量为 (1, -1),两市场利差 $i_t^A - i_t^B$ 是平稳过程 I(0)。按照 Engel, Granger (1987) 和 Stock, Watson (1988) 的定义,两个市场存在一个由 u_t 决定的共同随机趋势 (Common Stochastic Trend)。根据格兰杰表现定理 (Granger's Reprensentation Theorem),两市场系统 (i_t^A, i_t^B) 具有误差修正 (Error

---

[①] 此外,金融资产价格或收益率的波动率之间也存在相互影响的关系,这构成了市场联动关系的另一个层面的含义。收益率和波动率等两个层面的市场联动关系是相辅相成而非相互排斥的,诸如资产组合管理以及银行内部市场风险定价模型的建设,都需要综合考虑这两个方面。

[②] 有效市场假说意味着收益率遵循一阶单整的随机游走过程,但是,逆命题并不成立。参见 Campbell, Lo and Mackinlay (1997)。

Correction）表现形式：

$$\Delta i_t^{(x)} = \mu^{(x)} + \phi_1^{(x)} \Delta i_{t-1}^A + \phi_2^{(x)} \Delta i_{t-1}^B + \gamma^{(x)}(1,-1)(i_{t-1}^A, i_{t-1}^B)' + \varepsilon_t, \qquad x = A, B \quad (2)$$

在式（2）中，(1, -1) 为协整向量，它与列向量 $(i_{t-1}^A, i_{t-1}^B)'$ 一起决定了市场系统调整的长期均衡水平。任何对这种长期均衡水平的偏离都将通过调整参数 $\gamma^{(x)}$（$x = A$，B）来引起各市场利率的变化，这就决定了两市场联动关系的第二层含义：首先，$\gamma^{(x)}$ 应该具有正确的符号，即 $\gamma^A < 0$ 和 $\gamma^B > 0$，否则，系统将向远离均衡的方向发展；其次，$|\gamma^{(x)}|$ 反映了各市场对均衡偏离的反应速度。可以想见，如果某个市场，比如 A 市场，不对系统失衡作出反应，即 $\gamma^A = 0$，那就意味着两市场系统实现当期的无套利均衡只能依靠 B 市场。根据定义①，此时的 A 市场对协整向量（1，-1）的参数估计具有弱外生性（weak exogeneity）。

市场联动关系的第三个层面是看两市场短期的因果关系。在本例中，如果两市场存在着密切的短期联动关系，那么，ϕ_1^B 和 ϕ_2^A 都不应该等于 0。也就是说，A 市场和 B 市场之间互为格兰杰因。反之，假如系数 $\phi_2^A = 0$，即 B 市场滞后一期的变化对 A 市场没有影响，那就表示 B 不是 A 的格兰杰因。在这种情况下，如果还有 $\gamma^A = 0$，那么，整个市场系统的长期均衡关系将只能依靠 B 市场。换言之，A 市场对协整向量（1，-1）的参数估计具有强外生性（strong exogeneity）。

如果市场系统包含 $n > 2$ 个市场，那么，就需要估计如下向量误差修正模型（Vector Error Correction Model，VECM），其中，I_t 是收益率向量，$(n \times r)$ 维矩阵 β 和 α 分别是调整参数矩阵和协整向量矩阵，协整向量的秩 $0 < r < n$，L 是滞后算子。

$$\Delta I_t = C + \Psi(L)(1-L)\Delta I_t + \beta \alpha' I_{t-1} + \varepsilon_t \quad (3)$$

与两市场系统的不同之处在于，如果协整矩阵的秩 $0 < r < n - 1$，就需要对 VECM 中的协整向量进行识别，以寻找具有理论和实践意义的协整分量。识别过程包括估计哪些市场不进入协整关系——蕴涵着这些市场与其他市场间不存在简单的无套利均衡，以及估计协整向量是否满足某种线性约束——例如，各个市场两两间的利差是否构成了协整向量的分量。至于调整参数和短期因果关系的检验基本类似于两市场情况，只不过检验统计量有所变化。

---

① 有关弱外生性和强外生性的定义以及它们同格兰杰因果检验的关系参见 Hendry (1995)。

2. 多市场系统中的协整关系：主要文献回顾

在一个包含货币市场、债券市场和股票市场等三个子市场的系统中，每个子市场又包含若干分市场。尽管多市场间的联动关系要比两市场复杂得多，但依然表现为以上界定的三个层次。多市场系统的复杂性主要反应在市场间的长期均衡关系，即协整向量的识别上。在这里，长期均衡关系包括两个方面：第一，各子市场内部的长期均衡关系，如货币市场中拆借市场与回购市场的关系，债券市场中银行间债市和交易所债市的关系等；第二，各子市场之间的长期均衡关系。

就各子市场内部的均衡关系而言，由于各分市场的功能基本相同，推动它们的随机因素必然相同，因此，子市场内部各收益率间的利差应该是平稳的，即（1，-1）构成两个分市场的协整向量。然而，如果存在市场分割以至于各分市场的参与主体有所不同，或者，外部的宏观经济条件（货币政策、金融管制等）处于剧烈的变化中，那么，即使是功能一样的分市场也将不具有长期、稳定的均衡关系。例如，Wen-Ling Lin（1995）研究了 1980～1989 年欧洲日元货币市场（离岸市场）和日本国内的国债回购市场（Gensaki Market）之间的联动关系。考虑 1985 年发生的巨大变化，即广场协议后日本央行货币政策的变化以及 1985 年实行了大额存款（10 亿日元）利率的自由化，他以该年度作为一个结构性断点，分析了前后两个子时期离岸市场与国债回购市场间的联动关系。其主要结论是，在广场协议后，由于替代性货币市场（如商业票据市场）的出现以及债券二级市场流动性的改善（如 1984 年 6 月后银行可以参与国债二级市场交易），国债回购市场作为垄断性货币市场的地位受到了挑战，以至于它与离岸市场的均衡关系发生了变化。

就各子市场之间的均衡关系而言，问题的复杂性要远大于对子市场内部的分析。首先，关于货币市场与国债市场之间的关系一般是在利率期限结构的理论框架中进行分析。根据附加流动性偏好的预期理论，在任意的 t 时期中，期限为 τ 的长期利率 $i_t(\tau)$ 应该等于当期和预期的短期利率（例如期限为 1）$i_t(1)$ 的加权平均，再加上一个流动性升水 ϑ：

$$i_t(\tau) = \frac{1}{\tau}\sum_{k=0}^{\tau-1} E_t(i_{t+k}(1)) + \vartheta$$

因此，如果 $i_t(\tau)$ 和 $i_t(1)$ 是一阶单整过程 I(1)，并且，流动性升水 ϑ 是平稳过程 I(0)，那么，期限利差 $i_t(\tau) - i_t(1)$ 就是平稳过程，即（1，-1）构成了长、短期利率间的协整向量。关于利率的期限结构，存在着大量的文献，例如，Engle and Granger (1987) 比较早地验证了两个不同期限利率之间的协整关系；Hall 等 (1992) 和 Bradley, Lumpkin (1992) 在 VECM 框架下检验了多个不同期限利率之间的协整关系。尽管有大量的文献证明了期限利差的平稳性，但一个显著的事实是，收益曲线倾向于在经济扩张期上翘，而在经济收缩期变得扁平。收益曲线随经济周期的这种变化似乎不利于利差是平稳过程的理论假设。

其次，就货币市场、国债市场与股票市场的关系而言，这实际上涉及"无风险"利率与股票收益（资本收益加股息）之间的关系，即股票市场的风险溢价究竟遵循何种随机过程。根据现值模型（Present Value Model），如果市场是有效的，那么，包括资本收益和股息在内的股票收益就是不可预测的，这隐含着股票价格与股息之间存在着某种协整关系（Campbell, Shiller, 1987）。至于股市与债市的关系，Mills（1991）对20世纪60年代末至90年代初英国金融市场（包括短期国库券、20年长期国债和股票）的分析表明，在股票价格、股息和20年期的金边债券收益率之间存在着协整关系，即金边债券收益率与股息率（股息与股价之比）呈现稳定的比例关系——这实际上暗示股票市场的风险溢价是稳定的。然而，理论和实践都无法保证这种关系能够长期、稳定地存在。

事实上，货币市场、债券市场和股票市场具有不同的功能。因此，驱动它们的随机因素也很可能不同。换言之，仅凭基础证券，很可能无法使整个市场系统达到无套利均衡，市场参与者因而也就难以通过证券组合的构造来规避系统性风险。此时，需要有一种额外的证券以建立市场间的无套利关系。Brenner, Kroner（1995）曾经在连续时间框架中研究了期货、现货价格与不同收益率之间的协整关系。假设A、B两种可能遵循不同Winer过程的资产，A资产可以定义为一种无风险资产，A和B的到期收益率分别是i^A和i^B。B资产的现货价格是S，此外，还存在一个关于B资产的期货F。在达到无套利均衡时，存在如下关系：

$$F = S\exp(-(i^A - i^B))$$

上式两边取对数，得到：

$$\ln F - \ln S = i^B - i^A$$

对于上式，Brenner, Kroner（1995）证明，如果利差平稳，即（1，-1）构成了两个收益率的协整向量，那么，它也是B资产的期货和现货价格的协整向量；反之亦然。如果（1，-1）不是两个收益率的协整向量，即利差非平稳，那么，（1，-1，1）构成了期货价格、现货价格和利差之间的协整向量。对此的一个直观理解是，如果两个收益率属于同一类金融市场（例如货币市场中的拆借和回购、债券市场中的银行间市场和交易所市场），进而遵循共同的随机过程，那么，它们之间就可以构造无套利的组合；反之，如果两个收益率属于不同的市场,以至于影响它们的随机因素根本不同,那么,唯有创造一个衍生品方能构建市场间的无套利关系。就本文的环境而言,这种额外的衍生品是远期利率交易。后面将会看到,2002年后我国货币市场与债券市场的协整关系之所以被打破,就是因为它们之间没有一种稳定的套利关系。

三 数据描述和分析

1. 数据描述

本文分析的市场包括两个货币市场(银行间拆借、回购市场)、两个国债市场(银行间、交易所市场)和一个股票市场(上交所A股市场),数据为2000年1月10日至2004年12月31日的日交易数据。由于各市场的交易日有所不同,特别是在2002年4月前银行间和交易所市场的差异较大,因此,只选取5个市场同时开放的日交易数据。对于货币市场和债券市场,选取市场加权收益率进行分析,其中,以 $iboff$、$ibrep$ 分别表示拆借和回购利率,以 $ibbond$ 和 $iebond$ 分别表示银行间和交易所国债收益率;对于股票市场,选取上证A股指数收盘价的自然对数作为对象,以 $istock$ 表示之。显然,股指自然对数的一阶差分可以看成是股市的收益率。至于股息,缺乏日统计数据,而且,在中国的股市中股息看来并不重要。

如引言中所说,在2000~2004年间,2002年4月后银行间市场实行的准入备案制和10月份允许非金融机构进入标志着市场统一步入一个新的台阶。因此,本文将把数据分成两个子时间段进行分析,其中,前一个时间段是2000年1月10日至2002年3月29日,每个市场包括374个样本;后一个时间段为2002年4月1日至2004年12月31日,每个市场有666个样本。经过检验,在两个子时期中,所有5个变量均是一阶单整过程I(1),因而适合VECM分析框架。除了两个标志性事件外,对数据进行这样的划分还基于如下考虑:

首先,从货币市场和债券市场的交易量来看(参见附图),两个子时期有着明显不同的特征。在2002年4月前,银行间回购市场处于一个显著的成长期,随着市场参与主体的增加,交易量逐步攀升,直到当年的4月后市场交易量才趋于稳定。债券市场也呈现出类似的特点:在准入备案制实行前,银行间国债日交易量基本都低于交易所市场,而在准入备案制实行后迅速赶上后者。特别是在当年10月份允许非金融机构进入后直至2004年底,银行间市场就稳步超越了交易所市场。这种变化说明,在决定市场利率走势方面,银行间市场与交易所的主导地位已经发生了翻转。

其次，从 2002 年开始，我国经济进入了一个新的增长周期，这使得市场参与者的行为发生了很大变化，突出表现在城市商业银行、农村信用社以及财务公司、信托公司等非银行金融机构的交易行为极其活跃，而且，城市商业银行和非银行金融机构的主要目的就是通过债券市场，尤其是货币市场融入资金。伴随新增长周期的另一个外部环境变化是央行货币政策以及其他宏观调控手段的频繁实施，这使得市场预期在 2003 年 8 月后发生了显著的逆转，突出表现为债券市场收益率的迅速上升。同时，由于外汇占款的持续、大量增加，市场流动性非常充足，货币市场收益率保持稳定甚至有所下降。在债券市场和货币市场这种一升一稳的不同趋势下，如随后所检验的那样，两市场间的期限利差不再是平稳的，预示着两类市场套利关系的破裂。

2. 数据分析：2000 年 1 月 10 日 ~ 2002 年 3 月 29 日

我们首先对 5 变量进行联合 Johansen 协整检验（含截距、无趋势），发现在滞后 4 阶和 8 阶时协整向量的秩均为 3。这说明，在此时间段，我国货币市场、债券市场和股票市场存在着 2 个共同随机趋势。

这样，依据式（3），其中，$I = (iboff, ibrep, ibbond, iebond, istock)'$，选择协整向量的秩等于 3，进行 5 变量 VECM 检验。这里还有一个关键问题：滞后阶数的选择。经过检验发现，当选择滞后 8 阶时，AIC = - 9.53，SC = - 7.01；当选择 4 阶时，AIC = - 9.46，SC = - 8.03。两个统计量给出了相互矛盾的结果。因此，还需进行似然比检验。在滞后阶数等于 4 的原假设下，似然比统计量服从自由度等于约束个数（这里为 100）的 χ^2 分布，即：

$$LR = -2(L_4 - L_8) = 186.15 \sim \chi^2(100)$$

由于 P 值等于 3.81×10^{-7}。所以，拒绝原假设，接受滞后 8 阶的选择。

在协整向量的秩等于 3 的情况下，就涉及协整向量的识别问题。由于股指同其他市场利率之差均不平稳，这里以三个利差作为假定的协整向量：货币市场中的回购与拆借利差（s_m）、债券市场中的银行间与交易所的利差（s_b），以及银行间债市与货币市场回购的期限利差（s_{bm}）。这三个利差分别对应于货币市场内部、债券市场内部以及债券市场与货币市场间的套利均衡关系。从表 1 可以看到，三个利差都是平稳的。

表 1　三利差 ADF 检验（2000 年 1 月 10 日 ~ 2002 年 3 月 29 日）

	$s_m = ibrep - iboff$	$s_{bm} = ibbond - ibrep$	$s_b = ibbond - iebond$
检验结果	- 6.48(- 3.45)	- 8.27(- 3.45)	- 6.71(- 3.45)

注：括号中数字为 1% 显著性水平上的临界值。

在三个利差构成了协整向量的假设下,即意味着式(3)中的协整向量 a 将受到以下的约束,其中,ϕ 为代估参数向量。

$$a = H\phi, H = \begin{pmatrix} 1 & 0 & 0 \\ -1 & -1 & 0 \\ 0 & 1 & 1 \\ 0 & 0 & -1 \end{pmatrix}$$

对以上线性约束进行检验的统计量为:

$$LR = T \sum_{i=1}^{r} \ln\{(1 - \lambda_i*)/(1 - \lambda_i)\}$$

其中,$\lambda*$ 和 λ 分别为施加了线性约束 H 前后的广义特征方程最大的前 r 个特征值。以上统计量服从自由度等于6的 χ^2 分布。经检验,$LR = 11.07$,P 值为 0.086。因此,在5%的显著性水平上不能拒绝原假设:三个利差构成了协整向量。表2给出了施加约束前后检验的主要效果指标,可以看出,对各变量的检验效果和模型总体指标都没有什么变化。

表2 施加约束前后的 VECM 检验比较(2000年1月10日~2002年3月29日)

无约束 VECM(滞后8阶)					
	diboff	*dibrep*	*dibbond*	*diebond*	*distock*
调整后 R^2	0.63	0.13	0.51	0.28	0.03
AIC = -9.53, SC = -7.02, Log Likelihood = 1974.34					
有约束 VECM(滞后8阶)					
	diboff	*dibrep*	*dibbond*	*diebond*	*distock*
调整后 R^2	0.62	0.13	0.50	0.29	0.01
AIC = -9.55, SC = -7.20, Log Likelihood = 1963.32					

现在,我们将原先未得到识别的 VECM 转换成以下的"伪结构"模型:

$$\begin{cases} \Delta I_t = C + \Psi(L)(1-L)\Delta I_t + \gamma H' I_{t-1} + \varepsilon_t \\ \gamma = \beta\phi', H' I_{t-1} = (s_m, s_{bm}, s_b)_{t-1}' \end{cases} \quad (4)$$

以上的检验说明,就市场联动关系的第一个层次而言,在此时期,我国的股票市场不构成整个金融市场系统稳定的变量。换言之,没有任何一种套利组合可以使市场参与者避免股票市场的系统性风险。然而,债券市场和货币市场间却存在着稳定的套利关系。

为了观察市场联动关系的第二个层次，由式（4）得到的"结构性"调整参数矩阵 γ（括号中为 t 检验值）为：

$$\gamma = \begin{pmatrix} \gamma_{11} & \gamma_{12} & \gamma_{13} \\ \gamma_{21} & \gamma_{22} & \gamma_{23} \\ \gamma_{31} & \gamma_{32} & \gamma_{33} \\ \gamma_{41} & \gamma_{42} & \gamma_{43} \\ \gamma_{51} & \gamma_{52} & \gamma_{53} \end{pmatrix} = \begin{pmatrix} 0.430(3.609) & 0.021(0.233) & -0.077(-1.186) \\ 0.008(0.601) & 0.003(0.251) & 0.003(0.389) \\ 0.830(2.286) & -1.090(-4.023) & 0.054(0.277) \\ 0.077(0.926) & -0.218(-3.519) & 0.136(3.018) \\ -0.003(-0.243) & -0.004(-0.441) & 0.006(1.059) \end{pmatrix}$$

观察 γ 可以发现：①在货币市场的利差均衡关系中，回购是弱外生变量。这个结果符合回购市场处于成长期这样的事实，此时货币市场的均衡主要依靠拆借市场；②在债券市场的利差均衡关系中，银行间市场是弱外生变量，这说明银行间市场的交易尚不活跃，交易所市场是维持债券市场均衡关系的关键；③在债券市场与货币市场的相互关系中，银行间和交易所债市都对期限利差比较敏感，但银行间市场的反应更强烈，这是银行间债券市场和银行间货币市场同处于一个市场的自然结果；④股票市场对以上各利差均不敏感，说明在金融市场的均衡关系中，股票市场是弱外生变量。

为了检验市场联动的第三层关系，即各变量间的短期因果关系，将式（4）做如下分割：

$$\begin{pmatrix} \Delta I_t^m \\ \Delta I_t^b \\ \Delta I_t^s \end{pmatrix} = \begin{pmatrix} C_t^m \\ C_t^b \\ C_t^s \end{pmatrix} + \begin{pmatrix} \sum m_{t-i}^m \Delta I_{t-i}^m \\ \sum m_{t-i}^b \Delta I_{t-i}^m \\ \sum m_{t-i}^s \Delta I_{t-i}^m \end{pmatrix} + \begin{pmatrix} \sum b_{t-i}^m \Delta I_{t-i}^b \\ \sum b_{t-i}^b \Delta I_{t-i}^b \\ \sum b_{t-i}^s \Delta I_{t-i}^b \end{pmatrix} + \begin{pmatrix} \sum s_{t-i}^m \Delta I_{t-i}^s \\ \sum s_{t-i}^b \Delta I_{t-i}^s \\ \sum s_{t-i}^s \Delta I_{t-i}^s \end{pmatrix} + \begin{pmatrix} \gamma^m H' I_{t-1} \\ \gamma^b H' I_{t-1} \\ \gamma^s H' I_{t-1} \end{pmatrix} + \begin{pmatrix} \varepsilon^m \\ \varepsilon^b \\ \varepsilon^s \end{pmatrix}$$

上式中，向量 $I = (iboff, ibrep, ibbond, iebond, istock)'$ 被分割成货币市场（I^m）、债券市场（I^b）和股票市场（I^s，即 $istock$），等式右边各项也做相应分割。

针对上式，我们检验了货币市场、债券市场和股票市场两两间的因果关系，检验的原假设包括：①货币市场不是债券市场的格兰杰因，即 $m_{t-i}^b = 0$；②债券市场不是货币市场的格兰杰因，即 $b_{t-i}^m = 0$；③货币市场不是股票市场的格兰杰因，即 $m_{t-i}^s = 0$；④股票市场不是货币市场的格兰杰因，即 $s_{t-i}^m = 0$；⑤债券市场不是股票市场的格兰杰因，即 $b_{t-i}^s = 0$；⑥股票市场不是债券市场的格兰杰因，即 $s_{t-i}^b = 0$。检验的似然比统计量依然服从 χ^2 分布，自由度分别等于相应的约束个数。除了三个子市场之间的因果关系外，我们还检验了货币市场和债券市场内部的短期因果关系。结果见表3。

表3 市场间的短期因果关系检验（2000年1月10日~2002年3月29日）

三个子市场间的短期因果关系检验（滞后8阶）			
原假设	似然比统计量	P值	结论（选择5%的显著性水平）
货币市场不是债券市场的格兰杰因	52.43	0.01283	拒绝
货币市场不是股票市场的格兰杰因	15.46	0.491	接受
债券市场不是货币市场的格兰杰因	81.02	3.945×10^{-6}	拒绝
债券市场不是股票市场的格兰杰因	18.17	0.314	接受
股票市场不是货币市场的格兰杰因	28.70	0.026	拒绝
股票市场不是债券市场的格兰杰因	19.23	0.257	接受
债券市场内部的短期因果关系检验（滞后8阶）			
银行间不是交易所的格兰杰因	11.71	0.165	接受
交易所不是银行间的格兰杰因	3.32	0.913	接受
货币市场内部的短期因果关系（滞后8阶）			
回购不是拆借的因	56.10	2.70×10^{-9}	拒绝
拆借不是回购的因	6.57	0.5837	接受

由此，关于第三个层次市场联动关系的结论是：①货币市场和债券市场存在双向因果关系，联系密切；②在货币市场和股票市场间只有单向的因果关系，即股票市场变化会引起货币市场的相应变化，这说明货币市场已经成为证券公司等非银行金融机构筹集短期资金的场所；③债券市场和股票市场之间没有因果关系。就子市场内部而言：①债券市场内部不存在因果联系，说明这一时期银行间和交易所市场的短期互动不明显；②在货币市场内部，回购构成了拆借的单向格兰杰因。结合前面的结果可以知道，回购市场前几个交易日的变化会导致拆借市场的变化，而拆借市场的变化是为了维持两市场间的无套利均衡关系。

综合以上三个层次的市场联动分析，我们发现，在这一时期，我国的货币市场、债券市场内部以及它们之间都具有非常密切的长期均衡和短期互动关系。股票市场与其他市场没有长期的均衡关系，在短期互动关系方面，股票市场的变化会直接影响货币市场，但不会直接影响债券市场。

3. 数据分析：2002年4月1日~2004年12月31日

对这一时期数据的分析依然采取以上的步骤。在各变量都满足I（1）的条件下，进行了5变量的Johansen协整检验，发现在滞后4、8和12阶时，协整向量的秩都等于2。这说明此时期市场系统发生了重要的变化——共同随机趋势由先前的2个增加到3个。由于这一时期货币市场利率同债券市场利率开始分道扬镳，而先前的三个利差中，债券市场与货币市场间的期限利差已经不是平稳的了（参见表4）。为此，我们猜测货币市场、债券市场和股票市场分别由三个不同的随机趋势主导。

表4 三利差 ADF 检验 (2002 年 4 月 1 日 ~ 2004 年 12 月 31 日)

	$s_m = ibrep - iboff$	$s_{bm} = ibbond - ibrep$	$s_b = ibbond - iebond$
检验结果	-3.87(-3.44)	-2.51(-3.44)	-6.45(-3.44)

注:括号中数字为1%显著性水平上的临界值。

在验证我们的猜测前,先依据式(3)进行无约束的 VECM 检验,根据 AIC 和 SC 两个指标选择滞后 12 阶。随后,对式(3)中的协整向量施加如下线性约束:

$$a = H\phi, H = \begin{pmatrix} 1 & 0 \\ -1 & 0 \\ 0 & 1 \\ 0 & -1 \end{pmatrix}$$

以上约束表示,协整向量是由货币市场利差、债券市场利差构成的。在货币市场和债券市场之间,以及它们同股票市场之间不存在稳定的套利关系。检验的统计量依然如前。似然比统计量为 $LR = 13.408$,P 值是 0.037。因此,在 1% 的显著性水平上不能拒绝原假设:两个利差构成协整向量。从表 5 可以看到,施加约束前后的检验效果差异依然不大。

表5 施加约束前后的 VECM 检验比较 (2002 年 4 月 1 日 ~ 2004 年 12 月 31 日)

无约束 VECM(滞后 12 阶)					
	diboff	*dibrep*	*dibbond*	*diebond*	*distock*
调整后 R^2	0.46	0.19	0.43	0.25	0.02
AIC = -12.26,SC = -10.03,Log Likelihood = 4329.128					
有约束 VECM(滞后 12 阶)					
	diboff	*dibrep*	*dibbond*	*diebond*	*distock*
调整后 R^2	0.44	0.20	0.43	0.24	0.02
AIC = -12.25,SC = -10.09,Log Likelihood = 4315.72					

在接受以上原假设的前提下,可以看到,就市场联动关系的第一个层次来说,在 2002 年 3 月后迄今,尽管各子市场内部依然保持着无套利均衡的关系,但是,子市场间的分割却加剧了。根据以上约束,将式(3)改写为如下"伪结构"模型以继续分析市场联动关系的另两层含义:

$$\begin{cases} \Delta I_t = C + \Psi(L)(1-L)\Delta I_t + \gamma H'I_{t-1} + \varepsilon_t \\ \gamma = \beta\phi', H'I_{t-1} = (s_m, s_b)_{t-1}' \end{cases} \quad (5)$$

根据以下调整系数矩阵，我们可以就市场联动的第二个层次得到这样几个结论：①货币市场内部的均衡关系依靠回购市场，拆借市场变成弱外生变量；②债券市场内部的均衡关系已经转变为依靠银行间市场，交易所市场是无套利均衡的弱外生变量；③债券市场对货币市场内部的均衡关系没有反应，货币市场对债券市场也如此；④股票市场是整个系统均衡关系的弱外生变量。在这四个结论中，除了股票市场与系统均衡无关这一点没有变化之外，前三个结论都同 2002 年 4 月前不一样。

$$\gamma = \begin{pmatrix} \gamma_{11} & \gamma_{12} \\ \gamma_{21} & \gamma_{22} \\ \gamma_{31} & \gamma_{32} \\ \gamma_{41} & \gamma_{42} \\ \gamma_{51} & \gamma_{52} \end{pmatrix} = \begin{pmatrix} 0.019(0.73) & 0.016(1.049) \\ -0.037(-2.661) & 0.010(1.277) \\ 0.169(1.540) & -0.242(-3.799) \\ 0.040(0.959) & 0.024(0.983) \\ 0.001(0.183) & 0.001(0.479) \end{pmatrix}$$

关于市场联动的第三个层次，依然采取先前的分割，并据此估计各子市场间以及货币、债券两个子市场内部的短期因果关系，结果如表 6。

表 6　市场间的短期因果关系检验（2002 年 4 月 1 日 ~ 2004 年 12 月 31 日）

原假设	似然比统计量	P 值	结论（选择5%的显著性水平）
三个子市场间的短期因果关系检验（滞后 12 阶）			
货币市场不是债券市场的格兰杰因	39.85	0.7925	接受
货币市场不是股票市场的格兰杰因	40.43	0.0192	拒绝
债券市场不是货币市场的格兰杰因	73.74	0.010	拒绝
债券市场不是股票市场的格兰杰因	25.82	0.362	接受
股票市场不是货币市场的格兰杰因	16.75	0.859	接受
股票市场不是债券市场的格兰杰因	12.62	0.972	接受
债券市场内部的短期因果关系检验（滞后 12 阶）			
银行间不是交易所的格兰杰因	12.94	0.3734	接受
交易所不是银行间的格兰杰因	27.69	0.006	拒绝
货币市场内部的短期因果关系检验（滞后 12 阶）			
回购不是拆借的因	164.19	0	拒绝
拆借不是回购的因	20.48	0.0586	接受

根据表 6，我们可以针对市场联动的第三个层次得到这样几个结论：①货币市场与债券市场的短期联动关系削弱，只存在债券市场对货币市场的单向格兰杰因。考虑到这一时期债券市场价格的大幅度下滑和货币市场利率的平稳，这表明货币市场充足的流动性无法传递到债券市场，以制止债券价格的急速下跌；②与前一时期相比，货币市场和股票市场

的因果关系发生了逆转，即只存在货币市场到股票市场的单向格兰杰因。这种情况反映了一个事实：证券基金等非银行机构已经不能够像前一时期那样依据股市的情况来决定货币市场融入资金的数量，货币市场的流动性开始制约股市；③同先前一样，股票市场和债券市场之间没有短期因果关系。就子市场内部来看：①在债券市场中，交易所市场在短期影响到银行间市场。这说明，尽管在保持债市长期均衡关系方面，银行间市场居于主导地位，但是，银行间市场固有的流动性不足问题使得债市的短期动态变化还是依靠更为灵敏的交易所市场；②在货币市场的短期变化中，回购依然主导着拆借，但接受拆借是回购格兰杰因的P值不到6%，因此，拆借也相当程度上开始影响回购，两市场短期联动日益紧密。

综合以上分析，我们可以看到，尽管货币市场、债券市场内部的长期均衡关系依然得以维持，但是，两个子市场之间的套利关系已经破裂，短期互动关系也受到削弱。股票市场与其他市场的关系依然如前，唯一的变化是股市开始受到货币市场流动性的制约，而股市已经变成整个市场系统均衡关系的强外生变量。

四 结论和启示

本文利用基于协整理论的 VECM 对我国金融市场进行了全面的分析，这种方法考虑了各个市场间的长期均衡和短期互动关系，因此属于一般均衡的分析方法。从有关结果可以看到，2000 年后各个子市场内部的联系已经非常紧密，并且，在前一个子时期，货币市场和债券市场之间也具有密切的长、短期联动关系。令人费解的是，在市场统一程度明显加强的 2002 年 3 月后，货币市场与债券市场之间的长期均衡关系却破裂了。对此，我们并不能简单地将之归结于收益曲线（利率期限结构）随经济周期的变化。

如第二节所分析的那样，如果在长、短期利率之间存在着稳定的套利渠道——例如国债期货，那么，即使长期利率因通胀、加息预期等原因而发生上扬，短期利率也应该发生同样的变化。其道理很简单——任何一个套利者都可以构造这样的套利组合：在货币市场以短期利率借入资金，用这些资金在国债市场购买收益率较高的国债现货，然后再卖空国债期货。当货币市场空头、国债现货多头和国债期货空头具有相同的期限时，此组合就是无风险的。因此，为了防止无风险套利的发生，货币市场和债券市场的利率必然会收敛。正如 Campbell（1991）所证明的那样，当预期导致长期利率上升进而长、短期利差扩大时，市场有效性的表现应该是短期利率以更快的速度上升。所以，2002 年 3 月后货币市场和债券市场之间的长期均衡关系之所以会破裂，既不在于市场参与者的分割，也不在于市场参与者都有同样的加息、通胀预期，而是在于没有可供市场参与者套利的机制——例如国债期货。从这点来看,远期利率市场的发展已经有了必要性,而且,在汇率制度已经开始改革的背景下,建设远期利率市场已经有了现实的紧迫性。

就股票市场而言,本文结果表明,它与其他市场既不存在长期的均衡关系,也没有稳健的短期因果关系。也就是说,股票市场与其他市场存在着严重的分割问题。结合股市的现状,我们似乎不能指望仅仅依靠简单的金融创新——例如股指期货——来解决这种分割现象。其道理很简单,由于衍生品交易的杠杆效应,在股票现货市场存在着诸如股权分置这类严重问题的情况下,仓促发展期货市场将使得现货市场中的缺陷在期货市场中被成倍地放大。例如,政策当局对股权分置问题的解决办法、步骤都将严重影响股指期货价格。这就与1995年贸然发展国债期货市场的后果一样:除了因现货市场不发达之外,"327"国债期货风波在相当程度上同当时的保值贴补政策和国债贴息政策有关。

本文的分析对于我国货币政策的操作也具有启示意义。众所周知,近来关于宏观政策调控,尤其是货币政策操作存在着很多争议,其中一个主要观点是要以"市场化"的调控措施来取代"行政性"的手段。毋庸置疑,所谓"市场化"的措施,其着力点在于对资金价格,即利率的影响,并借此将政策意图传导到实体经济的运行中。简言之,是否存在顺畅的利率传导渠道是市场化调控手段得以有效的基本前提。就此,李扬和殷剑峰(2004)曾经分析了中国利率体系的现状,指出在当前市场化利率体系和管制利率体系并存的情况下,调控利率尚不足以影响实体经济。如果不考虑存、贷款利率受到严格管制的事实以及利率变动对实体经济的影响,而只看已经市场化的金融市场利率,本文的分析也表明,货币市场与包括债券市场、股票市场在内的资本市场的联动关系依然是极其不稳定的,甚至是有重大遗漏的。理想的货币政策应该是中央银行"舞动"收益曲线的短边,让收益曲线的长边轻轻"飞扬",从而通过利率期限结构的变化,对中长期利率乃至利率的风险结构产生影响。然而,由于公司债券市场尚不存在,金融市场中尚无法形成合理的利率风险结构。即使就利率的期限结构而言,货币市场和国债市场在两个时期联动关系的变化也说明,由于缺乏即期和远期利率间的套利机制,后者往往会对调控措施产生过度反应,而前者也仅仅是在2003年8月底央行调整法定准备金率时被短暂地"吓了一跳",之后依然是我行我素。所以,如果当前只强调"市场化"的调控措施,而不去真正建设市场,那么,非但不能对实体经济产生理想的效果,反而会破坏金融市场既有的均衡关系,并使其发生剧烈波动。

本文的政策建议是:第一,鉴于国债现货市场已具有相当的规模,为了在货币市场与债券市场之间建立稳固的联动关系,需要尽快发展远期利率市场;第二,尽管银行间市场已经成为维持债券市场均衡关系的主导性市场,但短期反应依然不如交易所市场灵敏,这种状况同银行间市场没有成形的交易制度有关,必须尽快完善做市商制度;第三,尽管股指期货是股票市场与货币市场、债券市场建立联动关系的必要工具，但是，在股权分置等问题未得到解决前，应该慎重对待之；第四，货币政策操作应该顾及金融稳定，尤其是在市场建设的过程中，提高信息透明度和保持市场参与者预期的稳定至关重要。

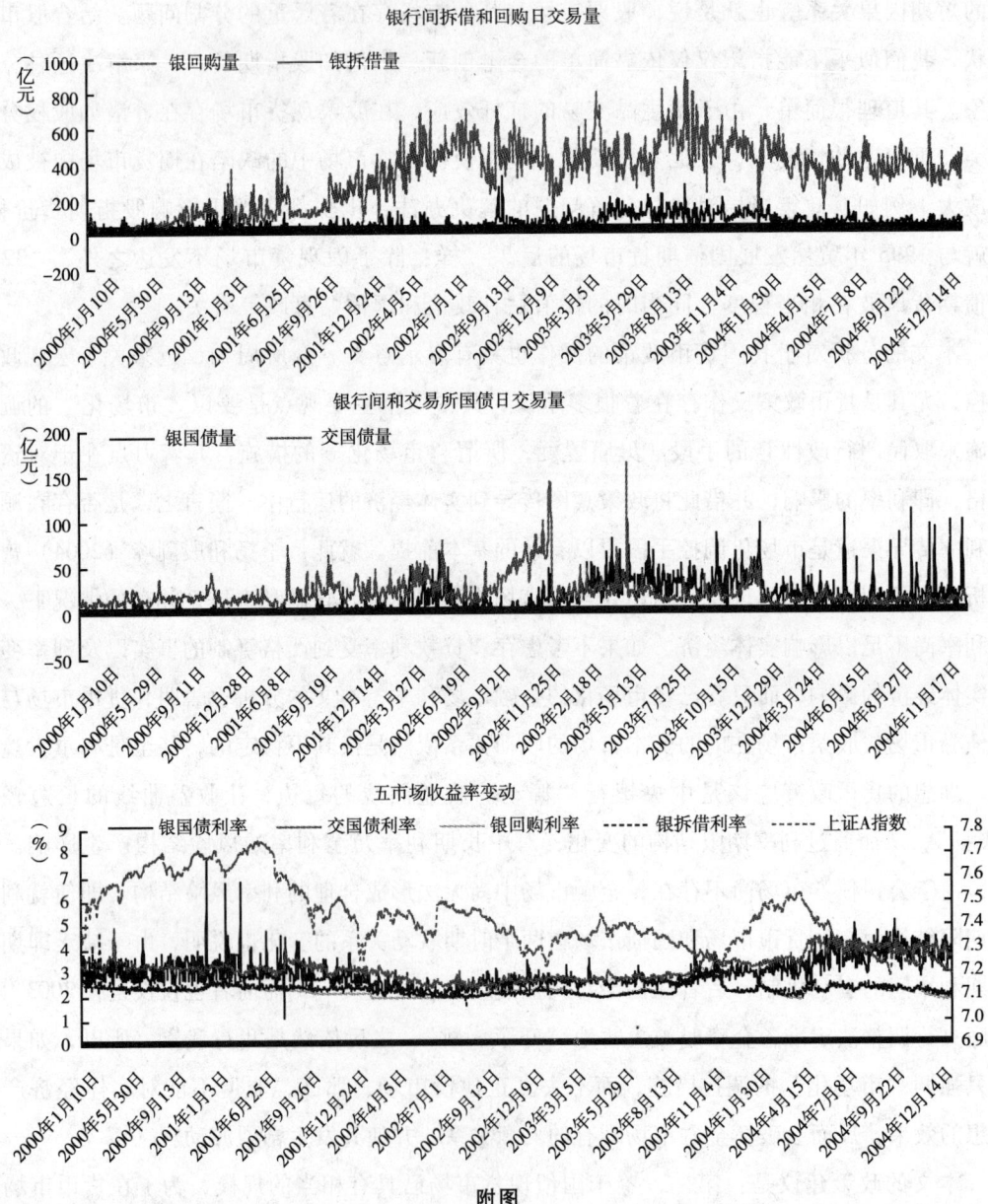

附图

（本文发表于《世界经济》2006年第1期）

参考文献

[1] 李扬：《中国国债回购市场分析》，《经济研究》1996 年第 8 期。
[2] 李扬、何德旭：《经济转型中的中国金融市场》，经济科学出版社，1999。
[3] 李扬、殷剑峰：《理顺利率体系、健全利率形成机制》，2004 年 6 月 30 日《中国证券报》。
[4] Bradley, M. G. and S. A. Lumpkin. 1992, "The Treasury Yield Curve as a Cointegrated System". *The Journal of Financial and Quantitative Analysis*, Vol. 23, No. 3, 449 – 463.
[5] Brenner, R. J. and K. F. Kroner. 1995. "Arbitrage, Cointegration, and Testing the Unbiasednedd Hypothesis in Financial Markets". *Journal of Financial and Quantitative Analysis*. Vol. 30, No. 1, 23 – 42.
[6] Campbell, J. Y. and Shiller, R. J. 1987. "Cointegration and Tests of Present Value Models". *Journal of Political Economy*. 95, 1062 – 88.
[7] Campbell, J. Y. 1991. "Yield Spreads and Interest Rate Movements: A Bird's Eye View". *Review of Econoic Studies*. 58, 495 – 514.
[8] Campbell, J. Y., A. W. Lo and A. G. Mackinlay. 1997. *The Econometrics of Financial Markets*. Princeton University Press.
[9] Engle, R. F. and C. W. J. Granger. 1987. "Co-Integration and Error Correction: Representation, Estimation and Testing". *Economertrica*, 55, 251 – 276.
[10] Hall, A. D., H. M. Anderson and C. W. J. Granger. 1992. "A Cointegration Analysis of Treasury Bill Yields". *Review of Economical Statist*. 74, 116 – 126.
[11] Heffernan, S. A. 1997. "Modelling British Interest Rate Adjustment: An Error Correction Approach". *Economica*, New Series, Vol. 64, No. 254, 211 – 311.
[12] Hendry, D. F. 1995. *Dynamic Econometrics*. Oxford University Press.
[13] Hurn, A. S., T. Moody, and V. A. Muscatelli. 1995. "The Term Structure of Interest Rates in the London Interbank Market". *Oxford Economic Papers*, New Series, Vol. 47, No. 3, 418 – 436.
[14] Mills, T. C. 1991. "Equity Prices, Dividends and Gilt Yields in the UK: Cointegration, Error Correction and Confidence". *Scottish Journal of Political Economy*, 38, 242 – 55.
[15] Stock, J. H. and M. W. Watson. 1988. "Testing for common trends". *Journal of American Statist*.
[16] Wen-Ling Lin. 1995. "Japan's Financial Deregulation and Linkage of the Gensaki and Euroyen Deposit Markets". *Journal of Applied Econometrics*. Vol. 10, No. 4, 447 – 467.

中国住房市场的公共政策研究

易宪容

一 问题提出

毫无疑问，在现代社会，住房在经济生活中的重要性，是一般的其他商品无法比拟的。它不仅直接关系每一个居民生活居住的福利水平及财富持有，而且还关系一个国家的文明程度；它不仅关系一个国家经济的发展程度，也关系一个国家城市化的进程。由于住房在经济生活中非常重要，因此，住房市场的发展不仅仅在于其本身的发展，而且关系与住房相关的当事人及关联产业各方面的利益关系。正因为住房在经济生活中如此重要，不少国家的政府一般都会就住房制定各种各样的住房政策，以便保证住房市场的公平公正及持续稳定地发展。

在1978年以前的计划经济体制下，中国没有住房市场，城镇居民采取公有住房实物分配的方式。在这样的住房制度下，住房建设投资不足、住房供应短缺、居民住房条件难以改善、住房分配的不公平等问题十分严重。1980年，中国城镇住房制度开始改革，但直到1998年7月之前住房制度改革进展仍十分缓慢；居民的住房矛盾越来越突出。1998年7月，中央政府宣布了住房制度全面改革的通告（即房地产的23号文件）[①]。该文件决定从1998年开始停止城镇居民的住房实物分配，逐步实行住房分配的货币化。按照23号文件的要求，国家相关部门陆续出台了一系列刺激住房消费，鼓励和扶持住房消费需求的金融、税收等配套政策。正因为这次住房制度的重大改革，从1998年7月起，中国住房市场得到前所未有的发展，城镇居民住房条件得到很大程度的改善。1978年人均住房面积为6.7平方米，1998年只有9.3平方米，而2005年则达到了26.1平方米（隆国强，2008）。也就是说，1998年以来的住房制度改革改善了居民的基本住房条件，增加了居民财富，促进了资本市场的发展与宏观经济的增长与稳定等（朱亚鹏，2007A）。

但是，住房货币化改革启动后，住房不平等状态并没有改变，反之在改革过程中进一

---

① 《国务院关于进一步深化城镇住房制度改革加快住房建设的通知》（国发〔1998〕23号文件）。

步恶化（朱亚鹏，2007A），并随着住房市场的快速发展又引起了不少新的严重的经济与社会问题。比如，住房价格上涨过快，使得绝大多数居民无力承担并远离住房市场，从而使得中国住房市场成为投资者的天堂；房价过高，不仅吹大了房地产的泡沫，也在积累银行体系的风险，加深国内金融体系的潜在危机（美国金融危机就是房地产泡沫导致的结果），而且房地产泡沫吹大也严重地阻碍了国家经济战略的转移、产业结构的调整，导致居民消费的严重挤出；同时，当前的住房市场导致一种严重的社会财富转移机制的产生，从而使全民财富在短时间内向少数人聚集，使居民之间的财富分配越来越不合理，财富分配两极分化越来越严重，社会冲突与矛盾四起；掠夺性地使用土地资源，中国土地使用效率极低[①]，这将严重地影响中国经济未来持续稳定的发展；住房市场贪污腐化严重，最近查出的不少贪污受贿的大案、要案基本上都与住房土地交易有关等。

对于这些问题，朱亚鹏认为，这是当前中国的住房市场发展模式的偏颇所导致的结果（朱亚鹏，2007B）。在朱亚鹏看来，当前中国住房领域里的"房价上涨过快，很多居民无力承担；房地产投资过热，孕育着泡沫风险，影响经济的健康发展；经济适用房、廉租屋政策实施不力；住房的不公平加剧"等现象，其问题的症结就在于中国住房制度改革的逐渐"新自由主义化"（朱亚鹏，2007A），即政府在住房改革过程中过分强调住房市场化，忽视其在住房供应和住房保障方面的责任。而这种新自由主义的住房制度和住房保障日益"剩余化"，导致了住房领域的各种问题和风险。

可以说，以新自由主义来评判中国这几年来的住房制度改革及住房市场发展的问题，只看到了中国住房市场问题的表面现象，但没有看到中国住房问题的实质与根源所在。因为，中国住房制度改革与转轨，表面上是走向新自由主义的住房体制，但实际上仍然是停留在计划管制的体制内，而且这种政府对住房市场的管制比国内任何一个市场都严重。从目前中国住房市场现实来看，只是在住房产品上极力市场化但是在住房的要素上则与市场化相差很远，住房的要素市场基本上是一个严重的管制的市场。笔者曾经把这种现象归结为，中国住房市场是住房要素的非市场化及住房产品的市场化（易宪容，2006）。也就是说，1998年以来的住房制度改革表面上是大力推进住房私有化、市场化、货币化和社会化，政府希望用这种方式来减少公共住房的提供，缩小在住房方面的开支，从根本上改变政府、单位及个人之间的住房责任；但实际上，地方政府及一些相关权力者却是在利用现有的住房制度、土地制度、信贷制度、税收制度等的缺陷，让中国住房制度改革变成了一

[①] 有研究表示，在现代城市化的过程中，尽管中国人均土地资源十分稀缺，但近几年来中国土地资源使用浪费最为严重。比如，据664个城市数据显示，城镇居民人均用地是133平方米，城市容积率为0.33，远远高于发达国家人均城市用地的82.4平方米和国外一般城市容积率的0.2以下（谢伏瞻，2008）。

种严重分配不公的财富分配与转移机制,从而使整个社会的财富在短时间内向少数人及权力者聚集。而住房市场这种严重分配不公的财富分配与转移机制则是住房市场快速发展及问题产生的根源所在。

当然,也有人认为这是当前中国住房市场的制度设计与政策方面不足,从而导致住房保障体系覆盖率过低,无法满足居民基本的居住需求(贾康和刘军民,2007);也有人认为房价过高和居民对住房的支付性不足及住房市场隐含着泡沫等问题,在于住房预售制度的问题与缺陷(丁成日,2009);而房地产开发商的共识则是认为房价快速上涨是地价过高和居民的"刚性需求"[①]过大导致的结果等。对于上述讨论,前两种观点有一定的道理,但只是看到问题的一个方面及表象,没有把握到问题的实质。而对于后一种观点,基本上是站在既得利益集团的角度颠倒了市场的因果关系。

可以说,近几年随着国内各地的房价快速上涨,民众与住房市场的矛盾与冲突越来越大,住房市场的经济问题也开始转化为社会问题及政治问题。对此,从2005年起,政府每年都在对住房市场出台不同的宏观调控政策,如调整土地供给政策以保证住房供给增加,改变住房市场消费模式,通过整顿市场来打击对住房市场的炒作,通过调整住房市场产品结构来满足广大居民的消费需求,加大政府财政投入发展住房保障体系等等。但是住房市场的问题与矛盾不仅没有解决,反而更加严重;快速上涨的房价不仅没有减缓,而且在不少城市还在加剧。

现在我们要问的是,为什么中国住房市场的问题与矛盾会愈演愈烈、住房财富分配会越来越不公平、政策越是调整其中的矛盾与冲突反而越大?其原因何在?在本文看来,国内住房市场之所以出现这么多的问题,根源就在于中国住房市场只有住房产业政策和住房政策,而没有住房公共政策。所谓的住房产业政策是指国家根据住房市场发展的要求,通过调整住房产品结构与住房生产企业的组织形式,来增加住房的供给总量,以便能够有效地适应住房需求结构变化的政策措施。住房产业政策所关注的是住房市场产品的供求关系。所谓的住房政策涉及与住房相关的土地、融资、开发、租赁、销售等各个方面,主要是帮助低收入者或特殊人群解决基本的住房条件问题。比如,保障性住房政策、安居工程政策等,它所关注的是如何通过政府政策资助,帮

[①] 对于住房的"刚性需求",这是房地产开发制造出来的一个概念,即居民都有居住住房的愿望,既然有愿望就有"刚性需求"。但是实际上这种"刚性需求"是与居民的购买支付没有关系的。如果居民的住房愿望不与居民支付能力结合起来,那么这种住房的"刚性需求"就不是市场的需求。比如说,每年有1000万农民进城和城里有250万年轻人要结婚,他们都有住房的潜在需求,但是如果房价过高居民没有能力支付,这种需求就无法转化为实际的市场需求。所以这种"刚性需求"在任何一本经济学教科书中都是不存在的。"刚性需求"实际上是把居民对住房的需要愿望转化为对住房的需求。这在逻辑上是不成立的。

助特殊人群解决基本的住房条件的问题。住房公共政策则与住房产业政策及住房政策有很大不同，住房公共政策的核心或本质就是通过国家的公共权力来协调住房市场各主体或利益集团之间的利益关系，并根据公共利益的要求，通过公共政策的基本程序，来达到住房市场各种主体之间的利益均衡，以此来维护社会的和谐与稳定。也就是说，住房公共政策所关注是住房市场各主体之间的利益均衡及住房市场持续稳定发展。它是一种住房市场的利益调整与协调机制。从上述定义可以看到，当前国内住房市场许多问题与困境，就是由于没有住房公共政策所导致的。因此，全面地研究中国住房市场公共政策，并在此基础上确定中国住房市场公共政策的基本原则与框架，建立起相应的执行制度，既是化解当前住房市场问题与困境的必由之路，也是中国住房市场能够持续稳定健康发展的关键所在。

本文的结构是，第二部分界定了中国住房市场公共政策的基本意蕴及前提条件；第三部分讨论了中国住房市场的公共政策程序政府与获得方式；第四部分分析了中国住房市场公共政策缺失所导致的住房市场的问题与矛盾；第五部分确立了中国住房市场公共政策的基本原则与框架。

二 住房市场公共政策的意蕴及前提条件

对于住房市场的公共政策，我们可以先从"公共性""公共政策"来理解。所谓的公共性，按照德国哲学家哈贝马斯的看法（哈贝马斯，1999），公共领域"首先是指我们的社会生活的一个领域，在这个领域中，像公共意见这样的事物能够形成"。它是"介于私人领域和公共权威之间的一个领域，是公众在这一领域对公共权威及其政策和其他共同关心的问题作出评判的地方"。在这个公共空间里，它既可以整合和表达民众的观点并传播，又能使公共权力接受来自民间的监督与约束。因此，所谓的公共决策就是通过民主、科学的程序对重大的公共问题让全体公民来讨论并提出各种意见，找到好的解决办法，最终形成社会共识的一种决策方式，而不是重大的公共决策由少数精英分子或被利益集团占据的某种职能部门来确定，并让这些决策强加在其他公民身上。

在这种意义上说，公共政策是指国家（政府）与公民就某一公共问题通过一定的程序共同作出决策的选择，并通过国家行为解决公共问题的过程（李建华，2009）。也就是说，政府作为一种权威公共组织，其职能就是按照公共利益的要求及一定的程序来调整与协调相应主体之间的利益关系，并寻求到这种利益关系的平衡点，以此来促进社会经济的发展，维护社会和谐与稳定。在这里，公共政策的主体是政府及相关利益参与的公民；主体所面对的是公共问题；公共问题的解决建基于公共利益的标准及在法定程序内利益主体之间的博弈。由于任何一项公共政策的制定、执行与终结都是不同主体之间的利益关系的调整或变动，为了保证这种利益关系的调整或变动的公正性，公共政策既要确定这种利益关系变动的公正性标准或公共利益标准，也需要通过程序正义来保证这种利益关系变动的公正性。可见，公共政策的本质是国家运用公权力在一定法定程序内来协调各主体之间的利益关系，但这种利益关系的变动或博弈是一个过程。

由此而引申出，所谓的住房市场公共政策可理解为国家（政府）与公民就住房公共利益通过一定程序共同作出决策的选择，并通过国家公权力来调整与解决住房公共利益的过程。在这里，我们先来分析，为什么住房会成为一个公共问题并需要公共决策的选择来调整和协调其利益关系？这种住房公共政策是什么以及住房公共政策需要通过什么样的方式获得？前者是这一节讨论的内容，后者则放在下一节来分析。

我们可以看到，为什么中国的住房市场面临矛盾与问题这样多？主要是由住房属性的多样性及住房市场的性质来决定的。住房既是投资品也是消费品；住房既是必需品也是奢侈品；住房既是市场的一般产品也是一种公共产品。因此，住房问题若仅从一个纯粹市场角度而不从公共性角度探讨，是无论如何都解不开住房市场的问题之谜的。

首先，在现代文明社会，个人具有居住权的天赋性，即每一个人降生在这个社会，社会就有义务保证他最为基本的居住权利。它是现代文明社会的基本标志。因此，住房的公共性第一要义是指每一个公民的基本居住权具有原则上的优先性。这是住房市场存在与发展不证自明的公理。因为，保证每一个人基本的衣食住行，是人类社会得以存在和繁衍的基本条件，也是现代文明社会的基本标志。正因为基本居住权是现代文明社会人类的基本需求，因此，在发达的国家里，甚至在有一定的文明程度的国家里，保证每一个居民基本的居住权是这些国家住房市场的基本政策或政策宗旨[①]。比如，美国住房政策的宗旨或核心就是要让每一个美国公民能够买得起住房[②]。也就是说，住房问题是关系每一个人的基本生存条件与社会的繁衍及文明的基础，因此，住房问题从本源上就是一个公共问题，离开了这一基本要求，住房市场其他方面的属性也就无从谈起。特别是在土地公有制的中

[①] 无论是1981年联合国的《住宅人权宣言》，还是法国、西班牙、荷兰等国的宪法，都把每一个公民的基本居住权放在绝对优先位置上（贾康等，2007）。美国的《国家住宅法》把住房发展的宗旨就界定为要生产"安全舒适绝大多数人有支付能力的住宅"（童悦仲等，2005）。

[②] 可以说，美国所有的关于住房市场发展的制度规则，法律及经济手段都是围绕着如何保证每一个公民基本的居住条件来确立的。比如美国住房市场的各种优惠政策都是支持居民自住需求的，对住房投资则有严格的限制条件。可以说，凡是成熟的市场经济国家，对住房购买的投资都有严格的限制。

国,保证每一个公民基本居住权利的优先性更应该成为住房市场发展的基本国策[①]。在这样的公理体系下,中国住房市场的法律制度、发展模式、运作规则、利益分配与调整等方面只能是在这个基础上建立、延伸与拓展。离开这个基础,离开了住房市场的居民居住权的优先性,住房市场存在与发展的意义就不一样,它所面临的困难与问题就会风生水起。

其次,住房市场的公共性还表现在住房市场的人民性上。因为,中国是中国共产党领导下的社会主义国家。正如胡锦涛总书记在十七大报告中指出的那样,中国共产党的根本宗旨就是全心全意为人民服务,党的一切奋斗和工作都是为了造福人民,要始终把实现好、维护好、发展好最广大人民的根本利益作为党和国家一切工作的出发点和落脚点,做到发展为了人民、发展依靠人民、发展成果由人民共享。这是科学发展观的核心(《中国共产党第十七次全国代表大会文件汇编》,2007)。所以,在十七大报告中,"住有所居"是民生经济的基本内容之一。

从总书记这一段话的基本精神来看,中国的经济发展比如住房的发展,并非仅是追求GDP的高低,追求房地产增加多少产值,追求房地产可以带动多少关联产业的发展,而是看这种发展是否符合绝大多数人的利益,是否提高全体中国人的住房福利水平[②]。如果我们的住房市场仅仅是富人的市场,如果中国住房市场仅仅是为少数人服务的市场,那么这个市场与住房市场的人民性是完全背道而驰的,也是与中国共产党的基本宗旨相背离的。也就是说,住房市场的人民性正说明住房问题是一个完全公共问题。

最后,中国住房市场的公共性还体现在中国城市的土地为国家所有上(谢伏瞻,2008)。在中国,住房市场是建立在土地国有的基础上的。土地国有意味着什么?不仅在于中国土地为中国全体的公民所有,而且在于中国土地所有的权能为全体人民服务,人民有权分享土地上的成果。也就是说,尽管中国的城市土地由中央政府委托地方政府来管理,但最终所有权归全体人民。人民有权利转让或收回国有的土地,也有权利共同分享土地的增值与成果,有权利分享土地附上物的溢价。正因为中国土地为国有,住房生产的最基本的要素是土地,因此,土地附着物即住房上的利益如何来分配与调整则是一个纯粹的公共问题。

可以说,每一个居民基本居住权的天赋性、党的宗旨的人民性、城市土地的国有性,

---

① 党的十七大报告,就把"住有所居"作为推动和谐社会的最基本的方面,参见《中国共产党第十七次全国代表大会文件汇编》,人民出版社,2007,第36页;关于房地产的2007年的24号文件和2008年的131号文件都把住房发展归结于民生的市场,归结为改善全体居民基本居住条件。
② 2008年国务院关于房地产的131号文件就认为住房市场发展的基本宗旨是为了居民住房条件的改善与提高居民的住房福利水平(详见《国务院办公厅关于促进房地产健康发展的若干意见》国办发〔2008〕131号)。

不仅说明了住房问题是一个完全公共性问题，而且它也是住房公共政策制定与确立的前提与基础。只有在这个基础上，住房市场运行才能够符合广大民众的公共利益，住房公共政策才能体现其公平公正性。但是，任何公共利益并非是一个抽象的概念，它也不可还原成某种个人利益。公共利益的识别与获得是在一定的程序下经过绝大多数公民参与讨论与博弈，得到全体公民的认可并取得共识。不过，阿罗的不可能性定理表明（参见佩尔森等，2007），没有一个普遍原则能够使民主制度把个人偏好和谐地加总成政策选择。这也就意味着，在现实的民主政治中，尽管多数决定有其明显的优势，但它无法产生特定的均衡政策，除非我们把它限制在某种特殊的个体偏好或政治制度的范围内。特别是在现代民主社会中，价值的多元化是其基本特征，不同主体之间的价值与利益冲突是不可避免的。因此，在一定的条件下，如何把价值问题转换为程序问题来处理价值与利益多元化冲突是打破这种僵局的明智选择（季卫东，1993）。也就是说，为了保证住房公共政策的公平公正性不仅需要确立住房公共利益的标准或基础，而且还得设计一种公民或当事人广泛参与及对公权力使用的合理限制的程序，通过住房公共政策程序正义来保证住房公共政策的公平公正性。因此，住房公共政策程序正义是获得公平公正的住房公共政策的主要途径。

三　住房公共政策程序正义及其获得途径

住房公共政策正义是指在住房公共政策的制定、执行、评价与终止的过程中，依照宪法与行政法规的要求，按照既定的顺序、方式与步骤作出政策选择的行动，或通过理性权衡，寻找并选择最有效地实现公平公正要求的住房公共政策的方法（李建华，2009）。那么如何来保证住房公共政策程序正义呢？它取决于以下三条标准，一是程序所产生的结果是否与实质的公平公正相一致。比如说，美国的《国家住宅法》把住房发展的宗旨界定为生产"安全舒适绝大多数人有支付能力的住宅"（童悦仲等，2005），即住房市场的存在与发展从根本上说就是优先满足每一个公民的基本居住权的。这是美国住房公共政策实质上的正义。住房公共政策程序上的正义就得围绕该核心而展开。如果背离了住房公共政策实质上的正义，那么住房公共政策程序上的正义也就无从谈起。比如，有人说住房发展就是为了增加GDP，就是为了带动几十个行业的发展。但是这种住房发展可能有利于居民住房条件的改善，如以消费为主导的住房市场繁荣；也可能只是为了住房发展而发展，如住房市场成为以投资为主导的市场。可以说，如果住房发展只是为投资者获利而不是成为以居民消费为主导的市场或提高全体公民住房福利水平的市场，那么这种住房发展就离开了住房公共政策实质上的正义。

二是在住房公共政策的制定与选择中,公民参与的深度与广度。在住房公共政策的制度与选择中,如果作为当事人的公民不仅能够广泛地参与讨论与博弈,而且有权提出公共决策议程设置,那么这种公共政策决策的结果就能体现理性权衡及形成绝大多数人的共识,就能协调好各方的利益关系;如果住房公共政策制定与选择没有体现公民参与的自主性、平等性与广泛性,那么要想达到多方利益关系平衡的共识是不可能的,甚至有可能使少数人通过制度化的方式让一部分人对另一部分人的利益产生侵害,或使既得利益制度化。

三是住房公共政策程序对所允许的政治权力使用具有正当性。这种所允许的政治权力使用的正当性主要表现为对公权力使用合理边界的设定。在这种情况下,住房公共政策的决策既要符合公共利益的要求,也要减少甚至避免少数利益集团对住房公共政策的主导而损害绝大多数人的利益。因为,由于人类理性的有限及未来世界的不确定,从而使得任何制度设定都是不完全的,当权者随时都可能利用制度不完全为己谋利或偏离公共利益的目标,而公共政策程序正义就是要通过程序本身的自治、理性权衡与选择,发现并实现公共利益,从而减少权力者谋取私利的可能性(李建华,2009)。比如说,一些既得利益集团可能凭借其强大的经济势力,制造虚假的"公共呼吁",游说政府部门及立法机构,使得公共决策的选择偏离公共利益的轨道,最后让既得集团的利益制度化。可以说,这是目前国内住房市场政策最为人诟病的地方。可见,住房公共政策程序正义既有工具价值,也有内在价值,它是住房公共政策获得的根本途径。在此,我们还可以对美国的住房公共政策获得过程作一点分析。

在美国,为了保证公共政策程序正义,设定了一系列的制度安排[①]。美国目前的公共政策制定程序规则主要以《1946年行政程序法》(Administrative Procedure Act of 1946)、《1980年管制弹性法》(Regulatory Flexibility Act of 1980)、《1980年减少繁文缛节法》(Paperwork Reduction Act of 1980)等法律为基础,1993年克林顿签署的《12866号行政命令——管制的计划和审核》(Executive Order 12866:Regulatory Planning and Review)对上述法律进行修改与完善。比如,《1946年行政程序法》第553条规定了公共政策制定的"公告和评论程序"(Notice and Comment Procedure)。"公告和评论程序"主要是给公众提供一个参与规章制定的讨论、评论和发表意见的机会。征求意见可采取三种方式:第一种是民意调查;第二种是邀请独立政策机构的专家学者,对建议的规章进行审查、分析和评

---

① 本段的内容可参见张宇燕、席涛《监管型市场与政府管制:美国政府管制制度演变分析》,《世界经济》2003年第5期。

估;第三种是邀请政府相关的行政机构对建议的规章进行分析和评估。政府机构收集到上述三方意见后,对意见进行归纳、整理和分析,在此基础上制定最终制度规则。对制度规则的生效与执行,政府机构要根据审判型听证程序的意见,再次修改制度规则,机构内部审核认为修改后的制度规则反映了公众的意见,便由主要负责人签发与审核。如果修改后的规章通过审核,将作为最终规章制度发布在《联邦登记本》上,公布30天后生效,成为正式制度规则。可见,美国政府的每一部公共政策的制定、实施和执行都有具体严格的法律程序的保障,基本上都是整个社会集思广益、各种利益当事人之间利益反复博弈的结果。

比如,就美国住房政策制定的过程来看,20世纪30年代的美国经济大危机,使得居民按揭贷款违约问题严重,整个美国住房市场面临着崩溃。在这种情况下,先是美国国会对当时的住房市场进行了彻底的研究调查,明确真相,然后在设定的程序内广泛讨论立法规范。如1932年颁布《联邦住房借贷银行法》,1933年颁布了《有房户借贷法》及1934年颁布了《全国住宅法》(施瓦兹,2008)。这些法律基本奠定了未来几十年美国住房市场发展与繁荣的基础,而且美国的公共住房政策及法律会随着时间与环境的变化不断地调整。比如,1961年美国政府颁布的关于帮助中低收入居民解决基本住房条件下的第221(D)3条款,由于该住房政策没有真正能够帮助中低收入者,从而使得该条款在1968年终止,并制定了第236条款,同时出台了第515条款、第521条款等(施瓦兹,2008)。可以说,这些住房公共政策,基本上是经济学家、金融专家、有关的企业领袖及广大民众等共同参与讨论的,剖析问题的症结所在,最后在平衡各方利益关系的基础上提出的解决议案。在社会各界人士公开辩论达成共识以后,再由国会立法,付诸实施。由于有关当事人能够在立法的过程中亲自参与,充分了解住房公共政策改革的内容与方案,并通过反复的利益博弈才形成制度安排,这样才能彻底执行。美国住房公共政策就是在这样的基础上不断地确立完善起来的。

也就是说,程序正义是住房公共政策公平公正的基础条件,因为,它不仅以程序化的方式要求当事人对政策的议题、内容、利益关系进行广泛地对话、讨论、博弈,而且它对公权力的使用设定具体的边界。这样既可调整好各当事人之间的利益关系,也能够防止一部分人制造出虚假的"公共呼吁"来控制制度规则的设定过程并把少数人的利益制度化而侵害另一部分人的利益;既能防止公共决策的选择偏离公共利益的轨道,也能防止在公共决策过程中公权力的使用不当或滥用问题。

四 住房公共政策缺乏是当前中国住房市场许多问题产生的根源

正如上文所说,中国房地产市场只有住房产业政策及住房政策,没有住房公共政策,住房市场的许多问题也就由此而生。从已有的资料来看，中国住房制度改革是从 1980 年开始的，之后出台关于住房制度改革的文献也不少，但是截至 1998 年，除了广东和上海等市场经济较为发达的城市之外，中国住房市场根本就没有建立起来。因为，1998 年之前的这些住房制度改革强调的是公房如何转变成商品房，如何集资建房，因此，在单位分房的计划体制下，中国既没有房地产业也没有住房市场（谢伏瞻，2008），当然更无法有住房市场的公共政策。

1998 年中国采取货币化分房之后，住房市场才开始逐渐形成。1998 年之后政府出台三个最为重要的关于住房改革的政策文件①。尽管这些政策文件同样涉及住房市场利益分配，涉及对弱势居民基本居住权的关注，但是这些政策文件没有一个具有住房市场的公共政策含义。无论是从这些文件所规定的住房市场目标还是文件形成的方式来看，都是如此。比如从住房市场发展的宗旨来分析，23 号文件提出住房发展的目标是"稳步推进住房商品化，逐步建立中国城镇的住房新制度；加快住房建设，促进住房业成为新经济增长点，不断满足城镇居民日益增长的住房需求"；18 号文件对此的表述是"房地产业关联度高，带动力强，已经成为国民经济的支柱产业。促进房地产市场持续健康发展"，能够提高居民住房水平，改善住房质量；促进消费，扩大内需，拉动投资增长；扩大社会就业等。131 号文件的住房发展目标是，"加大保障性住房建设力度，进一步改善人民群众的居住条件，以保证住房市场健康稳定的发展"。上述三个文件，除了 131 号文件在某种程度上体现住房政策公共性之外，其他两个文件都是把带动经济增长作为住房发展的目标，满足居民的基本居住需求只是这种经济增长目标达到后的副产品。由于住房市场发展的目标是经济增长，而住房的属性既可为投资也可为消费，从而使得无论是一些政府职能部门还是地方政府及房地产开发企业，它们能够根据其自身的需要来解释住房市场是以投资为主导还是以消费为主导②。因为以投资为主导的住房市场发展仍然可以促进经济增长。如果住房市场成为以投资为主导的市场，住房市场的发展就会远离公共利益的基本宗旨，从而使得中国住房市场的发展模式、运作方式、土地政策和信贷政策等既无法体现绝大多数

---

① 1998 年《国务院关于进一步深化城镇住房改革加快住房建设的通知》（国发〔1998〕23 号文件）；2003 年《国务院关于促进房地产市场持续健康发展的通知》（国发〔2003〕18 号文件）；2008 年《国务院办公厅关于促进房地产健康发展的若干意见》（国办发〔2008〕131 号）。

② 比如说，国家统计部门计算住房购买时，住房是投资品，因此，房价快速飙升就不反映在居民的物价水平的变化上；而在政府为了扩大内需时，又把住房作为消费品，认为鼓励居民购买住房，可以增加居民的消费；当投资者利用银行的金融杠杆大量进入房地产市场炒作时，房地产开发商认为对此不要干预太多，因为住房作为投资品是居民增加财富的一种方式等。每一个人、每一个团体及组织都能够根据其需求来解释住房是什么，然后由此推出不同的政策。

人的利益与意志，也无法让多数人的住房福利水平得以改善与提高，更无法调整住房市场当事人之间的利益关系。这就是2007年9月以前的不少住房政策偏颇的根源所在。

那么，中国为什么会没有住房公共政策？为什么住房市场的政策目标会偏离绝大多数人的利益？最根本的问题就是在住房市场政策的制定、执行、评价与终止的过程中没有程序正义，即中国住房政策不是通过公共政策的方式来确立的。如果住房市场政策没有程序正义，也就无法形成公平公正的住房公共政策。住房分配或住房利益涉及社会每一个公民的基本利益，特别是在土地国有制的中国，情况更是如此。由于中国的住房政策既没有基本的法律把绝大多数人的公共利益制度化，也没有程序的正义来保证住房政策的公平公正，因此，这些住房政策也就无法保证按公共利益来制定及平衡住房市场中的各种利益关系。比如，20世纪90年代以来出台关于土地政策的文件的数量，近150件，字数超过70万字（谢伏瞻，2008）。特别是表现在土地出让金的政策上，中央政府与地方政府的利益博弈从来就没有停止过。但是，这些利益博弈从来就没有形成公共政策，而只是上下级政府之间的利益关系的调整。由于没有形成土地的公共政策，也就无法就土地问题达成各当事人之间的利益协调与平衡，使得土地市场所面临的问题与利益冲突十分严重。

还有，在住房市场发展与繁荣的过程中，由于没有住房公共政策，就容易让整个社会财富在短时间内聚集到房地产开发商手中，房地产商利用资本权力开始把其意愿延伸到社会生活各方面（政治、经济、传媒、社会生活等）。房地产开发商通过这种资本权力的优势不仅阻碍现有的不合理的住房制度（比如住房预期制度）修改而延续至今（易宪容，2007），以便最大化地榨取住房市场的高额利润，而且通过政治等途径把其既得的利益制度化。

比如说，2003年央行出台一份关于住房信贷管理的121号文件①，该文件无论从哪个角度来说，都应该是一份专业强、既促进住房市场发展又能防范银行风险的文件，但是这个文件由于不利于房地产企业"空手套白狼"、不利于房地产企业牟取暴利。因此，121号文件很快就被房地产开发商以"公共呼吁"②的方式借助于相关的职能部门以国务院的名义用一个所谓的住房18号文件所替代③，从而使得121号文件公布后名存实亡。从此之后，不少城市的房地产泡沫泛起，住房市场问题开始产生。后来，通过一系列住房政策调整，直到2007年下半年的359号文件及452号文件④的出台，房地产市场信贷政策才回

---

① 121号文件就是央行印发的《关于进一步加强房地产信贷业务管理的通知》（银发〔2003〕121号）。
② 即强调房地产对经济增长的重要性，来阻止不利于住房市场扩张的政策出台。
③ 18号文件就是国务院《关于促进房地产市场持续健康发展的通知》（国发〔2003〕18号）。
④ 359号文件的内容主要是指2007年9月27日和12月5日，中国人民银行和中国银监会相继联合发布《关于加强商业性房地产信贷管理的通知》（银发〔2007〕359号）和《关于加强商业性房地产信贷管理的补充通知》（银发〔2007〕452号）。

到121号文件的原点①。但在2003~2007年的几年间，房地产开发商早就利用这种不合理的制度安排赚得盆满钵满。

可见，由于中国没有住房公共政策和住房公共政策程序正义，许多住房市场的问题由此而生。第一，没有住房的公共政策也就无法把公共利益作为住房市场的发展宗旨或目标，比如现行的不少住房政策不是把每一个居民的基本居住权放在优先的地位，把居民的住房福利条件的改善作为目标，而是把经济增长作为其目标。这样，各个部门或地方政府可以根据其需要或取舍来解释住房市场发展，甚至一些地方政府为了土地财政，把住房市场引导到以投资为主导的市场中去。这样，不仅违背绝大多数人的根本利益（高房价让广大居民无法进入住房市场），使公共住房保障体系无法确立，而且容易吹大住房市场泡沫，引发金融危机及经济危机。但是，他们也知道，这样做收益由这些人或机构获得，出现危机与风险造成的损失将由全国人民来承担。

第二，由于没有住房公共政策，绝大多数人不仅无法分享到随着经济增长国有土地溢价成果，反之国有土地成为侵害民众利益的工具。在中国，住房市场是建立在土地国有的基础上的，它是住房生产的基本要素。土地国有意味着每一个公民既有权利来转让或收回国有的土地，也有权利来共同分享土地的增值及土地附上物的溢价。但是，就目前的情况来看，由于中国的要素市场发展不成熟，由于没有住房市场公共政策对政府权力的界定与约束，中国的土地管理制度存在缺陷，国有土地不仅成了少数人谋利的工具，而且也成为少数人掠夺绝大多数人利益的重要方式②。还有，我们可以看到，在当前中国空前的城市化发展和基础设施的建设过程中，所有的土地及房地产增值都是非常巨大的，而这些土地及住房的增值并非仅是住房的物质结构或建筑物的增值，更体现为政府在城市基础设施和服务开支被资本化入住房的价格中。如果土地及住房的增值不以制度化的方式来处理与回收，不仅会造成整个社会财富严重分配不公，也会让非常巨大的国有资产"流失"。但是，从目前的情况来看，这笔巨大的国有财富溢价，不是流入国家财政，也没有让绝大多数人来分享这种成果，反之，由于过高的房价则使得绝大多数人成了利益的受害者，比如"中国房奴"的出现；中国的地方政府及房地产开发商则成了这笔巨大财富溢价最大的受益者。

---

① 实际上，359号文件不仅对121号文件的住房信贷管理政策全部接受，而且对近年发生的新问题作出了新限制与调整。
② 比如，高房价对居民财富的侵害已经到了无可复加的地步，不仅体现在国内一线城市房价高于一些发达国家的住房价格水平，而且体现在一家三代人积攒的财富只能购买一套住房。可见，这种高房价严重侵害了居民的财富。

第三，由于没有住房公共政策，绝大多数民众无法通过公共政策程序来反映与争取其诉求，反之少数人却利用这种制度缺陷把其既得利益制度化、合理化。笔者在几年前就提出，要谨防房地产"要挟"中国经济（易宪容，2004），实际上这种情况目前比比皆是。可以说，当前住房市场的最大问题就是房地产开发商借助资本权力让其力量渗透到社会生活的方方面面（进入政治生活、左右政府政策、操纵媒体及大众舆论等）以此来左右社会经济财富分配，以此来有组织地左右政府政策，希望政府出台各种政策来化解他们所认为的住房市场问题，维持住房市场的暴利，从而让房地产开发商的既得利益制度化、合理化。无论是2003年的121号文件被18号文件所打压，还是2008年房地产开发商通过所谓的住房行业协会游说中央政府及地方政府出台各种救市政策，以及2009年全国工商联在人大会议上所提出的房地产土地成本的报告等都是如此。由于房地产开发商要把既得利益制度化，他们在进行土地与住房交易时希望通过钱权交易完成，那么中国住房市场的竞争不是以质量与服务取胜，而是以权力取胜，这不仅导致住房市场利益关系更为复杂，而且导致住房产品质量等问题更加严重。最近上海倒楼事件就说明这点。

第四，由于住房市场没有公共政策，也就无法对公权力在住房市场使用进行有效的制约与限制。由于近几年来住房业能够在短期内聚集或掠夺大量的社会财富，从而使得住房业成为贪污腐败最为盛行的地方。从《财经》近三年中所披露出来的各种贪污腐败大案来看[1]，90%以上的案子都是与住房及土地交易有关。而且这些贪污腐败案越来越大，所涉及的金额越来越多。在市场经济中，如果一个行业贪污盛行，不仅说明这个行业的政府管制太多，有效的市场制度规则没有建立，市场钱权交易十分严重，而且也说明了这个行业的暴利太高。如果一个行业的钱权交易盛行，那么交易的完成、交易利益的分配，就在于权力的大小。权力可变为金钱，金钱也可以变为权力。这种情况将会导致市场价格机制扭曲或失效、资源配置浪费、利益分配失衡、社会冲突四起等。

总而言之，由于没有住房市场公共政策，从而导致了中国住房市场的许多问题，无论是居民的基本居住权无法得以保障、住房利益分配失衡、土地财富不能共享、住房市场价格扭曲与波动，还是住房市场无效率、贪污腐败盛行等都与没有住房公共政策有关。因此，面对住房市场错综复杂的利益关系和完全扭曲了住房的价格机制等，中国住房公共政策的制定与确立已经势在必行。只有确立住房公共政策，才能化解当前中国住房市场各种矛盾与问题。否则，中国住房市场的利益更为混乱，住房市场的矛盾与冲突会更加严重。

---

[1] 详见近三年的《财经》杂志。

五 中国住房市场公共政策的基本原则与框架

近几年,在推行不少行业的公共政策方面取得巨大的进展,这也就为中国住房公共政策确立创造了良好的环境。比如,2005年中国股市的股权分置改革,2007年《劳动合同法》的制定,2008年医疗制度改革方案的通过等,基本上也是通过一种公共政策的方式来进行的。可以说,2005年股权分置改革如果不是集思广益,通过程序化的公共政策方式从几千个改革方案中吸取精华,想要取得成功是不可能的。面对中国住房市场的困境及错综复杂的利益关系,有人提出要对中国住房市场进行"第二次革命",即中国住房市场要进行更为彻底的制度改革。本文认为,这是十分必要的。但这次彻底的住房制度改革就是要建立起住房市场的公共政策体系,就应该是住房公共政策体系确立的革命。如果不是这样,要让中国住房市场走上持续稳定发展之路是不可能的。

对于当前中国的住房市场来说,改革的难度不小于当年的股权分置,因为,住房市场利益关系更是错综复杂。因此,要建立起中国的公共政策体系,首先要在住房政策观念上革命。也就是说,对于当前的住房制度改革,不仅应把住房问题看做是一个重大民生问题,而且还得把它看做一个重大的公共政策问题。公共政策面对的是全国每一个公民而不是一部分城市居民。既然住房公共政策面对的是全体的国人,由于全体人民的阶层、财富收入水平、对住房需求偏好、居住文化等方面的原因不同,只有对住房市场采取公共性决策方式,所出台的政策才能满足全体公民对住房市场不同的需求;而不是政策的倾向性,那只会造成一部分人对另一部分人利益的侵占或损害。

可以看到,近几年来,政府对住房市场的宏观调控越来越多,但是这些政策所起到的作用效果则越来越差,从而迫使对住房市场调控的政策继续不断增加。其问题就在于政府职能部门一直狭隘地把中国住房市场仅仅看做是一个简单的一般商品市场,认为住房市场的问题可以通过市场的供求来解决。在这种观念下,多年来政府的住房政策就不可能采取民主、科学的公共政策的议程设置,而仅是由少数政府部门的几个精英来确定,甚至由特殊的利益集团来决定。这就使得中国住房市场越是发展,其利益关系就越复杂,相关利益者之间的利益失衡就越严重,更不用说来协调他们之间的利益关系了。即在当前的住房政策的环境下,在城市不同收入阶层、农民工、地方政府、保障性住房及开发商等之间达成利益平衡是根本不可能的。所以,住房政策观念上的革命即住房公共政策的确立已经势在必行了。

其次,在上述的基础上,要化解中国住房市场的困境,就得对当前中国住房政策法规进行全面的检讨，并在此基础上制定住房市场的中长期公共政策。而这种住房公共政策应该是住房市场所有的当事人各种利益关系的调整与协调平衡的结果。它的原则或核心是保证每一个公民的基本居住权，让绝大多数居民的住房福利条件不断改善，所有的住房政策都必须建立在这一原则上。也就是说，保证每一个公民的基本居住权既是中国住房公共政策的基本原则也是其宗旨，而且这个宗旨要通过立法的方式把它固定下来。比如说，中国要尽快设立《住宅法》。如美国的《住宅法》的第一句话就规定美国房地产发展的目标或宗旨，就是要让每一个家庭都有支付能力购买舒适的住宅。可以说，这也应该是中国住房市场发展的目标与宗旨，是中国住房公共政策的根本原则。特别是，作为社会主义国家的中国，中国住房业的发展是建立在以下三个基本前提上的，即个人居住权的天赋性；社会主义国家的人民性；土地的国有性。因此，无论是住房公共政策讨论还是制定，都必须建立在这三个基本前提上。在中国住房市场发展的三个前提下，住房公共政策的原则就更加清晰明了，而不是谁想解释就解释得了的。而这些都得通过《住宅法》的方式制度化。

再次，在上述三大前提下，中国住房的公共政策不仅在于每一个人基本居住权的保障问题，而且在于中国的城市化过程中，房地产市场资本化产生的巨大的财富溢价的分配问题。这里既有土地的溢价，也有土地附着物住房建筑的溢价。这笔每年大致有2万多亿元的房地产巨大财富的溢价，本来就是属于全国人民的一笔巨大的财富。但是如果把住房市场仅看做是一个一般商品市场，那么这笔巨大的房地产溢价就会被看做是房地产开发商及地方政府的所得，并让这笔巨大的财富轻易地流入少数人手上。

早些时候，房地产开发商能够以十分低的价格从政府手上协议转让获得大量的土地，并把这些土地囤积起来，甚至于把房囤积起来推高房价。从市场的角度和住房的一般商品性质来看，房地产开发商这样做无可厚非。市场上流行的观念甚至是房地产企业利润最大是其本性，但是实际上，问题就在于政府没有把住房作为一个公共性问题，没有把住房市场的巨大溢价看做是全国人民共有的一笔财富，住房轻易地被房地产开发企业及地方政府获得了。可以说，如果没有政府在城市化过程中大量的基础投资与服务投入，那么这笔城市化过程中房地产的溢价是不可能产生的。比如，为什么在国内一线城市的住房价格比较高、土地值钱，而在一些穷乡僻壤的地方，土地及住房则不值钱？关键的问题就在于政府对这些地方的投入的不同。如果把政府的这些巨大投入仅仅作为房地产开发企业的利润，这对全体中国的居民来说都是不公平的。比如，目前一些发达地方政府都把当地的土地及土地收入作为地方所有，它对国有土地制度下经济落后的地方来说是不公平的。因此，通过住房公共政策要建立起一个全国性的土地基金也势在必行。通过这个土地基金，以级差地租的方式来收取土地出让金，以中央转移支付的方式来让全国居民分享中国城市化进程中的成果。这样,才可能减小由于住房作为财富分配及转移机制所带来的收入分配不公问题,也可缓和居民收入分配差距扩大的矛盾,创造全国平衡发展的条件。

最后,中国住房公共政策还表现在住房市场政策的议程设置及程序正义上。因为,在任何社会中,政府的资源都是有限的。面对着这些有限的资源,在具体决策之前,政府不得不做出抉择。那么为什么有些住房市场问题会拿到台面上讨论,而另一些问题则被排斥在外?其关键问题就在于,民众必须了解,政府在制定房地产市场政策时,其议程是如何设置的,谁参与这些议程的设置。如果住房政策议程设置被少数精英分子所把持,甚至被少数既得利益集团捕获了的某种政府职能部门所把持,那么民众关注的问题与政策制定者关注的问题就会南辕北辙,这些人就会利用一些表象的"公共呼吁"来攫取其他人的利益,甚至会用一些冠冕堂皇的东西来掠夺绝大多数人的利益①。

近几年来,中国住房市场出台的政策可谓多之又多,但是不少住房政策不仅内容不具有公共性,而且在政策议程设置上也不具有公共性,从而使许多重大的房地产市场问题,特别是涉及广大民众切身利益的重大问题不仅没有让广大公民参与也不能够让这些重大问题进入住房政策议程设置。如果一些重大的住房问题连政策议程设置都无法进入,那么这些问题要解决更是不可能。这也就是目前中国住房公共政策难以确立的关键所在。比如说,物业税的开征,在发达的市场国家是天经地义的事情,但是在中国,讨论了几年仍然迟迟无法推出。中国物业税的迟迟无法推出可能是与这些议题还没有进入住房政策议程设置有关。还有就是住房预售制度的修改,这种制度本来就是计划经济下的产物,其问题及缺陷十分严重。可以说,在当前的住房市场,这种情况十分普遍。

可见,要建立中国住房公共政策体系,先得有观念上的变革,并在此基础上确立中国住房公共政策的基本原则、目标及获得的程序。通过程序正义来保证住房公共政策的公平公正,然后把这些原则及程序正义具体地体现在住房发展模式、住房土地政策、住房产业政策、住房信贷政策、住房税收政策、住房资助政策等各个方面,更为具体地体现在住房的土地交易、城市规划、融资、开发、租赁、销售等住房市场的各个环节上。这样,一个以全体居民住房福利条件不断改善的住房市场、一个绝大多数居民有支付能力购买的住房市场、一个体现全体公民公共利益的住房市场才会出现。只有这样的住房市场,才能让住房市场的各种利益关系找到利益的平衡点,才能保证中国住房市场持续稳定地发展,才能保证社会的和谐与稳定。

总之,住房公共政策是当前住房制度改革最为重要的问题,住房公共政策要讨论与研

---

① 现在网络上所谓的"购买高价房爱国"就是这样的一种现象。

究的方面有很多，在此就几个方面作重点讨论与分析，但愿以此为起点，引起国内学术界同仁的重视并参与进来一起研究与讨论。中国住房市场只有全面地进入完全公共决策的范畴，才是中国住房市场许多问题真正得以化解的关键。

（本文发表于《管理世界》2009 年第 10 期）

参考文献

[1] 朱亚鹏：《住房制度改革：政策创新与住房公平》，中山大学出版社，2007。
[2] 隆国强：《中国住房政策演进与未来改革方向》，载于谢伏瞻主编《土地制度与住房政策》，中国大地出版社，2008。
[3] 谢伏瞻主编《土地制度与住房政策》，中国大地出版社，2008。
[4] 朱亚鹏：《市场主导的中国住房政策：问题与挑战》，香港《21 世纪》2007 年第 6 期。
[5] 易宪容：《当前中国房地产市场形势分析》，台湾《经济前瞻》2006 年第 2 期。
[6] 贾康、刘军民：《中国住房制度改革问题研究》，经济科学出版社，2007。
[7] 丁成日：《城市增长与对策：国际视野与中国发展》，高等教育出版社，2009。
[8] 哈贝马斯：《公共领域的结构转型》，学林出版社，1999。
[9] 李建华：《公共政策程序正义及其价值》，《中国社会科学》2009 年第 1 期。
[10] 《中国共产党第十七次全国代表大会文件汇编》，人民出版社，2007。
[11] 佩尔森等：《政治经济学：对经济政策的解释》，中国人民大学出版社，2007。
[12] 季卫东：《法律程序正义的意义：对中国法制建设的另一思考》，《中国社会科学》1993 年第 1 期。
[13] 童悦仲等：《中外住宅产业对比》，中国建筑工业出版社，2005。
[14] 张宇燕、席涛：《监管型市场与政府管制：美国政府管制制度演变分析》，《世界经济》2003 年第 5 期。
[15] 施瓦兹：《美国住房政策》，中信出版社，2008。
[16] 易宪容等：《中国住房预售制度的分析》，《江海学刊》2007 年第 2 期。
[17] 易宪容：《要谨防房地产要挟中国经济》，2004 年 7 月 6 日《新京报》。

结构性金融产品的定价与投资决策研究：不确定性方法

王增武　汪圣明

一　引言

1880年，首款复合结构投资工具的问世拉开了结构性金融产品[①]研究的序幕。现代意义上的结构类产品起源于20世纪70~80年代，90年代出现爆发式增长，如美林公司最早于1985年发行了流动性收益期权票据（Liquid Yield Option Notes）；1986年所罗门兄弟公司发行了S&P500指数挂钩票据和日经指数挂钩票据；1987年3月，美国大通银行推出了市场指数挂钩投资票据（Chase Manhattan Market Index Investment）。经历了20余年的发展，结构性金融产品已成为各金融机构为投资者进行资产和负债管理的首选投融资工具。另据波士顿咨询公司统计，2009年的全球银行理财产品市场规模已达到100万亿美元。

随着银行理财产品市场，尤其是结构性理财产品市场的不断发展壮大，有关银行理财产品定价和风险控制的文献也不断增多。Chen和Sears（1990）将所罗门兄弟公司发售的S&P500结构性产品分为债券和欧式看涨期权两部分，分别利用标准债券定价模型和Black-Scholes期权定价模型进行定价，并结合实证分析得出美国市场上的结构性产品定价存在高估现象。Chen和Kensinger（1990）运用到期收益回报函数、投资组合复制方法对大通银行的市场指数挂钩投资票据进行定价和套期保值研究，并再次运用实证分析得出美国市场上的结构性产品定价过高现象。进入21世纪以来，有关结构性产品定价过高的研究文献也日益增多，比较有代表性的研究文献是StoiMennov和Wilkenes（2005）、Campbell和Carlin（2006）、Hendeson和Pearson（2007）、Wallmeier和Diethelm（2008），其中Brown和Davis（2004）分析了澳大利亚市场认股权证定价的严重偏离现象。

Carlin（2006）首次运用三阶段和四阶段复杂定价博弈模型解决了定价与复杂性关系

[①] 内置金融衍生品的固定收益证券，其收益取决于固定收益证券和金融衍生品两个部分的表现。风险收益水平介于定期存款和股票直接投资之间的多样化投融资工具。

以及复杂性如何影响产品定价问题,主要结论为即使产品同质,定价也存在差异。Bernard 和 Boyle（2008）研究了一类具有封顶保底支付条款的结构性理财产品,在扭曲概率框架下解释了投资者倾向于选择复杂产品的原因在于投资者高估了产品高收益这一小概率事件发生的可能性。

国内发售结构性金融产品的历史较短,2003 年 5 月,中国南方资金管理首发了保本型结构性基金,随后另一批相似的基金跟进。2004 年 3 月,银监会实施《金融机构衍生产品交易业务管理暂行办法》,规定得到"衍生品许可证"的本地和外资银行可自行交易衍生品以获取收益,随后各商业银行开始尝试发行结构性理财产品。2004 年,光大银行推出"阳光理财"产品系列,首次将"理财"两个字引入百姓生活。2005 年国内结构性理财产品市场已初见端倪,2006 年、2007 年是结构性产品市场的蓬勃发展阶段,2008 年至今是结构性理财产品市场的整顿管理阶段。另据初步估计,2009 年的银行理财产品市场规模已达到 5 万亿人民币,几乎超过了市场上其他理财工具市场规模的总和。

国内学者对结构性金融产品的研究较少,主要是借鉴境外成熟的方法来研究国内结构性产品的定价问题。从国际经验来看,国内对结构性金融产品的研究尚处于初级发展阶段,研究内容比较零散,缺乏系统性和规范性。

廖四朗、康荣宝、张嘉倩（2003）在 Black-Scholes 框架下研究了台湾华邦电保本型债券的定价和套期保值问题。杨涛（2007）运用 CAPM（资本资产定价模型）分析了股票挂钩结构性金融产品的预期最高收益实现问题,主要结论为产品的实际收益水平与同期限、同币种的定期存款差别不大,但远低于预期最高收益水平。任敏、陈金龙（2008）在 Black-Scholes 框架下研究汇率波动对外币产品定价的影响。孙兆学（2009）在 Black-Scholes 框架下研究了一种与黄金挂钩的结构性金融产品的定价问题,并进行了实证研究和敏感性分析。

纵观国内外有关结构性金融产品研究的研究文献来看,从期权定价的角度而言,都做了两个基本假设:第一,假定资产价格过程满足 Black-Scholes 模型,即对数布朗运动模型;第二,假定市场中存在唯一的客观概率测度。由此,也得到结构性金融产品市场中的两个异象:其一,产品的定价过高,且复杂产品的定价高于简单产品;其二,投资者偏好选择复杂产品,而非简单产品,通常称之为悖论。

造成上述悖论的主要原因:一是经典的 Black-Scholes 模型虽然简单实用,但不足以刻画金融市场的诸多实际情况;二是在实际操作中有时无法确定出唯一的客观概率测度,即市场中不仅存在风险,而且存在不确定性。Knight（1921）首次对不确定性和风险这两个概念加以区分:风险（risk）是指状态空间中状态发生的可能性已知,或可根据历史数据进行推导计算，但无法确定未来发生的可能状态；不确定性（uncertainty）则表示不仅无法确定未来发生的可能状态，而且无法确定未来各状态发生的可能性。举例而言，在经典的掷硬币实验中，如果投掷的是一枚均匀的硬币，可以判断其正反面发生的可能性均为 $1/2$，但无法确定每一次投掷以后出现的具体结果；但如果事先被告知硬币非均匀，且非均匀的程度未知，则实验对象不仅无法确定各状态发生的可能性，也无法确定每一次投掷以后出现的具体结果。前者表示风险，后者则表示不确定性。

自 Knight（1921）首次对风险和不确定性的概念进行区分以来，Choquet（1953）对不确定性进行了与概率论平行的数学刻画，Schmeidler（1989）首次将不确定性引入金融经济学的研究领域，定义了 Choquet 期望效用理论，开启了不确定性金融经济学的研究之门。目前，有关不确定性涉及的研究领域主要包括决策理论、资产定价理论、投资组合理论、风险度量理论、拍卖理论和宏观经济理论等，有关这方面研究的综述文章可参见 Wang 和 Yan（2007）。有关描述不确定性的集函数称为 Choquet 容度，关于 Choquet 容度的积分称为 Choquet 积分，利用 Choque 积分进行定价的定价关系称为 Choquet 定价。就 Choquet 定价的应用而言，有三个方面的主要贡献：一是 Dow 和 Werlang（1992（a））首次利用 Choquet 定价解释了金融市场中的投资惰性现象；二是 Dow 和 Werlang（1992（b））首次利用 Choquet 定价解释了金融市场中违背方差界不等式的异象；三是 Chateauneaf 等（1996）首次在 Choquet 定价框架下考虑了金融市场的摩擦因素，从而解释了违背买卖平价关系的异象。由于 Choquet 定价更切合实际需要，所以 Choquet 定价可以解释金融市场中的诸多异象。为此，我们想到利用 Choquet 定价和 Choquet 期望效用理论，即不确定性理论去解释结构性金融产品的定价和投资悖论。

本文，利用不确定性方法，即 Choquet 定价和 Choquet 期望效用理论分别研究保底封顶型结构性金融产品的定价和投资问题，较已有文献而言，有如下三个方面的创新：一是首次将不确定性引入结构性金融产品的定价和投资问题的研究之中。二是首次将结构性金融产品的价格分为买价和卖价，从实践上来讲，卖家一般高于买价，如股票和房地产价格等；从理论上看，El Karoui 等（1997）分别用最大和最小定价公式刻画未定权益的卖价和买价，上 Choquet 定价和下 Choquet 定价同时满足上述实践需要和理论基础，所以本文分别用上 Choquet 定价和下 Choquet 定价刻画结构性金融产品的卖价和买价。三是在研究投资者的投资决策时，不仅假定投资者是不确定性厌恶的，而且还假定投资者是风险厌恶的，与投资者的实际投资需求完全吻合。

本文安排如下：第二部分主要介绍结构性金融产品的定价流程和定价模型；第三部分是在不确定框架下对结构性金融产品的定价结果和投资决策进行比较静态分析，主要结论为在风险框架下定价的溢价部分主要用于对冲市场中的不确定性,复杂产品有利于风险分散且投资者对复杂产品平均预期收益率水平的估计较高,部分解释了定价过高和投资者偏好选择复杂产品的两个悖论;第四部分对本文进行了简短总结,并指明了未来的研究方向。

二 流程与模型

(一) 结构产品评价流程

结构类理财产品的定价包含三个层面的意思,一是基于发行主体的角度,把结构类理财产品拆分为一定的期权组合,利用期权定价公式计算产品的公平买卖价格,如 Black-Scholes 定价模型,称之为"事前定价";二是基于普通投资者的角度,在理财产品发售之后,跟踪测评产品在未来一段时间的风险收益水平,称之为"事中评价";三是基于产品收益能力和风险可控性的角度,利用产品的相关指标进行评级排名,对应于前面的事前定价和事中评价,称此为"事后评级"。流程图表示如下:

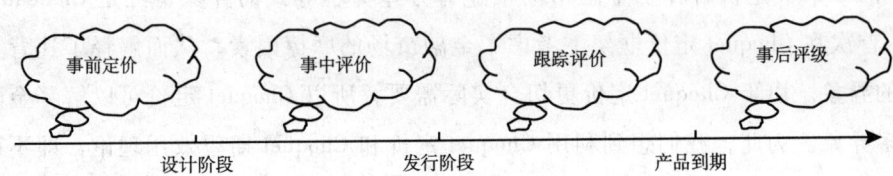

本文重点讨论产品的事前定价,主要分四步,第一,将支付条款拆分为相应的期权组合,如欧式、美式、跨式等;第二,基于一定准则,选取拟合基础资产价格的最优过程;第三,基于一定准则,选取期权定价的最优方法;第四,根据选取的最优过程和最优方法对期权组合进行定价,常用公式定价或 Monte Carlo 模拟定价两种方法。

(二) 定价模型和基本结果

给定带流的概率空间 $(\Omega, F, (F_t)_{t \geq 0}, P)$,$(W_t)_{t \geq 0}$ 为其上的标准布朗运动。时变 Black-Scholes 模型的数学表达式为:

$$dS_t = S_t(\mu_t dt + \sigma_t dW_t), t \geq 0 \tag{1}$$

其中 μ_t 为基础资产价格的漂移项系数,$\sigma_t > 0$ 为基础资产价格的波动性参数。在完备的市场假设条件下，由 Girsanov 定理知，存在唯一的风险中性概率测度 Q 满足：

$$\frac{dQ}{dP} = \exp\left\{-\frac{1}{2}\int_0^T \left|\frac{\mu_t - r}{\sigma_t}\right|^2 ds + \int_0^T \frac{\mu_t - r}{\sigma_t} dW_s\right\}$$

这表明风险中性概率测度由参数 μ_t 和 σ_t 唯一决定。但在实际应用中，这两个参数未必能唯一确定，也就是说风险中性概率测度并非唯一确定，即市场是不完备的。虽然无法确定唯一的风险中性概率，但又不希望风险中性概率之间的偏差太大，所以采用了测度论中的绝对连续性概念，并用通过参数 k 控制概率密度函数中的夏普比率的变化来控制不确定性的大小，即参数 k 满足：

$$\mu_t \in [r - k\sigma_t, r + k\sigma_t], k \geq 0$$

此时，参数 k 的经济含义主要用于度量不确定性程度的大小，参数 k 的取值越大，市场中的不确定性程度越高，反之亦然，称之为 k 不确定性。此时，若记：

$$v_t \triangleq \frac{\mu_t - r}{\sigma_t}$$

则所有风险中性概率测度组成的概率测度集合为：

$$\Pi = \left\{Q^v: \frac{dQ^v}{dP} = \exp\left[-\frac{1}{2}\int_0^T |v_s|^2 ds + \int_0^T v_s dw_s\right], \sup_{t \in [0,T]} |v_t| \leq k\right\}$$

基于上述风险中性概率测度集，定义上、下 Choquet 容度为：

$$\bar{C}(A) = \sup_{Q \in \Pi} Q(A), \underline{C}(A) = \inf_{Q \in \Pi} Q(A)$$

由此容度定义的积分称为上、下 Choquet 积分，利用上、下 Choquet 积分进行定价的定价模型称为上、下 Choquet 定价。

对于任意给定的未定权益 ξ，k 不确定性环境下的上（下）Choquet 定价公式为：

$$\bar{C}[e^{-rT}\xi](\underline{C}[e^{-rT}\xi])$$

其中 r 为无风险利率，T 为产品的理财期限，$\bar{C}(\underline{C})$ 表示决策者是不确定喜好（厌恶）的，认为经济环境中最好（坏）的一种情形发生了。一般而言，发行产品的各商业银行是不确定喜好的，而普通投资者则是不确定厌恶的。

特别的，当基础资产价格过程（1）中的时变参数退化为确定参数，即价格过程形如：

$$dS_t = S_t(\mu dt + \sigma dW_t)$$

时，由 Chen 和 Kulberger（2006）中的定理 1 知：

$$\overline{C}[(S_T - K)^+] = E_{Q_1}[(S_T - K)^+] = E\left[\left(S_0 \exp\left((k\sigma + \mu - \frac{1}{2}\sigma^2)T + \sigma W_T\right) - K\right)^+\right]$$

$$\underline{C}[(S_T - K)^+] = E_{Q_2}[(S_T - K)^+] = E\left[\left(S_0 \exp\left((-k\sigma + \mu - \frac{1}{2}\sigma^2)T + \sigma W_T\right) - K\right)^+\right]$$

这表明对欧式期权而言，上（下）Choquet 定价相当于在 B–S 模型的漂移项系数上增加了一个扰动项 $k\sigma$（$-k\sigma$），即其价格过程演变为：

$$dS_t = S_t((\pm k\sigma + \mu)dt + \sigma dW_t)$$

以下，我们将在推广的 B–S 模型下讨论问题。

三　实证研究

为比较方便，本文采用 Bernard 和 Boyle（2008）中具有保底封顶支付条款的结构性产品作为分析对象。产品的支付条款形如：

$$X_T = \max\left(g, \min\left(c, \sum_{i=1}^{n} \frac{S_{t_i} - S_{t_{i-1}}}{S_{t_{i-1}}} \times 100\%\right)\right)$$

其中，g 为产品的保息额度，也称为保底收益率；c 为产品的封顶收益率；S_{t_i} 表示基础资产在时刻 t_i 的价格，$0 = t_0 < t_1 < \cdots < t_{n-1} < t_n = T = 5$ 年。例如，当 $n = 1$ 时，表明产品仅在到期日观察一次；而当 $n = 20$ 时，表明产品每季度观察一次。

为对上述产品进行合理定价，我们分两种情况讨论：

第一，当 $n = 1$ 时。为实现产品的保息条件且博取产品的高收益，发行主体将募集资金分为两部分，一部分资金投资于固定收益证券，以实现产品的保本保息；另一部分资金则投资于金融衍生产品工具，以博取产品的高收益。假定投资者的初始投资额为 1000 单位，可将上述支付条款拆分为如下债券和标准欧式期权的组合：

$$X_T = 1000 \times (1 + g) + 1000 \times \frac{1}{S_0}((S_T - S_0(1 + g))^+ - (S_T - S_0(1 + c))^+)$$

$$\triangleq \text{债券收益} + (\text{做多欧式看涨} + \text{做空欧式看涨})$$

利用基本的债券定价和欧式期权定价公式，即可对上述产品进行合理定价，从而确定产品的公允价值，这就是前面所述的公式定价法。

第二，当 $n \geq 2$ 时。此时，一般很难将产品的支付条款拆分为相应的期权组合，常用风险中性原理下的 Monte Carlo 模拟法,分三步进行,首先,假定所有基础资产的收益率均为无风险收益;其次,选取拟合基础资产价格的过程并对其进行参数校准;最后,计算金融衍生品模拟收益的贴现均值。文中结构类产品的定价公式为:

$$E[\,e^{-rT}(1000 \times X_T - 1000 \times g)\,]$$

在实际应用中,有两点需要注意,一是在进行资产价格的随机模拟时,需用 r 替换其中的 μ,原因在于假定市场是风险中性的;二是由于本文的主要目的在于考察不确定性对产品价格的影响,所以我们在进行随机模拟时保留不确定性参数,即保留演变 B－S 模型中的 $k\sigma$ 项。

在此,我们省略参数校准一步,选用 Bernard 和 Boyle (2008) 中的参数作为本文相应参数的取值,即:

$$\mu = 0.09, \sigma = 0.15, r = 0.05, \delta = 0.02, g = 10\%$$

其中 δ 为基础资产的连续红利率。虽然数值模拟依赖其参数选择,但由此组参数得到的相关结论对其他参数选择依然稳健,参见 Bernard 和 Boyle (2008)。

(一) 事前定价的比较静态分析

不确定程度对上(下) Choquet 定价结果的影响较大(参见图1),上 Choquet 价格(卖价)的总体趋势随着不确定程度的增大而提高,而下 Choquet 价格(买价)则随着不确定程度的增加而减小。当不确定性达到一定程度时,投资者的买价为零,即在高度不确定性的市场环境中,投资者不愿购买结构性产品,2009 年上半年结构性理财产品市场的萎靡便是适例。

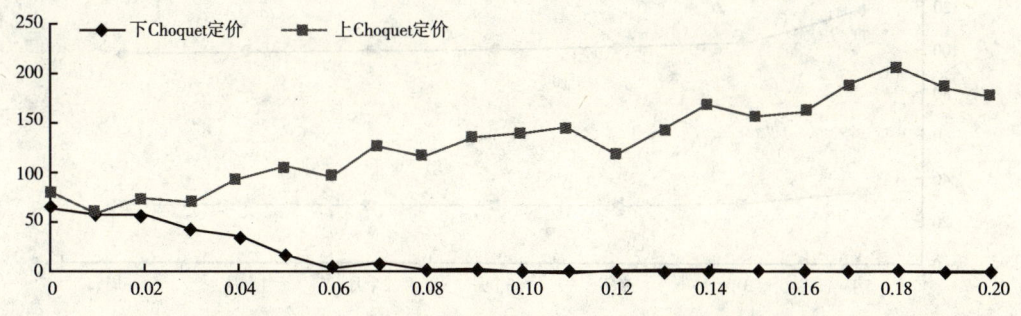

图1 上(下) Choquet 价格与不确定程度之间的关系 ($n = 20$)

进一步,由于假定投资者的初始投资额为 1000 单位,保息额度为 10%,则其保底收益的无套利价格为:

$$1100 \times e^{-5r} = 1100 \times e^{-5.5\%} = 856.7$$

在风险环境下,期权的价格为 63.1,此时发行主体发售产品的溢价为:

$$1000 - 856.7 - 63.1 - 60 = 20.2$$

其中 60 为发行主体收取比例为 6% 的佣金。在实际操作中,20.2 可看成发行主体发行产品的不确定溢价,即对其承担不确定性的一种补偿。事实上,由图 1 可以看出,当 $k = 0.04$ 时,发行主体对金融衍生品的定价为 91.8,此时有:

$$1000 - 856.7 - 91.8 - 60 = -8.5$$

这表明发行主体已亏本销售产品。

不同观察期频率产品的封顶收益率不同,为比较方便,我们采用 Bernard 和 Boyle(2008)中在风险中性环境下计算的封顶收益率水平,详见表 1。结构性产品的复杂化程度①对其买(卖)价格影响不大(参见图 2),有两个主要特点,第一,简单产品(5 年观察一次)的买卖价格明显高于其他观察频率的产品,部分解释了悖论;第二,半年以内观察期频率(半年、3 个月、2 个月等)的上(下)Choquet 价格几乎相等,此时投资者选择高观察期频率的产品是可以理解的,原因在于其价格较低且风险分散的能力较强,进一步解释了悖论。就本款产品而言,如果观察期频率为 5 年,假定基础资产价格在前四年呈一路上涨趋势,而基础资产价格恰在第五年因受外部冲击而大幅下挫,跌破了期初价格,所以产品到期仅实现保底收益。但是,如果提高产品的观察频率,则产品的收益水平并不一定低于保底收益。

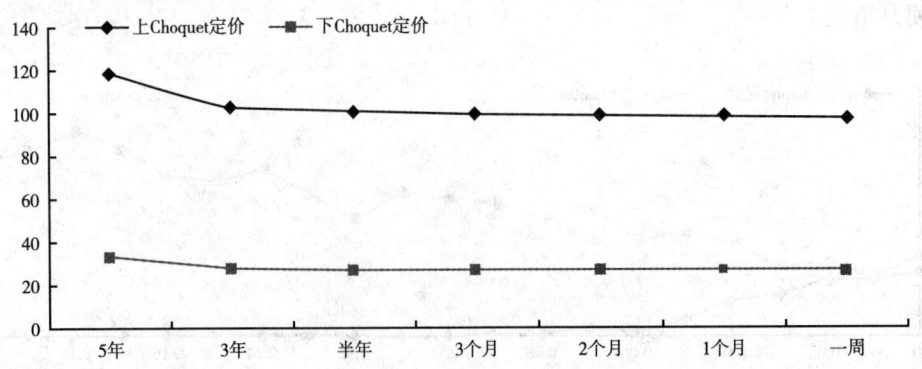

图 2　上(下)Choquet 价格与复杂化程度之间的关系($k = 0.05$)

---

① Bernard 和 Boyle(2008)中用产品观察期频率的高低来衡量产品的复杂化程度,频率越高,产品越复杂,所以文中有时交替使用上述两个词语,并未予以区分。

表1 产品的观察频率与封顶收益水平

单位：%

	1个月	2个月	3个月	6个月	12个月	60个月	
封顶收益率	3.4	5.8	7.5	8.7	11.5	15.3	30.5

（二）投资决策的比较静态分析

本节，我们考察不确定性程度和复杂化程度对风险中性投资者和风险厌恶型投资者的投资决策影响。为比较方便，进行了两个方面的假设限制，一是产品的观察频率为每季观察一次，即 $n = 20$；二是投资者以发行主体的卖价购买产品，即投资者以上 Choquet 价格购买产品。此时，如下的比较静态分析结果对其他参数依然稳健。

1. 风险中性投资者

风险中性投资者的效用函数为 $U(x) = x$，不确定性程度和复杂化程度对风险中性投资者预估到期收益水平的影响表现在两个方面，第一，随着不确定性程度的提高，产品到期的年收益率水平总体呈递增趋势（参见图3），波动范围约在 7.7% ~ 11%；第二，随着产品复杂化程度的提高，风险中性投资者预估的到期年化收益率总体呈上升趋势（参见图4），波动范围在 6% ~ 10%，有一点需要注意的是，简单产品（5年期观察频率）的收益水平最低，而复杂产品（周度观察频率）的收益水平最高，表明对风险中性投资者而言，复杂产品是其最优选择。

2. 风险厌恶型投资者

本节，假定投资者是常数绝对风险厌恶的，即投资者的效用函数为：

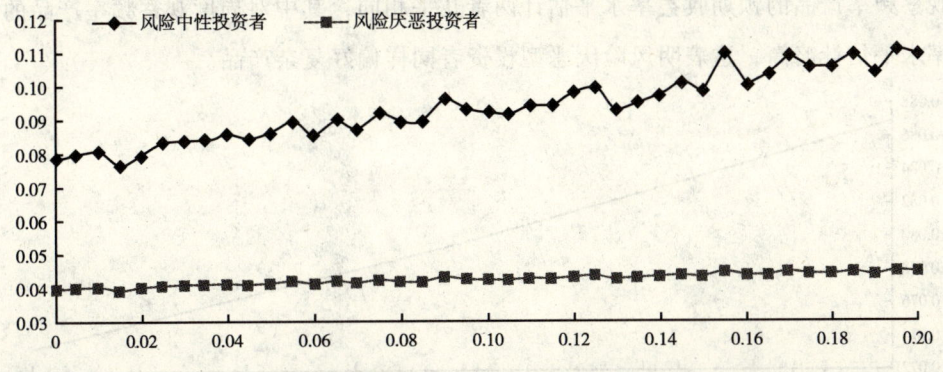

图3 投资者的预期收益水平与不确定性程度之间的关系

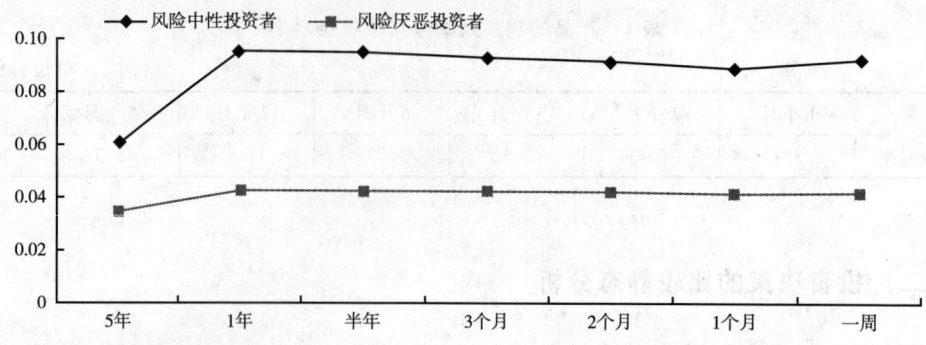

图 4 投资者的预期收益水平与复杂化程度之间的关系 ($k=0.05$)

$$U(x) = \frac{1-e^{-\alpha x}}{\alpha}$$

其中，α 为投资者的风险厌恶系数，α 越大，投资者的风险厌恶水平越高。

类似于上节，主要考察不确定性程度、复杂化程度和风险厌恶程度对风险厌恶型投资者预估到期收益水平的影响，主要结论有三：第一，给定风险厌恶系数 $\alpha=4$，随着市场中不确定性程度的增加，风险厌恶型投资者对预期收益率的预估水平整体呈递增趋势（见图3），波动区间落于 $[4\%,4.5\%]$，0.5% 的波动幅度明显低于风险中性投资者接近 3.5% 的波动幅度；第二，给定不确定性程度 $k=0.05$，随着投资者风险厌恶程度的增加，其对产品收益水平的预估呈直线下降趋势（见图5），表明投资者的风险厌恶水平与其对产品收益水平的预估呈反向关系，结论完全符合直觉和现实；第三，给定不确定性程度 $k=0.05$ 和风险厌恶系数 $\alpha=4$，风险厌恶型投资者和风险中性投资者对复杂化系数的敏感程度几近相同（见图4），除对5年期观察期频率产品的预期收益率水平估计较低外，对其他观察频率产品的预期收益率水平估计两者几乎相同，其中对周度观察频率产品的预期收益率水平估计略高，这表明风险厌恶型投资者同样偏好复杂产品。

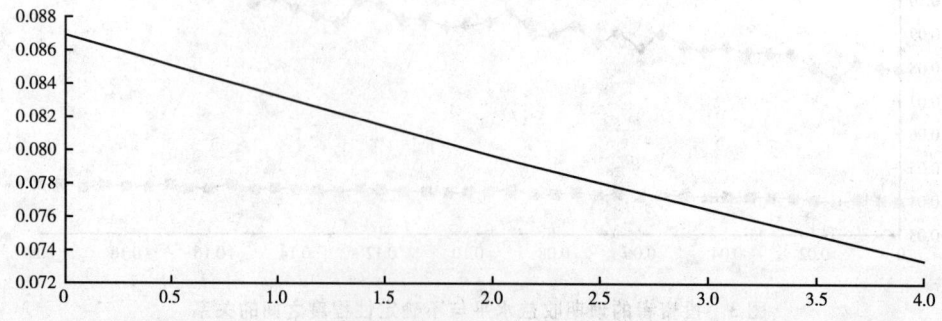

图 5 风险厌恶投资者的预期收益水平与其风险厌恶程度之间的关系 ($k=0.05$)

四 简短结论

在结构类金融产品的定价和投资文献中,有两个主要悖论:一是产品的定价过高,且复杂产品的价格高于简单产品的价格;二是投资者偏好复杂产品而非简单产品。诸多结构性金融产品的定价和投资文献均采用风险中性概率下的 B-S 定价模型,其中有两个假设条件比较重要:第一,定价机制为概率框架下的风险中性定价原理;第二,基础资产价格过程遵循几何布朗运动。

本文在不确定性环境下讨论结构类产品的定价与投资问题,即改进原有风险中性的定价机制为不确定性环境下的风险中性定价机制,并在此框架下讨论投资者的投资决策问题。具体而言,主要讨论市场中的不确定性程度、产品的复杂化程度和投资者的风险厌恶程度对产品价格和投资决策的影响,得到了如下两个方面的主要结论。

一方面,就产品的定价问题而言。产品的价格通常分为买价和卖价,前者为投资者购买产品愿意支付的价格,后者则为发行主体在发售产品时的价格。首先,随着不确定性程度的增加,发行主体提高卖价,而投资者则降低买价,呈反向关系,所以在风险中性环境下的溢价可看做发行主体的不确定溢价,部分解释了产品定价过高的悖论;其次,在不确定环境下,简单产品的定价过高,而复杂产品的价格较低,部分解释了复杂产品定价过高的悖论;最后,已有文献中用产品的观察期频率来定义产品的复杂程度,是否本身就有失合理性?如就文中的 5 年期产品而言,若产品仅在到期观察一次,且基础资产价格的表现在前 4 年呈一路上涨趋势,而在第 5 年突然大幅度下挫,且到期价格低于期初价格,则投资者到期仅能获得保底收益率,但如果产品的观察频率为季或月,则投资者的到期收益率水平可能不止于此。

另一方面,就产品的投资决策而言。不确定性程度、复杂化程度和风险厌恶程度等参数对投资者估计预期收益率水平敏感性分析的结论如下:其一,随着市场中不确定性程度的增加,风险中性投资者和风险厌恶投资者对产品预期收益率水平的估计均呈递增趋势,但风险厌恶型投资者预估水平的波动幅度较小。其二,风险中性投资者对预期收益率的估计水平高于风险厌恶型投资者,但二者的趋势相同,且均低估简单产品的预期收益率水平,高估复杂产品的预期收益率水平。进一步,当产品的复杂化达到一定程度时,投资者对预期收益率水平估计的波动幅度较小,部分解释了投资者选择复杂产品的悖论。其三,随着风险厌恶程度的提高,风险厌恶型投资者对预期收益率的预估水平呈直线下降趋势。

(本文发表于《金融评论》2010 年第 1 期)

参考文献

[1] 廖四朗、康荣宝、张嘉倩:《保本型票券之定价及避险策略》,《中华金融创新和财务工程学会论文集》,2003。

[2] 任敏、陈金龙:《保本型股票挂钩结构性外汇理财产品定价研究》,《国际金融研究》2008 年第 12 期。

[3] 孙兆学:《一种创新型黄金衍生产品的定价研究》,《金融研究》2009 年第 3 期。

[4] 杨涛:《股票挂钩型结构性银行理财产品的收益分析》,《财经界》2007 年第 2 期。

[5] Bernard, C. and P. P., Boyle, "Locally-capped Investment Products and the Retail Investor", Available at SSRN, 2008. http://ssrn.com/abstract=1101796.

[6] Brown, C. and K., Davis, "Dividend Protection at a Price", *Journal of Derivatives*, 12, 2004, pp. 62 – 68.

[7] Carlin, B. I., "Strategic Price Complexity in Retail Financial Markets", Available at SSRN, 2006, http://ssrn.com/abstract=949349.

[8] Chateauneuf, A., R. Kast and A. Lapied, "Choquet Pricing for Financial Markets with Frictions", *Mathematical Finance*, 6, 1996, pp. 323 – 330.

[9] Chen, A. H. and J. W., Kensinger, "A Analysis of Market-index Certificates of Deposit", *Journal of Financial Services Research*, 4 (2), 1990, pp. 93 – 110.

[10] Chen, K. C. and R. S., Sears, "Pricing the SPIN", *Financial Management*, Summer, 1990, pp. 36 – 47.

[11] Chen, Z. and R., Kulperger, "Minimax Pricing and Choquet Pricing", *Insurance: Mathematics and Economics*, 38 (3), 2006, pp. 518 – 528.

[12] Choquet, G., *Theory of Capacity. Ann. Inst. Fourier. (Grenoble)* 5, 1953, pp. 131 – 295.

[13] Dow, J. and S. R. C. Werlang, "Excess Volatility of Stock Price and Knightian Uncertainty", *European Economic Review*, 36, 1992 (b), pp. 631 – 638.

[14] Dow, J. and S. R. C. Werlang, "Uncertainty Aversion, Risk Aversion and the Optimal Choice of Portfolio", *Econometrica*, 1992 (a), pp. 197 – 204.

[15] El Karoui, N., Peng, S. and M. C., Quenez, "Backward Stochastic Differential Equations in Finance", *Mathematical Finance*, 7, 1997, pp. 1 – 71.

[16] Henderson, B. J. and N. D., Pearson, "Patterns in the Payoffs of Structured Equity Derivatives", Available at SSRN, 2007. http://ssrn.com/abstract=972570.

[17] Knight, F. H., "Risk, Uncertainty, and Profit", *Hart, Schaffner and Marx Prize Essays*, no. 31, 1921, Boston and New York: Houghton Mifflin.

[18] Schmeidler, D., "Subjective Probability and Expected Utility without Additivity", *Econometrica*, 57, 1989, pp. 571 – 587.

[19] Stoimenov, P. A. and S., Wilkens, "Are Structured Products 'Fairly' Priced? An Analysis of the German market for Equity-linked Instruments", *Journal of Banking & Finance*, 29 (12), 2005, pp. 2971 – 2993.

[20] Wang, Z. and J., Yan, "A Selective Overview of Applications of Choquet Integrals", *Advanced Lectures in Mathematics*, 2007, pp. 484 – 515.

股票名称与股票价格非理性联动*
——中国Ａ股市场的研究

李广子　唐国正　刘力

一　引言

近年来，随着金融研究的深入，众多与经典金融学理论不一致的实证现象被揭示出来，行为金融也因此成为金融学研究中的热门话题之一。与经典金融学基于理性人假设不同，行为金融学依据心理学的研究成果对理性人假设进行了拓展，探讨所谓"非理性"的行为因素对市场参与者的投资决策等金融活动的影响（张峥、徐信忠，2006）。

投资者的"非理性"行为的一个典型特征就是对"信息"作出与"理性人"假设不同的反应。因此，那些没有或很少实质信息含量的事件对股票价格的影响就成为一个很好的研究对象。其中，股票名称的变化或混淆是一个很有特点的研究事例。比如，Bosch and Hirschey（1989）发现，扣除那些由于公司重组而更名的样本，名称变更所产生的价值效应是微弱和短暂的；Cooper et al.（2001）和 Lee（2001）均发现，在互联网狂热时期，公司在名称中加入".com"之后，股票价格会产生显著为正的异常收益；Head et al.（2009）发现，那些名称更容易被记住的公司要比市场组合具有更高的收益率。在我国，刘力、田雅静（2004）研究了股票名称变更对股价的短期影响，他们发现，不具有任何经济意义也不向市场传递任何新信息的公司股票名称变更"事件"会引起股票价格的显著波动。此外，赵静梅、吴风云（2009）发现，股票代码尾数为8的股票的市盈率较高，说明投资者对吉利数字的崇拜。这些研究总体上发现了投资者对与基本面无关的信息存在

---

* 本文是国家自然科学基金创新群体项目"行为金融：心理偏差、投资行为与资产定价"（项目编号71021001）的阶段性成果之一。作者感谢国家自然科学基金对研究的支持，感谢2009年中国会计与财务研究国际研讨会、第二届（2009）《中国金融评论》国际研讨会参会人员的讨论，特别感谢 Harold Zhang、刘玉珍、熊德华、陈超、朱红军、Yihui Lan、Pingyang Gao、Dong Lou、陆蓉、周铭山、朱彤、傅雄广及匿名审稿人的有益意见，文责自负。

过度反应的证据，进而验证了投资者的非理性行为。

另一类基于股票名称的研究考察了名称相似的股票给投资者带来的混淆。Rashes（2001）发现，美国一家通信公司 MCIC 的收益率对一只封闭式基金 MCI 的收益率具有很高的解释力，二者交易量之间也具有很高的相关性，而这两家公司除了股票名称相似外几乎没有任何共同点。作者把这种情况归结为投资者混淆了 MCIC 和 MCI。Rashes（2001）认为，一些投资者并不知道其所持有股票的准确名称，而根据具有相似名称的其他股票的信息错误地买卖所持有的股票，或者在股票交易时错误地买卖了其他相似名称的股票，即由于名称相似而产生了混淆。Rashes（2001）研究的是一个关于投资者非理性行为的典型事例，但只是一个个案研究，这种现象是否具有普遍性？名称相似导致混淆的背后有哪些驱动因素？Rashes（2001）对这些问题并没有给出进一步的分析。

截至 2008 年底，中国上市公司数量已达 1600 多家，其股票名称通常包含 2~4 个字符，且以 4 个字符最为常见，很多公司股票名称非常相似。利用这一独特的样本，本文对仅仅名称相似而经营实质完全不同的 30 组股票（下文中我们将具有这种特点的两只股票称为"配对股票"）之间的联动关系及其背后的驱动因素进行了研究。本文发现：①配对股票的收益率之间存在很高的正相关性，名称相似导致的股票收益率之间的正相关很可能是一种普遍的现象，而不是个别现象。②两只非配对股票经过名称变更而成为配对股票后，二者收益率之间的相关性显著提高；同时，两只配对股票经过名称变更而成为非配对股票后，二者收益率之间的相关性显著降低，这意味着名称的相似性对两只股票收益率之间的联动具有显著影响，也与 Rashes（2001）提出的联动是投资者混淆了股票名称而进行的投资决策造成的解释相符合。③对配对股票中的任一只股票来说，其股东数量越多，另一只股票收益率对该股票收益率的解释力就越强，说明个人投资者比机构投资者更容易对配对股票产生混淆。④投资者情绪变化幅度越大，配对股票收益率之间的正相关性越高，这说明投资者情绪变化对配对股票之间的联动起到了放大作用。⑤对配对股票来说，如果一只股票价格变动反映了"坏消息"（"好消息"），则该股票收益率对另一只股票的收益率具有更高（低）的解释力，意味着投资者由于损失厌恶而对"坏消息"的反应程度要大于对"好消息"的反应程度，这与 Kahneman and Tversky（1979）的效用函数解释相一致。

近年来，股票市场的联动问题得到了学术界越来越多的重视（例如，Barberis et al., 2005；Veldkamp, 2006；Hameed et al., 2010；Brockman et al., 2010；等等）。本文的主要贡献在于：第一，本文首次通过对较多样本的研究证实了由于名称相似导致股票收益率的联动不是一种偶然，而是某种具有普遍性并在一个较长的时间内始终存在的现象①。这一发现丰富了行为金融学对投资者"非理性"投资行为的认识。第二，本文首次对影响这种联动现象的因素进行了研究，提出了影响联动现象的一些行为金融学解释（如前文③、④、⑤三项发现）。第三，在实务层面上，本文的研究发现对深入认识和理解中国股票市场的投资者行为、完善和改进中国股票市场的管理提供了有针对性的事实依据，同时，也从行为金融的角度对中国股市长期存在的严重的同涨同跌现象提供了新的理解视角和思路。

本文的后续安排如下：第二部分是研究设计与描述性统计，第三部分对配对股票之间的联动关系进行检验，第四部分分析了影响配对股票联动的因素，第五部分是稳健性检验；第六部分是结论。

二 研究设计与描述性统计

混淆是日常生活中的一种常见现象，人们可能由于不同事物具有一定相似性而在辨别上产生了错误。从理论上看，这种现象可能与认知心理学中的代表性法则（Representativeness）有关。代表性法则认为，人们在不确定性情形下通常会抓住问题的某个特征直接推断结果，而不考虑这种特征出现的真实概率以及与特征有关的其他原因。在实际投资中，股票名称是投资者进行决策时所依据的重要信息，由于市场上有很多股票具有相似的名称，当投资者仅仅依赖股票名称中的某个特征而不是全部信息进行决策时，就会犯代表性错误，从而产生混淆。

1. 股票筛选

为了确定名称相似的股票样本，我们首先得到 1991～2007 年共 17 年各年末所有 A 股上市公司的股票名称，剔除 ST、PT 类公司和中小企业板上市公司②，如果两只股票名称前两个字符相同，则定义为名称相似。如果前两个字符为国名或同一地名（如"中国"、"北京"等），我们不把它们作为名称相似的样本，并对此类样本予以剔除；如果前两个字符相同的股票有多只，我们随机选取其中满足筛选条件的两只股票作为样本。比如，2007 年底，股票名称中前两个字符为"东方"的股票有 15 只，我们随机选择了"东方电子（000682）"和"东方集团（600811）"作为样本③。此外，本文还剔

---

① Rashes（2001）的研究仅仅是一个个案研究，无法说明这种现象具有普遍性。因此，其结果的说服力远不如本文的研究。
② 主要是因为这几类公司股票的交易与其他 A 股上市公司可能存在系统性差异。
③ 对于此类股票，我们还考察了其他不同的配对组合，本文的主要结论仍然成立。

除掉那些行业内著名公司的股票，这些公司通常具有很高的知名度，投资者很难混淆。比如"华夏银行（600015）"和"华夏建通（600149）"，两只股票的前两个字符均为"华夏"，但"华夏银行（600015）"作为一家上市银行拥有很高的知名度，投资者很容易识别，样本中此类股票共有5组[①]。在此基础上，本文共得到100组名称相似的股票。

为了考察名称相似对股票之间联动性的影响，我们还需要对其他的可能因素进行控制。参照Rashes（2001），我们根据以下标准对上述100组股票进行筛选。①不存在关联方关系，以剔除关联关系可能造成的联动。所谓关联方是指一方控制、共同控制另一方或对另一方施加重大影响，以及双方同受一方控制、共同控制或施加重大影响。②属于不同的行业，以剔除行业相同可能造成的联动。由于某些行业（如制造业）所包含的范围较广泛，部分名义上属于同一行业的两家上市公司在经营范围上可能完全不同。比如"银河科技（000806）"和"银河动力（000519）"同属于制造业，但"银河科技（000806）"是一家主要生产变压器的公司，而"银河动力（000519）"则主营套缸、活塞的生产，两者经营范围完全不同。对于这类股票，我们依据其具体经营范围而不是名义行业，仍认为它们属于不同行业。③属于不同的地区，以剔除地区相同可能造成的联动。④对应公司特征存在较大差异，如上市时间、股本、资产规模等。除此以外，我们还扣除那些名称变更前（后）样本时间较短的股票，因为对于这些股票我们无法考察名称变更对股票之间联动性的影响。利用这些标准进行筛选之后，可以认为配对股票之间除名称相似外基本上不具有其他相似之处。我们最终得到34组配对股票（具体见附表）。其中，有18组股票自上市日起就具有类似的名称（子样本A），而有8组股票是在名称经过变更[②]后由非配对

[①] 对这些样本重复本文以下的分析，本文的主要结论将有所减弱。说明投资者对于此类行业著名公司的股票并不容易产生混淆，这也进一步说明配对股票之间的联动与投资者的混淆密切相关。

[②] 此处所指的变更是指，两只股票经过名称变更由非配对股票变成配对股票，或者由配对股票变成非配对股票。例如，在样本中，"广电网络（600831）"是由"黄河科技（600831）"变更而来的。前者主要经营广播电视网络，而后者则是一家生产机电产品的公司。2001年8月，"黄河科技（600831）"的控股股东国营黄河机器制造厂与陕西省广播电视信息网络有限责任公司（下简称"陕广电"）签订协议，将其持有的"黄河科技（600831）"国有法人股无偿划转给陕广电，相应的，股票名称由"黄河科技（600831）"变更为"广电网络（600831）"。2006年2月，根据股权分置改革的要求，"广电网络（600831）"更名为"G广电（600831）"。2006年10月，该股票名称由"G广电（600831）"重新变更为"广电网络（600831）"。在上述几次名称变更中，名称由"黄河科技（600831）"到"广电网络（600831）"的变更为本文所指的变更，因为经过这一变更，该股票与另一只股票"广电信息（600637）"由非配对股票变成配对股票。相反，名称由"广电网络（600831）"到"G广电（600831）"或由"G广电（600831）"到"广电网络（600831）"的变更均不属于本文所指的变更，因为无论是"广电网络（600831）"还是"G广电（600831）"都与"广电信息（600637）"具有相似的名称从而构成配对股票。换言之，名称的这一变更既没有使得两只非配对股票成为配对股票，也没有使得两只配对股票成为非配对股票。

股票变成配对股票（子样本 B），另外 8 组股票的情形恰好相反，在名称经过变更后由配对股票变成非配对股票（子样本 C）。样本筛选过程见表 1。

表 1 配对股票筛选

筛选步骤	说明	配对股票(组)
全样本(剔除 ST、PT 公司以及中小企业板公司)	股票名称中前两个字符相同,剔除以下几类样本:①前两个字符为国名或同一地名;②行业内著名公司股票。	100
减:存在关联关系	比如"万向德农(600371)"和"万向钱潮(000559)"同受万向集团公司控制。	28
减:经营范围近似或名称变更前(后)经营范围近似	比如"中金黄金(600489)"和"中金岭南(000060)"主营业务均与有色金属有关;"海通证券(600837)"的前身"都市股份(600837)"与"海通集团(600537)"经营范围均与农产品有关。	19
减:属于同一地区	比如"新湖创业(600840)"和"新湖中宝(600208)"同属于浙江地区。	12
减:公司特征近似	比如"西北化工(000791)"和"西北轴承(000595)"在资产规模、股本数量、上市日期等各方面比较近似。	1
减:名称变更后样本时间较短	比如"长江精工(600496)"及其前身"长江股份(600496)"与"长江投资(600119)"名称相似。2008 年 10 月,"长江精工(600496)"变更为"精工钢构(600496)",变更后样本观测值很少。	6
最终样本数量		34
其中:①自上市日起即为配对股票(子样本 A)		18
②非配对股票经过名称变更后成为配对股票(子样本 B)		8
③配对股票经过名称变更后成为非配对股票(子样本 C)		8

2. 数据

股票收益率、市场指数、封闭式基金折价等数据来自 CCER 色诺芬数据库,股东户数数据来自 WIND 数据库。样本的时间段自各股票上市之日起至 2008 年底①。本文分析中用到的所有样本的一些主要指标的描述统计结果见表 2。

表 2 描述性统计结果 (2004~2008)

变量	Obs	Mean	Std	Min	25%分位数	50%分位数	75%分位数	Max
日收益率	113264	0.00	0.03	-0.50	-0.02	0.00	0.02	0.91
股东户数	112710	62258	89504	2075	19346	34171	67105	1056521
投资者情绪	113264	-0.30	0.06	-0.40	-0.35	-0.30	-0.25	-0.16

① 由于配对股票中各公司上市时间不同,名称发生变更的公司其名称变更的时间也不同,因此,本文未把样本的起点统一到一个时点,因为那样将会大大减少样本的观测值。

3. 分析方法

下文分析中，我们将所有配对股票数据结合在一起，构成非平衡面板数据。这种分析方法一方面增加了观测值，从而大大提高了分析结论的科学性；另一方面也可以避免观测值较少可能带来的变量之间的多重共线性问题。分析面板数据时，通常有三种方式：基于普通最小二乘法（OLS）的混合回归模型（Mixed Regression Model）、固定效应模型（Fixed Effect Model）和随机效应模型（Random Effect Model）。本文样本中，三种模型给出的结果略有差异但并无显著不同。我们在分析中利用标准的方法对不同模型进行了比较，总体上看，随机效应模型略好于其他两类模型。下文中，我们将以随机效应模型为基础报告相应的分析结果。

三 股票联动分析

前文中我们曾说明，样本中有18组股票自上市日起就具有类似的名称（子样本A），而有8组股票是经过名称变更由非配对股票变成配对股票（子样本B），另外8组股票经过名称变更由配对股票变成非配对股票（子样本C）。样本的这种特点使得我们不仅可以对配对股票的联动性进行检验，而且还可以分析名称变更对股票之间联动性的影响。如果配对股票之间的联动性是因为（至少部分因为）名称相似导致投资者混淆，则名称变更会对股票之间的联动性产生显著影响。本部分中，我们将分别对这三类样本进行分析。

1. 子样本A：名称未发生变更

此类样本包括18组配对股票（名单见附表），所有18组股票均从上市之日起便拥有相似的名称。我们将各组股票的时间序列数据组合在一起，构建非平衡面板数据。参照Rashes（2001）的做法，在分析配对股票中标的股票的配对股票收益率对标的股票收益率的解释力时，我们对标的股票的配对股票所属行业龙头股票的收益率进行了控制。在行业龙头公司的确定上，我们要求龙头公司与该公司所属行业相同、经营范围类似、规模较大、行业知名度高等，具体名单见附表。为说明起见，假设 A_i 和 B_i （$i=1, 2, \cdots, n$）分别构成配对股票，AA_i 和 BB_i （$i=1, 2, \cdots, n$）分别为 A_i 和 B_i 所属行业的龙头股票。在下面的分析中，我们首先考察 B_i 和 BB_i 的收益率对 A_i 收益率的影响（见Panel A），然后进行反向的分析，考察 A_i 和 AA_i 的收益率对 B_i 收益率的影响（见Panel B）。需要说明的是，Rashes（2001）考察的联动关系是单向的，即MCIC收益率对MCI收益率的影响，而本文考察的联动关系则是双向的，即配对股票的影响是相互的。这是因为，在Rashes（2001）中，MCI是一只封闭式基金，而MCIC是一家通信公司。一只基金所公告的信息通常较少，而一家通信公司所公告的信息则要丰富得多，可能包括重大投资、兼并重组、关联交易、管理层变更、财务报告等。数据的这种特点决定了 MCIC 和 MCI 之间的联动关系主要是单向的。而本文考察的是两只名称相似股票之间的联动性，配对的两只股票所公告的信息在内容上没有显著差异，因此，二者之间的联动关系是双向的。此外，参照 Rashes（2001）的做法，我们选取市场收益率（Mkt_ret）作为控制变量，市场收益率以上证综合指数收益率作为代替。另外，考虑到小规模公司效应（Size Effect）和账面市值比效应（Book to Market Effect），我们还依据 Fama and French（1993）方法基于中国市场数据构建了规模因子（SMB）和账面市值比因子（HML）作为控制变量[①]。具体结果见表3。

表3 子样本 A 联动分析（名称未发生变更）

	Panel A（因变量：Return1）				Panel B（因变量：Return2）		
	(1)	(2)	(3)		(4)	(5)	(6)
Intercept	−0.000 (0.000)	0.000 (0.000)	−0.000 (0.000)	Intercept	−0.000 (0.000)	0.000 (0.000)	0.000 (0.000)
Return2	0.340*** (0.007)	0.139*** (0.007)	0.131*** (0.007)	Return1	0.390*** (0.008)	0.161*** (0.008)	0.153*** (0.007)
Return22	0.289*** (0.007)	0.106*** (0.007)	0.102*** (0.007)	Return12	0.255*** (0.008)	0.072*** (0.007)	0.067*** (0.007)
Mkt_ret		0.811*** (0.013)	0.825*** (0.013)	Mkt_ret		0.854*** (0.014)	0.870*** (0.014)
SMB			0.036*** (0.003)	SMB			0.041*** (0.003)
HML			−0.003 (0.004)	HML			−0.016*** (0.004)
R^2	0.306	0.422	0.426	R^2	0.287	0.403	0.408
Wald	7215***	15649***	16097***	Wald	6252***	13937***	14359***
BP LM	0.93	1.24	0.64	BP LM	1.56	2.75*	2.26
Obs	26706	26706	26706	Obs	26706	26706	26706

说明：Intercept 为截距项，Return1、Return2 分别为两只配对股票的日收益率，Return12、Return22 分别为两只配对股票所属行业龙头股票的日收益率，Mkt_ret 为上证综合指数日收益率，SMB 和 HML 分别为依据 Fama and French（1993）方法基于中国数据构建的规模因子和账面市值比因子，R^2 和 Wald 分别表示随机效应模型调整 R^2 和总体 Wald 值，BP LM 为随机效应模型 Breusch and Pagan LM 统计量，Obs 表示观测值数目。表中列示的为回归方程中截距项及各解释变量的回归系数，括号中为回归系数的标准差，*、**、*** 分别表示系数在 10%、5%、1% 的显著性水平上异于 0（双尾）。

[①] Rashes（2001）在分析中利用高频数据考察了 MCIC 的大宗交易行为，受我国数据限制，我们没有进行相应的分析。

Panel A 中各回归的结果是类似的,我们以回归(3)为例说明分析结果。回归(3)中,Return2 的系数显著为正,绝对值为 13.1%,说明该股票的收益率每变动 1%,标的股票的收益率(Return1)将会变动 0.131%,这是一个很高的幅度。另外,Return22 的回归系数为 0.102 且显著为正,说明该股票所属行业龙头股票的收益率对标的股票的收益率也具有很强的解释力。这一点与 Rashes(2001)不同,Rashes(2001)发现,MCIC 公司所属行业的龙头公司 AT&T 的收益率对封闭式基金 MCI 的收益率几乎没有解释力。这在一定程度上说明,中国市场上股票之间的联动性较高,而美国则不存在这种情况。这一结果与 Morck et al.(2000)是一致的,他们发现,经济落后国家股票价格之间的联动性要高于经济发达国家[①]。一个问题是,既然中国市场上股票之间具有较高的联动性,那么 Return2 的系数为正是否由这一因素所引起?针对这一问题,我们可以进一步比较 Return2 和 Return22 的系数。尽管二者都显著为正,但是 Return2 的系数在绝对值上要大于 Return22 的系数且具有统计显著性(p 值小于 5%)。这说明,该股票的收益率比其所属行业龙头股票的收益率对标的股票收益率(Return1)具有更高的解释力。如果股票收益率之间的正相关性仅仅是由股票市场总体的联动性所引起,那么没有理由认为该股票比其所属行业龙头股票与标的股票有着更高的联动性。因此,两只配对股票收益率之间的高正相关性并不能完全由股票市场总体的联动性所解释。还可以看到,市场收益率(Mkt_ret)具有很强的解释能力。SMB 的回归系数显著为正,HML 为负但不显著,说明样本中规模效应较强,而账面市值比效应并不存在甚至为负。用于检验随机效应的 BP LM 检验得到 Chi^2 值为 0.64,随机效应并不明显。

Panel B 进行了反向的检验,以分析 Return1 和 Return12 对 Return2 的解释力,所得的结果与 Panel A 基本类似。所不同的是,在回归(5)中随机效应显著存在。

以上结果表明,两只配对股票的收益率之间高度正相关,这意味着二者之间存在着很高的联动性。进一步分析发现,标的股票的配对股票所属行业龙头股票的收益率对标的股票的收益率也具有很高的解释力,说明中国股票市场中不同股票之间的总体联动性较高。但是,标的股票的配对股票的收益率对标的股票收益率的解释力要高于其所属行业龙头股票的收益率,一定程度上说明两只配对股票收益率之间的高正相关性并不能完全由股票市场总体的联动性所解释。

[①] 我们进一步对这种联动性进行了考察。利用本文的样本,我们发现,在控制上证综合指数收益率后,很多情况下,一只股票的收益率对另一只股票的收益率具有显著的解释力。这说明,中国市场上各股票之间的联动性是很高的。

2. 子样本 B：非配对股票经过名称变更成为配对股票

此类样本包括 8 组股票（名单见附表），这些股票原来为非配对股票，经过名称变更后成为配对股票。如果配对股票之间的高联动性是由投资者的混淆所引起，那么我们可以预期这些股票在经过名称变更而成为配对股票后，它们之间的联动性会显著提高。

为了对上述假设进行验证，我们定义虚拟变量 SAME，该虚拟变量在两只股票经过名称变更而成为配对股票后取 1，否则取 0。我们仍然采取回归分析方法，重点考察 SAME 与标的股票的配对股票收益率的交互项的系数及其显著性。如果上述假设成立，那么我们预期该交互项的系数应该为正。具体结果见表 4。

Panel A 中回归（1）再次表明，配对股票比其所属行业龙头股票对标的股票收益率具有更高的解释力。回归（2）和回归（3）结果基本类似，我们以回归（3）为例说明分析结果。回归（3）中，虚拟变量 SAME 与 Return2 交互项的系数为正且具有很高的显著性，与本文的预期相符。该系数在绝对值上约为 10%，表明当非配对股票经过名称变更而成为配对股票后，它们收益率之间的相关性大大提高。与此同时，Return2 的系数仍然显著为正，表明非配对股票在名称变更前同样具有很高的联动性。这说明，尽管名称变更导致两只股票的联动性提高，但并不能完全解释二者之间的联动性，这也意味着中国市场上不同股票之间的总体联动性很高。Return22 的系数同样显著为正，进一步表明不同股票之间存在着很高的联动性。SAME 与 Return22 交互项的系数为正但并不显著，说明名称变更对标的股票与其配对股票所属行业龙头股票间的联动性影响并不明显。BP LM 检验 Chi^2 值为 2.37，在 10% 的显著性水平上显著，表明随机效应存在。SMB 系数显著为正而 HML 系数显著为负，说明样本中规模效应显著存在，而账面市值比效应不存在，其符号甚至与预期相反。

表 4 子样本 B 联动分析（非配对股票经过名称变更成为配对股票）

	Panel A(因变量:Return1)				Panel B(因变量:Return2)		
	(1)	(2)	(3)		(4)	(5)	(6)
Intercept	0.000 (0.000)	0.000 (0.000)	−0.000 (0.000)	Intercept	−0.000 (0.000)	−0.000 (0.000)	−0.000 (0.000)
Return2	0.141*** (0.010)	0.085*** (0.013)	0.078*** (0.013)	Return1	0.171*** (0.011)	0.122*** (0.014)	0.112*** (0.014)
Return22	0.114*** (0.011)	0.104*** (0.014)	0.097*** (0.014)	Return12	0.067*** (0.013)	0.061*** (0.017)	0.054*** (0.017)
Return2 *SAME		0.105*** (0.018)	0.103*** (0.018)	Return1 *SAME		0.090*** (0.020)	0.088*** (0.020)

续表

	Panel A（因变量：Return1）				Panel B（因变量：Return2）		
	(1)	(2)	(3)		(4)	(5)	(6)
Return22 *SAME		0.016 (0.019)	0.016 (0.019)	Return12 *SAME		0.004 (0.022)	0.006 (0.022)
Mkt_ret	0.767*** (0.021)	0.763*** (0.021)	0.781*** (0.021)	Mkt_ret	0.844*** (0.022)	0.844*** (0.022)	0.863*** (0.022)
SMB			0.040*** (0.004)	SMB			0.049*** (0.005)
HML			−0.013** (0.006)	HML			−0.004 (0.007)
R^2	0.380	0.384	0.388	R^2	0.372	0.374	0.380
Wald	5243***	5392***	5550***	Wald	5196***	5254***	5489***
BP LM	2.38*	2.22	2.37*	BP LM	1.56	1.26	1.43
Obs	12393	12393	12393	Obs	12393	12393	12393

说明：Intercept 为截距项，Return1、Return2 分别为两只配对股票的日收益率，Return12、Return22 分别为两只配对股票所属行业龙头股票的日收益率，Mkt_ret 为上证综合指数日收益率，SMB 和 HML 分别为依据 Fama and French (1993) 方法基于中国数据构建的规模因子和账面市值比因子，R^2 和 Wald 分别表示随机效应模型调整 R^2 和总体 Wald 值，BP LM 为随机效应模型 Breusch and Pagan LM 统计量，Obs 表示观测值数目。表中列示的为回归方程中截距项及各解释变量的回归系数，括号中为回归系数的标准差，*、**、*** 分别表示系数在 10%、5%、1% 的显著性水平上异于 0（双尾）。

Panel B 给出的结果是类似的，不再赘述。

对于利用非配对股票经过名称变更成为配对股票的样本，本文发现，非配对股票经过名称变更成为配对股票之后，其收益率之间的正相关性显著提高，这意味着股票名称由非相似名称向相似名称的变更显著提高了两只股票之间的联动性。因此，本文给出了投资者混淆造成配对股票之间联动的更有力证据。

3. 子样本 C：配对股票经过名称变更成为非配对股票

利用子样本 B，本文考察了名称变更对不同股票之间联动性的影响。本文的逻辑是，股票名称由非相似名称变更为相似名称，使得投资者产生了混淆，进而提高了两只股票间的联动性（下称"投资者混淆"观点）。对这种逻辑的一种质疑是，由于中国股市在 2005～2007 年经历了一轮大牛市行情，而子样本 B 包含的股票由非配对股票经过名称变更而成为配对股票的过程在很大程度上伴随着市场从熊市向牛市的转换。因此，不同股票之间联动性的提高可能是由市场行情的变化所引起，反映了一种时间趋势，而与名称变更可能没有太大关系（下称"时间趋势"观点）。那么，联动性的提高究竟是因为"投资者混淆"还是"时间趋势"？我们将利用子样本 C 对这两种观点进行区分。

子样本 C 包含 8 组股票（名单见附表），这些股票开始时名称相似而构成配对股票，后来经过名称变更成为非配对股票。对于此类股票来说，如果"投资者混淆"观点成立，那么此类股票经过名称变更从配对股票变成非配对股票后，它们之间的联动性会降低，而"时间趋势"观点所得到的推论正好相反。

沿用前文的分析方法，我们重新定义虚拟变量 SAME，该虚拟变量当两只股票在名称变更前为配对股票时取 1，经过名称变更成为非配对股票后取 0。同样的，我们重点考察 SAME 与标的股票的配对股票收益率的交互项的系数及其显著性。如果"投资者混淆"观点成立，交互项系数应该为正；如果"时间趋势"观点成立，交互项系数应该为负。具体结果见表5。

表5 子样本 C 联动分析（配对股票经过名称变更成为非配对股票）

	Panel A（因变量：Return1）				Panel B（因变量：Return2）		
	(1)	(2)	(3)		(4)	(5)	(6)
Intercept	0.000 (0.000)	0.000 (0.000)	-0.000 (0.000)	Intercept	0.000 (0.000)	-0.000 (0.000)	-0.000 (0.000)
Return2	0.089*** (0.010)	0.070*** (0.012)	0.062*** (0.012)	Return1	0.082*** (0.011)	0.057*** (0.012)	0.051*** (0.012)
Return22	0.030** (0.012)	0.042*** (0.014)	0.045*** (0.014)	Return12	0.052*** (0.012)	0.074*** (0.014)	0.071*** (0.013)
Return2 *SAME		0.057*** (0.018)	0.057*** (0.018)	Return1 *SAME		0.088*** (0.019)	0.084*** (0.019)
Return22 *SAME		-0.034 (0.021)	-0.034 (0.021)	Return12 *SAME		-0.065*** (0.020)	-0.063*** (0.020)
Mkt_ret	0.892*** (0.021)	0.892*** (0.021)	0.901*** (0.021)	Mkt_ret	0.964*** (0.021)	0.959*** (0.020)	0.971*** (0.020)
SMB			0.041*** (0.004)	SMB			0.041*** (0.004)
HML			-0.019*** (0.005)	HML			-0.007 (0.005)
R^2	0.341	0.342	0.346	R^2	0.388	0.389	0.393
Wald	5477***	5509***	5822***	Wald	6681***	6971***	7228***
BP LM	2.41	2.35	1.42	BP LM	1.26	1.50	1.39
Obs	15047	15047	15047	Obs	15047	15047	15047

说明：Intercept 为截距项，Return1、Return2 分别为两只配对股票的日收益率，Return12、Return22 分别为两只配对股票所属行业龙头股票的日收益率，Mkt_ret 为上证综合指数日收益率，SMB 和 HML 分别为依据 Fama and French (1993) 方法基于中国数据构建的规模因子和账面市值比因子，R^2 和 Wald 分别表示随机效应模型调整 R^2 和总体 Wald 值，BP LM 为随机效应模型 Breusch and Pagan LM 统计量，Obs 表示观测值数目。表中列示的为回归方程中截距项及各解释变量的回归系数，括号中为回归系数的标准差，*、**、*** 分别表示系数在 10%、5%、1% 的显著性水平上异于 0（双尾）。

Panel A 中各回归结果基本类似。回归（3）中，虚拟变量 SAME 与 Return2 交互项的系数为正且具有很高的显著性，与本文的预期相符，支持"投资者混淆"观点，不支持"时间趋势"观点。需要注意的是，根据本文的设定，虚拟变量 SAME 在名称变更前为 1，名称变更后为 0，因此，SAME 与 Return2 交互项的系数为正意味着配对股票经过名称变更而成为非配对股票后联动性显著降低。该系数的绝对值为 5.7%，经济意义也是重要的。SAME 与 Return22 交互项的系数为负但不显著。与前文一致，Return2 和 Return22 的系数仍然显著为正。SMB 和 HML 系数与前文基本类似。BP LM 检验 Chi^2 值为 1.42 但不显著，表明随机效应并不明显。Panel B 的结果与 Panel A 基本类似。唯一例外的是，SAME 与 Return12 交互项的系数显著为负，说明名称由相似名称变更为非相似名称后标的股票与其配对股票所属行业龙头股票间的联动性显著提高。这意味着"时间趋势"观点在子样本 C 中一定程度上是成立的。换言之，伴随着非配对股票变更为配对股票，中国市场在 2005~2007 年经历了一轮大牛市行情，在牛市行情中，股票市场上不同股票之间的联动性可能会提高。

对于利用配对股票经过名称变更成为非配对股票的样本，本文发现，配对股票经过名称变更而成为非配对股票之后，其收益率之间的正相关性显著降低，这意味着股票名称由相似名称向非相似名称的变更显著降低了两只股票之间的联动性。这一证据不仅进一步证明名称变更对股票之间联动性产生了显著影响，而且还对"投资者混淆"观点和"时间趋势"观点进行了区分。

综上，利用中国市场上名称相似的配对股票样本，通过构建非平衡面板数据，我们发现配对股票收益率之间存在很高的正相关性。这一发现与 Rashes（2001）的发现一致。与 Rashes（2001）仅仅研究一组配对样本（MCI 和 MCIC）不同，本文的样本共包含 34 组配对股票，本文的结论也因此更具有说服力。与此同时，利用中国市场上存在名称变更的股票样本，我们发现非配对股票经过名称变更成为配对股票后，它们之间的联动性显著提高；相反，配对股票经过名称变更成为非配对股票后，它们之间的联动性显著降低。这一证据有力地证明了配对股票之间的联动性在很大程度上是由于投资者的混淆所引起。

四 影响联动的因素

在前文中，我们发现配对股票之间存在着有趣的联动关系。进一步的问题是，这种联动与哪些因素有关？Rashes（2001）仅分析了 MCI 和 MCIC 一组配对样本，样本数量的限制使得该文并未对影响联动的因素进行深入分析，而我们的样本包含 34 组配对股票，这使得我们能够通过建立大样本对可能的影响因素进行分析。由于我国封闭式基金市场发展初期基金数量较少,炒作气氛浓厚,基于封闭式基金折价率计算的投资者情绪指标可能存在偏差,我们把样本区间设定为2004~2008年共5年时间①。另外,对于名称发生变更的股票,本文在分析中将名称变更前或变更后两只股票未成为配对股票时的观测值予以剔除。

1. 投资者类型

在本文的框架下,配对股票之间存在较高的联动性,这与投资者的不完全理性有关,即投资者由于名称相似而对配对股票产生了混淆。很多研究表明,机构投资者具有较好的股票识别能力,比如 Ke and Ramalingegowda (2005) 发现机构投资者能够识别和利用上市公司盈余公告后的漂移 (Post-earning Announcement Drift, PEAD) 以获利。因此,在分析股票联动背后的影响因素时,一个考虑就是投资者的类型。直观上说,与机构投资者相比,个人投资者的非理性投资行为可能会更多一些,因而产生混淆的可能性也会更大。那么,个人投资者数量越多,机构投资者数量越少,则投资者的行为可能会更加不理性。受数据限制,我们无法获取各交易日每只股票不同类型股东户数的数据,而只能获取各季度每只股票所有股东户数的数据,我们以此作为本季度内各交易日个人投资者数量的近似②。此时,股东户数越多,个人投资者数量越多,则投资者的投资行为更可能趋于不理性,反之则反。因此,我们得到假设1。

假设1:对一只股票来说,股东户数越少,投资者的行为会更理性一些,配对股票之间的联动程度越低,反之则反。

我们采取虚拟变量的方法。股东户数虚拟变量(OWNERS)的设置方法如下:对于某一股票,首先依据股东户数多少将该股票各观测值在样本期间内分为两组,其次将股东户数较高组的 OWNERS 设置为1,较低组设置为0③。下面的分析中,在考察标的股票的配对股票收益率对标的股票收益率的解释力时,我们把 OWNERS 与标的股票的配对股票收益率相乘,并重点考察该交互项的系数及其显著性。根据假设1,我们预期该交互项系数为正。具体结果见表6。

---

① 将样本区间提前并不影响本文的主要结论。
② 本文样本中股东户数(投资者总数)的均值为62258(见表2)。实际中,一只股票通常会有成千上万甚至几十万名投资者,其中,机构投资者的数量往往会很小。例如,一只股票的机构投资者最多会有数百家,这一数目与投资者总数相比非常小。因此,股东户数是个人投资者数量的一个很好的近似。股东户数越多,个人投资者数量越多,反之亦然。
③ 本文是通过纵向比较一只股票股东户数的多少来设置虚拟变量,并不涉及不同股票之间的比较,因而可以剔除公司规模因素的影响。

表6 股东户数与配对股票联动

	Panel A（因变量：Return1）			Panel B（因变量：Return2）	
	(1)	(2)		(3)	(4)
Intercept	0.000 (0.000)	0.000 (0.000)	Intercept	0.000 (0.000)	0.000 (0.000)
Return2	0.170*** (0.008)	0.158*** (0.008)	Return1	0.185*** (0.010)	0.170*** (0.010)
Return2 * OWNERS	0.039*** (0.011)	0.037*** (0.010)	Return2 * OWNERS	0.066*** (0.012)	0.065*** (0.012)
Mkt_ret	0.861*** (0.012)	0.876*** (0.012)	Mkt_ret	0.866*** (0.013)	0.884*** (0.013)
SMB		0.047*** (0.003)	SMB		0.052*** (0.003)
HML		0.023*** (0.009)	HML		0.014 (0.009)
R^2	0.415	0.422	R^2	0.398	0.405
Wald	13915***	14544***	Wald	13147***	13720***
BP LM	4.02**	3.89**	BP LM	4.22**	4.28**
Obs	23263	23263	Obs	23263	23263

说明：Intercept 为截距项；Return1、Return2 分别为两只配对股票的日收益率；OWNERS 为股东户数虚拟变量，股东户数较多时取1，否则取0；Mkt_ret 为上证综合指数日收益率；SMB 和 HML 分别为依据 Fama and French (1993) 方法基于中国数据构建的规模因子和账面市值比因子；R^2 和 Wald 分别表示随机效应模型调整 R^2 和总体 Wald 值；BP LM 为随机效应模型 Breusch and Pagan LM 统计量；Obs 表示观测值数目。表中列示的为回归方程中截距项及各解释变量的回归系数，括号中为回归系数的标准差，*、**、*** 分别表示系数在10%、5%、1% 的显著性水平上异于0（双尾）。

表6中各模型给出了类似的结果。以回归（1）为例，股东户数虚拟变量 OWNERS 与标的股票的配对股票收益率交互项的系数为3.9%，显著性水平低于1%。这意味着，当股东户数较多，即个人投资者的数量较多时，标的股票的配对股票收益率对标的股票收益率的解释力会增加约3.9%，二者之间的联动性更高，假设1得到支持。BP LM 检验 Chi^2 值为4.02，显著性水平低于5%，随机效应存在。在回归（2）和回归（4）中，控制变量 SMB 和 HML 对标的股票收益率均有一定的正向影响，与 Fama and French (1993) 的经典结果一致。

综上，本文利用股东户数指标对个人投资者和机构投资者进行了区分。证据表明，个人投资者比机构投资者更容易对配对股票产生混淆，与机构投资者相比，个人投资者的投资行为可能会更加不理性。

2. 投资者情绪

Barberis et al.（2005）在一项关于不同股票间联动性的研究中发现，当一只股票被纳入 S&P 500 指数时，该股票与 S&P 500 指数的 beta 值升高，而与未包含在 S&P 500 指数股票的 beta 值降低。基于此，他们认为股票之间的这种联动是由于投资者情绪或市场摩擦因素而不是基本面因素所引起。参照这种思路，在考察配对股票之间的联动性时，可以把投资者情绪因素考虑进来。Kumar and Lee（2006）发现，投资者情绪与股票超额收益率之间存在正向关系，投资者情绪越高，股票超额收益率越高，反之则越低。他们进一步指出，投资者情绪的变化将会导致不同股票之间的联动。参照这种逻辑，投资者情绪变化幅度越大，不同股票之间的联动程度也越高，那么配对股票之间的联动程度也会越高。因此，我们得到假设 2。

假设 2：投资者情绪变化幅度越大，标的股票的配对股票收益率对标的股票收益率的解释力越高，二者之间的联动性也越高，反之则反。

已有的研究对于如何准确度量投资者情绪并没有明确结论（Baker and Wurgler, 2007）。Lee et al.（1991）的经典研究表明，封闭式基金折价可以作为投资者情绪的一个度量指标，在我国，伍燕然、韩立岩（2007）的研究也验证了这一点。受数据限制，本文采取封闭式基金折价率作为市场投资者情绪的度量。参照贾春新、高培道（2008）的做法，本文利用市场上所有封闭式基金的折价率数据，对各基金的折价率按照其市值加权，得出每个交易日的封闭式基金加权平均折价率，以此作为投资者情绪的度量指标。考虑到封闭式基金上市之初或接近存续截止日时可能会呈现不同的折价模式，我们将距离上市日或存续截止日时间少于 360 天的观测值予以剔除。对于每一个交易日，本文以该交易日上述加权平均折价率与上一个交易日的差值的绝对值作为投资者情绪变化的度量。之所以采取绝对值形式是因为我们只关注投资者情绪变化的绝对幅度而不是其变化的方向，其原因在于，不管投资者情绪的变化方向如何，其变化都将导致不同股票联动性的提高。

采取与上文相同的分析方法，投资者情绪变化虚拟变量 SENTIMENT 设置如下：对于某一给定股票，首先按投资者情绪变化幅度的高低将该股票各观测值在样本期间内分为两组，其次将投资者情绪变化幅度较高组的 SENTIMENT 设置为 1，较低组设置为 0。同样的，我们将 SENTIMENT 与标的股票的配对股票收益率相乘，并重点考察该交互项的系数及其显著性。根据上述假设，我们预期该交互项的系数为正。具体结果见表 7。

表 7 投资者情绪变化与配对股票联动

	Panel A(因变量:Return1)			Panel B(因变量:Return2)	
	(1)	(2)		(3)	(4)
Intercept	0.000 *	0.000	Intercept	0.000	0.000
	(0.000)	(0.000)		(0.000)	(0.000)
Return2	0.170 ***	0.158 ***	Return1	0.186 ***	0.173 ***
	(0.009)	(0.009)		(0.010)	(0.010)
Return2 * SENTIMENT	0.038 ***	0.037 ***	Return2 * SENTIMENT	0.058 ***	0.056 ***
	(0.011)	(0.011)		(0.013)	(0.012)
Mkt_ret	0.854 ***	0.870 ***	Mkt_ret	0.853 ***	0.872 ***
	(0.013)	(0.012)		(0.014)	(0.013)
SMB		0.047 ***	SMB		0.052 ***
		(0.003)			(0.003)
HML		0.023 **	HML		0.012
		(0.009)			(0.009)
R^2	0.415	0.421	R^2	0.398	0.405
Wald	13903 ***	14525 ***	Wald	13021 ***	13572 ***
BP LM	4.27 **	4.14 **	BP LM	4.39 **	4.41 **
Obs	23263	23263	Obs	23263	23263

说明：Intercept 为截距项；Return1、Return2 分别为两只配对股票的日收益率；SENTIMENT 为投资者情绪变化虚拟变量，变化幅度大取 1，否则取 0；Mkt_ret 为上证综合指数日收益率；SMB 和 HML 分别为依据 Fama 和 French（1993）方法基于中国数据构建的规模因子和账面市值比因子；R^2 和 Wald 分别表示随机效应模型调整 R^2 和总体 Wald 值；BP LM 为随机效应模型 Breusch and Pagan LM 统计量；Obs 表示观测值数目。表中列示的为回归方程中截距项及各解释变量的回归系数，括号中为回归系数的标准差，*、**、*** 分别表示系数在 10%、5%、1% 的显著性水平上异于 0（双尾）。

可以看到，在所有回归中，SENTIMENT 与标的股票的配对股票收益率的交互项的系数均显著为正，意味着当投资者情绪变化幅度较大时，标的股票的配对股票收益率对标的股票收益率的解释力要更高一些，二者之间的联动性更高，说明投资者情绪变化对配对股票之间的联动性起到了放大的作用。以回归（1）为例，交互项回归系数 3.8%，在经济意义上也是重要的，假设 2 得到支持。由于投资者情绪及其变化反映了投资者的非理性程度，上述结论也进一步说明，配对股票之间的联动性与投资者的非理性行为密切相关。回归（2）和（4）的结果表明，加入 SMB 和 HML 后，回归结果基本类似。检验结果表明，随机效应在各回归中均显著存在。

3. 信息含量

Kahneman and Tversky（1979）指出，损失比赢得给投资者带来更大的福利变化，与赢得相比，投资者关于损失的价值函数更加陡峭，换句话说，投资者是损失厌恶的。依据这一逻辑，投资者对于"坏消息"的反应会比对"好消息"的反应要更加强烈。前文的分析表明，投资者的混淆导致了配对股票之间的联动。考察一个投资者持有两只配对股票中一只股票的情形。当另一只股票价格发生变动时，该投资者由于对两只股票产生了混淆，会错误地依据该股票价格变动反映的信息买卖所持有的股票。存在损失厌恶时，如果该股票价格变动反映的是"坏消息"，该投资者由于担心受到损失而会反应非常强烈，表现在很可能会出售所持有的股票，此时出现两只股票价格同时下跌的可能性会很大；与此相反，如果该股票价格变动反映的是"好消息"，该投资者预期会产生收益，其反应则没有那么强烈，投资者购买所持有股票的意愿可能不会太大，此时出现两只股票价格同时上升的可能性也不会很大。因此，我们得到假设3。

假设3：对配对股票来说，如果一只股票价格变动反映了"坏消息"（"好消息"），则该股票收益率对另一只股票的收益率具有更高（低）的解释力，二者之间的联动性也会更高（低）。

为了对上述假设进行检验，我们首先需要定义"坏消息"和"好消息"。本文通过股票价格变动的异常收益来衡量信息含量：如果异常收益为正，则认为股票价格变动反映的是"好消息"，反之则为"坏消息"。日异常收益率等于日收益率减去市场收益率，市场收益率以上证综合指数收益率来衡量。本文通过设置虚拟变量 BAD 来度量股票价格变动的信息含量。在考察标的股票的配对股票收益率对标的股票收益率的解释力时，如果标的股票的配对股票某个交易日异常收益率为负，即其价格变动反映的是"坏消息"时，BAD 取1；否则意味着其价格变动反映的是"好消息"，BAD 取0。同样的，我们将重点考察 BAD 和标的股票的配对股票收益率的交互项的系数及其显著性。如果假设3成立，我们预期该交互项的系数为正。具体结果见表8。

表8 信息含量与配对股票联动

	Panel A（因变量：Return1）			Panel B（因变量：Return2）	
	(1)	(2)		(3)	(4)
Intercept	0.001 ***	0.001 ***	Intercept	0.001 ***	0.001 ***
	(0.000)	(0.000)		(0.000)	(0.000)
Return2	0.142 ***	0.131 ***	Return1	0.167 ***	0.154 ***
	(0.009)	(0.009)		(0.009)	(0.009)
Return2 * BAD	0.111 ***	0.106 ***	Return2 * BAD	0.116 ***	0.111 ***
	(0.013)	(0.013)		(0.015)	(0.014)
Mkt_ret	0.846 ***	0.862 ***	Mkt_ret	0.849 ***	0.868 ***
	(0.012)	(0.012)		(0.013)	(0.013)
SMB		0.047 ***	SMB		0.052 ***
		(0.003)			(0.003)

续表

	Panel A(因变量:Return1)			Panel B(因变量:Return2)	
	(1)	(2)		(3)	(4)
HML		0.018**(0.009)	HML		0.009(0.009)
R^2	0.417	0.423	R^2	0.399	0.406
Wald	14005***	14634***	Wald	13111***	13678***
BP LM	3.67*	3.84*	BP LM	4.18**	4.57**
Obs	23263	23263	Obs	23263	23263

说明：Intercept 为截距项；Return1、Return2 分别为两只配对股票的日收益率；BAD 为信息含量的虚拟变量，为"坏消息"时取 1，否则取 0；Mkt_ret 为上证综合指数日收益率；SMB 和 HML 分别为依据 Fama 和 French（1993）方法基于中国数据构建的规模因子和账面市值比因子；R^2 和 Wald 分别表示随机效应模型调整 R^2 和总体 Wald 值；BP LM 为随机效应模型 Breusch and Pagan LM 统计量；Obs 表示观测值数目。表中列示的为回归方程中截距项及各解释变量的回归系数，括号中为回归系数的标准差，*、**、*** 分别表示系数在 10%、5%、1% 的显著性水平上异于 0（双尾）。

从表 8 中可以看到，Panel A 和 Panel B 给出的结果是类似的，BAD 和标的股票的配对股票收益率的交互项的系数显著为正，假设 3 得到支持。从绝对值上看，交互项系数的绝对值约为 11%，意味着信息含量不同时，配对股票之间联动性存在着巨大差别，投资者对于"坏消息"的反应程度要远高于对"好消息"的反应程度。检验结果表明，各回归中随机效应均显著存在。

4. 多变量分析

在上述三个部分中，我们逐一分析了可能影响配对股票之间联动性的因素。进一步的问题是：如果将这些因素放在一起考虑结果如何？各个因素在控制其他因素之后是否依然显著？表 9 给出了多变量分析结果。

表 9　多变量分析

	Panel A(因变量:Return1)			Panel B(因变量:Return2)	
	(1)	(2)		(3)	(4)
Intercept	0.001***(0.000)	0.001***(0.000)	Intercept	0.001***(0.000)	0.001***(0.000)
Return2	0.103***(0.011)	0.093***(0.011)	Return1	0.107***(0.012)	0.095***(0.012)
Return2 * OWNERS	0.036***(0.011)	0.035***(0.010)	Return2 * OWNERS	0.062***(0.012)	0.062***(0.012)

续表

	Panel A(因变量:Return1)			Panel B(因变量:Return2)	
	(1)	(2)		(3)	(4)
Return2 * SENTIMENT	0.030*** (0.011)	0.029*** (0.011)	Return2 * SENTIMENT	0.051*** (0.012)	0.049*** (0.012)
Return2 * BAD	0.110*** (0.013)	0.105*** (0.013)	Return2 * BAD	0.112*** (0.015)	0.107*** (0.014)
Mkt_ret	0.836*** (0.013)	0.852*** (0.013)	Mkt_ret	0.835*** (0.014)	0.854*** (0.014)
SMB		0.047*** (0.003)	SMB		0.052*** (0.003)
HML		0.017** (0.009)	HML		0.008 (0.009)
R^2	0.417	0.424	R^2	0.400	0.407
Wald	14041***	14657***	Wald	13270***	13830***
BP LM	3.49*	3.69*	BP LM	4.18**	4.60**
Obs	23263	23263	Obs	23263	23263

说明：Intercept 为截距项；Return1、Return2 分别为两只配对股票的日收益率；OWNERS、SENTIMENT、BAD 分别为股东户数、投资者情绪变化和信息含量虚拟变量，定义同前文；Mkt_ret 为上证综合指数日收益率；SMB 和 HML 分别为依据 Fama 和 French（1993）方法基于中国数据构建的规模因子和账面市值比因子；R^2 和 Wald 分别表示随机效应模型调整 R^2 和总体 Wald 值；BP LM 为随机效应模型 Breusch and Pagan LM 统计量；Obs 表示观测值数目。表中列示的为回归方程中截距项及各解释变量的回归系数，括号中为回归系数的标准差，*、**、*** 分别表示系数在 10%、5%、1% 的显著性水平上异于 0（双尾）。

表 9 中的多变量分析结果与前文主要结果基本一致，各因素与配对股票之间联动性的关系在多变量分析中总体上依然成立，意味着前文的分析结果具有较好的稳健性。

综上，通过构建非平衡面板数据，我们分析了配对股票联动背后的驱动因素。首先，股东户数越多从而个人投资者数量越多，配对股票之间的联动性越高，意味着个人投资者对配对股票产生混淆的可能性比机构投资者更大，其投资行为也更可能不理性。其次，投资者情绪变化幅度越大，配对股票之间的联动性越高，意味着投资者情绪变化放大了配对股票之间的联动性。最后，对配对股票来说，如果一只股票价格变动反映了"坏消息"（"好消息"），则该股票收益率对另一只股票的收益率具有更高（低）的解释力，二者之间的联动性也会更高（低），意味着投资者由于损失厌恶对"坏消息"的反应程度要高于对"好消息"的反应程度。

五　稳健性分析[①]

1. 采取不同的组合构建面板数据

在前文构建面板数据进行分析时，两只配对股票中，哪只股票收益率作为自变量、哪只股票收益率作为因变量是随机选择的。不同的组合方式是否会对本文的结论产生影响呢？为了验证这一点，我们采取了与前文不同的组合方式重复了前文的分析，所得到的结果与前文基本一致。另外，验证这一点的一种更彻底的方式是对每组配对股票分别进行分析。即对于每组配对股票，首先以一只股票的收益率作为因变量进行分析，其次以另一只股票的收益率作为因变量进行重复的分析。总体上看，本文的主要结果在各组配对股票的单独分析中依然成立，说明本文的结论与构建面板数据时不同股票的组合方式无关。

2. 名称改变前后属于同一行业

在第三部分，本文考察了名称变更对股票之间联动关系的影响。本文样本中，一些变更是纯粹的股票名称变更，并不涉及经营范围的变化。比如，"新华股份（600782）"是一家钢铁行业的上市公司，2007年12月，该股票名称变更为"新钢股份（600782）"。名称变更后，该股票仍属于钢铁行业。与此相反，另一些变更则是上市公司资产重组的结果。比如，"广电网络（600831）"是由"黄河科技（600831）"变更而来的，前者主要经营广播电视网络，而后者则是一家生产机电产品的公司，经营范围发生了实质性变化。类似的例子还包括"五洲明珠（600873）"、"宝光药业（000593）"、"民族集团（000611）"等。那么，名称变更所导致的股票间联动关系的变化是否源于经营范围的变更而不是源于投资者的混淆呢？针对这一问题，本文将这些伴随经营范围变化的股票名称变更样本予以剔除，并重复第三部分的分析。剔除这些样本之后，本文的主要结论并未发生变化，意味着名称变更所导致的联动关系的变化并不能由经营范围的变化所解释。

3. 周数据和月数据

本文前文的分析以日数据为基础，进一步的，我们采取周数据和月数据重复前文的所有分析，主要结论与前文基本一致。本文的主要结论在不同的时间跨度上是稳健的。

上述稳健性测试表明，本文的结论具有较好的稳健性。

---

① 出于节省空间考虑，本文未报告所有稳健性分析结果，如有需要，可向作者索取。

六 结论

利用中国市场中独特的配对股票样本,本文考察了名称相似对于不同股票之间联动性的影响及其驱动因素。本文发现,名称相似的配对股票的收益率之间存在很高的正相关性。尽管中国市场上各股票之间的总体联动性很高,但是我们的证据表明:配对股票收益率之间的高度正相关并不能完全由市场总体联动性所解释;名称变更对不同股票之间的联动性具有显著影响;在驱动因素上,投资者类型、投资者情绪变化及信息含量等因素会对配对股票之间的联动产生影响。

本文第一次通过对较多样本的研究发现投资者对配对股票产生混淆的行为是普遍存在的,从而给出了投资者行为不满足理性人假设的新的证据。本文关于联动影响因素的分析为我们深入理解投资者的行为偏差提供了新的视角和证据。从现实意义上看,本文的研究从行为金融的角度为理解股票市场的同涨同跌现象提供了新的视角和解决思路。本文的证据还具有重要的政策含义:政府应当加大力度引导促进机构投资者的发展,不断减少市场中的投机性和非理性因素,以此不断促进股票市场的健康发展。

(本文发表于《管理世界》2011 年第 1 期)

参考文献

[1] 贾春新、高培道:《IPO 定价:投资银行会逆对风向吗?》,《金融学季刊》2008 年第 1 期。

[2] 刘力、田雅静:《没有信息,也有反应》,《世界经济》2004 年第 1 期。

[3] 伍燕然、韩立岩:《不完全理性、投资者情绪与封闭式基金之谜》,《经济研究》2007 年第 3 期。

[4] 张峥、徐信忠:《行为金融学研究综述》,《管理世界》2006 年第 9 期。

[5] 赵静梅、吴风云:《数字崇拜下的金融资产价格异象》,《经济研究》2009 年第 6 期。

[6] Baker, M. and J. Wurgler, 2007, "Investor Sentiment in the Stock Market", *Journal of Economic Perspectives*, Vol. 21, pp. 129 – 151.

[7] Barberis, N., A. Shleifer and J. Wurgler, 2005, "Comovement", *Journal of Financial Economics*, Vol. 75, pp. 283 – 317.

[8] Bosch, J. and M. Hirschey, 1989, "The Valuation Effects of Corporate Name Changes", *Financial Management*, Vol. 18, pp. 64 – 73.

[9] Brockman, P., I. Liebenberg and M. Schutte, 2010, "Comovement, Information Production, and

the Business Cycle", *Journal of Financial Economics*, forthcoming.

[10] Cooper, M., O. Dimitrov and P. Rau, 2001, "A Rose.com by Any Other Name", *Journal of Finance*, Vol. 56, pp. 2371 −2388.

[11] Fama, E. and K. French, 1993, "Common Risk Factors in the Returns on Stocks and Bonds", *Journal of Financial Economics*, Vol. 33, pp. 3 −56.

[12] Hameed, A., R. Morck, J. Shen and B. Yeung, 2010, "Information, Analysts, and Stock Return Comovement", *NBER Working Paper*, No. 15833.

[13] Head, A., G. Smith and J. Wilson, 2009, "Would a Stock by Any Other Ticker Smell as Sweet", *Quarterly Review of Economics and Finance*, Vol. 49, pp. 551 −561.

[14] Kadapakkam, P., and L. Misra, 2007, "What's in a Nickname? Price and Volume Effects of a Pure Ticker Symbol Change", *Journal of Financial Research*, Vol. 30, pp. 53 −71.

[15] Kahneman, D. and A. Tversky, 1979, "Prospect Theory: An Analysis of Decision under Risk", *Econometrica*, Vol. 47, pp. 263 −291.

[16] Ke, B. and S. Ramalingegowda, 2005, "Do Institutional Investors Exploit the Post-Earnings Announcement Drift?", *Journal of Accounting and Economics*, Vol. 39, pp. 25 −53.

[17] Kumar, A. and C. Lee, 2006, "Retail Investor Sentiment and Return Comovement", *Journal of Finance*, Vol. 61, pp. 2451 −2486.

[18] Lee, C., A. Shleifer and R. Thaler, 1991, "Investor Sentiment and the Closed − end Fund Puzzle", *Journal of Finance*, Vol. 46, pp. 75 −109.

[19] Lee, P., 2001, "What's in a Name.com? The Effects of '.com' Name Changes on Stock Prices and Trading Activity", *Strategic Management Journal*, Vol. 22, pp. 793 −804.

[20] Morck, R., B. Yeung and W. Yu, 2000, "The Information Content of Stock Markets: Why Do Emerging Markets Have Synchronous Stock Price Movements?", *Journal of Financial Economics*, Vol. 58, pp. 215 −260.

[21] Rashes, M., 2001, "Massively Confused Investors Making Conspicuously Ignorant Choices (MCI − MCIC)", *Journal of Finance*, Vol. 56, pp. 1911 −1928.

[22] Veldkamp, L., 2006, "Information Markets and the Comovement of Asset Prices", *Review of Economic Studies*, Vol. 73, pp. 823 −845.

附表

配对股票基本情况

	股票名称	地区	行业	经营范围	行业龙头公司
子样本A：自上市日起即为配对股票					
1	金马股份(000980)	安徽	制造业	汽车及拖拉机配件、金属型管、五金电器	宁波韵升(600366)
	金马集团(000602)	广东	信息技术	软件、电信增值服务	中信国安(000839)
2	安泰集团(600408)	山西	炼焦业	煤炭洗选、焦炭、生铁、水泥制品	山西焦化(600740)
	安泰科技(000969)	北京	制造业	高科技新材料	中金岭南(000060)
3	华东电子(000727)	江苏	制造业	电子设备与仪器	京东方A(000725)
	华东医药(000963)	浙江	医药业	中西药、医疗器械	云南白药(000538)
4	太极集团(600129)	重庆	医药业	中西药、医疗器械	云南白药(000538)
	太极实业(600667)	江苏	化纤制造	化纤产品、化纤机械及配件	山东海龙(000677)
5	科达股份(600986)	山东	建筑业	市政、公路、污水处理、给排水工程施工	路桥建设(600263)
	科达机电(600499)	广东	制造业	建材机械设备制造	徐工科技(000425)
6	现代投资(000900)	湖南	交通运输	投资经营公路、桥梁、隧道和渡口	宁沪高速(600377)
	现代制药(600420)	上海	医药业	药品、保健品制造，制药机械批售	云南白药(000538)
7	银河科技(000806)	广西	制造业	电子元器件生产与销售	特变电工(600089)
	银河动力(000519)	四川	制造业	套缸、活塞生产	江淮动力(000816)
8	华联控股(000036)	广东	纺织业	纺织服装、石化新材料	江苏阳光(600220)
	华联综超(600361)	北京	零售业	超市连锁	王府井(600859)
9	东方电子(000682)	山东	信息服务	电力系统自动化、能源管理系统	浪潮信息(000977)
	东方集团(600811)	黑龙江	综合类	投资控股企业集团	东方明珠(600832)
10	光明家具(000587)	黑龙江	制造业	家具制造销售	宜华木业(600978)
	光明乳业(600597)	上海	食品加工	乳制品生产、开发与销售	三元股份(600429)
11	洪城股份(600566)	湖北	制造业	阀门、水工机械生产	徐工科技(000425)
	洪城水业(600461)	江西	自来水	自来水供应、污水处理	首创股份(600008)
12	华北高速(000916)	北京	交通运输	高速公路收费	宁沪高速(600377)
	华北制药(600812)	河北	医药业	医药制造	云南白药(000538)
13	华光股份(600475)	江苏	制造业	锅炉制造	东方电气(600875)
	华光科技(600076)	山东	制造业	广电产品、通信设备制造与技术服务	京东方A(000725)

续表

股票名称	地区	行业	经营范围	行业龙头公司
子样本A：自上市日起即为配对股票				
14 交大昂立(600530)	上海	生物制品	现代生物与医药制品研制生产	云南白药(000538)
交大博通(600455)	陕西	计算机服务	应用软件产品研发销售	浪潮软件(600756)
15 三峡水利(600116)	重庆	电力供应	水力发电、城乡电网改造	华能国际(600011)
三峡新材(600293)	湖北	制造业	玻璃加工制品、新型建材产品	北新建材(000786)
16 振华港机(600320)	上海	制造业	港口机械与大型钢结构制造	徐工科技(000425)
振华科技(000733)	贵州	制造业	电子信息产品研制生产	京东方A(000725)
17 东北高速(600003)	吉林	交通运输	高速公路收费	宁沪高速(600377)
东北药(000597)	辽宁	医药业	医药制造	云南白药(000538)
18 新大陆(000997)	福建	计算机服务	计算机及其外部设备的制造	浪潮软件(600756)
新大洲A(000571)	海南	制造业	摩托车及其零配件	中路股份(600818)
子样本B：非配对股票经过名称变更成为配对股票				
1 汇通集团(000415)	新疆	建筑业	工程施工	路桥建设(600263)
汇通能源(600605)	上海	制造业	机械制造、贸易	沈阳机床(000410)
2 金山股份(600396)	辽宁	公用事业	火力发电、供暖、供热	华能国际(600011)
金山开发(600679)	上海	制造业	生产销售自行车、助动车，房地产开发与经营	中路股份(600818)
3 广电网络(600831)	陕西	广播电视	广播电视信息网络的建设、经营管理	电广传媒(000917)
广电信息(600637)	上海	制造业	电子电器产品、家用视听设备制造	京东方A(000725)
4 北方股份(600262)	内蒙古	制造业	非公路自卸汽车、工程机械及配件	徐工科技(000425)
北方国际(000065)	广东	建筑业	国内、国际工程承包	路桥建设(600263)
5 长城股份(000569)	四川	钢铁业	特殊钢生产	宝钢股份(600019)
长城开发(000021)	广东	制造业	硬盘磁头、多功能电表、税控产品生产	浪潮信息(000977)
6 南方建材(000906)	湖南	批发业	建材贸易、汽车销售	北新建材(000786)
南方控股(000716)	广西	食品加工	即食方便米粉生产	三元股份(600429)
7 五洲交通(600368)	广西	交通运输	高速公路收费、物流	宁沪高速(600377)
五洲明珠(600873)	四川	制造业	电气部件与设备	特变电工(600089)
8 九龙电力(600292)	重庆	公用事业	电力生产	华能国际(600011)
九龙山(600555)	上海	房地产	房地产开发与经营	万科A(000002)
子样本C：配对股票经过名称变更成为非配对股票				
1 渤海集团(600858)	山东	零售业	百货商店	王府井(600859)
渤海化工(600874)	天津	公共设施	污水处理	首创股份(600008)

续表

	股票名称	地区	行业	经营范围	行业龙头公司
子样本C：配对股票经过名称变更成为非配对股票					
2	新华百货（600785）	宁夏	零售业	百货商店	王府井（600859）
	新华股份（600782）	江西	钢铁业	预应力钢纹线、钢丝、铝包钢线	宝钢股份（600019）
3	金牛能源（000937）	河北	煤炭采选	煤炭开采、洗选与销售	兖州煤业（600188）
	金牛实业（600199）	安徽	酿酒业	白酒、生物科技与房地产	五粮液（000858）
4	招商股份（000703）	广西	制造业	再生铝生产、铝合金型材	北新建材（000786）
	招商地产（000024）	广东	房地产	房地产开发与经营	万科A（000002）
5	宝光股份（600379）	陕西	制造业	电气部件与设备生产	TCL集团（000100）
	宝光药业（000593）	四川	医药业	药品开发与生产	云南白药（000538）
6	民族化工（000635）	宁夏	制造业	电力、热力生产销售，氯碱、氰胺产品	烟台万华（600309）
	民族集团（000611）	内蒙古	零售业	商品零售业务	王府井（600859）
7	世纪中天（000540）	贵州	房地产	房地产开发与经营	万科A（000002）
	世纪光华（000703）	广西	制造业	再生铝生产、铝合金型材	北新建材（000786）
8	三爱富（600636）	上海	制造业	有机化学品	氯碱化工（600618）
	三爱海陵（000892）	四川	制造业	汽车设备制造	上海汽车（600104）

房价与信贷关系研究

——兼论当前房价调控政策的有效性

蔡 真 汪利娜

一 引言

近年来,部分城市房价上涨过快,中低收入群体住房问题成为全社会关注的焦点。正如"新国十条"(《国务院关于坚决遏制部分城市房价过快上涨的通知》)所指出的,"住房问题关系国计民生,既是经济问题,更是影响社会稳定的重要民生问题"。因此,如何保持房地产市场健康平稳的发展成为房地产调控的重要议题。

本文从房价与信贷的关系角度出发,阐述信贷推动房价上升的内在机理,在当前中国金融运行背景下讨论房价调控的各种信贷政策的有效性。

二 文献回顾及评述

关于房价与银行信贷关系的文献中,较为经典的是 Allen & Gale(1998)的论文"Bubbles and Crises"。在该文中,Allen & Gale 建立了房地产市场的局部均衡模型,并通过对比投资者完全用自有资金和完全用银行贷款进行投资时房产收益的均衡解,得出银行信贷起到了推高房价的作用。他们指出房价收益率变高的机理是:银行中介的存在导致了代理投资问题,使得投资者具备了风险转嫁的动机和激励,这导致了房价的泡沫。此外,他们还研究了信贷不确定性对房价收益率的影响,其结论是由信贷不确定性产生的泡沫规模比确定性条件下更大。王胜(2008)对 Allen 的模型进行了扩展,考虑了投资者部分使用银行贷款的情形,从而将模型一般化。袁志刚、樊潇彦(2003)将房地产开发商的供给方程单独考虑,然后比较了没有银行信贷条件下和有银行信贷条件下的房价均衡解,得出与 Allen 同样的结论。该文颇有新意之处是考虑了开发商和消费者外生违约概率的情况,进而考虑了房地产泡沫破裂与违约率之间的关系。Stein(1995)提供了一个存在迁移意愿的重复购买者模型,从而考察了住房市场波动的主要因素。Stein 将购房者分成三类：一是不受信贷约束的移动者，二是受信贷约束的移动者，三是受信贷约束的非移动者。第二类购房者受金融约束，并选择卖掉老房买入新房。他们在住房市场上扮演关键的不稳定角色，因为他们对房屋的净需求是房价的增函数（如果房价上涨，这些受约束的移动者将从卖出的老房实现更多收益，从而支付更多首付款获得更大的新房）。根据这一假设，Stein 推出了市场在上升时期比下跌时期具有更强烈交易活动的结论。武康平、皮舜等（2004）建立的模型考虑了二级代理问题，即银行放款人与银行利益不一致的情况。其研究结论认为，房地产价格的上涨导致了银行信贷的增加，银行信贷供给的增加导致了房地产价格的上涨，二者之间存在正反馈的作用机制。

实证研究方面，Lamont & Stein（1999）的研究表明，在引入融资效应后，住宅价格对人均收入的变化更为敏感。他们将 LTV（Loan to Value，贷款价值比）超过 80% 的家庭占比作为划分高融资城市（LTV 超过 80% 的比例为 25%）和低融资城市（LTV 超过 80% 的比例仅为 5%）的标准，在人均收入增长 1% 的情况下，高融资城市的房价增长 0.64%，低融资城市的房价增长 0.19%，前者是后者的 3 倍多，这体现了房价增长中的融资杠杆作用。Case, Schiller & Weiss（1995）对美国 50 个州 1975～1993 年这 18 年丧失住房抵押赎回权的数据（Foreclosure Data）进行了实证分析，得出的结论是：当总体房价快速上涨时，按揭贷款的风险可以忽略不计；一旦房价走平（Level-off）或者上升趋势中断，那么按揭贷款的风险急剧增大；当住宅的总体价格开始下跌时，按揭贷款的风险将十分严重。Davis, Philip & Zhu（2004）利用 17 个国家的面板数据对商业地产价格和银行贷款之间的关系进行了实证分析，其结论是房地产价格的上涨导致了银行信贷的扩张，而不是过度的银行信贷扩张导致了房地产价格的上涨。Chen & Wang（2007）使用 1991～2001 年中国台湾的房产交易数据，研究了资产价格周期波动中抵押物价值和贷款的关系。研究结果表明，可抵押资产的价值对贷款的规模存在正向和显著的影响，同时，抵押物的杠杆效应对资产价格波动是顺周期的。国内实证研究方面，李健飞、史晨昱（2005）采用协整分析方法，利用 1998 年 1 月至 2004 年 9 月的季度数据对我国房地产价格波动和银行信贷之间的关系进行了实证研究，其研究结论是：银行的过度放贷并不是目前房地产价格上涨的根源，而房地产价格上涨对银行信贷扩张的作用却是不可忽略的。张涛、龚六堂、卜永祥（2006）对中国房地产价格与房地产贷款的关系进行了实证分析，结果表明中国房地产价格水平与银行房地产贷款有较强的正相关关系。

就理论文献而言，无论是 Allen（1998）还是袁志刚、樊潇彦（2003）的模型，他们对银行贷款这一变量的假设都是外生给定并且是无弹性的，而事实上，在现代货币经济中，银行信贷在货币创造活动中扮演了重要的角色，应在模型中考虑银行信贷内生的情况。经验研究方面,现有文献大多集中在房价与信贷的协整关系以及两者谁是因、谁是果的讨论中,就中国现实而言,银行信贷的发放除了取决于市场化的因素外,还受到一些行政管制因素的影响(如半管制的贷款利率、行政性的窗口指导、借款人资格的硬性规定等)。因此,房价与银行信贷之间的关系,关于货币政策的影响、传导机制以及中国特色的货币政策工具的探讨都应是题中之义。在下文的理论研究部分,我们逐一讨论无信贷支持的房价决定、信贷外生和信贷内生情形下的房价信贷关系,并证明若干命题;在实证研究部分,我们将论述现行金融体制下各种价格调控政策的弊端。

三 房价与信贷关系理论模型

(一) 无信贷支持的房地产市场均衡价格

1. 房地产消费者的购房决策

消费者将其可支配收入 Y 用于房地产和一般商品消费。设 P_1 为房地产价格,Q 为购买房地产的数量,则房地产消费总额为 P_1Q。用于其他商品的消费,我们将其简化为一种产品,价格为标准单位 1,消费的数量为 N。房地产消费者的效用水平主要与消费物品的数量有关,假设房地产需求者的效用函数为柯布—道格拉斯形式 $u(Q,N) = Q^\rho N^{1-\rho}$。为简便计算,取 $\rho = 1/2$,并将原函数由指数形式转换成对数形式,函数转变为 $\ln u(Q,N) = 0.5\ln Q + 0.5\ln N$(由于上述变换在定义域内是单调增变换,消费者偏好并不因函数形式的改变而发生变化)。房地产消费者面临的约束是各种消费不能超过可支配收入。因此,房地产消费者的购房行为可描述成如下最优化问题:

$$\max \quad \ln u(Q,N) = 0.5\ln Q + 0.5\ln N$$
$$s.t. \quad P_1 Q + N = Y$$

求上式一阶条件,可得消费者的最优化行为需满足:

$$P_1 Q = Y/2 \tag{1}$$

此式的含义是消费者将一半的可支配收入用于购房消费,这一决策结果是由效用弹性 ρ 决定的,而我们假定 $\rho = 0.5$。

2. 房地产开发商的投资决策

房地产开发商仅依靠自有资金投资开发房地产,其投资额用 I 表示,开发商收入主要为出售房地产产品所得,承担的成本主要有建房成本和自有资金的机会成本。假设开发商自有资金的机会成本为银行存款利率 r（这个假设是恰当的，因为银行存款利率是无风险资产的收益，而若假设成其他形式，则需考虑风险因素，公式将复杂化）。房地产开发商的建造成本随着规模的增加而增加，并且我们假定边际成本是递增的，函数形式为 $C = c \cdot \dfrac{Q^2}{2}$，$c$ 表示房地产开发商建房的单位成本。房地产开发商的利润函数为 $\pi = P_1 Q - 0.5 \cdot cQ^2 - Ir$。房地产开发商面临的约束为建造成本不能超过自有资金。因此，房地产开发商的住房开发行为可描述成如下最优化问题：

$$\max \quad \pi = P_1 Q - 0.5 \cdot cQ^2 - Ir$$
$$s.t. \quad 0.5 \cdot cQ^2 = I$$

求上式一阶条件，可得开发商的最优化行为需满足：

$$P_1 = cQ(1 + r) \tag{2}$$

此式的含义是开发商对房地产的定价是房地产的开发成本加上使用这笔资金进行开发的机会成本。

联立式（1）、式（2），可得无信贷支持条件下房地产市场的均衡价格。由于两式联立为二次多项式，价格为正，取正根，得：

$$P_1 = \sqrt{\dfrac{c(1 + r)Y}{2}} \tag{3}$$

由式（3）可以看出，在无信贷支持条件下，房地产市场的均衡价格与供给面的开发成本和资金使用成本正相关，与需求面的可支配收入正相关，但并不是线性相关。

（二）银行信贷支持且外生给定情况下的供需抉择

1. 信贷支持条件下房地产消费者的购房决策

与无信贷支持的情况相比，这里引入两个新的变量：一是 ϕ，表示房地产消费者购房贷款占房价的比例，显然 $0 < \phi < 1$；二是 r_L，表示房地产消费贷款的利率。消费者的最优化行为依然是最大化柯布—道格拉斯效用函数。约束条件为：房地产消费者的可支配收入扣除一般商品的消费外用于购房首付款和贷款利息，公式形式为 $N + (1 - \phi) P_2 Q + r_L L = Y$。房地产消费者在信贷支持条件下的最优化问题表述如下：

$$\max \quad \ln u(Q, N) = 0.5 \ln Q + 0.5 \ln N$$
$$s.t. \quad N + (1 - \phi) P_2 Q + r_L L = Y$$
$$L = \phi \cdot P_2 Q$$

求上式一阶条件，可得消费者的最优化行为需满足：

$$P_2 Q = Y/2(1 - \phi + \phi \cdot r_L) \tag{4}$$

2. 信贷支持条件下房地产开发商的投资决策

与无信贷支持的情况相比，对于房地产开发商的投资决策我们同样引入两个新的变量：一是 λ，表示房地产开发商借贷资金占总投资的比例，显然 $0 < \lambda < 1$；二是 r_L，表示房地产开发贷款的利率，为方便起见，这里假设开发贷款利率与房屋消费贷款利率相等。房地产开发商的目标是最大化其利润，利润函数为房屋总售价减去总开发成本、自有资金的机会成本以及贷款总利息。约束条件为房屋的建造成本不能超过自有资金和借贷资金之和。房地产开发商在信贷支持条件下的最优化问题表述如下：

$$\max \pi = P_2 Q - 0.5 \cdot cQ^2 - Ir - \frac{\lambda I}{1 - \lambda} \cdot r_L$$

$$s.t \quad 0.5 \cdot cQ^2 = \frac{I}{1 - \lambda}$$

求上式一阶条件，可得开发商的最优化行为需满足：

$$P_2 = cQ[1 + (1 - \lambda) \cdot r + \lambda \cdot r_L] \tag{5}$$

联立式（4）、式（5），可得金融信贷支持条件下房地产市场的均衡价格。舍去负根，得：

$$P_2 = \sqrt{\frac{c[1 + (1 - \lambda) \cdot r + \lambda \cdot r_L]Y}{2(1 - \phi + \phi \cdot r_L)}} \tag{6}$$

3. 若干命题的判断

命题 1：信贷资金的介入推高了房价。

对于该命题，须比较 P_2 和 P_1 的大小。由于 P_2 和 P_1 存在共同的系数 $\sqrt{\frac{cY}{2}}$，则只需比较 $\frac{1 + (1 - \lambda) \cdot r + \lambda \cdot r_L}{1 - \phi + \phi \cdot r_L}$ 是否大于 $1 + r$。

推导过程如下：

(1) 对于分母，$0 < 1 - r_L < 1$ 且 $\phi > 0 \Rightarrow -1 < -\phi < -\phi \cdot (1 - r_L) < 0 \Rightarrow 0 < 1 - \phi \cdot (1 - r_L) < 1$；

(2) 由于分母介于 $0 \sim 1$，则 $\frac{1 + (1 - \lambda) \cdot r + \lambda \cdot r_L}{1 - \phi + \phi \cdot r_L} > 1 + (1 - \lambda) \cdot r + \lambda \cdot r_L = 1 + r + \lambda(r_L - r) > 1 + r$，原命题得证。

命题2：房地产消费信贷占比越大，房价越高。

对于该命题，只需判断$\frac{\partial P_2}{\partial \phi}$的符号。

$$\frac{\partial P_2}{\partial \phi} = \sqrt{\frac{cY \cdot [1 + (1-\lambda) \cdot r + \lambda \cdot r_L]}{2}} \cdot \frac{(1-r_L)}{2 \cdot [1 - \phi \cdot (1-r_L)]^{1.5}}$$

$$= \sqrt{\frac{cY \cdot [1 + (1-\lambda) \cdot r + \lambda \cdot r_L]}{8[1 - \phi \cdot (1-r_L)]}} \cdot \frac{(1-r_L)}{1 - \phi \cdot (1-r_L)}$$

由于$0 < (1-r_L) < 1$，$0 < \phi < 1$，上式大于0，原命题得证。

命题3：房地产开发贷款占比越大，房价越高。

对于该命题，只需判断$\frac{\partial P_2}{\partial \lambda}$的符号。

$$\frac{\partial P_2}{\partial \lambda} = \sqrt{\frac{cY}{2(1 - \phi + \phi r_L)}} \cdot \frac{1}{2} \frac{r_L - r}{\sqrt{1 + (1-\lambda) \cdot r + \lambda \cdot r_L}}$$

$$= \sqrt{\frac{cY}{8(1 - \phi + \phi r_L) \cdot [1 + (1-\lambda) \cdot r + \lambda \cdot r_L]}} \cdot (r_L - r)$$

由于$r_L - r$表示银行存贷款利差，所以$r_L - r > 0$。因此，$\frac{\partial P_2}{\partial \lambda} > 0$，原命题得证。

命题4：贷款利率越高，房价越低。

对于该命题，只需判断$\frac{\partial P_2}{\partial r_L}$的符号。

$$\frac{\partial P_2}{\partial r_L} = \sqrt{\frac{cY \cdot (1 - \phi + \phi r_L)}{8 \cdot [1 + (1-\lambda) \cdot r + \lambda \cdot r_L]}} \cdot \frac{\lambda - \lambda\phi - \phi - r\phi + r\lambda\phi}{(1 - \phi + \phi r_L)^2}$$

对于上式，我们只需判断$\lambda - \lambda\phi - \phi - r\phi + r\lambda\phi$的符号，分三种情况讨论：

(1) 若$\lambda = \phi$，则$\lambda - \lambda\phi - \phi - r\phi + r\lambda\phi = (r-1)\lambda^2 - r\lambda < 0$；

(2) 若$\lambda > \phi$，则$\lambda - \lambda\phi - \phi - r\phi + r\lambda\phi < \lambda - \lambda^2 - \lambda - r\lambda + r\lambda\phi = -\lambda^2 - \lambda r(1-\phi) < 0$；

(3) 若$\phi > \lambda$，则$\lambda - \lambda\phi - \phi - r\phi + r\lambda\phi < \phi - \lambda\phi - \phi - r\phi + r\lambda\phi = -\lambda\phi - r\phi(1-\lambda) < 0$。

由上述三种情况可知，无论何种情况，$\frac{\partial P_2}{\partial r_L} < 0$，原命题得证。

4. 政策含义

由以上四个命题可以看出，在银行信贷外生给定的情况下，信贷资金的介入导致了房价的上升,其主要原因是信贷资金的出现放松了购房者和开发商的资金约束。由命题2和命题3可以看出,信贷资金介入的越多,房价上涨越快。以上是房价与信贷资金在数量上的关系表现,在价格关系上,由命题4可以看出,贷款的资金成本越高,房价越低。

根据以上推导的理论规律,若要遏制过快上涨的房价,就金融层面可以从两个方面着手:一是控制房地产有关贷款的数量,二是提高获取信贷资金的成本。当然,关于房价的调控归根结底起作用的是数量影响,它既可以通过市场化的方式由价格传导完成,也可以通过行政命令的手段直接实现。

(三) 银行信贷内生且不考虑违约情形的房地产市场均衡价格

在以上的讨论中,我们假设房地产信贷是无弹性供给的,而在现实中,贷款的供给受到贷款的价格以及贷款的资金成本的影响。这里,我们考虑银行的利润最大化行为,将其作为影响房价的一个内生因素。

1. 银行的利润最大化行为

银行的房地产贷款的最优决策包括如下因素:贷款利率 r_L;资金成本 r (这里使用存款利率代替);商业银行的单位运营成本 a,我们假定商业银行的运营成本随着规模的增加而增加,其函数形式为 $A = a \cdot \frac{L^2}{2}$;贷款的违约率 p^e;违约情况下的贷款回收率 ρ,$\rho = \min\left[\frac{M}{L(1+r_L)}, 1\right]$,其中 M 表示房产抵押物的市场价值,当抵押物的市场价值大于贷款价值时,消费者不会违约,因为出售房产并归还贷款本息还有剩余,因此,$0 \leq \rho \leq 1$。商业银行的最大化利润行为可表述如下:

$$\max \quad \pi = (1-p^e) \cdot (1+r_L) \cdot L + p^e \cdot \rho \cdot (1+r_L) \cdot L - (1+r) \cdot L - a \cdot \frac{L^2}{2}$$

下面分两种情况讨论:

(1) $\frac{M}{L(1+r_L)} \geq 1$ 时,$\rho = 1$,商业银行的最大化利润函数简化为:

$$\max \quad \pi = (1+r_L) \cdot L - (1+r) \cdot L - a \cdot \frac{L^2}{2}$$

对上式求一阶条件,得商业银行的最优贷款为:

$$L = \frac{r_L - r}{a} \tag{7}$$

这意味着，当房地产行业处于景气周期中，即抵押物的市场价值高于贷款价值时，很少发生违约情况，即使发生违约，银行的违约损失几乎可以忽略不计。在这样的条件下，商业银行的最优贷款额由存贷款利差除以商业银行的运营成本决定。

（2）$\frac{M}{L(1+r_L)} < 1$ 时，商业银行的最大化利润函数简化为：

$$\max \pi = (1-p^e) \cdot (1+r_L) \cdot L + p^e \cdot M - (1+r) \cdot L - a \cdot \frac{L^2}{2}$$

对上式求一阶条件，得商业银行的最优贷款为：

$$L = \frac{r_L - r - p^e(1+r_L)}{a} \tag{8}$$

这意味着，当房地产处于衰退期时，即抵押物的市场价值低于贷款价值时，商业银行的最优贷款额除了由存贷款利差决定外，还取决于违约产生的净损失。由式（8）可以看出，最优贷款额是贷款违约率的减函数，违约率越高，最优贷款额越低。

比较（1）、（2）两种情况，我们发现：在房价上升期，银行信贷保持平稳增长；而在房价下跌期，信贷以更快的速度收缩，这是由于抵押物市场价值的下降会提高违约率，而违约率的上升会进一步收缩信贷。这一情形类似于美联储主席伯南克论述的经济景气与衰退中的信贷增长的不对称效应，即金融加速器效应。导致这种非对称效应的重要原因是房地产贷款的抵押特性和债权的有限责任的结合。对于使用贷款的购房者而言，他实际上获得了一个看涨期权，在房价上涨时他选择行权，而行权的方式则是归还贷款；在房价下跌时他选择不行权，这时购房者丧失抵押赎回权。银行则承担了房价下跌损失，而房价下跌会导致违约率上升，这会引起信贷的进一步收缩。

2. 包含银行利润最大化行为的内生模型

前述关于房地产均衡价格的推导中，银行信贷是外生给定的。这里我们推导银行信贷内生给定情况下的房地产市场均衡价格，为使模型的推导相对容易，我们只考虑房地产景气周期时的情形。对这一情况的探讨有益于从理论规律中发现遏制房价过快上涨的政策建议。同样为了方便起见，我们只考虑购房者存在金融支持的情况，而假设开发商不存在信贷支持。根据以上假设，我们只需联立式（2）、式（4）、式（7），并考虑参数之间的固有关系，即可解得均衡价格。

联立方程组表示成如下形式：
$$\begin{cases} PQ = Y/2(1-\phi+\phi \cdot r_L) \\ P = cQ(1+r) \\ L = \frac{r_L - r}{a} \\ L = \phi PQ \end{cases}$$

第一式表示购房者的最优需求方程,第二式表示开发商的最优供给方程,第三式表示银行的最优贷款供给方程,第四式表示贷款与房屋总价之间的关系。我们首先将第四式代入第三式,得到房价与银行贷款各种参数之间的关系;其次将结果代入第一式,消去贷款占比 ϕ;最后与第二式联立。我们可以得到房价与其他价格参数之间关系的等式:

$$\frac{P^2}{c(1+r)} - \frac{(r_L - r) \cdot (1 - r_L)}{a} - 0.5Y = 0 \tag{9}$$

将上式写成 P^2 的表达式并舍去负根:

$$P^2 = \frac{c(1+r)[aY + 2(r_L - r) \cdot (1 - r_L)]}{2a} \tag{10}$$

3. 均衡价格与利率变动的关系

命题5:在一定条件下,存款利率(资金成本)越低,均衡价格越高。

对于此命题,只需观察均衡价格对存款利率偏导数的符号。由于式(10)是以价格 P 的复合函数形式出现的,因此对隐函数求导得:

$$2P \cdot \frac{\partial P}{\partial r} = \frac{c}{2a}[aY + 2(1 - r_L)(r_L - 1 - 2r)]$$

由于 $P > 0$、$\frac{c}{2a} > 0$、$(1 - r_L) > 0$、$(r_L - 1 - 2r) < 0$、$aY > 0$、需对 $aY + 2(1 - r_L)(r_L - 1 - 2r)$(此式记为式(*))的符号进行判定。由于 aY 没有明确的范围限定,需将其转换成含有 r_L 和 r 的表达式。转换过程如下:

(1) 将联立方程组的第三方程和第四方程联立,得 $aPQ = \frac{r_L - r}{\phi}$;

(2) 将上述等式代入联立方程组的第一方程,得 $aY = 2\left[\frac{r_L - r}{\phi} - (r_L - r)(1 - r_L)\right]$;

(3) 将上式代入式(*),式(*)转换为 $\frac{2}{\phi}[(r_L - r)(1 + \phi) - \phi + \phi r r_L]$。

记 $(r_L - r)(1 + \phi) - \phi + \phi r r_L$ 为式(**),上式的符号并不能通过解析式解出,对此我们在假设条件下遍历所有可能性,然后观察式(**)的符号。我们假设:

(1) $r_L < 0.1$,自2000年以来人民币贷款利率从未超过10%,这一假设是合理的;

(2) $r < r_L$,即存款利率小于贷款利率;

(3) $0 < \phi < 1$,即房款总额并不全部来自自有资金,也不全部来自银行贷款。

计算机模拟的房价对存款利率的求导结果见图1。

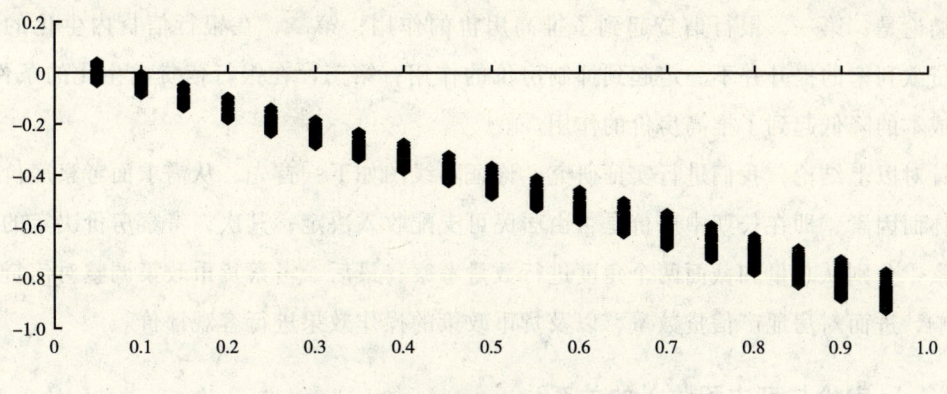

图 1 房价对存款利率的求导结果

从图 1 中可以看出：当 $0.1 < \phi < 1$，即银行贷款占房款总额大于 10% 的情况下，$\frac{\partial P}{\partial r} < 0$，提高资金成本会导致价格下降。

命题 6：贷款利率越高，并不意味着均衡价格一定越低。

$$2P \cdot \frac{\partial P}{\partial r_L} = \frac{c}{a}(1+r)[(1-r_L)-(r_L-r)]$$

由于 $P > 0$、$\frac{c}{a}(1+r) > 0$，那么 $\frac{\partial P}{\partial r_L}$ 的符号取决于 $(1+r-2r_L)$ 的符号。当 $(1+r-2r_L) > 0$ 时，即 $r_L < \frac{1+r}{2}$ 时，均衡价格随贷款利率的上升而上升；当 $(1+r-2r_L) < 0$ 时，即 $r_L > \frac{1+r}{2}$ 时，均衡价格随贷款利率的上升而下降。

比较命题 6 与命题 4，我们发现：将银行的利润最大化行为内生到房价决定中之后，通过提升贷款利率进而遏制房价过快上涨的总需求管理政策并不一定成立。尽管利率的上升起到了遏制借款人贷款需求的作用，但是对于银行贷款供给来说却起到了促进作用，尤其是在房地产景气周期中，这一现象将加强和持续，因为抵押物价值上涨时不会造成违约。因此，房地产均衡价格的走势将最终取决于贷款供需双方力量的对比。这也提示我们：在房地产景气周期中，寄希望提高贷款利率来遏制需求的政策需要慎用，因为它在资金供给面产生了负面影响，它会刺激银行放贷冲动，以追逐短期的利润。

四 房价与信贷关系实证研究

在上文的理论模型中，我们分别从数量和价格角度探讨了银行信贷对房价的影响，其基本结论是:第一,银行信贷起到了推高房价的作用;第二,在银行信贷内生化的条件下,贷款利率的提升并不一定起到抑制房价的作用;第三,在银行信贷内生化的条件下,资金成本的降低起到了推高房价的作用。

针对以上结论,我们进行实证研究。论证路线图如下:首先,从需求面考察房价决定的实体面因素,即在长期中房价是否由居民可支配收入决定;其次,考察房价决定的金融面因素,分别从总量和截面两个角度进行数量考察;最后,考察货币政策调整对信贷价格的影响,进而对房地产信贷数量,以及货币政策的操作效果进行客观评价。

(一) 房价与可支配收入的关系

1. 计量模型设计及数据说明

在理论模型中,我们论证房价是可支配收入的增函数,在实际运行中,房价和可支配收入都存在某种波动,但我们预期长期趋势上两者应该表现出正相关性。因此,我们预设两者存在长期协整关系。

数据来源及处理情况如下:可支配收入来源于 2003~2009 年《中国统计年鉴》和中国统计局网站(http://www.stats.gov.cn/)的城镇居民可支配收入,数据频率为季度,样本区间为 2002 年第一季度至 2010 年第一季度。由于每一年第一季度可支配收入都明显高于其他季度,数据在使用前进行了季节调整并取对数。房价使用单位面积房价,用商品房销售额除以商品房销售面积计算,以上数据来源于中国统计数据应用支持系统(http://gov.acmr.cn/)。

2. 计量过程、结果及说明

要考察变量之间是否存在协整关系,首先应对变量进行平稳性检验。表 1 给出了数据平稳性检验的结果。

表 1 可支配收入和房价的季度数据平稳性检验

变量	检验形式(C,T,K)	ADF 统计量	临界值	接受原假设的概率
LNINCOME	(C,T,3)	-3.753573	-3.733200**	0.0483
D(LNREPRICE)	(0,0,1)	-2.287309	-2.644302**	0.0237
LNREPRICE	(C,0,0)	1.026489	-3.653730	0.9959
LNREPRICE	(C,T,0)	-1.100970	-4.273277	0.9132
LNREPRICE	(0,0,0)	3.300262	-2.639210	0.9995

注:检验形式 (C, T, K) 中的字母分别表示检验方程包括常数项、时间趋势和滞后项的结束,***、** 和 * 分别表示在 1%、5% 和 10% 显著水平下的临界值,LNINCOME 表示可支配收入取对数,LNREPRICE 表示商品房单位面积的价格,D(LNREPRICE) 表示商品房单位面积价格的差分。

由表1可以看出，LNINCOME 是0阶单整过程，而 LNPRICE 是1阶单整过程，由于单整阶数不同，两者之间不能进行协整关系检验。

尽管上述两者不存在协整关系，但我们可以对其进行 HP 滤波，分解出长期趋势，从而观察两者的长期趋势之间的关系。图2给出了可支配收入与房价 HP 滤波后的长期趋势图，从中可以看出，房价与可支配收入表现出几乎完全一致的上升趋势。此外，可支配收入与房价之间的距离越来越近，这也体现了公式中房价与可支配收入的根号项呈正比的特性。

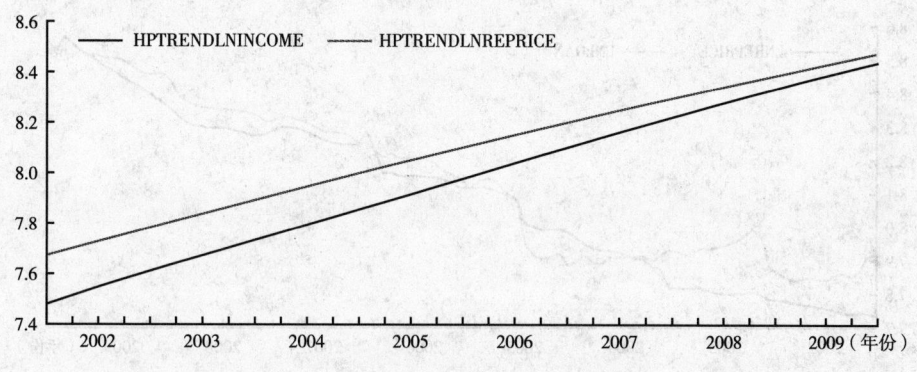

图2　可支配收入与房价的 HP 滤波结果

注：LNINCOME 表示可支配收入取对数，LNREPRICE 表示商品房单位面积的价格。

（二）房价与信贷数量的关系

1. 总量考察

（1）计量模型设计及数据说明

在上文的经验研究中，由于房价与可支配收入之间不具有相同的单整阶数，从而不能进行协整检验。在理论研究部分，房价的决定因素除可支配收入外，还包括信贷的支持作用。针对这一特点，我们在总量上考察房价与信贷数量之间是否存在协整关系，即房价和信贷的波动是非平稳的，两者的线性组合是否稳定。如果房价与信贷之间存在协整关系，则说明房价的波动可由信贷解释。

数据来源及处理情况如下：房价的数据来源和计算方法同上，由于每年1月份的数据缺失，本报告采用上一年12月与本年2月数据进行简单平均，然后采取 Tramo/Seats 方法进行季节调整。房地产信贷使用单位面积贷款额，用房地产贷款总额除以商品房销售面积。由于无法得到房地产贷款总额的数据，本报告根据房地产开发资金来源进行估算，数据来源于中国统计数据应用支持系统（http：//gov.acmr.cn/）。房地产开发资金来源的构成情况如下：国内贷款指开发商的银行贷款；利用外资不计入贷款总额；自筹资金大部分是开发商的自有资金，不计入贷款总额；其他资金中部分是购房者的定金及预收款，我们假设50%的其他资金是定金和预收款，用商品房销售额减去定金及预收款得消费者购房贷款额，将其与开发商的银行贷款相加得房地产贷款总额的估算值。同样，由于1月份数据缺失，采用与计算单位房价同样的方法进行调整。调整后的数据取对数，数据频率为月度，样本区间为2002年1月至2010年4月。完成初处理的数据见图3。

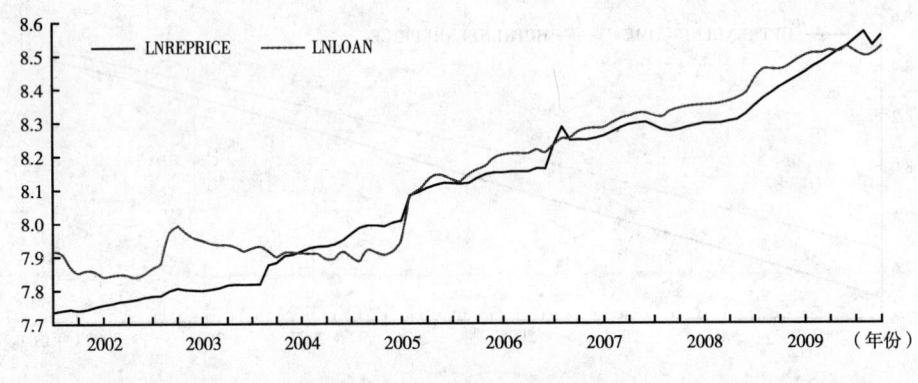

图3　房价及房地产信贷走势

注：LNREPRICE 表示商品房单位面积的价格，LNLOAN 表示商品房单位面积贷款额。

（2）计量过程、结果及说明

要考察变量之间是否存在协整关系，首先应对变量进行平稳性检验。表2给出了数据平稳性检验的结果。

表2　房价和房地产信贷的月度数据的平稳性检验结果

变量	检验形式(C,T,K)	ADF统计量	临界值	接受原假设的概率
D(LNLOAN)	(0,0,0)	-7.315159	-1.614575 ***	0.0000
LNLOAN	(C,0,0)	0.530520	-3.497727	0.9870
LNLOAN	(C,T,1)	-2.968117	-4.054393	0.1466
LNLOAN	(0,0,0)	2.845055	-2.588530	0.9989
D(LNPRICE)	(0,0,1)	-2.287309	-2.644302 **	0.0237
LNPRICE	(C,0,0)	1.026489	-3.653730	0.9959
LNPRICE	(C,T,0)	-1.100970	-4.273277	0.9132
LNPRICE	(0,0,0)	3.300262	-2.639210	0.9995

注：检验形式（C,T,K）中的字母分别表示检验方程包括常数项、时间趋势和滞后项的结束，***、** 和 * 分别表示在1%、5%和10%显著水平下的临界值，LNLOAN 表示商品房单位面积贷款额，D(LNLOAN) 表示商品房单位面积贷款额的差分，LNREPRICE 表示商品房单位面积的价格，D(LNREPRICE) 表示商品房单位面积价格的差分。

由表 2 给出的检验结果可以看出,房价与房地产信贷都是 1 阶单整过程,因此可进行协整检验。

第一步,选择协整方程的检验类型,根据协整检验摘要,我们应该选择序列有均值、协整方程有截距项这一类型。

第二步,进行迹检验和最大特征根检验。表 3 和表 4 分别给出了房价和房地产信贷协整关系的迹检验和最大特征根检验的结果。从表 3 的检验结果看,迹检验显示两变量之间存在一个协整方程;表 4 的最大特征根的检验结果也显示存在一个协整方程。两者检验结果一致。

表 3 房价和房地产信贷协整方程的迹检验

Date:06/21/10 Time:23:23
Sample(adjusted):2002M04 2010M04
Included observations:97 after adjustments
Trend assumption:No deterministic trend (restricted constant)
Series:LNPRICE LNLOAN
Lags interval (in first differences):1 to 2

Unrestricted Cointegration Rank Test (Trace)

Hypothesized No. of CE(s)	Eigenvalue	Trace Statistic	0.05 Critical Value	Prob. **
None *	0.165738	21.80831	20.26184	0.0304
At most 1	0.042683	4.231199	9.164546	0.3788

表 4 房价和房地产信贷协整方程的最大特征根检验

Unrestricted Cointegration Rank Test (Maximum Eigenvalue)

Hypothesized No. of CE(s)	Eigenvalue	Max-Eigen Statistic	0.05 Critical Value	Prob. **
None *	0.165738	17.57711	15.89210	0.0270
At most 1	0.042683	4.231199	9.164546	0.3788

第三步,写出协整方程。表 5 给出了正交化后的协整方程结果,根据表 5,协整方程可写成如下形式:

$$LNPRICE = 0.134291 + 0.947694 \, LNLOAN$$

此方程的含义是:房价的波动可由信贷解释,长期中两者维持稳定关系,房价等于房地产信贷乘以 0.947694 的弹性系数,再加上 0.134291 的固定值。

表5 正交化后的协整方程各变量的系数

1 Cointegrating Equation(s):	Log likelihood	520.4989
Normalized cointegrating coefficients (standard error in parentheses)		
LNPRICE	LNLOAN	C
1.000000	−0.947694	−0.134291
	(0.20695)	(1.68027)
Adjustment coefficients (standard error in parentheses)		
D(LNPRICE)	0.033472	
	(0.00800)	
D(LNLOAN)	0.027456	
	(0.01059)	

2. 面板考察

(1) 计量模型设计及数据说明

在理论部分，我们论证了无论是房地产开发贷款还是个人购房贷款，它们都起到了推高房价的作用。上文中我们采用协整方法论证房价的波动可由信贷解释。这里我们拟采用面板数据模型方法，考察不同区域房价与信贷的关系。根据中国人民银行房地产金融分析小组历年发布的《中国房地产金融报告》，东部地区占据了个人购房贷款增加额的70%以上，相应的，35个大中城市住房销售指数同比上涨超过均值的城市也几乎集中在东部地区。因此，在面板数据模型中，我们预期东部地区相比中西部地区应该有更高的弹性系数，即东部地区的房价对房地产信贷更为敏感。此外，由于可支配收入也是导致房价变动的重要原因，我们还需在控制可支配收入的前提下分析房价与信贷的关系。因此，我们最后设立的面板模型为以下形式：

$$\ln Price_i = Alfha \cdot \ln Income_i + Beta_i \cdot LoanProp_i + U_i$$

其中，$\ln Price_i$表示各城市单位面积房价取对数后的结果，$\ln Income_i$表示各城市城镇人均可支配收入取对数后的结果，$LoanProp_i$表示各城市贷款额占住房销售额的比例。

数据来源及处理情况如下：不同城市的可支配收入来源于中国统计数据应用支持系统（http://gov.acmr.cn/），不同城市的房地产信贷和房价数据取自各年中国统计年鉴。在面板数据建模中，为避免对数据平稳性的过高要求，我们使用"短而宽"的面板，即数据频率为年度。样本区间为2005~2008年。

(2) 计量结果及分析说明

表6给出了面板模型的回归结果，从表中可以看出拟合效果很好，调整后的R^2达到0.918，而DW值为2.412，在2附近，不存在自相关情况。可支配收入通过了T检验，

其弹性系数为 0.215。在控制了可支配收入这一变量后，不同城市房价与信贷占比之间的弹性系数表现出巨大差异：弹性系数最大的是海口，为 4.926，这反映出海南有较为浓重的房地产投机气氛；弹性系数最小的是呼和浩特，为 -0.886，这一负值结果可能是由于相对于房价居民的自有资金更为充裕，居民向银行借贷的意愿较低。此外，弹性系数较大的大都在东部地区，而较小的则在中西部地区。对此我们按东、中、西部的方法进行区域划分，然后观察各区域的平均弹性系数（只包括通过 T 检验的城市）。

表 6 房价与房地产信贷占比面板模型回归结果

变量	弹性系数	T - 统计量	概率
LNINCOME（可支配收入）	0.215275	15.64419	0.0000
LOANPROP（房地产贷款占比）			

变量	弹性系数	T - 统计量	概率	变量	弹性系数	T - 统计量	概率
PROP_BJ（北京）	1.276476	12.39897	0.0000 ***	PROP_JN（济南）	0.742028	7.514897	0.0000 ***
PROP_TJ（天津）	0.593238	4.560954	0.0000 ***	PROP_QD（青岛）	-0.151414	-1.142399	0.2559
PROP_HHHT（呼和浩特）	-0.885839	-2.186104	0.0310 **	PROP_ZHZH（郑州）	0.469144	2.044789	0.0434 **
PROP_SHJZH（石家庄）	-0.097097	-0.894968	0.3729	PROP_WH（武汉）	0.428396	4.162046	0.0001 ***
PROP_TY（太原）	0.499189	2.509670	0.0136 **	PROP_CHSH（长沙）	0.007458	0.064842	0.9484
PROP_SHY（沈阳）	0.508371	1.907027	0.0593 *	PROP_GZH（广州）	-0.268927	-1.240141	0.2177
PROP_DL（大连）	0.570173	4.700483	0.0000 ***	PROP_SHZH（深圳）	-0.776872	-5.245954	0.0000 ***
PROP_CHCH（长春）	0.219228	0.713000	0.4774	PROP_NN（南宁）	2.138430	13.23132	0.0000 ***
PROP_HEB（哈尔滨）	0.378844	1.128741	0.2616	PROP_HK（海口）	4.925985	23.73998	0.0000 ***
PROP_SHH（上海）	1.132584	6.166895	0.0000 ***	PROP_CHQ（重庆）	0.193389	1.624161	0.1073
PROP_NJ（南京）	0.131746	1.360145	0.1767	PROP_CHD（成都）	-0.287235	-1.759406	0.0814 *
PROP_SZH（苏州）	0.010020	0.079092	0.9371	PROP_GY（贵阳）	0.186340	2.090434	0.0390 **
PROP_HZH（杭州）	0.136154	1.437188	0.1536	PROP_KM（昆明）	2.311411	12.98574	0.0000 ***
PROP_NB（宁波）	1.689636	5.468963	0.0000 ***	PROP_XA（西安）	-0.055858	-0.401358	0.6890
PROP_HF（合肥）	1.650483	8.975541	0.0000 ***	PROP_LZH（兰州）	0.652522	5.356143	0.0000 ***
PROP_FZH（福州）	0.960814	9.055356	0.0000 ***	PROP_XN（西宁）	0.208698	1.351628	0.1794
PROP_XM（厦门）	-0.222328	-2.437346	0.0165 **	PROP_YCH（银川）	0.480319	1.931579	0.0561 *
PROP_NCH（南昌）	0.618145	5.452088	0.0000 ***	PROP_WLMQ（乌鲁木齐）	1.262928	3.406696	0.0009 *

方程统计量							
R^2	0.939162	调整后 R^2	0.918304	残差平方和	0.444113	DW 值	2.411505

注：* 表示在 1% 的水平上统计显著，** 表示在 5% 的水平上统计显著，*** 表示在 10% 的水平上统计显著。

图 4 给出了各区域的房价对房地产信贷的弹性系数，从图中可以看出，东、中、西部地区的弹性系数依次呈下降趋势，且东部显著高于中、西部地区，这说明了房地产投资与投机的热点城市集中在东部地区，这一结果与央行历年的《中国房地产金融报告》的分析结果完全一致。

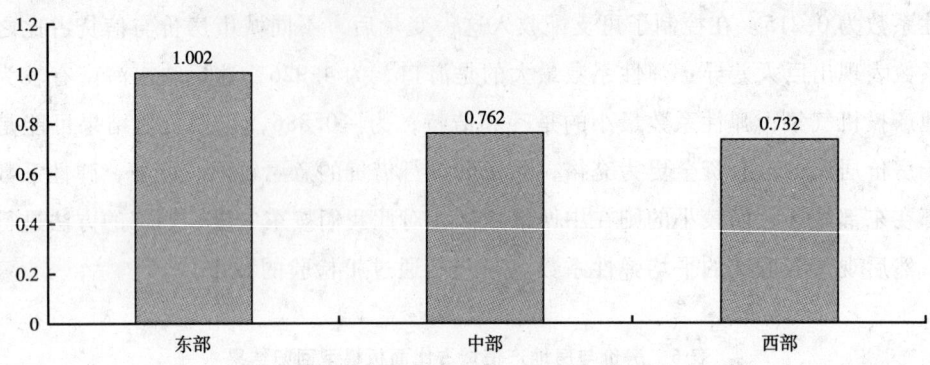

图 4 各区域房价对房地产信贷的弹性系数

(三) 房价与信贷价格的关系

1. 经验观察

在上文中,我们考察了房价与信贷数量之间的关系,得出了信贷推高了房价的结论,并且从区域差异上看,东部地区信贷支持力度大,相应的房价高,这说明东部地区是房地产投资与投机的热点。在这部分,我们考察信贷价格对信贷数量的影响,进而考察信贷价格与房价之间的关系。

图 5 给出了房地产信贷取对数后以及贷款利率两者的走势图。根据贷款利率的走势,我们将货币政策的操作分为三个阶段:第一阶段为 2006 年 1 月至 2008 年 8 月,此阶段为紧缩时期;第二阶段为 2008 年 9 月至 2009 年 1 月,此阶段为应对国际金融危机采取了宽松的货币政策;第三阶段为 2009 年 2 月至 2010 年 4 月,此阶段贷款利率维持稳定,可视为适度宽松的货币政策阶段。

根据传统的西方利率理论,在第一阶段,紧缩的货币政策应该起到抑制信贷增长的作用;在宽松的第二阶段,信贷应该大幅增长;在适度宽松的第三阶段,房地产信贷应该维持稳定并略有增长。从图 5 显示的两者关系看,现实情况并不如理论预期。在紧缩的第一阶段,2006 年 11 月至 2007 年 5 月出现了信贷的大幅增长;在宽松的第二阶段,贷款利率由 7.47% 下降到 5.31%,降幅达 28.9%,而房地产信贷只上升了 0.1%,如果用滞后 1 期的信贷衡量,这一指标甚至下降了 1.3%;在适度宽松的第三阶段,贷款利率维持稳定,房地产信贷却大幅增长。尽管传统的理论并不能很好地解释,但在上文的理论阐述中,利率与房价的关系并非简单的负相关关系,而是存在利率拐点的抛物线形式。当利率不是很高时,提高利率的政策并不能有效抑制信贷需求,反而起到促进信贷供给的作用,这一特征在房价上涨期尤其明显,因为上涨期几乎不存在违约情形。当利率很高时,提高利率政策的作用才能凸显,一方面,资金需求者面临很高的资金成本,而租金收益和价格上涨的资本利得并不能有效抵补;另一方面,资金供给者在面对很高利率时也会考虑资金需求者存在的极高道德风险问题,从而收缩信贷。

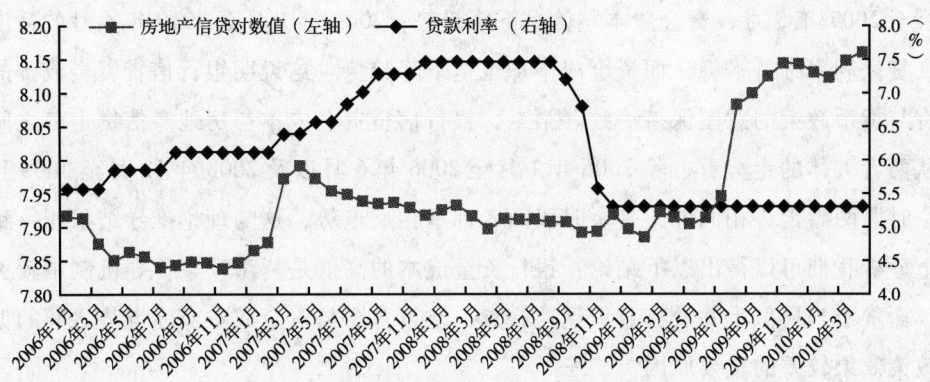

图 5 房地产信贷与贷款利率走势

注:房地产信贷数据来源于上文计算,贷款利率数据取自中国人民银行(www.pbc.gov.cn)的金融机构人民币贷款基准利率的 1 年期利率。

关注信贷供给面的价格除了应关注贷款利率外,还应关注银行的资金成本。在理论部分,我们证明了资金成本越低,房地产的均衡价格越高,其作用机理是较低的资金成本增加了银行放贷动力,从而推高了房价。在这部分,我们测算房地产贷款的资金成本,并考察了资金成本与房地产信贷走势之间的关系①。

---

① 本文根据中国人民银行公布的存款货币银行总资产和总负债测算银行发放房地产贷款保本的最低收益,以此代表房地产贷款的资金成本。具体测算方法如下:首先,通过负债面计算商业银行体系的资金使用成本;其次,计算银行无风险资产的收益;最后,银行信贷资产的保本收益和无风险资产的收益与权重乘积的和应该等于负债面的资金使用成本,通过该方法可以倒算出银行发放房地产贷款的保本收益。关于参数的说明:①负债面。企业存款和居民储蓄存款中的活期存款使用活期存款利率,定期存款使用 1 年期存款利率,居民储蓄存款的结构通过金融机构信贷收支表得到;可转让存款使用可转让存单的利率;其他存款和其他负债以活期利率计算,这部分占比很小(2007 年后大都在 2% 以下);对央行负债使用再贷款利率;对其他存款性公司和其他金融性公司负债以 1 年期存款利率计,尽管对其他存款性公司和其他金融性公司负债占比在 10% 左右,但是对其他存款性公司和其他金融性公司债权占比达到 12% 左右,两者在计算过程中处于公式的两边,两者相抵对整个公式的影响只有 2%,选择 1 年期存款利率计算起来较为方便;国外负债假定 4% 的利率,其标尺是存款利率,只有当储蓄存款存在缺口时才会对国外负债,1999 年后 1 年期存款利率最高为 4.14%;债券发行主要指商业银行发行次级债用于补充二级资本,假定利率为 5%,目前只有城商行达到过该水平;实收资本,假定股东要求的资本收益率为 10%;其他负债假定 4%。在不确定定期存款的结构下,可以认为以上参数设定高估商业银行体系的资金使用成本。②资产面。国外资产,假定收益率为 0;准备金使用对应的准备金利率;库存现金收益率为 0;对政府债权使用国债收益率;央行债券使用央票利率;对其他存款性公司和其他金融性公司债权,为与负债面对应也使用 1 年期存款利率;对非金融机构债权和对其他居民债权的收益率为待估参数;其他资产假定收益率为 0。在以上假设下,我们可能还高估了银行发放房地产信贷的资金成本。

图6给出了测算后的银行信贷的资金成本以及房地产信贷的走势图。从图中我们可以观察两方面的信息：第一，货币政策与银行信贷资金成本的关系。如果参照上文按贷款利率划分货币政策松紧的方法，在紧缩的货币政策时期，信贷资金成本应该上升，而2006年1月至2007年5月，资金成本整体呈下降趋势；2009年1月至2010年4月的适度宽松时期，贷款利率维持平稳，而资金成本却也呈下降趋势。这说明银行信贷资金成本的变动并没有与货币政策的意图保持一致。第二，银行信贷资金成本与房地产信贷走势之间的关系。从两者大体的走势看，除2006年1月至2006年6月以及2008年12月至2009年5月这两个时段两者走势相同外，其余时段两者都呈相反走势，这与理论推导结果相一致。综合以上分析我们可以得出以下结论：银行资金成本的高低是货币政策传导机制中较关键的一环，而货币当局似乎并没有意识到这一点，政策意图与资金成本实际走势之间的偏离是导致政策效果较差的重要原因。

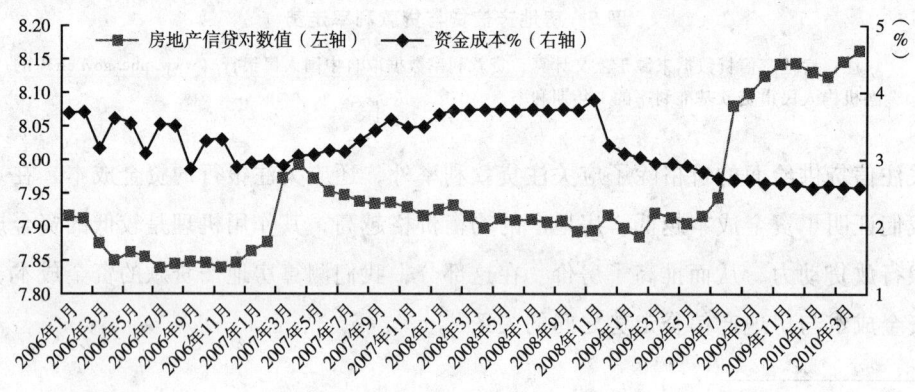

图6 房地产信贷与资金成本走势

2. 计量检验

在经验观察部分我们粗略考察了贷款利率、资金成本与房地产信贷之间的关系，在这一部分我们使用格兰杰因果关系检验进一步考察上述关系。

第一步，对数据来源和处理方法进行简要介绍。贷款利率使用1年期的贷款基准利率，数据来源于中国人民银行网站（http：//www.pbc.gov.cn/），若一月之内出现两次利率调整的情况，则此月利率按天数进行加权调整。资金成本的测算方法在上文已做说明。房地产信贷的数据来源及处理与上文相同。样本区间为2006年1月至2010年4月，数据频率为月度。

第二步，考察数据平稳性。房地产信贷的平稳性在上文已经检验过，这里仅对贷款利率和资金成本进行平稳性检验。表7给出了平稳性检验的结果，我们可以看出贷款利率和资金成本经过一阶差分后是平稳序列,而房地产信贷也经一阶差分后平稳。故可对上述三个变量的一阶差分进行格兰杰因果关系检验。

表7 贷款利率和资金成本的月度数据的平稳性检验结果

变量	检验形式(C,T,K)	ADF 统计量	临界值	接受原假设的概率
D(LOANRATE)	(0,0,0)	-4.274661	-2.612033 ***	0.0001
LOANRATE	(C,0,0)	-1.361119	-2.598551	0.5938
LOANRATE	(C,T,1)	-1.772464	-3.180699	0.7031
LOANRATE	(0,0,0)	-0.285525	-1.612650	0.9989
D(COST)	(0,0,1)	-9.557429	-2.612033 ***	0.0000
COST	(C,0,0)	-1.787073	-2.597905	0.3826
COST	(C,T,0)	-2.093156	-3.179617	0.5371
COST	(0,0,0)	-0.935360	-1.612725	0.3068

注:检验形式(C,T,K)中的字母分别表示检验方程包括常数项、时间趋势和滞后项的结束,***、** 和 * 分别表示在1%、5%和10%显著水平下的临界值,LOANRATE 表示贷款利率,D(LOANRATE)表示贷款利率的差分,COST 表示资金成本,D(COST)表示资金成本的差分。

第三步,格兰杰因果关系检验。表8给出了贷款利率与房地产信贷的格兰杰因果关系检验结果,我们可以看出:无论滞后几期,房地产信贷都不是引起贷款利率增长的因;在滞后4期、滞后5期和滞后6期的情况下,贷款利率是引起房地产信贷增长的因。表9给出了资金成本与房地产信贷的格兰杰因果关系检验结果,我们可以看出:同样无论滞后几期,房地产信贷都不是引起资金成本下降的因;在滞后2期、滞后3期和滞后5期的情况下,资金成本的下降是引起房地产信贷增长的因。从检验结果我们可以预期:在短期中(1~3个月),资金成本下降是银行信贷增长的主要动因;在长期中(4~6个月),当银行发现房价上涨而贷款几乎不存在违约风险时,高贷款利率产生的高利润使得银行放贷动力更加强劲。

表8 贷款利率与房地产信贷的格兰杰因果关系检验

	Sample:2006M01 2010M04					
	接受原假设的概率					
原假设:	Lags:1	Lags:2	Lags:3	Lags:4	Lags:5	Lags:6
D(LOANRATE)不是 D(LNLOAN)的格兰杰因	0.5085	0.1127	0.1177	0.0555	0.0456	0.0909
D(LNLOAN)不是 D(LOANRATE)的格兰杰因	0.2831	0.5275	0.8610	0.6343	0.7319	0.7913

注:LOANRATE 表示贷款利率,D(LOANRATE)表示贷款利率的差分,LNLOAN 表示商品房单位面积贷款额,D(LNLOAN)表示商品房单位面积贷款额的差分。

表9 资金成本与房地产信贷的格兰杰因果关系检验

Sample:2006M01 2010M04

原假设:	接受原假设的概率					
	Lags:1	Lags:2	Lags:3	Lags:4	Lags:5	Lags:6
D(COST)不是 D(LNLOAN)的格兰杰因	0.1244	0.0598	0.0416	0.1962	0.0656	0.1155
D(LNLOAN)不是 D(COST)的格兰杰因	0.9829	0.3025	0.7444	0.4361	0.6692	0.5098

注：COST 表示资金成本，D（COST）表示资金成本的差分，LNLOAN 表示商品房单位面积贷款额，D（LNLOAN）表示商品房单位面积贷款额的差分。

3. 关于资金成本的深入考察

我们通过经验观察和计量检验论证了在短期中资金成本的下降是导致房地产信贷增长的主要动因。以上是货币政策传导机制中商业银行对实体经济的影响部分，关于货币政策作用于银行体系，鲜有文献探讨对银行资金成本的影响，针对此情形，我们对影响银行体系资金成本的因素进行初步探讨。

影响银行信贷资金成本的因素包括两个方面：一方面是资金的获取或使用成本，这主要体现在银行资产负债表的负债面，自 2007 年以来，定期存款占银行总负债的 50%，它的利率调整对资金的使用成本产生较大影响，我们在图 7 中绘制了存款利率走势作为参照；另一方面是无风险资产的收益，银行使用吸储的资金进行组合投资，一部分用于购买无风险资产，另一部分投资有风险的信贷资产。当无风险资产的收益越高时，银行信贷资金成本越低，因为前者可以有效抵补后者的风险损失。

中国银行体系的无风险资产包括两个有特色的部分：一是存款准备金，二是央行票据。法定准备金制度的安排一方面起到收缩可贷资金的作用，另一方面提高了资金运用的成本，一定意义上是对商业银行"课税"。就第一方面的作用而言，中国央行在提高法定准备金率后收取的资金大都用于对冲商业银行的外汇资产，资金又回流到商业银行体系中，并不起到收缩可贷资金的作用。就第二方面的作用而言，中国央行则对准备金支付利息。这在世界上是比较少见的。中国特色准备金制度的存在不仅没有影响可贷资金的供给，还使得商业银行体系获得了"免费的午餐"，这在一定程度上大大削弱了货币政策的效果，甚至起到了相反的作用。央行票据则是以货币当局自身为负债而发行，以此作为调控工具面临着调控成本问题，从图 7 中可以看出，自 2007 年以来，随着央票利率逐渐攀升，法定存款准备金的调整也愈发频繁，这其中我们似乎可以从成本角度找到有力的解释（央票利率在 2007 年 3 月后达到 3%，而法定准备金利率只有

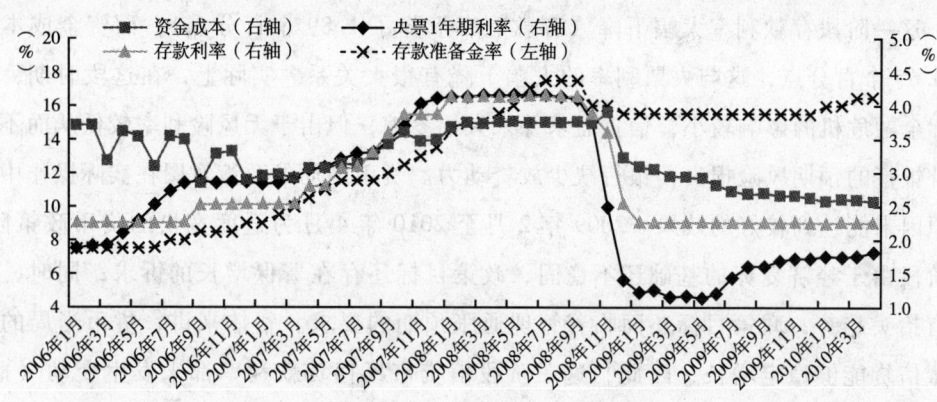

图7　银行体系资金成本及其影响因素的走势

注：资金成本数据来源于上文测算；央票1年期利率是每日利率的算术平均，数据来源于Wind资讯；存款利率数据取自中国人民银行（www.pbc.gov.cn）的金融机构人民币存款基准利率的1年期利率；存款准备金率来源于Wind资讯。

1.89%）。此外，以央票作为调控工具，货币当局还存在调控双重角色[①]以及内外均衡的问题[②]。

关于法定存款准备金率以及央票利率变动对银行资金成本的现实影响，我们可以从图7中关于资金成本的影响因素的走势情况进行观察。2006年1月至2006年11月这段时期，资金成本整体呈下降趋势（在紧缩的货币政策时期，资金成本应该呈上升趋势），这其中负债面的贷款利率几乎没有变化，而央票利率显著上升，法定存款准备金率由7.5%上升至9%，资产面无风险资产利率和数量的上升有效降低了银行的资金成本。2007年1月至2007年10月这段时期，资金成本呈上升趋势，这与理论预期相符，但资金成本的上升速度（资金成本由2.96%上升至3.44%）却低于存款利率的上升速度（存款利率由2.52%上升至3.87%），2007年8月之后存款利率甚至高于资金成本，这也是提高法定准备金率以及发行央票产生的负作用。2008年9月至2009年1月为宽松的货币政策

---

① 货币当局的调控双重角色是指：央行大量发行央票来收缩流动性的时候，央行同时也就成为我国货币市场上最大的做市商。作为做市商与作为调控当局这两种矛盾身份的一体化，无疑增加了央行宏观调控的复杂性，并加重了其在货币政策操作的两个主要对象——货币供应量和利率之间进行协调的难度。在极端的情况下，倘若央行为了降低其操作成本而对央行票据的利率有所追求，就会有操纵利率之嫌——这显然与央行的市场中立地位和市场稳定功能相悖。

② 内外均衡的问题是指：央行发行央票对冲外汇占款收缩银根时，目的是追求内部均衡，而这一过程中，央票利率的上升会引起外部失衡的加剧。实际上，央票操作的种种弊端皆因为央行的调控在货币当局资产负债表的负债面进行，如果能转向资产面调控，则诸多调控中的不一致现象都可避免。关于货币政策操作方面的有创见的最新文献可参考吴晓灵：《正确理解央行货币政策工具创新》，2010年7月7日《经济参考报》。

时期,这一阶段存款利率大幅下降(存款利率下降了1.89个百分点),而资金成本只下降了0.65个百分点,这与央票利率的大幅下降有很大关系。实际上,在这段时期,市场受国际金融危机的影响较小,信贷需求并未大幅萎缩,但由于无风险利率较低从而不能有效抵补银行的预期风险损失,银行缺少放贷动力。货币当局的政策意图在实际操作中因为体制原因未能达到较好的效果。2009年2月至2010年4月为适度宽松的货币政策阶段,这一阶段由于经济复苏的基础还不稳固,政策目标还存在着保增长的诉求;同时,通货膨胀有抬头趋势,政策目标还面临着管理通胀预期的要求。整体来讲,货币当局的目标是希望信贷能够稳定增长,因此,这一阶段信贷市场存贷款利率都未发生变动(此外,受制于欧洲主权债务危机,货币当局考虑外部均衡问题并没有提高存贷款利率)。然而在这一阶段,房地产信贷却出现了大幅增长(见图6),这与货币市场央票利率快速上升进而导致银行资金成本持续下降有密切关系,对此现象我们可以从资金成本角度找到合理解释。

五 过往政策的评述及当前政策的有效性

上文从理论和实证角度论证了房价与信贷之间的关系。在理论部分,我们构造了包括消费者、开发商以及银行的房价与信贷关系的理论模型,比较了无信贷支持和有信贷支持两种情形下房地产市场的均衡价格,得出了信贷资金的介入推高了房价的结论。此外,无论是消费者按揭贷款还是开发商贷款,其在房屋价值中的占比越高,对房价的推动作用越大。紧接着,我们考虑了银行信贷为内生且房价处于上升期的房价与信贷关系模型,重点考察了房价与信贷价格之间的关系。模型得出了不同于常规的结论,即并非贷款利率越高,均衡价格就越低,只有当贷款利率达到一定水平后,提高利率才能抑制房价,而在之前提高利率可能促进房价上涨。此外,模型还考察了信贷资金成本对房价的影响,结论是资金成本越低,房价就越高。

在实证部分,我们对理论模型进行了检验。首先,我们对决定房价的实体面因素——可支配收入进行了检验,在经过HP滤波后,我们发现房价与可支配收入的长期趋势一致。其次,在此基础上,我们对房价与信贷数量的关系进行了检验,结果发现:房价与信贷数量之间存在协整关系,并且系数为正。此外,我们使用面板数据模型考察了不同区域信贷与房价的关系,其结论是:东部地区比中西部地区的房价对贷款的弹性系数高,即东部地区比中西部地区贷款对房价的推动作用更大,前者较之于后者是房地产投资与投机的热点地区。这一实证结果与理论模型的前三个命题的结论是一致的。最后,我们考察了信贷价格与房地产信贷数量之间的关系，进而考察信贷价格与房价之间的关系。我们运用格兰杰因果关系检验发现：在短期中资金成本的下降是导致房地产信贷增长的原因，在长期中贷款利率的上升是导致房地产信贷增长的原因。针对资金成本变动的货币政策因素，我们进行了细致的考察：货币当局意欲收缩（或扩张）的政策意图对银行体系的资金成本常常产生相反的效果，即政策意欲紧缩时，银行资金成本应上升，而事实却是下降，反之亦反是。这一传导机制主要是通过银行资产面无风险资产的替代效应实现的，而无风险资产能够产生替代效应与中国特有的法定准备金付息制度以及以央行自身负债为操作对象的公开市场操作方式有关。我们认为，货币政策对银行资金成本的影响是房价传导机制中的重要一环（尤其是在短期），而货币当局似乎并没有关注这一点，仍一味地追求调控利率、管理宏观需求的传统方式。

（一）过往政策的评述

在经过理论证明和实证检验后，我们可以对现有抑制房价过快上涨的金融政策进行简要评述。根据上文理论模型和实证检验，我们大体可以把抑制房价过快上涨的政策分为两类：一类称之为价格型政策，另一类称之为数量型政策。

传统的价格型政策主要是公开市场操作，此外，在中国还存在对信贷利率的直接管控。目前，中国两种价格型政策是双管齐下的，而这恰恰是实施效果最差的。首先，贷款利率的调控效果南辕北辙。在房价上升时期，信贷投放的决定力量在资金供给面，要提高利率增加信贷供给。其次，紧缩的公开市场操作降低了银行信贷的资金成本。这主要是由于央票发行以自身负债为基础，越是紧缩、利率越高，银行获得无风险收益就越高，放贷动力就越强。最后，贷款利率与资金成本两者对信贷的作用是同向的，都起到了推高房价的作用。在西方国家，价格型政策发挥着一定功效，其原因是制度环境与国内存在两个重大区别：第一，不存在双轨制的利率，不同市场之间的利率传导是连续的而不是分割的；第二，公开市场操作的工具是国债，而不是央票。由于不存在直接管控的贷款利率，因而紧缩的货币政策是由货币市场向信贷市场逐渐传导的。在初始阶段，货币当局卖出国债、收缩货币供应量，这时无风险利率上升，由于不同于央票以自身负债进行发行，货币当局无需考虑成本问题，因此，可贷资金的收缩效果较好。在资金数量减少的前提下，资金的使用需要更高的溢价，因而银行的资金成本上升，为了抵补潜在的风险，相应的，银行会向顾客索要更高的利率（这是主动的市场行为，不是被动行政管理行为）。因此，尽管贷款利率上升之于供给面产生增加贷款的力量，但资金成本之于供给面却是产生减少贷款的力量。

传统的数量型政策工具主要是提高法定准备金率，在中国还包括直接的信贷规模管制（目前是以行政性的窗口指导方式发挥作用的）。就前者而言，它并没有起到收缩可贷资金规模的作用，这主要是由于货币当局提高法定准备金后收回的资金大都用于对冲外汇占款，最后又回流到商业银行体系。此外，法定准备金付息制度的存在起到了与央票发行同样的负作用：法定准备金率越高，银行无风险收益就越高，信贷资金成本就越低。就后者而言，其实施效果也不尽如人意。在前文的面板数据分析中，我们知道东部地区信贷对房价的推动作用高于中西部地区，那么货币政策的实施应该考虑区域均衡问题，重点针对东部地区。尽管信贷规模管理直接控制了信贷总量，从而抑制了房价上涨的金融支持，但信贷规模的指标却是按法人银行分配的。国内四大国有银行以及股份制银行占据了整个银行体系约80%的资产，它们有着极强的跨区域配置资源能力，可以在总量上确保不超规模指标，同时又将信贷投向热点区域。

（二）"新国十条"政策的有效性

2009年4月17日，国务院出台了《关于坚决遏制部分城市房价过快上涨的通知》（简称"新国十条"）。随着政策的出台，房价过快上涨的趋势被压制，部分重点区域的房价甚至出现下落（北京的通州和亦庄地区的房价下跌最为明显）。针对这一政策，我们分析其发挥作用的有效性。

总体来讲，"新国十条"抑制房价过快上涨的政策包括四个方面。

第一，加强保障房供给。这一政策主要体现在"新国十条"的第六条和第七条中。第七条规定：确保完成2010年建设保障性住房300万套、各类棚户区改造住房280万套的工作任务。然而，这一政策并不是成功抑制当前房价过快上涨的主要原因，因为直接增加住房实物供给的方法并不能在短期内快速实现，它需要1~2年的建设周期。

第二，增加税收调节力度。这一政策主要体现在"新国十条"的第四条中。第四条指出：财政部、税务总局要加快研究制定引导个人合理住房消费和调节个人房产收益的税收政策。从这条规定的字面意思看，目前新的调节个人房产收益的税收政策还处于研究制定过程中。此外，如果个人房产收益的税收政策仍然是在交易环节征收，那么政策依然起不到抑制房价过快上涨的作用。因为在房价快速上涨期，卖家缴纳的税款可以加入到房价中，从而很容易转嫁给买家，只要房价仍然存在上涨空间，买家还会接手。

第三，增加土地供应。这一政策主要体现在"新国十条"的第五条中。增加土地供给与加强保障房建设的政策思路是一致的，即通过增加房屋潜在供给的方式降低房价。然而，这一政策的出台到效果显现也需经历较长时间，因而也不是当前过快上涨的房价得以抑制的主要原因。

第四，信贷政策。这一政策是当前快速上涨的房价得以遏制的主要原因，其内容主要体现在"新国十条"的第三条和第八条中。第三条是针对个人按揭贷款的政策：对购买首套自住房且套型建筑面积在90平方米以上的家庭（包括借款人、配偶及未成年子女，下同），贷款首付款比例不得低于30%；对贷款购买第二套住房的家庭，贷款首付款比例不得低于50%，贷款利率不得低于基准利率的1.1倍；对贷款购买第三套及以上住房的，贷款首付款比例和贷款利率应大幅度提高，具体由商业银行根据风险管理原则自主确定。对这一政策进行分析，我们发现其实质也是一种数量管理型的政策，信贷规模管制是针对供给面进行管理，而这一政策却是针对需求面进行管理。供给面的管理主要针对法人机构，它们跨区域经营的能力削弱了政策效果；而需求面的管理直接针对个人，这实际上设置了信贷获取的准入门槛：只有那些真正有自住需求的人才能获得金融支持，而那些有投资和投机需求的人却很难获取可贷资金。这一政策可谓重点突出，体现了有保有压的思想。此外，第三条还指出：对不能提供1年以上当地纳税证明或社会保险缴纳证明的非本地居民暂停发放购买住房贷款。这一政策实际上明确了住房购买中工作地和居住地应匹配的原则，有效遏制了外地资本借助银行体系对当地住房市场进行炒作。第八条则指出：对存在土地闲置及炒地行为的房地产开发企业，商业银行不得发放新开发项目贷款，证监部门暂停批准其上市、再融资和重大资产重组。这一政策主要针对开发商贷款，也是一种信贷需求管理的政策。对于那些拿地后履行开发职责的开发商并没有政策限制，而对于那些拿地后捂盘的开发商则不能获得信贷，这种差别化的政策也起到了遏制开发商炒作的作用。

六 政策建议

在上文中，我们借助理论模型和实证检验对过往政策以及当前"新国十条"政策进行了简要评述，在这一部分我们提出进一步的改革建议。

在长期中，我们的政策目标是实现市场化的资源配置方式，就金融层面而言，就是要发挥价格机制在金融资源配置中的主导作用，实现利率市场化改革的目标。目前利率市场化改革的进程可谓过半，只差存贷款市场的利率还未完全放开，但如若改革仍裹足不前，则不适当的理论指导在双轨制的利率现实环境中还将继续产生诸多不良后果。中国一直以来采取渐进式的改革，同样的，针对双轨制利率产生的种种弊端，改革也应循序渐进。首先，逐渐降低法定存款准备金的利率直至取消。这一措施的目的是使得货币政策意图与资金成本的变动保持一致。此外，法定准备金利率的存在实际上决定了基准利率的底线，因此应尽快恢复整个利率体系的"零底线"。其次，发展短期国债市场。这一政策措施的目的在于形成有效的基准利率，避免央行在货币政策操作中考虑成本因素，摆脱央票在公开市场操作过程中货币供应量目标和利率目标不一致的矛盾。再次，放开存款市场利率。由于房价决定的主导力量在资金供给方，可贷资金的数量是决定金融机构竞争的首要因素，因此应先放开存款市场利率。最后，放开贷款市场利率。在存款利率放开的过程中，银行在市场竞争中的抗风险能力逐渐增强，放开贷款利率对银行的生存能力也不构成较大的威胁，从而利率市场化的进程将最终顺利完成。

在中期中，利率市场化进程还未完成的情况下，如若希望价格调整的政策继续发挥作用，则在利率调控中应采取非对称调整的政策。如果政策意图表现为紧缩，那么存款利率的上升幅度应高于贷款利率的上升幅度，从而提高银行体系的资金成本；如果政策意图表现为扩张，那么存款利率的下降幅度应高于贷款利率的下降幅度，有效降低银行的资金成本，从而增加放款动力。

在短期中，如若价格调整政策失效，可直接采取对信贷数量的调控。这其中针对供给面的调控并非有效。此外，监管层直接管理银行信贷业务也有违市场化的原则，而当前"新国十条"针对需求面的管理是目前最为有效的方法，应予以贯彻。

（本文发表于《金融评论》2011 年第 1 期）

参考文献

[1] 李健飞、史晨昱：《我国银行信贷对房地产价格波动的影响》，《上海财经大学学报》2005 年第 2 期。

[2] 王胜：《银行信贷扩张与房地产泡沫：理论、模型与实证》，西南财经大学博士学位论文，2008。

[3] 武康平、皮舜等：《中国房地产市场与金融市场共生性的一般均衡分析》，《数量经济技术经济研究》2004 年第 10 期。

[4] 袁志刚、樊潇彦：《房地产市场理性泡沫分析》，《经济研究》2003 年第 3 期。

[5] 张涛、龚六堂、卜永祥：《资产回报、住房按揭贷款与房地产均衡价格》，《金融研究》2006 年第 2 期。

[6] 《国务院关于坚决遏制部分城市房价过快上涨的通知》，国发〔2010〕10 号，http://www.gov.cn/zwgk/2010-04/17/content_1584927.htm。

[7] Allen. F and Douglas Gale, 1998, Bubbles and Crises, Wharton Working Paper Series, Wharton

Financial Institutions Center.

[8] Chen and Wang, 2007, The Procyclical Leverage Effect of Collateral Value on Bank Loans – Evidence from the Transaction Data of Taiwan Economic Inquiry, Vol. 45, No. 2, pp. 395 –406.

[9] Davis, Philip & Zhu, 2004, Bank Lending and Commercial Property Cycles: Some Cross-Country Evidence, Bank for International Settlements.

[10] Karl E. Case, Robert J. Schiller & Allen N. Weiss, 1995, "Mortgage Default Risk and Real Estate Prices: the Use of Index – based Futures and Options in Real Estate", NBER working paper, #5078.

[11] Jeremy C. Stein, 1995, "Prices and Trading Volume in the Housing Market: A Model With Down – Payment Effects," *The Quarterly Journal of Economics*, Vol. 110, No. 2, pp. 379 –406.

[12] Owen Lamont and Jeremy C. Stein, 1999, "Leverage and House-Price Dynamics in U. S. Cities", *The RAND Journal of Economics*, Vol. 30, No. 3, pp. 498 –514.

股票市场的国际一体化进程*

费兆奇

一 引言

近些年,全球股市的波动及其在各市场之间的传递现象十分明显,国际股市的一体化进程,引起了投资者和决策者的高度关注。完全一体化的国际股票市场,是指市场间没有任何障碍的极端情形,要求国际股市不存在任何套利机会,或套利机会出现的时间趋于零。也就是说,在一个完全一体化的市场区域中,它要求具有相同风险特征的跨国(或区域)股票具有相同的预期收益率。然而,这种极端情形只在理论上成立,在实践中,各国股市通常介于完全一体化和完全分割之间,一体化程度反映了市场间由经济、金融等重要因素为基础的一些基本关系。目前,一体化的相关文献主要集中于世界单因素模型的静态检验。为此,本文组建了"世界—区域"双因素模型,并通过构建 Kalman-filter-(T) GARCH(以下简称 KF-(T) GARCH)体系,扩展了传统的 Kalman filter,旨在研究和比较国际股市的世界一体化和区域一体化进程。

对国际股市一体化的早期研究主要是通过检验资本资产定价模型(CAPM)或国际套利定价模型(inter-APM)的约束条件来判定。其核心是在假设国际股市完全分割的前提下检验 CAPM 模型是否成立(Sharp, 1964;Lintner, 1965),或在假设国际股市完全一体化的前提下检验 inter-APM 模型是否成立(Harvey, 1991;Dumas and Solnik, 1995)。然而,它只检验了市场完全一体化或完全分割的非此即彼的极端情形,这在实践中难以成立。例如,Errunza and Prasad(1992)对东南亚和拉美的 10 个市场分别作了完全一体化、完全分割和中度市场分割的三种假设检验,结果证明所有市场均处于中度分割状态。另外,在此类方法中,模型设定和一体化的联合检验问题也使得结果具有很大的不确定性。

为了回避上述问题,一些文献用国际股市之间的关联程度来模拟一体化水平,即检验

---

* 本文是中国社会科学院金融研究所 2010 年重点课题"国际股市一体化与传染的时变研究"的阶段性成果。作者感谢匿名审稿人提出的修改建议,文责自负。

市场之间股票收益率的相关程度在检验区间内是否稳定,若相关水平呈现增长趋势则意味着股市间的一体化程度得到了提高(Meric and Meric, 1988; Fischer and Palasvirta, 1990)。然而,股市间收益率的相关水平通常在股价剧烈波动的时期被高估(Baele, et al. 2004)。例如,Login and Solnik(1995)运用多元 GARCH(1,1)模型检验了 1960~1990 年全球七大股市的相关性,发现国际股市的相关性在这 30 年呈现显著增长的趋势;同时,相关性在股市震荡期间明显增强。另一种较为普及的方法是协整理论的应用。Bernard(1991)指出,在 n 个国家组成的国际市场中,如果存在 $n-1$ 个协整向量,那么这 n 个国家就处于完全一体化的状态中。Kasa(1992)运用 Johansen 检验评估了 1974~1990 年美国、日本、英国、德国和加拿大 5 个股票市场是否存在长期均衡状态,发现在这一期间 5 个股票市场只存在 1 个协整向量,意味着一体化程度很低。Manning(2002)运用类似方法检验了 1988~1999 年东南亚的 9 个股票市场,发现了 2 个协整向量,意味着较低的一体化水平。

上述文献的一个共性问题是它们集中于国际股市一体化的静态研究,但一体化水平在现实中可能表现出极强的动态变化特征(Fratzscher, 2001),而且大量研究发现股票的风险溢价具有时变特性(Campbell, 1987; Harvey, 1991)。因此,忽略这些问题的一体化静态检验很可能导致估计结果的偏误。目前对一体化时变特性的研究主要包括以下几类:第一类为分段检验法。Bodart and Reding(1999)检验了 1989~1994 年欧洲股市的一体化程度,他们根据欧洲汇率机制(ERM)的变化将检验区间分为 3 个子区间,发现欧洲股市的一体化水平在这 3 个子区间呈现显著的差异。此类方法的不足是不同子区间的评估和比较虽然可以描述一体化长期的变化趋势,但很可能遗漏子区间内部的时变特性并造成一体化评估的非连贯性。第二类为工具变量法。Bekaert and Harvey(1997)通过构造工具变量来模拟一体化的动态变化,用股票市场的总市值与当地 GDP 的比值和进出口总额与 GDP 的比值来决定一体化的波动,他们将这一方法运用到亚洲和拉美的 20 个股票市场,证实了各个市场的一体化水平具有时变特征。Baele and Inghelbrecht(2010)在上述模型的基础上加入了制度转换变量,他们发现欧洲区 14 个市场的一体化水平在近 30 年的时间里得到了显著增长。然而,此类方法只涉及有限的工具变量,并且可能涵盖其他未考虑因素的作用,因而并不能完全模拟一体化的动态过程。第三类为滚动测量法。Fratzscher(2001)将滚动测量的窗口固定为 1 年,用日度数据检验了 1986~2000 年的欧洲股市,发现欧洲股市的一体化水平在 1996 年以后显著提高。但是,数据的叠加估计成为滚动测量法的最大瓶颈。

鉴于上述分析,一体化时变研究的文献仍然需要进一步的扩展。为此,本文将通过构造 KF-(T)GARCH 体系来描述国际股市一体化的时变特征。Kalman filter(以下简称 KF)

体系能够通过预测误差分解计算似然函数,从而对不可观测的时变参数及隐含因素(Latent Factor)进行估计,并可根据 $t-1$ 时刻所有可能得到的信息来预测 t 时刻的状态向量,据此描绘一体化的时变特性,还可有效地避免上述研究方法的不足。然而,KF 的不足之处在于该体系假定模型的残差方差是恒定的,即同方差假定。大量研究已证实,金融模型的残差方差程序如果随时间呈系统性变化,同方差假定将使检验结果出现偏误。因此,将传统的 KF 扩展为考虑 GARCH 因素的 KF-(T) GARCH 体系,对于研究一体化的时变特性具有重要意义。例如,Faff et al. (2000) 运用 GARCH 模型、Schwert 和 Seguin 市场模型、KF 模型对国际股市的风险因素进行了时变研究,他们发现 KF 体系对于描述市场风险的时变特性绩效最佳;同时还指出,包含 GARCH 因素的 KF 体系可能更为有效,如何将 GARCH 模型与 KF 体系融合起来值得深入研究。

目前关于国际股市一体化研究的文献主要集中于世界单因素模型的检验(Bekaert and Harvey, 1997)。本文在非对称 BEKK(以下简称 ABEKK)模型的基础上,将世界单因素扩展为"世界—区域"双因素一体化的检验,即允许当地股市的预期外收益除了受当地因素的影响外,还受到两个外部因素的冲击:世界性因素和区域性因素。通过比较世界一体化与区域一体化的差异及特征,将为决策者和国际投资者提供更多的参考依据及投资选择。

本文的第二部分主要探讨以信息为基础的研究方法和 KF-(T) GARCH 模型体系的构建;第三部分描述样本数据,分析和解释模型的计量结果;第四部分是本文的主要结论,并提出了相关的政策建议。

二 以信息为基础的研究方法和模型的构建

在完全一体化的国际股市中,市场之间不存在投资障碍,影响股票价格的当地因素(信息)可以通过多样化投资得以消除,因此,能够对股票收益产生决定性影响的只有共同市场因素(信息)。在实证检验中,相关文献假定不同市场所享有的共同市场信息是一致的,并允许它们对于共同市场信息的冲击具有不同程度的敏感度(Sensitivity)。敏感度衡量了共同市场信息的冲击传递到地区市场的程度,并把股票收益中不能被共同市场信息所解释的部分归结为当地信息。于是,相关文献运用上述的敏感度来模拟国际股市的一体化水平[①]。由于共同市场信息的冲击在不同市场间的传递不仅需要地区市场的金融开放和

---

① 相关文献可参阅 Bekaert and Harvey (1997),Ng (2000),Fratzscher (2001),Baele (2005) 等。

国际投资中各种障碍的消除，而且需要资本在不同市场间能够实现自由流动，为此，这种模拟能够较为准确地反映一体化的变动水平。

（一）世界和区域的二元 GARCH 模型

为了将世界单因素模型扩展为"世界—区域"双因素模型，本文首先将世界和区域的二元 GARCH 模型的形式设定如下：

$$\begin{bmatrix} r_{x,t} \\ r_{us,t} \end{bmatrix} = \begin{bmatrix} \alpha_{x,0} \\ \alpha_{us,0} \end{bmatrix} + \begin{bmatrix} \alpha_{x,1} & \alpha_{x,2} \\ \alpha_{us,1} & \alpha_{us,2} \end{bmatrix} \begin{bmatrix} X_{x,t-1} \\ X_{us,t-1} \end{bmatrix} + \begin{bmatrix} \varepsilon_{x,t} \\ \varepsilon_{us,t} \end{bmatrix} \quad (1)$$

$$\varepsilon_t | \Omega_{t-1} \to N(0, H_t) \quad (2)$$

其中，$r_{us,t}$ 表示美国股市（代表世界股市）的超额收益[①]；$r_{x,t}$ 表示区域（如亚洲区域、欧洲区域或拉美区域）股市的超额收益；$X_{us,t-1}$ 和 $X_{x,t-1}$ 分别表示在 $t-1$ 时刻可能得到的所有美国信息和区域信息的集合，$X_{us,t-1}$ 包括常数项、滞后 1 期的美国股市超额收益、股市的股息生息率、短期利率的变化、利率期限结构的变化和违约差价（the Default Spread），$X_{x,t-1}$ 包括常数项、滞后 1 期的区域股市超额收益和股息生息率；$X_{i,t-1}$ 包括常数项、滞后 1 期的地方股市超额收益和股息生息率[②]；$\varepsilon_t = [\varepsilon_{x,t} \quad \varepsilon_{us,t}]'$ 代表模型中的新息向量。

Engle and Kroner 通过研究前期多元 GARCH 模型的不足，提出了 BEKK 模型，此模型不但充分考虑了向量内各时间序列的内部关联（如序列间的条件协方差和各自条件方差的关系），而且简化了模型中估计参数的数量，提高了估计最大似然函数的有效性。另外，实证检验发现 GARCH 模型存在非对称效应，即与正向冲击相比，负向冲击通常导致更大的波动性。这主要是由于残差方程中的残差被平方之后，无法区别其正、负两个方向对条件方差的数量影响。为此，本文设定模型的条件方差为非对称 BEKK 模型的形式。

$$H_t = \begin{bmatrix} c_{11} & c_{12} \\ c_{12} & c_{22} \end{bmatrix} + \begin{bmatrix} a_{11} & a_{12} \\ a_{12} & a_{22} \end{bmatrix} \begin{bmatrix} \varepsilon_{x,t-1}^2 & \varepsilon_{x,t-1}\varepsilon_{us,t-1} \\ \varepsilon_{x,t-1}\varepsilon_{us,t-1} & \varepsilon_{us,t-1}^2 \end{bmatrix} \begin{bmatrix} a_{11} & a_{12} \\ a_{12} & a_{22} \end{bmatrix} + \begin{bmatrix} b_{11} & b_{12} \\ b_{12} & b_{22} \end{bmatrix}$$

$$\begin{bmatrix} h_{x,t-1} & h_{x,us,t-1} \\ h_{x,us,t-1} & h_{us,t-1} \end{bmatrix} \begin{bmatrix} b_{11} & b_{12} \\ b_{12} & b_{22} \end{bmatrix} + \begin{bmatrix} d_{11} & d_{12} \\ d_{12} & d_{22} \end{bmatrix} \begin{bmatrix} \xi_{x,t-1}^2 & \xi_{x,t-1}\xi_{us,t-1} \\ \xi_{x,t-1}\xi_{us,t-1} & \xi_{us,t-1}^2 \end{bmatrix} \begin{bmatrix} d_{11} & d_{12} \\ d_{12} & d_{22} \end{bmatrix} \quad (3)$$

[①] 股市的超额收益是股市收益与该市场的无风险利率之差。
[②] 相关文献可参阅 Harvey（1991）。

$$\xi_{i,t} = \min\{0, \varepsilon_{i,t}\} \qquad i = x \text{ 或 } us \tag{4}$$

其中，$\varepsilon_{i,t}$ 表示模型残差；$h_{i,t}$ 表示条件方差；$\xi_{i,t}$ 表示对收益的负向冲击。

在检验美国因素和区域因素对当地股市的影响时，可能会有一组共同信息同时对美国因素和区域因素产生影响。为了比较二者对当地股市的影响程度，本文假定区域性因素除了受自身影响外，还受到美国因素的冲击；美国因素除了受自身影响外，也受到相应的区域因素的影响，其表达式如下：

$$\varepsilon_t = \begin{bmatrix} \varepsilon_{x,t} \\ \varepsilon_{us,t} \end{bmatrix} = \begin{bmatrix} 1 & k_{1,t-1} \\ k_{2,t-1} & 1 \end{bmatrix} \begin{bmatrix} e_{x,t} \\ e_{us,t} \end{bmatrix} = K_{t-1} e_t \tag{5}$$

其中，$e_{us,t}$ 和 $e_{x,t}$ 代表美国和区域正交化之后的新息，$\varepsilon_t | \Omega_{t-1} \to N(0, H_t)$，$e_t | \Omega_{t-1} \to N(0, \sum t)$，$\sum t = \begin{bmatrix} \sigma_{x,t}^2 & 0 \\ 0 & \sigma_{us,t}^2 \end{bmatrix}$，$H_t = K_{t-1} \sum t K'_{t-1}$。根据以上公式，$k_{1,t-1}$ 可以表示为美国、区域新息的条件协方差与美国新息的条件方差的比值，$k_{2,t-1}$ 表示为美国、区域新息的条件协方差与区域新息的条件方差的比值，即：

$$k_{1,t-1} = \frac{H_{x,us,t}}{H_{us,t}} = \frac{Cov_{t-1}(\varepsilon_{x,t}, \varepsilon_{us,t})}{Var_{t-1}(\varepsilon_{us,t})} \tag{6}$$

$$k_{2,t-1} = \frac{H_{x,us,t}}{H_{x,t}} = \frac{Cov_{t-1}(\varepsilon_{x,t}, \varepsilon_{us,t})}{Var_{t-1}(\varepsilon_{x,t})} \tag{7}$$

（二）时变冲击溢出模型

本节在 Bekaert and Harvey（1997）的世界单因素冲击溢出模型的基础上，将世界单因素扩展为"世界—区域"双因素检验，并通过构建 KF-(T) GARCH 体系来描述一体化的时变特征。模型的具体设定形式如下：

$$r_{i,t} = \mu_{i,t-1} + \varepsilon_{i,t} \tag{8}$$

$$\mu_{i,t-1} = \delta_i X_{i,t-1} + \delta_{us} X_{us,t-1} + \delta_x X_{x,t-1} \tag{9}$$

$$\varepsilon_{i,t} = \gamma_{us,t|t-1} e_{us,t} + \gamma_{x,t|t-1} e_{x,t} + e_{i,t} \tag{10}$$

$$\gamma_{us,t|t-1} = \gamma_{us,t-1|t-2} + \eta_{us,t} \tag{11}$$

$$\gamma_{x,t|t-1} = \gamma_{x,t-1|t-2} + \eta_{x,t} \tag{12}$$

$$h_{i,t} = \text{var}(e_{i,t}|\Omega_{t-1}) = \alpha_{i0} + \alpha_{i1}e_{i,t-1}^2 + \alpha_{i2}h_{i,t-1}(+\alpha_{i3}\xi_{i,t-1}^2) \qquad (13)$$

$$h_{us,t} = \text{var}(\eta_{us,t}|\Omega_{t-1}) = \alpha_{us0} + \alpha_{us1}\eta_{us,t-1}^2 + \alpha_{us2}h_{us,t-1}(+\alpha_{us3}\xi_{us,t-1}^2) \qquad (14)$$

$$h_{x,t} = \text{var}(\eta_{x,t}|\Omega_{t-1}) = \alpha_{x0} + \alpha_{x1}\eta_{x,t-1}^2 + \alpha_{x2}h_{x,t-1}(+\alpha_{x3}\xi_{x,t-1}^2) \qquad (15)$$

其中，$r_{i,t}$ 表示当地股市的超额收益，由预期收益 $\mu_{i,t-1}$ 和预期外收益 $\varepsilon_{i,t}$ 两部分组成；$X_{i,t-1}$、$X_{us,t-1}$、$X_{x,t-1}$ 分别表示本地、美国和区域的信息集合，$X_{us,t-1}$ 包括常数项、滞后 1 期的美国股市超额收益、股市的股息生息率、短期利率的变化、利率期限结构的变化和违约差价，$X_{x,t-1}$ 包括常数项、滞后 1 期的区域股市超额收益和股息生息率，$X_{i,t-1}$ 包括常数项、滞后 1 期的地方股市超额收益和股息生息率；δ_i、δ_{us} 和 δ_x 分别表示各自信息集合的参数向量，在模型 (10) 中，当地股市的预期外收益除了受自身因素 $e_{i,t}$ 的影响外，还受到两个外部新息的冲击：美国新息 $e_{us,t}$ 和区域性新息 $e_{x,t}$；γ_{us} 和 γ_x 分别表示当地股市对美国和区域新息冲击的反应程度，并以此来模拟某市场与美国股市和区域股市的一体化水平。

本文构建的 KF-(T) GARCH 体系（模型 (8)~(15)）可以描绘并预测股市一体化的时变特征，主要表现在两个方面：第一，允许量测模型 (10) 中的不可观测参数 $\gamma_{us,t|t-1}$ 和 $\gamma_{x,t|t-1}$ 随时间变动，随着新观测值的获得，KF-(T) GARCH 体系能够连续地修正时变参数的估计，并且根据 $t-1$ 时刻所有可能得到的信息来预测 t 时刻的参数。状态模型 (11)、(12) 设定参数符合随机游走程序①，意味着 $\gamma_{us,t|t-1}$ 和 $\gamma_{x,t|t-1}$ 的波动分别来源于误差项 $\eta_{us,t}$ 和 $\eta_{x,t}$。其中，量测模型和状态模型中的误差项符合正态分布，并且彼此互不相关。第二，允许量测模型 (10) 和状态模型 (11)、(12) 的残差方差随时间呈系统性变化，并符合 (T) GARCH (1, 1) 程序（模型 (13)~(15)）②。模型 (13)~(15) 中的 ξ_{t-1} 是一个虚拟变量，当残差项的数值小于 0 时，$\xi_{i,t-1}=1$，否则 $\xi_{i,t-1}=0$。

(三) KF-(T) GARCH 体系的参数估计

KF-(T) GARCH 体系根据 $t-1$ 时刻的信息对可观测向量 $e_{us,t}$ 和 $e_{x,t}$ 进行预测，产生最优的预测估计 $e_{us,t|t-1}$ 和 $e_{x,t|t-1}$，并根据公式 $v_t = \varepsilon_{i,t} - \varepsilon_{i,t|t-1}$ 得到预测误差。首先，预测误差 v_t 为参数 γ_t 提供新信息，据此，参数 γ_t 的估计可以根据公式 $\gamma_t = \gamma_{t|t-1} + K_t v_t$ 不断地进行更新，其中 K_t 代表分配到新信息的权重。其次，预测误差 v_t 的条件方差不断修正量

---

① 本文同时考虑了随机游走程序和均值回归程序，通过比较发现，随机游走程序相对较优，更适合描述一体化的时变特征。
② 为了解决 GARCH 模型的非对称效应，本文考虑了 TGARCH 和 EGARCH 模型，通过比较，TGARCH 模型的结果相对较优，故选取 TGARCH 模型。

测模型（10）的残差程序，使其符合模型（13）的（T）GARCH（1，1）程序。再次，状态模型（11）和（12）中的误差项 $\eta_{w,t}$ 和 $\eta_{x,t}$ 符合（T）GARCH（1，1）程序。最后，用最大似然函数法对 KF-（T）GARCH 体系进行参数估计。

$$l_t = -\frac{1}{2}\ln(2\pi) - \frac{1}{2}\ln(F_t) - \frac{1}{2}v_t^{rime}F_t^{-1}v_t \tag{16}$$

其中，v_t 是预测误差；F_t 是 v_t 的方差矩阵。

三 样本数据和检验结果分析

（一）数据描述

本文选取4个区域的19个经济体的股票指数，分别是美国（代表世界）；欧洲的英国、法国、德国、瑞士、西班牙和意大利；亚洲的日本、新加坡、韩国、泰国、中国内地（上证综指）及中国的香港和台湾；拉丁美洲的巴西、墨西哥、阿根廷和智利；澳大利亚。所有样本数据为月度数据，以本币计价，来源于 Datastream 数据库。样本数据中，大部分市场的起止时间为1985年1月至2009年12月，部分市场由于其股市建立时间或数据可得性等原因，起始时间有所滞后（见表1）。

表1 各国股市收益率统计量性质描述

市　　场	起始时间	均值（％）	标准差（％）	偏度	峰度	J-B检验	1阶自相关系数	1阶自相关P值
美　国	1985.01	0.635	4.583	-1.128	6.583	224.156	0.092	0.108
英　国	1985.01	0.504	4.754	-1.227	8.454	447.106	0.058	0.312
法　国	1985.01	0.638	5.902	-0.553	4.164	32.246	0.128	0.026
德　国	1985.01	0.494	6.578	-0.899	5.287	105.779	0.084	0.145
瑞　士	1985.01	0.655	5.147	-1.047	6.159	179.542	0.162	0.005
西班牙	1985.01	0.868	6.567	-0.643	5.652	108.581	0.147	0.010
意大利	1985.01	0.524	6.693	0.151	3.721	7.637	0.070	0.223
澳大利亚	1985.01	0.564	3.903	-0.616	3.370	15.676	0.007	0.901
日　本	1985.01	-0.245	5.510	-0.329	4.255	18.990	0.108	0.060
中国香港	1985.01	0.650	7.786	-0.225	5.404	56.589	0.072	0.212
中国内地	1991.01	1.422	14.388	2.239	17.847	2274.509	-0.051	0.441
新加坡	1985.01	0.463	6.200	-0.439	5.214	53.645	0.105	0.069
韩　国	1985.01	0.429	8.840	0.191	4.878	34.735	0.102	0.075

续表

市场	起始时间	均值（%）	标准差（%）	偏度	峰度	J–B检验	1阶自相关	
							系数	P值
中国台湾	1985.01	0.313	8.388	0.399	4.015	15.792	0.087	0.132
泰国	1987.01	0.336	10.135	-0.027	4.772	29.710	0.035	0.565
巴西	1994.07	1.248	7.999	-0.975	6.066	101.731	0.091	0.210
墨西哥	1988.01	1.279	6.704	-0.987	5.170	66.312	0.012	0.848
阿根廷	1988.01	0.567	9.220	0.241	7.298	144.166	0.156	0.011
智利	1989.07	0.645	4.926	-0.606	7.388	159.713	0.234	0.000

表1给出了上述19个经济体（包括美国）股市收益指数的主要统计量。总体来看，发达经济体市场的收益和风险相对较低；而新兴市场的收益较高，但同时伴随较高的风险，例如中国内地、巴西和墨西哥。Jarque–Bera统计量表明，样本中所有市场的收益率分布都具有明显的非正态性。由1阶自相关的P值可以看出，法国、瑞士、西班牙、日本、新加坡、韩国、阿根廷和智利的市场收益率的自相关系数显著（10%以上的显著性水平）。

区域股票指数是该区域内所有市场股指（不包括被检验的市场）的加权平均值，其超额收益的计算公式如下：

$$r_{x/i,t} = \sum_{k \neq i} w_{k,t} r_{k,t} / \sum_{k \neq i} w_{k,t}$$

其中，$r_{x/i,t}$表示x区域的超额收益（针对i股市）；$r_{k,t}$表示x区域中k股市的超额收益（$k \neq i$）；$w_{k,t}$表示k股市的市价总值。

（二）实证检验与分析

1. 模型检验

第一，考虑到GARCH模型可能存在非对称性，本节通过似然比检验（LRT）考察KF-(T)GARCH模型中的非对称因素是否显著。从表2可以看出，在法国、瑞士、澳大利亚、中国内地和巴西5个市场中，TGARCH的非对称因素显著。为此，为这些市场选择KF-TGARCH模型，为其他市场选择KF-GARCH模型。

第二，为了考察模型设定的稳健性，本节采用广义矩估计（GMM）检验各市场模型所估计的标准化残差（$z_{i,t} = e_{i,t}/\sqrt{h_{i,t}}$）是否符合以下约束条件：

$$E[z_{i,t} z_{i,t-j}] = 0 \tag{17.a}$$

表 2　模型检验

GARCH 非对称检验		模型选择	模型稳健性检验			
	LR 检验		条件均值	条件方差	正态分布	联合检验
英　　国	—	KF - GARCH	7.245	0.549	12.571	21.711
法　　国	11.453 ***	KF - TGARCH	4.255	1.257	9.551	15.578
德　　国	—	KF - GARCH	13.658 ***	2.678	12.476	24.675
瑞　　士	10.122 ***	KF - TGARCH	4.013	4.610	0.713	9.455
西 班 牙	—	KF - GARCH	3.547	6.627	14.153 ***	24.648
意 大 利	—	KF - GARCH	3.012	3.819	7.140	19.295
澳大利亚	14.538 ***	KF - TGARCH	6.795	5.717	3.988	18.348
日　　本	—	KF - GARCH	4.212	1.691	4.657	14.308
中国香港	—	KF - GARCH	1.855	1.922	15.681	23.492
中国内地	9.600 ***	KF - TGARCH	6.276	9.854	12.378	28.251
新 加 坡	—	KF - GARCH	7.997	2.087	11.015	24.731
韩　　国	—	KF - GARCH	0.845	1.071	4.938	15.039
中国台湾	—	KF - GARCH	4.569	1.712	19.183 ***	23.953
泰　　国	—	KF - GARCH	1.881	4.988	7.788	15.421
巴　　西	27.227 ***	KF - TGARCH	12.869	3.245	49.375 ***	74.295 ***
墨 西 哥	—	KF - GARCH	3.647	3.639	9.470	23.091
阿 根 廷	—	KF - GARCH	2.435	4.406	7.242	17.526
智　　利	—	KF - GARCH	6.202	1.641	4.681	15.427

注：*** 表示在 1% 的水平上显著；— 表示不显著。

$$E[(z_{i,t}^2 - 1)(z_{i,t-j}^2 - 1)] = 0 \tag{17.b}$$

$$E[z_{i,t}] = 0 \tag{17.c}$$

$$E[z_{i,t}^2 - 1] = 0 \tag{17.d}$$

$$E[z_{i,t}^3] = 0 \tag{17.e}$$

$$E[z_{i,t}^4 - 3] = 0 \tag{17.f}$$

其中，式（17.a）和式（17.b）分别表示条件均值和条件方差的约束条件，$j = 1,2,3,4$，分别对这 2 个约束条件进行了 4 个自由度的 x^2 检验；标准正态分布的约束条件是式（17.c）、式（17.d）、式（17.e）和式（17.f），对其进行 4 个自由度的 x^2 检验；对上述 6 个约束条件进行 12 个自由度的 x^2 联合检验。

表 2 列出了模型稳健性检验的结果，根据检验的虚拟假设：模型被正确设定，可以看出，德国市场模型的条件均值的虚拟假设被拒绝；西班牙、中国台湾和巴西市场的标准正态分布的虚拟假设被拒绝；从联合检验来看，只有巴西市场被拒绝。

第三，GARCH 因素的显著性检验：KF-(T) GARCH 和 KF 的比较。通过似然比检验

考察 KF-(T) GARCH 模型体系中的 GARCH 因素是否显著。似然比检验的公式如下:

$$LR = 2 * (\ln L_{KF-TGARCH} - \ln L_{KF}) \to x^2(9)$$

$$\text{或 } LR = 2 * (\ln L_{KF-GARCH} - \ln L_{KF}) \to x^2(6) \tag{18}$$

其中,似然比检验服从 x^2 分布; $\ln L_{KF-(T)GARCH}$ 和 $\ln L_{KF}$ 分别是 KF-(T) GARCH 和 KF 的对数似然估计值。似然比检验中的自由度是指相对于 KF、较为复杂的模型(本文构建的 KF-(T) GARCH)新增添的参数个数。KF 假定模型的残差方差是恒定的,即同方差假设;而本文的 KF-(T) GARCH 模型体系通过增加 9 个(或 6 个)参数,允许量测模型(10)和状态模型(11)、(12)中的残差符合(T) GARCH(1,1)程序。因此,似然比检验中的自由度设定为 9(或 6)。

表 3 的第一部分列出了 2 组模型似然比检验的结果:巴西的似然比检验在 5% 的水平上显著,其余 17 个市场均在 1% 的水平上显著。结果表明,在描述样本市场一体化的时变特征方面,本文构建的 KF-(T) GARCH 模型体系比传统的 KF 更为适合。基于这个检验,本文之后描述的结果都基于 KF-(T) GARCH 模型体系。

表 3 (T) GARCH 因素的显著性检验

	模型	似然比检验 KF-(T) GARCH 和 KF	KF-(T)GARCH 模型体系 方差模型系数估计		
			α_{i2}	α_{us2}	α_{x2}
英　　国	KF - GARCH	17.122***	0.772***	0.384	0.875***
法　　国	KF - TGARCH	69.559***	0.696***	0.543***	1.001***
德　　国	KF - GARCH	33.967***	0.752***	0.936***	0.334***
瑞　　士	KF - TGARCH	121.417***	0.811***	0.954***	0.586***
西 班 牙	KF - GARCH	66.812***	0.028	0.925***	0.927***
意 大 利	KF - GARCH	58.349***	0.784***	1.006***	0.874***
澳大利亚	KF - TGARCH	22.189***	0.765***	0.933***	0.872***
日　　本	KF - GARCH	29.196***	0.943***	0.724***	0.932***
中国香港	KF - GARCH	109.773***	0.816***	0.960***	0.920***
中国内地	KF - TGARCH	52.678***	0.952***	0.318***	0.922***
新 加 坡	KF - GARCH	112.663***	0.839***	0.989***	0.917***
韩　　国	KF - GARCH	56.700***	0.884***	0.714***	0.957***
中国台湾	KF - GARCH	78.604***	0.724***	0.410	0.882***
泰　　国	KF - GARCH	30.105***	0.863***	0.971***	0.069
巴　　西	KF - TGARCH	18.139**	1.027***	0.494***	0.697***
墨 西 哥	KF - GARCH	49.927***	0.703***	0.909***	0.496***
阿 根 廷	KF - GARCH	149.549***	0.704***	0.598***	0.682***
智　　利	KF - GARCH	70.597***	0.921***	0.704***	0.430***

注:***、**分别表示在 1%、5% 的水平上显著;受篇幅所限,此表仅列出方差模型部分参数的估计结果。

表 3 的第二部分展示了 KF-(T) GARCH 体系中方差模型 (13) ~ (15) 的部分参数估计。在样本的 18 个市场中，除了英国、中国台湾、泰国的状态模型和西班牙的量测模型外，其他市场模型的方差自回归系数均在 1% 的水平上显著，说明 KF-(T) GARCH 体系能够较好地描述模型残差方差的时变特征。

2. 世界一体化和区域一体化

为了评估样本区间内一体化的整体水平和差异，表 4 列出了各市场在样本区间内的世界一体化和区域一体化的均值水平，计算公式如下：

$$\bar{\gamma}_{us} = \frac{1}{N}\sum_{t=1}^{N}\gamma_{us,t|t-1}, \bar{\gamma}_x = \frac{1}{N}\sum_{t=1}^{N}\gamma_{x,t|t-1}$$

其中，$\gamma_{us,t|t-1}$ 和 $\gamma_{x,t|t-1}$ 分别表示市场 i 与美国和区域一体化水平的预测值（时间序列），由模型 (8) ~ (15) 估计得出。

为了检验各市场世界一体化与区域一体化的水平差异是否显著，本节设计了如下 T 统计量：

$$T = \frac{1/N\sum_{t=1}^{N}(\gamma_{us,t|t-1} - \gamma_{x,t|t-1})}{S_t/\sqrt{N}}; S_t = \sqrt{\frac{\sum_{t=1}^{N}(\gamma_{d,t} - \bar{\gamma}_d)^2}{(N-1)}}$$

其中，$\gamma_{d,t} = \gamma_{us,t} - \gamma_{x,t}$；$\bar{\gamma}_d = \frac{1}{N}\sum_{t=1}^{N}\gamma_{d,t}$。虚拟假设为 $H_0: \gamma_{us,t|t-1} = \gamma_{x,t|t-1}$，对立假设为 $H_1: \gamma_{us,t|t-1} \neq \gamma_{x,t|t-1}$。如果 $|T| > 2.326$，我们则拒绝虚拟假设 H_0，即认定 $\gamma_{us,t|t-1}$ 和 $\gamma_{x,t|t-1}$ 之间的差异在 1% 的水平上显著；否则，我们接受 H_0，即认定二者之间的差异在计量意义上不显著。

表 4 的结果表明，样本中 17 个市场（除英国）的世界一体化和区域一体化水平均存在显著差异：欧洲大部分市场与欧洲的区域一体化水平显著高于它们与美国的一体化水平，而澳洲、亚洲和拉美大部分市场与美国的一体化水平显著高于它们与相应区域的一体化水平。这意味着，相对于美国的共同信息而言，欧洲各股市的价格对本区域的共同信息更为敏感，而在澳洲、亚洲和拉美大部分市场的情况则相反。这种差异的可能原因之一是欧洲货币体系及联盟的发展为其成员国带来了更趋稳定的汇率、较低的交易成本和较高的价格透明度，从而减少了欧洲区域内的共同信息在各市场之间传递的相对成本。因此，欧洲货币联盟成员国（法国、德国、西班牙和意大利）的区域一体化显著高于它们与美国的一体化水平，其差异水平均在 0.1 以上，而英国的区域一体化、英国和美国的一体化二者差异在计量意义上则并不显著。另一个可能原因在于欧洲拥有较强的世界和区域性金融

中心（例如英国），这些中心可以凭借其较大的市场份额和发达的市场机制，将区域内的共同信息充分地反映在资产价格的变化中，从而对区域内的其他市场产生较大影响，而亚洲和拉美的区域性金融中心相对较弱。

表4 各市场股市的世界一体化与区域一体化的均值及差异

市场	检验区间一体化的均值水平			差异	T值差异显著性
	检验区间	美国（代表世界）	区域		
英 国	1985.01~2009.12	0.673	0.660	0.013	1.186
法 国	1985.01~2009.12	0.756	0.906	-0.150***	-15.494
德 国	1985.01~2009.12	0.863	1.004	-0.141***	-19.361
瑞 士	1985.01~2009.12	0.686	0.743	-0.056***	-11.108
西班牙	1985.01~2009.12	0.756	0.894	-0.138***	-11.930
意大利	1985.01~2009.12	0.606	0.759	-0.153***	-14.177
澳大利亚	1985.01~2009.12	0.646	0.447	0.199***	11.357
日 本	1985.01~2009.12	0.384	0.341	0.043***	4.722
中国香港	1985.01~2009.12	1.001	0.736	0.265***	11.611
中国内地	2001.01~2009.12	0.181	0.107	0.074***	5.236
新加坡	1985.01~2009.12	0.828	0.621	0.207***	12.508
韩 国	1985.01~2009.12	0.488	0.678	-0.191***	-8.427
中国台湾	1985.01~2009.12	0.446	0.565	-0.118***	-8.897
泰 国	1990.01~2009.12	1.029	0.811	0.217***	12.508
巴 西	1997.01~2009.12	0.841	0.897	-0.057***	-2.621
墨西哥	1993.01~2009.12	0.875	0.699	0.176***	12.888
阿根廷	1993.01~2009.12	1.128	0.882	0.246***	5.143
智 利	1993.01~2009.12	0.523	0.368	0.155***	10.320

注：*** 表示在1%的水平上显著。

从具体数据来看，在欧洲区域内，德国与美国一体化水平的均值最高（0.863），而英国与区域的一体化水平最低（0.660）。在亚洲，中国香港的一体化水平最高，其与美国和区域的一体化均值分别为1.001和0.736[①]；而日本相对较低，其与美国和区域一体化均值分别为0.384和0.341。在拉美，阿根廷的一体化水平较高，智利的一体化水平相对较低。

3. 一体化的时变特征

图1描述了样本中18个市场一体化水平的时变特征，其共性特征如下。

---

① 文中只比较检验区间一致的市场，故中国内地和泰国不在比较之列。由于我国在2000年以前的一体化水平并不显著，因此只保留2001年以后的一体化水平。

748 十年回眸

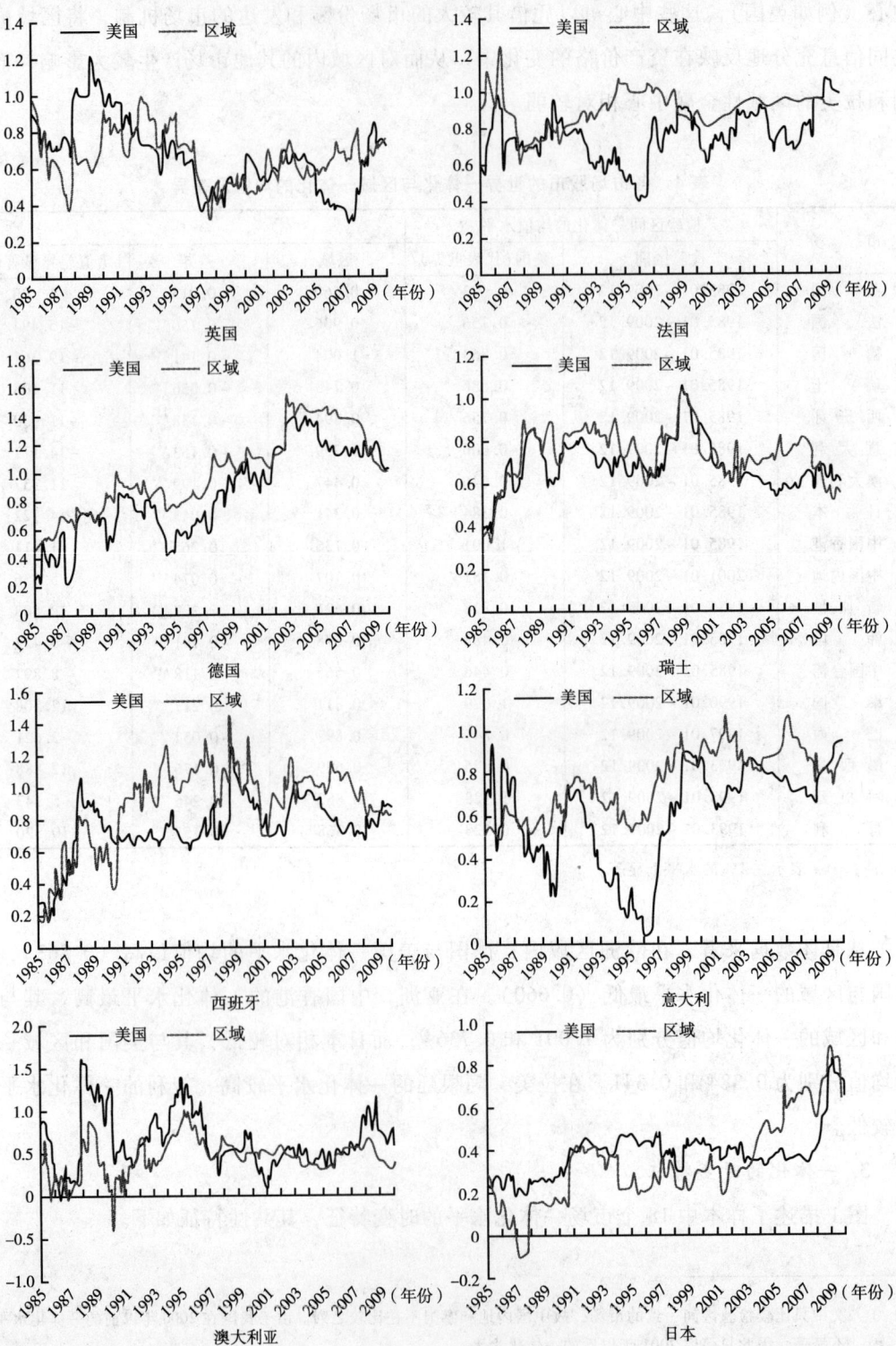

股票市场的国际一体化进程 749

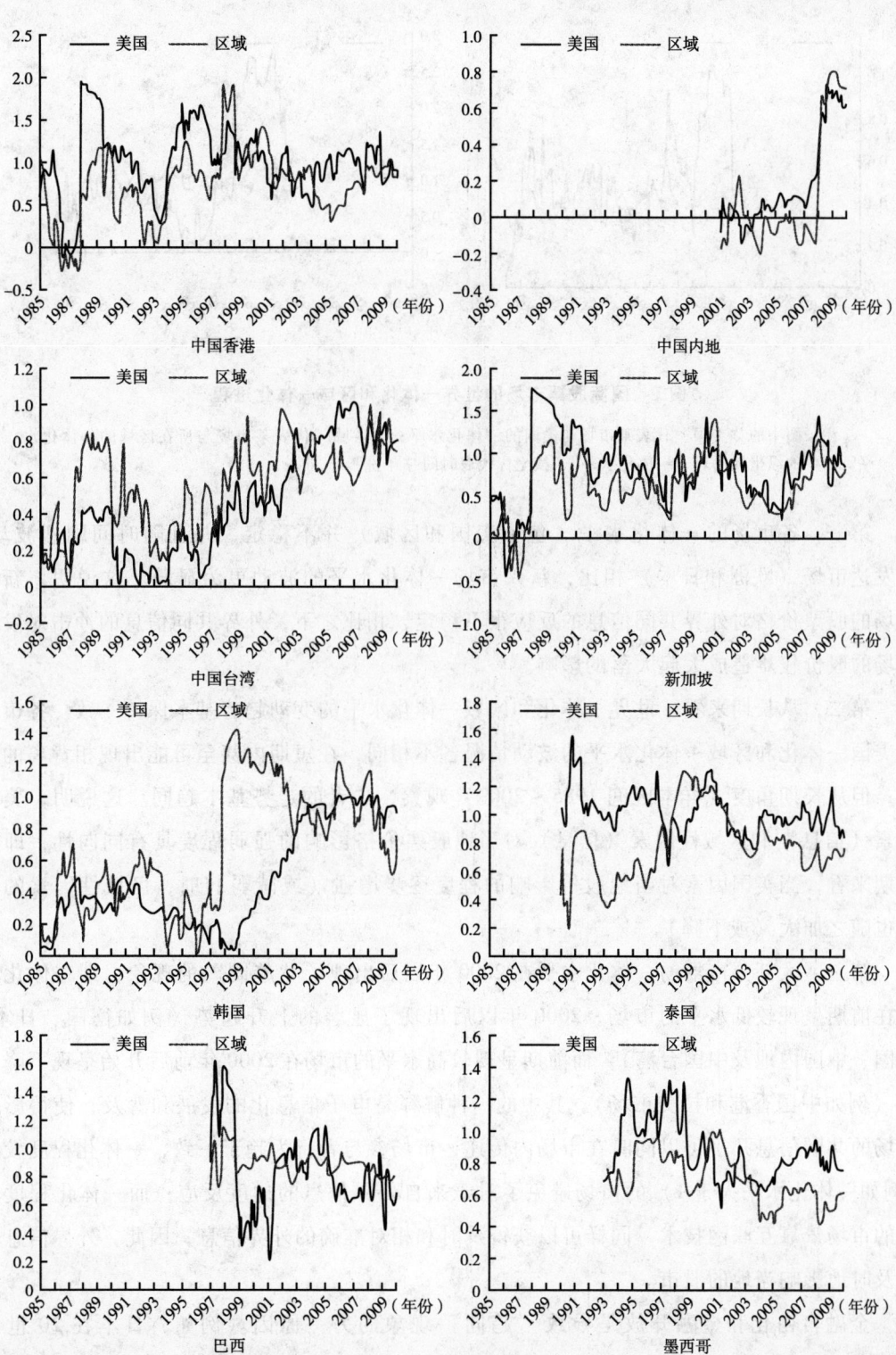

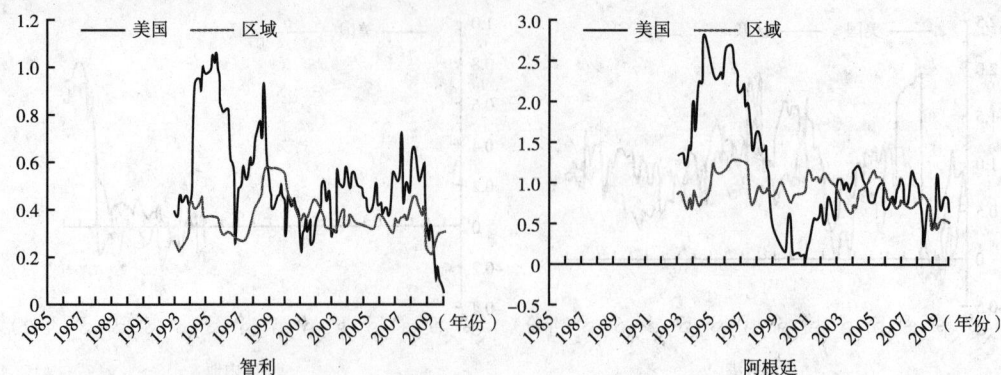

图 1 国际股票市场的世界一体化和区域一体化进程

注：图中的"美国"代表某市场与美国的一体化水平；"区域"代表某市场与所在区域的一体化水平。图中的纵坐标代表"一体化水平"，横坐标代表时间"年份"。

第一，各市场的一体化水平（包括美国和区域）并不稳定，并且随时间剧烈波动。与发达市场（欧洲和日本）相比，新兴市场一体化水平的波动更为显著。这说明，新兴市场的股票价格对外界共同信息的反应很不稳定，相比之下，外界共同信息的冲击对发达市场的股价较难造成大起大落的影响。

第二，从长期来看，世界一体化和区域一体化水平的变动趋势基本保持一致。各市场与美国一体化和区域一体化水平的波动情况各不相同，在短期内甚至可能出现相背离的走势；但从长期角度（样本区间 1985~2009）观察，二者的走势基本趋同。这说明，美国因素（信息）和区域性因素（信息）对当地股票价格影响的强弱程度具有同向性，即从长期来看，当美国因素对当地股价影响的程度逐步增强（或减弱）时，区域性因素的影响也随之加大（或下降）。

第三，大部分市场的一体化水平在 2000 年以后出现了"趋同"的现象，即一体化程度在前期呈现较低水平的市场，2000 年以后出现了显著的上升趋势（例如德国、日本、韩国、中国内地及中国台湾），而前期呈现较高水平的市场在 2000 年前后开始呈现下降趋势（例如中国香港和拉美市场）。其中的一种解释是电子信息化的发展和普及，使得影响市场的共同信息几乎可以同时在市场内传递，市场参与者行为趋于一致，一体化程度较高（例如一体化水平大于 1）的市场避免了对于来自外界信息的过度反应；而一体化程度较低的市场依靠互联网技术，同样可以获得及时和相对准确的外界信息，因此，外界信息也能及时地影响当地的股市。

金融自由化和金融开放是导致"趋同"现象的另一原因。例如，日本在 20 世纪 90 年代末期启动了金融自由化改革方案，放宽了外汇交易的限制；中国内地在 2000

年以后进一步推动了利率市场化，实行了有管理的汇率浮动制度，引进了合格境外机构投资者（QFII）以及合格境内机构投资者（QDII）；韩国在20世纪90年代末期基本实现了经常项目和资本项目的自由兑换。金融自由化和金融开放降低了相关市场国际投资的制度壁垒，减少了资金跨区域流动的成本，使得各市场的一体化水平得到了不同程度的提高。

4. 金融危机（或事件）期间，外界因素对各市场的影响程度显著增强

1987年10月的美国股灾导致外界因素对全球大多数股市的影响程度在1987年11月显著增强。欧洲区市场有：英国（美国因素的影响程度从1987年10月的0.679上升到1987年11月的0.982；区域因素的影响程度从0.459上升到0.760，下同）、德国（0.387到0.604；0.610到0.764）、西班牙（0.684到0.885；0.49到0.979）、瑞士（0.622到0.758；0.651到0.908）。亚洲区市场有：中国香港（0.266到1.955；0到0.617）、新加坡（0.282到1.774；0.069到0.830）、中国台湾（0.297到0.420；0.670到0.752）、日本（0.198到0.262；0到0.153）。澳州市场的澳大利亚（0.430到1.612；0.132到0.674）。

1997年的亚洲金融危机对亚洲、拉美和澳洲市场产生显著影响。亚洲区域因素的影响程度显著提高。如韩国（从1997年10月的0.343上升到1997年11月的1.138，下同）、中国香港（1.019到1.900）、中国台湾（0.417到0.662）、新加坡（0.615到0.760）、泰国（0.933到1.039）、日本（0.323到0.394）。澳大利亚受区域因素的影响也由0.563上升到0.693。一个有趣的现象是：在同一时间，美国和拉美区域因素对拉美市场的影响竟然都出现了明显的上升趋势，如巴西（美国因素从1.276上升到1.598；区域因素从0.872上升到1.155，下同）、阿根廷（1.402到1.507；0.740到0.857）、智利（0.551到0.620；0.282到0.348）。

1998年的俄罗斯金融危机对欧洲市场影响显著。由于德国当时是俄罗斯的最大债权国，因此，俄罗斯金融危机引起的信用危机很快波及德国乃至整个欧洲市场，并对欧洲市场产生影响。如西班牙（美国因素的影响从1998年8月的0.781上升到1998年9月的1.097；区域因素的影响从1.022上升到1.454，下同）、德国（0.868到0.952；1.068到1.136）、瑞士（0.806到1.001；0.840到1.024）、英国（0.417到0.485；0.385到0.506）、意大利（0.639到0.705；0.930到0.990）。

2001年美国"9·11"事件，外界因素对亚洲区股市的影响程度显著增强，其中最为显著的几个市场有中国香港（美国因素的影响程度从2001年9月的0.772上升到2001年10月的0.945；区域因素的影响从0.710上升到0.909，下同）、中国台湾（0.383到

0.482；0.740 到 0.972)、新加坡 (0.754 到 0.920；0.699 到 0.911)。

2007 年初爆发的美国次贷危机席卷全球，美国因素对各市场的影响在 2007 年和 2008 年两年的时间里出现了不同程度的增长。特别是在 2008 年 9 月底，美国众议院否决了 7000 亿美元的救市方案，美国对全球股市的影响程度显著增强。亚洲最为显著的市场是中国香港（美国因素的影响程度从 2007 年 9 月的 1.173 上升到 2007 年 10 月的 1.351，下同）、中国台湾（0.868 到 0.908）和新加坡（1.072 到 1.167）。拉美最为显著的市场是巴西（0.805 到 0.964）。欧洲最为显著的市场是英国（0.653 到 0.759）。

以上描述了几次世界范围的金融危机或事件对全球股市的影响，地方性事件对当地股市的影响也不容忽视。例如，香港在 1997 年回归以后，与内地的经贸联系日益紧密，受内地经济面等因素的影响也越来越大，但由于内地金融对外开放程度较低，美国和区域因素对香港市场的影响程度在 1997 年之后呈现显著的下降趋势。2003 年的"非典"事件使得亚洲区域因素对该区市场的影响显著增强，其中最为显著的市场是中国香港（区域因素的影响程度从 2003 年 3 月的 0.802 上升到 2003 年 4 月的 0.938，下同）和韩国（0.932 到 1.036）。由于篇幅的限制，不再赘述类似事件对各市场的影响。

上述分析表明，在金融危机（或重大相关事件）发生期间，美国或区域因素对各国股市的影响程度显著增强，即美国或区域中每单位共同信息的变化将引起各国股价较大幅度的波动。表 5 比较了几次金融危机（事件）期间，外界因素对发达市场和新兴市场影响程度的增长情况。结果显示，在危机期间，外界因素对新兴市场影响的增长幅度明显高于发达市场的水平。在 1987 年美国股灾期间，美国和区域因素对发达市场的影响程度分别增长了 0.141 和 0.219，而新兴市场分别增长了 0.865 和 0.416；2008 年美国 7000 亿美元救市案被否决期间，美国和区域因素对发达市场的影响程度分别增长了 0.037 和 0.045，而新兴市场分别增长了 0.086 和 0.090。这说明在危机期间，外界因素对新兴市场股价的冲击要显著地大于对发达市场的影响。而且，发端于发达市场的危机对新兴市场的冲击通常被放大。例如，1987 年 11 月美国因素对新加坡影响的增长程度高达 1.826，即美国共同信息 1 单位的变化将导致新加坡股价 1.826 个单位的波动。相比之下，发端于新兴市场的危机对发达市场的冲击却非常有限。例如，亚洲金融危机在 1997 年 10 月并没有对发达市场的股价造成显著影响。其可能的解释是，发达市场具有较完善的市场机制，市场的风险防御能力优于发展中市场。

在世界性金融危机发生期间，美国因素对各市场的影响程度通常强于区域因素。例如，虽然在整个检验区间（1985.01～2009.12）内，欧洲因素对该区域市场的影响显著强于美国因素（见表 4），但在 1987 年美国股灾和 2008 年美国救市案被否的两个时期内，影响欧洲市场的美国因素显著强于欧洲区域因素（见图1）。在区域性金融危机发生期间，区域因素的影响程度通常高于美国因素。例如，虽然在整个检验区间内，美国因素对亚洲大部分市场的影响程度强于区域因素，但在1997年亚洲金融危机期间，区域因素对亚洲大部分市场的影响程度强于美国因素。

表5　各市场在金融危机（事件）期间受外界因素影响的情况

金融危机或事件	检验区间	发达市场		新兴市场	
		美国因素	区域因素	美国因素	区域因素
1987年美国股灾	1987.10~1987.11	↑0.141	↑0.219	↑0.865	↑0.416
1997年亚洲金融危机	1997.10~1997.11	不显著	不显著	不显著	↑0.270
2001年美国"9·11"事件	2001.09~2001.10	不显著	不显著	↑0.091	↑0.129
2008年美国救市案被否	2008.09~2008.10	↑0.037	↑0.045	↑0.086	↑0.090

四　结论、政策建议和延续研究问题

本文组建了"世界—区域"双因素模型，旨在研究和比较国际股市的世界一体化和区域一体化的进程，其主要发现如下。

（1）为了描述一体化的时变特征，本文对传统的Kalman filter（以下简称KF）体系进行扩展，构造了KF-(T) GARCH动态模型体系，其动态特征表现有二：一是允许模型中模拟一体化的参数随时间呈现随机游走程序；二是允许模型的残差方差随时间呈系统性变化（GARCH（1,1）程序）。似然比检验的结果证实，在捕捉一体化的时变特性时，本文构造的KF-(T) GARCH体系比传统的KF体系更为适合（见表3）。

（2）亚洲、澳洲和拉美三个区域中大部分市场（特别是新兴市场）与美国的一体化程度显著高于区域一体化，这说明美国因素对上述市场的影响仍然占据主导地位，而欧洲货币联盟成员国的区域一体化水平显著高于它们与美国的一体化。大部分市场的一体化水平在2000年以后出现了"趋同"的现象①，意味着从长期的角度看，国际分散化投资的潜在利益正在逐渐减少甚者消失，电子信息化与金融自由化和金融开放是"趋同"的可能解释。与发达市场相比，新兴市场一体化水平的波动更为显著，说明共同信息的冲击很

---

① 一体化程度在前期呈现较低水平的市场，2000年以后出现了显著的上升趋势；而前期呈现较高水平的市场在2000年前后开始呈现下降趋势。

容易导致新兴市场的股价大起大落,这反映出新兴市场抵御外部冲击的脆弱性。

(3) 在金融危机(或事件)发生期间,美国或区域因素对各国股市的影响程度明显增强。在危机期间,外界因素对新兴市场股价的冲击显著大于对发达市场的影响。而且,发端于发达市场的危机对新兴市场的冲击通常被放大。相比之下,发端于新兴市场的危机对发达市场的冲击却非常有限(见表5)。在世界性金融危机发生期间,美国因素对各市场的影响通常强于区域因素;在区域性金融危机发生期间,区域因素的影响通常强于美国因素。

2008年之后,中国股票市场的一体化水平(包括美国和区域)快速攀升。其中,最值得关注的是中国股市与亚洲的区域一体化水平在2008年9月超过了中国与美国的一体化水平(见图1),这意味着区域因素对中国股市的影响占据了主导地位。可能的外因是2008年9月之后,美国次贷危机失控,多家大型金融机构相继倒闭或被政府接管,国际资金流向亚洲新兴市场并推动股市上涨,亚洲新兴股市的普涨使得其股价的运动出现了趋同性,因而提升了中国股市与亚洲的区域一体化程度。可能的内因是在次贷危机之后,中国与亚洲市场的区域金融合作进程明显加快。例如,东亚外汇储备库的建立和发展、中国与东亚部分国家先后签署了多边货币互换协议等,促使中国股市与亚洲股市的区域一体化水平不断提高[①]。

传统经济学认为,资本市场一体化程度的提高有利于提高金融资源的配置效率并促进经济的增长,但过高的一体化水平容易加剧外界因素对新兴市场的影响,加剧资金流的波动,并对新兴市场的宏观经济稳定造成不利影响。因此,我们需要谨慎看待中国股票市场的一体化进程。在资本项目逐步放开的大趋势下,中国股市与美国和区域的一体化水平还将持续攀升,中国在分享一体化益处的同时,如何控制外界的金融风险和金融危机向国内市场的传递将成为十分重要的课题。目前,中国股市与亚洲的区域一体化水平维持在相对高位,并显著高于中国与世界的一体化水平,这种格局在次贷危机期间有利于分散欧美市场的金融风险向国内市场的传递。但从长期来看,由于亚洲以新兴市场为主,其风险较大(例如表1中的亚洲股市收益率的标准差偏大),应考虑相对削弱亚洲的区域因素对中国股市影响的主导地位。例如,在巩固亚洲区域合作的同时,加强与英国或欧盟等市场的跨区域多边金融合作,推动中国与这些市场(特别是拥有储备货币的市场)的一体化水平稳步提升。当个别区域发生金融动荡或危机时,中国就可以通过调配区域之间的金融资源,降低该地区的金融风险或金融危机对国内市场的冲击。

---

① 中国在2000年以后进一步推动了利率市场化,实行了有管理的汇率浮动制度,引进了QFII和QDII等一系列金融市场化和金融开放的改革,这些因素都是推动中国股市一体化(包括世界和区域)快速攀升的内在因素。但本节突出的是中国的区域一体化水平迅速上升并超过世界一体化的可能原因。

由于部分统计数据的缺失和文章篇幅的限制，本文没有对引起一体化波动的因素（如电子信息化的发展、金融开放度等）进行定量分析，在今后的研究中，相关的数量论证有助于更好地理解一体化波动的深层次原因。另外，实体经济因素、金融因素、政治因素等各种因素所引起的国际股市一体化波动的程度也是未来研究的一个重要方向，相关研究有助于决策者从宏观层面把握该国股市一体化水平的波动范围，规避外界金融风险对本国股市的冲击。

（本文发表于《世界经济》2011 年第 10 期）

参考文献

[1] Baele, L. and Inghelbrecht, K., "Time-varying Integration, Interdependence and Contagion", *Journal of International Money and Finance*, 2010, Vol. 29, pp. 791–818.

[2] Baele, L., "Volatility Spillover Effects in European Equity Markets", *Journal of Financial and Quantitative Analysis*, 2005, Vol. 40, pp. 373–401.

[3] Baele, L.; Ferrando, A.; Hordahl, P.; Krylova, E. and Monnet, C., "Measuring European Financial Integration", *Oxford Review of Economic Policy*, 2004, Vol. 20, pp. 509–530.

[4] Bekaert, G. and Harvey, C. R., "Emerging Equity Market Volatility", *Journal of Financial Economics*, 1997, Vol. 43, pp. 29–77.

[5] Bekaert, G. and Harvey, C. R., "Time-varying World Market Integration", *Journal of Finance*, 1995, Vol. 50 (2), pp. 403–444.

[6] Bernard, A., "Empirical Implications of the Convergence Hypothesis", *CEPR Working Paper*, 1991.

[7] Bodart, V. and Reding, P., "Exchange Rate Regime, Volatility and International Correlations on Bond and Stock Markets", *Journal of International Money and Finance*, 1999, Vol. 18 (1), pp. 133–151.

[8] Campbell, J. Y., "Stock Returns and the Term Structure", *Journal of Financial Economics*, 1987, Vol. 18, pp. 373–400.

[9] Dumas, B. and Solnik, B., "The World Price of Foreign Exchange Risk", *Journal of Finance*, 1995, Vol. 50 (2), pp. 445–479.

[10] Errunza, V. R. and Prasad, P., "Tests of Integration, Mid Segmentation and Segmentation Hypotheses", *Journal of Banking and Finance*, 1992, Vol. 16, pp. 949–972.

[11] Faff, R. W., Hillier, D. and Hillier, J., "Time-varying Beta Risk: An Analysis of Alternative Modelling Techniques", *Journal of Business Finance and Accounting*, 2000, Vol. 27, pp. 523–554.

[12] Fischer, K. P. and Palasvirta, A. P., "High Road to Global Marketplace: The International Transmission of Stock Market Fluctuations", *The Financial Review*, 1990, Vol. 25, pp. 371–394.

[13] Fratzscher, M., "Financial Market Integration in Europe: On the Effects of EMU on Stock Markets", *Working Paper* 48, European Centre Bank, 2001.

[14] Harvey, C. R. , "The World Price of Covariance Risk", *Journal of Finance*, 1991, Vol. 46, pp. 111-157.

[15] Kasa, K. , "Common Stochastic Trends in International Stock Markets", *Journal of Monetary Economics*, 1992, Vol. 29 (1), pp. 95-124.

[16] Lintner, J. , "The Valuation of Risk Assets and the Selection of Risky Investments in Stock Portfolios and Capital Budgets", *Review of Economics and Statistics*, 1965, Vol. 47, pp. 13-37.

[17] Longin, F. and Solnik, B. , "Is the Correlation in International Equity Returns Constant: 1960-1990?", *Journal of International Money and Finance*, 1995, Vol. 14 (1), pp. 3-26.

[18] Manning, N. , "Common Trends and Convergence? South East Asian Equity Markets, 1988-1999", *Journal of International Money and Finance*, 2002, Vol. 21 (2), pp. 183-202.

[19] Meric, I. and Meric, G. , "Potential Gains from International Portfolio Stability and Seasonality in International Stock Market Relationships", *Journal of Banking and Finance*, 1988, Vol. 13, pp. 627-640.

[20] Ng, A. , "Volatility Spillover Effects from Japan and the US to the Pacific-Basin", *Journal of international money and finance*, 2000, Vol. 19, pp. 207-233.

[21] Sharp, W. , "Capital Asset Prices: A Theory of Market Equilibrium under Conditions of Risk", *Journal of Finance*, 1964, Vol. 19, pp. 425-442.

是一级市场抑价,还是二级市场溢价

——关于中国新股高抑价的一种检验和一个解释

刘煜辉 沈可挺

一 引言

自中国股票市场成立以来,在二十年的发展过程中,新股发行(IPO)定价高抑价(首日上市回报率高)问题始终十分突出。从监管层的角度看,主流的意见显然是认为非市场化的定价方式使新股定价偏低,从而产生 IPO 高抑价现象。为此,监管层多次启动了旨在降低高抑价的新股定价市场化改革,改革方向集中于放开对新股发行价格的管制,借鉴发达市场的先进经验改善询价的技术流程,等等。但是每一轮改革的实际效果却都存在较大争议。

中国的新股发行制度迄今为止大体经历了五个变化阶段(见表1)。对此过程的简要回顾有助于进一步加深我们对中国股市 IPO 定价机制以及新股高抑价问题的理解。

表1 中国发行制度变化的五个阶段

中国发行制度变化的五个阶段		IPO 抑价率	发行公司数	发行市盈率
行政限价阶段	1996~1998	1.305	462	14.65
第一次市场化改革	1999~2001.11	1.382	286	27.98
固定市盈率阶段	2002~2004.6	0.960	241	18.50
第二次市场化改革	2005~2008	1.421	275	26.52
第三次市场化改革	2009.6~2011.4	0.424	543	58.85
其中:主板	2009.6~2011.4	0.433	37	39.81
中小板	2009.6~2011.4	0.440	300	53.21
创业板	2009.6~2011.4	0.400	206	69.55

1999 年 6 月以前,中国股市一直采用行政指定市盈率的定价方式,大多数 IPO 的市盈率被规定为 13~17 倍。《中华人民共和国证券法》正式施行后,证监会颁布新的规则允许发行公司与承销商协商 IPO 发行价格,由此开始了中国股市 IPO 定价机制市场化的探索。

实施市场化询价的初衷是以高价发行新股,使新股的申购获利机会减少,迫使部分一级市场申购资金分流进入二级市场,减少二级市场的波动,从而有利于股票市场的平稳发展。但在实际操作中,这种单纯的定价市场化改革并未达到预期效果,随着一级市场成本的提高,二级市场出现了更高的价格炒作,一、二级市场价差依然巨大。2000年新股发行市盈率前10名股票的平均价差高达134%,巨大的价差使大量资金仍然聚集在一级市场。而由于高价发行新股,上市公司过度融资的现象日益严重,严重降低了资本市场的资源配置效率[①]。

监管层注意到了市场化询价的种种弊端,于2001年下半年又重新恢复了控制IPO市盈率的做法。此次证监会要求新股发行市盈率不超过20倍。这一政策举措实际上标志着新股发行市场化改革努力的中断。近乎"一刀切"的新股发行市盈率标准,漠视不同行业的不同发行公司和同一行业的不同发行公司在成长性方面的差异,因而难以真实地反映发行公司的内在价值。尽管2002~2004年度证券市场低迷,但在此期间发行的241家公司的新股抑价程度仍高达96%。对于那些成长性良好、发展前景可观的发行公司来说,由于自身优势更多地体现在公司未来收益的高增长中而非体现在现时每股收益的绝对额上,因而这种定价机制往往导致其新股发行价格偏低,使得本应属于发行公司发行新股募集的资本却成为新股上市后投资者手中的差价收益。对那些公司说来,这种定价机制显然是不公平的。

为了革除IPO定价机制的积弊,监管层于2004年开始了第二轮新股发行市场改革。2004年12月13日,证监会正式发布《关于首次公开发行股票试行询价制度若干问题的通知》,再次开始新股发行市场化的探索。这一次,累计投标定价方式(Bookbuilding)开始在中国一级市场全面实行[②]。在具体操作上,首先由发行公司与承销商决定最初的发行价区间,其次由承销商测定机构投资者对股票的需求,并根据需求状况修正最终发行价,但该价格必须报证监会最后核准。

与固定价格发行方式相比,询价发行的主要特点是在新股定价过程中能充分反映投资者对新股的估价和需求信息,从而使IPO定价更加准确。新股询价过程也就是发行价格形成的过程,在这一过程中,机构投资者扮演着举足轻重的角色。由于他们具有散户投资者

---

① 以闽东电力为例,由于超过预定募集资金目标,产生了大量的闲置资金。2000年,闽东电力与几家证券公司签订了3.6亿元的委托理财合同;到2001年,募集资金投入使用的只有39%,其余60%的资金存入银行。

② 2004年8月30日,中国证监会公布《关于首次公开发行股票试行询价制度若干问题的通知》(征求意见稿),再次开始新股发行市场化的探索。值得注意的是,实际上,累计投标定价方式在2004年之前已开始试行。例如,2000年11月由中国国际金融公司承销的宝钢股份被普遍认为是累计投标定价方式发行的第一例。

所不具备的专业分析能力,同时又比发行人和承销商更加了解市场需求,因此,引入询价制的主要目的,就是要收集机构投资者所掌握的私人信息,并将这些信息反映到 IPO 定价中去。

与成熟资本市场所采用的累计投标询价机制相比,中国现行的询价制度与其存在着本质的区别:成熟市场采用的询价机制能扩大发行定价的信息收集广度与深度,可通过询价掌握投资者的需求信息,并通过承销商的股票分配进行信息激励与信息甄别(承销商可将更多股票分配给那些提供更多有用信息或更真实信息的投资者)。而中国的询价制则明确规定了 IPO 配售实行"价高者得"的分配原则,并对机构投资者的配售上限作出了明确规定,使得出价高于发行价格的所有投资者都可以得到完全相同的配售机会(同比例配售),这就使承销商失去了 IPO 分配权。

为了获得新股的配售资格,中国的询价机构会不断抬高新股发行市盈率;而为了减少募集资金大大超出募集计划(超募)现象的发生,监管者又不得不对发行市盈率实施实际上的影子控制(如 30 倍市盈率)。2005~2008 年发行的 275 家公司的平均发行市盈率为 26.52 倍,新股发行抑价高达 142%。新股高抑价问题依然没有得到解决。

2009 年 6 月起,监管层启动了第三轮新股发行机制改革。此轮改革旨在完善询价过程中的报价和配售约束机制,其核心是开始全面放松对于发行市盈率的影子控制,试图大幅提高中小型公司新股发行中单个机构获配股份的数量,从而加大定价者的责任,促进报价更加理性和真实。

毫无疑问,此轮改革的成果确实使得抑价率显著下降,并且"首日破发"现象开始时有发生[1]。但是与此同时,中小板和创业板公司的平均发行市盈率却分别高达 53 倍和 69 倍,"超募"现象极其严重。中小板和创业板公司的平均超募率分别约为 144% 和 198%。由于大幅超过预定募集资金目标,产生了大量的闲置资金,这个结果实际上导致了非常严重的资源浪费。显然,这个结果也并不符合新股发行机制改革的初衷。

我们认为,下一步我国新股发行机制改革取得突破的关键,在于找到中国新股高抑价率产生的真实原因。IPO 首日大幅超额收益究竟是源于一级市场发行抑价,还是源于二级市场溢价,抑或是两种因素共同作用的结果,这是一个事关改革路径设计的方向性问题。

---

[1] 2009 年 6 月~2011 年 4 月发行的 300 家中小板公司,有 33 家首日跌破发行价,首日平均抑价率下降至 44%;同期发行的 206 家创业板公司,有 22 家首日"破发",平均抑价率下降至 40%。

二 研究文献回顾

国外大量的理论和实证研究表明，在成熟市场上，IPO首日超额收益主要源于一级市场抑价。由于新股发行过程中存在信息不对称现象，发行人和承销商出于各种原因有意降低IPO发行价格，使得IPO发行价格偏离其内在价值，由此产生了超额收益。例如，Baron（1982），Ritter（1984、1987），Rock（1986），Welch（1989、1992），Rund（1993）以及Ibboston等（1994）分别从理论和实证角度对此问题进行了深入分析，刘煜辉等（2005）曾对这些文献进行过系统总结。陈工孟等（2000）曾尝试运用信息不对称理论来解释中国的IPO抑价；刘煜辉等（2005）通过分析1995~2003年的样本后提出中国市场"股权分置"和"政府管制"的制度安排是导致极高IPO首日超额收益的根本原因；李志文等（2006）通过对1991~2004年样本的研究发现，证监会的市盈率管制是中国IPO抑价的主要原因；田利辉（2010）指出中国的IPO超额抑价是因股票市场受到严格管制而产生的制度性抑价，是政府干预市场的结果；朱红军等（2010）把与发行制度有关的IPO抑价看成对"租金"的分配过程，并提出了关于中国IPO抑价的"租金分配观"；张小成等（2011）则试图引入机构投资者的异质预期，通过扩展信息不对称理论来解释中国的IPO高抑价。虽然田利辉（2010）等学者从二级市场无效率性影响的角度给予了研究分析，但是从总体上看，以上这些文献基本认为中国IPO首日超额收益的成因主要是IPO发行中对于发行价格的行政管制。

这里要着重指出的一个基本事实是，中国IPO发行抑价或首日超额收益的幅度远远高于世界其他国家。那么，中国IPO首日超额收益是否也同样主要源于一级市场抑价？从理论上来说，一级市场抑价解释成立有两个必要的前提条件：其一，二级市场是有效市场。在有效市场中，股票的交易价格完全反映与其相关的所有信息，新股上市后的交易价格等于其内在价值。只有当二级市场股票价格等于其内在价值时，首日超额收益率才可视为发行价过低所致。其二，发行市场是竞争市场。只有当发行市场是竞争市场时，发行人或承销商才有通过降低发行价格以吸引投资者、避免发行失败的动机。关于中国二级市场是否为有效市场，国内学者进行了大量的研究，结果都表明中国二级市场还没能完全达到弱型有效，也就是说，中国新股上市首日的价格不能充分体现其内在价值。同时，由于中国新股发行市场受到政府的严格管制，新股供给不能随市场需求自动调节，而受政府管制之手牢牢把控。由此可知，一级市场抑价解释的两个前提条件在中国股票市场都不成立。因此，从理论上来看，一级市场抑价假说未必能充分解释中国IPO首日超额收益现象。

从现有的实证研究文献来看，国内学者主要通过主成分分析法和 OLS 回归来检验一级市场抑价理论是否能解释中国 IPO 首日超额收益现象。例如，张人骥等（1999）以 1997~1998 年在沪市上市的 72 只 IPO 为样本，以总资产、总股份、净利润、每股收益、每股净资产、净资产收益率这六大指标为解释变量，使用主成分分析法和 OLS 回归来验证发行价格是否能反映公司的内在价值信息。实证结果显示，尽管我国股市 IPO 抑价程度较高，但新股发行价格基本上反映了影响公司内在价值的这些因素，IPO 发行定价具有一定的合理性。曹凤岐等（2006）以 1997~2004 年在沪市发行上市的 525 只 IPO 为样本，选取了更多能反映公司价值信息的指标，同样使用主成分分析法和 OLS 回归来检验新股定价的合理性。实证结果表明，总体而言，我国股票 IPO 发行价格较市场价格更能反映公司的内在价值，造成 IPO 抑价程度过高的主要原因是二级市场价格虚高，周孝华等（2006）的研究也从侧面印证了上述观点。

值得注意的是，Hunt-McCool 等（1996）曾经在其经典论文中指出，OLS 回归检验的方法存在着明显的缺陷：其一，由于解释变量使用的是实际的发行价格，因此当存在发行人故意折价时，由 OLS 回归得到的定价方程实际上可能已经低估了 IPO 的真实价值；其二，OLS 回归已假定残差服从标准正态分布，因此即使存在发行人故意折价，这种实际发行价格与 IPO 真实价值的系统性偏差也不能从残差中得到反映，只能反映在回归方程的常数项上，但目前尚没有一种统计方法能从常数项中分解出这种系统性偏差。由于 OLS 回归法不能实现 IPO 抑价分解的目的，为此，Hunt-McCool 等（1996）引入了随机前沿分析方法（Stochastic Frontier Approach，SFA）以解决这一问题。Hunt-McCool 等（1996）在对美国 1975~1984 年的 1035 只 IPO 定价的实证检验中发现发行人明显存在着故意压价的行为：在 IPO "热销" 发行时期，一级市场压低定价的程度达到 8.86%，在非 "热销" 发行时期这一幅度约为 8.00%；而对应时期的 IPO 首日抑价则分别约为 10.28% 和 9.12%。这一研究结论表明，在美国资本市场上，IPO 抑价主要来自一级市场的低定价。

本文将通过援用 Hunt-McCool 等（1996）提出的随机前沿分析方法（SFA）实证检验中国 IPO 市场是否存在发行价格被压低的现象，以及一级市场抑价对中国 IPO 首日超额收益的影响程度。

三 随机前沿模型

随机前沿分析方法由 Meeusen 和 Van Den Broeck 以及 Aigner, Lovell 和 Schmidt 分别独

立提出。该分析方法最初的应用是为了度量生产过程中的技术效率。该方法通过建立随机前沿生产函数,估计信息充分时投入要素能够带来的最大产出边界,并将实际产出与最大产出边界相比较,计算企业的实际投入产出效率[1]。Hunt-McCool 等(1996)首次提出了一种可以不依赖二级市场后市数据来为新股定价的方法,通过将新股定价过程与生产过程进行类比,把随机前沿分析法运用于新股定价效率研究。定价者被视为生产者,影响定价决策的各种信息要素(如财务状况、风险因素和市场情绪)被视为投入要素,最终发行定价结果则被视为产出。给定 IPO 企业的定价信息,就可以据此估计出潜在的最高定价边界,而边界上的价格则可以视为对 IPO 内在价值(有效价格)的一个无偏估计。因此,将该价格与 IPO 实际发行价格相比较,就可判断 IPO 首日超额收益中是否存在一级市场抑价的影响及其影响程度。

引用随机前沿分析法的一个重要创新是它允许我们比较实际价格与有效价格(Efficient Price)之间的差异。所谓 IPO 的有效价格,是指在信息充分时的 IPO 价格,它不仅与 IPO 企业的公司价值和风险因素有关,还与发行情况和定价环境有关。随机前沿代表在充分信息下 IPO 所能达到的潜在最大价格(有效价格)。在充分信息下,IPO 的实际发行价格与潜在最大价格的差异仅由随机误差造成,不存在系统性偏差,此时发行价格可以使用最小二乘法(OLS)进行估计。然而,如果由于一级市场抑价的原因(即系统性的偏差)使得实际价格总是位于潜在最大价格之下,那么实际价格与最大价格的偏差将会以残差有偏的形式出现,此时 OLS 估计不再适用。为了解决这一问题,随机前沿分析法在 OLS 模型中添加了一个非对称随机项,用以测度抑价是否存在以及抑价的程度,并且采用极大似然估计法(MLE)估计随机前沿。如果非对称随机项显著,则说明一级市场存在系统性低估(一级市场有意压低发行价格),并且可以依此计算每只 IPO 的低估程度;相反,如果非对称随机项不具有统计显著性,则表明实际发行价格与潜在最大价格之间不存在系统性偏差,此时随机前沿会等价于 OLS 估计的价格。

援用 Aigner, Lovell and Schmidt (1977) 提出的随机前沿生产函数模型,IPO 定价的随机前沿模型可以表示为:

$$P_i = X_i\beta + v_i - u_i, \quad i = 1,2,\cdots,n \tag{1}$$

其中,P_i 代表第 i 只新股的实际发行价格;X_i 为 $k \times 1$ 阶向量,代表影响第 i 只新股定价的 k 种因素;β 为待估参数;v_i 为随机误差项,假定 $v_i \sim iid \cdot N(0, \sigma_v^2)$;$u_i$ 为非负

---

[1] Aigner D. J., Lovell C. A. K., and Schmidt P., "Formulation and Estimation of Stochastic Frontier Production Function Models", *Journal of Econometrics*, 1977, (6), pp. 21–37.

的随机变量，用于衡量 IPO 定价中的系统性偏差（一级市场抑价），假定 u_i 服从零处截尾的正态分布，即 $u_i \sim iid \cdot |N(0, \sigma_u^2)|$，且 u_i 与 v_i 相互独立。$X_i\beta$ 是由样本估计的 IPO 有效价格前沿面，按照研究惯例，通常采用柯布—道格拉斯生产函数形式。

采用极大似然估计法对参数 β 进行估计，利用参数估计的结果可以计算每只股票的定价前沿 $E(P_i|u_i=0, X_i)$，并可以依此计算第 i 只新股的定价效率，具体公式如下：

$$EFF_i = \frac{E(P_i|u_i, X_i)}{E(P_i|u_i = 0, X_i)} \tag{2}$$

由于 Coelli（1996）编制的 MLE 软件 Frontier 4.1 在进行极大似然估计时假定估计函数是线性形式，因此在对柯布—道格拉斯生产函数进行估计时需要对因变量和自变量都取对数。而 Coelli（1996）指出，当因变量和自变量都取自然对数时，IPO 的定价效率 EFF_i 和 u_i 之间的关系为 $EFF_i = u_i$。

为了计算 EFF_i，令：

$$\sigma^2 = \sigma_v^2 + \sigma_u^2, \gamma = \sigma_u^2/(\sigma_v^2 + \sigma_u^2), \varepsilon = v_i = u_i, \sigma\sqrt{\gamma(1-\gamma)^{\sigma^2}} \tag{3}$$

Battese 等（1989）指出，此时最优的计算方法为：

$$EFF_i = \frac{1 - \Phi(\sigma_A + \gamma e_i/\sigma_A)}{1 - \Phi(\gamma e_i/\sigma_A)} \exp(\gamma e_i + \frac{\sigma_A^2}{2}) \tag{4}$$

其中，$\Phi(\cdot)$ 为标准正态分布函数；e_i 为 ε_i 的估计值；σ^2 可由 MLE 直接给出。对随机前沿模型的检验，主要是检验在 IPO 定价中是否存在发行人故意折价行为，它可以通过检验以下零假设和备择假设实现：H0：$\gamma = 0$；H1：$\gamma > 0$。

由于 γ 的取值区间为 (0, 1)，当 γ 趋近于 1 时，说明 IPO 发行价和内在价值之间的偏差主要由定价非效率项 u_i 决定，而随机误差 v_i 的影响可忽略不计；当 γ 趋近于 0 时，表明误差主要由对称误差项 v_i 构成，说明发行定价处于有效边界的附近，一级市场不存在故意抑价现象，抑价主要来源于二级市场的高估。在这种情况下，可从模型中去掉 u_i，则随机前沿模型的估计退化为最小二乘法（OLS）估计的结果，可以直接用 OLS 估计参数 β。只要 γ 显著大于零，就表明在 IPO 定价中存在故意折价行为；若 γ 不具统计显著性，则表明 IPO 定价和其公平价格之间不存在系统性偏差，即发行人并没有系统性地降低 IPO 定价，此时 ML 估计退化为 OLS 估计。

具体的检验方法可以使用 Wald 检验。但 Coelli（1996）利用 Monte Carlo 模拟发现，使用 Wald 检验存在"势"（Size）比较弱的问题，因此，他建议使用能修正错误"势"

的单边广义似然比检验,其检验统计量为:

$$LR = -2\{\ln[L(H_0)] - \ln[L(H_1)]\} \tag{5}$$

其中,$L(H_0)$ 和 $L(H_1)$ 分别为在零假设 H_0 和备择假设 H_1 下的似然函数值。检验统计量 LR 服从自由度为约束数目的混合 χ^2 分布,若 LR 大于混合 χ^2 分布检验标准值,则表明 γ 的零假设被拒绝。

在 Coelli (1996) 所编制的 MLE 软件 Frontier 4.1 中给出了 EFF_i 值,因此,若 IPO 存在折价发行现象,则可以据此计算出每只 IPO 的绝对折价幅度 $u_i = -\ln(EFF_i)$,并可进一步算出一级市场低定价程度占 IPO 抑价的比重。

四 实证样本选择与变量设计

本文选取 1996~2010 年在 A 股市场发行并上市的股票为样本。为了保证结果的客观性和准确性,样本进行如下筛选。

(1) 金融企业股票。金融企业由于定价的特殊性,其相应股票被剔除。

(2) "历史遗留问题股"被剔除。在 20 世纪 80~90 年代完成股份制改造、在小范围内以定向募集方式发行的公司股票被称为"历史遗留问题股",这部分股票在后来逐渐被安排上市,上市日距离发行日超过一年的时间。

(3) 8 只换股上市的股票被剔除,包括中关村、吉电股份、潍柴动力、太平洋、中国铝业、上海电气、龙江交通、吉林高速。

(4) 29 只在 A 股发行上市前已在境外或 H 股发行上市的股票被剔除,包括中兴通讯、潍柴动力、晨鸣纸业、*ST 东电、经纬纺机、新华制药、鞍钢股份、ST 科龙、华能国际、皖通高速、民生银行、中海发展、华电国际、中国石化、南方航空、招商银行、ST 东航等。

最终进入样本的共 1700 只股票。相关数据来源于色诺芬 (Sinofin) 金融经济数据库和 WIND 资讯数据库。该样本覆盖中国新股发行制度变化的五个阶段,且可以明确划分为两个牛市时段(热销期)和两个熊市时段(非热销期)以及一个平衡市时段。

在模型变量的选择上,主要结合国内外研究的成果以及中国股市的特点选取能够影响 IPO 定价的因素,具体从影响公司价值、风险因素及市场环境的因素中寻找指标。

Hunt-McCool 等 (1996) 认为,公司价值、风险因素及市场环境是影响 IPO 定价的主要因素。先前研究表明，历史的公司财务状况与公司价值存在正向关联，因此，我们选取以下几项财务指标：公司上市公告调整后的每股赢利（EPS），上市公司的赢利能力无论在国外还是国内都是影响新股定价与市场表现的重要指标，结合中国监管部门对上市公司的要求，本研究选择上市公司上市公告书调整后的每股收益代表公司的赢利能力。此外，我们还选用了发行前一年的每股净资产（BOOK）代表公司的价值；发行前的总股本（TSB）代表公司的规模；发行前一年的资产负债率（ADR），该指标主要反映公司的财务风险。

Hughes（1986）指出，承销商的补偿直接与公司尽职调查的成本相关联，意味着那些公开信息较少且不透明的公司承销商的补偿也越高，比如小公司，同时也意味着承销商费用与公司的初始价值以及潜在的发行价负相关。由于发行人有动机将发行费用转嫁给投资者，因此，发行费用越高，IPO定价也越高。所以我们选用了每股发行费用（Fee）指标。

Tinic（1988）指出，小规模发行通常是那些初创公司发行，它们被认为是带有投机性质的发行；相反，大规模发行一般是那些相对大规模后续融资的大公司发行。因此认为发行规模与潜在发行价之间存在正相关关系。在我国的IPO发行市场上，小公司通常采用高定价、低发行量的方式发行新股，而大公司则相反。因此，预期发行数量应与IPO定价负相关。这种情况在2004年以后推行询价制后开始有所改变。对此，我们选用了发行规模（PROC）指标。

Hunt-McCool等（1996）认为，市场整体趋势对于投资者和承销商定价行为有着重要影响。因此我们选用了以中位数法计算的市场平均市盈率水平MKTPE指标（IPO期间全部沪深A股的动态市盈率水平，剔除了其中的亏损公司，取中位数），这个指标能更准确地反映市场的真实估值水平。

新股上市首日的回报以AIR（Adjusted Initial Returns）表示，具体计算公式如下：

$$AIR = \frac{p - offp}{offp} - \frac{M_1 - M_0}{M_0} \qquad (6)$$

其中，p为新股上市首日收盘价；$offp$为新股发行定价；M_1是新股上市首日的市场指数；M_0为新股IPO发行日市场指数。式中市场指数收益取CCER深沪两市流通A股市值加权收益。

我们最终选用了4个行业哑变量。从成熟市场估值经验来看，投资者普遍愿意为一些非传统行业（如电子、信息技术、生物制药）以及资源类行业企业给出更高的估值，以反映公司成长性或资源品稀缺性。上市公司的具体行业分类综合参考CSRC和GICS两套上市公司行业分类标准。行业哑变量具体定义如下。

Resources：哑元变量，属于资源行业取1，否则取0。GICS行业划分资源行业代码为00。

Electronic Equipment：哑元变量，属于电子行业取1，否则取0。CSRC行业划分电子行业代码为C5。

Pharmaceuticals & Biotechnology：哑元变量，属于生物制药行业取1，否则取0。CSRC行业划分生物制药行业代码为C8。

Information Technology：哑元变量，属于信息技术行业取1，否则取0。GICS行业划分信息技术行业代码为70。

五　统计变量描述

本文除了对全样本进行估计以外，还选取了5个子样本。子样本1和子样本3分别对应中国股市两个存在明显上升的牛市阶段（1996～2001年与2006～2007年），作为热销市况的研究样本；子样本2和子样本4分别对应两个存在明显下跌的熊市阶段（2002～2005年与2008年），作为非热销市况的研究样本；子样本5对应2009年新股发行制度改革后的阶段（2009年6月～2010年），这是一个平衡市况的阶段①。表2～表7是关于全样本和各子样本的研究变量的统计描述。

表2　全样本变量统计描述

(1996～2010)	OFFP	EPS	BOOK	TSB	ADR	FEE	PROC	OFFPE	MKTPE	AIR
均　值	11.97	0.44	2.23	4.05	0.55	0.63	0.96	28.08	41.3	1.09
中位数	7.68	0.38	1.93	0.90	0.58	0.32	0.39	20.00	42.02	0.90
最大值	148.00	16.67	10.02	180.90	0.94	11.56	120.00	126.67	82.78	5.12
最小值	2.18	0.06	0.30	0.04	0.00	0.04	0.09	1.57	18.35	-0.20
标准差	11.41	0.52	0.98	47.12	0.13	0.80	4.42	17.52	12.23	0.84
偏　度	3.47	21.46	2.04	35.52	-0.87	4.68	16.38	1.73	0.40	1.40
峰　度	20.82	627.44	7.15	1341.33	4.04	41.65	369.85	3.41	-0.82	2.59
样本数	1700	1700	1700	1700	1700	1700	1700	1700	1700	1700

---

① 此处参照刘煜辉等（2005）所采用的方法，利用二级市场的平均市盈率（中位数）作为衡量牛市和熊市阶段的划分依据。

表3 子样本1变量统计描述

(1996~2001)	OFFP	EPS	BOOK	TSB	ADR	FEE	PROC	OFFPE	MKTPE	AIR
均值	6.71	0.37	1.90	1.79	0.55	0.25	0.59	19.79	51.89	1.31
中位数	6.18	0.35	1.65	1.00	0.58	0.23	0.45	15.8	53.36	1.18
最大值	36.68	1.17	7.95	106.35	0.83	1.16	18.77	88.69	82.78	4.78
最小值	3.00	0.11	1.00	0.12	0.04	0.02	0.10	10.00	28.19	-0.20
标准差	2.67	0.14	0.80	5.33	0.13	0.10	0.86	9.25	9.79	0.80
偏度	3.47	1.24	2.71	15.00	-1.11	2.11	14.34	2.20	-0.04	1.12
峰度	26.50	3.34	10.12	263.12	4.24	13.61	291.12	6.47	-0.58	1.94
样本数	759	759	759	759	759	759	759	759	759	759

表4 子样本2变量统计描述

(2002~2005)	OFFP	EPS	BOOK	TSB	ADR	FEE	PROC	OFFPE	MKTPE	AIR
均值	7.96	0.44	2.13	2.17	0.55	0.38	0.88	19.55	34.79	0.91
中位数	7.03	0.37	1.96	0.82	0.56	0.34	0.42	19.84	35.71	0.79
最大值	31.39	3.18	6.33	146.97	0.91	1.17	50.00	52.37	58.43	4.30
最小值	2.30	0.11	1.04	0.25	0.00	0.05	0.10	1.57	18.35	-0.07
标准差	3.85	0.29	0.77	9.87	0.13	0.18	3.44	5.90	7.51	0.69
偏度	1.96	4.01	2.31	12.83	-0.65	1.13	12.33	3.00	-0.27	1.65
峰度	6.46	29.47	8.10	181.17	4.10	1.50	166.39	13.46	0.29	3.91
样本数	245	245	245	245	245	245	245	245	245	245

表5 子样本3变量统计描述

(2006~2007)	OFFP	EPS	BOOK	TSB	ADR	FEE	PROC	OFFPE	MKTPE	AIR
均值	9.72	0.40	2.51	5.65	0.56	0.71	1.50	26.20	44.13	1.49
中位数	8.84	0.34	2.43	0.82	0.58	0.54	0.30	27.03	45.80	1.19
最大值	36.99	1.38	5.93	180.90	0.94	11.56	30.30	98.67	68.81	5.12
最小值	2.40	0.06	1.14	0.32	0.14	0.05	0.10	9.52	20.16	0.02
标准差	5.09	0.23	0.82	20.40	0.15	1.24	4.39	8.53	14.22	1.13
偏度	2.04	1.82	1.41	6.12	-0.39	7.71	4.76	4.08	0.62	1.29
峰度	6.81	4.30	3.10	43.29	3.30	62.64	23.95	35.61	-0.95	1.20
样本数	178	178	178	178	178	178	178	178	178	178

表6 子样本4变量统计描述

(2008)	OFFP	EPS	BOOK	TSB	ADR	FEE	PROC	OFFPE	MKTPE	AIR
均值	12.00	0.46	2.27	8.72	0.53	0.71	1.73	26.30	34.73	1.09
中位数	10.59	0.38	1.96	0.93	0.55	0.66	0.32	27.93	36.48	0.73
最大值	24.24	0.81	1.34	131.41	0.78	0.35	30.00	29.97	55.63	3.50
最小值	6.66	0.22	6.52	0.39	0.31	0.58	0.18	29.98	22.64	0.95
标准差	5.68	0.11	1.41	27.18	0.12	0.32	5.32	5.65	12.66	0.88
偏度	1.63	1.46	1.13	4.90	-0.31	6.17	3.81	3.26	0.50	1.03
峰度	4.56	2.88	2.08	29.00	2.21	41.97	16.05	23.86	-0.64	0.80
样本数	77	77	77	77	77	77	77	77	77	77

表7 子样本5变量统计描述

(2009~2010)	OFFP	EPS	BOOK	TSB	ADR	FEE	PROC	OFFPE	MKTPE	AIR
均值	28.39	0.59	2.91	3.27	0.58	1.68	10.81	57.03	43.68	0.50
中位数	25.00	0.46	2.72	0.83	0.54	1.49	2.80	53.81	47.17	0.38
最大值	148.00	16.67	8.77	180.00	0.74	6.66	120.00	138.46	55.38	2.75
最小值	2.36	0.08	0.30	0.04	0.23	0.04	0.09	2.83	29.03	-0.10
标准差	16.20	1.00	1.06	13.11	0.16	0.98	64.25	18.93	2.71	0.45
偏度	2.41	13.68	1.45	9.77	-0.39	1.35	13.79	0.84	0.31	1.43
峰度	11.71	213.31	4.56	110.02	4.77	3.80	214.96	2.06	-0.87	3.14
样本数	441	441	441	441	441	441	441	441	441	441

整体上看，中国IPO首日超额收益现象较为严重，全样本平均IPO首日超额收益率达109%。牛市阶段，市场估值水平偏高，多数时间按照中位数法计算的市场平均市盈率都在40倍以上，IPO首日超额收益现象也更为严重，子样本1（1996~2001）和子样本3（2006~2007）的平均IPO首日超额收益率分别为131%和149%。2007年8月，宏达经编创造了高达512%的最高上市首日超额收益率。熊市阶段，中国的IPO首日超额收益率虽然有所下降，但子样本2（2002~2005）和子样本4（2008）的IPO首日超额收益仍然高达91%和109%。我们注意到，2009年之前，无论是牛市还是熊市，中国股票二级市场估值都显著高于国际市场的水平，平均市盈率皆在30倍以上。

2009年6月第三轮新股发行改革后，中国IPO首日超额收益率出现显著下降，子样本5平均IPO首日超额收益率显著下降至50%。我们观察到，虽然这个时期的中国股票市场开放性增强，蓝筹股票市场估值水平开始快速跟国际市场接轨，但是占市场大多数的中小市值股票的市盈率事实上仍接近牛市阶段水平,平均在40倍以上。因此我们认为,该阶段 IPO 首日超额收益下降可能主要源于此轮新股发行改革放开了以往对发行市盈率的管制,使得发行市场价格向二级市场靠拢。过去大多数时间,监管部门通过行政指导的方式通常将新股发行市盈率限定在 30 倍以内,2009 年新股改革在新股定价方面强调淡化行政指导,推动进一步市场化的价格形成机制。该阶段新股发行定价不再受 30 倍市盈率的限制,平均市盈率高达 54.3 倍,最高甚至达到 138.46 倍。

六 随机前沿模型估计结果分析

援用 SFA 分析的常用方法以及 Hunt-McCool 等(1996)的经验,本文选用对数线性模型。

$$\ln(OFFP) = \beta_0 + \beta_1 \ln(EPS) + \beta_2 \ln(BOOK) + \beta_3 \ln(ADR) + \beta_4 \ln(TSB) + \beta_5 \ln(FEE) + \beta_6 \ln(PROC) + \beta_7 \ln(MKTPE) + \beta_i \sum_i SECTOR_i + V - U$$

(7)

使用 MLE 软件 Frontier 4.1 对全样本和 5 个子样本按上述模型进行极大似然估计。估计结果见表 8。

表 8 IPO 定价随机前沿面的极大似然估计结果

Variable	Fullsample	I (1996~2001)	II (2002~2005)	III (2006~2007)	IV (2008)	V (2009~2010)	II (2002~2005)
CONS	-0.839	-5.237	-1.564	-2.027	-0.622	-0.497	0.868
	(-0.881)	(-6.871)***	(-2.546)**	(-0.589)	(-1.621)*	(-2.715)**	(2.357)**
LN(EPS)	6.017	9.305	6.099	3.167	4.879	2.534	0.451
	(17.779)**	(18.122)***	(9.713)***	(4.624)***	(5.394)***	(11.206)***	(16.063)***
LN(BOOK)	1.011	0.093	0.490	1.750	0.392	1.418	0.100
	(9.371)***	1.046	(3.248)***	(5.515)***	(10.113)***	(5.0442)***	(2.811)***
LN(ADR)	0.022	0.341	0.737	1.344	0.375	0.811	0.005
	(-0.443)	(-0.127)	(-0.648)	(-0.565)	(-1.372)	(-0.553)	(-0.201)
LN(TSB)	-0.017	-0.002	0	0	0	0	0.033
	(-1.377)	(-1.439)	(-0.000)	(-0.001)	(-0.000)	(-0.013)	(-1.646)
LN(PROC)	0	0	0	0.002	0	0.173	0.028
	(-0.647)	(-0.947)	(-0.091)	(-0.311)	(-0.175)	(-3.814)***	(-0.935)

续表

Variable	Fullsample	I (1996~2001)	II (2002~2005)	III (2006~2007)	IV (2008)	V (2009~2010)	II (2002~2005)
LN(MKTPE)	0.076	0.121	0.079	0.165	0.103	0.107	0.243
	(10.778)***	(17.260)***	(6.109)***	(5.685)***	(8.540)***	(13.146)***	(6.530)***
LN(FEE)	1.820	12.715	10.997	0.610	0.967	8.358	0.458
	(10.019)***	(17.757)***	(14.401)***	(2.060)**	(5.439)***	(12.846)***	(11.793)***
Resources	1.129	0.019	0.367	3.144	0	0.189	0.002
	(2.144)**	(-0.041)	(-0.621)	(2.596)**	0	(-1.017)	(-0.033)
Information Technology	2.210	0.666	1.537	3.479	1.168	5.566	0.115
	(6.807)***	(2.383)**	(3.921)***	(3.441)***	(1.759)*	(9.136)***	(3.116)***
Electronic Equipment	1.329	0.496	0.158	0.882	0.120	2.411	0.035
	(3.532)***	(-1.376)	(-0.394)	(-0.881)	(-0.527)	(4.142)***	-0.837
Pharmaceuticals & Biotechnology	0.934	0.448	0.507	-0.837	0.385	1.339	0.049
	(2.829)***	(1.785)*	(-1.404)	(-0.624)	(-1.184)	(6.505)***	-1.420
σ^2	8.195	3.099	5.422	17.148	4.121	10.289	R^2
	(26.608)***	(19.405)***	(7.271)***	(10.146)***	(8.625)***	(23.620)***	0.898
γ	0.000016	0.000014	0.874	0.000004	0.000281	0.000002	F-statistic
	-0.004554	-0.004011	(18.359)***	-0.00094	-0.000672	-0.002039	186.476
Log Likelihood Function	-2920.2	-1506.3	-443.8	-505.5	-979.1	-2248.6	—
Mean Efficiency	0.991	0.995	0.325	0.993	0.985	0.998	
Sample	1700	759	245	178	77	441	245

注：估计参数下列出 t 检验统计值，***、**、* 分别表示估计参数在1%、5%与10%的水平显著。

我们设计6个ML估计，结果在表8中的前6列，第1列为全样本ML估计结果，第2~6列分别对应着5个子样本ML估计的结果，5个子样本分别对应中国股市两个明显的上升阶段和一个明显的下降阶段。其中，子样本1和子样本3对应热销市况的研究样本；子样本2和子样本4对应非热销市况的研究样本；子样本5对应2009年新股发行制度改革后的阶段，这实际上也是一个热销市况，因为该阶段的市场整体估值水平接近于牛市。第7列为对应中国市场下行时期（2002~2005）的子样本的OLS估计结果。

ML估计结果表明，每股赢利始终是一个重要的发行价格的考虑因素，与中国长期采用发行市盈率控制相关联，每股净资产是另一个重要指标，而财务风险指标负债率对发行价格的影响不大，这与上市基本的财务门槛硬约束相关联。股本和发行规模已经不是定价的主要考虑因素，但二级市场状况显然是影响发行定价的重要因素，市场情绪乐观对于发行价格提升有显著影响。

新股定价中非传统行业（信息技术、生物制药）和资源行业的股票被给予更为积极的估值，这一点在子样本5的检验中表现得非常强，即2009年6月开始的第三轮新股发行制度改革，完全解除了对发行定价的限制，这些公司显然受到市场的热捧。

从ML估计结果得出的最为重要的结论是：全样本与三个市场热销期子样本（对应子样本1、3、5）的γ值极小，使得ML估计得到的对数似然函数值要小于OLS估计的对应值，因此单边似然检验统计量LR的值为负，由t检验可知，不能拒绝γ等于零的原假设，这也就意味着，从全样本和热销市场的子样本看，沪深两市IPO发行定价是充分有效的，不存在发行人系统性的故意折价行为。

ML估计结果显示，全样本IPO平均定价效率为99.1%，三个热销市场子样本平均定价效率也分别高达99.5%、99.3%和99.8%，即所有IPO的定价几乎都落在了潜在最高定价前沿面有效统计误差范围内。因为"有效"的前沿相当于一个全信息的价格前沿，如果所有市场主体都能得到关于拟上市公司的全部信息，没有系统性压价存在，将不会出现单边误差，而随机前沿结果将与根据最小二乘法（OLS）估计的价格预期一致。

但是，在非热销市场的子样本2（2002~2005）中，ML估计的γ值高达0.874，拒绝γ等于零假设，定价效率仅为32.5%，统计上检验出有明显的系统性压价现象。由于新股发行价与随机前沿分析所生成的公司的公平价值之间存在系统性偏差，意味着发行价都落在公平价值前沿的下方，存在发行价被压低现象。因此，可以看到此期间的OLS回归的结果与ML估计结果差异显著。

应该讲，这一段非热销时期发行的新股存在压价行为是有政策背景的。2001年下半年，国有股减持引发股市大幅下挫，与之相对应，几乎所有市场化发行的新股都跌破了上市首日收盘价，甚至不少股票跌破发行价。在这一背景下，学术界和实务界对市场化发行方式的争议日趋激烈，其中认为由于市场化发行导致股票发行市盈率过高的观点占据主导地位。注意到发行方式市场化改革的种种争议，同时为保证新股的成功发行，从2001年11月华联综超开始，管理层重新对发行市盈率实行严格限制，即无论发行人质量如何，一律以20倍发行市盈率为上限。因此，这一阶段称为固定市盈率阶段，具体时间则从2001年11月到2004年下半年暂停新股发行为止。我们在另一个非热销的子样本4（2008）中则没有发现系统性低估的情况，其定价效率高达98.5%。

值得注意的是，尽管我们从全样本和两个热销期子样本的随机前沿检验中没有发现定价系统性低于有效前沿面的证据，但是我们依然不能就此得出中国IPO市场上的高抑价应完全归于二级市场错误定价的结论。同样的，尽管我们从非热销期的子样本2（2002~2005）的随机前沿检验中发现了定价显著低于有效前沿面，但我们也不能就此确定发行价格定价就真的显著低于公司的内在价值。因为实际上，随机前沿分析所得到的结果只是一种相对效率的比较。由于 SFA 所得到的前沿面是由所有 IPO 样本数据拟合而来的，因此新股定价效率是整个发行市场的相对效率，而不是绝对效率。如果企业由于某种原因有意劣化了相关信息，那么 SFA 得到的前沿面就会低于真实前沿面，此时尽管 γ 值不显著异于零，但发行人在 IPO 定价时实际上已经进行了折价。然而在我国 IPO 市场上，情况可能正好相反：企业为了融资时获得更多的资金，更倾向于包装企业形象而不是劣化相关价值信息。大量实证研究结果表明，为了获得尽可能高的发行定价，新股发行市场上显著存在虚增发行当年利润的盈余管理行为。此时，由随机前沿分析得到的潜在最高定价前沿面就会高于真实前沿面。因此，尽管中国股市下降阶段子样本的随机前沿分析结果显示发行价格显著低于潜在最高定价前沿面，但在中国特殊的制度环境下，这并不能保证实际发行价格就一定低于内在价值的真实前沿面，只能表明一级市场可能存在发行价格被压低的现象。

七 系统性偏差（发行定价效率损失）与新股上市首日回报关系

在非热销发行时期（2002～2005），我们发现新股发行价与 SFA 所生成的公司的公平价值之间存在系统性偏差。这意味着发行价都落在公平价值前沿无偏估计的下方，因此可能存在发行价被压低的现象。为了搞清楚发行价被压低能够解释多大程度的 IPO 抑价，以下我们进一步分析系统性偏差（发行定价效率损失）与新股上市首日回报之间的关系。

仍然沿用 Hunt-McCool 等的处理思路，检验所谓"过低定价程度"与上市后首日回报的相关关系。Jondrow 在随机前沿模型的基础上定义了测定样本中数据偏离前沿面程度的方法，即将偏离的绝对量表示为 u^*：

$$u^* = \begin{cases} e_i(\sigma_u^2/\sigma^2) & \text{if } e_i \geq 0 \\ 0 & \text{if } e_i < 0 \end{cases} \tag{8}$$

在据此计算出随机前沿面的基础上，检验相对偏离程度（u^*/p^*）与市场调整后新股上市首日回报（Adjusted Initial Returns，AIR）的关系为：

$$AIR = \alpha + \beta(u^*/p^*) + \varepsilon \tag{9}$$

检验结果见表 9 和图 1。

表 9　相对偏离程度（u^*/p^*）与市场调整后新股上市首日回报（AIR）的关系估计结果

Variable	Coeff	Std	t-Stat
α	0.479	0.0736	(6.51)***
u^*/p^*	2.232	0.3753	(5.95)***
R-squared		0.1270	
F-statistic		35.3661	
Prob(F-stat)		0.0000	

注：表中 t 检验统计值的标志 ***、**、* 分别表示估计参数在 1%、5% 与 10% 的水平显著。

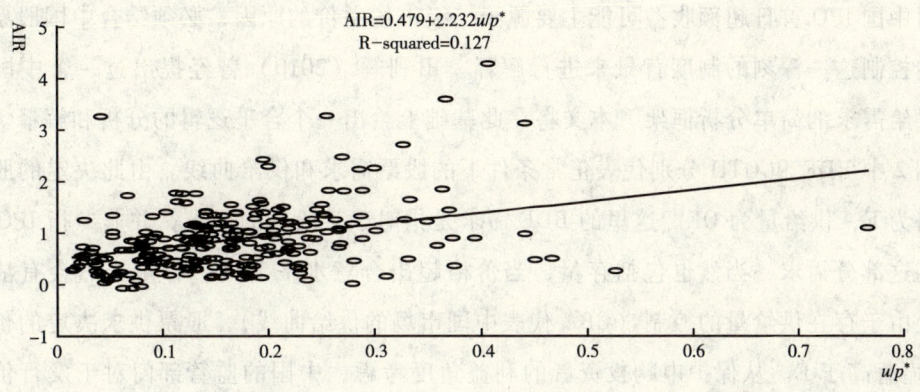

图 1　发行定价相对偏离度（u^*/p^*）与市场调整后新股上市首日回报（AIR）的关系

表 9 和图 1 结果显示，上市首日回报与定价偏离程度存在显著的正相关关系（在 1% 的水平显著）。这意味着在 2002~2005 年这段时期，我们定义的新股定价相对偏离程度对新股短期回报具有一定的解释性。但是模型的 R-squared 仅为 12.7%，意味着新股发行价格的控制仅仅能够解释这个阶段高达 85% 的 IPO 抑价的 12.7%。发行价之外的因素，即二级市场定价效率可能仍是决定这个阶段 IPO 高抑价的主要因素。

八　关于中国高抑价的一种解释与政策展望

本文引入随机前沿分析方法验证一级市场抑价是否造成中国 IPO 首日超额收益的主要原因及其影响程度。文章选取 1996~2010 年在 A 股上市的 1700 只 IPO 股票为样本，并将其划分为若干个热销和非热销时段的子样本，检验了全样本以及各个子样本的新股发行市场是否存在发行价格被压低的现象。结果显示，我国 IPO 定价中，总体上不存在发行价格被压低的现象，但在其中一个非热销期（2002~2005），发行价格较 IPO 潜在最大价格存在一定程度的系统性低估。由于在中国特殊的制度环境下，上市资源的稀缺性所造就的拟上市公司盈余粉饰的行为，使得通过随机前沿分析得到的 IPO 潜在最大价格可能会高于新股真实的内在价值，因此，以上发现并不能保证实际发行价格就一定低于其内在价值的真实前沿面，而只能说明在这一阶段可能存在发行价格被压低的现象。同时，本文在此基础上进一步分析了这一阶段新股定价与按照随机前沿方法计算的 IPO 潜在最大价格的相对偏离程度，但发现其仅能解释 IPO 首日超额收益的 12.7%，也即一级市场抑价并不是造成中国异常高的 IPO 首日超额收益的主要原因，换言之，中国 IPO 首日超额收益在很大程度上是由二级市场溢价所致。

对中国 IPO 首日超额收益可能主要源于二级市场溢价的原因，必须结合中国股票市场的供给控制这一深刻的制度背景来进行解释。田利辉（2010）曾经提出过一个中国股票市场供给需求的简单分析框架，本文将在此基础上给出一个合乎逻辑的分析和解释。

图 2 中 BDE 和 OTH 分别代表正常条件下的股票需求和供给曲线。由此决定的股票均衡价格为 E，供给量为 QE。这里的 BDE 需求是指对于某股票的需求，并非专指 IPO 增量股票的这部分需求，当然也包括存量，当价格超出合意水平 E 时，存量当然会有沽售的要求。由于存在供给量的控制（CBA 代表中国市场的供给曲线），股票供求决定的价格为 B，B 显著高于 E。从保护申购投资者的利益角度考虑，中国的监管部门对于发行价格进行了行政指导，如果按照 B 价格发行，存在"圈钱"之忧，是原始权益人对于 IPO 股票投资者利益的侵占，并可能造成大量资金闲置。PM 代表行政指导下的发行价格线。因此，BA 成为天然价差。

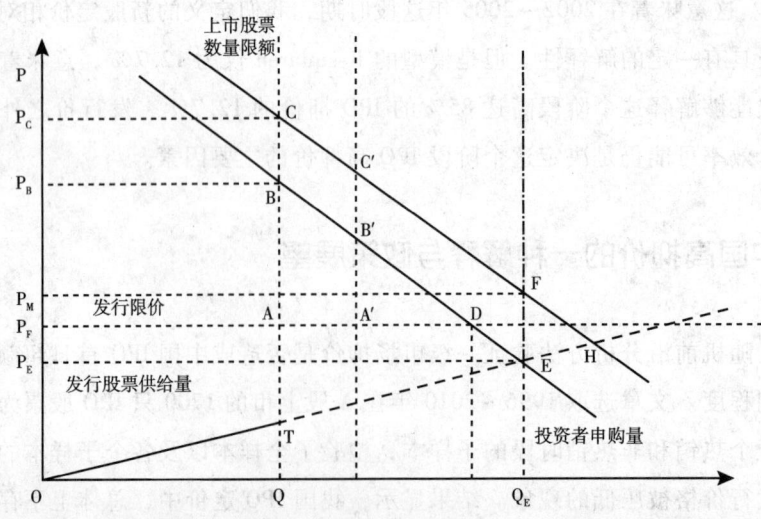

图 2　中国 IPO 高抑价源自股票供给控制的解释框架

从以上分析中不难看出，能够影响到 BA 价差的因素无非是以下几个来自需求和供给层面的变化。

一是市场情绪的上升。这里的情绪不专指投资者的非理性，准确地讲应该是指一种供求的状态，包括货币环境的宽松导致投资者对于风险资产的需求上升，都可以看做情绪上升，当然这中间不乏由于供求失衡所造成的股票价格严重脱离内在价值的非理性情况的出现。市场情绪上升，意味着股票的需求曲线 BE 就要向上移动至 CF，因此价差由 BA 变成 CA。

二是供给量的增加。如果供给曲线 CA 右移至 C′A′，则价差由 BA 变成 B′A′。从图 2 中可以看出，发行价格的限制（Pricing Cap）只是形成抑价的被动条件，而并非直接原因。监管层或许只是想使发行价格尽量能接近一个正常价格（正常供求条件决定均衡价格 E），却客观上形成了抑价的主体部分。

如果简单放开发行价，即取消发行价格的限制，让发行价接近 B，是否能够消除价差呢？

若首日博傻需求的产生导致需求曲线被外推，同样也能生成较大的价差。因为在中国市场，由于首日上市的供给量的限制，大小非股东（战略投资人）存在很严格的限售安排，所以在一定的时间段内供给受限（往往第一天上市流通的股份只占总股本的很小比例），封闭的供给状态易生成资金博傻的条件，通过制造价量关系（历史经验）吸引噪音投资者进场炒作，成为"击鼓传花"的游戏[①]。如果供给是开放的，在存量股份可流通的情况下，博傻的难度是相当大的。博傻的需求大小取决于整体市场情绪、历史经验和首日上市的股票供给量。

从整体上看，我们并不认为中国的发行价格压低是一个常态，因为在巨大的潜在价差 BA 下，不太可能产生一个压低发行价格的动机；同时，现有的价差也足以能弥补发行市场中投资者所面临的信息不对称的风险。相反，我们认为，由于普遍存在的行政对于发行定价的机械指导，以及上市资源稀缺性所造就的拟上市公司盈余粉饰的行为，使得最终所决定的那个发行价格很可能会系统性地高于正常供求决定的价格水平 E。因为中国上市公

[①] 最突出的两个例子是紫金矿业和成渝高速。紫金矿业 2008 年 4 月 25 日上市，开盘上涨 40%，当日下午 13：16 换手率达到 72% 时，价格大幅拉升，1 个小时内股价上涨近 100%，换手率超过 90%，被交易所临时停牌，收盘前 5 分钟恢复交易，股价大幅回落 83%。成渝高速 2009 年 7 月 27 日上市，开盘即大涨 111%，当换手率达到 78% 时价格进一步拉升，15 分钟内上涨 24%，被交易所停牌，半小时后复牌，股价又在 23 分钟内飙升 70%，被再次停牌，此时换手率已达到 86%，收盘前 5 分钟复牌后下跌 40%。值得注意的是，交易所对两只新股的首日表现进行分析之后，并没有发现明显的市场操纵行为。首日参与的投资者主要是个人散户，基金等机构投资者极少买入。其中成渝高速当日 7.4 万个买入账户中，99.9% 为个人账户。

司完成上市后其若干年业绩低于上市前预期是比较普遍的现象①。

有研究者认为，在二级市场缺乏卖空机制的前提下，噪音交易者的有限理性也可能造成二级市场的定价偏高，因而二级市场溢价也可能跟供给控制无关。我们认为，如果结合供给控制来理解噪音交易者和市场情绪的影响，可能更加符合中国市场的实际状况。事实上，中国股票市场所存在的供给控制可能表现在多个层面。

从整体层面上看，转轨经济时期，上市资源的国有性质使得大部分股票不具有真实的流通性，以前被明确定义为非流通股，股权分置解决以后，尽管经过对价而变换了身份（可流通的股份），但是上市公司的国有股权依然面临所有者缺位的难题。股份的减持和回购很难根据市场价格的变化及时作出自主的资本决策。市值在某种程度上与公司本身脱节，与股改前没有发生实质性的变化。

此外，存量发行的缺失也使得这部分股权缺少可行的实现流通的手段，IPO增量发行成为唯一上市的方式，融资需求不强的公司为了实现上市，只能制定一个规模偏小的融资计划，甚至连这个融资也往往没有明确的对应项目。因此，市场真实的流通量总是偏小，二级市场总是能维持一个相对于需求（货币环境）而言比较高的估值水平。

由于股票市场初建时期的为国有企业融资的功利性目的，控制供给量使尽可能多的股票能以较高的价格发出去，这在一定程度上也促使政府把高估值风险的责任过多地承担了下来。因此，每次遇到股市大幅下跌、估值下移，投资者就冀望政府救市的举措，致使中国证券市场"政策市"的特征非常明显。其中新股发行节奏的行政控制成为调控股市估值的重要工具。在市场下跌时，甚至多次出现间歇性的长时间的停止IPO审批。

对于供给量的行政控制，更容易强化上市资源的稀缺性，整体抬高需求曲线，从而造成二级市场的系统性估值偏高。

从微观层面看，发行过程存在的各种行政管制也是显见的，中国的发行制度经历了"额度制"—"审批制"—"通道制"—"保荐制+核准制"的多次制度变迁。即便是到了核准制的阶段，行政权力对于股票发行各个环节的影响仍可以说是无所不在。对于拟上市企业而言，上市通道依然是稀缺资源。管制产生昂贵的经济"租"，抬高了供给成本，也成为制造更高抑价的一个成本助推力，因为参与新股发行的各个利益体毕竟都只有二级市场这一个最后的退出渠道。

总之，中国股票市场的供给控制构成了IPO高抑价非理性解释的制度基础。关于此命

---

① 2007年3月至2007年12月中小板首发的80家公司中，2008年1季报有7家公司出现亏损，20家公司净利润同比下滑，合计占比为33.75%。摘引自2008年5月24日《每日经济新闻》。

题，众多学者给出过比较丰富的实证检验（田利辉，2010；韩立岩等，2007；熊维勤，2007；刘煜辉等，2005），并且得出了较为稳健的结论。

为此，适当扩大上市公司的首发流通股比例、缩短限售股的限售期限以及建立存量发行机制都或将成为下一轮新股发行机制改革的重点。

（本文发表于《金融研究》2011 年第 11 期）

参考文献

［1］ 曹凤岐、董秀良：《我国 IPO 定价合理性的实证分析》，《财经研究》2006 年第 6 期。
［2］ 陈工孟、高宁：《股票一级市场发行抑价的程度与原因》，《金融研究》2000 年第 8 期。
［3］ 韩立岩、伍燕然：《投资者情绪与 IPOs 之谜——抑价或者溢价》，《管理世界》2007 年第 3 期。
［4］ 李志文、修世宇：《中国资本市场新股 IPO 折价程度及原因探究》，《中国会计评论》2006 年第 4 期。
［5］ 刘煜辉、熊鹏：《股权分置、政府管制与中国 IPO 抑价》，《经济研究》2005 年第 5 期。
［6］ 田利辉：《金融管制、投资风险和新股发行的超额抑价》，《金融研究》2010 年第 4 期。
［7］ 熊维勤：《我国 IPO 高抑价和询价发行机制研究》，重庆大学博士学位论文，2007。
［8］ 张人骥、王怀芳、韩星：《上海股票市场发行价格过程分析》，《经济科学》1999 年第 4 期。
［9］ 张小成、孟卫东、周孝华：《机构投资者异质预期对 IPO 抑价影响研究》，《系统工程学报》2011 年第 2 期。
［10］ 周孝华、赵炜科、刘星：《我国股票发行审批制与核准制下 IPO 定价效率的比较研究》，《管理世界》2006 年第 11 期。
［11］ 朱红军、钱友文：《中国 IPO 高抑价之谜："定价效率观"还是"租金分配观"?》，《管理世界》2010 年第 6 期。
［12］ Aigner, Lovell and Schmidt, 1977, "Formulation and Estimation of Stochastic Frontier Production Function Model", *Journal of Econometrics*, 6 (1).
［13］ Battese, G. E., Coelli, T. J. and Colby, T. C., 1989, "Estimation of Frontier Production Functions and the Efficiencies of Indian Farms Using Panel Data from ICRISAT's Village Level Studies", *Journal of Quantitative Economics*, vol, 5, pp. 327 – 348.
［14］ Baron, D. P., 1982, "A Model of the Demand for Investment Banking Advising and Distribution Services for New Issues", *Journal of Finance*, Vol. 37, pp. 955 – 976.
［15］ Coelli, T. J., 1996, "A Guide to DEAP Version 2.1: A Date Envelopment Analysis (Computer) Program", *Centre for Efficiency and Productivity Analysis Working Paper*, No. 08, Department of Economics, University of New Englang, Armidale, New South Wales, Australia.
［16］ Hughes, P. J, 1986, "Signalling by Direct Disclosure under Asymmetric Information", *Journal of Accounting and Economics*, Vol. 8, pp. 119 – 142.
［17］ Hunt-McCool J., Koh S. C., and Francis B. B., 1996, "Testing for Deliberate Underpricing in the IPO Premarket: A Stochastic Frontier Approach", *Review of Financial Studies*, Vol. 9 (4), pp.

1251 – 1269.

[18] Ibbotson, R. G., J. L. Sindelar, J. R. Ritter, 1994, "The Market's Problems with the Pricing of Initial Offerings", *Journal of Applied Corporate Finance*, Vol. 7 (1), pp. 66 – 74.

[19] Ritter, J. R., 1984, "The 'Hot Issue' Market of 1980", *Journal of Business*, Vol. 57, pp. 215 – 240.

[20] Ritter, J. R., 1987, "The Costs of Going Public", *Journal of Financial Economics*, Vol. 19, pp. 269 – 281.

[21] Rock, K., 1986, "Why New Issues are Underpriced", *Journal of Financial Economics*, Vol. 15, pp. 187 – 212.

[22] Rund, J. R., 1993, "Underwriter Price Support and the IPO Underpricing Puzzle", *Journal of Financial Economics*, Vol. 34, pp. 135 – 151,

[23] Tinic, S., 1988, "Anatomy of Initial Public Offerings of Common Stock", *Journal of Finance*, Vol. 43, pp. 789 – 822.

[24] Welch, I., 1989, "Seasoned Offerings, Imitation Costs, and the Underpricing of Initial Public Offerings", *Journal of Finance*, Vol. 44, pp. 421 – 449.

[25] Weleh, I., 1992, "Sequential Sales, Learning, and Caseades", *Journal of Finance*, Vol. 47, pp. 695 – 732.

金融经济领域中的不确定性研究综述

王增武

> 不确定性不仅仅是货币政策调整中的重要特征，更是确定性特征。
> ——格林斯潘（2004）
>
> 不确定性是货币政策制定过程中所需要面对的一个普遍存在的现象。
> ——伯南克（2007）
>
> 过去十年间，金融市场中的诸多震荡行情都是由不确定性引起的。
> ——特里谢（2008）

一 引言

有关金融经济的研究文献或时评文章中，出现频率最高的词语之一当属不确定性，到底何为"不确定性"？在不同的语境表达的含义不同，如模型不确定性、参数不确定性、数据不确定性、时间不确定性和状态不确定性等，表述的含义有所交叉但又不尽相同，研究方法和研究思路同样也迥然有异。熟知，经典的概率论理论是处理不确定性的主要手段之一，确切而言，概率论所处理的是状态不确定性。对决策者而言，其可以确定状态空间的具体状态及未来各状态发生的可能性，但无法预测未来发生的具体状态。Knight（1921）将这种不确定性定义为风险（Risk），并将其与真正意义的不确定性（Uncertainty, Ambiguity[①]）区别开来，后者表示决策者只能确定状态空间中的具体状态，不仅无法预测未来发生的具体状态，更无法唯一确定状态空间中各状态发生的可能性。简言之，风险可以用唯一的概率测度进行表示，不确定性无法用唯一的概率测度进行表示，也就是说，不确定性是不可度量的风险。

为刻画不确定性，Choquet（1953）给出与概率测度和数学期望相容的非可加集函数和对应积分的定义，后人为纪念 Choquet 而将其命名为 Choquet 容度和 Choquet 积分。

[①] 国内学者通常将 Uncertainty 等同于 Risk，通译为"不确定性"。为区别起见，可以用 Risk 表示风险及通常意义上的不确定性，用 Ambiguity 表示不确定性。

Choque（1953）在 Choquet 容度和 Choquet 积分框架下给出部分与经典概率论平行的理论结果，诸多学者也进行了大量的跟踪总结，主要进展体现在以下六个方面。

第一，Choquet 积分的表示定理。有关这方面的研究最早是由 Greco（1982）提出的，后续研究工作可见 Schmeidler（1986）和 Zhou（1998）。Song and Yan（2006（a）、2006（b））在更弱条件下讨论有关 Choquet 积分、上下 Choquet 积分的表示定理。

第二，Choquet 积分框架下的 Radon-Nikodym 定理和 Bayes 定理分别由 Graf（1980）和 Wasserman and Kadane（1990）给出并予以证明。

第三，Choquet 积分框架下的收敛定理成立需要一定的假设条件，如单调收敛定理、Fatou 引理和 Lebesgue 控制收敛，具体假设条件参见 Denneberg（1994）。

第四，Ghirardato（1997）首次给出 Choquet 积分 Fubini 定理的定义及其推导证明。

第五，熵与大数定律。前者由 Marichal（2002）首次给出并证明相关性质，后者则由 Maccheroni and Marinacci（2005）给出。

第六，更新准则。如何在 Choquet 容度和 Choquet 积分框架下进行信息更新？关于这方面的研究工作由来已久，详见 Dempster（1967），Shafer（1976），Gilboa and Schmeidler（1993），Cohen et al.（1997），Chateauneuf et al.（2001），Denneberg（1994、2002），Lehrer（2005）和 Lapied and Kast（2005）。然而，上述各种定义均存在一定程度的局限性。关于这方面的研究目前仍然是一个具有挑战性的公开问题，值得后续研究。有关理论研究的更多结果和严格证明参见 Wang and Yan（2007）及其中的参考文献。

如前所述，Knight（1921）首次区分风险和不确定性的定义，并考察其对完全竞争假设下企业利润的影响。显然，理论的发展远远滞后于应用的需要，这也进一步表明理论是为应用服务的。所以，Choquet 容度和 Choquet 积分在其他学科中的应用也较为广泛，大致可总结为八个方面。

第一，统计领域。Huber（1973）利用 Choquet 积分理论去解释稳健 Bayesian 推断的含义，关于在统计方面应用的综述文章可参见 Wasserman（1990）。

第二，博弈论领域。Choquet 容度和 Choquet 积分受到经济学家们的关注起始于 Shapely（1953）在研究合作博弈时的一篇论文，后期 Dempster（1967）和 Shafer（1976）又将不确定性和信念的表示与 Choquet 积分理论联系起来。

第三，经济领域。Schmeidler（1989）把 Choquet 积分理论应用到决策理论中去，给出了 Choquet 期望效用理论的公理化刻画，关于这方面的文献还可参考 Quiggin（1982）和 Yaari（1987）。

第四，定价领域。为了"捕捉"金融市场中的摩擦和消费者的不确定性厌恶，

Chateauneuf et al. (1996) 首次明确提出利用 Choquet 积分进行定价, Dow and Werlang (1992 (a)、1992 (b)) 则利用 Choquet 定价解释投资惰性和股价的过度波动性问题, Chen and Kulperger (2006) 讨论了上（下）Choquet 定价和最大、最小定价之间的关系。

第五，保险领域。扭曲概率是介于概率测度和容度之间的一种特殊容度，此类容度在保险领域中有重要的应用。首先，Wang et al. (1997) 首次给出基于扭曲概率的保费原理的公理化刻画；其次，Cardin and Ferretti (2001) 基于 Choquet 积分在不确定意义下给出保费原理的公理化刻画；最后，Denuit et al. (2006) 讨论风险度量和保费原理（非期望效用下的效用等价原理）之间的关系。

第六，多准则决策领域。在人文社会科学和实际操作中，通常采用单一指标去衡量个体的优劣，如通过加权平均后的总成绩来衡量学生的在校表现。为了考虑准则之间的相关性，可用 Choquet 积分代替原来的加权平均，即多准则决策问题。关于这方面的文献可参见 Grabisch (1996)，Marichal (2000) 和 Kojadinovic (2005)。

第七，投资决策领域。Schied (2007) 讨论了不确定意义下的最优投资问题，Jin and Zhou (2008) 在完备市场情形下讨论了行为投资组合问题，其他领域如博弈论 (Eichberger and Kelsey, 1994)、最优合同问题 (Mukerji and Tallon, 2004)、单调均值方差 (Maccheroni et al., 2009) 和储蓄消费理论 (Miao, 2004)。

第八，宏观经济研究。Krishnamurhty (2009) 研究了不确定性对流动性危机的放大作用，Zhao (2007) 研究了不确定性环境中的最优货币政策选择问题，Easley and O'Hara (2009) 从不确定性视角解释了证券市场中的非参与之谜，Pritsker (2009) 研究了不确定性对资金融入融出利差的影响。

限于篇幅，本综述我们聚焦 Choquet 容度和 Choquet 积分在金融和经济领域的应用方面。为方便读者阅读，我们进行两个特殊处理：一是在介绍主要内容之前尽可能地给出通俗易懂的具体示例；二是正文基本以叙述为主，数学公式和数学推导放在脚注位置。

二 不确定性的定义与刻画

例 1（抛硬币）实验 A 表示抛一枚均匀硬币，由经典的概率论知识知，我们可以确定未来出现的状态是正面（H）或反面（T）且二者出现的可能性均为 1/2。实验 B 表示抛一枚均匀程度未知的非均匀硬币，此时我们最多可以确定未来会出现 H 或 T，但无法确定未来状态发生的唯一概率，只能确定其介于 0 和 1 之间。实验 A 表示风险（Risk），实验 B 表示不确定性（Ambiguity）。

熟知，可用经典的概率论来刻画市场中的 Risk/Uncertainty，同时，由概率测度的可加性可导出概率测度满足单调性，即如果集合 A 包含于集合 B，则集合 A 的概率测度值同样也小于集合 B 的概率测度值。为给出与概率测度相容性的刻画不确定性的集函数，Choquet（1953）引入满足规范性和单调性的非可加集函数，后人将其命名为 Choquet 容度[①]。Choquet 容度与概率测度相容性的主要原因在于前者定义中的单调性是由后者的可加性导出的，这表明在可加性的假设条件下，Choquet 容度将退化为概率测度。另外，在 Choquet 容度的规范性中增加"全空间 Choquet 容度为 1"的约束条件，主要原因有二：第一，对 Choquet 容度进行标准和"归一化"处理；第二，在概率测度的规范性定义中只有"空集的概率测度为零"一个规范性条件，因为结合此条件和概率测度的可加性可以得到"全空间概率测度为 1"的"归一化"条件。

由于 Choquet 容度规范性和单调性的约束性较为宽松，所以在实际应用中需要外加约束条件，如 Choquet 容度的凸性（凹性）[②]，即任意两个集合的并集容度和交集容度之和不小于（不大于）单个集合的容度之和。即便如此，在实际应用中，尤其是需要求解相关问题的解析解时，Choquet 容度和 Choquet 积分相关理论的缺陷将暴露无遗。Wang（2000）引入的一类特殊的扭曲概率[③]和 Peng（1997）引入的 g－期望和条件 g－期望可以部分解决 Choquet 积分存在的问题。扭曲概率表示对经典概率的尾概率事件发生的可能性进行放大或缩小调整，扭曲概率是一种特殊形式的 Choquet 容度，相当于在经典概率和 Choquet 容度之间搭建一座"桥梁"。g－期望的引入基于倒向随机微分方程的解，满足动态相容性，在处理定价、优化和风险管理等相关问题时较为便捷，但其与经典概率的相容性较弱。

总体而言，有关不确定性的刻画方式有多种，除前面介绍的 Choquet 容度、扭曲概率和 g－期望外，还有 λ－模糊测度、$0-1$ 模糊测度、可能性测度、可分解测度和可信测度等非可加集函数。然而，除前面提及的三种非可加集函数外，其他非可加集函数在金融经济的应用要么缺乏系统性，要么应用范围狭窄。为此，本文重点介绍 Choquet 容度和 Chqouet 积分在金融经济的相关应用，兼顾扭曲概率的应用综述。

三 与金融经济应用相关的 Choquet 积分理论结果

在经典的概率论中，基于概率测度可以定义两类随机变量的数学期望：一类是离散型

[①] 给定状态空间 Ω，其幂子集为 2^{Ω}，集类 $S \subset 2^{\Omega}$。称集函数 $\mu: S \to [0, 1]$ 为容度，如果其满足 (i) $\mu(\phi) = 0$，$\mu(\Omega) = 1$；(ii) $\mu(A) \leq \mu(B)$，$\forall A \subset B$。

[②] $\mu(\cup) + \mu(\cap) \geq (\leq) \mu(A) + \mu(B)$，$\forall A, B \in S$。

[③] 给定概率测度 P，单调函数 $\gamma: [0, 1] \to [0, 1]$ 满足 $\gamma(0) = 0$，$\gamma(1) = 1$，此时称集函数 $\mu = \gamma \circ P$ 为扭曲概率，其中 γ 为扭曲子，刻画决策者对小概率事件的态度。

随机变量的数学期望，采用求和方式；另一类是连续型随机变量的数学期望，采用积分方式。这里，在利用积分定义连续型随机变量的数学期望时，我们首先需要确定随机变量的分布函数或概率密度。然而在 Choquet 容度框架下，我们尚未严格定义可测随机变量的分布函数或概率密度。为定义与数学期望相容的 Choquet 积分，Choquet（1953）基于数学期望的 Fubini 变换结果为：

$$E[X] = \int_0^\infty P(X \geq x)dx + \int_{-\infty}^0 (P(X \geq x) - 1)dx$$

引入如下形式的 Choquet 积分：

$$\mu[X] = \int_0^\infty \mu(X \geq x)dx + \int_{-\infty}^0 (\mu(X \geq x) - 1)dx$$

其中，P 为概率测度，$X \in L^\infty(S)$ 为有界可测随机变量。注意，当容度为扭曲概率时，上式即是关于扭曲概率的 Choquet 积分。

熟知，由概率测度的可加性可知基于数学期望的定价法则满足线性性。然而，在利用 Choquet 积分对金融资产进行定价时，由于 Choquet 容度不满足可加性，所以基于 Choquet 积分的 Choquet 定价并不满足可加性，但可以证明其满足共单调[①]可加性，这是 Choquet 定价区别于数学期望定价的最主要特征。Choquet 积分除满足共单调可加性外，还满足单调性、正齐性和平移不变性等与数学期望相容的性质，参见 Schmeidler（1986）。

期望效用公理化的等价条件是偏好关系满足弱序、单调、连续和独立性，其背后蕴涵的数学基础是数学期望的表示定理，即映射具有数学期望表示的充要条件是映射满足单调和可加性。为给出期望效用的推广结果——Choquet 期望效用，Schmeidler（1986）基于 Greco（1982）的结果给出 Choquet 积分的表示定理，即映射具有 Choquet 积分表示的充要条件是其满足单调性和共单调可加性。对应期望效用框架下的风险厌恶和风险溢价概念，基于 Choquet 期望效用我们可以给出不确定性厌恶和不确定性溢价的概念，Choquet 积分的 Jensen 不等式在刻画不确定性厌恶性质或对不确定性溢价进行比较静态分析时有重要应用，Choquet 积分不等式成立的充要条件是容度（μ）在任意集合处的取值大于其对偶容度[②]（$\bar{\mu}$）的相应取值（Hu，2005）。

---

① 称随机变量 X 和 Y 共单调，如果对状态 ω_1，ω_2 而言有 $X(\omega_1) > X(\omega_2)$，则有 $Y(\omega_1) > Y(\omega_2)$，反之亦成立。简言之，共单调就是同增共减。

② 对偶容度 $\bar{\mu}(A) = 1 - \mu(A^c)$，$\forall A \in 2^\Omega$，其中 A^c 表示集合 A 的余集。特别的，概率测度的对偶概率测度就是其自身。

除此之外，为给出一致风险度量的 Choquet 积分推广版本，有关上（下）Choquet 积分的表示定理参见 Song and Yan（2006（a）、2006（b））。再者，在求解 Choquet 期望效用框架的最优问题时，时常遇到随机变量函数的 Choquet 积分求解问题，为此，王增武（2007）给出随机变量函数 Choquet 积分的 L - S 表示。在有关 Choquet 积分的理论结果中，目前最大的难点和公开问题是条件 Choquet 积分的刻画，其本质就是条件容度的定义，这方面的研究成果很多，但尚未达成共识，有待进一步研究。

四 Choquet 期望效用理论

例 2（Allais 悖论）假定状态空间中有 0、1M 和 5M 三个结果，其中 M 表示百万美元，Allias 设计如下四种彩票：

$$A = \left\{0, \frac{89}{100}; 1M, \frac{11}{100}; 5M, \frac{0}{100}\right\} \quad B = \left\{0, \frac{90}{100}; 1M, \frac{0}{100}; 5M, \frac{10}{100}\right\}$$

$$C = \{0, 0; 1M, 1; 5M, 0\} \quad D = \left\{0, \frac{1}{100}; 1M, \frac{89}{100}; 5M, \frac{10}{100}\right\}$$

其中，A, B, C, D 表示以 89%、11% 和 0 的概率分别得到 0、1M 和 5M，其他彩票定义相同。用彩票对实验对象进行测验的结果为 $B \geqslant A$、$C \geqslant D$，这表明：

$$0.1U(100) + 0.9U(0) > 0.11U(100) + 0.89U(0),$$
$$U(100) > 0.1U(500) + 0.89U(100) + 0.01U(0)$$

其中，U 表示实验对象的效用函数，整理上述两式知它们之间是相互矛盾的，这就是著名的 Allais 悖论，有时也称为违背期望效用独立性公理的相同比率问题。

Allais 悖论和违背概率测度可加性的 Ellsberg 悖论并称为期望效用框架下的两大悖论。为解释悖论，诸多学者对经典的期望效用理论进行推广，如主观权重效用（Subjectively Weighted Utility）、一般效用模型（Generalized Utility Model）、展望理论（Prospect Theory）和非可加期望效用（Non-additive Utility Model，简称"非期望效用"）等，更多其他推广参见 Machina（2008）。

以下，我们简要介绍基于扭曲概率的序依赖期望效用（Rank-dependent Expected Utility，RDEU）（Quiggin, 1982）和 Choquet 容度的 Choquet 期望效用（Choquet Expected Utility, CEU）（Schmeidler, 1989）的公理化刻画及相关结果。给定彩票空间上的偏好关系 $\geqslant$，RDEU 成立[①]

---

① $X \geqslant Y \Leftrightarrow \mu(U(X)) \geqslant \mu(U(Y))$，其中，$\mu = \gamma \circ P$，$U$ 为决策者的效用函数。

当且仅当≥满足弱序、随机占优、连续性和等可能权衡相容性[①]四个条件。熟知，在经典的期望效用框架下，决策者对风险的态度和对财富边际效用的态度均由效用函数的性质来刻画。RDEU的亮点之一在于将上述两种态度的刻画分离，前者用扭曲子的性质来刻画，后者用效用函数的性质来刻画，解决了效用函数的"一肩挑"问题。在RDEU框架下，Ryan（2006）证明四种不同的风险厌恶定义具有如下递推关系：强风险厌恶⇒Jewitt风险厌恶⇒单调风险厌恶⇒弱风险厌恶。

给定彩票空间上的行动全体 L_0，其上的偏好关系≥满足弱序、共单调独立[②]、连续性、单调性和非退化性当且仅当CEU成立[③]。进一步，CEU框架下的不确定厌恶定义[④]等价于决策者的容度满足凸性[⑤]。另外，Eichberger et al.（2005）研究了CEU的动态相容性问题，虽然最终结论满足当前常见的五种更新准则，但其普适性依然有待进一步提高。

作为对本节开头的回应，以下我们给出如何利用RDEU解释Allais悖论的严格推导。在RDEU框架下，假定 $U(0)=0$，由 $B \geq A$，$C \geq D$ 知：

$$\gamma(0.1)U(500) > \gamma(0.11)U(100)$$
$$\gamma(0.1)U(500) < [1+\gamma(0.1)-\gamma(0.99)]U(100)$$

只要扭曲子 γ 连续可微且严格凸，则上述两式完全相容[⑥]。

五 Choquet定价理论

例3（违背买卖平价关系的案例）给定风险资产 S，记 C^S 和 P^S 分别表示执行价格为

[①] 弱序、随机占优和连续性的定义同经典期望效用偏好中的定义相同。以下，仅介绍等可能权衡相容性的定义。记 $X^* \triangleq (x_1, \frac{1}{n}; \cdots; x_n, \frac{1}{n})$ 为等可能性彩票，即每一结果发生的可能性相同，记 (α, X^*_{-i}) 表示用 α 代替 X^* 中的第 i 个元素。称 $(\alpha, \beta) \geq^* (\xi, \delta)$，如果存在彩票 X^*，Y^* 使得 $(\alpha, X^*_{-i}) \geq (\beta, Y^*_{-i})$ 且 $(\xi, X^*_{-i}) \leq (S, Y^*_{-i})$。等可能权衡相容性（Trade-off Consistency for Equally Likely Outcomes）表示不存在 $\alpha, \beta, \xi, \delta$ 使得 $(\alpha, \beta) \geq^* (\xi, \delta)$ 和 $(\alpha, \beta) <^* (\xi, \delta)$ 同时成立。
[②] 给定任意两两共单调的行动 X, Y, Z 及 $\alpha \in (0,1)$，由 $X \geq Y$ 知 $\alpha X+(1-\alpha)Z \geq \alpha Y+(1-\alpha)Z$。
[③] $X \geq Y \Leftrightarrow \mu(U(X)) \geq \mu(U(Y))$，其中 μ 为容度，U 为决策者的效用函数。
[④] $X \sim Y \Rightarrow \alpha X+(1-\alpha)Y \geq X$。目前，有关不确定性厌恶定义的最好结果由Epstein（1999）给出，但也依然存在争议。
[⑤] $\forall A, B \in S, \mu(A \cup B)+\mu(A \cap B) \geq \mu(A)+\mu(B)$。
[⑥] 事实上，$[1+\gamma(0.1)-\gamma(0.99)]U(100)-\gamma(0.11)U(100)$
$= [\gamma(1)-\gamma(0.99)-(\gamma(0.1)-\gamma(0.1))]U(100)$
$= [\gamma'(x_1)-\gamma'(x_2)] \times 0.01 \times U(100)$
其中 $x_1 \in (0.99, 1)$，$x_2 \in (0.1, 0.11)$。

K 的看涨和看跌期权, 进一步假定无风险资产的价格为 1。熟知, 在线性定价法则 $I(\cdot)$ 下, 如下买卖平价关系成立:

$$I(P^s) = I(C^s) - I(S) + K$$

但在实际操作中, 时常会遇到违背买卖平价关系的现象, 参见 Sternberg (1984)。在 Choquet 定价法则下, 可以解释上述现象。

假定风险资产 S 有两个状态 $\{\omega_1, \omega_2\}$, 对应于两个状态的资产价格分别为 $K+h$ 和 $K-h$, 同时假定两状态的容度满足条件 $\mu(\{\omega_1\}) + \mu(\{\omega_2\}) > 1$, 则由 Choquet 积分的基本性质得:

$$\mu(C^s) + \mu(-S) + K = h\mu(\{\omega_1\}) - K - h + 2h\mu(\{\omega_2\}) + K$$
$$> \mu(\{\omega_2\}) = \mu(P^s)$$

这表明 Choquet 定价可解释违背满足买卖平价关系的现象。

除解释上述悖论外, Choquet 定价还可以解释违背方差界不等式的现象 (Dow and Werlang, 1992 (b)) 和投资惰性问题 (Dow and Werlang, 1992 (a))。为"捕捉"金融市场中的摩擦因素和投资者的不确定性厌恶情绪, Chateauneuf et al. (1996) 首次提出利用 Choquet 积分对金融和保险产品进行定价。扭曲概率和基于扭曲概率的 Choquet 积分最初仅应用于保险市场中的定价问题, Wang et al. (2000) 提出的特殊扭曲概率定价不仅可以应用于保险市场中的定价问题, 也可以应用于金融市场中的定价问题, 如对 CAPM 和传统期权定价结果的推广等, 所以, 后人称这一特殊扭曲概率为"王变换"(Wang Transform)。其中, 特殊扭曲子的数学表达式为:

$$\gamma(x) = \phi_x(\phi_x^{-1} + \beta), \beta \in R$$

其中, ϕ_x 为标准正态分布函数的分布函数。Hamada and Sherris (2003) 将上述扭曲子中的标准正态分布推广到对称分布情形, 并证明经典的风险中性定价只是扭曲概率定价的特例而已[1]。利用倒向随机微分方程理论, Chen and Kulperger (2006) 研究上 (下) Choquet 定价和最大 (小) 定价[2]的等价条件, 结论是只有当随机变量函数中的函数满足单调条件时二者才会相等。

---

[1] 当扭曲子的参数 β 为风险资产的 Sharp 比 (单位风险的溢价) 时, 基于扭曲概率的欧式期权价格退化为风险中性定价。

[2] 给定概率测度族 Δ, 定义容度 $\mu(A) = \sup_{P \in \Delta} P(A)$, 则定价关系 $\Pi(X) = \mu(X)$ 称为上 Choquet 定价, 定价关系 $\Pi(X) = \sup_{P \in \Delta} E_P(X)$ 称为最大定价。同理, 下 Choquet 定价和最小定价可类似定义。

六 保险市场理论

例 4（保险市场中的市场失灵问题）假定投保人的初始财富为 W，记 $\underline{\omega}$，$\bar{\omega}$ 分别表示损失发生和损失不发生两个状态，d 表示损失发生时投保人的损失额度，保险合同（α，β）中的 α 表示投保人的保费额度，β 表示保险公司的理赔额度。另外，p_1 和 p_2 表示保险公司对损失发生和损失不发生估计的可能性，$\bar{p}_1$ 和 $\bar{p}_2$ 表示投保人对损失发生和损失不发生估计的可能性。请注意，保险公司和投保人对状态估计的可能性之和并不一定为 1，所以，记 $1 - p_1 - p_2 \triangleq p_0$ 且 $1 - \bar{p}_1 - \bar{p}_2 \triangleq \bar{p}_0$。此时，进一步假设如下。

第一，投保人和保险公司对状态空间的信息不对称，即他们对损失发生和损失不发生估计的可能性不同。

第二，投保人和保险公司都是不确定性厌恶的，但投保人和保险公司对待风险的态度不同，前者是风险厌恶的，后者是风险中性的。则经过运算可以得到表 1 的最优均衡解。

表 1 不同信息情况下的均衡解和敏感性分析

信息情况	具体表达式	均衡解	敏感性分析
对称信息	$p_1 = \bar{p}_1, p_2 = \bar{p}_2, p_0 = \bar{p}_0$	$\beta = p_1 d$，$\alpha = (1 - p_1) d$	不确定性程度提高，保费额度也相应提高，但理赔额度却有所降低
不对称信息：保险公司信息充分	$p_1 > \bar{p}_1, p_2 > \bar{p}_2, p_0 > \bar{p}_0$	$\beta = p_1 d$	均衡解完全依赖保险公司的信息
不对称信息：投保人信息充分	$p_1 < \bar{p}_1, p_2 < \bar{p}_2, p_0 < \bar{p}_0$	不存在	投保人无法购买到满意的合同，市场失灵

这表明在 Choquet 定价和 CEU 框架下，保险市场中存在市场失灵现象，解释了原来框架下不能解释的问题，详细推导参见 Anwar and Zheng (2012)。

上例表明，基于 Choquet 定价的均衡理论可以解释保险市场失灵问题。Choquet 定价和 Choquet 期望效用在保险市场中的应用主要体现在两个方面：第一，保费原理的公理化刻画。Wang et al. (1997) 证明保费原理满足共单调可加、单调性、条件状态独立①和连续性②时当且仅当其可以表示成关于扭曲概率的 Choquet 积分。Cardin and Ferretti (2001)

---

① 条件独立性表示保费原理 $H(X)$ 仅依赖于 X 的分布函数，与各状态的具体取值无关。
② $\lim_{a \to 0} H(X - X \wedge \alpha) = H(X)$，$\lim_{b \to \infty} H(X \wedge b) = H(X)$。

将这一结果推广到 Choquet 容度情形，充要条件是保费原理满足单调性、正齐性、保常性、弱共单调可加性①和一致连续性②。第二，金融数学中的几乎所有风险度量（VaR、TVaR、一致风险度量和凸风险度量等）都可由期望或非期望效用框架下的效用等价原理③导出，这也是目前金融数学领域学者和保险领域学者因争夺风险度量"发明权"而"互相打架"的原因之一，参见 Denuit et al.（2006）。

七 投资消费储蓄理论

例5（均值—方差偏好关系违背单调性）假定状态空间中四个状态的概率取值相等且均为1/4，彩票 f 在四个状态下的收益分别为1、2、3和4，彩票 g 在四个状态的收益分别为1、2、3和5。给定均值—方差偏好的解析表达式为：

$$U_\theta(f) = E_P[f] - \frac{\theta}{2} Var_P[f]$$

其中，θ 表示投资者的风险厌恶系数，E_P 和 Var_P 分别表示概率测度下的数学期望和方差。简单计算得：

$$U_2(f) = 1.25 > 0.5625 = U_2(g)$$

也就是说，在 $\theta = 2$ 的均值—方差偏好下，决策者应该选择 f 而不是 g，但显然彩票 g 的收益明显严格优于彩票 f 的收益，违背偏好关系的单调性。

鉴于此，Maccheroni et al.（2005）在给定的概率测度集下给出满足偏好单调性的单调均值—方差偏好的公理化刻画，主要理念在于对彩票收益中扩大方差部分的尾部进行截尾处理，如对例5中的彩票 g 进行截尾处理后可以得到其在第四个状态的收益是比5小的收益，但同时还能保证其单调均值—方差效用大于彩票的单调均值—方差效用。类似于均值—方差的讨论，该文还给出了最优单调—均值方差投资组合的解析解以及单调形式的 CAPM 等。

在面对固定收益债券和浮动收益债券时，虽然浮动收益债券具有博取高收益或规避通货膨胀风险等诸多优点，但多数投资者依然选择固定收益债券，Shiller 将此定义为债券投

---

① $H(X) = H(X \wedge \lambda) + H(X - X \wedge \lambda)$，$\lambda \in R$。
② 当 H_n 一致收敛于 X 时，$\lim_{n \to \infty} H(X_n) = H(X)$。
③ 给定初始财富 W，假定决策者的效用函数满足 $U(0) = 0$，$U(1) = 1$，记 ε 为期望或非期望算子，满足方程 $U(W) = \varepsilon[U(W + H(X) - X)]$ 的保费原理 $H(X)$ 称为由效用等价原理导出的保费原理。

资之谜，Mukerji and Tallon（2004）在 Choquet 期望效用框架下部分解释了上述悖论。Miao（2004）基于 Gilboa and Schmeidler（1989）的最大最小期望效用理论研究不确定性环境下的最优投资消费策略，分收入随机和投资收益随机两种情形，在 CARA 等特殊效用函数下给出最优解的显式表达式。

如果将投资者分为有经验投资者和无经验投资者两类的话，实证研究表明，无经验投资者常常很少参与风险资产的投资，我们称此为非参与之谜。Easley and O'Hara（2009）从投资者的不确定厌恶角度对此给予解释，假定有经验投资者可以唯一确定风险资产的分布函数，并采用经典的期望效用理论作为其财富最大化的目标函数，而无经验投资者则只能确定风险资产的一族分布函数，且采用 Gilboa and Schmeidler（1989）的最大最小期望效用作为其财富最大化的目标函数。在此假设条件下，求解无经验投资者的参与均衡解和非参与均衡解。为提高无经验投资者的参与度，Easley and O'Hara（2009）提出推行存款保险制度和增加风险资产投资的担保措施等七条政策建议。

Nishimura and Ozaki（2007），Schrder（2006）以及 Miao and Wang（2009）在不确定性状态下研究不可逆投资问题[①]，前两篇文章主要研究连续时间 k - 不确定情形的最大最小期望效用和 α - 最大最小期望效用框架下的不可逆最优投资问题，最后一篇文章研究离散状态下的不可逆最优投资问题。Wang（2010）利用倒向随机微分方程理论推广 Nishimura and Ozaki（2007）的相关结果，并简化主要证明。从经济含义上讲，考虑决策者不仅是不确定厌恶的，同时也是风险厌恶的情形；从数学方面来看，倒向随机微分方程大大简化了原文中的繁琐证明；从实操层面而言，在利润过程遵从几何布朗运动和对数效用函数的假设条件下，可以分别求出使用专利、等待以及临界点利润的解析表达式，结合数值分析方法进行风险参数和不确定性参数的敏感性分析，实证结果与直觉和实际情况完全相符。

八 宏观经济理论

虽然 Knight（1921）将不确定性引入到经济金融的研究领域，但如果追溯不确定性在宏观经济理论研究中的应用，其历史较短，但却异常活跃，尤其是这次金融危机之后，这一点在格林斯潘、伯南克和特里谢的演讲中均可得到印证。例如，在 2004 年的美国经济学会上，格林斯潘在题为《货币政策中的风险和不确定性》的演讲中谈到"不确定性不

---

① 不可逆投资问题主要特征有三：其一，未来的市场环境是不确定的；其二，初始投资是沉没成本；其三，投资机会将存续一段时间，并不立即消失。典型不可逆投资问题如石油钻井平台的建设等。

仅仅是货币政策制定过程中的一个普遍特征，而是一个确定特征"；伯南克在 2007 年的一次讲话中提到"经济状态和经济结构中的不确定性都是货币政策制定过程中必须考虑的因素"；在 2008 年欧洲央行的第五次会议上，特里谢明确表示"过去十年来，金融震荡的一个主要原因是市场中不确定性的加大"。

就本轮金融危机的成因而言，Krishnamurthy（2009）提出不确定性对流动危机的放大作用。直观解释为，在标准数理模型中总假定 3A 级债券的违约概率为零。然而，次贷危机中 3A 级债券违约等小概率事件的发生导致投资者不得不调整原来的评估模型，放大 3A 级债券的违约率，将其原来投资于 3A 级的资产转向更加安全的无风险资产的投资，从而收紧了市场中的流动性，进一步导致流动性资产的价格较低和 3A 级债券的违约，投资者更加转向无风险资产的投资……如此循环往复，从而导致全球金融危机的不断深化。进一步，当金融危机发生时，任何单一金融机构都无法确定其在危机中的风险敞口，因为不同交易机构的风险敞口不同，且当危机发生时，资产的低流动性也给资产估值带来了难度，进而又加大了个体确定其对市场风险敞口的难度。

Krishnamurthy（2009）中讨论的不确定性主要是指状态不确定性，Pritsker（2009）则研究结构不确定性（确切地说是参数不确定性）对资金融入融出利差的影响，进而分析其对全球金融危机的影响。具体而言，银行间债券市场中交易价格和无风险利率之间的利差主要由资金融入方的违约概率和违约回收率决定，其中违约概率的大小与资金融入方的贷款投资组合密切相关。资金融出方有时难以确定资金融入方的确切贷款投资组合，Pritsker（2009）称此为结构不确定性。该文主要讨论柜台交易和交易所交易两种情形，在交易所交易情形中又进一步讨论了两部门贷款情形，在两部门贷款情形中又讨论了引入中小银行和贷款需求不确定性两种随机扰动情形。

公司与员工签订的工资合同有固定工资合同和基于某一指数（如 CPI 等）的浮动工资合同，Mukerji and Tallon（2004）在公司和员工均不确定性厌恶、公司风险中性、员工风险厌恶的假设条件下研究固定工资和浮动工资的最优投资组合问题，简单描述的结论为：只要状态发生的可能性存在不确定性，员工将会选择固定工资而非浮动工资。Zhao（2007）假定市场中有理性期望预期和适应期望预期两种类型的经济决策者，在包含消费欧拉方程和动态定价方程的新 Keynesian 模型下，研究不确定性厌恶环境下最小化通货膨胀、GDP 增长率和利率调整三者方差的加权平均为目标函数的最优决策问题。在解析解不存在的条件下，通过校准非政策性参数和利用错误概率甄别法、模拟退火算法（Simulated Annealing Algorithm）和实证分析法等方法依次确定其他参数。

九 结语

Knight（1921）首次将风险和不确定性进行区分，并讨论不确定性对企业利润的影响。Choquet（1953）给出与概率测度相容的刻画不确定性的集函数，同时给出基于 Choquet 容度的 Choquet 积分。Schmeidler（1989）探求偏好关系具有 Choquet 期望效用刻画的等价条件。至此，真正拉开 Choquet 积分在金融经济领域的应用，主要涉及领域为前文综述的非期望效用、资产定价、保险领域、投资消费储蓄领域和宏观经济领域等。事实上，Choquet 容度和 Choquet 积分在人文社会科学的其他诸多领域均有重要应用，如多准则决策问题等。

然而，纵观本文后的参考文献可以发现，目前基于 Choquet 容度和 Choquet 积分的金融经济研究至少存在三个方面的不足：第一，目前仅处于"糊泥巴"的"补洞"式研究，即如何弥补基于传统概率论的金融经济研究的缺陷，并未形成独立的研究体系；第二，与 Choquet 容度和 Choquet 积分对应的条件 Choquet 容度和条件 Choquet 积分的定义在学术界并未获得一致认可，有待进一步的研究；第三，即便是对传统的金融经济理论进行"漏洞"式研究，但证明的假设条件都非常严格或反例的条件非常特殊，也不具有普适性。

科学史研究发现，每一门真正可以称之为科学的学科，其成长过程都要经历描述性、分析性和工程化这三个阶段。一门科学学科只有在工程化之后，才能大规模地创造出经济效益和社会效益。目前，有关 Choquet 容度和 Choquet 积分在金融经济领域的应用研究尚处于描述性和分析性的中间阶段，并未形成独立的研究体系。鉴于此，未来研究的落脚点应着眼于如下四个方面：第一，条件 Choquet 容度和条件 Choquet 积分的合理定义，这是基础。第二，理性的合理定义，期望效用和非期望效用的理论基础是假定决策者在某一偏好关系下是理性的，到底何为理性？目前也没有统一答案。第三，效用的合理定义，如何从社会科学和心理角度度量个人幸福感/效用？是否人生来就不该享有幸福，最优目标在于减少痛苦呢？这依然是值得探索的研究课题之一。第四，非期望效用理论的进一步发展，基于概率论的非期望效用和基于非可加集函数的非期望效用（典型代表分别为 RDEU 和 CEU）孰优孰劣？亦或有其他更优选择？目前国内对不确定性在金融经济领域的应用研究较少，本文仅仅是个开始，期望引起国内同行的兴趣和关注。

（本文发表于《金融评论》2012 年第 2 期）

参考文献

[1] Anwar, S. and M. Zheng, 2012, "Competitive Insurance Market in the Presence of Ambiguity", *Insurance: Mathematics and Economics*, 50, pp. 79–84.

[2] Bernanke, B. S. 2007, "Monetary Policy under Uncertainty", *At the 32nd Annual Economic Policy Conference, Federal Reserve Bank of St. Louis*.

[3] Cardin, M. and P. Ferretti, 2001, "On the Use of Capacities in Representing

[4] PremiumCalculations Principle", *Decision inEconomics and Finance*, 24, pp. 71–77.

[5] Chateauneuf, A., R. Kast and A. Lapied, 1996, "Choquet Pricing for Financial Markets with Frictions", *Mathematical Finance*, 6, pp. 323–330.

[6] Chateauneuf, A., R. Kast and A. Lapied, 2001, "Conditioning Capacities and Choquet Integrals: the Role of Comonotony", *Theory and Decision*, 51, pp. 367–386.

[7] Chen, Z. and R. Kulperger, 2006, "Minimax Pricing and Choquet Pricing", *Insurance: Mathematics and Economics*, 38 (3), pp. 518–528.

[8] Choquet, G., 1953, "Theory of Capacity", *Ann. Inst. Fourier. (Grenoble)*, 5, pp. 131–295.

[9] Cohen, M., I. Gilboa, J. Jaffray and D. Schmeidler, 1997, "An Experimental Study of Updating Ambiguous Beliefs", *W. P. CEME, University of Paris 1, Working paper*.

[10] Dempster, A., 1967, "Upper and Lower Probability Induced by a Multi-valued Mapping", *Annals of MathematicalStatistics*, 38, pp. 325–339.

[11] Denneberg, D., 1994, *Non-additive Measure and Integral*, Kluwer Academic Publishers.

[12] Denneberg, D., 2002, "Conditional Expectation for Monotone Measures: the Discrete Case", *Journal of Mathematical Economics*, 37 (2), pp. 105–121.

[13] Denuit, M., J. Dhaene, M. Goovaerts, R. Kaas andR. Laeven, 2006, "Risk Measurement with Equivalent Utility Principles", *Statistics and Decisions*, 24, pp. 1–25.

[14] Dow, J. and S. R. C., Werlang, 1992 (a), "Uncertainty Aversion, Risk Aversion and the Optimal Choice of Portfolio", *Econometrica*, pp. 197–204.

[15] Dow, J. and S. R. C., Werlang, 1992 (b), "Excess Volatility of Stock Prices and Knightian Uncertainty", *European Economic Review*, 36, pp. 631–638.

[16] Easley D. and M., O'Hara, 2009, "Ambiguity and Nonparticipation: the Role of Regulation", *Review of Financial Study*, 22, pp. 1817–43.

[17] Eichberger, J. and D. Kelsey, 1994, "Non-additive Beliefsand Game Theory", *University of Melbourne, Working paper*.

[18] Eichberger, J., S. Grant and D. Kelsey, 2005, "CEU Preference and Dynamic Consistency", *Mathematical SocialScience*, 49, pp. 143–151.

[19] Epstein, L. G., 1999, "A Definition of Uncertainty Aversion", *Review of Economic Study*, 66, pp. 579–608.

[20] Ghirardato, P., 1997, "On Independence for Non-additive Measures: With a Fubini Theorem", *Journal of Economic Theory*, 73 (2), pp. 261–291.

[21] Gilboa, I. and D. Schmeidler, 1989, "Maxmin Expected Utility with Non-unique Prior", *Journal of MathematicalEconomics*, 18 (2), pp. 141–153.

[22] Gilboa, I. and D. Schmeidler, 1993, "Updating Ambiguous Beliefs", *Journal of Econonomic Theory*, 59, pp. 33 – 49.

[23] Grabisch, M., 1996, "The Application of Fuzzy Integrals in Multi-criteria Decision Making", *European Journal of Operational Research*, 89, pp. 445 – 456.

[24] Graf, S., 1980, "A Radon-Nikodym Theorem of Capacity", *Journal furdie Reine und Angewandte Mathematik*, 75, pp. 192 – 214.

[25] Greco, G., 1982, "Sulla Rappresentazione di Funzionali Mediante Integrali", *Rend. Sem. Math. Univ. Padova*, 66, pp. 21 – 42.

[26] Greenspan, A., 2004, "Risk and Uncertainty in Monetary Policy", *American Economic Review*, 94 (2), pp. 33 – 40.

[27] Hamada, M. and M., Sherris, 2003, "Contingent Claim Pricing Using Probability Distortion Operators: Methods from Insurance Risk Pricing and Their Relationship to Financial Theory", *Applied Mathematical Finance*, 10, pp. 19 – 47.

[28] Hu, Y., 2005, "On Jensen's Inequality for g-Expectation and for Nonlinear Expectation", *Archiv derMathematik*, 85 (6), pp. 572 – 580.

[29] Huber, P., 1973, "The Use of Choquet Capacity Instatistics", *Bull. Institut. Internat. Statist*, 45, pp. 181 – 191.

[30] Huber, P. and U. Strassen, 1973, "Minimax Tests and the Neyman-Pearson Lemma for Capacities", *Ann. Statist.*, 1, pp. 251 – 263.

[31] Jin, H. and X. Zhou, 2008, "Behavioral Portfolio Selection in Continuous Time", *Mathematical Finance*, 18, pp. 385 – 426.

[32] Knight, F., 1921, *Risk, Uncertainty and Profit*, Boston: Houghton Mifflin Co. Kojadinovic, I., 2005, "Minimum Variance Capacity Identification", *Working paper*.

[33] Krishnamurthy, A., 2009, "Amplification Mechanisms in Liquidity Crises", *NBER working papers*.

[34] Lapied, A. and R. Kast, 2005, "Updating Choquet Valuation and Discounting Information Arrivals", *Working paper*.

[35] Lehrer, E., 2005, "Updating Non-additive Probabilities-a Geometric Approach", *Games and Economic Behavior*, 50 (1), pp. 42 – 57.

[36] Maccheroni, F. and M. Marinacci, 2005, "A Strong Law of Large Numbers of Capacities", *Annals of Probability*, 33 (3), pp. 1171 – 1178.

[37] Maccheroni, F., M. Marinacci, A. Rustichini and M. Taboga, 2009, "Portfolio Selection with Monotone Mean-Variance Preferences", *Mathematical Finance*, 19, pp. 487 – 521.

[38] Machina, Mark J., 2008, "Non-Expected Utility Theory", *The New Palgrave Dictionary of Economics*, 2nd edition. by Steven N. Durlauf and Lawrence E. Blume.

[39] Marichal, J., 2000, "An Axiomatic Approach of the Discrete Choquet Integral as a Tool to Aggregate Interacting Criteria", *IEEE Transactions on Fuzzy Systems*, 8 (6), pp. 800 – 807.

[40] Marichal, J., 2002, "Entropy of Discrete Choque Capacities", *European Journal of Operational Research*, 137, pp. 612 – 624.

[41] Miao, J. and N. Wang, 2009, "Risk, Uncertainty, and Option Exercise", *Working paper*.

[42] Miao, J., 2004, "A Note on Consumption and Savings under Knightian Uncertainty", *Annals of Economics and Finance*, 5, pp. 299 – 311.

[43] Mukerji, S. and J – M., Tallon, 2004, "Ambiguity Aversion and the Absence of Wage Indexation", *Journal of Monetary Economics*, 51, pp. 653 – 670.

[44] Nishimura, K. and H. Ozaki, 2007, "Irreversible Investment and Knightian Uncertainty", *Journal of Economic Theory*, 136 (1), pp. 668–694.

[44] Peng, S., 1997, "Backward SDE and Related-expectation", *BackwardStochastic DEs. Pitman*, 364, pp. 141–159.

[45] Pritsker, M., 2009, "Knightian Uncertainty and Interbank Lending", *Working paper*.

[46] Quiggin, J., 1982, "A Theory of Anticipated Utility", *Journal of Economic Behavior and Organization*, 3, pp. 323–343.

[47] Ryan, J. M., 2006, "Risk Aversion in RDEU", *Journal of Mathematical Economics*, 42 (6), pp. 675–697.

[48] Shafer, G., 1976, *A Mathematical Theory of Evidence*, Princeton Univ. Press. Princeton.

[49] Shapley, L., 1953, *A Value for N-person Games In " Contribution to the Theory of Games "* (Kuhn H. and A. Tucker, Eds.), Princeton Univ. Press. Princeton.

[50] Schied, A., 2007, "Optimal Investments for Risk and Ambiguity Averse Preferences: A Duality Approach", *Finance and Stochastic*, 11 (1), pp. 107–129.

[51] Schmeidler, D., 1986, "Integral Representation Without Additivity", *Proceeding of the American Mathematical Society*, 92, 255–261.

[52] Schmeidler, D., 1989, "Subjective Probability and Expected Utility without Additivity", *Econometrica*, 57, pp. 571–587.

[53] Schr der, D., 2006, "Investment under Ambiguity with the Best and Worst in Mind", *working paper*.

[54] Song, Y. and J. Yan, 2006 (a), "The Representations of Two Types of Functional on $L^\infty(\Omega, F)$ and $L^\infty(\Omega, F, P)$, *Science in China, Series A-Mathematics*, 49 (10), pp. 1376–1382.

[55] Song, Y. and J. Yan, 2006 (b), "Risk Measures Withcomonotonic Subadditivity or Convexity and Respecting Stochasticorders", *Working paper*.

[56] Sternberg, J., 1984, "A Re-examination of Put-call Parity on Index Futures", *Journal of Futures Markets*, 14, pp. 79–101.

[57] Trichet, J., 2008, "Undervalued Risk and Uncertainty: Some Thoughts on the Market Turmoil", *Speech at the Fifth ECB Central Banking Conference*.

[58] Wang, S., V. Young and H. Panjer, 1997, "Axiomatic Characterization of Insurance Prices", *Insurance: Mathematics and Economics*, 21, pp. 173–183.

[59] Wang, S., 2000, "A Class of Distortion Operators for Pricing Financial and Insurance Risks", 67 (1), pp. 15–36.

[60] Wang, Z. and J., Yan, 2007, "A Selective Overview of Applications of Choquet Integrals", *Advanced Lectures in Mathematics*, pp. 484–515.

[61] Wang, Z., 2010, "*Irreversible Investment of the Risk- and Uncertainty-averse DM under k-Ignorance: The Role of BSDE*", Annals of Economics and Finance, 11 (2), *pp*. 313–335.

[62] Wasserman, L. and J. Kadane, 1990, "Bayes' Theorem for Choquet Capacity", Annals of Statistics, 18 (3), *pp*. 1328–1339.

[63] Wasserman, L., 1990, "Belief Function and Statistical Inference", The Canadian Journal of Statistics, 18, *pp*. 183–196.

[64] Zhao, M., 2007, "*Monetary Policy under Misspecified Expectations*", Journal of Economic Dynamics & Control, 31 (4), *pp*. 1278–1299.

[65] Zhou, L., 1998, "*Integral Representation of Continuous Comonotonically Additive Functionals*", Transactions of AmericanMathematical Society, 350 (5), *pp*. 1811–1822.

银行与小企业融资

小企业民间借贷行为与制度安排*

陈经伟

一 引言

民间借贷属于民间融资范畴,一般是指处于官方正规金融体系以外自发形成的民间个体之间的资金借与贷活动之总称。虽然民间融资活动所涵盖的内容较广且组织形成多样,但从资金流通特点来看,至少包括以下四种模式:一是"一对一"借贷交易模式,即一民间贷款机构向一经济实体提供信贷服务;二是"多对一"交易模式,即一经济实体向内部职工或社会个体集资的行为;三是"互助"模式,即各种带有合作、互助性质的基金会;四是"本外币互换"模式,即专门买卖外汇或者协助转移外汇出境的"地下钱庄"。很显然,不同模式的民间融资活动所蕴涵的金融风险以及对经济社会的影响是不同的,因此,对民间融资问题的研究要区别对待。本文对民间融资问题研究的出发点是高利率的"一对一"民间借贷行为。

国内民间融资问题特别是其中的高息借贷问题,隐蔽性较强是它的显著特点,对于民间融资问题的研究,如采用一般规范分析,常常会根据不充分的观察而作出主观判断;而如果主要采用实证分析,往往会出现或者面临数据的真实性[1]、计量方法的合理性[2]以及数据加总[3]等技术问题,这些基础性问题实质上是个体(微观)经济计量学常面对的难

---

* 本文属于中国社会科学院 B 类重大课题《乡镇企业融资与内生金融组织制度创新研究》子报告。课题负责人为中国社会科学院农村发展研究所冯兴元副研究员。

[1] 目前,在国内民间借贷中所形成的各种较高利率水平,法规定义其具有非法性,这样会引致民间借贷行为隐蔽化,常常造成统计抽样调查中,知情者(一般为直接参与者)非应答和隐瞒信息情况很严重,这就是所谓的样本选择性偏差。

[2] 现代计量模型均是基于市场较为完善条件下的经济学理论,直接运用来研究国内转型社会经济现象有众多的不足之处。

[3] 大多数的客观数据都是对整个经济或地区而言采集的,由统计抽样方法汇总而成,这样很容易导致两种矛盾产生:一是不同的抽样方法可能导致总体数据的变化很大;二是高度汇总的数据无法有效地反映微观个体行为之本质,然而正是这些微观个体行为才是真正决定宏观经济的关键。例如,中央财经大学课题组在研究民间融资对经济的影响程度时,设计的特定调查群体包括金融机构、金融监管部门、工商管理部门、知情的城镇与农村居民等人员;问卷、座谈等调查的内容包括对正规金融的影响、对农村经济的影响和对当地整体经济发展的影响。这样的数据采集设计明显存在以上两种缺陷。因为以上调查内容对于一般被调查者来说,他们能做的只是一种不确定性的主观判断,这样的实证数据其实是直觉与主观判断的加总,或者是问卷本身的加总和计量,并没有说明民间融资这一经济现象的实质。

题，处理不当则会对问题的理解产生偏差。

国内所发生的民间融资行为中，社会各界对外汇黑市买卖或转移外汇出境的行为一般持否定判断，而对民间资金互助的行为一般持肯定判断。有争议的是民间高息借贷和集资是否对社会有负面影响，其中，对于多年依存的高息借贷现象又是讨论的焦点。本文从民间借贷的微观主体行为出发，通过观察一些民间借贷案例并总结相关的实证研究，归纳民间借贷参与者的行为动机（行为假设），进而分析民间借贷的利率如何决定，然后讨论民间借贷对经济会有怎样的影响，最后提出相关结论和政策建议。

二 小企业参与民间借贷的直接原因

小企业融资困难是各国都存在的普遍性问题。对于我国目前的多数小企业而言，一是它本身是转型社会的产物；二是它处于市场化程度不算太高的经济和金融环境当中，如银行体系正处于商业化改革进程中、社会信用基础仍然薄弱等。因此，贸易融资等适合小企业进行外部融资的方式在短期内实施不太现实，加上我国小企业普遍存在急于求成的投资心态，使我国小企业融资困难问题在不短的时间内存在成为必然。对于小企业融资困难与民间借贷之间的关系，应该先说明一个命题：小企业融资困难不等于它一定要参与民间借贷。公司金融理论把投资与融资看做企业活动中的互动行为，并把投资与融资看做关系密切和相互影响的过程，其实也说明了一个简单的道理：企业的投资与其融资能力相适应才是合理的企业经营行为。

多数小企业为了把自己做大，必须有相应的融资安排来应对新增投资。但由于小企业本身面临着众多的条件约束，故一般小企业更多采用内源融资方式，若投资出现资金缺口，一般就会根据现有的自身条件进行相应的融资安排（包括向亲友借入或向正规金融机构贷款等），这时的资金缺口是事先知道或可以预期的。然而，现实经营活动中的小企业主们面对的是存在着各种不确定因素和错综复杂的市场，因此，部分小企业主们会遇到这样的事实，那就是当项目或业务进行到一定程度后，才发现原来计划和安排的资金并不能完成整个项目或业务，这时的资金缺口是一种"事后缺口"。这种情况下才易引发民间高息借贷行为，有以下几项实证说明。

（1）笔者于2005年2月对海南地区民间放贷者进行采访，问及如何选择客户和保障他们的利益时，答案是选择客户和把握放款时机，即选择有抵押物或已有银行贷款但项目资金仍有缺口且资金处于急需状态的客户。

（2）郭斌、刘曼路（2002）对温州小企业的调查研究表明：①内源融资是被调查企业普遍采用的融资方式，而且随着规模上升才逐渐产生银行信贷和民间借贷外源融资现象，外源融资额的占总融资额的20%左右；②民间借贷的用途，一是季节性或临时性需求，二是一定资金积累后的项目扩张；③对民间融资存在显著需求的是资产规模在100万~1000万元的小企业，且比例高达60%。综合以上三点可以有以下推论：有60%的小企业发生民间借贷，但只占约10%的外源融资额，即民间借贷融资额只占总融资额的一小部分，加上临时性和补缺性用途，进而说明这一资金是小企业的项目或者业务的"事后缺口"需求。

（3）央行温州中心支行的统计数据显示，2000年和2002年的民间融资分别为9%和16%。根据温州银监分局的调查显示，2003年的温州民间借贷为6%。以上数据说明：温州企业的民间借贷行为更多地表现为一般融资的补缺。从企业的正常运作来讲，这一补缺融资往往用于项目或业务的"事后缺口"。

虽然这种"事后缺口"只是众多资金缺口的形式之一，但是对于民间借贷者的影响是较大的，对借入者的影响表现为原投资可能成为"沉淀"或者经营能否持续，对放贷者的影响表现为资金回收风险加大（若没有易变现抵押物）。从逻辑上讲，如果这种条件下发生的借贷行为也能增加借贷双方的收益，或者这一行为造成的可能风险损失能够内部化的话，那么其他条件下发生的借贷行为，更容易增加双方的收益和减少风险损失。

三 民间借贷行为的基本假设与利率决定

1. 民间借贷行为的基本假设

"经济人"和"经济理性"是自亚当·斯密以来，近现代主流经济学最基本的两个前提性假设，为分析我国民间企业融资行为提供了基本的思路和"视角"。根据民间企业融资预算硬约束之特点，形成本文对民间借贷参与者行为的基本假设。

第一，资金供给者和资金需求者的行为是自利而非互助性，目标都是自身利益最大化的。在民间借贷过程中，资金供给者是为了资金收益（利息），资金需求者是为了资金的临时使用权。

第二，资金供给者和资金需求者只有在相互协调或者说是"双赢"的条件下，才能顺利地实现最初的借贷和到期后的资金归还整个过程，参与者任何一方有故意损害对方利益的行为，将使得融资过程无法完成。

第三，民间借贷参与者是有较高理性的。表现为：①供给者基本掌握或有能力判断需求者所经营的业务或所运作的项目情况；②需求者有能力比较不同方式的融资所需的真实成本，且有能力判断借入资金后，项目或业务的净收益（减去借入资金成本）比没有借入要高。

第四，资金需求是源于"事后缺口"。所谓"事后缺口"是指这样一种状态，当项目或业务已经进行到一定程度后，由于市场变化或者预算偏差，造成原预算资金不能完成整个项目或业务而产生的资金缺口，此时的小企业已经无法进行内源融资或者正规的外部融资手段来弥补这一资金缺口。这种状态下，资金需求者只能用他的项目或业务的未来现金流作为"抵押"借入资金。

2. 民间借贷的资金需求

在项目资金"事后缺口"的条件下，理性的小企业主只能采取决策论中的"最小最大"决策规则应对，也就是"最大损失中求取最小损失"。为使其损失最小化，小企业主有两种方案可选择：一是把项目及时转让，放弃原预期利润获取，回收项目投资资金；二是通过民间融资手段借入资金，并支付相应的借入资金成本，用借入资金继续完成整个项目。假设小企业选择继续完成项目，那么它最终能否获得利润取决于以下几个因素："事后缺口"额 I_Δ、项目预期利润额 π_E、借入弥补缺口民间借贷资金的利率 r_d。

一般来说，小企业主从最初的项目计划安排到项目运作实施，一直到由于预算偏差或不确定因素影响，造成项目的"事后缺口"状态，此时的小企业基本上掌握了更加充分的信息，故可以假定 I_Δ 和 π_E 是常数。若小企业能获得的最终利润为 π，则其函数式表示为 $\pi = f(\pi_E, I_\Delta, r_d)$，相应的代数式为 $\pi = \pi_E - I_\Delta \cdot r_d$，该式说明了小企业（资金需求者）可获利润与借入资金的利率 r_d 是呈线性关系的。可用图1来表示 r_d 与 π 之间的关系。

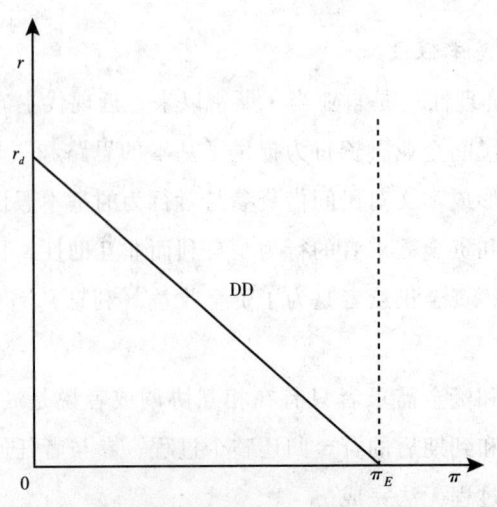

图1 资金需求可能线

其中，DD 为资金需求可能线，斜率为 $1/I_\Delta$，在 DD 线上的点代表着资金需求者为借入资金而愿意承担的利息率，与可能获得的利润之间相对应。从图 1 可以看出：①r_d 越高，小企业主能获得的利润越小，反之则获得利润越高；②如果 $r_d=0$，则小企业能回收投资成本，而全部项目利润由民间信贷供给者获得；③"事后缺口" I_Δ 越大，也就是需要借入的资金量越大，资金需求可能线的斜率则越小，相对应的可能利率总水平将越低。

3. 民间借贷的资金供给

民间放贷者向小企业提供资金时，资金回笼和尽可能获得更多的利息是其目标，为此，对项目的风险和预期利润进行综合分析和比较是必然的。理性的民间放贷者很明白，他的可能收益最终只能来源于项目利润的未来现金流，且只能分享其中的一部分。因此，理性的民间放贷者一般会采取决策论中的"最大最小"决策准则应对，也就是"最小利润中求取最大利益"这种行为选择其实是民间放贷者为确保获得最起码的风险收益而采取的相对"安全"且较为保守的策略。假定民间放贷者只存在以下三种风险：①市场风险，借出资金并投入项目后，由于不可预测的因素的出现，使得项目的预期利率不能兑现；②"道德风险"，民间借人者不想归还或故意拖欠民间放贷者的本金和利息；③政策风险，目前政策对民间借贷行为中自愿商定的利率水平是违规的。假定以上风险相对应的利率"贴水"分别表示为 r_1、r_2、r_3，r_0 为无风险收益率，则民间放贷者最起码的风险收益率 $r_{\min}$ 由四部分组成：$r_{\min}=r_0+r_1+r_2+r_3$。根据本文的基本假设，民间放贷者对项目的利润预期为 π_E，则民间放贷者可获得的利润 π 的函数表示为 $\pi=f(I_\Delta,r_s)$，其代数式为 $\pi=I_\Delta \cdot r_s$。民间放贷者的可获得利益与贷出资金利率间的关系用图 2 表示。

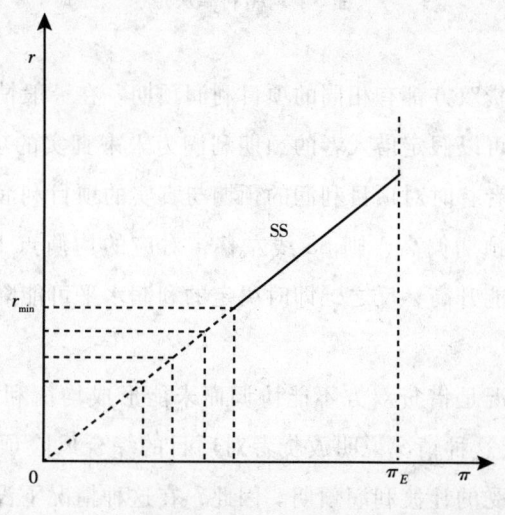

图 2　资金供给可能线

其中，SS 为资金供给可能线，斜率为 $1/I_\Delta$。在 SS 线上的点代表民间放贷者愿意为项目提供资金所要求的利率水平 r_s 与可能获得的利益之间相对应的关系。

4. 民间借贷的利率决定

在项目存在"事后缺口"条件下，DD 线上的点所对应的利率为能够满足资金需求的利率水平，而 SS 线上的点所对应的利率为能够满足资金供给的利率水平。再根据本文的基本假定：资金的需求者与供给者为了自身利益，会采取相互协调的行为选择，这样 DD 线与 SS 线的交点 F 为利益均衡点（见图 3），在 F 点上借方与贷方的利益都得到满足，F 点所对应的利率 R 为民间借贷利率水平（均衡利率）。

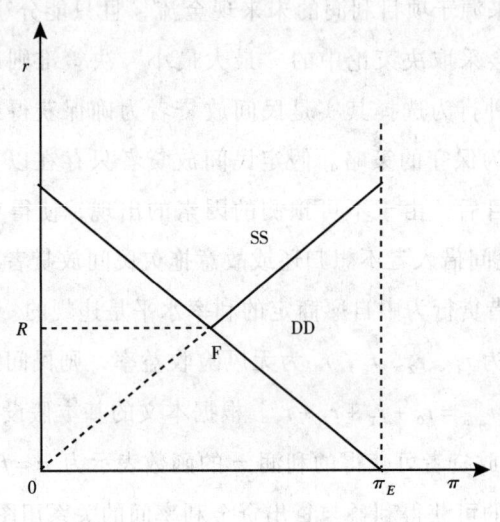

图 3　均衡利率决定

以上分析是基于借贷双方都有相同的项目利润预期。在一般情况下，借入者能够充分地掌握项目的信息，故可以假定借入者的预期利润为未来真实的项目利润，因此，DD 线不会移动。然而，放贷者有时对项目利润的预期与真实的项目利润会产生一定的偏差，如果放贷者对项目利润的预期偏高，则 SS 线左移，对应的均衡点 F 将沿 DD 线向上移动，即时决定的利率水平可能升高；反之，即时决定的利润水平可能降低。以上过程可以通过图 4 刻画。

此外，还有一种情况是借贷双方不能协调而未能形成均衡利润，也就是 DD 线与 SS 线没有交点（见图 5）。这种情况说明放贷者对项目的综合风险预期较高，要求的利率风险回报超出借入者能承受的让渡利润预期。因此，在这种情况下没有发生借贷行为，借入者只能寻找新的放贷者或暂停甚至转让项目。

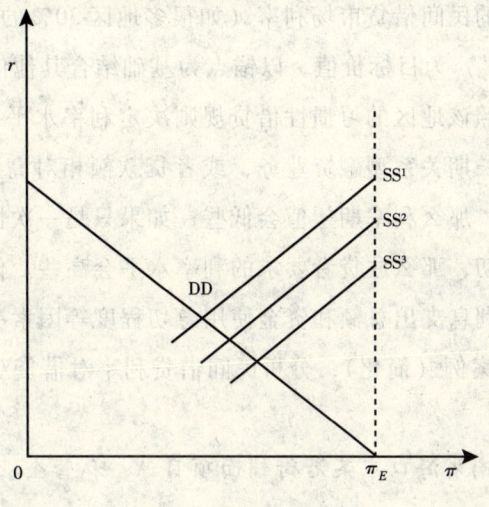

图 4　均衡利率移动

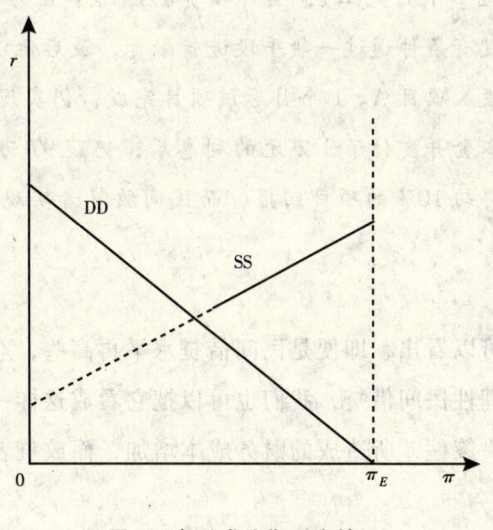

图 5　未形成均衡利率情况

5. 现实中的民间借贷利率决定

以上所分析的民间借贷利率决定过程是基于本文的基本假设，即纯经济利益的短期行为，以及民间借贷双方不受民间借贷市场中自然形成的利率水平和其他因素的影响。实际上，现实中的放贷者对于他的最低风险利率"贴水"是无法量化的，一般情况下，借入者往往是一定利率报价范围内的接受价格者（Price Taker）。民间借贷双方的谈判过程会遵守行为经济学里的锚定与调整法则（Anchoring and Adjustment）或者惯用性法则，也就是双方都会根据该地区的民间借贷市场利率（如很多地区30%的年利率水平），设定一个基准值（称之为"锚点"）为目标价值，以锚点为基础结合其他信息进行上下调整各自的期望利率水平，或者按照该地区的习惯性借贷规则决定利率水平（有抵押物）。如果放贷者考虑与借入者能维持长期关系型融资业务，或者贷款额相对高些（利息收益高些），或者有一定的亲友情关系，那么利率期望值会低些；如果只是一次性的短期行为，且借入者的资金可获得性要求急切，那么放贷者要求的利率水平会高些。借入者的决策则主要根据锚点、资金可获得性、利息支出总额和资金使用急切程度等因素决定。以下我们选取海南省海口市某投资项目A案例（简化），分析民间借贷利率对借贷双方的影响。

2003年底，海南省海口市某沿街铺面项目A，私营企业主符某经过市场考察和论证，预计该项目总投资1000万元，期限为10个月，项目纯利润为100万元。他决定投资该项目并融资1000万元。然而，项目进行过程中刚好遇到建材上涨，当项目进行到9个月时（差1个月完工），项目投资款已用尽且仍有100万元的资金缺口，而此时的符某已经没有条件通过一般手段进行融资，最后他以3分息的代价通过民间借入100万元，并投入项目A。1个月后该项目完成，仍实现100万元的项目利润[1]，符某归还民间借贷本金并支付了3万元的利息后，仍获97万元的纯利润。即整个项目过程中，符某获得约10%的项目回报，而民间放贷者实现了年利率达36%的资金回报[2]。

通过以上案例我们可以看出，即便是民间借贷水平再高些，对于民间借入者的负面影响仍然是极小的。对于理性民间借贷，我们也可以把它看成这样一种现象：企业支付给放贷者的利息是企业经营决策偏差所造成的财务成本增加，而放贷者获得的利息是投资的风险回报。

四 民间借贷与风险之间的关系分析

学者们对风险问题进行研究时，一般认可在市场条件下的风险是客观存在且不可避免的，除了关注经济行为或现象是否会使相关人的利益受损外，更要关注相关人的损失是否

---

[1] 一般情况下的项目建筑成本增加是可以转嫁给最终消费者的。
[2] $0.03 \times 12 月 \times 100\% = 36\%$。

与其收益可能性对称。因此，本文在讨论民间借贷与风险问题时，出发点先是分析民间借贷这一行为在什么条件下会使得其参与者受损，或者会引致他人的利益也受损，以及这些风险损失是否与其收益可能性对称，然后分析这些个体风险怎样才能系统性化。

（1）民间借入者可能受损的情况有三：第一，借入"缺口"资金后，由于市场再度变化，造成项目或业务的未来现金流（预期利润）不能实现，这也表现为借入的资金不能发挥其应有的作用，但他必须对这笔资金负责。这种情况下所发生的个体风险并使之受损，与其投资收益可能性是对称的。第二，借入"缺口"资金后，由于自然或不可抗拒因素，造成项目或业务的未来现金流不能实现，这种情况下的风险分析与上一点一样。第三，借入"缺口"资金后，由于企业内部管理不善等原因，造成项目或业务的未来现金流不能实现，这种情况下的风险分析与前两点一样。

（2）民间放贷者可能受损的情况有二：第一，借出资金后，由于借入者的各种客观原因使得借出资金不能回笼或利息收入没有实现，这种放贷者所承担的风险损失与其风险收益是对称的。第二，借出资金后，由于借入者的主观原因（道德风险）使得借出资金本金不能回笼或利息收入没有实现，这种放贷者的风险损失与其风险收益是对称的。

（3）民间融资的风险转嫁。①民间借入者以某一"事后缺口"项目的未来现金流作为"抵押"，向多个民间放贷者借入超额资金，且资金额大于该项目的"事前"全部投资额加上预期利润，这种情况下，多个民间放贷者就有可能受损，其实是民间借入者成功地把项目的风险全部地转嫁给了民间放贷者。这种民间放贷者的风险损失与其收益可能性是对称的，因为民间借入者的多重负债行为可能存在，而且民间放贷者一般是不可以控制的，所以民间放贷者放款时的利率水平已经包含这一风险"贴水"。②对于某一"事后缺口"项目，若民间放贷者所使用的资金中有部分或全部为公众的普通存款，则以上论及的民间放贷者之风险损失就会部分或全部地转嫁给了公众。这种情况下的风险与收益可能性是极不对称的。

综合以上分析，民间借贷的风险只源于借入方。因为一般的风险只能在民间借入者与放贷者之间发生，而且是市场经济条件下必然面临的风险。如果发生风险转嫁，则各种市场风险就会蔓延和扩大，当且仅当各局部风险同时发生或叠加在一起时才演变为系统性风险。如果对民间放贷者的合同收益合法化并给予更多的法律保护，同时对其放贷资金来源作相应的规定，即不能源于公众的一般存款，那么就可以降低民间放贷者的综合风险，民间借贷市场的利率水平就有可能下降，其实是使得金融活动的效率有所提高。此外，以上分析还说明了一个道理：高负债特点的机构并不适合于从事民间借贷类型的金融活动。

五 有关民间借贷的制度安排分析

学者们对民间融资的合理性有一定共识，但关于如何规范化和合法化，张汉亚（2004）认为，发展小金融机构、小银行来解决小企业融资难问题；樊纲（2000）认为，中国金融体系中所缺乏的不是民间银行，而是缺少一个多层次、能够为广大中小民营企业融资服务的资本市场。观点归结为：针对小企业的融资特点，与之相对应的制度设计是机构模式还是市场模式？持机构观点的一般根据"对等理论"，即银行可分为大、中、小规模，它们分别对应于大、中、小企业的融资服务。持市场观点的则认为，新生小企业没有"信用历史"，又没有财产抵押，靠低成本借钱使企业起步，在现实中是不太可能的。据世界银行的统计分析，在过去40多年中，很多国家的政府通过引导正规的金融机构向民间提供贷款，但几乎都没有达到预期的效果。实际上，从1988年开始特别是进入21世纪后，我国各商业银行的商业性质已经显现，即对民营企业的制度歧视现象已经大大减弱，但我国小企业融资仍然困难。针对这一现实问题，本文认为，从小企业的一般性特点来看，直接融资或者直接借贷模式更适合于小企业。

1. 机构（企业）产生的经济学解释

科斯在1937年发表的《企业的性质》中对企业的出现作了经典性的论述。他认为，市场和企业是两种不同的组织分工模式，企业的出现一定是由于企业的交易费用低于市场的交易费用，所以，交易费用的差别是企业出现的原因。科斯把交易费用定义为运用市场的费用，其中包括人们在市场上搜寻有关价格信息、为了达成交易进行谈判和签约，以及监督合约执行活动所花费的费用。科斯用交易费用的概念解释了为什么会出现企业，以及企业与市场本质上是相互替代的两种资源配置方式。该理论观点也可以进一步引申为：如果某类企业（机构）在资源配置中不能起到降低交易费用作用的话，那么就应该用市场的方式来解决该资源的配置问题。

2. 小银行难降低小企业贷款合约中的交易费用，而且容易产生风险转嫁现象

（1）从小银行的角度来看，如果小企业向小银行申请贷款，小银行最需解决的是小企业的信息问题，要解决该问题，小银行必须具备一批"合格"且"专业化"的审贷人员。一方面要求他们在委托—代理关系中完全代表小银行股东们的利益，另一方面还要能够掌握不同类型的小企业的内部信息。在现实社会中，小银行很难聘请这样"合格"且"专业化"的人员（实际上这样的人员只能是熟悉不同行业、不同类型企业且"干中学"

相互结合的综合素质人员），故普遍性的小银行是否能解决小企业中的信息不对称问题是个大问号。信息不对称问题的另一替代方法就是抵押和担保，但对于小企业来说又是一个难题，小银行与小企业的金融关系很难协调。

（2）小企业还有另一特征是高比率倒闭现象。据美国中小企业管理局对美国小企业进行估计，有近23.7%的小企业在2年内消失；由于经营失败、倒闭和其他原因，有近52.7%的小企业在4年内退出市场；我国有近30%的私营小企业在2年内消失，近60%在4~5年内消失（李扬，2005）。这说明向小企业发放贷款的整体性潜在风险是较大的。

（3）小银行作为银行业成员之一，本质上就是高负债企业。假定小银行是专门从事小企业信贷业务的银行，其资本充足率为10%。很显然，它的风险与收益是很难对称的，即如果小银行经营失败，其大部分的损失将转嫁给向它提供存款的公众。如果一定数量的小银行经营失败，那极有可能进一步演化为系统性金融风险。这也说明，在我国目前的信用基础和金融环境下，通过建立以吸收公众存款为业务运营模式的小银行，解决小企业民间借贷问题是不太现实的。

3. 用市场形式比较容易解决民间融资中的效率问题

所谓市场形式，是指有众多资金盈余者与众多资金缺口者同时参与的民间借贷市场。从广义上讲，如果小企业具备一定条件就可以选择正规金融融资，而不具备正规融资条件的可以选择民间借贷市场解决临时资金缺口，那么这样的融资制度对于小企业的融资需求来说是有效率的。如果民间借贷有形市场由政府发起并组建，制定相应的市场规则，要求参与借款的企业提供相关的信息，对贷款额度给予一定的限制和贷款备案制度等，让参与民间借贷者特别是资金供给者获得信息服务和法律保障，这样，那些能够对相关小企业的信息有所掌握且愿意承担相应风险的资金盈余者，受利益驱使将加入资金供给行列，小企业融资困难的问题在一定程度上会有所缓解。同时，这样的过程也表现为更多的储蓄能够向投资转化，其实就是逐步实现民间融资效率之本质。

如果在全国范围内分别设立有形的区域性小企业民间借贷市场，那么至少会有以下几种收益：①增进金融效率。民间借贷市场的建立，可以解决社会现存的资金需求与资金供给双缺口问题，从制度上保护了民间投资者的合法投资收益，而且有众多参与者参与的市场，在一定程度上又可以大大地降低民间借贷的交易成本，它实质上是增进了该地区的金融效率。②为央行制定各项金融稳定政策提供有效的信息。各项金融稳定政策的制定依赖于各种有效的市场信息，但我国目前的金融机构存在着不同程度的内部人控制问题，各种金融风险问题不易显现，使得央行不能掌握金融市场中的真实信息。民间借贷市场的建立，其运行的各种金融信息是比较透明和能够反映市场之本质的，可为制定政策提供参考。③增加政府税收。目前，民间借贷行为处于正规金融体制以外，必然是脱离国家税收体系的。从本质上讲，民间借贷行为是一种经营性交易行为，因此对该行为征收相应的营业或所得税是情理之事。民间融资市场的建立，显然可以把众多的民间借贷资金交易行为和交易所得纳入国家税收体系。④加速国内利率市场化的改革步伐。利率市场化实际上是利率体系的市场化。目前，中国的货币市场利率和国债利率的市场化程度已经达到一定高度，它主要反映的是各金融机构之间的短期或临时性资金供求关系，但从金融机构体系流向社会生产经营性体系时的资金供求状况并没有真实地反映出来，然而这一过程却是整个资金流动过程中最重要的一步。民间借贷市场的建立，从表面上看是民间盈余资金流向民间资金缺口企业，实际上是社会储蓄直接向投资转化，这一过程体现了较多的市场性质。如果全国各地的民间借贷市场都达到一定规模，那么全国各地区的民间借贷利率水平将走向趋同，这一市场中所形成的各种利率水平，在一定程度上较为真实地反映了社会资金之供求关系，可以为我国银行业的利率市场化改革提供"参照体系"，从而加速我国利率市场化的步伐。

六　结论和建议

现代经济学理论体系为我们研究现实问题提供了一套比较完整的方法和思路。对于我国民间融资现象，本文基本结论如下：①在市场条件下，小企业融资困难是一种必然的现象。②小企业所发生的民间借贷行为更多地源于充实资金的"事后缺口"状况（产生民间借贷的直接原因）。③项目处于"事后缺口"状况下，民间借贷所形成的高利率现象是必然的，但其实质是项目的未来现金流在民间借贷者之间的分配。④民间借贷风险是市场的个体风险，与系统性金融风险没有必然联系；风险源于民间借入方，且只有通过民间放贷方才能形成风险转嫁现象并引致金融系统性风险，也就是说，如果民间放贷方为非高负债机构，且债务没有涉及一般公众，则民间借贷风险就是内部化的个体风险。⑤目前，在我国的信用基础和金融环境下，针对民间融资的制度安排，应以建立民间直接融资的市场为指导思想，而非以存贷为主营业务的小银行等机构，民间借贷市场的建立至少可以在金融效率、金融稳定政策制定、国家税收以及利率市场化改革等方面带来益处。

(本文发表于《财贸经济》2005年第10期)

参考文献

[1] 樊纲:《发展民间金融与金融体制改革》,《上海金融》2000年第9期。
[2] 郭斌、刘曼路:《民间金融与中小企业发展:对温州的实证分析》,《经济研究》2002年第10期。
[3] 江曙霞、秦国楼:《信贷配给理论与民间金融中的利率》,《农村金融研究》2000年第7期。
[4] 李扬:《中国金融体系及金融改革》,2005年3月讲座稿。
[5] 钱颖一:《现代经济学与中国经济改革》,中国人民大学出版社,2003。
[6] 中国经济网, http://www.ce.cn, 2004年8月18日。
[7] A. N. Berger and G. F. Udell, 1995, "Relationship Lending and Lines of Credit in Small Firm Finance", *Journal of Business*, 68 (3), pp. 351 –382.

小企业融资担保服务的商业发展模式研究

——基于粤、浙两省数据的情景模拟试验分析[①]

董裕平

在世界各国与地区的经济中，小企业数量众多，是非常重要的就业载体。然而，由于宏观政策与市场环境[②]、金融服务结构[③]，特别是小企业自身的复杂性与多样性等因素，小企业"融资难"的问题非常普遍，尤其是在发生金融危机的情况下，小企业更易因资金链断裂而破产倒闭。为此，多数国家和地区政府，甚至一些国际组织都设立了专门服务小企业融资的部门，积极创造条件为小企业提供切实有效的帮助。总的来看，普遍的做法是采取贷款担保措施来促进商业银行对小企业发放贷款。我国小企业在经济社会生活中也同样占有十分重要的地位，而融资瓶颈一直较为突出，即使在目前，为应对国际金融危机而采取宽松的货币政策也未能真正惠及小企业。诚然，这与我国银行体系结构密切相关，但在短期内很难改变这种结构，因此，很有必要通过加强融资担保体系的建设来缓解。本文主要依据对我国小企业融资担保业务发展的实际观察，对纯商业性小企业融资担保模式的经营绩效进行评价，通过对不同情景状态下赢利水平的模拟试验分析，阐明其是否具有可靠的赢利模式。在此基础上，提出发展我国小企业融资担保服务的相关政策性建议。

[①] 本文是中国社会科学院金融研究所李扬所长承担的国家社会科学基金重大项目"落实科学发展观，实现我国金融体系现代化"（项目批准号：07&ZD013）的子课题研究成果。笔者感谢中国社会科学院金融研究所博士研究生蔡真对本文模拟试验部分的技术贡献。

[②] 根据2008年8月15日《21世纪经济报道》，里昂证券针对中国53个城市的105家私营中小企业的调研报告显示，随着宏观调控下的信贷政策收紧，高达77%的中小企业表示在银行借贷上遇到了更大的困难。

[③] 中国人民银行2008年发布的《中国农村金融服务报告》指出，四家大型商业银行网点陆续从县域撤并，从业人员逐渐精简，部分农村金融机构也将信贷业务转向城市，致使部分农村地区出现了金融服务空白。截至2007年末，全国有2868个乡（镇）没有任何金融机构，约占全国乡镇总数的7%。金融机构权力上收和基层金融服务机构的缺失也使得一些小企业的融资变得更难。

一 融资担保问题研究回顾

在银行贷款合同中,除了利率价格条件外,担保常常是另一项重要条件,而且一直被广泛使用,在小企业贷款中尤为普遍。据调查,美国工商业贷款合同中有将近70%使用了担保条款,小企业贷款约有80%是通过担保获得的[①],英国小型工商企业贷款几乎有85%使用了担保条款[②]。尽管担保条款在融资实践中一直大量运用,但相关的理论研究则是在合同理论兴起之后才有较大的进展。

在双边金融合同中,由于信息不对称,当存在高昂的状态核实成本时,最优合同会采取债融资,企业家一般会尽可能地用自有财富来为融资项目提供担保(或抵押),以使投资者放心。1976年,Barro,R.J.撇开信贷配给问题,集中研究了担保的经济功能、交易成本以及对利率和贷款规模的影响。在Barro的模型中,担保具有合同治理功能,是执行贷款合同的一个保障机制。它有两方面的作用:第一,如果借款者违约,则会引起其担保品价值的损失,通常担保品对于借款者的效用要高于放贷方,这对借款者归还贷款具有激励作用;第二,借款者违约意味着担保品的产权转移给了贷款者(或提供担保者)。自Barro以后,有许多学者开始研究融资担保问题,尤其是随着博弈论和信息经济学的发展,出现了诸多有价值的研究成果。这些研究成果主要涉及三个方面:一是关于担保机制所具有的功能。较为一致的看法是,担保有助于弱化信息不对称的影响。在隐藏知识的模型中,担保可以最大化投资者的资产补偿(Gale and Hellwig,1985);在隐藏行动的模型中,担保能够最小化代理成本;在逆向选择模型中,担保能够最大化投资资产集合的质量(Bester,1985、1987;Besanko and Thakor,1987)。显然,企业家运用自有财富对投资项目进行担保,能为贷款者提供保障与激励。La Porta等(1997)也强调了贷款者对担保品的追索权对于债务合同的确立和执行至关重要。如果没有这一权利,贷款人由于难以约束借款人的违约行为,将大幅收缩信贷,这使借款人不能通过实施新项目而获利,结果会出现投资不足的问题。二是关于企业用于担保资产的要求。Lacker(1990)对债务合同中企业家提供担保或抵押的资产形式作了解释,他认为企业家首先要用最具流动性的资产做担保或抵押,其次是稍次的流动性资产,最后才是非流动性资产。

[①] Berger, A. N. and G. F. Udell, (1990), "Collateral, Loan Quality and Bank Risk", *Journal of Monetary Economics* 25, pp. 21 – 42.

[②] de Meza, David & Southey, Clive, (1996), "The Borrower's Curse: Optimism, Finance and Entrepreneurship", *Economic Journal*, Royal Economic Society, vol. 106 (435), pp. 375 – 86.

让·梯若尔（2007）则指出，抵押担保品与借款人的资金实力有关。那些具有很强资金实力的借款人，因为最具流动性的资产（准现金）是充足的，所以无需其他担保品也可获得贷款。相比之下，资金实力弱的借款人需要抵押的担保品（流动性差的资产）就更多，以弥补准现金抵押的不足。当然，从借款人效用的角度看，希望所提供的抵押担保品越少越好。有研究发现，一些小企业就倾向于选择非抵押或非担保贷款，原因是此类贷款需要金融机构提供更多的监管（Adler，1993），因而可作为一种好信号——贷款银行对企业质量的有利评价向外界发布（Rajan & Winton，1995），这能降低企业从事其他权益融资和债务融资的成本。在实际中，小企业则要尽可能提供抵押担保品。由于大多数小企业所有者同时也是管理者，所以可用作抵押担保的往往不仅包括注册企业的资产，还包括企业主的其他个人资产。在一定程度上，小企业主的其他个人抵押或担保也可被看做企业主再次注入权益资本的替代方式，这有助于降低债务融资的违约风险[1]。三是关于贷款担保的定价。研究表明，担保的定价对企业的风险和贷款期限非常敏感。当风险低（资金实力强）而期限短时，担保的定价就低，或者说需要提供的抵押担保品就少，但随着风险的增加和期限的延长，担保的定价会提高到一个相当显著的水平。另外，企业的负债水平也会影响担保的定价，高的财务杠杆意味着企业破产成本会上升，从而提高了担保的定价，也就是需要提供更多的抵押担保品。

二 小企业的特点与第三方担保机制

从融资担保理论来看，通常情况下，只要企业能够将资产以某个无风险的出售价格[2]用来抵押或担保，就有助于获得外部融资。在实际经济中，小企业本身的特点决定了其更需要采取担保来获得银行贷款。相比于大企业，小企业一般具有以下特点：财务实力比较弱小，资产规模不大，信用程度不高，信息更加不透明，企业年龄较短，不稳定性更大，更易遭受外部环境变化的冲击，违约概率高，破产风险比大企业大得多[3]。以上这些特点

---

[1] 数据显示，权益、个人抵押或担保、个人贷款分别约占小企业所有者对企业投资的 85%、10% 和 5%（参见 Avery, R. B., Bostic, R. W. & Samolyk, K. A. (1998), "The Role of Personal Wealth in Small Business Finance", *Journal of Banking and Finance*, 22, pp. 1019 – 1061）。

[2] 由于企业资产通常具有不同程度的专用性，持有资产抵押权的贷款人只能折价变现，这个可能的最低折价就是无风险的出售价格。

[3] 据有关部门估计，我国有近 30% 的私营中小企业在 2 年内消失，60% 在 4~5 年内消失。国外的情况大体相同，美国的中小企业中，约有 68% 在第一个 5 年内倒闭，19% 可存在 6~10 年，只有 13% 的中小企业寿命超过 10 年。如此高的倒闭率成为银行"惜贷"的重要原因，也是其他投资者不愿进入的重要原因。

客观上限制了小企业从外部获得债务融资的能力与机会。从笔者调研获知的实际情况看，我国小企业获得银行贷款的情况大致有三种类型。

（1）直接符合银行要求的抵押担保条件贷款。这类小企业相对资质较好，财务信息也比较规范、透明，所提供的抵押担保品在法律上不存在障碍，符合银行贷款评审条件的要求（例如，银行可能规定不接受小企业的应收账款或者存货作为抵押担保品），银行在充分评估贷款风险后并在可控风险的范围内发放贷款。总的来看，这类企业在全体小企业中所占的比例很小。

（2）关系型贷款。银行贷款决策的基础主要是长期银企关系所产生的"软"信息。这些信息除了通过办理企业的存贷款、结算和咨询业务而直接获得以外，还可以从其他渠道如企业的股东、债权人、员工、供应商和顾客以及企业所在的社区获得。软信息不仅涉及企业的财务和经营状况，还包含了许多有关企业行为、信誉和业主个人品行的信息。尽管关系型贷款并不拘泥于企业能否提供合格的财务信息和抵押品，但基本前提是银行和企业之间必须保持长期、密切而且相对封闭的交易关系。在实际中，大量的小企业一般处于初创期或向发展期的过渡阶段，企业年龄较短，很难满足这种要求，因而关系型贷款量也较少。

（3）第三方担保实现信用增级的贷款。对于那些既不能提供直接符合银行要求的抵押担保品，或者与要求的数额相差较大，也未能与银行保持长期密切的关系从而足以获得银行贷款支持的小企业来说，要想从外部获得贷款，就必须寻求第三方的支持，实际上，这类小企业占了绝大部分。因此，在银行贷款合同中设立第三方担保，不仅很有必要，而且市场需求量非常大。

问题在于，第三方提供担保虽然为银行分担了贷款违约的风险，但小企业要为此支付担保成本，增加财务压力，并且第三方担保可能由于自身的商业可持续性要求而无法提供给一些具有发展潜力的小企业，使这些小企业仍无法获得银行贷款。为此，我们需要探究如何在不过分加重小企业融资成本的同时，为第三方担保者提供足够的承担风险的激励，使第三方担保机制具有可持续的市场运作能力，也就是寻求一种能够对上述问题加以平衡的且数量较为充足的担保供给模式。

三　我国当前信用担保业的运作模式

我国小企业融资担保业务从1998年开始试点，发展较快。根据国家发改委的调查统计，截至2006年底，全国有担保机构3366家，其中省级担保机构359家，地市级担保机构 1665 家,政府完全出资的 688 家,参与出资的 629 家,民间出资的 2049 家。全国担保机构共筹集担保资本金总额达到 1233 亿元,其中政府出资比例占 29%。累计担保企业 379586 户,累计担保金额达到 8052 亿元①,但这还远远不能满足实际需要。从实践情况来看,主要有以下四种运作模式:①商业性担保模式。担保机构是由企业和个人出资组建、以赢利为目的、完全市场化运作。②互助性担保模式。担保机构是由多家企业共同出资成立,主要为出资企业提供融资担保服务。有两种常见的情形,一是企业成为业务会员,但不成为股东;二是加入的会员都成为担保公司的股东。③政策性担保模式。担保机构一般是由各级政府出资设立的国有独资或控股、参股,但不以赢利为目的。④混合型担保模式。担保机构一般由政府、大的民营企业、小企业以及个人共同出资组建,以商业赢利为目的。这种模式在运营方式上融合了政策性、商业性、互助性三种担保模式,一般遵循"政府资金引导、社会资本参与、互助合作补充、商业化公司运营"的原则。

调研发现,以上四种模式在实践中也表现出了各自的优点与不足。尽管商业性担保机构的公司治理结构相对较完善,在风险防范上相对严格,但风险补偿机制不足,银行认可程度偏低,业务难开展,并且对小企业提出的反担保要求较高。互助性担保模式一般是非营利性的,对经营管理者的激励不足,而且相对封闭,服务于特定的社区和产业,难以扩大服务范围。政策性担保模式虽然能够获得银行的高度认可,但是政府往往干预过多,效率不足,而且担保风险很容易转变为政府风险,增加财政负担,但也有运作较为成功的案例,如深圳市设立的担保中心。混合型担保模式虽然能够发挥不同模式的互补优势,但也很难避免不同模式的局限性,甚至会出现一定的冲突。在模式选择上,从发挥市场机制对资源配置的基础性作用来看,应该着眼于发展商业性担保。为此,需要对目前的商业性担保运作模式加以评价,以发现问题。

四 商业性担保模式的情景模拟试验分析

纯粹按市场规则运营的担保机构必须获得一定的赢利来回报投资者,即要保障投资者能够获得某个最低的投资收益率,这是投资者参与的门槛条件。如果融资担保业务在不同的情景中具有可持续的期望赢利水平,或者现实情况能够满足达到期望收益的情景条件,那么就可以认为这一商业模式具有可行性;否则,单纯依靠收取担保费的传统商业模式可能难以支撑担保市场良性、均衡的发展。此时,需要对其提供某种形式的补偿与诱导,才

---

① 狄娜:《中小企业信用担保业 2007 年度发展报告》,《银行家》2007 年第 11 期。

能激励投资者为小企业提供融资担保服务。在此，我们以粤浙两省担保机构的部分运营情况为观察基础，对商业性担保模式的绩效进行模拟试验评价，以发现可能阻碍小企业融资担保服务市场发展的因素。

（一）评价模型

投资者参与的门槛条件通常可用资本收益率指标来衡量，经济增加值（EVA）指标则进一步考虑了投入资本的机会成本，因而更加真实地反映了投资价值成长。本文首先计算小企业融资担保业务的资本收益率情况，其次将其与某个资本机会成本进行比较，以衡量该业务的投资价值。

在本文评价模型中，假定担保机构的收入只有担保费一项，成本费用则包括三个部分：一是发生违约时的代偿净损失，二是各种营业费用，三是税收。小企业融资担保业务的资本收益率计算方法如下：

$$R = (cmr - cmdl - f - t)/c$$

其中，R 为资本收益率；c 为投入资本；m 为担保放大倍数；r 为担保费率；d 为违约代偿率；l 为违约损失率；f 为营业费用；t 为税收。

经济增加值的评价公式则为：

$$EVA = R - p$$

其中，p 为资本机会成本。

（二）情景模拟试验的工具和方法

情景模拟是以当前的状况为基点，模拟各种状态下的赢利水平。情景模拟使用的工具是 *EViews*3.1 和 *Excel* 2003。情景模拟使用的方法是灵敏度分析，即根据模拟试验确定的参数范围，计算两端点和某些中间点状态下的资本收益率，然后比较各种状态下资本收益率的差距，对其加以分析。本试验所涉及的模拟参数有 4 个：担保费率、放大倍数、代偿率和损失率，代偿率除考虑两端点情况外，还考虑了 5 倍和 10 倍两个中间点，故本文涉及的模拟情景状态（非连续）共有 $2 \times 4 \times 2 \times 2 = 32$ 种。

对于每一种状态，所计算出的资本收益率并非唯一值。对于担保业而言，各家担保企业的规模、经营能力、风险控制水平是不同的，因此，担保企业的资本收益率应该是服从某种分布。从实际情况看，本试验不妨假设每种状态下各企业的担保费率、放大倍数和损失率基本一致，代偿率服从某一正态分布，通过模拟1000次，得到在这一状态下担保业的资本收益率状况，这一均值反映了担保业在该状态下普遍的赢利水平，标准差则反映了各个企业之间的差异，即可能的经营风险。

模拟试验的具体操作流程如下。

（1）使用 EViews3.1 产生标准正态分布的1000次模拟；

（2）在 Excel 2003 中将标准正态分布转换成某种形式的正态分布，即得到代偿率的分布，并剔除掉代偿率为负的情况；

（3）根据评价公式，代入各个参数值，计算出资本收益率（不到1000次）；

（4）将资本收益率从最小值到最大值分成若干区间等分，然后计算落入每一区间的频数，从而绘制资本收益率的分布图，使用 EViews3.1 或 Excel 2003 计算资本收益率的属性，包括均值、标准差、最大值、最小值；

（5）替换参数，重复第1至第4步；

（6）把各种状态下的资本收益率属性汇总列表分析。

（三）参数取值说明

关于情景模拟试验中的参数取值范围，依据对粤、浙两省部分担保机构的调研结果以及一些公开的数据来确定。从实际看，担保机构目前大多享受一定的税收优惠政策，所以可以不考虑税收的影响，即 $t=0$。目前担保费率一般不超过银行贷款利率的50%，总体来看，可以把小企业融资担保费率设定在 [2%, 3%] 的区间，实际情况可能还要低一些。放大倍数是影响担保业务收入的另一个重要因素，目前整个行业的放大倍数为 2~3，还有很大的提升空间。在模拟试验中，放大倍数的波动区间确定在 [2.5, 20]。成本费用参数主要是发生违约的代偿净损失和营业费用两类。代偿净损失是融资担保业务的主要风险。代偿净损失可以分解成两部分：其一是违约代偿率，其二是违约损失率。就代偿率而言，实际数据均值在1%左右。但从我国银行业对中小企业贷款的不良比率来看，可以把代偿率的均值上限设为5%。代偿率的标准差方面，我们经验地认为其与均值的关系是均值越小，波动性越小。代偿率的变化范围可确立在 [1%、0.5%; 5%、2.5%]，即代偿率是服从均值为1%、标准差为0.5%的下限到均值为5%、标准差为2.5%的上限这样一个正态分布。贷款违约损失率的高低取决于两方面：一是被担保企业的实际状况，二是担保公司的各种反担保措施。模拟试验中把损失率的变化范围确立在 [20%, 40%]。营业费用包括固定成本与可变成本。据观察，营业费用占资本金的比例可设为常数，实际中该比例在 [2%, 3%]，试验中不妨设定为2.5%。

(四) 情景模拟的试验结果

情景模拟试验得到小企业融资担保业务在32种不同状态下的资本收益率情况。为了进一步明确有保障的最低收益率水平，本文又计算了不同状态下资本收益率的VaR值[①]。结果见表1。

表1 不同情景状态下的资本收益率情况

单位：倍，%

情景编号	参数变化情况				资本收益率情况			VaR值	
	担保费率	放大倍数	代偿率（均值、标准差）	损失率	均值	标准差	收益率区间	1%置信度	5%置信度
1	2	2.5	(5,2.5)	40	-2.61	2.33	(-9.52,2.47)	-8.32	-6.61
2	3	2.5	(5,2.5)	40	-0.11	2.33	(-7.02,4.97)	-5.82	-4.11
3	2	5	(5,2.5)	40	-2.73	4.65	(-16.54,7.44)	-14.13	-10.72
4	3	5	(5,2.5)	40	2.27	4.65	(-11.54,12.44)	-9.13	-5.72
5	2	10	(5,2.5)	40	-2.94	9.31	(-30.58,17.38)	-25.76	-18.95
6	3	10	(5,2.5)	40	7.05	9.31	(-20.58,27.38)	-15.76	-8.95
7	2	20	(5,2.5)	40	-3.39	18.62	(-58.66,37.26)	-49.03	-35.40
8	3	20	(5,2.5)	40	16.61	18.62	(-38.66,57.26)	-29.03	-15.40
9	2	2.5	(1,0.5)	40	1.47	0.47	(0.10,2.50)	0.34	0.68
10	3	2.5	(1,0.5)	40	3.98	0.47	(2.60,5.00)	2.84	3.18
11	2	5	(1,0.5)	40	5.46	0.93	(2.69,7.51)	3.17	3.86
12	3	5	(1,0.5)	40	10.46	0.93	(7.69,12.51)	8.17	8.86
13	2	10	(1,0.5)	40	13.41	1.87	(17.88,27.51)	8.85	10.21
14	3	10	(1,0.5)	40	23.41	1.87	(7.69,12.51)	18.85	20.21
15	2	20	(1,0.5)	40	26.17	3.73	(15.11,34.36)	20.19	22.92
16	3	20	(1,0.5)	40	49.33	3.73	(38.27,57.52)	40.19	42.92
17	2	2.5	(5,2.5)	20	0.06	1.16	(-3.51,2.49)	-2.91	-2.06
18	3	2.5	(5,2.5)	20	2.44	1.16	(-1.01,4.99)	-0.41	0.44
19	2	5	(5,2.5)	20	2.39	2.33	(-4.52,7.47)	-3.32	-1.61
20	3	5	(5,2.5)	20	7.39	2.33	(0.48,12.47)	1.68	3.39
21	2	10	(5,2.5)	20	7.28	4.65	(-6.54,17.44)	-4.13	-0.72
22	3	10	(5,2.5)	20	17.28	4.65	(3.46,27.44)	5.87	9.28
23	2	20	(5,2.5)	20	17.05	9.31	(-10.58,37.38)	-5.76	1.05
24	3	20	(5,2.5)	20	37.05	9.31	(9.42,57.38)	14.24	21.05

[①] 资本收益率VaR值的计算方法如下：①将资本收益率表示成代偿率的函数形式，对于其他收益和风险造成的波动，设置区间分别讨论；②求出均值和标准差；③设资本收益率服从正态分布，利用正态分布的反函数，分别计算在5%和1%的概率水平上资本收益率对应的点，即为VaR值。

续表

情景编号	参数变化情况				资本收益率情况			VaR 值	
	担保费率	放大倍数	代偿率（均值、标准差）	损失率	均值	标准差	收益率区间	1%置信度	5%置信度
25	2	2.5	(1,0.5)	20	1.98	0.23	(1.30,2.50)	1.42	1.59
26	3	2.5	(1,0.5)	20	4.49	0.23	(3.80,5.00)	3.92	4.09
27	2	5	(1,0.5)	20	6.47	0.47	(5.10,7.50)	5.34	5.68
28	3	5	(1,0.5)	20	11.48	0.47	(10.10,12.50)	10.34	10.68
29	2	10	(1,0.5)	20	15.46	0.93	(12.69,17.51)	13.17	13.86
30	3	10	(1,0.5)	20	25.46	0.93	(22.69,27.51)	23.17	23.86
31	2	20	(1,0.5)	20	33.41	1.87	(27.88,37.51)	28.85	30.21
32	3	20	(1,0.5)	20	53.41	1.87	(47.88,57.51)	48.85	50.21

（五）结果分析

首先，从表1可以看出，担保费率、放大倍数、代偿率与损失率对担保业务的赢利水平具有不同影响力度。在第1~8种状态下，由于代偿率与损失率偏高，使资本收益率的波动区间下限全部小于零，且标准差所反映的风险水平也相当高。进一步看，1%和5%置信度的VaR值则反映出这些状态下小企业融资担保业务资本收益率的最低可能水平。在第9~16种状态下，由于代偿率参数降低，从而全部处于赢利状态，赢利水平的高低主要受担保放大倍数与费率的影响。在第17~24种状态下，代偿率仍然偏高，但损失率降低了，于是出现了盈亏交织的情况，当担保费率越高，同时放大倍数越大时，则会赢利，否则就出现亏损。在第25~32种状态下，由于代偿率与最终损失率都处于偏低水平，资本收益率的表现比第9~16种状态下还要好。

其次，进一步用经济增加值（EVA）方法来评价。不妨假设资本的机会成本为6%（相当于银行贷款利率水平），这是投资者参与的门槛条件。另外，由于放大20倍处于非常高的杠杆率水平，实际中有很大困难，尤其在融资担保业务发展的起步阶段，担保公司自身信用等级还有待提升，协作银行很难接受这样高的杠杆，因此，这里可不考虑放大20倍的情况。在试验中列入，则是为了更好地展示杠杆作用。按照1%置信度的资本收益率VaR值标准来筛选，发现仅有第12、13、14、28、29、30这六种状态符合投资者的参与条件。在这六种状态下，代偿率都偏低，担保放大倍数有4种情况是10，另外2种情况为5。当放大倍数为5时，则要求担保费率达到3%。这六种状态大致反映了纯商业性的小企业融资担保业务在市场中生存发展所需要的条件，如果达不到这些条件，也就意味着这种发展模式最终可能会被市场淘汰。例如，我们发现，当放大倍数为2.5时，在与其他参数组合的不同情景下，资本收益率都无法达到 EVA 标准，尽管有些状态没有发生投资亏本，但耗损了所投资本的机会价值，投资者最终可能会因此而选择离开。

五 情景试验与实际情况的比较分析

把实际情况与模拟试验中所假设的不同参数情景加以比较，就能清晰地发现我国目前信用担保业发展的问题所在。表2是根据调研情况计算的结果。我们发现，代偿率与损失率和模拟试验中达到投资者要求的六种状态基本类似。这也说明，由于担保机构可能比银行更接近小企业，因而具有"软"信息优势，或者担保机构能够比银行采取更加灵活的措施，使担保贷款的违约代偿率低于银行以往对小企业所发放信贷的一般违约率。担保不仅帮助较高风险的小企业获得了银行贷款，同时也帮助银行机构控制了信贷风险。这足以证明第三方担保机构所具有的重要经济功能。

表2 粤、浙两省信用担保业的资本收益率

单位：倍，%

	年度	担保费率	放大倍数	代偿率	损失率	费用占资本金比例	实际营业税率	资本收益率
广东省[a]	2006	1.53	3.04	0.93	43.52	1.68	0.06	1.57
	2005	1.89	2.46	0.57	34.36	2.52	0.06	1.49
浙江省[b]	2006	1.93	3.73	1.16	14.18	1.99	0.14	1.88

资料来源：a.《广东省信用担保行业发展报告》（2006、2007）；b. 浙江省信用与担保协会。

然而，从资本收益率角度来看，不仅远低于假设的6%机会成本水平，甚至低于银行存款利率。既然在风险控制方面能够达到基本要求，那么问题的原因就在于担保费率与放大倍数，显然它们与模拟试验中的情景存在着较大差距。调查发现，实践中的平均担保费率基本不超过2%。这可能主要受制于小企业的特性。对小企业来说，担保费率较低才能降低其所敏感的融资成本，吸引小企业向银行借贷融资并选择担保机制。在面临一定的市场竞争压力下，担保机构提高担保费率就会遇到较大困难。另一个问题是担保放大倍数。目前，实际放大倍数平均为2~3，有些甚至更低，与5~10的标准相比，还有很大拓展空间。我们发现，担保机构对于提高放大倍数有很强烈的意愿，但受到合作银行的强力约束。由于担保机构与发放贷款的银行之间处于非常不平等的合作地位，担保机构往往被迫承受100%的代偿，出于这种风险配置要求，使银行对担保放大倍数极为谨慎，以免在发生代偿时担保机构出现偿付能力不足的风险。由此可见，尽管担保机构鉴于自身所具有的软信息优势或者更加灵活的风险管理措施,能较好控制小企业担保贷款的违约风险,但担保放大倍数和费率都低的情况下,不仅限制了担保机构可能的赢利空间,更危及其本身在市场的生存能力,因为其担保业务的总体收益往往很难覆盖其履行代偿责任的风险。这可能正是当前大量担保机构并没有真正开展小企业融资担保业务的根本原因所在。

担保机构在企业违约风险管理方面具有一定的优势,这也成为担保机构赖以生存与发展的市场基础,可能具有进一步开发的商业价值。然而,比较分析揭示了担保费率与放大倍数两个重要参数的约束,这可能使纯粹的商业性担保机构在市场中缺少可持续的生存能力。就担保费率看,能否把担保风险完全市场定价,如果做不到,障碍又在哪里?为此,我们需要进一步厘清小企业融资担保业务的性质与特点。实际上,担保机构尽管在软信息和灵活性方面具有优势,但毕竟依赖第三方担保的小企业本身具有相对高的风险,按照市场原则,就应该提高担保费率。然而,如果担保费率完全按照风险的市场定价,可以预见的是,大量小企业将会无法获得担保。因为一方面,小企业处于生命周期前端,财务实力较弱,客观上很难承担高担保费率;另一方面,担保机构也将面临与银行类似的信贷配给问题,即出现"担保配给"。企业和担保机构之间因利益博弈引致的道德风险不允许担保机构一味提高担保费率,有研究表明,担保费率与投资项目成功的平均概率负相关[①]。因此,当担保机构不断提高担保费标准时,小企业投资成功的概率将随之下降,道德风险增加,这使担保费率不可能充分提高到市场风险定价的水平。实际上,为小企业提供融资担保服务可能具有准公共品的性质。因为担保机构所获得的有保证收入低于其所承担的实际风险,而小企业的成功对社会具有更大的积极效应,但这种效应并不属于担保机构享有。再从金融排斥的角度来看,小企业往往处于金融服务体系的末端或者之外,但对任何一个经济体来说,要促进小企业的成长发展,就应该解决这类金融排斥问题。既然具有准公共品的性质,如果没有某种政策性补偿,担保市场就会供给不足,结果是大量小企业很难获得担保融资。在实践中,许多国家与地区政府都对小企业融资担保采取了一定的政策扶助,以帮助平衡风险与收益的不对称。

至于放大倍数的问题,一方面,通过改善担保机构与银行之间的合作关系可以在一定程度上有所帮助;另一方面,通过担保机构在市场运作中累积品牌价值也会有所提升。但是,随着担保倍数放大,必然会增加担保规模,这会对担保机构在风险管理能力上提出新的挑战,代偿风险可能会有所升高。因此,尽管担保机构有提高放大倍数的强烈动机,但也需要平衡可能导致的风险冲击。

---

① 对此可以建立数学模型进行精确分析。参见付俊文、赵红《信息不对称条件下的中小企业信用担保数理分析》,《财经研究》2004年第7期。

六 小企业融资担保服务发展模式的政策建议

至此,发展小企业融资担保的问题已基本清晰,在商业性担保模式的基础上,需设法弥补因担保费率与放大倍数所造成的困境,以提高担保业务的投资收益率,才可能实现小企业融资担保市场的供求均衡。在担保费率不能大幅提高并且放大倍数暂时也难以显著改善的情况下,要么进一步降低担保机构所承担的风险,要么增加担保机构的其他收入来源,从而提高其资本收益率,以下途径值得探索。

其一,建立适当的政策性补偿机制。鉴于小企业对经济社会的重要贡献和融资担保服务具有准公共品的性质,政府提供适当的资金补偿与政策扶持很有必要,前文对此已有详述。至于政策性以何种方式来体现和运作,需另文详论,在此不赘。总的来看,应借鉴许多国家的运作经验。例如,避免政府基于出资人的权利或者补偿条款而对融资担保业务进行直接支配与决策的问题。

其二,在担保机构同一平台上采取融资担保与股权投资相结合的业务模式。深度开发融资担保服务平台所具有的范围经济,综合开展私募股权投资业务,以股权投资业务收益来补偿担保业务风险。第三方担保机构通过提供融资担保服务而介入小企业内部经营管理,由此可以更加全面深入地挖掘企业的各种信息,围绕这些基础信息,可以开发的产品并不只是融资担保服务,还可以用来支持向小企业进行股权投资的决策,从而获得范围经济。担保机构所掌握的有关小企业信息,实质上是担保机构的核心专长,担保服务与股权投资完全可以共享这种核心专长,这不仅有利于降低开展股权投资业务在信息搜寻与核实方面的成本,更重要的是能够发掘、甄别和提供更有价值的投资机会,提高投资成功的概率,从整体上提高担保机构的资本收益率,并增强抵御风险的能力。这种业务模式的实质是把信用担保业务与风险投资业务直接结合起来,担保机构直接扮演风险投资公司的角色,在为小企业提供融资担保的合同中置入特定的条款,即与企业约定在未来一定条件下担保机构能够以某个价格获取被担保企业一定比例的股权。这样,担保机构在提供担保服务的同时,实际上也购买了一份获取被担保企业未来成长收益的期权,以分享企业成功所带来的收益。考虑到小企业在获取外源融资时可能对控制权采取非常谨慎的态度,担保机构也可以允许被担保企业在未来按照约定回购该期权。因此,无论担保机构是否真正实现对小企业进行股权投资,其有保证收入的总量都会增加,从而能够直接改变担保机构的风险收益匹配。

其三,引入第四方来分担企业的违约风险,减少担保机构的代偿损失。一种形式是所谓的"桥隧模式"①，这实际上也是基于担保机构所具有的信息优势，在担保机构自身不去做股权投资的情况下，可以向第四方业界相关机构推荐，包括风险投资机构或者上下游企业，第四方与被担保企业订立有条件的期权收购合同，即以某种形式承诺，当企业现金流发生未如预期的变化而导致财务危机，进而无法按时偿付银行贷款时，第四方将以预先约定的优惠股价参股该企业，帮助企业偿付银行债务，并保持企业的持续经营，规避破产清算造成的损失，最大限度地保留企业的潜在价值。这实际上是为银行和小企业担保贷款业务筑起了又一道风控防线，分担担保机构所承担的最终风险。另一种形式则是设立再担保机制来分担单个担保机构的代偿风险，当然，政策性补偿也可以通过再担保机制来实施。

（本文发表于《金融研究》2009 年第 5 期）

参考文献

[1] 范卫青：《金融支持与中小企业发展》，《生产力研究》2007 年第 13 期。
[2] 凯文·多德：《竞争与金融》，中国人民大学出版社，2004。
[3] 林毅夫、李永军：《中小金融机构发展与中小企业融资》，《经济研究》2001 年第 1 期。
[4] 让·梯若尔：《公司金融理论》，中国人民大学出版社，2007。
[5] 人行德阳市中心支行课题组：《关于推进中小企业信用担保体系建设的调研》，《西南金融》2007 年第 11 期。
[6] 田晓霞：《小企业融资理论及实证研究综述》，《经济研究》2004 年第 5 期。
[7] 晏露蓉、赖永文等：《创建合理高效的中小企业融资担保体系研究》，《金融研究》2007 年第 10 期。
[8] 张捷：《中小企业的关系型借贷与银行组织结构》，《经济研究》2002 年第 6 期。
[9] Adler, B. E. , 1993, "An Equity Agency Solution to the Bankruptcy Priority Puzzle", *Journal of Legal Studies*, 22, pp. 73 – 98.
[10] Barro, R. J. , 1976, "The Loan Market, Collateral, and the Rate of Interest", *Journal of money, Credit and banking*, Vol. 8, No, 4, pp. 439 – 456.
[11] Berger, A. N. & G. F. Udell, 1998, "The Economics of Small Business Finance: the Role of Private Equity and Debt Markets in the Financial Growth Cycle", *Journal of Banking and Finance*, 22, pp. 613 – 673.
[12] Besanko, D. and A. V. Thakor, 1987, "Collateral and Rationing: Sorting Equilibrium in Monopolistic and Competitive Credit Markets", *International Economic Review*, 28, pp. 671 – 690.

---

① 韩瑞芸：《谋求融资正途——浙江贷款担保引入桥隧模式》，2007 年 1 月 17 日《21 世纪经济报道》。

[13] Bester, H., 1985, "Screening vs. Rationing in Credit Markets with Imperfect Information", *American Economic Review*, 75, pp. 850–855.

[14] Bester, H., 1987, "The Role of Collateral in Credit Markets with Imperfect Information", *European Economic Review*, 31, pp. 887–899.

[15] Gale, D. and M. Hellwig, 1985, "Incentive-compatible Debt Contracts: the One-Period problem", *Review of Economic Studies*, 52, pp. 647–663.

[16] Lacker, J. M., 1990, "Collateralized Debt as the Optimal Contract", Federal Reserve Bank of Richmond, *Working Paper*, 90–3.

[17] La Porta, Rafael, Florencio Lopez-de-Silanes, Andrei Shleifer, Robert Vishny, 1997, "Legal Determinants of External Finance", *Journal of Finance*, 52, pp. 1131–1150.

[18] Rajan, R. G. & Winton, A., 1995, "Covenants and Collateral as Incentives to Monitor", *Journal of Finance*, 50, pp. 1113–1146.

中国小企业融资难问题的成因及对策

—— 基于 31 省（市、区）调查问卷的分析

袁增霆　蔡　真　王旭祥

小企业是当今中国经济增长的一支重要力量，同时，它的发展对解决就业压力起着重要作用。然而，小企业融资难的问题长期难以解决，成为制约其发展的严重瓶颈。2007 年以来，受全球金融危机影响我国外需大幅下降，原本处于边际利润上的小企业面临巨大生存考验。在外部因素不为我所控的情况下，如何扫除可控的内部障碍，寻找有效的支持因素成为目前小企业发展的第一要义。国务院高度关注小企业发展问题，尤其是小企业发展中的融资难问题。在〔国发〕第 36 号文中，缓解中小企业融资困难处于第二重要位置。

学界关于小企业融资难问题的文献可谓汗牛充栋，然而这些基于纯理论所提出的政策建议大都存在隔靴搔痒、不得要领之嫌。对此，本文基于中国人民银行信贷管理处的关于中小企业的调查问卷信息，希望通过理论和实践相结合的研究，找出中国小企业融资难的真正成因，并提出有见地的对策。

一　国内现有理论的简要回顾及评述

国内关于小企业融资难的研究大体上可以分为四种类型。

一是小企业规模歧视论。这一理论认为，与大企业相比，小企业由于规模小，其经营活动相对不规范，银行与小企业之间信息不对称程度高，阻碍了银行对小企业的贷款；另外，小企业相对于大企业更易受经济波动的影响，因而不确定性程度高，风险也更大，银行不愿向小企业授信。

二是银行市场结构论。这一理论与中国的特色有关，即中国是银行主导的金融体系，而银行体系中大银行又占主导。大银行在处理公开信息上具有优势，而小银行则更善于处理难以标准化的信息，并且这种信息在组织结构复杂的大银行传递成本很高。因此，大型金融机构天生不适合为中小企业服务（林毅夫、李永军，2001）。根据这一理论基础，一方面，由于中国高度集中的银行市场结构，小企业融资难的问题便不言而喻。另一方面，

大银行广泛的网络分布还占据了更多的可贷资金资源,这使得小银行为小企业提供融资服务时自身面临可贷资金供给的约束。

三是所有制歧视论。这一观点认为,主导我国金融资源的国有商业银行对中小企业(它们大都属于非国有经济)存在歧视。造成歧视的主要原因是国有企业与国有商业银行的控制权均掌握在政府手里,因而国有企业的不良贷款对双方当事人缺乏实质性的责任认定,这使得国有银行愿意向国有大企业贷款。

四是外部环境缺陷论。关于这方面的见解主要从我国小企业信用环境差、信用支持体系(主要是担保体系)发展不足等方面阐述,相应的对策建议包括加强征信体系建设和构建完善的信用担保体系。

对于这些理论和观点,我们注意到其与现实存在的一些差距。就规模歧视论而言,现实中存在着包商银行和台州市商业银行这种专门做小企业信贷业务的银行,而且业绩很好。以前者为例,包商银行的 2006 年和 2007 年的贷款不良率分别为 0.56% 和 0.71%。就银行市场结构论而言,为什么同样是主银行制度的日本小企业融资的业务却很发达?而针对大型金融机构天生不适合为中小企业服务的命题,为什么花旗银行这样的大银行能够通过先进的流程设计在小企业信贷市场上稳获收益?就所有制歧视论而言,目前五大国有商业银行除农行外都已上市,除在内地上市外还在海外上市,那么这些银行的经营决策权就完全由政府掌控吗?它们不需要考虑其他股东的利益吗?就外部环境缺陷论而言,目前我国的信用担保体系建设正在加强,但是一些专业担保公司的生存状态却令人担忧,它们在业务开展中大都通过风险投资、第四方风险分担等方式弥补担保业务的损失,那么信用担保业的发展是否是一个行之有效的方法呢?

尽管以上现象有的是个别的、局部的,有的可能因国别不同在中国并不一定具有解释力,有的可能因为时机的不成熟导致现实解释力不强,但是对于这些现象我们并不能视而不见,相反,却要带着这些矛盾进一步探究小企业在中国融资难的真正原因。

二 此次调查发现的两个异象及其解释

(一)经济发达地区的小企业比欠发达地区面临更严重的融资难问题

根据上述银行市场结构论,东部地区在银行市场的发育程度上比中西部要好,存在着众多的城市商业和信用合作组织,而且外资银行数量也更多;就信贷需求面企业而言,东部的民营经济更活跃,追求利润最大化的银行更应该为其提供更多的服务获取更多的利润;就外部环境而言,根据社科院金融所 2008 年金融生态的评价结果,东部地区的金融生态综合指数为 0.762,明显高于中部的 0.418 和西部的 0.398。综合以上三个方面,东部地区在小企业融资上应该优于中西部地区,而现实情况却相反。

具体来看,经济发达地区的小企业比欠发达地区面临更严重的信贷配给表现在以下三个方面。

第一,从小企业信贷余额占比情况看:截至 2008 年 9 月,中小企业贷款余额占全部信贷余额的比例为 35.89%。其中,东部地区这一比例为 33.11%,东北地区小企业信贷余额占比为 33.00%,西部为 35.17%,中部为 42.31%(见图 1)。经济发达地区较之欠发达地区对中小企业提供的信贷相对更少。

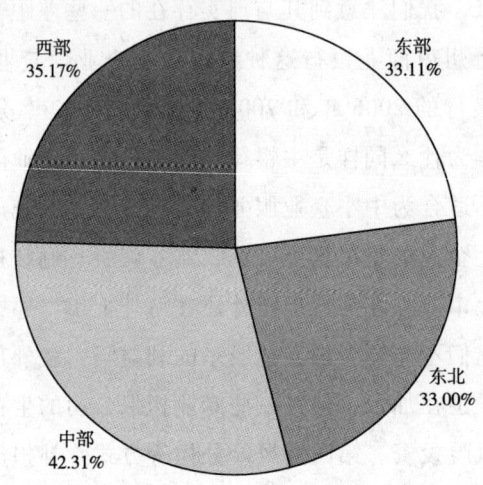

图 1 各地区中小企业信贷余额占比情况

第二,从小企业信贷期限看,小企业融资难的问题主要表现在长期资金得不到满足,我们考察各种期限小企业信贷缺口情况(信贷需求减去信贷供给)。结果显示,东部地区 1 年期以下信贷过剩比例为 38.02%,而西部地区为 27.33%;东部地区 1~2 年期信贷缺口为 15.05%,西部地区为 14.70%;东部地区 2 年期以上信贷缺口为 22.99%,西部地区为 12.61%(见图 2、图 3,中部地区的省份没有报告)。

第三,从小企业的资金成本情况看,76% 的中小企业在获得贷款时利率都是上浮的。就地区差异而言,东部地区 79.00% 的小企业面临资金上浮,而东北、中部和西部地区的这一比例分别为 73.77%、77.84% 和 72.67%(见图 4)。这是资金上浮的覆盖面情况,从一些省份报告的资金上浮程度看,东部地区也高于中西部地区。这意味着经济发达地区的中小企业较之欠发达地区的中小企业资金成本负担更重。

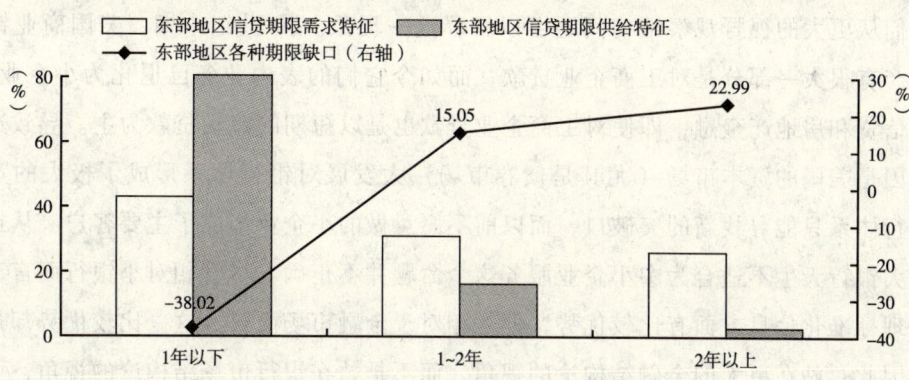

图 2 东部地区中小企业信贷期限特征

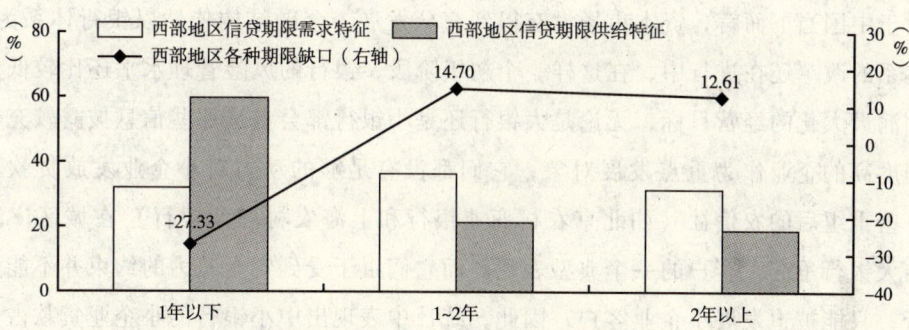

图 3 西部地区中小企业信贷期限特征

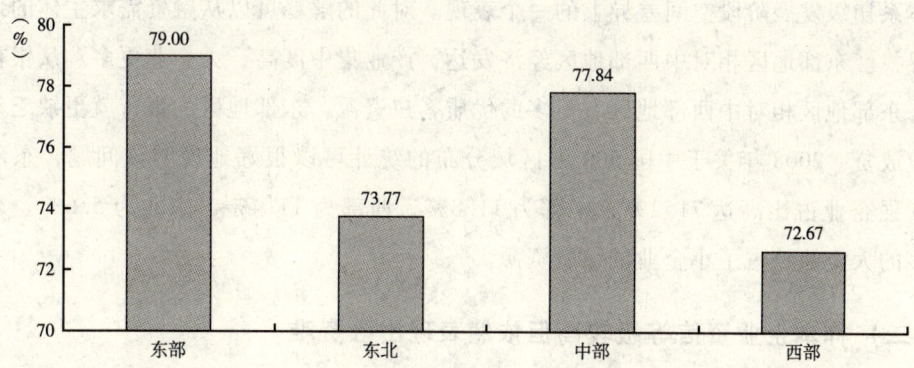

图 4 各地区中小企业信贷利率上浮占比情况

从上述三个方面反映的情况看,东部地区较之中西部地区的小企业面临着更严重的融资难问题,这与理论预期的结论相反。那么中国小企业融资难的成因究竟何在?从供给面讲,银行市场结构论并不成立,因为在美国存在着小企业业务做得很好的大银行。但是,如果我们从更大的视野观察结构问题可以解释这一现象。20世纪中期,美国商业银行中信贷资产有很大一部分是对工商企业贷款,而如今它们的表内业务已退化为小企业信贷、消费者信贷和房地产金融,即使对工商企业贷款也是以短期的流动贷款为主。导致这一现象的原因是美国的资本市场(尤其是债券市场)大发展对银行体系形成了极大的竞争压力。银行体系只能寻找新的突破口,而以前不愿意做的小企业却成了主要客户。从这个角度讲,大银行天生不适合为中小企业服务这个命题并不正确。尽管相对小银行而言,大银行在处理标准化信息方面有比较优势,但是相对于金融市场而言,这一比较优势却是比较劣势。因此,站在更大的金融结构论的视角,而不是站在银行市场结构论的视角,可以很好地解释小企业融资难问题。而且站在这一视角,我们乐观地断定,小企业融资难不会是一直悬而未决的难题,它只是一个历史命题而已。

对于中国当下而言,资本市场没有得到充分发展,金融结构依然以银行体系为主导;银行体系的改革还在进行中,在这样一个初级阶段,银行的风险管理水平还比较低。为了满足利润最大化的经营目标,无论是大银行还是小银行都会首选那些信息披露较充分、标准化程度高的企业作为重点发展对象,它们都没有足够的动力对小企业发放贷款。现实中,一些重组后的农信社(如北京农村商业银行和上海农村商业银行)在城区广泛设点就是与大银行争夺大客户的一个典型表现。而它们由于受到资金实力的约束并不能竞争过大银行,只能被迫发展小企业客户,因此,统计中表现出中小银行的小企业贷款占比高于大银行。对于调研中发现的东部地区比中西部地区面临更严重的融资难问题,则是中国在金融体系初级发展阶段空间差异上的一个表现。对此的解释可以从融资需求主体的地区差异上寻找。东部地区相对中西部地区经济发达,产业集中度高,大企业更多。从银行的角度讲,东部地区相对中西部地区有更多的优质客户资源,东部地区的银行就更缺乏动力对小企业放贷。2008年关于中国500强区域分布的统计可以很好地说明该问题,东部地区的500强企业占比高达71.2%,中部为11.8%,西部为11.4%,东北为5.6%。东部地区太多的大企业挤占了小企业的信贷资源。

(二)样本企业资信等级较高但依然表现出融资难

依照小企业规模歧视论,小企业融资难的一个重要原因是小企业信息难以标准化,信息不对称程度高。我们的调查发现,无论是经济发达地区还是欠发达地区,有80%左右的企业在2008年的危机中赢利状况正常或良好(见图5),并且80%以上的企业资信等级在A级以上(见图6)。这至少说明两点问题:第一,商业银行对小企业经营状况进行过调查,信息不对称的程度有所降低;第二,调查的结果是小企业经营状况还不错,应该能够获得银行的资金支持。但是调查问卷反映大部分的小企业还是感到融资难，如何解释这一矛盾现象呢？

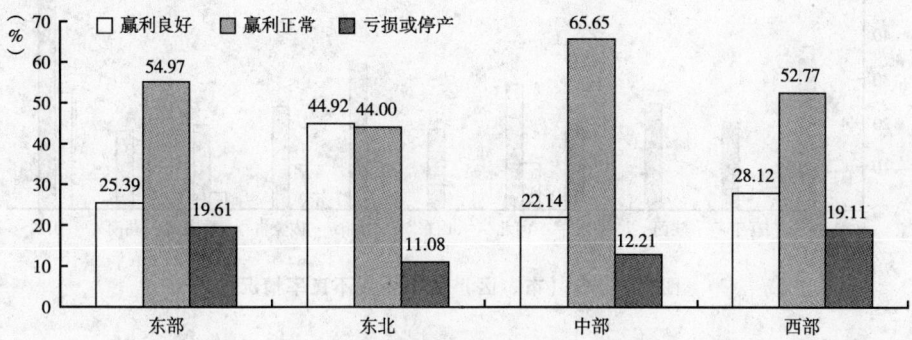

图5 各地区样本企业赢利状况

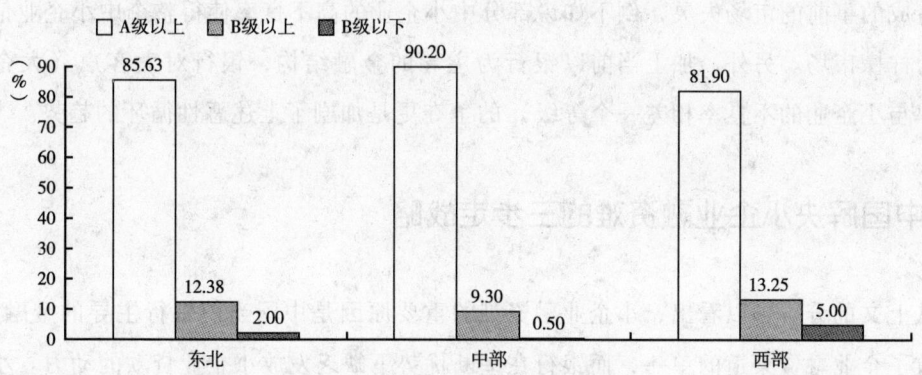

图6 各地区样本企业资信等级

注：东部地区样本太少，只有海南省报告了样本企业的资信等级，且不具代表性，故图6中没有反映。

信用评级是银行针对小企业是否违约的事前评判，这一判断是否成立还取决于贷款发放后的各种因素。而针对小企业是否违约还存在另一指标，即贷款不良率。尽管过去时点的不良率并不代表小企业获得贷款之后的行为，但是它大体描述了除时间这一因素外当前小企业样本的贷款特性，因为不良率所包含的信息经过了整个贷款周期的考验。我们依据这一推断寻找事实数据，调查问卷反映的小企业不良率在20%左右，山西省甚至高达64%（见图7），而大企业贷款不良率保持在2%的水平。

通过资信评级和不良率的比较，我们发现银行针对小企业的放贷行为是不唯评级信息而只唯不良率的。然而，这一小样本的不良率信息并不代表小企业的整体情况，银行参照

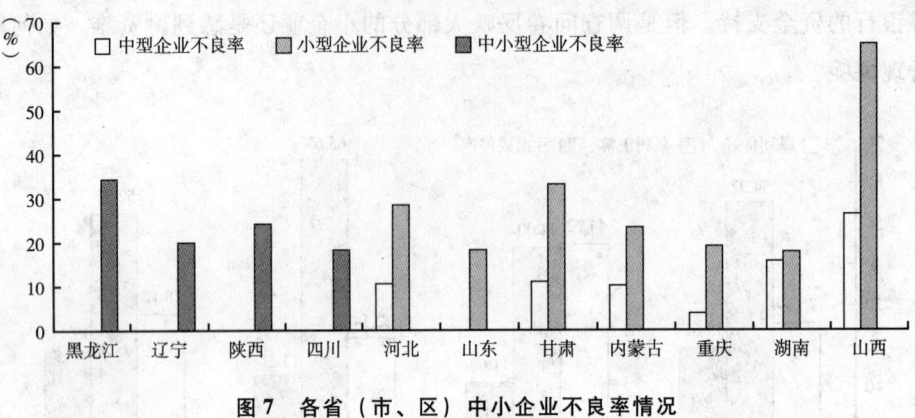

图7 各省（市、区）中小企业不良率情况

先验概率作出是否放贷的决策造成整个小企业信贷市场的萎缩，而市场的萎缩导致小企业信贷反映的信息愈加失真。因此，与其说中小企业融资难的成因是企业与银行之间信息不对称造成的事前的市场失灵，倒不如说部分中小企业的高不良率使得整个中小企业信贷市场成为柠檬市场。另外，加上当前以银行为主导的金融结构，银行对大客户（大企业的不良率与小企业的不良率相差一个等级）的争夺更是加剧了上述恶性循环的趋势。

三 中国解决小企业融资难的三步走战略

从上文的分析可以看出，小企业融资难的重要原因是中国当前银行主导的金融体系，这导致了企业融资渠道的单一，而银行在垄断优势下缺乏发放小企业贷款的动力。小企业贷款工作不能有效开展导致小企业信贷信息不能大量积累，这导致一旦对小企业放贷就形成高不良率，而少量企业的不良又导致了整个市场成为柠檬市场，从而造成了恶性循环的局面。

针对以上原因，我们提出解决小企业融资难的三步战略构想。

（一）大力发展资本市场，尤其是公司债券市场

尽管上文的分析表明小企业融资难的问题只是个历史问题，但是这并不意味着我们要任由这一问题自行得到解决，相反，我们应该发挥解决这一问题的主观能动性。

历史地看，改革大都是因为原有体制不能很好地解决各运行主体的矛盾自上而下发起的。就当前金融体系的主体银行而言，大客户贡献了大部分的利润，它们是没有动力改变现有业务模式的，因此，银行改革意识的形成必须来源于自身生存危机的体验。从宏观管

理方法看，应该大力发展资本市场，形成与间接金融竞争的压力，在这种压力之下形成银行转变业务模式并向小企业提供服务的动力。

具体看，大力发展资本市场的重点是公司债券市场，而不是股票市场。由于股票市场的股权融资特性，投资者只能获得剩余索取权，其偿还次序位于最后，这与债权融资有很大差异。而公司债券和银行信贷同属债权类融资，两者有很大的可比性，由于前者没有太多的机构运营成本，且流动性强，较银行信贷有很大的竞争优势。另外，随着公司债券的发展，各种规模和期限的公司债的收益率曲线得以形成，成为其他利率的参照系，这时银行半管制利率的市场化进程也得以顺利展开。

（二）加强征信体系建设，解决小企业融资中的信息不对称问题

在外部债券市场的强势竞争下，如果银行开始没有很好地适应新环境的变化，有可能使得改革陷于夭折。因此，上述发展公司债券形成银行发展小企业金融压力的改革还需辅助其他措施，而这一措施的目的在于解决小企业融资中的信息不对称问题。

这里我们并不赞成各种商业担保和政策性担保机构的模式。因为小企业金融无论对于银行还是第三方的商业担保机构来说都是新的课题，如果一开始做不好很容易导致柠檬市场的状态。从当前商业担保机构的运行情况看，它们大都通过其他业务抵补主营担保业务，这说明市场主体的自发选择并不正确。政策性担保的出发点是正确的，即具有外部性的产品应该由政府来解决，但是这种机构模式必然带来委托—代理问题以及各种寻租现象，而且在中国当前条块分割的背景下，这种模式的内耗也是很大的。

基于以上分析，我们认为，辅以解决小企业融资中信息不对称问题的方法是直接征信。这种模式相对政策性担保而言，没有金融杠杆的问题，成本投入的核算是清晰的，因而推广起来也是可行的。具体而言，加强征信体系建设在具体实践中应注意以下三点：第一，征信体系应该采集正面信息而不是负面信息，当前而言尽快打开小企业融资难的局面是当务之急，在小企业信贷业务逐渐展开之后，再考虑积累负面信息提高信贷质量；第二，针对小企业的经营规模特点，征信体系不仅应关注小企业的资产负债表情况，还应关注与商业信用有关的现金流数据；第三，针对小企业公司治理不完善的特点，征信体系还应关注小企业主的信用状况。

（三）鼓励和推动银行在小企业金融业务上的创新

如果在上述两种措施的共同作用下，银行的小企业信贷有所起色，下一步则是如何繁荣其发展的问题。在政策层面上应该鼓励和推动银行在小企业金融业务上的各种创新。一

方面，在信贷业务上学习和引进国外的先进模式，如分组贷款、互助担保、金融联结等机制，这些措施的核心是通过连带责任将外部信息的监督内部化，从而减少银行的监督成本；另一方面，除小企业信贷业务的创新外，银行还需在其他业务上创新，如针对同一客户进行交叉销售、为小企业主提供理财服务等，通过全方位的服务留住小企业客户。

（本文发表于《经济学家》2010年第8期）

参考文献

［1］巴曙松、徐滇庆：《我们需要什么样的民营银行》，《改革与理论》2002年第8期。
［2］李扬：《拨开迷雾——著名经济学家李扬谈中小企业贷款难》，《银行家》2002年第10期。
［3］李志赟：《银行结构与中小企业融资》，《经济研究》2002年第6期。
［4］林毅夫、李永军：《中小金融机构发展与中小企业融资》，《经济研究》2001年第1期。
［5］鲁丹、肖荣华：《银行市场竞争结构、信息生产和中小企业融资》，《金融研究》2008年第5期。
［6］彭江波：《以互助联保为基础构建中小企业信用担保体系》，《金融研究》2008年第2期。
［7］张杰：《民营经济的金融困境与融资次序》，《经济研究》2000年第4期。
［8］Robinson and Marguerite, 2001, "Microfinance Revolution: Sustainable Finance for the Poor", *World Bank Publications*.
［9］International Financial Corporation, 2008, "Financing Micro, Small, and Medium Enterprises: An Independent Evaluation of IFC's Experience with Financial Intermediaries in Frontier Countries", *World Bank Publications*.
［10］Allen and Gregory, 2002, "Small Business Availability and Relationship Lending: The Importance of Bank Organizational Structure", *Forthcoming, Economic Journal*.

政策性金融转型动态与我国的改革路径评析

董裕平

一 引言

2007年初,金融工作会议明确要求按照分类指导、"一行一策"的原则推进政策性银行改革,目前已启动商业化转型改革的只有国家开发银行(以下简称开行)。在汇金公司注资后,开行即按照现代金融企业制度和商业银行运行管理要求着手建立和完善公司治理机制,2008年底正式变更为"国家开行股份有限公司"。一年多来,业务范围进一步拓宽(包括银行、直接投资和投资银行业务),整体经营上保持了良好的市场业绩,母子公司运作框架、银行和非银行业务之间的风险隔离机制基本建立起来。农发行正在努力为下一步可能实施商业化改革准备条件。进出口银行则继续坚持政策性银行定位不变,并要进一步增强政策性金融服务功能。诚然,由于我国经济社会环境与政策性银行设立之初时相比发生了重大变化,因此推进政策性银行改革的必要性不言而喻,然而三家银行改革工作进展的不同情况也说明,转型改革具有很强的探索性和艰巨性,并非简单地翻个牌子否定机构的政策性定位就可完事。对于其所承担的政策性金融业务的运作方式,可能也并非预想的采取公开透明招投标制度等所能完全取代的。国际历史经验清楚地表明,完全转向商业化并非政策性金融机构改革的全部内容,即使市场化程度深如美国,在整个金融体系中也都始终存在政策性金融机构的一席之地。在这次国际金融危机中,政策性金融的危机管理与市场维稳功能更加凸显,有些国家重新评估政策性金融,并对相关机构改革的方向与步伐作了适当调整。

从对危机的深刻反思和我们当前遇到的问题来看,是否也有必要对下一步推进我国政策性银行改革进行新的评估呢?实际上,国内学界对于我国政策性银行改革的基本方向和总体思路并未达成高度共识,对于政策性银行的存废问题仍有争议。为了进一步厘清我国政策性银行改革探索遇到的问题,探讨下一步推进改革的方向与发展思路,有必要对国内外政策性金融机构改革发展的基本动因、一般模式与经验进行系统梳理，并结合金融危机分析政策性金融的重要功能，以探寻适合我国基本国情和金融体系现实因素的政策性金融发展模式。

二 政策性金融机构转型改革的基本动因与模式

世界上任何事物的发展都存在着一定的生命周期，政策性银行也不例外，存在着诞生、成长、壮大、成熟、衰退、消亡的阶段性和循环过程。如企业生命周期理论所指出，如果一家政策性银行提供的金融服务通过市场机制已经能够更有效地提供相应替代性的解决方案，那么这家政策性银行在原领域就会失去继续存在的必要性。这是政策性银行转型改革基本的内在逻辑。在实践中，政策性金融是政府实施宏观调控的一种特殊手段，政策性银行是为承担此类职能专门设立的金融机构，但随着市场机制逐步发育完善，原来设定的政策性银行活动领域有可能被市场发展所覆盖，此时政策性银行就会面临重大的调整变革。总的来看，驱动政策性银行转型改革的力量既有外部环境的重大变化，也有机构内部调整的要求。首先，外部环境发生重大变化，导致政策性银行设立时的原始使命基本完成，原来的发展方向、业务范围与运作方式必然要作出相应的改革调整。其次，作为政府宏观调控特殊手段的政策性银行在运行中也可能存在"政府失灵"带来的各种负面影响，如可能与商业金融进行不公平竞争，存在预算软约束、轻视经济核算，有的甚至人为操纵导致融资活动中"寻租"之风盛行，等等，这些负面影响也会成为机构改革的外部压力。再次，政策性银行自身不断积累业界经验和提高风险管理水平，基本具备了较好的市场经营与竞争能力，往往也会主动要求调整转型。最后，政策性银行运行不良，出现严重亏损拖累财政，也可能面临被兼并或关闭的风险。

驱动我国三家政策性银行转型改革的情况并不一致。开行首当其冲全面推进商业化转型，因为内部条件相对具备，同时来自外部环境变化的压力也越来越大。从内部条件看，从1998年开始转向开发性金融实践，十多年里经过多次内部改革调整，银行不断提高风险管理能力和市场化运作水平，不仅取得并保持了先进的市场业绩，而且在事实上已经能够自主经营与自负盈亏，员工队伍对商业化的接受度也相对较高，这为推行全面商业化改革奠定了良好的基础。从外部环境看，对开行实行转型改革的压力可以说逐年增强，近年来开行重点培育的基础设施领域的融资市场化条件逐步成熟，商业银行开始大规模进入该领域，形成争抢生意的局面。同时，开行不断尝试创新业务，自主拓展范围，导致外界对开行政策性定位不清、利用政策性优势与商业银行不公平竞争、风险责任不明确等各种批评越来越多。从政府角度看，不必为开行商业化转型改革支付专项财政成本，大大降低了改革操作难度。相比而言，另两家政策性银行在改革方面受到的外部压力要小得多。农发行虽然也具备了商业化改革的一些基本条件，但内部管理相对薄弱，历史包袱和资产质量等问题会严重影响银行的市场竞争力。外部的批评曾主要集中于其内部经营管理不善导致亏损并拖累财政方面，而来自商业银行的批评较少，因为农发行的传统业务领域主要是为粮棉油收购提供资金，新开发的业务也主要集中在农村地区，风险较高，尽管政府积极鼓励商业银行为"三农"提供金融服务，但其参与的意愿很低。进出口银行近年来虽然发展速度加快，但规模仍然很有限，与商业银行之间的竞争并不多，而且此次国际金融危机为其强化政策性金融属性创造了非常有利的环境。

从上述改革的基本动因来看，政策性金融机构转型改革的基本方向应服从金融体系改革发展的总体要求，其根本目的是为了改善金融系统配置资源的效率，有利于系统性风险管理和保持金融体系的稳定运行。广义上讲，我们可以根据内外部环境变化把政策性金融机构对自身的发展方向、经营模式、体制机制、业务范围等进行战略性的调整，笼统地称之为转型改革。具体从国外的情况来看，大致有以下几种模式。

（一）分账管理模式

由于市场发展导致部分政策性业务逐步具备商业价值，不宜继续采取政策性方式，但还要有专门的机构来承担政策性业务。因此，在保持机构属性的政策性定位情况下，允许其经营一定范围的有关联商业性业务，在机构内部对两类业务采取分账管理模式。德国复兴信贷银行（Kfw）与韩国产业银行（KDB）等机构就曾采取此种改革模式。Kfw将其已与商业银行产生竞争的出口信贷和项目融资等业务独立出来，纳入新建的全资子公司IPEX-Bank（Kfw进出口银行）之中，该公司在2004～2007年作为不独立的"行中行"试运行，而后作为Kfw集团全资控股独立法人启动独立评级运作，但Kfw仍然是政策性银行。韩国政府也曾允许KDB在转型后混合经营政策性和商业性两类业务，要求在内部设立不同的业务经营部门并分账户独立核算。政策性业务和政府补贴等归入国家账户，而商业性业务则归入市场化账户并实行风险自担。这种改革的关键与难点在于两类业务之间如何设立有效的"防火墙"，以防止造成不公平竞争、利益输送与责任转移的道德风险。

（二）分立机构模式

随着环境变化和市场发展逐渐成熟，原来的政策性业务可以大规模转向商业化运作，但政策性金融机构仍然可以作为政府干预资源配置的重要手段而存在，因而将两类业务由分设的机构承担。美国1938年设立了房利美作为住房领域的政策性金融机构，到20世纪70年代初期，为因应住宅市场与住宅金融体系的发展变化，政府根据《住宅与城市发展法》分拆了房利美，一家仍然沿用房利美的名称，但改变为以赢利为目的的私营股份公司，另外设立的吉利美仍然是政府全资持有的政策性机构。韩国政府在2008年宣布对KDB采取进一步的私有化改革计划，从分账管理向分立机构演变，要求分设商业银行、KDB控股公司（投行业务）和韩国政策金融公司（政策金融业务），但后因国际金融危机爆发而推迟了改革进程。与前者一样，这种模式保留了政策性金融机构，但不同之处在于可以避免前者需要在内部设立防火墙的问题。

（三）局部调整或收缩模式

对政策性金融机构的部分性质和业务形态进行适当的调整或收缩，主要是避免与商业金融之间直接竞争。1950年设立的日本住宅金融公库，在2007年根据《住宅金融支援机构法》进行了改革，虽然还是100%由政府出资，但法人形态由原来的特殊法人变更为现在的独立行政法人，主要业务也从原来一级市场住宅按揭融资调整到二级市场做证券化，仅保留很少量的按揭融资（如应对地震等灾害），资金来源上从财政借入调整为在市场发行抵押支持证券（MBS）筹集，原来享有的政府预算补助在改革后则被取消。

（四）彻底商业化模式

当内外部环境变化使得设立专门的政策性金融机构基本没有必要时，就可以采取彻底的产权改革，将政策性金融机构转变为商业金融机构，条件适当的还可以进一步改变为上市公司。在此次国际金融危机之前，受经济全球化和金融自由化风潮的影响，倾向于这种彻底商业化的改革模式较为普遍。1968年设立的新加坡发展银行后来改革更名为星展银行并且上市。我国台湾地区的兆丰国际商业银行、台湾中小企业银行等也都实行了彻底的民营化改革。这种模式废除了政策性金融机构，从新加坡与台湾地区的情况来看，由于地域范围较小，金融业务规模总量有限，在经济发展达到较高水平时，可以不再设立政策性金融机构，但这种模式可能并不适合经济大国，尤其是发展中的大国。

实践表明，在不同时期、不同地区，政策性金融机构的业务领域与运作方式不可能一成不变。由于各国的政策性金融机构所面临的环境与基础条件不同，经营状况个体差异较大，转型改革也表现出不同阶段性与形式多样性的特点。然而，从以上改革模式看，政策性金融机构完全转向商业化，只是其中一个比较极端的选项，并非转型改革的全部内容。即使有的政策性金融机构最终完全转变为商业金融机构，往往也要经历不同的调整与改革阶段，而不是一步到位。另外，要全面深刻地定位政策性金融及其改革，还应该考虑其在非常时期应对金融危机方面的重要表现。

三 全球金融危机再次凸显政策性金融的重要作用

20世纪80年代以来直至在此次金融危机发生之前，由欧美主导的经济与金融的全球化进展较为顺利，人们相信市场可以自我监管、自我修正，标准的宏观经济模型认为金融市场总是有效的，而带有明显政府干预色彩的政策性金融则会扭曲价格，效率低下。然而，西方主流经济学的模型不仅未能预见此次危机的发生，而且更无法认识到由于金融市场功能失调和资产价格泡沫破裂所导致的衰退问题会如此严重和持久，这和政策性金融等干预性政策造成效率低下或者效率损失的问题相比，反而要严重得多。由美国次贷危机恶化引发的全球金融危机，以严酷的现实打破了人们一直以来对市场近乎迷信的崇拜。面对金融市场信心崩溃、全球经济陷入严重衰退，各国政府纷纷出台了各种超常规的刺激性救市政策，扩张政府信用，在此过程中，政策性金融作为应对危机冲击的制度性安排，对恢复市场信心、稳定金融体系具有重要作用。

首先，政策性金融的制度安排不仅是实施危机管理的有效手段，甚至成为修复受损经济制度的必要机制。美欧等主要国家纷纷采取了非常规的干预政策，通过扩张政府信用进行救市，向具有系统重要性的金融机构大规模注资或提供增信支持，避免雷曼式的破产冲击，以求稳定市场信心，阻止危机的蔓延和经济的快速大幅下滑。尽管在西方国家对私人银行实行国有化一直受到普遍的抵制，但去监管的金融自由化最终发生了严重的金融危机，私人银行不得不被再次国有化，这应该看成为修复经济制度而不得不接受的结果。我们看到，英国政府向陷入绝境的苏格兰皇家银行注资455亿英镑，国有比例高达84%；美国政府安排了7000亿美元的金融机构不良资产救助计划（TARP）。在花旗集团需要进一步增加普通股资本时，政府主动将大部分优先股转换为普通股，所持比例达到了36%，实质上成了花旗的最大股东。虽然政府注资并不直接意味着国有化，对私人银行暂时有限的国有化也不直接等同于回归传统的政策性金融机构，但不可否认，扩张政府信用的注资行动及其结果都与政策性金融紧密关联。由此可见，金融体系遭遇危机后的这种悖论式的变化可能昭示出，即使在最根深蒂固的资本主义市场经济国家，至少作为金融体系结构核心的银行业，也仍然需要在一定程度上表现出政策性金融的特征，或者说不可避免地需要接受部分具有政策性特点的金融制度安排。

其次，既有的政策性银行不仅是危机时期信用稳定与扩张的重要渠道，而且可以成为专业化监管政府大规模救助性资金的有效机制。金融危机一爆发，市场的流动性在瞬息便出现从过剩到短缺的急剧逆转，为了对抗私人经济部门的信用严重紧缩导致总需求的大幅下降，各国都采取了大规模扩张公共部门信用的应对之策，除了直接的财政刺激，以政府信用为基础的政策性金融机构也可以成为信用扩张的重要渠道。这一信用扩张渠道不仅可减轻财政直接赤字融资的压力，缓和宏观结构的脆弱性，而且可避开财政预算受到法律严格约束的不便，使政府宏观调控具有更大的灵活性与便利性。另外，由于政府部门自身往往缺乏对危机时期大规模注资进行后续的专业管理能力，商业银行则可能因未暴露的潜在风险而很难被政府信任，政策性银行则可以受政府委托对大规模财政性注资实施专业化的监督管理。在此次危机中，一些政策性银行进一步扩大了对企业的贷款、认购商业票据、对指定企业出资以及为企业提供债务担保等，承担了稳定市场的重要责任。德国的 Kfw 不仅向其他金融机构提供了 122 亿欧元的援助，而且还负责管理政府 1000 亿欧元的企业救助基金。由此可见，不同于私人银行在危机期间严格的信用收缩，政策性银行不仅可以围绕政府调控目标逆周期扩张信用，配合商业金融，而且可以避免财政直接扩张的负面效应与不便，还可作为政府信任的专业金融机构，以改善财政大规模注资的运用效果。

最后，可能鉴于以上的观察与考量，在危机冲击下，一些国家开始重新认识和评估政策性银行的商业化改革问题，并对原来拟定的私有化改革计划进行了适当的调整。日本政策投资银行的民营化改革时间向后推迟了多年，并在改革后继续保留政府出资占其股份的 1/3 以上。韩国也向后推迟了 KDB 的私有化改革计划。从我国的情况来看，原先设想转向招投标模式的市场化改革倾向可能也会有所调整，目前除了开行在继续推进已启动的商业化改革外，农发行和进出口银行的改革进展，与此前我国金融主管部门有关人员对政策性金融转型改革的认知已出现了偏离，尤其是进出口银行的改革，最新的银行业监管报告显示，不仅要继续坚持其政策性金融的定位，并且强调也要通过修订章程、补充资本等手段进一步增强其政策性金融的服务功能。

四 我国政策性银行商业化转型改革的争议

当前我国的宏观经济环境、市场体制、产业结构、微观基础等与 1994 年三家政策性银行成立之时相比，都发生了重大变化。在政策性银行层面来看，部分原来的政策性业务在逐步走向市场，传统形式的政策性银行业务比重在下降，银行围绕政府目标逐步加大了自主性经营的开发性业务比重，并出现与商业银行的业务交叉现象。在此情况下，学界和业界对政策性银行实现职能调整和机构转型的争议也日益升温。争议所探讨的问题既涉及根本性的理论认知与实践判断，也有技术性的操作安排。例如，我国政策性银行是否需要继续存在？如何改善政策性银行的治理结构与内部运行机制？如何解决资本金补充和不良资产处置？等等。其中最关键的还是有关政策性银行的存废问题，尽管并未达成一致共识，但在大型国有金融机构通过财务重组和挂牌上市之后，政府对政策性银行的改革部署也提上日程。国务院在2006年的工作要点中明确作出了推进政策性银行改革的战略指示，并要求着手研究和设计转型方案。2007年1月，全国金融工作会议进一步明确按照分类指导、"一行一策"的原则推进政策性银行改革，并且还提出要对政策性业务实行公开透明的招投标制度。显然，对政策性业务实行招投标制，商业银行可以平等参与招投标来承担政策性业务，这意味着我国可能不再需要设立专门的政策性银行。在此思路规划下，2008年底，开行率先启动转型改革，全面推行商业化运作，目标就是改造成为一家纯商业性的银行。

然而，开行改革方案并没有就此为我国政策性银行的存废争议画上句号。一方面，倾向于不再设立专门的政策性银行的观点认为，在市场经济下，除极少数领域外，政策性银行存在的必要性越来越小。对于仍然存在的政策性金融业务，在国家事前确定补助标准后，可向各种银行招标，使补助后的政策性业务在商业上可持续。就我国政策性银行的业务来看，政策性银行与商业银行在市场化程度和商业价值越来越高的基础设施、机电产品出口等领域的业务交叉越来越严重，派生出来的不公平竞争问题在个别项目上有时较为突出。即使在"三农"领域，我国各类商业金融机构也纷纷开办了一些支农的商业性业务（罗学东，2007）。另一方面，对于政策性银行随市场经济发展其必要性越来越小的判断，贾康、孟艳（2009）则指出，这在中国当下的现实经济生活中和较短时期内还值得商榷，并且招投标方式政策性金融具有明显的约束条件，在可预见的将来尚难"包打天下"。因此，我国政策性金融体系的改革需要从政策性金融的目标及覆盖范围、运行方式、政策性金融机构的管理等方面重新规划。李扬（2008）明确提出，"对于国家将开行改造为纯商业性机构的思路，当时我就认为可容商榷"，如果说，对于开行改革方向的争论，"在当时环境下还难分轩轾，到如今，面对美国金融危机的发展及美国政府在危机中的行为，我们恐怕应有新的结论"。陈元（2009）从反思危机与金融资源配置的视角认为，政府可以通过采取界定政策性金融与商业性金融以及政府与政策性金融的责利边界等金融约束政策，充分发挥政策性金融的正外部性，限制其负外部性，实现效率与公共性的统一。

在笔者看来，我国政策性银行不仅有继续存在的必要性，而且还应进一步发展完善。这除了前文所分析的政策性金融在金融危机中表现出来的重要特殊功能之外，更应该看到通过专门机构的方式发挥政府信用资本化完全符合我国当前和未来较长时期内的发展实际。

首先,在市场经济体制不断发展完善的进程中,有选择地设立政策性银行,通过政府信用资本化来为社会欠发展部门和政策目标部门提供必要的金融服务,不仅可以显著降低商业金融体系内在的金融排斥问题,而且最终可以导向建立普惠性的金融体制,实现科学发展。列宁很早就明确指出,"没有大银行,社会主义是不能实现的。大银行是我们实现社会主义所必需的'国家机构',我们可以把它当做现成的机构从资本主义那里拿过来"。我们撇开制度革命的意识形态,从多个国家经济增长的历史经验来看,政府通过金融控制来发展战略性产业部门和实现工业化也是无可非议的。格申克龙(Gerschenkron,1962)指出,19世纪90年代的俄罗斯,政府利用金融支持工业化是一个巨大的成功。尽管我国经济总量在2010年已经超越日本,但仍然是发展中的社会主义大国,其发展的根本属性没有改变,应继续用好政策性金融实现赶超战略。现阶段我国工业化尚未完成,无论高新科技产业、中小企业,还是西部大开发、东北振兴、环渤海经济圈的发展、成渝城乡统筹试点,以及珠三角和长三角的转型升级,仍然存在资金不足的问题,都还有实施扶持政策的必要。特别是城市化加快推进,在住房、教育、医疗和社保体系等民生公共事业方面的建设任务十分艰巨,资金需求非常庞大,"三农"领域竞争资金的能力很低,有些乡镇已无任何金融机构,属于"市场失灵",更需要政策性金融的扶植。如果没有专门的政策性银行来开发这些亏损、微利和少利的长期性领域,结构调整和构建和谐社会的任务将难以完成。作为替代的招投标制本身是一种市场化机制,很难想象可以用来克服本已存在的"市场失灵"或者甚至还谈不上市场存在的问题。

其次,由于我国在未来较长时期内的政策性业务仍然具有足够大的规模,如斯密定理所言,可以支持在金融系统内部形成专业化分工,达成政策性银行与商业银行之间的配合,以改善金融系统的整体效率。我国目前已经进入工业化的中后期和城市化加速发展的阶段,以现在的年均增速预计,到2030年我国的城市化率将达到68%左右,这相当于每年约有1400多万人转移到城市中(张平、王宏淼,2010)。单就每年新增的1400多万城市人口而言,不仅要新建大量的城市住房、道路、垃圾处理等各种公共基础设施,还要大量投资教育、医疗、社保等。假设平均转移一人需要公共性投资3万元,每年仅此新增的投资规模约有4000多亿元。由于新转移到城市的人口实际支付能力较弱,类似于公租房的公共投资本身一般不具有商业价值,而且周期长、不确定性大,往往不适合商业金融。总体而言,作为发展中的大国,我国既不同于工业化已经完成多年的大国,也不同于新加坡等小国,在未来较长时期内,仍将存在非常庞大规模的政策性金融业务需求,这类业务规模足够大,设立专门的政策性银行应有利于加强和提高金融体系内部不同性质机构之间的分工和专业化的程度,彼此协作配合,将更有利于提升金融体系配置资源的整体效率。

再次，我国政策性银行的继续存在，符合金融生态系统多样化与稳定化的要求，有利于避免金融机构过度同质化的系统性风险。我们观察到，20世纪80年代以来，欧美国家掀起了金融自由化的浪潮，不断侵蚀和冲毁了20世纪30年代大萧条时期建立起来的各种监管壁垒，尽管在愈加趋向一体化的金融系统内部仍然保留一定的层次和不同形式的监管，但实际上这些机构通过利用监管套利和金融创新，几乎融合在一起，变成了同质化机构。不幸的是，在这次金融危机中，这种去监管化所导致的金融体系内部机构的同质化问题，大大加强了不同机构在危机中的行为一致性，放大了系统性风险，加剧了危机的震荡幅度，结果很容易"一荣俱荣、一损俱损"。如果金融系统中存在许多不同性质的机构，相互之间的行为有差异，金融系统就会稳定得多。显然，我国银行业的市场集中度相对较高，全国性大型商业银行并不缺乏，如果在制度设计上把政策性银行全部改成商业银行，形成机构单一化的金融生态格局，可能会在一定层次上削弱金融系统的内在稳定性。

最后，从国际竞争的长程视角来看，我国参与经济全球化已经不能只是单纯输出商品的低端方式，而应发挥政策性银行带动金融资本输出所具有的更高能量。通过与产业之间密切合作，由银行先行走出去带动或者至少能跟随服务于产业资本、商品资本，可以有效加强综合竞争力，在更深程度、更广领域参与海外的竞争与合作。近年来，我国经济发展对海外的金融服务需求迅速成长，然而，这与我国银行目前的海外经营状况非常不对称。要打破传统的西方银行一直占据海外业务市场的格局，开展金融竞争，可以由政策性银行领头开拓，既服务于我国"走出去"的企业，也有利于保障我国在能源、矿产资源方面的安全，还能加强我国银行金融业的国际竞争力。这本身是具有开发性金融业务特点的。可以预见，未来我国银行开展境外金融服务已经成为非常重要的发展方向，政策性银行在此领域的积极开拓，不仅可以避开商业化监管要求与信息披露方面的约束，承担有战略性价值的融资任务，还可以推动和引导我国境内商业性银行进入国际市场开展竞争，不断增强我国在国际金融领域的话语权、影响力和实际操作能力。

另外，就开行实施商业化转型改革的个案来看，除了关注机构在改革后融入市场的可持续发展问题，还要重视商业化改革可能引发的外部效应。尽管推行商业化改变了机构的政策属性，但其组织架构、基本运作模式和开发性业务的资产特色等在短期内很难有明显的变化。因此，就其融入市场的可持续性而言，一要探索处理好开发性金融模式与商业化之间的融合问题。尽管脱离政府信用等适当制度安排，但仍要坚持以带有显著政策性特点的开发性业务为主的模式，一旦机构自身过去所累积的吸收损失能力被严重削弱，经营上难免会遇到困境。二要研究探索纯粹的债券类、中长期、批发性基本业务模式的商业银行的生存发展问题。从理论上讲，开行商业化转型后可以摆脱原来在组织架构与人力资源等方面的约束,但实际上,短期内很难扩张设立大量机构网点设施。这就决定了其在资产业务上很难像其他商业银行那样有更大的选择空间,在负债业务上要靠自身的独立信用在市场发债融资,若市场环境不好,依赖债券融资的模式将会变得更加困难,可能陷入资金来源不稳乃至出现"发债难—融资成本上升—更难发债"的恶性循环。就外部影响而言,基于上述两个方面的问题,改革可能导致外溢冲击效应:一是在商业化目标压力下开行可能收缩或减弱原来坚持的开发性业务,直接导致一些瓶颈领域缺乏资金支持,甚至包括一些具有重大战略价值的国际性项目也因不符合商业化运作与监管的要求而被舍弃(这类项目基本上无法采取招投标方式运作)。二是对金融体系的潜在影响。商业化改革后,开行在债券市场发债融资的条件已经区别于另外两家政策性银行。一方面,其他商业银行继续投资开行债券需要占用资本金;另一方面,其他商业银行由于受单一客户授信总量所占比例的约束,不能像以前那样无规模限制地投资开行债券。这两个方面都会导致开行债券发行利率上升,增加发债融资成本,挤压息差空间,影响其业绩和信用,进而影响债券市场与其他金融机构。总体看,将开行转变为一家商业银行的价值似乎并不非常明确,尚需进一步探索,这也包括在制度安排上可能作出适当调整,以构建一个新的融合性框架。

五 继续推进我国政策性银行改革的建议

基于国内外对金融危机的反思和对政策性金融的重新评估,在推进我国政策性银行改革时,既要正视当前政策性银行存在的各种现实问题,又要尽可能避免受到局部利益争端和一些短期问题的干扰;既要看到过度的干预性政策存在政府失灵的弊端,又要清醒地认识到可能会有盲目迷信市场的一面。立足于我国经济与金融体系的长期可持续发展与宏观战略性需求,继续研究和推进政策性银行的改革与发展,应重点做好以下方面的工作。

一是加强立法规范。我国迄今为止缺少一部专门适用于政策性银行的法律规章,三家政策性银行在设立时并无明确的立法规范,后来发生的业务调整变化既缺乏相关的法律依据,也没有对应的规章予以约束。随着时间推移与环境变化,这种状况一方面导致了政策性金融机构很容易作出倾向于自身利益的各种调整与辩护,在业务发展上可能出现和商业银行之间的交叉竞争;另一方面,也导致金融监管部门难以真正依法监管,缺乏明确的适合于评价政策性银行的法规依据,很容易造成混乱与误解。有了明确的法律规范,政策性银行就可以定位清晰,这既能避免与商业银行之间出现争端,也有利于提高监管的专业化水平。

二是继续按照分类指导的原则，重新考虑政策性金融机构的布局规划，优化行业和领域配置，推进政策性金融体系的发展完善。我国经济社会发展仍然存在大量的瓶颈领域和战略性项目需求，未来城市化进程中的大量公共基础设施建设、保障性住房建设、中小企业的金融服务、"三农"领域的发展、支持产业"走出去"的竞争、地方信用以及应对各种灾害等许多方面，资金需求规模非常庞大，需要研究设立适当的专业型政策性金融机构，以适当的政策性金融服务形式来有效解决融资问题，不宜也不可能将其全部交给市场来选择。

三是继续加快现有政策性银行的改革步伐，包括改革外部监督管理体制和内部管理运营机制。要建立适合于政策性金融业务考核及绩效的评估标准，改善治理结构，建立有效的资本金调整与补充机制，进一步完善经济核算和市场化激励约束机制，提高政策性银行的运作效率，强化风险控制和降低成本，注重效率性与政策性之间的协调，进一步发挥政策性银行的重要作用。

四是要正确认识在发展过程中可能出现的政策性与商业性两类金融业务的交叉问题，以及政策性银行进一步扩大自主性业务范围的问题，避免采取过于简单的市场化评判。随着环境的变化与金融发展，政策性银行的业务范围、经营管理模式等需要随之调整，这应该表现为一个阶段性相对稳定的动态适应过程，在此过程中出现政策性与商业性两类金融业务一定程度的交叉是正常现象，在某个时间段内，可以允许政策性银行继续从事由原政策性业务发展而来的具有商业价值的业务，当这类具有商业价值的业务达到一定规模时，为避免不平等竞争，应考虑采取账户分离或机构分立的调整模式，只要还存在足够的政策性业务规模，就不宜因此而废除政策性银行。在政策性银行自主扩张业务时，只要是符合国家目标而商业银行进入较少的新领域，就不宜因其风险问题给予过多责备，而应适当予以鼓励，调动其围绕政策目标而自主开展业务的创造性与积极性。

(本文发表于《财贸经济》2010年第11期)

参考文献

[1] 陈元：《由金融危机引发的对金融资源配置方式的思考》，《财贸经济》2009年第11期。
[2] C. P. 钱德拉塞卡：《危机的教训：全球银行业模式存在吗?》，《政治经济学评论》2010年第1期。
[3] 贾康、孟艳：《招投标方式政策性金融：运转条件、发展空间与相关框架探讨》，《财贸经济》2009年第10期。

[4] 李扬:《中国金融改革30年》,社会科学文献出版社,2008。
[5] 罗学东:《政策性银行的转型思考》,《银行家》2007年第12期。
[6] 王国刚:《发展开发性金融 完善市场机制》,《银行家》2006年第3期。
[7] 张平、王宏淼:《转向"结构均衡增长"的战略要点和政策选择》,中国社会科学院《中国经济研究报告》2010年第122期。
[8] Gerschenkron, A., *Economic Backwardness in Historical Perspective: A Book of Essays*, Cambridge, Massachusetts: The Belknap Press of Harvard University Press, 1962.

资本充足率变动对银行信贷行为的影响

曾 刚 李广子 谢 玮

一 引言

银行资本对于银行的经营具有重要影响,深入分析资本约束对商业银行行为特别是信贷行为的影响对于理解商业银行的行为模式、加强银行监管具有重要意义。

很多理论研究表明,资本约束的提高将会导致银行的信贷收缩(例如,Holmstrom and Tirole,1997;Dimond and Rajan,2000;等等)。资本约束对信贷行为影响的程度大小是一个实证问题。在实证层面上,Bernanke and Lown (1991),Peek and Rosengren (1995),Kishan and Opiela (2000) 关于美国的研究;Rime (2001) 关于瑞士的研究;Chiuri 等 (2002) 关于阿根廷等新兴市场国家的研究以及 Gambacorta and Mistrulli (2004) 关于意大利的研究均发现,资本对银行信贷行为产生了重要影响。不过,不同研究对于资本对信贷行为影响程度的测算并不完全一致。

从我国研究来看,刘斌 (2005),赵锡军、王胜邦 (2007) 是较少的对这一问题进行实证研究的文献。刘斌 (2005) 的研究表明,资本约束对银行信贷行为产生一定的负向影响,而赵锡军、王胜邦 (2007) 则发现,资本充足率对银行信贷扩张没有显著影响。此外,黄宪、吴克保 (2009) 考察了资本约束对银行中小企业贷款的影响。可以看到,与国外研究相比,我国的研究在这一问题上同样远未达成共识。受样本和方法限制,我国已有的研究还存在一些不足。比如,刘斌 (2005) 依据的是1998年一季度至2005年一季度的数据,而我国自2004年3月起实施《商业银行资本充足率管理办法》,在此之前,资本充足率管理并没有明确的制度加以规范,商业银行的资本管理尚处于起步阶段;赵锡军、王胜邦 (2007) 则依据的是1995~2003年的年度数据,样本观测值较少,其结论的可靠性也可能会存在一定误差。

随着我国出台《商业银行资本充足率管理办法》,商业银行资本充足率管理逐步走向规范化。另外,受全球性金融危机的影响,加强对金融业特别是银行业的监管已经成为全球共识,《巴塞尔协议》框架下的资本充足率监管是银行业监管的核心内容之一。在这种背景之下，对我国商业银行资本与信贷行为的关系进行重新评价显得十分必要。

基于 Berrospide and Edge（2010）和巴塞尔委员会宏观经济评估小组（MAG，2010）的最新研究，利用 14 家上市银行 28 个季度的面板数据，本文考察了我国资本充足率水平与银行信贷增长之间的关系。本文发现，银行资本充足率水平对其贷款行为产生了显著的影响，但是这一影响存在一定的滞后期。本文的数据测算表明，资本充足率变动将在 3 个季度后对银行的贷款行为产生显著影响，在 6 个季度后这一影响的程度达到最大值。此时，资本充足率每增加 1%，6 个季度（1 年半）后贷款增长率将提高 0.464%；核心资本充足率每增加 1%，6 个季度后贷款增长率将提高 0.457%。进一步的分析表明，资本约束对信贷增长影响的这种滞后效应对于不同规模银行和不同时间段样本均成立，但幅度略有差别。在此基础上，本文对我国商业银行的发展及监管问题提出了若干政策建议。

本文的研究主要有以下三个方面的意义：第一，本文的研究丰富了关于银行资本与信贷行为关系的文献。与我国已有的研究相比，本文选取的样本时间更长，分析更为精确。第二，通过考察解释变量的不同滞后期，反映了资本约束的滞后效应，为我们理解资本约束对信贷行为影响的传导过程提供了新的视角。第三，本文的研究还有助于评估资本充足监管政策的效果，并对监管部门进一步制定合理的监管政策具有一定的参考意义。

本文的后续内容如下：第二部分是研究设计，第三部分是实证结果与分析，第四部分为稳健性测试，第五部分是总结与讨论。

二 研究设计

（一）样本

截至 2010 年底，我国共有 16 家商业银行在 A 股上市。剔除 2010 年上市的农业银行和光大银行，我们选取了其他 14 家上市商业银行作为分析样本。2010 年底，样本包含的 14 家银行总资产合计 50.01 万亿元，占我国银行业金融机构总资产 95.30 万亿元的 52.5%，占有绝对比重，具有很高的代表性。考虑到我国于 2004 年 3 月开始实施《商业银行资本充足率管理办法》以及数据可得性限制，本文数据区间为 2004 年一季度至 2010 年四季度，共 28 个季度。数据来自 Wind 数据库及作者的手工搜集。

（二）分析模型

面板数据回归模型是测算资本充足率变动对银行信贷影响的一种常用方法，国外的研究参见 Bernanke and Lown（1991），Hancock and Wilcox（1993、1994），Berrospide and Edge（2010）等，国内的研究参见刘斌（2005），黄宪、吴克保（2005）等。

本文的回归模型主要参照 Berrospide and Edge（2010），并结合数据的可得性对变量的选取进行了部分调整。

具体分析模型如下：

$$LoanGrowth_{i,t} = \beta_0 + \beta_1 CapitalRatio_{i,t-n} + \beta_2 LoanGrowth_{i,t-1} + \beta_3 GDPGrowth_{i,t-1} + \beta_4 CPI_{i,t-1} + \beta_5 InterestRate_{i,t-1} + \beta_6 LiquidityRatio_{i,t-1} + \beta_7 NPLRatio_{i,t-1} + \beta_8 CapitalInjection_{i,t-1} + \varepsilon_{i,t}$$

1. 因变量

参照 Bernanke and Lown（1991），Hancock and Wilcox（1993、1994），Berrospide and Edge（2010）等，本文以各季度贷款的同比增长率（Loan Growth）为因变量。

2. 解释变量

解释变量为商业银行资本充足率水平（Capital Ratio），分别以资本充足率（CAR）和核心资本充足率（Tier 1 CAR）来衡量。为了考察资本约束对信贷行为影响的滞后效应，本文将考察资本充足率指标的不同滞后期对银行贷款增长率的影响，滞后期数以 n 来表示。

需要说明的是，Berrospide and Edge（2010）在确定解释变量时，采取了两种不同的方式：一种方式是直接将资本充足率指标的滞后期作为解释变量，本文即采取这一种方法；另一种方式是以银行实际资本充足率与其目标资本充足率的差额作为解释变量，这种方法建立在对目标资本充足率进行估计的基础上。与第一种方法相比，这种方法的好处在于，当对未来经济走势持有好（坏）的预期时，银行会同时调高（低）其目标资本充足率水平和信贷增长速度，此时，资本充足率与信贷增长速度之间即使存在正向关系也可能是因为这一预期因素的影响所致。相反，实际资本充足率与目标资本充足率的差额则不受预期因素的影响。因此，这种方法一定程度上可以避免内生性问题。不过，受数据长度限制，我们无法利用现有数据对银行的目标资本充足率进行估计，因而只能采取第一种方法。

3. 控制变量

参照 Berrospide and Edge（2010），本文选取的控制变量有：①滞后一季度的贷款同比增长率（Loan Growth$_{t-1}$）；②GDP 同比增长率（GDP Growth）；③通货膨胀率（CPI），以 CPI 指数来衡量；④利率水平（Interest Rate），以银行间同业拆借利率（7 天）来衡量；⑤流动性比率（Liquidity Ratio）；⑥不良贷款比率（NPL Ratio）。

为尽量避免内生性，分析中解释变量及所有控制变量均以滞后项形式进入回归分析。

分析面板数据时，通常有基于普通最小二乘法（OLS）的混合回归模型（Mixed Regession Model）、固定效应模型（Fixed Effect Model）和随机效应模型（Random Effect Model）三种方式。测试结果表明，对于本文的样本，固定效应模型总体上要优于其他两类模型。在下文分析中，本文将报告固定效应模型的分析结果。

各变量具体定义见表1。

表1 变量定义

	变量	说明
因变量	Loan Growth	贷款同比增长率
解释变量	CAR	资本充足率
	Tier 1 CAR	核心资本充足率
控制变量	Loan Growth$_{t-1}$	滞后一季度的贷款同比增长率
	GDP Growth	GDP同比增长率
	CPI	通货膨胀率，以CPI指数来衡量
	Interest Rate	利率水平，以银行间同业拆借利率（7天）来衡量
	Liquidity Ratio	流动性比率
	NPL Ratio	不良贷款比率

（三）描述性统计

主要变量的描述性统计结果见表2。

表2 主要变量描述性统计结果

单位：%

变量	N	均值	标准偏差	最小值	中位数	最大值
Loan Growth	274	25.06	14.16	-17.05	21.84	73.96
CAR	283	11.38	3.81	2.30	11.07	29.16
Tier 1 CAR	275	8.99	3.79	2.32	8.75	25.99
GDP Growth	313	10.40	1.93	6.10	10.40	13.40
CPI	313	3.05	2.55	-1.68	2.80	8.30
Interest Rate	313	2.25	0.86	0.99	1.99	4.75
Liquidity Ratio	289	44.33	10.71	3.18	43.55	82.59
NPL Ratio	303	2.16	2.16	0.33	1.54	21.16

从表2可以看到，2004年以来，商业银行贷款保持高速增长，年均增长率高达25.06%。资本充足情况良好，平均资本充足率达11.38%，平均核心资本充足率达8.99%，两者均大幅高于监管要求。样本银行的流动性保持在较高水平，平均流动性比例达44.33%。不良贷款率较高，达2.16%，不过这主要是由于样本包含了部分国有银行资产剥离前的观测值所致。总体上看，样本银行各项指标相对较好，但也存在部分银行在个别年度资本充足率不足、流动性差、不良贷款率偏高的情况。

三 实证结果与分析

(一) 资本充足率与贷款增长

以资本充足率滞后期为解释变量的分析结果见表3。为了反映资本充足率影响的滞后效应，回归分析中分别以滞后1个季度至滞后6个季度的资本充足率作为解释变量[①]。

从表3可以看到，回归(1)和(2)中，CAR_{t-1}和CAR_{t-2}的回归系数不显著，说明资本充足率的一期和两期滞后项对于贷款增长率并没有显著影响，这意味着资本充足率变动对贷款增长的短期(两个季度)内影响较弱。

表3 资本充足率与贷款增长(因变量 Loan Growth)

	(1)	(2)	(3)	(4)	(5)	(6)
CAR_{t-1}	0.282 (0.239)					
CAR_{t-2}		0.256 (0.224)				
CAR_{t-3}			0.428** (0.207)			
CAR_{t-4}				0.390* (0.206)		
CAR_{t-5}					0.329* (0.200)	

---

① 当滞后期超过6个季度时，解释变量的回归系数不再显著，说明资本充足率变动对信贷增长率的影响在6个季度之后逐渐消失。此外，当滞后期越长时，可以利用的样本观测值越少，影响银行贷款行为的噪音也越多。因此，本文没有报告相关分析结果。

续表

	(1)	(2)	(3)	(4)	(5)	(6)
CAR_{t-6}						0.464**
						(0.218)
$Loan\ Growth_{t-1}$	0.512***	0.509***	0.483***	0.441***	0.449***	0.401***
	(0.050)	(0.048)	(0.048)	(0.051)	(0.052)	(0.055)
$GDP\ Growth_{t-1}$	-1.860***	-1.852***	-2.015***	-1.936***	-2.263***	-2.484***
	(0.365)	(0.360)	(0.371)	(0.378)	(0.360)	(0.396)
CPI_{t-1}	-1.182***	-1.176***	-1.206***	-1.148***	-0.915***	-1.091***
	(0.306)	(0.293)	(0.288)	(0.290)	(0.301)	(0.301)
$Interest\ Rate_{t-1}$	2.061**	1.725*	2.025**	1.208	1.132	1.619*
	(1.003)	(0.918)	(0.919)	(0.938)	(1.049)	(0.938)
$Liquidity\ Ratio_{t-1}$	0.314***	0.432***	0.296***	0.345***	0.338***	0.360***
	(0.073)	(0.091)	(0.072)	(0.093)	(0.084)	(0.101)
$NPL\ Ratio_{t-1}$	0.490	1.185***	1.293***	1.724***	1.528***	1.829***
	(0.383)	(0.373)	(0.383)	(0.411)	(0.449)	(0.507)
Intercept	0.126**	0.077***	0.129**	0.127*	0.165***	0.162**
	(0.058)	(0.060)	(0.059)	(0.065)	(0.060)	(0.070)
Within R^2	0.731	0.767	0.758	0.766	0.766	0.770
F value	73.03***	82.35***	80.77***	78.26***	79.52***	72.22***
N	209	196	201	188	191	172

注：括号中为回归系数标准差；*、** 和 *** 分别表示显著性水平低于10%、5%和1%（双尾）。

回归（3）、（4）、（5）、（6）中，CAR_{t-3}、CAR_{t-4}、CAR_{t-5} 和 CAR_{t-6} 的回归系数为正，显著性水平分别低于5%、10%、10%和5%。说明当滞后区间延长时，资本充足率的变动将对贷款增长产生显著为正的影响，银行资本越充裕，其贷款增长速度越快。从绝对数量上看，回归系数在 0.33~0.47，说明当资本充足率每提高 1%，将会导致银行信贷增长率提高 0.33%~0.47%，在经济意义上也是显著的。本文的结果和 Berrospide and Edge（2010）一致。总体上看，随着时间的延长，资本充足率变动对信贷增长的影响程度有增大的趋势，并在 6 个季度（1 年半）后达到最大。在回归（6）中，CAR_{t-6} 回归系数的绝对值达到最大值 0.464。这意味着，资本充足率每增加 1%，6 个季度后贷款增长率将提高 0.464%。前文分析提到，由于预期因素，直接以资本充足率指标作为解释变量可能会存在内生性问题。本文的分析表明，资本充足率会对 3 个季度之后的贷款增长率产生显著的正向影响。这一结果很难完全由内生性所解释。如果预期导致的内生性存在，那么银行将会同时调整资本充足率水平和信贷增长速度,很难想象银行会先调整资本充足率而在 3 个季度之后再调整信贷增长速度。换言之,即使可能存在内生性问题,但实证结果所反映的滞后效应很难用内生性来解释。

控制变量中,上一季度贷款增长率变量(Loan Growth$_{t-1}$)的回归系数显著为正,意味着银行的贷款增长保持较强的惯性。

上一季度 GDP 增长率(GDP Growth$_{t-1}$)和通货膨胀水平(CPI$_{t-1}$)的回归系数均显著为负,表明上一季度 GDP 增长率越低、通货膨胀水平越低,下一季度银行贷款增长率反而越高。这种情形可能由于宏观经济调控所引起。在经济下行周期,GDP 增长放缓,通货膨胀水平处于低位,国家会通过信贷扩张来刺激经济,此时便会观察到 GDP 增长率、通货膨胀水平与贷款增长率之间负相关;相反,在经济上行周期,GDP 增长加快,通货膨胀水平处于高位,国家会通过收缩信贷来紧缩经济,此时同样会观察到 GDP 增长率、通货膨胀水平与贷款增长率之间负相关。

上一季度利率水平(Interest Rate$_{t-1}$)、流动性水平(Liquidity Ratio$_{t-1}$)对贷款增长率具有一定的正向影响,说明利率水平越高从而银行从贷款中获取的收益越高、流动性越充足从而银行拥有足够的资金发放信贷,商业银行的贷款增长率就越高。上一季度不良贷款比率变量(NPL Ratio$_{t-1}$)的回归系数显著为正,一定程度上说明信贷的扩张与不良贷款比率的增加是相伴随的,高不良贷款率并未能制约银行信贷的扩张。

(二)核心资本充足率与贷款增长

表 4 以核心资本充足率(Tier 1 CAR)的滞后期为解释变量重复了表 3 的分析。

表 4 核心资本充足率与贷款增长(因变量 Loan Growth)

	(1)	(2)	(3)	(4)	(5)	(6)
Tier 1 CAR$_{t-1}$	0.234 (0.267)					
Tier 1 CAR$_{t-2}$		0.266 (0.255)				
Tier 1 CAR$_{t-3}$			0.416* (0.225)			
Tier 1 CAR$_{t-4}$				0.388* (0.217)		
Tier 1 CAR$_{t-5}$					0.365* (0.203)	

续表

	(1)	(2)	(3)	(4)	(5)	(6)
Tier 1 CAR_{t-6}						0.457 ** (0.224)
Loan $Growth_{t-1}$	0.509 *** (0.052)	0.513 *** (0.049)	0.481 *** (0.049)	0.438 *** (0.051)	0.448 *** (0.052)	0.396 *** (0.056)
GDP $Growth_{t-1}$	-1.877 *** (0.376)	-1.802 *** (0.366)	-2.054 *** (0.386)	-1.937 *** (0.400)	-2.273 *** (0.376)	-2.530 *** (0.412)
CPI_{t-1}	-1.154 *** (0.315)	-1.209 *** (0.298)	-1.209 *** (0.292)	-1.150 *** (0.296)	-0.801 ** (0.313)	-1.046 *** (0.315)
Interest $Rate_{t-1}$	1.985 ** (0.983)	1.731 * (0.932)	2.044 ** (0.937)	1.102 (0.965)	0.636 (1.121)	1.402 (1.011)
Liquidity $Ratio_{t-1}$	0.331 *** (0.074)	0.440 *** (0.093)	0.324 *** (0.073)	0.373 *** (0.095)	0.362 *** (0.086)	0.367 *** (0.103)
NPL $Ratio_{t-1}$	0.475 (0.375)	1.182 *** (0.370)	1.274 *** (0.384)	1.803 *** (0.430)	1.419 *** (0.475)	1.558 *** (0.531)
Intercept	0.134 ** (0.058)	0.075 (0.060)	0.134 ** (0.059)	0.127 * (0.065)	0.168 *** (0.061)	0.183 ** (0.071)
Within R^2	0.733	0.769	0.762	0.771	0.772	0.772
F value	71.26 ***	80.38 ***	79.54 ***	77.03 ***	78.75 ***	69.66 ***
N	202	190	194	181	183	165

注：括号中为回归系数标准差；*、** 和 *** 分别表示显著性水平低于10%、5%和1%（双尾）。

表4的结果与表3总体上是一致的。核心资本充足率变动对贷款增长的影响也存在一定的滞后期。从表4可以看到，回归（1）、（2）中核心资本充足率的滞后项 Tier 1 CAR_{t-1}、Tier 1 CAR_{t-2} 均不显著，说明核心资本充足率变动在2个季度内对贷款增长没有产生显著影响。而在回归（3）、（4）、（5）、（6）中，核心资本充足率的滞后项 Tier 1 CAR_{t-3}、Tier 1 CAR_{t-4}、Tier 1 CAR_{t-5}、Tier 1 CAR_{t-6} 均显著为正，说明核心资本充足率变动在3个季度之后对贷款增长产生显著的正向影响。

从绝对值上看，核心资本充足率变动对银行贷款增长率的影响在6个季度后达到最大值。Tier 1 CAR_{t-6} 的回归系数为0.457。说明核心资本充足率每增加1%，6个季度后贷款增长率将提高0.457%。这一幅度与将资本充足率作为解释变量时的结果差异不大。

各控制变量回归系数与表3基本一致，不再赘述。

四 稳健性测试

（一） 银行规模

前文对资本约束对银行信贷行为的影响进行了测算。对于不同规模的银行，资本约束的这种影响是否存在系统性差异？为了对此进行考察，本文将 14 家样本银行分为大规模银行与小规模银行。其中，大规模银行包括工行、中行、建行、交行、招商、中信和浦发 7 家银行，小规模银行包括民生、兴业、华夏、深发展、北京、南京、宁波 7 家银行。这一部分将分别对两类银行进行分析。出于节省空间角度考虑，本文仅报告解释变量资本充足率指标的回归分析结果。

具体结果见表 5 和表 6。

表 5 资本充足率与贷款增长（因变量 Loan Growth）

	(1)	(2)	(3)	(4)	(5)	(6)
Panel A 大规模银行						
CAR_{t-1}	0.937 (0.635)					
CAR_{t-2}		1.016 (0.676)				
CAR_{t-3}			1.821*** (0.602)			
CAR_{t-4}				0.949 (0.684)		
CAR_{t-5}					0.732 (0.604)	
CAR_{t-6}						0.150 (0.659)
Within R^2	0.759	0.778	0.781	0.776	0.773	0.773
F value	41.00***	42.05***	44.38***	39.63***	39.89***	35.14***
N	105	98	101	94	96	86
Panel B 小规模银行						
CAR_{t-1}	0.190 (0.295)					
CAR_{t-2}		0.110 (0.271)				

续表

	(1)	(2)	(3)	(4)	(5)	(6)
CAR_{t-3}			0.211 (0.247)			
CAR_{t-4}				0.270 (0.239)		
CAR_{t-5}					0.173 (0.243)	
CAR_{t-6}						0.474* (0.280)
Within R^2	0.730	0.777	0.767	0.778	0.777	0.782
F value	34.85***	42.01***	40.62***	40.15***	40.33***	37.07***
N	104	98	100	94	95	86

注：括号中为回归系数标准差；*、** 和 *** 分别表示显著性水平低于 10%、5% 和 1%（双尾）。

表6 核心资本充足率与贷款增长（因变量 Loan Growth）

	(1)	(2)	(3)	(4)	(5)	(6)
Panel A 大规模银行						
Tier 1 CAR_{t-1}	0.612 (0.631)					
Tier 1 CAR_{t-2}		0.834 (0.762)				
Tier 1 CAR_{t-3}			1.818*** (0.665)			
Tier 1 CAR_{t-4}				0.984 (0.693)		
Tier 1 CAR_{t-5}					0.762 (0.571)	
Tier 1 CAR_{t-6}						-0.020 (0.624)
Within R^2	0.764	0.780	0.786	0.783	0.780	0.776
F value	39.52***	40.02***	42.61***	38.66***	38.51***	33.19***
N	99	93	95	89	90	81
Panel B 小规模银行						
Tier 1 CAR_{t-1}	0.168 (0.332)					

续表

	(1)	(2)	(3)	(4)	(5)	(6)
Tier 1 CAR_{t-2}		0.135 (0.304)				
Tier 1 CAR_{t-3}			0.180 (0.266)			
Tier 1 CAR_{t-4}				0.276 (0.251)		
Tier 1 CAR_{t-5}					0.232 (0.251)	
Tier 1 CAR_{t-6}						0.538* (0.290)
Within R^2	0.730	0.779	0.768	0.782	0.780	0.788
F value	34.48***	41.95***	40.40***	40.14***	40.22***	37.20***
N	103	97	99	92	93	84

注：括号中为回归系数标准差；*、** 和 *** 分别表示显著性水平低于10%、5%和1%（双尾）。

从表5和表6可以看到，随着观测值的减少，两类子样本中解释变量的回归系数显著性均有所减弱。表5给出了以资本充足率为解释变量的分析结果。从 Panel A 可以看到，对于7家规模较大的银行，资本约束对信贷增长率的最大影响出现在3个季度之后，回归系数为1.821，在统计意义和经济意义上都是显著的。对于其他滞后期，可能由于观测值较少的原因，解释变量的回归系数都是不显著的。Panel B 给出了对小规模银行的分析结果。对于7家规模较小的银行，资本约束对信贷增长率的最大影响出现在6个季度之后，回归系数为0.474，在统计意义和经济意义上也都是显著的，在绝对值上要低于大规模银行资本充足率变动对信贷增长率的影响幅度。表6给出了以核心资本充足率为解释变量的分析结果，结果与表5基本类似，不再赘述。总体上看，无论是对规模较大的银行还是对规模较小的银行，资本充足率变动对信贷增长的影响都存在一定的滞后效应，但是在影响的程度和滞后的时间长度上两类银行略有差别。

（二）时间因素

除规模因素外，我们还可以考虑时间因素的影响，以考察资本充足率与信贷增长速度二者关系的稳定性。由于前期样本观测值较少，本文将样本分为2008年（含）前样本和2008年后样本，并对两类子样本分别进行分析。

表7给出了以资本充足率为解释变量的分析结果。

表 7 资本充足率与贷款增长（因变量 Loan Growth）

	(1)	(2)	(3)	(4)	(5)	(6)
Panel A　2008 年（含）前样本						
Tier 1 CAR_{t-1}	-0.118 (0.586)					
Tier 1 CAR_{t-2}		-0.230 (0.569)				
Tier 1 CAR_{t-3}			0.039 (0.198)			
Tier 1 CAR_{t-4}				0.148 (0.139)		
Tier 1 CAR_{t-5}					0.176* (0.104)	
Tier 1 CAR_{t-6}						-0.471 (0.423)
Within R^2	0.588	0.557	0.495	0.329	0.483	0.388
F value	15.55***	11.35***	9.52***	3.87***	7.77***	3.54***
N	97	84	89	76	79	60
Panel B　2008 年后样本						
Tier 1 CAR_{t-1}	0.261 (0.496)					
Tier 1 CAR_{t-2}		0.649 (0.447)				
Tier 1 CAR_{t-3}			1.227*** (0.421)			
Tier 1 CAR_{t-4}				1.092** (0.434)		
Tier 1 CAR_{t-5}					0.575 (0.440)	
Tier 1 CAR_{t-6}						0.555 (0.494)
Within R^2	0.760	0.764	0.779	0.775	0.763	0.762
F value	41.18***	42.27***	46.05***	44.78***	42.03***	41.77***
N	112	112	112	112	112	112

注：括号中为回归系数标准差；*、**和***分别表示显著性水平低于10%、5%和1%（双尾）。

表 7 的结果表明，受观测值减少影响，各回归分析结果的显著性有所下降。总体上看，对于不同时间段的样本，资本充足率对信贷增长率的影响均存在一定的滞后效

应。从 Panel A 可以看到，对于 2008 年（含）前的样本，滞后 5 个季度的资本充足率会对信贷增长速度产生显著的正向影响，而资本充足率指标的其他滞后项回归系数均不显著。从 Panel B 的情况来看，对于 2008 年以后的样本，资本充足率对银行信贷增长速度的影响更为明显。最大影响出现在 3 个季度以后，回归系数达到 1.227，在统计意义和经济意义上都是显著的。对比可以看到，随着时间的推移，资本约束对商业银行的影响呈现不断增加的趋势。可能的原因在于，随着银行业的不断发展，银行监管的理念也在不断更新，商业银行资本充足管理也在不断规范。在这种情况下，资本充足率对银行信贷增长率的影响也在不断加大。当然，资本充足率与信贷增长之间的准确关系尚需进一步验证。

表 8 给出了以核心资本充足率为解释变量的分析结果。可以看到，表 8 结果与表 7 基本类似，不再赘述。

表 8 核心资本充足率与贷款增长（因变量 Loan Growth）

	(1)	(2)	(3)	(4)	(5)	(6)
Panel A 2008 年（含）前样本						
Tier 1 CAR_{t-1}	0.015 (0.630)					
Tier 1 CAR_{t-2}		0.079 (0.590)				
Tier 1 CAR_{t-3}			0.025 (0.173)			
Tier 1 CAR_{t-4}				0.160 (0.170)		
Tier 1 CAR_{t-5}					0.181* (0.106)	
Tier 1 CAR_{t-6}						-0.423 (0.423)
Within R^2	0.595	0.593	0.506	0.301	0.484	0.413
F value	7.12***	8.09***	6.27***	2.33**	3.23***	4.43***
N	90	78	82	69	71	53
Panel B 2008 年后样本						
Tier 1 CAR_{t-1}	0.000 (0.702)					

续表

	(1)	(2)	(3)	(4)	(5)	(6)
Tier 1 CAR_{t-2}		0.743 (0.514)				
Tier 1 CAR_{t-3}			1.360*** (0.413)			
Tier 1 CAR_{t-4}				1.376** (0.331)		
Tier 1 CAR_{t-5}					0.896* (0.529)	
Tier 1 CAR_{t-6}						0.792 (0.602)
Within R^2	0.759	0.764	0.779	0.780	0.768	0.764
F value	59.65***	69.36***	82.09***	86.67***	72.59***	71.36***
N	112	112	112	112	112	112

注：括号中为回归系数标准差；*、**和***分别表示显著性水平低于10%、5%和1%（双尾）。

总之，上述稳健性测试表明，对于不同规模、不同时间段的样本，资本充足率对银行信贷增长率的影响均存在一定的滞后效应，滞后时间介于3~6个季度。此外，资本充足率对信贷增长率的影响在规模较大的银行中表现更为明显，而且随着时间的推移，资本充足率对信贷增长率影响的程度也出现不断加大的趋势。

五 总结与讨论

本文利用面板数据固定效应模型考察了银行资本充足率水平对于其贷款行为的影响。本文发现，银行资本充足率水平对其贷款行为产生了显著的影响，但是这一影响存在一定的滞后期。本文的证据表明，资本充足率变动将在3个季度后对银行的贷款行为产生显著影响，6个季度后这一影响的程度达到最大值。此时，资本充足率每增加1%，6个季度（1年半）后贷款增长率将提高0.464%；核心资本充足率每增加1%，6个季度后贷款增长率将提高0.457%。另外，针对不同规模和不同时间段的样本分析发现，资本充足率变动对贷款增长率所产生的影响对于规模较大的商业银行相对更加明显，而且这种影响的程度随着时间的推移也在不断加大。

需要说明的是，上述分析结论是依据特定的样本数据得到的。如果改变样本的数量或者样本涵盖的时间，则上述结果将会发生改变。正如Hancock and Wilcox（1993、1998）

所发现的那样，尽管在资本充足率与银行信贷行为之间存在着很强的相关关系，但是这种关系的强弱在不同期间存在很大差别。而且，本文的分析依据的是上市银行数据，仅占我国银行体系中的一部分。本文的结论对于非上市银行是否同样成立尚待进一步观察。

就政策建议而言，在监管层面，监管部门应该在制定政策时充分考虑到资本充足率对于银行信贷行为的重要影响，大幅提高资本充足率要求可能会导致银行信贷投放的迅速收缩，信贷收缩又可能会对经济发展产生不利影响。因此，在提高资本充足率监管要求过程中务必慎重。此外，监管部门可以考虑较为灵活的资本充足率监管政策，对不同银行采取不同监管标准。这样既能够对部分问题银行实施有效监管从而降低整个银行体系的风险，又避免了"一刀切"政策可能会对银行体系所造成的负面冲击。

随着资本充足率监管要求的提高，资本对于商业银行来说显得更加重要。在当前商业银行信贷资产高速增长、资本充足率监管要求进一步提高的情况下，我国银行业在未来发展中将面临很大的资金缺口。在这种情况下，资本补充成为监管部门所需要面对的一个重要问题。第一，监管部门要充分考虑境内资本市场的融资能力，合理安排新监管标准的实施进度，可以考虑逐步提高监管要求做法，不能简单认为主要银行目前已经达标，而忽略维持这一标准在中长期可能受到的约束；第二，对于不同的银行，在实施进度上可考虑分批实行，以尽可能熨平银行的资本补充行为，避免银行集中在同一时期进行大规模筹资可能给资本市场带来的冲击；第三，对不具有系统重要性的小银行，由于其自身积累能力以及筹资渠道的限制，持续的资本补充能力可能会存在问题，建议在具体的实施标准上进行区别对待；第四，要有计划地拓展商业银行的融资渠道，包括考虑使用新型资本性金融工具，以及推动银行的海外上市；第五，强化银行股东的资本补充责任，提高银行自身的资本积累能力，等等。

从银行层面来看，我国商业银行目前还是高度依赖于信贷业务，利差收入在收入构成中占有绝对比重。为应对国际金融危机，巴塞尔委员会于2010年12月发布了《第三版巴塞尔协议》（Basel Ⅲ），我国银监会也于2011年4月出台《中国银行业实施新监管标准的指导意见》，进一步提高资本充足率监管标准。资本充足率要求的提高制约了银行的信贷投放，并可能会影响到银行的赢利。在这种背景下，银行需要大力发展中间业务以逐渐摆脱对信贷业务的高度依赖，不断探索新的业务模式和赢利模式。唯有如此，银行才能够有效降低对资本的需求，在资本稀缺的情况下实现自身发展。因此，无论从哪方面讲，大力发展中间业务、转变发展方式都是商业银行实现可持续发展的必由之路。

（本文发表于《金融评论》2011年第4期）

参考文献

[1] 黄宪、吴克保:《我国商业银行对资本约束的敏感性研究——基于对中小企业信贷行为的实证分析》,《金融研究》2009 年第 11 期。

[2] 刘斌:《资本充足率对我国贷款和经济影响的实证研究》,《金融研究》2005 年第 11 期。

[3] 赵锡军、王胜邦:《资本约束对商业银行信贷扩张的影响:中国实证分析(1995~2003)》,《财贸经济》2007 年第 7 期。

[4] Bernanke, B., and Lown, C., "The Credit Crunch", *Brookings Papers on Economic Activity*, 1991, 2, pp. 205 – 247.

[5] Berrospide, J., and Edge, R., "The Effects of Bank Capital on Lending: What Do We Know, and What Does it Mean?", *Finance and Economics Discussion Series*, Divisions of Research & Statistics and Monetary Affairs, Federal Reserve Board, Washington, D. C., 2010.

[6] Chiuri, M., Ferri, G., and Majnoni, G., "The Macroeconomic Impact of Bank Capital Requirements in Emerging Economies: Past Evidence to Assess the Future", *Journal of Banking and Finance*, 2002, 26, pp. 881 – 904.

[7] Dimond, D., and Rajan, R., "A Theory of Bank Capital", *Journal of Finance*, 2000, 55, pp. 2431 – 2465.

[8] Gambacorta, L., and Mistrulli, P., "Does Bank Capital Affect Lending Behavior", *Journal of Financial Intermediation*, 2004, 13, pp. 436 – 457.

[9] Hancock, D., and Wilcox, J., "Has There Been a 'Capital Crunch' in Banking? The Effects on Bank Lending of Real Estate Market Conditions and Bank Capital Shortfalls", *Journal of Housing Economics*, 1993, 3, pp. 31 – 50.

[10] Hancock, D., and Wilcox, J., "Bank Capital and Credit Crunch: The Roles of Risk-Weighted and Unweighted Capital Regulations", *Journal of the American Real Estate and Urban Economics Association*, 1994, 22, pp. 59 – 94.

[11] Hancock, D., and Wilcox, J., "The 'Credit Crunch' and the Availability of Credit to Small Business", *Journal of Banking and Finance*, 1998, 22, pp. 983 – 1014.

[12] Holmstrom, B., and Tirole, J., "Financial Intermediation, Loanable Funds, and Real Sector", *Quarterly Journal of Economics*, 1997, 112, pp. 663 – 691.

[13] Kishan, R., and Opiela, T., "Bank Size, Bank Capital and the Bank Lending Chanel", *Journal of Money, Credit, and Banking*, 2000, 32, pp. 121 – 141.

[14] Macroeconomic Assessment Group (MAG), "Assessing the Macroeconomic Impact of the Ttransition to Stronger Capital and Liquidity Requirements", *Interim Report*, 2010.

[15] Rime, B., "Capital Requirement and Bank Behavior, Empirical Evidence from Switzerland", *Journal of Banking and Finance*, 2001, 25, pp. 789 – 805.

[16] Peek, J., and Rosengren, E., "The Capital Crunch: Neither a Borrower nor a Lender Be", *Journal of Money, Credit, and Banking*, 1995, 27, pp. 625 – 638.

商业银行资本补充机制：
现状、动因与效果

李广子　李玲

一　引言

作为金融体系的重要组成部分，银行系统的风险对于经济整体的风险具有重要影响。近年来，随着全球金融危机的爆发，银行系统的风险再次得到全世界的关注。在这种背景下，巴塞尔委员会在现有资本协议的基础上，进一步推出《第三版巴塞尔协议》（Basel Ⅲ）。《第三版巴塞尔协议》的核心内容之一是进一步加强资本监管，提高商业银行最低资本充足率要求。在资本充足率监管下，商业银行在进行规模扩张时，必须不断地补充资本以达到最低资本充足率要求。很多研究表明，资本对于银行行为进而社会整体经济水平产生重要影响（例如，Chen，2001；Van den Heuvel，2008；Berrospide and Edge，2010；吴栋、周建平，2006；赵锡军、王胜邦，2007；等等）。可以说，银行的资本补充机制不仅关系到银行自身的稳健经营，还关系到整个金融体系的健康稳定。

近几十年来，伴随着经济的高速增长，我国商业银行的资产规模也在迅速扩张。在这种情形下，商业银行的资本补充现状如何？商业银行如何进行资本补充决策？不同资本补充方式的效果有何不同？本文试图基于我国上市银行的资本补充数据对上述问题进行回答。

基于上市银行数据，本文发现：①除IPO上市融资外，次级债、定向增发和配股是目前商业银行最重要的资本补充方式；②提高资本充足率是商业银行补充资本的最主要动因，监管部门的高门槛使得商业银行通过配股或公开增发方式补充资本的难度较大；③与配股或公开增发相比，发行债券和定向增发效果相对较好。另外，商业银行资本充足率较低、赢利能力较高时，资本补充的效果相对更好。商业银行资产扩张速度越快，资本补充的市场反应越差，说明投资者并不认可商业银行"信贷扩张与资本补充相互推动"的发展模式。

本文的研究在实践和理论上都具有重要意义。从实践角度看，巴塞尔委员会于2010

年12月16日公布了《第三版巴塞尔协议》的最终版本。根据《第三版巴塞尔协议》规定，商业银行需要将核心一级资本充足率、一级资本充足率和总的资本充足率分别达到4.5%、6%和8%，加上留存资本缓冲和系统重要性银行附加资本，系统重要性银行和非系统重要性银行的总资本充足率需要分别达到11.5%和10.5%。从我国商业银行的实际情况来看，2010年底，我国商业银行整体加权平均资本充足率为12.2%[①]。尽管我国银行业当前的资本充足率水平已经在一定程度上满足《第三版巴塞尔协议》的要求，但是考虑到银监会将执行更高的资本监管要求以及我国商业银行目前信贷规模每年高达20%的增长速度，商业银行未来将很快会面临资本缺口，资本补充在所难免。考虑到这一点，深入研究商业银行的资本补充机制对我国商业银行业无疑具有重要的参考意义。

从理论上看，融资决策是企业最重要的财务决策之一。已有的关于融资决策问题的研究仅涉及一般性企业，而对金融企业特别是商业银行关注较少。从国内已有研究的情况看，王自力（2001），张杰（2004），刘艳妮、张航（2010）等是较少的对我国商业银行资本补充问题进行讨论的文献，而基于大样本从实证角度系统地研究我国商业银行资本补充机制的文献几乎为空白。本文以我国上市银行的资本补充数据为样本，结合金融学的基本理论系统地考察了商业银行的融资决策问题，弥补了已有文献的这一不足。

本文的后续安排如下：第二部分对我国商业银行的资本补充现状进行总结，第三部分考察商业银行如何进行资本补充决策，第四部分考察不同类型资本补充决策的经济效果及其影响因素，第五部分是结论与政策建议。

二 商业银行资本补充现状

中国银监会于2004年3月出台了《商业银行资本充足率管理办法》，并于2007年7月对该办法进行了修订。根据这一办法，商业银行的核心资本包括实收资本或普通股、资本公积、盈余公积、未分配利润和少数股权，附属资本包括重估储备、一般准备、优先股、可转换债券、混合资本债券和长期次级债券。根据实际情况，我们可以将商业银行资本补充分为IPO上市补充资本和上市后补充资本两大类。截至2010年底，我国共有16家商业银行在A股市场上市，募集资金约3024亿元；另外，还有8家银行在H股市场上市，募集资金约4000亿港币[②]。商业银行上市后的资本补充方式可以分为以下三大类：

[①] 资料来源于《中国银行监督管理委员会2010年报》。
[②] 根据CCER数据库及其他公开数据计算得到。

①发行债券（样本1），包括次级债、混合资本债券、可转换债券三类；②定向增发（样本2），指向特定的投资者定向增发股票补充资本；③配股或公开增发（样本3），指通过配股或公开增发股票方式补充资本。受数据限制，本文以商业银行上市后的资本补充为研究对象。

截至2010年底，我国上市银行资本补充情况见表1。需要说明的是，由于下文将考虑不同资本补充方式决策的动因及市场反应，表1中的数据以资本补充决策的董事会公告数据为准，这一数据与商业银行的实际资本补充数据存在一定差别。

表1 上市银行资本补充方式及年度分布

方式	1993	1994	2000	2001	2003	2004	2005	2006	2007	2008	2009	2010	合计
次级债						3	2	1	2	5	5	1	19
混合资本债券									1	1			2
可转换债券						2						2	4
定向增发								1	1		1	3	3	9
配股	1	1	1								3	5	11
公开增发					1		1						2
合计	1	1	1	1	2	4	2	2	4	7	11	11	47

资料来源：根据CCER相关数据库及上市银行公告整理。

从表1可以看到，截至2010年底，上市银行总共发生了47次资本补充决策行为，其中发行债券方式共有25次，定向增发9次，配股或公开增发13次。进一步分析表明，次级债为最常用的资本补充方式，达19次；其次为配股和定向增发，分别为11次和9次；混合资本债券和公开增发方式最不常用，均为2次。从年度分布情况看，上市银行近两年（2009~2010）来进行资本补充决策的频率大大增加。2006~2010年的5年中，每家银行平均资本补充次数分别为0.29次、0.29次、0.5次、0.79次和0.69次，商业银行进行资本补充越来越频繁，反映了商业银行由于资产扩张而对资本的需求越来越迫切。

从募集资金数额上看，根据董事会公告数据，上述47次资本补充决策预计募集资金总额8894亿元。其中，发行债券融资5494亿元，包括发行次级债预计募集4524亿元、混合资本债券180亿元、可转债790亿元。可以看到，次级债在规模上已经超过银行在A股市场IPO融资额。股票再融资3400亿元，包括定向增发1543亿元、配股1772亿元、公开增发85亿元。股票再融资也已超过商业银行A股市场IPO融资规模。从数量上看，次级债、定向增发和配股仍然是上市银行除IPO融资外最主要的补充资本方式。

三 商业银行如何进行资本补充决策

这一部分，我们将从以下两方面对商业银行如何进行资本补充决策进行考察：第一，什么情况下进行资本补充；第二，选择什么样的资本补充方式。

(一) 商业银行什么情况下进行资本补充

商业银行为什么要进行资本补充？是出于资金饥渴还是真正的商业需要？本文以我国上市银行的年度数据为基础，对商业银行自上市年度至2010年的资本补充数据进行整理，得到14家上市银行的85个年度数据[①]。其中，商业银行发生资本补充的年度为40个[②]，没有发生资本补充的年度为45个。本文对资本补充之前年度商业银行的主要经营指标进行对比，分析银行在什么条件下会进行资本补充。本文所考虑的商业银行经营指标如下：①资本充足率（Cap Ratio），指资本补充决策前一年度商业银行资本充足率；②核心资本充足率（Tier 1 Cap Ratio），指前一年度核心资本充足率；③赢利能力（ROA），以前一年度资产收益率来衡量；④资产扩张速度（Asset Growth），以前一年度总资产增长率来衡量；⑤银行规模（Size），以前一年度总资产的自然对数表示；⑥资产负债率（Debt Ratio），以前一年度资产负债率表示。所有数据来自CCER数据库及手工搜集。具体结果见表2。

表2 资本补充时机决策分析

指标	未发生资本补充年度样本		发生资本补充年度样本		差异(3) = (2)-(1)(%)
	样本数	均值(1)(%)	样本数	均值(2)(%)	
Cap Ratio	45	12.38	40	10.76	-1.61*
Tier 1 Cap Ratio	45	10.06	40	7.81	-2.25**
ROA	45	1.28	40	0.99	-0.29*
Asset Growth	45	32.93	40	29.55	-3.38
Size	45	26.52	40	27.24	0.72**
Debt Ratio	45	92.04	40	92.76	0.72

注：表中列示的为两类样本相应指标均值及均值差异，*、**、*** 表示 t 统计量在10%、5%、1%的显著性水平上异于0（双尾）。

---

① 由于农业银行和光大银行于2010年上市，时间较短，样本中未包含这两家银行。
② 由于部分银行同一年度进行多次资本补充，此处样本数为40，表示在85个年度观测值中有40个年度发生了资本补充，低于前文中资本补充决策公告的数量47。

从表 2 可以看到，与未发生资本补充的样本相比，发生资本补充的商业银行资本充足率更低，平均来说进行资本补充的商业银行资本充足率要低 1.61%，且在 10% 的显著性水平上显著，说明资本充足率低的银行更可能进行资本补充，与直观相一致。同样的，核心资本充足率低的银行更可能进行资本补充。平均来说进行资本补充的商业银行核心资本充足率要低 2.25%，且在 5% 的显著性水平上显著。另外，进行资本补充的商业银行通常资产收益率平均来说要低 0.29%，这一差别在 10% 的显著性水平上显著，这是一个很大的幅度，说明赢利能力较差的商业银行反倒更可能进行资本补充。从资产规模上看，进行资本补充的商业银行规模要更大一些，且这种差异也是显著的。两类样本在资产增长率和资产负债率指标方面并没有表现出显著差别。

（二）商业银行选择什么样的资本补充方式

前一部分中，本文比较了银行在什么情况下更可能进行资本补充。进一步的问题是，商业银行在不同的资本补充方式之间如何进行选择？换言之，选择不同资本补充方式的商业银行主要经营指标在资本补充之前年度是否存在系统性差异？表 3 对此进行了比较。

表 3 资本补充方式决策分析

变量	Panel A 样本 1	Panel B 样本 2	Panel C 样本 3	Panel D 样本 1 - 样本 2	Panel E 样本 1 - 样本 3	Panel F 样本 2 - 样本 3	Panel G 样本 1 - 样本 2,3	Panel H 样本 3 - 样本 1,2
Cap Ratio(%)	10.01	9.27	12.75	0.74	-2.74**	-3.47**	-1.17	2.93**
Tier 1 Cap Ratio(%)	7.51	6.33	9.71	1.19	-2.19*	-3.38*	-0.50	2.52**
ROA(%)	0.80	0.73	1.43	0.07	-0.63***	-0.70**	-0.33**	0.64***
Asset Growth(%)	29.02	27.74	29.43	1.28	-0.41	-1.69	0.28	0.76
Size	27.52	27.03	26.95	0.49	0.58	0.08	0.54	-0.45
Debt Ratio(%)	95.56	96.23	86.43	-0.68	9.12*	9.80*	5.11	-9.30*
N	25	9	13					

注：表中列示的为不同类型样本相应指标均值及均值差异，*、**、*** 表示 t 统计量在 10%、5%、1% 的显著性水平上异于 0（双尾）。

表 3 的 Panel D 对发行债券样本（样本 1）和定向增发样本（样本 2）进行了对比。可以看到，两类样本在所有指标上均没有系统性差异。Panel E 对发行债券样本（样本 1）和配股或公开增发样本（样本 3）进行了对比。两类样本在资本充足率（Cap Ratio）、核心资本充足率（Tier 1 Cap Ratio）、资产收益率（ROA）和资产负债率（Debt Ratio）方面均存在显著差别。平均来说，在资本补充之前年度，采取发行债券方式的商业银行比采取

配股或公开增发方式的商业银行资本充足率低 2.74%，核心资本充足率低 2.19%，资产收益率低 0.63%，资产负债率高 9.12%，且均具有统计显著性。Panel F 给出了定向增发样本（样本 2）和配股或公开增发样本（样本 3）的比较结果。可以看到，在资本补充之前年度，采取定向增发方式的商业银行比采取配股或公开增发方式的商业银行资本充足率低 3.47%，核心资本充足率低 3.38%，资产收益率低 0.70%，资产负债率高 9.80%，上述差异在统计上也是显著的。Panel E 和 Panel F 的结果意味着，与其他两类方式相比，采取配股或公开增发方式补充资本的商业银行各项经营指标通常会比较好（资本充足率更高、核心资本充足率低、资产收益率更高、资产负债率更低），Panel H 进一步印证了这一结果。这一结果是有趣的：配股或公开增发是商业银行补充核心资本的主要方式之一，通常来说，核心资本充足率较低的商业银行更应该通过这种方式而不是发行债券方式补充资本。不过我们看到的情形却正好相反：采取发行债券方式补充资本的商业银行核心资本充足率反而要低于采取配股或公开增发方式的商业银行核心资本充足率。这可能与监管部门的要求有关，由于配股或公开增发涉及的投资者范围更广，监管部门对配股或公开增发的要求要更高一些。这种高门槛使得商业银行通过配股或公开增发方式补充核心资本的难度较大。Panel G 对发行债券样本（样本 1）和发行股票样本（样本 2 和样本 3）进行了对比。可以看到，与发行债券方式相比，采取发行股票方式进行资本补充的商业银行的赢利能力要更强一些。

综上可以看到，从资本补充的时机选择来看，当资本充足水平较低、赢利能力较差、资产规模较大时，商业银行更可能进行资本补充。可见，提高资本充足率水平是商业银行进行资本补充的最主要动因。从资本补充方式的选择上看，选择配股或公开增发方式的商业银行各项经营指标通常较好，监管部门的高门槛使得商业银行通过配股或公开增发方式补充核心资本的难度较大。

四 不同资本补充方式效果分析

根据有效市场假说，在市场（半强式）有效的情况下，市场价格变动将会完全反映已有信息。那么，当商业银行进行补充资本决策并将其公布时，市场价格将对其作出不同的反应，这一反应代表了市场投资者对这一决策的判断。基于这一逻辑，我们可以通过考察不同方式资本补充决策的市场反应来对相应决策的短期经济效果进行评估[①]。

[①] 此外，本文还对上市银行资本补充前后年度的资产收益率（ROA）、资本收益率（ROE）和不良贷款比率等绩效指标进行了比较，以对银行资本补充决策的效果进行补充分析。可能是受多种因素干扰或样本限制，上述各绩效指标在资本补充前后年度不存在系统性差别。

（一）研究方法

本文采取标准的事件研究方法，研究上市银行补充资本公告日的价格效应，事件日定为董事会资本补充预案公告日。本文分别采取以下两种方法计算事件窗内的正常收益率。

（1）市场法。参照刘力等（2003）的做法，本文将估计窗选择为（-240，-40），利用增发公告日前第240个交易日至增发公告日前第40个交易日的上市银行股票收益率来估计市场模型的参数。市场收益率以沪深两市A股流通市值加权市场指数收益率来衡量。进一步，以此参数来估计事件窗内股票的正常收益率；

（2）市场调整法。以事件窗内的沪深两市A股流通市值加权市场指数收益率作为对应日期股票正常收益率的估计值。

以事件窗内股票的实际收益率分别扣除按上述两种方法估计的正常收益率，作为异常收益（AR），在此基础上计算得到事件窗的累积异常收益（CAR）。为稳健起见，本文选择（-3,3）、（-1,0）和（-1,1）三种事件窗口。

下文中，我们将首先考察不同方式资本补充决策公告的市场反应并对不同方式的差异进行比较。此外，本文还将对资本补充决策公告的市场反应的影响因素进行分析。

（二）资本补充决策效果分析

商业银行资本补充决策的市场反应及各种补充方式市场反应的差别见表4。

表4　各类样本累积异常收益（CAR）

	事件窗	Panel A 全样本	Panel B 样本1	Panel C 样本2	Panel D 样本3	Panel E 样本1-样本2	Panel F 样本1-样本3	Panel G 样本2-样本3
市场法	(-3,3)	0.012	0.027	0.004	-0.010	0.024	0.037	0.014
	(-1,0)	0.019*	0.027*	0.028**	-0.001	-0.002	0.027*	0.029*
	(-1,1)	0.022	0.037	0.013	0.001	0.024	0.035*	0.011*
市场调整法	(-3,3)	0.037*	0.075*	0.013	-0.020	0.062	0.095**	0.033
	(-1,0)	0.021**	0.029**	0.031**	-0.002	-0.002	0.031*	0.033**
	(-1,1)	0.024*	0.040	0.016	-0.002	0.024	0.042*	0.018
N		47	25	9	13			

注：表中列示的为各类样本不同事件窗下累积异常收益（CAR）均值，*、**、***表示t统计量在10%、5%、1%的显著性水平上异于0（双尾）。

表4的Panel A给出了全样本的分析结果。总体上看，市场将银行进行资本补充视为利好信息，资本补充公告在所有事件窗的累积异常收益均为正，且具有很好的显著性。其

中,市场调整法下,商业银行资本补充公告在(-3,3)窗口的累积异常收益高达3.7%。

从表4还可以看到,市场对不同资本补充方式的反应存在很大差异。Panel B 给出了样本1的分析结果。总体上看,市场对商业银行采取发行债券补充资本的反应是正向的。可以看到,在所有事件窗口,商业银行发行债券补充资本公告均会产生正的累积异常收益,且具有较好的显著性。

Panel C 给出了样本2的分析结果。尽管样本较少,但是 Panel C 的结果表明,市场对商业银行采取定向增发方式补充资本的反应是正向的,在(-1,0)窗口累积异常收益在5%的显著性水平上显著为正。这一结果与已有关于定向增发的研究结果一致。例如,Wruck(1989)、Hertzel and Smith(1993)、Wu et al.(2005)、章卫东(2007)、李岩、朱武祥(2007),等等。定向增发公告之所以会产生显著为正的累积异常收益,可能有以下几方面原因:①监控(Monitoring)。通过引入新的机构投资者,定向增发改变了原有股权结构,从而实现对管理层更有效的监控(Wruck, 1989)。②价值鉴证(Certification)。在信息不对称情况下,定向增发对象更有能力判断和识别银行的真实价值,只有在股价未被高估时才会参与增发。③定向增发对象往往事先就被确定,且与银行之间存在一定的联系,这种特殊关系使得管理层在股价高估时定向增发的可能性降低。因此,新的投资者能够对银行起到价值鉴证的作用,定向增发向投资者传递了积极的信号(Hertzel and Smith, 1993)。

Panel D 给出了样本3的分析结果。从 Panel D 可以看到,在几乎所有事件窗内,配股或公开增发样本的累积异常收益是负向的,这一点与已有关于公开增发或配股的研究结果一致。例如,Asquith and Mullins(1986)、Masulis and Korwar(1986)、Mikkelson and Partch(1986)、刘力等(2003)、孔东民、付克华(2005)、王亚平等(2006)以及刘力等(2010)。不过,配股或公开增发样本的负向市场反应并不显著。一种原因可能在于样本数量有限,另一种原因可能在于商业银行的配股或公开增发公告具有一定的特殊性。一方面,与一般上市公司类似,配股或公开增发公告向市场传递了负向信息(Asquith and Mullins, 1986;Masulis and Korwar, 1986);另一方面,资本特别是权益资本对于银行的发展至关重要,因而补充权益资本对于银行来说具有很高的价值。因此,通过配股或公开增发方式补充资本的决策又是一种积极的信息。此时,后者对前者产生了一定的抵消作用。

进一步的问题是,不同资本补充方式的市场反应是否存在系统性差异?Panel E 对发行债券(样本1)和定向增发(样本2)进行了对比。可以看到,两类样本的市场反应并没有系统性差异。Panel F 对发行债券（样本1）和配股或公开增发（样本3）进行了对比。结果表明，发行债券方式（样本1）在所有事件窗口的累积异常收益均要高于配股或公开增发方式（样本3），且具有较高的显著性。Panel G 对定向增发（样本2）和配股或公开增发（样本3）进行了对比。可以看到，定向增发方式（样本2）在所有事件窗口的累积异常收益均要高于配股或公开增发方式（样本3）且具有较高的显著性。总之，从资本补充公告的市场反应来看，发行债券和定向增发方式要优于配股或公开增发方式，发行债券和定向增发两种资本补充方式的市场反应没有系统性差别。

（三）什么因素影响了投资者的反应

上一部分中，我们对不同资本补充方式的市场反应进行了分析比较。结果表明，不同资本补充方式的市场反应存在很大差别。那么，资本补充的市场反应还受其他哪些因素影响？换言之，在什么情况下进行资本补充会被市场认为是最优的？

本文认为，影响补充资本决策市场反应的因素可能有以下几种：第一，商业银行补充资本前的资本充足率水平（Cap Ratio），变量定义同前文。当银行的资本充足率较低时，如果不能及时补充资本，银行的发展将会受到严重制约，此时补充资本对于商业银行来说将是重大利好，其市场反应也会更高；反过来，当银行的资本充足率较高时，银行补充资本的需要则没有那么迫切，补充资本决策的市场反应可能也会不太积极。因此，商业银行的资本充足率水平与补充资本决策的市场反应间存在负向关系。第二，商业银行当前经营状况，包括赢利能力（ROA）、资产扩张速度（Asset Growth）、规模（Size）、资产负债率（Debt Ratio）等①，变量定义同前文。第三，资本补充决策本身的特性，包括资本补充的数量（Quantity）、资本补充的方式（GK Dum）等。其中，资本补充数量（Quantity）以本次资本补充数额占前一年度商业银行总资产的比率来表示，资本补充方式虚拟变量（GK Dum）用以反映不同资本补充方式下市场反应的差别。前文中分析发现，配股或公开增发方式的市场反应要比发行债券和定向增发两种方式差，而发行债券方式与定向增发方式两者的市场反应之间无系统性差异。考虑到这一点，如果商业银行采取配股或公开增发方式补充资本，则该虚拟变量为1，否则为0。最后，本文还对银行的上市年龄（Age）进行了控制，以银行自上市年度至资本补充公告年度所经历的年度数表示。

主要变量描述性统计和相关系数见表5和表6。

---

① 由于样本中银行资本充足率指标与资产负债率指标存在着很高的共线性，本文在多变量分析中没有包含资产负债率指标。

表 5 描述性统计

变量	N	Mean	Std	Min	Median	Max
Cap Ratio	45	0.105	0.035	0.037	0.103	0.241
ROA	47	0.010	0.006	0.001	0.009	0.032
Asset Growth	46	0.289	0.134	0.137	0.254	0.773
Size	47	27.269	1.663	22.741	27.107	30.098
Quantity	47	0.020	0.017	0.000	0.016	0.096
Age	47	6.234	4.913	1	5	19
GK Dum	47	0.277	0.452	0	0	1

表 6 主要变量 Pearson 相关系数

	Cap Ratio	ROA	Asset Growth	Size	Quantity	Age
ROA	0.728***					
Asset Growth	-0.059	0.153				
Size	0.028	-0.324**	-0.328			
Quantity	0.263*	0.216	0.013	-0.580***		
Age	-0.619***	-0.358**	-0.202	-0.096	0.209	
GK Dum	0.364**	0.500***	0.026	-0.121	0.117	-0.314**

注:*、**、***分别表示 Pearson 相关系数在 10%、5%、1% 显著性水平上异于 0（双尾）。

我们将采取多变量分析方法考察上述不同因素对资本补充公告累积异常收益（CAR）的影响。本文所采用的回归分析模型如下：

$$CAR = \beta_0 + \beta_1 CapRatio + \beta_2 ROA + \beta_3 AssetGrowth + \beta_4 Size + \beta_5 Quantity + \beta_6 Age + \beta_7 GKDum + \varepsilon$$

具体分析结果见表 7。

表 7 累积异常收益（CAR）影响因素分析

事件窗	市场法			市场调整法		
	(-3,3)	(-1,0)	(-1,1)	(-3,3)	(-1,0)	(-1,1)
Intercept	0.121 (0.512)	0.224 (0.344)	0.410 (0.513)	0.745 (0.788)	0.253 (0.355)	0.409 (0.526)
Cap Ratio	-1.268* (0.665)	-1.206** (0.583)	-2.036** (0.868)	-2.838** (1.333)	-1.240** (0.601)	-2.058** (0.889)
ROA	6.397 (6.848)	6.286* (4.010)	9.900* (5.865)	12.321 (10.547)	6.346* (4.056)	9.950* (6.034)
Asset Growth	-0.205* (0.105)	-0.170* (0.098)	-0.272* (0.146)	-0.376* (0.214)	-0.172* (0.101)	-0.271* (0.149)

续表

事件窗	市场法			市场调整法		
	(-3,3)	(-1,0)	(-1,1)	(-3,3)	(-1,0)	(-1,1)
Size	-0.000 (0.017)	-0.003 (0.011)	-0.007 (0.017)	-0.015 (0.027)	-0.004 (0.012)	-0.007 (0.018)
Quantity	1.224 (1.553)	0.732 (1.045)	0.938 (1.557)	0.595 (2.392)	0.664 (1.078)	0.948 (1.595)
Age	0.002 (0.005)	0.001 (0.003)	0.001 (0.005)	0.002 (0.007)	0.001 (0.003)	0.001 (0.005)
GK Dum	-0.021 (0.039)	-0.018 (0.026)	-0.008 (0.040)	-0.037 (0.061)	-0.021 (0.027)	-0.016 (0.041)
Adj_R^2	0.075	0.178	0.200	0.195	0.176	0.194
F	1.50	2.34**	2.54**	2.49**	2.31**	2.48**
N	44	44	44	44	44	44

注：所有回归分析的因变量均为资本补充公告的累积异常收益（CAR），Intercept 表示截距项，其他解释变量定义同前。表中列示的为回归方程中截距项及各解释变量的回归系数、模型 Adj_R^2 和 F 值，括号中为回归系数的标准差，*、**、*** 分别表示系数在 10%、5%、1% 的显著性水平上异于 0（双尾）。

由于缺失值的原因，表 7 中实际回归分析的观测值为 44 个。从表 7 可以看到，资本补充前一年度商业银行的资本充足率指标（Cap Ratio）的回归系数在所有回归中都为负的，且具有很高的显著性，说明资本补充前一年度商业银行的资本充足率对资本补充决策的市场反应具有重要影响。前一年度资本充足率水平越低，资本补充决策的市场反应就越好，这与我们的预期一致。从绝对值来看，回归系数最高值为 2.838，最低值为 1.206，意味着资本补充前一年度资本充足率每降低 1%，不同事件窗口累积异常收益最高将增加 2.838%，最低将增加 1.206%，在经济意义上也是显著的。

资本补充前一年度商业银行的资产收益率（ROA）的回归系数在所有回归中都为正的，并具有一定的显著性。说明资本补充前商业银行赢利能力越好，投资者对这一决策认可的程度会越高，资本补充决策的市场反应也会越高。从绝对值上看，资本补充前资产收益率每增加 1%，各事件窗口累积异常收益增加的幅度介于 6.286% ~ 12.321%。这一点与直观一致。商业银行只有在高赢利情况下进行资本和资产扩张，才能够为投资者创造更高的价值，投资者的反应相应会更加积极；反过来，如果商业银行在赢利能力较低的情况下进行资本和规模扩张，不仅不会为投资者创造更多的价值，反而会对投资者价值造成损害，投资者的反应则会更加消极。

资本补充前一年度商业银行的资产扩张速度（Asset Growth）的回归系数在所有回归中都为负的，且具有较好的显著性。说明资本补充前商业银行资产扩张速度越快，投资者对这一决策的认可程度越低，该决策的市场反应也会越差。从回归系数来看，资本补充前资产增长速度每增加 1%，各事件窗口的累积异常收益下降的幅度介于 0.170% ~ 0.376%。考虑到近年来我国商业银行年均 20% 左右的资产增长速度（本文样本中资产增长速度均值达 29%），这一系数在经济意义上也是显著的。这一发现是非常有趣的。从现实情况看，我国商业银行目前的发展模式可以概括为"资产（信贷）扩张—资本补充—资产（信贷）再扩张"，逐渐形成"信贷扩张与资本补充相互推动的怪圈"[1]。资产扩张速度对资本补充决策的市场反应具有负向影响说明，投资者并不认可商业银行这种发展模式。换言之，如果资本补充是由资产（信贷）高速扩张所推动的，那么投资者的反应是消极的。这是因为，这种发展模式需要商业银行不断地进行资本补充，在融资市场容量有限的情况下，商业银行的未来发展必将受到限制。

从其他变量来看，商业银行资本补充前一年的资产规模（Size）、本次资本补充规模（Quantity）和银行的上市年龄（Age）这三个变量的回归系数均不显著，说明它们对商业银行资本补充公告的市场反应不会产生显著影响。令人奇怪的是，资本补充方式虚拟变量（GK Dum）是不显著的。不过，该变量的所有回归系数都为负，说明采取配股或公开增发方式时资本补充公告的市场反应要低一些，与前文的分析结果具有一致性。

综上，在这一部分，本文对资本补充公告的市场反应进行了分析和比较。总体上看，投资者对商业银行资本补充决策的市场反应是正向的，这说明，资本补充被市场认为对商业银行具有价值。不过，不同的资本补充方式效果存在较大差异。具体来说，发行债券方式和定向增发方式的市场反应要优于配股或公开增发方式，配股或公开增发对于商业银行来说可能是一种次优的方式。此外，通过对累积异常收益的影响因素进行分析，我们看到，商业银行资本短缺程度越高、赢利能力越强，资本补充的效果会越好。同时，商业银行资产扩张速度越快，资本补充的效果越差，说明投资者对于"信贷扩张与资本补充相互推动"的发展模式并不认同。

五 结论与政策建议

利用上市银行数据，本文首次对商业银行的资本补充的现状、动因和效果进行了系统的研究。本文发现，首先，无论是从频率还是规模上，次级债、定向增发和配股都是目前

---

[1] 时任银监会副主席的蒋定之于 2010 年 12 月 11 日在"2010 第一财经金融峰会"上作上述表示。

商业银行除IPO以外最重要的资本补充方式；其次，提高资本充足率是商业银行进行资本补充的最主要动因，采取配股或公开增发方式的商业银行主要经营指标要高于其他几种方式，监管部门的高门槛使得商业银行通过配股或公开增发方式补充资本的难度较大；最后，从不同资本补充方式的效果来看，与配股或公开增发相比，发行债券和定向增发效果相对较好。另外，商业银行资本充足率较低、赢利能力较强时，资本补充的效果相对较好；而且，资产扩张速度越快，资本补充的市场反应越差，说明投资者并不认可商业银行"信贷扩张与资本补充相互推动"的发展模式。

本文的研究具有较强的政策含义。从商业银行角度来看，首先，在不同的资本补充方式之间进行选择时，与配股或公开增发方式相比，发行债券方式和定向增发方式相对灵活，且涉及面较小，商业银行在进行资本补充时应该优先考虑；其次，商业银行应该逐步转变传统的"信贷扩张与资本补充相互推动"的发展模式，走内涵式发展道路，大力发展中间业务，不断降低资产风险权重，避免对资本的过度依赖；最后，商业银行应该在"最需要"的时候以及高赢利时进行资本补充，盲目的资本扩张并不受市场欢迎。

从银行监管角度看，《第三版巴塞尔协议》提高了商业银行的资本充足率特别是核心一级资本（股本）的监管要求。在未来的经营中，商业银行对核心一级资本的需求会越来越强烈。在这种情况下，监管部门应考虑到商业银行的自身特点，适当降低配股或公开增发等方式的融资门槛，为商业银行补充核心一级资本提供便利。

需要说明的是，本文的分析是以上市银行数据为基础的，考虑到我国相当数量的银行尚未上市，本文的很多分析对非上市银行可能并不适用。另外，由于上市银行数量较少，且上市时间长度有限，因此本文样本数量较小。受这一限制，本文的分析结果可能会存在一定误差。对于上述不足，我们将在后续研究中不断予以完善。

（本文发表于《国际金融研究》2011年第11期）

参考文献

[1] 孔东民、付克华：《中国股市增发的市场反应及影响因素分析》，《世界经济》2005年第10期。
[2] 李岩、朱武祥：《定向增发股价效应实证研究》，《中国金融学》2007年第13期。
[3] 刘力、王汀汀、王震：《中国A股上市公司增发公告的负价格效应及其二元股权结构解释》，《金融研究》2003年第8期。

[4] 刘力、李广子、周铭山：《股东利益冲突、投资者情绪与新股增发折价》，《财经问题研究》2010年第5期。
[5] 刘艳妮、张航：《当前我国商业银行资本补充机制分析》，《银行家》2010年第1期。
[6] 王亚平、杨云红、毛小元：《上市公司选择股票增发的时间吗?》，《金融研究》2006年第12期。
[7] 王自力：《国有独资商业银行充实资本金的可行性研究》，《金融研究》2001年第11期。
[8] 吴栋、周建平：《资本要求和商业银行行为：中国大中型商业银行的实证分析》，《金融研究》2006年第8期。
[9] 张杰：《注资与国有银行改革：一个金融政治经济学的视角》，《经济研究》2004年6期。
[10] 章卫东：《定向增发新股、整体上市与股票价格短期市场表现的实证研究》，《会计研究》2007年第12期。
[11] 赵锡军、王胜邦：《资本约束对商业银行信贷扩张的影响：中国实证分析（1995－2003）》，《财贸经济》2007年第7期。
[12] Asquith, P. and D. Mullins, "Equity Issues and Stock Price Dilution", *Journal of Financial Economics*, 1986 (15), pp. 61–89.
[13] Berrospide, J. and R. Edge, "The Effects of Bank Capital on Lending: What Do We Know, and What Does it Mean?", *Federal Reserve Board Working Paper*, 2010.
[14] Chen, N., "Bank Net Worth, Asset Prices and Economic Activity", *Journal of Monetary Economics*, 2001 (48), pp. 415–436.
[15] Gajewaki, J. and E. Ginglinger, "Seasoned Equity Issues in a Closely Held Market: Evidence from France", *European Finance Review*, 2002 (6), pp. 291–319.
[16] Hertzel, M. and R. Smith, "Market Discounts and Shareholders Gains for Placing Equity Privately", *Journal of Finance*, 1993 (48), pp. 459–485.
[17] Masulis, R. and A. Korwar, "Seasoned Equity Offerings: An Empirical Investigation", *Journal of Financial Economics*, 1986 (15), pp. 91–118.
[18] Mikkelson, W. and M. Partch, "Valuation Effects of Security Offerings and the Issuance Process", *Journal of Financial Economics*, 1986 (15), pp. 31–60.
[19] Van den Heuvel, S., "The Welfare Cost of Bank Capital Requirements", *Journal of Monetary Economics*, 2008 (55), pp. 298–320.
[20] Wruck, K., "Equity Ownership Concentration and Firm Value: Evidence from Private Equity Financings", *Journal of Financial Economics*, 1989 (25), pp. 71–78.
[21] Wu, X., Wang, Z. and J. Yao, "Understanding the Positive Announcement Effects of Private Equity Placements: New Insights from Hong Kong Data", *Review of Finance*, 2005 (9), pp. 385–414.

我国村镇银行的绩效及其影响因素

曾 刚 李广子

一 引言

村镇银行是由境内外金融机构、境内非金融企业法人、境内自然人出资,在农村地区设立的主要为当地农业和农村经济发展提供金融服务的银行业金融机构。为了解决我国农村金融组织体系不完善、金融机构缺位、金融产品研发缓慢、金融创新动力不足的问题,2006年12月,银监会出台了《关于调整放宽农村地区银行业金融机构准入政策、更好支持社会主义新农村建设的若干意见》,允许产业资本和民间资本到农村地区新设银行,首批选择四川、吉林等六省区进行试点,村镇银行等新型农村金融机构开始起步。截至2011年一季度末,实际已开业的村镇银行超过了400家,另有100多家批准筹建。贷款规模733亿元,其中,83.4%的贷款投向农户和小企业。在支持当地经济发展方面,正起着越来越重要的作用。

发展村镇银行是我国新时期农村金融改革的重要尝试。自设立村镇银行首批试点以来,已有四年多时间。经历四年多的发展,村镇银行的绩效如何?有哪些因素会对村镇银行的绩效产生影响?对这些问题进行深入考察在理论和实践上都具有重要意义。可能受数据限制,已有关于村镇银行的研究多为案例分析或定性研究,基于大样本数据的经验研究还不多见。

利用我国村镇银行数据,本文从赢利能力和风险两个维度首次对村镇银行的绩效及其影响因素进行了考察。本文的主要发现有:①村镇银行总体赢利水平偏低,经营风险状况良好,资产规模对于村镇银行的绩效具有积极作用;②村镇银行绩效存在着明显的地区差异,地区金融业市场化程度对村镇银行的赢利能力具有负向影响,对其经营风险则影响不明显;③发起行为农村金融机构时,村镇银行的赢利能力相对更好;④其他法人机构参股会提高村镇银行赢利能力,同时降低其经营风险。

本文的安排大致如下:第二部分是理论分析与研究假设,第三部分是研究设计,第四部分是实证结果与分析,第五部分是稳健性检验,第六部分是结论与政策建议。

二 理论分析与研究假设

根据相对市场力量假说,市场份额高、产品差异化较大的企业可以利用其垄断能力获得高利润。徐忠等(2009)利用我国银行业的数据发现,市场份额与银行资产回报率之间显著正相关。与众多大型银行可以跨区经营不同,村镇银行具有鲜明的地域特征,主要在农村地区设立并为当地农业和农村经济发展服务。作为一种微小银行机构,其在市场中的竞争力十分有限。特别是我国村镇银行业目前还处于起步阶段,赢利模式比较单一,除基本的存贷款业务外,其他业务模式十分落后。一方面,当地区金融发展水平较高、银行业竞争较为激烈时,村镇银行的相对市场力量非常弱小。这种情况下,村镇银行的绩效可能会较差。另一方面,金融市场业市场化程度较高的地区,信贷资金的配置主要依赖市场化原则。现阶段,村镇银行的发展在很大程度上还需要政策或地方政府的扶持。当一个地区金融业市场化程度较高时,村镇银行所能得到的政策或地方政府扶持可能会较少。与此相反,在金融业市场化程度较低的地区,一方面,金融业较低的竞争强度使得村镇银行能够获得较大的生存发展空间;另一方面,金融业市场化程度较低也意味着村镇银行可以积极争取政策或地方政府扶持。因此,在金融业市场化程度较低的地区,村镇银行的绩效反而有可能更好。由此,我们得到假设1。

假设1:村镇银行的绩效与地区金融业市场化程度负相关。

在发起设立村镇银行过程中,监管部门特别强调发起银行的作用。根据《村镇银行管理暂行规定》,村镇银行最大股东或唯一股东必须是银行业金融机构。最大银行业金融机构股东持股比例不得低于村镇银行股本总额的20%。这一规定的主要目的就是希望能够充分利用发起行在资金资源、风险管理和业务经营等方面的优势,服务于村镇银行的发展。可以看到,发起行的类型将会对村镇银行的绩效产生重要影响。村镇银行的发起行可以分为九种类型,分别为农村商业银行、农村合作银行、农村信用社、国有大型银行、股份制银行、城市商业银行、城市信用社、外资银行和政策性银行。不同类型的发起行与农村金融业务的关联程度是不同的,本文按照其与农村金融业务的紧密程度将其分为两大类:农村金融机构(包括农村商业银行、农村合作银行和农村信用社)与非农金融机构(包括国有大型银行、股份制银行、城市商业银行、城市信用社、外资银行和政策性银行)。农村金融机构对农村金融业务的熟悉程度要远远超过非农金融机构。由于村镇银行主要是在农村等经济欠发达地区开展业务,发起行对农村金融业务的熟悉会对村镇银行开展业务起到重要作用,从而会提高村镇银行的绩效。由此，我们得到假设 2。

假设 2：发起行为农村金融机构时，村镇银行的绩效会更好。

依据《村镇银行管理暂行规定》，符合一定条件的非金融机构企业法人可以投资入股村镇银行。而根据现有的理论研究，其他法人机构参股可能会有助于改善治理，进而提高银行绩效。此外，其他法人机构的参与还能够为村镇银行提供更多的经济资源和管理经验，这也会对村镇银行的绩效起到积极作用。由此，我们得到假设 3。

假设 3：村镇银行的绩效与其他法人机构参股正相关。

除非金融机构企业法人外，根据《村镇银行管理暂行规定》，符合一定条件的自然人也可以投资入股村镇银行。参股村镇银行的自然人可能直接参与村镇银行的经营，此时，持有的股票将会对这些自然人产生激励作用，充分调动其积极性，进而对村镇银行的绩效产生积极影响。另外，参股的自然人股东也会以自身资源服务于村镇银行的发展，可以形成对其他类型股东的补充，从而提高村镇银行的绩效。由此，我们得到假设 4。

假设 4：村镇银行的绩效与自然人股东参股正相关。

三 研究设计

（一）样本选择

本文的分析以截至 2010 年 6 月的村镇银行数据为准，数据来自与我们长期合作的金融机构以及笔者从媒体报道、村镇银行网站等多种渠道的手工搜集。样本共包含 193 家村镇银行。在时间分布上，样本中 2007、2008、2009 和 2010 年上半年设立的村镇银行数量分别为 19、65、54 和 55 家。由于部分数据缺失的原因，下文分析中实际用到的样本数量要低一些。

（二）模型与变量

为了对前文中假设进行检验，我们构建了以下模型：

$$Performance = \beta_0 + \beta_1 Finmarket + \beta_2 Ctrbank + \beta_3 Institution + \beta_4 Individual + \beta_5 Controls + \varepsilon$$

各变量具体如下。

（1）绩效指标（Performance）。本文从赢利能力和经营风险两个层面来衡量村镇银行绩效。考虑到单一指标可能存在误差，本文选择了多种指标来衡量。①赢利能力。分别以村镇银行 2010 年上半年的资产收益率（ROA）和赢利虚拟变量（Profit Dum）来衡量。其中，赢利虚拟变量（Profit Dum）定义如下：如果银行净利润为正，则取值为 1，否则为 0。②经营风险。分别以 2010 年 6 月底的不良贷款率（NPL Ratio）和不良贷款虚拟变量（NPLD）来衡量。其中，不良贷款虚拟变量（NPLD）定义如下：如果银行不良贷款大于 0，则取值为 1，否则为 0。

（2）金融业市场化程度（Finmarket）。反映不同地区金融业市场化程度的高低，采取樊纲等（2010）编制的金融业市场化指数来衡量。根据假设 1，当因变量为赢利能力指标时，预期其符号为负；因变量为经营风险指标时，预期其符号为正。

（3）发起行类型虚拟变量（Ctrbank）。反映不同村镇银行发起行对农村金融业务的熟悉程度。如果发起行为农村金融机构，则该虚拟变量取值为 1，为非农金融机构时取值为 0。根据假设 2，当因变量为赢利能力指标时，预期其符号为正；因变量为经营风险指标时，预期其符号为负。

（4）其他法人机构参股虚拟变量（Institution）。反映村镇银行中是否存在其他法人机构参股。受数据限制，我们无法搜集到其他法人机构持股比例数据，只能搜集到股东中是否包含其他法人机构信息，因此采取虚拟变量方法。如果村镇银行发起股东中包含其他法人机构，则该虚拟变量取值为 1，未包含则取值为 0。根据假设 3，当因变量为赢利能力指标时，预期其符号为正；因变量为经营风险指标时，预期其符号为负。

（5）自然人参股虚拟变量（Individual）。反映村镇银行中是否存在自然人参股。如果村镇银行的发起股东中包含自然人股东，则该虚拟变量取值为 1，未包含则取值为 0。根据假设 4，当因变量为赢利能力指标时，预期其符号为正；因变量为经营风险指标时，预期其符号为负。

（6）其他控制变量（Controls）。参照已有研究及数据可得性，本文选取的控制变量包括发起行持股比例（Ctrshare）、村镇银行经营时间长度（Age，以自成立至 2010 年 6 月底历时的月度总数表示）、村镇银行规模（Lnasset，以 2010 年 6 月底总资产的自然对数表示）和村镇银行杠杆水平（Leverage，以 2010 年 6 月底的资产负债率表示）等。

下文所有回归分析均采用 White 异方差稳健标准差对结果进行调整。

（三）描述性统计

各变量描述性统计结果见表 1。

表 1　变量描述性统计

变量	N	均值	标准差	最小值	中位数	最大值
ROA	192	0.11%	1.04%	-4.69%	0.27%	2.02%
Profit Dum	193	0.63	0.48	0	1	1
NPL Ratio	187	0.12%	0.54%	0	0	5.62%
NPLD	188	0.18	0.38	0	0	1
Finmarket	193	8.83	1.71	4.18	8.68	12.01
Institution	176	0.86	0.35	0	1	1
Individual	172	0.55	0.50	0	1	1
Ctrshare	142	52%	23%	20%	51%	100%
Age	192	13.91	10.70	0	13.50	39
Lnasset	192	19.17	0.98	16.22	19.21	21.64
Leverage	192	74%	20%	10%	80%	100%

从表1可以看到，村镇银行赢利状况一般，2010年上半年资产利润率（ROA）均值为0.11%，资产利润率最高的达到2.02%，最低则为-4.69%，不同村镇银行赢利能力差别较大。总体来看，村镇银行赢利水平大大低于银行业平均水平，2010年我国商业银行全年资产利润率达到1.1%[①]。在193家样本村镇银行中，有122家实现了赢利，占比63%，还有相当大一部分没有实现赢利。资产质量较好，不良贷款率较低，平均仅为0.12%，大大低于行业平均水平，2010年我国商业银行不良贷款率达到1.1%[②]。不过，这可能与村镇银行经营时间较短有关。由于很多贷款尚未到期，风险还没有完全暴露。有86%的村镇银行发起股东中包含其他法人机构，55%的村镇银行发起股东中有自然人股东。说明其他法人机构和自然人参股在村镇银行中非常普遍，相对而言，其他法人机构参股比自然人参股更为普遍。发起银行平均持股比例达到52%，说明发起行平均采取绝对控股方式。至2010年6月底，样本村镇银行经营时间平均为14个月，仍处于起步阶段。平均资产负债率为74%，低于行业平均水平，说明村镇银行较多地依赖权益资本，在提高负债水平、开拓资金来源方面还有很大空间。

四　实证结果与分析

（一）赢利能力

以资产收益率（ROA）作为村镇银行赢利能力度量指标的分析结果见表2。

---

① 数据来源于《中国银行业监督管理委员会2010年报》。
② 数据来源于《中国银行业监督管理委员会2010年报》。

表 2　赢利能力影响因素分析（因变量 ROA）

	(1)	(2)	(3)	(4)	(5)
Finmarket	-0.0006 (0.0005)				-0.0010 ** (0.0005)
Ctrbank		0.0027 ** (0.0011)			0.0033 *** (0.0012)
Institution			0.0087 *** (0.0024)		0.0096 *** (0.0024)
Individual				0.0010 (0.0012)	0.0008 (0.0012)
Ctrshare	-0.0156 *** (0.0039)	-0.0154 *** (0.0038)	-0.0054 (0.0039)	-0.0145 *** (0.0042)	-0.0029 (0.0043)
Age	0.0003 *** (0.0001)	0.0003 *** (0.0000)	0.0003 *** (0.0000)	0.0003 *** (0.0000)	0.0003 *** (0.0000)
Lnasset	0.0032 ** (0.0013)	0.0024 ** (0.0011)	0.0026 ** (0.0011)	0.0026 ** (0.0012)	0.0034 ** (0.0013)
Leverage	0.0061 (0.0070)	0.0096 (0.0070)	0.0068 (0.0067)	0.0082 (0.0070)	0.0040 (0.0067)
Constant	-0.0556 ** (0.0213)	-0.0507 ** (0.0203)	-0.0647 *** (0.0214)	-0.0545 *** (0.0214)	-0.0720 *** (0.0226)
Adj_R^2	0.4954	0.5023	0.5312	0.4879	0.5643
F value	19.12 ***	18.24 ***	20.48 ***	17.83 ***	14.34 ***
Obs	142	142	141	140	140

注：表中列示的为各变量的回归系数，括号中为回归系数的标准差，*、**、*** 分别表示系数在 10%、5%、1% 的显著性水平上异于 0（双尾）。

表2的回归(1)、(2)、(3)、(4)分别对假设1、假设2、假设3和假设4进行了检验。可以看到，各解释变量的回归系数与假设一致，但显著性水平略有差别。发起行类型虚拟变量（Ctrbank）和其他法人机构参股虚拟变量（Institution）回归系数分别在5%和1%的显著性水平上显著。金融业市场化程度变量（Finmarket）和自然人参股虚拟变量（Individual）的回归系数符号与预期一致，但并不显著。

回归(5)对所有假设同时进行了检验。可以看到，金融业市场化程度变量（Finmarket）回归系数为负且在5%的显著性水平上显著，意味着村镇银行的赢利能力与所在地区金融业的市场化程度负向相关，假设1得到支持。从经济意义上看，金融业市场化程度每增加1，该地区村镇银行的半年资产收益率（ROA）将降低0.1%，在经济意义上也是显著的。发起行类型虚拟变量（Ctrbank）回归系数为正，显著性水平低于1%，说明发起行类型即发起行对农村金融业务的熟悉程度对村镇银行的赢利能力产生了显著影响，假设2得到支持。回归系数为0.0033意味着，当发起行为农村金融机构时，相对于非农金融机构而言，村镇银行平均半年的资产收益率将增加0.33%，这说明由农村金融机构发起的村镇银行与由非农村金融机构发起相比在赢利能力方面存在巨大差别。其他法人机构参股虚拟变量（Institution）回归系数在1%的显著性水平上显著为正，假设3得到支持。回归系数为0.0096表明，当村镇银行存在其他法人机构参股时，其半年的资产收益率平均来说将提高0.96%，这是一个巨大的幅度，说明其他法人机构参股将会对村镇银行的赢利能力产生巨大的促进作用。在控制了所有其他变量之后，自然人参股虚拟变量（Individual）回归系数尽管为正但仍不显著，说明自然人参股对村镇银行的赢利能力具有一定促进作用但并不十分明显，假设4在一定程度上得到支持。

就控制变量而言，非常有趣的是，经营时间长度（Age）和资产规模（Lnasset）对村镇银行的赢利能力都产生了正向影响，在统计和经济意义上都是显著的，说明村镇银行经营时间越长、资产规模越大，其赢利能力越高。一般来说，当村镇银行处于初创期时，其各项业务还处于起步阶段，还没有形成较为稳定的赢利模式，前期投入较大，因此赢利水平可能不高；随着经营时间的增加，村镇银行的业务会逐步走向正轨，赢利能力可能会提高。资产规模与赢利能力的正向关系说明村镇银行存在较强的规模效应。由于村镇银行维持运营需要支付一定的固定成本，比如房租、水电费、工资等，因此，适度增加规模所产生的边际成本很小，从而可以获取更多的利润。这一发现对于村镇银行的经营来说具有重要的参考意义：村镇银行可以通过做大规模来提高自身的赢利能力。控股银行持股比例变量（Ctrshare）回归系数在回归（5）中不显著，说明控股银行的持股比例对村镇银行的赢利能力没有明显影响。需要说明的是，该变量的回归系数在回归（1）、（2）和（4）中显著为负，是否意味着控股银行的持股比例对村镇银行的赢利能力有负向作用呢？其实不然，这主要是没有加入其他解释变量所致。当加入了其他法人机构参股虚拟变量（Institution）后，控股银行持股比例变量（Ctrshare）回归系数便不再显著了。

表3给出了以赢利虚拟变量（Profit Dum）为因变量的分析结果。由于因变量为虚拟变量，因此回归采取 Logit 模型。

表3 赢利能力影响因素分析（因变量 Profit Dum）

	(1)	(2)	(3)	(4)	(5)
Finmarket	0.0065 (0.2154)				-0.2401 (0.2297)

续表

	(1)	(2)	(3)	(4)	(5)
Ctrbank		1.6565 ** (0.6642)			1.8858 *** (0.6637)
Institution			3.0536 ** (1.3903)		3.6835 *** (1.3362)
Individual				0.3155 (0.6240)	0.4752 (0.6328)
Ctrshare	-3.7970 *** (1.4151)	-3.8757 *** (1.4702)	-0.0476 (2.2369)	-3.4480 ** (1.5341)	0.7755 (2.301)
Age	0.2063 *** (0.0451)	0.2216 *** (0.0496)	0.2387 *** (0.0500)	0.2076 *** (0.0439)	0.2603 *** (0.0590)
Lnasset	0.9269 ** (0.4003)	0.9481 *** (0.3504)	0.9661 ** (0.3901)	0.9523 *** (0.3445)	1.2986 *** (0.4713)
Leverage	0.4629 (1.8747)	1.2752 (1.8079)	-0.4739 (2.0848)	0.3106 (1.8358)	-0.3100 (2.2708)
Constant	-18.0734 *** (6.7779)	-19.623 *** (6.7097)	-23.0172 *** (7.7660)	-18.7518 *** (6.8210)	-29.3141 *** (8.1394)
Pseudo R^2	0.5035	0.5386	0.5424	0.5048	0.5862
Wald chi^2	46.81 ***	43.22 ***	49.27 ***	48.34 ***	44.45 ***
Obs	142	142	141	140	140

注：表中列示的为各变量的回归系数，括号中为回归系数的标准差，*、**、*** 分别表示系数在 10%、5%、1% 的显著性水平上异于 0（双尾）。

从表 3 可以看到，以赢利虚拟变量（Profit Dum）作为因变量时，结果与表 2 基本相似。以回归（5）为例，发起行类型虚拟变量（Ctrbank）和其他法人机构参股虚拟变量（Institution）回归系数均在 1% 的显著性水平上显著，说明当发起行为农村金融机构或者村镇银行存在其他法人机构参股时，村镇银行出现赢利的概率大大增加。发起行类型虚拟变量（Ctrbank）回归系数为 1.8858 意味着，发起行为农村金融机构的村镇银行赢利能力是发起行为非农金融机构的村镇银行的 6.59 倍（$\approx e^{1.8858}$）；类似的，其他法人机构参股虚拟变量（Institution）回归系数为 3.6835 意味着，村镇银行存在其他法人机构参股时赢利能力是没有其他法人机构参股的 40 倍（$\approx e^{3.6835}$），在经济意义上非常显著。假设 2 和假设 3 得到支持。而金融业市场化程度变量（Finmarket）和自然人参股虚拟变量（Individual）回归系数尽管不显著，但是其符号与预期一致。控制变量的回归系数及显著性与前文基本类似，不再赘述。

（二）经营风险

以不良贷款率（NPL Ratio）作为村镇银行经营风险度量指标的分析结果见表4。

表4 经营风险影响因素分析（因变量 NPL Ratio）

	（1）	（2）	（3）	（4）	（5）
Finmarket	0.0002 (0.0002)				0.0001 (0.0002)
Ctrbank		0.0004 (0.0009)			0.0004 (0.0009)
Institution			0.0002 (0.0017)		0.0001 (0.0016)
Individual				0.0001 (0.0012)	0.0002 (0.0012)
Ctrshare	−0.0021 (0.0015)	−0.0020 (0.0014)	−0.0018 (0.0027)	−0.0021 (0.0019)	−0.0018 (0.0025)
Age	0.0002 *** (0.0001)	0.0002 ** (0.0001)	0.0002 ** (0.0001)	0.0002 ** (0.0001)	0.0002 ** (0.0001)
Lnasset	−0.0009 * (0.0005)	−0.0008 * (0.0004)	−0.0007 * (0.0004)	−0.0007 (0.0005)	−0.0009 * (0.0005)
Leverage	−0.0037 (0.0035)	−0.0041 (0.0035)	−0.0043 (0.0036)	−0.0043 (0.0034)	−0.0037 (0.0039)
Constant	0.0172 * (0.0089)	0.0166 * (0.0086)	0.0161 ** (0.0078)	0.0167 (0.0102)	0.0173 * (0.0092)
Adj_R^2	0.1426	0.1426	0.1412	0.1422	0.1476
F value	2.42 **	2.69 **	3.57 ***	3.22 ***	2.54 **
Obs	141	141	140	139	139

注：表中列示的为各变量的回归系数，括号中为回归系数的标准差，*、**、*** 分别表示系数在10%、5%、1%的显著性水平上异于0（双尾）。

表4结果表明，总体上看，各因素对经营风险的解释能力要比对赢利能力的解释能力弱很多，从模型的 R^2 值来看，回归模型的总体拟合程度降低很多。在表4中，几乎所有的解释变量都是不显著的，说明各解释变量对村镇银行不良贷款率的影响较弱。

从控制变量情况来看，村镇银行经营时间变量（Age）的回归系数为正且在1%的显著性水平上显著。这说明，随着经营时间的增加，村镇银行的不良贷款比率会不断增加。

这一结果对于村镇银行的经营具有一定的警示作用:村镇银行不能因为目前贷款质量良好而放松风险管控意识,当前不良贷款处于较低水平并不是因为其较高的风险管理水平,也不是因为借款人较高的信用水平,而是因为其经营时间较短、各种潜在的风险还没有充分暴露。随着经营时间的增加,原有潜在的风险会逐步暴露出来,形成不良贷款。另外,资产规模(Lnasset)对于不良贷款比率具有较弱的负向影响,说明随着经营规模的扩大,村镇银行抵御风险、消化不良贷款的能力也在增强。

以不良贷款虚拟变量(NPLD)作为经营风险度量指标的分析结果见表5。与前文类似,由于因变量为虚拟变量,回归采取 Logit 模型。

表5 经营风险影响因素分析(因变量 NPLD)

	(1)	(2)	(3)	(4)	(5)
Finmarket	0.4343 * (0.2313)				0.2973 (0.2203)
Ctrbank		1.3788 ** (0.5802)			1.3424 ** (0.6681)
Institution			−2.2550 * (1.1910)		−2.6359 ** (1.3201)
Individual				−0.1805 (0.5712)	−0.1889 (0.5994)
Ctrshare	−0.9444 (1.4009)	−0.6718 (1.6723)	−3.1517 (1.9535)	−0.8893 (1.4803)	−4.2466 * (2.3307)
Age	0.1809 *** (0.0347)	0.1534 *** (0.0318)	0.1544 *** (0.0318)	0.1521 *** (0.0311)	0.1800 *** (0.0382)
Lnasset	−0.0949 (0.4851)	0.2465 (0.4406)	0.3324 (0.3854)	0.3045 (0.3953)	−0.0902 (0.4736)
Leverage	2.7401 (2.8927)	0.8021 (2.7972)	0.5035 (2.4170)	0.4785 (2.5303)	2.2175 (2.9981)
Constant	−8.7217 (7.3948)	−10.0190 (7.6539)	−7.7873 (7.1343)	−10.1298 (7.0890)	−3.5789 (7.3068)
Pseudo R^2	0.3264	0.3421	0.3224	0.2996	0.3977
Wald chi^2	39.61 ***	37.72 ***	37.97 ***	37.05 ***	43.13 ***
Obs	141	141	140	139	139

注:表中列示的为各变量的回归系数,括号中为回归系数的标准差,*、**、*** 分别表示系数在10%、5%、1% 的显著性水平上异于0(双尾)。

表5的结果与表4有所不同。表5中,发起行类型虚拟变量(Ctrbank)及其他法人机构参股虚拟变量(Institution)对出现不良贷款的概率具有显著影响。其中,发起行类型虚拟变量(Ctrbank)的回归系数为正,且在5%的显著性水平上显著,说明当发起行为农村金融机构时,村镇银行出现不良贷款的概率更高,与假设2正好相反。回归系数为

1.3424 意味着，发起行为农村金融机构时村镇银行出现不良贷款的概率是发起行为非农金融机构时的 3.83 倍（$\approx e^{1.3424}$），差别明显。可能的原因在于，与非农金融机构相比，我国农村金融机构的风险管理水平较差，而农村金融机构作为发起行时，其自身在风险管理上的劣势也会传递到村镇银行的运营之中。以 2010 年为例，我国农村商业银行的平均不良贷款率为 1.9%，是商业银行平均水平 1.1% 的近 2 倍①。其他法人机构参股虚拟变量（Institution）回归系数为负，并在 5% 的显著性水平上显著，说明存在其他法人机构参股时，村镇银行出现不良贷款的概率更低。回归系数为 -2.6359 意味着，没有其他法人机构参股的村镇银行出现不良贷款的概率是有其他法人机构参股时的 14 倍（$\approx e^{2.6359}$），差别巨大。其他控制变量的回归结果与前文基本类似，不再赘述。

五 稳健性检验

在本文样本中，有 56 家村镇银行至 2010 年 6 月底经营时间少于 6 个月。由于此类样本经营时间较短，其绩效指标可能不具有太强的参考意义。为了考察本文结论的稳健性，我们将经营时间少于 6 个月的样本剔除，以经营时间超过 6 个月的 137 家村镇银行样本重复前文的分析，回归分析结果见表 6。

表 6 经营绩效影响因素分析（经营时间超过 6 个月样本）

因变量	(1) ROA	(2) Profit Dum	(3) NPL Ratio	(4) NPLD
Finmarket	-0.0008 * (0.0005)	-0.2723 (0.3190)	0.0002 (0.0002)	0.2749 (0.2262)
Ctrbank	0.0036 *** (0.0013)	2.2948 *** (1.0341)	0.0004 (0.0012)	1.3631 ** (0.6679)
Institution	0.0099 *** (0.0026)	3.3174 *** (1.3060)	0.0005 (0.0019)	-2.6095 ** (1.2956)
Individual	0.0002 (0.0013)	0.0034 (0.7156)	0.0004 (0.0014)	-0.1719 (0.5940)
Ctrshare	-0.0052 (0.0045)	0.3200 (2.4583)	-0.0018 (0.0029)	-4.1753 * (2.2797)
Age	0.0003 *** (0.0001)	0.2378 *** (0.0769)	0.0002 ** (0.0001)	0.1725 *** (0.0392)

---

① 数据来源于《中国银行业监督管理委员会 2010 年报》。

续表

因变量	(1)ROA	(2)Profit Dum	(3)NPL Ratio	(4)NPLD
Lnasset	0.0033**	1.5912***	-0.0010*	-0.0641
	(0.0014)	(0.5275)	(0.0005)	(0.4687)
Leverage	0.0049	-2.1373	-0.0049	1.8368
	(0.0088)	(2.8515)	(0.0057)	(3.000)
Constant	-0.0715***	-32.1418***	0.0186*	-3.4627
	(0.0258)	(8.9866)	(0.0106)	(7.1393)
Adj_R^2	0.5631	0.5331	0.1454	0.3397
F value	8.83***	29.97***	2.19**	34.31***
Observations	115	115	114	114

注：表中列示的为各变量的回归系数，括号中为回归系数的标准差，*、**、*** 分别表示系数在10%、5%、1%的显著性水平上异于0（双尾）。

表6的结果与前文基本一致。考虑经营时间超过6个月的村镇银行样本时，地区金融业市场化程度对于村镇银行的赢利能力仍然具有负向影响且具有一定的显著性，对于经营风险的影响则不明显；农村金融机构作为发起行对赢利能力具有显著的正向影响，对于经营风险也具有一定的正向影响；其他法人机构参股能够提高村镇银行的赢利能力并降低其经营风险；自然人参股则影响不明显。假设1、假设2和假设3均得到支持，假设4没有得到支持。其他控制变量回归结果与前文类似，不再赘述。

六 结论与政策建议

本文从赢利能力和经营风险两个维度对我国村镇银行业的绩效进行了考察。从村镇银行绩效的影响因素来看，首先，地区金融业市场化程度高的地区，村镇银行赢利能力反而较差，但金融业市场化程度对于村镇银行的经营风险没有显著影响。其次，农村金融机构作为发起行对村镇银行绩效的影响是复杂的。一方面，农村金融机构由于对农村金融业务较为熟悉而能够给村镇银行带来较高的赢利；另一方面，农村金融机构也会因为自身风险管控能力相对薄弱而使得村镇银行产生不良贷款的概率增加。再次，其他法人机构参股对于村镇银行的赢利能力和经营风险都具有积极作用，而自然人参股则没有显著影响。最后，随着经营时间的增加，村镇银行的赢利能力有所提高，但风险也在逐渐暴露，不良贷款率和出现不良贷款的概率都在增加；资产规模对村镇银行的经营绩效具有积极作用，规模越大，村镇银行的赢利能力越高、不良贷款率越低。

本文的分析对于我国村镇银行业的发展具有一定的参考意义。第一，应鼓励村镇银行积极做大资产规模,通过做大规模增加赢利、降低风险;第二,要鼓励和引导金融机构在金融发展水平相对落后的地区发起设立村镇银行,充分发挥村镇银行这种微小金融机构在落后地区的相对优势;第三,应充分发挥农村金融机构在发起设立村镇银行中的作用,但要特别注意对这类机构发起村镇银行的风险管控;第四,积极引入其他法人机构投资者参股村镇银行,充分发挥其对于村镇银行绩效的积极作用。

(本文发表于《农村金融研究》2011年第11期)

参考文献

[1] 丁忠民:《村镇银行发展与缓解农村金融困境研究》,《农业经济问题》2009年第7期。

[2] 樊纲、王小鲁、朱恒鹏:《中国市场化指数——各地区市场化相对进程2009年报告》,经济科学出版社,2010。

[3] 吴少新、李建华、许传华:《基于DEA超效率模型的村镇银行经营效率研究》,《财贸经济》2009年第12期。

[4] 徐瑜青、周吉帅、刘冬:《村镇银行问题调查与研究》,《农村经济》2009年第4期。

[5] 徐忠、沈艳、王小康、沈明高:《市场结构与我国银行业绩效:假说与检验》,《经济研究》2009年第10期。

[6] Adams, R. and H. Mehran, 2003, "Is Corporate Governance Different for Bank Holding Companies?", *Economic Policy Review*, 9, pp. 123 – 142.

[7] Arun, T. and J. Turner, 2004, "Corporate Governance of Banks in Developing Economies: Concepts and Issues", *Corporate Governance: An International Review*, 12, pp. 371 – 377.

[8] Berger, A., I. Hasan and M. Zhou, 2009, "Bank Ownership and Efficiency in China: What Will Happen in the World's Largest Nation?", *Journal of Banking & Finance*, 33, pp. 113 – 130.

[9] Caprio, G. and R. Levine, 2002, "Corporate Governance in Finance: Concepts and International Observations", *Working Paper*, World Bank and University of Minnesota.

外部环境与贷款技术选择

——小企业融资的一个分析框架

曾 刚

一 引言

较高的风险和成本是阻碍小企业贷款发展最主要的因素。在风险方面，由于小企业发展阶段较低，往往不具备完善的财务制度，也缺乏有效的抵、质押品，由此导致的信息不对称问题使银行很难准确评估和缓解信用风险。当然，信息不对称并不是说银行不可能获得有关小企业的各种信息，在许多时候，银行通过现场核查、清点等手段，也能获得借款企业大体的财务数据，但这种信息搜集的成本相当高昂，在企业借款规模较小时（这也意味着贷款的收益偏低），银行大都没有从事这种信息搜集的动力。除信息成本相对较高外，小企业贷款的管理成本也更高。由于每笔贷款的管理成本相近（鉴于信息不对称更严重，小企业单笔贷款成本或许更高），而小企业贷款的平均规模相对较小，因此这也意味着平均管理成本远大于对大企业的贷款。

总体来看，如何在不显著提高成本的情况下，改善信息不对称状况是解决小企业融资困难的关键所在，而其中的核心便是选择适当的贷款技术。按照 Berger and Udell（2006）的界定，所谓"贷款技术"，是"由特定信息搜集、信息筛选、放贷程序、贷款合约结构以及监控机制组合等因素所构成的贷款流程或方法"。从这样一个界定不难看到，贷款技术事实上贯穿了贷款业务的各个环节，而这些环节时时都会受到外部环境的制约和影响。这也意味着，某种贷款技术的实施效果具有很强的状态相关性，换句话讲，在不同的外部环境下，最优的贷款技术也会有所不同。而要促进小企业融资的发展，就必须要根据具体的外部环境来确定最恰当的贷款技术，在外部环境发生变化时，贷款技术也会有所不同。

本文的主要目的便是探讨这样一种分析框架，从外部环境来考察最适当的贷款技术选择。这样一个分析框架不仅能考察在静态时点上的贷款技术选择，也能动态地考察当关键外部环境发生变化时贷款技术创新和改进的方向。从政策建议的角度，在这个框架下，我们还可以考虑怎样通过政策来改善外部环境，促进更有效率的贷款技术的应用。

文章的内容大致安排如下：第二部分主要考察小企业贷款中最常用的几种技术，并简要分析这些技术所依赖的一些关键性因素；第三部分主要分析可能影响贷款技术选择的各种外部环境因素，并讨论其对贷款技术选择所产生的影响；第四部分是对该分析框架的一个小结，以及对未来进一步研究方向的探讨。

二 小企业贷款技术

早期有关贷款技术的研究（如 Peterson and Rajan，1994），大都将贷款技术划分为两种类型：一种类型是以交易为基础的贷款（Transaction Lending），这类贷款技术主要依赖于"硬"信息（即各种定量信息）；另一种类型是关系融资（Relationship Lending），此类贷款更多地基于"软"信息（即各种定性信息）。在这种分类框架下，以交易为基础的贷款主要用于信息比较透明、信息不对称情况不太严重的借款人（主要是大企业），而关系融资技术则更多地用于信息不对称情况较为严重的借款人（如小企业以及个人客户）。

不过，在一些研究者（Berger and Udell，2006）看来，上述这种分类存在一定的误导。首先，实践中运用的贷款技术多种多样，不仅需要克服不对称信息问题，而且还涉及成本控制方面的考虑，只用两种类型来概括，过于粗略和片面；其次，实践中所运用的每一种贷款技术，可能既具有以交易为基础的贷款特征，又包含有关系融资的成分，很难对其进行准确的划分。由此出发，Berger and Udell（2006）采用了一种完全不同的分类方法，以不同贷款技术最核心的风险评估依据为基础，将小企业贷款技术划分为：基于财务报表的贷款（Financial Statement Lending）、基于信用评分的贷款（Credit Scoring）、基于流动资产的贷款（Asset-based Lending）、保理（Factoring）、基于固定资产的贷款（Fixed-Asset Lending）、租赁（Leasing）以及关系融资（Relationship Lending）等几大类。与以往的分类相比，Berger and Udell（2006）的分类显然更为全面，对实践的概括也更为准确。不过，在我们看来，Berger and Udell（2006）所列举的贷款方法中，忽略了一种基于担保的贷款方式。在一些小企业，尤其是微小企业贷款中，来自其他企业或个人的担保已逐渐成为重要的风险评估和控制手段。鉴于此，在本文的讨论中，我们在 Berger and Udell（2006）的分类之外，加入了对基于担保的贷款的考察。

（一）基于财务报表的贷款

按照传统的贷款技术分类方法，基于财务报表的贷款属于比较典型的以交易为基础的贷款，以财务报表分析为核心，依赖于借款人的"硬"信息（即各种财务数据）。尽管在实践中，具体贷款合约会涉及其他方面不同的安排（如质押、担保等），但基于财务报表的贷款技术，在根本上是以小企业的未来现金流收入作为还款来源的，因而将风险评估重点放到了主要的财务指标分析上，以此来揭示企业未来的偿债能力。按照一般的观点（Peterson and Rajan, 1994; Berger and Udell, 2006），基于财务报表的贷款方法大都用于信息相对透明的企业（通常是财务制度相对完善、规模稍大的企业）。不过银行在实践中，对一些信息不透明的小企业贷款也有采用财务报表方法的。通常的做法是，信贷人员采集企业各种可获得的信息，并将其编制成粗略的财务报表，以评估企业的资产负债现状和未来可能产生的现金流。当然，这种做法的成本偏高，因而对贷款的规模以及利率有一定要求，如果贷款规模或利差空间太小，银行将不大有动力采用这种方法。

（二）基于信用评分的贷款

信用评分卡最初主要用于个人贷款，是属于基于个人"硬"信息的一种贷款方法，以基于各种信息的信用评分作为衡量个人信用风险的指标。随着这项技术的日益成熟，人们在实践中也开始将这种方法应用于小企业的贷款，其核心的理念在于：规模较小的企业信用风险，在很大程度上决定于企业主的信用状况（对那些并未正式设立企业法人的微小企业来说，情况更是如此）。因此，在企业的财务报表分析之外，纳入对企业主个人信用的分析，可以更准确地把握小企业的实际风险水平。根据 Berger and Udell（2006）的考察，在20世纪90年代中期之后，美国一些银行开始陆续在小企业贷款中采用信用评分方法，大多数银行只将其用于10万美元以下的贷款，也有少数银行将其用于25万美元以下的贷款。

总体上说，信用评分卡方法相对更适用于信息不透明的企业，在难以获得企业准确信息的情况下，企业主个人信息成为了判断贷款风险最主要的依据。而且，在银行搜集企业信息的成本较高时（如面对客户数量较多或物理距离较远等），采用信用评分方法，以较容易获得的企业主信息作为替代，可以有效降低信息成本。以此来看，大银行会有更强的采用信用卡评分方法的动力。现有的研究也基本证实了这个判断，Frame, Padhi and Woosley（2004）以及 Berger, Frame and Miller（2005）的研究都表明，大银行更倾向于使用信用卡评分技术，而其所针对的客户大多是信息不透明、风险较高的企业，而且这些企业所处的地理位置大都在银行日常的经营地域之外。

（三）基于流动资产的贷款

基于流动资产的贷款指的是银行以企业的流动资产（主要指的是应收账款和存货两大类）作为评价信用风险的主要依据，这些资产既可以充当贷款的质押品，也是未来的还款来源。其核心在于把企业的应收账款和存货看做偿付流动资金贷款最主要的来源（Berger and Udell, 2006）。在基于流动资产的贷款方法下，银行需要对资产的初始价值进行较为准确的评估，并按企业生产特征的不同，定期进行核查，以确保这些资产的清偿价值高于贷款余额（Udell, 2004）。

总体说来，在基于流动资产的贷款方法下，贷款决策更多地依赖于存货和应收账款的实际价值，而对企业信息以及企业主信息的依赖性有所降低，这意味着信息成本的大幅削减。对银行来说，存货数量及其市场价格信息都能很容易获得，而应收账款的价值变动更多地取决于欠款企业的情况，如果欠款企业规模较大，信息获取更容易，那也会大大降低信息搜集成本。

（四）保理

保理业务是指银行买入企业的应收账款并作为代理处理相关的账款收取事宜。这种方法与基于流动资产的贷款有些相似，即都以基础资产的价值作为贷款风险评估的主要依据。不过，二者之间还是存在一定差异的。其一，保理只涉及应收账款，而不包括企业存货；其二，在保理业务下，银行获得了应收账款的所有权；其三，保理业务所涉及的服务内容更广泛。在基于资产的贷款方式下，银行向借款企业只提供贷款服务，而在保理业务下，银行除提供贷款服务外，还向企业提供账款催收服务。如果银行的收款能力强于借款企业，那么保理业务可以给借款企业和银行都带来好处，企业能提高资金的运转效率，而银行则能在利息收入之外，获得催收服务的收费。

（五）基于固定资产的贷款

基于固定资产的贷款原理与基于流动资产的贷款几乎相同，即均以基础资产作为抵押，将贷款风险评估关注的重点从企业本身转到基础资产上。所不同的是，其所涉及的基础资产不同。在基于固定资产的贷款中，用作抵押的基础资产主要是在企业生产过程中长期存在的工具，如设备、厂房以及土地等。由于固定资产的存续期长、价值稳定，而且更重要的是，在银行不取消抵押权的情况下，固定资产不能被转让，因此这大大降低了贷款的监控成本。总体上看，基于固定资产的贷款的信息搜集和监控成本要远低于其他贷款方法，这也使这种贷款技术成为最广泛采用的方法。

（六）租赁

租赁也是比较常见的一种融资方法，其具体做法是由贷款人买入固定资产（多为机器、汽车和土地等），并将其租给借款人使用。借款人定期支付租金，并在租期结束时选择是否买入该资产。与一般的融资方法相比，租赁对借贷双方都能带来好处。对借款人来讲，短期能有效减少资金的占用，以较小的成本实现生产能力的扩大。而对贷款人来说，这笔贷款的本金（即出租的固定资产）始终都置于其控制之下，只要其价值稳定，就能有效控制贷款风险，而无须关注借款人的信用情况。

（七）关系融资

在关系融资贷款方法下，银行主要依赖小企业或企业主的"软"信息来评估相关贷款的风险。这种信息的获取大多需要通过与企业的较长时间接触，而信息获取的途径也多种多样，既可以通过对企业和企业主的调查，也有可能来自与之相关的企业，也可能来自该企业的消费者，等等（Peterson and Rajan, 1994; Berger and Udell, 1995; Degryse and Cayssele, 2000）。不过，获取"软"信息的难度较大，成本也偏高，而且除信贷人员以外，这些"软"信息也难以被观察和证实，由此带来了一定的操作风险。

（八）基于担保的贷款

在小企业贷款中，担保贷款也是一种常见的贷款方法，即由其他经济主体对贷款提供担保，在借款人违约时，承担还款责任。在实践中，担保的提供者大概分为两种：一种是专业贷款担保公司；另一种是由相关企业和个人提供的担保。在上述两种担保方式中，专业性担保公司在目前所起的作用最为明显，但在小企业贷款领域也还存有一定的问题。一是相对于贷款规模的担保成本过高，增加了小企业成本；二是对担保公司来说，较低的担保额度限制了其利润空间，因而也缺乏为小企业提供担保的动力。

而在第二种担保方式中，目前比较常见的是联保方法，即由几家借款人组成贷款小组，相互之间提供担保，在一家企业违约的情况下，其余几家企业承担连带责任。这种贷款方法最初源自小额贷款，主要对象是个人，但近年来已经开始逐渐扩展到对微小企业和一些小企业的贷款。这种贷款方法的核心在于充分地利用了关联企业或个人所拥有的信息，并通过连带责任为担保人提供了贷款监控的动力，由此降低了银行的贷款成本。不过，正如我们将在后文中看到的，这种贷款技术对外部环境依赖较高，其所适用的范围仍有相当的局限。

三 外部环境与贷款技术选择

上一部分列出了小企业贷款常用的几种技术，应该说，这些贷款技术本身并无优劣之分，各有其所适用的环境。要促进小企业融资的发展，便是要根据特定的环境去选择最适合的技术，获得成本控制和风险控制的平衡。本节的主要内容是探讨外部环境对贷款技术选择的影响。在我们看来，可能对贷款技术选择产生影响的外部环境大致可以划分为政策环境、竞争环境、信息环境、法律环境以及社会环境等几大方面。

（一）政策环境

政策环境对小企业融资技术的选择，以及对小企业信贷的可获得性有着明显的影响，这其中包括支持小企业贷款发展的政策、税收政策和监管环境等。

小企业贷款市场的失效为政府介入提供了充足的理由。从根本上讲，高风险是导致市场失效的关键所在，因此，政策介入的切入点也大都集中于风险分担。从实践来看，各国政府普遍都在间接或直接地为小企业贷款提供担保支持，或是通过政府投资设立的担保公司，或是经由政府建立的资金。这种支持有效弥补了商业担保缺失的问题，并促进了基于担保的贷款技术的应用，大大提高了贷款的可获得性。

税收政策对贷款技术选择也会有一定的影响。比如，保理业务涉及应收账款的转手，在不同的税收制度下，交易成本会有较大的差异，如果交易成本过高，银行将不愿采用保理方式。

监管环境对贷款技术的影响主要有两个方面：一方面是资本充足率监管的影响。根据资本监管的规定，银行需持有的最低资本额与资产的风险大小密切相关，而在相关的风险权重设计上，采用抵押、担保等技术的贷款要更占优势（按照目前的规定，抵押、担保都可以作为风险缓释的手段，因而可以降低风险资产总额）。这样一来，以资本金利用效率来衡量，银行会更愿意采用抵押、担保等贷款技术，而不是关系融资方法。此外，目前的资本监管规定也相对有利于组合风险管理，这也促进了信用评分方法在小企业贷款中的应用（Altman and Sabato，2005；Berger，2006）。另一方面，监管当局对银行业务范围的限制，也会对银行贷款技术产生影响。比如，如果监管当局不允许银行投资非自用固定资产，那么就很难采用租赁方式来进行融资。

（二）竞争环境

竞争环境对贷款技术以及信贷可得性有着明显的影响。传统的 SCP 假说认为，市场集中度的提高（即竞争程度降低）会降低贷款的数量。在市场中占据了主导地位的银行，将倾向于提高贷款利率和放贷标准，对小企业贷款的动力也会随之减弱（Berger and Udell，2006）。不过，另一种假说则认为，在关系融资的情况下，市场集中度的提高对小企业融资反倒会有促进作用。其原因在于，违约风险的大小与借款人的机会成本（即违约时所需付出的代价）相关。在不具备抵押物的情况下，违约的机会成本与借款人从其他渠道获得贷款的难度相关，难度越高，违约的机会成本也就越高。由此来看，市场集中度提高可以为银行提供更好的保护，由此增加其对小企业贷款的意愿。Peterson and Rajan (1994) 的经典研究认为，市场集中度的提高有助于银行与客户建立起长期的隐含合约，可以降低利率，并促进小企业融资的发展。

当然，现有的有关市场集中度和小企业贷款可得性的实证研究，仍没有得出一致的结论。有些研究认为集中度提高会不利于小企业贷款的发展（如 Elsas, 2005; Karceski, Ongena and Smith, 2005; Cetorelli and Strahan, 2006），而另一些研究则认为会有利于小企业贷款的发展（如 Peterson and Rajan, 1994; Bonaccorsi and Ariccia, 2004）。不过，在我们看来，尽管竞争环境对小企业贷款规模的影响尚不能确定，但其对小企业贷款风险的影响却是可以肯定的。银行竞争的加剧，会降低借款人违约的机会成本，同时也会导致一些风险控制方法的失效。比如，随着竞争的增强，联保方法的适用范围会有所缩减。因为在获得贷款的渠道增多、难度降低的情况下，借款人会不愿意接受联保贷款方式。

（三）信息环境

信息不对称是困扰小企业贷款的核心问题，信息环境的好坏直接影响贷款技术的选择以及信贷可得性的高低。在信息环境较好的情况下，如存在征信局制度或信息共享平台，银行则更倾向于用财务报表分析或信用评分技术来判断信用风险大小，此外，也会促进保理业务的发展（Klapper, 2005）。而在信息基础环境较差、信息相对匮乏的情况下，银行可能会更愿意采用担保、租赁或关系融资方法。

实证研究基本证实了上述判断。Pagano and Jappelli (1993), Padilla and Pagano (1999) 以及 Love and Mylenko (2003) 的研究表明，征信局制度（和信息共享平台）能有效地改善贷款的信息环境，进而促进小企业贷款的发展。而且，Jappelli and Pagano (2002) 的研究还发现，衡量信息共享程度的指标与大银行贷款份额成反比，这意味着，征信局制度（和信息共享平台）的存在还能改变中小银行的信息劣势，有利于中小银行的发展。当然，在征信局制度不完善或不存在信息共享平台时，单个银行自身的客户信息积累也能在一定程度上改善银行所面临的信息环境，而且这种信息积累在长期内可以为银行的贷款技术创新和改进提供更大的空间。

（四）法律环境

已有的理论和实证研究均表明，法律环境（包括相关法律的完善程度、司法效率等）对一国融资方式的选择乃至金融结构都有着直接的影响。La Porta, Lopez-de-Silanes,

Shleifer and Vishny（1998）的经典研究揭示了法律制度之于金融结构的影响。在他们看来，能较好保护个人投资者的法律环境，更适合于市场化融资方式的发展。在 Berger and Udell（2006）看来，上述结论也大体适用于对贷款技术的分析，在较为完善的法律环境中，银行更愿意使用以交易为基础的各种贷款技术（如基于财务报表分析的贷款、基于资产的贷款和信用评分技术等），而在法律环境较差时，则更愿意采用非常规的贷款方法（如保理、租赁、关系融资和联保等）。

具体而言，在有关抵押的法律规定不完善的情况下（比如，对可用作抵押的资产范围规定不清或过于狭窄，对抵押权的优先受偿顺序规定不清，或司法效率较低导致债权人扣押资产的成本较高，等等），银行可能不愿意采用资产抵押贷款的方式，而愿意采用保理和租赁的方式来绕开抵押的问题。

在破产法不完善或执行不力的情况下，基于交易的各种贷款方法很难反映真实的信用风险水平，银行会更多地采用关系融资方法，用隐含合约方式来代替较难执行的明示合约，以长期关系来为借款人提供还款激励。此外，在司法较差的环境中，银行也广泛使用联保方式，利用来自社会关系的监督和约束来代替法律的惩治。

（五）社会环境

社会环境也能对小企业融资产生一定的影响。通常说来，社会环境因素大都相对稳定，对融资方式所产生的影响并不容易被发觉。不过，对那些正处于转型和高速发展过程中的国家来说，生活方式、思想观念以及社会结构都在发生着迅速的变化，这种环境的剧烈变化，也对最适合的贷款技术提出了新的要求。

具体而言，城市化进程会改变人们的生活方式，人口流动性会逐渐加大。在这种情况下，关系融资所能提供的激励被大大削弱，银行不得不依靠更为广泛的信息平台（如征信系统）和信用评分方法来评估客户的风险。同样，在人口流动性提高的情况下，联保贷款的方式也面临着较大的困难，会给借款人带来较高的额外成本。此外，社会环境变化也会对信用观念产生直接影响，进而影响到贷款技术应用和贷款的可得性。在信用观念薄弱而又缺乏有效风险控制方法的情况下，银行可能会要求政府信用的介入（如由政府或政府设立的机构来提供担保，分担相关的风险），否则，银行将减少相关贷款的发放，导致小企业融资可得性的降低。

四 结论与启示

本文在 Berger and Udell（2006）对贷款技术所作的划分基础上，比较全面地考察了外部环境对小企业贷款技术选择可能产生的影响。在我们看来,发展小企业融资的关键,在于根据外部环境选择适当的贷款技术,以实现风险控制与成本控制的平衡。在这样一个分析框架下,促进小企业融资的发展大致可分为两种路径:一种是在难以有效改善外部环境时,银行需要根据自身所处的环境来选择最适合的贷款技术;另一种则是通过改善外部环境来促进更有效率的贷款技术的应用,同时降低风险和管理成本,促进小企业融资规模的扩大。对于我国的小企业融资实践来说,这样一个分析框架可以给我们带来如下几点启示。

第一,在我国,不应该只存在一种适当的小企业贷款模式。如前文所述,贷款技术选择对外部环境高度敏感,当外部环境不同时,所适用的贷款技术自然也会不同。对于中国这样一个大国来说,不同地区间的外部环境差异是显而易见的,政策支持的力度、信息环境、法律观念意识以及信用意识,都有诸多的不同。这意味着,在某一地区所适用的贷款方法,在另一个地区未必有效,甚至还可能产生负面影响。

第二,简单增设金融机构不一定能起到很好的效果。按照比较主流的看法,大银行通常更愿意向大企业提供贷款,从而导致了小企业的融资困难。因此,一个显而易见的解决方案,就是增设小银行机构来扩大对小企业的资金供给。这种观念事实上并不正确。银行业具有较强的规模经济效应,管理成本一般会随规模扩大而迅速降低,而且,随着客户数量的增多和地域的分散化,银行也可以通过贷款组合管理来降低其所面临的风险。由于高成本和高风险是小企业融资发展最为主要的障碍,上述推理似乎意味着,大银行在小企业融资方面可能具有竞争优势。事实似乎也证实了这一点,从全世界范围看,在小企业贷款甚至包括个人贷款领域,大银行所服务的客户数量以及所提供的贷款规模远远超过了小银行机构。

如我们前文所提到的,竞争的加剧对违约风险可能会产生一定的负面影响。因此,如果新的金融机构不是开设在金融服务相对缺乏的区域,那么由新机构进入所导致的竞争加剧反倒可能会带来一些潜在的风险。

第三,政府主要应通过改善外部环境来推动小企业融资的发展。从世界范围看,政府在促进小企业融资发展方面扮演着举足轻重的作用,其相关政策能有效改善外部环境,降低银行所面临的风险和成本。具体而言,政府可以通过担保(或设立担保公司)或建立风险基金来分担小企业贷款的风险,也可以通过向银行提供补贴来降低贷款成本。除此之外,银行监管当局还需要根据小企业贷款的特殊性,在监管规则方面进行特殊的规定,以降低小企业贷款成本。比如,现有的风险资产计算以及风险缓释方法的规定都不利于信息不充分和缺乏抵押品的小企业融资,这相对提高了小企业贷款的成本。

第四，需进一步加强信息基础设施建设。信息环境的好坏，决定了不同贷款技术的选择，进而也就决定了贷款的可得性高低。比如，好的信息环境可以促进信用评分卡技术的应用，这种技术可以大大降低贷款成本和风险，并由此提高了银行的贷款意愿。从目前来看，在一些发达经济体中，信用评分卡和其他一些基于信息的贷款方法在小企业贷款中的应用正日益广泛，这与其信息基础设施（主要是征信系统和各种信息共享平台）的发展和完善密不可分。对我国来说，信息基础设施建设仍处于发展初期，数据规模和质量都还有所欠缺，而且征信体系也略显单一，商业化征信机构和民间的信息共享平台发展滞后。此外，基于现有数据的产品和技术开发也明显滞后于实践发展的需要。因此，从长期看，还需要加强我国征信体系的建设和完善，形成多层次的信息沟通与共享平台，同时，应积极研究基于现有信息的产品开发，为更有效的贷款技术的运用创造条件。

参考文献

[1] Altman, E. I., Sabato, G., "Effects of the New Basel Capital Accord on Bank Capital Requirements for SMEs", *Journal of Financial Services Research*, 2005, (27).

[2] Berger, A. N., Frame, W. S., Miller, N. H., "Credit Scoring and the Availability, Price, and Risk of Small Business Credit", *Journal of Money, Credit, and Banking*, 2005, (37), pp. 191–222.

[3] Berger, A. N., Udell, G. F., "A More Complete Conceptual Framework for Financing of Small and Medium Enterprises", *World Bank Policy Research Working Paper*, p. 3795, 2006.

[4] Berger, A. N., Udell, G. F., "Relationship Lending and Lines of Credit in Small Firm Finance", *Journal of Business*, 1995, (68), pp. 351–382.

[5] Berger, A. N., "Potential Competitive Effects of Basel II on Banks in SME Credit Markets in the United States", *Journal of Financial Services Research*, 2006, (28).

[6] Bonaccorsi di Patti, E., Dell'Ariccia, G., "Bank Competition and Firm Creation", *Journal of Money, Credit, and Banking*, 2004, (36), pp. 225–251.

[7] Cetorelli, N., Gambera, M., "Banking Market Structure, Financial Dependence and Growth: International Evidence from Industry Data", *Journal of Finance*, 2001, (56), pp. 617–648.

[8] Degryse, H., Cayseele, P. V., "Relationship Lending within a Bank-based System: Evidence from European Small Business Data", *Journal of Financial Intermediation*, 2000, (9), pp. 90–109.

[9] Frame, W. S., Padhi, M., Woosley, L., "Credit Scoring and the Availability of Small Business Credit in Low and Moderate Income Areas", *Financial Review*, 2004, (39), pp. 34–54.

[10] Gregory F. Udell, "The Institutional Memory Hypothesis and the Procyclicality of Band Lending Behavior", *Journal of Financial Intermediation*, 2004.

[11] Jappelli, T., Pagano, M., "Information Sharing, Lending and Defaults: Cross-country Evidence", *Journal of Banking and Finance*, 2002 (26), pp. 2017–2045.

[12] Karceski, J., Ongena, S., Smith, D., "The Impact of Bank Consolidation on Commercial Borrower

Welfare", *Journal of Finance*, 2005, (60).

[13] Klapper, L., "The Role of Factoring for Financing Small and Medium Enterprises", *World Bank Working Paper*, 2005.

[14] La Porta, R., Lopez-de-Silanes, F., Shleifer, A., Vishny, R. W., "Law and Finance", *Journal of Political Economy*, 1998, (106), pp. 1113 – 1155.

[15] Love, I., Mylenko, N., "Credit Reporting and Financing Constraints", *World Bank Working Paper*, 2003.

[16] Padilla, A. J., Pagano, M., "Sharing Default Information as a Borrower Discipline Device", *University of Salerno: CSEF Working Paper*, 21, 1999

[17] Pagano, M. and Jappelli, T., "Information Sharing in Credit Markets", *Journal of Finance*, 1993, (43), pp. 1693 – 1718.

[18] Peterson, M. A. and Rajan, R. G., "The Benefits of Firm-creditor Relationships: Evidence from Small Business Data," *Journal of Finance*, 1994, (49), pp. 3 – 37.

[19] R. Elsas, "Empirical Determinants of Relationship Lending", *Journal of Financial Intermediation*, 2005.

图书在版编目(CIP)数据

十年回眸：中国社会科学院金融研究所文集：2002~2012/殷剑峰
主编. —北京：社会科学文献出版社，2012.8
 ISBN 978-7-5097-3642-5

Ⅰ.①十… Ⅱ.①殷… Ⅲ.①金融学-文集 Ⅳ.①F83-53

中国版本图书馆 CIP 数据核字（2012）第 176576 号

十年回眸
——中国社会科学院金融研究所文集（2002~2012）

主　　编 / 殷剑峰

出 版 人 / 谢寿光	
出 版 者 / 社会科学文献出版社	
地　　址 / 北京市西城区北三环中路甲 29 号院 3 号楼华龙大厦	
邮政编码 / 100029	

责任部门 / 财经与管理图书事业部	责任编辑 / 高　雁　陶　璇
（010）59367226	冯咏梅　林　尧
电子信箱 / caijingbu@ ssap. cn	责任校对 / 邓晓春　李　惠　王明明
项目统筹 / 恽　薇	责任印制 / 岳　阳

经　　销 / 社会科学文献出版社市场营销中心（010）59367081　59367089
读者服务 / 读者服务中心（010）59367028

印　　装 / 北京季蜂印刷有限公司	
开　　本 / 787mm×1092mm 1/16	印　张 / 57.75
版　　次 / 2012 年 8 月第 1 版	字　数 / 1119 千字
印　　次 / 2012 年 8 月第 1 次印刷	
书　　号 / ISBN 978-7-5097-3642-5	
定　　价 / 158.00 元（上、下册）	

本书如有破损、缺页、装订错误，请与本社读者服务中心联系更换
△ 版权所有　翻印必究